中华古籍保护计划
ZHONG HUA GU JI BAO HU JI HUA CHENG GUO

·成 果·

《海峡两岸中华古籍保护论著提要(1949 — 1999)》编委会 编

海峡两岸中华古籍保护论著提要

1949 — 1999

国家图书馆出版社

图书在版编目（CIP）数据

海峡两岸中华古籍保护论著提要.1949—1999/《海峡两岸中华古籍保护论著提要（1949—1999）》编委会编.北京：国家图书馆出版社，2025.4.－－ISBN 978－7－5013－8111－1

Ⅰ.G253.6

中国国家版本馆 CIP 数据核字第 2025LU8902 号

书　　名	海峡两岸中华古籍保护论著提要（1949—1999）
著　　者	《海峡两岸中华古籍保护论著提要（1949—1999）》编委会　编
责任编辑	许海燕
助理编辑	雷云雯

出版发行	国家图书馆出版社（北京市西城区文津街 7 号　　100034） （原书目文献出版社 北京图书馆出版社） 010－66114536　63802249　nlcpress@nlc.cn（邮购）
网　　址	http://www.nlcpress.com
排　　版	京荷（北京）科技有限公司
印　　装	北京雅图新世纪印刷科技有限公司
版次印次	2025 年 4 月第 1 版　2025 年 4 月第 1 次印刷

开　　本	787×1092　1/16
印　　张	40.5
字　　数	1000 千字
书　　号	ISBN 978－7－5013－8111－1
定　　价	320.00 元

编委会

序一

李致忠

　　目录是治学的津梁，提要目录就更能辨章学术，指引堂奥。中国古籍保护协会成立伊始，便致力于搜集编制《海峡两岸中华古籍保护论著提要》，应该说是一种远见卓识。

　　提要目录的编制，向来难度较大，但对他人来说则是方便万家，泽被后世。任何人著书立说，目的大概有两个：一个是把自己的治学成果编纂成帙，借以总结、提高、反映自己的学术水准；一个是出版发行后给感兴趣的读者披阅。前者好说，因为是自己的著作，自己熟悉，容易翻检；而后者则不然，因不熟悉其论著内容、体例，就不便检阅。如果为读者着想，在自己撰著时就考虑撰写一篇简明提要，附在文前卷首，给读者提供方便，效果就会更好。

　　由国家倡导的古籍保护工作，从 2007 年至今，在国家的高度重视以及业界同仁的共同努力下，取得了举世瞩目的成绩。编制相关提要，以便于读者梳理古籍保护学术类别源流，即类求书，因书究学，是很有意义的举措，也是完全能够做到的善事。《海峡两岸中华古籍保护论著提要》正是本此宗旨应运而生的产物，令人欢欣鼓舞。

　　大陆和台湾地区是中华古籍的存藏重镇，由两岸古籍保护民间组织合作，开展古籍保护工作，意义非常。《论著提要》冠以"海峡两岸"，直切主题，对弘扬祖国优秀传统文化、进一步加强中华古籍保护，意义深远。

　　《论著提要》的编纂体例较为得法。正文按照题名的汉语拼音音序组织，排列有序，便于查找。并且著录规范，附录详备，充分发挥了图书馆工作者的优势。著录事项包括论著题名、著者题名、刊物题名及卷次、出版者、出版地、出版年、版次、页码等。尤其值得肯定的是，编者还为所收论著编制了内容提要，为使用者寻求所需提供了方便。这些论著提要，言简意赅，条理清晰，既方便读者，又提高了自身的学术价值。书后还编制了题名索引和著者索引，扩展检索途径，功用更全。

此《论著提要》，按其性质，属于回溯性检索工具书。编者立意新颖、收录宏富、体例得法，按成文年份，通过查阅和利用大量的研究资料和相关的网络资源，系统整理了发表在海峡两岸暨香港、澳门的期刊（包括网刊）、报纸、论文集、个人专集、不定期连续出版物、学位论文等文献中与古籍保护研究相关的论文与著作，比较全面地网罗了在中华古籍保护方面取得的研究成果，其中包括古籍修复、古籍普查、古籍编目、古籍存藏环境（包括古籍书库温湿度、防火防盗、防虫防霉），以及版本鉴定、古籍整理、古籍再生性保护（包括古籍影印出版、古籍缩微复制、古籍数字化建设）等，为古籍工作者进一步开展相关研究提供了有效的检索工具。

《论著提要》是国内首部关于古籍保护论著提要的检索工具书，出版后得到了读者的积极反馈。这是对两岸古籍保护工作者携手辛勤编撰工作的肯定，也进一步坚定了双方发扬优良传统、延续出版该项目的信心和决心。本辑（1949—1999）认真总结前两辑编纂过程中的经验得失，在编纂体例、收录范围、内容提要等方面做了新的修订和补充。因本卷收录论著年限跨度较长，其间又经历"文革"，为了尽可能全面展现该时期中华古籍保护论著成果，对一些由古人撰写、今人点校整理的著作，弥足珍贵的会议材料以及图书馆等编撰的相关古籍书目，进行了扩充收录，力求精益求精，将尽可能完善的著作奉献给读者，也用实际行动推动两岸古籍保护交流，推动中华优秀传统文化的创造性转化和创新性发展。

《论著提要》的编纂出版，较为系统地钩稽了既往的古籍保护研究成果，为广大古籍从业人员从事古籍保护与研究工作、为古籍保护主管部门领导规划古籍保护工作，开拓了广阔的参考视野。有鉴于此，我乐观其成，并放言数语，聊作前序。

著书立说，一家之言。况且，编写提要工具书是一项复杂而烦琐的工作，难免有遗珠之憾，希望广大使用者予以补充和指正。

2023 年 4 月 23 日于北京

序二

吴哲夫

我们华夏民族素来认真于知识的追求与文明的开创。先民为了能确保知识成果且能有效予以传播推广，从文字创造使用伊始，就致力于文字载体的改良以及便捷生产图书方法的研发。经过长时间的探索，先后发明了造纸与印刷技术。纸张轻便实用，印刷术能轻易将一部著作化身成千百，廉价供应给读者。唐宋以后，中国文化在这两项利器的羽翼下，学术发展迅速且多元，以是著作日繁，出版业蓬勃，书籍的交易成为社会经济活动的重要内容。据外国学者推估，到19世纪为止，中国图书的生产量超过世界各国总和甚多，不难想见我国先民是多么热衷于知识的研发与传播。

古代书籍量虽然庞大，但纸书毕竟是脆弱的文物，如果典藏环境不佳、保管方法不善，书册便容易遭受到物理、化学、生物、人为等因素的损害。所以历代知识界对已具岁月的古籍，无不细心呵护，或修补裱衬已损伤与老化的古籍，或制定妥善的人事保管制度，或建构优良完美的典藏库房，更利用覆刻的手段，抢救具有散亡危机的孤本秘籍。这种种的措施，确实对保护古籍产生巨大的效果。时至今日，古籍传存量日渐稀少，保护古籍更加重要，许多学者为了民族珍贵遗产能久存不坠，乃不辞劳苦地投入维护行列。他们在前贤既有的基础上，配合现代先进的科学技术，进行钻研、操作，又将所获的理论与技术撰文发表，提供各古籍保管机构与私人藏家取参利用。在学者倡导流风下，兴起了一股古籍保护的浪潮，各守藏单位，一方面积极培育维修专业人员，一方面改善典藏环境，添购各种新式器材，古籍的保护大业于焉大为落实。

两岸因为有共同的民族血脉及相同的文化渊源，所以在维护民族

1

文化议题上，始终心念一致，同心同德。近年来由于两岸人民亲情的贴近，学术交流非常热络，学术资源的共建共享成为大家的共识。此次两岸古籍保护协会，为了提升维护古籍的质量与成效，辛勤搜集两岸学者古籍保护方面的大作，分篇撰写其提要，再编辑索引出版，以方便检寻。个人因曾长期从事珍贵古籍的守藏工作，深深了解此一工具书问世的重要性，欣喜之余，乃敢不计自己的浅陋，应编委会诸位友人之约，为撰数言，也借以对所有编辑者的辛劳，致上无限的敬意。

2016 年 12 月写于台北近郊外双溪

编　　例

一、本书收录 1949 年至 1999 年间在海峡两岸暨香港、澳门发表出版的与古籍及古籍保护相关的论文和著作,收录文献的类型包括:

A——论文集中的析出文献

C——论文集

D——学位论文

J——期刊文章

M——专著

二、收录文献的来源以互联网所载为主,还包括部分参编单位的馆藏文献、向作者征集和采购文献等。限于互联网未载、编目时间短和耳目未及等原因,有些较为重要的论著此次没有收录进来,我们计划在编纂《续编》时予以增补。限于篇幅,有些丛书只提供内容线索,有些则列举并收录了其中部分子目。

三、著录的内容:序号、题名(篇名或书名)和文献类型代码、著者、刊名(论文集的编者和题名)、出版单位、发表(出版)的时间和摘要等。

四、在台湾、香港和澳门发表的论文,在刊名后标注"在某地区发表"置于括弧内;在台湾、香港和澳门出版的著作,在出版者后标注地区名称置于括弧内。

五、正文所收论文和著作,依据题名(篇名或书名)汉语拼音顺序编排。字母和数字开头的题名排于末尾;有前后顺承关系的题名,如上、中、下,按顺承关系排序。

六、条目的摘要,以照录原文献所附的摘要为主,对篇幅过长和不符合要求的内容,酌情删改。对没有摘要的条目,根据原文和小标题拟定,旨在介绍文献内容、阐明学术观点和价值。有关联的条目,提要内容相同时,后面的条目著录"同上"。

七、条目的文字采用标准简化字著录。原论著题名含有异体字、外国文字及特殊字符的,依原题名著录。

八、条目发表(出版)的时间,依照中国知网文献导出格式著录。论文集、学位论文和专著仅著录出版年。期刊文章按照"年,期:页码"的形式著录,年刊的期数用"00"表示,增刊用"S"表示,合刊用"Z"表示。

九、为了便于查检,我们特编制了题名索引和著者索引,附录于正文之后。在著者索引中,合著者分别立目,古籍文献的原著者不在检索范围内。

目　　录

A

0001

阿坝州古籍丛书之一·汶川县县志[M]/
(清)祝世德原著;罗晓林校注. --阿坝州:阿坝
州地方志编纂委员会,1997

本书为《阿坝州古籍丛书》系列之一,对
清代祝世德编纂的《汶川县县志》进行了重新
整理校注。

0002

阿坝州古籍丛书之二·金川琐记校注
[M]/(清)李心衡原著;张孝忠等校注. --阿
坝州:阿坝州地方志编纂委员会,1998

本书为《阿坝州古籍丛书》系列之二,对
李心衡编纂的《金川琐记》进行了重新整理校
注。李心衡乾隆年间在四川西昌等地任官期
间游历川西各地,熟悉边疆地理及少数民族
风情,将所见所闻编为《金川琐记》,书中所收
的天星米、圆根、馏粑、雪鹅、羌活鱼、雪鱼、小
曲、苦笋、熊掌、孩儿鱼、冬虫夏草等川东川西
地区的方物,及苗、瑶、土家、仡佬、藏、羌等少
数民族的饮食习俗,有助于了解清代中叶的
四川物产及饮食烹饪历史。该书具有较高的
史料价值,在清代记载少数民族风俗的诸书
中堪称上乘之作。

0003

阿坝州古籍丛书之三·保县志[M]/(清)
陈克绳原著;毕成裕校注. --阿坝:阿坝州地
方志编纂委员会,1998

本书为《阿坝州古籍丛书》系列之三,对
清代陈克绳编纂的《保县志》进行了重新整理
校注。

0004

安徽出土金文订补[M]/崔恒升著. --合肥:
黄山书社,1998

本书收录了徐乃昌《安徽通志金石古物
考稿》中安徽所出青铜器铭文,并对考稿漏收

或未及收入之器进行了补充,对徐氏所录青
铜器名、铭文有误的地方予以了订正,缺少铭
文的给予了补充;对所收录的铭文,选择其中
较有代表性的作品附以各家考释及近人研究
成果。

0005

安徽大学图书馆古籍丛书目录[M]/傅桔
编. --合肥:安徽大学图书馆古籍室,1989

本书是安徽大学图书馆古籍丛书目录,
共分汇编杂纂、辑佚、郡邑、氏族、独撰自著、
外国西学和补遗七个部分。每部书除著录题
名、卷数和版本信息之外,还标明了该书在
《中国丛书综录》中的著录情况,为读者查阅
提供了方便。

0006

《安徽古籍丛书》评介[J]/沙宗复. --出版
工作(后更名为中国出版),1990,08:69 – 70

本文介绍了《安徽古籍丛书》出版的缘
起、丛书的内容、书目选录的标准、收书的版
本情况以及丛书的社会影响等。

0007

**安徽古籍丛书·包世臣全集·小倦游阁
集、说储[M]/**(清)包世臣撰;李星,刘长桂点
校. --合肥:黄山书社,1991

清代学者、书法家包世臣,字慎伯,晚号
倦翁、小倦游阁外史,对农政、货币以及文学
等均有研究。本书收录了包世臣作品《小倦
游阁集》和《说储》,对鸦片战争前后的社会和
经济问题,作了较为广泛的探讨,主张具有进
步意义的社会改革,在当时社会上有一定
影响。

0008

安徽古籍丛书·包拯集编年校补[M]/(北
宋)包拯撰;杨国宜整理. --合肥:黄山书社,
1989

本书对旧本《奏议》进行了校正和补充,并在厘清包拯文章写作的年代后,按照年月编次的形式进行了重新整理。在书末部分添加了传记轶事、论赞祠祀、文集序跋及包拯仕履表等附录文献。

0009

安徽古籍丛书·旧闻随笔[M]/姚永朴著;张仁寿校注.--合肥:黄山书社,1989

姚永朴,字仲实,桐城世家。本书虽冠随笔之名,却与通常随笔之书大不相同,非常注重取材于实际,弘扬儒道,也生动展示所述人物真实面目。该书文字洁净朴茂,洗练流畅。

0010

安徽古籍丛书·阮大铖戏曲四种[M]/(明)阮大铖撰;徐凌云,胡金望点校.--合肥:黄山书社,1993

本书介绍了阮大铖所撰戏曲四种,包括《春灯谜》《牟尼合》《双金榜》及《燕子笺》。

0011

安徽古籍丛书·三余札记[M]/刘文典撰;管锡华点校.--合肥:黄山书社,1999

本书四卷,包括《庄子琐记》《韩非子简端记》《淮南子校补》《吕氏春秋校补》《论衡校补》《读文选杂记》等,每一篇札记都是说理透彻的论文。

0012

安徽古籍丛书·舌华录[M]/(明)曹臣撰;陆林校点.--合肥:黄山书社,1999

南朝宋人刘义庆有《世说新语》一书,记载了从东汉到东晋士大夫的趣事妙语。明人曹臣深受此书启发,记载了上自远古、下至明代后期这一漫长时期内的类似内容,由于所取特在"仓卒口谈",故名曰"舌华"。本书所收故事富有哲理性,语言风格或深沉庄重,或诙谐洒脱,或含义隽永,耐人寻味。

0013

安徽古籍丛书·识小录·寸阴丛录[M]/(清)姚莹撰;黄季耕点校.--合肥:黄山书社,1991

姚莹为清代安徽桐城人,一生境遇坎坷,在蓬城任中愤而著成《寸阴丛录》四卷,并将

十多年读书随笔整理而成《识小录》。两本著作论辨精卓,详考学术源流,博而不杂,开阔了读者视野。

0014

安徽古籍丛书·桐城耆旧传[M]/(清)马其昶著;毛伯舟点注.--合肥:黄山书社,1990

本书专门记述明清两代桐城(含今安徽省桐城市和枞阳县)乡邑的先正遗事。全书十二卷,正编十一卷,立目一百二十三,为专篇二百八十人、附见六百五十人;附编列女一卷,立目十三,为专篇二十六人、附见六人。全书有名可征者总计逾九百六十人。在记述先正遗事时,还注意探求家风,思考治政,研讨学术,展现形象,堪称一部资料翔实,可以传信的乡邑文献。

0015

安徽古籍丛书·桐城文学渊源撰述考[M]/刘声木撰;徐天祥点校.--合肥:黄山书社,1989

本书是一部具有工具书性质的关于桐城文学资料的集大成著作。《渊源考》收录桐城派及有关文学家1200余人,从记述师承关系入手探索桐城文学起源,研究桐城派形成、发展和社会影响,对与桐城派有关的阳湖、湘乡文学流派也有较为客观的评述。《撰述考》著录桐城派及有关作家、作品,共收书目4100余种,对其中一些书的别名、卷数、刊本、收藏及散佚等情况均有不同程度介绍。

0016

安徽古籍丛书·王侍郎奏议[M]/(清)王茂荫撰;张新旭等点校.--合肥:黄山书社,1991

本书十一卷,附录一卷。内容包括王侍郎奏议、王侍郎遗稿等,是研究清代货币政策的重要史料,也是研究王茂荫思想不可或缺的史料。

0017

安徽古籍丛书·壹斋集(全二册)[M]/(清)黄钺撰;陈育德,凤文学校点.--合肥:黄山书社,1999

本书收录清代学者黄钺所作诗四十卷、

赋一卷、《二十四画品》一卷、《画友录》一卷、游记一卷、《泛桨录》二卷、《奏御集》二卷、《两朝恩赉记》一卷、《萧汤二老遗诗合编》等，是清代一部较为重要的诗文集。

0018

安徽古籍丛书·张籍集注[M]/（唐）张籍著；李冬生注.--合肥：黄山书社，1989

张籍为中唐诗人，名重一时，是韩愈的得意门生和挚友，又是新乐府运动的先驱和积极参加者。本书辑录了张籍古诗28首，新乐府诗70首，五言律诗100多首，七言律诗80首，五言绝句21首，七言绝句100多首。

0019

安徽古籍丛书·中衢一勺·艺舟双楫[M]/（清）包世臣撰；李星点校.--合肥：黄山书社，1993

本书为清代学者包世臣所著。《中衢一勺》三卷，附录四卷，内容涉及水利、漕运和盐政等方面。《艺舟双楫》收录论文四卷、论书二卷、附录三卷，主要内容为文辞和书法，特别提及了书法提倡碑学的观点。

0020

安徽古籍丛书萃编·老子注译[M]/孙以楷，杨应芹注译.--合肥：黄山书社，1996

本书《道德经》原文，以《四部丛刊》河上公注本为底本整理，主校马王堆汉墓帛书，并适当吸收前人的研究成果。

0021

安徽古籍丛书萃编·张孝祥词笺校[M]/（南宋）张孝祥撰；宛敏灏笺校.--合肥：黄山书社，1993

本书辑录了《于湖先生长短句》五卷、《于湖先生长短句拾遗》一卷、《辑补于湖词》一卷，后有《张孝祥年谱》《传序辑存》等。

0022

安徽省地方志丛书[M]/绩溪县地方志编纂委员会编.--合肥：黄山书社，1998

本丛书收录了111种方志，包括《合肥市志》《蜀山区志》《包河区志》《瑶海区志》《长丰县志》《肥东县志》《肥乡县志》《淮南市志》《绩溪县志》等，介绍了安徽地区人文环境、社会经济制度的变革、生产力与生产技术的发展、各行业历史背景和兴衰的过程等。

0023

安徽私家藏书述略[J]/刘尚恒.--安徽史学，1987，01：14－18＋32

本文在考察西汉至清代安徽私家藏书概况的基础上，分析了安徽私家藏书的特点和散佚情况。安徽私家藏书呈现出藏书与流通相结合、藏书与刻书相结合、藏书与著述相结合、藏书与校勘整理相结合、综合收藏与专藏相结合的特点。战争、统治者的禁毁、自然灾害、子孙转卖和捐赠国家收藏是安徽私家藏书散佚的主要原因。

0024

安南志略[M]/（越）黎崱撰；武尚清点校.--北京：中华书局，1995

《安南志略》残存十九卷，是一部越南古代史书，为黎崱所撰，约成书于14世纪。本书内容丰富，涉及越南古代政治、社会、制度、文化、军事及对外关系等多个范畴，是研究越南古代史的重要典籍。

0025

安平秋古籍整理工作论集[M]/安平秋著.--北京：中国书籍出版社，1994

本书选编了古籍整理专家安平秋先生自1983至1994年在全国高等院校古籍整理研究工作委员会秘书处工作中所发表的报告、讲话和文章，反映了20世纪80－90年代我国高校古籍保护工作的基本情况。

0026

安庆师范学院馆藏古籍目录[M]/安庆师范学院图书馆编.--安庆：安庆师院图书馆，1981

本书是安庆师范学院20世纪80年代编订的古籍目录，可以基本反映该馆当时古籍收藏的状况。

0027

安庆市图书馆馆藏古籍目录[M]/安庆市图书馆编.--安庆：安庆市图书馆，1962

安庆市图书馆成立于1950年3月。本书是该馆20世纪60年代编订的古籍目录，可以基本反映该馆当时古籍收藏的状况。

0028

　　澳门问题明清档案的新发现［J］/晓晨. --浙江档案,1999,12:6

　　本文介绍了中国第一历史档案馆《明清澳门问题皇宫珍档》一书的基本情况。该书内容涉及税收及人口的管辖、海上防务与查禁鸦片、宗教活动及其管理、中西交往等,是明清中央政府和地方政府在澳门问题上的政务活动的真实记录,还记录了当时对澳门经营管理进行决策及这些决策的实施情况,反映了中央政府和地方政府对澳门管辖的意志和行为。

0029

　　澳门问题史料集（全二册）［M］/南京图书馆古籍部编. --北京:中华全国图书馆缩微复制中心,1998

　　本书是一部系统介绍澳门社会历史的著作。收集了清代历任两广总督那彦成、卢坤、邓廷桢、林则徐、徐广缙、曾国荃、张之洞等人关于澳门海防、贸易的奏牍,香山县丞张汝霖等人的有关澳门问题的史料。由南京图书馆将馆藏中稀见史料三十余种汇编成册。

B

0030

《八家后汉书辑注》标点商榷[J]/何亚南.--文教资料,1994,02:114-116

本文校订了上海古籍出版社1986年版《八家后汉书辑注》中出现的九处标点问题。

0031

《八旗通志》点校本出版[J]/《东北师范大学学报》编辑部.--东北师范大学学报(哲学社会科学版),1987,06:42

本文是一则学术信息,指出由东北师范大学李洵教授、赵德贵教授任主点校,经过十多位同志几年的努力,《八旗通志》出版发行,介绍了该书的内容、体例、字数、册数、学术价值等。

0032

"八旗通志"点校琐谈[J]/赵德贵.--中国民族,1986,05:45

《八旗通志》清雍正五年(1727)由鄂尔泰等奉敕纂修,乾隆四年(1739)成书,是现存有关八旗制度的一部较为完备、具有很高学术价值的专史。本文介绍了《八旗通志》一书点校整理的过程和步骤,认为该书的出版是对少数民族古籍整理工作的一大贡献。

0033

跋《重钞本明孤本传奇凌云记》[J]/罗忼烈.--东方文化(在香港地区发表)1975,02:162-180

明传奇《凌云记》是一部孤本,以抄本传世,今见《明孤本传奇凌云记》抄本,附有罗忼烈先生的校勘记,香港书业公司出版。据罗先生考证,韩上桂与《琴心雅调》作者叶宪祖、《琴心记》作者孙柚是同辈,同辈人对司马相如故事的处理手法很不一样,倒是颇为有趣的事情。

0034

跋清正谊堂刻本《周易订疑》[J]/杜泽逊.--山东大学学报(哲学社会科学版),1998,03:63+62

本文考订了清正谊堂刻本《周易订疑》著者董养性的生平事迹和交游情况,以补订《四库提要》之缺误。

0035

把壮族古籍整理出版推向系列化的新阶段[J]/张声震.--广西民族研究,1998,02:35-37+78

本文在介绍20世纪80-90年代广西壮族古籍整理出版情况的基础上,提出了古壮字搜集整理和壮族戏剧系列化、编写《壮语地名全集》《壮族民歌古籍集成》《古壮字字典》增补本、壮族宗教经典的整理等方面的设想,并探讨了具体的实施方法。

0036

白虎通义研究[D]/王新华.--政治大学(台湾地区),1975

本文是对《白虎通义》一书做的系统研究。论述了《白虎通义》作者之生平及其内容、历代著录及其源流、成书主要背景等。本文研究的重点之一是《白虎通义》引用经典情况,另一重要内容是对《白虎通义》声训的考订。

0037

白话解释孙子兵法[M]/姚季农.--台北:古籍史料出版社(台湾地区),1973

《孙子兵法》是中国古代著名的兵书,春秋时期军事家孙武撰写,被誉为"兵学圣典"。本书是《孙子兵法》的翻译整理研究著作。

0038

白话中医古籍丛书·黄帝内经素问[M]/王洪图主编.--太原:春秋出版社,1988

《黄帝内经素问》是现存很早的中医理论著作,大约成书于春秋战国时期。本书以明嘉靖庚戌本为底本,编写过程中参阅了历代文献及各种语译语释本。

0039

白话中医古籍丛书·金匮要略[M]/冉先德主编. --太原:春秋出版社,1988

《金匮要略》是我国东汉医学家张仲景《伤寒杂病论》的杂病部分,也是我国现存最早的一部论述杂病诊治的专书,原名《金匮要略方论》,论病40余种,载方205首(不含杂疗、食物禁忌等三篇)。剂型涉及汤、丸、散、膏、酒、洗、敷、坐等多种。

0040

白话中医古籍丛书·灵枢经[M]/宗全和主编. --太原:春秋出版社,1988

《灵枢》,亦称《九卷》《针经》《九灵》《九墟》等,是中医经络学、针灸学及其临床的理论渊源。本书为《灵枢经》的白话译本。

0041

白话中医古籍丛书·难经[M]/王洪图,烟建华主编. --太原:春秋出版社,1988

《难经》原名《黄帝八十一难经》,又称《八十一难》,是中医现存较早的经典著作。该书采用问答方式,探讨和论述了中医的一些理论问题,内容包括脉诊、经络、脏腑、阴阳、病因、病机、营卫、腧穴、针刺、病证等。

0042

白话中医古籍丛书·伤寒论[M]/高德主编. --太原:春秋出版社,1988

《伤寒论》是东汉张仲景所著的一部阐述外感热病治疗规律的汉医经典,十二卷,现遗存十卷。本书总结前人的医学成就和丰富的实践经验,集汉代以前医学之大成,并结合临床经验,系统阐述了多种外感疾病及杂病的辨证论治,理法方药俱全。

0043

白话中医古籍丛书·温病条辨[M]/孟澍江、沈凤阁主编. --太原:春秋出版社,1988

《温病条辨》是一部以三焦分治温病,确立出辨证论治纲要的著名作品。该书共六卷,卷首冠以原病篇。卷一至卷三,列述辨别症候和处治的条例,卷四为有关发明温病学理的短论。卷五卷六是运用温病治疗原理,

讨论产后调治及小儿惊风痘症等的杂论。

0044

白族古籍文献整理工作综述[J]/杨锐明. --云南图书馆,1993,04:29 – 31

本文从地方志整理、家谱族谱搜集、碑刻复制、民族文学搜集整理、音乐舞蹈绘画整理、地方人士著作中白族地区作品搜集等几个方面,考察了1983 – 1993年期间白族古籍文献整理工作的基本情况,提出今后工作建议。

0045

《百衲本二十四史校勘记》整理缘起[J]/王绍曾. --书目季刊(在台湾地区发表)1998,01:11 – 15

本文阐述张元济在辑印《百衲本二十四史》过程中,以20年的精力,充分利用宋元明善本校勘全史,恢复了全史的本来面目,肯定了张元济校勘全史的贡献;列举张元济《衲史校勘记》的重要价值;叙述此次整理现存16种的经过,并对张元济校改衲史的是非进行评价。

0046

班兰台集校注[M]/(东汉)班固撰;(清)张溥辑;白静生注. --郑州:中州古籍出版社,1991

本书为汉代史家班固文集,辑录了班固的各种作品41篇,包括赋、表、奏记、书、议、符命、设难、颂、铭等,系明代张溥辑佚而成,附张溥《题词》及《本传》,以扫叶山房本为底本,参校经济堂刻本等版本。

0047

"版本"辨正[J]/时永乐. --辞书研究,1998,02:150 – 152

本文指出《汉语大词典》对"版本"条目的解释存在释义不准、释义与书证不合、义项排列顺序颠倒等问题。《辞源》(修订本)对该条目的解释存在行文用字不统一、释义模糊不清、义项不完备等问题,并提出了作者的见解。

0048

版本订误三则[J]/文鹏. --史学月刊,1993,03;101

《增订四库简明目录标注》(上海古籍出版社,1979年版)、《贩书偶记》(中华书局,

1959年版)、《贩书偶记续编》(上海古籍出版社,1980年版)为版本目录学的重要著作,但存在不少疏误。本文发现了前人改正未尽的疏误数条,加以考证。

0049

版本古籍鉴赏与收藏[M]/黄燕生,林岩编著.--长春:吉林科学技术出版社,1996

本书图文并茂,从版刻源流、珍本鉴赏、鉴定与辨伪、古籍的收藏利用与保护四方面,对古籍鉴赏与收藏问题进行了深入浅出的研究,学术性与趣味性兼顾。

0050

版本目录与古籍鉴定[J]/曹之.--河南图书馆学刊,1985,02:44-48

本文探讨了版本书目在古籍鉴定中的重要作用。文中介绍了通过查阅版本目录确定古籍价值的方法,一是可先查阅《四库全书总目》《邵亭知见传本书目》《贩书偶记》《四库未收书目提要》《清代禁毁书目》等,了解本书版本的大概情况。二是遇到少见罕见之本,还要进一步查阅古代现代各种版本目录,看看此书在有关书目中曾否著录。如有著录,比较该书与前人著录的异同,从而确定其价值。

0051

版本起源考略[J]/时永乐.--江苏图书馆学报,1998,01:54+6

本文对版(板)本的起源作了考证,辨析了"版本"与"板本"的区别,并指出就目前所发现材料来看,"版(板)本"一词的出现,以宋太宗淳化元年(990)为最早,而不是始于宋真宗咸平初。

0052

版本学[M]/徐国仟主编;郭君双,田思胜编写.--北京:中国医药科技出版社,1994

本书侧重中医古籍版本学的研究,分为上、下两篇。上篇介绍了版本概念、形制沿革和结构、历代称谓、版本差异与体例以及版本功用与利用。下篇说明版本学在中医古籍中的应用,介绍了60余种历代方书、经典、临床专著的版本状况和版本分析。

0053

版本学[M]/姚伯岳著.--北京:北京大学出版社,1993

本书以揭示版本和版本学的实质,及建立系统严密的学科体系为写作宗旨,分别从版本与版本学、版本学史、版本分析及版本类型等多个角度对版本学进行了阐述,丰富了版本学的思想和方法。

0054

版本学概论[M]/戴南海著.--成都:巴蜀书社,1989

本书将版本学作为一门独立学科来研究,讨论了我国雕版印刷术的起源,追溯了古籍雕版印刷术的发展史,系统介绍了版本目录学的流变和现状等问题,是一部融资料性、实用性于一体的学术专著。

0055

版本学基础理论研究述评[J]/石洪运.--黑龙江图书馆,1991,03:57-60

本文评述了20世纪50-90年代版本学研究的热点问题,对主要研究成果和观点进行了总结提炼,涉及版本学的产生时期、科学地位、研究的对象和内容、版本学与其他科学的关系、研究方法、研究的流派等。

0056

版本学没有广狭二义论[J]/严佐之.--图书馆杂志,1986,03:19-21

本文探讨了版本学的研究范畴问题,指出版本学的研究对象是明确而肯定的,版本学有"广狭二义"的设想没有必要。

0057

版本学研究的新成果——《版本学》评介[J]/晓雨.--大学图书馆学报,1996,03:77-78

本文是为姚伯岳《版本学》一书做的书评,认为该书总结版本技术较为全面,揭示版本现象也相对透辟,在此基础上形成的诸多观点和结论有理有据。文中也指出该书在"中西合璧"的学术取材方面,还有进一步拓展的空间。

0058

版本学研究的新成果——读戴南海新著

《版本学概论》[J]/赵吉惠.--西北第二民族学院学报(哲学社会科学版)(后更名为北方民族大学学报),1990,04:12-18

本文为读陕西省图书馆戴南海同志撰写的《版本学概论》一书后所做的书评。认为该书具有鲜明的理论性、开创性,长于概括总结版本学研究的最新成果,内容丰富,资料翔实,富于知识性与可读性,对于图书文献的实际工作具有实用性和指导性等特点,初步形成了古籍版本学的框架体系。

0059

版本学研究论文选集[M]/阳海清主编;中国图书馆学会学术委员会古籍版本研究组编.--北京:书目文献出版社,1995

中国版本学虽源远流长,但关于版本学史的研究似尚处于拓荒阶段,有待深入耕耘和开发。编写出一部观点鲜明、脉络清晰、史料翔实的中国版本学史,是摆在版本学界的严峻课题。本论文集所收诸篇,或从通代或从断代大致上划出了一条版本学史的发展线索,对了解版本学的发展进程有所帮助。

0060

版本研究的时空延伸——应重视现代新型文献的版本研究[A]/骆伟.--海峡两岸第四届图书资讯学学术研讨会论文集[C],1998

本文指出,当代新科技所生产的新型文献,促使文献数量和类型剧增。为了适应文献发展与研究的需要,我国版本研究的重点,可突破时空的界限,不囿于传统古籍版本时间,向文献内容方面转移,是时代的需要,也是今后版本研究的方向。

0061

版刻字体与国运盛衰[J]/王国强.--郑州大学学报(哲学社会科学版),1990,05:124

本文通过考察历代古籍版刻字体的变化,讨论了字体形制与国运盛衰之间的微妙关系。

0062

保存古代典籍 研究传统文化——《四库全书存目丛书》笔谈会[J]/丘峰.--中国图书馆学报,1995,01:4-7

本文介绍了彭斐章、朱天俊、谢灼华等专家学者对《四库全书存目丛书》的编纂工作提出的意见和建议,涉及该丛书编纂出版的意义和价值,对文化建设、学术研究的影响与促进等内容。

0063

保护古籍最主要的工作是防霉蛀[J]/戴南海.--文博,1984,03:85-90+92

本文指出读者要充分认识霉蛀的危害性,介绍了防止霉蛀的一些切实可行的方法,提醒古籍的典藏单位在保护古籍的时候,最主要的工作是防霉蛀。

0064

鲍廷博和《知不足斋丛书》[J]/郑清土.--安徽史学,1985,04:58-60

本文从献古书蒙受褒奖、精刻书惠施来学、广采书精心校勘、博览书问难无竭、为丛书鞠躬尽瘁几个方面,肯定了藏书家鲍廷博在藏书、校勘、版本、目录诸方面作出的可贵贡献。

0065

鲍廷博和《知不足斋丛书》[J]/李春光.--文献,1986,04:257-273

本文分析了清代鲍廷博《知不足斋丛书》的特点和优点。该书以罕见和实用为宗旨,注重善本,校刊精审,力革前人丛书之弊,收书首尾完备,亦反映了中日文化交流。但鲍氏所搜之书受到个人能力以及时间和空间限制,有些书不一定都能得到最好的善本,校勘也不能不无所遗。

0066

鲍廷博和《知不足斋丛书》[J]/汪嘉麟.--图书馆杂志,1999,09:41-42

本文在介绍鲍廷博生平事迹的基础上,对其校刊丛书的目的和价值进行了分析,还对其刊刻的《知不足斋丛书》作了介绍。鲍氏校刊丛书,使孤本古籍能为众多时人所知晓;使书中的缺佚、谬误能得以补齐、修正,以成完书;更使后辈能够继承祖国的文化遗产。

0067

北大馆藏拓本《给事君夫人韩氏墓志》辨伪

[J]/罗新. --文献,1996,01:253－255

本文研究了北京大学图书馆藏拓本《扬列大将军太傅大司马安乐王第三子给事君夫人韩氏之墓志铭》的真伪问题,认为这一方伪志是篡改魏志《安定靖王第二子给事君夫人王氏墓志》而成。

0068

北大图书馆藏两件敦煌文献补说[J]/邓文宽. --北京图书馆馆刊(后更名为国家图书馆学刊),1996,04:90－91

上海古籍出版社《敦煌吐鲁番文献集成》,影印刊布了北京大学图书馆所藏的敦煌文献。但由于敦煌吐鲁番文献内容庞杂,门类众多,以及编辑工作方面原因,也还有一些不周乃至错失需要补正。本文对"北大D198"号(题名具注历)和"北大D195"号(亦题名具注历)两件藏品进行了文献补说。

0069

北京大学图书馆藏古籍善本书目[M]/北京大学图书馆编. --北京:北京大学出版社,1999

本书目收录标准原则上依《中国古籍善本书目》收录标准,分类设经、史、子、集、丛五部。著录方式上,每书著录书名、卷数、作者、版本、册数及索书号。书目后附有书名、著者索引。该书收录范围包括该馆历年购入的古籍善本、私人捐赠本,如清末方氏碧琳琅馆捐赠的明清刻本,近代著名藏书家李盛铎捐赠的宋、元、明刊本、抄本、稿本、名人手校题跋本;日本刻本、抄本和朝鲜刻本等;接收的国学院藏书和燕京大学图书馆并入的古籍善本等。该书在一定程度上反映了北京大学图书馆20世纪90年代的古籍善本藏存情况。

0070

北京大学图书馆藏善本书录(中英文本)[M]/张玉范,沈乃文主编. --北京:北京大学出版社,1998

本书收录了北京大学图书馆馆藏善本130种,大部分是收藏家李盛铎家族的藏书。每种书都有书影和提要,并附英文译文。

0071

北京大学图书馆馆藏稿本丛书[M]/北京大学图书馆馆藏稿本丛书编委会编辑. --天津:天津古籍出版社,1987－1991

北京大学图书馆收藏有大量明清时期名家稿本,都是海内孤本,有极高的史料价值。本丛书汇集数十家清人手稿,装订为23册,对研究明清两代的文献和史料,提供了不可多得的原始材料,对近代史也有着相当广泛的研究及参考价值。

0072

北京大学图书馆馆藏经部书丛考(四则)[J]/于义芳. --北京大学学报(哲学社会科学版),1999,02:140－142

本文考订了北京大学图书馆藏六部古籍的著录问题,包括《读易备忘》作者问题、《易学启蒙通释》作者胡方平生卒年代问题、《易经存疑》《易经蒙引》版本问题、黄正宪《易象管窥》《春秋翼附》两书版本问题。

0073

北京地区丰富的藏文古籍藏书[J]/王璐. --青海民族学院学报(后更名为青海民族大学学报)(社会科学版),1993,01:119－120

本文介绍了北京地区故宫、雍和宫、法源寺、民族文化宫图书馆、北京图书馆、中央民族学院、藏学研究中心等单位藏文古籍的藏书情况,并对这些宝贵的藏文古籍得到有计划的整理编目感到十分欣喜。

0074

北京牛街志书——《冈志》[M]/北京市政协文史资料研究委员会,北京市民族古籍整理出版规划小组编;刘东声,刘盛林注释. --北京:北京出版社,1991

本书为清康熙年间北京回民社区牛街的志书,由在太医院供职的回民御医赵士英撰,内容涵盖教内政、教、商、民各个方面。该书涉及了重要的回教人物和事件,读此书不是局限在牛街一地,而能和全国范围打通,这是其独有的价值。书中记载的教门状况,与今日并无太大变化,因此有极大借鉴意义,实是不可多得的回教文献。

0075

北京师范大学古籍所[J]/《中国典籍与文

化》编辑部. --中国典籍与文化,1996,02:129

本文介绍了北京师范大学古籍所成立的过程、研究宗旨和重点研究方向等情况,重点介绍了该所成立以后,在学术科研、人才培养、教育教学等方面取得的成绩。

0076

北京师范大学图书馆中文古籍善本书目 [M]/北京师范大学图书馆编. --北京:北京师范大学图书馆,1982

1982年北京师范大学图书馆以上报《中国古籍善本书目》的1500余种古籍为基础,编印了《北京师范大学图书馆中文古籍善本书目》。本目录可以在一定程度上反映北师大20世纪80年代的古籍善本藏存情况。

0077

北京师范大学图书馆中文古籍书目 [M]/北京师范大学图书馆编. --北京:北京师范大学图书馆,1983

20世纪六60年代,北京师范大学图书馆曾对馆藏古籍进行整理研究,编印了《北京师范大学图书馆中文古籍书目》,1983年对该目录进行了重新印制。

0078

北京师范大学图书馆中文古籍书目(全二册) [M]/北京师范大学图书馆编. --北京:北京师范大学图书馆,1961

本目录收编北京师范大学图书馆1960年以前入藏的中华人民共和国成立前(清代以前著作为主,清以后著作在学术体系上有联系者亦酌量收入)古籍14200余种。依经、史、子、集、丛书五部排列。每类排列次序,一般按著者时代或内容时代,个别地区或小类排列。每书著录书名、卷数、著者、年代、版本、册数、书号等项。此书于1983年重印。

0079

北京图书馆藏普通古籍家谱综述 [J]/杨晏平. --文献,1999,02:238-246

据1989年文献资源普查统计,北京图书馆藏有家谱共计3006种。本文从地域特征、姓氏分析、品种类型、版本价值、史料价值以及学术价值等方面,梳理了该馆藏普通古籍

家谱的基本情况,为我国家谱方面的研究提供了理论依据。

0080

北京图书馆藏正史宋元版解题抄——《正史宋元版研究》补订 [J]/(日)尾崎康著;陈捷译. --北京图书馆馆刊(后更名为国家图书馆学刊),1995,43:75-81

《正史宋元版研究》为作者1985年为申请博士学位而向庆应义塾大学提交的论文,当时尚难以对中国大陆的大量藏书进行调查。1987年春拿到初校校样后不久,作者有机会到上海、北京、南京调查了十几种正史的重要版本,但对北京图书馆藏本的调查只限于覆刻北宋刊本《史记》和南宋中期建刊本《南史》。本文对原论文论述不足的重要版本进行了补订。

0081

北京图书馆古籍善本书目(全五册) [M]/北京图书馆编. --北京:书目文献出版社,1987

本书是北京图书馆编制的第六部馆藏善本书目,在1959年赵万里、冀淑英先生主持编制、中华书局出版《北京图书馆善本书目》基础上,增加新选入善本的古籍一千余种,总数达到一万两千种。书目继承了前五部书目在收录标准、版本考订、款目著录、编目体例、分类原则等方面的优良传统,纠正了一些以往著录的失误。书后附有书名和著者的四角号码索引,便于检索使用。

0082

北京图书馆古籍珍本丛刊 [M]/北京图书馆古籍出版编辑组编. --北京:书目文献出版社,1988

本套丛刊共120册,收古籍473种,近8000卷,分经、史、子、集四部。所收古籍有宋、金、元、明、清各代的刻本,元、明、清三代的抄本、稿本。丛刊所收书近四分之一为北京图书馆独家收藏的孤本,分类及版本著录均据本馆新编《北京图书馆古籍善本书目》(书目文献出版社1987年出版)。凡已收入《四部丛刊》(商务印书馆出版)的同一版本古籍不再收录,方志部分也不与《天一阁藏明代

方志选刊》重出。

0083

北京图书馆金石拓片的收藏整理与研究
[J]/徐自强,冀亚平.--北京图书馆馆刊(后更名为国家图书馆学刊),1998,01:53－60

北京图书馆金石拓片收藏丰富。本文梳理了北图金石组从事金石资料的收集、整理、典藏、阅览、咨询、研究情况,从甲骨文、金文、石刻资料和玺印四个方面介绍了北京图书馆80年来对金石学的研究。

0084

北京图书馆近年采进善本书提要(一)[J]/
张丽娟,李坚,唱春莲等.--北京图书馆馆刊(后更名为国家图书馆学刊),1998,02:130－134

自1987年《北京图书馆古籍善本书目》问世至本文撰写的十余年间,国家图书馆陆续入藏了一批善本古籍,其中不乏一些罕见珍贵的版本。本系列论文主要考订这批善本书的著者、版本、内容等,并撰写了简短提要,陆续发表在《北京图书馆馆刊》和《国家图书馆学刊》上,前四篇名为《北京图书馆近年采进善本书提要》,后五篇名为《国家图书馆近年采进善本书提要》。本文主要介绍了《增订周易澹窝因指集注》《周易本义》《尚书要旨》《尚书要旨》等书。

0085

北京图书馆近年采进善本书提要(二)[J]/
张丽娟,李坚,唱春莲等.--北京图书馆馆刊(后更名为国家图书馆学刊),1998,03:115－118

本文主要介绍了《新安叶氏宗谱》《新安棠樾鲍氏世系》《正气录》《隙影记珠》等书。

0086

北京图书馆近年采进善本书提要(三)[J]/
张丽娟,李坚,唱春莲等.--北京图书馆馆刊(后更名为国家图书馆学刊),1998,04:130－133

本文主要介绍了《尔雅直音》《桐颜氏宗谱》《新丰王氏世谱》《范氏家乘》等书。

0087

北京图书馆近年采进善本书提要(四)[J]/

张丽娟,李坚,唱春莲等.--北京图书馆馆刊(后更名为国家图书馆学刊),1999,01:131－138

本文主要介绍了《重刊巢氏诸病源候总论》《医统正脉》《重广补注黄帝内经素问》《寿养丛书》等书。

0088

北京图书馆举办"普通古籍及分类目录"专题展览[J]/寒冬虹.--文献,1988,03:209

本文介绍了1988年1月至4月间北京图书馆文津街分馆举办"普通古籍及分类目录"专题展览的情况,包括普通古籍藏量、年代、分类等。

0089

北京图书馆历年所编的古籍目录[J]/寒冬虹.--文献,1989,02:255－268＋289

本文通过对北京图书馆的53种馆编书本式汉语文古籍目录的揭示,分门别类介绍了北京图书馆编制的早期古籍目录、善本目录、普通古籍目录和专科目录,使之有一条较为清晰的脉络,也是对北京图书馆古籍编目的一次简要回顾。

0090

北京图书馆普通古籍总目(第一卷 目录门)[M]/北京图书馆普通古籍组编.--北京:书目文献出版社,1990

本书是北京图书馆馆藏全部普通古籍的目录,书中著录的古籍主要是1911年之前以古典装帧形式出现的写本和印本图书,同时也包括1911年以后以古典装帧形式出现的、内容与中国古代文化有关的图书。本卷所收为目录门书,共1948种3747部15406册,分为目录学、学科书目、收藏书目、图书馆书目和图书馆学几类。

0091

北京图书馆普通古籍总目(第六卷 古器物学门)[M]/北京图书馆普通古籍组编.--北京:书目文献出版社,1994

本卷所收为古器物学门书,共1456种2996部12429册,散叶334幅,分为古器物学、甲骨、金文、石刻等类。

0092

北京图书馆普通古籍总目（第十卷 文字学门）[M]/北京图书馆普通古籍组编.--北京：书目文献出版社,1995

本卷所收为文字学门书,共1958种3353部15059册,分为总记、训诂、字书、说文、音韵、方言、外国文字等类。

0093

北京图书馆普通古籍总目（第十三卷 自然科学门）[M]/北京图书馆普通古籍组编.--北京：书目文献出版社,1995

本卷所收为自然科学门书,共1255种1910部5852册,分为自然科学、数理科学、生物科学等类。

0094

北京图书馆所藏清南监书[J]/薛英.--文献,1983,02:56

本文介绍了清南监书入藏北京图书馆的经过,以及南监图书钤印的情况。

0095

北京图书馆藏文古旧图书著录暂行条例说明[J]/黄明信,谢淑婧,丹珍卓玛.--中国藏学,1988,01:49－75

本文是北京图书馆针对馆藏藏文古旧图书编目工作而制定的著录暂行条例说明,包括总则、大藏经目录、文集部目录（附丛书部）、综合部目录、书名的著录、著者名的著录等。

0096

北京艺术博物馆古籍善本书目[M]/北京艺术博物馆图书资料室编.--北京：北京燕山出版社,1996

北京艺术博物馆收藏有20万册古旧图书,其中线装古籍有16万册。该馆从中精选善本古籍并进行编目,编成本书。本批古籍善本上迄宋元,下至清中期,版本著录翔实,读者可全面了解书本情况。

0097

北平图书馆善本书目（全八册）[M]/北平图书馆编.--台北：艺文印书馆（台湾地区）,1976

本书四卷,主要收录1933年以前北平图书馆馆藏宋元明刊本以及秘本、精抄名本、稿本等善古籍本3796部。该书按经、史、子、集四部分类排列。每书著录书名、卷数、编撰人姓名时代,并略记刻书时间、地点或刻者姓名。抄本记其时代或人名、室名。稿本记其著者时代和姓名。该书另有1933年北平图书馆刊本。

0098

北山楼集[M]/吴保初撰;孙文光点校.--合肥：黄山书社,1990

本书是清代吴保初编著的诗文集,包括诗、词、文三部分,以诗篇幅最多,书后附录序跋、传志、题赠、杂评四类。辑补方面主要是会合已印的几种,又搜集了一些集外作品,辑补结果共得诗361首、词6阙、文26篇。所录诗文按年编次,进行了注释和点校。

0099

北宋别集[J]/沈津.--文献,1990,04:211－224

本文是沈津先生为上海图书馆馆藏善本古籍撰写的书录之一,辑录了清康熙抄本《徐公文集》、清知不足斋抄本《孙明复小集》、宋刻本《宛陵先生文集》、明淡生堂抄本《南阳集》、元刻本《东坡先生往还尺牍》、明初刻本《山谷外集诗注》、明抄本《宛丘先生文集》、宋刻本《倚松老人文集》、清知不足斋抄本《刘给事文集》等九部古籍的书录。

0100

北宋官府藏书与《崇文总目》[J]/张围东.--"中央图书馆"台湾分馆馆刊（在台湾地区发表）1999,02:79－86

《崇文总目》是我国现存（虽已残缺）最早的一部国家书目,主要是以崇文三馆（昭文馆、史馆和集贤院）与秘阁所藏的图书编制而成。本文就北宋官府藏书探源考究,包括搜集亡国之图书、征访遗佚之图书,并叙述崇文院书院及藏书情况,进而详述《崇文总目》的编修始末及对后世目录学的影响,作为日后目录学研究之参考。

0101

北宋时期的古籍整理[J]/王晟.--史学月

刊,1983,03:44 – 48

本文介绍了我国北宋时期采用收集被征服政权的图书、民间求书以及访求外国书籍和流传到国外而国内已遗失的古籍几种方法,收集古籍的情况,介绍了北宋时期大部头丛书和类书的编纂情况。指出北宋时期整理古籍工作对于丰富我国典籍的贡献,应该予以肯定。

0102

北图工作产品(1):《北京图书馆普通古籍总目(目录门)》[J]/鲍国强.--北京图书馆馆刊(后更名为国家图书馆学刊),1987,04:48 – 52

北京图书馆收藏普通古籍约两百万册,其种数占全国的71%。为了有效揭示和更好利用这些古籍,该馆编辑《北京图书馆普通古籍总目》工具书,共分十五卷。《北京图书馆普通古籍总目(目录门)》是第一卷。本文系对该卷的介绍。

0103

北图工作产品(2):《台港及海外中文报刊资料专辑》[J]/乔凌元.--北京图书馆馆刊(后更名为国家图书馆学刊),1987,04:52

本文介绍了北京图书馆编辑的《台港及海外中文报刊资料专辑》的基本情况。文中指出,这一资料专辑,是据馆藏六百余种台湾省、港澳地区及海外出版的中文报刊,从中选择学术性或资料性较高的著述,依学科分类编印而成的。

0104

北图工作产品(3):《敦煌社会经济文献真迹释录》[J]/张玉秋.--北京图书馆馆刊(后更名为国家图书馆学刊),1988,01:34 – 35

本文介绍了《敦煌社会经济文献真迹释录》一书编撰的基本情况。文中指出,该书资料来自中、英、法、苏、日等国所藏敦煌文献,北京图书馆的唐耕根、陆宏基二位学者将至为重要的社会经济方面资料,分类辑出,按原件汇集影印,并附对照释文。其内容包括有地志和瓜沙两州大事记及巡行记;姓望氏族谱、名族志、家传;籍帐,手实、差科簿;社约、

投社退社状、社司牒和转帖、纳赠历、收支帐、社斋文等社邑文书;敦煌县行用水细则和渠人转帖;行人转帖;沙州会计历、河西和籴会计牒、军仓、郡仓收纳麦粟谷等历,河西支度营田使户口给付计会等财政文书。该书为研究中国古代社会经济、历史,尤其是为研究丝绸之路提供了大量珍贵史料,其中不少资料是第一次发表,具有较高的学术研究价值。

0105

北图工作产品(4):《北京图书馆通讯》[J]/张小娴,林雅平.--北京图书馆馆刊(后更名为国家图书馆学刊),1988,01:36 – 38

本文回顾了《北京图书馆通讯》期刊出版发行十年的历史。文中简要统计了该期刊当时的文章主题分布、来源和作者情况。

0106

北图所藏蒙文珍本崇德三年《军律》[J]/申晓亭.--文献,1984,01:111 – 115

本文介绍了北京图书馆藏蒙文古籍崇德三年(1638)清太宗皇太极颁布的《军律》一书的基本情况,考订了该书的内容、版本年代等。

0107

北魏修史事业与《水经注》的形成[D]/陈识仁.--台湾大学(台湾地区),1999

本文从北魏的修史事业出发,讨论了郦道元撰《水经注》的动机与目的。这是《水经注》及郦学研究的一个较为崭新的角度,即从历史文化层面去理解这部学术名著。作者专著《水经注与北魏史学》,于2008年由台湾花木兰文化出版社发行,是在此文基础上整理而成。

0108

备急千金要方·千金翼方[M]/(唐)孙思邈著.--天津:天津古籍出版社,2009

《备急千金要方》,亦称《千金要方》《千金方》。是唐朝孙思邈所著的中国古代中医学经典著作,共30卷,被誉为中国最早的临床百科全书。《千金翼方》,约成书于永淳二年(683),孙思邈集晚年近30年之经验,以补早期巨著《千金要方》之不足,故名翼方。

0109

本草秘录[M]/（清）陈士铎著述；（清）金以谋订梓；何高民校订. --太原：山西科学教育出版社,1986

本书又名《本草新编》,系清初陈士铎本草学专著。该书尊重古训而不泥古,系统总结了七方"十剂"学说,略人所详,详人所略,对传统理论解惑释疑,权衡取舍,繁简得宜,在历代《本草》中独树一帜,对方剂理论研究者和中医药初学者具有参考价值。

0110

"本"的发展史略和我们的善本观[J]/吴啸英. --厦门大学学报（哲学社会科学版）,1989,01:134 – 140

本文结合书籍史,对"本"的发展历史进行论述,并对何为正确的"善本观念"进行了阐述,指出图书馆应采用一般校勘学家的善本概念,以含有最大信息量的、最易满足读者文献需要的古籍为善本,而博物馆则应批判继承古籍鉴赏家的善本概念,以宋元本等为善本。

0111

本世纪唐五代词的文献整理与研究概观[J]/王兆鹏,刘尊明. --文献,1999,03:174 – 183

本文考察了20世纪有关唐五代词的文献辑录与整理情况。文中指出辑录、整理唐五代词,并非始于20世纪。早在明万历二十二年（1594）,董逢元曾辑录《唐词纪》十六卷,收录唐五代词作948首。清康熙间编纂《全唐诗》,对唐五代词进行了一次较大规模的辑录整理。20世纪校勘、笺注唐五代词集的成果较丰硕,流传至今的唐五代词集有《云谣集杂曲子》《花间集》《尊前集》等,其中《花间集》的校、注本最多。

0112

比喻与古籍校勘[J]/朱承平. --古籍研究,1996,04:73 – 76

本文从本体与喻体同线不得隐匿不出、比喻当用喻词不可或缺、喻体浅近易晓不得晦涩难懂等十三个角度,分析了比喻这种修辞手法与古籍校勘之间的关系,提出如果依据比喻的特点校勘古书,往往可以发现词句的错讹,获得纠讹补脱删衍正乙的证据。

0113

笔记小说名著精刊·道听途说[M]/（清）潘纶恩著；易军校点. --合肥：黄山书社,1996

本书是一部创作于清代道光中后期至咸丰初年的笔记小说集。全书十二卷,收录小说一百一十余篇,大多数为情节曲折的传奇体之作。潘纶恩除了揭露吏治黑暗、民风浇薄,还把笔触伸向家庭这个基本、普遍的社会单元,广泛地描写了这一社会细胞诸种人伦关系的窳败,在清代文言小说史上标志着创作风气的一种转折。

0114

笔记小说名著精刊·兰苕馆外史[M]/（清）许奉恩著；贺岚澹点校. --合肥：黄山书社,1996

本书十卷,又名《里乘》,收录笔记小说190篇,是一部以劝惩为意旨,兼有《聊斋志异》和《阅微草堂笔记》优点的笔记小说佳作。书中官场科场、民俗民风、家庭邻里、男女恋情、僧尼武侠、神鬼精怪,均有涉及,作者以其广博的见闻和圆熟的笔法为我们描绘了一幅清末社会世相百态图,读来颇有兴味,多有启迪。

0115

笔记小说名著精刊·青泥莲花记[M]/（明）梅鼎祚纂辑；陆林校译. --合肥：黄山书社,1996

本书十三卷,广辑汉、魏、隋、唐、宋、元、明等两百多名妓女事迹,除少量为梅鼎祚自撰外,其余均录自正史别集、诗话、笔记、传奇、佛经和道家传记。各类故事按朝代顺序排列,遇同事异传者,则一同列出。部分故事又经编者考证校勘。各类之后的"女史氏曰"表达了梅氏对有关问题的看法。

0116

笔记小说名著精刊·舌华录·明语林[M]/（明）曹臣,（清）吴肃公著；陆林校点. --合肥：黄山书社,1996

本书为世说体小说《舌华录》和《明语林》的合印本。《舌华录》精心选录了从先秦两汉直到明代士大夫阶层的传闻逸事，其中明人逸事入选尤多，间或也采录了吴苑和编者自己的言论，因此保存了大量引书之外的史料。该书时间跨度大，涉猎范围广，思想内涵丰富。历代许多脍炙人口的妙言警句、成语掌故都被汇编到书中。《明语林》十四卷，全书内容分为三十八门九百余条，涉及人物六百以上。从名臣巨儒，到单门介士，凡有可录者，无不搜罗入编，可谓有明一代人物佚事的百科全书，内容相当丰厚。全书以大量篇幅记载了那些刚正不阿、顾全大局、关心民情而又廉洁自律的名臣良将的感人事例。对于谦、况钟、杨廷和、海瑞、顾宪成、周顺昌、左懋第等杰出人物，本书从各个侧面表彰他们的志向、气节，描绘他们的人品、风度，崇慕之情，溢于言表。对于误国的权奸佞宦和那些阿谀求荣的邪辟小人，则予以无情的鞭挞和嘲弄。

0117

笔记小说名著精刊·夜雨秋灯录（全二册）[M]/（清）宣鼎著；项纯文校点.--合肥：黄山书社，1996

本书是一部受《聊斋志异》影响而创作的文言笔记小说，作品仿《聊斋》笔法述写奇闻异事，但内容多记人事。书中收录了《青天白日》《银雁》《龙梭三娘》《迦陵配》等故事。

0118

《碧岩集》点校[D]/欧阳宜璋.--政治大学（台湾地区），1992

《碧岩集》全称《佛果圆悟禅师碧岩录》，亦称《碧岩录》，是宋代著名禅僧圆悟克勤大师所著。本文对该书进行了全面的点校研究，于1994年由台湾圆明出版社整理发行。

0119

避讳与古书版本差异[J]/罗江文.--云南图书馆，1996，04：67－70

本文指出造成古书版本差异的原因，除了校勘、文字、音韵、训诂等角度，避讳也是不可忽视的重要因素。利用避讳鉴定古籍版本是一种简洁且行之有效的方法，可以作为其他鉴定方法的补充。避讳对古书版本的影响主要体现在为避讳直接改动原文，使古书出现差异；不识避讳，误写错改，间接造成古书差异。

0120

编书在于立意——从事古籍编辑工作的体会[J]/段扬华.--中国图书评论，1999，03：61－62

本文介绍作者从事古籍编辑工作二十余年的体会，在编辑工作的不同阶段上迈出的三大步，以及两次编辑思想的变迁。

0121

编写古籍书目的几点我见[J]/曲怀林.--青海图书馆，1992，01：24－26

本文结合工作实际，讨论了如何做好古籍线装书目的编写工作。文中指出认真细致的工作作风和实事求是的科学态度是做好古籍书目工作的保证；提高工作人员的业务素质是做好古籍书目工作的前提；工具书的正确使用对编写好古籍书目起着重要的作用，工作人员熟悉并掌握工具书的内容、范围及检索途径，是其正确使用工具书的前提。

0122

编印古籍应加强责任心[J]/朱靖宇.--出版工作（后更名为中国出版），1982，04：16－19

本文以人民文学出版社1981年重印清赵翼所著《瓯北诗话》，人民文学出版社1981年重印《柳亚子诗词选》，中华书局1980年新出清昭梿所著《啸亭杂录》出现的文字错误为例，呼吁出版单位在编印古籍工作中加强责任心，有关方面下决心改进，多出书，出好书，进一步加强和推动社会主义文化建设。

0123

编制古籍分类号的设想[J]/洪亚军.--图书馆工作与研究，1994，03：39

本文指出使用汉字注明古籍类别的方法有很大缺点，降低了编制卡片的速度，又使古今图书在著录格式上不能充分统一。作者对《中国古籍善本书目分类表》加以改造，设计了一种新型分类说明文字，省去了著录卡片时书写烦琐汉字的过程,使古籍图书在编制索书号上趋近于现代普通图书,更有利于读者查检。

0124

编制《古今图书集成索引》的实践和理论[J]/林仲湘.--广西大学学报(哲学社会科学版),1994,02:94-102

本文讨论了编制《古今图书集成索引》过程中遇到的实践和理论问题,介绍了该索引"经纬交织"的总体方案设计,说明了字形、排检法、注文、删减内容等关键问题的处理方法,以及人员配置和电脑使用的经验。

0125

编注例话——读《毛泽东读文史古籍批语集》[J]/朱正.--出版广角,1998,02:34

中央文献出版社《毛泽东读文史古籍批语集》(1997年1月第2次印刷本),将毛泽东读书时写下的批语和原书相关段落对照排印,使读者可以直接了解到其读书过程和方法,对研究毛泽东思想较为重要。编者加了一些注释,为读者提供便利。本文认为书中注释还可以增加,提出了建议。

0126

编纂"中华大典"刍议[J]/段文桂.--中国图书评论,1989,01:88-90

本文设想了《中华大典》的体例结构,所收材料的上限和下限等问题,认为该部丛书将会成为中华民族一份极为珍贵的文献宝库。文中指出编纂《中华大典》,既要具有高度的学术文化价值,又要有最广泛的社会实用价值,使各行各业具有中等文化程度的人都能十分方便地查找到所需要的古籍资料和线索。

0127

《汴梁水灾纪略》著者辨[J]/李湍波.--史学月刊,1981,06:44-46

本文对抄本《汴梁水灾纪略》的作者进行辨析,认为书的作者是王桂,《汴梁水灾纪略》即是王桂的《水灾日记》。

0128

辨"櫑"、"蠹"——《辞源》修订琐记之三[J]/顾绍柏.--学术论坛,1980,03:111

本文是顾绍柏《辞源》修订琐记系列论文之三。文中辨析了"櫑"与"蠹"文义的区别,又指出"櫑"与"蠹"实为同字异体。

0129

标点古书不可掉以轻心[J]/吕叔湘.--文献,1982,03:11-14

本文列举并更正了1961年中华书局上海编辑所点校本《挥麈录》中点校错误问题,以此说明古籍标点工作的重要性。

0130

标准化古籍著录的基本结构及其内在关系[J]/鲍国强.--上海高校图书情报学刊,1993,03:16-18

标准化古籍著录即执行《GB3792.7-87古籍著录规则》的古籍著录,基本结构有符号系统、著录项目、著录格式(款目)和标目等几部分。本文认为,这些结构的出现是古籍著录由传统变为标准化的关键内容,考察这些基本结构在古籍著录中的地位和作用,对于理解和掌握标准化古籍著录是有意义的。

0131

别集书名类型初探[J]/艾克利.--图书馆学刊,1983,02:49-50

古代文人的集子名目繁多,不熟者颇感复杂。本文举例介绍了别集的种类,如以姓名做集名、以字做集名、以籍贯做集名等。

0132

别具一格的《千字文》编次法[J]/张觉.--文史杂志,1990,05:19-21

本文介绍了中国古代《千字文》编次法的起源和具体编排方法。

0133

《冰鉴》的作者是曾国藩吗?[J]/小军.--文史杂志,1997,01:56-57

中州古籍出版社出版的《冰鉴》一书标明作者是曾国藩。本文辨析指出,把曾国藩认定为《冰鉴》一书作者的理由不充分。文中指出,曾国藩很有可能看过这本不知由谁写的书,或者说看过许多类似《冰鉴》这样的相书,但并不意味着《冰鉴》一书的作者就是曾国藩。

0134

并非杞人忧天——也谈贵重古书刊的保护问题[J]/赵香兰.--图书馆学刊,1996,03:53+55

本文呼吁社会各界重视珍贵古籍的保护工作。文中指出,1949年以来,政府部门一直十分重视这批宝贵的文化遗产,开展了影印、再版、改善库藏等许多工作,但是仍然存在修复人员难以上岗、财政拨款有限、先进技术得不到应用推广等问题。

0135

驳《古代的第二次书厄不始于王莽之乱》说[J]/李更旺.--新世纪图书馆,1985,04:18-22

本文认为李德山《古代的第二次书厄不始于王莽之乱》尽袭谬说,存疑颇多,部分重要史实与古籍文献载述不同,多以清人和近人所述为据,无视汉人所撰的《史记》《汉书》等重要古籍,考证史实失据,结论不确。本文将李文所述的观点和结论与古籍文献所述的史实进行对照,以避免造成以讹传讹的不良影响。

0136

博采善本 考辨源流——《藏园群书经眼录》[J]/仇正伟.--中国社会科学,1985,03:215-216

本文是为中华书局1983年出版的傅增湘《藏园群书经眼录》一书所做的书评。文中指出,该书具有著录丰富,取舍精当;钩玄稽要,辨明源流;用力均衡,四部具备等三大特色,作为古籍善本的基本目录书是当之无愧的。

0137

渤海国志四卷[M]/(清)唐晏撰.--北京:文物出版社,1984

本书由清代学者唐晏撰,主要记述靺鞨族建立渤海国的历史,分纪、志、表、传四卷。

0138

"逋客"辨析——《辞源》修订琐记之四[J]/顾绍柏.--学术论坛,1981,06:023

本文是顾绍柏《辞源》修订琐记系列论文之一。文中指出"逋客"于《中文大辞典》只立一个义项即"避世之隐者",作者认为此释义并不全面,并通过举例说明"逋客"应有逃遁之士、避世之隐者、颠沛流离之人等三种含义。作者对"逋客"一词的多种释义提出自己见解,并指出其前两项含义已被新编《辞海》收录。

0139

《补春天》传奇新考[J]/王人恩.--文学遗产,1996,06:100-101

本文考证了日本明治写本《补春天》传奇的著者、内容等。

0140

《补元史艺文志》析论[J]/杜文才.--青海图书馆,1996,01:32-35

《补元史艺文志》由清代乾嘉时期著名的学者和藏书家钱大昕所著,本文从分类、著录方式以及版本等方面对该书进行了分析和论述。

0141

不可忽视的偶戏史料——古代咏偶戏诗汇释[J]/秦学人.--戏剧,1997,03:88-104

我国古代的偶戏诗,既是文学作品,又可作为研究偶戏的资料。本文辑录了唐代至清代的咏偶戏诗作,并对这些诗作进行了注释研究。

0142

不轻松的1989年[J]/魏同贤.--出版工作(后更名为中国出版),1989,02:6-7

本文分析了上海古籍出版社在20世纪90年代遇到的发展困境,如承担古籍整理出版任务重、缺乏政府资助、享受不到特殊政策、出版事业普遍萎缩、出版利润严重滑坡等,提出了改进工作的一些建议。

0143

不如不点[J]/文.--明清小说研究,1994,01:135

本文举例说明了北京师范大学出版社出版的《花柳深情传》一书中的点校错误,指出胡乱点校,反增加读者阅读时的麻烦,不如不点。

0144

不同种类稿件的编辑工作(三) 第三部分古籍的编辑整理工作[J]/钱伯城.--编辑之友,1991,03:42-48

本文从古籍与古籍整理、1949年前的古籍整理出版、古籍编辑工作的对象几个角度,讨论了古籍的编辑整理工作。

0145

布洛陀经诗译注[M]/张声震主编.--南宁:广西人民出版社,1991

本书从流传于壮族民间的22个《布洛陀经诗》古壮字手抄本缀辑而成,以版本较古老、内容较完整的本子作为基础本。篇章包含序歌、造天地篇、造人篇、造万物篇、造土官皇帝篇、造文字历书篇、伦理道德篇、祈祷还愿篇等。该书是首次对壮族民间信仰经典进行系统整理的成果,展示了壮族规模宏大的诗性宗教文学篇章,为壮族历史、哲学、宗教、语言文字、文学、艺术等研究提供了珍贵资料。

0146

布依族古籍翻译中的方音处理[J]/吴启禄.--布依学研究,1989,00:325-335

本文对布依族古籍翻译中的方音处理方法进行了介绍,主要包括"同源词按正字"条例规范书写,未加注音;"同源词按正字"条例规范书写,加注方音;保留文言词,按布依文声韵调拼写方音等。

0147

布依族古籍与布依族传统文化[D]/伍琪凯梦.--中央民族大学,1999

本文对布依族古籍的挖掘、整理状况进行了分析研究,探讨了古籍中所蕴含的该民族传统文化的特质。文中指出,整理出版布依族古籍,继承和弘扬布依族优秀传统文化,对于增强布依族民族自信心和自豪感以及发展布依族文化,促进布依族地区的经济、文化建设具有积极作用。

0148

布依族古籍整理"三结合"的尝试[J]/吴启禄.--贵州民族研究,1989,01:64-74

本文从用国际音标记录,用布依文规范;保留方言词,拼写方言音;词译句译并举,遵循信达原则等几个方面,论述了布依族古籍中文学与语言、文字与语音、标准语与方言"三结合"的整理方法。

0149

布依族《古谢经》及其断代刍议[A]/侯绍庄.--布依学研究——贵州省布依学会成立大会暨第一次学术讨论会论文集[C],1988

贵州省安顺地区民委古籍办公室与镇宁与安顺两县民委古籍办公室密切配合,对流行于该地区的少数民族古籍,进行了大量收集发掘,获得许多民间珍藏的抄本。选取了流传在镇宁扁担山的布依族《古谢歌》共八卷、安顺县黄腊布依族乡的《超荐经》共八卷和安顺市郊阿歪寨的《开路词》一卷翻译整理。本文研究《古谢经》及其断代情况。

0150

部分高等法律院校和法学研究单位举行法学古籍整理研究协作会议[J]/郑杰.--政法论坛,1986,03:81-82

本文是为1986年2月召开的全国部分高等法律院校和法学研究单位古籍整理与研究工作协作会议而作的会议纪要。代表们就中国政法大学古籍整理研究所和华东政法学院提出的整理规划草案进行了研究,根据国务院"古籍整理出版规划"要求,确定了远期总体规划(1986—2000)和近期实施计划(1986—1990)。远期规划拟编纂《中国古代法律文献集成》,近期计划编纂《中国古代法规律令丛刊》。

0151

部分省、校古籍整理研究简况[J]/青山南,四西政.--古籍整理研究学刊,1985,04:63-64+62

本文对青海省、山西省、南开大学古籍整理研究所、四川大学古籍整理研究所、西北师范学院古籍整理研究所、中国政法大学古籍整理研究所的古籍整理研究情况进行了介绍。

C

0152

《才调集》考[A]/傅璇琮,龚祖培.--唐代文学研究第五辑——中国唐代文学学会成立十周年国际学术讨论会暨第六届年会论文集[C],1992

唐人选唐诗,见于著录的约有130余种,今存者有十余种(参陈尚君《唐人编选诗歌总集叙录》一文)。20世纪50年代,中华书局上海编辑所编印《唐人选唐诗(十种)》,收录除敦煌石室发现的唐写本诗选残卷外的其他九种,本文探讨了书中收录的九种唐人选唐诗的版本问题。

0153

才学识并茂——谈《宗喀巴评传》的五大特征[J]/白化文.--民主,1997,04:44－45

本文为作者读国家古籍整理出版规划小组组长匡亚明教授主编的大型图书撰著项目《中国思想家评传丛书》一书后,对其中王尧先生所撰的《宗喀巴评传》做出的评介。作者认为,该书除了选题好、著者好、版式优良以外,还具有内行写短评,以少胜多;使人爱读;言必有据等五大特点,是一部难得的优秀作品。

0154

采撷明珠的人——访《四部医典系列挂图全集》责任编辑郎杰平措[J]/李可可.--中国图书评论,1987,04:41－43

本文为记者对《四部医典系列挂图全集》责任编辑朗杰平措的采访实录,涉及获奖的感想、书籍的销售情况、出版社今后的出版方向等问题。

0155

采用现代光盘技术 扩大档案利用范围——中国《档案文献光盘库》简介[J]/史超.--民国档案,1997,03:141－144

本文介绍了由国家档案局和中央档案馆、中国第一历史档案馆、中国第二历史档案馆编辑、北京超星电子技术有限公司制作、电子工业出版社出版的《档案文献光盘库》数据库基本情况,附有其所包含的《中国明清史档案文献光盘库》《中华民国史档案文献光盘库》《中国革命史档案文献光盘库》三个分库具体内容的分类

0156

《菜根谭》版本谈[J]/华明.--上海师范大学学报(哲学社会科学版),1988,02:152－155

《菜根谭》为明代万历年间洪应明所著。本文研究了其版本流传情况,指出《菜根谭》前后两集本比一卷本出现时间早,比较多保留了该书的本来面目。一卷本的刻印本,都在编排上作了分类或归类。尽管两集本及一卷本两个系统的各个版本有区别之处,但总框架和思想内容均无重大或本质差别。

0157

《菜根谭》——一部深受日本企业界关注的中国古籍[J]/周铭.--中国经贸导刊,1989,24:22－23

本文介绍了《菜根谭》书名由来与中心内容,分析了《菜根谭》与企业管理以及人的品德和修养的关系。

0158

《残类书》所引《刘子》残卷考略[J]/许建平.--浙江社会科学,1993,04:89－92

本文从伯P3636《残类书》卷子抄写时代考、《残类书》所引《刘子》为《刘子》原文考、《残类书》所引《刘子》在校勘学上的价值三个方面,考订了敦煌伯P3636《残类书》所引《刘子》残卷情况。

0159

蚕桑古籍锁(琐)谈[J]/徐允信.--中国蚕

业,1997,01:40－41

我国的古农书和古蚕书,历史悠久,种类繁多,充分显示着灿烂的蚕文化是祖国的瑰宝和人类的遗产,不仅在过去曾经作出过重大贡献,今后也将继续发生深远影响。本文对《齐民要术》《士农必用》《豳风广义》《蚕桑萃编》等蚕桑养殖相关古籍进行了介绍。

0160

藏书家孙广庭[J]/孙学孟.--图书馆学刊,1988,05:60－64

本文介绍了辽宁省藏书家孙广庭先生生平事迹。孙先生既是藏书家也是学术家,但和别的藏书家不同,他不热衷追求宋元珍本、善本之类,而是更重视书本身的实用价值。他也是治目录学和版本学的专家,且集思广益,勤学好问,是颇有影响的学者,更是一位爱国人士。

0161

藏书奇人田涛[J]/徐厚裕.--教师博览(文摘版),1996,03:40

田涛先生家藏五万余册四千余种线装古籍书。本文介绍了其藏书"精"和"杂"的特点,以及其颇有意味的书斋"信吾是斋"。

0162

《曹植集校注》质疑[J]/邓安生.--天津师范大学学报(社会科学版),1991,03:64－69

本文对《曹植集校注》一书中出现的校勘和注释问题进行了订正。

0163

茶余客话(全二册)[M]/(清)阮葵生著.--北京:中华书局,1959

阮葵生,字宝诚,江苏山阳人,乾隆二十二(1757)年进士,官至刑部侍郎。学识渊博,留意掌故遗事。本书是阮葵生生平读书论学与记述见闻的笔记,内容极为广泛,举凡政治、史地、学术思想、科学工艺、文学艺术,以至花木鸟兽、饮食起居,无所不有,且书中内容皆出于谨严笃实的态度,不作泛泛的空论,也不热衷于烦琐的考证。

0164

禅真后史[M]/(明)清溪道人编;肖逸标

点.--上海:上海古籍出版社,1996

《禅真后史》全称《新镌批评出像通俗演义禅真后史》,是明代方汝浩著长篇小说,共六十回(清末删节本共五十三回),成书于明末。该书对佛道谈经说法、参禅礼佛等做法颇多微词,认为佛道是做的表面文章,于事无补,神仙应从实际中修得。

0165

长安客话[M]/(明)蒋一葵著.--北京:北京古籍出版社,1982

本书八卷,包括皇都杂记两卷;郊坰杂记两卷;畿辅杂记两卷;关镇杂记一卷;边镇杂记一卷。该书记述北京明代地方历史和地理沿革,是仅存的几种明人专门记载北京的地方文献之一。该书编成通过实地访问和参证文献记录两种方法,范围遍及当时的皇都、郊坰、畿辅和关镇,相当于今天的北京市郊及邻近的一些县和市,可供研究北京地方历史和地理沿革做参考。

0166

长白丛书·白山诗词[M]/(清)铁保,杨钟羲纂集.--长春:吉林文史出版社,1991

本书为《长白丛书》中的一部,由铁保纂集的《白山诗介》及杨钟羲纂集的《白山词介》二书合集而成。《白山诗介》共十卷,收诗人一百四十余位,选诗近八百首,其中著名诗人,清太宗时有"满洲文学之开先河"的鄂貌图,清世祖时有范成谟,清圣祖时有纳兰性德、揆叙、刘廷玑、高其倬等,清世宗时有戴亨、鲍珍、李锴、陈景元、长海等,清高宗时有德保、梦麟、朱孝纯等,可称诗才济济。该书还收录了杨钟羲纂集的《白山词介》共五卷,收词人五十余位,词作三百余首,时限为清世祖至清德宗光绪末年,其中部分为满族词人的佳作。

0167

长白丛书·吉林外纪[M]/(清)萨英额撰.--长春:吉林文史出版社,1988

《吉林外纪》为《长白丛书》中的一部,成书于道光七年(1827)八月,是吉林最早的志书。吉林的山川、疆域、沿革、城池、学校、祭祀、古迹，与夫官职、兵额、钱粮之数，田产物土之宜，人物风俗之异，都一一记载，对研究清朝时期吉林的历史文化具有较高的史料价值。

0168

长吉诗注新解[J]/吴企明.--铁道师院学报（后更名为苏州科技学院学报）（社会科学版），1999，06：53－56

本文校订了清人王琦《李长吉歌诗汇解》一书中关于"金鱼""杜鹃公""悬秋香"等内容的注解问题。

0169

长江集校注[D]/张友明.--"国立"台湾师范大学（台湾地区），1968

《长江集》是唐代诗人贾岛的别集，共录诗370余首。本文是对该书诗文的校注之作。

0170

长篇弹词《子虚记》初探[J]/李灵年.--南京师大学报（社会科学版），1990，02：41－46

本文从内容、思想、艺术方面对清代长篇弹词《子虚记》进行评述，肯定了该书的艺术成就以及对于女性命运的密切关注，也指出了该书在形式上的一些问题。

0171

长泽规矩也《中国版本目录学书籍解题》翻译出版[J]/张志平.--文献，1991，01：117

日本学者长泽规矩也，毕生致力于中国古籍版本目录学的研究。本文介绍长泽规矩也《中国版本目录学书籍解题》的翻译出版过程。文中指出此书以解题方式，对各种书目的内容特点、著录方法、学术价值以及作者进行了介绍，使读者了解中国古典书目的分类方法及其沿革的同时，又通过介绍中国古代尤其是明清以来包括私家藏书的书籍聚散，使读者了解各家藏书的源流与特点。

0172

常任侠因何呐喊？——参加古籍整理出版规划座谈会所见所想[J]/少山.--瞭望，1991，41：26－27

本文介绍了1991年9月7日国务院古籍整理出版规划小组在京组员、顾问座谈会情

况，记录了专家学者的与会发言内容。会议议题是初步酝酿制定"全国古籍整理出版八五"规划和十年计划。

0173

《常熟翁氏世藏古籍善本丛书》影印说明[J]/冀淑英.--文献，1994，02：144－155

翁氏为明末以来常熟八大家族之一，是罕见的藏书世家。《常熟翁氏世藏古籍善本丛书》是翁氏藏书精粹，汇辑《集韵》《邵子观物》《渔樵问对》《长短经》《重雕足本鉴诚录》《会昌一品制集》《丁卯集》《新刊嵩山居士文全集》等八种善本古籍。本文是冀淑英先生为这八部古籍撰写的书志，以作影印说明。

0174

常熟翁氏世藏古籍善本丛书[M]/翁万戈编.--北京：文物出版社，1996

本书收录了《集韵》《邵子观物》《渔樵问对》《长短经》《重雕足本鉴诚录》《会昌一品制集》《丁卯集》《新刊嵩山居士文全集》等多种珍贵的常熟翁氏藏书。

0175

常用古籍目录介绍[J]/王义耀.--古籍整理研究学刊，1985，03：48－50

本文从近年来出版的古籍目录、1949年以来出版的古籍目录、常用古籍目录、基本古籍目录、古籍丛书目录以及其他古籍目录六个方面，对从事古籍整理工作所需的目录进行了介绍。

0176

常州市图书馆馆藏古籍图书目录[M]/常州市图书馆编.--常州：常州市图书馆，1960

本书系常州市图书馆馆藏古籍目录，以丰富的常州地方文献为特色。该书目在一定程度上反映了常州市图书馆20世纪60年代的藏书情况。

0177

倡建中医古籍文献语言学[J]/李戎.--中医文献杂志，1995，04：18－19

本文倡议应该在"中医古籍文献学"属下建立"中医古籍文献语言学"，以满足医籍文献整理研究、学科建设以及学术研究的需要。

0178

抄本筹边纂议(全二册)[M]/(明)郑文彬撰;全国公共图书馆古籍文献编委会编. --北京:中华全国图书馆缩微复制中心,1999

本书为明代万历年间郑文彬编纂,辑录历代筹边史实与奏议,收录明代边防之形胜,绘有攻守作战之兵器及阵法,记载了明代人眼中的周边少数民族部落等情况,内容丰富,且流传版本不多,史料价值较高。

0179

抄本黄公说字(全二册)[M]/(清)顾景星撰. --北京:中华全国图书馆缩微复制中心,1997

本书是一部研究汉字的专著,以许慎《说文解字》为基础,参考历代文字学及其他著作110余种,先按楷体分编,次引古文、小篆,兼收俗字,标释字体源流,收字不避帝王之讳,注音兼反切、直音并间注古音、方音,释义则博采众家之长并参以己意。历来无刻本问世,今据抄本影印。卷首有童世华、王梦华、阳海清、张青共撰前言。

0180

抄本历代高僧集传(全五册)[M]/全国公共图书馆古籍文献编辑出版委员会编. --北京:中华全国图书馆缩微复制中心,1997

本书是清代著名学者王先谦编辑的佛教人物大词典,收录自汉明帝至明代高僧1830人,分为译经、义解、习禅、明律、护法、神异、感通、经师、兴福、杂科、忘身十一大类。资料辑自《高僧传初集》《二集》《三集》《四集》等书,经王氏分类整理而重新编定,是一本具有学术价值的佛学参考工具书。

0181

抄本聊斋文集[M]/(清)蒲松龄撰. --北京:中华全国图书馆缩微复制中心,1998

蒲松龄是我国清代著名的文学家。他的许多作品在当时及其死后的二百多年里被人们辗转传抄,争相收藏,弥足珍贵。本书是清道光间邢祖恪抄本,是极为罕见的蒲氏文集藏本,首次影印,向世人披露了一部分鲜为人知的文献史料,补充了聊斋文献专家路大荒先生《蒲松龄集》所未收的一些篇章。

0182

朝觐途记[M]/(清)马德新著;(清)马安礼译. --银川:宁夏人民出版社,1988

本书为清代伊斯兰教学者马德新撰,反映了19世纪50年代中国至阿拉伯和西南亚各国陆海交通概况。作者行踪所至,以简练文字记载了当地古代建筑,文化遗址以及传说中伊斯兰先知圣哲陵墓等,政治、经济、文化、风土人情都有所涉及,为19世纪阿拉伯世界采风录,深受海内外伊斯兰教学者重视。

0183

朝市丛载[M]/(清)李虹若著;杨华整理点校. --北京:北京古籍出版社,1995

本书是一部广为流传的北京旅行指南,在清代光绪年间多次再版,向人们展示出清代北京社会的一个剖面,为研究清代社会、北京历史和民俗学,提供了可贵资料。

0184

"朝鲜汉文古籍整理与研究"学术研讨会综述[J]/边丁. --中国边疆史地研究,1997,04:119－120

本文介绍了1997年7月12日至14日由中国社会科学院中国边疆史地研究中心等单位联合主办的"朝鲜汉文古籍整理与研究"学术研讨会概况。会议集中讨论了朝鲜汉文古籍的整理和历史上的中朝关系两个重要议题,达成了三点共识,一是朝鲜汉文古籍整理和中朝关系研究的重要性;二是研究者之间合作的必要性;三是研究规划制定的紧迫性。

0185

朝鲜刻本樊川文集夹注[M]/全国公共图书馆古籍文献编辑出版委员会编. --北京:中华全国图书馆缩微复制中心,1997

本书为唐代著名诗人杜牧诗集的最早注本。注者为南宋元初年间人,刻于明正统五年(1440)朝鲜全罗道。此书过去不为人知,故清人注杜牧诗集时曾称前人未有注本。书中注文引用大量今已失佚的古籍,如引已佚《翰府名谈》一千多字,详细叙述杨贵妃之死,从不见人引用过。今据辽宁省图书馆藏本影印。本书卷首有韩锡铎前言。

0186

朝鲜族古籍整理述略[J]/金永德. --延边大学学报(社会科学版),1990,04:91-95

本文介绍了《中国少数民族古籍》中《朝鲜族古籍丛书》情况,对已出版的《延边调查实录》《东医寿世保元》《地藏菩萨金乔觉法师》《墨缘汇观》《光绪丁未延吉边务报告》《延吉厅领土问题之解决》等书籍进行了介绍,肯定了该套丛书在发扬民族精神、弘扬民族文化等方面做出的贡献。

0187

车王府曲本菁华·明清卷[M]/刘烈茂,苏寰中,郭精锐主编;仇江,欧阳世昌,吴承学等整理. --广州:中山大学出版社,1992

车王府曲本目前所知数量约为两千余种,其中戏曲九百余种,曲艺千余种,有着较高的艺术价值。编者以中山大学馆藏本为底本,参校北京大学馆藏本,选收标准为名家作品、全新资料、优秀传统作品及辞书记载已佚而有资料价值的作品,并依据剧本故事年代和曲本体裁分为《先秦两汉三国魏晋南北朝卷》《隋唐宋卷》《宋卷》《元明卷》《明清卷》和《综合卷》。本书为明清卷,收录《忠义侠》《四进士》《儿女英雄传》等曲本的部分片段。

0188

车王府曲本菁华·宋卷[M]/刘烈茂,苏寰中,郭精锐主编;麦耘,仇江,郭精锐等整理. --广州:中山大学出版社,1991

本书为宋卷,收录《玉堂春》《天雷报》《对菱花》等曲本的部分片段。

0189

车王府曲本菁华·隋唐宋卷[M]/刘烈茂,苏寰中,郭精锐主编;陈伟武,谭步云,黄仕忠整理. --广州:中山大学出版社,1993

本书为隋唐宋卷,收录《卖马》《天门阵》《普天乐》等曲本的部分片段。

0190

车王府曲本菁华·先秦两汉魏晋南北朝卷[M]/刘烈茂,苏寰中,郭精锐主编;麦耘,仇江,欧阳世昌等整理. --广州:中山大学出版社,1993

本书为先秦两汉魏晋南北朝卷,收录《文昭关》《过巴州》《九莲灯》等三十余个曲本的部分片段。

0191

车王府曲本菁华·元明卷[M]/刘烈茂,苏寰中,郭精锐主编;陈伟武,欧阳世昌,吴承学等整理. --广州:中山大学出版社,1992

本书为元明卷,收录《双玉镯》《法门寺》《香莲帕》等曲本的部分片段。

0192

车王府曲本菁华·综合卷[M]/刘烈茂,苏寰中,郭精锐主编;陈伟武,郭精锐,仇江整理. --广州:中山大学出版社,1993

本书为综合卷,收录《百花亭》《连理枝》《巧姻缘》等曲本的部分片段。

0193

"车王府曲本子弟书"编目梗要[J]/郭精锐. --古籍整理研究学刊,1986,04:24-26

盛行于清代的"子弟书",是中国文学艺术的一种重要形式。"车王府曲本"是清代一蒙古王爷车臣汗府内所藏的戏曲和说唱文学抄本。本文将其中《思凡》《巧姻缘》《烧灵改嫁》等几种子弟书进行了编次整理。1994年出版的《清蒙古车王府藏子弟书》搜集了子弟书近300种,可供研究者参阅。

0194

陈藏器本草拾遗之考察及重辑[D]/林丽玲. --中国医药学院(后更名为中国医药大学)(台湾地区),1988

《本草拾遗》是唐陈藏器所撰的一部唐代药物学名著。本文对该书进行了考订和编辑,给予该书较高评价。经作者考证,《本草拾遗》为陈藏器所撰。经重辑得本草药品893种,为其排列次序并做札记。还辨证出十类方药"宣、通、补、泄、轻、重、滑、涩、燥、湿"非北齐徐之才之作,而为陈藏器所始创。

0195

陈淳《北溪字义》英译本导言[J]/陈荣捷. --哲学与文化(在台湾地区发表)1987,05:26-42

本文系陈淳《北溪字义》英译本导言,介绍了陈淳其人以及《北溪字义》的版本问题,以及《北溪字义》一书对新儒学发展做出的贡献。指出陈淳完全批判陆山学派,是一边倒之论,《严陵讲义》充实了《北溪字义》一书。

0196

陈洪绶《张深之正北西厢秘本》版画研究[D]/许文美. --台湾大学(台湾地区),1996

陈洪绶为《张深之正北西厢秘本》所绘制的版画是中国绘画史上的重要作品。本文通过探讨《张本西厢》的出版情形、出版背景、陈氏版画和《西厢记》剧本之间的关系等问题,说明这部版画的含义及艺术成就。

0197

陈奇猷在古籍整理研究上的贡献[J]/管敏义. --古籍整理研究学刊,1992,01:42 - 44

陈奇猷是新中国成立以来在古籍整理研究上作出显著贡献的专家。本文对其生平事迹进行了介绍,肯定了其在校释方法上的创新以及在现代社会科学、自然科学方面的研究成果。其埋头苦干的精神,值得后人学习。

0198

陈元赟及其《老子经通考》[J]/衷尔钜. --浙江学刊,1986,Z1:177 - 183

陈元赟为明末清初之际流寓日本的浙籍学者,对日本的学术、技艺和中日文化交流贡献颇多,在日本被尊为"先哲"。本文介绍了陈氏生平、思想等情况,特别是对其在日活动事迹及著述进行了研究,认为其对《老子》一书的许多概念、范畴、观点的解释,自成一家,有独到见解。

0199

陈垣与古籍整理[J]/邓瑞全. --传统文化与现代化,1998,03:87 - 95

本文从坚持古籍整理的正确态度、总结古籍整理的科学方法、古籍整理的丰硕成果三个方面,肯定了著名教育家、史学大师陈垣先生在宗教史、元史、中西交通史和历史文献学诸领域做出的开创性贡献。他一生的学术研究活动同古籍整理工作紧密联系,总结出的方法和取得的成果至今沾溉学林。

0200

陈子昂集版本考述[J]/岳珍. --四川图书馆学报,1989,03:61 - 67

本文考察了唐代诗人陈子昂诗集的版本系统,对卢藏用编《陈子昂集》、杨澄刊《陈伯玉文集》、杨国桢刻《陈子昂诗文全集》、《陈拾遗集》本等几个历史上流传的陈子昂诗集进行了版本源流的考证,内容的比对等。

0201

宸垣识略[M]/(清)吴长元辑. --北京:北京古籍出版社,1982

本书是清吴长元撰地理著作,根据清康熙年间朱彝尊《日下旧闻》和清乾隆敕编《日下旧闻考》提要钩玄、去芜存菁而成,记载了北京的历史沿革、名胜古迹、衙署府邸、名人故居、州县会馆等情况。

0202

成都古籍书店积极开展工作努力为社会科学研究服务[J]/晓流. --天府新论,1983,02:31 - 32

本文从切实搞好专业图书书源组织工作;促进学术成果交流,做好专业图书的对口发行;加强古旧书刊、资料的抢救和理整工作,积极保护祖国文化遗产;采取多种印刷形式对古旧书刊进行复印出版等几个角度,肯定了成都古籍书店积极开展工作,努力为社会科学研究服务所做出的贡献。

0203

成都市古籍藏书述略[J]/郭大仁. --成都大学学报(社会科学版),1988,02:65 - 68 + 60

本文从南宋以来历代刻本比较齐全、地方志极其丰富、有价值的中国医学典籍收藏较多等七个方面,总结了成都市和所属各区县图书馆、文化馆、文物单位所藏的三十余万册古籍的特点。

0204

成都市古籍联合目录[M]/成都市图书馆编著. --成都:成都市图书馆,1992

本书共收录古籍图书 12310 种 30 余万册,以经、史、子、集、丛五部类分,其中经部书有 1698 种,史部书有 3231 种,子部书有 2794

种,典籍甚多,反映了历史文化名城成都市收藏古籍的状况。

0205

成吉思汗祭经:蒙古古籍汇集(蒙古文)
[M]/道荣嘎编. --呼和浩特:内蒙古人民出版社,1998

本书记录的是"蒙古文圣成吉思汗祭祀经",系1521年之前成书的成吉思汗祭祀重要祭典文献,反映了历史上察哈尔万户为中心的成吉思汗祭祀活动的实际情况,规模涉及当时蒙古本部六万户范围。该经文是道荣嘎先生1958年从内蒙古达尔罕茂明安旗哈撒尔祭殿斡耳朵洞穴中发现的。

0206

成吉思汗家族末代驸马《图琳固英族谱》
[J]/包大力,王晓梅. --兰台世界(上旬),1997,08:35

现珍藏于辽宁省喀喇沁左翼蒙古族自治县档案馆、用蒙古文字书写的《图琳固英族谱》,是目前世界上发现的最大的蒙古族族谱。本文介绍了这一族谱的具体形制、内容和文献价值。

0207

程氏家塾读书分年日程[M]/(元)程端礼
撰;姜汉椿校注. --合肥:黄山书社,1992

《程氏家塾读书分年日程》是元代程端礼论述家塾教学程序的著作,成书于1315年,以日程的方式为学校教育排列教育内容,是元明清三代较为流行的教学准则。书中还介绍了标志句读的专门工具"点子"的做法,标识句读的颜料丹"铅"的加工方法及标识句读的方法。

0208

充分揭示 完整著录——如何著录中医药古籍文献[J]/周建国. --上海中医药大学上海市中医药研究院学报,1996,Z1:80 - 81

本文从著者的著录、版本的著录、医书集的著录、同书异名的著录几个角度,说明了著录中医药古籍文献应本着"充分揭示,完整著录"的原则。

0209

充分利用古籍文献办好中医学院图书馆
[J]/祝新年. --医学情报工作,1988,01:33 - 36

本文从多渠道采书、丰富馆藏和充分利用图书资料、扩大馆际交流两个方面,对如何充分利用古籍文献办好中医学院图书馆阐述了观点。

0210

《重编广韵》考[J]/崔枢华. --古汉语研究,1997,02:2 - 5

《重编广韵》是明嘉靖朱祐槟编成的一部大型韵书。本文考证了该书的版本情况、内容和命名原因等问题。

0211

重订灵兰要览[M]/(清)顾金寿撰著. --上海:上海科学技术出版社,1990

本书由清代医家顾金寿医案、验方所辑。分上、下两卷,讲述中风、卒中、疟、痰、水肿、腰痛、发热、盗汗、白浊等42证的诊治,为作者读书心得。

0212

重订新校王子安集[M]/(唐)王勃著;何林天校注. --太原:山西人民出版社,1990

本书共十八卷,收录了唐代诗人王勃作品并进行重新校订。

0213

重刊本草衍义[M]/(宋)寇宗奭撰. --上海:上海科学技术出版社,1990

本书共分20卷,依唐修《本草》排列,对《[嘉祐]补注神农本草》中的470种释义作拾遗补充。

0214

重庆题咏录[M]/彭伯通编. --重庆:重庆出版社,1997

重庆已有三千多年的历史。但是由于有关记载亡佚或湮没,人们对此城变迁、发展的认识与了解不够充分。本书编者详为考索,从古籍和旧地方志中辑录自唐代至近代咏重庆诗七百余首,理出并勾画了它的大概轮廓。一编在手,可知重庆地理形势、名胜山川、历史人物、地域变迁等等。这些先人名士所留下的气势不凡、隽永的诗章,是祖国文化遗产的重要组成部分。

0215

重探《淮南子》的流衍史——评罗斯著《淮南子的版本史》[J]/曾达辉.--中国书目季刊(在台湾地区发表)1997,02:65-77

罗斯的著作中提出若干有关《淮南子》版本演变的新见解,本文尝试覆按史料,讨论其看法是否信而有征。本文认为书中有关高诱注释《淮南子》、《淮南鸿烈音》作者何诱以及明代的刘绩补注本的考证与立论皆有待商榷,未能遽信。本文并检出一些书中未曾利用的资料,以补充有关《淮南子》流衍的细节。

0216

重文表示法与古籍校勘[J]/鲍善淳.--安徽教育学院学报(社会科学版)(后更名为合肥师范学院学报),1990,01:79-82

本文指出,从事古籍校勘工作,必须熟悉古人的书写习惯,尤其值得注意的是古籍中的重文表示法,如重字、重多音词、重句等。

0217

重新分析中医古籍《吴医汇讲》[J]/王永丽,徐丽华,林栋.--中国科技期刊研究,1998,9,04:282-283

《吴医汇讲》由清人唐大烈编辑,学术界对该出版物是书籍还是期刊存在争议。本文通过参照论著见解,《吴医汇讲》自身的编辑特点,第九卷中"答读者问"和残卷第十一卷等方面的讨论,指出该出版物是一部由于历史原因而中途夭折的期刊,是我国历史上最早的医学期刊。

0218

重新认识《六韬》的资料价值[J]/陈青荣.--管子学刊,1993,04:66-67

自宋以来诸多的史家、考据学家都认为《六韬》是后人伪托之作,近人张心澄《伪书通考》采录众家之说,甚至判其为"全书伪"的古书之一种,直接影响了《六韬》的资料价值。银雀山汉墓出土《六韬》残简证实其确实是先秦古籍。本文进行重新探讨,明确其资料价值。

0219

重印本《光绪顺天府志》之五失[J]/姜纬堂.--北京社会科学,1991,03:125-135

北京古籍出版社将北京地方史志名著《光绪顺天府志》点校重印行世,但该书校点重印工作多有疏失。本文从内容不全、体例不一、行款参差、校勘比较粗疏、口题和内容或有未符等五个方面举例说明。

0220

重印古籍不宜随意更改[J]/夏闪.--文学遗产,1963,448:1

本文以新出整理本《曹集铨评》存在破坏原书校勘体例、随意篡改原字、篡改删除校语等问题为例,指出古籍整理校勘工作是特别细致的工作,研究者必须以严肃认真的态度来对待。

0221

崇陵病案(全二册)[M]/(清)力钧著.--北京:学苑出版社,1998

《崇陵病案》为清末民初医家力钧为光绪帝诊病的全记录,既是皇帝的诊疗记录,也记录了作为病人的光绪皇帝对自己病情及接受治疗效果的描述。本书不仅是清宫秘辛的谈资,更是一份研究医患关系的珍贵史料。

0222

出版古籍的三点建议[J]/弢.--读书,1987,07:6

近年整理出版的古籍逐渐增多,但排印错误难以避免。古书经过传抄、重刻、排印,难免要滋生错误,而这种错误的印本,却由于印数比旧刻多而广为流传。本文认为最好采取影印办法,加上必要校勘,还可以编制一个索引,使读者节省翻检的时间。

0223

初稿本《聊斋志异》考[J]/邹宗良.--山东大学学报(哲学社会科学版),1992,02:113-120

本文根据1950年冬在辽宁西丰县发现的蒲松龄半部《聊斋志异》手稿,讨论了该书初稿本问题。文中指出,八册本《聊斋志异》手稿不是初稿,是作者晚年在初稿基础上改抄修订而成的定稿本。而康熙三十六年(1697)朱缃向蒲松龄借抄的十五册《聊斋志异》,加上作者在康熙三十六年（1697）至四十七年（1708）间完成的最后一册，组成了《聊斋志异》的最初稿本，共十六册。同时，文中还分析了八册本卷首的高序、唐序与两种手稿本的关系。

0224

初论《中国古籍善本书目》的编纂及其历史功绩[J]／宫爱东，韩锡铎.--传统文化与现代化,1999,03:88-95

本文讲述了《中国古籍善本书目》的编纂过程，以及该书目具有参加单位最多、收书品种最多、版本最全、较为标准和规范四大特点。

0225

初学记研究[D]／阎琴南.--中国文化大学（台湾地区）,1981

《初学记》为唐徐坚等学士编撰的一部类书。本文以《初学记》的成书和传本研究为基础，考述其承传情况，从而就其关键诸本，逐字比对、汇聚异文、校其是非、注其所出。文后附"司义祖校勘表与本篇异文校注分卷统计表"及"司义祖校勘表与本篇异文校注总计表"。

0226

初学记征引集部典籍考[D]／江秀梅.--辅仁大学（台湾地区）,1996

《初学记》为开元年间，唐玄宗敕徐坚所撰的一部类书。该书采摭隋以前古书，特别在整理初唐以前之文学史料时，去取谨严，可补隋志不足，颇具文献价值。本文主要考证了《初学记》征引集部典籍的情况。作者在略述类书源起及其演变的基础上，引出《初学记》所具有的内容及功能。

0227

《樗全集》及其作者[J]／彭国翔.--中国典籍与文化,1999,04:71-75

本文考证了《樗全集》的作者并非《四库大辞典》中记载的王龙溪，而是王翼邑，介绍了王翼邑的生平事迹和学术成就。

0228

楚北水利堤防纪要·荆楚修疏指要[M]／

（清）俞昌烈原著，毛振培等点校，戴梅棣绘图;（清）胡祖翮原著，毛振培等点校.--武汉:湖北人民出版社,1999

《楚北水利堤防纪要》是记录清代湖北地区重要水利堤防情况的专著。《荆楚修疏指要》记录了荆楚地区水利修防的水工技术、经费、管理以及江汉水道考略。

0229

楚辞及汉魏六朝别集[J]／沈津.--文献,1990,02:189-200

本文是沈津先生为上海图书馆馆藏善本古籍撰写的书录之一，辑录了明万历尚友轩刻本《楚辞》、明刻本《楚辞集注》、明刻本《楚骚协韵》、清乾隆刻本《楚辞韵解》、明成化乔缙刻本《贾长沙集》、明崇祯单恂刻本《诸葛忠武侯集》、宋刻本《曹子建文集》、明七桧山房抄本《支遁集》、明周显宗刻本《陶渊明集》等九部古籍的书录。

0230

《楚辞通释》考正与补注[J]／吴冠君.--湖南师院学报（哲学社会科学版）,1983,02:87-89

本文按原书篇章序列，对上海人民出版社单行本《楚辞通释》进行了十项考正补注，文中的"王注"指王夫之原注。

0231

《楚辞》文献学百年巡视[J]／黄灵庚.--文献,1998,01:132-167

本文以1919年、1949年和1976年三个具有历史性意义的年份为标志，分别从三个阶段时期对《楚辞》文献学进行粗略的"鸟瞰式"总结，考察了近百年来出现的重要《楚辞》学者及其代表性著作，包括某些影响较大的思潮、学派等。

0232

楚辞新证[J]／王延海.--辽宁大学学报（哲学社会科学版）,1985,04:14-16

本文汇辑了前人针对《楚辞》中《离骚》等篇目的训注，并对其中的一些问题提出了商榷。

0233

楚辞译注[M]／董楚平撰.--上海:上海古籍

出版社,1986

《楚辞》注本自汉迄今数量相当可观,而对楚辞进行今译的,自文怀沙、郭沫若以来也已有多家,本书便是这方面的成果之一,体现了作者独到的见解、扎实的功力、丰富的文学修养,又善于借鉴前代遗产和当代的已有成果。

0234

楚国先贤传校注·楚师儒传点校[M]/(西晋)张辅原著,舒焚校注;(清)甘鹏云原著,石洪运点校.--武汉:湖北人民出版社,1999

本书记述了楚国(今湖北一带)著名历史人物事迹,始于东汉,终于东晋,在整理各个辑本的基础上进行了点校和注释。春秋部分介绍了百里奚、熊宜僚等,战国部分介绍了宋玉等,汉代部分介绍了孔休、阴嵩、阴兴、陈宜、李善、黄香等,对研究魏晋史及湖北地方史有一定参考价值。

0235

穿越历史长河的对话——中国少数民族古籍整理回顾[J]/黎曦,李晓东.--中国民族,1996,04:24-28

本文从"救人:轻轻叩醒祖先的梦""救书:走进历史之门""救学科:功在千秋"三个方面,回顾了我国少数民族古籍的整理情况。

0236

《传世藏书》的意义和价值[J]/季羡林.--神州学人,1997,04:32

《传世藏书》是由季羡林先生总编的大型丛书,汇辑从先秦至清光绪历代典籍中有深远影响的第一流名著1000种文献,将由海南国际新闻出版中心出齐面世。本文指出该书具备横排、简体字、标点等优点,为读者阅读提供了很大便利,编《传世藏书》是一项意义深远、价值极高的事业。

0237

传统的古籍晒书保护法[A]/陈鸿钧.--中国文物修复通讯(第14期)[C],1998

本文勾勒了我国古代以晒书的方法保护古籍的历史,介绍了清代藏书家孙从添的晒书方法以及我国目前使用的晒书方法。

0238

传统文化与古籍整理研究[M]/刘重来,喻遂生主编.--重庆:西南师范大学出版社(后更名为西南大学出版社),1994

本书包括《弘扬中华民族文化,精心培育古籍整理研究人才》《浅议古籍整理研究与市场经济》《殷商典册及其文化现象》《论刘宋前期的宋魏关系》《苏轼的文章与思想》《陶渊明的道家思想》等传统文化与古籍整理研究文章。

0239

《船山全书》的前史和重新整理出版的设想[J]/杨坚.--船山学刊,1984,01:151-152

本文介绍《船山全书》整理出版的缘起,分析了重新整理出版《船山全书》工作艰巨的原因,提出《船山全书》整理出版工作的要求以及目前完成的工作。

0240

创新的见解 扎实的功力——徐勇《尉缭子浅说》评介[J]/李勤.--史林,1990,03:78+23

本文是为徐勇《尉缭子浅说》一书所作的书评,给予了该书较高评价,认为该书对于《尉缭子》作者、成书年代等内容的考订翔实、校勘精当。

0241

春柳堂诗稿的作者问题试探[J]/刘广定.--"国家图书馆"馆刊(在台湾地区发表)1998,02:309-321

《春柳堂诗稿》是一本清代人的诗集,署名"宜泉先生"著。因其中有四首诗与曹雪芹有关,故甚受现代红学家重视,认为是研究曹雪芹生平的重要资料。本文从目前已收集到具体可信的资料,探析《春柳堂诗稿》的作者与其相关问题,前因所据资料不足而有的错误,现一并更正。

0242

《春秋董氏学》点误八则[J]/晁岳佩.--古籍整理研究学刊,1998,01:28-30

本文校订了楼宇烈先生整理的《春秋董氏学》八处明显的标点错误。

0243

春秋公羊传要义[D]/李新霖.--台湾师范

大学(台湾地区),1984

本文研究了《春秋公羊传》思想体系问题。文中指出,《公羊传》中最引人注目的纲领,就是正统论、华夷观念、内外的分别以及复仇、经权等思想。在清代中叶以后,与隐含在士人心头的焦虑相吻合。本文于1989年由台湾文津出版社发行。

0244

春秋公羊传译注[M]/王维堤,唐书文撰.--上海:上海古籍出版社,1997

《公羊传》是"春秋三传"中最早得到承认的一部经传,一直受到后人重视和研究。本书经传以《十三经注疏》本为底本,经文凡三传有异同处并校,传文则参考阮元校勘记,注释采用何林、孔广森二家之说较多。每章冠以题解,介绍历史背景、文义中心和人物关系,注释精当,详加考辨,颇见功力。译文通顺易懂。

0245

春秋穀梁经传补注研究[D]/吴连堂.--高雄师范大学(台湾地区),1987

清末钟文烝《春秋穀梁经传补注》是清季重要的经学研究著作之一。本文研究了该书的学术成就,考察了钟氏家世生平及著述情况,阐明了钟氏补注经传所持的态度及该书的著述体例。文中重点研究了钟文烝《穀梁补注》对范宁《穀梁集解》的补正,以及钟氏对穀梁经传的创发之处,阐述了该书的疏失之处,并论及了《左传》二传及三传异文等问题。

0246

春秋穀梁传译注[M]/承载撰.--上海:上海古籍出版社,1999

《春秋穀梁传译注》是春秋三传书中成书最晚的一部书。学说大抵出于鲁儒,注重传扬经义,处处谨守《春秋》笔法,阐明义例。但在记载史料方面不及《左传》详尽,且间有不明史实而以臆断自抒己见的地方。本书针对《春秋穀梁传》不足,在注释中以《左传》的史实解经,并据以评议传文中某些臆断之说。

0247

春秋吉礼考辨[D]/周何.--台湾师范大学(台湾地区),1967

本文通过考察《春秋三传》呈现周代礼制原貌,分辨三礼书中记载是否真切。文中以吉礼为主要研究对象,引用甲骨文、金文,针对殷周礼制中的郊礼、望礼、雩礼、宗庙时享礼作详细考证,一边叙述周礼制度,一边引述春秋经传描述,两相对照,确定吉礼制度。本文于1970年由台湾嘉新水泥公司文化基金会出版。

0248

春秋三传性质之研究及其义例方法之商榷[D]/陈铭煌.--台湾大学(台湾地区),1991

本文讨论了经学史上有关春秋三传,尤其是《左传》的性质源流问题,并重新探讨了三传本身"义例"解经方法模式问题。

0249

春秋文白[M]/羊春秋著.--长沙:湖南人民出版社,1999

本书是作者对中国古代诗文研究的论文集,内容比较丰富,涉及我国历代诗文的艺术特色、思想价值和美学价值等等,序文部分包括《乐府诗集》序、《容斋随笔》序、《五大南戏》序等,杂著杂文部分包括春秋漫笔等,传统诗文部分包括骈、散文选录,祭炎帝陵文等。

0250

春秋左氏议考述[D]/小林茂.--台湾师范大学(台湾地区),1980

本文考述了《左传》对古代礼制的记载情况,从冠礼、昏礼、飨礼、宴礼、朝礼、聘礼、丧礼、祭礼等几个方面进行了讨论。

0251

《春渚纪闻》标点校议[J]/彭占清.--烟台师范学院学报(哲学社会科学版)(后更名为鲁东大学学报),1988,02:43－51

中华书局1983年出版发行《春渚纪闻》十卷,收作《唐宋史料笔记丛刊》中的一种加以校勘标点。本文选取该书标点问题二十六条,依其致误原因归为六类,并对纠改的方法试加推求。

0252

《词话丛编》标点异议[J]/刘石.--山西师

大学报（社会科学版）,1991,01:76－81＋73

唐圭璋先生主编的《词话丛编》是中国古代词话的总汇,在标点方面存在体例不一、标点不当和断句错讹三类问题,本文分类举例说明。

0253

《词话丛编》标点异议拾遗［J］/房日晰.--山西师大学报（社会科学版）,1993,01:46－47

《词话丛编》是唐圭璋先生主编的一部大型历代词话丛书,在标点断句上存在较多问题。本文在学者刘石《〈词话丛编〉标点异议》研究基础上,接续解决《词话丛编》的标点、断句错讹问题,条列于后,供再版修订时参考。

0254

词家今始得知音——喜读乔力《晁补之词编年笺注》［J］/刘亦晨.--江西社会科学,1993,03:48－50

本文是为齐鲁书社1992年出版的乔力《晁补之词编年笺注》一书所作的书评。文中给予该书较高的评价,并从序言、编年、校勘、笺注、说明、词话辑录、辑佚和年谱几个方面对该书做了介绍。

0255

《词诠》误引误注《诗经》诗句勘正［J］/张在云.--云南教育学院学报（后更名为云南师范大学学报）（对外汉语教学与研究版）,1992,04:102－104

本文对上海古籍出版社1986年版《词诠》（《杨树达文集》之三）误引误注《诗经》诗句的十数例失误进行了勘正。

0256

辞书编写应注意对古籍的校勘校读［J］/赵传仁.--齐鲁学刊,1991,04:71－73

本文从校勘可以弄懂难解词语,提高辞书的释义质量;弄懂新收难解词语的意义,为新辞书建立新词目;弄清某些词的特殊含义,为词条建立新的义项;纠正资料卡片中的错误和缺漏四个方面,举实例分析说明了在辞书编写中,对古籍的校勘校读是非常重要的。

0257

辞书编纂与古籍整理刍议［J］/左民安.--辞书研究,1988,01:27－33＋135

本文从正确运用辞书,推动古籍整理、在古籍整理中所见辞书之谬举例、辞书编纂要不断吸收古籍整理中的新成果几个角度,阐释了辞书编纂与古籍整理之间的关系。文中指出,只有研究辞书在整理古籍中的作用,不断总结前人经验教训,才能找出其内在的规律,使我们在整理古籍的过程中少走弯路,保证质量。

0258

慈幼新书［M］/（明）程凤雏辑.--上海:上海科学技术出版社,1990

《慈幼新书》十二卷,是明代程云鹏（字凤雏）撰辑的一部儿科著作,又名《慈幼筏》,刊于1704年。全书对小儿的生理禀赋、脏腑特点以及各种病症证治的论述甚为详备,其中各证还附有医案。

0259

从《安康碑石》看金石文献的现代价值［J］/高家骅.--安康师专学报（后更名为安康学院学报）,1993,Z2:74－76

《安康碑石》一书是《陕西省金石文献汇集》的安康地区碑石文献专集。本文在介绍该书内容基础上,论述了碑石在延续和发展民族优秀传统文化方面的重要价值。

0260

从编辑实践到理论的思考——编辑明清小说的体会（一）［J］/林辰.--出版工作（后更名为中国出版）,1986,08:27－30

本文以编辑《明末清初小说选刊》为例,讨论了编辑图书过程中应该注意的问题,包括制订选题的依据和条件、编辑方式的创新、处理好编辑的劳动方式与编辑思想的关系和重视编辑言论等。

0261

从编辑实践到理论的思考——编辑明清小说的体会（二）［J］/林辰.--出版工作（后更名为中国出版）,1986,09:30－32

同上。

0262

从编辑实践到理论的思考——编辑明清小

说的体会（三）[J]/林辰.--出版工作（后更名为中国出版），1986，10：21－26

同上。

0263

从编辑实践到理论的思考——编辑明清小说的体会（四）[J]/林辰.--出版工作（后更名为中国出版），1986，11：35－39

同上。

0264

从兵器辨《三国志通俗演义》的成书年代[J]/任昭坤.--贵州文史丛刊，1986，01：102－106

我国历史上的三国时期处于冷兵器时代，《三国志通俗演义》的作者却把它写成了冷兵器和热兵器并用的时代。本文指出这是作者罗贯中受其生活年代的兵器发展状况影响的结果，将《三国志通俗演义》所描述的火器与元明时期火器发展的实际状况结合起来分析，小说里叙述描写的火器绝大多数出现于明初，否定了是元代作品的可能，从而证明该书成书于明初。

0265

从不同版本《大藏经》谈到《佛梅电子大藏经》面世[J]/郑宏伟.--香港佛教（在香港地区发表）1998，457：32－36

本文介绍了《佛梅电子大藏经》的面世过程。香港佛教文化协会在香港佛教联合会会长觉光法师倡导下，于1999年4月初推出全世界第一部汉文电子大藏经《佛梅电子大藏经》，此电子经筹划制作长达七年之久。《佛梅电子大藏经》卷秩繁浩，收佛经一万二千卷，一亿三千万字。

0266

从参评书看古籍整理与出版[J]/司马师.--中国图书评论，1996，12：14－15

本文以图书评奖参评书为例，介绍了古籍整理出版工作的情况，在肯定成就的同时，也指出了古籍整理工作中文字、体例、今译等方面的问题。

0267

从传统佛典到电子佛典[J]/周伯戡.--佛教图书馆馆讯（在台湾地区发表）1998，14：14－24

本文借着过去佛典编纂的情形说明今日电子佛典所犯的基本错误。文中介绍了传统佛典编纂在字体字形及版本校勘上所作的努力，并对照今日制作电子佛典在这方面的轻忽，希望能引起有关人士对相关工作的重视。

0268

从点校《八旗通志》谈到古籍整理[J]/赵德贵.--古籍整理研究学刊，1985，01：48－52

本文从书目的选择、班子的组成、版本的确定、制定体例、程序与要求、编制目录与索引六个方面，介绍了点校《八旗通志》民族古籍工作的全部过程，并提出了值得注意的问题。

0269

从古籍丛书的汇编看日本对中国文化典籍的保存[J]/李春光.--辽宁大学学报（哲学社会科学版），1994，02：15－18

本文通过考察《知不足斋丛书》《佚存丛书》《古逸丛书》《四部丛刊》等丛书的编辑，说明了日本受到中国传入古籍的深远影响，又将许多中国亡佚之书传回来，弥补了中国文化的损失，为保存中国典籍作出了贡献。

0270

从古籍丛书看中日典籍交流[J]/陈东辉.--文献，1998，01：258－262

作为古代文化汇聚和总结的古籍丛书，对中日典籍交流起到了重要作用。本文从晚清光绪年间黎庶昌和杨守敬从日本辑刻《古逸丛书》、清代光绪年间王锡祺所辑《小方壶斋舆地丛钞》等数部影响较大的丛书入手，探讨了中日典籍交流史上的有关问题。

0271

从古籍利用谈师专图书采购[J]/李国莲.--河南图书馆学刊，1994，S1：67－69

本文指出，我国各师专图书馆古籍利用率极低的现象普遍存在，采购失误是主要原因。各馆采购工作应着重注意解除采购人员的顾虑，始终不渝地坚持贯彻执行本馆的收藏范围和收藏原则；加强横向联系，搞好协调采购;加强采购人员的责任心;制订采购监督制度等。

0272

从古籍整理谈起[J]/管敏义. --宁夏大学学报(社会科学版),1985,03:45 – 47

本文指出,一个国家要发展民族文化,必须使本国文化典籍得以保存、流传发展。为了阅读、研究方便,把材料按类排比,分类汇编,各类丛书、类书应运而生,对保存流传古籍,发展民族文化起了重要作用。对古籍的辑佚、考证,都曾对民族文化的发展作出过贡献。

0273

从古籍整理想到训诂科学[J]/孙常叙. --社会科学战线,1983,01:77

本文指出,不论阅读、研究或使用古籍语句说明或证明某些问题,首先要正确理解书中原文原意。古籍整理者对这些疑难词句的注解,必然会影响读者对原文的理解、体会和运用。"训诂学"是一种指导实践的科学,学习并吸取前人"训诂"成果是必要的,应该学习并运用唯物主义辩证法,研究前人成果,总结实践经验,把"训诂学"建成一个新的语言科学。

0274

从"古人行文的逻辑"问题谈到古籍的校勘训诂[J]/古棣. --管子学刊,1995,04:73 – 76

本文考察了古人的行文方式,肯定了古人行文有相当严密的逻辑和语法,指出必须准确把握古人的行文逻辑,才能保证校勘训诂工作的准确性。

0275

从古诗标点谈到古籍标点宜分两种类型[J]/曾彦修. --出版工作(后更名为中国出版),1989,02:52 – 55

本文指出,古诗词的标点符号宜从简,一般用逗号和句号就够,在有把握的情况下,可加用个别惊叹号与问号。七八句诗用上七八种标点符号,只能破坏诗的完整性,也破坏了读者及鉴赏者的愉悦闲适与和谐的心情,并举宋云彬先生《读书漫谈》,鲁迅先生在《中国

小说史略》所引的《世说新语》的句子,杨万里诗选《明发石山》等例证明。

0276

从古书衬页中发现的善本书[J]/杜建荣,白丽蓉. --图书馆工作与研究,1987,01:42

本文介绍了从清抄本《初谭集》一书衬页中发现的明万历年修《宁国府志》戏本内容、版本,指出该戏本的价值。

0277

从馆藏古籍破损情况谈保养与修复工作[J]/赵香兰. --图书馆学刊,1988,06:37 – 39

本文介绍了大连市图书馆馆藏古籍破损情况,提出了古籍保养的注意事项,以及修复工作中必须遵循的原则。

0278

从《汉书》颜氏音切校勘看音韵学在古籍整理中的作用[J]/谢纪锋. --语言研究,1987,02:81 – 87

《汉书》颜师古所注的直音和反切,是探讨《切韵》音系性质、研究汉语语音史的宝贵资料。由于年代久远、几经刻写,讹误较多。笔者在清理颜氏音切过程中,发现讹误一百一十余条。本文以此为材料,举例说明运用音韵学知识可以校正古书中讹误的九种情况,实际上也是把音韵学引进实用领域的一种尝试。

0279

从"护官符"的残缺,看古籍整理的严肃性[J]/王敬业. --出版发行研究,1999,08:48 – 49

本文指出由于传抄之误或有意删改,造成了《红楼梦》"护官符"注文部分的残缺,由此引申出古籍整理的严肃性讨论,指出古籍整理工作过程中,校勘、标点、注释等诸项工作上如果发生错误,会使古籍的质量降低,而且很可能造成谬误流传、贻误后人的后果。

0280

从黄荛翁到张菊老——150 年来版本学的纵深进程[J]/胡道静. --古籍整理研究学刊,1987,04:23 – 26 + 17

本文从版本学内涵及其学术发展和低谷

时期古籍出版工作的重大成就,以及黄丕烈和张菊老两位版本学家等角度,论述了150年来中国版本学的纵深进程。

0281

从《跻春台》的校点看方言古籍整理[J]/张一舟.--方言,1995,02:128－137

本文从《跻春台》校点与方言有关的问题,关于方言作品整理的有关注意事项两个方面,论述了古籍整理中的方言问题。

0282

从笺注古籍谈起——读《颜光敏诗文集笺注》[J]/来新夏.--博览群书,1998,09:44

本文为作者读《颜光敏诗文集笺注》一书后所做的评述,认为该书能从整理对象的选择、笺注内容的广征博引、整理体制的完备诸方面完成这样一部较好的注本,应该引起读者注意。

0283

从《经籍籑诂》到《故训汇纂》[J]/陈世铙.--中国典籍与文化,1996,04:119－127

《故训汇纂》是武汉大学古籍整理研究所正在编纂的一部全面系统收集古代汉语字词训释的大型语文工具书,广泛汇辑了先秦至晚清经、史、子、集中的故训资料。从性质上说,跟清代著名学者阮元主编的《经籍籑诂》相近。本文介绍了《经籍籑诂》的不足以及《故训汇纂》的特点。

0284

从《老子通》谈古籍的校勘与训诂[J]/胡道静,司马琪.--社会科学战线,1992,04:124－126

本文是为吉林人民出版社出版的古棣、周英先生的新著《老子通》一书所做的书评,认为许多关于老子争论了千百年的难解之谜,在这本书中大都有了令人比较满意的答案。该书采用"书校""理校""语校""韵校""文校""字校"这一"六校并用"的校勘方法,内容深入浅出,通俗易懂,各家代表性观点较为齐备,是一本《老子》集校、集释。

0285

从《李白全集校注集释汇评》想到古籍整理的学术规范问题[J]/郁贤皓.--南京师大学报(社会科学版),1999,01:112

本文针对《李白全集校注集释汇评》一书存在的古籍整理方法和学术规范方面的问题提出了质疑。文中指出,该书将朱谏《李诗选注》几乎全部移录的做法欠妥,认为该书有袭用别人研究成果而不注明出处的情况。文中还指出,在备考中引用别人见解不应加主观评判,且书中观点中有某些自相矛盾之处,同时校正了该书注释官名、地名、文字、标点等方面的错误。

0286

从《岭外代答》看《四库全书》的编辑质量——兼论《四库全书》应重加校勘整理[J]/杨东甫.--武汉教育学院学报(后更名为江汉学术),1995,05:100－105

本文以《岭外代答》为例,指出《四库全书》存在着相当严重的编校质量问题,应进行全面校勘整理,且校勘整理的目标应是两点,一是订正文字讹误,二是恢复被删改古书的原貌。

0287

从鲁迅校勘《嵇康集》谈当代编辑的修养[J]/石杰.--中国人民大学学报,1997,01:116－119

本文在考察鲁迅先生校勘《嵇康集》过程和方法的基础上,讨论了此事所反映出的深层含义,即鲁迅先生校勘《嵇康集》具有强烈的时代因素和使命意识,也透露了鲁迅先生增强自身学识和功力的需要,指出当代编辑也应当注重从这三方面提升修养。

0288

从《马氏文通·序》的两处误标说到顿号在古籍整理中的使用[J]/吕友仁.--信阳师范学院学报(哲学社会科学版),1986,04:48－50＋57

本文对1983年9月商务印书馆出版《马氏文通·序》中标点的错误之处进行了分析,指出很多标点错误和注释不当都和能否正确运用顿号有关,并在文中对顿号在古籍整理中的使用问题举例进行了讨论。

0289

从毛泽东的阅读爱好谈到高校的古籍整理利用[J]/李苏华.--嘉应大学学报（后更名为嘉应学院学报），1994，01：74－77

本文从研究毛泽东主席阅读古籍的爱好入手，探讨了加强高校古籍整理利用工作的方法，一是古为今用，大力宣传古籍的价值和作用；二是因地制宜，编纂查检古籍系列专题索引；三是培养队伍，提高古籍专业人员的业务素质；四是修补古籍，保存好人类文化遗产。

0290

从清代古籍目录谈起[J]/王义耀.--广东图书馆学刊，1983，03：37－38＋55

本文指出20世纪80年代整理出版的清代古籍目录著作，具有较高的文献价值，但都不是完整的清代古籍总目，相互之间存在重复和讹误，应当组织力量在这些成果基础上归纳、整理和补充，编写一部较完整的《清代古籍总目》，再进一步编写《我国历代古籍总目》，摸清我国古籍家底。

0291

从日本辑刻的《古逸丛书》及其文献价值[J]/陈东辉.--四川图书馆学报，1993，03：19－25

晚清光绪年间从日本辑刻的《古逸丛书》，收有许多来自扶桑的中土佚书。担任该书搜辑、编校和刊刻工作的是黎庶昌和杨守敬。本文对《古逸丛书》的内容及其成书过程作了介绍，并对其文献价值作了论述。

0292

从诗韵角度考察《全宋诗》1—25 册中江西籍诗作的韵字之误[J]/杜爱英.--古籍整理研究学刊，1998，03：31－34

本文从诗韵角度考察了《全宋诗》1－25册中江西籍诗作的韵字之误，指出可以利用韵字校勘文献中的讹误。

0293

从《施愚山集》的文字处理谈用现代规范汉字排印古籍的尝试[J]/杨应芹.--语文建设，1994，07：20－21＋37

本文介绍了《施愚山集》排印情况，指出整理者遵循《简化字总表》和《第一批异体字整理表》，对书中的繁体字、异体字及通假字作了相应的简化或变通处理。

0294

从十七个图书馆看古籍分类的现状[J]/卫建忠.--晋图学刊，1986，04：41－44

本文介绍了山西省图书馆、陕西省图书馆、山西师大图书馆等17家图书馆的古籍分类情况、古籍现状分析、新旧分类法的比较等，指出采用"中图法"或更完善的分类法是历史的必然，中国图书分类历史也证明了这一点。淘汰"四库法"，采用新的分类法，是时代的要求，广大读者的要求，也是图书馆现代化、图书文献标准化、国际文化交流的需要。

0295

从实际效果出发——为编制全省线装古籍联合目录想到的几点意见[J]/王竞.--黑龙江图书馆，1982，S2：264－266

本文建议编制黑龙江省线装古籍联合目录，给读者提供检索与使用上的便利，并结合该省实际探讨了联合目录的收书范围、款目著录的详略问题等。

0296

从数词组合方式的演变看先秦古籍的断代问题[J]/王晖.--唐都学刊，1996，04：63－68

根据先秦时期数词组合方式不同时期的特点及其演变情况，并结合其他方面断代条件和标准，本文论证了《逸周书·世俘解》是武王克商后不久的作品；今文《尚书》《仪礼》经文、《春秋》《周礼》等是战国前期之前的作品；《周易·系辞》《穆天子传》等是战国早期至中期的作品。其他有争议的作品《左传》《国语》应是战国中期的作品；银雀山竹简《吴问》应是战国晚期的作品。

0297

从四川盆地地区的气候特征看古籍保护[J]/李荣慧.--四川图书馆学报，1997，05：73－77

本文分析了四川盆地地区气候的特点，结合文献保护对环境条件的要求，分析了盆地气候对古籍文献的破坏作用，并提出相应的防护措施，即重视古籍书库的封闭程度，控制与调节书库温湿度，加强对古籍的卫生防疫工作，注重药物防护害虫及霉菌。

0298

从"缦"、"�"二字谈起——《辞源》修订琐记之四[J]/顾绍柏. --学术论坛,1981,04:101

本文是顾绍柏《辞源》修订琐记系列论文之一。文中指出，"缦""�"二字为"谩"和"继"字之讹。

0299

从文字演进看周官古文[D]/黄秀燕. --台湾大学(台湾地区),1983

本文以阮元校勘十三经注疏本《周礼》为底本，从文字演进立场，探讨周官古文奇字内涵，利用文字学观点探索古文奇字来源及相关意义。

0300

从新发现《薛仙洞记》碑证青城古籍之误[J]/钟天康. --四川文物,1990,01:9 – 16

南宋绍定元年(1228)《薛仙洞记》碑反映了今都江堰市两河乡石城村罗家坡一带，在唐宋时期的宫观古迹、隐士仙人及山川地域的本来面貌。本文介绍了该碑发现过程，并通过《薛仙洞记》与过去有关青城山的古籍资料对照，发现过去记载中错讹较多，就其谬误之处进行了订正。

0301

从《养默山房诗余》想到古籍编目著录中的两个问题[J]/阳海清. --图书馆学研究,1984,04:116 – 118

本文对《养默山房诗余》古籍著录中的两个问题进行了分析和阐释，提出著录古籍时不唯要对原书作认真、细致考察，还要尽量查阅与该书有关的其他书籍,1949年以后出版的古籍目录，多系登记式的，有简明之长，也有过略之虞。今后应该编制一些其他类型的目录，以求在著录上更翔实、全面、深入一些，给读者在检索资料上提供更多的方便。

0302

从影印本《二十五史》的"畅销"谈当前影印古籍中的问题[J]/龚言. --出版工作(后更名为中国出版),1988,10:63 – 65

本文从"影印本《二十五史》畅销"这一现象，说明了新版古籍还有市场，有很多潜力可挖，我国读者的求知欲在不断提高。担负古籍整理出版工作任务的出版社应多做调查研究，根据不同层次读者的需要，采取不同形式出版各种古籍。出版机构既要开拓视野，满足各层次人们对学习研究古代文化遗产的愿望，又不要轻率、不加选择地滥印古籍，真正做到社会效益与经济效益的统一。

0303

从影印《四库全书》说到当前的图书馆采访工作[J]/李修宇. --黑龙江图书馆(后更名为图书馆建设),1988,01:72 – 74

本文对于《四库全书》影印工作提出了不宜再印的观点，因为所收书籍均有通行本，全套影印太浪费。《四库全书》所收之书很多都经过删减，不太可靠。库本抄校不精，错讹甚多，版本不善。新形势下应加强采访工作，努力提升各图书馆的选书水平，建立发展独立的评书活动和选书舆论系统。

0304

从影印《四库全书》谈起[J]/萧铮. --大学图书馆通讯,1988,03:36 – 38 + 28

本文从《四库全书》价值、《四库全书》影印问题的历史回顾、基层单位不必订购《四库全书》几个方面，认为该书既不适于读者阅读，也不适于学者研究。要弄清《四库全书》的学术价值，必须以辩证唯物主义和历史唯物主义的观点，对编纂这部大书的前因后果及其本身作实事求是的考察，才能得出正确结论。建议不应大肆印制并销售，以免造成更大的浪费。

0305

从语言的运用上看《列子》是伪书的补证[J]/刘禾. --东北师大学报(哲学社会科学版),1980,03:34 – 38

本文从语言运用角度，列举了"朕""吾""弗"等字的用法、"眼"的词义、"乞儿"的构词等具体实例，论证了《列子》一书绝非出自战国列御寇之手,而是一部后人托古的伪作。

0306

从《中国小说史略》看鲁迅对校勘学的贡献

[J]/韩文宁. --大学图书馆学报,1999,05:
62 - 64

本文从《中国小说史略》分析鲁迅对校勘学的贡献,指出该书是鲁迅经十余年努力完成的一部重要著作,集中体现了鲁迅辑录、校勘古籍的成就,不但继承了中国学术传统,而且有所发展。

0307

从《左传译文》谈谈古文献翻译[J]/吴枫. --古籍整理研究学刊,1986,01:5 - 7

中国古典文献浩如烟海,内容丰富,但大多艰深古奥,表达方式与现代汉语也有很多不同,一般读者难以读懂。因而,把古文献翻译成现代汉语,对于普及文献知识,满足更多人的需要,更好地继承古代文化遗产颇有意义。本文以沈玉成《左传译文》为例,用信、达、雅的要求对《左传译文》进行评价。

0308

丛书集成初编[M]/王云五,张元济主编. --北京:中华书局,1985

本书是王云五、张元济主编,商务印书馆辑刊的一部大型丛书。1935 年开始分期出版,当时已出 3467 册,未出者 533 册。1985 年起中华书局用上海商务印书馆本影印,未出者亦补齐,共 4000 册。辑者先选择了宋代至清代较为重要的丛书 100 种,得子目 6000 余种,然后去其重复,实得 4000 余种。因其内容丰富,又易找到,故为人们所常用。它打破四部法,采用近代图书分类法,便于人们按学科分类检索,收集了四部以外的笔记、丛钞、杂说等单本、孤本书,可补四部书之不足,流通范围很广,社会影响较大。

0309

《丛书集成初编》"道家哲学"类文献研究

[D]/李桂生. --湖北大学,1999

本文在《丛书集成初编》道家哲学类 47 种文献书目提要基础上,分析了道家文献与道教文献在思想内容和编排体例上的交叉与互异,指出该书在对该类文献进行学科归类上的不当,并对其中重要文献"所言道"的含义,以及某些文献阐释道家思想所体现的文化倾向进行了论述,从一个侧面论证了该书在学术上的重大价值和重要地位。

0310

丛书集成初编目录[M]/中华书局编辑部编. --北京:中华书局,1983

我国丛书号称数千部,惟个人诗文集居其半,而内容割裂琐碎实际不合丛书体例者,又居其余之半。其名实相符者,不过数百部。兹就此数百部中,选其最有价值者百部为初编。

0311

《丛书集成初编》——一部完备而实用的古籍丛书[J]/陈抗. --文史知识,1990,06:61 - 63

本文论述《丛书集成初编》特色,指出该书内容广博,各类具备,且收书精当,具有很高的文献价值,是一部完备而实用的古籍丛书。

0312

丛书集成三编[M]/新文丰出版公司编辑部编. --台北:台湾新丰出版公司印行(台湾地区),1997

《丛书集成三编》从近四百年间所汇刻的丛书中精挑细选,以罕传、学术与实用兼顾为考虑,计收丛书九十六种,其编刊凡例与新编、续编相同,分为十大类,各类下再分目,所含子目性质丛书与前两编稍有不同,分目略有更改删减。

0313

丛书集成新编[M]/新文丰出版公司编辑部编. --台北:台湾新丰出版公司印行(台湾地区),1984

本书是以《丛书集成初编》所有拟目,即大陆时期已出部分及有目无书者全部配补,以罕见、实用百衲本为主,别为普通、专科、地方三类丛书。其罕见者有元刊《济生拔萃》、明刊《范氏奇书》等共计 100 部,依中外图书统一分类法重新排比顺序将编印丛书总目,分类目录,书名和作者索引汇刊一册。

0314

丛书集成续编[M]/新文丰出版公司编辑部编.--台北:台湾新丰出版公司印行(台湾地区),1988

本套丛书以流传稀少、学术价值较高、研究工作实用为标准,选取明清及民国时期的丛书100部,删除各丛书相重复以及与《丛书集成初编》相重复的书,共收古籍3200余种,所收各书按原书影印。在编排上,用传统的四部分类法,按经、史、子、集分类编排。在四部分类之后,另立"别录类",以安排子目中集多种不同著作而成的小丛书。

0315

丛书书目汇编[M]/沈乾一主编.--台湾:文海出版社(台湾地区),1970

本书是图书著录书籍,收录图书上千种,每册书都带有简易文字说明,文献价值很高。

0316

《蹴鞠谱》著作年代考[J]/刘秉果.--体育文史,1986,06:30-36

本文对《蹴鞠谱》的著作年代进行考证,认为《蹴鞠谱》绝非明代人著作,而是南宋人著作,并详细阐述了理由。

0317

崔东壁遗书[M]/(清)崔述撰.--上海:上海古籍出版社,1983

本书是清代史学家崔述的著作汇编,包括《考信录》在内的崔氏著述十九种,以《考信录》最著名,敢于疑古,时出新解,运用司马迁考信于"六艺"的方法,以经书里的记载来驳斥诸子百家里的神话和传说。

0318

翠微南征录北征录合集[M]/(南宋)华岳撰;马君骅点校.--合肥:黄山书社,1993

本书为宋代的一部军事著作,由南宋人华岳撰,今存本十二卷。"南征"指作者遭贬由临安南徙建宁,"北征"则指其由建宁奉召北归临安。《南征录》由上皇帝书与古今体诗共十一卷组成,《北征录》包括《平戎十策》(即《再上皇帝书》)《治安药石》两篇长文。

0319

《存孤记》传奇作者考[J]/朱建明.--艺术百家,1994,02:85-87

《存孤记》的作者问题,近年来各家说法不一,今有案可查,至少有六种。本文对《存孤记》传奇的作者及作品进行了具体介绍和考证。

0320

存在集[M]/李一氓著.--北京:生活·读书·新知三联书店,1985

本书是李一氓的历史论文选集,包括《论古籍和古籍整理》《再论古籍和古籍整理》《读辽史——兼论〈四郎探母〉》《洋务运动·戊戌变法·辛亥革命》等文章。

0321

存在集(续编)[M]/李一氓著.--北京:生活·读书·新知三联书店,1998

本书是李一氓的散文选集,包括《孟子见梁惠王及其他》《列宁论爱国主义》《广告·文学·文明》《毛泽东同志与中国古籍》等文章。作者在长期革命生涯中,笔耕不辍,古今中外、文史哲、艺术戏曲,无所不读,有感而发,显示了作者的飞扬文采和深厚的中华文化底蕴。

D

0322

大广益会玉篇引说文考［**D**］/柯金虎. --政治大学（台湾地区）,1971

《大广益会玉篇》（简称《玉篇》）为宋陈彭年、吴锐、丘雍等修订的一部字书。本文考察了《大广益会玉篇》引用《说文解字》的情况,分为《玉篇》未全引《说文解字》宋本误者、宋本《说文解字》用假借字者、宋本《说文解字》用后起字者、《玉篇》与本义得两通者等类型,进行了研究分析。

0323

大连大学图书馆馆藏古籍书目［**M**］/大连大学图书馆编印. --大连:大连大学图书馆,1998

本书是大连大学图书馆20世纪90年代编订的古籍目录,按经、史、子、集四部分类,基本反映该馆当时古籍收藏的状况。

0324

大连市图书馆藏清代内阁大库散佚满文档案选编:职司铨选 奖惩 宫廷用度 宫苑 进贡［**M**］/辽宁社会科学院历史研究所等译编. --天津:天津古籍出版社,1992

本书将大连市图书馆馆藏清代内阁大库散佚满文译成汉文,按类纂编。按民族古籍种类、版本和出版需要,整理方法分为少数民族文字采取影印、汉译、选译、译编、原文与汉译合编、汇译与研究等;汉文采取影印、缩印、点校、校注、选辑、丛编等。

0325

大连图书馆古籍善本书目［**M**］/大连市图书馆编. --大连:大连市图书馆,1986

本书目在上报入选全国善本总目基础上,从馆藏25万册古籍中几经挑选,共得善本1726种两万余册,分善甲、善乙两部。收录范围、著录及分类,基本上按《全国古籍善本总

目》要求与标准,凡有历史文物性、学术资料性、艺术代表性其中之一者均可收入,下限断在辛亥革命之前。

0326

大梁、明道书院考略［**J**］/任大山. --河南图书馆学刊,1999,04:56 – 57

明代大梁、明道两书院藏书丰富,对研究河南省图书馆发展历程具有重要意义。本文对大梁、明道两书院的建立、发展、学生和章程等情况作了考证。

0327

《大清实录》（内府抄本）访求纪实［**J**］/薛愈. --晋图学刊,1988,02:50

本文介绍了山西大学图书馆古籍组访求《大清实录》（内府抄本）的过程。

0328

《大同书》手稿南北合璧及著书年代［**J**］/朱仲岳. --复旦学报（社会科学版）,1985,02:39 – 43

《大同书》系康有为代表作,是研究中国近代思想史的重要文献。本文介绍了《大同书》手稿南北合璧的情况,即上海市文物保管委员会在康氏家属捐献文稿中发现的康有为亲笔《大同书》稿本四册,与天津图书馆藏稿本凑成完篇的过程,研究了该部稿本的内容和特点,考订了该书成书及流传经过。

0329

大型古籍《四库全书》识别系统［**A**］/马少平,姜哲. --面向21世纪的科技进步与社会经济发展（上册）［**C**］,1999

本文介绍了《四库全书》识别系统和主要功能。该系统包含版面分析系统和识别系统两个子系统,分别对其进行了介绍,并说明了关键技术环节问题。

0330

大型中文古籍《四库全书》自动版面分析系

统[A]/姜哲,马少平,夏莹.--第七届全国汉字识别学术会议论文集[C],1999

本文介绍了《四库全书》自动版面分析系统。该系统对《四库全书》页面图像进行分析理解,分离图像中的汉字用于识别和统计,获取版面结构以便于重编和出版,采用了自顶向下与自底向上方法相结合、自动处理与人工修正相结合的设计思想。能够自动采用相应算法,处理多种规范和准规范的版面,并提供方便的人工辅助纠错功能,保障了预处理工作顺利进行。

0331

大学图书馆古籍交换的思考[J]/罗益群.--大学图书馆学报,1998,05:52-53

本文从古籍数量大、善本多、专业性强、复本量大和地方特色五个方面,分析了大学图书馆古籍交换的可行性,对古籍交换的原则进行了阐述。

0332

大学图书馆在保存民族文化遗产方面的作用和任务[J]/江晓敏.--图书馆工作与研究,1998,02:2-5

本文分析了大学图书馆在保存民族文化遗产方面的作用和任务。文中指出,大学图书馆兼具保存与教育多种功能,应发挥自身优势,责无旁贷地肩负起保存民族文化遗产、弘扬中华文化传统的历史使命。大学图书馆在古籍阅览和古籍保护工作中的主要任务包括健全和深化馆藏目录体系、加强专题目录索引的编制工作、充分发挥图书馆员在传播古代文化方面的能动作用、运用缩微技术复制馆藏古籍文献等。

0333

大学图书馆珍藏文化资产的分析[J]/葛承雍.--"中国图书馆学会"会报(在台湾地区发表)1997,59:13-18

本文针对海峡两岸一些重点大学图书馆珍藏、特藏的文化资产,分析收藏选购的重要性、保存维护的迫切性、科学管理的系统性、研究整理的必要性以及古籍书目资料库的建设。尤其是目前图书经费普遍紧张的情形

下,如何做好珍藏文化资产的工作,积极开发利用,文献资源共享,显得格外重要。因此,共同探讨、分析、交流、促进珍藏文化资产的新发展,是大学图书馆事业面临的一项大的系统工程。

0334

岱庙古籍[M]/赵桂芝著.--济南:山东画报出版社,1998

根据国家善本书标准,岱庙古籍中有善本550余种约7700余册,其中经部66种,史部138种,子部114种,集部215种,丛书24种。珍稀善本为明版《道藏》和《书史纪原》。《道藏》为万历年间御赐,并存有万历帝颁赐《道藏》的圣旨一帧。本书选择部分岱庙善本书作介绍,使读者对岱庙藏书有一定的了解。

0335

戴叔伦《怀李贺》诗质疑[J]/洪素野.--学术研究,1980,06:32

上海古籍出版社出版的《李贺诗歌集注》由清人王琦编注,卷首选登了戴叔伦《冬日有怀李贺长吉》。本文指出,据权德舆所作戴叔伦墓碑铭,戴是德宗贞元五年(789)去世的,而李贺则是贞元六年(790)出生的。因此,这首诗或是伪作,或是所怀李贺长吉另有其人。总之,此诗中所指并不是诗人李贺。这是王琦的编注失误。

0336

《戴震集》标点质疑[J]/钟敬华,李恕豪.--西南师范大学学报(人文社会科学版)(后更名为西南大学学报)(社会科学版),1985,02:115-116

本文考订了上海古籍出版社1980年版《戴震集》中几处标点问题。

0337

《戴震集》标点质疑[J]/顾义生.--古籍整理研究学刊,1988,02:47-49

上海古籍出版社1980年出版《戴震集》,为研究清代著名学者戴震的学术思想提供了系统材料,但该书在标点方面疏漏较多。本文择其要者,提出若干条进行了订正。

0338

戴震与古籍整理[J]/陆忠发.--古籍整理研

究学刊,1995,Z1:95-97

本文考察了清代学者戴震整理古籍的情况,分析了戴震对乾嘉学派的影响。指出戴震以卓著的学术成就,直接促成了乾嘉学派的中坚力量皖派的形成。在治学实践中总结了一套有效的考据方法,为彻底读懂古书扫清障碍。"校勘古书—解读古书—把握思想"的治学方法,决定了乾嘉学者们治学的主要特色。

0339

戴震与古籍整理——兼谈对清代考据学派历史经验的批判继承[J]/孙钦善.--北京大学学报(哲学社会科学版),1980,01:50-60

本文从在文字、音韵、训诂方面的成就,对于名物、典制的精核考证,关于古天文算法的研究成就,关于古地理的研究成就,主张把训诂、考证与义理分析结合起来,义理分析方面的成就和局限等六个角度,对戴震在古籍整理的实践和理论方面的贡献,以及其对清代考据学派历史经验的批判继承进行了介绍。

0340

丹溪先生心法(全四册)[M]/(元)朱震亨撰;程充编订.--北京:中华书局,1985

本书纂辑元代名医朱震亨医术经验和平素所述,是一部研究内科杂病和朱氏学说的重要著作。分列各科病证一百篇,以内科杂病为主,兼及其他各科,比较集中全面反映了朱氏"阳常有余,阴常不足"的学说以及气、血、痰、郁诸病治疗见解和丰富经验,其临床治疗虽重视补阳,但不拘泥专方,治法也比较灵活机变。

0341

殚精竭虑,不误后人——古籍注释杂谈[J]/白静生.--古籍整理研究学刊,1987,04:9-11

本文从搞注释必须严肃认真,不可粗疏大意,贻误后人;正确分辨通假字的运用,不可任意曲解;区分古今词义的不同,不可用今度古,似是而非;解释史实地名要详加考核,不可主观武断等六个角度,说明了古籍注释

工作的重要性,提出应殚精竭虑、不误后人的原则。

0342

当代古籍整理的精品——《嘉定钱大昕全集》[J]/卞孝萱.--扬州大学学报(人文社会科学版),1999,04:78-80

本文是为扬州大学中国文化研究所陈文和编辑整理的《嘉定钱大昕全集》一书所作的书评,从古籍整理的角度评论《全集》的四个特色,包括搜集钱大昕著作十分全面,竭尽全力访求钱氏佚作、收书严格甄别考证,体例完善、点校精细等,也对该书的缺点进行了较为公允的评价。

0343

当代回族古籍整理事业的开拓与发展[J]/雷晓静.--回族研究,1999,01:91-97

本文指出,近年来,经过相关人员的努力,国家陆续出版了一批优秀的回族古籍整理成果,推动和深化了当代回族伊斯兰教的研究,引起了全社会的关注。回族古籍整理日益显示出它的学术价值和社会效益。在它的发展过程中,也存在着整理方向、管理体制及人才经费等方面的问题,亟待改进和解决。

0344

当代"善本"[J]/仝龙.--上海师范大学学报(哲学社会科学版),1995,02:158

本文对判定古籍善本的标准"三性""九条"进行了具体阐释。

0345

当代中国对于兽医古籍的发掘和整理[J]/于船,张克家.--中国兽医杂志,1995,02:42-44

本文依据历代艺文志和书录编辑了历代兽医古籍书目,考察了我国目前对兽医古籍的整理情况,介绍了《伯乐针经》《司牧安骥集》《蕃牧纂验方》《痊骥通玄论》《纂图类方马经》《元亨疗马集》等兽医古籍的内容和出版信息。

0346

当前注解古书的几个问题[J]/路广正.--山东师大学报(后更名为山东师范大学学报)

（人文社会科学版），1994，01：84－88

本文举例说明了当前学界注解古籍工作中出现的错误，分析了造成这些错误的原因主要是学力问题、治学态度和术语问题，希望引起广大学者对注解工作的重视。

0347

档案珍品出深闺[J]/李宝玲.--中国档案，1998，03：46－47

河南省档案局经过三年多调查摸底，组织稿件，考订修改，编辑出版《河南档案珍品评介》，收录河南省各级综合档案馆保存的1949年以前各历史时期各社会组织、个人形成的有关政治、经济、军事、科技、文化艺术等方面具有研究价值的档案、古籍、金石拓片、资料等460余件。本文选取其中较有代表性的档案文件做了介绍。

0348

道家哲学古籍编目及研习指南[J]/刘国梁.--古籍整理研究学刊，1997，03：72－76

本文编辑了道家哲学古籍目录，并在此基础上讨论了研究道家哲学的要求。文中指出，研究道家哲学一定要有扎实的基本知识、良好的思维与技能训练、求实创新的治学态度，采取传统与现实相结合、精读与博览相结合的研究方法。

0349

道元一炁[M]/（明）曹珩撰.--北京：北京师范大学出版社，1990

本书为道教名著，明曹珩撰。全书有图40余幅，所绘皆为道家修炼、采补及调和龙虎一类的内容，有的涉及养生、健身及修养性情的理论和方法。

0350

"得一书必为之刻 刻一书必求其精"——刘世珩聚学轩刻书述略[J]/郑伟章.--中国出版，1990，12：100－110

本文在追溯近代刻书家刘世珩生平事迹的基础上，考察了他收藏金石器物、收藏元本《玉海》等古籍、校勘整理古籍的情形，重点论述了刘氏刻书的成就。文中指出，刘氏刻有五大丛书，各有特色；刘氏以"拼命存古"为职

志，所刻书无不"选择尤精""校雠尤慎""刊印尤美"，没有一部是粗制滥造的。

0351

登高自卑 陟远自迩——我们开展古籍整理研究工作的一点体会[J]/九江师专古籍整理研究室.--九江师专学报（哲学社会科学版），1985，04：58－61

本文为九江师专古籍整理研究室一年来开展古籍整理研究工作的体会，主要围绕看准方向，走自己的路；量力而行，行必有果；精诚协作，合力攻关；放眼未来，立足当前等几个方面展开。

0352

滴滴汗水 殷殷苦心——鲁迅所藏丛书丛谈[J]/赵英.--鲁迅研究月刊，1994，09：28－35

本文考察了鲁迅对于丛书的整理、使用与研究情况，叙述了鲁迅修补、校勘《台州丛书》《雅雨堂丛书》《国学丛刊》《咫进斋丛书》等丛书，辑录《唐宋传奇集》《嵇康集》等古籍，辨伪《琳琅秘室丛书》《四库全书》《唐人说荟》等古籍，评说《说郛》等古籍的事迹。指出鲁迅对好的丛书十分重视，但对于丛书中的问题，也始终态度鲜明，一针见血地直斥要害。

0353

地方特色浓浓——评《湖南省古籍善本书目》[J]/王晋卿.--图书馆，1999，03：78－80

本文是为《湖南省古籍善本书目》一书所作的书评，指出该书在《中国古籍善本书目》基础上编制而成，著录湖南省见存古籍善本书4040种，收录丰厚、体系完善、著录准确、部次精当、考据翔实，可以基本反映出湖南地区藏书的地方特色。

0354

地方文献巨编——《吴郡文编》[J]/郑万煜.--文献，1981，01：261－263

本文介绍了《吴郡文编》一书的编撰过程、主要内容、散失经历等。文中指出，该书保存了一些已散佚的苏州地方文献和清嘉庆、道光间一些苏州学者的校勘成果，以及一些受迫害的学者遗文，具有重要的文献价值。

0355

帝京岁时纪胜·燕京岁时记·人海记·京都风俗志[M]/(清)潘荣陛,(清)富察敦崇,(清)查慎行,(清)让廉著. --北京:北京古籍出版社,1981

清人潘荣陛所著《帝京岁时纪胜》是迄今所见清代第一部北京风俗志书,对研究清代北京的社会生活和岁时风物均有重要史料价值;富察敦崇所著《燕京岁时记》是一部记叙清代北京岁时风俗的杂记;《人海记》是清代查慎行编著的笔记;清代让廉所著《京都风俗志》记载了清时古人的习俗。

0356

第一届国际暨第三届中国训诂学学术研讨会论文集 训诂论丛(第三辑)[C]/饶宗颐等著;中国训诂学会,台湾中山大学中国文学系主编. --台北:文史哲出版社(台湾地区),1997

同上。

0357

第二届国际暨第四届全国训诂学学术研讨会论文集 训诂论丛(第四辑)[C]/第四届全国训诂学术研讨会编委会主编. --台北:文史哲出版社(台湾地区),1999

同上。

0358

第一届中国训诂学学术研讨会论文集 训诂论丛(第一辑)[C]/王静芝等著;中国训诂学会,辅仁大学中文系所主编. --台北:文史哲出版社(台湾地区),1994

本书涉及海峡两岸暨香港以及韩国学人对于训诂研究、典章制度、辞书编写等方面的研究成果,有益于训诂学研究的长足发展,同时增进了年轻人对该领域研究的参与热情。

0359

第二届中国训诂学学术研讨会论文集 训诂论丛(第二辑)[C]/左松超等著;中国训诂学会主编. --台北:文史哲出版社(台湾地区),1997

同上。

0360

第二世嘉木样协巴·久美旺布传(藏文)[M]/贡唐·贡却丹白卓美著. --兰州:甘肃民族出版社,1990

本书由佛教拉卜楞寺第三世活佛贡唐·贡却丹白卓美著,按年代顺序记述了二世嘉木样大师入寺学佛,在安多地区讲经传法、赴藏辩经、传教收徒以及在各地举行的重大佛事活动,书后附传主文集目录。

0361

第六讲 图书馆古籍整理[J]/高树榆. --图书馆理论与实践,1984,03:38－45

本文从古籍著录、古籍版本、古籍分类、古籍目录、古籍保管等几个方面,介绍了图书馆古籍整理工作。

0362

第三次全国古籍整理出版规划会议发言摘要[J]/程千帆,任继愈,钱伯城等. --中国典籍与文化,1992,02:16－20

本文为第三次全国古籍整理出版规划会议发言摘要,各专业古籍出版社及有关部门代表围绕制订中国古籍整理出版十年规划和"八五"规划展开了讨论。会议指出,为了进一步搞好古籍整理出版工作,必须调动发挥全国各有关方面积极性,需要有一批自愿献身这项事业的专家、学者。要不断发现和培养人才;提倡和坚持严谨的治学态度,本着对学术、对人民、对子孙后代负责的精神,不断提高整理出版工作的质量。

0363

《滇云历年传》校点本前言[J]/李埏. --云南社会科学,1989,04:39－41

《滇云历年传》是一部较有价值的历史著作,可惜此前一直未断句标点。本文系《滇云历年传》校点本前言,文中指出该书解决了很多关于此书标点断句的疑难问题,也廓清了书中的一些讹误。

0364

点校本《建康实录》卷十一标点志疑[J]/丁福林. --镇江师专学报(社会科学版)(后更名为高校教育管理),1989,02:15－21

唐许嵩所撰《建康实录》,旁采遗文,征引广博,是记述六朝事迹的重要历史著作。该书有中华书局和上海古籍出版社两种校点本,校点甚精,然亦不免疏漏之处。本文研究《建康实录》一书第十一卷,于二种校点本中有疑问之处,略作札记数则,以供读者参考。

0365

点校本《越绝书》校勘拾遗[J]/施谢捷. --古籍整理研究学刊,1988,03:23 - 27

本文考订了上海古籍出版社 1985 年出版的点校本《越绝书》中的一些错误。

0366

点校补正经义考(全八册)[M]/(清)朱彝尊撰;许维萍,冯晓庭,江永川点校. --台北:"中央研究院"中国文哲研究所筹备处(台湾地区),1997 - 1999

朱彝尊名著《经义考》三百卷,是中国古代集大成式的经学目录巨著。本书是《经义考》文本校勘、整理方面的代表性成果。底本与参校本选择精审,而且点校本出校颇精。但该书仍然存在一些点校规划方面的不足之处,具体可参考 2010 年 6 月古典文献研究(第十三辑)所刊张宗友《〈点校补正经义考〉平议》等文章。

0367

点校《大唐创业起居注》的体会和做法[J]/李季平. --齐鲁学刊,1985,02:68 - 69

本文通过对《大唐创业起居注》一书的点校工作,总结出古籍点校应注意的问题,包括底本的选定、正确标点古籍、做好校勘工作;进行古籍整理研究的方式,要普及与提高相结合,专家与业余分工协作;全本、节本、定本、选本、译本等等,要根据不同的读者对象,多层次地加以考虑。

0368

点校古籍应使用专名线[J]/王海根. --古籍整理研究学刊,1985,01:52 - 53

本文指出,出版古籍的点校本应使用专名线,完整校点本二十四史及《资治通鉴》是很好的先例。点校古籍是整理、研究中国古代文史哲典籍的基本训练,给古书加标点,尤以准确使用专名线为最难,能对点校者的知识的深度与广度进行较全面的考核。点校古籍当加标专名线,出版整理本古籍应排印专名线,是我们古籍整理、出版工作最基本的一环。

0369

点校举正[J]/钟肇鹏. --文献,1998,01:191 - 208

整理古籍不易,作一部书的校注集释,从版本的搜集、校勘,汇聚众家之说进行爬梳整理,最后加以断案,一般少则几年,多者数十年,甚至费尽毕生精力才完成一部书。本文是作者浏览古籍进行批阅后的补正,批阅内容包括 1992 年中华书局版《春秋繁露义证》、1987 年中华书局版《法言义疏》等。

0370

点校《蜀中名胜记》札记[J]/王焱. --重庆师专学报(后更名为成都大学学报)(社会科学版),1991,03:41 - 49

明曹学佺曾撰《蜀中广记》三十卷,其同郡人林茂之摘取其名胜一门,别刊而成《蜀中名胜记》。本文以点校《蜀中名胜记》工作为例,指出古籍整理工作应注重底本选择、审慎标点、认真校勘。

0371

电子佛典发展概况[J]/杜正民. --"中央研究院"计算中心通讯(在台湾地区发表)1999,13:114 - 116

本文对近年来佛典电子化的发展情况进行概述,指出电子佛典逐渐在国际上受到重视与肯定,本着推动佛典分享理念,除吸引愈来愈多的单位及人力参与数据库的建立外,还陆续公开各项成果于网上,蔚为网际网络另一股清新的风潮。

0372

雕版印刷术的"活化石"——访扬州广陵古籍刻印社[J]/何炜. --图书馆,1991,01:69 - 70

本文记述了笔者走访扬州广陵古籍刻印社参观雕版印刷术的经过,并对扬州的雕版和广陵古籍刻印社做了介绍。

0373

《雕版印刷术的"活化石"》质疑[J]/蔡贵

华.--图书馆,1992,01:78

本文指出《图书馆》(双月刊)1991年第1期刊载何炜《雕版印刷术的"活化石"》一文中存在的问题,包括扬州诗局与广陵古籍刻印社关系问题、《全唐诗》的版本问题、《楝亭藏书十二种》的收书问题等。

0374

雕版印刷与广陵古籍刻印社[J]/刘坤.--古籍整理研究学刊,1992,01:49

本文介绍了中国古代雕版印刷术的工艺流程,以及广陵古籍刻印社收集、整理、修复古籍版片和刊行古籍的情况。

0375

丁茶山论语古今注原义总括考征[D]/金彦钟.--台湾师范大学(台湾地区),1987

丁若镛,号茶山,是朝鲜时期著名的儒家学者,著有《牧民心书》《论语古今注》等。本文从丁氏生活的时代背景、生平传略和著述情况入手,研究了《论语古今注》的成书经过、丁氏的为学宗旨及论语说要义等问题。重点考征了本论原义总括175则。本文于1987年由台湾学海出版社整理发行。

0376

丁福保也曾编过《群雅诂林》[J]/韩嘉羊.--出版工作(后更名为中国出版),1987,05:76

本文介绍了丁福保在古籍整理上的贡献,特别指出丁氏于1928年曾筹备编纂出版《群雅诂林》,并做了很多工作,然碍于资金成本,上海医学书局和开明书局均未付梓。建议湖北大学《尔雅诂林》编纂人员联系丁氏后人,查阅《群雅诂林》原稿,推进该书的编纂工作。

0377

丁耀亢及其著作考论[J]/周洪才.--齐鲁学刊,1996,05:17-19

本文考察了明末清初文学家丁耀亢的生平事迹、仕宦交游情况,介绍了他的著述作品内容和特点。诗歌之外,还介绍了丁氏《续金瓶梅》《出劫纪略》等作品。

0378

定本《金匮要略》文献研究[D]/徐光星.--

杭州大学,1998

《金匮要略》为中医四大经典之一。本文考辨了定本《金匮要略》在宋元明清时期名称变化。根据不同时期各版本《金匮要略》的图录、正文首页,简述其版刻特点,考订各版本间的传承关系,基本认定赵开美本为现今定本《金匮要略》最佳版本,汇集了历代综合书目和医学书目对《金匮要略》的著录情况,并以《外台秘要》《医心方》《证类本草》《本草纲目》四书为依据,对《金匮要略》佚文作了初步辑录。

0379

定本庄子故[M]/(清)马其昶撰;马茂元编次.--合肥:黄山书社,1989

《庄子故》共八卷,陈光淞于1901年初刊于浙中,世称"遗经楼校本"。马其昶先生于讲授《庄子》之余,取北宋本、南宋本之《庄子》,并采近人杨文会、章炳麟、马叙伦等十余家之说,融以己见,历时两年撰成。马其昶先生临终时嘱咐以后出版务必以此为定本,故取名《定本庄子故》。

0380

东巴古籍的整理与研究[J]/萧霁虹.--云南民族学院学报(哲学社会科学版)(后更名为云南民族大学学报),1994,04:57-61

本文追溯了东巴古籍的起源和发展历史,考察了从古至今中外学者对东巴古籍搜集整理、翻译研究的情况。

0381

东北历史文化学术研讨会暨吉林省古籍工作会议综述[J]/衣食.--古籍整理研究学刊,1993,05:50-49

本文为东北历史文化学术研讨会暨吉林省古籍工作会议的综述,包括东北历史文化研究新进展、关于长白文化问题的探讨、关于东北民族政权性质和东北史分期问题的争论以及全省古籍工作者协同开发乡邦文献几个方面。

0382

东北师范大学图书馆藏古籍分类目录[M]/东北师范大学图书馆古籍部编.--长春:

东北师范大学图书馆,1986

本书是东北师范大学图书馆 20 世纪 80 年代编订的古籍目录,可以基本反映该馆当时古籍收藏的状况。

0383

东北师范大学图书馆藏古籍善本书目解题[M]/东北师范大学图书馆古籍部编.--长春:东北师范大学图书馆,1984

20 世纪 80 年代初,东北师范大学图书馆对馆藏古籍善本进行普查,将其中 1200 种上报全国古籍善本书目编纂委员会,本目录即在此基础上整理而成。除按照《全国古籍善本书总目》的著录条例和分类表进行分类和著录外,又增加了各书的内容提要和作者简介。在各条的末尾处也标注该馆的索书号,便于读者检索。

0384

东陲文库——《长白丛书》[J]/宫兵.--中国边疆史地研究,1997,01:107 – 112

《长白丛书》是一套大型地方文献丛刊,已出版 75 部,总计 3000 余万字,包括史料、方志、档案、人物、诗词、满学、农学、边疆、民俗、金石、地理、东北亚等 20 个子系列。本文是为该书所作的书评,认为该书体现了浓郁的地方特色、民族特色、内外交融特色,为海内外东北文史研究提供了丰富、系统的珍贵资料。

0385

东陲文献重放光华——绍介陆续面世的《长白丛书》[J]/郭伊戈.--社会科学战线,1988,04:87

由吉林省高等院校古籍整理研究协作组编辑、吉林师范学院古籍研究所所长李澍田教授主编、吉林文史出版社出版的《长白丛书》,系全国高等院校和吉林省古籍整理研究的重点项目。本文介绍了该丛书陆续面世的初集至三集涵盖的主要内容,肯定了这套具有边疆特色、民族风情的地方文献丛书的学术价值。

0386

东度记[M]/(明)清溪道人著;唐华标点.--上海:上海古籍出版社,1996

本书又名《扫魅敦伦东度记》,是由明代方汝浩编写的小说,讲述达摩老祖由南印度出发,自西而东,经东印度国,再往震旦国阐化历程。作者塑造了一大批千奇百怪的妖魔形象,有的是人,像酒色财气四魔,本是巨鼍巫师的徒弟;有的是人的心理幻化,给社会带来各种危害,诸如兄弟不和、夫妻失睦等,揭露了明末社会和家庭的各种矛盾,描绘出了一幅封建末世社会的画面。

0387

《东观汉记校注》拾遗——古籍整理研究丛札之一[J]/吴金华.--文教资料,1994,01:80 – 83

《东观汉记》是东汉刘珍、边韶、蔡邕等相继撰成的纪传体东汉史,在范晔《后汉书》问世以前,世人将此书与《史记》《汉书》合称"三史",甚为推重。本文是作者古籍整理研究系列论文之一,校订了中州古籍出版社《东观汉记校注》一书中出现的标点、文字方面的错误。

0388

东海大学图书馆善本书简明录新编·经部暨史部[M]/台湾东海大学图书馆.--台中:台湾东海大学图书馆(台湾地区),1995

本书系东海大学图书馆善本书简明录新编经部和史部书目,可以在一定程度上反映该馆当时的善本古籍藏存状况。

0389

东海大学图书馆善本书简明录新编·子部暨集部[M]/台湾东海大学图书馆.--台中:台湾东海大学图书馆(台湾地区),1995

本书系东海大学图书馆善本书简明录新编子部和集部书目,可以在一定程度上反映该馆当时的善本古籍藏存状况。

0390

东家杂记附续校及补校[M]/(南宋)孔传撰.--北京:中华书局,1985

《东家杂记》为孔子 47 代孙孔传撰,于宋高宗绍兴年间著成,记载有关孔子的杂事旧迹,以简赅著称。上卷分九类,叙世系封爵;下卷分十二类,述孔庙古迹。

0391

东京梦华录[M]/(北宋)孟元老撰;孙世增校注. --北京:中国商业出版社,1993

本书是宋代孟元老的笔记体散记文,创作于宋钦宗靖康二年(1127)。追述北宋都城东京开封府的城市风俗人情,大多是宋徽宗崇宁到宣和(1102－1125)年间事,描绘了该时期居住在东京王公贵族乃至庶民百姓的日常生活情景,是研究北宋社会生活、经济文化的一部重要历史文献。

0392

东京梦华录·都城纪胜·西湖老人繁胜录·梦粱录·武林旧事[M]/(北宋)孟元老等著. --北京:中国商业出版社,1982

《东京梦华录》是宋孟元老追述北宋都城东京开封府城市风俗人情的著作。《都城纪胜》是耐得翁所著南宋笔记,叙述南宋都城临安市民阶层的生活与工商盛况。《西湖老人繁胜录》记载南宋都城临安市民的文化生活和游艺活动。《梦粱录》是宋代吴自牧介绍南宋都城临安城市风貌的著作笔记。《武林旧事》是宋末元初周密追忆南宋都城临安城市风貌的著作。

0393

《东坡志林》《仇池笔记》异同考[J]/修世平. --图书馆理论与实践,1997,04:40－42

本文考察了《四库》子部杂家类收入苏轼《东坡志林》《仇池笔记》两书的异同及与其他刊本的不同之处,分析了产生异同现象的主要原因,指出《东坡志林》《仇池笔记》有几种刊本,均非苏轼本人原著,是经他人编辑订正而成,因而互有出入。

0394

东塾读书记[M]/(清)陈澧撰. --台北:台湾商务印书馆(台湾地区),1968

本书为陈澧读书札记。大体分论经、论小学、论诸子、论史、论郑朱学及通论等类。其中论史除三国与明,余皆未成。梁启超称,陈书中论郑学、论朱学、论诸子、论三国诸卷最为精善。

0395

东阳崇川与建阳崇化[J]/方彦寿. --古籍整理研究学刊,1988,04:62－63

建阳崇化是我国历史上的出版中心之一。肖东发在《建阳余氏刻书考略》中对建阳余氏刻书历史已有较为全面和深入的考察,但遗漏了东阳崇川余四十三郎。本文考证指出,东阳崇川实即建阳崇化,余四十三郎应是建阳余氏刻书家,也是迄今为止明确记载有刻本传世、刻书年代最早的余氏刻书家。

0396

东医寿世保元[M]/李济马著;金风寿点注. --延吉:延边大学出版社,1988

本书是朝鲜族传统医学的经典著作,由朝鲜医家李济马著于1894年。书中提出了较为完整的"四象医学"学说,并用之于临床,载医论625条,方剂113首,着重论述人与自然界、社会的关系。

0397

侗族古籍《阴师言语》的发现及其主要内容[J]/向零. --贵州民族研究,1994,03:63－71

本文记述了侗族古籍《阴师言语》的发现过程及其主要内容,认为其是一部反映侗族社会文化的经典,是以成文形式保存下来的文化遗产,为研究侗族社会思想史提供了有益的史料。

0398

侗族史诗——《起源之歌》(全二册)[M]/杨权,郑国乔整理译注. --沈阳:辽宁人民出版社,1988

侗族以歌代文,以歌记事,以歌载道,以歌育人。在漫长的历史发展中,侗族人民创造了形式多样、内容丰富的民间文学作品,以诗歌和传说故事为主。本书唱述了开天辟地、事物起源及侗族的起源、迁徙、祭萨、破姓开亲、款词等内容。

0399

毒药本草[M]/杨仓良主编. --北京:中国中医药出版社,1993

本书是系统介绍常见有毒中草药的专著。分为上下两编,上编总论,着重介绍毒药的历史沿革、含义、毒性与毒理、中毒与防治等;下编各论,详细介绍119种常用毒药。条理清晰、内容翔实、取舍得当,阐述著者应用毒药的认识与见解,对于有毒中草药的研究和应用有较高的实用价值。

0400

独漉堂诗笺[M]/(清)陈恭尹撰;陈荆鸿释.--上海:中华书局,1951

本书为"岭南三大家"之一的陈恭尹诗集,以《独漉堂全集》诗十五卷整理而成,陈荆鸿先生对其笺释。

0401

读1981年版《鲁迅全集》中关于古籍整理文章的札记(六则)[J]/顾农.--古籍整理研究学刊,1985,04:40-43

古籍整理是鲁迅一生学术工作中的重要组成部分,这一方面的研究至今相当薄弱。1981年新版《鲁迅全集》中存在一些问题,不少即与此有关。本文列举六条问题予以说明。

0402

读《布洛陀经诗译注》书后[J]/宋蜀华.--广西民族研究,1992,03:3-4

本书系对广西人民出版社《布洛陀经诗译注》一书的评介,认为该书是壮族古代文化的宝库和百科全书式的巨著,在研究壮族史和百越文化史方面具有较高的学术价值,体现出壮族与古代百越、壮族文化与百越文化的渊源关系,其内容也反映出一定的汉文化的影响。

0403

读点校本《士礼居藏书题跋记》[J]/丁晓山.--首都师范大学学报(社会科学版),1992,06:96-99

清代学者黄丕烈撰、潘祖荫辑《士礼居藏书题跋记》是一部重要的版本目录学著作。本文校订了书目文献出版社1989年点校本《士礼居藏书题跋记》一书中出现的标点、校勘错误,指出了该书封面和索引中的小疵误以及其他问题。

0404

读《黄帝内经素问校注语译》札记[J]/许学东.--山东中医药大学学报,1998,01:64-66

本文对《黄帝内经素问校注语译》的一些校语作了分析,列举部分条目,指出了其中存在的语释及校勘方面的错误。提示古籍的整理工作不可忽视,教学中更需辨识,以免以讹传讹。

0405

读《吉林省中医古籍联合目录》有感[J]/孙文库.--图书馆学研究,1994,03:81-94

本文介绍了《吉林省中医古籍联合目录》的主要内容和学术价值,对该书给予了较高评价,认为该书填补了《中医图书联合目录》未收吉林省境内图书馆库藏中医古籍的空白。

0406

读《籍海探珍》[J]/顾农.--鲁迅研究月刊,1991,11:68-72

本文为作者读中国文史出版社1991年出版的赵英撰著《籍海探珍》后所做。指出该书贡献在于利用了鲁迅的全部手稿,以确切的材料,原原本本地给读者介绍了鲁迅以怎样艰巨的努力、水磨的工夫来从事古籍整理工作,使人们大开了眼界。也指出了该书存在的三处遗憾。

0407

读《角力记校注》存疑[J]/李季芳.--体育文化导刊,1993,03:49-51

《角力记》零散辑录宋以前竞力角技之事,其中晚唐及五代十国部分资料,其他古籍未载,有参考价值,常被后世引用。本文对人民体育出版社刊行的《角力记校注》一书中的部分注释提出疑问和看法。

0408

读《金瓶梅词话》校点本札记——看方言与古籍整理[J]/董绍克.--古籍研究,1988,01:102-108

人民文学出版社1985年5月以万历本《金瓶梅词话》为底本出版了校点本《金瓶梅词话》。本文对该书中的错误进行了考订,研究了方言对古籍整理的重要性,也对该书因形近而致误的讹字进行了一定匡正。

0409

读《金瓶梅词话》校点本札记(二)[J]/董

绍克. --山东师大学报（后更名为山东师范大学学报）（人文社会科学版）,1989,05:33 – 40

人民文学出版社 1985 年 5 月以万历本《金瓶梅词话》为底本,出版校点本《金瓶梅词话》。本文列举了书中尚未勘正的讹字,加以分析匡正。

0410

读《经义述闻》[J]/宋秀丽. --贵州大学学报（社会科学版）,1985,01:75 – 82

本文从精确审定词义和王氏精审词义所用的方法介绍两方面,论述了王念孙、王引之父子在《经义述闻》中训诂方面,主要是词义诠释方面的成就。

0411

读《李渔全集》[J]/吴楚. --文学遗产,1992,04:112 – 113

本文是为浙江古籍出版社出版的《李渔全集》所作的书评,肯定了该书价值,对其编纂过程中力求内容完整、考订版本、校勘文本、编排体例等诸多方面都给予了较高评价。文中也指出了该书的一些不足之处。

0412

读《辽宁回族家谱选编》[J]/马世英. --满族研究,1998,02:77 – 83

本文系对《辽宁回族家谱选编》一书的评述,指出该书阐明了家谱学的重要意义,揭示了演变时貌;所载谱书历史悠久,族源清楚,国内少数民族谱书中罕见;组织严谨,涵容丰富,涉及面广,很有研究与参考价值。

0413

读《六朝文絜笺注》札记[J]/骆礼刚. --贵州大学学报（社会科学版）,1999,06:84 – 86

《六朝文》是清代道光年间许槤选编的关于六朝骈文的一个简明读本。清末黎经诰为之笺注堪称详赡,然尚有失误。本文列举其注"九龙将暝""金刀掩芒,长淮绝溜""人非新市,何处寻家"等九例予以纠驳,并指出产生错误的原因,大抵在于过分泥守个别词语,而不从全文来通察原作者造语行文之用意。这种"释事而忘义"的现象在旧注中是一个通病,今日治古籍者不可沿而不察。

0414

读鲁迅《古籍序跋集》缀感[J]/阿其图,李树榕. --内蒙古师范大学学报（哲学社会科学版）,1984,02:114 – 117 + 75

本文为作者读鲁迅《古籍序跋集》后所做的述评,从辑录古代史书的基本方法和辑录古史思想的初探两个方面,就鲁迅先生纂辑、校订古代史的方法及其当时的思想做了分析探讨。

0415

读《鲁迅辑校古籍手稿》札记（二题）[J]/顾农. --上海鲁迅研究,1997,00:182 – 190

本文对《鲁迅辑校古籍手稿》第四函第四册内辑录的《游仙窟》和第四函第五册之末的《小说目录》两部分内容进行了介绍和评议。

0416

读《鲁迅辑校古籍手稿》札记（又二题）[J]/顾农. --上海鲁迅研究,1998,00:236 – 241

本文对《鲁迅辑校古籍手稿》第四函第五册内辑录的《谈薮》和第五函辑录的《谢灵运集》两部作品进行了介绍和评议。

0417

读《清代史部序跋选》[J]/谢保成. --清史研究,1993,01:106

本文为作者读杨翼骧、孙香兰主编,南开大学古籍整理研究所选录的《清代史部序跋选》一书后所做的评述,认为该书无论从清代学术史研究还是历史文献研究角度,都是一部有特色的学术资料汇编,为专业工作者提供了一部必备的参考书,还使一般读者从中了解到古代学术的某些梗概。

0418

读阮元校《尔雅·释诂》札记[J]/韩格平. --古籍整理研究学刊,1989,06:20 – 22

《尔雅》是我国最早的一部训释词语的专书。清人从事刊正《尔雅》文字讹误,以阮元《尔雅注疏校勘记》六卷最佳。阮氏以明吴元恭仿宋刻《尔雅经疏》三卷本为底本,参校三卷本唐石经《尔雅》、宋椠《尔雅疏》十卷等 13 种书,用力甚勤,比证极细。本文在以上著述的基础上,从《释诂》中选取数例进行校勘讨论。

0419

读《三续金瓶梅》[J]/鲁歌,马征. --江苏师范大学学报(哲学社会科学版),1992,01:37-38

《金瓶梅》面世后又有多部续书问世。本文概述清代讷音居士创作的《三续金瓶梅》一书的主要内容、思想内涵、艺术成就、不足之处等。关于《金瓶梅》续书,研究者还可参阅1988年齐鲁书社校点排印本《金瓶梅续书三种》(汇总《续金瓶梅》《隔帘花影》《金屋梦》)。

0420

读书改过斋丛录[M]/(清)陈鹤撰. --台北:正中书局(台湾地区),1969

本书为清代陈鹤的日记,始于乾隆四十五年(1780)正月,止于嘉庆十五年(1810)十二月,按年逐月记载。举凡陈氏所撰诗文、信札、读书心得及日常琐务,无所不包,又追记少小时事于卷首。

0421

读《水经注》小札[J]/谭家健. --辽宁大学学报(哲学社会科学版),1986,02:29-30

本文考订了《水经注》中出现的一些句读和注释问题。

0422

读《说文段注》笔记[J]/余行达. --古籍研究,1995,04:79-85

段玉裁《说文解字注》是学术界公认的解释《说文》的权威性著作。1981年,上海古籍出版社据经韵楼藏版影印,近十几年重印数次,每次都有改进。惜所据经韵楼本是雕版已有朽坏时印刷的,少数残缺者仍未得到改正。本文比对了学海堂本、四川尊经书院本、湖北崇文书局本等各个不同版本,校订了经韵楼本的一些错误。

0423

读《唐代墓志汇编》札记[J]/鲁才全. --魏晋南北朝隋唐史资料,1994,01:64-69

本文指出《唐代墓志汇编》(上海古籍出版社1992年出版,周绍良主编)一书中的志文疏漏讹误问题以及所附《人名索引》中的几处不足。

0424

读《通鉴问疑》札记[J]/宋衍申. --古籍整理研究学刊,1986,03:31-38

《通鉴问疑》是《通鉴》副主编刘恕的长子刘羲仲所作,包括司马光、刘恕、刘羲仲三个人的问疑。第一部分讨论"正统"问题;第二部分是司马光与刘恕对魏晋南北朝期间几件史实的考证,其中刘恕对均田制产生、崩溃的论述颇有见地;第三部分是刘羲仲对《通鉴》所疑八事。本文根据这三个部分展开讨论。

0425

读《万寿山五百罗汉堂记》随笔[J]/吴元真. --北京图书馆馆刊(后更名为国家图书馆学刊),1998,01:65-70

《万寿山五百罗汉堂记》拓本是北京图书馆藏品中最长的一件手卷。本文介绍了该件手卷的形制、内容、画面等情况,说明了该手卷具有重要的艺术价值和史料价值。

0426

读《王季重十种》[J]/金性尧. --浙江师范大学学报(社会科学版),1989,01:111-112

浙江古籍出版社近年来很重视乡邦文献,出版的《两浙作家文丛》中就有《王季重十种》。本文介绍了《王季重十种》作者王思任个人经历及该书相关情况,建议将有关后人对王思任生平及其作品的评论,包括褒贬两方面,作为附录辑入本书。

0427

读《尉缭子·制谈篇》札记[J]/徐勇. --郑州大学学报(哲学社会科学版),1988,02:12-14

《制谈》是今本《尉缭子》中重要的一篇,该篇的核心思想是国家的政治措施和军事制度怎样为战争的胜利起保证作用。围绕着这个主题,尉缭子从不同方面进行了多层次的论述,本文进行了相关分析。

0428

读新出版的《战国铭文选》[J]/刘钊. --史

学集刊,1994,02:79

本文是为吉林大学出版社影印出版的汤余惠《战国铭文选》所作的书评,指出该书尽量全面收集各类战国铭文具有代表性的资料,并附有拓本和摹本,注释部分也能做到深入浅出,简明易懂。

0429

读新见程晋芳一篇四库提要分撰稿[J]/杜泽逊.--图书馆建设,1999,05:70-71

四库提要分撰稿传世无多,姚鼐《惜抱轩书录》、邵晋涵《南江书录》、翁方纲《四库提要分纂稿》等,皆当时分撰稿之幸存者,对研究《四库全书》之纂修及《提要》之撰写过程都有重要价值。程晋芳作为总目协勘官,对于总目提要当有相当的贡献。本文介绍了明钞本《南夷书》中所存的程晋芳提要稿一篇。作者将该稿与《四库总目提要》稿进行了比对研究,认为二者似初稿与定本内容,行文均无大出入。但《南夷书》稿著者爵里由提要末移到开头,说明创始之初并无严格体例,纂修之中逐步探索才逐步严密。同时,思栾发与思鸾发之异,定本指出是"译语对音之故",较初稿高一筹。

0430

读整理本《藏书纪事诗》书后[J]/丁晓山.--首都师范大学学报(社会科学版),1991,01:21-23

晚清叶昌炽所撰《藏书纪事诗》,被誉为图书界"两大掌故"之一,但长期以来没有一个较理想的本子,直至1989年上海古籍出版社出版了整理本。本文认为,整理本主要做了三项工作,即增添了王欣夫先生的《补正》、校点和编制了索引。

0431

读《中国善本书提要》札记[J]/杜泽逊.--图书馆杂志,1999,09:37-38+6

王重民先生《中国善本书提要》是中国大陆学者查考海外藏中国古籍善本的必不可少的工具书。本文列举了该书中存在的若干疏误。

0432

杜信孚与《明代版刻综录》[J]/钱亚新.--

山东图书馆学刊,1985,02:19-23

本文介绍了杜信孚及其纂辑的《明代版刻综录》。在介绍作者生平事迹的基础上,充分肯定了该书的文献价值和功能。指出该书收明代版刻家4300余名,图书5700多种,版本7600有余,比历来公私收藏明刻的藏书目录数量要多,且著录明确,排列有序,是一部很好的工具书。提出了增补刊者传略或事略;改编刊者序号,以便于检索;补充书名索引等建议。

0433

杜荀鹤诗集两宋存目考述[J]/汪长林.--古籍研究,1997,02:70-74

本文对杜荀鹤诗集在宋代的存目情况进行了梳理,考察了传本的来源、时间及分卷上的差异。从分卷上,有一卷本、三卷本、十卷本。从刻印地区,有南宋陈解元书棚本和蜀刻本。依刻印行格,又有十二行本。据书名标记,则有《唐风集》《杜荀鹤文集》《杜荀鹤诗集》《杜荀鹤诗》等之分。在诗集编次上,有南宋的分体本与北宋的不分体本之别。

0434

对北京图书馆普通古籍藏书利用的几点思考[J]/杨晏平.--中国图书馆学报,1993,03:79-83+95

本文就北京图书馆普通古籍藏书利用率低的问题,提出了加强宣传报道、补充建立更为有特色的藏书体系、加速合流编目进度等六点建议,希望推动普通古籍藏书利用工作的发展。

0435

对得起祖宗无愧于子孙的业绩——记《中国蒙古文古籍总目》工作[J]/斯琴毕力格.--内蒙古图书馆工作,1997,03:57-58

本文介绍了《中国蒙古文古籍总目》的内容、组织编纂机构、工作完成进度、遇到的问题等。

0436

对古籍版本目录学的探讨[J]/贾卫民.--图书馆学研究,1997,03:88-94

本文从三个方面讨论了版本目录学问

题,一是指出前人版本鉴定的失误,对如何辨识版本提出一些见解;二是举例说明了近年来从群体视野的角度提出的初印本、后印本、补修本、增修本、汇印本的概念;三是对建立"中国古籍版本志"提出设想,并给出版本书志的式样。

0437

对古籍分类工作的几点看法[J]/李玉荣.--锦州师范学院学报(哲学社会科学版)(后更名为渤海大学学报),1984,04:85-87

本文从掌握知识的全面性、善于利用工具书、掌握分类知识和方法等方面,介绍了古籍分类工作。

0438

对古籍整理研究意义的认识[J]/李葆瑞.--古籍整理研究学刊,1988,04:1-4

本文从研究古籍,提高人民的道德水平,以及从古籍中发掘整理古人的经验,发展今后的科技事业两个角度,提出了对于古籍整理研究意义的认识。

0439

对古书注释的意见[J]/金戈.--文学遗产,1958,239:1

本文举例指出当今一些古籍注释工作存在的问题,包括用一些异常简略的字词作注;用古人的注释作注,结果使人看后茫然;用古书的只言片语作注,让人费解等,提出古书注释应该采用通俗的语言,让广大人民都可以从丰富的文学宝库中取得精神食粮。

0440

对古文献专业硕士生招生的一点看法和建议[J]/陈正宏.--古籍整理研究学刊,1999,06:3-5

本文针对招收古文献专业硕士研究生的生源质量下降问题,建议充分发挥全国高等院校古籍整理研究工作委员会(后简称古委会)联系广泛的功能,组织专家编写一本小册子,以通俗浅显的形式,介绍古文献学的大致内容及该专业今后的发展方向等;古委会组织各高校,尤其是重点高校古籍所或古文献所的著名教授、博导,利用课余时间给本校或

外校的本科生开设古文献学的基础讲座等。

0441

对《后汉书》分段、标点的若干商榷[J]/孟素卿.--南京大学学报(哲学人文科学社会科学),1983,01:39-44

古史书的分段、标点,与文学类稍有不同,往往会出现这样一种情况,即某种分段、标点法,就该篇而论,似乎还可以,但通观全书则与史实不符。本文举《后汉书》(中华书局1965年5月第1版)为例说明,提出该书在分段、标点等方面存在的问题。

0442

对民族古籍整理工作的几点意见[J]/包和平,王兰.--图书与情报,1991,03:64-65

民族古籍工作是一项开拓性工作,面对内容丰富、种类繁多的民族古籍,许多工作还待加强。本文提出建立强有力的民族古籍整理领导机构和有效的工作体系;迅速培养一支民族古籍整理的专业队伍;开展民族古籍整理研究,建立民族古籍整理学科体系三点建议和意见。

0443

对明清时期防蠹纸的研究[J]/中国历史博物馆防蠹纸研究小组.--文物,1977,01:47-50+97+100

本文对明清时期的防蠹纸是什么原料制成的、纸上的桔红色涂料是什么成分、为什么会有防蠹作用几个问题,以实验形式进行了分析研究,肯定了防蠹纸防虫、驱虫作用,认为这是我国古代劳动人民智慧和才能的结晶,是一项有价值的创造。

0444

对《妊娠用药禁忌歌》之我见[J]/叶宝林,党世荣.--青海医药杂志,1995,06:66-67

本文指出元代医家李杲的《妊娠用药禁忌歌》,在医药科学发展的今天已显露出历史局限的一面,并对书中30余味孕妇慎用或禁忌的药品进行了解说。

0445

对使用"甲基纤维素"作为胶粘剂修补古籍的分析[J]/邱晓刚.--广东图书馆学刊,1990,

03:91 + 90

本文介绍了羧甲基纤维素胶粘剂并进行了充分试验,具体说明了羧甲基纤维素作为胶粘剂使用优越于传统的淀粉浆糊,不仅方便,而且用冷热水均能调制,不易生霉,能够很好弥补淀粉浆糊致命的弱点,呼吁古籍修复工作者使用这种胶粘剂来修复古籍。用它来取代淀粉浆糊,将能更好地起到保护古籍的作用。

0446

对图书古籍分类的新思考[J]/江宏.--图书馆员,1993,01:9 - 13

为了更好地保护利用古籍,应当采用一种最合适的古籍分类法。目前,图书馆类分古籍的诸多做法可以概括为两大类,即沿用旧分类法和使用新分类法。本文从我国古籍的特点来分析新旧分类法之利弊,提出看法。

0447

对魏子云《金瓶梅词话注释》的若干补订[J]/俞明芳.--上海师范大学学报(哲学社会科学版),1992,01:87 - 89

台湾学者魏子云《金瓶梅词话注释》是较有影响的一部学术著作,但也不免有差错和缺漏,本文对书中的九条注释进行了修正补充,包括凌烟阁、斗草等。

0448

对我国古籍整理事业的一些思考[J]/李萍.--山西图书馆学报,1997,03:41 - 42

本文分析了当前我国古籍整理事业的现状,并就如何改进古籍整理工作提出了建议,认为要集中资金,对重点项目进行扶持,规范古籍的分类、编目与收藏,制定科学的工作标准,为进一步整理开发准备条件。

0449

对我省古籍编目工作的思考[J]/王清原.--图书馆学刊,1997,01:48 - 51

本文列举了辽宁省古籍编目工作上报卡片中出现的几种典型问题实例,指出我国古籍编目队伍存在的几个问题及原因,提出了相关工作建议。

0450

对我省古籍的初步评估[J]/周诚望,王竞,

王洪生.--黑龙江图书馆,1988,06:26 - 31

本文从黑龙江省古籍概况、读者利用我省古籍概况、对今后我省古籍入藏的几点想法等方面,对黑龙江省的古籍整理情况做了初步评估。

0451

对我院图书馆线装古籍的初步评估[J]/吕清平.--高等中医教育研究(后更名为广西中医药大学学报),1989,02:73 - 74

本文从馆藏线装古籍的数量、质量、特色、管理、利用等方面,对广西中医学院图书馆的线装古籍进行了初步评估。

0452

对于把古籍译成现代文的意见[J]/周谷城.--文献,1981,04:12 - 15

本文就古籍翻译成现代文方面,提出原本与译本对照印出、近人的著作也要赶快找人翻译等意见。

0453

对于拍摄古籍善本书中若干问题的探讨[J]/王中.--图书馆学研究,1987,04:19 - 20

本文记述了吉林省图书馆拍摄馆藏古籍善本书工作中遇到的纸张脆裂、密度控制、如何使用后配置的小曝光表、无页码书页等问题,并附有解决方案。

0454

对豫北部分市县图书馆的古籍进行调查的报告[J]/李古寅.--河南图书馆学刊,1991,02:17 - 21

本文系对河南省豫北地区10家古籍收藏单位的调查报告,包括概况、古籍学术价值和版本价值以及体会和建议几个方面。

0455

对豫南部分市县图书馆古籍调查的报告[J]/李古寅,刘冰建.--河南图书馆学刊,1990,03:9 - 12 + 15

本文系对河南省豫南地区10家图书馆、2家博物馆共12个单位的古籍调查报告,包括上述单位的古籍收藏概况、重要古籍学术价值、版本价值以及古籍整理工作发现的问题和建议。

0456

对整理古籍的一点意见[J]/王咨臣.--赣图通讯,1983,01:13－16

本文从为了建设精神文明的需要;整理古籍,中央与地方应有一个统一的规划,同时并举两个方面,谈论了对于整理古籍的意见。

0457

对《中国古籍总目提要》编纂工作的几点意见[J]/惠世荣.--图书馆论坛,1995,06:17－19

本文从古籍总目还是"现存"古籍总目、是古籍"总"目还是"部分"古籍目录、是目录还是提要式目录、人才准备等四个方面,对《中国古籍总目提要》编纂工作进行评述。

0458

对《中华大典》分类的一些设想[J]/陈大广.--广西大学学报(哲学社会科学版),1992,02:86－91

本文从《古今图书集成》在分类及编纂上对《中华大典》的借鉴作用、兼顾古今是《中华大典》编纂分类的关键环节、编纂《中华大典》对古籍分类发展的意义几方面,阐述了《中华大典》分类的一些设想。文中指出,紧紧抓住这千载难逢的良机,有望解决古籍分类上久悬未决的根本性问题,极大推动古今中外文献资料统一分类研究的发展,中图法"古籍本"也会由愿望变为现实,成为古籍分类史上的一座丰碑。

0459

敦煌本毛诗传笺校录疏证[J]/刘操南.--敦煌研究,1990,01:108－111

本文根据姜亮夫《敦煌本毛诗传笺校录》一文的研究成果,分析了敦煌异文产生的原因和类型,并摘取其中数条异文进行了疏证。

0460

敦煌本《维摩诘经讲经文》研究[D]/杨雅惠.--逢甲大学(台湾地区),1997

《维摩诘经》是佛教大乘经典中最富文学性的经典之一。本文以敦煌写本《维摩诘经讲经文》为研究对象,分别从该写本的文学表现手法、修辞格、讲唱形制、运用文体、戏剧张力及思想内容、用韵特色等方面进行分析,从中了解此篇讲经文在中古时期对敦煌地区民间表现出来的各种影响,以及佛教在中国与文学、艺术、风俗、思想等等的密切关系。

0461

敦煌变文词语拾零[J]/张美兰.--南京师大学报(社会科学版),1992,02:100－101

本文对敦煌变文中出现的"短终""酸屑""东西""旨拨"等词的文意进行了解释。

0462

《敦煌变文集》词语拾零[J]/袁宾.--语文研究,1985,03:28－31

蒋礼鸿先生《敦煌变文字义通释》(上海古籍出版社1981年增订版)附录一《变文字义待质录》中列出了62条"不能解释的词儿"。本文选取《待质录》中"乱""短终""斧侧""芳拨""不结周"五条词语试作训释。

0463

敦煌变文校勘辨补[J]/刘凯鸣.--兰州大学学报(社会科学版),1984,03:116－121

本文所谓敦煌变文是指《敦煌变文论文录·附录》《苏联所藏押座文及说唱佛经故事五种》(上海古籍出版社1982年4月1版)。经由白化文、赵匡华、周绍良校勘,项楚又对其中《维摩碎金》一篇进行补校。本文是作者阅读查核后,发现尚有当校而漏、已校者亦有值得商榷之处,进行辨补。

0464

《敦煌变文字义析疑》读后[J]/卢善焕.--敦煌学辑刊,1984,02:71－74

项楚同志发表《敦煌变文字义析疑》(载《中华文史论丛》1983年第1辑),对蒋礼鸿先生《敦煌变文字义通释》(上海古籍出版社1981年增订本)的若干语词条目进行了考释。本文举例说明有些条目注释还有可商榷之处。

0465

敦煌残卷《古文尚书校注》字形摹写错误例[J]/徐在国.--敦煌研究,1998,03:151－152

吴福熙先生《敦煌残卷古文尚书校注》(甘肃人民出版社1991年出版)是敦煌文献

丛书之一。本文对该书录文部分出现的字形摹写错误进行了订正。

0466

敦煌道藏(全五册)[M]/李德范辑.--北京:中华全国图书馆缩微复制中心,1999

本书汇集了敦煌遗书中有关道教的资料文献五百余件,是至今发现最早的道教文献,其中《道藏》厥收的有几十件,占有相当比例,对补充《道藏》的残缺和版本的校刊都极有价值。还收集了敦煌遗书中与道教有关的类书、辞书及文学诗歌等其他资料,具有一定的史料价值。

0467

《敦煌赋汇》简介[J]/邵文实.--古典文学知识,1998,05:105-108

本文是为张锡厚《敦煌赋汇》一书所做的书评,认为该书汇敦煌诸赋于一书,集敦煌赋之大成;汇诸家之校,博采众长;汇多年之研究成果,校考相长。

0468

《敦煌歌辞总编》校释商榷[J]/黄征.--敦煌研究,1990,02:62-73+95

本文校订了任半塘先生编撰《敦煌歌辞总编》一书中出现的错误,包括字形不近而以形误校改者;字音不近而以音误校改者;不解俗语词而误改者;形、音、义皆不近而据文义校改者;言音韵而不合音韵学常识者;旁引例证而例证虚假者;旁引例证而例证未核准者;旁引例证而彼此循环作证、皆非原文者;当校而失校者等。

0469

《敦煌歌辞总编》校议[J]/张涌泉.--语言研究,1992,01:53-60

任半塘先生《敦煌歌辞总编》著录歌辞1300余首,是敦煌歌辞方面的一部巨著。本文校订了书中出现的40余处错误。笔者前有《〈敦煌歌辞总编〉误校二十例》,已刊于《古籍整理出版情况简报》218期,亦可供研究者参阅。

0470

敦煌古籍叙录[M]/王重民著.--北京:中华

书局,1979

本书为1957年商务印书馆出版的《敦煌古籍叙录》重刊本,将敦煌遗书中佛经以外约二百种典籍按经、史、子、集四部分类,每种记收藏编号,已刊布者说明刊于何书,并汇集各家题跋或节录有关论文。题跋、论文多记述卷子形式、内容,考订其篇目、作者、年代,并论证其价值,实为前辈学者研究成果的汇编。

0471

敦煌古籍叙录新编[M]/王重民原编;黄永武新编.--台北:新文丰出版公司(台湾地区),1986

王重民编《敦煌古籍叙录》,是研究敦煌学的入门宝典。本书为《敦煌古籍叙录》新编重刊本。1957年商务印书馆初版,1979年中华书局重印。黄永武在王作基础上加了许多相关图版,并据新研究成果作了整理。

0472

敦煌汉文吐蕃史料辑校(第一辑)[M]/杨富学,李吉和辑校.--兰州:甘肃人民出版社,1999

本书选录佛教典籍十二件,包括著名的《大乘二十二问》《法成经论目录》等;还收录吐蕃统治敦煌时期之释门杂文63件,其中有愿文、斋文、天王文等。希望在藏学与敦煌学之间架起一座桥梁,推动藏学在这一领域的深入,继而加强藏学与敦煌学之间更密切的结合,相互推动、共同发展。

0473

敦煌石室讲经文研究[D]/邵红.--台湾大学(台湾地区),1969

讲经文是唐代僧人俗讲中说唱、宣扬佛旨的底本,其体制是先唱经,然后解说,继以吟词,循环往复。本文考察了讲经文的结构及其应用的仪式,并对现存的几种敦煌讲经文进行了深入研究。文后附录各本讲经文校记补正,供研究者参阅。

0474

敦煌石室遗书百廿种[M]/罗振玉编纂.--台北:新文丰出版公司,1985

本书汇编了《敦煌石室遗书》《鸣沙石室

佚书》《敦煌石室碎金》《流沙访古记》《贞松堂藏西陲秘籍丛残》等敦煌文献,具体内容涵盖沙州志残卷、校录札记,提要,春秋穀梁传解释,春秋左氏传昭公残卷,敦煌录残卷等,具有一定的史料价值。

0475

敦煌文献散落概述[J]/仲心华.--四川图书馆学报,1999,06:66－67

本文概述敦煌文献在日本、印度、法国、英国和俄罗斯等重要散落收藏国的下落情况。

0476

敦煌西汉金山国档案文献考略[J]/颜廷亮.--甘肃社会科学,1996,05:91－94

敦煌西汉金山国是归义军张氏第三代张承奉在敦煌建立的一个以汉族为主的独立政权。本文概述了保存于敦煌遗书中金山国建立四年间(910－914)的文献,涉及37件档案文献,将这批档案分为政务、文学、佛事三类,分别进行了介绍。

0477

敦煌县志[M]/(清)苏履吉修.--台北:台湾学生书局(台湾地区),1967

本书作者苏履吉曾任职甘肃敦煌。该部方志四万余字,在参考《沙州卫志》基础上完成,共分图考志、地理志、建置志、官师志、人物志、艺文志、杂类志七卷。

0478

敦煌写本儒家经籍异文考[D]/蔡主宾.--政治大学(台湾地区),1968

本文是一部研究敦煌儒家经典写本中的通、俗、别、讹字的专著,以艺文印书馆影印重刊宋本《十三经注疏》为底本,用敦煌写本儒家经典校之。凡与宋本《十三经注疏》经文有异,或字形不同者,文中皆视为异文。本文于1969年由台湾嘉新水泥公司文化基金会出版。

0479

《敦煌写本》是否最古《坛经》?:《坛经》版本源流探讨[J]/净慧.--内明(在香港地区发表)1984,151:21－25

本文主要观点是敦煌本《坛经》并非最古、最初的版本,而是经过"传宗"而"橘枳变体"的产物。在不重视文字的禅者辗转传抄过程中,出于实用目的,《坛经》存在被随意取舍的情况。敦煌本正是此类节略本。尽管如此,敦煌本《坛经》仍然具有重要的学术价值。

0480

敦煌写本《太公家教》初探——校勘与分析[J]/周愚文.--教育研究集刊(在台湾地区发表)1997,38:128－181

《太公家教》是晚唐以降,民间通行的启蒙教材之一,历经五代宋元甚至明代仍受欢迎。本研究根据敦煌遗书中所存34种抄本进行校勘,确定其内容。研究发现,一般仕宦之家或书香门第的男童或一般女童,可能不会读此书;而主要读者则是农家男童;该书是将"男尊女卑"观念传递给他们的重要来源。

0481

敦煌写本兔园策府研究[D]/郭长城.--中国文化大学(台湾地区),1985

本文研究篇对《兔园策府》性质、作者、成书时代及背景、流传过程和价值,敦煌写本《兔园策府》写卷缀合、叙录、原注引书及价值等进行了探讨。校注篇分本文校记、全书校定本、原注补逸三部分,重点在于文字校勘、补全逸注。

0482

敦煌学大辞典[M]/季羡林主编.--上海:上海辞书出版社,1998

本书是一部专业性大辞典,介绍了敦煌学研究的历史与现状,包括敦煌文献的收藏情况及其编写的经过等,并将近几年来国内外敦煌学研究的最新成果收入在内。重要的词条注释字数往往超过千字,还附有一批颇有价值的附录。

0483

敦煌医理、藏医、本草、针灸类著作的近期研究概况[J]/李应存,李勃.--甘肃中医,1999,03:3－5

敦煌遗书中的医学卷子数量和内容都很丰富。本文整理了学术界20世纪80－90年代对这些医学卷子的研究成果,分别从医理、藏医、本草、针灸几方面进行了说明。也指出这些研究成果多趋向于文献研究,临床研究很少,呼吁今后应加大临床研究的力度。

0484

敦煌医药文献辑校[M]/马继兴等辑校.--南京:江苏古籍出版社,1998

本书对敦煌医药卷子整理校勘,包括医经诊法类古籍、医术医方类古籍、针灸药物类古籍、其他医术类古籍共四编八十卷,附录俄藏敦煌文献医药部分文献辑校四卷。

0485

敦煌遗书论文集[M]/王重民.--台北:明文书局(台湾地区),1985

本书是王重民先生敦煌学研究论文集,汇辑了王先生写于1935 – 1963年的学术论文20篇,另有附录9篇。分为上编、下编和附录3部分,辑录了《英伦所藏敦煌经卷访问记》《敦煌文物被盗记——并论其在学术上所造成的损失》《敦煌四部书六十年(一九零零至一九五九)提纲》等多篇论文,具有重要的学术价值。

0486

敦煌遗书中的《妙法莲华经》及有关文献[J]/方广锠.--中华佛学学报(在台湾地区发表)1997,10:211 – 232

本文对敦煌遗书所存《法华经》及其注疏进行了较为全面的收集整理与介绍,为印度佛教史研究提供一些基本的资料,并就《法华经》在中国的主要兴盛时期及流传方式提出若干个人的见解。

0487

钝斋诗选[M]/(清)方孝标撰;唐根生,李永生点校.--合肥:黄山书社,1996

方孝标是明末清初著名文人,出身于文学世家桐城方氏,能诗擅文。《钝斋诗选》辑录方孝标1200余首诗,体裁全面,题材广泛,诸如咏史怀古、酬唱答和、寄赠怀人、山川纪行等。

0488

《多方》《多士》的制作年代及诰令对象[J]/段渝.--四川大学学报(哲学社会科学版),1986,01:91 – 102

今本《尚书·周书》中的《多方》《多士》,是西周初年周公"摄行政当国"期间,代替周成王所发布的两篇诰令。本文考证指出,《多方》之作在周公摄政三年(公元前1040),《多士》则作于《多方》之后的周成王五年(公元前1038);《多方》诰令对象是自武王克商以来即已臣服于周的殷士,《多士》则是未臣服于周并且参与了三监和武庚之叛的殷士。

0489

多媒体技术与古籍整理[J]/林昌意,顾美红.--情报探索,1998,04:43 – 44

本文以福建师范大学图书馆为例,在考察古籍收藏现状与存在问题基础上,讨论了在古籍整理中应用多媒体技术的优越性,介绍了该技术在古字画保护和整理中的具体应用方法,涉及硬件的配置、软件的选择以及多媒体系统的加工、制作等。

E

0490

讹字选编[J]/白兆麟,关德仁. --淮北师范大学学报(哲学社会科学版),1990,01:64 - 69

校勘古籍经常遇到讹字。本文编纂《讹字选编》,内容主要来源于阮刻本《十三经注疏》的校勘记和"二十四史"校勘记。限于篇幅,每个讹字只举三个实例,包括"其""如""君"等字。

0491

俄藏敦煌本 Φ242《文选注》的文献价值[J]/罗国威. --古籍整理研究学刊,1998,02:11 - 14

本文从注文中保存了数种亡佚已久的典籍的佚文、注文纠正了正文用典用事之误、注文有较善注及五臣注胜者、注文有与李善注异曲同工者等四个方面,论述了俄藏敦煌本Φ242《文选注》的文献价值。

0492

俄国敦煌学研究情况[J]/陈民. --敦煌研究,1993,04:60

本文指出我国学者对于俄藏敦煌文献的介绍,近年来有了可喜进步。除了《敦煌研究》《中国敦煌吐鲁番学会研究通讯》等刊物外,1992年12月上海古籍出版社出版的《中华文史论丛》第50辑收有俄罗斯科学院东方学研究所圣彼得堡分所孟列夫的《俄罗斯科学院东方学研究所圣彼得堡分所藏敦煌文献》《1914 - 1915年俄国西域(新疆)考察团资料研究》等,均介绍了俄国敦煌学的研究现状。

0493

俄罗斯国立艾尔米塔什博物馆藏敦煌艺术品(中英对照)[M]/魏同贤,(俄)孟列夫主编. --上海:上海古籍出版社,1998

1914年,俄国中亚和东亚研究委员会组织了以考察我国敦煌为目的的第二次西域考察队,将从敦煌所获得的艺术品以及文献全部藏于俄罗斯国立艾尔米塔什博物馆东方部敦煌厅。本画册收入1914年俄国人在莫高窟纂写的洞窟笔记、莫高窟历史照片、莫高窟测绘图、临摹图、影描图等。

0494

《尔雅》"连言为训"体例略说[J]/李亚明. --烟台师范学院学报(哲学社会科学版),1987,02:40 - 43

《尔雅》是我国第一部汇集各种词语的词典,其编纂体例和训释体例对后世的汉语词典编纂史和文献语义产生过较大影响。"连言为训"是《尔雅》一种特殊的训释体例。本文举例总结归纳了"连言为训"的类型。

0495

《尔雅诂林》的编纂出版及其成就[J]/林河. --文献,1998,01:263 - 273

朱祖延先生主编的《尔雅诂林》,约1000万字,由湖北教育出版社出版。本文介绍了该书的编纂过程、收书标准和文献价值等。文中指出,从古文献整理角度看,该书在标点整理、保存文献原貌等许多方面都取得了突出成就。

0496

《尔雅诂林》述论[J]/纪聂. --辞书研究,1998,05:103 - 107 + 127

本文介绍了朱延祖先生《尔雅诂林》一书的编撰过程和文献价值。文中指出,《尔雅诂林》是《尔雅》学研究资料的总汇,涵盖内容初具《尔雅》研究史的规模。该书的整理方式可为其他古代文献的整理所借鉴。

0497

尔雅诂林叙录[M]/朱祖延主编. --武汉:湖

北教育出版社,1998

《尔雅诂林》是湖北大学古籍所创立人朱祖延教授主持、古籍所研究人员共同参与编纂的一部大型古籍工具书,是国家古籍整理"八五"规划重点项目,将历代研究《尔雅》的成果汇为一编。《尔雅诂林叙录》是《尔雅诂林》中的最后一本,包含《尔雅》研究专著书目提要、序跋汇编、论文选编等。

0498

《尔雅今注》评述[J]/杨端志. --古汉语研究,1989,03:89-93

本文是为徐朝华先生《尔雅今注》(南开大学出版社1987年版)所作的书评。指出该书释义较细且有独到之处,厘清了有关训释词与被训释词之间义同义近的语义场关系,讲清了一些词义的来源及发展脉络,指出了词语在古代的使用情况,辨析了一些同义词近义词的词义,用案语形式说明《尔雅》在编排、释义及旧注等方面的情况,在学术上具有独特的贡献。

0499

尔雅翼[M]/(南宋)罗愿撰;石云孙点校. --合肥:黄山书社,1991

本书由宋代罗愿撰,共32卷,为解释名物的训诂著作。仿《尔雅》,分释草、释木、释鸟、释兽、释畜等类别。观察实物细致,描写生动活泼又具有科学性,体例严谨,考据精博。不仅增《尔雅》所缺,且于释动植名物,充分体现了雅学著作由综合性向专门性转变的倾向。

0500

二十世纪古籍索引编制概述[J]/陈东辉. --文献,1998,02:65-78

本文指出,20世纪古籍索引编制进入新的、具有划时代意义的发展阶段。索引编制者在继承发扬我国古代索引优良传统基础上,开始借鉴利用西方近代先进的索引编制

经验和技术,并在实践中取得卓越成效。50年代至今,中国大陆地区共编制了近两百种古籍索引,台港地区尤其是台湾地区在古籍索引编制方面也取得了很大成绩。但已经编制的古籍索引与数量庞大的全部中国古籍相比,只是很小的一部分,并且缺乏长远宏观规划,系统性不强,仍需要完成大量工作。

0501

二十四史和《清史稿》的校点出版[J]/张稚枫. --出版科学,1999,02:3-5

本文记述了二十四史和《清史稿》在1971年经毛泽东主席批示后重新出版的始末,肯定了这两部作品对于影印古籍和整理古籍的重要意义。

0502

二十五史艺文经籍志目录电脑检索系统[J]/桂罗敏. --江苏图书馆学报(后更名为新世纪图书馆),1999,02:3-5

本文介绍了二十五史艺文经籍志电脑检索系统的使用方法。该系统以二十五史艺文经籍志为原始资料,扩展相关作者传记资料索引,可快速并连续查找某书目、卷数、成书年代、作者及传记资料索引、出处等。系统的开发可为古籍目录学研究工作提供现代化的检索手段,启发一些学术思路。

0503

二十种古籍丛书衍变述略[J]/阳海清. --图书馆学研究,1983,02:131-135

古籍丛书的衍变情况较为复杂,如果逐种、逐步地将其渊源流变揭示出来,可使读者在访求资料时少走许多弯路,本文将笔者积累的资料整理出来,包括《藏修堂丛书》《翠琅玕馆丛书》《艺术丛书》《对雨楼丛书》《择是居丛书初集》《秘册汇函》《津逮秘书》等二十部。

F

0504

发挥高校馆藏古籍的作用[J]/叶荣遂.--大学图书馆通讯,1983,09:47

本文从采购古籍要有协作精神、编著目录要标准化、统一借阅管理条例和对残缺不全的古籍进行配补四个方面,论述了如何更加合理地发挥高校馆藏古籍的作用。

0505

发掘馆藏 为编史修志服务[J]/王燕飞.--绍兴师专学报(后更名为绍兴文理学院学报),1993,01:43-44

本文从编制目录,及时揭示馆藏;积极处理好藏与用的矛盾;主动推荐,介绍文献资料等三方面入手,讲述了鲁迅图书馆参考咨询部门为公共图书馆编史修志工作所作出的努力。

0506

发扬传统 继往开来——农业出版社出版农业古籍概述[J]/穆祥桐.--农业考古,1994,01:173-182+126

本文介绍了中国农业出版社(前农业出版社)1959年至1993年间出版农业古籍概况,梳理了80年代中后期农业历史书籍出版困难重重时,该出版社扭亏为盈采取的在选题上狠下功夫,调整工作方针;注意出版与学术发展同步进行;注意处理好社会效益与经济效益的矛盾等措施。

0507

发扬民族灿烂文化 培养古籍整理人才[J]/郁默.--古籍整理研究学刊,1989,05:6-8+5

本文从增设机构,扩大培养规模;加强学科建设,完善课程设置及培养方式;提高在职古籍整理工作者的业务水平三个方面,概括了全国高等院校古籍整理研究工作委员会六年来古籍整理人才培养工作情况,希望委员会能够以多出成果、出好成果的实际行动,为提高全民族科学文化素质,向世界人民介绍光辉灿烂的中国古代文化,加强海内外特别是海峡两岸在古代文化整理研究方面的交流合作贡献力量。

0508

发扬民族灿烂文化 培养古籍整理人才[M]/全国高等院校古籍整理研究工作委员会秘书处编.--北京:北京师范大学出版社,1983

1983年11月,全国高等院校古籍整理研究工作委员会召开第一次全体委员会议,有关领导及专家作了重要讲话,讨论了高等院校古籍整理研究与人才培养的方针任务,审议通过了有关章程条例。本书包括有关领导同志在大会的讲话、有关专家及教育工作者的发言、有关文件汇编、报刊发表的有关文章及报道、有关的资料等。

0509

发扬民族灿烂文化,培养古籍整理人才[J]/周林.--文献,1983,03:23-29

本文为1983年周林同志在北京召开的高等院校古籍整理研究规划会议上的讲话摘要,包括发扬民族文化是一项战略任务;整理研究古籍应注意的几个问题;加强领导,依托高等院校开展整理研究工作等。

0510

法律古籍整理新讯[J]/木舌.--古籍整理研究学刊,1986,02:61-63

1986年2月17-18日,全国法律古籍整理研究协作会议在中国政法大学召开。本文作者系参会人员,介绍了会议概况、与会人员发言摘要以及根据国务院批准的"古籍整理出版规划"要求确定的近期实施计划。

0511

法律文化研究中心文丛·明清公牍秘本五种[M]/郭成伟,田涛点校整理.--北京:中国政法大学出版社,1999

本书是明清两代公牍秘本中的珍奇秘本。书中收录《浚川公移驳稿》《新纂四六合律判语》《纸上经纶》《钱谷指南》《招解说》五种珍稀古籍,系编者在日本、美国、中国台湾地区等地发现及大陆私家珍藏的秘籍,从不同角度对明清时期的地方司法审判、官吏判词写作,师爷办事规则等内容加以记述。

0512

法天法道法自然——评冯著《老子译注》[J]/草不黄.--重庆社会科学,1994,01:90

本文是为上海古籍出版社1991年出版的冯达甫《老子译注》所作的书评,指出该书"用人法地、地法天、天法道、道法自然"贯串天、地、人的大法则来解说《老子》精义,具有训诂时出新义、解说要言不烦等特色,也指出了该书的错字和漏印情况。

0513

反对粗制滥造 做好传统文化普及工作[J]/张岂之.--中国典籍与文化,1993,04:15－16

国家教委全国高等院校古籍整理委员会(下文简称"古委会")成立十年来,在古籍整理和出版方面做了大量工作。本文指出,古委会后续工作开展,首先应抓好古籍整理的质量,特别是经由古委会审定出版,或者列入古委会课题计划中的项目,必须要有质量保证和检验。其次要尽力去做古籍的研究和介绍,特别是对古籍的其他组成部分,如中国古典哲学、古代科学技术等方面古籍的整理和研究需要加强。

0514

范成大与其纪游日录[J]/何瞻.--浙江大学学报(人文社会科学版),1986,02:62－70

本文介绍了范成大现存三种游记《揽辔录》《骖鸾录》《吴船录》的内容与特征,以及范成大的生平和石湖三录的贡献。

0515

范氏天一阁研究[D]/蔡佩玲.--台湾大学(台湾地区),1986

本文介绍了范钦的家世、简谱及族人传略;研究了天一阁阁藏源流、所历劫厄和1949年后的藏书概况。文中探究了阁藏的内容及所藏菁华,如明代登录、方志、文集政书等,对天一阁撰修或拟撰修的书目加以论述考订,并对天一阁的建筑与管理制度及其对后世的影响进行了介绍。

0516

《贩书偶记》订误偶拾[J]/兰天阳.--图书馆学刊,1997,03:57－59

《贩书偶记》是一部重要的版本目录学专著。本文订正了该书存在的一些著录错误。

0517

《贩书偶记》及其《续编》[J]/雷梦水.--文史知识,1985,05:48－50

《贩书偶记》及《贩书偶记续编》是清代以来的著述总目,编者孙殿起。本文介绍了两书作者情况、著录内容特点、著录体例、编排方法等。

0518

《贩书偶记》《续编》勘误[J]/宛雨生.--江苏图书馆学报(后更名为新世纪图书馆),1984,04:61－64

《贩书偶记》及《贩书偶记续编》是孙殿起先生经营古籍书店所寓目的纪录,是搜集清代版本目录的专著,一直为学术界重视。本文指出两书均存在著录错误以及同一种书分列两处重出的情况,并列勘误表供研究者参考。

0519

方家勤耕耘 陶园喜丰收——读《陶渊明集校注》[J]/张彦.--中州学刊,1988,05:127

本文是为学者孙钧锡《陶渊明集校注》(中州古籍出版社出版)一书所做的书评。文中指出,该书在陶渊明思想特点、弃官归隐、文学艺术等方面研究中提出了新颖见解,在陶渊明诗文编次和诗文注释上亦作出了大胆尝试,不论从深度还是广度上,都有新的开拓,是近年来陶渊明研究中可喜的成果。

0520

方鹏和《嘉靖昆山县志》[J]/魏向东.--史

林,1987,03:37－40

本文研究了明代方鹏及其所修《嘉靖昆山县志》,在梳理方鹏生平事迹、修志思想基础上,指出了该书在扩充志书内容、完备方志体例等方面的贡献,分析了该书文献价值及存在的瑕疵。

0521

《方望溪先生全集》辨误一则[J]/吴葆勤.--东南文化,1998,02:144

本文对《方望溪先生全集》卷三《先天后天图说》中的一处错误进行了辨析。

0522

方望溪遗集[M]/(清)方苞撰;徐天祥,陈蕾点校.--合肥:黄山书社,1990

方苞,清桐城派代表人物之一,晚年号望溪,以简严精实的文风,在"义法"理论指导下,把古文写得清新雅洁、自然流畅,富有极强的感染力,在清初文坛独树一帜。本书收录方苞文章,按内容分为序跋类、奏议类、书牍类、赠序类、碑传类、杂记类、诗赋类七部分。

0523

"方志"应从史部三级类提到二级类[J]/王闻多,王若.--图书馆学研究,1990,06:73－75

本文通过考察方志的历史、编撰体例、属性和内容,说明了方志史料的重要性,并指出这一类书籍数量之多、应用之广,远非地理类所能包容,应该将方志从史部三级类提到二级类。

0524

方志园地的佳音[J]/王明发.--中国地方志,1987,03:74

江苏广陵古籍刻印社是国家出版局划定的全国雕版古籍的专业出版单位。本文指出该社十分重视历代地方志的影印出版工作,近年来影印出版了各类方志二十余种,受到广大史志工作者及各有关方面欢迎。

0525

访台杂录[J]/卞孝萱.--中国典籍与文化,1996,04:24－27

本文通过《扬州绝句》诗歌、刘禹锡集旧钞本、李济和董作宾墓碑、《中国历代禁毁小说集萃》出版等实例,讲述了作者与台湾地区学者之间的交往情况,从一个侧面反映开展两岸文化交流的效益。

0526

放心复制珍本古籍[J]/王立民.--河南图书馆学刊,1986,01:38

本文介绍了"剑桥机器人"公司出售给英国图书馆的数字复制机。普通照相复制机采用的紫外线辐射有损于古籍的印字。该机器将紫外线的辐射过滤至容许的标准,每本书在复制时有V字形支架保护,每页翻至80度角即可。新型装置既可储存每页的成像,又能印出文字,还可通过电话线路将内容传送给印刷机。

0527

非取法至高境界,不能创独造之域——评《中国古籍版本学》[J]/王松茂.--上海高校图书情报学刊,1994,03:49－50

本文从创新体例,完善学科体系;重视基础理论;内容扩充,视角新颖;信息量大以及不足之处,对武汉大学出版的曹之先生《中国古籍版本学》进行了全面评议,指出该书总结了版本学的研究成果,代表了当代古籍版本学的整体水平,是版本学研究中一部承前启后的著作。

0528

分甘余话[M]/(清)王士禛撰;张世林点校.--北京:中华书局,1989

本书是一部记见闻和谈学问兼而有之的笔记,共四卷,篇幅不长,但记叙内容却极为广泛,举凡先世著述、典章制度、诗歌品评、地名考辨、文人轶事、字义辨析、古书藏佚、社会风俗、地方物产,以至治病验方等等均有涉及。

0529

风俗通义校注[D]/季嘉玲.--台湾师范大学(台湾地区),1976

本文是为东汉应劭《风俗通义》所做的注释。考察了应氏其人及《风俗通》的著述缘由、内容大略、卷数、存佚及版本等情况。校注部分以明翻大德本为底本，参校诸家版本或类书古注所引内容进行雠定。佚文部分则先列严可均辑本，其他典籍所征引内容，殿于严本之末。

0530

冯梦龙和三言[M]/缪咏禾撰. --台北：万卷楼图书公司（台湾地区），1993

本书是关于冯梦龙及其作品《三言》的系统研究著作，原由上海古籍出版社于1978年出版。在考察冯梦龙的生平事迹、文学观点及其创作的时代环境基础上，重点研究了《三言》的故事题材、人物、语言系统、思想内容、艺术特色、主要流派和影响等问题，并对冯梦龙的其他著作做了简介。

0531

冯梦龙评纂本《太平广记钞》初探[J]/庄葳，郭群一. --社会科学，1980，05：145 - 147

本文从写作原因、篇幅精简、书中评语三方面，对从上海图书馆发现的冯梦龙改编和评点过的《太平广记钞》进行论述，对了解研究冯梦龙及其思想具有重要的参考价值。

0532

《冯谖客孟尝君》注释商兑[J]/田聿月. --宁德师专学报（哲学社会科学版）（后更名为宁德师范学院学报），1998，02：33 - 34

本文指出朱东润主编的《中国历代文学作品选》多次再版修订，全书注释中仍有个别欠妥当之处，并从该书上编第1册《战国策·齐策四·冯谖客孟尝君》一文的注释中选择四例进行了辨证。

0533

冯友兰谈藏书家李兰馨[J]/封光. --河南图书馆学刊，1991，01：66 - 67

笔者就河南省唐河县古籍收藏，向冯友兰先生请教相关情况，冯友兰先生认为唐河县藏书丰富得益于清代藏书家李兰馨的收藏。笔者后又在当地找到与李兰馨相关的《募修南阳会馆公启》《李氏家藏致李兰馨函贴及呈单》等多种资料，证实了李兰馨藏书有相当大数量转入了唐河县馆，也说明李氏不是不学无术的官僚，而是一个有学的大藏书家。

0534

佛教特有的非书资料：贝叶经[J]/释舜惠. --佛教图书馆馆讯（在台湾地区发表）1999，17：6 - 12

佛经的弘传在纸张尚未发明前，是用贝多罗树的叶子作为文字的载体。最初的佛经是刻写在贝多罗叶上，称为"贝叶经"。本文将就佛教特有的非书资料——贝叶经的名称、历史、制作、流传概况作介绍，并就图书馆典藏管理的经验提出贝叶经的管理方法。

0535

服务桑梓 继往开来——李澍田教授的治学道路[J]/衣保中. --古籍整理研究学刊，1992，04：45 - 49

本文从吉林师范学院教授李澍田先生的生平事迹、整理的长白丛书等方面，肯定了其在东北的文献、人物、考古、文物、民族、政治、经济、文化、科技等各个领域所取得的突出成就。

0536

福建古书之最三题[J]/方彦寿. --福建图书馆学刊，1999，03：64

本文介绍了福建最早的官刻本、家刻本、坊刻本的基本情况。

0537

福建官刻考略[J]/连镇标. --福建师范大学学报（哲学社会科学版），1990，02：133 - 139

本文考察了福建官方刻书情况，讨论了闽官刻在闽刻书业中的地位和作用。闽官刻兴起于五代，宋元明时期达到鼎盛，刊刻了大量高品质书籍。入清后，闽刻书业虽遭受兵灾人祸，但闽官刻却余兴未减，特别是在方志刊刻方面有较大成就。闽官刻在闽刻书业中的倡导作用及扶植、监督作用不可否认，同闽坊刻、家刻一样，为发展闽刻书业做出了巨大贡献。

0538

福建建阳书坊对我国白话小说发展的贡献[J]/兰寿春. --龙岩学院学报，1995，04：13 - 16

福建建阳书坊在宋、元、明三代乃至清初,一直是全国书坊刻书中心之一。本文指出建阳书坊历史上刻印了大量经史书籍和历代名人诗文,很早就开始搜集、整理并刻印深受市民百姓喜爱的白话小说,促成了宋元话本的整理、写定与流传。主要得益于书坊主人对市场需求的准确把握和对经营成本的严格控制促进了白话小说市场的繁荣,而子孙相继、事业流传的优良商业道德和浓厚敬业精神也是重要原因。一批进步思想家、文学家和朝廷官员对通俗文学的喜爱与推崇也起到了推波助澜作用。

0539

福建重视古籍征集、保护和使用[J]/摘自《光明日报》. --古籍整理研究学刊,1991,01:48

本文摘自 1990 年 10 月 21 日《光明日报》,介绍了福建省近年来在古籍征集、保护和使用方面取得的成绩,涉及古籍抢救、保护、征集等工作。特别是该省为港澳台胞与新加坡等华侨寻根访祖,开展文化学术交流活动服务,深受海内外人士欢迎。

0540

辅导读者提高古籍利用的效率和质量——兼谈改善我省社科文献检索工作的现状[J]/ 王竞. --黑龙江图书馆,1985,S1:60－62

本文从查阅古籍读者的类型、检索能力以及版本学知识几个角度,论述了目前哈尔滨市图书馆读者群的现状,提出图书馆员应辅导读者提高古籍利用的效率和质量,并就黑龙江省社科文献检索工作的现状,提出了观点。

0541

父亲和《宋史艺文志考证》[J]/陈智超. --暨南学报(哲学社会科学版),1992,03:51－54

本文作者系陈乐素教授之子,介绍了陈乐素教授对《宋史艺文志》所作的研究工作,反映出老一辈史学家严谨、认真的治学态度,还介绍了对《宋史艺文志考证》书稿的整理情况。

0542

复旦大学图书馆古籍简目初稿(全六册)[M]/复旦大学图书馆编. --上海:复旦大学图书馆,1956

本书是复旦大学图书馆为适应教育科研需要编制的古籍书目,分经、史、子、集、丛、善六册。所收各书以 1955 年暑期整理及整理后新购者为限。凡 1955 年暑期前借出各书迄未归还者尚未列入。

0543

复旦大学图书馆古籍简目初稿补编[M]/ 复旦大学图书馆编. --上海:复旦大学图书馆,1960

本书是复旦大学图书馆 1956 年编成的古籍简目补编,对之前未整理的经、史、子、集四类古籍进行了编目。

0544

复旦大学图书馆古籍简目续稿[M]/复旦大学图书馆编. --上海:复旦大学图书馆,1965

本书接续了之前复旦大学图书馆古籍编目工作,此续稿覆盖了此前所编《初稿补编》。初稿与该书两目相加,大致反映 20 世纪 60 年代以前该馆藏古籍面貌。

0545

复制古籍珍善孤本势在必行[J]/苏铁戈,林佑德. --古籍整理研究学刊,1985,03:55－57

本文就目前对珍、善、孤本古籍的收藏现状及利用情况进行分析,并从复制副本能使这些珍、善、孤本古籍得到更为妥善的保存,不受地域限制而被更广大读者利用等六方面,说明了古籍复制的好处和可能性,最后探讨了采用科学手段,用静电复印机复制珍、善、孤本古籍的可行性。

0546

傅增湘藏书研究[D]/赵惠芬. --东海大学(台湾地区),1990

本文对我国近代著名藏书家傅增湘的事迹及其藏书情况进行了深入研究,综合分析了傅氏《藏园群书题记》一书的体例、缺失、解题内容等问题,呈现了傅氏在目录版本学上的成就。文后附录书影。

0547

傅增湘对古籍整理的贡献[J]/周松龄,吕贞白,顾廷龙.--四川图书馆学报,1983,02：78－93

本文评述了傅增湘鉴别版本的方法、校勘的方法、校勘的特点、校勘的义例以及傅增湘的著述情况,探讨了傅增湘之所以能在收藏、鉴定、考订、校勘和辑存、传播古籍上做出杰出成绩的主客观因素,并指出了他在具体学术研究中的一些疏漏之处。

0548

傅增湘先生的版刻艺术鉴赏[J]/徐雁平,武晓峰.--四川图书馆学报,1995,01：66－68

本文阐释了傅增湘先生《藏园群书题记》中有关宋版书、明版书版刻艺术鉴赏的思想和方法。指出傅增湘先生在版刻艺术鉴赏方面最突出的成就,是注意到版刻风气的变化,并利用变化中的时代特色和地方特色,订正他人在版本鉴赏上的疏忽。这种订正因与文字校勘等方法相结合,避免了单纯从形式上着手,有很高的精确度。

0549

傅增湘与双鉴楼[J]/陈新.--福建图书馆学刊,1998,02：52－54

本文介绍了近代著名藏书家傅增湘对中国古籍的收藏、整理以及传播做出的贡献,对傅增湘生平进行了回顾,其藏书处双鉴楼藏书多而精,且所藏之书公之于众,可供社会人士披览,使古籍得以流传。傅增湘对于我国近代学术史发展,起到了积极推动作用。

0550

傅振伦与古籍整理[J]/傅玉璋.--古籍研究,1995,01：91－95

本文从时代背景、学术思想的渊源、整理古籍的动机与目的、整理古籍的方法、整理古籍的成果几个角度,肯定了史学家傅振伦在古籍文献整理、方志学、古陶瓷、博物馆学、档案学、历史学等方面做出的突出贡献。

0551

富于科学性与艺术性的传统技艺——关于古籍修复技术的初步探讨[J]/朱赛虹.--图书馆学研究,1990,02：80－84＋101

本文从主客观两方面,探讨了古籍修复技术是一项富于科学性与艺术性的传统技艺。文中指出,科学性在于"修旧如旧"的修复原则、因书而异的修复方法和源于实践的文字记载;艺术性在于修复装订要考虑美观等艺术性的要求,书籍本身的艺术性也要通过装订体现。我们应将其继承并发扬光大,在没有新的替代技术之前,还需要将其传承下去。

0552

富裕正洁寺文物古籍调查[J]/麻秀荣,波·少布.--黑龙江民族丛刊,1998,01：92－97

本文是对黑龙江省杜尔伯特蒙古族自治县境内富裕正洁寺文物保护情况的调查报告,考察了该寺古籍经卷收藏情况,详列了这批经卷的目录、著录名称、规格、页码、版类、纸料、文种等信息。

G

0553

甘肃省少数民族古籍丛书·安多政教史[M]/智观巴·贡却乎丹巴绕吉著.--兰州:甘肃民族出版社,1989

本书叙述了今甘青地区以格鲁派为主的藏传佛教寺院的建立、发展,以及政教合一的形成过程,也涉及当时的宗教斗争和青海与卫藏的关系等等。该书史料翔实,概括性强,叙述完整,是一部学术价值较高的政教史。

0554

甘肃省少数民族古籍丛书·哈锐集[M]/胡圭如编辑.--天津:天津古籍出版社,1991

哈锐,回族,清光绪翰林院庶吉士,是中国回族文化发展史上独一无二的翰林公。光绪二十一年(1895)任刑部四川司主事,四川璧山、宜宾、乐山等县知县至宣统二年(1910)。后辞官回乡,于民国七年(1918)在甘肃天水开办民族企业,兴办教育先后十六年,为近代著名实业家。所创办的炳兴火柴公司是西北第一家少数民族企业,并推动公益事业、办教育,在西北回族中颇有影响。本书收集了哈锐生前的部分诗歌、散文、对联、书法、年谱等文学作品,这些作品在文学艺术上有一定的造诣,是甘肃回族可贵的文化遗产。从这些作品中可以看出他少年时代勤奋求学的精神,晚年办企业、兴教育的卓识远见与毅力。

0555

甘肃省少数民族古籍丛书·积石录[M]/张思温编著.--兰州:甘肃民族出版社,1989

本书收录临夏回族自治州境内的石刻及砖埴,对其金石文字加以研究。原作者张思温多年四处奔走,访城问乡,勘碑寻石,先后获得金石文字400多件,并对每件碑石加以缜密考证辨疑,汇编成《积石录》公之于世,成为研究临夏以至西北地区社会发展的重要史料。

0556

甘肃省少数民族古籍丛书·拉萨怨[M]/尕藏才旦译著.--天津:天津古籍出版社,1994

本书收录了多首藏族民间叙事长诗,包括《上达奈沟与下豪仓川》《奔仓姑娘》《婚别歌》《婚礼祝福歌》等,是研究藏族民族文化和生活的重要资料。

0557

甘肃省少数民族古籍丛书·裕固族风俗志[M]/才让丹珍著.--天津:天津古籍出版社,1993

本书介绍了裕固族的风俗,主要以近现代民俗为主,适当描述了某些民俗的历史渊源。篇幅虽然不大,但涉及的面比较广,包括古今有关汉文、藏文(译成汉文)典籍,外文(译成汉文)著作及史书、地方志、诗词、歌谣等;新中国成立前后的各种社会调查材料,主要是1949年后的调查所提供的资料;裕固族民间文学艺术,特别是口头传承的民间故事、神话传说、叙事诗、歌谣、风俗故事等;报纸杂志刊载的有关介绍文章;以及作者调查所得的大量的第一手材料。内容的选择尽量做到了有一定代表性,并有比较高的研究价值。

0558

甘肃省少数民族古籍丛书·中国回回历法辑丛[M]/马明达,陈静辑注.--兰州:甘肃民族出版社,1996

本书是中国古代回回历法著作的汇编之书,共收入《明译天文书》《西域历法通径》《七政算》《七政推步》《唐顺之周述学论回历二种》《历法新书》《梅文鼎论回回历法三种》《明史·回回历法》《天文历源》《回回历解》《天方教历考》等十一种,基本涵盖了明清以来汉籍回回历法的全貌，是现存中国回回历法典籍的精华。书中详尽阐述了回回历法的天文学体系，考究了回回历法传入中国的时间及流变，尤其对回回历法传入中国后历法的研究及相关著作进行了系统梳理与评述，确立了中国回回历法著作辑录的取舍标准，为回回天文历法研究提供了较大便利。

0559

甘肃省少数民族古籍丛书·中国伊斯兰教库布林耶谱系（大湾头门宦）[M]/马世英整理. --天津：天津古籍出版社，1991

"库布林耶"在阿拉伯语中的意思是"至大者"。教民主要分布在我国甘肃的东乡、康乐和皋兰等地。库布林耶门宦属逊尼派哈乃斐学派，其教义及礼仪主要是以《古兰经》圣训为信仰之本，遵行五功和静修参悟修持。本书记载了库布林耶的传承谱系，对伊斯兰教在中国传播与发展的研究有一定的学术价值。

0560

干支纪时与古籍整理研究[J]/霍旭东. --古籍整理研究学刊，1987，03：6 – 11

用干支纪年、纪月、纪日，是我国特有的一种纪时方法。我国古籍干支纪时，往往和传统的王位纪年法、年号纪年法配合使用，即使出现单独使用干支纪年时，也必须有背景材料或辅助条件才能考定具体时间，容易出现各类误读误记的情况。本文举例分析说明了这一现象，指出在整理古籍过程中，干支纪时的问题经常遇到。只有对它的纪时原理、方法和规律有所了解，才能利用它从事古籍整理和研究工作。

0561

绀珠集引唐五代典籍考[D]/李钟美. --东吴大学（台湾地区），1996

《绀珠集》为宋代一部笔记小说集。本文以文渊阁《四库全书》收录的《绀珠集》为底本，研究了该书引唐五代典籍的情况，希望借此书研究补全传本之缺，恢复典籍之本来面目、留存佚书之梗概。研究方法是文本对读互证。《绀珠集》所引唐代典籍条文，有的

没有传本出处，有的书虽有传本，而未见《绀珠集》所引用之内容，诸如此类。

0562

高昌建昌六年（560）麴悙墓表考补[J]/侯灿. --西域研究，1993，04：73 – 76

本文考证了天津古籍出版社《隋唐五代墓志汇编·新疆卷》中保存的一方《高昌建昌六年（560）麴悙墓表》。文中指出，此方墓表可能不是实物，而是一张拓片，并就该墓表中涉及的麴悙其人、广威将军与绾曹郎中、镇远将军与都郎中、武城县与横截令等问题进行了考订。

0563

高青丘集[M]/（明）高启著；（清）金檀辑注. --上海：上海古籍出版社，1985

高启，元末明初著名诗人，元末隐居吴淞青丘，自号青丘子，其诗爽朗清逸，对民生疾苦有所反映，人称明初诗人之冠。清金檀辑注《高青丘诗集注》历来被认为是最完备的版本，本书即以金本作为底本，并辑有若干附录附后。

0564

高师图书馆大部头古籍布局初探[J]/唐贵荣. --高校图书馆工作，1991，02：51 – 54

本文从大部头古籍收藏喜忧参半、大部头古籍布局的综合治理两个方面，对高等师范院校图书馆收藏的大部头古籍情况进行了探讨，指出大部头古籍的合理布局是一项很有价值又极富意义的系统工程，值得研究。

0565

高校古籍整理十年[M]/杨忠主编；全国高校古籍整理研究工作委员会秘书处编. --南昌：江西高校出版社，1991

本书是对1981年以来高校古籍整理研究工作的回顾，记录了重要的会议与讲话、机构概况、重点规划项目与古籍整理研究成果，起到记录历史、交流信息、总结经验的作用，也为今后更好开展古籍整理研究和人才培养工作提供借鉴。

0566

高校图书馆古籍管理中的新问题——谈古

籍新印的管理[J]/罗志欢. --广东图书馆学刊,1989,04:78-80

本文从古籍有广狭二义论、古籍新印的发展及其特点、古籍新印管理中的问题、古籍新印的管理四个角度,论述了高校图书馆古籍新印的管理问题。

0567

高校新生如何阅读古籍文献[J]/许建生. --津图学刊,1998,02:135-138

本文在考察困扰高校新生阅读古籍心理等若干问题基础上,提出了解决对策,包括强化古籍馆员的参考咨询服务职能、举办古籍文献检索阅读讲座、加强古籍文献参考服务资料建设等。

0568

高效开发利用旧志信息资源的构想——计算机在旧志检索中的应用[A]/吕志毅. --中国古籍整理研究出版现代化国际会议论文集[C],1995

本文讨论了计算机检索方志的问题。文中指出,占中国全部古籍总数的十分之一的旧方志几乎储备了可供各种学科研究的信息资料。要发挥旧志信息的巨大潜能,就必须建立旧志的计算机数据库,并成立全国旧志载体入机检索指导中心机构。同时,本文还针对旧志体例特点提出了一套标引方法,用以建立全国统一的标引方式。

0569

高诱引《山海经》考[J]/何志华. --书目季刊(在台湾地区发表)1998,02:27-37

《淮南子》《吕氏春秋》两书每论及山川、鬼神,当中或与《山海经》相合。本文指出,东汉高诱为《淮南子》《吕氏春秋》两书作《注》,每征引他书为说,当中有《淮南子》《吕氏春秋》两书内文与《山海经》相关者,高诱屡引《山海经》以为注释。因此,本文尝试辑录两书高《注》引述《山海经》者,以见高诱用书之学。

0570

高诱与古籍整理[J]/史建桥. --古籍整理研究学刊,1989,01:20-24

本文从汉末著名文献注释学家高诱书注的思想特征、学术特征以及其在文献整理方面的创新之举,论述了高诱在古籍整理史上的影响。文中指出,研究高诱并对他的注释给予应有的重视,对于研究中国古籍整理史、整理文献、编纂辞书,都很有意义。

0571

稿本华鄂堂读书小识[M]/全国公共图书馆古籍文献编辑出版委员会编. --北京:中华全国图书馆缩微复制中心,1996

本书撰者叶启发是清末民初湖南四大藏书家之一。撰者就家藏拾经楼宋元明刻抄本、名家批校本,对书籍版刻年月、文字异同及各本得失,详加考订,并缀以题跋。该书共收书106种,是一部专论目录、版本的读书札记。

0572

稿本聊斋志异[M]/全国公共图书馆古籍文献编辑出版委员会编. --北京:中华全国图书馆缩微复制中心,1995

《聊斋志异》是清康熙间文学家蒲松龄聚集毕生心血而成的小说名著。蒲氏晚年最后修改定稿本,为其七世孙携至沈阳。今存辽宁省图书馆的蒲氏手定稿本小说228篇、序文3篇,不仅具有极珍贵的文物价值,而且可以校补现行《聊斋志异》诸多版本文字的遗误。本书卷首有康尔平前言,书后有姜亚沙影印后记。

0573

稿本王船山先生南岳诗文事略[M]/全国公共图书馆古籍文献编辑出版委员会编. --北京:中华全国图书馆缩微复制中心,1996

本书搜集王船山诗文491首,自崇祯十五年(1642)至康熙三十年(1691)按年编录,扶隐钩微,引申考证,篇末附案语加以考证。该书据湖南省图书馆藏稿本影印出版。

0574

格言四种[M]/袁朝译注. --武汉:湖北辞书出版社,1998

本书选编四位明清文人的格言集,包括明代陈继儒《安得长者言》、吴从先《小窗自纪》、清代金缨《格言联璧》、王永彬《围炉夜话》。这些文献言简意赅,凝结着先哲的智慧灵光,后人多将这些格言看作安身立命的根本、为人处世的准则。

0575

各代刻本及其特征(连载)[J]/张展舒整编.--复印报刊资料(图书馆学、情报学、资料工作)1992,10:36-41

各代刻本及其特征表现各不相同。本文对辽、金、元、明代刻本做了比较研究。

0576

各代刻本及其特征(连载)[J]/张展舒.--复印报刊资料(图书馆学、情报学、资料工作)1992,11:8-15

同上。

0577

各代刻本及其特征(连载)(续)[J]/张展舒.--复印报刊资料(图书馆学、情报学、资料工作)1992,12:16-21

同上。

0578

各国收藏蒙古文古籍的历史概况[J]/乌·托娅.--蒙古学信息,1999,03:39-44

本文分三个时期介绍了各国的蒙古文古籍搜集、收藏、著录情况,列举了其中一些重要著作进行了专门说明。

0579

工具书使用浅谈[J]/魏连科.--河北学刊,1988,02:104-110

工具书种类繁多,有综合性的,也有各学科或专题性的,各有各的用处,要善于选用最适合解决某一问题的工具书。本文从怎样查找人物及其事迹资料、查找历史地名、查找历史年代、查典章制度几个角度做了介绍。

0580

公共图书馆应重视谱牒的开发和利用[J]/王长庆.--山东图书馆季刊,1993,04:57-59

本文通过对于谱牒及其价值的介绍,论述谱牒对于图书馆的重要性,建议公共图书馆加强对谱牒资源的开发和利用。

0581

《公鼐诗文辑注》评介[J]/云飞.--东岳论丛,1999,04:142-143

本文是为李芳元先生选编校注的《公鼐诗文辑注》一书所作的书评,从辑佚、校订、编选、注释和评析等方面对该书进行介绍,认为其是一部严谨的古籍整理新书。

0582

公元与干支纪年相互换算的简便方法[J]/孙洪基.--山东图书馆季刊,1986,04:74-75

本文通过实例,介绍了公元与干支纪年相互换算的简便方法,包括公元换算干支法、干支换算公元法。

0583

功在当代 利在千秋——写在《四库全书存目丛书》出版之际[J]/马功兰.--文史知识,1996,12:105-107

本文于《四库全书》影印出版不久,《四库全书存目丛书》出版之际写就,从《四库全书》的编修、《四库全书存目丛书》的意义方面,对《四库全书存目丛书》出版加以肯定。

0584

功在千秋——陈云古籍整理指示与中国历史文献研究会的发展[A]/王西梅.--陈云和他的事业——陈云生平与思想研讨会论文集(下)[C],1995

本文从宏观和微观两方面论述了老一辈无产阶级革命家陈云关于古籍整理指示的精神,并介绍了中国历史文献研究会的发展历程以及所取得的重要科研成果。

0585

功在千秋:将福祉留给后世——记贵州省毕节地区彝文翻译组[J]/王继超.--中国民族,1997,11:59-60

本文介绍了贵州省毕节地区彝文翻译组(后更名为毕节市彝文文献翻译研究中心)三代翻译人员保护、整理、翻译、出版彝文古籍的事迹和成就。

0586

攻瑕批谬 意在求全——评《司马光日记校注》[J]/高纪春.--历史研究,1997,04:162-175

本文校订了《司马光日记校注》一书中出

现的讹误,从违背底本、标点举误、校勘举误、注释之误、《日记佚文》与《温公日记》互校记等几个方面进行了分析。

0587

宫藏秘本《单刀谱》[J]/李国强. --体育文化导刊,1991,04:34 - 35

本文介绍了故宫博物院图书馆所藏《单刀谱》抄本的由来、传抄情况等。文中指出,该书为道光末年抄本,陈陈相因,向无刻本,在传抄过程中,内容上难免有所增删,但仍不失为研究宫廷历史及古代武术流派的珍贵资料。

0588

钩沉辑佚 博大精深——记著名古典文献学家胡道静教授[J]/王海明. --古籍整理研究学刊,1989,05:82 - 84 + 87

本文从古典文献学家胡道静先生的生平事迹,其走上农业史、科技史研究道路的缘由,在农史研究方面的成就等方面,肯定了他对中国科学文化遗产作出的卓越贡献。

0589

钩沉辑佚历沧桑——记古籍整理、科技史专家胡道静先生[J]/范文通. --社会科学战线,1985,01:305 - 310

本文从"雏凤清于老凤声"、"海隅文库"的遭遇、"酣然入梦"和"负版精神"四个角度,介绍了古籍整理、科技史专家胡道静先生的生平事迹,肯定了其在古籍整理、古籍人才培养方面作出的卓越贡献。

0590

构建中国基本古籍的大型书库——漫谈《续修四库全书》的出版——摘自《中华读书报》1995 年 9 月 20 日[J]/韦余. --图书馆,1995,06:70

本文介绍了《续修四库全书》的出版情况。文中指出,这套全书装帧典雅、制作精美、广收博录、规模宏大,最重要的是坚持精选原则,基本做到了精品荟萃。

0591

孤本古籍《大易则通》整理纪要[J]/李文炳,王洪生. --齐齐哈尔师范学院学报(哲学社会科学版),1993,04:66 - 67 + 99

本文从《大易则通》怎样到黑龙江落户、《大易则通》的作者既是学者又是清官、《大易则通》的特点、胡世安一生的著作等几个角度,介绍了孤本古籍《大易则通》的整理过程。

0592

古本小说集成（全六百九十三册）[M]/《古本小说集成》编委会编. --上海:上海古籍出版社,1994

本书系中华人民共和国国家教育委员会全国高校古籍整理研究工作委员会重点项目。该书收录以通俗小说为主,个别文言小说酌收,立足于系统、稀见、完足、存真;宋、元、明和清初小说基本全收,清乾、嘉小说选取精品,兼顾稀见,晚清小说则选其影响较大者;多有孤本;原底本残缺,尽量搜集同一版本或后刻本补辑于后;全部影印,不作描改,以存其真。每种小说撰有前言,介绍该书的版本、作者、源流、社会背景等,展示最新研究成果。

0593

古代抄撰著作小考[J]/曹之. --河南图书馆学刊,1999,02:25 - 26

"抄撰"是古籍的著作方式之一。本文对抄撰著作的源流进行了考证,摘录《隋书·经籍志》《南齐书》《梁书》《南史》中有关抄撰的著作,并依此讨论了抄撰古籍的特点和价值。

0594

古代的编辑[J]/黄维民. --西北大学学报(哲学社会科学版),1990,03:120

本文介绍了我国古代编辑工作的起源、工作的主要内容以及几种主要的工作方法,肯定了古人编辑工作积累总结出的宝贵经验,为现代编辑工作提供了参考借鉴资料。

0595

古代的公牍纸书及其价值[J]/周广学. --津图学刊,1996,02:105 - 109

本文回顾了公牍纸书的产生发展历史,分析了公牍纸书盛衰的原因,并列举了现存和已知的《杨太后宫词》《集古韵文》等公牍纸书。指出公牍纸书具有重要的文献和文物价值,可以作为考定古籍版本的依据,是研究古代纸张的珍贵实物、研究古代刻书情况的重要参考,公牍纸上原有文字,也是研究历史的良好实物资料。

0596

古代校勘学的得失与当代古籍整理[J]/程毅中. --传统文化与现代化,1993,04:84－92

本文分析了古代校勘学的得失,并结合当代古籍整理的实际情况,提出了校勘古籍应"求是",还要"择善而从",要定是非等见解。

0597

古代刻书与古籍版本[M]/卢贤中著. --合肥:安徽大学出版社,1995

本部专著运用历史唯物主义的观点,系统科学阐述了中国版刻的历史发展以及鉴定古籍版本、辨别古籍真伪等理论问题,显示了古籍版本学研究的新进展,具有较高的学术价值和实用价值,可作为古籍整理、出版发行、图书馆专业人员以及文史工作者的学习材料。

0598

古代天文历法论集[M]/张闻玉著. --贵阳:贵州人民出版社,1995

张闻玉是章黄学派的重要传人,在古代天文历法研究与西周年代考证等方面成果尤为丰硕,是学界公认的当代天文历法考据学派代表性人物。本书是其关于古代天文历法的论著。

0599

古代文献学漫话[J]/荣兵. --编辑之友,1982,03:179－187

本文介绍了古代文献学的几个分支学科,包括版本学、目录学、校雠学、注释学、书籍制度、古书体例等。

0600

古代作品的注译、校释疑义举隅[J]/相隆本. --齐鲁学刊,1987,03:88－91

本文指出了古籍校释工作的几个问题。一是已出版的"权威性"校注本仍然存在悬而未决的问题;二是古籍今注、今译本的质量需要进一步提高;三是新标点本中出现断句的讹误需要给予注意;四是校勘方面所出现的问题应引起重视。针对上述问题,分别举例进行了说明。

0601

古典目录学[M]/来新夏著. --北京:中华书局,1991

本书共有八章,除第一章绪论、第八章结束语外,中间六章按历史发展顺序,重点论述了历代著名的古典目录和有成就的古典目录。全书引用原始资料较多,以求论必有据。对时贤论著中的不同论点除撷取附入外,并多断以己见,以开启读者思路。

0602

古典目录学与辨伪学的产生[J]/牟玉亭,张治江. --图书馆学研究,1994,03:86－88＋90－94

我国古典目录学起源于西汉刘向、刘歆父子校理群书之时,有文字可考最早的记录是刘氏父子主编《别录》《七略》。本文分析指出,辨伪学在源远流长的发展过程中,始终与古典目录学相依相连,有着紧密的关系。古典目录学推进了辨伪学的产生与进程,同时又为古籍辨伪提供了最切实有力的方法与依据。

0603

古典文献学[M]/罗孟桢编著. --重庆:重庆出版社,1989

古典文献是我们民族文化的宝贵遗产,整理古籍必须具有目录学、版本学、校勘学基础知识。本书内容充实,涵盖知识面广,是一本基础知识及理论书籍,包括"谈书""目录学""版本学""校勘学"四编。

0604

古典文献研究论丛[M]/北京大学中文系古典文献专业古文献研究所编著. --北京:北京大学出版社,1995

本论丛是北京大学中文系古典文献专业、古文献研究所的青年教员和研究生近年的研究成果,大多是参加《全宋诗》编撰中的收获,也有教学、研究、攻读学位的心得。

有年谱的编撰、版本整理、事迹考辨、名著解题、丛札小考等等。共同特点是搜集资料,考核辨析,论证具体,力求翔实。

0605

古典文学译注本正误[J]/吴晟.--江西教育学院学报,1989,03:31-37

本文校订了广东人民出版社出版的刘斯奋《辛弃疾词选》、上海古籍出版社出版的马群《辛弃疾词注》、吉林人民出版社出版的刘耕路《韩愈及其作品》和山东教育出版社出版的宗传璧《韩愈诗选注》等四部古典文学译注本中的错误。

0606

古典文学与文献论集[M]/朱迎平著.--上海:上海财经大学出版社,1998

本书是朱迎平先生中国古代典籍研究的论文集,汇辑《汉魏六朝文集的演进和流传》《六朝文学专科目录辑考》《中国古代文体论略》等研究论文,涉及文体论和文体辨析问题、南宋名家文集、文学史和文学批评史等多方面研究。

0607

《古典戏曲存目汇考》补正[J]/戴云.--文献,1999,03:237-250

庄一拂先生《古典戏曲存目汇考》搜罗资料十分丰富,共著录戏曲剧目4750余种,不乏罕见之剧目。本文将明清戏曲剧本与庄先生著作进行对比,指出《古典戏曲存目汇考》中有误记或不全之处,文中做了纠正,并为戏曲研究者提供了一些新的资料。

0608

古典小说戏曲书目[M]/朱一玄,董泽云,刘建岱编.--长春:吉林文史出版社,1991

本书目收录了1949到1985年间出版的古典小说戏曲书目和研究论著。上编为古典小说之部,分为四类;下编为古典戏曲之部,分为六类。附录有五,包括地方戏书目选录、曲艺书目选录、台湾古典小说戏曲书目、古典小说戏曲地方戏曲艺名笔画综合索引和台湾古典小说戏曲书名笔画综合索引。各条书目均著录书名、著者、出版者和出版年月。小

说、戏曲作品依作品产生时代先后排列;今人选本和研究论著,则按初版时间先后为序排列。

0609

古汉语今译问题商榷[J]/李新建.--郑州大学学报(哲学社会科学版),1987,04:93-97

本文研究了古文今译工作中的常见问题,涉及译文的准确性、衍译和漏译、文字表述方面的问题等。译文准确性方面举例说明了词义、语法和修辞方面的错误。文字表述方面举例说明了用词不当、用词过于现代化以及句子不通顺的错误。

0610

古籍 = ancient books? [J]/李杨.--中国翻译,1997,01:59-60

本文从古籍含义出发,讨论了"古籍"一词的翻译问题。"古籍"是一个内涵比较复杂的词汇,需要一个含义较广的英文词来表达,writing是比较合适的。对"古籍"的翻译应该具体情况具体对待,不应一概译为 ancient books。

0611

古籍板(版)本知识(全二册) [M]/北京市中国书店编.--北京:中国书店,1961

本书介绍了古籍版本知识,列举资料丰富,包含清代武英殿刻书、官书局刻书、民国精刻本等,在其他书中较为罕见。版本鉴定方面极富特色,真假俱呈,详辨优劣,特别是从价格上来判断版本取舍,"实战"很强,具有一定的参考价值。

0612

古籍版本[M]/朱学波著.--济南:山东科学技术出版社,1997

本书介绍了古籍版本的概念、收藏简史、类型、历代古籍版本的特征和代表作、鉴别与收藏、常见作伪方法、近年海内外古籍善本拍卖行情。

0613

古籍版本常识[J]/杨震方.--编创之友,1983,01:182-199

本文从什么叫作版本、版本含义的扩大、

为什么要研究版本、版本名称的区分、版本的款识、特殊标志、研究古籍版本的常用工具书等几个方面,对古籍版本知识进行了普及性介绍。

0614

古籍版本常谈[M]/毛春翔著.--上海:上海人民出版社,1977

本书系统介绍了古书版刻的起源和发展,历代版刻的概况和特点,善本的界定,巾箱本、活字本、书帕本、套印本的特点等版本知识,以及抄本、稿本、校本等特殊版本,对如何鉴别古书版本也作了指导。

0615

古籍版本概要[M]/陈宏天著.--沈阳:辽宁教育出版社,1991

本书是概述古籍版本学基本知识的专著,由浅入深、循序渐进介绍了古籍版本学的内容、形成和发展以及版本鉴定等知识,阐述了宋、金、元、明、清历代刻本的特征以及活字本、抄本、稿本的区分与鉴别等。

0616

古籍版本和校仇[J]/曹聪孙.--图书馆工作与研究,1981,02:31-35

本文在前半部分对唐代至清代各个历史时期的古籍版本特点进行了介绍,后半部分简述了古籍版本鉴定和校雠工作的方法及应注意的事项等。

0617

古籍版本及其鉴别[J]/韩锡铎.--社会科学辑刊,1984,03:154-159

本文介绍了古籍版本的源流和版本鉴别的方法,文中还指出鉴别版本需要掌握广博的知识,不仅包括目录学知识,还包括文学、历史、地理、天文、历法及各种典章制度等知识。

0618

古籍版本及其鉴别·宋本(附金本)[J]/黄永年.--陕西师大学报(后更名为陕西师范大学学报)(哲学社会科学版),1980,04:113-117

本文从版本应怎样条理化、宋金四个刻书中心、宋浙本、宋建本、宋蜀本、金平水本、假宋本和修补本、胶泥活字本几个方面,论述了宋本(附金本)的版本及鉴别方法。

0619

古籍版本简介[J]/文非.--语文知识,1998,08:18-19

我国古籍浩如烟海,版本样式颇多。本文就人们常接触到的有关古籍版本名词术语,如原本、增订本、修订本、重刻本等作了介绍。

0620

古籍版本简论[J]/黄源海.--江西图书馆学刊,1993,03:52-57

本文因限于篇幅,分两期刊载。本篇为第一部分,论述了古籍的含义、现存古籍概况、古籍版本名称及古籍善本内涵的起源与演变。

0621

古籍版本简论(续前)[J]/黄源海.--江西图书馆学刊,1993,04:80-85

本文接续上篇,为古籍版本简论的第二部分,论述了古籍版本鉴定的意义及其方法与途径。

0622

古籍版本鉴定丛谈[M]/新文丰出版公司编辑部编.--台北:新文丰出版公司(台湾地区),1984

本书对古籍版本类型,鉴定古籍版本的基本常识,鉴别版本的方法,活字印本、校抄本以及程序和应注意的问题进行了论述,并对古书用纸、工具书等做了介绍。

0623

古籍版本鉴定丛谈[M]/魏隐儒,王金雨编著.--北京:印刷工业出版社,1984

本书共分十章,从古籍版本史略、分类、术语、用纸、印刷和鉴定方法诸方面,对古籍版本鉴定作了论述;对版本学、目录学等相关内容,以及版本鉴定中应注意的问题作了介绍,适合古籍版本鉴定人员、图书馆工作人员、大专院校文科师生以及广大古籍爱好者阅读。

0624

古籍版本鉴定丛谈[M]/魏隐儒编. --太原：山西省图书馆,1978

本书介绍了古籍版本的各种类型、鉴定古籍版本的基本常识、鉴别版本的几种方法、鉴别活字印本、怎样鉴定校钞本、鉴定版本程序和应注意的问题、古书用纸和工具书。

0625

古籍版本鉴定的三部曲[J]/宋效先. --图书馆学研究,1991,01:66 – 72

本文指出,古籍版本鉴定是版本学的重要组成部分,古籍版本的鉴定真伪、区分异同、识别优劣,三项缺一不可,是专业性和技术性较强的一项专门业务。

0626

古籍版本鉴定我见[J]/叶桔. --广东图书馆学刊,1986,04:77 – 82

本文是作者长期古籍鉴定判别工作的经验总结,正篇介绍了古籍版本鉴定的依据,包括依据牌记封面和序跋、后代名人题跋识语和名家藏章印记、书名冠词、讳字、刻工姓名、行款字数、各家著录来判别等,重点介绍了依版刻时代特征判别版本的方法。续篇对活字本和抄本特点进行了分析,介绍了这两种版本的判别方法。

0627

古籍版本鉴定我见（续）[J]/叶桔. --广东图书馆学刊,1988,01:53 – 57

同上。

0628

古籍版本鉴定摭谈[J]/汪军. --广西教育学院学报,1999,06:122 – 127

本文指出,古籍版本鉴定是一项技术性很强的工作,不仅仅是为了说明书籍产生的历史情况,还关系着古籍的内容和质量,进而决定着古籍的科研和文物价值。在鉴定古籍版本的时候,一方面要从形式上考究时代风格;另一方面从内容上掌握资料依据,还要充分利用前人的研究成果,以减少不必要的考据和重复。

0629

古籍版本鉴赏[M]/魏隐儒著. --北京:北京燕山出版社,1997

本书介绍了古籍版本鉴赏的意义及如何鉴赏、古籍雕印发生发展概况等,从多方面导引了鉴赏古籍版本的门径,附录也极为丰富,包括"古籍版本常用术语及作伪揭示""古籍装订修补知识"等。

0630

《古籍版本鉴赏》简评[J]/官桂铨. --福建图书馆学刊,1998,02:F003

本文对1997年4月北京燕山出版社出版的魏隐儒先生新著《古籍版本鉴赏》中的错字进行了勘误,包括著者笔误以及排印错误等。

0631

古籍版本名称举例[J]/杨鉴. --图书馆杂志,1983,02:31

本文介绍了如何用各种方式来区别古籍版本,如以时代区别、以地区区别、以单位区别、以制版区别等。

0632

古籍版本年代鉴定方法浅说[J]/陈自力. --阅读与写作,1998,03:22 – 23

本文介绍了鉴定古籍版本的方法,包括根据历代版刻特点推断版本的大致年代、根据牌记鉴定、根据原书序跋考证、根据刻工姓名考定、根据书中讳字考证、根据书中内容考证、根据目录著作考证等。

0633

古籍版本浅说[M]/陈国庆编著. --沈阳:辽宁人民出版社,1957

古籍版本复杂,名目繁多,出版时间、出版地、出版者、出版方式、版本优劣、版本特征是判断古籍版本的重要信息。本书对版本学术语进行了梳理,论述了版本的区分,认为其主要取决于出版时间、出版地、出版者以及出版方式等。本书分别于1964年和1977年由中华书局和尔雅社再版。

0634

古籍版本浅说[J]/宋效先. --吉林大学社会科学学报,1987,04:87 – 92

古籍尽管版本复杂,名目繁多,但若加以分析概括,不外是出版时间、出版地、出版者、出版方式、版本优劣、版本特征等六个方面。本文从这六个方面举例分析，并对若干版本名词做了解释。

0635

古籍版本浅谈［J］/魏哲铭.--华夏文化，1997，01：33－34

本文从"版本"的概念入手，讨论了古籍版本的时间断限、研究对象等问题。

0636

古籍版本浅谈（上）［J］/孙安邦.--新闻出版交流，1994，05：42－43

本文是对古籍版本知识的普及性介绍，在追溯雕版印刷术起源和发展历史的基础上，说明了古籍版本的分类问题、善本问题、版式问题等。

0637

古籍版本浅谈（下）［J］/孙安邦.--新闻出版交流，1994，06：45－46

同上。

0638

古籍版本题记索引［M］/罗伟国，胡平编.--上海：上海书店出版社，1991

本书搜集古籍著录专著102种，将五万余种古籍的版本著录与题跋情况详细著录，是关于古籍研究与拍卖收藏的重要工具书，对从事传统文化研究的高级研究人员和入门者具有实用价值，对古籍收藏拍卖业也有指导作用。

0639

古籍版本学的功用［J］/刘尚恒.--图书馆工作与研究，1987，01：35－37

本文从版本学帮助人们区别真本、伪本，舍伪而取真；区别某书何本为全，何本为缺，舍缺而取全；区别某书何本为精，何本为劣，舍劣而取精；鉴别版本，区分真品和赝品，舍赝品而取真品等几个角度，讨论了古籍版本学的功用。

0640

古籍版本学的新收获——评曹之先生的《中国古籍版本学》［J］/韩锡铎.--图书馆学刊，1993，06：53－56

本文是为武汉大学出版社1992年出版的曹之《中国古籍版本学》一书所做的书评。文中指出，该书具有充分吸收他人的研究成果、文献资料翔实、见解独到等几个特点，是近些年出版的比较好的有特色的古籍版本学专著之一。

0641

古籍版本学概论［M］/严佐之著.--上海：华北师范大学出版社，1989

本书介绍了版本的认识、版本的历史、版本的鉴定、版本的考订等内容，叙述版本源流突出各历史时期发展特点，抓住典型，删冗削繁，引用材料比较丰富，学术观点比较新颖，融知识性与学术性于一体。

0642

《古籍版本学概论》评介［J］/刘效礼.--图书馆杂志，1991，01：62

本文是为严佐之《古籍版本学概论》一书所作的书评，从体例和内容方面都给予了该书较高评价。文中指出，该书避免了从官刻、私刻及于坊刻三段叙述的陈旧模式，采取了选择典型、删冗削繁和专题展开的方法，读来觉得条理清晰，颇有新意。还指出该书提倡考订版本源流，并具体论证了考订版本源流和比较版本优劣的方法，是十分有必要的。

0643

古籍版本学形成时期辨疑［J］/周铁强.--图书与情报，1997，03：31－33

古籍版本学是一门以古籍版本为研究对象，从古籍版本源流及其相互关系出发，研究和鉴别版本发生发展规律的科学。本文在考证"古籍版本学形成时期"不同观点基础上，指出《读书敏求记》《天禄琳琅书目》的出现及黄丕烈对古籍版本的考订，标志着古籍版本学的初步形成。

0644

古籍版本学研究的新成果［J］/白国应.--图书馆工作，1996，02：47－48

本文指出，古籍版本学研究的新成果表现为内容丰富，涵盖面宽；体系新颖，结构精巧；分析透彻，有理有据；材料翔实，信息量大;讲究实用,操作性强。

0645

古籍版本学与其相关学科的关系[J]/郭松年. --黑龙江图书馆,1989,05:57 - 58

本文指出,古籍版本学是一门历史悠久的学科,宋以前的目录、版本学由于校勘和整理古籍的需要产生发展。从校勘学、目录学和版本学的研究内容分析,基本上都是治书之学。但是从研究目的、研究途径和研究方法来看,则各具特点、各有分工。三门学科之间的关系密不可分,相互参考利用和相互促进发展,是随着治书之学的不断发展而逐渐脱离,并在相互作用、相互促进中逐渐发展形成的三门独立学科。

0646

古籍版本学园地的一朵奇葩——评《中国古籍版本学》[J]/付立宏,张华平. --图书情报工作,1994,01:58 - 60

本文是为曹之《中国古籍版本学》一书所作的书评。在充分肯定该书见解独创性、史料翔实性、论证严密性、史论耦合性、体系完备性和学科发展指导性的同时,还从方法论、学术视野以及检索途径等角度指出了不足。

0647

古籍版本研究的努力方向[J]/郭松年. --图书馆学研究,1984,04:113 - 115

本文指出,古籍版本研究的努力方向集中在古籍版本学基本理论的探讨、发展源流、鉴定方法和研究发展的历史等问题,应就这几个关键性课题展开更深入的学术性研讨。抓紧当前有利时机,对古籍版本鉴定工作中的丰富经验进行系统总结提高,使古籍版本研究和鉴定方法以及古籍版本学的探讨,建立在加强学术性、科学性的基础上,更好地形成古籍版本学的完整科学体系。

0648

古籍版本研究的意义和作用[J]/郭松年. --山东图书馆季刊,1987,03:27 - 29

本文从重视审慎选择优选本、要研究古籍版本源流、研究古籍的版本、熟悉掌握古籍版本之学几个角度,论述了古籍版本研究的意义和作用。

0649

古籍版本异同产生原因分析[J]/郭松年. --山东图书馆季刊,1986,03:58 - 60

本文从任意抽毁删改;添改脱误衍文;改换书名、作者;拼凑冒名伪作;挖改牌记年月;挖改作伪,以残冒全等六个方面,分析了古籍版本异同产生的原因。

0650

古籍版本源流考证说略[J]/陈自力. --阅读与写作,1998,04:22 - 23

本文介绍了考证古籍版本源流的方法。一是翻查目录著作,掌握版本存佚等基本情况;二是审读书中序跋及后人题识,考证版本源流;三是比勘诸本,由其文字内容及卷数编次的异同,考证各本嬗递渊源关系。

0651

古籍版本知识[M]/中国书店编. --北京:中国书店,1961

本书包括古籍版本常用名词术语浅释、中国版刻图书源流、关于活字版、古书用纸、怎样鉴定版本、历代藏书家举要、古书装订修补知识、同书异名考、同名异书考等古籍版本知识。

0652

古籍保护方法的继承与实践[J]/林子雄. --图书馆论坛,1996,05:28 - 29 + 51

本文介绍了中国古代使用通风、万年红、用药、移动和晒书等方法对古籍进行保护的情况。本着继承和发展观点,详细介绍了广东地区图书馆古籍保护工作的实践经验,讨论了樟脑等药物和空调等设备使用的注意事项,以及磷化铝熏蒸杀虫方法和存在的问题。

0653

古籍保护继往开来[J]/应长兴,林祖藻. --图书馆论坛,1999,02:3 - 5

本文从设计建设藏书楼时就考虑为藏书保护工作创造有利条件;善本、古籍的特别保护办法;利用现代技术保护图书馆的善本与古籍几个角度入手,总结了我国古籍的传统保护法和现代保护法。

0654

古籍保护中的防火等问题[J]/戴南海.--文博,1985,06:45-47+82

本文第一部分分析了历代古籍受损的三种原因,第二部分从古籍防水、防火等方面论述了如何合理保管古籍的问题,并提出了建议和防护措施。

0655

古籍比照校勘浅议[J]/刘宗德.--河北师范大学学报(哲学社会科学版),1979,01:88-91

古籍在辗转传刻过程中,往往会出现各种文句讹误现象。前人使用六种比照方法进行校勘,即比照对偶句的对应用词、上下文、不同版本、同书其他文章、他书同类引文、某字词同类用法。本文举例予以说明,指出认真总结前人经验,对搞好古籍出版中的校勘工作、古籍注释研究以至大中学校文史学科的教学,都有很大用处。

0656

古籍编目札记[J]/刘世杰.--图书馆学研究,1982,05:80-83+66+125

本文整理了古籍编目中问题处理的几种方式,主要包括一书数名的情况;编、辑、注者存在着极为复杂的情况,必须考订其真实姓名,统一著录,以免造成分歧或错误;古籍无牌记及明确的刻书年代者,借助可靠旁证以定刻书年代;无序跋、牌记及其他明显的根据来定刻书的年代时,还可从刻书特点、清代官私刻书情况、清代刻工等几个方面考虑。

0657

古籍辨伪私议——有关古籍整理研究的若干问题之四[J]/姜亮夫.--学术月刊,1983,06:63-70

本文在介绍历代作伪状况的基础上,考察了历代辨伪的方法。文中指出,现代辨伪不仅是字里行间的校雠,更要在综合一切的条件下掌握许多社会发展史(或社会进化史)规律。文中还特别提到了先秦古籍辨伪工作应具有的特殊准备,包括熟悉"伪"的成因、掌握和运用社会发展史的知识、认识与分清学派家法、分析词面与词底的问题等。

0658

古籍辨伪学史述略[J]/牟玉亭.--珠海教育学院学报,1999,01:29-32

在我国古文献学史中,辨伪学历史源远流长。本文对不同历史时期辨伪学的发展状况进行分析,认为辨伪学经过几千年发展,有可喜的经验,也有该汲取的教训。其一是门户之见,其二是猎新好奇,借发现伪书以炫耀。辨伪学作为一门科学,理论体系和考辨方法都还不够成熟,尚有大量重要古籍未作过辨伪研究。要达到系统化、科学化,必须坚持不懈地钻研,不断总结经验,汲取教训。

0659

古籍标点二题[J]/徐寿凯.--古籍研究,1996,02:19-23+44

吴汝纶先生在《日记》《尚书故》中表述的对《史记》的许多读法都非常有见地。本文选录与中华书局《史记》标点本读法异处八则,详细列于文中并做分析,还将所读的一本标点稿中有问题的部分,略加分析,对标点古籍致误的缘由做了探索。

0660

古籍标点商榷八则[J]/方北辰.--四川大学学报(哲学社会科学版),1989,02:106-107

本文对《陈书》《南齐书》《晋书》《资治通鉴》几部古籍中的八处标点问题提出了商榷意见。

0661

古籍标点疑误三则[J]/许征.--新疆师范大学学报(哲学社会科学版),1987,03:76-77

本文对《世说新语·德行》《萨都剌诗选·溪行中秋玩月·序》《名原·叙录》三篇古文中疑误的标点进行了分析探讨。

0662

古籍标点与古文篇章[J]/冯爱文.--佳木斯教育学院学报(后更名为佳木斯职业学院学报),1993,03:46-48

本文强调了标点古籍应注意古文的组织结构、逻辑顺序,考虑句子的前后照应,斟酌全文的组织安排和文章体例,才能使文章层次分明,句子间的关系明朗。

0663

古籍标点正误指瑕(一则)[J]/晓春. --古籍研究,1994,00:73

本文就原载于《中国语文》1985年第5期的《古籍整理中姓氏舆地标点失误举例》一文中,姓氏溢标讹为地名例,提出了不同的观点并作了解释。

0664

古籍别解考订(例选)[J]/孟广道. --佳木斯教育学院学报(后更名为佳木斯职业学院学报),1991,04:43-47

本文运用版本学、语言学、修辞学和逻辑学等知识,对古籍中部分有争议的字、词的解释进行了考订,如"以间敝邑""旋其面目"等。

0665

古籍采购随笔[J]/谢振锟. --图书馆工作与研究,1986,02:29

本文记述了作者工作的图书馆中,所藏善本《小窗四记》应由《小窗阅记》《小窗别记》《小窗情记》和《小窗艳记》组成,但不知何故,《小窗艳记》一直缺失,后在1985年北京书市中购得一直缺失的《小窗艳记》,最终将该套善本收集齐备一事。

0666

古籍插图本[J]/曹之. --黑龙江图书馆,1987,05:42-45+53

本文按照历史年代,介绍了从先秦至清代的古籍插图本的基本情况,以及历代书目对插图本的处理方式,指出我们应把古代图书的优良传统继承下来,注重插图的使用和创作。

0667

古籍常用编次方法[J]/魏助增. --图书馆工作与研究,1985,02:51

本文介绍了古人常用的标志一套多卷册图书的方法,包括三册函、四册函、五册函、六册函等。指出懂得古人以上使用的方法和习惯,整理古书就方便很多。

0668

古籍抄本概述[J]/曹之. --图书馆界,1988,

02:43-46

本文简述唐至清历代抄书的情况,分析古人喜欢抄书的四个原因,对抄本的鉴定方法进行介绍并举例加以说明。

0669

古籍超文件全文资料库模式之探讨[D]/陈昭珍. --台湾大学(台湾地区),1994

本文在明确超文件系统、文献结构、标准通用标志语言、对象导向软体等重要概念的基础上,重点介绍了《文心雕龙》全文资料库的系统分析和系统设计,并说明了实验测试流程。

0670

古籍虫害发生原因及综合治理[J]/余紫冈. --福建图书馆学刊,1996,04:51-52

本文指出,虫害反复发生的原因包括温湿度、书库环境、古籍保存、使用状态等。古籍虫害的综合治理要增强图书保护意识,加强防治教育,对古籍虫害进行综合防治,严格控制书库温湿度,加强虫害防治工作的宣传与交流。

0671

《古籍重印的几个问题》中的问题[J]/王同策. --出版工作(后更名为中国出版),1980,11:62-63

本文探讨了舒宝璋《古籍重印的几个问题》一文中涉及的直音、切音注音法问题,指出了编辑、校对中疏忽的一些文字方面的问题。

0672

古籍重印的几个问题——《古文观止》阅后记[J]/舒宝璋. --出版工作(后更名为中国出版),1980,08:51-56

本文从标点、校勘、注音、评注、出版说明五个方面,探讨了重印古籍《古文观止》中的一些问题。指出重印的每一种古籍都不应原封不动,责任由古人去负,而应该刻意求精,一心为读者着想。

0673

古籍出版要有特色追求[J]/张建英. --编辑之友,1999,01:47+46+48

本文指出,特色一直是出版工作追求的一种境界。古籍出版要讲求特色,就是要讲究专业特色、地域特色、文化特色和编创特色。

0674

古籍出版业现状及发展思路[J]/张继红. --新闻出版交流,1999,02:6 - 8

本文指出古籍出版行业的外部局势和内部形势都不容乐观,面临选题困难、资金短缺、人才流失等一系列问题。为了摆脱困局,建议在资金来源上努力争取国家和地方政府的倾向性支持;以市场为导向,加强选题策划,扩大发行网络;一定要严把成本核算关;调动工作人员的积极性。

0675

古籍出版之我见[J]/雷燕. --图书情报知识,1999,02:76 - 77

本文分析了古籍出版滑坡的原因,提出分层次出版是古籍出版走出困境的重要举措,并探讨了古籍出版工作在每一层次上应如何展开的问题。

0676

古籍出版中的几个问题(上)[J]/杨牧之. --中国出版,1991,03:6 - 8

本文概述我国40年来的古籍整理出版概况,指出40年来古籍整理出版脉络虽一波三折,但终于重兴,走向全面发展;继承和发扬优秀的文化传统是振奋民族精神、增强民族凝聚力的需要;切实提高质量,整理出版超过前人、无愧于后人高水平的古籍整理图书;抓古籍图书出版繁荣,必须量力而行,重在提高图书质量;抓出版繁荣,必须抓好队伍建设,而古籍整理出版工作中的队伍问题尤其迫切,尤其重要。

0677

古籍出版中的几个问题(下)[J]/杨牧之. --中国出版,1991,04:19 - 24

同上。

0678

古籍词例举要[J]/张涤华. --江淮论坛,1979,02:108 - 118

清代俞樾作《古书疑义举例》中涉及没有讲或讲得不够妥善的内容,本文就与词义有关而又容易引起误解之处进行了说明,主要包括单呼、累呼意义或同或异例;统言不分,析言有别例;对文则异,散文则通例;连文与单文同义例;重言与单言同义例;急言与缓言同义例;肯定、否定同词例;正反同词例;美恶同词例;施受同词例。

0679

古籍词语札记三则[J]/尤慎. --古籍研究,1996,01:87 - 90

本文对古籍中常用词的非常用含义以及生僻词语提出了独到见解。文中首先分析了"出"字中"至"含义的两类用法;其次讨论"作"字应无"度过"之义,而应转为"庆贺"之义;最后对"懰懰"一词的语源语义进行了详细辨证。

0680

古籍丛考[M]/金德建撰. --台北:台湾中华书局(台湾地区),1967

本书是台湾经学家金德建先生的古籍整理研究论文集。金先生毕生从事古籍、先秦诸子学考证,是书集成21篇重要研究论文,如《两汉论语今古文源流考》《荀子赋篇作于秦地考》《汉文帝使博士诸生作王制考》《李育公羊义四十一事辑证》等篇。每一撰作旁征博引、析论其真伪,是学者重要的参佐书籍。

0681

古籍丛书编目著录浅论[J]/丁瑜,陈绍业,阳海清. --图书馆学研究,1982,01:87 - 93 + 122

本文就丛书编目著录常见、带有普遍性的问题进行讨论,供各地编制馆藏古籍书目或地区性善本书目和古籍联合目录时参考。包括关于丛书的定义和范畴;择定丛书书名;丛书书名项应否著录总种数和总卷数;丛书编、撰者之著作方式;子目书名的著录;子目的排列次序;顺序编卷等十二个问题。

0682

古籍丛书的检索概述[J]/曹培根. --图书馆建设,1996,05:68 - 69

本文从利用丛书目查丛书的基本情况、利用提要目考丛书及子目内容、古籍丛书本身潜在的检索功能几个角度，探索了古籍丛书的检索方法。

0683

古籍丛书的历史贡献与现实价值[J]/陈东辉. --杭州大学学报(哲学社会科学版),1995,04:106-111

本文从对传统文化的积累、繁荣与传承起到了无可估量的巨大作用；对古籍整理研究和有关实际工作作出了重要贡献；促进中外文化交流，尤其是汉文化圈内中国与日本、朝鲜、越南的文化交流；有助于典籍的保存、使用和购藏四个方面，论述了古籍丛书的历史贡献与现实价值。

0684

古籍丛书概说[M]/刘尚恒著. --上海:上海古籍出版社,1989

在我国浩如烟海的古代典籍中，丛书是一宗刊刻数量相当大的专类图书。据估计，我国从雕版印刷术发明到辛亥革命为止，现存古代典籍约有十五万种之多，而丛书一类所收约有五万种。本书对我国古籍丛书的概念、起源、发展、类别以及它的价值利用等进行了阐述。

0685

古籍丛书利用概述[J]/曹培根. --图书馆学刊,1996,04:31-32

中国古籍浩如烟海，现存古籍约十万种左右，而赖丛书流传的古籍多达约七万种。由于丛书在中国古籍中的特殊地位，合理利用显得十分重要。本文从用丛书目录、择精善本、明版本源、找联系点这四个方面，提出了古籍丛书在利用时应当注意的问题。

0686

古籍丛书略说[J]/王东明. --图书情报工作,1988,05:42-43

本文从何谓丛书、丛书源流、丛书种类、丛书功用、丛书检目几个方面，对我国古籍丛书的情况进行了说明。

0687

古籍丛书目纠误录[J]/曹培根. --河南图书馆学刊,1996,03:26-28

《中国丛书综录》《中国古籍善本书目·丛部》《中国善本书提要》是查考古籍丛书的重要目录。本文对上述三书中出现的讹误进行了订正。

0688

古籍丛书整理三则[J]/端木艺. --南通师专学报(社会科学版)(后更名为南通大学学报),1995,04:102-103

不同工具书对同一丛书的记载有时会出现差异。本文就该问题进行了考证，并略举三则进行了说明，主要涉及《半厂丛书初编》中两种子目《池上小集》的书名和《非见斋审定六朝正书碑目》的作者著录问题，《咫园丛书》的辑者问题，《天壤阁丛书》本《尔雅直音》的著者问题。

0689

古籍导读[M]/黄振民. --台南:中华出版社(台湾地区),1968

本书曾作为大学教材使用，帮助读者更好地了解古籍资源。从经学、子学、史学等几个方面介绍了《诗经》《论语》等中国古代重要典籍。

0690

古籍导读[M]/屈万里撰. --台北:台湾开明书店(台湾地区),1964

本书是古籍整理专家屈万里先生在台湾大学中文系任课时的讲义，介绍了多种基本古籍的内容、版本及辨伪情况。分为3编，上编为古籍概略及初学必读古籍简目；中编为明板本与辨伪书；下编为经书(八种)解题。

0691

古籍的保护与防光[J]/邱晓明. --图书馆杂志,1988,05:34

本文对紫外光、红外光、太阳光和荧光几种常见的光源，使古籍逐渐变质老化的现象进行了试验分析，得出紫外光影响最大，荧光影响最小的结论，提醒从事古籍保护工作的同志，应该特别注意那些对古籍纸张有明显危害作用的光线，并采取相应措施。

0692

古籍的分类问题[J]/谈今. --图书馆学刊,

1981,02:66

本文指出传统的古籍四部分类法不能因袭不变，要彻底改革。主要原因一是这种分类法原从维护封建正统观点出发，例如经部为首，本来是突出儒家的典籍，实际应当分到文史哲各类里去；二是有些门类的书，早已蔚然于著作之林，而四库限于体例，未收或收入甚少；三是因时代进展，科学发达，四部所定的旧框框，不能容纳与日俱增的新内容。

0693

古籍的管理与保护[J]/姜淑芸.--成都大学学报（社会科学版），1994,01:62-63

本文指出，古籍的老化除了与纸张的自身材料有关外，还与能否建立、健全、执行古籍的科学管理制度有密切关系。为了保存好古籍，延长图书的寿命，必须做好防潮湿、高温、强光；防霉、虫、鼠；防火、防水、防盗等。

0694

古籍的行款[J]/曹之.--图书馆工作与研究，1989,02:59-62

本文讲述了狭义的行款的概念、讲究行款始于何时、正式记载行款始于何时、今天研究行款有什么意义几个问题。

0695

古籍的合订书名[J]/鲍国强.--文献，1984,03:56

本文以清代石韫玉《独学庐题跋柳下咫闻》为例，将古籍合订书名定义为一种古籍由不同著作合订，版本相同或版本不同但经整体性加工而不宜分离，没有共同的书名，在总书名页或分书名页出现两个或两个以上的书名。

0696

古籍的笺注与评点[J]/周汝昌.--编辑之友，1995,01:36-38

本文是红学家周汝昌先生所作，专题研究古代典籍中的笺注和点评，介绍了点评文体的来由、形式、名家以及特点等。文中指出，点评文化具有重要的意义和价值，优秀的点评对于普及通俗文学，提高一般人的审美水平、欣赏能力，所起的作用之巨大，在当时

的社会环境中是难以估量的。

0697

古籍的考辨[J]/洪湛侯.--文献，1982,02:165-172

考订古籍的真伪、时代和作者，是历史研究的重要课题，也是古籍整理的一项重要任务。本文总结了查明传授源流、查核历史事实、查考作者生平、分析作品内容、研究版刻特征几个要点。

0698

古籍的普及工作[J]/龚兆吉.--史学史研究，1984,01:17-19

本文指出，古籍整理研究工作，不是仅仅停留在考订上，而应根据马克思主义原则有所扬弃，使古籍中的精华，成为扩大人们知识领域、充实人们精神生活的内容，尤其是为青少年提供优秀的古籍读物，是古籍整理研究工作者义不容辞的责任。古籍选本是批判继承优秀文化遗产不可缺少的普及性工作，也是一件繁重细致的重要工作，在强调作品思想内容的同时，必须重视艺术性。

0699

古籍的收藏保护和利用[J]/杨朝霞.--津图学刊，1999,01:91-96

本文结合陕西师范大学图书馆及陕西师范大学古籍整理研究所实际，指出图书馆应重视古籍的收藏，并提出具体保护措施，使其得到充分利用，为教学和科研服务。

0700

古籍的收集、保护和利用[J]/冀淑英.--文物，1979,10:20-21

本文从1949年之前文物的捐献收藏、《永乐大典》一书的收集经过等内容，讲述了我国对于古籍文献的收藏、保护和利用的过程。文中指出，1949年以来，我国文化事业各个方面都取得很大进展，古典文化遗产中占重要地位的古旧书籍的收集、保护和利用，也进入了一个与以往完全不同的新时代。

0701

古籍的搜集与保存[J]/柴秋香.--青海图书馆，1998,02:43-44

本文指出,图书馆应秉承搜集整理古代文化典籍,使之更广泛为社会所利用的职责,重视古籍保护工作,重视古籍搜集。要注意通过大力宣传古籍保护的重要性,提高全民保护意识、设立机构,派遣专人形成搜集网络、落实搜集经费、重视搜集影印古籍,认识到搜集古籍是一项需要持之以恒的工作。同时要重视古籍的保存,提高古籍保护意识。

0702

古籍的应用与保修[A]/符钰. --湖南省博物馆学会博物馆学文集5[C],1996

本文论述了古籍的收藏价值和使用价值,强调一方面要正确地揭示、反映、宣传所收藏的古籍,另一方面要做好古籍的保护工作。

0703

古籍的摘引和标点[J]/谢逢江. --咬文嚼字,1998,06:17

本文以"男盗女娼""念兹在兹"两成语为例,指出部分辞书存在引用古籍随意摘引、随意标点的问题。

0704

古籍的著作方式及其著录[J]/李娜华. --北京图书馆馆刊(后更名为国家图书馆学刊),1986,04:47-51

本文从著作方式的源流、种类、著录意义、著录要求几个方面,讨论了古籍的著录方式及其著录方面的一些问题。

0705

古籍地方志虚拟图书馆建设构想[J]/张慎行. --江苏图书馆学报(后更名为新世纪图书馆),1999,05:36-37

本文阐述了建设古籍地方志虚拟图书馆的意义,提出了建设步骤和组织方案,对工作量作了估算,并就一些具体问题进行了讨论。

0706

古籍点校勘误二例[J]/张新民. --贵州师范大学学报(社会科学版),1994,02:75

本文对古籍点校中遇到的一些问题做了勘误工作。其一为中华书局1983年出版的《唐宋史料笔记丛刊》中《春渚纪闻》世传王

氏《元经》《薛氏传》皆阮逸著撰"误将经传看作两书,应更正。其二为华东师范大学出版社年点校本《文献通考·经籍考》中有一些句读讹误及年号臆改应更正。

0707

古籍点校马虎不得——《戒庵老人漫笔》点校本正误[J]/胡刚. --天津师范大学学报(社会科学版),1983,06:82-84

《戒庵老人漫笔》是明代李诩的一本笔记,中华书局把它列入《元明史料笔记丛刊》,出版了点校本。本文订正了其中出现的一些断句标点错误,并对古籍整理出版工作提出了一些意见。

0708

古籍点校疑误汇录(全六辑)[M]/国务院古籍整理出版规划小组编. --北京:中华书局,1990

本书收录了20世纪80年代文史哲期刊和大专院校学报上发表的有关古籍整理的批评性文章,涉及标点、校勘、注释、今译等方面内容,按综合、文学、历史、哲学和工具书进行编排。书中收录的篇目包括《谈谈古籍标点中的几个问题》《全唐诗续补遗》校读、《古籍整理中的点、校、注、译问题》、《唐宋词选注》指瑕、《周邦彦集》点校失误举例等。

0709

古籍电子化对中国古代文学研究的影响[J]/薛亚军. --松辽学刊(社会科学版)(后更名为吉林师范大学学报)(人文社会科学版),1999,05:8-14

在全球化文化大背景下,中国古代文学的研究条件、方法、视域及观念将随着古籍电子化的发展而发生变化。虽然目前电子化古籍尚存在不少亟待解决的问题,研究者对其认识也不尽一致,但它对中国古典文学研究各层面的影响在新世纪会越来越大。本文对电子化汉语古籍进行了介绍,并就古籍电子化对中国古典文学研究可能产生的影响提出了看法。

0710

古籍讹误示例[J]/陈娟. --漳州师范学院学

报（后更名为闽南师范大学学报）（哲学社会科学版），1999,02:35－39＋45

本文归纳并订正了出版古籍中的讹误，包括不明俗字而讹、未辨字义而讹、未明省略而增字、轻改原文致误、未据别本校误、标点错误等，并举例说明。

0711

古籍法文献引子[J]/王庆西.--法律文献信息与研究，1995,01:51－54＋46

为了充分利用古籍法律文献信息资源，本文从经籍与诸子论法；法律文献专著；类书、政书中的法文献；文集及其他古籍中的法文献等四部分介绍了部分古籍法文献。

0712

古籍翻译势在必行[J]/冯菊年.--古籍整理研究学刊，1986,02:3－7

本文指出，用现代汉语翻译古籍成为当前整理古籍的重要方面，内容丰富的古籍要使大多数人看得懂，只有翻译成现代语言。近代又由繁体字向简化字过渡，把古文翻译为现代语言是不可避免的趋势。

0713

古籍防虫的药物[J]/李大东.--图书馆杂志，1989,02:24

本文记录了使用芸草、樟脑丸、樟脑精等药物杀死蠹鱼的实验情况。文中指出试验结果表明樟脑精的杀虫力最强，且见效快。

0714

古籍防蠹[J]/刘启柏.--四川图书馆学报，1979,03:93－102＋112

本文前半部分介绍了书籍主要蠹虫的种类，后半部分介绍了我国历史上和现行的防蠹方法，包括芸香防蠹、化学药品熏蒸、冰片防蠹、樟脑防蠹、药纸防蠹、低温杀蠹等，以及古籍保护工作者在实践中的体会。

0715

古籍防蠹初考[J]/唐嘉弘.--中原文物，1983,03:96－101

本文指出，我国古人在长期辛勤劳动中积累了丰富有效的防蠹方法，如药物烧燃烟熏、"杀青"、翻晒书籍、书柜安放刺激性气体

等。这些保存书籍文物的科技知识，同样是对于人类文化的伟大贡献。

0716

古籍分卷浅说[J]/石光明.--北京图书馆馆刊（后更名为国家图书馆学刊），1986,04:45－46＋51

本文从古籍分卷的起源、情况举例、卷数的作用、卷数的考证等方面，讨论了在古籍整理工作中，对于古籍卷数问题的一些观点。

0717

古籍分类不宜只采用四库法[J]/陈超.--图书馆理论与实践，1987,04:28－32

本文认为，四库法并非我国古代图书分类唯一善法，本身弊端很多，尤其不能适应古籍时代下限扩大后图书分类的需要。古籍分类不宜只采用四库法，古今图书统一分类应是方向。即使在特定条件下需要使用四库法，也应着眼于方便读者利用古籍，采取相应的补救措施。

0718

古籍分类漫议[J]/邴玉喜.--古籍整理研究学刊，1986,03:120－125

本文指出，古籍分类是整理古籍的方法和手段之一。分类的方法是研究一切学术的基本方法，总是以一定的体系和诸多义例来组编类属目录，而起到综合群籍、类分古书的作用，实际古籍分类是目录学研究的范畴。随着历史发展，古籍分类最终定型于"四库分类法"，但其并不符合科学发展实际，现存古籍目录重新分类，建立适应于现代科技文化发展所需要的现存古籍目录是迫在眉睫的工作。

0719

古籍分类应在四库法基础上进行发展[J]/余东.--广东图书馆学刊，1986,04:76－77

古籍分类目前在理论上和实践上仍存有分歧，归纳起来就是沿用四库法类分古书，和使用新法实行新旧图书统一分类两个观点的对立。本文认为，图书分类要以图书内容为基础，在四库法基础上制编的《全国善本书总目分类表》采用"五部分类法"切合实际。为

适应读者检索习惯,可在四库法基础上进行新的发展。

0720

古籍分类与查阅[J]/何金文.--情报资料工作,1985,03:23

本文介绍了以分类索引形式查阅古籍的方法,论述了五部分类法。

0721

古籍分类中增设"方志部"的探讨[J]/陈东辉.--中国地方志,1994,04:74+76

本文讨论了古籍编目工作中的分类问题。指出目前我国各图书馆的线装古籍分类大多沿用传统的四部分类法,应根据现存线装古籍的实际情况以及学术发展的需要,增设"方志部"。

0722

古籍附录述论[J]/时永乐.--古籍整理研究学刊,1996,03:18-25

古籍附录是古籍整理研究工作中非常有价值的资料,本文将附录材料归并为佚文、序跋提要、评论考证、版本、人物传记、书目、索引、词典或词语汇释、地图等九类,分别进行了举例分析,借以引起广大研究者对古籍附录的重视。

0723

古籍概念浅谈[J]/刘尚恒.--图书馆工作与研究,1985,02:49-50

本文认为古籍应指辛亥革命前的文字载体,不应单纯将古籍与线装书混为一谈,一些平装书、精装书也可视为古籍看待,只不过是装订形式的区别而已。

0724

古籍稿本钩沉[J]/孙震.--四川图书馆学报,1997,01:72-78

本文介绍重庆图书馆馆藏数种稿钞本情况,包括《陈雨帆先生诗集》《蕉窗剩课》《华蓥山樵诗钞》《蜀海丛谈》《雨岩诗文集》《湖北江汉水利议》《传书堂善本书目》《纫秋山馆行箧书目》《湖乡分志》《飞鸿堂印余》《庵集古印》《兰泉居士日记》《明水陈先生年谱》《爱吾庐公余偶笔》《比竹余音》《大鹤山人诗稿》《柴胥山先生诗稿》等。

0725

古籍工作[J]/李勇慧.--山东图书馆季刊,1999,04:54-56

本文介绍了山东图书馆古籍工作的三方面内容,一是古籍管理与保护,也就是要厘清馆藏书目,进而进行书库管理和古籍保护;二是古籍分编与整理,使用《山东省图书馆中文线装书分类法》分类,然后编制书目;三是古籍与新信息技术。

0726

古籍工作的忌讳[J]/金性尧.--博览群书,1996,01:31

本文讨论了古籍工作中面临的一些忌讳,如涉外、少数民族、农民起义、一言堂、问题人物的姓名和著作等政治性问题。文中指出,面对各种问题应该做实事求是的分析,为学术松绑,用积极明媚的一面来欣赏学术。

0727

古籍汇编(全三册)[M]/徐文镜编.--武汉:武汉古籍书店,1980

本书为中国篆刻家、书画家、诗人、古琴家徐文镜所编的金石学著作,集秦汉以来金文、甲骨、大小篆之大成。武汉古籍书店根据商务印书馆1934年8月初版本重新影印。

0728

古籍机读目录格式设计[J]/林兴国,杨怡.--四川图书馆学报,1999,02:34-37+19

本文分析了机读目录优点,对古籍机读目录格式的设计原则、设计步骤进行阐述,分析了由此引起的著录变化以及古籍机读目录建立中遇到的问题。

0729

古籍笺注中的注音问题[J]/张喆生.--中国语文,1965,02:147-152

本文讨论了古籍笺注中的注音问题,认为汉语拼音方案是当前最理想、最科学的注音工具,而"直音"应该被清除。给古籍注音,须以北京语音为依据,以隋唐以来的韵书为参证,循古今音变的条例,通约定俗成之原则。对于一义多音的字,应当择一而定,一字一音。针对古代人名、地名及其他专用名词的读音,则应该名从主人。

0730

古籍鉴定与维护研习会专集[M]/古籍鉴定与维护研习会专集编辑委员会编. --台北:"中国图书馆学会"(台湾地区),1985

本书是1984年由台湾图书馆协会主办的古籍鉴定与维护研习会的会议论文集。汇辑了昌彼得《台湾地区中国旧籍存藏现况》、尾崎康《日本地区中国古籍存藏情形》、钱存训《欧美地区中国古籍存藏概况》等名家论文。

0731

古籍交换得失谈[J]/复旦大学图书馆古籍部. --上海高校图书情报学刊,1991,02:42 - 43

本文系复旦大学图书馆古籍部为增加馆藏古籍品种,与北京中国书店进行的三次古籍交换工作得失。文中肯定了这种未投入经费而获得的图书增长,为高校图书馆古籍管理提供了尝试。文中还指出,交换古籍中的方志和清集对有关教育科研发展有深远影响。在工作中应客观看待古籍交换以及在认识和实践上存在的相关问题,期望能让图书馆与书店互利互惠。同时,本文还呼吁高校图书馆古籍管理人员加强联系,增进交流,以期更多收获。

0732

古籍校雠偶拾[J]/徐耕白. --中国出版,1995,09:61 - 62

古籍校雠工作是非常重要的一个工作环节。本文举例论述说明了陈垣先生在《元典章校补释例中》举出的四种校法,即对校法、本校法、他校法及理校法,指出这些方法对我们今天的校勘古籍工作仍大有裨益。

0733

古籍校点讹失举例[J]/龚勉之. --浙江师范学院学报,1984,01:92 - 97 +30

中华书局近年来校点印行了自唐至清的笔记多种,但质量参差不齐,出现的疏失错误也不少。本文择要分类列举七大类:不知语出经史的讹失,不明词义的讹失,不知文体特点的讹失,不知人名、出处致误,不知名物、史实致误,不知职官、制度致误,不明语意致误。文中指出,校点古籍是一项十分繁难细致的工作,切不可等闲视之。

0734

古籍校点质量举隅[J]/戴鸿森. --读书,1982,06:140 - 141

本文为读中华书局1980年出版、蒋良骐校点排印本《东华录》一书后,对其中的彭鹏弹劾李光地的奏疏中的一些问题提出质疑,将第一疏和第二疏中较为明显的疏失抄录文中,进行了分析评议。

0735

古籍校点质疑琐录[J]/陈增杰. --温州师专学报(社会科学版)(后更名为温州大学学报),1985,01:42 - 47

校点误失往往出于两方面原因:从训诂上,是由于不明词义、不明文意、不明古语、不明句法、不明引证、不明通假等所致;从知识上,是由于不明制度、不明史实、不明职官、不明人名地名等所致。本文举例说明近出古籍校点本中的若干误失或不当之处。

0736

古籍校点中他校法的运用及其意义[J]/武秀成. --北京图书馆馆刊(后更名为国家图书馆学刊),1994,Z1:101 - 110

古籍点校是古籍整理的重要方式之一。目前点校本存在一个值得重视的倾向就是重点轻校。表现在大多只作对校,而忽视他校,或他校不力。本文从略作校勘,不出校记;只作对校,不用他校;致力对校,偶用他校;注意他校,尚待完善四个方面,分析了古籍校点中他校法的运用及其意义。

0737

古籍校读工具(中文文献处理系统)的设计[A]/谢清俊,庄德明. --中国古籍整理研究出版现代化国际会议论文集[C],1995

本文探讨如何利用计算机处理古籍,涉及古籍的版本、注疏以及今人所加的注释等在计算机中的表达、检索、对映、参照和应用等。以佛教经典《心经》诸版本及相关注疏文件为例,说明设计的理念和所发展的软件工具——中文文献处理系统。

0738

古籍校读与医籍释疑[J]/张渊钊.--陕西中医学院学报(后更名为陕西中医药大学学报),1987,04:42-48

校读是一种方法,也是一种具体工作。本文从校读内容和功用两个方面,介绍校读及其在医籍纠谬上的运用,偏重于字句校释;详列了医籍校读过程中出现的误文、脱文等问题。

0739

古籍校对中的一种启发式搜索方法[J]/解月光.--东北师大学报(自然科学版),1991,03:35-38

本文讨论了用微机进行古籍校对时采取的一种启发式搜索方法,以统计的相似度作为启发因素,相似度的计算以段中的句数、句中的字数为基础。本方法在微机校对古籍《新语》的明朝和清朝两个版本中得到了应用,并取得了良好效果。

0740

古籍校卡琐记[J]/李庆城.--图书馆杂志,1985,01:32+67

本文介绍了在古籍校卡工作中总结出来的两个方针,一是认真细心地校卡;二是尽管原卡片存在着错综复杂的情况,但绝不应把所有卡片看成一无是处,应按规定的著录条例予以校正与统一,并举例分析了在工作中遇到的各种问题以及解决方法。

0741

古籍校勘浅说[J]/章也.--语文学刊,1984,05:30-34

本文从古籍校勘的重要性、古书错落的形式、古籍校勘的方法几个角度,对古籍校勘工作提出了观点。

0742

古籍校勘与音韵[J]/王瑞来.--古籍整理研究学刊,1987,03:12-13

古籍整理除了要求整理者应较为熟练地掌握目录学、版本学、校勘学专业知识之外,还要掌握一定程度的文字学、音韵学、训诂学等方面基础知识。本文以音韵学为例,举例说明上述观点,强调古籍校勘看上去不过是微不足道的圈圈点点,但就是这圈圈点点却要调动一个人的许多知识,古籍整理是各学科知识的综合运用。

0743

古籍今译的类型和语译古医籍的方法[J]/许敬生.--河南中医药学刊,1995,01:27-30

古籍今译已成为进行中医古籍整理和研究的一个重要手段。本文例析了古籍今译的两种类型(直译和意译)特点,并从古医籍中列举大量例证,论述了语译古医籍的具体方法"对、换、留、删、补、调"六字诀。

0744

古籍今译势在必行大有可为[J]/刘乾先.--古籍整理研究学刊,1989,05:47-51

本文指出古籍今译是古籍整理工作不可缺少的重要一环,也是一项十分艰难的工作,更适合现代大多数人的需要,更是适应语言发展的一种必然趋势。

0745

古籍今译四议[J]/杨忠.--中国典籍与文化,1992,01:41-45

本文从古籍今译是社会文化发展的现实需要、古籍今译大有可为、古籍今译的生命在于质量、古籍今译应加强规划四个方面,说明了古籍今译的重要意义。

0746

古籍今译琐谈[J]/许敬生.--河南中医药学刊,1994,01:26-28

本文指出古代的语译是汉语今译的滥觞,汉语的今译正是在综合继承古汉语译和古注疏的基础上发展起来的。在此基础上,研究了古籍今译的标准"信""达""雅"如何兼顾的问题。

0747

古籍今译图书的质量检查情况[J]/吴琼.--中国出版,1994,12:54-55

本文是1994年3月至4月新闻出版署检查古籍今译图书质量工作的情况报告。共检查9家出版社的9种大型古籍今译图书,均为不合格品。主要问题为译文不准确,差错严重;编校质量差错严重;古籍整理方法不规范,体例不统一。新闻出版署已对9家出版社予以通报批评,并要求对9种质量不合格的图书采取技术处理或改正重印后,方可在市场上销售。

0748

古籍今译为哪端[J]/左鹏军.--书城,1996,02:25

本文对古籍今译粗制滥造现象提出了批评,认为古籍今译特别是一些大部头古籍的今译工作,完全没有必要。

0749

古籍今译要注意字词的古义[J]/时永乐.--河北大学学报(哲学社会科学版),1993,S1:156－157

随着国民经济发展和文化事业繁荣,古籍今译本大量出现,为优秀传统文化的普及做出了贡献。但不少古籍今译本,包括一些总体上学术质量不错的著作,不同程度存在着忽视字词的古义,被其常见义或今义所迷惑的现象,本文予以分析说明。

0750

古籍今译应保持学术严肃性[J]/赵九兴.--河北学刊,1998,06:109－111

本文指出今译古籍出现的问题,包括对双音连义词偏译、不顾上下文误译原意、误解原文以致误译、轻信名人译文导致误译、缺乏常识导致失误、无根据增义减义、随心所欲强解臆译等,认为应该高度重视上述问题,保持今译本古籍的学术严肃性。

0751

古籍今译应考虑普及的需要和限度[J]/何满子.--古籍整理研究学刊,1986,01:1

本文指出古籍今译是一项古代文化普及工作,应该在普及的需要及其限度内进行。将译述和编纂结合,既能去芜存菁,又能减轻学习古代文化的负担。

0752

古籍今译与文言语法[J]/林银生.--北京师范大学学报(社会科学版),1996,04:65－68

本文研究了古籍今译与文言语法的关系,分析了忽略语法问题导致的古书翻译失误,以《左传》译文为例,分类说明了由不辨虚词的语法作用而导致的翻译错误、由不解实词的语法作用而导致的翻译错误、由不谙文意省略而导致的翻译错误、由不详句子结构而导致的翻译错误,以及由不验词性而导致的翻译错误。

0753

古籍今译与现代文化建构[J]/邵宁宁,王晶波.--中国典籍与文化,1993,04:44－47

本文从传统与现代的中介、古典文体的现代阐释、一种特殊的创造性劳动说明了古籍今译与现代文化建构的关系。

0754

古籍今译中误解字词古义举例[J]/时永乐.--古籍整理研究学刊,1994,03:21－23

本文校订了今译本古籍《左传·襄公三年》《庄子·盗跖》《战国策·齐策一》《孟子·梁惠王下》等篇目中的一些翻译问题。

0755

古籍今注今译[M]/王云五主编.--台北:台湾商务印书馆(台湾地区),1977

《古籍今注今译》丛书由出版大家王云五先生主编,体例为原文、今注、今译依序排列,博采历代注本,旁搜学界新知,是国学典籍的优良读本。本丛书整理的古籍包括《尚书》《周易》等中国古代重要典籍。

0756

古籍今注今译校点指误[J]/周正举.--阅读与写作,1996,11:17

本文校订了《中华掌故类编》《诗词奇闻逸事》《中国历代误政300例》《唐人轶事汇编·李煜》等几部今注今译专著、校点本古籍中出现的错误。

0757

古籍今注问题二、三例[J]/孙凤态.--辽宁大学学报(哲学社会科学版),1979,03:96

本文订正了四个古籍注释问题,包括上海人民出版社出版的上海师范大学中文系注释《柳宗元诗文选·吊屈原文》中对"华虫"一词的注释;人民文学出版社出版的中国社会科学院文学研究所编《唐诗选》中李白《送友人》中对"班马"一词的注释;同书李商隐《重有感》中对"雪涕"一词的注释;同书杜甫《茅屋为秋风所破歌》中对"沉塘"一词的注释。

0758

古籍旧注疑是录[J]/刘金.--上海大学学报（社会科学版），1993，01：33－34

本文对《尚书·尧典》中的"异哉"，《庄子·逍遥游》中的"坳堂"，《汉书·功臣表》中的"觚落无所容"几个旧注，提出了不同看法。

0759

古籍举要[M]/钱基博撰.--台中：文宗出版社（台湾地区），1970

本书是钱基博教授指导其从子研读清人陈沣《东塾读书记》时之所感所发，其体例亦与陈氏之书相呼应。全书共十七卷，以《孝经》《论语》《诗》《书》《礼》《易》等十三经为主要讲读内容，兼及诸子、汉学、郑学及朱子之学。

0760

古籍举要[M]/钱基博著.--台北：新文丰出版公司，1979

本书共十七卷，以《孝经》《论语》《诗》《书》《礼》《易》等十三经为主要讲读内容，兼及诸子、汉学、郑学及朱子之学。

0761

古籍考辨丛刊（第1集）[M]/顾颉刚编辑.--北京：中华书局股份有限公司，1955

中国的疑古辨伪思想源远流长，从战国秦汉，经唐宋元明，一直到清代都做了大量考辨工作。国学大师顾颉刚在20世纪30年代编辑《辨伪丛刊》，或整理专书，或辑录内容相类和时代相近的文字为一编。50年代改题为《古籍考辨丛刊》，1955年由中华书局出版第一集，共十种，包括唐人辨伪、朱熹辨伪、四部正讹等，为学习继承古代辨伪思想奠定了良好基础。

0762

古籍考辨四题[J]/金景芳.--历史研究，1994，01：39－45

本文对《周易》产生的前提条件、《尚书·皋陶谟》"五辰"应为"三辰"说、《尚书·洪范》篇首之"天"与"帝"都应释为"君说、孟子夫妇有别"说质疑这几个问题进行了考辨。

0763

古籍考证五则[J]/金景芳.--天津社会科学，1984，02：70－73

本文对《论语》《礼记》《周礼》《仪礼》等经部古籍中的一些词句进行了考证辨析，包括对"盖十世希不失矣""土田""夫圭田无""施"以及"古者生无爵，死无谥"等词句的准确性和内容含义等都提出了不同见解。

0764

古籍科技文献信息的开发利用[J]/李晴.--科学中国人，1999，07：28－29

中国古籍中的科技文献信息资源丰富。本文论述了古籍科技文献信息的开发、利用及其举措。文中指出，增强开发利用意识、培养专业队伍以及扩展信息服务范畴是提升古籍科技文献信息开发利用率的有效方法。

0765

古籍刻工概述[J]/曹之.--图书馆，1988，05：51－55

本文前半部分介绍了自宋至清历代刻工的情况，后半部分说明了研究刻工的意义，以及利用刻工鉴定版本需要注意的问题。

0766

古籍刻工名录[M]/张振铎编著.--上海：上海书店出版社，1996

本书收录唐五代及宋元刻本（包括辽金刻本）、明刻本、清刻本的刻工姓名及书铺名。每一部分均由索引与名录两项内容组成。名录部分著录古籍的书名、卷数、编著者、刊刻年代及刻工姓氏，每一种书前冠以该部分的序号作为索引标识。

0767

古籍刻年著录致误原因分析[J]/崔建英.--图书情报工作，1989，02：36－40＋35

从清到当代，古籍著录中刻年著录不详或误著的现象比较普遍，某些书目中几乎篇篇可见。本文从误从以序跋的最后署年为刻年之谬说、孤立地就版刻特征判断、疏于查考这三个方面，分析了古籍刻年著录致误的原因。

0768

古籍类出版物"精化"谈［J］/周雁.--中国出版,1998,10:20－21

本文提出加强古籍类出版物的学术含量、提高其学术层次、提高作者和出版者素质是古籍类出版物"精化"的重要手段。

0769

古籍类图书面对市场经济的定位［J］/李大星.--编辑之友,1997,02:18－20

本文讨论了古籍类图书如何正确定位，以适应市场经济发展的问题。古籍图书行业不能仅依靠国家和政府扶持，而要不断寻求自我保护的生存方式。古籍出版业应正确处理经典与通俗、原装与变形、系列与零星、常销与畅销、短功与长效之间的关系,才能让古籍图书更好地适应市场。

0770

"古籍"名实辩［J］/鲁海.--黑龙江图书馆,1987,05:46

本文辨析了"古籍"和"线装书"的具体含义,并提出在日常生活和学术研究中应规范二词的使用。

0771

古籍名著译注浅议［J］/张启成.--黔南民族师专学报（后更名为黔南民族师范学院学报）,1994,02:34－38

本文是作者1993年8月参加兰州举办的全国古籍整理理论研讨会的学术论文,由三部分组成。一是对余冠英、高亨、陈子展三位名家《诗经》注本,肯定其总体成就,指出局部不足;二是对《左传全译》指出其译文的不足与理解的失误;三是通过《昭明文选》译注工作,说明在参考前人校注优秀成果的时候,必须独立思考,择善而从,即使一致推崇的胡克家《文选·考异》与李善注也偶有不足与失误之处。

0772

古籍目录［M］/上海古籍书店编印.--上海:上海古籍书店,1964

本书收录商务印书馆、中华书局等印行的各类古籍,版本种类有包括《四部丛刊》线装本、缩本平装本,《四部备要》线装本、精装本、平装本,《丛书集成》本,《百衲本二十四史》本,《元明善本丛书》本,《古今图书集成》另典,《万有文库》（古籍部分）本及其他。

0773

古籍目录（1949.10—1976.12）［M］/国家出版局版本图书馆编.--北京:中华书局,1980

本书是国家出版局版本图书馆编印的古籍目录,收录了从中华人民共和国成立至1976年出版的各类古籍,包括"五·四"以前的著作,"五·四"以后对古籍整理加工的著作,以及从古籍中摘录或选编的资料书,古籍的今译、新注和选本等。本书是一部颇有价值的资料性书目。

0774

古籍目录版本校勘文选［M］/王绍曾选编.--济南:山东大学印刷厂,1979

本书由山东大学图书馆王绍曾编,总结了校勘古籍的经验教训,提供了校勘和鉴定版本的范例,是一部较为实用的工具书。第一辑以目录序跋为主,第二辑以版本序跋为主,第三辑包括目录、版本、校勘三个方面,仍以序跋为主。

0775

古籍目录的计算机处理［J］/杨怡,林兴国.--四川大学学报（哲学社会科学版）,1998,03:95－100

本文在分析古籍目录特征与CNMARC著录规定差异的基础上,介绍了古籍机读目录格式GJMARC的设计情况,并对每个字段的著录内容进行了说明。

0776

《古籍目录》分类小议［J］/王义耀.--图书馆学研究,1982,05:92＋106

本文对国家出版局版本图书馆编辑、中华书局出版的《古籍目录》（1949.10—1976.12）一书中的分类问题提出改进建议。

0777

古籍目录及其功用［J］/高路明.--文史知

识,1981,05:105-108

本文从古籍目录的三种编制体例、目录的形成和体制、目录的种类和性质、目录的六点功用几个角度,论述了目录学方面的尝试,为从业者深入学习和研究古代文化遗产提供资料。

0778

古籍目录四分法是否始于《群书四录》[J]/跃进.--读书,1984,06:150-151

本文对古籍目录四分法始于隋唐时期的说法提出异议。古籍目录四分法远溯魏晋。魏元帝时,秘书郎郑默编定国家藏书目录《中经》即大致分为四部,已具四分法雏形,也是奠定古籍目录经、史、子、集四部分类顺序的基础。初唐编定《隋书·经籍志》,只是首次明确标出经、史、子、集四部新目而已。可知,四部分类早在《群书四录》之前好几百年业已形成。

0779

《古籍目录》小议[J]/鲁军.--图书馆杂志,1984,03:70

本文从古籍分类、著录格式、卷数著录、提要撰写、索引附录等方面,讨论了国家出版局版本图书馆1980年编《古籍目录》中一些值得商榷的问题。

0780

古籍目录学[M]/周少川著.--郑州:中州古籍出版社,1996

本书是一部专论古籍的目录学著作,是普通目录学的一个分支,在古典目录学研究基础上,为配合古籍整理研究工作而撰写。包括基础理论、基础知识和应用方法三部分内容,注意理论与实践结合,以及在古籍整理和研究中的应用性,对本学科做了理论阐述和体系建立,深入论证、分析和评价古代书目。

0781

古籍目录与中国古代学术[J]/高路明.--北京大学学报(哲学社会科学版),1993,05:85-91+128

本文从分析古籍目录类目变化、大序小序学术源流变迁、提要目录的时代特点等方面入手,揭示古籍目录与古代学术的联系,从而说明古籍目录是古代学术的组成部分,其价值、功用于研究中国古代学术不容忽视。

0782

古籍泥活字印本及其鉴定[J]/郭松年.--山东图书馆季刊,1982,04:18-21+31

本文以吴兴《南疆逸史》旧钞本、清道光十二年(1832)李瑶在杭州校补的《金石例四种》十七卷,以及清道光二十四年(1844)安徽泾县翟金生《泥版试印初编》等几部胶泥活字印刷的古籍为例,讨论了古籍泥活字印本及其鉴定的八个特点。

0783

古籍牌记简述[J]/黄强祺.--图书馆杂志,1985,04:54-56

本文从宋代刻书牌记、牌记的形式、牌记的作用、牌记是鉴别版本的一种依据、牌记的史料作用五个角度,介绍了古代刻印本图书中牌记的情况,指出研究牌记、了解它的特点和作用,有助于认识古籍、鉴别古籍。

0784

古籍情缘——记著名语言学家朱祖延[J]/范钦庸.--中国统一战线,1999,08:19-20

本文介绍了著名语言学家朱祖延先生古籍整理方面的成就,讲述了其《古汉语修辞例话》《北魏佚书考》《中华掌故类编》《引用语辞典》《汉语大字典》《尔雅诂林》等辞书的编纂过程和重要价值。

0785

古籍诠解释名[J]/舒玉.--山西档案,1990,02:29

我国现存辛亥革命以前的图书、档案资料约计15万种。由于语言发展和时代变迁,今人要完全读懂这些古籍已非常困难,要求我们在阅读时借助于前人的诠解和注释。历代文献学家创造了不少古籍注释形式,最常见的就有传、诂、训、注、疏、笺、集解、章句、正义和解释等,本文依次释名分析。

0786

古籍散聚的一段轶事——抗战期间"文献

保存同志会"抢救善本古籍的始末［J］/德晶（编写）.--四川图书馆学报,1980,02:86－89

本文介绍了1940年由郑振铎、张寿镛、何炳松、叶恭绰、徐鸿宝等人筹建的"文献保存同志会",于抗日战争时期抢救我国古籍免遭帝国主义抢夺的事迹。

0787

古籍善本查阅的未来——光盘［J］/贺维.--云南图书馆,1999,01:69－70

本文指出,由于年代久远、纸张老化以及限于保管条件等诸多原因,我国许多文献已到了濒危程度。倘若毁坏,就会造成无法弥补的损失。保存、抢救图书馆收藏的大量珍贵文献,尤其是珍贵孤本古籍,光盘是很好的选择,忠实于原件,且画面质量稳定可靠,读取设备简单易用。

0788

古籍善本简论——兼评《"善本"浅谈》［J］/卢中岳.--四川图书馆学报,1979,03:78－83＋92

本文简要讨论了古籍善本的含义、古籍善本的范围,以及古籍善本的标准等问题。

0789

古籍善本目录乙编［M］/西安市文物管理委员会编.--西安:西安市文物管理委员会,1982

西安市文物管理委员会曾于1980年冬将260种古籍善本书籍编成《西安市文物管理委员会善本书籍目录甲编》。未刊行的古籍中也不乏珍善者,遂编成《古籍善本目录乙编》,包括经部29种194册、史部34种487册、子部41种502册、集部51种404册、丛部2种86册,共计1673册。

0790

古籍善本书的收录和划分范围新探［J］/袁华,龚小京.--江西图书馆学刊,1989,01:50－53

本文围绕善本书的时代划分;丛书的应用价值和印刷技术;如何正确对待古籍中的批、注、校、跋本;在选择善本书时,还应考虑到书品、装潢、藏印等其他因素;因地制宜,因馆制宜等几个方面,对古籍善本书的收录和划分范围进行了讨论。

0791

古籍善本书佛、道教藏经的版本源流及鉴别知识［J］/于乃义.--四川图书馆学报,1979,03:41－56

本文从为什么要了解佛、道教藏经的版本和掌握鉴别这些版本的知识、木版刻印以前佛教经典的传播、初期刻版的单张零卷佛经等七个小题目入手,讲述了古籍善本书佛、道教藏经的版本源流及鉴别知识。

0792

古籍善本书著录浅说［J］/丁瑜.--北京图书馆馆刊（后更名为国家图书馆学刊）,1979,02:24－28＋50

本文讨论了古籍善本书著录的内容和方式问题,对书名、著者、版本、稽核、附注与备考等五项内容进行了具体说明。

0793

古籍善本数字化的尝试——中国古籍善本查阅系统述略［J］/陈秉仁.--现代图书情报技术,1998,01:22－25＋45

本文介绍了上海图书馆研制的中国古籍善本查阅系统的创立过程、主要功能及技术参数。该馆将馆藏善本古籍的全文数据以扫描图像形式录入光盘,并对标引、检索、查阅等功能进行了开发,为古籍善本的数字化作了有益尝试。

0794

古籍善本《紫阳朱氏建安谱》探微［J］/刘迟.--福建图书馆学刊,1998,02:39－41

《紫阳朱氏建安谱》是一部记载朱熹后裔建安支系的明刻善本家谱,也是一部朱子学的小百科,记录了朱熹世系、生平事迹、年谱、学术源流、门人体系、著作情况及遗址题记等重要史料。本文考证了该书版本情况和主要内容等。

0795

古籍上网文件的自动建立［J］/李新福,郭宝兰.--河北大学学报（自然科学版）,1998,03:67－69

本文以 720 万字的《续资治通鉴长编》上网为例,探讨了如何利用现有的 Internet 技术解决已经数字化古籍的上网问题,探讨了古籍文献上网文件的制作方法,讨论了利用字符串匹配技术和超文本标注语言(HTML)自动构造古籍上网文件的方法。

0796

古籍书版本浅识[M]/唐山市图书馆编. --唐山:唐山市图书馆,1978

本书是唐山市图书馆编订的普及类书籍,涉及版本、写本、新写本、旧写本、版本的含义及其复杂性,以及由此而来的校雠。书中也归纳了版本学的范畴,包括举凡写本、历代刊本、历代传录本、批校本、稿本,每一书的雕版源流、传抄源流以及何为善本、何为劣本、孰为原刻、孰为翻刻,以至印纸、墨色、字体、版式行款、装潢式样等,都在版本学的范围之内。

0797

古籍书后索引刍议[J]/黄镇伟. --四川图书馆学报,1985,02:48 – 52

本文从古籍编制书后索引的必要性、古籍书后索引的种类及其功用、古籍书后索引的现状、几点建议几个方面,对编制古籍书后索引的问题进行了探讨。

0798

古籍书名著录浅说[J]/肖凤生. --湘图通讯,1981,04:20 – 22

古籍编目是古籍整理工作中重要的一环,本文讨论了古籍书名著录的内容和要求。

0799

古籍书目数据库建设刍议[J]/刘劼. --图书馆理论与实践,1998,04:27 – 28

本文论述了古籍的特点以及分类和主题标引问题,认为采用《中图法》《四部法》并用的方式是比较现实的方法;在建设古籍书目数据的方式上,提出协作建库的新思路。

0800

古籍书目数据库建设浅议[J]/周秦. --图书馆工作与研究,1997,02:59 – 61

本文介绍了古籍书目数据库建设的观念

和方针,指出数据库建设应该符合古籍书目数据的特点,能够准确反映古籍版本、流传情况、文物价值等,讨论了古籍书目数据的规范控制问题。

0801

古籍书目杂考选录[J]/王桂云. --图书馆理论与实践,1989,04:40 – 41

本文对目录学家之目录、版刊家之目录、学者之目录进行了逐一介绍和说明。

0802

古籍书志学的新收获——评《书城挹翠录》[J]/韩锡铎. --图书馆学刊,1997,04:54 – 56

本文是为沈津先生《书城挹翠录》一书所作的书评,对该书在古籍版本、古籍文献、古籍流传研究及古籍鉴赏等方面的学术价值给予了充分肯定。指出该书介绍了丁日昌稿本《炮录》等仅存稀见之书;介绍了稿本清吴骞撰《尺苑》等书的价值;考证了一些书的著录项目,更正了前人著录错误,如对《针灸问对》作者汪省之名与字的考证。

0803

古籍数学化研究论文集[M]/内蒙古大学图书馆编. --呼和浩特:内蒙古大学出版社,1994

本书分上下两编,集中讨论了诗经数学化、杜诗数学化、《诗经》与集合、古代蒙古族的天文历法与数学等。上编收录新加坡华裔学者古籍数学化的创始人林大芽先生的 20 篇论文,下编收录内蒙古大学优秀获奖论文 10 篇。

0804

古籍宋元刊工姓名索引[M]/王肇文编. --上海:上海古籍出版社,1990

本书系宋元刊工姓名索引,共收录近年影刊、影印的宋元善本书 370 种,凡 4500 人。包括《古籍宋元刊工姓名索引》《采用书版本简介》两部分,专录宋元雕版印本中所载刻工姓名资料,为鉴定宋元版书的版本、研究宋元雕版印刷业的发展以及考察宋元刻工的从业情况提供了宝贵资料。

0805

古籍索引简说[J]/王晋卿. --湘图通讯,

1982,03:48 – 51

本文从古籍索引的原委、类别和排检几个方面,介绍了古籍索引的基本情况。

0806

古籍探义[M]/胡楚生. --台北:华正书局(台湾地区),1981

本书是台湾学者胡楚生的古籍整理研究论文集,收录了《甘誓中之"戮"与"孥戮"》《"佚老子天地圣人不仁"义》《"俞氏老子平议"订》《说"豆"》《文选别赋李注补正》《杜诗"义鹘行"书后》《朱子对于古籍训释之见解》《读马湛翁先生"泰和宜山会语合刻"》等论文。

0807

古籍《陶说》简介[J]/胡炳麟. --图书馆研究,1982,01:28

本文介绍了景德镇市图书馆珍藏的清乾隆海盐朱琰述著《陶说》。该书是第一部全面系统叙述景德镇瓷器的专业书。除对古代陶瓷进行系统研究外,还对当时的陶瓷制作方法进行了论述。对瓷用各色青料、颜色釉的记载,为今后陶瓷各种颜料、颜色釉中化学成分研究提供了宝贵资料。

0808

古籍套印的产生[J]/赵芹. --宝鸡文理学院学报(人文社会科学版),1996,03:73 – 75

本文阐释了古籍套版印刷的产生,介绍了套版印刷的制作流程,指出了套版印刷对于书籍印刷的意义。由于分别不同作用文字的需要以及评点书籍的流行,客观上向印刷业提出了较高的要求,最终导致了套版印刷技术的发明,一方面是由于实际需要,另一方面也是印刷事业本身发展的趋势。

0809

《古籍题跋索引》序[J]/张秀民. --图书馆学通讯,1987,03:78 – 79

本文回顾了我国为书籍编撰西式索引的历史,强调了索引的重要性,论述了编辑古籍索引的困难和重要意义,介绍了朱家濂先生编撰《古籍题跋索引》的过程和编撰体例,指出该书对古籍整理研究具有重要作用。

0810

古籍图书的装订修复技术[J]/赵凌. --图书馆研究与工作,1998,01:58

本文在回顾古籍装订修复工作历史基础上,就所从事的工作经验论述了古籍修复工作的步骤和应该注意的问题。

0811

古籍图书供求趋向[J]/贾茹. --出版参考,1994,10:4 – 5

本文论述了现今古籍图书的供求趋向礼品化、缩印化、普及化、图画化、影印化、白话化及工具化七个方向。

0812

古籍图书中的避讳[J]/舒诒禄. --图书馆学研究,1985,03:114 – 115

本文介绍了古籍图书中的避讳,分为缺笔、去字、改字、改姓、改名、改官名和改物名几类,并分别举例加以说明。

0813

古籍亡残因由小考[J]/布仁图. --内蒙古师范大学学报(哲学社会科学版),1997,06:81 – 84

中国历代典籍,多历磨劫。本文综合各家之论,指出古籍亡残的原因是统治者之专断、管理不善、兵匪之乱及私家藏书之不尽完美等等。其中尤以统治者的政治举措所带来之厄运为甚。

0814

古籍亡佚原因简考[J]/刘素清. --图书馆员,1994,02:44 – 47

我国典籍源远流长,但亡佚现象特别严重,而导致亡佚的原因也是多方面的。本文剖析了古籍亡佚的原因,包括社会动荡造成图书亡佚;历代统治者从自己的既得利益和主观愿望出发,直接决定和影响一书的存亡,如焚书、毁书、对某些图书的轻视、鄙薄或统治者的治国无能而归咎于典籍等。

0815

古籍为何以宋版为贵[J]/张彩平. --语文月刊,1998,07:46

本文分析了宋版书珍贵的主要原因,印

刷精美、装潢考究等,且因战乱,所存书籍凤毛麟角,因此宋版书均为罕见的珍本善本古籍。

0816

古籍文本自动录入系统[A]/郭宝兰,张彩录.--中国古籍整理研究出版现代化国际会议论文集[C],1995

本文从文本自动录入工程的角度出发,讨论了汉字识别系统的图像数字化问题、版面分析和行字切分问题、识别系统的适应性问题、识别字域的动态性问题、识别后处理的工程化问题等等。

0817

古籍文献的积聚与整理述略[J]/郑惠珍.--四川师范学院学报(哲学社会科学版)(后更名为西华师范大学学报),1998,06:108－110

本文在对古籍文献的产生及其演变进行简述基础上,着重论述了它在不同历史时期的聚散与整理状况,指出其发展变化与国家的统一、民族的兴盛、经济的繁荣有着密切的关系。

0818

古籍文献资源的开发与利用[J]/李荣慧.--四川图书馆学报,1996,05:41－47

本文阐述了古籍文献资源开发利用的必要性,以及古籍文献与其他类型文献的差异,论述了古籍文献资源的特点、开发现状、存在的问题及具体开发举措。

0819

古籍文献资源共享的障碍及前期准备[J]/朱赛虹.--中国图书馆学报,1999,01:89－91

本文指出由于古籍的特殊价值、资源分布和文献管理体制原因,古籍在迈向"共享"的道路上尚存许多障碍。制订有利于实现古籍文献资源共享的专门法规;开展古籍资源的调查,编制各馆古籍目录;加快研究和开发古籍自动化检索系统和网络化系统,建立统一的全国古籍文献收藏指南机读数据库;开展古籍影印和缩微复制工作;建立古籍资源协调组织;加强各馆古籍资源和特色的开发,进一步提高服务质量等,是扫除古籍文献资源共享障碍应该开展的前期准备工作。

0820

古籍文献资源开发的实践与思考[J]/陈玉芳.--宁波大学学报(教育科学版),1998,05:92－94

本文论述了古籍文献开发的重要意义,介绍了黑龙江大学古籍文献开发的状况,提出了高校图书馆古籍文献开发利用及人才培养的设想。

0821

古籍误注举例[J]/王云路.--文献,1988,01:164－177

本文从不明语义而误注、不明词义而误注、不明通假而误注、不明行文规律而误注几个角度,对古籍误注的原因进行了举例分析。

0822

古籍《贤劫千佛号》简介[J]/园林.--青海民族研究,1993,03:86

《贤劫千佛号》为清代乾隆年间编纂的一部工具书,主要记录佛号名称,是翻译经籍的重要工具书之一。本文介绍了该古籍的特征和价值。

0823

古籍线装丛书子目索引[M]/陈玉芳主编.--哈尔滨:黑龙江人民出版社,1998

本书是黑龙江大学人文社会科学文献开发丛书之一种,将馆藏古籍线装丛书编成目录,注明书目名称、朝代、作者、版本、册数等等。

0824

古籍线装书保护与缩微复制[J]/许孟青,许吟雪.--四川图书馆学报,1997,05:77－81

本文以四川大学图书馆为例,从原生性保护和再生性保护两方面介绍了该馆古籍保护工作经验。原生性保护方面,川大图书馆除了在改善藏存环境、规范阅览程序方面进行努力,还特别对纸的性质、组成做了分析,对光、温度对纸张的损害做了评估。再生性保护方面,该馆主要采取了缩微复制的方法。

0825

古籍、线装书目编辑工作刍议[J]/朴景爱,

景春兰. --贵图学刊,1994,03:30 – 32

本文是对古籍编目工作进行的探索研究,指出编辑古籍、线装书目涉及学科知识面广,要作好古籍编目工作必须选好编目人员;认真作好编目前的准备工作,备好工具书,组织编目人员培训;还要以严谨求实的态度参考原有书目,避免走弯路,重复错误。

0826

古籍线装书整理琐谈[J]/臧铁柱,付荣. --锦州师范学院学报（哲学社会科学版）,1995,03:124 – 127

前人整理古籍的方法有注、疏、书目索引、校勘、考证,摘录、丛编。在前人基础上要有所改进,方法有详尽索引,今注、今译,专题书目、摘编、丛编,标点、评议,挖掘、辑佚,编纂善本书等。本文从古籍线装书整理的目的、方法两方面对古籍整理工作提出见解。

0827

古籍线装书著录与现代图书著录[J]/臧铁柱. --锦州师范学院学报（哲学社会科学版）,1997,01:126 – 128

本文通过比较古籍线装书著录和现代图书著录的区别和联系,讨论了古籍线装书标准著录的方法。

0828

古籍新生四十年[J]/程毅中. --瞭望周刊,1989,40:17 – 18

本文从中华人民共和国成立初期的复兴、全面规划和走向低谷、从复苏到全面发展几个阶段,介绍了四十年来,古籍出版工作走过的曲折前进的道路。

0829

古籍形制究秘[J]/刘之樾. --宁夏图书馆通讯（后更名为图书馆理论与实践）,1985,03:75

宁夏大学图书馆藏明嘉靖九年（1530）刻本《札记集传》,其装订形式,里面形同蝴蝶装,外表形同线装。本文指出这种"类蝶装"或是书籍形制演化过程中的一种标志。具体说,可能是由蝶装演进为线装当中的一种过渡形式,就像由卷子过渡到蝴蝶装中间有龙

鳞装一样。

0830

古籍修补装订琐谈[J]/高炳礼. --广东图书馆学刊,1985,02:65 – 66

本文前半部分讨论了在我国历史上文化典籍遭受过的几次"书厄",后半部分讲述了古籍修复过程中修补古籍使用的纸张情况,包括毛泰纸、古籍套衬所用的毛边纸、有防虫功能的"万年红"等。

0831

古籍修复技术初探[J]/唐明非. --郴州师专学报（综合版）（后更名为湖南学院学报）,1996,01:95 – 96

本文在介绍古籍修复"撤揭""去污""去酸""修裱""成册"过程的基础上,探讨了古籍的修复技术。

0832

古籍修复三例[J]/周苏阳. --江苏图书馆学报,1997,05:43 – 44

本文介绍了南京图书馆《休宁邑前刘氏族谱》《本草蒙筌》《唐诗揿藻》三部古籍的修复经验。

0833

古籍修复新法[J]/董俊庆. --图书馆工作与研究,1986,04:23

本文介绍了苏联古籍修复的新方法。指出用该方法修复过的书页,牢固性和耐久性都超过了原来的新纸,抗生物性也得到了提高。

0834

古籍修复与装帧[M]/潘美娣著. --上海:上海人民出版社,1995

本书内容包括古籍的源流和种类、古籍装帧形式的演变、古籍修复的材料和工具,还剖析了古籍损坏的原因和症状,列举了古籍修复技术操作的基本程序、古籍装帧的基本技术,其中单列一章善本、珍本的修复以及特殊装帧古籍、出土古籍的修复,是一部技术型书籍。

0835

古籍修复中的"金镶玉"装[J]/袁东珏. --

图书馆员,1989,04:52

古代书籍由于受潮、水湿、虫蛀或书品太小,为了延长其寿命,在修理时页内再衬一张新的白纸,天头地脚较原书页长几分,这样镶衬过的书就被称为"金镶玉"装。本文结合工作实践心得,告诉读者什么样的书适合做"金镶玉"装、"金镶玉"装的制作过程以及优缺点,为同行提供借鉴,亦可开阔读者眼界。

0836

古籍修复中的配纸浅谈[J]/王清源.--图书馆学刊,1987,02:35-37

本文从怎样配纸、配纸的来源、纸的染色技术和我国近代生产古籍修复用纸的种类及其特征四个方面,谈论了古籍修复工作中配纸的使用情况。文中强调,古籍的修复要做到整旧如旧、整旧如新,配纸是其中重要的一环。

0837

古籍序跋集[M]/鲁迅著.--北京:人民文学出版社,1977

本书收入 1912 年至 1935 年间鲁迅为自己辑录或校勘的十九种古籍而写的三十五篇序跋,反映出鲁迅的择取标准与文化眼光,是研究鲁迅思想的资料基础。从内容上可分为有关文学和有关历史两部分,包括《古小说钩沉》序、《云谷杂记》跋、《嵇康集》跋、《志林》序、《小说旧闻钞》序言、《唐宋传奇集》序例等。

0838

古籍序跋集[M]/周树人.--台北:风云时代出版社(台湾地区),1991

本书收入 1912 年至 1935 年间鲁迅为自己辑录或校勘的十九种古籍而写的三十五序跋。从内容上可分为有关文学和有关历史两部分,包括《古小说钩沉》序、《云谷杂记》跋、《嵇康集》跋、《志林》序、《小说旧闻钞》序言、《唐宋传奇集》序例等。此书反映出鲁迅的择取标准与文化眼光,是研究鲁迅思想的资料基础。

0839

《古籍序跋集》几条注释补正[J]/蒋宗福.--鲁迅研究月刊,1993,07:66-67

本文对 1989 年北京第 4 次印本《古籍序跋集》几条注释的错误进行了补正,以供修订再版时参考。

0840

古籍选目[M]/扬州师范学院图书馆编.--扬州:扬州师范学院图书馆,1960

本书系扬州师范学院图书馆 1960 年编撰的古籍选目。

0841

《古籍研究》创刊一年获得学术界重视、支持与好评[J]/木公.--合肥师范学院学报,1987,04:112

本文介绍了安徽省古籍整理出版领导小组等单位主办、吴孟复主编的《古籍研究》季刊创刊一年来,获得学术界重视、支持与好评的基本情况,重点介绍了刊发的主要学术成果。

0842

古籍也应适当用简体字——和秋陵先生讨论[J]/程养之.--文字改革,1959,15:17-18

本文和秋陵先生进行学术讨论,主张古今书籍适当的一致使用简体字和选用字,对阅读古籍以及发扬中国文化都有利。翻印古籍目的在于传播文化,供今人研究,除了注重文字形体、必须照原文影印的古籍以外,一般用活字排印的古籍,只要字义不致混淆,实无拘泥排用繁体的必要。

0843

古籍异文研究[M]/王彦坤.--台北:万卷楼图书公司(台湾地区),1996

本书分为上下两篇,上篇为古籍异文现象分析,从异文存在的场所和规模、异文产生主要原因、主要表现形式和字词对应几个方面进行论述;下篇为古籍异文应用研究,从异文应用的理论根据及其实质、在语文学科诸多方面的应用、应用中存在的几个问题和应用中的二要素三原则几个方面进行论述。

0844

古籍译读中的词义误释现象[J]/刘家忠.--青海师范大学学报(哲学社会科学版),1995,

04:91 – 94

本文考察了古籍阅读、整理中的词义误释现象,包括忽视古今词义的差异,以今义释古义;忽视常用词的非常用义,用常用词的常用义来解释词义;过分依赖字典辞书,忽略词的临时义;忽视词义的时代性;将两个连用单音词当作双音词来看待;忽视偏义复词,将其当作两个单音词的连用;忽视同义词之间的细微差别;忽视通假等。

0845

古籍译注表现句法关系的古代范例——汉代注释书释义方法探索之一[J]/孙良明.--古籍整理研究学刊,1989,03:41 – 45

本文是作者研究汉代注释书释义方法问题的系列论文之一,研究了汉儒处理句法结构关系问题,包括表现主谓关系、述宾关系、偏正关系、述补关系、联合关系。指出汉代没有语法术语,汉儒表现句法关系用的是"加入""省略""重排""复写""句读""说明"等手段。但这也说明,译注古书表现原文的句法关系无需什么语法术语,汉儒用的这些手段今天仍值得借鉴。

0846

古籍译注表现句型句式的古代范例——汉代注释书释义方法探索之二[J]/孙良明.--古籍整理研究学刊,1989,06:45 – 48

本文是作者研究汉代注释书释义方法问题的系列论文之二,研究了汉儒表现句型句式的方法,涉及被动句、疑问句和复合句三个类型。

0847

古籍译注表现语义关系的古代范例——汉代注释书释义方法探索之三[J]/孙良明.--古籍整理研究学刊,1990,03:46 – 49

本文是作者研究汉代注释书释义方法问题的系列论文之三,研究了汉儒表现语义关系的方法,涉及表现名词 – 动词意义关系和表现动词 – 名词意义关系两个方面。

0848

古籍译注表现词类活用的古代范例——汉代注释书释义方法探索之四[J]/孙良明.--古

籍整理研究学刊,1990,06:36 – 39

本文是作者研究汉代注释书释义方法问题的系列论文之四,探讨了汉儒表现词类活用的方法,包括表现名词做谓语的意义特点、表现动词形容词做主语宾语的意义特点两方面内容。

0849

古籍译注的几个问题[J]/刁晏斌.--古籍整理研究学刊,1991,02:46 – 49 + 10

本文从因不明词义而误、因不明语法而误、因增字解经而误、因原文丢落而误、因译文过度铺陈而误几个方面,对古籍译注问题,进行了分析探讨。

0850

古籍译注释词的一条重要原则——谈贾公彦的"望文为义"说[J]/孙良明.--古籍整理研究学刊,1992,01:13 – 15

本文评析了贾公彦在《周礼义疏》中提出的"望文为义"说。该说提出了一条古籍译注及一般选文注释释词的通则,具有普遍指导意义。因为语言中的语词(专用名称、科学术语除外)一般是多义的,在具体作品中语词则只能是单义的。从多个义项中确定哪一个为语词的具体义项,唯一或者主要根据就是"望文为义",即看上下文。贾公彦的"望文为义"说,今天看来既有理论意义又有实践意义。

0851

古籍译注依据句法结构释义的一范例——读马瑞辰《毛诗传笺通释》[J]/孙良明.--古籍整理研究学刊,1993,04:8 – 11

本文为作者读马瑞辰《毛诗传笺通释》一书后所做,指出通览《毛诗传笺通释》后,发现全书依据句法结构考释《传》《笺》及他书对《诗经》的解释,可分六种类型,并在文中对每种类型举实例加以说明。

0852

古籍译注中误解连文举例[J]/时永乐.--文教资料,1995,03:97 – 102

连文又称复语,在古典文献中出现频率较高,前人往往望文生义,拆解复语,以致误解古书。当代学者对连文同义者常常分为二义,影响了古籍译注质量。本文取《庄子·渔父》中的"贡职"、《战国策·齐策四》中的"拊爱子"等八例,加以说明分析,希望古籍整理工作者要对同义连文现象予以足够重视,更要在掌握字词古义上下功夫。

0853

古籍引书索引的功用和编纂[J]/朱迎平. --辞书研究,1994,02:92－97

本文在考察古籍引书索引主要用途和缺点的基础上,指出在继续抓紧编好某些单本古籍引书索引的同时,有必要编纂一部若干种重要古籍的引书综合索引。

0854

古籍英译当求明白、通畅、简洁——纪念"信、达、雅"提出一百周年[A]/潘文国,张洁华,黄蕾等. --中国英汉语比较研究会中国英汉语比较研究会第二届代表大会暨第三次学术研讨会论文集[C],1998

本文提出了古籍英译的三条标准,即明白、通畅、简洁,并结合实例进行了阐释。

0855

古籍英译的起始性原则——纪念"信、达、雅"提出一百周年[J]/张洁华,黄蕾,徐来等. --华东师范大学学报(哲学社会科学版),1999,03:74－79

1898年,我国译学理论先驱严复提出了著名的"信、达、雅"三原则。本文举例说明了如何在古籍英译领域落实这三个原则。指出"信、达、雅"是高标准,是努力的目标;而"明白、通畅、简洁"是起码标准,是最低要求。

0856

古籍影印刍论[J]/时永乐,王景明. --河北青年管理干部学院学报,1999,04:56－58

本文回顾了古籍影印发展的源流以及影印技术对祖国文化事业的贡献,分析了古籍影印的目的和作用,论述了古籍影印本的版式,指出了古籍影印应注意的问题。

0857

古籍用字述论[J]/陈焕良. --广东社会科学,1998,02:124－129

古籍用字原先没有经过严格的规范化,

同形异义、异形同义的现象很突出,给后代的阅读带来诸多不便。本文分析了古今异字、同音通假和一字多形,繁简并行两种类型的古籍用字,揭示了古籍整理用字混乱的现象,呼吁有关部门以及专家学者,制订切实可行的古籍整理用字方案,促进古籍整理用字规范化。

0858

古籍语料库字体与结构研究[J]/祝敬国. --文物保护与考古科学,1995,01:39－43

本文从古籍定义出发,论述了中国古籍的范围,总结中国古籍具有的文字记录载体、历史文化遗存和多层历史堆积三大特性,强调了必需兼顾古籍文献价值和文物价值的古籍电子化原则。还讨论了古籍电子化中的输出字体和语料库结构,论证了根据汉字进化规律、以宋体正楷字为古籍电子化标准字体、辅以多媒体技术的思想,以及针对古籍版本特点,把古籍电子化的语料库设计成原始库和若干隶定库的多重结构的方法。

0859

古籍阅读基础[M]/周生亚著. --北京:中国人民大学出版社,1996

本书讲述阅读古籍时要掌握的基本常识,内容广泛,包括文字、古音、词义、语法、表达、古注、校读、典制、目录;列举了古籍阅读的工具书的成书及体例,如《说文解字》《尔雅》《广雅》《经典释文》《文献通考》等,是一本通俗易懂的普及性书籍。

0860

古籍真伪考辨的过去与未来[J]/郑良树. --文献,1990,02:246－262

本文从古籍真伪考订的源流、回顾以及前瞻几个角度论述了古籍真伪考辨这门学问的发展,并指出古籍真伪研究应该向着态度上要平实、方法上要严密、论证上要周备、论断上要谨慎几个方向发展,不但是学术界必须,也是学术界进步的一种力量。

0861

古籍整理[M]/何远景编著. --北京:文津出版社,1993

本书系图书馆岗位培训系列教材第三卷(基础理论与技术方法卷)中的古籍整理,包括绪论、古籍版本知识、图书馆古籍整理工作三章。

0862

古籍整理[J]/卢光绵. --图书馆学研究,1988,05:33 - 35

本文介绍了吉林省图书馆古籍善本书整理和编目工作的经验。

0863

古籍整理编辑工作得失谈[J]/郭殿忱. --编辑之友,1988,01:28 - 31

本文从工作底本的选定、精细缜密的校勘、不可小觑的标点、难易适度的注释、时间服从质量的校对、疏朗醒目的字体字号六个方面,对古籍整理编辑工作的得失,进行了论述。

0864

古籍整理参考资料[M]/武汉大学图书馆学系编. --武汉:武汉大学,1980

本书是配合《古籍整理》课程教学编辑的参考资料,涉及古籍保护、校雠、版本、善本等方面的知识。以普及性为主,辑录重点放在1949 年后,1949 年前的也适当摘取。主要是期刊论文,专著较少摘录。涉及学术讨论问题注意不同观点的并存,为了方便读者查阅其他未入选的资料,末尾附参考资料索引。

0865

古籍整理出版的重大成果——祝影印本《陈宏谋家书》问世[J]/彤. --桂林市教育学院学报(综合版)(后更名为桂林师范高等专科学校学报),1997,03:75 - 76

陈宏谋生于清康熙三十五年(1696),为官政绩卓越,晚年官至宰辅,是有清一代的理学名臣。本文系对广西师范大学出版社影印出版的广西桂林图书馆珍藏近半个世纪的孤本原作《陈宏谋家书》推介,认为此书出版不仅是古籍整理出版的一件大事,也是全国抢救孤本原作使之公于世,为社会主义新时代精神文明建设服务的学术成果。

0866

古籍整理出版工作的几点意见[J]/包遵信. --出版工作(后更名为中国出版),1978,15:14 - 17

本文从古籍整理出版工作的现状、要有一个全盘规划、建立古籍整理中心几个角度,提出了对古籍整理出版工作的意见和建议。

0867

古籍整理出版规划会议散记[J]/石家金. --出版工作(后更名为中国出版),1982,05:14 - 17

本文介绍了在北京召开的古籍整理出版规划会议的情况,代表们围绕古籍整理出版规划的具体范围和一般进程进行了讨论,主要议题包括:共同的心愿、建议和要求、注重培养人才、解决古籍书荒、出版发行工作要跟上几个方面。

0868

古籍整理出版亟待规范化[J]/王小琪. --社科信息文荟,1997,09:32 - 33

本文通过分析古籍整理出版行业的种种矛盾问题,包括古籍整理人才短缺、古籍的重复出版、古籍出版社举步维艰、有效保护古籍整理著作权等,提出借助行政手段与法律手段来规范古籍整理出版的各个环节,促使我国古籍整理出版事业走上健康有序的良性循环轨道。

0869

古籍整理出版中的版权问题[J]/辛广伟. --中国出版,1994,03:33 - 35

本文根据古籍整理出版工作中常出现的作品定性和作者定位问题,提出了解决版权纠纷的举措。在古籍整理出版工作开始前,签订出版合同,将版权归属、使用作品区域限制等重要问题明确无误反映在合同中。在版权立法和法律解释中,正确处理古籍整理出版中一些作品的版权归属事实(习惯)与现行著作权法中有关规定的矛盾。正确解释和掌握"整理"的概念问题,因为著作权法中"整理"概念,与古籍整理工作中的"整理"概念不完全一致。

0870

古籍整理出版中的版权问题[J]/段扬华. --

编辑之友,1997,05:57

本文指出了古籍整理行业存在的版权纷争问题,呼吁版权管理部门引起重视。

0871

古籍整理刍议[J]/陈新.--出版工作(后更名为中国出版),1984,03:29-35

本文从古籍影印、古籍校订、古籍标点、古籍注释、古籍今译几个方面,对古籍整理工作提出观点,并提出了创办研究古籍整理的刊物、加强编辑工作者的责任和待遇、改变不合理的稿酬制度等六点建议。

0872

古籍整理的高潮与高峰[J]/许嘉璐.--中国典籍与文化,1992,01:95-97

中共中央根据陈云同志建议发出《关于整理我国古籍的指示》,到现在已经十年。本文梳理了从汉代至清历代古籍整理的情况,比较了现今古籍整理与其不同之处,指出十年来的古籍整理高潮为海内外所瞩目,令人兴奋。但是高潮并不等于高峰,距离本时代的高峰还有一段相当长的路,还需要更多的努力。

0873

古籍整理的可喜收获——评《菜根谭注释》[J]/陈维礼.--史学集刊,1990,03:77-78

本文为作者读浙江古籍出版社出版的王同策著《菜根谭注释》一书后所做的评述,指出该书征引宏富、注释精审、评议公允,且内容广泛,保证知识准确,便于读者了解与掌握,从古籍整理的理论和实践两方面提供了有益启示。

0874

古籍整理的普及与提高[J]/季镇淮.--文献,1982,03:9-10

整理古籍要为当时的政治、文化、教育服务,为广大社会人士喜欢,这样古籍才能广泛流传,也有利于保存。本文认为借整理古籍的机会汇编出一批有价值的资料来,例如出版《甲骨文选》《金文选》《文选新注》这类资料集,有助于古籍整理工作的普及与提高。

0875

古籍整理的前景与思考[J]/蒋才喜.--中国出版,1993,11:20

本文提出了我国古籍整理出版可喜前景的三个标志,"八五计划"和"十年规划"、市场经济体制的健全以及古籍整理出版人才资源的丰富。同时,文中也提出了前进道路上的困难,一是我国古籍整理出版的一部分读物,正面临着读者日益减少的危机,二是我国古籍读物发行阵地存在着萎缩的现象,呼吁从业者要保有一定的忧患意识。

0876

古籍整理的三种境地[J]/景海峰.--图书馆,1996,06:77-78

本文分析了古籍整理工作的三种类型,包括形式上的整理、内容上的整理和创发性的整理。

0877

古籍整理的盛世之业——《全宋诗》编纂的价值与贡献[J]/徐谋.--瞭望周刊,1992,03:32

本文指出囊括宋代全部诗作,由北京大学古文献所主持的《全宋诗》,第一至第五册已由北京大学出版社出版。《全宋诗》较之《全唐诗》,编纂工程更为浩大,其克服了诗人多、前期基础工作薄弱和难以避免误收三大困难,且具有极高的学术文化价值,兼具取材广博、编排体例科学、考订力求精审及资料力求详尽的特色,不仅是研究宋代文化和历史的重要思想资料,也有益于整个中国文化和历史的研究。

0878

古籍整理的首要任务[J]/李德山.--图书馆理论与实践,1987,03:34-35+22

近年来,古籍整理工作得到了政府和社会各界的普遍重视,呈现出很好的势头。本文指出摆在古籍整理工作者面前的首要任务包括:尽快编制全国古籍联合目录;对其反映出来的珍善孤本古籍进行统计、普查,并视全国各图书馆存藏数量多寡,由主管部门拨下专款进行重点保护;有计划、有重点地影印、复制一批读者急需的古籍以及加速专门人才的培养几个方面。

0879

古籍整理的五点建议[J]/戴逸.--文献,1981,04:23 – 27

本文就古籍整理提出建议:要大大加快整理和出版的速度;对古籍进行全面调查;应重视清代典籍的整理出版;培养人才、设置机构和经费等。文中还指出,古籍整理并不是无足轻重、可有可无的工作,而是社会主义伟大建设事业的一个组成部分。

0880

古籍整理的新收获——简评《文白对照十三经》《文白对照诸子集成》[J]/卢斯飞.--阅读与写作,1996,10:16 – 17

由国家语言文字工作委员会主任许嘉璐教授主编、四十位教授参加注译的《文白对照十三经》《文白对照诸子集成》由广西教育出版社等三家出版社联合出版。本文对两部作品进行了评述,指出两部书虽然只标明"文白对照",但实际上包括了对古籍进行审定、校勘、标点、分段、注释、今译等专门工作。其出版是近年来我国古籍整理方面的一大收获,有着深远的学术意义和现实意义。

0881

古籍整理的一项可喜成果——读杨天宇的《仪礼译注》[J]/安作璋.--东岳论丛,1996,03:105 – 107

本文为作者读上海古籍出版社出版的杨天宇《仪礼译注》一书后做的评述,从该书体例、注解和译文几个方面,肯定该书是《仪礼》这部典籍的第一个白话文注本,有首创之功,也是古籍整理界的一项可喜成果。

0882

古籍整理的一项新成果——《集评校注西厢记》简介[J]/若文.--东北师大学报,1987,06:95

本文为作者读由上海古籍出版社出版,王季思教授校注和张人和教授集评的《集评校注西厢记》一书后所做的评述,指出与王先生原本相比较,新版《西厢记》在定本、校勘、注释和集评等方面都有很大提高和改进,具有明显的长处和特点,对《西厢记》的学习和

研究都具有重要参考价值。

0883

古籍整理掇琐[J]/熊克.--南充师院学报(哲学社会科学版)(后更名为西华师范大学学报),1983,02:44 – 46

本文举实例,从考核不周,通人不免失误;宋本不可尽信,当择是而从;校书宜周致,引书应明确几个方面,对古籍整理工作提出了建议和意见。

0884

古籍整理二三事[J]/顾廷龙.--图书馆杂志,1986,01:8

本文为作者在上海古籍整理出版规划小组第二次全体会议上的发言,指出整理古籍需要熟悉古籍目录学,要对繁体字和古体字加以了解,并且针对古籍中的标点应该有一个统一条例。呼吁把培养古籍修补人才列入规划,才能更好地完成古籍整理工作。

0885

古籍整理概论[M]/黄永年著.--西安:陕西人民出版社,1985

本书根据作者多年从事古籍整理的经验以及古籍整理的特点,分为八章阐述:底本、影印、校勘、辑佚、标点、注译、索引、其他。涵盖古籍整理的各个方面,在注重实践的基础上也有理论总结,系统性强,重点突出,详略得当。

0886

古籍整理工作的基本知识[J]/王义耀.--图书馆杂志,1983,02:29

本文指出,古籍整理工作的基础是识字,或者说应该具备文字学方面的基本知识。进而按照文字学系统,初步学习和掌握一些文字、音韵和训诂方面常识,即能够知道在整理古籍中发现问题时,分别去查找解决形、音、义方面知识的专门著作。对古籍整理工作最关紧要的内容还是研究字义的训诂学,或称为"雅"学。无论如何,从文字学的基础知识入手,都是进行古籍整理工作的必要前提。

0887

古籍整理工作的我见[J]/瞿冕良.--江苏图

书馆工作,1981,01:39-42

本文从分类排架和编目问题出发,对古籍整理工作提出了看法和建议。

0888

古籍整理工作中诗和词的混淆[J]/陈新.--中国典籍与文化,1998,03:39-41

本文指出从古至今古籍整理和诗词汇编工作中常常出现诗词混淆的情况,为此提出了一些辨析的方法,供研究者参考。

0889

古籍整理工作中诗篇主名的困惑[J]/陈新.--中国典籍与文化论丛,1997,00:294-298

本文对古籍整理工作中诗篇主名的问题提出了质疑,如《四库全书总目提要》对《宋诗纪事》中诗篇主名"一分为二"的问题、宋祝穆《方舆胜览》卷十二所孙逢吉的《茅亭》诗中"张冠李戴"的问题、《宋诗纪事》卷五十六收王亘诗二首中"合二为一"的问题等,指出整理古籍千头万绪,人名混淆不过冰山一角。

0890

古籍整理工作中一项有用的参考资料书——历代古籍解题与题跋[J]/朱家濂.--图书馆学通讯(后更名为中国图书馆学报),1984,04:79-82

本文介绍了各时期具有代表性的藏书题跋和附有解题的藏书目录,勾勒了古籍解题与题跋的发展历史。题跋一类文体本来没有一定规格,但自清初以来,版本的考证校订,成为题跋的重要内容。还有不少藏书家所编附有解题的藏书志或读书志。越晚创作的题跋文章,著录事项越周密,每成一篇,凡作者之仕履、作书之大意、版本之源流,以至于书之行款、尺寸收藏印记、前人题跋、校雠经过,无不悉载。

0891

古籍整理和通史编纂[J]/白寿彝.--北京师范大学学报,1983,04:1-9

本文从古籍整理的历史意义、古籍作为研究资料的广阔天地、历史文献学的设想、多卷本《中国通史》的编写计划、规划问题和人才培养问题几个角度,讨论了古籍整理和通史编纂的问题。

0892

古籍整理和图书馆的关系[J]/宋效先.--图书馆学研究,1982,04:88-91+120

本文从图书馆和古籍整理工作密切相关,是古籍整理工作的组成部分;古籍整理不单是学术界的事,也应当是图书馆的事;书目索引等工具书的编辑,是我们应完成的本行业务,也是摆在我们面前的重要任务;古籍整理的任务要求我们不但出成果,而且要出人才这几个方面,论述了古籍整理和图书馆的关系。

0893

古籍整理及研究介绍中的一些问题[J]/李华年.--贵州民族学院学报(社会科学版)(后更名为贵州民族大学学报)(哲学社会科学版),1995,02:8-14

本文针对标点、古籍研究介绍等问题列举了具体实证,指出古籍整理和对古籍的研究介绍,是弘扬民族文化、加强社会主义精神文明建设的一个重要方面,是一项应该严肃对待的工作。1949年以来,很多专家在古籍整理和研究介绍方面做出了举世瞩目的成果,但也出现了一些令人难以容忍的错误,应该引为教训。

0894

古籍整理教程[M]/时永乐著.--保定:河北大学出版社,1997

本书讲授了文献与古籍的定义、古籍整理的主要内容、古书的基本体例等;古籍整理的主要程序,包括版本的选择、古籍的校勘、古籍的标点、古籍的注译、古籍的辨伪与辑佚;撰写序跋、编辑附录及编制索引等辅助工作,该部分是其他古籍整理理论著作较少注意到的内容;最后为附录。

0895

古籍整理论文集[M]/中国历史文献研究会著.--兰州:甘肃人民出版社,1984

本书由1982年7月中国历史文献研究会在兰州召开的第三届年会上各位会议代表的

论文汇集而成,内容大多谈论古籍整理,由于会期紧迫未来得及一一宣读,后经整理编为论文集。收录来新夏《读句读》、张大可《勘正新点校本廿二史顿号误用两则》等论文21篇。

0896

古籍整理如何为现实服务[J]/来可泓.--古籍整理研究学刊,1988,01:8

本文指出,古籍整理为现实服务,首先应明确古籍整理目的,还应该看到古籍整理为现实服务有直接和间接两个方面,并且应该不断为古籍整理工作培养专业人才,才能更好为现实服务。

0897

古籍整理散论[M]/来新夏著.--北京:书目文献出版社,1994

本书涉及古籍整理的基本技能,包括分类、目录、版本、句读、工具书、校勘、考证、传注等,是一本方法论书籍。

0898

古籍整理释例[M]/胡渐逵著.--长沙:岳麓书社,1995

本书作者曾参与诸多古籍审校工作,校读古籍,用心深细,匡谬纠误,颇多心得,于是总结多年来校读古籍的经验,撰成此书,分列校勘八十一例、标点三十四例、符号十五例、注释十二例、今译十二例、其他二十一例,剖析详明,为古籍整理者提供参考。

0899

古籍整理四十年大事记[J]/木舌.--古籍整理研究学刊,1989,05:91-97

本文为作者整理的从1949年至1988年之间我国古籍整理界发生的大事记。

0900

古籍整理图书目录(1949—1991)[M]/国务院古籍整理出版规划小组办公室编.--北京:中华书局,1992

本书是为反映中华人民共和国成立四十余年来古籍整理出版概况编印的古籍整理图书目录,所收图书起讫时间为1949年10月至1991年12月,所收范围除文、史、哲等类外,还收录书画艺术以及医书、农书、科学技术等方面古籍,酌情收入了一部分已译成汉文的少数民族古籍。

0901

古籍整理小议[J]/金克木.--群言,1987,05:25-27

本文从历史经验,双重目的,新《书目答问》,新索引、图、录,文献和文物对应整理和研究并行几方面,提出了对于古籍整理的一些观点,指出我国整理古籍任务繁重,大概还需要一段历程,只能逐步前进,不便企望过高。

0902

古籍整理小议[J]/赤波.--湖南科技大学学报(社会科学版),1987,02:31-34

本文对《饮膳正要》一书中训诂方面的错讹之处进行了分类整理,具体为训释未切、训释不全、训释不当、训释不明及赘注。除此之外,还存在漏校、脱字、校勘术语不当、标点错误等问题,均举实例加以分析说明。

0903

古籍整理研究[M]/四川大学学报编辑部,四川大学古籍整理研究所编.--成都:四川大学学报编辑部,1985

本书为四川大学学报丛刊第二十七辑。内容均为古籍整理相关的研究,如《文字学与古籍整理》《成化本〈西厢记〉残叶的校勘意义》等,书后附有四川大学1949年以来出版的古籍整理研究专著明细表。

0904

古籍整理研究八种[M]/李国祥主编.--武汉:武汉工业大学出版社,1989

本书涉及辑佚、出土文献、校勘学、古文今译、古书标点、目录学以及古籍注释等,是一部古籍整理方面的专科书籍,旨在继承和发扬认真整理古籍文献的好传统,把古今学者积累的古籍整理理论加以梳理、总结和拓展,并应用于古籍文献整理实践中。

0905

古籍整理研究的入门之作——简评胡渐逵著《古籍整理释例》[J]/华唐.--浙江社会科

学,1996,06:110

本文是为胡渐逵先生《古籍整理释例》一书所作的书评。文中指出,该书集前人校勘整理古籍的经验心得之大成,又融入作者多年研究整理古籍的真知灼见,将古籍整理中容易出现失误的方方面面一一罗列,举例说明,详加剖析,不失为一部嘉惠后学的古籍整理的入门参考书。

0906

古籍整理研究的重要成果——王英志主编《袁枚全集》评介[J]/罗永生.--苏州大学学报(哲学社会科学版),1994,03:134-135

袁枚研究专家王英志先生主编校点本《袁枚全集》,由江苏古籍出版社出版。本文指出,该书选取可靠、完善的版本作为校点底本,编纂以考辨真伪为前提,校点精细认真。但也存在错字,白璧微瑕。

0907

古籍整理研究工作的一大成果——《清诗纪事》编纂情况追记[J]/周秦.--文学遗产,1990,01:134-135

本文为作者对苏州大学中文系教授钱仲联先生主编、明清诗文研究室集体编纂的《清诗纪事》一书编纂情况的追记,介绍了该书编纂的初期准备、完成的时间节点、体例和内容等,肯定了其学术价值,认为该书完工问世,是被学术界公认的近年来古籍整理研究工作的重大成果。

0908

古籍整理研究技术手段现代化刍议[J]/李岩.--古籍整理研究学刊,1988,04:5-7

本文从文献编目和古籍检索,缩微复制、照相等典藏技术,辨伪、校勘、版本鉴定,古书诠释和翻译,古书修复技术等六个方面,探讨了古籍整理研究技术手段的现代化问题,指出有一定文献学基础的青年文献工作者,应努力了解和掌握各种新的技术手段,开拓古籍整理的新领域,并视此为义不容辞的责任。

0909

古籍整理研究论丛[M]/山东大学古籍整理研究所编.--济南:山东大学出版社,1991

《古籍整理研究论丛》是为了及时发表山东大学古籍整理研究所部分科研成果,也为了进一步推动学术研究工作所编,共三辑。本辑共收录论文22篇,收录四位先生遗作,以示缅怀之意。

0910

古籍整理研究论丛(第二辑)[M]/山东大学古籍整理研究所编.--济南:山东文艺出版社,1993

本书为《古籍整理研究论丛》系列第二辑,由山东大学古籍整理研究所编,收入山东大学古籍整理研究成员1991年至1992年部分科研成果结集,收录《漫论孔子与"六经"》《古籍辨伪学小史》《论管仲的改革》等共17篇论文。

0911

古籍整理研究论丛(第三辑)[M]/孔子文化大全编辑部编.--济南:齐鲁书社,1994

本书为《古籍整理研究论丛》系列第三辑,由孔子文化大全编辑部编成,研究范围遍及四部,历史跨度自先秦一直到清代。对诸种古籍《周易》《左传》《尔雅》《荀子》《鬼谷子》《青琐高议》的研究可谓深入,如《荀卿书若干问题的探讨》,博观约取,论说平实且有新意;《海源阁书目缘起四种》讲述古书聚散,可根据其考察版本源流;对南宋著名史家李焘的研究,可补史传之不足。

0912

古籍整理研究论文集[M]/西南师范大学汉语言文献研究所编.--重庆:西南师范大学出版社(后更名为西南大学出版社),1986

本论文集共收录论文15篇,其中《论〈释词〉声转之例》一篇是赵少咸先生的遗著,其余各篇是汉语言文学研究所结合整理研究古籍撰写的有关古代汉语、古典文学、古代历史三方面的专书专题论文,如冯昌敏《〈都城纪胜〉点校本辨正》、齐仕蓉《〈云仙杂记〉的价值及整理此书的心得》、张静书《古文词语训释刍议》等。

0913

古籍整理研究面临的困难和出路之我见

[J]/朱易安. --古籍整理研究学刊,1999,06:3 – 4

本文指出,古籍整理事业面临的困难很多,非常突出的是从业人员老化和人才培养问题。要克服这些困难,除了特殊的政策以外,古籍整理研究工作者还要努力出成果,除了传统成果形式之外,也应注意研究内容和研究方法的拓展,自觉做好普及和培养读者群的工作。高等学校的教师在这方面有很大优势,应该起到应有作用。

0914

古籍整理研究所使用的汉字字体字形问题[A]/周双利,邵文利. --中国古籍整理研究出版现代化国际会议论文集[C],1995

本文点明古籍整理与研究面临的首要问题是语言文字的问题。针对古籍整理到底采用简化汉字好还是采用繁体汉字好加以阐述,认为简化汉字代替繁体是必然趋势,列举了用简化汉字排印古籍的优点,也指出使用简化汉字整理出版古籍的难题及建议。

0915

古籍整理研究琐谈[J]/王天海. --贵州文史丛刊,1998,03:48 – 51

本文为作者针对国家"九五"出版规划重点项目《中国历代名著全译丛书》第二批中的《意林全译》《穆天子传全译》《燕丹子全译》三书译注所写的一篇古籍今译体会。文中涉及"全译"的体例、题解、今译等问题,并列举了许多在译注过程中的具体案例,阐明了古籍整理过程中的问题。

0916

古籍整理研究与民族文化大省建设[J]/余嘉华. --云南学术探索,1998,05:54 – 56

本文将古籍整理研究与云南的民族文化建设联系起来,介绍了云南古籍整理研究工作两个较好的发展时期。建议从加强领导、制定规划、组织队伍、经费投入、成果的形式等方面,进一步采取有力措施,抓好云南各民族古籍的整理研究工作,建设民族文化大省。

0917

古籍整理要面对现实[J]/高振铎. --古籍整理研究学刊,1988,01:1 – 3

本文从缺乏时代感、缺乏整理与研究相结合、选译的间接作用三个方面,讨论了古籍整理普及工作存在的不足以及开展工作的设想,指出整理古籍是长期的艰巨任务,不能只顾整理,不问收获。

0918

古籍整理要注意质量[J]/《新闻出版交流》杂志社. --新闻出版交流,1994,06:19

本文指出整理研究古籍要做好两件事,一是整理原著,做好版本考订、文字校勘、标点断句等,一部一部地做,可称为求本;二是根据当前形势需要,确定专题,选取具有借鉴价值的代表作品,做好编选、译注、评析,为青少年和广大群众学习利用传统文化"架桥""搭梯",可称为开发。

0919

古籍整理一项重要成果——《古逸丛书》正编·续编·三编简介[J]/王义耀. --图书馆学刊,1984,04:76 – 78 + 82

本文对《古逸丛书》正编、续编、和即将出版的三编进行了简介,并将三部书中选取的书目细则附在文中。特别指出这些古籍的珍本孤本,过去许多专家学者也仅闻其名,未曾经眼,现在决定影印出来,以广流传,使广大专业人员和读者都能阅读和使用,是值得庆贺的一件大好事,定将受到海内外学人热烈欢迎。

0920

古籍整理,以存为先——谈《四库全书存目丛书》的编纂印行[J]/王西梅. --图书馆,1996,01:31 – 32

《四库全书》是中国古代最大的一部丛书,但只包括四库馆所集一万多种书籍中的三千多种,其余六千多种书籍仅存目录。本文指出,为了继承发扬中国优秀文化遗产,必须研究古代图书,尽可能充分地收集资料则是研究的先决条件。《四库全书存目丛书》应当出版。

0921

古籍整理应谨严从事讲求实效[J]/杨武

泉.--中国社会科学,1994,03:203-206

本文是为花山文艺出版社出版的栾保群、吕宗力校点《日知录集释》一书所做的书评,指出该书虽有导读作用,深入的考证也给人良好印象,但内容中却存在脱漏殊甚、讹误较多、标点欠精、文字变改欠妥、对前人校记处理欠善等问题,并举出实例在文中详加说明。

0922

古籍整理应为现实服务[J]/张瑞昌.--古籍整理研究学刊,1988,01:9-10

本文指出,古籍整理应在长远计划和系统安排之下,有主次和轻重缓急之分。目前应该站在为现实服务,为群众服务的出发点。古籍整理工作必须从实际出发,从社会和人民的需要出发。脱离了需要,脱离了人民群众,不单纯是走向死胡同的问题,更重要的是难以肩负起历史和民族赋予的伟大使命。

0923

古籍整理用字必须规范化[J]/陈焕良,贺玉华.--古籍整理研究学刊,1998,03:45-46

本文考察了古籍整理用字的混乱现象,包括误用简化字、生造简化字、混用繁简字以及因体例不同产生异文等。

0924

古籍整理用字中的"新旧字形"问题——兼论"新旧字形"在古籍整理用计算机字库中的处理[J]/李义琳,林仲湘,利来友.--广西大学学报(哲学社会科学版),1996,02:55-59

本文全面考察了古籍整理,特别是用计算机整理古籍中对"新旧字形"的处理问题。文中指出,在整理及用计算机处理中可依据不同读者的需要分层次作不同处理。基础字库用"新字形",通用字库可以"旧字形"为主,适当调整,亦可全用"新字形"。全汉字字库"新旧字形"应齐备,并按照需要扩充。在"新旧字形"转换中,要特别注意一对多的情况。

0925

古籍整理与版本[M]/武汉大学图书馆学系编.--武汉:武汉大学图书馆学系,1980

本书为武汉大学图书馆学系编写的一部古籍教材,具体介绍了中国古代典籍的起源、古籍的装帧、古籍分类以及古籍编目和版本判别的方法等,具有较强的实用性。

0926

古籍整理与版本(全二册)[M]/上海大学图书馆学系编.--上海:上海大学图书馆学系,1983

本书点明了古籍整理工作的重大意义及其重要性、版本学的对象和任务。内容涉及印刷术发明前的书本、版刻起源和唐五代刻版印本概况、宋代刻本、辽金元刻书、明清刻本情况,并设置版本鉴别、古籍分类、古籍著录内容,是一部关于古籍整理与版本的基础性书籍。

0927

古籍整理与传统文化[M]/李修生主编.--沈阳:辽宁大学出版社,1991

本书由北京师范大学古籍研究所及部分文献学进修班成员编撰而成,探讨了古籍整理研究及学科建设等重大议题,内容包括中国古代的古籍整理与传统文化的发展、近代古籍整理和中西文化的碰撞、现代中国古籍整理和文化变革以及世界中国学的发展和中国古籍整理、中华文化的发展历程等。

0928

古籍整理与传统文化[J]/夏自强.--中国典籍与文化,1992,02:67-72

本文从古籍整理与社会主义文化、古籍整理与人类进步文化、古籍整理研究工作要有时代感几个方面,论述了古籍整理与传统文化之间的关系。

0929

古籍整理与电子计算机应用研究的思考[J]/曹书杰.--古籍整理研究学刊,1988,01:44-49

本文从对计算机应用范围的认识、机整工作的方法与步骤、当前机整工作的主要局限和困难等角度,对古籍整理与电子计算机应用研究的关系进行了思考。

0930

古籍整理与方言的关系[J]/钟文,林伦

伦.--汕头大学学报（人文科学版），1996，03：35－39

本文举例说明了古籍中因方言而造成的异文和疑难词语问题，讨论了把汉语方言（词汇）研究成果运用到古籍训诂中去的方法。

0931

古籍整理与工具书[J]/黄实.--高校图书馆工作，1982，04：71－72

本文从利用工具书把住分类质量关、利用工具书要灵活、运用工具书结合原书进行综合分析、利用工具书时要注意书中的错误四个角度，通过实践，探讨了在古籍整理过程中怎样使用工具书。

0932

古籍整理与精神文明建设[J]/孔繁士.--殷都学刊，1988，02：27－31

本文从古籍整理在精神文明建设中的地位和作用，以及古籍整理如何适应精神文明建设的需要两个方面，分析了古籍整理与精神文明建设之间的关系。

0933

古籍整理与科技史研究[J]/王国忠.--图书馆杂志，1985，02：30－31

本文指出，反映各时代学术文化的古籍内容十分庞杂，绝大部分古籍往往文哲相杂，文理互混，学科界限不清晰，给古代科学文化研究者带来了不少困难。古籍整理是科学史工作者的一项基本方法，如果古籍整理、图书工作者同科技史研究者紧密合作，互为辅佐，发掘研究中国古代科技文化这项意义深远的事业，无论在广度和深度上必将大大超过目前水平。

0934

古籍整理与培养人才并举刍议[J]/杨廷福.--文献，1982，01：23－25

本文指出，古籍整理与抢救人才、抢救文科教学并举齐驱，二者相辅相成。具体措施包括：切实改进语文、历史的课程设置、教学计划、教材编选，并在中学增设祖国文化课。仿北京大学古代文献专业例，于有条件的高校增设此类专业或恢复无锡国专之类的学

校。退职、退休之大中学语文、历史教师亦应聘请参与。古籍整理与百年树人，目的在于不使文化中断，二者不可分割。

0935

古籍整理与史学研究[J]/李秋沅.--史学史研究，1985，03：50－54

本文从历史研究离不开古籍；要利用古籍，就要整理古籍；古籍整理为历史研究服务；古籍整理应当受到重视四个方面，论述了古籍整理与史学研究之间的关系。

0936

古籍整理与室名别号[J]/池秀云.--理论探索，1995，03：55－56

本文介绍了山西省图书馆藏书概况，1949年以来特别是党的十一届三中全会之后的十五年间该馆古籍整理研究成绩，以及作者编写《历代名人室名别号辞典》一书的编撰内容和体例等。

0937

古籍整理与四化建设[J]/王同策.--古籍整理研究学刊，1989，05：78－81

本文从古籍整理当今价值认定之必要、为建立现代中国文化奠基、取典籍文献之优长，为四化建设实践服务、让优秀文化传统代代相传四个方面，对古籍整理与四化建设进行了探讨。

0938

古籍整理与图书馆的古籍工作[J]/郑麦.--图书馆杂志，1982，04：17－18

本文指出，图书馆古籍工作内容是多方面的，要更好地为古籍整理服务，应着重做好两方面工作，一是建立一套较健全的馆藏古籍目录体系；二是开展图书馆古籍工作的咨询业务，为古籍整理服务。图书馆收藏的古籍文献资料，只有通过整理出版，才能继承和发扬祖国的优秀文化遗产，为建设社会主义的物质文明和精神文明服务。

0939

古籍整理与训诂学[J]/王海根.--徐州师范学院学报（后更名为江苏师范大学学报），1985，01：152－153

本文以《东坡志林》第 23 页《别文甫子辩》、《戒庵老人漫笔》序、唐人小说《柳毅传》等古籍为例,指出准确把握古书的文意,是对古籍正确无误进行断句和标点的先决条件,而要这样做,必须精通训诂。

0940

古籍整理与研究的电脑化[J]/田奕.--中国文化,1994,02:90 - 94

本文从古籍整理呼唤电脑化、电脑为古籍整理开辟新天地、古籍电脑化的必要条件、字和词谁应是汉字处理的基本要素、全文检索对电脑化水平的全面考验以及电脑化的新天地又在召唤六个方面,论述了古籍整理与研究的电脑化问题。

0941

古籍整理与研究的新收获——《杨守敬集》第一册出版[J]/母庚才.--北京师范学院学报(社会科学版)(后更名为首都师范大学学报),1989,01:116 - 118

本文是为湖北人民出版社出版,北京师范学院历史系谢承仁教授主编《杨守敬集》第一册所做的书评。文中介绍了杨守敬生平事迹和为其出集的目的意义,以及第一册的体例和具体内容。在肯定该书的同时,也对于很多不知下落的杨著无法收录感到遗憾惋惜,希望能早日将杨著集齐,为杨守敬研究提供更多材料。

0942

古籍整理与元曲研究的新丰碑——《元曲选校注》简评[J]/东元.--渤海学刊,1995,03:102 - 103

本文是为王学奇教授主持编纂,河南教育出版社出版的《元曲选校注》一书所做的简评。文中指出,该书是明代以来首次对著名戏曲家臧晋叔选编《元曲选》的系统校点、全面注释和深入评介,在古籍整理和作品评述方面都有极大贡献,为广大读者和学者对元曲的研究奠定了雄厚基础。

0943

古籍整理与《增订四库简明目录标注》[J]/瞿冕良.--四川图书馆学报,1984,01:66 - 79

本文介绍了《增订四库简明目录标注》的编纂过程及价值,指出了该书著录方面的一些问题,从年代问题、姓名室名问题、版本问题、行款问题、著录错误、可疑之处等几个方面进行了举例分析。

0944

古籍整理园地里的又一朵新花——读《晁补之词编年笺注》[J]/岱人.--东岳论丛,1992,05:111

本文是为齐鲁书社出版,乔力著《晁补之词编年笺注》一书所做的书评。文中指出,该书是在无所依傍的情况下,第一次对晁补之作品进行的较全面整理,对其词作进行了校注、编年、阐释和词话辑录,对其一生事迹行踪进行了考证,对其词之外的诗文作品也做了系年,在晁补之研究上达到了新的高度。

0945

古籍整理杂记[J]/陈锦钊.--图书馆界,1986,02:34 - 35

本文研究了古籍及一些工具书中存在的同名异书、字有多形、著者错误、书商作伪等问题。

0946

古籍整理杂谈[J]/黄永年.--古籍研究,1994,00:3 - 6

本文从人才培养、熟知版本目录学、懂得版本等方面,提出了从事古籍整理工作方面的见解。

0947

古籍整理中的点、校、注、译问题[J]/吴小如.--文献,1985,03:167 - 175

本文从古书的标点、古书的校勘、古书的注释和今译等几个方面,分析说明了古籍整理中的点、校、注、译问题,指出整理古籍是既繁且难的工作。

0948

古籍整理中的总集编纂[J]/曾枣庄.--四川大学学报(哲学社会科学版),1986,03:74 - 81

本文从总集及其类型、总集之功用、总集之通病、集体编书的通病、集体编纂大型总集应当注意的几个问题五个角度入手,回顾和检讨了我国历代编纂总集的概况和得失。

0949

古籍整理中训诂的应用[J]/周大璞,黄孝德. --武汉大学学报(人文科学版),1987,05:93-99

本文在中央号召抓紧古籍整理的背景下,从训诂与校勘、标点、注释、翻译、辑佚、辨伪等方面,论述训诂对于古籍整理的重要意义。

0950

古籍中的"初印本"[J]/崔建英. --图书情报工作,1987,06:22-26

本文用实例说明了古籍"初印本"的判别方法和意义。文中指出,初印本这个概念,过去多指版片刻成后初次或早期刷印的本子。这种本子字迹清晰,无断痕,无模乎泐,美观悦目,不仅保持了内容完整,也反映了版刻艺术,很受收藏家珍视。但是何者为初印,或清晰、完整在何种程度始可称初印,却很难界说。

0951

古籍中的海外游记专著[J]/彭援军. --旅游科学,1998,02:36-39

本文对古籍中关于海外游记的专著进行了介绍,包括玄奘《西域记》、马欢《瀛涯胜览》、费信《星槎胜览》、巩珍《西洋番国志》、刘郁《西使记》等。

0952

古籍中的后印本[J]/崔建英. --图书情报工作,1989,06:36-40

本文列举实例指出,后印本的界说应是:凡有据可见,印本年代非在正文刻成年(或稍后一二年),正文书板无增易,或仅有局部剜改(包括大题、讳字、参校刊梓等人名氏),增删序跋、附录,或书版已见明显断裂、模泐等属之。

0953

古籍中的水利专著[J]/彭援军. --四川水利,1998,04:58-59

从远古大禹治水到如今三峡截流,历朝历代都十分重视水利,现存古籍中的一些水利专著是为例证。本书列举了一些具体的古代水利专著,如北魏郦道元《水经注》、唐代窦叔蒙《海涛志》、宋代单锷《吴中水利书》、元代潘昂霄《河源记》、明代张国维《吴中水利书》、清代黄宗羲《今水经》等。

0954

古籍中的增修本和著录审校[J]/崔建英. --图书馆学通讯,1988,03:84-87

本文举《宣化府志》四十二卷首一卷、《横云山人集》二十六卷、《飓言集》五卷、《何柏斋文集》八卷等书为例,说明了古籍中的增修本和著录审校情况,指出了著录审校对于古籍编制的重要意义。

0955

古籍中方书之最[J]/兰友明. --中医函授通讯(后更名为中华中医药学刊),1993,01:25

本文介绍了中国古籍中的方书之最,包括最早的方书、最早按病症分类的方书、载方最少的方书、载方最多的方书等。

0956

古籍中画史与著录的类型及特点[J]/陈增浩. --图书馆学研究,1992,04:96-99

本文从画史撰写者的社会地位、覆盖的地理范围和画史资料的来源几个方面,将古籍中的画史分为官修和私修、全史和地方史、采录性画史和辑录性画史,并针对各种类型分析了其特点。

0957

古籍中伪书的辨识[J]/杜凯,佟镇铠. --河北大学学报(哲学社会科学版),1981,02:155-162

本文从古籍中伪书的产生和辨伪学史、辨别伪书与考证年代的方法、当前辨伪学的任务和著录揭示三个方面,讨论了古籍中伪书的辨识问题。

0958

古籍重要目录书析论[M]/田凤台著. --台北:黎明文化事业股份有限公司(台湾地区),1990

本书收《汉书艺文志考疑》《隋书经籍志

析例》《郑樵目录学析评》《马端临经籍考析论》《朱彝尊与经义考》《四库总目提要析论》《校雠通义之商榷》以及《书目问答之绍评》八篇文章,说明目录学的重要价值。

0959

古籍注释改革研究文集[M]/全国首届古籍注释改革研讨会,靳极苍编. --太原:山西人民出版社,1989

1987年秋在太原召开"全国古籍注释改革研讨会",与会人员多年从事高等院校中国古代文学教学和研究工作,有的在古籍研究所专攻古籍整理校注。本书从提交大会的论文中遴选了若干篇编印成集,体现会议成果,作为纪念。

0960

古籍注释类型刍议[J]/黄亚平. --西北师大学报(社会科学版),1999,03:91 – 94

本文研究了古籍注释的分类问题。文中指出,解决古籍注释分类的关键是确立分类标准及准确把握各类古注的区别性特征。古注分类的操作应遵循一个标准,避免同时共享几个标准而出现"不类";每一种类型均应有区别于他类的明显特征,是分类的基础;古注类型的出现和区分还受到历史文化背景的制约。从内容角度看,古注大体上应分成词义、章句、义理、史传、音义等五种类型,它们各有区别于他类的特点。

0961

古籍注释漫谈[J]/黄挺. --韩山师专学报(社会科学版),1987,01:83 – 90

本文从古籍注释的内容、为古籍作新注应该准确地利用旧解、作注应注意依据上下文确定字词含义,以及作注应掌握图书的写作体例与作者思想体系四个方面,对古籍注释问题进行了探讨。

0962

古籍注释学基础[M]/黄亚平著. --兰州:甘肃教育出版社,1995

本书是一部关于注释学的基础性书籍,包括词义类注释、章句类注释、义理类注释、史传类注释、音义类注释等,在每一类注释中先阐述其义理,再剖析其特点并举例。

0963

古籍注释研讨——记古籍注释改革研讨会上的若干意见[J]/木舌. --古籍整理研究学刊,1987,04:5 – 8

山西大学于1987年9月13日至19日在太原市召开全国首届"古籍注释改革研讨会",会上发言和提交论文中提出了有关古籍注释的许多意见,本文进行了分类摘要,包括对当前注释的估计、古典诗词注释方法、注释需要改进、注释形式要多层次和多样化、搞好注释的必备条件、对注释工作中的问题应予以重视等。

0964

古籍注释质疑三则[J]/王一鸣. --邢台师范高专学报(后更名为邢台学院学报),1996,03:30 – 33 + 58

今人读古籍,参考古今注释是必要的,但是应该审慎,切忌盲从。本文就"野合"作何解、二君能否并存以及"殡"与"葬"的区别三则质疑提出了观点。

0965

古籍注音与语音规范化[J]/陈若愚. --内江师范学院学报,1994,03:18 – 25

本文列举了古典文学、古代汉语权威教材以及权威工具书存在注音不一致的情况。指出根本原因在于对古籍字音缺乏全面清理和整理,未建立权威性的字音规范。在汉语规范化进一步深入的今天,应当把古籍字音的规范研究提上议事日程。建议将汉语规范化延伸到古籍注音领域,收集古籍字音旧注、整理语音系统、将旧注音转化成普通话、制定古籍注音规范、修订权威工具书及权威教科书的注音等。

0966

古籍著录标准化的几个问题[J]/沈乃文,曹淑文. --图书情报工作,1985,06:13 – 14 + 22

本文分析了北京大学图书馆起草《古籍著录规则(国家标准建议草案)》工作中遇到的有关古籍著录标准化问题。文中指出古籍著录标准化绝不是一件能够毕其功于一役的事情。首要工作是经过努力，初步形成一个既符合国际书目著录标准化要求，又体现古籍著录特点，能够被广泛接受的著录标准，把古籍著录引上标准化轨道。

0967

古籍著录标准化的名词术语问题［J］/沈乃文，曹淑文.--大学图书馆通讯,1986,04:9-15

本文从引言、处理原则不同的两类工作、对若干概念的认识和探讨、古籍著录概念体系四个角度，论述了古籍著录标准化的名词术语问题。

0968

古籍著录法的比较研究［J］/萨枝新.--图书馆杂志,1993,03:20-21

本文将以往使用的《全国古籍善本书总目》和1983年制定的《文献著录总则》两种古籍著录法，从目录的整体布局、所使用的文字、著者的时代区分问题等方面进行了比较研究，认为两种著录方法各有利弊，均有待改进。

0969

古籍著录古今谈［J］/王明秀，王少华.--山东图书馆季刊,1993,03:51-55

我国古籍著录源远流长，至今已有两千余年历史，大致可分为奠基时期、发展时期、完善时期。本文对上述三时期逐一进行分析说明，并总结其规律：古籍著录发展演变总是与中国书史和目录学史发展密切相关；著录内容变化趋势由简单到复杂，由不完善到完善；著录格式发展演变由不固定到相对固定再到标准化、规范化。

0970

《古籍著录规则》管见［J］/陈博.--大学图书馆学报,1995,06:24+28

国家标准局1987年1月3日颁布，同年10月1日起实施的《古籍著录规则》，是依据《文献著录总则》，参考《国际标准书目著录（古书）》并结合我国古籍特点及著录传统制订的，是著录我国汉语文古籍的一个权威性准则。本文就规则中提及的繁简字著录，"钦定"与"奉敕"取舍，版本年代著录方式等问题提出看法。

0971

《古籍著录规则国家标准》的学习与研究［J］/肖凤生.--图书馆,1994,02:34-40+30

本文根据古籍特点和在工作中遇到的问题，并参考有关古籍著录的传统，按照《古籍著录规则国家标准》和著录项目的先后顺序，对《古籍著录规则国家标准》作了必要的增补和修订。

0972

《古籍著录规则》中"规范繁体字"提法的商兑［J］/谢泽荣.--大学图书馆学报,1998,05:66-67

《古籍著录规则》规定汉字古籍著录使用规范繁体字。本文指出，国家法定的规范字是简化字，法定的不规范字是繁体字。规范性与繁体字不能匹配，"规范繁体字"是不符合国家现行文字政策规定的、逻辑语义互相矛盾的、不科学的概念。

0973

古籍著录琐见［J］/崔建英.--图书情报工作,1981,04:19-24

古籍著录和其他图书著录一样，都是揭示书名、著者、版本。现代出版物对这几项一般都在固定位置明确标示，著录人员按规定著录便可。古籍著录往往缺乏条件，需要著录人员根据内容作具体的识别和判断。本文从书名、著者、版本、辨伪几方面举例说明，对于这几个要素，著录人员稍有疏忽或识力不足，便有可能失误。

0974

古籍著录问题举例［J］/陈先行.--图书馆杂志,1986,03:36-38

本文从书名项的著录、作者项的著录、版本项的著录三个方面，举例分析了古籍著录中的若干问题。

0975

古籍著录中的两点尝试［J］/王毅远，朱彬涌.--图书馆杂志,1986,03:32-35+29

本文以作者所就职的上海大学图书馆古籍为例，从线装古籍的业务注记和平装古籍参照片的著录两个方面，叙述了古籍分类情况，指出这种分类方式既可按装订特点排架，便于管理，又可相互沟通补充，多辟检索途径。

0976

古籍专家杨伯骏（峻）二三事[J]/楚泽涵. --炎黄春秋,1993,01:56-57

本文是为了纪念古籍专家杨伯骏（峻）而作。杨先生是作者的舅舅，文中讲述杨先生被划为"右派"从北大调往兰州,60年代初被调回中华书局，专门从事古籍整理工作的情形。提及了几次与杨先生的谈话，包括先生对知识分子的看法，情感浓烈，言辞中勾勒出了一位态度严谨、忠厚谦和的学者形象。

0977

古籍专书词典的校勘职能——兼评《全唐诗大词典》的校勘原则[J]/陈冠明. --辞书研究,1993,02:106-114+142

本文论述了我国古籍专书词典的出版发行情况，介绍了《春秋左传词典》《诗经词典》《世说新语词典》等作品的校勘职能，《全唐诗大词典》的校勘原则及其处理方法，并择要提供了一些校例。

0978

古籍装潢及修复艺术琐谈[J]/万群. --图书馆工作与研究,1995,05:53-54

本文通过回顾中国古籍装帧形式的发展历史，展现了古籍典雅庄重、大方古朴的艺术风格，介绍了古籍修复的历史、修复原则、修复方式等。

0979

古籍咨询例析[J]/刘钧鸿. --广东图书馆学刊,1984,03:43-47+42

本文将作者自己在古籍室工作时，帮助读者文献检索过程中遇到和解决的十个问题，逐一加以整理和分析。

0980

古籍咨询略谈[J]/吴平. --图书馆杂志,1999,10:43

本文指出从事古籍咨询工作难度较大，不仅要熟悉工具书乃至馆藏古籍，还需要深厚的国学根底；既要有长期的工作经验积累，也要有较高的学术水平。

0981

古籍咨询之我见[J]/王元才. --图书馆学研究,1985,01:38-41+141

本文结合无锡市图书馆古籍咨询工作实际，指出解答读者提出的古籍咨询问题工作做得如何，往往直接影响到历史科学研究工作的效率和成果；在接受咨询问题时，尽可能了解清楚读者为什么工作进行咨询，只有明确了咨询目的和具体要求，才能查找迅速，答复准确。查复问题时，必须充分利用各种书目、索引和参考工具书，要尽量利用有利条件，选择最合适的工具书，从最简捷的途径入手等。

0982

古籍资料库的自动超文本标注[J]/李新福,郭宝兰. --情报学报,1999,03:58-62

本文依据古籍文献正文、校勘、参考文献等部分之间的非线性结构特性和计算机超文本技术，以720万字的《续资治通鉴长编》文本资料库超文本标注为例，讨论了超文本自动标注及其实现方法，介绍了超文本和超文本标注语言（HTML）。

0983

古籍资源开发策略及案例分析[J]/钟稚鸥. --图书馆论坛,1995,05:65-66

本文以羊城药厂通过查阅古代医学资料重新配制保剂丸为例，探讨了开发古籍资源的意义及其策略。认为开发古籍资源有利于商品经济发展，并提出了几个重要方法，包括多层次多途径利用古籍，促进古籍资源现代化、商品化等。

0984

古籍资源开发利用问题初探[J]/许建华. --四川图书馆学报,1990,01:19-20

本文分析了古籍资源开发利用的客观必然性和重要性，以及充分开发和有效利用的途径和方法。

0985

古籍自动录入及电子版本的形成[J]/张彩录,郭宝兰,李新福等. --情报学报,1997,S1:55－60

本文阐述了采用 D－OCR 数字化古籍形成电子版本的过程,以及所遇到的问题和解决的方法。

0986

古籍字词索引的评价标准[J]/仇永明,罗友松. --图书馆杂志,1988,03:34－36

本文指出,要充分利用我国古籍,编制古籍索引是不可或缺的手段,进一步编出质量更高的古籍字词索引,研究它的评价标准完全必要。古籍字词索引的质量与选题、底本的选择、校勘和索引的编制技术有关系,甚至与出版部门的编排、校对也有关系。对于字词索引的标准,文中提及科学性程度、实用性大小、功能多寡、省略法运用、有特色等几个方面供参考。

0987

古籍字体与版本鉴定[J]/曹之. --图书馆界,1982,02:37－41

本文从依汉字演变的先后次序分类,依书法流派分类,依避讳方法、字体大小以及笔画繁简分类几个方面,说明了古籍字体与版本鉴定之间的关系。

0988

古籍字音规范刍议[J]/陈若愚. --语文建设,1995,03:11－13

本文指出了古典文学、古代汉语权威教材以及权威工具书存在注音不一致的情况,选取了其中的94条进行分类说明。针对注音混乱的现象,建议将汉语规范化延伸到古籍注音领域,并提出了收集古籍字音旧注、整理语音系统、将旧注音转化成普通话、制定古籍注音规范、修订权威工具书及权威教科书的注音等。

0989

古籍作伪鉴别点滴[J]/陶宝庆. --广东图书馆学刊(后更名为图书馆论坛),1984,04:49－53

如何识别古籍中的伪印本是古籍整理工作中遇到的实际问题,本文举《宋学士文集》和《新刊梁溪张太史文集》,《余冬序录》和《二泉邵先生容春堂序录》为例,加以说明分析。

0990

古籍作者的考证及版本辨别[J]/梁春黎. --陕西中医学院学报(后更名为陕西中医药大学学报),1990,02:44－46

本文介绍了古籍著录工作中如何考证作者,以及如何从出版时代、出版地、出版者、版刻等方面辨别版本。

0991

古今图书集成(全八十二册)[M]/(清)陈梦雷等编. --北京:中华书局;成都:巴蜀书社,1984－1988

本书原名《古今图书汇编》,全书共10000卷,目录40卷,是清康熙时期由学者陈梦雷所编辑的大型类书。该书编辑历时28年,共分6编32典6109部。包括《历象汇编》《方舆汇编》《明伦汇编》《博物汇编》《理学汇编》《经济汇编》等。

0992

古今图书集成医部全录(点校本)·医经注释 卷一一卷七〇(全二册)[M]/(清)陈梦雷等编. --北京:人民卫生出版社,1988

本书是《古今图书集成》中的医学部分,人民卫生出版社将其排印分成十二册出版。本二册为卷一至卷七〇《医经注释》,系《黄帝内经素问》《灵枢经》《扁鹊难经》等医家经典的注释,对学习和研究中医基本理论有参考价值。

0993

古今图书集成医部全录(点校本)·诊断 卷七一一卷九二[M]/(清)陈梦雷等编. --北京:人民卫生出版社,1988

本册为卷七一至卷九二《诊断》,主要介绍关于中医望闻问切等外诊法和切脉法。

0994

古今图书集成医部全录(点校本)·脏腑身形 卷九三一卷二一六(全二册)[M]/(清)陈

梦雷等编. --北京:人民卫生出版社,1991

本二册为卷九三至卷二一六《脏腑身形》,主要介绍中医的脏腑学说、经络学说、运气学说和身形学说等。

0995

古今图书集成医部全录(点校本)·诸疾卷二一七一卷三五八(全二册)[M]/(清)陈梦雷等编. --北京:人民卫生出版社,1991

本二册为卷二一七至卷三五八《诸疾》,介绍各种内科疾病症治,分有风、寒、暑、湿、咳嗽、呕吐、泄泻、霍乱等五十二门,是一部较好的内科参考书。

0996

古今图书集成医部全录(点校本)·外科卷三五九一卷三八〇[M]/(清)陈梦雷等编. --北京:人民卫生出版社,1991

本册为卷三五九至卷三八〇《外科》,主要介绍外科一般疾病,具体包括附骨流注、游风丹毒、浸淫疥癣等十二门,可供中西医外科临床和学术研究者参考。

0997

古今图书集成医部全录(点校本)·妇科卷三八一一四〇〇[M]/(清)陈梦雷等编. --北京:人民卫生出版社,1991

本册为卷三八一至卷四〇〇《妇科》,主要介绍经脉、子嗣、胎前、临产、产后等门。在治疗方法上,除一般药方外还有针灸、单方等。书中资料可供中西医临床参考外,也可供学术研究参考。

0998

古今图书集成医部全录(点校本)·儿科卷四〇一一五〇〇(全二册)[M]/(清)陈梦雷等编. --北京:人民卫生出版社,1991

本二册为卷四〇一至卷五〇〇《儿科》,内容主要分两部分,一为小儿一般疾病,分二十五门,包括胎养、初生胎养、诊断等;一为痘疹专论,叙述了中医对天花、麻疹的治疗经验,对中医儿科疗法的研究很实用,可供中西医临床参考。

0999

古今图书集成医部全录(点校本)·总论及

其他 卷五〇一一五二〇[M]/(清)陈梦雷等编. --北京:人民卫生出版社,1991

本册为卷五〇一至卷五二〇,系总论、列传、艺文、记事、杂录、外编部分。

1000

古今注·中华古今注·苏氏演义[M]/(西晋)崔豹撰;(后唐)马缟集;(唐)苏鹗纂. --北京:商务印书馆,1956

《古今注》《中华古今注》《苏氏演义》三种书都以考证名物为主,涉及制度、器服、音乐、自然现象等内容,均篇幅短小,有部分内容相同,故合刊以便读者参阅和比较。

1001

古旧地方文献使用价值琐议[J]/陈琳. --贵图学刊,1997,02:53 – 54

本文指出,古旧地方文献在建设社会主义现代化事业中的使用价值不容低估,然而由于记录者受具体环境、思想意识、观察角度乃至个人情感等诸多因素影响,特别是一些官修方志和个人著述,更受修志者和著述者的历史、阶级、个人局限,在材料的搜集、筛选、整理、分类乃至成稿方面均有偏颇之处。应注意鉴别使用,为方兴未艾的社会主义现代化建设提供有据可依的参考指数。

1002

古农具图谱所据版本流源考略[J]/周昕. --中国农史,1989,02:91 – 97

历史文献中古农具图谱渊源主要有《耕织图》《王祯农书》,并以此形成了两个体系互相影响、互相渗透,形成了古农具图谱的历史局面。所依据主要文献为《耕织图》《王祯农书》以及《便民图纂》《农政全书》《授时通考》《天工开物》等。本文是《试论古农具图谱的范围及沿革》(见《中国农史》1988 年第 1 期)的续编,考察了古农具图谱所据版本流源。

1003

《古诗笺》江淹诗三首正误[J]/张亚新. --社会科学研究,1988,02:48 + 108

上海古籍出版社 1980 年出版的清王士禛选、闻人倓笺注的《古诗笺》一书,选注了南朝诗人江淹诗作 40 首。本文考订了其中《侍始安王石头城》《步桐台》《灯夜和殷长史》三首诗注释的错误。

1004

《古诗笺》齐梁诗六首正误[J]/陈庆元. --南京师大学报(社会科学版),1985,02:33 - 34 + 32

清王士禛选、闻人倓笺注的《古诗笺》,收录齐梁诗人三十二家,诗二百余首,是清季以来一部很有影响的选注本。本文订正了其中沈约《饯谢文学离夜》、萧琛《饯谢文学》、何逊《赠江长史别》、江淹《游黄檗山》《贻袁常侍》《灯夜和殷长史》等六首诗文笺注的谬误。

1005

古诗源[M]/(清)沈德潜等选. --北京:人民出版社,1973

本书收录上溯先秦下迄隋代的古诗七百余首,共十四卷。其内容丰富、篇幅适当、笺释简明,为近代以来流行的古诗读本。编者虽然意在复古,并通过选诗、注诗和评诗,阐扬"诗教",倡导"风雅",但从其选诗标准来看,艺术见解比较高明,基本上体现了诗歌发展的真实面貌。

1006

古史诗鍼注析[M]/许总,许结,许永璋注析. --上海:上海古籍出版社,1994

该书联系时代背景及戴名世本人思想、经历,考证了《古史诗鍼》作者真伪问题;着重对《古史诗鍼》全稿加以校订,使之尽量避免传抄过程中的讹误;对全稿包含的所有历史典实加以钩稽、说明、注释并逐篇评析。

1007

古事比[M]/(清)方中德编;(清)俞太史断句. --扬州:江苏广陵古籍刻印社,1988

本书由清代学者方中德撰,是一部独具匠心的历代典故辞典。广泛采辑经史及60余种类书,将历史上在某一方面、某一情态上相同或相近的人、事,集在一起进行比较,以显示善恶是非,兴亡得失;间以按语点拨,说出意旨所在,不仅给读者提供丰富的历史知识,而且引导读者透过现象看本质。

1008

古事比(全二册)[M]/(清)方中德撰. --合肥:黄山书社,1998

《古事比》是搜集古代之事加以排比而成的一部专门性类书。作者方中德"挟发古今奇疑光怪之事,钩稽前人瑰异诡持之事,聚而通之,符而合之,引其端而辨其绪,曰古事比。日抄十数叶,积十余年,成书五十余卷"。

1009

古书版本学概论[M]/李致忠著. --北京:书目文献出版社,1990

本书为版本学家李致忠先生所作,论述了古书版本学的起源、发展,以及鉴定古书版本的方法和基本知识。作者在广阔的历史文化背景下,多角度、多层次地加以阐发,较同类著述更具有深度和广度,富有新意。所附书影均为北京图书馆珍贵藏品,其中一部分是世人难得一见的珍品。

1010

古书辨伪浅说[J]/卢贤中. --图书馆工作,1998,03:50 - 52

古书有伪,自古而然,伪书门类遍及经史子集各类。整理古籍、利用古籍,必须辨别真伪,否则就有可能劳而无功,甚至以讹传讹。本文分析了造成伪书的几种原因,追溯了古籍辨伪的历史,并提出了审查古书真伪的四种方法。

1011

古书标点订正[J]/万久富. --南通师专学报(社会科学版)(后更名为南通大学学报),1994,02:41 - 44

本文指出了标点本古籍中一些规律性错误,将这些错误分成六种类型进行解释,一是非引介内容,误用冒号、引号;二是引介内容,脱用冒号、引号;三是引号标用位置不当,引介内容与非引介内容交错混杂;四是断句不当,属读错误;五是读断不当(不当断而断、当断而不断);六是误用、脱用书名号和专名线。

1012

古书册数的命名[J]/陈晓莉. --文史杂志,1996,05:43 - 44

册数是古籍内容的阶段划分和计量单位,古籍分册也叫集、帙。篇幅较长的古籍一般需分成若干册进行装订,各册书根处往往写明一定的顺序号。一类是采用汉字数字作为各册的顺序号,另一类分册的方法是采用诗词文句等表示顺序。本文对这两种分类方法进行了解释。

1013

古书的句读及其符号[J]/朱积孝. --晋阳学刊,1987,04:106 – 107

本文讲述了古书中句读的由来和使用方法,以及如何演变为现今所使用的标点符号的发展过程。

1014

古书调查与维护之研究[D]/黄结财. --中兴大学(台湾地区),1992

本文考察了台湾地区典藏书籍的劣化现况,探讨以漂白、水溶液脱酸和涂布处理,作为维护图书文物的方法,以改善此类文物的耐久性。

1015

古书分类类例类名浅析(经部)[J]/宋天霞. --图书分类论坛,1990,02:18 – 24

本文为作者古书分类讨论的系列论文之一。《全国古籍善本书总目分类表》大体沿用《四库》分类法,又参考了《书目答问》及其他分类法,把丛书自原来的《杂编》类目中抽出来作为一个独立的部,与经、史、子、集并列,成为新的五分法。本文讨论了"经"这一类别的定义,并将"经"分为十个小类。

1016

古书分类类例类名浅析(史部)[J]/宋天霞. --图书分类论坛,1990,03:3 – 8

本文为作者古书分类讨论的系列论文之二,接上篇对于"经"的讨论,继续研究《全国古籍善本书总目分类表》五分法中的"史"类,进一步将"史"类细分为纪传、编年、纪事本末、杂史、诏令奏议、传记、史钞、史评、政书、考工、时令、地理、金石、目录等十四类。

1017

古书分类类例、类名浅析(子部、集部)续完[J]/宋天霞. --图书分类论坛,1990,04:21 – 29

本文为作者古书分类讨论的系列论文之三,研究《全国古籍善本书总目分类表》五分法中的"子""集"类。"子"部,列举了总类、儒、道、法、兵、农、医、天文算法、术数、艺术、谱录、杂家、类书及小说、宗教等十五类。"集"列举了总集、楚辞、别集、诗文评、词、曲、小说七类。

1018

古书分类以基本保持"四库"法为宜[J]/王义耀. --图书馆杂志,1982,03:16 – 17

本文认为,古书分类仍以基本保持"四库"法为宜。一由古书的实际状况所决定,二是1949年以来古籍整理研究工作的实践也从正反两方面证实这一点。古书分类是一个历史遗留问题,必须从古书实际情况出发,初步确定古书分类原则,以便迅速有效地进行古籍整理,使之为今天的社会主义现代化事业服务。

1019

古书古文校注得失例谈[J]/吴孟复. --安徽教育学院学报(社会科学版)(后更名为合肥师范学院学报),1985,01:69 – 81

本文列举了古书古文校注中常见的失误及致误原因,包括:疏于校雠,难免讹误;不明古义,望文生训;墨守古训,拘挛不通;不辨单复,因而误解;误解词性,因而误解;句读错误,使人费解;不审文情,释词忘义;不明典故,难得确解;不考沿革,误解典故;不明史实,亦易致误等。

1020

古书校读法略论[J]/宋子然. --四川师范大学学报(社会科学版),1991,04:92 – 99

本文从校读之名义、校读之功用、校读之内容三方面,谈论了对于古书校读法的观点。

1021

古书校勘例谈——《古籍整理例论》之一[J]/吴孟复. --安徽教育学院学报(社会科学版)(后更名为合肥师范学院学报),1990,04:31 – 37

本文从校勘之益、校勘之难、校勘之要几个方面对古书校勘的问题进行了探讨。

1022

古书校释标点问题举例[J]/吴小如. --文献,1988,02:187 – 195

本文以贾谊《过秦论》、苏洵《六国论》以及孔稚圭《游太平山》三篇小文中的内容为例,探讨了古书校勘标点的常见问题,指出整理古籍就应仔细推敲,不宜模棱两可,处处都是诸说并存。标点古书总归要趋于一致,不能百家争鸣,莫衷一是。标点古书绝对不比撰写论文容易。

1023

古书今读法[M]/胡怀琛. --台北:大汉出版社(台湾地区),1981

本书是古书阅读方法的普及书。作者具有深厚的传统文化功底,谙熟古代典籍和读书方法,又具有现代意识,对什么是古书,为什么要读古书,古书与今日社会的关系,读古书的方法,读书"精""博""通"的三字要点,读古书要明白学术源流和古书源流,读古书必备的工具书,读书所应当得到的概念等问题做了恰当分析。

1024

古书今译小议[J]/吴小如. --古籍研究,1997,02:11 – 12

本文是北京大学吴小如教授就古书今译问题发表的意见。肯定了古书今译对不能直接读古书的人的作用,但是应该遵循"信""达""雅"三条原则。无论西文中译或古书今译,都不仅为了达意,必须竭力译出原作韵味风貌,而不宜平板生硬,只做到两种文字的对应。今译古书必须建立在正确句读古书的基础上才能进行。

1025

《古书句读释例》校证(之一)[J]/高振铎. --古籍整理研究学刊,1985,01:22 – 26

本文指出杨树达先生《古书句读释例》一书存在的断句和句读问题,列举了一百余条进行说明。该文篇幅较大,分为四篇刊载。

1026

《古书句读释例》校证(之二)[J]/高振铎. --古籍整理研究学刊,1985,02:19 – 23

同上。

1027

《古书句读释例》校证(之三)[J]/高振铎. --古籍整理研究学刊,1985,03:16 – 20

同上。

1028

《古书句读释例》校证(之四)[J]/高振铎. --古籍整理研究学刊,1985,04:19 – 24

同上。

1029

古书谬误寻因[J]/林涛. --阅读与写作,1997,02:18 – 20

本文分析了古书文字和内容谬误产生的原因,从封建统治者方面、作者自身、社会、认识与研究条件的限制四个方面进行了阐述。

1030

古书史中梵夹装并非经折装考辨[J]/李更旺. --文物,1986,06:57 – 60

在我国中世纪出现的古籍梵夹装和经折装,是两种完全不同的书籍形制,不是一种书籍制度。但在一些学者著述中却把二者不加区别地混同称呼,以为是一种形制,两个名称。本文从二者出现的时间不同、材质不同、形制不同和名称不同几个角度,论证了古书史中梵夹装并非经折装。

1031

古书书名初析[J]/伍宪. --高校图书馆工作,1983,02:78 – 83

对古书书名探本求源,循名责实,从中找出规律,对我们开展古籍整理和研究工作、继承民族文化遗产具有重要的参考作用。本文就较为复杂的子部和集部书名,分为书籍的形式特征、书籍的著者和书籍的内容三大类,依次进行了阐释。

1032

古书通例[M]/余嘉锡撰. --台北:丹青图书公司(台湾地区),1986

本书亦名《古籍校读法》,是余嘉锡先生的名著之一。首次全面系统地总结了周、秦、汉代书籍的题名、著者、编撰、附益等体例,是一部重要的文献学著作。越来越多的出土文献证明了该书结论的正确性,使该书成为认识古书体例的基础。

1033

古书修复中的"整旧如旧"与"整旧如新"[J]/杜伟生.--北京图书馆馆刊(后更名为国家图书馆学刊),1999,04:99 - 102

"整旧如旧"即在古籍修复以后还保持古籍原来的特点,外观上尽可能保持原来的面貌,保证图书的资料价值、文物价值不因修复而受损。本文在敦煌遗书修复等案例基础上,进一步强调"整旧如旧"的重要性,认为修复过的古籍一定要力争恢复书籍原貌。

1034

"古书医院"——古书装订修补技艺小记[J]/张问松.--前线,1962,21:11 - 12

本文介绍了古书的装订修补技术,修补书籍的方法、准则以及需要注意的问题。

1035

古书疑义举例[M]/(清)俞樾撰.--台北:世界书局(台湾地区)1956

本书在中国训诂学史上占有极为重要的地位,既总结了传统的训诂学,又开了近现代训诂学的先声。以现代语言学眼光看来,该书固然也存在着一定局限,但书中一些独到精辟的见解,以及所运用的一些原则和方法,对我们仍然有着很大的启发意义。

1036

古书影印小议[J]/骆守中.--出版与发行,1987,02:50

本文指出,影印古书应该以严肃慎重、对读者负责的态度,选用善本,至少是讹误不多的版本,并举实例加以说明,希望出版者能在书前加上有分析的说明,书后再附以简明的校注,使读者好读易懂,又不至于以讹传讹。

1037

古书正文与解说体例考[J]/钱玄.--南京师大学报(社会科学版),1981,02:38 - 41

本文首先举例说明了先秦古籍正文与解说,经与传记均有定制,体例有三:经与传记分别独立成书者;正文与解说同在一书,而分别成篇者;一篇之中,先为正文,后为解说者。

后举例说明正文与解说错乱混杂的三种情况:实为解说之文,而校者误为正文,并另标篇名者;有一文之中前段为正文,后段为解说,而校者不察,未加标明者;有正文与解说连缀不分者。

1038

古书注解刍议[J]/路广正.--古籍研究,1995,03:1 - 6

本文指出,很多青年文史工作者,在古书注释工作中暴露出一些问题。如学力不足、望文生训、以今律古、治学态度、术语问题等等,如果不及时提出来加以解决,势必影响今后的古籍整理、教学、科研及书籍出版质量。

1039

古书作伪原因考[J]/牟玉亭.--古籍整理研究学刊,1993,04:45 - 47

本文指出,要辨识伪书,首先要了解伪书产生的原因。伪书产生有其客观因素和主观因素。从性质上分,又分有意作伪和误断致伪两类。有意作伪可分为借故重说、邀赏牟利、诬陷栽赃、立说争胜、剽窃窜改、借藏作伪;误断致伪可分为作者误题、误编附入。有意作伪与无意作伪,虽动机不同但都应严肃考订,认真辨别,以揭示真伪,克弊用利。

1040

古树新枝花更艳——评第七届"中国图书奖"参评古籍图书[J]/林思谚.--中国图书评论,1993,04:100 - 101

本文对参加第七届"中国图书奖"评奖的古籍类图书中,今人研究古籍成果的26部专著进行了点评,认为这些专著具有创新性、现实性的特点,肯定了其重要价值。对古文今译之风盛行和辞书、类编类古籍图书比重偏大这两种现象,也提出了看法。

1041

古为今用 史籍生辉——湖南图书馆古籍开发利用工作初见成效[J]/湖南省图书馆历史文献部.--图书馆,1997,04:19 - 20 + 18

本文从为全省纂修地方志服务、代查代抄、为近代湘籍名人著作出版提供底本等角度,介绍了湖南图书馆80年代以来开发馆藏古旧文献,为政治、经济、文化、出版服务取得的成绩。

1042

古文标点断句的外在标志 [J] /林涛. --阅读与写作,1997,10:21－22

本文讨论了古文标点断句的方法,考察了外在标志的问题,指出可以将句式、虚词、实词、结构与音节、韵字以及词牌曲牌作为标点断句的主要标志。

1043

古文辞类纂 [M] /（清）姚鼐纂集;胡士明,李祚唐标校. --上海:上海古籍出版社,1998

本书是清人姚鼐编撰的一部具有较大影响的古代散文选集,体现了桐城派文学主张。所选文章以唐宋八大家作品为主,其前后亦选有各朝代知名作家的文章。全书文体分类达13种,收作品700多篇,共74卷。

1044

古文翻译刍议 [J] /陈世明. --语言与翻译,1990,02:49－53

本文讨论了汉文古文翻译成维吾尔语过程中应注意的一些问题,包括深入了解作品的时代、社会和生活环境、认真理解词义等。职官名称的翻译要慎之又慎,而且要采用一些带有时代色彩的词语,尽量补足同位成分或还原全名,针对一些人物、地理等问题应适当做出一些注释。

1045

《古文观止》的注释问题——兼评《古文观止词义辨难》 [J] /汪耀楠,苏文英. --古籍整理研究学刊,1998,03:42－44

清人吴楚材、吴调侯编选的《古文观止》是一部流传广泛的古代散文选集。本文探讨了该书的注释问题,并对湖北人民出版社1996年出版的汪贞幹著《古文观止词义辨难》一书作了评述。

1046

古文满译杂议 [J] /李雄飞. --满语研究,1999,02:80－115

本文举例说明了满译本《古文观止》中《曹刿论战》和《前出师表》两篇文章译文的不当之处。

1047

古文献信息开发探讨——以天津大学图书馆为例 [J] /纪淑文. --图书馆论坛,1998,02:7－9

本文以天津大学图书馆为例,从强化基础工作,健全和完善检索系统;重视宣传,加强导读工作;急读者特殊需要,形成"原则与灵活"相结合服务方式;编制二次文献,强化信息职能;开展古文献信息交流工作等方面,介绍了该馆古文献的信息开发工作,提出加强高层次文献开发,提高服务水平;面向社会,服务社会;培养古籍后备力量等建议。

1048

古文献信息源述略 [J] /朱积孝. --图书与情报,1996,02:35－38

本文在考察古文献信息起源和古文献特点的基础上,研究了古代传递信息的方法,分析了古文献里的情报信息价值观,还从发挥古籍的情报信息作用角度,讨论了古籍整理和研究工作。

1049

古文献学家杨伯峻的学术道路 [J] /俞筱尧. --文献,1993,04:103－118

本文从为冯玉祥将军夫妇讲解白话文、《论语译注》和《孟子译注》相继出版、编撰《春秋左传注》探求原著本意和古籍今译今注的意见几个方面,肯定了知名学者、古文献学家杨伯峻在中国古文献学历史上做出的卓越贡献。

1050

古文献中资讯撷取之研究 [D] /张嘉洋. --台湾大学（台湾地区）,1999

本文是对中文古文献信息撷取工作的探索研究,以"国立"台湾大学数字图书馆与博物馆中的数字化古文献为实验对象,设计建立了一套机制,包含建立集丛、样板发掘与信息撷取三个部分。这套实验机制所撷取的信息结果可以直接输出供使用者查阅。

1051

古文献专家谈古籍整理 [J] /梅隆. --九江师

专学报(后更名为九江学院学报)(社会科学版),1987,03:1-5

本文将北京大学古文献研究所、江西师范大学古籍整理研究所和九江师专古籍整理研究室联合举办的古籍整理讲习班中,有关专家关于古籍整理的见解和建议进行了整理,主要观点包括安平秋先生提出的"近年来高校古籍整理工作有了较大发展"、孙钦善先生提出的新中国成立后"古籍整理工作并非一帆风顺"等。

1052

古文小品咀华[M]/(清)王符曾辑评;杨扬标校.--北京:书目文献出版社,1983

本书为古文名作的精华选本,由清初吴门王符曾辑评,是一部较好的短篇古文选本。成书年代和《古文观止》大致相同,所选文章较《古文观止》更为短小,但文章的思想性、艺术性毫不逊色。

1053

《古小说钩沉》的成就与遗留问题[J]/顾农.--社会科学辑刊,1984,03:125-130

《古小说钩沉》是鲁迅早年花费许多精力辑录起来的周至隋散佚小说,在中国学术史上是一部开山大著。它的成就前无古人,但其是鲁迅生前未作最后整理的著作,1938年初次付印时,编辑工作又较为粗糙,留下若干问题。本文综述该书的成就与遗留问题。

1054

古新结合闯市场 多位一体创特色——探索古籍书店摆脱困境、振兴发展之路[J]/徐应成.--图书发行研究,1997,02:41-43

全国古旧书业为抢救历史遗产、弘扬民族文化和推进图书的二次流通,都作出了重要贡献。但就其经营条件和经营实力而言,大多还较差较弱。本文指出,古籍书店应该找准"低谷"根源,明确办店方针;要立足古旧市场,充分发挥潜能;扩大新书种类,坚持古新结合;加强窗口建设,扩大辐射规模。特别强调,振兴古旧书业的关键在于尽快提高从业队伍的素质水平。

1055

古医籍书名用典释例[J]/王晓鹤,宋凤武.--山西中医,1994,03:50-51

中医古籍的命名很多与古代典故有关。本文对古医籍书名中一些常见的典故进行了解释,包括龙木、石室、兰台、玄珠、外台、折肱等。

1056

古医文献专家钱超尘[J]/兰泉,凤森.--中华儿女,1994,01:71-72

钱超尘教授是我国著名的中医训诂学家和中医文献学专家,在传道授业之余,潜心于中医训诂学、中医文献整理的研究,并在这一领域填补了多项学术空白。本文记录了1993年初夏作者拜访钱超尘教授的经历,介绍了钱先生在中医文献研究与整理、古典文献的研究与普及、培养青年学者等方面的突出贡献。

1057

古易音训疏证[D]/林秀菱.--中兴大学(台湾地区),1998

《古易音训》为宋吕祖谦所撰,乃吕成公取陆德明《周易音义》及晁说之《录古周易》而成。本文考察了该书的学术源流、传本、作者及其在音韵学、版本学、校雠学上的价值,归纳了其用语条例,对《古易音训》进行了疏证,对于多音、多义及传本不同者,亦进行了详细考订。

1058

古籀拾遗·古籀余论[M]/(清)孙诒让著.--北京:中华书局,1989

本书是清末著名经学家、古文字学家孙诒让(1948-1908)的两部考释商周青铜器铭文的著作。

1059

古注凡例在校勘中的应用[J]/朱承平.--中南民族大学学报(人文社会科学版),1989,06:129-132

在校勘古籍中,古注凡例具有揭示衍误线索、提供解决途径、证实考据结果的作用。本文以《读书杂志》《经义述闻》为例,分析了古注凡例厘正故书讹误的情况,包括上下同字注辞当在上字例、同字前后有注则皆当有注例、同字前后无注则皆当无注例、语词费解理当有注例、语词浅显不当有注例、"注言下同"则须前后照应例、古注措辞行文的前后一致例、正文注文语辞相异不应雷同例。

1060

古壮文操作系统和编辑排版系统[J]/刘连芳,顾林,廖宏.--计算机应用研究,1993,06:32-34

本文介绍了古壮文操作系统和编辑排版系统的设计和使用情况,指出该系统可以处理的古壮字达8000余个;解决了古壮字内部码、输入码设计和西文、汉字及古壮字并存的问题;攻克了点阵字、矢量字造字及古壮字的输入、输出、管理等技术难点,现已投入试运行。

1061

谷林谈书——乙亥访谈之二[J]/黄成勇.--中国图书评论,1995,10:34-35

本文是黄成勇乙亥访谈系列论文,介绍了其拜访新华书店编辑谷林先生,谷林先生谈及的读书藏书经历。

1062

故事新编[M]/鲁迅著.--北京:人民文学出版社,1998

本书收录了鲁迅先生创作于1922年至1935年的小说作品《补天》《奔月》《理水》《采薇》《铸剑》《出关》《非攻》《起死》,共八篇。这些作品,有的忠实于历史传说,有的在古人古事的总体构架中,影射现实、针砭时弊、杂有今人今事。书中故事主要以神话为题材,具有鲜明的艺术特色。

1063

《故训汇纂》与《经籍纂(纂)诂》[J]/宗福邦.--武汉大学学报(哲学社会科学版),1996,05:110-116

《故训汇纂》是一部较为全面系统汇辑先秦至晚清古籍中字词训释的大型语文工具书,是继清代训诂巨著《经籍纂诂》之后对我国两千余年训诂研究成果的又一次整理总结。本文从编纂思想、资料收录范围、训诂资料信息量、编纂体例等四个方面比较了《故训汇纂》与《经籍纂诂》的异同,说明了《故训汇纂》一书的特色与价值。

1064

顾广圻的生平与成就[J]/周诚望.--图书馆建设,1980,02:29-33

本文梳理了清代学者顾广圻生平及其在校勘学方面的成就,考察了顾氏善于校勘的原因。认为顾广圻对古书致讹原因的分析正确,特别认同顾氏强调的不能"臆改",而应保留古书本来面貌。指出顾氏对宋本的看法是辩证的,决不迷信宋本。其提出的校勘方法符合科学,实事求是。

1065

顾广圻校书、刻书谈[J]/叶树声.--山东图书馆季刊,1990,03:47-50

本文考察了清代藏书家顾广圻校书、刻书的事迹,指出顾广圻识误敏锐,纠谬正确,善于总结古书致误原因,归纳其错误类型,也指出了顾广圻校刻图书中的不足之处。

1066

顾见山小考[J]/官大梁.--学术研究,1986,01:34

本文考证了清初著名画家、诗人顾见山的生平、师承和著述情况。

1067

顾校本《随园诗话》标点失误举要[J]/王英志.--苏州大学学报(哲学社会科学版),1992,04:56-61

清代性灵派文人袁枚《随园诗话》是中国古典诗话的佳作。本文对顾学颉先生整理校点的《随园诗话》一书中出现的书名号、引号与断句三方面失误进行了校订。之前王果等人曾撰写的《顾校〈随园诗话〉标点质疑》一文,刊于《古籍整理出版情况简报》第163期,指出顾校本标点失误42处,供研究者参阅。

1068

顾老与古籍版本目录学[J]/胡道静.--图书馆杂志,1998,05:5-6

本文从顾廷龙先生的生平事迹,以及其主持完成的《中国丛书综录》和《中国善本古籍书目》两大著作的情况,肯定了他在古籍版本目录学方面所做的贡献。

1069

顾廷龙谈钱穆与《读史方舆纪要》稿本[J]/王大象. --学术月刊,1995,07:99－100

本文为顾廷龙先生与记者就钱穆与《读史方舆纪要》稿本展开的一系列对话,主题包括钱穆先生对于未能亲见《读史方舆纪要》校勘工作完成的遗憾、《读史方舆纪要》稿本定稿时的情况以及先印后校与先校后印双方谁的看法更合理一些等。

1070

《瓜蒂庵书目》与《刚主题跋》——谢国桢先生藏书概览[A]/杨志清. --明史研究第二辑——纪念谢国桢先生九十诞辰专辑[C],1992

《瓜蒂庵书目》是已故著名历史学家,中国社会科学院历史研究所研究员谢国桢先生的藏书目录。本文从佣书堂到瓜蒂庵,瓜蒂庵藏书之特色,搜集丛残、集腋成裘,瓜蒂庵所藏之珍善本《刚主题跋》一书,瓜蒂庵所藏汉魏石刻与砖瓦拓本等几个方面论述谢国桢先生藏书概况。

1071

瓜蒂庵小品[M]/谢国桢著;姜纬堂选编. --北京:北京出版社,1998

谢国桢(1901－1982),字刚主,晚号瓜蒂庵主,是著名的历史学家、文献学家、版本目录学家、金石学家、藏书家,且嗜诗词书法。本书由后人为谢国桢编纂整理,所收分为五辑:治学之路,忆旧题记,学林丛录,序跋举要,古籍钩沉。

1072

关于版本的鉴别[J]/冀淑英. --山东图书馆学刊,1982,01:16－19

本文从怎样认识版本、认识版本的辅助条件、书和外界事物的关系、版本鉴定的有关常识几个方面,论述了关于古籍版本鉴定的问题。

1073

关于版本学若干问题的探讨[J]/柯平,王国强. --郑州大学学报(哲学社会科学版),1997,05:112－116

本文指出版本学是研究文献版本源流及其鉴定规律的科学,范围不能局限于古籍版本,而应是古今中外所有文献的版本。版本学学科体系包括版本学基础理论、版本学史、图书版本源流、文献版本鉴定及版本学分支学科建设。继承和发展传统版本学的方法,重视现代文献版本,加强版本学的实用性,是当前版本学学科建设的重要任务。

1074

关于编辑《全古小说》的若干说明(凡例)[J]/佚名. --明清小说研究,1998,01:4－5

1997年10月17日至19日,"全国文言小说研讨会"召开。与会专家学者围绕中国古代小说概念的内涵与外延、文言小说的范围界定、各时代文言小说家状况的分析、《全古小说》编辑整理及《文言小说家评传》的编撰等问题,进行了广泛深入的讨论。本文系会议论文之一。

1075

关于编制《中国古籍分类法》的初步构想[J]/孙荣. --北京高校图书馆学刊,1998,03:35－38

本文提出,当前古籍管理最迫切需要解决的就是古籍分类标准统一的问题。建议在有一个全国统一的古籍分类体系的基础上,考虑编制一部《中国古籍分类法》,探讨了编制《中国古籍分类法》的分类原则、标记符号等有关技术性问题。

1076

关于博物馆界古籍修复问题的探讨[J]/朱赛虹. --中国博物馆,1989,03:87－91＋84

本文首次将博物馆界面临的古籍修复工作极其薄弱这一存在已久的问题,分析了其形成的客观原因;并从古籍具有的"历史文物性"角度、古籍数遭厄运之历史及其现状,论述了加强修复工作的重要性和迫切性,以及应亟须解决的首要问题;对我国传统古籍修复技术得以流传至今的内在因素进行了探讨,用实例证明其"科学性"与"艺术性"的内涵是其生命力所在。

1077

关于朝鲜族古籍整理研究中的若干问题
[J]/金永德.--延边大学学报(哲学社会科学版),1991,04:97-101

本文从关于朝鲜族古籍的抢救和保存、关于朝鲜族古籍的选题、关于朝鲜族古籍中用汉字记述的民族语言、关于朝鲜族古籍的注解、关于朝鲜族古籍的标点和校勘、关于朝鲜族古籍的翻译几个方面,对朝鲜族古籍整理研究中的若干问题,进行了分析并提出了见解。

1078

关于词曲的标点校订问题[J]/李拓之.--文学遗产,1956,86:1

古籍的文字和句读的标点、校订是整理文化遗产中的一个繁重工作。本文举词曲的标点校订为例说明,如果不采取严谨的态度、精密的功夫,就会发生不应有的错误。

1079

关于《辞通》和《辞通补编》[J]/吴文祺.--辞书研究,1983,04:128-131

近代朱起凤撰《辞通》,由上海古籍出版社重印。本文作者是朱起凤之子,认为胡适、刘大白、林语堂对该书做的序都有不合事实之处,故在文中做了相应辩驳。同时,文中还介绍了即将出版的《辞通补编》一书的主要内容,探讨了《辞通》的功用。

1080

关于当前繁体字使用问题[J]/倪镇封.--杭州大学学报(哲学社会科学版),1990,01:67-70

本文指出,语言文字的运用,是否合乎规范、标准,往往反映一个国家、一个民族的文明程度。必须对繁体字滥用、错用现象进行有效的治理整顿,进一步促进汉字的规范化和标准化。把繁体字的正常使用和滥用现象的界线分清楚,并从要分清翻印古籍与出版现代人评介、论述古人著作的界线,要分清面向港台的出版物与面向全世界发行的出版物之间的界线等角度进行了论述。

1081

关于点校本《见闻琐录》[J]/萧文立.--中国图书评论,1989,02:98-100

《见闻琐录》是晚清士人欧阳昱的见闻笔记,该书点校本由岳麓书社于1987年出版。本文订正了该书句读和断句方面存在的一些问题。

1082

关于《凤归云》标点的商榷[J]/蒋寅.--学术研究,1982,02:17

本文认为张锡厚《敦煌文学》(上海古籍出版社1980年版)对所引《凤归云》曲子词的标点,值得商榷,提出了自己的看法。

1083

关于高校中国古籍注释学学科构建的几点思考[J]/韩格平.--古籍整理研究学刊,1994,06:1-5

本文明确了中国古籍注释学的学科性质是中国古代文献学的重要分支学科,是以系统研究注释中国古代典籍(主要是汉文典籍)的一般规律与基本方法的实用性很强的新兴学科。指明了中国古籍注释学教材编纂的基本走向,包括讲授中国古籍注释史、中国古籍注释学的基本理论和方法论知识等。强调了中国古籍注释学教学过程中,应始终坚持以培养学生注释古代典籍的能力为教学目的,坚持实践第一原则,重视学生实际工作能力的培养。

1084

关于古代典籍整理与研究的关系[J]/李德山.--古籍整理研究学刊,1999,06:6-7

本文论述了古代典籍的整理与研究之间的关系。认为二者是统一的关系,整理是研究的基础,研究则是整理的目的,整理与研究二者相辅相成。整理与研究并重,既不可将二者对立,亦不可顾此失彼。

1085

关于《古典戏曲存目汇考》的几个问题[J]/邓长风.--湖北师范学院学报(哲学社会科学版)(后更名为湖北师范大学学报),1990,02:60-68

庄一拂先生编著的《古典戏曲存目汇考》一书,1982年12月由上海古籍出版社出版。

本文从作品、作家、体例三个方面对该书进行评述,主要谈其疏误与不足,对成就与长处略而不论,以免枝蔓。

1086

关于古籍版本学的探讨[J]/郭松年.--黑龙江图书馆,1990,02:60-63

我国古籍版本学的研究,历史悠久,基础深厚。但从对其完整体系的探讨和许多基本问题研究的深度来说,却也是一门必须深入研究和不断总结提高的重要学科。本文探讨了古籍的版本、古籍版本学、古籍版本学的发展。

1087

关于古籍的整理和阅读[J]/裴汝诚.--历史教学问题,1982,03:55-57

本文针对《历史教学问题》刊物开辟有关古籍整理和阅读的专栏进行了评述,指出抓紧古籍整理工作,有两个主要方面,一是多标点整理一些古籍,二是采取措施培养古籍整理人才。该栏目的开设将直接或间接为普及历史名著知识、提高阅读古籍的能力和兴趣,培养古籍整理人才、促进古籍整理事业的发展做出应有的贡献。

1088

关于古籍翻译一些想法[J]/殷焕先.--古籍整理研究学刊,1986,02:1

本文谈论了作者对于古籍翻译的一些看法,认为对于古籍的翻译应搞清楚哪些古籍应先行翻译,是全译还是选译,怎样对待翻译工作这些问题,翻译很难做到尽善尽美,但必须存一个做到尽善尽美的心去工作,绝不出之于轻易。

1089

关于古籍分类的几个问题[J]/曹之.--武汉大学学报(哲学社会科学版),1987,02:118-123

目前图书馆界对于古籍分类的认识极不统一,归纳起来有两种意见。一是古籍分类应沿用《四库法》(即《四库全书总目》分类法);二是古今图书应统一用新法分类。本文赞同古今图书统一用新法分类,并从"对口"

论、"工具"论、"熟悉"论、"多数"论以及"问题"论五个方面,进行了阐释和论证。

1090

关于古籍校勘工作的一些意见[J]/傅璇琮.--文学遗产,1957,180:1

本文认为校勘、标点古典文学书籍,是一件严肃的工作。从事这项工作的人,必须具有认真负责的精神和一定的专门知识。校勘古籍不仅要校出文字的异同和脱落,还应该订正原著在材料方面明显的、不应有的错误,并就此举两例加以说明。

1091

关于古籍今注今译[J]/张政烺.--传统文化与现代化,1995,04:83-85

本文以"二十四史"今注为例,谈了古籍今注今译工作的区别,指出二者读者面不同,要求也不同。作今注以总结迄今研究"二十四史"的成果,条件是成熟的。几十年来很多有声望的断代史专家已各有厚积,可以组成精干的班子。绝不能急于求成,如果注者迫于时限而草草成书,出现纰漏,将贻害读者,愧对后人。

1092

关于古籍善本的范围[J]/冀淑英.--文献,1988,03:180-187

本文从时代问题、内容问题、印刷技术、书中的批注校跋、书品、外界事物对书籍的影响几个方面,论述了什么是善本以及哪些书可以收为善本。

1093

关于古籍索引工作的若干思考[J]/陈东辉.--北京图书馆馆刊(后更名为国家图书馆学刊),1997,01:42-47

本文在回顾中国古籍索引工作历史的基础上,对今后该工作的开展提出了几项建议,包括要从根本上改变对古籍索引编制工作的偏见、注重电子计算机等现代科学技术手段的应用等。

1094

关于古籍整理出版工作[J]/隋树森.--文献,1981,04:20-22

本文认为在大规模整理古籍之前,应当先选择一些比较有用的古书重印,并制定出一批书目,建议成立一个领导机构能够更好地与参加工作的专家沟通联系,并着重谈了旧日工具书重印的问题。

1095

关于古籍整理出版工作的思考[J]/杨牧之. --编辑学刊,1992,04:36 - 41

本文从抓住机不可失的形势;规划是一步步完成事业的保证;保证质量才能超过前人,无愧于后人;有新的境界,才会有新的气派几个方面,探讨了对古籍整理出版工作的思考。

1096

关于古籍整理的笔谈(一)[J]/周谷城,白寿彝,顾廷龙等. --文献,1981,10:12 - 35

本文记录了周谷城、白寿彝、顾廷龙、隋树森、戴逸、郭预衡、阴法鲁、刘乃和、冀淑英诸位专家学者从不同角度对古籍整理工作提出的意见和建议。

1097

关于古籍整理的笔谈(二)[J]/谭其骧. --文献,1982,11:10 - 26

本文记录了谭其骧先生提出的当时学界最紧迫的任务是大量翻印古籍的观点,阐明了他对古籍整理工作的一些意见和建议。

1098

关于古籍整理的笔谈(三)[J]/郭绍虞,吴泽,吴晗等. --文献,1982,12:157 - 164

本文记录了郭绍虞、吴泽、吴晗、常教、林世堂诸位专家学者从不同角度对古籍整理工作提出的意见和建议。

1099

关于古籍整理的笔谈(四)[J]/冯友兰,任继愈,周祖谟等. --文献,1982,13:1 - 11

本文记录了冯友兰、任继愈、周祖谟、季镇淮诸位专家学者从不同角度对古籍整理工作提出的意见和建议。

1100

关于古籍整理的笔谈(五)[J]/夏鼐,王力,韩儒林等. --文献,1982,14:24 - 39

本文记录了夏鼐、王力、韩儒林、常任侠、唐圭璋、田余庆、李鸿范、饶宗颐诸位专家学者从不同角度对古籍整理工作提出的意见和建议。

1101

关于古籍整理的几点意见[J]/肖璋. --文献,1982,01:18 - 20

本文从要有"树人"思想、要有轻重缓急之分、要特别重视质量三个角度出发,提出了对于古籍整理工作的意见。

1102

关于古籍整理的一些问题[J]/崔文印. --史学史研究,1985,01:21 - 28 + 47

本文从什么是古籍、古籍为什么需要整理和古籍怎样进行整理三个角度入手,论述了古籍整理过程中的问题。

1103

关于古籍整理工作中的几个问题[J]/骆伟. --广东图书馆学刊(后更名为图书馆论坛),1986,03:40 - 45

本文从怎样认识古籍整理的工作意义、古籍整理的工作内容、积极培养古籍整理专业人才、古籍整理的改革问题四个方面,讨论了古籍整理工作有待解决的问题。

1104

关于古籍整理和引用中存在的若干问题[J]/林薇. --北京大学学报(哲学社会科学版),1985,06:117 - 120

本文就古籍整理和引用中存在的若干问题,分类举例进行了说明,包括《林纾年谱简编》中的望文生义问题、林纾的《答大学堂校长蔡鹤卿太史书》中的句读混读问题、商务印书馆1981年新版《黑奴吁天录》序中的似是而非问题、郭绍虞主编的《中国历代文论选》中的以讹传讹问题。文末指出人们对于古籍整理和引用工作的严肃性尚未予以足够重视,似有必要大声疾呼,以匡时弊。

1105

关于古籍整理中异体字的研究[J]/杨应芹. --江淮论坛,1992,06:103 - 109

本文分析异体字的特点和类型,指出正

确地处理古籍中的异体字,要从形音义三个不同的角度对文字进行考察,必须综合运用文字、音韵、训诂方面的专业知识和历史文化等知识。这是一项复杂而细致的工作,说起来就不轻松,做起来会更艰难。

1106

关于古籍整理中字形问题的一些意见[J]/林仲湘. --广西大学学报(哲学社会科学版),1984,02:28-31

本文分析了古籍中字形问题复杂的原因,列举实例指出在避讳字、繁简字、通假字、古今字等方面的问题,已经基本解决或接近解决。但对于异体字、新旧字形等方面还尚未解决,希望得到有关方面重视。

1107

关于古籍中有些混乱字体和避讳字的清理问题[J]/阴法鲁. --文献,1981,04:29-30

本文从异体字、假借字和古今字、避讳字几个角度,讨论了古籍中的混乱字体和避讳字的清理问题,提出了古籍整理应有计划,剔除糟粕,吸取精华,批判继承我国优良的文化成果。

1108

关于古籍注释的两个问题[J]/陈芳岚. --史学史研究,1985,03:54-57+72

本文指出,古籍注释工作,既要吸收前人研究的成果,利用旧注为今注服务,又要充分吸收今人的研究成果,吸收邻近学科的研究成果,才能做好古籍整理工作。今天的古籍整理工作者完全可以在批判与继承的基础上,利用时代给我们提供的各种有利条件,做出超越古代学者的第一流的成果来。

1109

关于古籍注释说明歧义问题——谈《汉书注》释义一方法[J]/孙良明. --古籍整理研究学刊,1998,06:4-6

在现代语法学研究中,同样的语词组合可以有两个(或几个)意思,称为歧义结构。本文举例说明《汉书注》中的"一曰"("一说")释义方式,指出其从语法学看,是古代的歧义结构分析;从训诂学看,注释古籍应该承

认有两种解释并存现象。这可以说是颜师古对语法学、训诂学的一个贡献。

1110

关于馆藏吴棫《诗经古音》真伪问题[J]/张金环. --图书馆工作与研究,1995,01:42-44

天津图书馆馆藏抄本《诗经古音》,世传该书为宋代吴棫久佚复出之书。本文介绍吴棫生平及其著作,经过对佚书《毛诗叶韵补音》和传本《韵补》的考订,说明天津图书馆现存的这部抄本《诗经古音》不是宋代吴棫著作。

1111

关于胡士莹先生的《弹词宝卷书目》[J]/萧欣桥. --文学遗产,1986,04:126

本文介绍了作者整理胡士莹先生《弹词宝卷书目》的过程,并针对增订本有否吸取关德栋先生《胡氏编著〈弹词目〉补订》的某些材料等问题进行了解答。

1112

关于嘉靖本《三国志通俗演义》小注的作者[J]/章培恒. --复旦学报(社会科学版),1985,03:173-183

嘉靖本《三国志通俗演义》正文附有小字注,笔者认为此项小注即出于该书作者罗贯中之手,并据此考定罗贯中的生活年代及写作此书的大致年代。王长友同志发文提出商榷意见,认为所有的小注都是后人所加。本文对王长友同志提出的六个方面证据逐一进行辩驳。

1113

关于《贾子》的整理[J]/彭昊乾. --西北师大学报(社会科学版),1962,02:14-16

本文提出了《贾子》一书整理过程中应注意的几个问题,包括判断真伪、考订篇名和文本校释等。

1114

关于《江水》选注问题之我见[J]/林少勇. --福建师大福清分校学报(后更名为福建技术师范学院学报),1986,01:63-64

本文指出《水经注·江水》一篇,各家注文所选段落不一,造成很多不必要的问题。

认为选文注释应当做到忠于原著,避免断章取义,使题目与内容相符,注释与选文原意相合。

1115

关于校勘本《中州诗钞》的几个问题[J]/潘民中,孙瑞.--平顶山师专学报(后更名为平顶山学院学报),1998,05:76-80

本文指出中州古籍出版社出版的校勘本《中州诗钞》存在着书名欠妥、校勘名不符实、句读失误较多、校对不精等问题,使这部比较重要的古籍整理成色大打折扣。从书名、校勘、标点、校对等方面,对《中州诗钞》进行补正。

1116

关于校勘学的性质与对象[J]/白兆麟.--古籍整理研究学刊,1996,01:25-28

从古代到近代,我国不仅具有极为丰富的校勘成果与校勘经验,而且在校勘理论上,诸如校勘原则、校勘通例、校勘方法等方面,也有许多规律性的概括。本文考察了历代校勘成果,涉猎了30年代以来校勘学方面的旧著新论,对校勘的性质和对象问题作进一步的论述。

1117

关于《会稽郡故书杂集》的书衣和书面[J]/马蹄疾.--江海学刊,1982,06:105

《会稽郡故书杂集》是鲁迅早年辑录的一本有关故乡绍兴的地方文献古籍。该书由陈师曾题写书衣,钱玄同题写书面。本文介绍了相关情况,指出鲁迅重视书籍装帧。

1118

关于辽宁省图书馆古籍藏书的几件事[J]/徐红岚.--图书馆学刊,1995,02:60-62

本文介绍了辽宁省图书馆古籍藏书的源流情况,包括该馆接收国民党运往北京的珍贵古籍、接收国民党沈阳图书馆的古籍以及文人志士捐赠的古籍。

1119

关于《刘子集校》中的几个问题[J]/付亚庶.--古籍整理研究学刊,1988,01:37-40

本文为作者读上海古籍出版社出版的林其锬、陈凤金合撰《刘子集校》一书后所做。指出该书广列版本,比勘异同,集前人校注《刘子》诸说于一帙。但仍存在一些问题,如《集校》于比勘所采诸本、集前人诸说中失检之处较多;《集校》于正文中对专用名词所标的专名线,亦有不妥之处;《集校》于诸本文字之异,亦间有己见,有些说法值得商榷。

1120

关于《六家诗名物疏》[J]/徐超.--山东大学学报(哲学社会科学版),1998,04:84-85

《四库全书》收录《六家诗名物疏》一书,但在历来的目录学著作或辞书里,对该书撰者著录不一。经考证,本文认为该书撰者应为"冯复京",而非"冯应京",还对该书内容源流进行了考订。

1121

关于吕辑《愧讷集》的版本鉴定问题[J]/刘钧鸿.--暨南学报(哲学社会科学版),1986,02:105-107

本文研究了暨南大学图书馆藏《朱柏庐先生愧讷集》一书的版本问题。经考证,该书是雍正版而不是康熙版,主要依据该书刻印者在《跋》中提及书成于"雍正三年"字样,以及书中避讳"胤禛"二字。

1122

关于满文档案整理翻译的几个问题[J]/佟永功,关嘉禄.--满族研究,1996,04:33-37

满文档案是清史、满族史等学科研究的重要文献资料。本文讨论了整理翻译满文档案应注意的几个问题,一是要正确认识和处理整理与翻译的关系;二是开始译编之前首先要进行科学的选题并加以论证,既要考虑到科学研究的需要,又要从满文档案的实际状况出发,把二者很好地结合起来;同时还强调了翻译过程中应注意译文风格、直译与意译、音译等问题。

1123

关于《毛诗序》的作者和评价问题答朱冠华[J]/王锡荣.--社会科学战线,1986,02:257-265

《毛诗序》作于何人,迄今仍是争论未休

的问题。本文主张该书为汉初人毛公所作，香港学者朱冠华先生以为作于子夏。本文提出商榷意见，否定了朱冠华《毛诗序》"作于子夏"以及《毛诗序》"必不可废"等观点。

1124

关于《山海经》校译的几个问题[J]/袁珂.--思想战线,1983,05:70-73

本文是作者为上海古籍出版社出版的《山海经校译》一书所做的序言，也是对该书编撰过程的总结，列举了对《山海经》原文进行校改更正的十项问题，如对错字、脱文、衍文、倒文、经文入注、脱简和错简等处理的情况。

1125

关于《山西省古籍整理出版规划》的说明——在山西省古籍整理出版领导组成立大会上的发言[J]/姚奠中.--晋中师专学报(后更名为晋中学院学报),1987,01:5-6

本文为作者在山西省古籍整理出版领导组成立大会上的发言，主要介绍了《山西省古籍整理出版规划》的六个组成部分，包括：《三晋古籍丛书》《古籍整理研究小丛书》《古典小说丛书》《三晋名人名著研究丛书》《近代山西学者古籍研究论著》，以及外籍作家描述山西的作品和有学术价值、填补空白性的作家集子等。

1126

关于善本古籍书目数据库建设的回顾与思考[J]/王运堂,李勇慧.--中国图书馆学报,1999,02:47-50

本文以山东图书馆为例，研究了建构古籍书目数据库应具备的条件，强调了培养一批掌握新知识、能熟练运用计算机的新型人才的重要性，指出应进行计算机知识及输入方法、CNMARC、GCS编目软件培训。介绍了山东省馆善本古籍书目回溯建库工作的流程，包括做缺省工作单、设检索点等，说明了古籍书目数据库建设中亟待解决的问题。

1127

关于《上山采蘼芜》的标点问题[J]/龚维英.--殷都学刊,1983,Z1:64-65

刘心予同志曾对余冠英先生《乐府诗选》(1953年人民文学出版社)中《上山采蘼芜》一诗的标点问题提出不同看法。本文通过分析和比较诗歌内容，指出刘心予的标点版比余冠英的标点版板滞。同时，作者也提出了自己的标点方案。

1128

关于师专图书馆古籍利用率的几个问题[J]/李国莲,周琼.--黄淮学刊(社会科学版),1994,03:114+81

本文分析师专图书馆古籍利用率较低的原因，提出应培训专门的古籍管理人员；做好古籍整序工作，健全馆藏古籍目录体系；加强馆藏古籍的宣传报道，开展多途径揭示；开展馆际协调工作；古籍对外开放，实现资源共享等建议。

1129

关于《史记》标点问题的札记[J]/刘家钰.--天津商业大学学报,1984,02:69-73

本文对中华书局1959年标点本《史记》中出现的一些标点问题提出了商榷意见。

1130

关于《史通》校点质疑[J]/劳允兴.--北京社会科学,1987,01:94-96

唐代刘知几所著《史通》为史家要书。近年来多见以《史通》名篇入选编集。1978年《史通通释》由上海古籍出版社出版，王煦华同志校点。本文分析了各家校点中存在的断句不准，文理难通；长句未能断开，寻思费解；分节过多，有损篇章等问题。

1131

关于室名别号的几条拾遗、匡谬、质疑[J]/邹泽钧.--江苏师范大学学报(哲学社会科学版),1993,02:156-158

我国历代不少骚人墨客不仅有名、号，还有各种各样的室名别号。本文对前人著述中出现的室名别号进行拾遗、匡谬和质疑工作，分类举例予以说明。

1132

关于四库收录的《高氏三宴诗集》的版本和编者问题[J]/汤华泉.--图书馆工作与研究,

1996,01:61

本文考订了四库本《高氏三宴诗集》的版本和编者问题。指出该书当为明代杨尔曾刊刻,并非宋本。此书编者也绝非高正臣,而是明代书坊中妄人之所为。

1133

关于宋刻本在古籍中的价值问题[J]/朱桂芳. --郑州大学学报(哲学社会科学版),1996,05:121 – 124

本文指出,在版本学上,宋刻本因其年代久远、流传极少,十分珍贵,在古籍整理中出现了不少唯宋刻本是从的情况。其实,考察宋刻本在刻印前的校勘、刻印过程都存在着大量问题,诸如校勘草率、漏刻、误刻等几乎无书不有,严重影响了宋刻本在古籍整理中的地位。宋刻本虽以其版本最早见长,但不可尽信,更不可盲信,可以把它作为古籍校勘中的依据,而不可以凡宋刻本即视为权威本,应该进行甄别,考镜源流,从仔细综合校勘中发现问题,解决问题。

1134

关于宋元刻本[J]/瞿凤起. --文献,1984,03:248 – 249

本文介绍了铁琴铜剑楼旧藏《史记》、铁琴铜剑楼旧藏残本(旧)《唐书》以及《白氏六帖》等宋刻本。文中还指出,1206 至 1279 年间元朝统治地区所刻之书,应统称为蒙古本,而不应称为宋本或金本,举铁琴铜剑楼旧藏《孔氏祖广记》予以说明。

1135

关于缩微文献[J]/柳较乾. --图书馆建设,1985,01:34 – 36

本文在考察缩微技术发展和缩微出版历史的基础上,分析了缩微复制品的类型和特点,探讨了缩微文献在图书馆的地位与作用,针对图书馆缩微文献工作提出了设想。

1136

关于《坛经》的版本源流问题——慧能得法偈初探[J]/净慧. --香港佛教(在香港地区发表)1989,351:8 – 12

本文通过追溯《坛经》版本的历史源流,讨论《坛经》最初版本的问题。认为从慧能圆寂到宗宝本《坛经》问世的 578 年间,《坛经》的发展演变是一个由繁到简,又由简复原的过程。

1137

关于唐代历史文献的再认识[J]/吴枫. --松辽学刊(后更名为吉林师范大学学报)(人文社会科学版),1990,02:34 – 40

本文追溯了唐代文献积聚和整理的历史,考察了唐人著述的整体情况。据作者统计,唐人著述约 2600 余种,呈现出几个重要特点:经学归于一统,著作日益减少;史学取得长足发展,史学著作大幅增加;佛道著述显著增加;诗文集、笔记小说不断丰富;综合性类书的编纂具有时代特色;公私藏书数量可观。

1138

关于《唐宋传奇集》手稿[J]/顾农. --鲁迅研究月刊,1993,04:30 – 35

《鲁迅辑校古籍手稿》第四函收入了鲁迅为出版《唐宋传奇集》准备的大部分底稿。本文讲述了鲁迅收集唐宋传奇史料的经过,指出从这些资料中不难窥见鲁迅研究唐宋传奇文上下求索的漫长过程和他去伪存真、精益求精的治学态度。鲁迅本着求真本,斥伪本;真本之中又尽量采用"善本"两个基本原则,给相关研究人员在辑校古籍方面甚深的启示。

1139

关于图书馆古籍修复工作的思考[J]/解说. --图书馆论坛,1997,06:64 – 65

本文从古籍修复工作的重要意义、古籍修复工作存在的问题、对古籍修复工作的建议三个方面,提出了关于古籍修复工作的思考。

1140

关于图书异名与《图书异名通检》[J]/苗同圃. --山东图书馆季刊,1984,01:60 – 63

古籍中存在同书异名、名目混乱的现象。本文考察了古籍异名产生的原因,说明《图书异名通检》是解决这一问题的重要工具书。也指出该书内容还不够完备、遗漏尚多、偶有讹误,编辑体例也还不够谨严完善。

1141

关于王羲之尺牍法帖校勘整理的方法问题——兼评《法书要录》的两种校本[J]/祁小春. --北京高校图书馆学刊,1997,02:38 - 40

王羲之尺牍资料多收在《法书要录》。迄今该书有两种经整理校勘的版本传世:1962年由范祥雍校点,启功、黄苗子参校,人民美术出版社于1984年出版的本子;洪丕谟整理校点,1984年上海书画出版社以"中国书学丛书"系列的形式出版的本子。本文就此两种本子的校勘情况、方法及其得失略加评介。

1142

关于王拯及其《龙壁山房诗文集》的研究[D]/李芳. --广西大学,1999

本文对"岭西五大家"中成就显著的王拯及其《龙壁山房诗文集》进行全面研究,包括对作者的生平、政治活动、文学思想的考察,以及在校勘注释的基础上,对作品的思想内容、艺术风貌进行分析。

1143

关于《王子安集》的佚文与校记[J]/王同策. --古籍整理研究学刊,1997,02:44 - 47

上海古籍出版社整理出版了清人蒋清翊注释的《王子安集注》,书后附录了罗振玉校录的《王子安集》佚文和《王子安集》校记,为读者得窥王文全璧、刊正误漏及更多掌握王文之异文甚有帮助。本文介绍了相关情况。

1144

关于我馆古籍文献开发利用的几点思考[J]/张新航. --贵图学刊,1994,01:46 - 48

本文以作者所在的图书馆为例,分析了古籍文献利用率低,读者少的问题,提出更新观念,适应发展的需要:多形式、多渠道,由封闭型向开放型发展;抢救古籍,保证古籍文献开发利用的物质基础;加强专业人员队伍建设,确保古籍文献开发利用工作的深入开展等建议。

1145

关于我国民族古籍整理工作现代化的思考[J]/李晓菲. --西南民族学院学报(哲学社会科学版)(后更名为西南民族大学学报)(人文社会科学版),1998,01:139 - 142

本文阐述了我国民族古籍整理工作现代化的概念与内容、意义和条件等,提出民族古籍整理工作现代化的对策,包括提高民族古籍重要性的认识、加强组织和经费保障、提前做好普查和编目标准化工作,以及配备大量掌握现代化技术的工作人员等。

1146

关于五泉山崇庆寺的《永乐南藏》——兼谈我省善本书保护问题[J]/邵国秀. --图书与情报,1994,04:49 - 50

本文介绍了五泉山崇庆寺《永乐南藏》的基本情况,并以该部善本古籍保护为契机,讨论了甘肃省善本古籍保护方案,包括组织专家,对收藏在全省各图书馆的古籍中的善本进行普查鉴定、统一登记;制定全省统一的古籍善本保管办法,由政府拨专款,逐步改善保管条件;制定全省统一的阅览办法等。

1147

关于现代诠释与古籍整理的思考[J]/陈培礼,彭海荣. --十堰职业技术学院学报(后更名为湖北工业职业技术学院学报),1999,03:53 - 55

"现代诠释"是西方新学中的重要学术理论命题,来自对西方20世纪文论与美学产生重大影响的欧美现代诠释学派的理论。本文指出,本体论和方法论意义上的现代诠释,对我国古籍整理和古代理论形态的转化有一定的借鉴意义。

1148

关于新版《山海经校注》的点滴意见[J]/谢崇安. --社会科学战线,1982,02:165

本文讨论了袁珂先生《山海经校注》一书中《海外南经》和《大荒西经》的校注问题。

1149

关于《乐记》的作者问题[J]/周柱铨. --北方音乐,1981,01:37 - 39

《乐记》是我国古代一部关于"乐"的美学论著。该书作者存在争议,一般认为是孔子的再传弟子公孙尼子。本文分析指出,根据目前所掌握的资料,只能认为公孙尼子作《乐记》一说并非毫无依据,但将《乐记》就断为公孙尼子所作,理由是不够充分的。还是不作结论为好。

1150

关于《阅世编》作者叶梦珠的生卒年问题——兼与来新夏同志商榷[J]/江功举.--成都大学学报(社会科学版),1983,02:90 - 91

上海古籍出版社点校出版了明末清初人叶梦珠笔记《阅世编》十卷。点校者来新夏同志认为叶氏生于明崇祯年间,约卒于清康熙三十几年,享年六十多岁。本文分析指出叶梦珠生年应当明确肯定为明天启四年,即公元 1624 年;其卒年,可以保守地暂定为清康熙四十三年,即公元 1704 年;享年至少为八十一岁。

1151

关于《越绝书》的作者、成书年代及其篇卷问题[J]/徐奇堂.--广州师院学报(社会科学版),1990,02:41 - 46

《越绝书》是一部专记吴越地区地方史地诸事的古籍。关于《越绝书》的作者、成书年代及其篇卷问题至今尚无定论。本文认为《越绝书》由东汉初年时人袁康编纂而成;至东汉末年,吴平又对其文字进行了加工,稍后又经过无名氏的附益,最后才形成是书现在的面目。还对此书卷篇次序、亡佚篇目及篇目名称等加以考证,提出了不同前人的看法。

1152

关于《越绝书》及其作者[J]/陈桥驿.--浙江大学学报(人文社会科学版),1979,04:36 - 40

《越绝书》年代悠久,内容丰富,是我国一部珍贵的历史文献。对此书历来有不少学者花费过大量精力,获得了许多成果。但此书作者及渊源来历等等,仍然存在不同意见。本文试做探析。

1153

关于《战国策》新标点本的一些问题[J]/邱少华.--首都师范大学学报(社会科学版),1979,04:44 - 50

本文从汇注的体例问题、校勘问题、标点断句问题等几个角度,对《战国策》新标点本(上海古籍出版社,1978 年版)存在的问题提出了意见。

1154

关于《赵注孙子十三篇》[J]/谢金溪.--图书馆,1982,04:56 - 57

本文介绍了《赵注孙子十三篇》的版本情况和注文内容。

1155

关于整理本平精装古籍利用的思考[J]/喻剑庚.--南昌大学学报(人文社会科学版),1990,02:102 - 104

本文从古籍载体材料之分析、线装古籍与平精装古籍之比较、读者之分析、工作人员之分析四个角度,就高校图书馆对当前出版最为普遍的整理本平精装古籍的利用提出了见解。

1156

关于整理出版《稿本丛刊》的管见[J]/顾廷龙.--图书馆杂志,1982,03:10

本文是顾廷龙先生针对整理出版《稿本丛刊》一事发表的看法。指出整理出版稿本是一项很有意义的工作,但应首先了解稿本的情况及价值。在摸清未刻稿本包括传抄本的家底方面,建议在全国善本书目的《征求意见稿》基础上,选编一个待刊书目;分别写提要,介绍情况,以供规划小组讨论选用;由古籍整理出版规划小组通函各省市图书馆征求稿本目录,并请各馆写内容简介。

1157

关于整理出版中医古籍的刍议[J]/周光富、杨正秋.--四川中医,1983,03:57 - 58

本文从整理出版,不是重新改作;古书今译,也是一项相当艰苦的再创造工作;做好提要钩玄和校勘者按语,也是相当重要的几个角度,对中医古籍的整理出版工作提出了见解。

1158

关于整理古籍的几个问题[J]/白寿彝.--文献,1981,04:15 - 18

本文指出,古籍整理要多、快,要严肃认真,系统化、多样化和计划化。要建立整理队伍,并着重强调了少数民族古籍和各种手写本的整理情况,以及尽早地把清史馆组织起来,编修清史。

1159

关于整理古籍的问题[J]/张舜徽.--华中师院学报(哲学社会科学版)(后更名为华中师范大学学报)(人文社会科学版),1982,S1:1－5

本文从指导思想、整理古籍的准备工作、整理古籍的两种方式、整理古籍的组织机构几个方面,探讨了有关整理古籍的问题。

1160

关于整理古籍的一点意见[J]/赵光贤.--文献,1982,01:20－22

本文指出,搞好古籍整理工作首先要有计划地拟定一个书目,其次要组织好人员的培训和分工,还应对印刷问题提前做好充分准备。古籍整理工作是非常必要的,但问题很复杂,要作好全面规划,作好充分准备,工作才能做好。

1161

关于中国参与 RLG—CHRB 工作的调查报告——兼谈中国古籍书目数据库的建设[J]/杨光辉.--上海高校图书情报学刊,1996,02:20－23

本文从 RLG—CHRB 概况、五大馆工作情况分析、关于中国创建古籍书目数据库的几点看法几个角度,解答了中国参与 RLG—CHRB 工作这一计划对我国传统古籍编目会产生哪些影响、中国的古籍编目界怎样面对机读目录这一全新的目录形式,以及中国能否创建自己的古籍书目数据库几个问题。

1162

关于中国古籍版本学基本理论研究现状述评[J]/王国强.--河南图书馆学刊,1993,01:36－39

中国古籍版本学基本理论,关系到这门学科的整体走向和发展深度。本文从中国古籍版本学定义、研究内容、研究对象、意义和

任务四个方面对各家观点进行了评述。

1163

关于中国古籍善本的范围,版本鉴定和目录组织[J]/崔建英.--上海高校图书情报学刊,1992,01:45－47

本文是 1989 年 5 月 19 日中国科学院图书馆崔建英先生于美国普林斯顿大学的发言,介绍了中国古籍善本的时代下限,版本鉴定的难度和目录组织的特殊性等。

1164

关于《中国善本书提要》[J]/李剑雄.--社会科学战线,1984,03:333－337

王重民先生遗著《中国善本书提要》于1983 年出版。本文介绍了该书的基本情况和写作特点,概述王重民先生生平事迹,分五个阶段梳理了王重民先生为目录学、古典文献学做出的卓越贡献,表达缅怀思念之情。

1165

关于《中图法》R2"中国医学"类编列中医文献研究旨归分类表的设想[J]/孙立曼.--四川图书馆学报,1999,05:44－50

本文指出了三版《中图法》R2"中国医学"类,类分中国医学古籍存在的问题和原因,运用中医文献研究旨归分类法知识,设计编列了《中图法》R2"中国医学"类中医文献研究旨归分类法。

1166

关于《中图法》类分古籍图书的思考[J]/董桂兰.--镇江师专学报(社会科学版)(后更名为高校教育管理),1996,04:105－107

长期以来,图书馆界对古今图书大多采用分开分类的方法,即古籍图书用传统《四部分类法》,现代图书采用《中国图书分类法》。实践表明,古今图书分开分类、分开管理给现代化图书馆管理工作带来一定难度,给读者检索文献也造成了许多不便。笔者探索用《中图法》类分古籍图书,使古今图书能采用统一的分类体系。

1167

关于中文古今图书统一分类问题初探[J]/侍依.--晋图学刊,1986,01:22－26

本文指出,近几年来,我国图书馆界对于中文古今图书是否应该用同一分类法类,古籍分类用何种分类法合适的问题,一直存在争议。图书馆工作要现代化,首先要求业务工作、技术工作尽可能做到统一化、标准化,而图书分类的统一、标准则是最基本的。一部新版、真正适合统一类分古今图书的《中国图书分类法》是当前急需的,有了这部分类法,我们才能实现古今图书的统一分类。

1168

关于中医古籍文献整理研究的思考与对策[J]/蒋力生. --江西中医学院学报(后更名为江西中医药大学学报),1997,04:27 - 28

本文指出,尽快建立一支基础扎实、力量雄厚、水平较高及梯队结构合理的研究队伍,是开创中医古籍文献研究新局面的最基本而又最重要的条件。还要彻底革除自我封闭的旧观念,真正树立起现代意识,才能给中医古籍文献研究注入生机和活力。必须拓宽思路,把中医古籍文献研究同中医相关领域的研究结合起来,采用多元、系统、逻辑、物理等先进研究法,才有可能开创一个新的局面。

1169

官私藏书楼[J]/郑如斯,萧东发. --紫禁城,1997,03:8 - 13

本文介绍了藏书楼的起源、藏书制度的形成、明清著名藏书楼、著名藏书家、古代藏书的命运、藏书楼与图书馆等。

1170

馆藏古籍保护刍议[J]/应洪兰. --西南民族学院学报(哲学社会科学版)(后更名为西南民族大学学报)(人文社会科学版),1998,S2:60 - 62

本文根据青海民族学院图书馆的实际情况,讨论了古籍保护工作中防火、防潮、防蛀、防尘等方面的问题。

1171

馆藏古籍的价值及来源[J]/沈乃文. --北京高校图书馆,1993,01:113 - 116

北大图书馆馆藏古籍总量为150万册,含善本书18万册,珍稀品种和版本数以百计,在全国古籍收藏中占有重要地位,在国际上也有较大影响。本文指出北大图书馆馆藏古籍是在90年历史中辛勤搜集累积而成的,分四个阶段论述古籍的来源及价值。

1172

馆藏古籍分类目录(第一辑 文学)[M]/辽宁省图书馆编. --沈阳:辽宁省图书馆,1957

本书目共收馆藏线装文学书5000余种,善本、精装古籍及平装书均未收录。本书目按"东北图书馆图书分类法"分类,共分文学论、诗话、小说论、杂论等14个类目,另附有日本、美国、法国及其他各国文学书12种。除按分类顺序排列外,并按著者年代、出版时间依次编排。

1173

馆藏古籍概览[J]/高洪钧. --津图学刊,1997,01:101 - 115

本文介绍了天津师范大学图书馆馆藏古籍情况。该馆建立于1958年,现有中外文藏书125万余册。其中中文线装古籍近12万册,善本书600种。

1174

馆藏古籍孤本提要[J]/陈玉红,贺达. --图书馆学研究,1992,06:75 - 78

《吉林省古籍善本书目》出版后,因篇幅和经费原因,一些海内孤本并未详加著录。本文将吉林省图书馆馆藏《书集传音释》《书经便蒙详节》《古经解钩沉》《汉隶字源》《篆林肆考》5种孤本分别做了提要介绍。

1175

馆藏古籍善本版刻举隅[J]/黄友铎. --图书馆员,1994,03:26 - 30

四川图书馆根据《全国古籍善本总目收藏范围》提出的古籍历史文物性、学术资料性、艺术代表性而又流传较少的原则,结合实际情况,对馆藏古籍进行鉴别,选出省级以上善本4282种4778部60735册。报送全国古籍善本书目约有1764部29161册。究其版刻类别(制版种类和印刷的方法),品种繁多,不能一一详列,本文就主要者各举数例。

1176

馆藏古籍整理随记[J]/张梅秀. --晋图学

刊,1992,03:55-56

本文从准备工作和原目录著录错误及解决办法两个角度,记述了山西大学图书馆对馆内15万册线装古籍藏书整理工作的全过程,举例论述了整理工作中所遇到的问题,以及工作人员的解决办法,希望能够为兄弟馆的相关工作提供经验。

1177

馆藏汉文古籍少数民族史料评介[J]/王忠. --青海民族研究,1998,04:92-97

本文从青海民族学院图书馆典藏的汉文古籍中,选取部分参考价值高、信息容量大,并与该省主要少数民族相关的史书专著加以评述,在此基础上对部分同类文献采用以点带面的方法予以简要列举,以提高这批专题文献的使用效率。

1178

馆藏冀人所撰数种稀见古籍提要[J]/孙国良,南玉. --北京图书馆馆刊(后更名为国家图书馆学刊),1999,03:120-124

本文介绍了石家庄市图书馆馆藏的冀籍学人之作,包括《乔文衣集》《燕市草》《石钟集》《半园集》《耐俗轩诗集》《观始集》《嘉树堂吟卷》《读书堂集》《丽奇轩文集》《梦笔山房茧瓮集》《闲云老人传》等。

1179

馆藏《容斋五笔》介绍[J]/董国清. --档案天地,1999,S1:14

《容斋五笔》是宋代洪迈撰写的一部关于历史、文学、哲学、艺术等方面的笔记,与沈括《梦溪笔谈》、王应麟《困学纪闻》并称宋代三大著名笔记。本文介绍了河北省档案馆馆藏《容斋五笔》的内容、学术价值、作者生平等。

1180

馆藏山东省地方史志资料目录(古籍部分)[M]/山东省图书馆编. --济南:山东省图书馆,1982

本书收录山东省图书馆馆藏旧志528种,占现存山东方志的80%,对于保护山东地方方志起到重要作用。

1181

馆藏拓片统编于古籍的尝试[J]/卢光绵. --

上海高校图书情报学刊,1997,01:62-63

本文从拓片、古籍统编的必要性,拓片的种类,拓片著录的特点几个方面,记述了对吉林省图书馆1461通金石拓片统一收藏、统一编目的尝试,希望能够为同行提供一些具体的做法和经验。

1182

馆藏一古籍浏览偶得[J]/丁晓慧. --图书馆理论与实践,1999,03:59-60

本文介绍了山东省政法管理干部学院图书馆所藏上海同文书局石印本《御批历代通鉴辑览》一书的基本情况,分析了该书的版本情况、编纂背景、内容等。

1183

馆藏中国文学古籍参考目录[M]/北京市图书馆. --北京:北京市图书馆,1955

本书为20世纪50年代北京市图书馆馆藏中国文学古籍参考目录,参照四库分类法中的集部排序,除分七大类外,略分若干小项。其分类大纲为总集、别集、楚辞、词曲、说丛、民间文艺、集评。所有著录,除索书号外,略记题名、卷数、著者、出版年代、版刻、册函及附注各项。

1184

馆藏中国文学古籍参考目录(续编)[M]/首都图书馆编. --北京:首都图书馆,1959

本书将首都图书馆馆藏已经整理的部分中国文学古籍,编印书本目录,以供查阅。本目录分类次序主要根据中国四库分类法。

1185

管窥故宫藏书[J]/杨玉良. --故宫博物院院刊,1986,02:3-9+19

本文论述了故宫藏书的三个主要来源,即明初内府文渊阁入藏的元代皇室收贮的宋辽金三代遗书,又将宋以来存世的书板自临安运至南京国子监加以重印;广泛搜求天下遗书;清内府编纂、缮录、刊刻大量新书。介绍了故宫博物院古籍图书的版本情况,指出故宫藏书历史悠久,内容丰富,特色鲜明,是我国现存古籍书的重要组成部分。

1186

管理和开发线装古籍资源的思考[J]/丘金

昌. --高校图书馆工作,1988,02:10 - 11 + 45

本文围绕武汉大学图书馆线装古籍的利用开发,从目前存在的问题和如何充分利用资源两个角度,阐述了观点。

1187

管情三义 齐民四术[M]/(清)包世臣撰;李星点校. --合肥:黄山书社,1997

《管情三义》《齐民四术》为清代学者包世臣所著,记载了包氏对于经济、政治、文学、艺术等方面的观点。《管情三义》收录赋三卷、诗三卷、词一卷。《齐民四术》收录农三卷、礼三卷、刑二卷、兵四卷。

1188

《管子·幼官图》析论[D]/庄曙瑜. --"中山大学"(台湾地区),1996

本文围绕《管子·幼官图》展开系统研究。比较了前辈学者所作的五种还原图,考察了图的方位、架构与布图顺序等项。重点研究内容是《幼官图》的内容性质。还将《管子》中《四时》《五行》《轻重己》三篇带有阴阳色彩的时令典籍与《幼官图》进行比较研究,借此明了《幼官图》在此类典籍演变过程中的角色与地位。

1189

光盘版大藏经时不我待[J]/新江,吴军. --世界宗教文化,1998,04:6 - 9

近年来,电子计算机技术的发展与普及非常迅速,宗教也大受其惠。本文认为在佛教传入中国2000年之际的电子时代、信息时代,当然应投入必要的力量,制作出能够代表中国当代佛学研究水平的全文检索的中华大藏经,树立一个新的古籍整理的典范,再创辉煌。

1190

光绪顺天府志(全八册)[M]/(清)周家楣,缪荃孙等编纂. --北京:北京古籍出版社,1987

本书是官修京师志书,为别于万历、康熙所修《顺天府志》,故冠以"光绪"称之。记述清代以北京为中心的顺天府的各个方面。全书一百三十卷,分京师、地理、合区、食货、经政、故事、官师、人物、艺文、金石等十志。

1191

广成子传黄帝长生不老之术:译《外经岐伯天师传》即《外经微言》首章"阴阳颠倒篇"[J]/梅自强. --中国气功科学,1995,03:37 - 39

《中国气功科学》创刊号曾刊出广成子传黄帝长生不老之术原文和注释,由于排校差错较多,故请梅自强先生详加注释并有所增补,再次刊出。

1192

广东省中山图书馆馆藏近代粤人稿本举隅[J]/谢晖. --图书馆论坛,1999,06:82 - 84 + 45

广东省立中山图书馆收藏的19世纪40年代至20世纪50年代广东人士稿本甚丰,既有广东名家的墨宝,也有一般士人的手迹,反映着这一历史时期广东地区政治、经济、文化等情况,具有相当高的史料价值。本文选择其中十余部进行了介绍,包括康有为撰《春秋笔削大义微言考》、廖道传撰《三香山馆集》等。

1193

广东省中山图书馆善本书志(一)[J]/段晓春. --图书馆论坛,1997,02:75 - 76

本文介绍了明弘治刊本《竹洲文集》以及《乙未小除夕丽楼主人辉记》的版本情况、内容等。

1194

广东收藏之珍贵古籍简述[J]/王洁玉. --图书馆园地,1989,04:30 - 35

广东省根据善本书目的收录范围和标准,对全省公共图书馆、高等院校、科研所、文史馆和博物馆等重点收藏古籍的单位进行普查,初步查清了现存古籍基本情况,上报入《中国古籍善本书总目》的善本有6167部。本文为广东省收藏珍贵古籍的简述。

1195

广陵刻印校补本《成化新编白兔记》再补正[J]/林昭德. --西南师范大学学报(人文社会科学版)(后更名为西南大学学报)(社会科学

版),1988,04:106-111

《新编刘知远还乡白兔记》是我国目前所能见到的最早传奇刻本,上海历史博物馆影印了此书。扬州广陵古籍刻印社作了校补,刊出《成化新编刘知远还乡白兔记》。胡竹安同志又对广陵校补本作了补正。本文在上述各种版本《白兔记》以及胡竹安的文章基础上,对该书进行再补正。

1196

广陵图书目录（一九七八至一九九八年） [M]/广陵古籍刻印社编. --扬州:广陵古籍出版社,1998

江苏广陵古籍刻印社是一家以保存全套古老雕版线装书生产工艺而享有盛名的专业古籍出版社,社内至今仍藏有二十多万片明清以来的古籍版片。本书为1978至1998年广陵社图书目录。

1197

广西师大出版社影印出版《陈宏谋家书》 [J]/唐长兴. --出版参考,1998,04:10-11

广西师大出版社影印出版了广西桂林图书馆珍贵古籍《陈宏谋家书》。本文介绍了成书过程和递藏情况,指出《陈宏谋家书》中的手迹以及历代名人题跋、题识等,都是十分珍贵的历史资料。

1198

广西师范学院图书馆古籍善本书目[M]/广西师范学院图书馆编. --南宁:广西师范学院图书馆,1983

本书目收录均为乾隆以前流传较少的刻本和抄本共398种,目录中著录书名均以原书为准,编次按刻本、活字本、版画、抄本,再依经、史、子、集顺序排列,书名后附索书号,方便读者查找。

1199

广西图书馆古籍读者现状与读者服务分析 [J]/李小冰,陈锦钊. --图书馆界,1999,04:21-23

本文统计了广西图书馆1996-1998年间馆藏古籍读者借阅情况,分析读者群体及读者服务,介绍了广西图书馆的古籍利用情况

及电子化无墙图书馆的设想等。

1200

广西图书馆进行大批量古籍冷冻杀虫[J]/"广西图书害虫调查与防治"课题组. --图书馆界,1991,04:34-35

1989年,广西图书馆采用北京图书馆研究成功的"冷冻法"开展灭虫工作,获得了理想效果。本文记述了灭虫工作的具体做法和杀虫的实际效果。广西图书馆的试验和实践证明,冷冻杀虫完全可以应用于图书档案资料大批量处理。这种冷冻技术具有经济简便、无毒无害、安全可靠的优点,比其他方法灭虫优越得多,值得大力推广应用。

1201

广西图书害虫综合防治方案[J]/广西图书虫害调查与防治研究课题组. --图书馆界,1992,01:52-53+61

图书害虫在我国特别是在南方高温高湿地区危害十分严重。为了有效防治,广西图书虫害调查与防治研究课题组特制定了《图书害虫综合防治方案》。本文从图书害虫的调查、预防、杀灭、防治经费和防治目标五章予以分述。建议大型图书馆要有懂得害虫防治技术的专门人员,中小型图书馆也应设兼职人员从事此项工作。

1202

广西壮族自治区人大常委会主任甘苦同志在全区少数民族医药古籍普查整理工作会议上的讲话[J]/黄汉儒,刘智生,覃卓明. --广西中医药,1987,02:30-31

本文为广西壮族自治区人大常委会主任甘苦同志在全区少数民族医药古籍普查整理工作会议上的讲话,指出了要加强民族医药宣传工作、做好调查整理工作和做好继承工作三个建议,希望中医、西医、民族医搞好团结,互相学习,取长补短,共同提高;从事民族医药工作的同志,要有克服困难、排除干扰和艰苦奋斗的思想准备。

1203

广雅逸文补辑并注[M]/李增杰辑注. --广州:暨南大学出版社,1993

《广雅》是中国古代的一部百科词典,共收词汇 18150 个,是仿照《尔雅》体裁编纂的一部训诂学汇编,相当于《尔雅》续篇。本书作者遍检我国兼及日本古籍,辑补《广雅》逸文 502 篇,置于本书正文部分;另补辑一时难以确定为逸文的 149 篇,暂置于备考部分。

1204

广韵版本考[M]/朴贞玉,朴现圭著.--高雄:学海出版社股份有限公司,1986

《广韵》是北宋陈彭年、丘雍创作的语言学著作。本书收录了宋代以来《广韵》刊行的各个版本,其中每一时期版本分为详本和略本,略本中又分为十一行本、十二行本、十三行本等,是研究《广韵》版本问题的重要参考资料。

1205

《广韵》校勘拾零[J]/蓟郢.--社会科学战线,1991,02:318 – 321

本文校订了 1960 年版《广韵校本》一书中出现的 43 处讹误。

1206

贵在编纂、标校——王英志主编《袁枚全集》评介[J]/周烈.--南通大学学报(社会科学版),1994,04:37 – 38

本文是为江苏古籍出版社出版的《袁枚全集》所作的书评,充分肯定了王英志等几位学者在编辑、校勘和标点方面的贡献,认为该书是一部质量较高的点校本。

1207

贵州古籍集粹·黔书[M]/(清)田雯编;罗书勤等点校.--贵阳:贵州人民出版社,1992

本书为清朝田雯为贵州巡抚时作。内容包括创建、改隶、定黔、苗蛮种类部落、苗俗、黔风、人物名宦、物产等。

1208

贵州古籍集粹·郑珍集·经学[M]/(清)郑珍著;王锳等点校.--贵阳:贵州人民出版社,1991

本书四卷,其中《巢经巢经说》《仪礼私笺》《轮舆私笺》是郑珍的小学著作;《郑学录》为东汉经学大师郑玄的传记,介乎史学和经学之间。

1209

贵州民族古籍工作的思考[J]/张人位.--贵州民族研究,1989,02:143 – 146

本文从要端正思想观念、要重视古籍的基础工作、具体工作中的几个问题等角度,对贵州古籍的整理工作提出了意见和建议。

1210

贵州民族古籍资料(第一辑)[M]/文经贵主编.--贵阳:贵州省少数民族古籍整理出版规划小组办公室,1992

本书为贵州地区民族古籍资料第一辑,收录了锦屏苗族玩山歌、麻江苗族巫调、安顺布依族古歌、安顺布依族情歌、从江侗族祭词等珍贵的少数民族古籍资料,为该领域的研究提供了依据。

1211

贵州民族古籍资料(第二辑)[M]/龙小金,杨新年主编.--贵阳:贵州省少数民族古籍整理出版规划小组办公室,1993

本书为贵州地区民族古籍资料第二辑,收录了紫云苗族丧葬古歌、锦屏苗族民歌、麻将苗族酒歌、仡佬族贺女酒歌、仡佬族添粮歌、长顺县民间歌谣等珍贵的少数民族古籍资料,为该领域的研究提供了依据。

1212

贵州民族古籍资料(第三辑)[M]/文经贵主编.--贵阳:贵州省少数民族古籍整理出版规划小组办公室,1993

本书为贵州地区民族古籍资料第三辑,收录了苗族酒歌、苗族巫词、苗族传统医药、瑶族婚姻习俗等珍贵的少数民族古籍资料,为该领域的研究提供了依据。

1213

贵州民族学院图书馆馆藏线装方志目录[M]/贵州民族学院图书馆编.--贵阳:贵州民族学院图书馆,1989

本书系贵州民族学院图书馆编撰于 1989 年的馆藏线装方志目录,可以在一定程度上反映该馆当时方志古籍的藏存情况。

1214

郭店楚墓竹简《唐虞之道》新释[J]/周凤

五. --"中央研究院"历史语言研究所集刊(在台湾地区发表),1999,03:739 - 759

本文以 1998 年 5 月出版的《郭店楚墓竹简》一书的释文为基础,对竹简的疑难奇字重加考释,并根据新释文字调整竹简的编连。更随文论述《唐虞之道》的作者与写作的时代,指出简文的若干用语与《孟子》雷同,简文的若干字体具有齐、鲁的特征,简文有阐述《尚书》的文句,简文有"稷下学派"的色彩等,从而推论《唐虞之道》当出自孟子一派,其中心思想属儒家,其具体的时代背景则为燕王哙与燕相子之禅让一事。

1215

郭店竹简释字八则[J]/刘国胜. --武汉大学学报(人文科学版),1999,05:42 - 44

本文结合楚系文字的形体演变规律,对郭店楚简所见"逸""毕""嫁""对""徧""赖""叛""蜂"等八个字进行了考释,供研究者参阅。

1216

郭沫若古籍整理的特色与成就[J]/谢保成. --史学史研究,1992,02:21 - 27 +75

本文从古书今译的倡导、注重文献的时代、广集版本与理校、校释同研究结合、书序之中的校释几个方面,介绍了郭沫若先生在古籍整理方面的特色与成就。

1217

郭沫若校订《盐铁论读本》质疑十例[J]/刘光胜. --天津师范大学学报(社会科学版),1988,06:59 - 62

本文为作者读郭沫若先生校订的《盐铁论读本》一书后所做,认为该书在文字增删改动上有一些值得商榷之处,并结合实例,举出十个例证加以分析论证。指出古籍整理者不仅要精通有关古籍,有才有识,尤其需要有严肃认真、一丝不苟的工作态度。无论是校勘、标点、注释,都应反复比对推敲,慎之又慎,力求做到信而有征,言而有据。

1218

郭沫若与古籍整理[J]/郭小武. --郭沫若学刊,1992,01:33 - 39

本文从古籍整理史上的一面旗帜;古书今译事业的积极倡导者;地下文献与地上文献并重;大醇小疵的《管子集校》;既要钻得深,又要站得高五个方面,肯定了郭沫若先生在古籍整理学方面做出的突出贡献。

1219

郭沫若与古籍整理(续)[J]/郭小武. --郭沫若学刊,1992,02:31 - 41

同上。

1220

郭璞《尔雅注》简论[J]/赵振铎. --语文研究,1985,01:10 - 19

本文考察了晋郭璞研究《尔雅》的方法问题。郭璞采取了根据《尔雅》性质揭示它的体例,研究利用古代辞书弄清释文的意义,引用例证揭示词义,从当代活的语言出发去解释前代的语言并揭示古今语言的流变等重要方法,对于研究古代典籍有借鉴意义。

1221

郭祥正集[M]/(北宋)郭祥正撰;孔凡礼点校. --合肥:黄山书社,1995

本书系北宋诗人郭祥正作品集。郭祥正(1035 - 1113),字功父(甫),自号醉吟居士、谢公山人、漳南浪士,当涂(今属安徽)人。诗格俊逸似李白,同时人梅尧臣誉之为"真太白后身"。

1222

国家标准《古籍著录规则》终审会会议纪要[J]/中国图书馆学会,全国文献工作标准化技术委员会. --图书馆学刊,1986,02:1

本文为 1986 年在辽宁省沈阳市召开的由中国图书馆学会、全国文献工作标准化技术委员会第六分委员会联合组织的国家标准《古籍著录规则》终审会的会议纪要。代表们充分肯定了《古籍著录规则》讨论稿的研究成果,并就著录规则所涉及的相关问题进行了讨论,希望以此为起点,加强文献工作部门的横向联系,密切合作,以只争朝夕的精神尽速完成古籍著录标准化的历史任务。

1223

国家民委召开全国少数民族古籍整理工作

座谈会［J］/吴肃民.--中国民族，1983，07：16－17

本文介绍了由国家民委在北京召开的全国少数民族古籍整理工作座谈会的情况，中心议题包括学习中央《关于整理我国古籍的指示》《陈云同志关于古籍整理的指示》等文件，商讨如何开展少数民族古籍整理等四项。伍精华、李一氓、周林等同志发表讲话，各地代表提出了希望领导重视民族古籍整理工作、抢救民族古籍、培养人才等多个建议。李鸿范同志作了总结，认为会议生动活泼，很成功，为召开全国少数民族古籍整理出版规划会议奠定了基础。

1224

国家图书馆近年采进善本书提要（五）［J］/ 张丽娟，李坚，唱春莲等.--北京图书馆馆刊（后更名为国家图书馆学刊），1999，02：110－114

自1987年《北京图书馆古籍善本书目》问世至本文撰写的十余年间，国家图书馆陆续入藏了一批善本古籍，其中不乏一些罕见珍贵的版本。本系列论文主要考订这批善本书的著者、版本、内容等，并撰写了简短提要，陆续发表在《北京图书馆馆刊》和《国家图书馆学刊》上，前四篇名为《北京图书馆近年采进善本书提要》，后五篇名为《国家图书馆近年采进善本书提要》。本文主要介绍了《诗隽类函》《演禽秘法》《回生集》《二如亭群芳谱》等书。

1225

国家图书馆近年采进善本书提要（六）［J］/ 张丽娟，李坚，唱春莲等.--北京图书馆馆刊（后更名为国家图书馆学刊），1999，03：110－114

本文主要介绍了《礼记纂言》《直塘里志》《寄鸥自订年谱》《霁峰园日记》等书。2003至2004年，该系列论文继续在《国家图书馆学刊》发表，介绍了《治痘惕中录》《蒿庵集》《李于鳞唐诗广选》《新镌王观涛先生四书翼注讲意》《酒史》《翠娱阁评选行笈必携诗最》《文选纂注》《鼎锲全补评注日记故事类编》

等书。

1226

国内《金瓶梅》版本知多少？［J］/ 杨晓玫.--中国图书评论，1989，02：185－186

本文对国内出版的《金瓶梅》原书、续书和有关研究著作的版本等进行介绍与分类。根据初步掌握的材料大致分为五类：一是《金瓶梅》原本；二是《金瓶梅》续书；三是研究和阅读《金瓶梅》的工具书；四是《金瓶梅》研究著作或评介读物；五是今人的改写本。

1227

国内外各大图书馆收藏中国古茶书概况［J］/ 王华夫.--农业考古，1998，02：279－288

本文条列了国内外各大图书馆收藏中国古茶书的书目。包括北京图书馆及各省市自治区图书馆，全国农业科研、教学单位，中国台湾地区各大图书馆，美国哈佛大学燕京图书馆，日本内阁文库，日本东方文化学院京都研究所，日本东洋文库，日本静嘉堂文库等收藏的中国古茶书等。

1228

国外所藏中国古籍概观（上）［J］/ 罗志欢.--中国典籍与文化，1994，01：121－126

本文从情况概述，日本收藏中国古籍简介，美国、英国、加拿大、法国、德国等国家收藏中国古籍情况等方面，对国外收藏中国典籍的状况做粗略的归纳和概要介绍。对于收藏较少或有特藏的图书馆则列表说明。

1229

国外所藏中国古籍概观（下）［J］/ 罗志欢.--中国典籍与文化，1994，02：119－127

同上。

1230

国学经典译注丛书·老子译注［M］/（春秋）老聃著；冯达甫译注.--上海：上海古籍出版社，1991

《老子》是中国古代也是世界文化史上极具影响的思想、哲学著作，以类似诗歌的笔法论哲理。本书重在老氏学说思想核心的理解上，对该书校订、注释、今译。

1231

国学精粹丛书·古籍版本概要［M］/ 陈宏

天著. --台北:洪叶文化公司(台湾地区),1992

本书曾是北京大学古典文献学专业的教材。书中介绍了版本学的形成与发展、雕版印刷术、版本鉴定、宋至清代刻本及其主要特征、活字本抄本稿本的鉴定等内容。

1232

国学精粹丛书·中国古籍版本学[M]/曹之著. --台北:洪叶文化公司(台湾地区),1994

本书特点是体系新、内容新、信息量大。分概论、源流、鉴定三篇,初步建立了中国古籍版本学的完整体系,全面论述了中国古籍版本的基本脉络。古籍版本学史、写本源流、雕版起源、考订一书版本源流等内容尤富新意。

1233

国学知识指要——古籍整理研究[M]/李国祥,杨昶主编. --南宁:广西人民出版社,1993

本书包括《辨伪学讲义》《中国古代编纂机构概述》《中国古代官制纲要》《音韵概说》《古代字典与辞典》《中国学术批评史论略》《中国文献学史要略》《中国古籍的印刷和近代出版业》等古籍整理研究相关论文。

1234

国语[M]/(春秋)左丘明撰;上海师范大学古籍整理组校点. --台北:里仁书局(台湾地区),1981

本书是《国语》点校整理本。《国语》二十一卷,以记录西周末年和春秋时期周、鲁、齐、晋、郑、楚、吴、越等国贵族言论为主,可以与《左传》相参证,故有《春秋外传》之称。

1235

《国语》标点举例[J]/骆瑞鹤. --广西民族学院学报(后更名为广西民族大学学报)(哲学社会科学版),1985,02:101 – 106

本文校订了上海古籍出版社1982年版《国语》一书中出现的句读标点错误。

1236

《国语》校勘拾遗[J]/杨燕民. --内蒙古师范大学学报(哲学社会科学版),1989,02:95 – 97 + 103

本文对由上海古籍出版社出版、上海师范学院古籍整理组校点《国语》中的一例错字和二例倒文进行了校勘。

1237

《国语·周语》校读记[J]/彭益林. --华中师范大学学报(哲学社会科学版)(后更名为华中师范大学学报)(人文社会科学版),1985,05:97 – 102

本文考订了上海古籍出版社1978年印行的校点本《国语》一书中出现的校勘问题。

H

1238

哈佛燕京学社所编引得的内容与特点[J]/朱积孝. --江淮论坛,1985,03:52 – 57

引得之学在我国学术史上还是一门比较年轻的学问。虽然我国古代类书已经具备引得的某种功能,宋代《群书备检》也已具有古籍篇目索引的性质,但从严格意义上来说,引得学在我国的发展还是近现代的事。本文对有组织有系统地大规模进行引得编纂的第一位学者洪业进行介绍,对哈佛燕京学社所编引得的特点进行概述,提出了一些引得方面的缺点。

1239

哈佛燕京学社引得编纂处及其所编引得分析[J]/张何清. --河南图书馆学刊,1991,02:45 – 49 + 51

随着索引事业的发展及人们对索引重要性认识的加深,近年来,对哈佛燕京学社引得编纂处及其所编引得的研究越来越多。本文在前人研究基础上,就哈佛燕京学社引得编纂处工作情况及其经验得失、如何吸收利用哈佛燕京学社引得编纂处的引得成果等几个问题加以阐述和分析。

1240

哈锐集[M]/胡圭如编辑. --天津:天津古籍出版社,1991

哈锐,回族,清光绪翰林院庶吉士,是中国回族文化发展史上独一无二的翰林公。本书收集了哈锐生前的部分诗歌、散文、对联、书法、年谱等文学作品。这些文学作品在艺术上有一定造诣,是一份珍贵的文化遗产,从中可以看出他少年时代勤奋求学的精神,晚年办企业、兴教育的卓识远见与毅力。

1241

海口市图书馆馆藏古籍书目[M]/海口市图书馆编. --海口:海口市图书馆,1982

本书系海口市图书馆编撰于1982年的馆藏古籍书目,可以在一定程度上反映该馆当时的古籍藏存情况。

1242

海纳百川 自成一体——《李白大辞典》评介[J]/王友胜. --辞书研究,1998,01:93 – 101

李白研究专家郁贤皓教授组织中国、美国及日本70多位学者编纂了《李白大辞典》。本文介绍了该书的编排体例、主要内容、学术价值和写作特点等。

1243

海外太平天国文献简说——兼就古籍整理出版规划献言[J]/王庆成. --传统文化与现代化,1996,01:53 – 65

太平天国称自己编撰出版的书籍为"诏书",今之学者将其通称为"太平天国印书"。本文介绍作者从1983年起在欧美数国访问研究时搜访到的240册"印书"概况,建议国家将海外太平天国文献列入古籍整理出版规划,推进出版较完备的海外太平天国文献影印本。

1244

海王邨古籍丛刊·百川学海[M]/(南宋)左圭辑. --北京:中国书店,1990

本书179卷,收书100种,以天干为序,分为十集,每集收书七八种至十余种不等。所收多为唐、宋人野史、杂说、笔记、谱录、诗话等,间有晋代及六朝著作。其中最值得注意的是一些见闻杂录、经史考辨以及诗话等著述。

1245

海王邨古籍丛刊·长留集(全二册)[M]/(清)孔尚任,刘廷玑撰. --北京:中国书店,1991

本书是一部诗歌总集,所收为孔尚任、刘廷玑两人的诗歌。具体包括刘诗十一卷、孔诗九卷,各按体裁分卷,而都不标卷次。其卷首,有吴之振所撰总序,又刘诗、孔诗,各有交叉撰写的序文一篇。本书据康熙五十四年(1715)岱宝楼刻本影印而成。

1246

海王邨古籍丛刊·道书全集[M]/(明)阎鹤州辑. --北京:中国书店,1990

本书是一部研究道教的专著,收集道家著作五十六种。对当今研究道教的人,是必备的资料。原书刊于明崇祯年间,流传极少,被列为善本收藏。该书包括《金丹正理大全》《诸真玄奥集成》《玄宗内典》等书。

1247

海王邨古籍丛刊·东林列传(全二册)[M]/(清)陈鼎撰. --北京:中国书店,1991

本书收录东林党180余人的传记。作者费时二十余年,成书二十四卷,搜辑颇详,可补明史之缺。

1248

海王邨古籍丛刊·法言义疏[M]/汪荣宝义疏. --北京:中国书店,1991

本书十三卷,是对扬雄《法言》进行详尽注疏之作。《法言》是扬雄具有代表性的哲学著作之一,主旨在于捍卫和发扬儒家学说。该书文辞较为艰深,自汉以来为之作注者时有其人,而最为详备者当推近人汪荣宝通注全书的《法言义疏》。

1249

海王邨古籍丛刊·法苑珠林[M]/(唐)释道世撰. --北京:中国书店,1991

本书是一部大型的佛教类书,介绍了佛教的世界观、宇宙模式、思想、伦理、戒律、修持、仪礼、历史、习俗、传记、故事等内容。该书引用典籍约有四五百种,其中佛教的经律论和汉地佛教集传占三分之二,佛教以外诸子百家的各种著作占三分之一,如志怪小说、笔记、野史、杂传等。许多现已散佚不传的佛经(包括疑伪经)和其他世典赖此而得到保存,被世人誉为佛教百科全书。

1250

海王邨古籍丛刊·复社姓氏传略[M]/(清)吴山嘉辑. --北京:中国书店,1990

复社是明朝由若干文社组成的学术性组织。本书为复社主要成员吴扶九的五世孙吴山嘉在其先哲的《复社姓氏录》(本书后附)基础上重加考证,采辑遗事,将复社1200余名主要成员的主要功绩、名家志传辑成传略十卷。

1251

海王邨古籍丛刊·海西草堂集[M]/徐世昌撰. --北京:中国书店,1991

本书二十七卷,是徐世昌的个人诗集,共收各体诗一千八百余首。徐世昌一生不仅在北洋时期名噪一时,亦专工诗文、书法,编书著文。其诗多为流连风景,感慨时事之作,诗词格律清新秀雅,具有独特风格,自成一派。此书对研究徐世昌其人及近现代文学发展有较为重要的参考价值。

1252

海王邨古籍丛刊·龙溪精舍丛书[M]/郑国勋辑. --北京:中国书店,1991

本书汇辑了两汉以迄民国的重要著作,依经、史、子、集四部分类。各书卷首均附《四库提要》,以说明其梗概。所收诸书多为善本或精校本。书中收录了《韩诗外传》《山海经笺疏》《新语注释》等多部重要典籍。

1253

海王邨古籍丛刊·履园丛话[M]/(清)钱泳撰. --北京:中国书店,1991

本书二十四卷,成于道光初年。分旧闻、阅古、考索、水学(附救荒)、景贤、耆旧、臆论、谭诗、碑帖、收藏、书画、艺能、科第、祥异、鬼神、精怪、报应、古迹、陵墓、园林、笑柄(附恶俗)、梦幻、杂记二十三门。其中颇多清代史料,尤详于清初江南情况,可供研究清史者参考。

1254

海王邨古籍丛刊·南北朝新语[M]/(明)林茂桂撰. --北京:中国书店,1990

本书是一部明代志人小说。书中自《南北史》及有关杂著中取材,模仿《世说新语》体例,分孝友、烈义等六十一类。每类数条至数十条不等。书中所记南北朝时士族文人遗闻轶事,堪称齐全。其语言也简洁明快,达意传神,为《世说新语》续书中之出色者。

1255

海王邨古籍丛刊·南岳志[M]/(清)李元度等撰. --北京:中国书店,1990

本书包括李元度之《南岳志》、王香余和欧阳谦之《增补南岳志》、王香余之《续增南岳志》。

1256

海王邨古籍丛刊·清画家诗史[M]/李浚之编. --北京:中国书店,1990

本书二十卷,录清代画家1700余人之诗,并附以简略传记。其中收翁同龢、文廷式、张荫桓、宋伯鲁、江标等人所作诗及其传略。

1257

海王邨古籍丛刊·清儒学案[M]/徐世昌,吴廷燮等. --北京:中国书店,1990

本书208卷,是清代学术史专著。作者署名徐世昌,其实是其门客吴廷燮等作。他们力图摆脱《明儒学案》《宋元学案》旧的体例,另创新的体例。

1258

海王邨古籍丛刊·山海经笺疏[M]/(清)郝懿行笺疏. --北京:中国书店,1991

本书十八卷,并附图赞一卷,订讹一卷。本书作者积数十年心血,以吴任臣的《山海经广注》、毕源的《山海经校正》为基础,对《山海经》进行了较为全面的考订和阐述,是历代校正注疏《山海经》的各种本子中较为出色的一种。现据清光绪十二年刻本影印。

1259

海王邨古籍丛刊·沈寄簃先生遗书(全二册)[M]/(清)沈家本撰. --北京:中国书店,1990

本书为清末法学家沈家本所著。辛亥革命后刊行,分甲、乙两编。甲编是法学著作,共22种,86卷。乙编主要内容有13种,104卷。此外还有未刻书目,以及其他共16种,132卷。

1260

海王邨古籍丛刊·事物异名录(全二册)[M]/(清)厉荃辑. --北京:中国书店,1990

本书博收历代类书与经、史、子、集中对各类事物的记载,将事物性质相同者以类排列,先标通称,次列异名,并加以注解、考据,搜罗十分详备,是阅读古籍以及对古代文献进行校勘、注释的重要工具书。

1261

海王邨古籍丛刊·斯陶说林(全二册)[M]/(清)王用臣撰. --北京:中国书店,1991

本书所收作品以妙趣横生的语言,或趣、或讽、或寓、或智,格调幽默,具有特殊的审美效果。另一类野史轶事类作品亦颇具特色,其中尤以"闺秀"卷中的作品为佳,塑造了一系列女性形象,较为全面反映了封建社会的女性风貌。

1262

海王邨古籍丛刊·松雪斋集[M]/(元)赵孟頫撰. --北京:中国书店,1991

本书收有赵孟頫所撰诗文五百余篇,按文体分类编排,卷一为赋;卷二、卷三古诗;卷四、卷五律诗和绝句;卷六杂著和序;卷七至卷九记、碑志;卷十制、批答、策题、赞、铭、题跋和乐府。外集又有诸体文字十九篇。卷首有《谥文》一篇、戴表元大德二年(1298)序文和何贞立至元五年(1339)序文各一篇,书后附至治二年(1322)杨载《赵公行状》一篇。

1263

海王邨古籍丛刊·宋元学案[M]/(明)黄宗羲等编. --北京:中国书店,1990

本书是一部宋元学术思想史。黄宗羲、黄百家、全祖望等著。记述宋元时期的学术思想流派,共立九十一学案,载学者两千余人。

1264

海王邨古籍丛刊·唐明律合编 庆元条法事类 宋刑统[M]/(清)薛允升撰;(南宋)谢深甫监修;(北宋)窦仪等编定. --北京:中国书店,1990

《唐明律合编》为清代法学家薛允升所

撰,是一部比较研究法律的著作,共30卷。其中唐律采用沈家本重刊本《唐律疏议》,明律采用隆庆陈省刊印本《大明律》。两相比较,考订其源流、沿革以及立法的宽严得失,纵横交错,论证细谨。全书以时代先后为序,按原有律目,名例、卫禁、职制、户婚等,编列唐、明律律文,对照同异,考辨定罪量刑的轻重。《庆元条法事类》是南宋宁宗时由右丞相谢深甫监修的一部法典,现存38卷,包括职制、选举、文书、榷禁、财用、库务、赋役、农桑、道释、公吏、刑狱、当赎、服制、蛮夷、畜产、杂等十六门,每门分若干类,每类载敕、令、格、式、申明等。《宋刑统》全称《宋建隆重详定刑统》,为宋太祖建隆年间大理事窦仪等人主持编定,是宋代的基本法典,共20卷,分12篇、313门、502条,主要由律文、疏议、敕令格式几部分组成。

1265

海王邨古籍丛刊·吴骚合编[M]/(明)张楚叔选辑. --北京:中国书店,1991

本书全称《白雪斋选订乐府吴骚合编》,为明散曲选集。"吴骚"指昆曲。是书合《吴骚一集》《吴骚二集》《吴骚三集》并加以选辑合为一编,故名"合编"。内容多描写男女"幽期欢会、惜别伤离"之作。以宫调为序编排。考订词调、校正板眼、勘定字句等俱精密细致。

1266

海王邨古籍丛刊·刑台法律(全二册)[M]/(明)沈应文校正;萧近高注释;曹于汴参考. --北京:中国书店,1990

本书全称《鼎镌六科奏准御制新颁分类注释刑台法律》。全书共21卷,辑明代刑律及注释而成。首卷辑凌迟处死、斩罪、绞罪等律文,附有六赃、纳赎、例分八字、五刑、狱具、丧服等图。附卷上栏载串招字眼、关、问、招等目,下栏载各种行移体式。副卷上栏载金银珠玉等物价格及比附杂犯罪律等项,下栏各例律文,并有拟罪条例。卷一至十六,载六部诸律,卷十七、十八载《洗冤录》。

1267

海王邨古籍丛刊·一斑录[M]/(清)郑光祖撰. --北京:中国书店,1990

本书又名《醒世一斑录》,是一部记录我国社会知识和自然知识的百科全书,反映出18世纪末至19世纪中叶江南地区历史的一个侧面。全书共分天地、人事、物理、方外、鬼神五大类,附权量、勾股、医方及杂述560余条。

1268

海王邨古籍丛刊·元典章[M]/(元)各级地方政府编. --北京:中国书店,1990

本书前部分按诏令、圣政、朝纲、台纲、吏部、户部、礼部、兵部、刑部、工部十大类循序排比为六十卷,叙事至延祐七年(1320)止。后部分按国典、朝纲、吏部、户部、礼部、兵部、刑部、工部八大类,胪列而不分卷,叙事至至治二年(1322)止;各大类之下又有门、目,目下列举相关条格事例。本书是研究有元一代,特别是世祖以下迄于英宗期间历史的最为重要,也是最为原始的资料。

1269

海王邨古籍丛刊·元人十种诗[M]/(元)元好问等撰. --北京:中国书店,1990

本书为元代元好问等诗人的诗歌集。

1270

海王邨古籍丛刊·张文襄公全集(全四册)[M]/(清)张之洞撰. --北京:中国书店,1990

张之洞是清末洋务派主要代表人物之一,曾任清政府重要官职40余年。本书是他毕生著作、文稿的汇编,共231卷,包括政治、经济、教育等各个方面。内容丰富,版本传世罕见,极为珍贵,是研究中国近代史的重要资料。

1271

海王邨古籍丛刊·枕碧楼丛书[M]/(清)沈家本辑. --北京:中国书店,1990

枕碧楼是中国近代法律之父沈家本先生于京城治学所用书斋,藏书约两万余册。沈家本先生晚年心怀将孤本旧钞"公布天下""长留于天壤"之愿,检旧藏钞本编制丛书。本丛书收录12种旧钞本,皆世所罕见,内容涉及经义、法律、诗文辞赋、杂记,其中法律文献占有 6 种之多。

1272

海王邨古籍丛刊·舟车所至[M]/(清)郑光祖辑录. --北京:中国书店,1991

本书为清代学者郑光祖所辑录的一部地理丛书。该丛书汇辑中国边疆史地著作 20 种 33 卷及《朝鲜志》1 种 1 卷。郑氏将本朝有关四域边疆、周边邻国的著述或录其全,或摘其要,编为书。该丛书集知识性、趣味性于一体,包括《西域旧闻》《台湾使槎录》《海岛逸志》等篇目,记述华夏四海五洲之广博天地内的天文地理、风土人情、花草树木、鸟兽鱼虫等趣闻逸事。

1273

海峡两岸古籍整理学术交流之我见我思[J]/金恩辉. --中国图书馆学报,1998,02:71-73

近年来,两岸文教界往来一直不断,如教育、科学、技术,乃至体育、演艺、影视、文物、书画、新闻、出版等各界的互访、互谈、互展、互演络绎不绝。本文认为,两岸在语言交流上、文字上息息相通,古籍整理和研究,应立足于同一个民族,利用现代化的应用技术,共同努力与进步。

1274

海峡两岸中国古籍整理研究现代化技术研讨会论文集[C]/中国中文信息学会,国家古籍整理出版规划小组办公室编. --北京:中国中文信息学会、国家古籍整理出版规划小组办公室,1993

1993 年 10 月 29 日至 11 月 1 日,中国中文信息学会和国家古籍整理出版规划小组办公室在北京清华大学联合举办海峡两岸中国古籍整理研究现代化技术研讨会,本书系该研讨会论文集。

1275

韩非子版本研究[D]/陈惠茵. --台湾师范大学(台湾地区),1985

本文以《韩非子》版本为主题,研究了韩非子的生平事迹及学说的时代背景,厘清了前人关于《韩非子》名称与篇卷的分歧,并分

版本为白文本、评注本、批校本、节选本四类,详加考定。

1276

韩文藏书阁本红楼梦研究[D]/金泰范. --东海大学(台湾地区),1988

本文通过考察韩文藏书阁本《红楼梦》的外缘、形成、校勘等问题,研究了此本的时代背景、翻译经过以及流传情形,探讨了藏书阁本原文和音译的功能及翻译文的成就。认为该版本翻译文很忠于原文,其译者对于中文颇为精通,而且此文可称为世界《红楼梦》外译中最早且完善的一百廿回全译本,对红学学者而言颇具参考价值。

1277

《韩湘子全传》探源[J]/王若,韩锡铎. --明清小说研究,1990,02:206-220

《韩湘子全传》是明代天启年间作家杨尔曾创作的一部长篇小说。本文对该书的起源及不同版本进行考察研究,并对其特点作了分析。文中指出,《韩湘子全传》基本主题是宣传道教思想及得道成仙的过程,该书不同于《西游记》《封神演义》等神魔小说,可以说是有神无魔,其最大的特点是借神劝道。

1278

韩愈著作版本与对韩国之影响研究[D]/朴永珠. --东吴大学(台湾地区),1991

本文考订了韩愈年谱,并将可考年代的诗文论著,分别以系年编列。重点研究了韩愈著作的版本问题,还从韩愈诗文传入韩国的全盘时代背景出发,广泛探讨了韩愈诗文在韩国各朝代的文学及各方面的影响,并做出了较为公允的评价。

1279

寒山诗及其版本之研究[D]/朴鲁玹. --政治大学(台湾地区),1986

寒山是唐时僧人,又称寒山子,有诗三百余首,后人辑为《寒山诗》。本文在考察寒山子时代与家世基础上,重点研究了寒山诗的版本情况和诗文内容。根据海内外所知见的寒山诗版本,说明其版本形式并考述其源流。

1280

寒瘦山房鬻存善本书目[M]/邓邦述. --台

北:广文书局(台湾地区),1967

本书为清末民初江南藏书家邓邦述所撰。1927 年邓邦述曾向"中央研究院"历史语言研究所让售藏书。《寒瘦山房鬻存善本书录》七卷,为邓邦述鬻书后根据寓中遗存之书编成。书中详记卷数、册数、作者、行款、藏书印,后缀邓氏题跋。各书原有藏家题跋、标记、小注、藏章及位置等,亦一一记录,为后人版本调查与鉴定提供依据。

1281

汉川县图书馆是怎样整理古籍为现实服务的[J]/沈银华. --图书馆学研究,1984,01:122 + 109

湖北省汉川县图书馆保存古籍 13600 多册。本文介绍了汉川县图书馆对古籍进行分类编目,以及采取的破例外借、方便复制、推荐资料、提供上门、为人找书、对台宣传等服务读者的方式。

1282

《汉梵对勘金刚经》小引[J]/金克木. --南亚研究,1985,02:1 - 2 +6

本文对上海古籍出版社出版,胡海燕同志校勘的《汉梵对勘金刚经》一书撰写的过程做了介绍,对如何整理佛典作了论述。

1283

汉籍外译史[M]/马祖毅,任荣珍著. --武汉:湖北教育出版社,1997

本书共分六章,首章为绪论,大致梳理了各国翻译汉籍的情况;第二、三、四章从不同角度介绍国外对中国哲学、社会科学著作的翻译情况;第五章梳理了中国自然科学著作的外译情况;最后一章为中国国内人士用外文翻译汉籍的情况。该书力图通过系统介绍国内著作外译的渊源与发展,成就与不足,以促进中国翻译事业的新发展,并为进一步促进中外文化交流发挥积极的作用。

1284

汉简所见信符辨析[J]/徐乐尧. --敦煌学辑刊,1984,02:145 - 154

汉代的信符,史书虽有记载,但嫌不详。不少同志曾作过一些有益考述,弥补了古籍所记之不足。但所论多局限于出入关符,对其他种类的符涉及甚少。尤其是对符的使用方面的某些问题,论述仍欠清晰,且诸家之说多有歧义。本文就居延、敦煌汉简所见资料对汉代边塞所使用的信符做了辨析,希望能够有助于探索汉符的全貌。

1285

汉石经论语残字集证[D]/吕振端. --台湾大学(台湾地区),1970

本文是针对汉石经《论语》残字进行的研究,共分三部分,即论证、校文、及汉石经碑《论语》部分复原图。校文部分主要考察了汉石经残字与唐石经本及阮刻《十三经注疏》本之间的异文。复原图的经文,悉依张宗昌丽忍堂摹刻唐石经本,而将汉石经残字嵌入。

1286

汉石经周易非善本论初稿[J]/陈道生. --女师专学报(在台湾地区发表)1974,05:1 - 12

本文为笔者以"二进制数学"研究易经的一系列发现及例证之一。从说卦石经本内震为雷、为龙以下六节,乾坤后以震、坎、艮、巽、离、兑为次序,与今本以震、巽、坎、离、艮、兑为次序不同,译出二进制数后,发现今本的次序系按照严密的疏序和义理排列,而石经毫无次序可循。因而证明汉刻的石经周易实非善本,并由而证明易经真义,在汉代即已失传。

1287

汉书地理志水道图说补正二卷[M]/(清)吴承志撰. --北京:文物出版社,1984

本书由清人吴承志撰,是对于《汉书地理志》中水利渠道建设的勘校补正。吴承志致力于舆地之学(历史地理学),擅长考据,为今天研究古代水文地理提供了宝贵资料。

1288

《汉书新证》版本述略[J]/陈文豪. --华冈文科学报(在台湾地区发表)1999,23:95 - 126

目前所见《汉书新证》版本有天津人民出版社 1959 年 10 月初版、台北鼎文书局 1977 年 8 月初版及天津人民出版社 1979 年 3 月第二版第二次印刷。鼎文版系以天津人民出版社1959年版为底本翻印，严格论之，《汉书新证》的版本只有两种。本文讨论为何只有第二版第二次印刷，不见第二版第一次印刷。就两种版本的基本结构、条目增删、条目解释、征引史料的类别逐一论述。

1289

《汉书》颜注引证《说文》述评［J］/班吉庆. --扬州师院学报（社会科学版）（后更名为扬州大学学报），1994，03：112－116＋120

本文考察了颜师古注解《汉书》引证《说文》的情况，举例说明了《说文》在唐代的流传和影响，为《说文》版本校订提供了佐证，还指出颜师古作注时既信奉《说文》也不一味盲从。研究颜注及历代注疏所引《说文》，对古籍整理工作、深入探讨《说文》研究史，有十分重要的意义。

1290

汉唐的西域［J］/赵永复. --历史教学问题，1983，02：59－61

本文从历史学角度，对汉唐时期西域地区与中原地区的政治关系进行了全方位介绍。

1291

汉学研究中心景照海外佚存古籍书目初编［M］/台湾汉学研究中心资料组. --台北：台湾汉学研究中心（台湾地区），1990

本书目系汉学研究中心资料组，自成立以来迄1989年12月止，搜藏近千种景照海外佚存古籍之书目，因仍陆续出版，故以初编称之。

1292

汉语古籍全文检索的试验与探讨［J］/黄水清，吴欣. --中文信息，1996，01：30－33

本文介绍了汉语古籍计算机处理的现状、汉语文献全文检索的"难点词切分法"、古籍全文检索的试验等。

1293

汉语俗字学的奠基之作——张涌泉博士《汉语俗字研究》读后［J］/文禾. --浙江社会科学，1995，04：124－125

本文是为张涌泉《汉语俗字研究》一书所做的书评。文中指出，该书在充分发掘和分析第一手资料上花了很大气力，对大量的疑难俗字进行了精心考证，使全书立论得以建立在扎实可信的材料基础上，建立了比较完整的俗字学理论体系。肯定该书是一部严谨宏通、理论与实践并重的汉语俗字学著作。

1294

汉字索引编纂史上的重大革命——全国高校古委会直接资助项目IDX系统研制完成［J］/谷言. --宋代文化研究，1995，01：256－256

用传统的方法编索引，费时费力，还容易出错。配合计算机DOS操作系统使用IDX系统（汉字索引编纂排版系统），可以自动提出需要索引的词条（自动标引）。本文介绍了运用IDX系统开展汉字编纂索引工作的方法和特点。

1295

《汗简》及《汗简笺正》研究［D］/刘端翼. --中国文化大学（台湾地区），1992

《汗简》是宋郭忠恕编撰的一部古文字字书。清郑珍的《汗简笺正》是目前对该书辨证、注释比较好的校注本。本文分别考察了《汗简》和《汗简笺正》的作者生平、体例，辨析了《汗简》所录文字的基本构件和征引古籍文字情况，讨论了传抄古文和《汗简》的关联。

1296

杭州大学古籍研究所近期研究选题初步设想［J］/姜亮夫. --文献，1983，03：29－31

本文列举了杭州大学古籍研究所研究选题的初步设想，即孙诒让、章太炎、王国维、叶渭清、张宗祥、马浮、刘毓盘、陈汉章、朱希祖、钱玄同、余绍宋、马叙伦、马衡、鲁迅14位先生的古籍笔记整理方案。

1297

杭州大学图书馆善本书目［M］/杭州大学图书馆编. --上海：中华书局，1965

本书为杭州大学图书馆于20世纪60年代编撰的古籍善本目录，不仅著录了每部书的题目、著者、版本等信息，还注明了钤印情况,可以在一定程度上反映该馆当时古籍的藏存状况。

1298

杭州丰华堂藏书考[J]/刘蔷.--清华大学学报(哲学社会科学版),1998,01:3-5

近代史上江浙地区有名的私人藏书家杨文莹、杨复父子两代穷搜极采,对保存古代文化典籍功不可没。1929年夏,清华大学购买杭州杨氏丰华堂藏书5720种47546册,是清华大学图书馆建馆以来所购古籍的最大一宗。本文考察了杨氏父子生平及藏书事迹,追述丰华堂藏书售归清华、化私为公的历史,并评介其藏书内容及藏书特色。

1299

杭州掌故丛书·南宋古迹考(外四种)[M]/(清)朱彭辑.--杭州:浙江人民出版社,1983

本书为《杭州掌故丛书》之一,除《南宋古迹考》之外,还收录了《都城纪胜》《西湖老人繁胜录》《湖船录》《湖船续录》,主要介绍杭州地区风土古迹。《南宋古迹考》分上下卷,具述南宋临安城的城郭、宫殿、园囿、寓居等。

1300

合藏书家、学者于一身——闲话郑振铎别具一格的治学方法[J]/张鸿才.--图书与情报,1983,04:95-96

本文指出,郑振铎的学者生涯,始于收藏、整理和研究中外古籍文献,亦终于乃事。这种独具一格的治学方法,使他能在做学问的长途跋涉中,独步蹊径并获得成功。

1301

何炳松与商务印书馆[J]/陈应年.--暨南学报(哲学社会科学版),1991,02:66-70

本文全面回顾了何炳松在商务印书馆主持和从事编辑工作的基本情况。指出他主编过三套历史丛书,合编过三套社会科学丛书,并强调他为出版李大钊《史学要论》所持的开明态度,肯定了其在编辑和出版界的贡献。

1302

何楷《诗经世本古义》析论[J]/林庆彰.--中国文哲研究集刊(在台湾地区发表)1994,

04:319-347

本文指出何楷《诗经世本古义》将《诗经》305篇打散,分成二十八时世,并用二十八星宿来命名。每一时世内之诗篇,何氏皆重订其诗旨。为了证成他自己的说法,不惜牵引很多史实,有时不免牵强附会。朱熹《诗集传》虽是当时官学,但何氏很少采用他的说法。何氏的书,可以说是宋学影响力逐渐减弱,汉学已慢慢兴起的一项指标。

1303

何任从古籍整理谈中医学术发展[J]/何若萍.--中医杂志,1995,12:755

本文从重视中医古籍,从珍本、孤本医籍中得到的启示,前景的展望三方面介绍何任对于中医学术发展的观点。

1304

何瑭和他的《柏斋集》[J]/王永宽.--古籍研究,1998,04:78-83

本文介绍了何瑭生平事迹及其著作《柏斋集》等相关情况,对何瑭的生活时代及历史地位有了较全面的认识。

1305

何休春秋公羊解诂研究[D]/张广庆.--台湾师范大学(台湾地区),1989

何休是汉代重要的《公羊》学者。本文以其代表著作《春秋公羊解诂》为研究对象,阐明其于经学研究方面的重要贡献。介绍了何休生平及其公羊学之渊源,进而讨论何休创作的动机和要义。重点研究了《公羊解诂》注经的依据,专题讨论了天人相报、灾异说、时月日例等重要观点。作者给予了何休《春秋公羊解诂》较高评价,认为该书是传两汉公羊学于既衰之时、集两汉公羊学大成之作。

1306

和刻本《毕注墨子》题识[J]/李国庆.--文献,1994,03:160-160

由清毕沅校注的《毕注墨子》十六卷日本天保六年(1835)灵岩山馆刻本,书后有蜀人康氏墨笔题识,本文介绍了题识的内容。

1307

和刻本汉籍医书源流与价值考略[J]/魏

平. --津图学刊,1999,02:95-98

自中国南北朝时期起,中国医学通过中国古籍医书这个媒介直接流传到日本,被日本不断吸收、全面仿效,并根据本国实际有所发展,逐渐形成了日本的汉医,或称汉方医学。本文从和刻本汉籍医书的由来、版刻形式、特点、对日本汉方医学的影响等方面,对于和刻本汉籍医书的价值进行考察。

1308

河北大学图书馆珍藏名人手札介绍[J]/张峻亭,石斌,刘长孜. --河北图苑,1994,04:54-56

手札,即亲手写的书信,多数未整理刊行,鲜为人知,可与孤本等视;而名人手札,则反映名人的思想感情、交际往来,是了解人物生平、思想、活动的宝贵资料。本文系河北大学图书馆从馆藏21种61册清代、近代名人手札中,选取的一些较为珍贵手札的介绍。

1309

河北省图书馆馆藏古籍目录[M]/河北省图书馆古籍与地方文献部编. --石家庄:河北省图书馆,1997

本书目收录河北省图书馆自1979年以来,陆续收入的旧版古籍、少量影印线装古籍和平装古籍(如《影印文渊阁四库全书》)、个别民国时期的排印本等。总计2607种2913部67193册;其中善本329种4475册。该书分类基本依据《中国古籍善本书目》,著录格式基本依据《古籍著录条例》(GB3792.7-87)中的书本式格式。善本古籍一般著录版式结构。

1310

河滨丈人考——兼谈医史人物传记资料检索[J]/吉文辉. --南京中医学院学报(后更名为南京中医药大学学报)(自然科学版),1993,03:44-46

本文是一个检索案例,检索内容为《类修要诀·摄生要义》一书的撰者及创作时间,记录了作者对课题的分析以及检索的过程。经考证,王廷相即为书前所题的河滨丈人。通过这个案例,作者也谈了几点关于资料检索

的体会。

1311

《河东先生集》版本源流考[J]/彭东焕. --古籍整理研究学刊,1997,03:12-16

《河东先生集》十五卷是北宋文学家柳开的文集,在其死后由弟子张景编辑而成。本文依据文献著录和现存抄(刻)本所提供的材料,以时代为先后,分宋金元、明、清三部分,探讨其近千年的流传情况,梳理其源流,考见其优劣。

1312

《河南省图书馆古籍集部书目》后记[J]/李古寅. --河南图书馆学刊,1993,04:81-85

本文介绍了《河南省图书馆古籍集部书目》编制的过程,总结了在编制书稿过程中发现的错误,论述了馆藏集部藏书重要的学术意义。

1313

河南省图书馆古籍集部书目著录正误[J]/李古寅. --河南图书馆学刊,1988,03:45-46

本文订正了河南省图书馆分编古籍集部书目中出现的一些著录问题。

1314

河南省图书馆馆藏善本清代河南籍作家稀见本诗集提要[J]/刘阳,周新凤. --河南图书馆学刊,1998,03:3-5

河南省图书馆馆藏善本古籍中,已成为孤本的明清两代河南籍作家之诗集有十余种,有数种诗集目前在国内的收藏亦无几家,可称稀见。本文以提要形式逐一介绍,包括《白华堂诗一卷·西湄草堂诗一卷》《青立轩诗稿八卷》《遗安堂诗集四卷》等。

1315

河南省图书馆中文古籍书目(集部)[M]/李古寅主编. --郑州:中州古籍出版社,1993

本书始编于20世纪80年代,集河南省图书馆古籍工作者之心血,历数年之功,终成完篇。每部书著录题名、卷数、著者和版本等情况。书中含有书名索引和著者索引两种索引方式,向读者展示了馆藏古籍集部藏书情况。

1316

河南省图书馆中文古籍书目(子部)[M]/

河南省图书馆编. --郑州:河南省图书馆,1973

本书为 20 世纪 70 年代河南省图书馆子部中文古籍目录。该书采用四部分类法,子部以下又细分为儒家类、道家类、墨家类、法家类、兵家类、农家类等。

1317

《鹖冠子》非伪书考辨[J]/吴光. --浙江学刊,1983,04:36 – 42

先秦古籍《鹖冠子》,过去被许多人判为伪书,长期不受重视。本文在前人研究的基础上,作出今本《鹖冠子》既非伪书亦非原书的新考证,并对它的作者、时代和学派倾向、学说特点等问题作一简析。

1318

鹤林玉露[M]/(南宋)罗大经. --台北:正中书局(台湾地区),1969

《鹤林玉露》十八卷(亦有指十六卷),为南宋罗大经的笔记集。该书版本众多,中华书局 1983 年曾出版点校本。

1319

《黑龙江城事宜》等四卷地方文献及其标点[J]/李巨炎. --黑河学刊,1988,01:97

本文考订了齐齐哈尔市图书馆收藏的《黑龙江城事宜》一书所含《黑龙江所属各驿丞牛马册》《五司应办印务册》《黑龙江呼伦贝尔布特哈巴彦苏苏北团林子呼兰厅绥化厅事宜》《黑龙江城池定额官兵数全册》等四卷书的满文题名、汉文书写古籍的书名、卷数和基本内容,介绍了其文献价值。

1320

黑龙江古籍研究丛书·燕乐三书[M]/哈尔滨师范大学中文系古籍整理研究室编. --哈尔滨:黑龙江人民出版社,1986

本书为《黑龙江古籍研究丛书》之一种,共十九章,内容包括"燕乐清乐法曲"和"琵琶印度律"等,既考证燕乐源流,又分析研究其律调,并引证文献,对比器物实验,颇多发明创见。

1321

黑水丛书·程德全守江奏稿(全二册)[M]/李兴盛,马秀娟主编. --哈尔滨:黑龙江人民出版社,1999

本书系《黑水丛书》之一,收录了程德全于光绪二十九年(1903)冬至光绪三十四年(1908)黑龙江设省这段时间的奏稿,并收录奏折 400 余篇,是对新政之前程德全本人在黑龙江地区的执政策略以及政务民生的一个完整再现。奏稿具有原始性与真实性的特点,因而这段资料成为研究近代动荡时期黑龙江相关历史的基本史料和直接的历史凭证之一,是今日之研究者从事相关时期人物与事件专题研究不可或缺的资料。

1322

黑水丛书·宦海伏波大事记(外五种)[M]/任国绪主编. --哈尔滨:黑龙江人民出版社,1994

本书系《黑水丛书》之一,以民国三年黑龙江旗民工艺厂铅印本为底本影印,记录了清康熙至光绪年间涉及黑龙江地区的重要事件,详于晚清。此外,该书还收录了清代及民国文献五种外五种,包括蓉城仙馆丛书本《库页岛志略》、渐西村舍丛书本《黑龙江外纪》、观自得斋丛书本《黑龙江述略》、清光绪十七年宁古塔副都统衙门呈送稿《宁古塔地方乡土志》和抄本《东三省海防札记》。该书是研究黑龙江历史的重要文献。

1323

弘扬传统文化 加强古籍开发[J]/常书智. --中国图书馆学报,1994,05:29 – 32

本文从"潜力·优势""形势·机遇""措施·对策"几个方面,论述了加强古籍开发利用对图书馆现实长远的意义。

1324

弘扬郦学进程中的一座里程碑——介绍陈桥驿先生点校殿本《水经注》[J]/师道刚. --山西大学学报(哲学社会科学版),1993,01:76 – 79

本文对上海古籍出版社出版的陈桥驿标点校勘《水经注》作评介。文中指出,该书以清武英殿戴震校本为底本,能达到取舍有据、去伪存真,是为新版《水经注》呼声开道的创新之作,也是 1949 年后在弘扬郦学上的一块坚实的奠基石。

1325

弘扬民族文化开发古籍资源[J]/范月珍, 寇月英.--晋图学刊,1998,04:48-50

本文对图书馆古籍资源开发、利用不足提出建议,阐述图书馆工作者应当如何做好本职工作,促进古籍资源开发。

1326

红楼梦版本的新发现[J]/周汝昌.--红楼梦研究专刊(在香港地区发表)1968,03:97-103

本文介绍了靖应鹍先生所藏的乾隆抄本《红楼梦》情况。周汝昌先生将其定名为"靖本",就该抄本的回目和分册形式进行了合理分析,对"靖本实有七十八回"这一情况提出了疑问。并将当时的"脂批本"与之相比较。对自己曾经关于脂批者署名问题的推断,作者批者的身世遭遇及亲属关系等问题,进行了思考。

1327

《红楼梦》版本的新发现——第四种程刻本[J]/徐有为,徐仁存.--中外文学(在台湾地区发表)1980,01:52-91

本文从版本简介、异文研究、字数版口比较、程刻本的异文、异词异字几个方面,介绍了《红楼梦》版本的新发现,将新发现的程刻本的真正面目介绍给公众。文中指出,程刻本无论在信实的程度上还是艺术的价值上,都比钞本逊色。

1328

红楼梦版本研究[D]/王三庆.--中国文化大学(台湾地区),1980

本文专题研究了《红楼梦》版本问题,上篇着重于八十回抄本的系统研究,中篇是乾隆抄本百廿回《红楼梦》稿专题讨论,下篇是关于活字本及刻本的研究。本文于1981年由台湾石门图书公司出版,后收入潘美月、杜洁祥主编《古典文学研究辑刊》八编,由台湾花木兰文化出版于2009年发行。

1329

《红楼梦》版本研究的新贡献—《列藏本石头记管窥》介绍[J]/石渠.--唐都学刊,1987,04:21-22

本文介绍了由上海古籍出版社出版的胡文彬同志《列藏本石头记管窥》内容,论述了其在《红楼梦》版本研究上的重要意义,认为其标志着国内对列藏本系统研究的开始。

1330

红楼梦抄本抄成年代考[J]/刘广定.--"国家图书馆"馆刊(在台湾地区发表)1996,01:165-174

本文从各传世的红楼梦抄本中避讳字的用法,及一些特殊字的写法来探讨其抄成年代。文中指出《有正本》之底本《戚沪本》为乾嘉时期抄成;《甲戌本》《圣藏本》《甲辰本》和《舒序本》为道光初期抄成;《杨藏本》与《蒙府本》时间较迟,《己卯本》和《庚辰本》则更迟抄成。

1331

《红楼梦》电脑检索系统评介[J]/曲一曰.--古籍整理研究学刊,1986,04:60-62

本文介绍了《红楼梦》电脑检索系统的主要内容、工作程序、成功经验,指出该系统可以为研究提供科学依据。

1332

红雨楼序跋[M]/(明)徐𤊹撰;沈文倬校点.--福州:福建人民出版社,1993

徐𤊹是明代著名藏书家、文学家,作有大量藏书题跋,记藏书来历,论鉴藏之道,写随想心得,校勘辨伪,品评议论,内容丰富,见解精到,学术性与文学性兼备。他所做的《红雨楼全集》未刊,近人陈衍《石遗室书录》著录钞本,今据稿本覆勘。全书重加校定,改题《红雨楼序跋》。

1333

宏博精审 求新务实——评《李渔全集》[J]/沈新林.--浙江学刊,1993,06:96-97

明末清初活跃在江浙文坛的李渔不仅是杰出的戏曲、小说作家,还兼擅诗、词、文创作,是中国文学史上运用文体最多的作家。本文系对《李渔全集》一书的评价,指出该书文备众体,内容丰富,规模宏大,对其整理具有较高的文献价值,整理人员也付出了巨大心血,对弘扬传统文化起到一定促进作用。

1334

洪业在我国索引编纂史上的作用[J]/顾江,赵玉宏. --辞书研究,1997,03:130－135

洪业是我国索引史上的一个重要人物,他创办并主持的"哈佛燕京引得编纂处"是我国有史以来第一家索引编纂机构。而第一套大型汉学索引丛刊的问世,使我国的索引编纂进入了一个辉煌时期。本文介绍了洪业的人物生平和主要学术成果,论述了洪业为我国索引事业做出的卓越贡献。

1335

后村词编年补考[J]/程章灿. --福建论坛(文史哲版)(后更名为福建论坛)(人文社会科学版),1989,06:71－73

钱仲联先生《后村词笺注》对刘克庄词作进行了详密的笺释考证,许山河先生进一步做了补订。本文作者在编撰《刘克庄年谱》过程中发现仍有可增补诸先生不足的地方,特撰此文增补,包括《清平乐·丹阳舟中作》《满江红·送朱惠父入江西幕》《沁园春·梦孚若》等诗词,均为原词照录。

1336

《后村词笺注》商榷[J]/向以鲜. --南开学报(哲学社会科学版),1986,05:20－23

钱仲联先生所著《后村词笺注》(上海古籍出版社出版),是第一部关于南宋爱国词人刘克庄(号后村)词集的详尽笺注本。本文认为书中有些看法有待进一步探讨,提出了商榷意见。

1337

《后汉书》标点中的几处失误[J]/周国林. --古籍整理研究学刊,1987,01:55－56

本文校订了中华书局校点本《后汉书》中断句和引号起讫方面的几处失误。

1338

《后汉书今注今译》笔谈[J]/刘范弟,李传书,任俊华等. --衡水师专学报,1999,03:27－31

本文是对1998年岳麓书社章惠康先生主编《后汉书今注今译》的书评。指出该书注释精当通俗,译文准确流畅,做到了"信达雅"。后面的《附录》,既减少了注释篇幅,便于读者检索,又有学术价值;尤其是《职官录》把《汉书·百官公卿表》和《后汉书·百官志》中没有的、王莽改制的"新职官"也都收入进来,给读者以极大方便,是该书的独创。

1339

后汉书尚书考辨[D]/蔡根祥. --台湾师范大学(台湾地区),1985

本文在叙述东汉至南朝尚书学学术情状的基础上,考察了范晔《后汉书》引《尚书》之文,辨其义说、家法,并归纳其引述方式、家法、作用等。文后附录司马彪《续汉志》引《尚书》文之考辨,供研究者参阅。

1340

后学之津梁——《古籍整理散论》读后[J]/熊英. --文献,1995,02:283－284

本文介绍了来新夏先生《古籍整理散论》一书基本情况。该书为来新夏先生历年来与一些青年朋友谈论古籍整理的发言稿,分为分类、目录、版本、句读、工具、校勘、考据、传注等八篇。或论述某一技能的源起、发展与现状,或以实例阐述其性质、特点、常用方法、作用及意义,深入浅出论述了历来用以整理古籍的传统方法。

1341

厚藏壮族文化的巨著——《布洛陀经诗校注》评介[J]/区伟. --广西民族研究,1992,02:118－119

《布洛陀经诗》是壮族巫教的经诗,广泛涉及天地开辟、人类起源、事物起源、私有财产与民族、国家起源以及人伦道德、宗教哲学等诸多方面,具有重要的文献价值。本文是为广西壮族自治区少数民族古籍整理出版规划领导小组主编《布洛陀经诗校注》一书所作的书评,指出该书校注工作工程浩繁、调查深入、收集全面,兼具科学性与权威性,有较高的学术价值。

1342

厚积薄发 金针度人——读吴孟复《古籍研

究整理通论》[J]/纪健生.--古籍研究,1998,02:104-111

本文系对吴孟复先生《古籍研究整理通论》(台湾贯雅文化事业有限公司1991年11月出版)的评介。指出该书是较有个人学术特色的古籍整理论著,吴先生不仅为自己一生阅读古书、研究古代语言文学、从事古代诗文教学和整理古籍的经验作了一个切实总结,而且合读书、研究、教学、整理为一体,向后学昭示途辙。

1343

呼和浩特满文古籍文献述略[J]/佟鸿举.--满语研究,1995,02:134-136

本文介绍了内蒙古自治区图书馆、内蒙古自治区档案馆、呼和浩特市档案馆等单位收藏满文古籍、文献的情况。

1344

胡道静先生和《梦溪笔谈校证》[J]/白智勇.--书屋,1996,04:14-15

本文介绍了胡道静先生研究《梦溪笔谈》一书的经历,指出胡先生用半个世纪时间潜心研究该书,从底本选择到校勘注释无不精审;还介绍了胡先生《梦溪笔谈校证》《新校证梦溪笔谈》在国际科技史学术领域里的重要地位。

1345

胡宏的佚诗佚文[J]/衷尔钜.--文献,1990,04:271-274

本文介绍了江西省泰和县保存的八百余年的《胡氏家藏方册》的基本情况。该方册内收有宋代思想家及诗人胡宏亲笔书诗十一首、《谱序》一篇。这些佚诗佚文,是胡宏《五峰集》和1987年中华书局出版的《胡宏集》中均未收录者,也未见披露过。本文将原文抄录并做简要解注。

1346

胡适的学术考证与古籍版本学[J]/武晓峰,徐雁平.--图书馆,1996,01:64-67+53

古籍版本学对胡适的学术研究有着明显影响,在明清小说和《水经注》考证中得到充分体现。正是由于胡适和其他学者的努力,使得人们开始注重小说的版本,从而扩大了传统古籍版本学的研究范围;而《水经注》的考证,则为专书的版本研究提供了一个典范。本文从章回小说考证及其版本、《水经注》考证及其他学术研究中的古籍版本两个方面,谈论了胡适在考证和版本学方面做出的贡献。

1347

胡适和葛思德东方图书馆[J]/农伟雄.--中国图书馆学报,1995,02:37-41

本文从中国医药古籍图书馆、胡适同普林斯顿大学葛思德东方图书馆的最初联系、胡适应聘普林斯顿大学葛思德东方图书馆馆长等几个方面,论述了胡适与图书馆之间的关系。

1348

胡应麟与古籍辨伪[J]/曾贻芬.--史学史研究,1996,01:68-74

本文从明初王炜《从录》、宋濂《诸子辨》两部书入手,介绍了胡应麟所著的我国历史上第一部辨伪专著《四部正讹》,以及由其所创的"胡氏八法"与古今伪书二十种的分类情况。胡应麟对古今辨伪的经验,使辨伪摆脱了零散、烦琐考证的老方法,向理论化方向迈出可喜一步,奠定了辨伪作为一门独立学科的雏形。

1349

湖北大学中文古籍书目[M]/《湖北大学中文古籍书目》编辑组编.--武汉:湖北大学图书馆,1990

本书将湖北大学图书馆1989年以前已入藏的1912年以前出版的著作和影印本,以及后人的注释本标点本图书、书目,共五千余种编辑成册,以便于教学科研及读者充分利用馆藏古籍图书。

1350

湖北地方古籍文献丛书·楚北水利堤防纪要·荆楚修疏指要[M]/(清)俞昌烈,(清)胡祖翮撰;毛振培点校.--武汉:湖北人民出版社,1999

本书为两种书合编。前部为《楚北水利

堤防纪要》,该书是清代湖北地区的一本图考并重、记载详细、内容丰富、资料可靠、分析透彻、立论系统的水利堤防专著,为后世系统地研究湖北地区河湖的历史演变和治理、大堤的历史发展和防洪、堤防工程修筑技术、堤皖陂塘水利格局等提供了翔实的资料。后部为《荆楚修疏指要》,该书对水道源委、湖泊变迁均有较多记载,对堤防的岁修防汛记述更为详尽。

1351

湖北地方古籍文献丛书·楚辞注释[M]/(战国)屈原原著;马茂元主编;杨金鼎等编撰. --武汉:湖北人民出版社,1999

本书为楚辞注本,包括《离骚》《九歌》《天问》《九章》《远游》《卜居》《渔父》《招魂》《大招》《九辩》的译注。

1352

湖北地方古籍文献丛书·楚国史编年辑注[M]/郑昌琳编著. --武汉:湖北人民出版社,1999

本书从中国古代大量典籍中按楚国历代国君的时间序列汇集各种史料的专著,书后还附有历代楚王年号和公元年号对照,楚国大事记,楚国人名、地名索引,检索起来非常方便。

1353

湖北地方古籍文献丛书·楚国先贤传校注·楚师儒传点校[M]/(晋)张辅,(清)甘鹏云著;舒焚校注;石洪运点校. --武汉:湖北人民出版社,1999

本书为两种书合编。前部为《楚国先贤传校注》。《楚国先贤传》,约宋初以后亡佚。元、明、清人辑之作及后人选录本四五种,甚为珍贵,但讹误、遗漏、矛盾之处自属难免。本书这次校注、整理,以比较好的清陈运溶本为底本,尽可能搜罗爬梳,一一落实其中所收人物,应辑入而前人未及辑入的即予辑入,共得28人和一则未知所属的附录。校注者查对了《三国志》《世说新语》《文选》等各种类书和其他古籍四十余种,作了人与事以及文字方面的必要订正和较详细的注释,并选取必

要的有关记载作为"事补"。校注者对原书撰者是谁的问题也做了一些探索。后部《楚师儒传点校》所传楚师儒,即入祀楚学祠之六十七子,上起鬻子,下迄曾国藩、胡林翼,均出于湖北、湖南,多以专传出之。

1354

湖北地方古籍文献丛书·汉口丛谈校释[M]/(清)范锴著;江浦,朱忱,饶钦农等校释. --武汉:湖北人民出版社,1999

本书为《汉口丛谈》的校释本。清代藏书家、文学家范锴曾旅汉经营盐业多年,写下《汉口丛谈》地方史料笔记,记叙汉口历史重镇的发展,史料甚详。

1355

湖北地方古籍文献丛书·湖北旧闻录(全三册)[M]/(清)陈诗著;姚勇,邱蕤,杨晓兰点校. --武汉:湖北人民出版社,1999

本书大抵仿清初朱彝尊《日下旧闻录》而作,基本上可说是方志体例的一种"变体"。书中收录内容涉及郡县、乡镇、置邮、水程、藩镇、营建、庙学、坛庙、图志、事变、名胜、寺观、风俗、物产、文献、女士、杂记等方面,对于研究湖北古代历史具有一定价值。

1356

湖北地方古籍文献丛书·荆楚岁时记译注·襄阳耆旧记校注[M]/(南朝梁)宗懔著;(东晋)习凿齿撰;谭麟译注;舒焚,张林川校注. --武汉:湖北人民出版社,1999

本书为两种书合编。前部为《荆楚岁时记译注》。《荆楚岁时记》是一部描述荆楚岁时风物的专书,为研究我国荆楚地区的历史和风俗提供了大量珍贵资料。该书向无标点注释本,谭麟以通行的四部备要本为底本,参阅《说郛》《湖北先正遗书》诸本,并博采唐宋类书所征引的文字片段作了校勘。按照原书自然段落,以数字标号。每段之后,详加注释,或诠释词语,阐明音义;或缀辑旧闻,补充史实。最后附上白话译文,方便读者阅读。后部为《襄阳耆旧记校注》。《襄阳耆旧记》原名《襄阳记》,是东晋史学家习凿齿所著的杂传类史书。该书辑录自战国时期至东晋期间

襄阳地区的风土人情,成书后有所散佚,后经学者搜集整理出一些辑本。

1357

湖北地方古籍文献丛书·荆州记九种·襄阳四略[M]/(清)陈运溶,(清)王仁俊辑;(清)吴庆焘编撰;石洪运,洪承越点校.--武汉:湖北人民出版社,1999

本书为两种书合编。前部为清代学者辑录的早已佚散的地记《荆州记》九种不同版本的合录本,此类书皆"自述乡国灵怪,人贤物盛",涉及历史、地理等多方面问题,所记史实翔实,涉及方面广泛。后部《襄阳四略》清末民初吴庆焘编撰的一部著名的襄阳地方文献,包括沿革略、兵事略、金石略和艺文略四个部分。

1358

湖北地方古籍文献丛书·明代武当山志二种[M]/(明)任自垣,(明)卢重华著;杨立志点校.--武汉:湖北人民出版社,1999

本书选明代《敕建大岳太和山志》《大岳太和山志》加以点校,弥补了《明代武当山志》经眼不易的缺憾,在修志实践和理论上都取得了较大成就,蕴含着丰富的学术文化信息。

1359

湖北地方古籍文献丛书·武汉竹枝词[M]/徐明庭辑校.--武汉:湖北人民出版社,1999

本书是清代康熙至民国晚清武汉风情、民俗、习尚的资料集。书中对近现代50家1095首竹枝词作了精心的编辑和校勘,撰写了前言、作者简介、题解和校记,内容颇为丰富,涉及清初至民国初年武汉的社会变迁、风土人情、自然景观等,特别是其中记述太平军攻陷武昌、北伐军攻打武汉以及长江水患的作品尤为珍贵。

1360

湖北地方古籍文献丛书·渚宫旧事译注·容美纪游校注[M]/(唐)余知古撰,(清)顾彩著;袁华忠译注;吴柏森校注.--武汉:湖北人民出版社,1999

本书为两种书合编。前部为《渚宫旧事译注》。《渚宫旧事》记述了荆楚一带上起鬻熊、下迄唐末近2000年的故事与传说,内容以朝代为序,多叙述人物与掌故。后部为《容美纪游校注》。容美地处湖南石门县西北部和湖北鹤峰县境,清代学者顾彩在此地游历半载,以日记形式纪事。书中有大量关于戏曲活动记载,如容美宣慰使田舜年和其长子丙如各自的家班中人员配备、演唱声腔和训练、演出规模等。

1361

湖北省图书馆文献抢救工作回顾及展望[J]/谢德安.--图书情报论坛,1998,04:3-5

本文介绍了20世纪80-90年代,湖北省图书馆利用缩微技术抢救保护珍贵文献的情况。由于建立了组织协调机制、工作网格和技术队伍,该馆缩微工作为之后发展奠定了较厚实的物质基础和良好的行业优势,但仍存在缩微文献的宣传开发利用不足、技术手段单一等问题。作者提出应当制定全省文献抢救计划,统一开展缩微工作,并在此基础上建立起湖北省公共图书馆缩微品书目数据库等建议。

1362

湖南丛书杂谈[J]/龙如.--湘图通讯(后更名为图书馆),1981,03:48-49

本文介绍了湖南刊刻丛书的年代、种类、内容和形式,并专门介绍了湖南陈运溶编辑的《麓山精舍丛书》,肯定了陈运溶在编辑刊行丛书方面做出的贡献。

1363

湖南的气候特点与古籍保护[J]/罗益群.--图书馆,1989,02:68-72

本文介绍湖南气候特点及其对古籍保护的影响因素、保护古籍的措施与方法,指出古籍作为载记古代学术文明的实物,保藏流传与自然条件特别是气候条件密切相关;古籍保护应当抓住关键与核心,从根本上解决虫害等问题。

1364

湖南社会科学院图书馆馆藏古籍线装书目[M]/湖南省社会科学院图书馆编.--长沙:湖

南省社会科学院图书馆,1992

本书由湖南省社会科学院图书馆编写,收录 1991 年 7 月以前入藏的古籍、线装书十二万余册。目录分为正文和索引两部分,正文按经部、史部、子部、集部、丛书以及下属类目分类编排;索引按书名笔画编排。著录方式按书名、著者、版本、稽核、附注著录,末尾附该馆索书号,便于检索。

1365

湖南省古籍善本书目[M]/常书智,李龙如主编. --长沙:岳麓书社,1998

本书以《中国古籍善本书目》中的湖南部分为基础,补充增加了被确认为善本的条目,收录范围较之《全国古籍善本书总目》略有拓宽,特别是侧重收录了一部分具有湖南地方特色、较高价值的古籍文献。如湘人诗文集、湖南方言志、湘籍谱牒等,将湖南藏辛亥革命前和刻本汉籍书目和朝鲜刻本汉籍书目亦作为附录收入。本书目共收善本六千余种,按照经、史、子、集、丛分类,每部书均著录题名、卷数、著者、版本、藏存单位等情况。

1366

湖南省邵阳市图书馆馆藏中国古籍书名目录及索引[M]/湖南省邵阳市图书馆古籍部编. --邵阳:湖南省邵阳市图书馆古籍部,1990

本书由湖南省邵阳市图书馆古籍部主编,收录了邵阳市图书馆馆藏古籍书目,有利于古籍资源的整合和研究,方便对馆藏古籍进行综合论证和考评。

1367

湖南省文物管理委员会收集古典图书亲历记[J]/尹天祜. --高校图书馆工作,1988,03:28 – 34

本文分十一个部分介绍了湖南省文物管理委员会收集古籍的情况,包括文管会部署抢救古籍工作、天伦造纸厂生产和抢救书籍、改进工作的经遇、文管会旧书收购处的成立、抢救古旧图籍的收获、成立旧书清理委员会、成立省造纸工业原料旧书联购处所惹起的风波、湘阴任凯南藏书、唐成之珍藏医书、访湘阴郭嵩焘日记经遇、桂阳访求夏寿田藏书得

袁世凯卖国二十一条的经过等内容。

1368

湖南省中山图书馆馆藏中国古笈丛部目录(全二册)[M]/湖南省中山图书馆编. --长沙:湖南省中山图书馆,1959

本书是湖南省中山图书馆(现湖南省图书馆)于 20 世纪 50 年代编撰的丛部古籍目录,为油印本。每部书均著录题名、卷数、著者、版本、册数等情况。本书是一部具有较高研究价值的古籍目录,也展现了湖南省馆早期进行古籍整理工作的成就,基本反映出了该时期湖南省馆丛部古籍藏存的情况。

1369

湖南省中山图书馆馆藏中国古笈集部目录(全二册)[M]/湖南省中山图书馆编. --长沙:湖南省中山图书馆,1959

本书是湖南省中山图书馆(现湖南省图书馆)于 20 世纪 50 年代编撰的集部古籍目录,为油印本,基本反映出了该时期湖南省馆集部古籍藏存的情况。

1370

湖南省中山图书馆馆藏中国古笈经部目录[M]/湖南省中山图书馆编. --长沙:湖南省中山图书馆,1959

本书是湖南省中山图书馆(现湖南省图书馆)于 20 世纪 50 年代编撰的经部古籍目录,为油印本,基本反映出了该时期湖南省馆经部古籍藏存的情况。

1371

湖南省中山图书馆馆藏中国古笈目录补编[M]/湖南省中山图书馆编. --长沙:湖南省中山图书馆,1959

本书由湖南省中山图书馆主持编辑,对该系列经、史、丛、集以及地方志以外的古籍进行了补编,方便对馆藏古籍进行综合的论证和考评。

1372

湖南省中山图书馆馆藏中国古笈史部目录(全二册)[M]/湖南省中山图书馆编. --长沙:湖南省中山图书馆,1959

本书是湖南省中山图书馆(现湖南省图

书馆)于 20 世纪 50 年代编撰的史部古籍目录,为油印本。基本反映出了该时期湖南省馆史部古籍藏存的情况。

1373

湖南省中山图书馆馆藏中国古笈子部目录(全二册)[M]/湖南省中山图书馆编. --长沙:湖南省中山图书馆,1959

本书是湖南省中山图书馆(现湖南省图书馆)于 20 世纪 50 年代编撰的子部古籍目录,为油印本,基本反映出了该时期湖南省馆子部古籍藏存的情况。

1374

《湖州市文化艺术志》补正五则[J]/张梦新. --浙江社会科学,1999,04:137 – 138

浙江古籍出版社《湖州市文化艺术志》,是湖州市历史上第一部文化艺术专业志,资料丰富翔实,具有重要的史料价值和现实意义。本文所录明代湖州籍及客居湖州作家的资料,在一定程度上补正了《湖州市文化艺术志》的几处错讹和空缺。

1375

蝴蝶装金镶玉:一种古籍装帧新方法[J]/邱晓刚. --江苏图书馆学报(后更名为新世纪图书馆),1996,05:51 – 52

将蝴蝶装与金镶玉相结合的一种古籍装帧新方式,由原北京图书馆从事古籍修补的张士达先生首创于 1965 年。本文介绍了蝴蝶装金镶玉的产生过程和操作方法。

1376

华东师范大学善本书目(古籍部分)[M]/华东师范大学图书馆编辑. --上海:华东师范大学图书馆,1964

本书收录华东师范大学图书馆藏善本图书一千多种,分经、史、子、集、丛五类。每部书都著录题名、卷数、著者和版本情况。华东师范大学图书馆馆藏古籍线装书三十一万册,有三万多种,以地方志、清代诗文集、丛书居多,此外还有金石碑帖拓片近万种。

1377

华东师范大学图书馆馆藏地方志目录[M]/华东师范大学图书馆编辑. --上海:华东师范大学图书馆,1981

目录参照《中国地方志联合目录》的体例,在《华东师范大学方志目录》的基础上重新校订增补而成。共收录地方志 1628 种 2260 部,后附书名索引。

1378

《华鄂堂读书小识》浅识[J]/寻霖. --图书馆,1997,06:73 – 74

《华鄂堂读书小识》为民国长沙藏书家叶启发就其家藏宋元明本、名人批校本书籍详加考证,缀以题跋而成的一部古籍版本题记,内容涉及各书版刻源流、内容得失、收藏家印记及事迹等。本文介绍该书的成书概况及学术价值。

1379

华南师范学院图书馆古籍目录[M]/华南师范学院图书馆编. --广州:华南师范学院图书馆(后更名为华南师范大学图书馆),1957

本书是由华南师范学院图书馆 1957 年编撰的馆藏古籍目录,可以在一定程度上反映该馆当时的古籍藏存状况。

1380

华南师范学院图书馆馆藏古籍善本书目录[M]/华南师范学院图书馆编. --广州:华南师范学院图书馆(后更名为华南师范大学图书馆),1979

本书是由华南师范学院图书馆 1979 年编撰的馆藏古籍善本书目录,每部书都著录了题名、卷数、册数、著者、版本情况。

1381

《华阳国志》汉魏丛书本述略[J]/赵俊芳. --古籍整理研究学刊,1998,06:42 – 44

《华阳国志》是晋朝常璩撰写的一部关于西南地区地理、历史、人物等方面的著作,历来被视为研究西南地区史不可或缺的重要史料。本文就西南师范大学图书馆版本书库中所见到的三种《汉魏丛书》中辑刻的《华阳国志》,论述了该书的流变和版式。

1382

"化腐旧"为神奇——学习陈云同志关于整理古籍的指示[J]/邹身城. --出版工作(后更

名为中国出版),1981,12:22-23

本文在领会陈云同志关于整理古籍指示的基础上,对于古籍整理提出一些新的认识。文中指出整理古籍的工作必须切合广大干部、社会科学和自然科学工作者,以及广大具有中学文化水平的工农兵实际工作上的需要,有待于出版界和学术界的共同努力,勇于把整理古籍的重要任务有计划地担当起来。

1383

化艰深为浅显,熔译注于一炉——评优秀古籍读物《抱朴子外篇全译》[J]/彭直. --文献,1999,04:223-228

《抱朴子外篇全译》1997年由贵州人民出版社出版,以东晋葛洪撰述的《抱朴子外篇》为底本,参校其他版本,对全篇进行注释与翻译。本文系书评,充分肯定了该书在注释校勘方面的开创性意义。

1384

话说满文古籍[J]/雨田. --中国民族,1987,01:46-47

满文古籍形成的历史,虽不比藏文、蒙古文古籍久远,但满文古籍文献脉络清晰。本文分类介绍了档案、著译、碑铭、谱牒四种满文古籍。

1385

怀念路大荒老先生[J]/陶振纲. --山东图书馆季刊,1989,04:20-24

本文从路大荒老先生来山东省图书馆工作的来龙去脉、古籍分类著录工作、地方文献的收藏和研究等几个方面,讲述了路大荒老先生无私传授古籍知识,勤恳治学的精神。

1386

《〈淮南子·兵略训〉今译》指瑕[J]/许匡一. --武汉教育学院学报(后更名为江汉学术),1995,05:16-22

本文从信、达、雅三个角度分析了《〈淮南子·兵略训〉今译》的问题,指出今译工作或由于不谙原著思想内容,或不察语境,或误解词义,或不究语法,或不明修辞,或粗疏大意,造成译文失信、不达、欠雅的情况。

1387

《欢喜冤家》断句举误[J]/阜东. --山西大学学报(哲学社会科学版),1994,02:86-89

本文校订了北京师范大学出版社出版的《欢喜冤家》一书中出现的断句标点、文字校勘方面的错误。

1388

欢迎尝试 提倡争鸣——有感于对古籍遗产与自然科学的交叉研究[J]/本刊编辑部. --图书馆学研究,1986,02:2-2

在对我国古籍遗产发掘、整理和研究过程中,有一种不平衡现象:比较重视古籍中文、史、哲、政、经、法方面的内容,忽视其数、理、化、天、地、生方面的内容;对各社会科学的历史研究取得成绩多,对自然科学学科历史研究所获则不甚可观。本文提出中国古代社会科学与自然科学发展不平衡的问题,指出古籍遗产与自然科学交叉研究的重要性。

1389

环绕今本《论语》的诸问题——兼与朱维铮先生商榷[J]/张伯伟. --孔子研究,1987,03:94-99

本文指出,《孟子》《史记》等古籍中征引的孔子言论与今本《论语》一致,《论语》在结集过程中"愈改编愈失真"的根据不足。《论语》重要编者张禹"本受《鲁论》,兼治《齐论》,未曾背师谀君",妄改《齐论》。《论语》中"五十以学易"等句中的异文来自文字假借或传写笔误,并非出自政治、学派斗争需要的篡改。今本《论语》仍然是研究孔子思想的最为直接、可靠的依据。

1390

浣花集校注[D]/江聪平. --台湾师范大学(台湾地区),1968

晚唐诗人韦庄是花间派重要词人,其词作语言清丽,多用白描手法,写闺情离愁和游乐生活。本文为韦庄诗词集《浣花集》的校注本,作者江聪平专研唐诗,对韦庄作品研究甚深。书中收录广为流传的《浣花集》十卷,作者又从善本中补遗七十余首,再加上《秦妇吟》一篇考证校释,共计三百余首,每一首均有详深的注文、校文。

1391

皇侃之经学[D]/陈金木. --政治大学(台湾

地区),1986

本文在考察皇侃生平事迹、创作背景和著述情况的基础上,研究了其礼记学、考经学及论语学方面的成就,讨论了皇侃的治经特色与经学贡献。本文于1995年由台北编译馆整理出版。

1392

《皇览》探微[J]/王雪梅. --贵州大学学报(社会科学版),1993,04:92 - 93

《皇览》是魏文帝黄初年间编撰的一部大型类书。本文指出我们能看到的只是《皇览》辑佚本,仅为该书的一小部分。从分类来看,《皇览》辑佚本可以确定的只有两类,即"逸礼"和"冢墓记",此外,还有些如"记阴谋"和"计然"等零星条目。文中肯定了类书的功用,并以《皇览》辑佚为例论述了加强古籍辑佚工作的重要性。

1393

皇明资治通纪三种[M]/(明)陈建等编纂;北京:中华全国图书馆缩微复制中心编. --北京:中华全国图书馆缩微复制中心,1997

本书包含《皇明资治通纪十四卷》《皇明续纪三卷》《皇明通纪述遗十二卷》三种文献。《皇明资治通纪十四卷》逐年按月记事,起于元至正十一年(1351)红巾起义,至明正德十六年(1521),入清遭全毁之禁,今流传稀少。《皇明续纪三卷》仿《通纪》例,续至隆庆六年(1572)。《皇明通纪述遗十二卷》补《通纪》《续纪》之遗。三者相辅而成一部明朝人编纂的明史编年长编。

1394

《皇清经解》与古籍整理[J]/陈祖武. --传统文化与现代化,1993,06:86 - 90

重视图书整理,历代皆然。清道光初叶,两广总督阮元主持编纂的《皇清经解》可以视作一个范例。本文指出该书上承清初《通志堂经解》,下启晚清《皇清经解续编》,以丛书编纂的形式,将清代前期主要经学著作汇聚一堂,成为此一时期经学成就的一个集萃。

1395

黄帝内经书证[M]/何爱华著. --哈尔滨:黑

龙江中医学院,1984

本书是何爱华编著的一部内难经类中医著作。包括《黄帝内经书证》《关于伤寒病的几个问题》两部分。前者以司马迁《史记》为核心,参照马王堆古医学佚书,结合当代文献,对《黄帝内经》的著作时代、地点、作者、流传及传本等进行考证;后者则对伤寒病与营卫、经络学说的关系,以及《伤寒论》的传本和版本作了论述。

1396

《黄帝内经素问》版本源流考[J]/王瑞来. --"国家图书馆"馆刊(在台湾地区发表)1997,01:169 - 192

本文考察了印刷术出现以前的《黄帝内经素问》版本流传状况,如对隋全元起注本篇次的复原,对收藏于各国的敦煌遗书中《素问》残本的考证,对唐王冰注本的评价等。还考察了《素问》一书在宋代地位的提高,以及由政府组织的多次整理。概述了在元明清三代《素问》的版本刊刻、流传和现存的主要版本。

1397

《黄帝内经太素》的校注方法和原则[J]/郑孝昌. --成都中医学院学报,1995,01:4 - 7

本文从正观点、存底本、主杨说、纠误训、讨难词、凭实据、尚简要、重词义、善取舍、多修改等10个方面,总结了整理研究《黄帝内经太素》的方法和体会。

1398

《黄帝四经》考辨[D]/朱晓海. --台湾大学(台湾地区),1977

《黄帝四经》是1973年出土于长沙马王堆汉墓的一部古代帛书,由《法经》《十六经》《称》《道原》四篇古佚文组成。围绕该书的定名、成书年代及作者,学术界进行了持久的争论。本文对该书进行了系列考辨。

1399

黄帝针灸甲乙经[M]/(西晋)皇甫谧撰;张永贤注. --台中:中国医药学院出版组(台湾地区),1994

本书是中国现存最早、内容较完整的针

灸学著作,原名《黄帝三部针灸甲乙经》。皇甫谧撰于甘露四年(259)左右。南北朝时期改为十二卷。本书将《素问》《灵枢》和《明堂孔穴针灸治要》(即《黄帝明堂经》)分类合编而成,对古代针灸疗法进行了系统归纳整理,在针灸学发展上起了重要推动作用。

1400

黄季刚先生遗著知见录[J]/王庆元.--武汉大学学报(人文科学版),1986,01:23-28

近代著名国学大师,文字、声韵、训诂学家黄侃先生生平阅读古籍范围极广,而且凡所阅之书,必施以圈点或批校。本文将其中的要籍分为小学类、经学类、史学类、子部类、日记及杂稿几类加以评介。

1401

黄季刚遗著保存、整理出版和近年研究情况述略[J]/王庆元.--武汉大学学报(哲学社会科学版),1995,06:18-22

本文概述黄侃先生的遗著保存、整理出版和近年研究情况。

1402

黄侃墨迹稿本简述[J]/荣依群,黄曾敏.--文献,1999,03:280-281

黄侃生性好奇书,生前收藏三万册之多,点校之书达数千卷,施笺识者也达数百卷。很多著述来不及出版,就与世长辞,留下大量遗稿手迹。在湖北省图书馆及武汉大学中文系保存共计260余种著作、诗词一千余首。本文将其中五部重要的典籍《黄侃手批白文十三经》《黄侃手批说文解字》《尔雅音训》《文选评点》《黄侃批点南宋四家律选》进行列举简述。

1403

黄侃学术研究[M]/郑远汉主编.--武汉:武汉大学出版社,1997

本书为1995年在武汉大学举办的黄侃国际学术研讨会中所收录的45篇学术论文。包括赵诚《传统语文学向现代语言学的发展》、李开金《绍章黄学统,探文字真源》、陶国良《黄侃学术思想和成就》等,就黄侃学术思想及传统语言文字学诸问题作了深入研究。此

前,武汉大学黄侃研究室拟定"黄侃遗著整理研究"课题,并获得国家教委的专项科研基金,组织部分教师撰写了几篇学术论文。

1404

黄侃与《释名》研究[J]/任继昉.--古籍整理研究学刊,1998,01:9-11

本文从对《释名》地位的评价、对《释名》声类的分析、对《释名》解说的印证、对《释名》版本的鉴别四个方面,梳理了黄侃著作中有关《释名》的论述及研究材料。

1405

黄侃与雅学[J]/刘国恩.--辽宁大学学报(哲学社会科学版),1990,04:82-86

雅学就是研究《尔雅》的学问。古人有"仓雅之学"的说法。本文对黄侃的生平与治学成就进行介绍,从《尔雅》的名称由来考、《尔雅》的成书年代与作者、《尔雅》注家、尔雅学的资本等黄氏研究的几个方面对其雅学观念进行论述。

1406

《黄老帛书》考证[D]/黄武智.--"中山大学"(台湾地区),1999

《黄老帛书》亦称《帛书黄帝书》,系1973年年底长沙马王堆三号汉墓出土《老子》乙本卷前古佚书的简称。本文考察了《黄老帛书》的命名、作者、地点、佚书全文及《十六经》的产生时间等问题,补充数证说明佚书非一人一时之作,讨论了学者论证佚书产生时间的方法,及此方法的论证效果。

1407

黄冕堂教授与明清史研究[J]/大元.--文史哲,1988,04:2-2

本文介绍了黄冕堂教授在明清史研究方面作出的成就。他主张理论与史料并重,史籍与近著并重,在广博基础上求得精专,锐意创新,鄙薄浮华、猎奇和躁进袭取。其很多作品在前人基础上大胆开拓,填补了明清史研究空白,受到众多学者高度重视。

1408

黄丕烈对古籍的收藏和整理[J]/周少川.--史学史研究,1989,04:51-57

黄丕烈系清乾嘉时期著名藏书家、校勘学家和版本目录学家,一生致力于中国古籍收藏、整理和介绍,为弘扬古代传统文化作出不懈努力。本文就其相关工作和成就分别进行评述,认为其在藏书方面保存遗产,发挥学术作用;在校勘方面提出谬误,以求古籍之真;在编目、题跋方面鉴定版本,追述授受源流,在当时达到前所未有的深度与广度。

1409

"黄装"略议[J]/邱晓刚. --江苏图书馆学报,1998,01:56 – 57

本文在深入介绍"黄装"这一古籍装帧技术的基础上,充分肯定了它在古籍装潢上的作用,说明了黄丕烈在古籍装潢上的贡献。

1410

黄宗羲著作汇考补正——记《黄氏续钞》三种[J]/高洪钧. --天津师范大学学报(社会科学版),1995,03:70 – 72

黄宗羲自著丛书《黄氏续钞》收录了《台雁笔记》一卷、《登西台恸哭记》一卷、《读龟山先生字说辨》一卷。该书在思想内容上有标新立异处,在目录学和版本学方面也都有重要意义,本文对上述三卷进行了补正。

1411

恢复原貌 诂训今人——评《元亨疗马集校注》[J]/张克家. --中国兽医杂志,1992,11:10

本文介绍了于船教授等经多年辛勤工作,对《元亨疗马集》最原始的版本进行校勘和注释,著成《元亨疗马集校注》一书。这是中兽医古籍整理工作中的一项极其重要的成就,既恢复了《元亨疗马集》原貌,又便于对《元亨疗马集》进行学习利用。

1412

辉煌十年——全国高校古籍整理研究成就[M]/曹亦冰主编;全国高等院校古籍整理工作委员会秘书处编. --上海:上海古籍出版社,1994

本书收录1993年"全国高校古籍整理研究十年成就展"中各单位的介绍文字、图片、资料,列举了全国高校古籍整理工作相关负责人名单、办事机构、刊物等内容,并对古委会研究机构、古典文献专业等进行了介绍。

1413

回顾与思考——为纪念古委会建立十周年而作[J]/周林. --中国典籍与文化,1993,04:4 – 10

本文为全国高等院校古籍整理研究工作委员会建立十周年纪念,在国内改革开放的新形势下,从今天的角度审视十年来的工作及对未来的展望,对若干问题作一些回顾与思考。

1414

回族古籍协作工作第六次会议综述[J]/宁夏回族古籍办公室. --回族研究,1998,03:69 – 70

1998年5月26日至28日,回族古籍协作工作第六次会议在河北沧州召开。本文系本次会议综述,介绍了会议召开情形、协作工作整体发展概况、今后回族古籍工作开展的共识等。

1415

回族民间文学史纲[M]/李树江著. --银川:宁夏人民出版社,1989

本书分为上下两编,介绍了回族民间文学历史、回族民俗等内容,主要文学作品以故事形式呈现,内容生动。

1416

汇报成果 交流学术——《古籍整理与研究》创刊号介绍[J]/子微. --古籍整理研究学刊,1986,04:56 – 57

本文是对于《古籍整理与研究》刊物创刊号的介绍。该刊物鼓励学派间的讨论争鸣,鼓励不同见解之间的补短取长。充分尊重与介绍老一辈学者的有功力的著作,也积极推荐和介绍中青年学者、研究者有创见的研究成果,成为古籍整理、研究、教学工作者交流情况、贡献成果,探讨工作方法与经验教训的园地,成为一切文史哲研究工作者、爱好者阅读和探讨的园地。

1417

汇集精品 嘉惠学林——读《湖南省古籍善本书目》有感[J]/王兴国. --图书馆,1999,02:

82－83

由常书智、李龙如同志任主编,刘志盛同志任副主编的《湖南省古籍善本书目》,经过十多年艰苦调查了解、审阅考证,已由岳麓书社正式出版。本文对该书进行评价,指出该书的出版是嘉惠学林的一件盛事,为采掘古籍宝藏描绘了蓝图,提供了索引,指明了方向。

1418

荟三湘瑶函 泽四海学人——《湖南省古籍善本书目》出版感言[J]/李龙如. --图书馆,1998,01:65－67

本文叙述了湖南省流传古籍较多的四个因素和所藏古籍的三个特点,简介了《湖南省古籍善本书目》的编辑情况以及编辑出版该书目的意义。

1419

《晦庵书话》和新书版本学[J]/武晓峰,徐雁平. --图书馆,1998,06:63－67

本文指出唐弢先生《晦庵书话》开拓了版本学的天地,是新书版本学的一部奠基之作。该书对新书的版本形式和内容作了探讨,并对多种新书版本,如线装本、特装本、普通本、袖珍本、毛边本、删节本、翻印本等进行了研究。

1420

惠栋《春秋左传补注》之研究[D]/蔡孝怿. --高雄师范大学(台湾地区),1998

本文由清代经学家惠栋的家世、生平、师友、著作考察入手,探讨了惠栋的学术精神。重点研究了惠栋著作《春秋左传补注》的创作缘由、注解方式和内容,对该书的特色、缺失与影响都做了较为公允的评析。

1421

惠栋与古籍整理[J]/漆永祥. --古籍整理研究学刊,1992,01:39－41

惠栋(1697－1758),自幼笃志向学,自子史杂说及释道二藏,靡不钻研穿凿,归田后更潜心经学,一生著述丰富。本文从惠栋的治学思想,在辨伪、辑佚、补注、校勘等方面的贡献等方面进行介绍,指出一些问题,如惠栋对乾嘉学派的消极影响、惠栋本人治学中的缺陷讹谬等,认为应当对其进行客观而公正的评价。

1422

慧琳一切经音义引说文考[D]/陈光宪. --中国文化大学(台湾地区),1970

《一切经音义》是一部包罗宏富的佛教音义大典,广泛征引各类古籍,保留了古代典籍数据。其中《说文》是最常引用的书目之一,且其年代早于二徐本,因此在《说文》的研究中具备很重要的参考作用。本文重点考订了二徐未载的引文。本文于2006年由台湾花木兰文化出版社发行。

1423

《活兽慈舟》初探[J]/李德福. --中兽医医药杂志,1998,01:38－39

出版于清同治年间的《活兽慈舟》,论述疾病多达240余种,介绍各种治疗方法约650多种,其中有大量的诊疗方法在其他中兽医古籍中颇为罕见。本文介绍了该书涉及的独特的诊断部位和灵活巧妙的治法。

1424

活幼心书[M]/(元)曾世荣撰著;(清)孟介石编著. --上海:上海科学技术出版社,1990

本书是元代医家曾世荣(德显)所著的一部儿科著作。侧重于儿科理论阐述,重点介绍曾氏临证心得。上卷"决证诗赋",有观形气、戒毁同道、辨证早决安危等75篇。中卷"明本论",论胎寒,胎热等43篇,附拾遗方论。下卷"信效方",列举方剂225首。

J

1425

基诺族与基诺族古籍[J]/白忠明. --云南民族学院学报(哲学社会科学版)(后更名为云南民族大学学报),1999,03:45 – 49

本文指出民族古籍的外延远远大于传统界定的古籍范围。所谓基诺族古籍,在类型上可包括传统的原生载体古籍以及口碑载体古籍,前者是形态模式化了的文化系列,后者则是口头语言传承下来的文化载体。对于没有文字的基诺族来说,这一点尤为突出,收集口碑资料对于保存基诺族的文化遗产具有重要的意义。

1426

嵇康的生平事迹及《嵇康集》的传播源流[J]/崔富章. --浙江大学学报(人文社会科学版),1999,04:3 – 5

本文从嵇康走出竹林,投身批判王甫(司马昭的妻父)的太学辩论活动等六个方面,论述了嵇康与司马氏集团的斗争历程,探讨了《嵇康集》的传播源流。

1427

《稽古堂群书秘简》与《玄怪录》十一卷本[J]/程有庆. --文献,1991,01:272 – 274

本文通过考察比较《稽古堂群书秘简》所收十一卷本《玄怪录》与明书林松溪陈应翔刻四卷本《幽怪录》的内容,说明了《稽古堂群书秘简》的文献价值。

1428

吉林大学古籍整理研究所建所十五周年纪念文集[M]/吉林大学古籍整理研究所编. --长春:吉林大学出版社,1998

本书为吉林大学古籍整理研究所建所十五周年纪念文集,收《读孟札记五则》《中国古代国家形成问题初论》《关于新时期高校系所资料室工作的思考》等60多篇文章。

1429

吉林省地方志考略[J]/金恩晖. --文献,1979,01:67 – 75

吉林省各族人民自古以来就是我国多民族组成的伟大祖国的成员,全省地方志近110种,600余卷。本文介绍吉林省地方志的整理工作、内容等,指出地方志整理工作的价值与重要性。

1430

吉林省古籍善本书目[M]/卢光绵等主编. --北京:学苑出版社,1989

本书目收录了吉林省各馆所藏古籍善本凡4647种六万余册。书目内容主要由凡例、正文、索引构成;正文之条目由书名项、著者项、版本项、附注项以及图书收藏单位名称构成。收录范围包括经、史、子、集四部以及丛书,凡五大类。

1431

《吉林省古籍善本书目》前言[J]/卢光绵. --图书馆学研究,1991,03:69 – 70

本文系《吉林省古籍善本书目》前言,介绍了编纂《吉林省古籍善本书目》的过程以及重要意义。

1432

吉林省满文古籍述略[J]/刘厚生. --满语研究,1986,02:141 – 144 + 44

本文介绍了吉林省藏满文诰敕文书、满文书籍、神歌神本、碑刻等相关情况。文中指出学界应该打破封建行会式的壁垒,迅速培养一批满文人才,深入挖掘、整理和研究满文古籍,使其在祖国"四化"建设之中重放光辉。

1433

吉林省中医古籍联合目录[M]/吉林省中医管理局,长春中医学院编. --北京:中医古籍出版社,1987

本书目共收录中医古籍 2500 余种,其中孤本 1045 种,稿本和抄本 192 种。是继中医研究院、北京图书馆合编《中医图书联合目录》后,又一部大型中医学专科联合目录,亦是最早的一部地区性中医学专科联合书目;弥补了《中医图书联合目录》未收吉林省境内图书馆馆藏中医古籍的不足,诸多条目也是中医文化发源于中国,并传播到国外很多地方的有力论证。

1434

汲古阁刻《说文解字》版本之疑平议[J]/杨成凯. --北京高校图书馆学刊,1998,04:33 -39

本文从争论的缘起、关于《汲古阁说文订》的序文、毛斧季校改《说文》一事的疑问、"顺治癸巳"平议、"第四次样本"和校改"第五次本"平议、"毛斧季书衣题字"平议、毛斧季与第五次校动改平议、淮南书局本是否作伪平议、公案总结九个方面,就段玉裁《汲古阁说文订》所说是否属实,有无毛斧季第五次校改一事进行论证,推翻了潘天桢等人的质疑,逻辑明晰,论证有理有据。

1435

集殷虚文字楹帖[M]/罗振玉篆;吉林大学古籍研究所整理. --长春:吉林大学出版社,1985

本书为罗振玉亲自手书而成。罗氏在大量搜集、著录、考释和研究的同时,亦亲自墨拓、手摹甲骨文字,并将收集的契文楹联,与章钰、高德馨、王季烈集联汇为一编(合计四百廿对)。1927 年东方学会曾出石印本,名为《集殷虚文字楹帖汇编》。1985 年吉林大学古籍研究所整理重版,有罗继祖跋及姚孝遂校记,书名中删去"汇编"二字。

1436

集诸家之大成,创亘古之伟业——唐圭璋先生整理研究词学文献的方法和贡献[J]/王兆鹏,刘尊明. --文献,1997,02:125 -145

本文就作者老师唐圭璋先生词学文献整理研究的方法和贡献作了初步总结,从词作典籍和词论典籍两方面入手进行分析梳理。

既可为今后词学研究提供启示,也可以从一个侧面反映 20 世纪词学文献整理研究的发展历程。

1437

《辑录古籍序跋集》译注[M]/福建师范大学中文系编. --福州:福建人民出版社,1980

鲁迅先生曾对我国古代文学和学术著作进行了深入的研究和整理,为我们留下了宝贵的遗产。本书辑录了鲁迅先生为他辑录、校勘的十八种古籍而写的二十六篇序跋,福建师范大学中文系为这些序跋作了注释和译文。辑录的序跋包括《古小说钩沉》序、谢承《后汉书》序、谢沈《后汉书》序、虞预《晋书》序、《云谷杂记》跋、《嵇康集》跋等。

1438

辑录晚清古籍 凝聚香港历史——《香港杂记(外二种)》评介[J]/陈红. --中国图书评论,1997,03:52 -53

本文是为暨南大学历史系莫世祥教授辑录、校注的《香港杂记(外二种)》一书所做的书评,介绍了该书所辑的三类晚清古籍情况,认为书中所汇集的晚清中文著述中有关香港史事的主要记载,可为研究者和读者了解英占香港的早期历史提供较大便利。

1439

辑佚辨讹,嘉惠学林——读《方凤集》[J]/徐儒宗. --河北图苑,1993,04:32 -33

本文介绍了《方凤集》的文学价值和学术价值,以及方勇同志在辑校方面所付出的巨大精力和获得的卓越成就。

1440

辑佚学的性质对象任务内容和意义[J]/曹书杰. --古籍整理研究学刊,1999,04:3 -5.

长期以来辑佚"实践者虽多,研究者却少",对辑佚学理论问题的探讨则更少。诸如辑佚学的性质、研究的对象、任务、内容、意义等理论问题几乎无人问津。本文从辑佚学的性质和对象、任务和内容、研究意义三方面对辑佚学的理论问题进行探讨。

1441

辑佚学应成为一门独立的学科[J]/徐德

明.--古籍整理研究学刊,1986,02:53-54

本文通过回顾历代学者古籍整理辑佚的历史和成果,说明了辑佚工作的重要性,并提出它与目录、版本、校勘、文字、音韵、训诂等学科一样,应成为一门独立的学科。

1442

辑印《四库全书存目丛书》之价值及现状[J]/杜泽逊.--北京大学学报(哲学社会科学版),1996,05:86-94

中国东方文化研究会历史文化分会发起编纂出版《四库全书存目丛书》,在学术界引起强烈反响。对将近七千种未被收入《四库全书》的所谓《四库存目》之书,应当给予何等评价,成为争论焦点。本文提出《四库存目》之书未被收入《四库全书》的九条原因,肯定《四库存目》之书是一宗宝贵的文化遗产,其中有取之不尽的文化史料。面对这一大批日见亡佚的典籍,抢救并影印流传才是明智之举。

1443

几位学者的呼吁:要重视研读古书（一）——**读点历史古籍**[J]/宋柏.--新视野,1996,01:69-70

本文介绍了《史书》《资治通鉴》《通鉴纪事本末》三书写作背景、体例等内容,讲解了阅读古籍的方法和意义,激发读者阅读历史古籍的兴趣,建议读者先从这三部重要史籍开始,再去阅读已出版的《汉书选》等选读本。

1444

几位学者的呼吁:要重视研读古书（一）——**建议中青年教师读点古书**——**兼谈经济学教师研读古籍之必要性**[J]/林丕.--新视野,1996,01:67-68

本文从统计学、财政学、审计学角度,举例说明了经济学教师研读古籍的必要性,呼吁中青年教师应该多读古书,以便更多地了解掌握祖国丰富多彩、博大精深的历史文化遗产,在教学科研工作中更好地继承、运用和弘扬我国几千年灿烂辉煌的优秀文化,提高教学、科研水平,并对学员进行深入的爱国主义教育,有效避免重犯"言必称希腊"的幼

稚病。

1445

几位学者的呼吁:要重视研读古书（二）——**古典文学与社会科学研究**[J]/刘光民.--新视野,1996,02:70-71

本文指出,为了搞好社会科学研究,在利用古代文献时,除了应认真钻研古代的学术专著外,也要多读一些古典文学作品。古人留给我们的文学遗产,卷帙浩繁,品类众多,内容丰富,蕴含深广,不仅具有艺术审美价值,而且具有科学研究价值。无论从事社会科学研究,还是自然科学研究,都能够从古典文学中受到启迪,汲取到养分。

1446

几位学者的呼吁:要重视研读古书（二）——**学习古文与提高写作能力**[J]/高智瑜.--新视野,1996,02:68-70

本文从巧立意、善谋篇、重分析、多提炼、讲神韵五个角度分析了古文精论,对于增强学习古文的兴趣和自觉性有很大帮助。

1447

济南大学图书馆古籍目录[M]/济南大学图书馆.--济南:济南大学图书馆,1962

本书系1962年济南大学图书馆编撰的馆藏古籍目录,在一定程度上反映了该馆当时的古籍藏存状况。

1448

济南市图书馆馆藏济南市地方史志资料目录(古籍部分)[M]/济南市图书馆编.--济南:济南市图书馆,1984

本书是济南市图书馆为了保存和利用珍贵馆藏文献,展示济南历史文化名城的底蕴,服务于社会,于1984年整理编辑出版的一部目录,包括《济南指南》《金石精萃》等珍贵古籍。

1449

计算机辅助古籍整理研究的现状与分析[A]/姚俊元.--中国古籍整理研究出版现代化国际会议论文集[C],1995

本文系统整理了计算机在古籍整理与研究领域的应用进展,分析了面临的困境和存

在的问题,并给出系统化的建议。

1450

计算机辅助古籍整理研究的现状与思考
[J]/姚俊元. --图书情报论坛,1995,03:68 -
71

本文回顾了 20 世纪 80 年代以来研究者
利用计算机存储、检索、编目、整理古籍的发
展历程,并针对存在的问题和困难提出了对
策建议:应尽快确定大汉字库标准,建立支持
古籍整理研究用的中文平台;做好古籍整理
研究自动化方面的基础工作;充分利用光盘
技术,做好古籍保存工作。

1451

计算机古籍编目初探[J]/王雪迎,杨慧. --
清华大学学报(哲学社会科学版),1999,02:
87 - 91 + 96

本文结合清华大学图书馆古籍文献的编
目实践及古籍书目信息数据库回溯建库工
作,探讨了古籍文献进行计算机编目的标准、
著录格式、著录内容以及注意事项。

1452

计算机古籍字库的建立与汉字的理论研究
[J]/王宁. --语言文字应用,1994,01:54 - 59

本文列举关于整理汉字的一些规律及理
论原则,说明了建立一门汉字构形学的重要
意义。文中指出,建立计算机古籍字库,不是
毫无整理、堆积汉字字形就可以完成的。依
照汉字规律、借助汉字构形理论来整理汉字,
才能建立一个既有利于保持古籍原貌,又有
利于古籍广泛流传时的规范的理想字库。

1453

计算机用于古籍整理研究的现状与展望
[J]/姚松. --中国典籍与文化,1995,02:121 -
127

计算机在资料储存、整理、检索、数据资
料统计以及索引编制等方面,较之传统工作
方式有着优越性,在越来越多的社会科学研
究领域得到运用。在古籍整理和研究方面的
应用虽然起步较晚,但也取得了不少成果。
本文对迄今为止计算机用于古籍整理研究的
情况作介绍,并对其前景作展望。

1454

计算机在碑刻研究中的应用开发介绍[A]/
赵志伟. --中国古籍整理研究出版现代化国际
会议论文集[C],1995

本文系统整理了中国古籍整理研究出版
现代化国际会议中,计算机在碑刻研究中的
应用开发介绍的相关内容。

1455

**计算机在中国古籍整理研究领域中的应用
(综述)**[J]/张普. --语文研究,1989,04:40 -
45

本文以综述形式指出计算机在中国古籍
整理研究中的重要作用,提出应建立计算机
存储介质上的汉语古典文献库,建立各种检
索系统,筹划资源共享,联机解锁等。

1456

记岛田翰所见之中国古籍[J]/沈燮元. --北
京图书馆馆刊(后更名为国家图书馆学刊),
1992,01:95 - 96

清光绪三十一年(1905)至三十二年
(1906)间,日本岛田翰曾来我国访书,其所著
《古文旧书考》中有所记述,标题曰《江浙间所
见所获名人遗著》,共 17 种。本文对此进行
介绍。

1457

记汲古阁影宋抄本《集韵》[J]/赵振铎. --
四川大学学报(哲学社会科学版),1993,01:
80 - 87

本文从该书的行款、底本、与曹氏扬州使
院本比较、段玉裁提及的粉涂改字现象、从汲
古阁出来以后的情况等方面,介绍了汲古阁
影宋抄本《集韵》一书。该本入民国以来下落
不明,有人认为已经佚亡。其实这个本子入
藏天一阁前,多年藏于浙江萧山藏书家朱赞
卿的别宥斋。现在看到书每卷第一页毛氏印
章下有朱氏印记,可为证。

1458

**记彭真同志为天一阁题词——兼谈天一阁
古籍善本的保存与使用**[J]/骆兆平. --图书馆
杂志,1984,04:3 - 4 + 8 + 2

本文记叙了彭真同志为天一阁题词的过

程,介绍了1949年后35年天一阁古籍的收藏情况,针对天一阁的古籍虫害问题、残卷修复问题提出方案。

1459

记文献渊薮顾廷龙先生[J]/郑伟章.--中国图书馆学报,1999,05:68-71

本文介绍了原上海图书馆馆长顾廷龙先生在目录版本学、文献学、图书馆学及文字训诂学方面的卓著成就。

1460

纪念陈云同志九十诞辰 做好古籍整理研究工作[J]/周林.--中国典籍与文化,1995,03:4-6

本文介绍了老一辈无产阶级革命家陈云同志关怀支持古籍保护和整理工作的基本情况,以及20世纪80-90年代高校古籍整理工作取得的成绩。

1461

纪念南开大学建校八十周年暨古籍所成立十六周年文史论集[M]/南开大学古籍与文化研究所编.--天津:南开大学出版社,1999

本书系纪念南开大学建校八十周年暨古籍所成立十六周年文史论集,收录了众多文史论著。南开大学图书馆建于1919年南开大学建校之时,是中国最早的私立大学图书馆。南开大学古籍与文化研究所成立于1983年4月,侧重于古籍整理及古典文献学、历史文献学、古代史、古典文学诸领域。

1462

季刚先生生平及其著述[J]/黄焯.--武汉大学学报(人文科学版),1983,06:79-83

黄侃先生(1886—1935)是我国近代著名学者和文字音韵训诂学家,曾师事章太炎先生。章、黄二人为清代小学殿军,其成就世所公认。黄侃先生著述甚富,但因早逝,故所著书生前多未得刊布(已刊者仅《文心雕龙札记》《黄侃论学杂著》二种)。本文介绍了黄侃先生的生平及著述。

1463

继承古代装帧技艺 维护保存文化典籍[J]/李元.--江西图书馆学刊,1989,03:49+

55

继承运用古代装帧技艺,对一些由于物理、化学反应如虫蛀、鼠咬、霉朽等产生的严重损坏、残缺不全的古书进行整修装帧,是我们应努力去做的事情。本文分析了如何将古代传统的装帧技艺运用到现在的文化典籍保护。

1464

继承和发展民族文化传统[J]/周汝昌.--文献,1982,01:13-15

本文指出,古籍整理这项工作到了"非抢救"不可的境地。一个民族必须有她独特的传统文化,要做好古籍整理工作,认识工作是最根本的。要发挥社会主义优越性,订出规划,监督落实,建设专业的印刷厂,培养年轻的古籍整理工作者,借鉴和运用海外的整理成果。更应该做好两岸的协同合作,为民族文化事业做出更多的贡献。

1465

继承和发展民族文化 培养古籍整理、研究人才[J]/周林.--高教战线(后更名为中国高等教育),1983,05:25-27

本文对我国古籍进行介绍,为更好地开展教育战线的古籍整理、研究和培养工作提出建议,希望各地教育部门和各院校的领导同志从实际出发,精心指导;从事整理、研究工作的专家学者在资料使用、学术交流等方面加强协作,尽量避免重复劳动、分散力量等不应有的现象,整理研究和人才培养工作加快进度,沿着健康道路前进。

1466

继承以求发展 研究以期实用——介绍许嘉璐先生[J]/朱瑞平.--古籍整理研究学刊,1989,06:42-44

本文从治学角度对国家教委古籍整理研究工作委员会委员许嘉璐进行介绍,其认为传统语言学留给我们的遗产,有丰富的研究资料,也具有民族特色的研究方法和优良传统。当前训诂学首先应以继承为主,摸透传统家底,在继承过程中求发展,训诂学事业才有进入一个新阶段的可能,古籍整理工作的高质量才有保证。

1467

绩学书生意 潇洒物外情——崔尔平与古代书论研究[J]/智龛.--中国书法,1994,06:47-48

本文以《广艺舟双楫注》为例,考察了崔尔平先生于古代书论方面的学术成就。除《广艺舟双楫注》,崔先生还整理出版了清冯武《书法正传校注》《书法篆刻术语辞典》《历代书法论文选续编》《明清书法论文选》等著作,在中国古代书论的研究及古籍整理领域中取得了突出成绩。

1468

绩学堂诗文钞[M]/(清)梅文鼎撰;何静恒,张静河点校.--合肥:黄山书社,1995

梅文鼎是清初著名的天文学家、数学家,为"清代历算第一名家"和"开山之祖",到处搜集湮没无闻的古籍,"遇古人之旧说,虽片纸如扛鼎"。逝世之后,后人将其历法、数学著述汇为《梅氏丛书辑要》。诗文杂著则以《绩学堂文钞》《绩学堂诗钞》刊行。本书内容分为文钞六卷,诗钞四卷,附录一卷。

1469

暨南大学图书馆古籍目录[M]/暨南大学图书馆编.--广州:暨南大学图书馆,1963

暨南大学是国家古籍重点保护单位,是广东省综合类科技查新工作站,是华侨华人文献信息中心。暨南大学图书馆成立于1918年10月6日,其历史源于暨南学堂和国立暨南学校的阅书报室,虽随学校几遭劫难、文献散佚,但所存仍为可观。本书以目录形式整理了暨南大学所存古籍。

1470

暨南大学图书馆古籍善本书目录[M]/暨南大学图书馆编印.--广州:暨南大学图书馆,1979

本书以目录形式整理了暨南大学图书馆藏古籍善本。

1471

加强对外文善本的收集、整理和研究工作[J]/费毓龙.--文献,1984,01:264-267

本文提出,凡保存外文古籍的学校、科研机构、图书馆、宗教团体以及征集中外古籍的单位,需迅速加强外文古籍的整理工作。高校图书馆学系和有关单位应该在宣传保护的同时,培养和建立一支短小精悍的专业队伍从事整理研究,特别是协调各地的外文古籍,使长期湮没的外文古籍得以发掘,已经发掘的得以整理和研究。

1472

加强古籍开发利用 促进我省旅游业发展[J]/周津林.--贵图学刊,1998,02:42-43

本文从重视古籍文献与旅游人文景观的关系,提高旅游景点的文化内涵,使之更加丰富多彩,更具可观赏性和吸引力;开发和利用古籍文献资料,为促进旅游事业发展提供良好的服务等角度,对加强古籍开发利用,促进贵州省旅游业发展提出建议。

1473

加强古籍图书保管 提高藏书利用率[J]/陈爱艳.--黑龙江图书馆,1985,S1:98-99+102

本文呼吁要保护古籍藏书,发挥古籍藏书的积极作用,介绍了影响藏书利用率的几个因素,针对加强古籍基础建设提出了改进措施。

1474

加强古籍文献开发与利用的服务工作[J]/肖凤生.--云南图书馆,1994,03:32-34

本文从要提高对开发利用古籍文献资源意义的认识,清点藏书并编出便于读者检索的古籍目录,积极编制有关古籍专题书目、索引和文摘,加强古籍线装书目与新版古籍目录之间的联系,抓好古籍的采购、交换、影印工作,加强参考咨询和文献检索工作,将部分古籍实行开架阅览,提高工作人员的思想素质和业务素质等方面,讨论了如何进一步开发利用古籍文献。

1475

加强图书馆古籍工作的几点意见[J]/金虹,陆娴武.--福建图书馆学刊,1994,02:51-52

本文就明确古籍定义辨析、改进和加强古籍藏书建设的思路、将古代文献的开发和利用放到重要的位置、加强古籍的维修保护、处理好几种关系、"砍刊"等五个方面，对加强古籍文献开发与利用的服务工作提出建议。

1476

加强文献研究 促进贵州建设——在贵州历史文献研究会成立大会上的讲话［J］/申云浦. --贵州文史丛刊,1984,03:3 - 5

本文以举例方式说明贵州历史文献丰富，但由于开发较晚，过去交通不便，以致许多有价值的古籍珍本、善本、孤本、抄本和手稿、资料等，有的不为外界所知，更未被外界所用；有的散失在社会上，不被重视，已濒于湮没。对贵州的文化遗产进行搜集、整理、研究、介绍，已成为文史工作者当前刻不容缓的光荣任务。

1477

加强彝文档案的收集整理与开发利用——对楚雄州彝文档案情况的调查［J］/卢嘉璧,李洪波. --云南档案,1995,03:24 - 25

本文从彝文及彝文档案的状况、收集、载体和分类、整理和保管、利用情况、存在的问题与解决的对策几个方面，介绍了对楚雄州彝文档案情况的调查，说明了加强彝文档案的收集整理与开发利用的重要性。

1478

加速我国敦煌吐鲁番学的新发展——中国敦煌吐鲁番学会成立大会 1983 年全国敦煌学术讨论会纪实［J］/兰波. --图书与情报,1983,04:36 - 37

本文是对中国敦煌吐鲁番学会成立大会、1983 年全国敦煌学术讨论会的会议纪实，介绍了专家交流内容，指出敦煌吐鲁番学发展的重要性。

1479

《家藏经验方》作者陈晔考［J］/冯汉镛. --福建论坛（文史哲版）（后更名为福建论坛）（人文社会科学版）,1986,03:72 +77

《家藏经验方》是一部在临床上有实用价值的方书，后代典籍如《普济方》及《永乐大典》等，均多次征引其处方。但该书作者陈晔事迹，无论是冈西氏《宋以前医籍考》或丹波氏《医籍考》，都付诸阙略。本文推知陈晔为南宋中期人，并梳理其生平。

1480

嘉惠后学的又一力作——评《古籍目录学》［J］/余敏辉. --淮北煤师院学报（社会科学版）（后更名为淮北师范大学学报）（哲学社会科学版）,1996,04:163 - 164

本文是为 1996 年中州古籍出版社出版的《古籍目录学》所做的书评。文中指出，该书出版弥补了前人著作中的不足与缺憾；理论与实践较好结合，注重应用性，便于读书治学；嘉惠后学之功，实不可没。

1481

嘉靖《归德州志》考述［J］/王兴亚. --史学月刊,1996,01:113 - 115

嘉靖《归德州志》，又称《归德州新志》《嘉靖归德志》，是迄今国内现存最早的归德志。关于《归德州志》的纂修及其成书，清代以来书目著录说法不一。本文从《归德州志》纂修者三说及其成因、《归德州志》为黄钧等所纂、不能将《归德州志》易名为《归德府志》几个方面进行了分析探讨。

1482

嘉庆重修一统志［M］/中华书局重印. --北京:中华书局,1986

清康熙年间命廷臣修《一统志》，雍正年间重加编辑，乾隆八年（1743）草稿初成，二十九年（1764）续修，四十九年（1784）乃成，342卷。嘉庆初命文华殿大学士穆彰阿重新修订，完成于道光二十二年（1842）。因这次重修始于嘉庆年间，故名《嘉庆重修一统志》。本书在前志基础上重修，除采录国史外，参照前人已有的成果和资料，考订精详，是一本比较完善的全国性地理志。

1483

嘉庆壬申刊《平妖传》版本考述［J］/苏铁戈. --四川图书馆学报,1986,01:82 - 83

本文对东北师范大学图书馆古籍书库见藏一部清嘉庆壬申（十七年,1812）刻本《平妖传》的版本进行说明。文中指出,该书似未见孙楷弟《中国通俗小说书目》及各家相关书目著录收录。全书分装六册,封皮内面版权页黄纸刻如式。前有叙一篇,尾属"楚黄张无咎述";次有图像二十幅(半叶一幅,刻工劣)。

1484

嘉业堂藏书志[M]/缪荃孙等撰;吴格整理点校. --上海:复旦大学出版社,1997

本书由近代学者缪荃孙、吴昌绶、董康等赓续修撰,为稽考古籍、辨章学术之重要工具书,亦为研究嘉业堂藏原貌与研究近代图书事业史之第一手资料。计著录嘉业堂藏书盛期所庋善本古籍1700余种,均记其书名、卷数、著者、版本及藏印等,或录原书序跋题识,附以提要。

1485

嘉祐补注神农本草所引日华子诸家本草之考察[D]/童承福. --中国医药学院(后更名为中国医药大学)(台湾地区),1990

《嘉祐本草》是宋代医官掌禹锡等集体编撰的一部药学著作,又名《嘉祐补注神农本草》。本文以重修《政和本草》为蓝本,研究了《嘉祐本草》录存唐代医书《日华子诸家本草》文献的情况。

1486

嘉祐补注神农本草之考察及重辑[D]/李一宏. --中国医药学院(后更名为中国医药大学)(台湾地区),1989

《嘉祐补注神农本草》是宋仁宗嘉祐年间谕令掌禹锡等编纂的一部药学著作,为后世所重,惜全书散佚。本文重辑本书,首列序文、总目录,次置正文,且于每卷之首,刻其分目录,附以论文,更编药名索引,为相关研究提供了一定的借鉴。

1487

贾谊《新书》校注商榷[J]/方向东. --古籍整理研究学刊,1998,02:25 - 34

贾谊《新书》因年代久远,传抄讹误甚多,加之文字古奥,迄今全面整理的注本不多,除1976年上海人民出版社出版的标点加简单的校注本外,当推中州古籍出版社1989年版《贾谊集校注》。本文对《贾谊集校注》中的一部分注释,如"降义渠""不轻都此""犯滑"等提出了商榷意见。

1488

假对异文的由来及其功用[J]/朱承平. --江西师范大学学报(哲学社会科学版),1997,04:111 - 114

本文从假对异文的由来及产生原因、价值与功用两个方面进行了探讨,认为假对异文与正文用字一般没有形音义上的联系,两者只是一种形式上的虚假对应关系。假对异文不能反映古书版本用字的差异,主要是由于古书文句的脱夺、后人的错误标记、古注记载异文的模糊不确以及古注释词的错讹等因素造成。并且根据假对异文,可校补古书文句的脱夺和获得前人的逸注。

1489

坚持以精品书赢得市场[J]/郭焕芳. --出版发行研究,1994,06:24 - 25

本文指出,在市场经济环境中,出版学术价值、文化价值高而读者需求面窄的读物,市场效应差,经济压力大,是目前出版业显著的问题。针对这种困难处境,齐鲁书社适应市场经济需要,逐步转变原有运作方式的同时,培养精品意识,形成自身特色,调整内部机构,坚持以精品书赢得市场,取得了很好的效果。

1490

坚持自身特色 适应市场挑战[J]/宫晓卫. --中国图书评论,1998,07:58 - 59

齐鲁书社是党的十一届三中全会之后在全国率先成立的一家地方古籍出版社,伴随着社会改革开放步伐,已经走过了十八年风雨历程。本文指出,视弘扬祖国优秀传统文化为己任,不遗余力为民族文化积累做出积极贡献,是该社出版工作一贯宗旨。面对日益激烈的市场竞争,书社将奋发自强,在出版行业中踏踏实实地走出一条创特色、出精品、树形象之路。

1491

肩朴集[M]/李致忠著. --北京:北京图书馆

出版社,1998

本书是李致忠先生论文选集。作者长期从事古籍整理、版本鉴定、目录编制、书史研究和业务管理工作。本书分为七卷，内容涉及印刷术发明的探讨、版本考订、出版家考实、北京历史上的刻书、书史问题的考辨、图书管理等多个方面，且多就历史学术研究上悬而未决的问题旁征博引，论理思辨。

1492

艰难的跋涉——《内蒙古自治区线装古籍联合目录》的编纂历程[J]/何远景.--内蒙古图书馆工作,1997,03:31－36

《内蒙古自治区线装古籍联合目录》的编纂宗旨是将全自治区各级各类图书馆收藏的汉文线装古籍全部进行整理、著录、分类、统一编目，形成一部能够揭示内蒙古自治区全区古籍收藏的目录。本文讲述了编纂这部目录艰辛的历程，肯定了该目录对于内蒙古自治区古籍整理工作所作出的贡献。

1493

艰辛的工作 可喜的成果——评校点本《许有壬集》[J]/金荣权,胡安莲.--信阳师范学院学报（哲学社会科学版）,1999,01:125－126

本文为作者读校点本《许有壬集》后所做书评，认为该书具有底本与校本选择得当；校勘科学，标点准确；古籍整理与研究相结合的特点，是元代古籍整理工作中一项可喜成果。

1494

"《剪灯新话句解》明嘉靖刻本"辨——兼论该书在朝鲜李朝的流传与影响[J]/陈大康,漆瑗.--文学遗产,1996,05:104－107

上海古籍出版社《古本小说集成》收入了瞿佑《剪灯新话》，该本前言称据日本内阁文库藏明嘉靖刻本《剪灯新话句解》上下两卷本影印。本文探讨了《剪灯新话句解》的版本问题，考察了该书在朝鲜李朝的流传与影响，以及在日本的流传情况。

1495

简册杂论（上）[J]/樊长新.--图书馆,1987,06:37－41

我国图书历史悠久,形制多种多样。作为重要形制之一的简册在纸书出现之前,具有举足轻重的地位。本文从简的种类及其形制方面作出一些探讨。

1496

简册杂论（下）[J]/樊长新.--图书馆,1988,03:49－51

同上。

1497

简介《南京大学图书馆馆藏古籍善本图书目录》[J]/金戈.--江苏图书馆工作（后更名为新世纪图书馆）,1981,02:57－58

本文对《南京大学图书馆馆藏古籍善本图书目录》的整体情况、排列方式、著录事项、检索途径、南京大学图书馆收藏古籍善本概况的标准进行介绍与评价。

1498

简论道教典籍[J]/黄友铎.--四川图书馆学报,1992,01:59－66

本文以道教典籍的编纂、分类、目录三方面为切入点，从文献学、图书分类学、目录学等角度对道教典籍进行归总和统计。

1499

简论我国满文古籍的整理出版工作[A]/屈六生.--北京国际满学研讨会论文集[C],1992

我国满文古籍，主要指清代用满文创作的各种著作和以满文翻译的汉文古典名著（也包括少量蒙古文、藏文古籍的满文译著），满文古籍的整理出版工作是满学研究的一个重要方面。本文介绍我国满文古籍的整理出版工作。

1500

简明古籍辞典[M]/胡道静主编;陈光贻,虞信棠主纂.--济南:齐鲁书社,1989

本书共收辞目1944条，介绍了古籍图书和古籍整理等一般知识、古籍图书的体例、古籍的分类和目录学知识等。作者胡道静是古文献学家、科技史学家，著有《上海新闻事业之史的发展》《新闻史上的新时代》等。

1501

简明古籍整理辞典[M]/诸伟奇等编著.--

哈尔滨:黑龙江人民出版社,1990

本词典是一部专科辞典,专业性强,内容系统全面,释义准确,收列古籍版本学、校勘学、目录学及与古籍整理关系密切的古文学家、音韵学、训诂学、文学、史学、哲学、人名、地名、书(篇)名等方面的词目共4966条,约50万字。

1502

简明中国古籍辞典[M]/吴枫主编.--长春:吉林文史出版社,1987

本辞典130多万字,收词4900多条,内容涉及文学、史学、哲学、宗教、政治、法律、军事、文化、地理、民族、医学、科技等不同学科。从着眼普及而又照顾提高原则出发,考虑了文化界、科技界、大专院校、图书馆等方面各种不同读者要求,选择出近5000种书籍进行介绍。

1503

《简明中国古籍辞典》编后絮语[J]/察犁.--古籍整理研究学刊,1985,03:64

本文介绍了东北师大古籍所编撰《简明中国古籍辞典》的过程,论述了该书选目求精、解题求全、版本求新和语言求准的编写特色。

1504

《简明中国古籍辞典》补正[J]/马怀云.--天中学刊,1999,04:45-48

本文对《简明中国古籍辞典》一书中出现的谬误进行了校订,涉及籍贯今地误注、版本著录缺误、古籍分类错误、书目分类标准不一、排次失当等几个方面。

1505

《简明中国古籍辞典》介绍[J]/邴玉喜.--古籍整理研究学刊,1987,02:69

本文对吉林文史出版社出版的《简明中国古籍辞典》编者、编写目的、编写内容、释义体例、编写意义等方面作了介绍。

1506

《简明中国古籍辞典》指瑕[J]/林增广.--浙江师大学报(社会科学版),1992,03:125-126

由东北师范大学古籍整理研究所主持编写,吉林文史出版社1987年5月出版的《简明中国古籍辞典》,是1949年以来一部比较大型的书目解题著作。该书在选目、释文和编排方面都存在着一些明显的缺点乃至错误,本文中逐一举例加以说明。

1507

简评《藏园群书经眼录》[J]/王义耀.--文献,1985,03:272-275

本文从傅增湘生平、《藏园群书经眼录》内容等方面介绍,说明傅增湘此书著录的内容、规格及其学术价值,认为读此书最好能与已在早年出版的《藏书群园题记》对照起来读,因为凡在《藏书群园题记》中著录的跋文,此书一概不载,傅增湘在这些跋语中有一些独到见解。

1508

简评胡氏增订本《弹词目》[J]/张增元.--文学遗产,1985,03:150-151

本文指出了萧欣桥增订本《弹词宝卷书目》中存在的一些尚待核实的问题,包括史料来源、刊本年代、题目、作者史料等。

1509

简评《吉林省古籍善本书目》[J]/刘奉文.--图书馆学研究,1992,05:94-95

《吉林省古籍善本书目》于1989年12月由学苑出版社出版发行,在由中国图书馆学会主办的庆祝中华人民共和国成立40周年、庆祝中国图书馆学会成立十周年二次文献成果评比中获得了优秀成果奖。本文评述了《吉林省古籍善本书目》优缺点,肯定了该书为馆藏文献资料的开放利用提供了方便条件。

1510

简评《简明中国古籍辞典》[J]/瞿冕良.--图书馆杂志,1988,01:41-43

由东北师大古籍整理研究所组织编写的《简明中国古籍辞典》于1987年5月由吉林文史出版社出版。本文从《简明中国古籍辞典》的编写体例、著录欠缺之处、刊漏和其他刊误四个方面展开讨论。

1511

简评《明代版刻综录》[J]/李艳秋.--河南图书馆学刊,1986,01:44-45

《明代版刻综录》是杜信孚新著的一部版本目录学著作,由江苏广陵古籍刻印社于1983年5月出版,共分八卷。本文对该书内容进行介绍,肯定了该书价值,认为该书为研究明代版刻提供了极其重要的参考资料,是识别、鉴定明代版本的重要工具,为明代版本学的研究作出了新贡献。

1512

简述十七种清代自著丛书的源渊流变[J]/阳海清.--图书馆,1983,04:6-9

由于学术研究深入发展,自著丛书大量涌现。《中国丛书综录》收有545种,作者在工作实践中曾随手补充,已逾300种,总数可能将近1000种。大约有百分之十到百分之十五,由于转版、增益、删削、赓续等原因,衍变为另外一种甚至几种新的丛书。弄清这些丛书的渊源流变,有助于更好地整理使用。本文选择十七种进行介绍。

1513

简述中医药古籍文献的检索[J]/刘军凤.--中医函授通讯(后更名为中华中医药学刊),1988,04:42-43

检索中医药文献,是科研、医疗工作中常遇到的问题,也是中医教学工作的一项重要内容。许多读者面对众多的工具书不知如何检索。本文介绍了中医古籍的特征、体例及常用中医图书、字词、术语、类书、丛书、医史文献的检索工具书。

1514

简说胡辑《豫章丛书》的特点[J]/喻剑庚.--南昌大学学报(人文社会科学版),1988,04:96-97

《豫章丛书》有两部:一部是清陶福履(江西新建人)辑,专收清代江西作者的作品,共收书26种47卷;第二部是近代胡思敬辑,共收书103种674卷。本文介绍胡思敬辑《豫章丛书》的特点,指出该书选书严格,补阙辑佚;校刻精善,有利后学;资料集中,查检便利。

1515

简谈古籍整理的方式与方向[J]/董恩林.--古籍整理研究学刊,1999,06:8-9

本文介绍了古籍整理的方式与方向。古籍整理工作不外标点、校勘、注释、翻译、汇纂五种方式,文献整理与再加工凭个人之力无法完成。呼吁各古籍研究所加强合作,在全国高等院校古籍整理研究工作委员会领导下,有组织、有计划地对大型文献资料库式古籍进行校勘、标点及编制新型检索工具,或进行二次汇纂与加工,以资后人利用。

1516

简议我国古籍中的渔业文献[J]/施鼎钧.--中国水产,1983,12:32+30

除了渔业专著,我国历史上还有许多有关渔业的文献,大多分散在各种古籍中,发掘和考析这些文献资料,是渔业史研究的一项重要任务。本文从史籍、方志、诗文集、笔记、农书、本草、类书等方面对其中的渔业文献进行探索。

1517

建国后科技古籍整理述略[J]/管成学,冯秋季.--古籍整理研究学刊,1989,05:24-29

科技古籍是祖国文化宝库中一笔珍贵的遗产,记载了先人对科学技术的伟大贡献,渊源深远,蕴含丰富,涉及广博。本文分类介绍了1949年后科技古籍整理情况,包括天文历算类、农学类、医药类等各类科技古籍。

1518

建国四十年古代文学研究反思讨论会综述[J]/宗文.--信阳师范学院学报(哲学社会科学版),1989,02:109-110

本文介绍了1989年召开的建国四十年古代文学研究反思讨论会的情况。文中指出,此次会议讨论了四十年古代文学研究的评价、古代文学研究中近代意识和历史意识相结合的问题、"古为今用"的口号问题、古代文学研究的方法模式问题等。会议还就古代文学研究中本体的失落和加强主体意识诸问题进行了反思与探讨;对古典文学教学、古籍整理、古籍出版等工作交换了意见。

1519

建国四十年来版本学成果述要[J]/朱太岩.--古籍整理研究学刊,1989,05:36-41

本文简述了中华人民共和国成立四十年来版本学发展概况,介绍了版本学的研究对象及1949年前版本学研究简况。

1520

建国五十周年贵州彝族历史文化文学选粹丛书(历史卷)[M]/黄美贤主编.--北京:今日中国出版社,1999

本书为彝族历史研究的论文集,收录了《彝族在贵州高原的古代历史变迁》《济火问题管探》《阿哲方国论》等论文。

1521

建国五十周年贵州彝族历史文化文学选粹丛书(文化卷)[M]/黄美贤主编.--北京:今日中国出版社,1999

本书为彝族民风、民俗、传统文化研究的论文集,收录了《彝族古代文化论》《彝族传统文化及其主体性初探》《彝族科技史上的火花》等论文。

1522

建国五十周年贵州彝族历史文化文学选粹丛书(文献卷)[M]/黄美贤主编.--北京:今日中国出版社,1999

本书为彝族古代典籍文献研究的论文集,收录了《彝族科技典籍的开发与利用》《贵州彝文古籍的文化价值》《彝族族源初探》等论文。

1523

建国以来出版的书目、索引编目[J]/沈益.--辞书研究,1988,02:152-153

书目、索引是检索图书、报纸、期刊及其他资料的重要工具。本文为系列论文之一,收录1949年以来出版的书目、索引(基本以见于《全国总书目》《全国新书目》为据),按《中国图书馆图书分类法》编排,供参考使用。

1524

建国以来出版的书目、索引编目(续一)[J]/沈益.--辞书研究,1988,03:154-155

同上。

1525

建国以来出版的书目、索引编目(续二)[J]/沈益.--辞书研究,1988,04:155

同上。

1526

建国以来出版的书目、索引编目(续三)[J]/沈益.--辞书研究,1988,05:154-156

同上。

1527

建国以来出版的书目、索引编目(续四)[J]/沈益.--辞书研究,1988,06:149-150

同上。

1528

建国以来出版的书目、索引编目(续五)[J]/沈益.--辞书研究,1989,01:153-154

同上。

1529

建国以来出版的书目、索引编目(续六)[J]/沈益.--辞书研究,1989,02:155-157

同上。

1530

建国以来出版的书目、索引编目(续出)[J]/沈益.--辞书研究,1989,03:156-157

同上。

1531

建国以来出版的书目、索引编目(续八)[J]/沈益.--辞书研究,1989,04:155-157

同上。

1532

建国以来出版的书目、索引编目(续九)[J]/沈益.--辞书研究,1989,05:155-157

同上。

1533

建国以来出版的书目、索引编目(续完)[J]/沈益.--辞书研究,1989,06:150

同上。

1534

建国以来古籍版本学研究综述[J]/石洪远,桂胜.--上海高校图书情报学刊,1992,03:41-44

本文从版本学研究的形式、版本学基础

理论研究情况和对版本学的展望三部分综述了1949年以来版本学研究的情况。

1535

建国以来古籍整理工作回顾[J]/王义耀.--图书馆杂志,1984,01:54-56

本文从1949年以来整理出版的古籍分类、是否属于古籍范围、古籍整理出版过程的不平衡、古籍整理的方式等方面,对于1949年以来古籍整理工作进行回顾。

1536

建国以来我国古籍丛书的出版[J]/刘尚恒.--图书馆工作与研究,1983,01:34-36

本文分别从出版情况、主要成绩、不足与希望三个角度探讨了1949年以来我国古籍丛书的出版。中国人民共和国成立以来,我国重印和新编的古籍丛书大约一百多种,是我国古籍出版物的一个重要类型。总结三十多年来我国古籍丛书的出版情况、经验和教训,不仅对今后古籍丛书的出版,而且对整个古籍整理工作,都是有意义的。

1537

建国以来我国农史文献出版综述[J]/王永厚.--中国农史,1984,03:105-110

本文考察了新中国成立至20世纪80年代初农史文献的整理出版情况。这一时期我国农史文献整理出版工作逐步发展,取得很大成绩,类型多种多样,坚持古为今用的原则,始终坚持贯彻"双百"方针,发扬学术民主。台湾地区也很重视农史文献的出版工作。但该工作存在出版量不足,重远古、轻近现代,对少数民族农史的发掘整理重视不够,出版周期长等问题。

1538

建国以来中国史学论文集篇目索引初编[M]/张海惠,王玉芝编.--北京:中华书局,1995

本索引收录1949-1984年国内出版的史学理论、中国古代史、近代史及经济、思想、地理、考古、文学艺术和自然科技等专史的论文集1000余种,篇目论文15000多条,内容丰富全面,实用性强。

1539

建国以来中国文学古籍出版简述[J]/落馥香.--东岳论丛,1997,05:103-105

本文对中华人民共和国成立47年来文学古籍的出版情况作了论述,希望以此窥见1949年以来我国出版业的发展壮大,反映文学遗产在继承扬弃过程中的艰难坎坷,能给今后这方面的工作提供一个参照。

1540

《建康实录》校勘札记[J]/张琪敏.--南京师大学报(社会科学版),1991,01:29-33

本文通过对比《建康实录》的各个版本,举例讨论了该书在校勘方面的问题。

1541

建立法律文献学 推进法学古籍整理工作[J]/高潮,史幼华.--政法论坛,1986,05:62-67

本文概述建立法律文献学,推进法学古籍整理工作。指出必须高速度、高质量地开展法学古籍的整理工作,尽快建设一支既有较高的马列主义理论水平,又有较强的文献语言学、校勘学、目录学等方面的业务能力;既比较熟悉中国历史和中国法系,又比较熟悉法学原理和中国法学古籍的法律文献工作者队伍。

1542

建立古典文献信息库的设想及实践[A]/迟铎.--中国古籍整理研究出版现代化国际会议论文集[C],1995

由中国中文信息学会主办的中国古籍整理研究出版现代化国际会议,会后根据会议内容整理了论文集。本文结合当前古籍整理研究实际,论述了古典文献信息库的设想及实践。

1543

建立古籍多版本超文件之探讨——以文心雕龙为例[A]/陈昭珍.--中国古籍整理研究出版现代化国际会议论文集[C],1995

本文分析古籍之超文件性质及古籍研究中各类咨询的联结需求,并以《文心雕龙》为例,利用研究院咨询所和古籍整理实验室发展的中文文献处理系统,解决古籍各类咨询的多版本的问题。

1544

建立科学完备的训诂学体系——评《中国训诂学》[J]/郝桂敏. --中国图书评论,1999, 12:32 – 33

本文是为冯浩菲《中国训诂学》一书所作的书评,指出该书在规范训诂学术语、修正前人不当观点、完善训诂学体系等方面多有创见,且富有实用性。

1545

建立图书馆古籍文献数据库刍议[J]/杨晏平. --中国图书馆学报,1996,01:86 – 90

本文从建立古籍文献数据库的必要性、建立古籍文献数据库的条件、建立古籍文献数据库的几个具体问题、开发与建立古籍文献数据库的前景几个方面,对于图书馆建立古籍文献数据库提出了见解。

1546

建立文献资源体系,形成馆藏文献特色——湖南师范大学图书馆藏书建设 60 年[J]/杨筱玉. --高校图书馆工作,1999,01: 10 – 13

本文从湖南师范大学图书馆馆藏文献概况、馆藏文献来源、基本特色几个方面介绍了该馆文献资源体系的建立以及馆藏文献的特色。

1547

建立新版古籍库刍议[J]/石洪运,童世华. --图书情报论坛,1997,02:76 – 78

本文从新版古籍库的收藏范围、新版古籍库的功用以及建立新版古籍库的可行性三个方面,对收藏有一定数量古籍图书的大中型图书馆的古籍藏书部门,新版古籍库的建设工作,提出了合理、科学的观点。

1548

建阳刘氏刻书考(上)[J]/方彦寿. --文献, 1988,02:196 – 228

建阳刘氏刻书世家以其刻书历史之悠久,知名刻书家之众,传世刻本之多,刊刻质量之高,完全可以和建阳余氏相媲美。但由

于前人较多提到建阳余氏,加上史料缺乏,人们对刘氏刻书情况,除了散见于古今各家公私书目著录的几百个版本目录外,其余知之甚少。本文分上下两篇,对刘氏刻书的历史进行一番较为全面的考察。

1549

建阳刘氏刻书考(下)[J]/方彦寿. --文献, 1988,03:217 – 229

同上。

1550

建议编辑《中国古籍现存书目》[J]/汪长炳,潘天祯. --文献,1982,01:17 – 18

现存古籍究竟有多少种,至今仍然没有比较准确的数据。至于具体的书名、卷数、著者、版本和收藏,由于没有进行过全国总登记,没有一部全国现存总目可供查找,对整理古籍、开展科学研究都极其不利。本文讨论了编辑《中国古籍现存书目》的必要性和可行性。

1551

建议出版中华佛教大藏经[J]/冯友兰. --文献,1982,03:1 – 2

本文指出古籍整理工作关系到振兴中华、建设精神文明。从这个高度看,必须有些庞大的计划,出些大部头的书,以引起世界学术界注意。作者建议出版一部中华佛教大藏经,并对其特点、学术价值、政治价值进行了论证。

1552

建议古籍标点恢复使用破折号[J]/杨伯峻. --语言研究,1982,02:118 – 122

"五四"以后,有一些古籍标点本会经常用到破折号,能表达某些语气,帮助读者理解文意。但后来对其使用逐渐减少,1949 年以后,更是近于弃用。本文认为很可惜,并枚举数例,说明了破折号的作用,建议古籍标点恢复使用破折号。

1553

建议有计划地影印古籍[J]/吴丰培. --文献,1979,01:310 – 313

本文对于影印珍贵古籍时的先后顺序提

出建议,如选取宋元以来一些史料价值较高的稀有版本、稿本或抄本先行影印,缩印各省省志,影印部分重要的工具书等。文中指出,有计划地影印古籍能够更大限度地发挥珍贵古籍的作用,抢救濒危古籍。

1554

鉴定古籍善本点滴体会[J]/刘钧鸿,郑洁人.--广东图书馆学刊,1982,01:51－52＋56

本文从序跋题识、牌记藏章、字体墨色、刻工避讳、纸质栏框等角度,探讨了鉴定古籍版本的方法。强调鉴定版本必须审慎;对每一本书,除有复本或别的版本必须进行全面的比对,前人已有著录必须进行细致的查考外,还必须深入分析,才能力求准确,减少错误。

1555

鉴赏辞典刍议[J]/沈伟麟.--辞书研究,1992,02:26－34

本文从"辞典"一词的内涵与外延、辞典的体例编排、内容特征等方面,对于鉴赏辞典的性质、特征进行分析,探讨近年来大量涌现的鉴赏辞典的评价问题。

1556

鉴赏辞典目录[J]/黄镇伟.--辞书研究,1991,01:154－158

本目录收录1983年以来已出版和将出版的鉴赏辞典,略依内容分为综合、文学、艺术三类。

1557

江标与《宋元行格表》[J]/钱亚新.--文献,1986,04:249－256

本文介绍了维新派人物江标的生平事迹,讨论了他撰的《宋元行格表》一书。从该书的编辑刊行过程、作用和意义等方面,肯定了该书的价值,认为此书可作为我国版本学的津梁,并可起到"稽古"的突出作用。

1558

江南三角洲的乡镇志——以明后半期为主[A]/(日)森正夫.--第七届明史国际学术讨论会论文集[C],1999

正德《新市镇志》、崇祯《外冈志》、崇祯《横溪录》、万历《乌青镇志》是明正德之后编撰的四种明代乡镇志。本文介绍了这四种书的编撰意图与内容,并于清代以后编撰的乡镇志进行了质量比较,讨论了乡镇志撰写的变化过程。

1559

江南"铜井寄庐"藏书考略[J]/刘汉忠.--江苏图书馆学报(后更名为新世纪图书馆),1997,01:32－35

本文介绍了位于苏州光福镇铜井山下远近闻名的私家藏书楼铜井寄庐,从该藏书楼的主人、藏书楼的历史、所藏书籍的情况等方面,肯定了其对保护祖国历史文献所作出的贡献。

1560

江南图书馆善本书目[M]/江南图书馆编.--台北:广文书局(台湾地区),1970

本书保存了原江南图书馆收藏的宋元明清全部善本书目,分经、史、子、集四部分,著录每部书的题名、卷数、著者、版本、册数等情况。该书有民国初年印制的原版本。

1561

江苏广陵古籍刻印社刊印雕板古籍[J]/《出版工作》编辑部.--出版工作(后更名为中国出版),1980,04:56－58

本文介绍了江苏广陵古籍刻印社刊印雕版古籍的情况。江苏一带的古书板片,大都集中到扬州,共二十多万片,有大型丛书五十多种。江苏省、扬州市的文化出版部门专门成立了广陵古籍刻印社,罗致了一批编辑、校勘、缮写、刻印人员,对版叶进行科学的保藏、整理、编目,并先选择版片比较完整、学术价值较高的一部分印刷出版,行销国内外,受到文化学术界重视。

1562

江苏省泰州市图书馆古籍地方文献目录[M]/泰州市图书馆编.--泰州:泰州市图书馆,1981

本书目按照泰州市图书馆古籍部采用的四部分类法分类,除经、史、子、集四个基本部类外,另附丛书和地方抄、刻书及批校本两类,满足了相关单位和学者寻找查阅相关文献的需要,具有一定的使用价值。

1563

江苏省泰州市图书馆古籍善本书目[M]/
泰州市图书馆编. --泰州:泰州市图书馆,1984

本书为江苏泰州市图书馆的善本古籍目录,标"善甲"者为全国善本,标"善乙"者为泰州地方善本。收录全国善本158种,其中经部14种,史部22种,子部28种,集部93种,丛部1种。此目《全国古籍善本书总目》条例著录。著录顺序为书名、卷数、著者、版本、批校、题跋、稽核、附注。

1564

江苏师范学院图书馆馆藏古籍简目初稿
[M]/江苏师范学院图书馆编. --徐州:江苏师范学院图书馆,1958

江苏师范学院于1952年由东吴大学等院校合并建成,初名"苏南师范学院"。本书系江苏师范学院图书馆馆藏古籍简目的初稿,按照经、史、子、集、丛五部分分类,每部书均著录题名、卷数、著者、版本等情况。

1565

江苏一宝——参观江苏广陵古籍刻印社印
象[J]/而山. --出版工作(后更名为中国出版),1984,08:49 – 51

本文是作者出差江苏到广陵古籍刻印社参观后,对江苏广陵古籍刻印社之旅的记录,介绍了广陵古籍刻印社的历史、古籍刊刻与修补方法等。

1566

江西上饶县明墓出土的明版古籍[J]/卢国复. --南方文物,1992,01:113 – 114

本文从古籍来源、版式、内容、著者、刊刻书坊等方面,对江西上饶县明墓出土的明版古籍《类编伤寒活人书括指掌图》十卷进行介绍,指出此次发现的版本是目前国内发现的最早版本,对中国医学的研究和明代古籍刻印艺术、纸、墨、装订诸方面研究具有重要价值。

1567

江西省博物馆的图书资料建设[J]/丁俊

屏. --南方文物,1999,03:3 – 5

本文介绍了江西省博物馆线装古籍的珍藏情况,叙述今后省馆图书资料建设的设想。

1568

江西省图书馆古籍善本书目[M]/江西省图书馆图书保管部编. --南昌:江西省图书馆,1982

本书为江西省古籍保护的阶段性成果,入藏的善本古籍依经、史、子、集、类丛及下属类目排序,著录包括书名、卷数、著者、版本、稽核项、附注项等内容,书后附正误表。

1569

江西师范大学图书馆古籍善本书目[M]/
江西师范大学图书馆. --南昌:江西师范大学图书馆,1984

本书系江西师范大学图书馆古籍善本书目,收录范围从古籍的历史文物性、学术资料性和艺术代表性等方面进行考察,参照《全国古籍善本书总目》,结合本馆藏书实际适当放宽,以体现馆藏特点和便于保存珍贵图书资料。参照《全国古籍善本书总目分类表》按照经、史、子、集、丛五大部类编排。

1570

江西先贤著作刊刻述略[J]/胡迎建. --中国典籍与文化,1999,02:19 – 22

江西刻书业始于唐,历代刻书旨在传播文化以教化,保存文献以传世。正是历代刻书家呕心沥血的努力,才使得乡贤著作不致散佚湮没无闻,从而大大丰富了我国古籍的收藏。本文从官刻本,校、院、塾学刻本,私刻本几个种类,介绍了历代江西先贤著作刊刻的情况。

1571

江西星子县宋墓出土宋版古籍[J]/吴圣林. --考古,1989,05:449 – 455 + 488

1975年7月,江西星子县横塘乡和平村群众在和平小学背后挖排水沟时,发现一座宋墓。本文介绍了该宋墓出土宋版古籍《宋故陶工提幹堂长圹中记》《邵尧夫先生诗全集》的内容与版式,指出《邵尧夫先生诗全集》的版本对邵雍哲学与文学的研究、宋代古籍刻印工艺、纸墨与装订研究方面的价值。

1572

僵仆之集 立而走矣——《十三峰书屋全集》整校评介[J]/王忠愈.--社会科学研究,1996,01:138－139

本文是为王显春、颜继禄、何兴明三位学者整理点校的《十三峰书屋全集》一书所做的书评,从科学编目,独辟蹊径;辑佚补阙,成全求新;挈首系尾,举纲张要几个角度,肯定了该书科学的编目、深远的命意以及成全求新上的努力,是古籍整理中的一种突破。

1573

蒋礼鸿先生传略[J]/颜洽茂.--文教资料,1995,S1:3－11

本文讲述了杭州大学中文系教授蒋礼鸿的生平事迹,肯定了其在训诂、音韵、目录、校勘、俗语研究、古书校释和辞书编纂方面的贡献。蒋教授著述颇丰,文中选择了一些重要的著述加以介绍,表达作者对蒋礼鸿先生去世的惋惜之情。

1574

蒋瑞藻的事迹和贡献[J]/周采泉.--文献,1986,01:279－282

本文对上海古籍出版社重印《小说考证》的作者蒋瑞藻事迹和贡献进行介绍。

1575

蒋天枢先生与《陈寅恪文集》[J]/陈正宏.--中国典籍与文化,1996,01:75－79

80年代初期,蒋天枢先生编校的《陈寅恪文集》由上海古籍出版社刊行,旋即以搜辑完备、校勘精审而蜚声海内外。然而有关《文集》编纂的经过,由于蒋天枢先生生前不愿张扬其绩,个中曲折一直鲜为人知。本文将这一过程详尽记述,表达了自己的尊敬之情。

1576

《娇红记》成书经纬:其变迁及流传过程[J]/(日)伊藤漱平.--中外文学(在台湾地区发表)1985,12:90－111

本文介绍了《娇红记》作者及其成书经过、戏曲演出之变异、流传及其读者。

1577

焦竑及其国史经籍志[D]/李文琪.--东海

大学(台湾地区),1987

《国史经籍志》是明代焦竑所撰的一部目录学著作。本文从焦竑生平、著述、学术成就入手,研究了焦竑的学术思想,重点研究了《国史经籍志》的成书背景依据、传本、体例及分类等问题,对于该书的得失与影响也做了比较中肯的评价。

1578

蕉廊脞录[M]/(清)吴庆坻撰;刘承幹校.--北京:文物出版社,1984

本书是颇具史料价值的清末笔记。全书分为八类,"国闻"记同治以后政事;"里乘"记浙江人物遗事与名胜古迹;"忠义"记明末遗民最多;"经籍""金石""书画"记作者收藏或寓目之书籍版本、金石文字、书画真迹;"嘉言"记清人家训。内记"西泠十子"中丁澎轶事,记《清诗铎》编者张应昌身世,记杭州诸诗社,记《王荆公诗注》版本,记郝莲所选清人诗,记三多辑《柳营诗传》。笔记形式活泼,内容广泛,大都是亲见亲闻。

1579

校仇学和目录学关系初探[J]/段勇.--图书馆研究,1986,03:4－7

本文从校雠学和目录学的正名、实践、理论等方面探讨了二者的关系。文中指出,章学诚等否定目录学而以校雠学包举之,是站在图书综合整理的高度上,但一味强调综合,却忽视了专,为反对考据、薄次之目录学而走向否定全部目录学的极端。对完全肯定目录学一派以及持中派也进行了评价。

1580

校对:主体、功能和责任[J]/孙培镜.--中国出版,1994,01:52－54

本文探讨了校对主体、校对功能和校对者应该和可能负担的责任等问题。认为校对主体包括作者校对、编辑校对、专职校对者和校对管理者几个部分,并从校对功能的必要性、可能性和校对人才的培养等方面提出了观点,强调校对者应发挥主观能动性,履行自己的职责。

1581

校勘二题——校读《管子》所想到的[J]/刘

如瑛. --社会科学战线,1983,03:344 – 346

本文讨论了《管子》一书存在的两个校勘问题,一是由于对古字古义的训解有所不察而发生误校;二是因不注意邻行两误的现象而漏校。

1582

校勘古籍必须"惟从其是"——试论唐宋传奇的校勘 [J] /王璞,邹启茂. --学术月刊,1981,05:75 – 79

本文从古代的唐传奇校勘、唐传奇校勘的问题、唐传奇校勘的讹误、怎样实事求是地对待唐传奇校勘等几个方面,讨论唐宋传奇的校勘工作。

1583

校勘古籍的一个新途径——运用典故校勘《全唐诗》《全宋词》举例 [J] /管锡华. --古籍整理研究学刊,1991,06:16 – 19 + 33

校勘古籍向来强调版本对校,但是版本对校有许多校勘问题却解决不了。如《全唐诗》《全宋词》虽经名家辑录校理,但仍然保留了许多不知是非的异文和难以校补的缺字。《全唐诗》《全宋词》中许多异文缺字涉及典故,从典故的角度对二书进行异文是非的判断和缺字的校补,解决了不少问题。本文选择其中数则予以说明。

1584

"校勘"界定新说 [J] /余敏辉,颜永涛. --淮北煤师院学报(社会科学版)(后更名为淮北师范大学学报)(哲学社会科学版),1998,02:132 – 134

本文结合当今学术界对校勘的定义,指出陈垣先生对校勘的理解有独到、合理之处,值得借鉴,并以陈垣先生曾经列举的《新唐书纠谬》《元史本证》分析说明。

1585

校勘述略 [M] /王云海,裴汝诚著. --开封:河南大学出版社,1988

本书系河南大学两位老先生编写的较为浅易的关于古籍校勘方面的小册子,是对校勘学产生、发展及校勘注意事项的介绍,便于读者了解校勘学这门学科。

1586

校勘学 [M] /管锡华著. --合肥:安徽教育出版社,1991

本书从理论上对校勘进行了总结,详细论述了校勘学的方法和应注意的问题,介绍了校勘的工作步骤。

1587

校勘学 [M] /田代华主编. --北京:中国医药科技出版社,1995

本书为田代华教授主编的高等中医院校(适用)教材之一,适用于中医文献专业。田教授带领"中医文献专业系列教材委员会"各位老师,利用目录学和版本学知识,编撰成书。

1588

校勘学大纲 [M] /倪其心著. --北京:北京大学出版社,1987

本书系统总结归纳了古今校勘学成果,结合作者自己的校勘实践,讲述了校勘的历史发展和校勘学的形成建立、古籍的基本构成和校勘的根本原则、校勘的一般方法和考证的科学依据、致误原因的分析、校勘通例的归纳、校勘实践的具体方法步骤、出校的原则和校记的要求等方面的内容。

1589

校勘学概论 [M] /戴南海著. --西安:陕西人民出版社,1986

本书为戴南海先生所著的有关校勘和校勘学的专业著作,共七章,涵盖了校勘的方式和内容、依据和条件以及应注意的问题,对帮助读者了解校勘学大有裨益,也可指导读者进行校勘工作。

1590

校勘学研究有新著 [J] /凌昌. --复旦学报(社会科学版),1990,03:87

本文介绍复旦大学古籍所李庆《顾千里研究》一书已由上海古籍出版社出版。该书发掘不少前人从未注意到的资料,对顾千里的校勘成果作了较为深入详尽的考订。包括"前言""新订顾千里年谱""顾千里校书考""顾千里题跋书目考略""顾千里著述目录"

"顾千里佚文辑录"六个部分，书前有著名版本目录学家徐鹏教授撰写的序。

1591

校勘在中医古籍中的运用[J]/傅艾妮. --武汉职工医学院学报（后更名为江汉大学学报）（自然科学版），1994,01:43 - 45

本文探讨校勘在中医古籍中的运用，指出可根据前人对古书的注疏，判定出正误。在校勘中常可利用他书来校本书。利用文字、训诂、音韵、语法、文例、文气等理校法进行校勘，可以使古医籍融会贯通，校正错讹。

1592

校注《饮食须知》后反刍[J]/许永贵,尚贞一. --长春中医学院学报（后更名为长春中医药大学学报），1991,01:63 - 64

本文从校注《饮食须知》入手，谈及对校勘、注释方面的体会，对校勘、训释方面的学术问题也进行了探讨。

1593

节衣缩食买书读 蠹鱼生涯自知乐——记海上古籍善本、名砚藏家崔尔平先生[J]/胡传海. --艺术界,1997,01:89 - 93

本文介绍了上海古籍善本、名砚藏家崔尔平先生的生平事迹。他的藏书基于读书和版本两个方面，从内容看以经史之部为多，从版本看则明清精刻本及清稿本为富。他还喜好收藏古砚，并以其丰富的文献知识和多年的实物鉴别经验，积累了不少藏品。

1594

劫中得书初记——介绍苏州破"四旧"中抢救出来的几种古籍[J]/叶瑞宝. --中国史研究动态,1979,04:8 - 9

本文介绍了苏州图书馆华开荣、许培基、吴椿声等同志在苏州破"四旧"中抢救珍贵古籍的事迹，以及获救的清初毛氏汲古阁影抄宋蜀刻大字本《孝经音义》《论语音义》《孟子音义》、明嘉靖刻本浙江《东山志》、明崇祯刻本《天主圣教圣人行实》、清稿本《启祯两朝常熟实录汇编》《雪烦山房日记》等古籍的基本情况。

1595

竭心尽力抢救元明杂剧——纪念郑振铎先生诞辰百年暨逝世40周年[J]/刘太治. --福建图书馆学刊,1998,04:54 - 56

本文介绍了郑振铎先生抢救并保全《古今杂剧》这部极其珍贵的古典戏剧名著的过程，说明了《古今杂剧》使中国古典文学宝库平添了200余种从未见过的元、明剧，进而体现了郑振铎先生对保存中国古代文化遗产做出的巨大贡献。

1596

解释古籍须多方斟酌——与李长庚先生商榷[J]/杨琳. --古汉语研究,1999,03:54 - 55

本文就《古汉语研究》1997年2期刊登的李长庚《训诂与文化习俗四证》一文中，出现的三条古籍疑难词语解释与之商榷。认为"除厌我哉"一条外，其余三条"宋朝之美""冬不失裤""其谷扣"的解释判断失当，并列举在其他作品中的解释进行论证讨论。

1597

解题文献略述[J]/张来芳. --南昌大学学报（人文社会科学版），1985,02:88 - 90

本文从解题文献的内容（一般由籍、序录和解题等部分组成）、解题文献的价值和作用逐一作阐释，有助于初学者了解和掌握解题文献，展开相关研究。

1598

介绍《北京现存彝族历史文献的部分书目》[J]/王梅堂. --图书馆学通讯,1982,04:38 - 40

彝族历史悠久，是我国西南众多民族中具有本民族文字的仅有的几个民族之一。本文介绍了彝族文献整理成果《北京现存彝族历史文献的部分书目》一书的编撰体例、主要内容和学术价值等。

1599

介绍几部明清刊本定价印记[J]/王贵忱. --图书馆论坛,1981,04:31 - 32

本文介绍了《印存初集》《金石四例》等几部明清刊本的定价印记情况，指出图书上的定价印记，不但对物价史有参考价值，也是白银在明清货币经济中占据重要地位的见证物。

1600

介绍几种小型图书馆适用的藏书保护方法
[J]/陈丽萍.--福建图书馆理论与实践,1997,
04:42-42

本文介绍了三种小型图书馆适用的藏书保护方法,即硫磺催黄复白、藁本熏杀虫害和苍术燥湿防霉。

1601

介绍几种与林业有关的古籍[J]/印嘉佑.--
北京林业大学学报,1992,S1:80-84

我国古籍浩如烟海,不乏关于林业科技知识的记载。本文介绍了《山海经》《尔雅》《说文解字》《毛诗草木鸟兽虫鱼疏》《埤雅》《尔雅翼》《全芳备祖》《徐霞客游记》等8种有关林业的古籍。

1602

介绍《鲁迅辑录古籍丛编》[J]/王士菁.--
新文学史料,1999,04:178-181

本文介绍了1999年人民文学出版社出版的《鲁迅辑录古籍丛编》,梳理了鲁迅对古典文史著作的搜集和整理编纂,特别是新收入《岭表录异》《说郛录要》,供读者选阅、参考。

1603

介绍一部中医古籍训诂力作[J]/钱超尘.--
贵阳中医学院学报(后更名为贵州中医药大学学报),1995,03:54-55

本文是钱超尘教授为王筑民、辛维莉同志所著《中医古籍训诂概论》一书写的序。此次刊出时,文字略有修改。《中医古籍训诂概论》一书于1994年已由贵州教育出版社出版。

1604

介绍一种不拆页线装书的修复法[J]/郑豫广.--图书馆工作与研究,1996,01:59-59

本文介绍了一种从明代中叶出现至现代的线装古籍书不拆页的修复法。非常简单易学,不受场地限制,最适合于家庭用,又能保持古籍线装书的原样结构,值得广泛推广。

1605

介绍一种纸张保护研究技术——伽玛辐射加固[J]/张欣旻,张斯英.--档案学研究,
1996,04:63-64+48

本文从国内研究状况简介、展望两个部分,对近年来利用核技术研制成功的"伽玛辐射加固技术"进行了介绍。呼吁我国档案界向英国朋友学习,尽快、积极地将档案保护技术科研成果进行扩大试验,达到推广应用目的,抢救我国将要毁损的档案和古籍。

1606

介绍珍本古籍《五边典则》[J]/范学宗.--
中央民族学院学报(后更名为中央民族大学学报)(哲学社会科学版),1985,04:2-2

本文从来源方面对中央民族学院图书馆馆藏《五边典则》进行介绍,指出该古籍在历经禁毁后留存下来的价值与意义。

1607

《芥子园画传》及其版本之研究[D]/郭惠美.--台湾大学(台湾地区),1994

《芥子园画传》是清代一部重要的画谱,共四集。前三集原本是康熙年间用木刻五色套版技术以开化纸印成,极为美观。本文研究了该书的版本流传问题。

1608

借读线装书的保护[J]/张钧,张弛.--图书馆学研究,1996,02:54-56

本文从借书和读书时对线装书的保护两方面进行建议,希望引起读者共鸣,对线装书悉心保护。

1609

借鉴《国语解》为古籍作注[J]/高振铎.--
古籍整理研究学刊,1990,02:1-5

本文介绍了作者在进行《国语》注释和今译工作中,反复阅读推敲韦昭的《国语解》及近现代对《国语》有关注释、翻译的诸作,深感极有必要探讨如何借鉴韦昭《国语解》来为当前的古书注释服务的问题。

1610

"借书一痴"与古籍整理的课题[J]/程毅中.--传统文化与现代化,1996,01:84-87

本文借助俗语"借书一痴"的来源这个小问题,说明了在古籍整理中要注意校勘、标点、注释及考证等许多方面的问题,认为古籍整理的水平有待于逐步提高。

1611

借助书目学习古籍[J]/黄淑珍.--语文学习,1986,04:50-52

本文分析了利用书目学习古籍的重要性,列举了书目提要简明扼要,便于节省时间精力等优点,指出应该认真借鉴前代学者学习方法,以书目为钥匙,去了解古籍知识。

1612

今本《诗经》已非原来面目[J]/李家树.--文献,1985,01:1-11

本文指出今本《诗经》恐怕已经失掉它的原来面目,因为诗篇曾经采诗者润色,使之雅言化,然后乐师再作字句上的删改,使之合乐。经过几番整理,势必要改变本来的面貌。体现为:十五《国风》、二《雅》、三《颂》产生于不同地域,但没有方言分歧;《诗经》创作年代绵延上下五六百年,但押韵范围始终一致;篇数超过三百,而形式极为整齐,以四言为主。

1613

今本《文子》文子抄袭论——竹简《文子》研究之二[J]/陈广忠.--学术研究,1996,07:72-75

本文为竹简《文子》研究系列中的第二篇,从天文岁时看抄袭,法家思想断抄袭,道家术语定抄袭,历史人物国名后起判抄袭几个角度,对历史上长期纠缠不清的《文子》与《淮南子》的关系问题,提出了观点。

1614

今传西汉诸子遗籍考[D]/王仁禄.--台湾师范大学(台湾地区),1966

本文研究了台湾地区藏存的西汉诸子遗籍情况,按九流十家分章,每节又以一书为一目,每书均考证了撰人、著录、存本或辑本以及叙录情况。

1615

今存三国两晋经学遗籍考[D]/简博贤.--台湾师范大学(台湾地区),1980

本文考察了汉晋之际的经学,包括易学、诗学、春秋学等方面的学术情况,重点考察了郑玄王肃的经学争辩、魏晋儒礼学等问题,阐述了经义玄理化和春秋三传会通的观点。本文于1986年由台湾三民书局出版。

1616

今存唐代经学遗籍考[D]/简博贤.--台湾师范大学(台湾地区),1970

本文于1970年由北京商务印书馆出版,研究了唐代官定经本情况,考察了《五经正义》的纂修、四经疏的续纂过程,讨论了唐代私人经学著作对后代产生的影响。

1617

今存魏了翁《鹤山集》版本源流及其他[J]/陈新.--文教资料,1995,S1:156-163

魏了翁《鹤山先生大全文集》110卷,今存《四部丛刊》初编影宋本(原本藏北京图书馆)、明嘉靖铜活字本、明嘉靖刻本、清《四库全书》本等。本文考证其版本源流,指出虽存多种版本,都祖出宋刻本。各版本间异文层见叠出,明代后的本子,不仅使原诗扞格难通,而且实际上远离作者著作原貌。即使宋本偶有错字,亦大抵都是硬伤。其他版本除宋本疑误处,或可偶作参考、借以补正外,别无校勘价值。

1618

金灿然同志对古籍整理出版事业的卓越贡献[J]/俞筱尧.--中国史研究动态,1986,11:1-6

本文介绍了古籍整理出版专家金灿然先生的生平事迹。金先生在主持中华书局工作过程中,筹划出版了"二十四史"《资治通鉴》《续资治通鉴》《册府元龟》《太平御览》《文苑英华》《太平广记》等一大批重要古籍,并在古籍整理出版人才培养方面做出了突出贡献。

1619

金陵书局小考——《中国古籍印刷史》补正[J]/刘尚恒.--图书馆杂志,1987,05:54-55

魏隐儒先生编著的《中国古籍印刷史》一书记载,同治三年(1864),曾国藩进入安庆,就以重兴文化为名,创设治山书局,后来移设江宁府学之飞霞阁,"延请洪全奎、莫友芝督理书局事宜"。本文认为这些说法与史实多有不确之处,文中做了考证。

1620

金陵淘书一簏记[J]/秋禾.--出版广角,
1998,02:90 – 91

本文是作者在金陵淘书后的记录,内容包括具体书目等。

1621

《金瓶梅词话》语词校释[J]/隋文昭.--天津师范大学学报(社会科学版),1991,06:69 – 75

《金瓶梅》语言索解匪易,向称难读。本文指出《金瓶梅词话》方言俚语的校释问题十七条。文中出条及条下标页码注释,据中州古籍出版社1988年版《金瓶梅词话注释》增订本;遇他书同误,则另列出处。

1622

《金瓶梅》作者是屠隆说[J]/魏子云.--中外文学(在台湾地区发表)1983,04:34 – 41

《金瓶梅》的作者问题一直是学界研究的热点话题。复旦学报1983年黄霖提出《金瓶梅》作者为屠隆,并做出一系列考证。虽然这一假说还在推绎阶段,本文认为,这一假设更具可能性。

1623

金属活字起源之我见——兼论"韩国《要节》不是金属活字最古老的书籍"[A]/牛达生.--第三届中国印刷史学术研讨会论文集[C],1997

本文针对1996年韩国《佛祖直指心体要节》一书被联合国教科文组织认定为"金属活字最老的书籍"一事,探究了金属活字的起源。从不同角度说明,早在宋末元初,我国已有了金属活字的印书活动,至迟在元代,就已经开始使用铜活字印书,并有《御试策》传世。韩国某些学者用明初的一个印本,据此认定某地为世界上首先使用金属活字之地,显然有违历史事实,也欠科学严肃。

1624

金文研究与古代典籍[J]/彭裕商.--四川大学学报(哲学社会科学版),1993,01:96 – 103

本文认为自王国维先生提出"古史二重证"以来,古文字学与古代典籍的密切关系日益为广大学者重视,目前古文字研究已与古代典籍密不可分。从西周时期开始,已有典籍流传下来,东迁以后文献益多,为广泛利用古籍研究周代金文开辟了广阔前景;丰富的金文资料又为古籍整理和研究创造了前所未有的条件。二者互为证补,不可偏废。

1625

金毓黻先生对若干古籍的评论[J]/范寿琨.--图书馆学研究,1987,04:127 – 133

金毓黻先生是我国著名古文献学家,一生侧重于东北史之古文献和目录学研究。由研究东北一隅之史,进而研究辽金一代之史,及与此有关的宋史,对宋辽金史等古籍有不少深邃独到的见解和分析。本文介绍了金毓黻先生在所撰《静晤室日记》中,对有关古文献的精湛分析和经验之谈。

1626

津门储仁逊及其抄本小说[J]/欧阳健.--明清小说研究,1988,04:288 – 299

本文通过对南开大学图书馆善本部所藏抄本《话本十四种》的考辨,对津门储仁逊及其抄本小说进行介绍与考证。

1627

《津门纪略》作者考[J]/涂宗涛.--天津师范大学学报(社会科学版),1993,05:58 – 59

清光绪二十四年(1898)在天津石印出版的《津门纪略》,是研究天津地方史的一部重要参考书,作者署名"羊城旧客",生平不详。本文考证认为"羊城旧客"即天津的华听桥,名铎孙,乃天津名家华长卿之孙、《津门文钞》编纂者华光鼐之子,还对华听桥生平事迹和著述情况做了介绍。

1628

近15年来赋学著作述要[J]/芮宁生.--文史知识,1998,02:114 – 121

本文从辞赋选本及总集、赋论著作、赋史、辞赋辞典等几个方面,介绍了1983年至1998年期间辞赋学的研究成果。

1629

近代藏书三十家[M]/苏精.--台北:传记文学出版社(台湾地区),1983

本书以卒于民国元年之后的藏书家盛宣怀、叶昌炽、叶德辉、张元济等学者为研究对象,介绍了他们的家世生平、藏书聚散经过、所藏内容特点、编印校勘或撰述及与藏书有关的行实等情况,每家并列举参考书目。

1630

近代广东印刷业发展概况[J]/金炳亮. --广东史志,1994,01:50 - 52

本文介绍了近代广东书刊印刷的四种形态:传统刊刻(也就是雕板印刷)、铅印印刷(又称凸印)、平板印刷(又称平印或石印)、电板印刷(又称凹印)以及这四种印刷方式在广东的发展情况。

1631

近代三种版本目录学专著之比较[J]/李向群. --图书馆杂志,1988,05:63 - 64

《增订四库简明目录标注》《贩书偶记》《书目答问补正》皆属近代问世的版本目录学专著。本文从古籍版本的流传收藏情况、著录古籍版本的渊源递嬗关系、关于著录版本的种类、对古籍版本自身的特点和优劣之评价、关于著录内容的讹误等角度,对三书的特点和优劣做出比较。指出三书目各有特点并互有高下。

1632

近代私人藏书家浅析[J]/麦琪. --图书馆工作与研究,1997,01:40 - 45

私人藏书家对古籍的流通广布、文化的传播和发扬、推动社会的进步起着不可忽视的作用。本文从我国近代私人藏书家与地理文化的分布关系,清代藏书事业的形成、发展及其特点两个方面,分析了我国私人藏书家的分布与当地经济、文化、教育发展之间的密切关系。

1633

近代泰州藏书家[J]/孙荣. --江苏地方志,1999,03:37 - 40

本文介绍了近代泰州地区较有影响的藏书家和藏书楼,包括钱桂森与"小天目山馆"藏书、刘汉臣与"染素斋"藏书、戈嘉德与"望岳楼"藏书、夏荃"辟蠹山房"藏书、陈宝晋与陈宝俭藏书、王广业"青箱塾"藏书、潘仲宾藏书、沈世德藏书和陆铨藏书等。

1634

近代学术之源泉——当代学者谈《嘉定钱大昕全集》[J]/任继愈,傅璇琮等. --中国典籍与文化,1999,02:105 - 110

有"学究天人,博综群籍,自开国以来,蔚然一代儒宗"之誉的钱大昕,是清代乾嘉学派的主要代表人物。本文为当代著名学者任继愈先生、南京大学博士生导师程千帆教授、国家古籍整理出版规划小组副组长傅璇琮编审等,对《嘉定钱大昕全集》一书所做的评述。诸位学者一致认为,无论是从学术渊源讲,还是就学术发展的现实论,该书重新整理出版具有非常重大的历史意义和现实意义。

1635

近代以来藏书家刻书举隅·周叔弢[J]/孟宪钧. --收藏家,1998,02:3 - 5

周叔弢先生作为中华人民共和国成立以后依然健在的藏书家,以毕生精力访求善本古籍,收藏宏富,至精至善。本文介绍了周叔弢先生藏书概况,其除了注重古籍的文献价值外,还注重抄本、校本,具有珍贵的史料价值。晚年将全部藏书无私地捐献给国家,他的高风亮节、爱国精神,永远令世人深深景仰。

1636

近代中国文人学者日本访书述记[J]/赵奕. --江苏图书馆学报(后更名为新世纪图书馆),1995,04:48 - 51

中国与日本的文化交流几千年来绵延不息。近代中国文人学者到日本访书形成高潮,本文就其背景动机、过程成果及意义作了论述,以期对这一历史文化现象有个概要性的反映。

1637

近代著名藏书家瞿启甲[J]/黄国光. --四川图书馆学报,1995,01:45 - 50

近代著名藏书家瞿启甲是名扬中外的铁琴铜剑楼第四代楼主。本文从积聚古籍,坚持不懈;保护古籍,不遗余力;整理古籍,殚精竭虑;利用古籍,不吝珍秘;慷慨捐献,功于国家等五个方面展开论述,肯定了瞿启甲化公为私的思想境界,赞扬了其爱国正直的高尚品质。

1638

近几年编印出版的古籍丛书著录琐谈[J]/王元才.--图书馆工作与研究,1987,01:39-42

本文从正在编印中的古籍丛书著录、古籍丛书抽印本著录、分辑编印的丛书著录以及利用古籍原版刷印的丛书著录这几个方面,讨论了作者在古籍著录过程中遇到的问题,并归纳总结。

1639

近几年来出版的部分丛书辑录[J]/林慧文.--出版工作(后更名为中国出版),1988,07:56-63

为了研究丛书出版工作,本文辑录了近几年来出版的520余种丛书名称,初步分类,分为综合·哲学社会科学、政治法律、经济、军事、文化教育、语言文字、文学、艺术、历史、地理、科学技术、医药卫生及少年儿童读物。

1640

近见清代诗词别集简目[J]/萧新祺.--文献,1987,03:280-282

本文介绍了中国书店所藏稀见清代诗词别集数种,另有奏疏一种,笔记两种。文中指出,其中有的书内有缺卷,作为残存,尚有稿本、抄本、批校本及精刻木活字本,较为珍贵,故将作者及刊刻年代抄录下来写成简目。

1641

近年来古籍版本学理论研究述评[J]/周铁强.--上海高校图书情报学刊,1995,01:53-56

本文从古籍版本学的学科性质界定、研究对象、研究内容、研究目的、研究方法等方面,对于近年来古籍版本学理论研究进行述评。

1642

近年来全国高校古籍整理研究喜结硕果[J]/曹亦冰.--古籍整理研究学刊,1989,05:1-5

本文介绍了1983至1989年全国高校古籍整理研究情况,重点介绍了《全明诗》《全宋诗》《全宋文》的编撰情况。据不完全统计,该时期研究成果1536种,其中专著379种、校点461种、注释377种、译注96种、资料汇编130种、工具书93种;文学类692种、历史类456种、哲学类52种、经济类26种、综合类211种、法律类23种、语言文字类76种。

1643

近年来微机操作系统的革命与古籍整理[J]/王涵.--中国典籍与文化,1995,03:114-119

近年来的电脑革命,给古籍整理研究工作带来的生机和希望是无限的。本文介绍了在频繁的微机革命下,不同的操作系统对于古籍整理的适用性。

1644

近年来与《四库全书》编纂有关的古籍丛书整理出版综述[J]/黄佳.--高校社科信息,1997,05:3-7

中国的古代典籍整理,最具代表性的是历代丛书编汇。清乾隆时期官修的《四库全书》便是闻名中外的一部编汇丛书,也是我国历史上最大的一部丛书。本文系近年来与《四库全书》编纂有关的古籍丛书整理出版综述。

1645

近年数学古籍整理出版简况[J]/一民.--古籍研究,1995,02:81

本文介绍了"文革"结束后至80年代初数学古籍整理出版的著作简况,有《〈九章算术〉注释》(白尚恕,1983),《测圆海镜今译》(白尚恕,1985),《算法纂要校释》(李培业,1986)等,《汇校〈九章算术〉》(郭书春,1992),《九章算术校证》(李继闵,1993)等。特别提及了1993年河南教育出版社出版的《中国科学技术典籍通汇·数学卷》及1994年山东人民出版社出版的《中国历代算学集成》两部巨著。

1646

近年唐人诗文集的整理和出版[J]/傅璇

琼. --文学遗产,1983,02:146 - 149

本文介绍了 1979 - 1982 年间唐人诗文集的整理出版情况。该时期整理出版的唐人诗文集具有系统性、多样性和学术性等特点,并介绍了中华书局的《中国古典文学基本丛书》、上海古籍出版社的《中国古典文学丛书》《唐诗小集》《唐五十家诗集》《李白集校注》等优秀的古籍整理出版物。也指出该时期的工作计划性不够强,存在一些不足。

1647

近三百年古籍目录举要[M]/严佐之. --上海:华东师范大学出版社,1994

本书对近三百年来古籍目录著述中较为重要和有价值者作了梳理,对其源流、古籍收藏、学术价值等作了论述。

1648

近十年书目文献述评[J]/王晋卿. --高校图书馆工作,1987,01:26 - 32 + 21

本文介绍了 20 世纪 80 年代书目文献的出版情况。该时期书目文献选题实现了开拓发展,中外学术交流书目、新学科书目、资源开发书目、古籍利用书目等一批选题优秀的书目涌现。文献目录内容也实现了更新,外国研究汉学文献、港台著作、边缘相关学科文献等都被收录。

1649

近四十年台湾明清小说之整理[J]/陈妙如. --华冈文科学报(在台湾地区发表)1997,21:193 - 206

本文梳理近四十年来台湾地区在明清小说方面的整理与出版情况,以由国内学者作注并在台湾地区出版者为主,内容包括集体之作与个人专研。

1650

晋国文献及铭文研究[D]/蔡鸿江. --高雄师范大学(台湾地区),1993

本文在追溯晋国历史的基础上,考察了晋国铜器载录与流传的情况,并对晋国十九种铜器进行了铭文释义,对晋国铭文特征、对后世语文发展的影响及对历史研究的价值进行了分析。文后附录山西省铜器出土地点分布图、器形图、器铭图、晋国世系比较和晋国大事年表。

1651

晋南北朝隋唐两宋释家传记提要[D]/唐龙. --台湾大学(台湾地区),1971

本文专门介绍魏晋至两宋时期的释家传记,共列书目五十五种,既包括一人专传,也包括多人列传。对诸家文集中释家碑传以及后人对某一书的评价进行了一定考证。还研究了释家传记作者、译者四十六人,考订其姓名字号、年岁籍贯、立身行事、著述情况等内容。本文为中国中古史特别是宗教史的研究提供了线索。

1652

《经典释文》《庄子音义》异音异义考[D]/李正芬. --东吴大学(台湾地区),1992

唐代学者陆德明《经典释文》是校释《周易》《尚书》《毛诗》《庄子》等 14 部经典的名著。本文重点考察了《经典释文》中《庄子音义》一书的异音异义问题。选取《庄子音义》中 47 个异音异义字,先论《释文》的音系,后取《说文》《广韵》等字书韵书、诸子书、十三经等经籍要典进行考证,寻音定义。对《庄子音义》的价值与缺失之处作了较为公允的评析。

1653

《经籍籑诂》和辞书编写[J]/赵振铎. --辞书研究,1986,01:42 - 46

清代学者阮元编《经籍籑诂》,将汉唐的训诂资料汇集到一起,给阅读和研究古籍的人提供了便利。本文指出,该书问世使辞书编写进入了一个新的阶段,使辞书的义项更加丰富,为后来的辞书编者提供了丰富的资料。

1654

经济文献检索与利用[M]/谭乃立主编. --北京:中国铁道出版社,1999

本书是作者经过多年教学实践,为适应信息时代新形势而编写,是高等院校经济专业和其他文科专业师生重要的参考用书。主要内容包括:经济文献与经济文献检索导论,经济文献检索工具简介,文献分类法与文献主题法,如何利用图书馆等。

1655

经史子集——我国的古籍及其分类[J]/楚庄. --天津师大学报(后更名为天津师范大学学报)(社会科学版),1982,05:83-92

本文从"六艺"和"七略"、四部分类法、经史子集四部具体内容等方面,对我国古代的图书分类法特别是四部分类及四部所属的各类图书进行介绍,指出今天检索、研究甚至整理分编古籍时仍需借助我国古代的图书分类法。

1656

荆楚岁时记校注[D]/王毓荣. --中国文化大学(台湾地区),1987

《荆楚岁时记》是南朝梁时宗懔所撰的一部记录古代楚地时令风俗的著作,也是我国现存最早的有关古代岁时节令内容的专著。本文考察了宗懔生平及相关著作,叙述了《荆楚岁时记》一书版本、内容及价值,探讨了注者杜公瞻注解该书的贡献。重点是对《荆楚岁时记》进行校注,并探讨历代岁时习俗著作之间的沿袭关系。本文于1988年由台北文津出版社整理发行。

1657

精校细注与古物故址相勘证的古籍整理新成果——《三辅黄图校注》读后[J]/王晖. --陕西师范大学学报(哲学社会科学版),1997,01:171-172

本文是作者在读何清谷教授新著《三辅黄图校注》后所做,认为该书校勘精细,注释准确,博采文献古籍,参验考古文物,尤其可贵的是该书作者多次实地考察,目验故址实物,读来新义频出。该书具有把多种版本与各种文献古籍对勘参证、考古文物资料与文献典籍相勘证、实地考察和文献记载相验证几个特点。

1658

精心策划 精心组织——访全国高校古委会[J]/林辰. --中国图书评论,1997,02:15-17

本文为《中国图书评论》记者林辰围绕大型系统古籍整理项目的策划和组织工作,采访全国高等院校古籍整理研究工作委员会(下文简称"古委会")安平秋主任,二人就《断代诗文总汇》诞生的过程、古委会制定庞大工程的动机和目的、进展程度、在古籍整理研究方面的主要经验等问题展开讨论。

1659

景德镇陶录[M]/(清)蓝浦撰;(清)郑廷桂增补. --台北:五行图书公司(台湾地区),1995

本书是研究景德镇瓷业史很有价值的参考书,蓝浦原著六卷,未及成书而早逝,后由其弟子郑廷桂补辑,全书共十卷,包含景德镇图、御窑厂图、陶成图、国朝御窑厂恭纪、陶务、仿古、历代窑考、陶说杂编、陶录余论等内容,对清嘉庆时期景德镇的陶器生产规模和制陶历史作了介绍,含合页式插图十六幅。

1660

警世通言[M]/(明)冯梦龙编;柳笛点校. --石家庄:河北人民出版社,1990

上海古籍出版社1987年重新影印出版了日本名古屋蓬左文库藏金陵兼善堂本《警世通言》一书。本书是对上述版本《警世通言》的校勘整理著作,对全书文字进行了标点、分段、订正错讹字、繁简转换以及简单注释,为广大研究者和读者提供了阅读便利。

1661

敬孚类稿[M]/(清)萧穆撰;项纯文点校. --合肥:黄山书社,1992

本书是清末藏书家、桐城派作家萧穆主要著作,内容包括:泰伯论、汉高帝论书苏明允权书后、周公不作易爻说、汉文帝诏朝错往伏生受尚书说、禹贡三江说、墉风柏舟说、管氏有三归说、淮泗入江说等。

1662

九家旧晋书辑本[M]/(清)汤球辑;杨朝明校补. --郑州:中州古籍出版社,1991

本书为清代学者汤球所辑的九种晋书,包括臧荣绪《晋书》、王隐《晋书》、虞预《晋书》、朱凤《晋书》、谢灵运《晋书》、萧子云《晋书》、萧子显《晋史草》、沈约《晋书》和何法盛《晋中兴书》。杨朝明对汤辑本进行了标点、校勘和补辑整理,使之更趋完善。书前有《试论汤球〈九家旧晋书辑本〉》一篇,对九家旧晋书及其亡佚、《辑本》的特点、史料价值、存在问题进行了论述。

1663

九十年代古籍出版工作之我见[J]/魏同贤.--编辑学刊,1991,02:17-18

本文从古籍出版工作的意义,古籍的丰富程度,古籍整理和出版的方式、人员,古籍图书市场的问题与影响因素等方面,对于我国90年代古籍出版工作进行分析论述。

1664

九世纪朝鲜藏本《山海图》与古代美洲[J]/张敏.--当代韩国,1996,01:69-71

中国人何时"发现"了美洲,是中外学者都非常关注的问题,他们非常注重从有关中国古籍中寻找依据。公元9世纪朝鲜藏本《山海图》之发现,为中华祖先在距今4000多年前就已到达美洲提供了难以否认的铁证。本文肯定了西方学者在《山海经》方面的研究成果,以及《山海图》对于哥伦布时期美洲与古代中国关系研究方面做出的贡献。

1665

《酒中趣》的发现[J]/王建.--贵州社会科学,1998,04:88-92

本文介绍了清代文人石成金《酒中趣》一书在日本被发现的过程,考订了该书作者的生平事迹和著录情况。通过内容研究,认为该书称得上是一部关于酒的小型类书,可供酒文化研究者参考。

1666

旧学商量加缜密——林大芽教授《中国古籍数学化论集》简评[J]/言广.--高校图书馆工作,1990,03:57-60

本文是对林大芽教授《中国古籍数学化论集》一书的简评,指出该书由数学基础(集合论)、数学史,而哲学、艺术、历史、文学,甚至神学,然后返归数学。书中的唯物辩证观点相当鲜明,为中外古籍研究开辟了新角度和新途径。

1667

就《司马光传注》的改笔谈古籍注释的标准[J]/王同策.--社会科学战线,1991,02:340-343

本文作者曾受任为《宋史·司马光传》作注。文稿杀青交出距出版时间较长,书稿迭经众手,审改反复多次,刊出稿与原稿差异不小。而有些差异,从古籍整理的理论研究角度看,是很有代表性的例证。本文就此书中选取若干条,借以探讨古籍注释的标准问题。

1668

"居延汉简"漂流记——中国国宝古籍"居延汉简"流失海外实录[J]/小泽.--档案,1995,05:41-43

本文记述了中国国宝古籍"居延汉简"的发现过程及流失海外的情形,说明了保护国宝的重要意义。

1669

据异同以校是非:校对挑错的一个基本套路[J]/孙培镜.--出版科学,1998,01:29-30

本文指出"校异同"是实现校对挑错的必要手段,据异同以定是非,是古往今来校对挑错的一个基本套路。大而言之,也是校对人不可须臾或离的一种思维方式,并介绍了几种不同方式、功能和层次的"校异同"。

1670

聚书一万部 风雨三十年——安徽大学图书馆古籍藏书小记[J]/汤华泉.--大学图书情报学刊,1997,02:62-64

本文介绍了安徽大学图书馆古籍藏书源流、善本古籍以及有特色的稿本和日本刻本、钞本等,说明了该馆古籍检索、整理以及服务读者等工作情况。

K

1671

开创古籍出版新局面——记上海古籍出版社[J]/李国章. --中国出版,1991,06:13-14

本文从发挥古籍出版优势,加强历史、哲学、语言文字以及科技古籍出版工作;加快出版古代文化普及性读物,形成多样化、系列化的图书结构,满足城乡广大读者需要;排印与影印并举,使古籍出版工作全方位适应学术界和社会各阶层需求;调整选题,抓住重点骨干工程,借此带动中、小型图书出版四方面,介绍了上海古籍出版社为走出困境、开创古籍图书出版新局面进行的多方面探索。

1672

开创蒙元史籍整理的新时期——读田虎的《元史译文证补校注》[J]/俞慈韵. --社会科学战线,1991,03:212-213

本文系读田虎的《元史译文证补校注》一书后的感想。指出该书问世,是蒙元史籍整理中的可喜收获,说明作者认识到了蒙元史籍整理的迫切性和重要意义,也说明了河北出版工作者的责任感。

1673

开发古籍 鉴古励今[J]/闻立法,陈学波. --图书情报论坛,1998,04:56-59

湖北孝感市孝南区图书馆馆藏线装古籍1668种8361册,其中1979年底以前入藏的1522种8068册;1979年以后增藏了146种290册。本文介绍了该馆开发古籍的相关工作情况。

1674

开发古籍文献资源 为经济建设服务[J]/林小玲. --图书馆学研究,1995,03:44-47

由于认识上的偏差和人员素质等方面限制,古籍资源开发工作受到较大的影响。本文研究了古籍文献资源为经济建设提供历史借鉴和科学依据的问题,古籍资源开发的方法与途径,以及开发古籍文献资源为经济建设服务的思路和措施。

1675

开发古籍文献资源 为经济建设服务[J]/卢鸿筠,林小玲. --福建图书馆学刊,1996,04:26-29

本文将古籍文献资源与经济建设联系在一起,站在宏观角度以期将优秀的中国古代文化、民族精神发扬光大。指出进一步研究、发掘、利用古籍文献资源,让其更好地为社会主义建设提供借鉴和依据。

1676

开发文献资源 解放古籍图书[J]/葛丁海. --图书馆论坛,1995,06:28-52

本文介绍了1995年镇海区图书馆把《四明古迹诗》四册和《鲒琦亭集外集》二十卷赠送给奉化市图书馆的事迹,探讨了古籍文献的保护与开发工作。

1677

开发文献资源 提高服务质量[J]/金玉满. --图书情报工作,1992,04:40-42

本文指出中国科学院文献情报中心藏书约150余万册,包括约50余万册古籍文献。其中30年代初至50年代搜集的线装古籍,不仅经、史、子、集、丛、志各部兼备,且颇多稀见珍贵、具有学术资料价值的品种。为了更好地开发资源,中国科学院文献情报中心做了大量相关的书目文献情报工作。

1678

开发乡邦文献的壮举——《长白丛书》评析[J]/车今顺. --延边大学学报(哲学社会科学版),1997,03:176-177

吉林师范学院古籍研究所出版的《长白丛书》,内容包括档案、诗词、满学、边疆、民俗、金石、地理、东北亚等20个子系列。以开发乡邦文献、弘扬地方文化为宗旨，依据吉林地区丰厚的文化积淀，对东北文献进行整理与研究，目前已出版80余部，总计三千多万字。本文指出该丛书具有浓厚的边疆性、多姿的民族性、斑斓的俗文化特色。

1679

开发乡邦文献 宏扬地方文化——评《长白丛书》初集[J]/傅朗云. --古籍整理研究学刊,1987,02:65-66

《长白丛书》初集是《长白丛书》整体工程的开篇，是东北地方古籍整理研究总体工程的重要组成部分，也是我国传统文化重新研究的试点之一，其历史价值和现实意义不言而喻。本文从内容、层次、著述搭配、注释形式、标注汇编、价值等方面对其进行介绍。

1680

开掘宝藏，做好湖南古籍整理出版工作[J]/胡代炜. --求索,1982,04:105-107

随着社会主义物质文明和精神文明建设的全面开展，古籍整理出版工作，在党中央和国务院重视关怀下，即将出现一个新局面。这是一个上接古人、下启后辈的壮举，也是我国政治安定、经济发展、文化繁荣的体现。本文探讨了湖南省古籍整理出版工作的情况与任务。

1681

开启文学古籍之门的"金钥匙"——评《中华古文献大辞典·文学卷》[J]/陶理,丛亚婷. --文史知识,1996,11:110-113

汪玢玲教授主编的《中华古文献大辞典·文学卷》自吉林文史出版社出版以来，颇受学术界重视，收书目7400余条，近300万字，知识面广，立论科学。作者采访了丛书总主编东北师大古籍所所长吴枫先生，本文即吴枫对该书所作的评述。

1682

开启域外汉籍文献宝库的钥匙——评《中国馆藏和刻本汉籍书目》[J]/李国庆. --中国图书评论,1995,09:51-52

本文是为《中国馆藏和刻本汉籍书目》一书所作的书评，认为该书收录范围广，涵盖面大；品种多，数量大；版本精，质量高；著录事项完备，编书体例佳善。也对该书在文献学、目录学、版本学、校勘学以及中日古代文化关系史研究方面的学术价值进行了分析。

1683

开启祖国医药学宝库的钥匙——《中医文献学》评介[J]/田旭. --湖南中医杂志,1989,05:56+44

本文是为辽宁、成都等十一所中医院校协编的《中医文献学》一书所作的书评。指出该书是目前我国第一本公开出版的全面系统阐述中医文献理论的专著，体现了中医学术体系特色，而且全而不杂、以"精"贯之，兼顾普及与提高，教学与自学皆宜。

1684

开拓版本学研究新领域[J]/程磊. --图书馆界,1991,03:51-53+43

本文指出把版本学研究对象开拓到一切文献类型，是必要且有意义的，并从文献版本的种类、特征信息、著述方式、文献称谓、版本演变等几个方面，研究了版本学的拓展方向。

1685

《开元天宝遗事》校点商榷[J]/缪元朗. --四川大学学报（哲学社会科学版）,1986,04:110

本文参校明刊《续百川学海》本、据元明善本影印的《历代小史》本、清顺治三年（1646）宛委山堂刊印的《说郛》本、清道光二十三年（1843）《唐人说荟》本、民国四年（1915）上海文明书店石印的《说库》本，校订了上海古籍出版社出版的校点本《开元天宝遗事十种》一书中出现的错误。

1686

看古书难的现状亟待改变[J]/王岚. --古籍整理研究学刊,1999,06:9-10

本文对看古书难的现象进行了叙述，指出古籍阅览存在费用高、借阅困难等问题，提出了图书馆古籍管理部门要更新观念、简化借书手续、延长阅览室开放时间等建议。

1687

看似寻常最奇崛——评《文白对照诸子集

成》[J]/尚永亮.--人文杂志,1997,03:123-126

本文是对《文白对照诸子集成》的书评。认为该书是一部学术性与普及性结合的大型丛书译著,其认真的编校及上乘的质量令人赞佩。该书融入了译者在字句推敲、文采修饰以及辞气梳理上的大量心血,让人联想起宋人王安石的话"看似寻常最奇崛,成如容易却艰辛"。

1688

康有为藏书考[J]/李耀彬,蔡公天.--图书馆学研究,1987,05:115-119

本文从康有为早期与后期收藏古籍的概况、宋元明版善本古籍以及康有为本人著作与手稿几个方面,对其藏书作了考据。康有为一生积累古籍不下数十万卷,仅宋元明善本就有六千余册,至今尚有不少为其后人珍藏或有踪迹可考。他不同于一般藏书家,主要是藏以治学,学以致用,与其诸多成就关系至密。作者所述不仅依据有关文字资料,也包括素所见闻及实地调查,可稍补史料所不及。

1689

考辨古籍古史的新成果——读刘起釪《古史续辨》[J]/林甘泉.--传统文化与现代化,1993,02:92-95

本文是为《古史续辨》一书所做的书评。该书收集了作者继承《古史辨》之学研讨古史的论文36篇,分为考辨古史、古籍、历史地理三部分,对自盘古历三皇五帝各种古神、古帝、古先王的神话和古史资料,依其出现的时代先后做出条理清晰的表述。文中指出,该书是继《古史辨》之后考辨古籍、古史和历史地理的一部难得的学术著作。

1690

考古发现的秦汉文字资料对于校读古籍的重要性[J]/裘锡圭.--中国社会科学,1980,05:3-28

本文阐述了考古发现的秦汉文字资料对于校读传世古籍的重要意义,认为这些资料能够帮助解决一些本来无法解决的,甚至根本就发现不了的问题;帮助检验前人成果,决定一些聚讼纷纭问题的是非。文中列举了若干具体例子证实,利用居延汉简、银雀山竹简、马王堆帛书以及其他汉代金石文字材料,在校正、释读许多传世古籍时曾起到重要作用。目前古籍整理注释工作中,比较普遍地存在对考古发现的文字资料重视不够的倾向,希望这种倾向能很快扭转。

1691

考据学盛期的版本目录学[J]/谢俊贵.--山东图书馆季刊,1982,04:63-65

本文指出,清代古籍版本的研究非常兴盛,版本目录的编制数量可观,质量超前,应运兴起的版本目录学研究也取得很大成就。清人关于版本、版本目录学、版本目录编制方法的研究论述以及内容丰富、数量可观的版本目录,是我们整理古籍、鉴定版本、辨别真伪、辨章学术、考镜源流,进行学术研究,编制古籍善本书目十分有用的参考资料和史料。

1692

科技古籍编纂史初探之一[J]/申非.--出版发行研究,1990,04:57-60

本文系我国历代科技图书撰著情况概要,梳理了古典专著的传注以及汇总编著的二次性著作,介绍了科普普及读物的编撰、科技图表和工具书、科技专家列传的编撰情况。

1693

克服轻敌思想,努力减少标点错误[J]/程毅中.--出版工作(后更名为中国出版),1984,12:35-40

本文介绍了标点是古籍整理工作中的薄弱环节。标点错误的原因是知识局限、工作粗疏,并具体举例分析。

1694

《客窗闲话》标点举误[J]/周志锋.--古籍整理研究学刊,1994,02:25-32

中州古籍出版社于1992年出版了清浙江海盐吴炽昌所撰《客窗闲话》一书。本文针对书中标点方面的问题,分为不明词义、不明语法、不明文意、当断而未断、不当断而断、割裂词语句子、引语失当诸类,加以辨析。

1695

空海文镜秘府论之研究[D]/郑阿财. --中国文化大学(台湾地区),1976

《文镜秘府论》是日本僧人空海所作的一部诗歌理论批评专著。本文考察了空海的生平事迹,重点研究了《文镜秘府论》的成书、体例、取材和内容等问题,探讨了空海的文学思想,并对该书的价值做了较为公允的评价,认为该书在保存六朝隋唐声律对偶等文学理论,以及辑佚校订诗文篇章等方面具有重要价值。

1696

孔丛子斠证[D]/阎琴南. --中国文化大学(台湾地区),1975

《孔丛子》旧题陈胜博士孔鲋撰,主要记载孔子及其后裔子思、子上、子高、子顺以及孔鲋等言行,共六卷二十一篇。至汉武帝时,孔臧又以其所著赋上、下篇为一卷,附缀于后,编为七卷,别名《连丛》。学术界对于《孔丛子》有很多疑问。本文是对该书内容进行校订的著作。

1697

孔门弟子研究资料(选载)[J]/孔子研究所. --齐鲁学刊,1984,01:58 – 64

孔门弟子在孔子学说发展史上占有重要地位。本文辑成《孔门弟子研究资料》,资料选自先秦至三国时古籍三十二种(不含谶纬书),三国后资料概不收入。按其问世时间及所谈人物分组编排,并于每组资料前对该人物作简要介绍。所用版本,中华书局有标点本者,直接抄录;无则取《四部丛刊》《四部备要》和其他版本,并重新加以标点。

1698

孔门弟子研究资料(选载)[J]/孔子研究所. --齐鲁学刊,1984,02:57 – 62

同上。

1699

孔门弟子研究资料(选载)[J]/孔子研究所. --齐鲁学刊,1984,03:60 – 62 + 37

同上。

1700

孔门弟子研究资料(选载)[J]/孔子研究

所. --齐鲁学刊,1984,04:49 – 52

同上。

1701

孔门弟子研究资料(选载)[J]/孔子研究所. --齐鲁学刊,1984,05:47 – 52

同上。

1702

孔子和古籍整理[J]/钱耕森. --安徽大学学报(哲学社会科学版),1984,04:96 – 100

孔子和《六经》的关系,历来聚讼纷纭。本文分析孔子对《六经》做过不同程度的整理工作,指出他所整理的《六经》在文、史、哲诸方面,保留了我国上古时期大量的史料和文献,并在我国长期封建社会中产生过巨大影响,甚至对整个中华民族文化和心理的形成以及精神文明的发展,也产生了不可低估的深远影响,是留给子孙后代的一份珍贵遗产。

1703

矻矻笺旧典 孜孜著新篇——王利器先生学术成就略记[J]/卢仁龙. --古籍整理研究学刊,1990,02:24 – 27

本文讲述了王利器先生的生平事迹,其在古代学术方面研究、著述超过半世纪,对文学、历史、哲学,特别是古籍整理与研究上,贡献巨大,堪称大师。作者肯定其博学广识、勤学无比、勇于开拓的治学精神,希望青年学者以王先生为楷模,取得优秀的成绩。

1704

枯树绽新芽 古籍焕青春——访江苏广陵古籍刻印社[J]/穆石. --读书,1980,10:107 – 109

本文介绍了江苏广陵古籍刻印社近年来请回老师傅,重新恢复生产的故事。扬州广陵刻印社曾刻印过不少古籍,一本本字体优美、墨色均匀的线装古籍,深受专业研究工作者欢迎。事隔十余年,在艰苦修复"十年浩劫"带来的严重创伤之时,这一具有悠久历史的文化传统,正在重新焕发青春。

1705

哭嫁歌[M]/田鸿鹄,田永红整理. --铜仁:铜仁地区民族事务委员会、古籍古物办公

室,1990

本书收录的土家族哭嫁歌是湖南省土家族民间文学。聚居在湘鄂渝黔边区的土家族,有着悠久的历史和传统的习俗,在婚俗方面保留着浓郁的民族特色。土家族哭嫁歌是由待嫁新娘及其女亲友们演唱的抒情性歌谣。它是在特定历史时期女性出嫁时宣泄心中真情实感的一种演唱形式,也是新娘为了表达离别之情,被誉为中国式的"咏叹调"。

1706

跨世纪的古籍整理工程——《全明诗》[J]/戴衍.--中国典籍与文化,1997,01:101–104

本文介绍了《全明诗》编撰的基本情况。该书编撰的过程中,在力求完整无缺地网罗现存明代各家诗歌"以臻于全"的基本前提下,十分注意底本的择别。在具体诗作校点中,不仅仅以普通的断句、校出异文为目标,而讲求字斟句酌,精益求精,显现了编纂者较高的学术水准与负责的工作态度。

1707

狂胪文献耗中年——试述郑振铎先生在古籍整理方面的成就[J]/刁云章.--上海高校图书情报学刊,1996,01:62–63

本文研究了郑振铎先生在古籍保存和整理方面的成就,考察了他在创制分类法、参与整理编选古代经典著作等方面的学术贡献。郑先生藏书偏重于文学著作收藏,《诗经》《楚辞》、明清文集、戏曲、小说、宝卷和版画等等方面的收藏更为齐备。

1708

旷古巨帙 学术真存:略谈《续修四库全书》[J]/茅振芳.--中国图书馆学报,1996,06:15–20

本文从续修缘起、续修价值、《续修四库全书》的收录原则、《续修四库全书》的做法几个方面,介绍了《续修四库全书》的基本情况。

1709

《昆明西乡彝文单字注释》的初步研究[J]/朱崇先.--中央民族学院学报(后更名为中央民族大学学报)(哲学社会科学版),1988,04:87–90

彝文古籍内容丰富、种类繁多,而专门注释单字的书却极为罕见。半个多世纪前,杨成志先生收藏的《昆明西乡彝文单字注释》是迄今发现的第一部古彝文字书。本文对该书的发现、珍藏情况加以介绍,并对其内容、性质、作者、成书年代以及价值进行初步探讨。

L

1710

拉卜楞藏书与藏文古籍整理［J］/德吉草.--
西藏研究,1994,04:143－146

本文介绍了拉卜楞藏书与藏文古籍整理概况,指出古籍整理的意义,不仅体现在弘扬雪域文明、促进文化交流互融的现实意义上,更重要在于通过整理这种手段,挖掘出藏民族沉淀在典籍中的文化真迹,以及这种文化在演变发展中的不同表现形式,为从事藏学研究的专业人员提供较真实的原始资料,使藏族文化沿着尊重历史、重视现实、造福未来的方向健康发展。

1711

兰州大学古籍整理丛刊·据鞍录［M］/
(清)杨应琚著;汪受宽校注.--兰州:兰州大学出版社,1988

杨应琚,字佩之,号松门,出生于青海西宁,乾隆时曾历任山西河东道、甘肃西宁道、两广总督、闽浙总督、陕甘总督。本书是清乾隆初年杨应琚以日记形式写的一部有关青海、甘肃、陕西的游记。该书的校勘,以乾隆精刻本为底本,参校《藕香零拾》本及其他历史资料,对异体字、生词、历史典故、人名、地名等做了注释。

1712

兰州大学古籍整理丛刊·元刊杂剧三十种新校(全二册)［M］/宁希元校点.--兰州:兰州大学出版社,1988

本书以《古本戏曲丛刊》第四集《元刊杂剧三十种》为底本,以正文文字为主,通过整理《元刊杂剧三十种》,补其缺逸、订其讹误,为读者提供了容易阅读的本子。同时,每剧校勘记前,均附简要说明,略叙作者姓字、版本目录、故事情节、参校资料各项,亦涉及其他有关本剧考证资料。但务从简,以省烦琐。

1713

兰州大学古籍整理丛刊·中国古代西北历史资料辑录(第一辑)(全二册)［M］/刘光华编.--兰州:兰州大学出版社,1988

本书是一部取材于正史的关于我国古代西北历史的大型资料书。本辑辑录了从远古传说时代到东汉献帝建安年间的西北资料,以编年体形式将同一事件而散见于正史或同一史书各《纪》《传》《志》中的诸多系统、零星资料,汇辑一处,对学习、研究先秦两汉时期西北历史、民族关系、中原王朝对西北边疆地区的开发、经营历程以及中外关系,提供了极大的方便;此外辑录范围还包括天文历象以及水、旱、虫、震灾害资料,对西北地区各地地方史志的编纂也有一定的参考价值。

1714

浪迹丛谈［M］/(清)梁章钜撰;徐征,刘庆国注选译评.--石家庄:花山文艺出版社,1991

本书所选六十四篇笔记小说,系清代后期著名作家梁章钜《浪迹丛谈》《浪迹续谈》《浪迹三谈》中的精品,篇幅短小,内容丰富,文笔活泼。既有神仙怪佛,名人轶事,又有风物考辨,知识小品。既富于文学性,又有知识性、趣味性。

1715

浪迹丛谈四种(饮食部分)［M］/(清)梁章钜撰;周止礼注译.--北京:中国商业出版社,1991

本书从清代文学家梁章钜《浪迹丛谈》《浪迹续谈》《浪迹三谈》《归田琐记》选出与饮食烹饪有关的内容,加以标点、注释辑成。根据《浪迹丛谈》清道光二十七年(1847)亦东园藏版,《归田琐记》清同治五年(1866)连元阁藏版,《浪迹续谈 三谈》中华书局铅字排印本注释、翻译。

1716

老古董百科大全·古籍旧书[M]/顾音海著.--上海:上海科学普及出版社,1999

本书以古籍旧书鉴别为主,包括宋刻本、元刻本、明刻本、清刻本、活字本、稿本与抄本、雕刻本以及古籍伪作等内容,结尾附古籍旧书小常识以及拍卖行情。

1717

老馆如何处理中文古籍[J]/鄢德梅.--图书馆学刊,1983,03:27-28

本文举例分析了北京图书馆划分中文古籍的原则,以及老图书馆的分类驳杂问题。由于历史原因,老馆采用"新旧并行制",即用新分类法类分新书,用旧分类法类分中文古籍。在实行统一分类上有困难,在划分中文古籍的标准上也不尽一致,牵涉到对中文古籍概念界说的理解,以及对于中文古籍如何处理的问题。

1718

老骥奋蹄誓不休——记古籍整理专家侯忠义先生[J]/余力文.--文史春秋,1999,01:59-61

本文介绍了作者本人和古籍整理专家、版本学家侯忠义先生交往的情况,对侯先生谦逊严谨的治学态度给予了高度肯定。

1719

老骥伏枥 壮心犹存——记吉林大学老教授金景芳培养研究生的事迹[J]/吉林大学研究生院.--学位与研究生教育,1986,02:47-48

本文介绍了吉林大学历史系和古籍研究所教授、博士导师金景芳同志培养研究生的事迹,从录取考生、讲授专业课、指导学位论文几个方面,讲述了金景芳同志在培养研究生的过程中,坚持标准、严格要求、教书育人、认真培养的基本原则。

1720

老子[M]/(春秋)李耳撰.--台北:世界书局(台湾地区),1977

《老子》又名《道德经》或《德道经》,和《易经》《论语》被认为是对中国人影响最深远的三部思想巨著。此书共计五千字左右,最初称为《老子》,后来称《道德经》,并分成八十一章,编为上下两篇,上篇道经三十七章,下篇德经四十四章。

1721

老子(英汉对照 古籍新编)[M]/杨家骆译.--香港:香港万国书店(香港地区),1961

《老子》又称《道德经》,是道家经典作品。相传为春秋末期楚国人老聃所著,全书共八十一章,系统阐述了老子的宇宙观,政治观和认识论。本书的英译是比较有影响的英译本之一。

1722

《老子道德经》版本的比较——以郭店楚墓竹简为研探中心[D]/姜元媛.--淡江大学(台湾地区),1999

本文以郭店楚墓出土的《老子道德经》甲篇、乙篇、丙篇三组竹简为研探中心,将历代《老子道德经》的版本与其相关章节文句并列,加以比对研究,并厘清历代经文的误解与注本的疏谬。比较的内容主要包括该书的版本和释文差异。

1723

老子今注今译及评介[M]/陈鼓应注译.--台北:台湾商务印书馆(台湾地区),1970

本书由陈鼓应先生注译,在大量吸收前人研究成果的基础上,对《老子》作了全面介绍。以《老子》原有篇章为序,先引原文,再加注释,而后是今译,最后是引述。注释通俗易懂,今译文字优美,注释、引述学术容量大。

1724

老子首章旧义新解[J]/何泽恒.--台大中文学报(在台湾地区发表)1998,10:81-114

自1973年12月湖南长沙马王堆三号汉墓出土甲乙两部帛书《老子》后的二十多年以来,有关《老子》的研究,尤其是在文字校订与文义阐释上步入了一个新方向。本文根据帛本异文,配合旧注以至时贤的新论,对《老子》开宗明义第一章的文义重加检讨;贯通《老子》全书义旨,参酌古本古义,尤言本文特别用心之所在,以期提出另一角度的理解。

1725

《老子》严遵本校记[J]/郑良树.--书目季

刊（在台湾地区发表）1999,04:23-51

严遵,字君平,西汉末年人。《隋书·经籍志》著录严遵有《老子指归》十一卷,《唐志》谓十四卷,今存七卷。此书之真伪,学者颇有争议。《四库提要》列举三证,认为此书乃能文之士所赝托,不信其为西汉古注。本文据帛书及郭店《老子》,写成校勘记一篇,说明《指归》为西汉古注,四库之说不可从。

1726

《类编长安志》"元庄"条标点正误[J]/文启. --中国历史地理论丛,1997,03:104

本文校订了元人骆天骧编撰的《类编长安志》卷九《胜游》"元庄"条中出现的标点问题。

1727

类书分析分类法的立类原则及其体系的两重性[J]/羽离子. --图书馆杂志,1991,05:52-53

本文以《艺文类聚》和《古今图书集成》为例,分析了类书分析分类法的立类原则及其体系的两重性。

1728

类书及其书名的由来[J]/步晓辉. --内蒙古民族师院学报(哲学社会科学汉文版)(后更名为内蒙古民族大学学报)(社会科学版),1995,02:82-85

本文介绍了类书的起源,并从编纂目的、编者编撰时的居处及藏书之所需、成书的年代、编撰者姓氏或所涉者姓名、类书收录资料的内容范围和编排体例几个方面说明了类书书名命名的由来、特点和规律。

1729

类书及其在北京图书馆的收藏[J]/张小娴. --北京图书馆馆刊(后更名为国家图书馆学刊),1996,03:128-131

本文介绍了类书的起源、类型和功能,以及类书在北京图书馆的收藏情况。

1730

类书是我国古代索引不发达的主要原因[J]/李荣慧. --高校图书馆工作,1998,02:39-41

本文认为类书是我国古代索引不发达的主要原因,并从类书的几个特点加以论述。文中指出,类书具有索引的大部分功能;编纂目的使其具有较索引更强的实用性;类书"包罗万象",较索引更适应学科分类不明显、文献出版变化不大的古代,较索引更符合古人读书的习惯。

1731

类书索引和电脑化[J]/林仲湘,肖培. --广西大学学报(哲学社会科学版),1995,01:103-108

本文从索引是古籍整理的组成部分、类书是我国古籍中颇为独特的一种、类书索引的作用和特点、用电脑编制类书索引带来新的成效、采用电脑技术尚待解决的问题几个角度出发,论述了类书索引电脑化的这一新技术。

1732

类书与百科全书的比较[J]/冯以新. --图书馆,1987,03:26-28

本文通过对中国古代类书和西方百科全书的比较,分析中西文化的不同特质在工具书发展中的表现。

1733

类书与丛书在文化传播上的不同作用[J]/韩翠花. --中国典籍与文化,1998,03:58-62

类书与丛书是我国古代两种不同的图书编纂形式,在我国古代文化传播中的具体作用有相同也有不同。本文从在保留古代文献上的异同、在为研究工作提供服务上的异同及对现代图书编纂影响上的异同三个方面,对两者作用作出了比较。

1734

《楞严经》疑伪之研究[D]/陈由斌. --华梵大学(台湾地区),1998

《楞严经》全经名《大佛顶如来密因修证了义诸菩萨万行首楞严经》,是北传佛教中一部具有重要影响力的经典。本文考察了《楞严经》的源流与传译情况,重点考证了《楞严经》经文义理的真伪。通过各种《楞严经》传本的对读,整理出更完善的目录。

1735

冷冻杀灭图书害虫效果好[J]/李云祥,祝宁. --图书情报工作,1987,02:35

本文结合广西农业科学院图书馆防治图书害虫的实践经验,指出冷冻杀灭图书害虫简单易行,使用绝对安全,不用施药,管理人员避免了接触化学药物的恐惧感,馆藏不受化学药物的污染,而且成本比施放化学药物和人工方法经济便宜。

1736

"离经辨志"——古籍整理的一块基石[J]/刘家钰. --古籍整理研究学刊,1995,05:29 - 31

本文指出古籍整理涉及版本、校勘、辑佚、辨伪,乃至学术流别、著述体例等问题,基础是古人提出的"离经辨志",并从经文、史文以及因"辨志"不清而致"离经"失误等角度举例说明。强调如果把"离经辨志"看作古籍整理的一块基石,一定要奠定得十分坚实。

1737

黎庶昌对异域古籍搜刊的贡献[J]/来新夏. --北京图书馆馆刊(后更名为国家图书馆学刊),1993,S1:138 - 142

本文介绍了晚清外交家、散文家、学者黎庶昌在异域古籍搜刊方面做出的重要贡献。

1738

黎庶昌及其《古逸丛书》[J]/张新民. --贵州社会科学,1984,02:81 - 88 + 80

本文介绍了黎庶昌生平及其辑录的《古逸丛书》。19 世纪末,黎庶昌出使日本时,在他的幕僚杨守敬大力协助下,访求辑录了二十六种国内久已失传的极为珍贵的古籍,影印刊刻了《古逸丛书》。

1739

黎庶昌、杨守敬《古逸丛书》研究[D]/连一峰. --中国文化大学(台湾地区),1997

本文通过对《古逸丛书》内容的研究,分析了该书的特色及价值,肯定了黎庶昌、杨守敬海外访书之举对于保存中华文化所做的努力与贡献。

1740

黎庶昌与《古逸丛书》刍议[J]/罗勤. --贵阳师专学报(社会科学版)(后更名为贵阳学院学报),1998,01:84 - 87

黎庶昌,贵州遵义人,曾为曾国藩幕僚。对其在晚清时期从事的主要活动及作用,许多论者从文学、外交以及政教诸方面多有论述,然而他在担任大清驻日公使期间搜集和整理刊刻的《古逸丛书》,对我国古代图书发掘整理的卓越贡献及其在版本目录学方面的成就,却未能引起人们足够重视。本文从黎庶昌刊刻《古逸丛书》和该书在版本目录学上的意义两个方面作评述。

1741

《礼记·檀弓》的作者及其年代[J]/郭东明. --齐鲁学刊,1990,04:113 - 117

《檀弓》是我国儒家古籍《礼记》中重要而别具特色的一篇。本文考证指出,《檀弓》可定断为战国中期儒家学子荟萃有关圣人师徒行丧礼的传闻、记事,以期申释为礼之要之作。

1742

李白及其诗之版本[D]/唐明敏. --政治大学(台湾地区),1975

本文考察了唐代诗人李白的家世生平、生活经历、日常交游等,分析了李白诗作的渊源,从分类本、分体本和选集本几个方面讨论了李白诗作的版本问题,论述了李白诗作的误入与伪作现象。

1743

李乃扬先生赠书家乡 促进中华国学之研究[J]/吴枫. --古籍整理研究学刊,1991,03:50 - 51

旅居日本的台胞李乃扬先生,原籍吉林,长期旅居海外经营文化出版事业,先后出版中文古籍达六七百种之多,在海外弘扬中华传统文化取得显著成就。本文介绍了李乃扬先生捐赠大量印刷精良的中华国学典籍,置于"李氏文库",供开展中华国学研究及人才培养工作使用,弘扬中华传统文化,为社会主义文化建设贡献力量的事迹。

1744

李攀龙《古今诗删》与相关《唐诗选》各版本

的比较[J]/许建昆.--东海中文学报(在台湾地区发表)1986,06:99-114

本文将李攀龙《古今诗删》与相关《唐诗选》各版本进行比较,指出李攀龙《古今诗删》自明万历初年出版后,流传情形似乎不如托名改编的《唐诗选》。推测其原因,可能是篇幅较大,不利于刊刻,编选体例不佳。

1745

李庆善教授与历史文献学教学研究[J]/伏俊连.--社科纵横,1996,03:82+81

李庆善教授,又名安乐,河北省辛集市人。本文介绍了李庆善教授在历史文献学教学研究上做出的突出贡献,指出其治学严谨,尤精于校勘考据之学,恪守实事求是、无证不立的原则,在校勘学方面建树不菲,考论精审,是古籍整理方面的"治沙专家"。

1746

李一氓同志关于古籍整理出版的意见(摘要)[J]/李一氓.--出版工作(后更名为中国出版),1982,05:1-6

李一氓同志在古籍整理规划会议上印发《关于古籍整理出版的意见》,并作了一些补充和说明。本文从古籍内容、整理手段、古籍整理目的三方面,对该意见进行介绍探讨,提倡在文、史、哲各方面多做通论性或专题性的学术工作。

1747

李一氓同志与古籍收藏[J]/刘国强.--高校图书馆工作,1988,04:52-54

本文介绍了李一氓先生的学术贡献与古籍收藏,包括其词集、文物和马列著作早期译本和手迹方面的收藏。指出老一辈收藏家数十年如一日,孜孜不倦的集藏和治学精神,值得今天广大青年收藏爱好者学习借鉴。

1748

李约瑟主编《中国科学技术史》引释我国古籍之商榷三题[J]/管成学,杨荣垓.--文献,1991,01:186-194

英国剑桥大学中国科技史专家李约瑟博士主编的《中国科学技术史》,通过对中国和西方科学技术比较,论述了我国古代科学技术的辉煌成就及其对世界文明的重大贡献。中英语言间的障碍,古今汉语的差别以及中国古代官制典章纷纭复杂,使得作品在引用和解释中有错漏之处,本文对于该书的有关问题做出分析指正。

1749

理论和实践并重 强化能力培养——《图书馆古籍整理》教学体会[J]/王国强.--河南图书馆学刊,1996,02:63-64

《图书馆古籍整理》是一门融知识性和学术性于一体的图书馆学专业课程,涉及众多门类知识。本文结合作者长达十余年的教学实践体会,讨论了剖析特点、解析难点、关注重点、实物和实习、润物细无声等五个方面的问题,希望能够给同业者提供建议,提高"传道、授业、解惑"的能力。

1750

历代笔记漫话[J]/王义耀.--广东图书馆学刊,1984,01:40-42

本文从笔记的分类、笔记的史料价值、笔记的整理与流传几个方面,系统全面介绍了笔记的价值。

1751

《历代妇女著作考》订补十二则[J]/李豫.--文献,1992,03:275-278

本文对《历代妇女著作考》(胡文楷编,上海古籍出版社1985年新1版增订本)一书中出现的著录失误及不足之处进行了订补。

1752

历代古籍聚散简录[J]/蒋敦雄,曾印江.--湖南师范大学社会科学学报,1986,06:127-128

本文概述了自春秋战国及清末两千多年间,我国古书修纂集藏与毁散的情况。我国古籍历经数千年,源远流长,可是极尽曲折,累遭厄难。或历史变迁,或朝廷更迭,或兵燹战祸,或水火灾害。聚而又散,散而又聚,聚者费尽艰辛,散则毁于一旦。可慰的是历尽劫波文明在,勤劳智慧的炎黄子孙自强不息,继往开来,仍然得到了世界文明古国的赞誉。

1753

历代校勘注释《黄帝内经素问》概述(一)

[J]/高文铸. --天津中医学院学报(后更名为天津中医药大学学报),1990,01:31－33＋43

《黄帝内经素问》自汉代刘向等编校整理以来,历史上又几经校勘注释。本文选择了汉刘向、李柱国对《黄帝内经》的编校整理,六朝全元起对《黄帝内经素问》的注释训解,隋唐时期杨上善《太素》注与王冰《素问》次注等几例,进行了论述分析。

1754

历代校勘注释《素问》概述(续)[J]/高文铸. --天津中医学院学报(后更名为天津中医药大学学报),1990,02:19－22＋41

本文选择了宋林亿等对《黄帝内经素问》的补注校正,明马莳、吴昆、张介宾对《素问》的发微、注释与类解,清代医、儒两家对《素问》的注释与校勘等几例,进行了论述分析。

1755

历代目录中的"小说家"浅析[J]/林申清. --图书馆学刊,1983,02:51－55

本文回顾了小说家文体产生发展的历史,考察了《汉书艺文志》《隋书经籍志》《四库总目》对小说家的记载情况,分析了著录特点。从《七略》《汉志》起,小说作为一种文体列为诸子中的一家,到《四库总目》分小说为杂事、异闻、琐语三属,其间一千七百多年里,小说家的观念基本上规矩于《汉志》,历代目录无不因袭,造成了小说家和杂家,小说书和杂书之间的混淆。

1756

历代史料笔记丛刊·苌楚斋随笔续笔三笔四笔五笔(全二册)[M]/(清)刘声木著;刘笃龄校. --北京:中华书局,1998

本书内容以目录版本学为多,对学术源流、著述体例诗文等,所论亦多。作者生当晚清多事之秋,出身达官之家,故于时政及宦途内幕颇有所闻,所记涉及晚清时政和人物,对官场腐败和社会黑暗也多有揭露。

1757

历代史料笔记丛刊·蕉廊脞录[M]/(清)吴庆坻撰;张文其,刘德麟点校. --北京:中华书局,1990

本书是清末笔记中颇有史料价值的一种,书中收录了《乾嘉优礼词臣》《祭堂子典礼》《雍和宫》《九九消寒图》等文。

1758

历代中医名著精华丛书·本草纲目(精华本)[M]/(明)李时珍著;余瀛鳌,林菁编选. --北京:科学出版社,1998

《本草纲目》是明代医学家李时珍三十余年心血的结晶,是我国医学宝库中的一份珍贵遗产。这部药典,无论其严密科学的分类,还是其丰富的内容、流畅的文笔,都远超当时任何一部本草著作。本书以实用为原则,保留了原书的叙述结构,对原著进行精选校补和梳理,将其中最有指导实践意义的内容集中编选,非常适于广大中医药工作者阅读、学习。

1759

历代中医名著精华丛书·赤水玄珠大全(精华本)[M]/(明)孙一奎著;余瀛鳌,林菁编选. --北京:科学出版社,1998

《赤水玄珠》是明代著名医家孙一奎所著,历来受到中医药工作者的重视,因其涵盖广泛,理法方药齐备,将张仲景、刘河间、李东垣等历代医学家的学说剖析融合,故学术价值颇高。本书既较好地反映了原著的学术体系,又便于现代中医药工作者阅读和参考。

1760

历代中医名著精华丛书·古今图书集成医部全录(精华本)[M]/(清)陈梦雷,(清)蒋廷锡等纂;余瀛鳌,林菁编选. --北京:科学出版社,1998

《医部全录》原隶《古今图书集成》博物汇编、艺术典下之医部汇考,共520卷,分类辑录自《内经》至清初120余种医学文献,有古典医籍的注释,各种疾病的辨证论治,医学艺术,记事及医家传略等,记述系统,分门别类明确,各科证治有论有方,引证材料均一一详注出处,标明书目、篇目和作者,便于查对原书,是一部比较全面的医学文献参考书。

1761

历代中医名著精华丛书·古今医统大全

（精华本）[M]/（明）徐春甫集；余瀛鳌，林菁编选. --北京：科学出版社,1998

本书对《古今医统大全》进行了重新点校，并收集、整理了相关方药的临床新用。此书编写有利于中医学的保护和流传，为初涉临床者提供了研究线索。

1762

历代中医名著精华丛书·景岳全书（精华本）[M]/（明）张景岳著；余瀛鳌，林菁编选. --北京：科学出版社,1998

本书为明代大医学家张景岳的代表作。该书对后世医家影响很大，张氏对于方阵的研究和发明创造，对杂证、妇、儿科疾病独具一格的辨识，一直为后代众医称颂。本书择其精华，简明扼要，突出重点，颇适合广大中医临床工作者阅读、参考。

1763

历代中医名著精华丛书·普济方（精华本）[M]/（明）朱橚等编；余瀛鳌，林菁编选. --北京：科学出版社,1998

《普济方》为明初由朱橚等组织编修的一部大型医学方书，该书广泛收集明以前的方书著作及相关医籍中的经验方子加以分类整理而成。全书分门详备，共收医方61739个，且论、方并重，是我国现存规模最为宏大的古代方书巨著。

1764

历代中医名著精华丛书·圣济总录（精华本）[M]/（北宋）赵佶敕撰；（清）程林纂辑；余瀛鳌，林菁编选. --北京：科学出版社,1998

《圣济总录》200卷，分66门，每门又分若干病证，阐述病因病理，详述治法方药，是北宋时期搜方较多的医学全书。本书节选原书中多发病、常见病和各科临床经验部分，经过去芜存菁，突出临床实用性，可供中医药工作者阅读参考。

1765

历代中医名著精华丛书·外台秘要（精华本）[M]/（唐）王焘撰；余瀛鳌，林菁编选. --北京：科学出版社,1998

《外台秘要》为唐代医家王焘所著，是唐以来最著名的中医代表作之一，包括了伤寒、温病及内、妇、外、儿、五官、灸法等丰富的内容。本书精选能代表其学术思想和对临床有主要指导意义的部分，基本囊括了原著内容，并突出临床，突出实用，力求使之更便于现代广大中医药工作者阅读、学习。

1766

历代中医名著精华丛书·医宗金鉴（精华本）[M]/（清）吴谦等著；余瀛鳌，林菁编选. --北京：科学出版社,1998

《医宗金鉴》总结了清代以前历代名医的经验，分门类聚，删其驳杂，采其精粹，发其余蕴，补其未备，选材甚精，用功甚勤，理法甚严。该书刊刻以后，受到广大读者的欢迎和推崇，成为历代医学丛书、全书中精当、完备、简要而实用的一种，流传甚广。

1767

历代中医名著精华丛书·证治准绳（精华本）[M]/（明）王肯堂著；余瀛鳌，林菁编选. --北京：科学出版社,1998

王肯堂为明代治疗杂症的医学家。本书对其代表作《证治准绳》进行了重新点校，并收集、整理了相关方药的临床新用。

1768

历代著录法书目[M]/朱家溍主编. --北京：紫禁城出版社,1997

本书是著名文物专家朱家溍于故宫博物院任研究员期间整理编纂的著作。我国历代官私书目中收录的大量典籍，从分类方法和著录范围乃至著录旨趣上，与传统目录都有很大不同，历代官私书目之间在诸多方面也存在差异。通过对古代官私书目的考察整理，可以更好地了解古代典籍的发展演变和流传情况。

1769

历史比较法与古籍校释：越人歌·离骚·天问[M]/陈伦著. --长沙：湖南教育出版社,1987

本书包括《越人歌》《离骚》《天问》三种典籍的校释，包括原作、注释、译文3个部分。介绍怎样运用法国语言学家梅耶的历史语言学中的比较方法,来解决先秦典籍的校译问题。

1770

历史上中国古籍遭受的重大灾难[J]/陈滨滨. --高校图书馆工作,1997,01:71 - 72

我国古籍在长期的流传过程中,经历了不少人为的破坏以及自然灾害。本文追溯历史,回顾中国古籍遭受的焚禁之灾、兵乱之灾、自然灾害等重大灾难。

1771

历史文献检索概述[J]/朱慧贞. --山东师大学报(后更名为山东师范大学学报)(人文社会科学版),1994,02:106 - 109

我国史学界和图书情报界对于历史文献的检索方法研究较少,本文提出利用书目查找古今中外历史图书,利用索引查找报刊历史论文资料,利用百科全书、类书、政书查找历史文献,利用字典、词典查找历史资料,利用表谱、年鉴、图录查找历史资料五个方法。

1772

历史文献研究(北京新一辑)[M]/中国历史文献研究会编. --北京:北京燕山出版社,1990

《历史文献研究》是中国历史文献研究会会刊,创刊于 1980 年,编辑部设在华中师范大学,初名《中国历史文献研究集刊》《中国历史文献研究》,1990 年编辑部迁至北京师范大学,更名为《历史文献研究》,2006 年编辑部回迁至华中师范大学。该刊物为推动中国历史文献、文献学和传统文化的研究作出了贡献。本集收录《缪荃孙传》《〈史通〉内篇札记》《〈尹文子译注〉序》等学术文章。

1773

历史文献研究(北京新二辑)[M]/中国历史文献研究会编. --北京:北京燕山出版社,1991

本集收录《题〈辽史法〉五律》《释"土伯九约"》《〈旧唐书〉新论》等学术文章。

1774

历史文献研究(北京新三辑)[M]/中国历史文献研究会编. --北京:北京燕山出版

社,1992

本集收录《敦煌故弄室出沙州志残片三种考释》《论中国古代目录的优良传统》《直书的嬗变》等学术文章。

1775

历史文献研究(北京新四辑)[M]/中国历史文献研究会编. --北京:北京燕山出版社,1993

本集收录《历史文献研究的重要意义》《〈中国历史年代简表〉先秦部分正误》《"上大人"备考》等学术文章。

1776

历史文献研究(北京新五辑)[M]/中国历史文献研究会编. --北京:北京师范大学出版社,1994

本集收录《说朱彝尊的一首爱情词》《历史与考古》《徐徐二地辨异》等学术文章。

1777

历史文献研究(北京新六辑)[M]/中国历史文献研究会编. --北京:北京师范大学出版社,1995

本集收录《〈韩诗外传笺疏〉前言》《闲堂近岁文录》《略论古代典籍的起源》等学术文章。

1778

历史文献研究(北京新七辑)[M]/中国历史文献研究会编. --北京:北京师范大学出版社,1996

本集收录《论史记的礼治思想——兼论乐与仁及大一统观》《辑佚起源说综述》《六朝佛教人物杂传述要》等学术文章。

1779

历史文献研究(北京新八辑)[M]/中国历史文献研究会编. --北京:北京师范大学出版社,1998

本集收录《略说〈春秋三传〉与其底本〈钦定春秋传说汇纂〉》《"地君之御"与"制地君"》《范晔〈后汉书〉类传的史学价值》等学术文章。

1780

历史文献研究(北京新九辑)[M]/中国历

史文献研究会编.--北京:北京师范大学出版社,1998

本集收录《孟子的古史观》《宋评封神演义解题》《先秦历史编纂学简论》等学术文章。

1781

历史文献研究（总第 18 辑）[M]/中国历史文献研究会编.--武汉:华中师范大学出版社,1999

本集收录《读〈清代扬州学记〉札记》《论孟子性善学说的思想体系》《北宋词人周邦彦琐考》等学术文章。

1782

历史文献与传统文化（第一集）[M]/常绍温主编;暨南大学中国文化史籍研究所编.--广州:广东人民出版社,1990

本书是历史文献研究论文集,主要阐述了历史文献中传递出的传统文化精神,包括港澳文化研究、岭南文化研究、传统文化研究等。本集收录了《岭南学者梁廷楠》《唐朝诗人的和亲观》《浅谈广州方志中的"小说"》等文章。

1783

历史文献与传统文化（第二集）[M]/常绍温主编;暨南大学中国文化史籍研究所编.--广州:广东人民出版社,1992

本集收录了《中国最早的文艺理论著作〈乐记〉》《道教与岭南"方志小说"》《唐代长安的街西》等文章。

1784

历史文献与传统文化（第三集）[M]/暨南大学中国文化史籍研究所编.--广州:广东人民出版社,1994

本集收录了《略述〈孙子〉的战略观、将才论和治军思想》《刘汉政权与楚国文化——兼论辞赋源流》《汉代辞赋理论》等文章。

1785

历史文献与传统文化（第四集）[M]/暨南大学中国文化史籍研究所编.--广州:广东人民出版社,1994

本集收录了《论〈毛诗序〉》《〈越绝书〉的史学成就》《荀彧荀攸家族探考》等文章。

1786

历史文献与传统文化（第五集）[M]/暨南大学中国文化史籍研究所编.--广州:广东人民出版社,1996

本集收录了《唐宋时期城市书画文具业述论》《张咏年谱（上）》《试论兰陵笑笑生的佛教思想》等文章。

1787

历史文献与传统文化（第六集）[M]/暨南大学中国文化史籍研究所编.--广州:广东人民出版社,1996

本集收录了《荀彧荀攸史事考实》《从唐宋蕃坊到近代回族社团的历史发展》《明清长篇小说与唐传奇渊源关系考述》等文章。

1788

历史文献与传统文化（第七集）[M]/汤开建主编;暨南大学中国文化史籍研究所编.--南昌:江西教育出版社,1999

本集收录了《澳门开埠后第一份中文文献研究——庞尚鹏〈抚处濠镜澳夷疏〉初探》《陈大震和他的〈南海志〉》《〈元史·木华黎传〉勘误》等文章。

1789

历史文选教学与古籍整理研究[J]/张富祥.--古籍整理研究学刊,1988,02:16-20

本文通过考察文选体裁在历史上产生发展的过程,讨论了文选教学与古籍整理的辩证关系。指出文选教学可以替古籍整理解决部分普及教育工作,亦可为初学者指示古籍整理的入门之径,也可为古籍整理输送人才。

1790

历史系编撰《中国古籍中的外国史料》[J]/风.--湖南师范学院学报（社会科学）（后更名为湖南师范大学社会科学学报）,1962,01:82-82

本文讲述了历史系世界古代中世纪史教研组同志为了提高教学质量,充实东方各国历史内容,了解祖国文化在世界史中的地位与作用,而进行的中国古史中外国史资料的收集与编撰工作,并说明了编撰范围和编撰形式。

1791

厉王铜器断代问题 [J] /戚桂宴. --文物，1981，11：77 – 82

本文从月相角度入手，通过对厉王在位年数的考证，指出厉王铜器断代的一些问题，认为刘启益《日月蚀典》中推算的定为厉王时器的共八件，其中十六年克钟、二十五年从盨、三十一年鬲攸从鼎、三十三年伯窥父盨，都不可能是厉王时器。

1792

立足创新 搞出特色——编辑《明末清初小说选刊》的体会 [J] /林辰. --中国出版，1983，10：37 – 40

本文就《明末清初小说选刊》的编辑提出了如下体会：一要有胆有识，二要注重调查研究，三要立足于创新，四要正确对待学术权威。

1793

立足改革，开创古籍整理研究工作的新局面[J] /周林. --高教战线（后更名为中国高等教育），1984，07：16 – 17

本文是高等院校古籍整理研究工作委员会主任周林在 1984 年 4 月于杭州召开的研究所所长会议上的讲话，会议主要讨论了古籍整理研究所的建设和高校古籍研究人才的培养问题。作者引用并阐述了陈云同志和邓小平同志对古籍整理和研究工作的要求即"出书、出人、走正路"和"面向现代化、面向世界、面向未来"，对新时代高校古籍研究工作提出了"立足改革，开创古籍整理研究工作新局面"的总体方向。

1794

立足三秦宝地 弘扬传统文化——三秦出版社调查随记[J] /常宾. --出版工作（后更名为中国出版），1990，12：40 – 44

本文介绍了三秦出版社充分利用三秦大地得天独厚的历史文物条件，克服重重困难，积极组织出版好的古籍图书。5 年来，已出古籍图书 200 多种 300 多万册。其中有不少图书既具有三秦特色，又填补了我国古籍出版中的空白，受到史学界和广大读者欢迎，为我国古籍出版事业做出了独具特色的贡献。

1795

利用方志查考古籍 [J] /袁逸. --图书馆杂志，1985，02：58 – 60 + 70

近年来，随着学术研究活动进一步繁荣，方志的史料价值和工具书作用也日益引起国内外学者重视，对地方志的发掘和利用也愈见广泛深入。本文从考著者、藏书家、刻书家、版本、辑佚校勘等方面论述利用方志查考古籍的用途。

1796

利用古代文献，提高古籍阅读水平——兼与卫电教材《中国古代文学作品选》商榷[J] /羊玉祥. --川北教育学院学报（后更名为四川职业技术学院学报），1999，01：14 – 18 + 27

本文指出阅读研究古代作品要充分利用古代文献，正确把握原文字、词、句意；在利用前哲成果同时，还需参考后贤论述，在比较分析中择优而从，或提出己见，才能提高古籍阅读水平。本文就于非主编的《中国古代文学作品选》的注释提出若干商榷意见。

1797

利用计算机整理古籍必须重视简繁字的处理[J] /林亦，林仲湘，肖培. --广西大学学报（哲学社会科学版），1996，02：60 – 64

利用计算机进行古籍整理，必须重视简繁字问题。简繁字的处理是亟待解决的难题之一。本文从古籍整理实际出发，论及三个不同层次的字库中简繁字的收录和简化字的类推范围，着重阐述了一对多关系简繁字的转换办法。

1798

利用统一书号应注意的几个问题[J] /徐荣. --江苏图书馆工作（后更名为新世纪图书馆），1982，02：82 – 84

统一书号被图书馆界重视，并实际应用于图书馆工作的某些环节。本文就统一书号存在的问题进行探讨，如关于统一书号中的分类号、种、册次号。指出现行统一书号存在的问题不少，在利用时应该注意，更重要的是研究与改进，使之更科学完善、更好地为图书馆工作服务。

1799

利用微机辅助研究整理本草古籍[J]/郝近大. --中医药图书情报,1991,05:47-48

我国现存近千种本草古籍是医学宝贵遗产,分散保存于全国各省市一百多个图书馆中,查阅检索相当困难,有些珍本善本逐渐被损坏腐蚀。应用现代科学技术方法,系统整理研究现存本草古籍,建立存储检索系统,是保存我国民族文化遗产、继承我国传统中医药学的重要任务。本文介绍了利用微机技术辅助研究整理本草古籍的困难与作者研究的阶段性进展,展望了该领域未来的发展前景。

1800

连环漫画《庄子说》评介——兼谈古籍在今天的价值及其普及[J]/周保红. --古籍整理研究学刊,1989,01:25-26

台湾漫画家蔡志忠先生《庄子说——自然的箫声》,用连环漫画形式将《庄子》一书中的精华部分图解出来。本文从内容、选材、语言、不足等方面对该书进行介绍,指出古籍整理工作者应采取适合一般大众的形式,引起读者兴趣,培养其对传统优秀文化的修养,进而提高全民族文化素质。

1801

《连阳八排风土记》校点手记[J]/黄志辉. --韶关大学韶关师专学报(社会科学版·粤北文史专辑)(后更名为韶关学院学报),1991,03:74-78

本文从校勘和标点两个方面,论述了作者在校注《连阳八排风土记》时遇到的问题,说明校点古籍的过程是不断学习、不断探索的过程。

1802

莲花戒《般若波罗蜜多心经释》之译注研究[J]/廖本圣. --中华佛学学报(在台湾地区发表)1997,10:83-123

本文对莲花戒的《般若波罗蜜多心经释》进行探讨,指出从注释当中,可以得知这位印度大乘中后期的瑜伽行中观自续派学者如何理解《心经》,如何将“五道”的观念融合于《心经》当中,以及如何以“量”来修学或决定诸佛之母——般若波罗蜜多等等诸问题。

1803

廉吏轶事[J]/曹德进. --江苏图书馆学报(后更名为新世纪图书馆),1989,05:57-58

本文介绍了南京图书馆古籍部所藏《廉吏传》的基本情况。文中指出该书记载了许多清正廉洁的封建官吏事迹,作者选择了三个南北朝时期的廉吏:褚彦回、孙谦和裴侠进行介绍。

1804

楝亭集[J]/舒汎. --红楼梦学刊,1980,04:40

曹寅字子清,号荔轩,又号楝亭。上海古籍出版社影印出版《楝亭集》,囊括曹寅所作诗、词、曲、文。本文在介绍曹寅生平事迹的基础上,说明了《楝亭集》的文献价值和意义。

1805

梁启超的古书辨伪学[D]/吴铭能. --台湾师范大学(台湾地区),1990

本文根据《古书真伪及其年代》一书,研究了梁启超的辨伪方法,考察其辨伪的特色及成就,分析其辨伪工作的限制因素等,也比较了梁启超和胡适、顾颉刚等人在古书考辨意图与方法上的差别。

1806

梁书本纪校注[D]/耿庆梅. --台湾师范大学(台湾地区),1970

本文是对唐姚思廉《梁书》本纪部分进行的校注研究。

1807

两岸古籍整理学术研讨会论文集[C]/全国高等院校古籍整理研究工作委员会秘书处编;曹亦冰主编. --南京:江苏古籍出版社,1998

本书是江苏古籍出版社出版的一部研究论文专集,反映了近年来海峡两岸来有关古籍整理问题的研究成果。内容涉及时代演进和环境变迁中的古籍保护、少数民族古籍保护价值、现代科技对古籍修复的贡献、古籍馆藏与流通管理、传统损坏与现代修复等。

1808

两岸三地古籍与地方文献[M]/澳门图书馆暨信息管理协会编. --澳门:澳门图书馆暨信息管理协会(澳门地区),1996

本书为海峡两岸及香港澳门地区学者研究古籍和地方文献的论文集,体现了澳门地区对古籍保护和研究工作的重视。

1809

两部实用价值较高的古籍目录提要——《四部备要书目提要》《四部丛刊初编书录》[J]/王义耀. --图书馆学研究,1982,06:91 - 94 + 64

本文推荐了《四部备要书目提要》《四部丛刊初编书录》两部书。这两部古籍书目提要与今天要求还有很大差距,如关于司马光与王安石的评论,观点陈腐。但作为古籍作者作品基本情况介绍,特别是《四部备要书目提要》一书,尚能满足广大读者要求,在没有这样的新著出版以前,仍有较高价值。

1810

两汉编辑事业概览[J]/徐文武. --荆州师专学报(后更名为长江大学学报)(社会科学版),1990,02:92 - 95 + 85

本文对汉代之前的中国编辑事业做初步考察,认为两汉编辑事业的发展与两汉的政治安定、经济繁荣是分不开的,同时还受到当时政治思潮的影响。此外,本文还从编校古书、编修史书、编纂字书这几个方面肯定了两汉编辑事业的成就,认为其具有重大意义和深远影响。

1811

两晋史部遗籍考[D]/廖吉郎. --台湾师范大学(台湾地区),1970

本文是对两晋时期史部著作进行的整体性研究,主要涉及各书作者和体例等方面的考述,于2008年由台湾花木兰出版社整理发行。

1812

《两潘》的两篇《安石榴赋》校订[J]/陈伟强. --书目季刊(在台湾地区发表)1998,01:18 - 22

西晋诗人潘岳、潘尼兄弟各有一篇以《安石榴》为题的赋传世,其中潘尼一篇的某些文句窜入潘岳赋中,此项错舛实源于《太平御览》的误刻;后世辑集两潘集子时,率以《御览》为据,讹舛部分遂入二集中。本文就二赋流传情况,对文本杂糅的因由作一探讨,并从较早节录二赋的类书中重新辑校原文,从而去伪存真。

1813

两宋诗经著述考[D]/陈文采. --东吴大学(台湾地区),1988

本文考察了两宋《诗经》著述的内容、影响及存佚情形。文末附历代书录著录两宋《诗经》著述一览表、现存宋人《诗经》著述收藏情形一览表、书名、人名索引。本文于2005年由台湾花木兰文化出版社整理发行。

1814

《两苏经解》刊者毕氏顾氏考[J]/卿三祥. --文献,1992,02:265 - 270

《两苏经解》七种六十四卷由苏轼对《易经》《书经》的注解以及苏辙对《诗经》《春秋》《论语》《孟子》《老子》的注解组成。本文考订了《两苏经解》的刊者,指出毕三才与顾恺曾先后刻印《两苏经解》,毕刻在北,顾刻在南。

1815

两种《阅微草堂笔记》[J]/钱行. --读书,1982,09:51

本文介绍了上海古籍出版社排印本和天津古籍书店影印本两种《阅微草堂笔记》。影印本据文明书局石印本影印,排印本则以清道光十五年(1835)刊本为底本,参校他本。影印本为断句,排印本则用新式标点。两种本子断句互有出入的,共数十处,绝大多数是排印本正确而影印本失误。

1816

辽海丛书[M]/金毓黻主编. --沈阳:辽沈书社,1985

《辽海丛书》初名《东北丛书》,金毓黻先生主编,1933年—1936年于沈阳首刊,1985年辽沈书社进行了翻印。全书包括正集、附集两部分。正集为十集,共收集珍贵的文史资料83种计377卷,又别行附集4种132卷,合计收书87种509卷。该书对所收文献精审精校,具有很高的资料价值。

1817

辽宁藏古籍概述[J]/韩锡铎.--图书馆学刊,1987,04:37-40

本文介绍了辽宁地区收藏古籍情况,并总结出门类比较齐全、品种数量可观,明代末期闵、凌两家出版的套印本较全,清代中央政府出版的书较全,有较多的宋、元刻本和其他珍贵版本的图书等特点。本文认为,随着时代的进步,图书馆藏书也必须得到相应发展,才能与新时代相适应。

1818

辽宁大学图书馆馆藏古籍特色[J]/韩俐华.--图书与情报工作,1997,04:34-36

本文概述辽宁大学图书馆馆藏古籍特色与类型,介绍了馆藏古籍包括清代史料、满洲八旗文献、地方文献、地方人物资料、儒释道诸家学派著作等多个种类。古籍藏书以明清木刻线装本为主,多种版本形式的古籍并存,包括明清善本书、明代官刻本书、明代家刻本书、明代坊刻本书、明代套印本书、清代精刻本书等。

1819

辽宁民族古籍历史类·辽宁回族家谱选编[M]/刘侗等整理.--天津:天津古籍出版社,1992

本书收录了历史上生活在辽宁地区的十一个回族家族的家谱,包括《六箴堂张氏家谱》《黑氏家谱》《脱氏宗谱》《戴氏宗谱》《铁氏宗谱》等。书中选编的谱书,既有明清两代名门官宦之家,又有平民百姓。就其来辽沈地区的背景、原因和目的等诸多方面来说,在辽宁回回民族当中,是颇具代表性的。

1820

辽宁民族古籍历史类·满洲源流考[M]/(清)阿桂等撰;孙文良,陆玉华点校.--沈阳:辽宁民族出版社,1988

本书是一部民族史地志,也叫《钦定满洲源流考》,二十卷,清阿桂等奉敕纂修。体例近于方志,分部族、疆域、山川、国俗四门,历考有关东北地区少数民族的各类记载,以求辨明满族史、语言、地理、风俗源流。每门首列满有关事迹或御制诗文等,以示尊崇。然后汇辑历代史书文献中涉及肃慎、夫余、挹娄、三韩、勿吉、百济、新罗、鞑靼、渤海、金初完颜部、明建州诸卫等清以前东北地区诸主要部族的记载,分考其族源、名称、居地、活动、风习沿革。其编次之法,凡资料皆分部族、按朝代排列,各为标目,如部族门之"肃慎""夫余",疆域门之"兴京"等,间加夹注,每标目之末复为案语,考其流分合之迹,并据辽、金、蒙、满语辨其古今音读之讹及诸书记载之异同。

1821

辽宁民族古籍文学类·熙朝雅颂集[M]/(清)铁保辑;魏鉴勋注释.--沈阳:辽宁古籍出版社,1996

本书收录了自清初直至嘉庆初年满洲八旗、汉军八旗、蒙古八旗五百余位诗人的诗作共六千余首,是这一历史阶段八旗诗作中最为完备的总集。集内每位诗人均有小传。该书是了解和研究清代满族、蒙古族乃至整个旗人文学的重要资料。

1822

辽宁民族古籍文学类·雍正诗文注解[M]/(清)胤禛著;魏鉴勋注释.--沈阳:辽宁古籍出版社,1996

本书主要对雍正诗文进行了注解。书中收录整理了雍正的敕谕、诏、册文、论、记、序、杂著、题辞、赞、题跋、碑文、祭文、谍、诗歌等多种文体。

1823

辽宁民族古籍医药类·蒙医妙诊[M]/海龙宝,召文吉图编.--沈阳:辽宁民族出版社,1992

本书是在挖掘、整理蒙古贞蒙医药历史遗产的过程中汇集而成的。书中集百家名医之简便验方,汇民间偏方之精华,使这一埋没在民间的宝藏得以挖掘整理成册,有益于人民应急应便之用。尤其对偏僻山村、草原等缺医少药的地区,更有广泛的参考价值。

1824

辽宁民族古籍艺术类·岫岩满族民间歌曲选[M]/辽宁省民族古籍整理办公室主编. --沈阳:辽宁民族出版社,1990

本书收录了《出征歌》《打猎歌》《劳动号子》《打水歌》等流行于辽宁岫岩地区的民间歌谣,反映了满族人民的生产生活情况。

1825

辽宁省高等学校古籍整理研究座谈会纪要[J]/寥谷. --辽宁高等教育研究,1983,03:157 – 158

本文为辽宁省高教局于1983年4月5日至7日召开的省属高等院校古籍整理研究座谈会的会议纪要。会议传达了党中央、国务院的有关文件,陈云同志的指示和教育部古籍整理研究规划会议的精神。与会同志一致认为,古籍整理研究是一项十分重要、关系到子孙后代的大事。会议对辽宁省高校古籍整理研究的力量进行了估计和分析,还对今后如何积极创造条件开展工作交换了意见。

1826

辽宁省少数民族古籍工作会议综述[J]/陈峻岭. --满族研究,1997,04:57 – 60

本文是对辽宁省少数民族古籍工作会议的综述。辽宁省民委于1997年11月25日至26日在沈阳市召开了辽宁省少数民族古籍工作会议。文中总结了十年来辽宁省少数民族古籍工作情况,确定了辽宁省迈向21世纪的少数民族古籍工作的指导思想和主要任务,在新形势下进一步做好辽宁省少数民族古籍工作进行了认真讨论和研究。

1827

辽宁省图书馆藏满文书述略[J]/康尔平. --满语研究,1986,01:140 – 144

满文图书是辽宁省图书馆较有代表性的藏书之一,无论其丰富的内容及可观的卷帙,还是其在馆藏古籍中所居的位置和影响,都很值得提及。本文介绍了辽宁省图书馆所藏满文书以及满文书版本鉴定的方法。

1828

聊城杨氏海源阁藏书研究[D]/陈金英. --东海大学(台湾地区),1988

本文是对山东聊城杨氏海源阁藏书情况做的系统研究,通过对各类型文献的分析整理,研究其在保存文献、整理考订图籍等方面的功绩。追述了杨氏家世、传略及其著述刻书情况,叙述了杨氏藏书源流与兵燹之祸,说明杨氏藏书的聚散缘由。

1829

《聊斋俚曲集》中粗俗语举例[J]/张惠英. --语言研究,1992,01:61 – 68

蒲松龄《聊斋俚曲集》一书基本上都用俚词俗语写成,是研究山东话及邻近地区北方话的重要历史资料。本文研究了该书中粗俗用语的问题,从"吃"的粗俗语、"骂"的说法以及骂人的粗话几个方面加以说明。

1830

列宁格勒藏《孙真人千金方》残卷考索[J]/李继昌. --敦煌学辑刊,1988,S1:119 – 122

孙思邈所撰《备急千金要方》(简称《千金方》)三十卷,是中外医学史上的名著之一。该书系统总结反映了唐以前中国医学的高度成就,不少古代名方赖以流传。本文考察列宁格勒(后更名为圣彼得堡)藏《孙真人千金方》残卷,将其与影宋本内容进行了对比分析。

1831

列女传今注今释[M]/(西汉)刘向撰;张敬注译. --台北:三民书局(台湾地区),1994

《列女传》是一部介绍中国古代妇女事迹的传记性史书,也有观点认为该书是一部妇女史。本书系对《列女传》的注译。

1832

列女传译注[M]/(西汉)刘向编撰;张涛译注. --济南:山东大学出版社,1990

《列女传》是中国第一部妇女专史,大量收入通才卓识、奇节异行的女子事迹,成于西汉由盛转衰之际,西汉末年即开始广泛流传,对该书的校勘、注释也在原书出世后起步,成果颇丰。本译注注重吸收前人成果,注释力求通俗流畅、用词精当、简明扼要、客观审慎，信达雅兼顾。

1833

邻苏访书震惊东瀛［J］/刘昌润. --文献，1994，02：78－83

本文介绍了杨守敬先生生平与其在日本访书的主要事迹。杨守敬（1839—1915），字惺吾，一作星吾，别号邻苏，湖北宜都人。其藏书室名有邻苏园、观海堂、飞青阁。藏印有"观海堂"朱文方印、"飞青阁藏书印"白文方印，其在日本所得书则钤"惺吾海外访得秘籍"朱文大方印。

1834

林辰先生与鲁迅古籍整理工作［J］/王永昌. --鲁迅研究月刊，1999，04：53－56

《鲁迅辑录古籍丛编》四卷由人民文学出版社排印出版。本文对林辰在校勘方面做的工作如校补舛夺字句，便于通读；改正形近错字，便于理解内容；审改同音错字，便于理解史事等进行介绍，指出经过此次校订后，鲁迅辑录古籍质量提高，校订更加完善，但还存在个别问题。

1835

林景熙集的版本流传及其他［J］/陈增杰. --温州师范学院学报（哲学社会科学版）（后更名为温州大学学报）（自然科学版），1995，01：25－30

本文从林集刊本述略、民国平阳县志林传订正、关于章祖程注及毛秀批注、林集校点举疑几个方面，对林景熙集的版本流传及其他问题进行了论述。

1836

林思进先生和他的《清寂堂集》［J］/刘君惠. --文史杂志，1989，02：15－16

本文是刘君惠先生为林思进先生《清寂堂集》一书所作的前言，介绍了林思进先生生平事迹、著书立说及培养人才等方面的情况。

1837

林希逸庄子口义研究［D］/简光明. --逢甲大学（台湾地区），1991

本论文根据南宋学者林希逸所有现存著作，尤其是《庄子口义》《庄子注疏》，以及宋人著作及相关论述等材料，"以儒解庄""以佛解庄""以道解庄""以文评庄"，对庄子注疏过程中与儒、释、道的相互渗透略作考释。对林希逸的兴趣才性、师承渊源、社会环境、时代背景与诠释之间的关系加以考察探讨。

1838

零玉碎金集刊［M］/新文丰图书公司. --台北：新文丰图书公司（台湾地区），1978－1982

本丛书由台湾新文丰出版公司发行人刘修桥自20世纪70年代始编印，分四辑，每辑30种，凡120种，至80年代方告完成。汇辑了历代名人笔记小说、前代人物秘闻逸事、掌故丛谈、清新小品、边疆异俗、海外奇闻、学术著作等等，悉据民国原版影印，包括《瓶笙花影录》《逸梅丛谈》《西湖佳话》等文献。

1839

岭表录异［M］/（唐）刘恂著；鲁迅校勘. --广州：广东人民出版社，1983

本书是唐代刘恂所著的一部记录岭南地区风物的史料笔记，篇幅短小精悍。记载了唐代岭南地区的风物人情，包括草木虫鱼鸟兽及岭南风土习俗，是现存较古的南越舆地之书，也是研究岭南地区物产和资源、风俗、文化、气候与地理等内容的文献资料，还记录不少医药学知识内容，反映了唐代岭南地区的疾病和医药卫生状况以及人们的医药学思想。

1840

岭南本草古籍三种［M］/朱晓光主编. --北京：中国医药科技出版社，1999

本书精选岭南中草药96种，分为地道药材、民间草药、民族药及外来药、药用观赏植物、特色水果蔬菜、天然饮品及粮食作物的药用价值等6个系列，分别介绍其来源、产地、形态特征、性味功效等，简述有关岭南中草药自然资源、地理环境、历史、文化背景及综合利用等知识。附录为读者呈现了140幅精美的中药手绘彩图。

1841

令式分辨与唐令的复原——《唐令拾遗》编

译墨余录[J]/霍存福. --当代法学,1990,03:48-52

唐代令、式两大法典,依《唐六典》卷六"刑部郎中员外郎"条的定义方法,可以视为同一种类的规范。近年来,对于部分令文与式文的比较研究结果,证明二者在内容范围、法的特征上确有相当共同性,故令、式的分辨甚难。本文从令式分辨与唐令复原的准确性,令式分辨的难度、难点与辨析原则,以中日两式的比较研究推进唐令复原等几个方面,就原著关于令式分辨的问题提出看法。

1842

刘铭传文集[M]/(清)刘铭传撰;马昌华,翁飞点校. --合肥:黄山书社,1997

本书为纪念刘铭传逝世100周年暨台湾建省110周年而出版,收《刘壮肃公奏议》《大潜山房诗钞》《盘亭小录》《诗文辑存》及附录。校对者斟酌旧籍,搜讨遗文,用力甚勤。该书出版,深受海内外读者欢迎,尤为治清史者及刘氏后人所重视。

1843

刘向校书对后世的影响[J]/李艳. --青岛教育学院学报(后更名为青岛职业技术学院学报),1999,04:3-5

在古代文献学史上,刘向校书实为大事,对后世产生了深远影响。本文试从整理文献的编制程序、古籍目录的体制、校勘方法等三方面,论述刘向校书的特点,以及后人对其校书的继承和发展。

1844

刘宗周全集(全六册)[M]/(明)刘宗周著;戴琏璋,吴光主编. --台北:"中央研究院"中国文哲研究所筹备处(台湾地区),1996-1998

刘宗周(1578-1645),字起东,绍兴山阴人。因曾讲学于山阴蕺山,又称蕺山先生,明代著名的儒学大师、理学家。他开创的蕺山学派,在中国思想史上产生了深远的影响。其生平著作,后人汇刻为《刘子全书》。本书将《刘子全书》《刘子全书遗编》及各种资料依著作性质编分为"经术""语类""文编""衰篡""附录"等类。为便于查考,在各册目次中加注《刘子全书》《刘子全书遗编》原编篇章。

1845

流失古籍的寻访与辑佚——记《徐光启著译集》文献本的出版[J]/吴织. --图书馆杂志,1983,03:56-58+81

1983年是我国历史上杰出的科学家和沟通中外文化的先行者徐光启逝世350周年。上海是徐光启的故乡,为了纪念与研究他对我国科学文化的贡献,上海市文物保管委员会编辑出版了《徐光启著译集》文献本。本文介绍了徐光启人物生平,讲述了《徐光启著译集》文献本的出版过程。

1846

柳得恭与《渤海考》[J]/孙玉良. --学习与探索,1986,06:128-132

朝鲜古代文史学家柳得恭所撰《渤海考》曾在渤海史研究某些方面产生过一定影响。但是文中的某些观点似有偏颇,值得商榷。以史实为依据,客观评价历史过程乃是渤海史研究中的首要准则。本文扼要介绍柳得恭其人,并在此基础上对他所撰辑的《渤海考》加以分析。

1847

柳文系年补正[J]/霍旭东. --山东大学学报(哲学社会科学版),1988,03:112-116

作者曾撰写《柳文系年订正》《柳文系年订正(续)》,订正前人失考或误系柳文写作时间者五十条,在安徽《古籍研究》1986年第2期、1987年第1期先后发表。本文接续前文,继续考证了柳文的写作时间问题。

1848

柳文系年拾零[J]/霍旭东. --广西民族大学学报(哲学社会科学版),1990,04:49-52

作者多年来一直致力于诗人柳宗元研究,写了大量相关著作,发表于《古籍研究》、《山东大学学报》(哲学社会科学版)诸刊。本文对《馆驿使壁记》《兴州江运记》等十余则新作进行了介绍。

1849

柳亚子与吴江文献[J]/沈津. --苏州大学学

报（哲学社会科学版）,1984,04:97－101

柳亚子先生是南社三位发起人之一,学界有很多介绍柳亚子先生为人、诗词以及在南社中所起作用的文章,但是对其积极保存我国文化典籍,尤其是对吴江文献的贡献鲜有叙述。本文就其对于吴江文献的收藏整理进行了介绍,对柳亚子先生不遗余力多方采集图书、保存罕见文献史料的精神表达了敬佩之情。

1850

六书故引说文考异[D]/韩相云.--台湾师范大学（台湾地区）,1986

本文研究了《六书故》所引用的《说文解字》与传本《说文解字》的异同,并按释形、释义、字形,分别进行考辨,揭示二者正误之例。

1851

六韬·三略译注[M]/唐书文撰.--上海:上海古籍出版社,1999

本书是我国古代的两部著名兵书。宋元丰年间,二书被编入《武经七书》,定为武学必读之书,明清二代继之。二书以朴素唯物主义观点研究了政治和军事韬略,把哲学与文学结合起来进行探索,一定程度厘清了道家与文学的关系。本译注注重吸收前人成果,注释力求通俗流畅、用词精当、简明扼要、客观审慎,信达雅兼顾。

1852

龙龛手鉴文字研究[D]/路复兴.--中国文化大学（台湾地区）,1986

《龙龛手鉴》原名《龙龛手镜》,辽僧释行均撰,是一部为帮助僧徒识字念经而编制的字书。本文研究了《龙龛手鉴》承录写本文字的情况,认为该书富前代书写特性与传写的广通性和历时性,在保存写本时代文字风貌、传承前代社会用字习惯、佐鉴敦煌写本文字等方面有一定贡献。文中还对该书的编撰体例和引书情况进行了考证研究。

1853

"陇右文献丛书"简评[J]/伏俊连.--社科纵横,1990,04:66－69

本文为作者读西北师大古籍整理研究所

编辑出版的《陇右文献丛书》一书后所做简评,介绍了其中已经出版的《续敦煌实录》《陇右方言》等八种书籍,指出该书出版对研究甘肃人文历史,乃至研究整个中华民族的历史、文学、民俗等都很有参考价值。

1854

卢弼著《三国志集解》校点记[J]/钱剑夫.--文献,1985,01:51－75

本文系上海古籍出版社出版的卢弼著《三国志集解》校点记,介绍了卢弼生平简况、援及书目、阙失拾补等。

1855

卢文弨校勘学的历史地位[J]/许殿才.--社会科学辑刊,1990,01:102－106

本文从校勘方法上的创造、理论上的建树、在古籍整理事业上的贡献几个方面,讲述了清代校勘学家卢文弨在校勘学史上做出的突出贡献,指出其推动了清代校勘学发展,奠定了自己在校勘学史上的地位。

1856

卢文弨校书方法探索[J]/何兆龙.--浙江学刊,1983,03:118－120

清代乾嘉年间是古籍校勘工作的鼎盛时期,出现了卢文弨、戴震、丁杰、顾广圻等校勘名家。本文从校书首先要以精读博览为基础;校书中遇到疑难应认真分析,据理推断;用音韵学来校书;校书时避免受前人妄增臆改而影响等方面,介绍了卢文弨校书方法的特点,也指出其在校书时说"一经必援用百家之义,解一字而必衍成数万言之文"的不足。

1857

卢文弨与古籍的校勘[J]/杨绪敏.--古籍整理研究学刊,1986,02:16－19

本文介绍了清代乾嘉学派卢文弨的校勘成果及校勘原则。卢文弨是清代著名校勘学家、藏书家,其一生贡献不仅仅局限于寻行数墨,校勘文字异同上。凡涉及论学,都有卓见高识,为发展我国的校勘学理论作出了重要贡献。

1858

《芦浦笔记》标点疑误[J]/安笈,木青.--晋

阳学刊,1992,05:106－109

中华书局1986年出版的标点本刘昌诗《芦浦笔记》,是一部重要的宋人笔记,记录了上自先秦典籍,下至宋代典章制度,以及作者所闻见的遗闻轶事。本文校订了书中出现的标点错误若干条。

1859

鲁迅对我国古籍整理的贡献[J]/王勋敏,张林川.--武汉师范学院学报(哲学社会科学版)(后更名为湖北大学学报),1984,01:53－61

本文介绍了鲁迅一生为我国古文献整理工作做出的贡献。经他精心整理的古籍基本上恢复了历史原貌,使一些很有价值的书籍更为完善,为整理古代文献提供了科学、切实合用的方法,从思想方面给今人以有益启示,对于我国目前已经开展起来的整理古籍工作,具有很大指导意义。

1860

鲁迅古籍序跋试译[M]/鲁迅著;福建师范大学中文系,三明钢厂工人理论组译.--福州:福建师范大学中文系;三明钢厂工人理论组,1977

本书在注释新编鲁迅著作《古籍译文序跋集》基础上,对收入集子中的二十五篇古籍序跋作了试译。二十五篇古籍序跋,是鲁迅为他亲手辑录过的十七种古籍而写,大部分是鲁迅生前或逝世后在报刊上发表过或收入印行的有关书籍,有五篇未公开发表过。本书篇目按照写作时间先后排列。

1861

鲁迅古籍整理研究概述[J]/王士让.--古籍整理研究学刊,1986,04:47－51

本文按照时间顺序,介绍了鲁迅整理研究古籍留给我们的宝贵遗产,以及在古籍整理方面取得的重要成就。文中指出,其总计辑录、校勘、编辑等有关中国文化史方面的成果,约有一百万字。这样大的贡献,单就古籍整理研究一个方面来说,在现代学者中也是不多的。

1862

鲁迅郭沫若与广东地方文献丛书[J]/王义耀.--广东图书馆学刊,1986,04:72－75

作为浙江人的鲁迅和四川人的郭沫若,都曾经亲手整理过广东地方文献。广东人民出版社出版的《广东地方文献丛书》中,就有鲁迅校勘的《岭表录异》和郭沫若点校的《崖州志》。本文就这两部作品进行了介绍。

1863

鲁迅辑校古籍手稿[M]/鲁迅辑校.--上海:上海古籍出版社,1993

本书是鲁迅整理、辑校我国文化遗产的重要部分,从中可以看出手稿选题独特、收罗完备、考订精审、校语洗练。通过研究可以更好地熟悉辑校古籍的内容,了解鲁迅先生辑校古籍的方法和步骤。

1864

《鲁迅辑校古籍手稿》成书过程与思考[J]/徐小蛮.--上海鲁迅研究,1995,00:137－146

本文考察了《鲁迅辑校古籍手稿》一书的成书过程,介绍了鲁迅先生辑校古籍的学术成果和重要价值,指出鲁迅先生辑校古籍突破了以经学为主体的旧辙,这是他明显异于清代朴学家的地方。

1865

鲁迅辑校古籍手稿及其研究价值[J]/徐小蛮.--鲁迅研究动态,1987,08:4－10

本文探讨了鲁迅先生所辑校的古籍手稿及其研究价值。鲁迅先生创作中反映的思想和内容,自始至终渗透了他在辑校古籍中得到的收获,生活道路多少也受到这些古籍的某些方面影响。

1866

鲁迅辑校《会稽郡故书杂集》评介[J]/张志刚.--浙江学刊,1985,01:100－101

本文指出,鲁迅汇辑的《会稽郡故书杂集》是民国年间驰名的很有价值的方志书。他搜集散失篇章,汇集成一部关于古代会稽的著作,具备了我国地方志传统中应有的主要方面,至今仍是研究地方文献学者参考的宝贵资料。

1867

鲁迅辑校石刻古籍未刊手稿一瞥[J]/文

操. --图书馆杂志,1987,02:40-41

本文介绍了《鲁迅辑校石刻手稿》《鲁迅辑校古籍手稿》《鲁迅藏汉画象》等鲁迅大量此前未刊辑的校稿,均为研究鲁迅学术、思想的第一手资料,也是研究我国古代文化史、艺术史的重要资料。

1868

鲁迅辑录古籍丛编(全四卷)[M]/鲁迅辑校. --北京:人民文学出版社,1999

鲁迅先生对我国古典文学和历史著作做过很多整理研究工作,是他早期学术活动的一个重要方面。本书收录了鲁迅先生校勘、辑录、编选的古籍著作二十种,包括谢承《后汉书》、谢沈《后汉书》、虞预《晋书》、《古小说钩沉》、《小说备校》、《唐宋传奇集》、《小说旧闻钞》、《会稽郡故事杂集》、《岭表录异》、《嵇康集》、《沈下贤文集》、《云谷杂记》、《说郛录要》等,充分反映了鲁迅先生对整理我国古代文化遗产的重视和所取得的成就。

1869

鲁迅辑录古籍的学术成就和战斗意义[J]/俞元桂. --福建师范大学学报(哲学社会科学版),1978,02:56-64

本文介绍了鲁迅辑录古籍的学术成就和战斗意义。鲁迅辑录古籍是他批判继承我国文化遗产工作的组成部分,辑录古籍包括辑录古代史地、小说等佚书,校录古代的文集、小说集,摘录编辑一些评论作品的资料。有些成果被誉为"前无古人"的"不朽之作"。

1870

鲁迅辑录古籍序跋集[M]/鲁迅辑录. --北京:人民文学出版社,1977

本书收录了鲁迅先生为1912年至1935年间搜集、抄校、整理的十八种古籍而写成的文章二十六篇,并按写作时间进行排列。书中文章主要是鲁迅先生对相关古籍中的资料性错误进行的订正,为我们理解鲁迅的哲学思想、政治思想、文化思想、文艺创作及作品翻译等提供了新的研究视角。

1871

鲁迅论古籍整理[J]/程毅中. --编辑之友,

1985,01:38-45

本文从版本、校勘和标点三方面介绍了鲁迅在古籍整理方面的理论,列举了鲁迅在《破〈唐人说荟〉》《书的还魂与改造》《谈激烈》等文章中的古籍整理论述。

1872

鲁迅全集(第10卷)·古籍序跋集 译文序跋集[M]/鲁迅著. --北京:人民文学出版社,1981

本书《古籍序跋集》收入1912年至1935年间鲁迅为自己辑录或校勘的十九种古籍写的三十二篇序跋,如实记录了鲁迅整理古籍的经过。《译文序跋集》收录了鲁迅为自己翻译和与别人合译的各书所作序、跋,连同单篇译文在报刊上发表时所写的"译者附记"等。

1873

鲁迅三篇古籍序文注释[J]/鲁迅著作注释组. --福建师范大学学报(哲学社会科学版),1977,04:64-68

本文介绍了鲁迅为他亲手辑录、校勘的三种古籍而写的《谢沈〈后汉书〉序》《虞预〈晋书〉序》《〈寰宇贞石图〉序》,此前从未发表过。现据手稿加以注释整理。

1874

《鲁迅遗印》序言[J]/钱君匋. --上海鲁迅研究,1995,00:43-44

为纪念鲁迅诞辰110周年,上海鲁迅纪念馆编辑了《鲁迅遗印》一书,1991年9月江苏古籍出版社出版,内收鲁迅遗印58方,为极其珍贵的手拓文献本。本文为《鲁迅遗印》一书序言,简述了鲁迅在篆刻钤印方面的研究,指出本书对研究篆刻者具有重要学习和借鉴意义。

1875

鲁迅与古籍[J]/顾农. --图书馆杂志,1986,03:5-8

本文对鲁迅与《颜氏家训》《龙文鞭影》《读书纪数略》三部古籍进行介绍。

1876

鲁迅与古籍版本学[J]/曹之. --中国图书馆学报,1995,01:17-22

鲁迅先生不但是伟大的革命家、思想家和文学家,也是出类拔萃的古籍版本学家。本文分别从鲁迅对版本源流的研究,对版本鉴定的研究,藏书、出版和古籍整理实践使鲁迅成为古籍版本学家几个角度进行了论述。

1877

鲁迅与中国古籍《说郛》[J]/赵英.--鲁迅研究动态,1989,08:66-69

本文考察了鲁迅先生对《说郛》的使用和研究情况。他在抄校、辑录古籍过程中,始终把《说郛》中的内容作为重要的资料来源和校勘古籍的重要依据,还对《说郛》的不同抄本详加比较和研究,发表了许多新见解,为后人了解和使用《说郛》提供了宝贵借鉴。

1878

鲁迅《云谷杂记》序跋注释[J]/鲁迅著作注释组.--福建师范大学学报(哲学社会科学版),1977,03:101-104

《云谷杂记》序、跋,是鲁迅未发表的五篇手稿中的两篇。本文将这两篇注释稿略加修改,供读者参考。

1879

鲁迅在整理祖国文化遗产中的非凡贡献[J]/赵英.--鲁迅研究动态,1987,04:2-9

本文介绍了鲁迅先生在整理祖国文化遗产中的非凡贡献,从其立意高、开掘深、人物典型化的小说,诗意浓、韵律考究、含蓄幽远的诗词,笔锋犀利、投枪匕首式的"战斗杂文"几个方面进行了介绍。

1880

鲁迅整理研究我国古籍的科学方法[J]/孙昌熙.--古籍整理研究学刊,1985,02:14-17

本文从要有正确的立场观点、要读懂古书、要从文学规律中提出文学研究的方法等几个角度,分析了鲁迅整理研究我国古籍的科学方法,探讨了考据、整理和研究的关系。

1881

《录鬼簿》就是《录鬼簿》[J]/门岿.--文学遗产,1989,02:135-136

刘念兹先生在《〈录鬼簿〉疑析》一文提出,明清以来流传的所谓《录鬼簿》一书的名目,俱应正名为"《鬼簿》"。本文对各种不同版本的《录鬼簿》进行了研究,特别是分析了书前所载的钟嗣成序,认为《录鬼簿》就是其正确名称。

1882

《录鬼簿》书名考——就教于刘念兹先生[J]/张志合.--许昌师专学报(社会科学版)(后更名为许昌学院学报),1988,01:36-41

本文通过《录鬼簿》多个版本之间的关系,从多个角度对《录鬼簿》书名进行了考证,对刘念兹先生的观点进行辨析,指出《录鬼簿》书名并无可疑之处,部分挽词、序文中所出现的《鬼簿》只是它的简称。

1883

论语版本源流考析[J]/昌彼得.--故宫学术季刊(在台湾地区发表)1994,01:141-152

中国古籍中传布最广、影响最深远、后代论著注释最多的,殆无过于《论语》一书。因为其书传世久远,各种版本文字发生了差异,加上各时代学风的趋向,后代的注释讲解也就有了不同。本文仅就传世之版本,分为辑佚、白文、疏注札记、日韩学者著作四类,各条述其版本以及释注的源流演变。最后殿以结语,介绍钱穆所著的《论语新解》,为历代注释本的总结。

1884

论语的版本与注释——杨亮功《孔学四论》读后记[J]/陶希圣.--中国地方文献学会年刊(在台湾地区发表)1985,00:32-36

杨亮功先生将自己写作的四篇短文辑为一书,名曰《孔学四论》。本文分析了这本小书的特色,其一是以孔子之言解释孔子;其二是这四篇论文,即论学、论知、论时中、论正名,在表面架构上是平列的,但在实际意义上,却是以论学为主脑,引绎其他三篇,形成一个系统。

1885

论语译注[M]/杨伯峻.--香港:中华书局香港分局(香港地区),1984

本书系《论语》注本,以注释准确、译注平实著称。注重字音词义、语法规律、修饰规律以及名物制度、风俗习惯等考证,在集古今学者之大成的基础上颇具个人独到见解。译文在尽可能不改变原意并保持原有风格的基础上,力求明白流畅,是非常好的《论语》读本之一。

1886

《论语译注》献疑[J]/李成蹊.--孔子研究,1988,02:111 – 114

本文举例指出杨伯峻先生编著的《论语译注》一书中存在的注释和今译问题,认为在古籍整理中要注意运用语法分析的原则,进一步做好译注的工作。

1887

论版本和善本[J]/崔富章.--杭州大学学报(哲学社会科学版),1988,04:84 – 92

正确识别古籍,确认其制作时间,进而阐明书籍变迁的一般线索,是书史学家、版本学家们殚精竭虑、孜孜以求的目标。本文概述了本、版本和版本学,善书、善本和善本书目。

1888

论编撰古籍书目提要的继承、变通与发展[J]/纪聂,甘宁.--古籍整理研究学刊,1996,01:38 – 42

编撰古籍书目提要,是古籍整理的一项重要工作。古人编撰书目提要,已经形成一套非常完整的思想观念和方法。本文指出,在古典目录学事业方面要有所发展,必须从三方面努力:一是继承我国古代目录学优秀传统,二是把握学术发展的历史进程和现代学术研究成果,三是在古与今不和谐之处找到合理的变通法则。

1889

论虫害防治在图书保护工作中的重要地位[J]/麦群忠.--北京图书馆馆刊(后更名为国家图书馆学刊),1996,04:42 – 45 + 121

广西壮族自治区是中国虫害比较严重的省(区),为了掌握图书虫害状况,制定切实可行的图书害虫防治措施,广西图书馆与北京图书馆图书保护研究组于1988年共同组成课题组,立项开展广西图书虫害调查与防治的研究工作。本文介绍了该馆虫害防治相关

情况。

1890

论传统书目提要的建构与特征[J]/杨薇.--江汉论坛,1999,10:18 – 21

传统书目提要是目录学著作的一种重要形式,也是现代古籍整理工作必须加强的一项工作。本文从历史和形态两个方面研究了其建构,阐述了书目提要作为目录学著作的三个典型特征,即传统书目提要的历史建构、书目提要的形态建构、书目提要的典型特征。

1891

论"丛书"[J]/刘兆佑.--应用语文学报(在台湾地区发表)1999,01:1 – 26

"丛书"与"类书""政书""方志""总集""选集"等同为整理编纂图书文献之重要方式。历来综论"丛书"之专文甚为罕见,本篇旨在讨论"丛书"之起源、类别、价值、缺失及检索"丛书"之目录等。

1892

论戴震的佚著《经雅》[J]/胡锦贤.--文献,1994,03:3 – 15

《经雅》是戴震辨释草木鸟兽虫鱼之名,而没有定稿的一部专著。由于这部未刊著作没有见之诸家记载,戴震自己亦未曾提及,自清代中叶以来,世间不知有此作。本文通过大体情况、写作时间、命名方式、研究方法与特色、未得刊行的原因对《经雅》进行分析,指出其为戴震研究提供的价值。

1893

论地方文献的开发与资源共享[J]/周蓓.--图书馆工作与研究,1999,03:40 – 41

本文从注重区域性历史文献特点,联合进行特色文献开发与交互利用;加强地方文献理论研究是促进地方文献开发的重要手段;培养一批过硬的图书情报信息研究人员是实现文献信息资源共享的重要手段等三方面,论述地方文献的开发与资源共享问题。

1894

论东巴古籍的研究价值[J]/陆阳,颜艳萍.--云南图书馆,1997,01:6 – 9

本文通过探讨东巴经的分类、构成、分布

等问题,梳理了东巴古籍在哲学、历史、科技、文学、文字学、艺术方面的研究价值。从深远意义来看,研究东巴古籍能够更好传承保护少数民族文化中的精神财富,为少数民族地区的经济文化事业贡献力量。

1895

论《豆棚闲话》[J]/杜贵晨.--明清小说研究,1988,01:161-174

《豆棚闲话》是中国小说史上别具一格的白话短篇小说集。本文介绍了该书的作者、思想内容和倾向、艺术举要等。

1896

论《尔雅》的学术成就[J]/赵伯义.--河北师院学报(社会科学版),1997,02:115-119

本文从《尔雅》是我国最古老的辞典式训诂著作、《尔雅》是我国先秦词语的汇编、《尔雅》是我国最早的汉语词典三个方面,说明了《尔雅》的学术成就。

1897

论方以智的《通雅》[J]/冒怀辛.--苏州大学学报(哲学社会科学版),1982,S1:84-91

明代哲学家、科学家方以智主要著作有《通雅》《药地炮庄》《物理小识》《易余》《东西均》《周易图象几表》《愚者智语录》《青原志略》《禅乐府》《一贯问答》及诗文集等约数百万言。本文将方氏《通雅》一书的写作过程、成书背景、内容梗概以及后世评价等作综合论述。

1898

论古典目录学、校雠学、板本学三者的关系[J]/周连宽.--广东图书馆学刊(后更名为图书馆论坛),1984,04:1-4

古籍如何鉴别优劣,去粗取精,去伪存真,古为今用,前人已做了大量工作,尤其在古典目录学、校雠学、板本学方面贡献很大。但对于此三者关系,模糊不清。本文对古典目录学、校雠学、板本学三者之间的相互关系进行分析论述。

1899

论古籍采访员的业务修养[J]/艾秀柏.--高校图书馆工作,1986,02:41-49

古籍采访是一项业务性很强的工作。采访员业务水平高低,对于他所在单位的古籍入藏数量和质量起关键作用。本文从目录学、版本学、搜集方法和求书之道对古籍采访的意义、古籍采访应注意的问题等方面进行介绍与论述。

1900

论古籍的解读[J]/李安纲,胡海煜.--新闻出版交流,1995,04:46-48

本文从文字语言、艺术形象和文化心理三方面论述了古籍的解读过程。认为只有真正解读了古籍,才能更好地去整理它。解读古籍的过程,正是对整理者全面素质的检验。

1901

论古籍的选注选译[J]/黄永年.--古籍研究,1996,04:1-4+88

本文介绍了在实际操作中必须读通古籍,以及如何为古籍作注的心得体会。

1902

论古籍书目数据库规范化[J]/秦淑贞.--中国图书馆学报,1997,01:79-82

本文结合北京市委党校图书馆古籍书目数据库规范化研究实践,从以《中国机读目录格式》为古籍书目数据库的规范化格式、以《古籍著录规则》作为著录内容规范化的准则、采用《中图法》第三版和《中国古籍总目》分类表作为古籍分类规范化的标准、用《中国分类主题词表》作为规范化的古籍主题标引依据、以 GB2312-80 和 ISO10646 字符集为古籍著录规范用字依据等几方面展开讨论。

1903

论古籍伪书的特征及价值[J]/张凤桐.--图书馆学研究,1998,06:101-102

古籍中伪书甚多,后人对此多不屑一顾。本文从伪书的特征及产生原因两个问题入手,认为伪书也有一定的学术价值,不可因其伪而弃置。

1904

论古籍文献的解放与开发[J]/豫洛文.--图书馆,1993,06:33-38

如何让古籍文献中的精华更好地为今天

的社会主义现代化建设服务,造福社会,成为摆在我们面前的一个重要任务和课题。本文介绍了我国古籍的潜力优势,讨论如何更好地解放和开发古籍。

1905

论古籍疫史资料研究的方法和意义[J]/符友丰. --中国中医基础医学杂志,1998,07:63 - 66

本文简述了整理《黄帝内经》中"鼠疫记录"的过程,为应用现代医学(包括描述性流行病学和历史流行病学)方法(或中西医结合方法)整理散见于中医古籍中的疫病史料积累了初步经验。作者从古籍疫史研究的基本思路与方法、古籍疫史研究的意义探讨两方面将这一研究方法及其意义作了介绍。

1906

论古籍真伪与《兵法》打假[J]/王增吉. --贵州文史天地(后更名为文史天地),1997,04:43 - 44

本文讨论了《孙武兵法》八十二篇的真伪与如何看待古籍的真伪问题。作者认同"伪书无害论",认为伪书在各个方面虽然伪到不可再伪,仍有其存在价值和历史意义。

1907

论古籍整理用计算机字库中的字形处理[J]/林仲湘,李义琳,林亦. --广西大学学报(哲学社会科学版),1996,02:49 - 54

本文对古籍整理用计算机字库中的字形处理进行了论述,认为处理字形涉及文字学、古籍整理、中文信息处理三个方面,要解决存古与适今、提高与普及、规范与放任、类推与限制四组矛盾,需建立三个不同层次的计算机字库:基础字库、通用字库、全汉字字库,对各种字形问题作不同的处理。本文还侧重阐述了简繁字、新旧字形和异体字的处理办法。

1908

论古籍整理与自然科学的交叉关系[J]/陈奇猷. --古籍整理研究学刊,1986,03:99 - 102

本文探讨古籍与自然科学一些交叉关系的问题。在分类学上,古籍整理属社会科学,与自然科学也有千丝万缕的联系。古籍中属于文史哲的著作占绝大部分,但科学技术著作也不在少数,各史的天文志、律历志就是自然科学成果的纪录。

1909

论古籍著录的客观反映原则[J]/鲍国强. --图书馆学刊,1988,01:16 - 19

客观反映原则是古籍著录工作发展的必然结果,贯彻这条原则是《古籍著录规则》的显著特点。本文探讨了这条原则的产生原因、主要内涵及有关问题。

1910

论官府藏书[J]/陈曙. --图书馆学刊,1992,14,03:55 - 58

本文从官府藏书的起源及其意义、发展过程、藏书的特征以及未来之官府藏书等几个方面进行阐述,说明了在一定历史和经济条件下,官府藏书是社会文化产品积累、保藏、整序和传播的一个重要系统,对中国文化史有特殊贡献,是我国极其珍贵的文化遗产。

1911

论黄丕烈对我国文献学的贡献[J]/钱亚新. --图书馆,1986,02:1 - 9

本文是一篇研探清乾嘉时期大藏书家黄丕烈的专论,内容先冠以黄氏略传一节,而后对其藏书、校勘、题跋、编目、刻书五项主要工作论述长短得失,最后殿以期望一节,建议在整理我国古籍时重视选、校、注、释四个方面的工作。

1912

论黄丕烈对我国文献学的贡献[J]/钱亚新. --图书馆,1986,03:17 - 23

同上。

1913

论《经籍籑诂》的编纂及其功过得失[J]/陈东辉. --古籍整理研究学刊,1998,01:1 - 8

《经籍籑诂》反映了编者对古代汉语词义的系统的理解,集传注派(训诂)之大成,至今仍是从事古代汉语词义训诂研究、辞书编纂及古籍整理研究的重要工具书。本文介绍了该书的编纂方法、内容、参与编纂的作者和功过得失。

1914

论荆楚文化古籍整理与湖北两个文明建设
[J]/王庆芳. --孝感师专学报(后更名为湖北工程学院学报),1996,03:75 - 79

本文运用本体研究与开发应用研究相结合的方法,论析了荆楚文化古籍整理对促进湖北"两个文明"建设的重要作用与深远意义。新时期的古籍整理与研究只有走改革、开放、搞活的道路,与弘扬优秀传统文化以及两个文明建设相结合才能实现新的开拓,创造新的辉煌。

1915

论《景岳全书》点校本学术特色[J]/黄英志. --成都中医学院学报(后更名为成都中医药大学学报),1992,03:1 - 3

本文是为人民卫生出版社出版的《景岳全书》所作的评述。文中指出,该书在研究深度与广度、校勘正确程度和编辑加工、印刷装帧及出版质量方面,均超过了历代《全书》的各种版本。具有显著的创新性、科学性、先进性特征,其点校整理研究和编辑出版,达到了国内中医古籍整理研究的先进水平。

1916

论鲁迅的整理古籍——鲁迅《古籍序跋集》读后[J]/叶肇增. --温州师专学报(社会科学版)(后更名为温州大学学报)(自然科学版),1985,01:61 - 68 + 53

新版《鲁迅全集》第十卷内有《古籍序跋集》,收入 1912 年至 1935 年间鲁迅辑录或校勘的十九种古籍而写的三十二篇序跋,如实记录了鲁迅整理古籍的经过,显示了他在学术工作上的成就。本文是作者读完《古籍序跋集》后的思考。

1917

论民族古籍与民族传统文化[J]/浩·巴岱. --西北民族研究,1996,01:213 - 216 + 193

本文从十年来新疆各少数民族古籍搜集抢救、整理出版取得的成就,丰富了中华灿烂文化宝库,得到了各民族人民群众和知识界热烈欢迎和积极支持;推动各民族间文化交流,增进相互了解,加强民族团结;活跃科学

研究工作等几个角度,分析了民族古籍对学术界产生的巨大影响和深远意义。

1918

论明清中国通俗小说之版本[J]/柳存仁. --联合书院学报(在香港地区发表)1963,02:1 - 36

本文是柳存仁 *Chinese Popular Fiction in Two London Libraries* 一书第一章 " Chinese Works Of Fiction And Their Various Editions"的译文,对中国小说史的三个时期、基础版本知识、通俗小说的版本问题、小说插图和说明文字、版本使用的紊乱情况、书铺的分布等各方面问题进行了考察探讨。此文后来被收入《和风堂文集》(上海古籍出版社 1991 年版)。

1919

论秦汉私人藏书及其历史作用[J]/周秀文,田丽君. --古籍整理研究学刊,1997,06:47 - 48

本文从保存先秦珍贵文化典籍,促进汉代藏书事业的发展;私人藏书在汉代的古籍校勘、整理中的作用;促进我国古代目录学产生;影响了古代的辨伪学、版本学以及经学几个方面,分析了秦汉私人藏书的重要历史作用。

1920

论清高宗之重修辽、金、元三史[J]/何冠彪. --故宫学术季刊(在台湾地区发表)1995,03:49 - 66

本文评论清高宗重修辽、金、元三史情况,指出清高宗对三史无甚好评,尤其不满书中人、地、官名的音译,一方面因为满人不懂三朝国语,另一方面因为他们暗寓褒贬。高宗提出"传信示公"为口号,下令重修三史,实含政治目的。三史重修后,高宗又命以此作为根据,划一从前史籍有关辽、金、元三朝的音译,并且修改其他有关三朝的著述。

1921

论清刻古籍善本[M]/河北师范学院编. --石家庄:河北师范学院,1979

本书以严谨客观的态度,从鉴定清刻善本的标准入手,分析了清人著述的珍稀刻本、

前代著作的初刻本和首次重刻本、代表清代雕印艺术的精刊本，为研究清刻古籍善本提供了更精准的定位以及更广阔的视野。

1922

论清刻古籍善本[J]/朱泽吉. --文献,1981,03:191-204

以往谈善本,惟宋元旧椠、明人精刻,以及各个时代具有学术价值的原稿本、旧抄本和名家批校本为世所重。至于清代雕印的书籍,由于时代切近,流传尚多,向难跻身于善本行列。本文讨论了研究和确定清刻善本实际是一个新的课题,也是一个容易产生争议的问题。从浩如烟海的清刻图籍中确定善本,必须在防止庸滥的前提下精心抉择,取所当取,才能归于至当。

1923

论散存在古籍中的童谣遗产[J]/石云霄. --古籍研究,1999,03:88-91+104

散存在古籍中的童谣,是具有中华民族特色的儿童诗歌遗产、古代民间广泛流传的童蒙读物,也是我国优秀的传统文化。本文结合历史学、民俗学、儿童心理学,多视角、多侧面阐述这一文学门类的发展规律。

1924

论少数民族古籍整理出版工作[J]/李鸿范. --出版工作(后更名为中国出版),1984,01:18-24

本文介绍了中国古代少数民族古籍的整理情况,并结合1949年后的整理保护情况,对于少数民族古籍的进一步保护、整理和应用提出建议。

1925

《〈论诗绝句辑注〉注商》之注商[J]/刘世南. --古籍整理研究学刊,1992,06:34

本文指出了赵永纪《〈论诗绝句辑注〉注商》一文中对邓方《冬日阅国初诸家诗,因题绝句八首》之七的校订错误。

1926

论宋淳熙、绍熙椠本《晦庵先生文集》[J]/郭齐,尹波. --大陆杂志(在台湾地区发表)1997,05:24-32

本文对宋淳熙、绍熙年间刊本《晦庵先生文集》的内容行款、流传过程、真伪、刊刻年代、地域、修补印刷情况及文献价值问题作了考论,认为此书前、后集分别成于淳熙末、绍熙间,为宋刊、宋元明递修、明印本,系闽中坊间所刻。该本在补今本文集之缺,正今本文集之误,提供丰富异文、助考文集版本源流、助考集中诗文作年及史实等方面,具有无可估量的重要价值。

1927

论宋代四大书的文献价值[J]/陆湘怀. --图书馆学刊,1996,06:50-52

宋初,馆阁利用丰富的图书馆资料编了许多类书和总集,最为著名的是文化名臣李时奉太宗旨主持编的《文苑英华》《太平广记》《太平御览》,王钦若和杨亿奉真宗旨主编的《册府元龟》,号称宋代"四大书"。本文从保存了大量文献资料、文献的辑佚、校勘的价值、为语言学研究提供丰富的资料、对文体研究和叙事模式研究等方面,论述了宋代四大书的文献价值。

1928

论宋代园艺古籍[J]/冯秋季,管成学. --农业考古,1992,01:240-245

本文讨论了宋代园艺古籍的概况、特点、科学价值、经济史料价值及其在中国园艺学史上的地位等问题。

1929

论宋代园艺古籍(续)[J]/冯秋季,管成学. --农业考古,1992,03:230-238+244

本文指出,园艺学是属于自然科学的一门学科,所以园艺古籍的价值主要体现在其科学价值上。由于宋代园艺古籍属草创阶段,涉及到多方面的内容,因此其科学价值不仅仅体现在其园艺学所取得的成就上,而且体现在生物学、本草学和加工制造技术等方面。

1930

论所谓的"喀什本梵文《法华经》写卷"[J]/杨富学. --中华佛学学报(在台湾地区发表)1994,07:73-95

本文对喀什写本《法华经》进行介绍与论述,指出其价值与所属体系。

1931

论唐宋的古籍整理[J]/房鑫亮. --历史教学问题,1988,06:34 - 38

本文介绍了唐宋古籍的整理概况。唐代典籍的主管机构是宏文馆、史馆、集贤院,大规模整理典籍并取得巨大成果有两次,第一次始于太宗终于高宗,玄宗时开始第二次大整理。唐宋相隔五十余年,故宋代很多制度直承唐代,主管整理典籍的机构亦不例外。两代古籍整理各具特色,为我国古代文化的传布作出了重大贡献。

1932

论《通典》自注[J]/曾贻芬. --史学史研究,1985,03:1 - 10

《通典》作为一部典章制度专史有很多特点。从编纂学角度看,自注是其重要特点之一。杜佑所纂《通典》,"实采群言、征人事",即将历代有关典章制度记载加以选录排列成篇,自注实际是对《通典》所引有关古籍的注释。本文对《通典》自注的特征、内容分类、杜佑自注对前人成果的借鉴进行论述。

1933

论我国藏学文献目录的产生发展与繁荣[J]/吕桂珍. --西藏民族学院学报(社会科学版)(后更名为西藏民族大学学报)(哲学社会科学版),1997,04:44 - 51

藏学文献是在藏学千余年历史进程中产生、发展和繁荣起来的。随着藏学文献的发展繁荣,为了便于检索、利用与研究日益增加的文献,学者们将藏学文献进行了"类居部次",编纂出大量的藏学文献目录,奠定了我国藏学文献目录学的理论基础。本文就藏学文献目录的产生、发展与繁荣作以论述。

1934

论修订本《辞源》之得失[J]/田忠侠. --中国图书评论,1989,01:44 - 50

1979 版修订本《辞源》体例完善、考据精审、书证详明、释义赅洽,是一部高水平的古文史专业工具书,然偶现瑕疵实所难免。本文指出该书存在溯未及其源,引文不确,时代、作者、篇目误称等问题。本文作者一直致力于辞书考辨方面的研究,从 1983 年始,先后发表了《新编〈辞海·刮地皮〉一注有三误》《修订本〈辞源〉(三)注释商榷》《修订本〈辞源〉(四)词语溯源考》《89 版〈辞海〉释文考辨》等论文。

1935

论《续修四库全书》[J]/方方. --文史哲,1994,06:91 - 93 + 99

本文就当前续修《四库全书》的意义及应注意之点,从续修《四库全书》的四个有利条件和必须做好的工作等方面,发表了看法。为了使编撰提要有正确的指导思想和统一的体例,必须总结《四库总目提要》的经验教训,避免重蹈学术上的门户之见和以人论书的偏见,重新缜密制订《编写续修四库全书提要凡例》以资遵循。

1936

论音韵学在古籍阅读中的作用[J]/牛春生. --宁夏大学学报(人文社会科学版),1991,01:44 - 52

从梵文拼音原理中,我国学者领悟出汉字声韵调的关系,发明了反切注音,产生了我国最早的韵书,音韵学开始诞生。本文说明了音韵学在古籍阅读中具有帮助理解双声、叠韵,掌握古音通假的规律,掌握古书注释中的声调,理解古典诗词的押韵与平仄,理解古书注释中反切等作用。

1937

论云南少数民族文字古籍的开发利用[J]/华林. --民族研究,1997,01:99 - 105

本文以彝文、东巴文、傣文文献为重点,全面论述云南少数民族文字古籍的产生、构成以及在政治、经济、历史、科技、哲学、文艺和伦理等方面的珍贵研究价值,并对云南少数民族文字古籍的分布、管理状况及其存在的问题,提出了科学管理、译注出版和建立信息交流中心等可行性开发利用措施。

1938

论云南少数民族文字古籍的抢救与保护

[J]/华林. --云南图书馆,1997,03:30 - 33

云南少数民族文字古籍是指1949年以前各少数民族以本民族文字形成的反映古代少数民族政治、经济、文化、军事、科技、宗教、民俗等历史情况的刻本、写本、稿本和抄本。本文探讨云南少数民族文字古籍的构成、现状以及各种保护措施,以更好地抢救、利用这一宝贵的民族历史文化遗产。

1939

论藏学文献的建设与开发利用[J]/包寿南. --西藏研究,1994,02:132 - 136

本文探讨了藏学文献的建设与开发利用,重点探讨了藏学文献的搜集整理问题。藏学文献遗存、分布和收藏情况表明,国家图书资料部门特别是有关藏学教学、研究单位,在当前社会急剧变革、市场经济日益发展的新形势下,要将文献搜集工作落到实处和做出成效,还需要采取相应的步骤和做出很大的努力。

1940

论郑振铎对我国文学文献研究的贡献[J]/彭清深. --图书与情报,1995,01:70 - 74

本文考察了郑振铎先生的藏书情况与访书经验,讨论了郑氏藏书的特色。郑先生系统收集通俗小说和戏曲,为促进中国小说戏曲研究发展起了积极作用;重视收藏散曲、俗曲、弹词、鼓词与宝卷,为中国民间文学研究开了先河;致力于版画笺谱和图谱收集,填补了中国美术史一段空白;对版本目录学理论方法的研究与实践活动也多有创见和发展。

1941

论中国古籍的数字化与人文学术研究[J]/史睿. --北京图书馆馆刊(后更名为国家图书馆学刊),1999,02:28 - 35

鉴于目前中国古籍数字化问题日益紧迫和相关专题研究的相对滞后,本文就数字化、网络化时代对人文学术研究提出怎样的机遇和挑战,如何利用计算机及网络技术推动人文学术研究的发展以及如何规划、评估古籍(以至一切图书文献)的数字化方案等问题进行了讨论。

1942

论中国古籍分类[J]/傅荣贤. --图书馆理论与实践,1996,04:24 - 27

本文剖析《中图法》与《四库法》类分古籍的若干本质区别,认为二者是中西方不同文化思维方式的产物。《中图法》主要受以《杜威十进分类法》(DDC)为代表的西方等级分类体系影响,用于类分现代文献有效,类分中国古籍则不行。

1943

论中国古籍整理的轨迹与成就[J]/倪波. --四川图书馆学报,1993,03:1 - 11

对古籍资源的开发利用,是古籍整理的出发点与归宿。本文论述了古籍的内涵,概述古籍整理工作,追溯古籍整理的历史,展望未来。

1944

论中国少数民族古籍的价值及其整理[J]/力东. --古籍整理研究学刊,1988,02:6 - 12

本文从少数民族有关社会形态的研究、中国历史上的民族融合发展、少数民族历史、古代疆域史、民族文字、民族语言研究等方面,论述了中国少数民族古籍的学术价值及相关开发整理情况。

1945

论注释与训诂和古籍整理研究的关系[J]/管锡华. --安徽教育学院学报(社会科学版)(后更名为合肥师范学院学报),1994,02:58 - 62

本文从纵的方面探讨了注释与训诂的关系,认为注释与训诂虽互有联系但异者良多,是两门不同的学问;从横的方面探讨了注释与古籍整理研究的关系,认为注释是古籍整理研究中最重要的工作之一。本文认为应建立注释学这门应用科学,并阐述了注释学的研究对象、材料、任务和目的。

1946

罗勉道《南华真经循本》综论[J]/简光明. --中国学术年刊(在台湾地区发表)1997,18:73 - 96 + 433 - 434

《南华真经循本》系罗勉道著作。本文首

先从原典入手,寻找材料证明罗勉道为明朝人,推翻严灵峰等人主张罗氏为宋人之说。继而从"辨伪""义理""词章""古学"诸方面综合论述罗勉道的观点,随文评其得失,使罗勉道《庄子循本》一书的《洞见》与《不见》,各有充分的说明与客观的评价,进而以"循本"一词说明《庄子循本》的特点与影响。

1947

罗雪堂先生全集(全七编 一百四十册)[M]/罗振玉. --台北:大通书局(台湾地区),1972

　　本书为罗振玉先生著述全集,汇辑了《殷虚书契考释》等重要著作。

1948

罗振玉收藏整理古代文献图籍述略[J]/赵成山. --文献,1994,03:212 -231

　　本文介绍了罗振玉在学术上的贡献,罗氏藏书的来源、贮存与整理、特点内容、散失与保护等,附辽宁省图书馆所存原罗氏藏书的海内孤本举要和辽图、大连图书馆所存罗振玉著述稿本目录。

1949

罗振玉在整理古文献上的重大贡献[J]/李永球. --图书馆,1995,03:66 -69

　　本文研究了罗振玉先生的学术活动和贡献。罗氏一生对殷墟甲骨卜辞进行了广泛搜罗考证和刊布,对钟鼎、碑版文字进行了系统整理,考证编次了珍贵的《流沙坠简》和《敦煌石室遗书》,不遗余力地抢救了内阁大库档案,编撰了百余部高质量学术著作,在整理古文献上作出了重大贡献。

1950

洛阳伽蓝记校注[D]/田素兰. --台湾师范大学(台湾地区),1970

　　《洛阳伽蓝记》是北魏杨衒之所撰的一部借记洛阳佛寺以述北魏社会状况的名著。每记一寺,均叙其位置、沿革或故事,并由此而涉及北魏的政治、经济、社会、军事、文化和人物情况。本文是对该书的校注,在综合前人研究成果的基础上,校雠文字,复核史实。

1951

《绿野仙踪》版本、作者新证[J]/翟建波. --

甘肃社会科学,1999,03:37 -41

　　《绿野仙踪》是清代一部志怪小说。本文通过比对内容,厘清了美国俄亥俄大学图书馆藏本与北京大学藏本之间的关系,即俄本在前,北大本在后,俄本是原本,北大本是节本,还考订了《绿野仙踪》作者生平事迹等内容。

1952

略论重印古籍的索引问题[J]/陆根发,李闻. --出版与印刷,1993,01:19 -21

　　本文论述了为古籍编制索引的重要性。古籍从无索引到有索引,从单途径索引到多途径索引,索引类目词语从古代化到现代化,从主索引到辅助索引完备化,已成为时代对古籍整理出版工作提出的不容忽视的要求与发展的必然趋势,是出版界、学术界应予重视的一个课题。

1953

略论高校古籍图书管理[J]/石建光. --西南民族学院学报(哲学社会科学版)(后更名为西南民族大学学报)(人文社会科学版),1994,S3:10 -12

　　本文从古籍图书的历史地位和作用、古籍整理的基本内容、古籍图书面对的主要读者及对古籍人员的要求几个方面,对高校古籍图书管理提出了观点。

1954

略论古籍丛书开发的若干问题[J]/谭秀英. --江苏图书馆学报(后更名为新世纪图书馆),1999,06:14 -16

　　古籍丛书的开发与利用,是图书馆研究开发利用馆藏文献不可小视的一块阵地,对研究我国古代文献典籍、批判继承古代文化遗产有意义。本文论述了古籍丛书开发的若干问题,提出了注重加强对古籍丛书目录的介绍、创造适合读者需求的阅览条件、建立合理的阅读机制等思考。

1955

略论古籍丛书中的方志[J]/宋永平. --文献,1995,02:133 -142

　　丛书和方志是我国传统典籍中刊刻数量

较大的两宗图书。相当多的方志借助丛书得以流传保存,方志又极大丰富了丛书的内容和种类。清代以后,更出现了专门的舆地丛书和方志丛书。本文对明清及民国时期古籍丛书中的方志收录情况进行考察,指出丛书对方志的保存和流传具有积极作用。

1956

略论古籍今译[J]/管敏义.--宁波师院学报(社会科学版)(后更名为宁波大学学报)(教育科学版),1996,02:33 - 36

本文将古籍今译提到理论层面进行分析,认为古籍今译既有可能性又有局限性,与其他整理方式相比,又有特殊性。对今译原则"信、达、雅"之间的关系作了辩证分析,分析了意译和直译的共同性与差异性,并指出运用这两种方法应注意的问题。

1957

略论古籍全书的整体价值观——兼谈编印《四库全书存目丛书》之必要[J]/王燕均.--山东图书馆季刊,1996,04:52 - 55

本文指出,古籍全书体现出的价值观是一种统理总账、概见全貌、存续大成的整体价值观。《四库全书存目丛书》是《四库全书》后续补全工程的重要一环,继承了《四库全书》传统的古籍整理模式,又充分借鉴和利用了《四库全书》的目录学成果,保持了《四库全书》文化体系上的完整。

1958

略论古籍善本的公文纸印、抄本[J]/瞿冕良.--山东图书馆季刊,1992,02:49 - 55 + 19

利用已经使用过的纸张背面进行印书和抄书的现象,是我国文化史上节约用纸的一大创举,也是我国人民勤俭节约的优良传统。特别是古籍善本由于本身具有一定文物性,保存着珍贵甚至仅见的历史资料,一旦发现更为学术界所重视。本文并将见诸各种善本书目、题跋等记载过的公文纸本,分印本和抄本两部分大体按时代辑录。

1959

略论古籍整理中训诂学知识的运用[J]/董志翘.--苏州大学学报(哲学社会科学版),1985,03:91 - 93 + 124

本文从古籍校勘、标点、注释等几个方面,举例说明了训诂学的重要性。训诂学虽是传统小学三门之一,但任务作用是综合运用文字、音韵、词义、语法学知识,正确地解释古代语言。古籍整理包括古籍的校勘、标点、注释与翻译。要做好这几步工作,必须始终贯穿训诂实践。

1960

略论简帛文献对古籍整理研究的重要作用[J]/张玉春.--古籍整理研究学刊,1989,05:70 - 77

出土的简书帛书是珍贵的历史文献资料,对研究我国古代社会历史具有重要价值,对古籍整理研究也起着重要作用。本文从对古籍成书年代的确定、对伪书的考证与确定、对古佚书的研究、校勘今本古籍讹误、订正史实五方面,论述了简帛文献对古籍整理研究的推动作用。

1961

略论清刻方志的收录问题[J]/刘尚恒.--图书馆工作与研究,1980,01:33 - 36

本文从正确理解《全国古籍善本书总目》的收录范围和收录清刻方志的关系,正确估价清刻方志,参照前人编目、斟酌选汰清刻方志三个方面,阐释了《全国古籍善本书总目》中清刻方志的收录问题。

1962

略论《四库全书存目丛书》与古籍整理[J]/赵国璋.--图书情报通讯,1995,03:58 - 60

调查《四库全书总目》中"存目书"的存佚情况,积极计划出版《四库全书存目丛书》是非常有意义的。本文介绍了类书、丛书等相关文献学知识,对提要撰写等方面提出了建议。

1963

略论图书馆古籍业务的发展[J]/陈政.--江苏图书馆学报,1996,02:23 - 24

本文指出,图书馆古籍业务的发展有其具体内涵,一要树立市场经济意识,发展商品化的信息产品;二要处理好传统的公益性服务和商品化的有偿服务、整体和局部、长远利益与近期利益几方面的关系,确保图书馆的服务性质。

1964

略论维医药学文献资料的发掘与管理[J]/李炯,张李君,杨琪.--中国民族民间医药杂志(后更名为中国民族民间医药),1995,01:1-3

一批维医药古籍珍藏于维吾尔医研究所。本文指出为继承和发展维医药,以满足社会需要,必须从文献资料调研出发,对这批维医药古籍的历史成就和医学前景进行发掘整理。并从文献资料对医学科学发展的价值、作用等方面讨论了对这批维医药古籍进行调研工作的重要意义。

1965

略论武术古籍与武术文献学的建立[J]/马明达.--体育文史,1999,06:41-43

武术古籍是具有很高学术价值和现实价值的民族文化遗产,长期以来没有被纳入国家古籍整理工作视野,成了体育界和文史学界无人问津的古籍死角。本文介绍了武术古籍这一我国古代文献典籍中的特殊领域,论述了武术文献学建立的必要性。指出"武术学"是一门交叉学科,需要不断加强与相邻学科的关系,以逐步达到跨学科整合研究的状态。

1966

略论郑珍《郑学录》考鉴郑玄书目的两种方法[J]/饶文谊.--贵州教育学院学报(社会科学版)(后更名为贵州师范学院学报),1997,03:53-55+59

郑珍是考鉴郑玄书目较为完整的晚清学者。本文研究了郑珍《郑学录》中考鉴郑玄书目使用的两种主要方法:一是知人论世,以郑玄之行考郑玄之书;二是旁征博引,综合考鉴郑玄所注之书。

1967

略论《中国丛书综录补正》[J]/曹书杰,纪小平.--古籍整理研究学刊,1994,06:46-49

本文研究了《中国丛书综录补正》一书的学术价值,从该书对《中国丛书综录》内容的补充、对《综录》讹误的订正、对异疑问题的考辨和提示、对相关资料的增溢以及对有关学术问题的阐发等几个方面进行了讨论。

1968

略论中医古籍版本的属性和功用[J]/郭君双.--中医文献杂志,1995,03:1-3

本文从古籍版本是一种具体实物,具有物质性;古籍版本的流传具有历史性;古籍版本的学术性三个方面,探讨版本的有关属性。说明古籍版本除了版本鉴定重要功能外,还具读书与研究方面的功能。

1969

略论中医院校应开设中医古籍文献学必修课[J]/李戎.--中医教育,1996,01:26-27

本文探讨了中医院校应开设中医古籍文献学必修课的问题。文中指出,将中医古籍文献学与中医文献检索利用或医古文混为一谈,认为后者可以取代前者,是不了解三者学科属性的缘故。在中医院校高年级开设中医古籍文献学必修课,是中医临床工作、中医文献研究工作以及中医学术继承发展的需要。

1970

略评《四库全书存目丛书》[J]/王洪志,许磊.--聊城师范学院学报(哲学社会科学版)(后更名为聊城大学学报)(社会科学版),1996,02:51-53+57

《四库全书存目丛书》是国家级的重大古籍整理出版项目。本文从《四库全书》与《四库全书存目丛书》《四库全书存目丛书》的由来及文献价值以及《四库全书存目丛书》的评价几个方面,对该作品进行了肯定,认为该书是一项抢救古代典籍、弘扬传统文化的宏伟工程,受到了国家领导人和专家学者的好评。

1971

略评新校点本《王粲集》[J]/吴云,唐绍忠.--文学遗产,1982,04:138-140

本文是为俞绍初校点辑本《王粲集》一书所作的书评。文中指出,该书的标点、注释和校勘工作成绩突出。文中所附《王粲年谱》,汇集了目前可见到的有关王粲生平及著作方面的主要资料,也校订了该书在校勘和注释方面存在的问题。

1972

略述图录在古籍版本学习中的作用[J]/杨朝霞.--江苏图书馆学报(后更名为新世纪图书馆),1999,06:33-35

本文介绍了《中国版刻图录》《明代版本图录初编》和《清代版本图录》等几种代表性古籍图录,分析图录在古籍版本学习中的作用。

1973

略说古籍整理中博与专的关系[J]/陈德弟.--古籍整理研究学刊,1999,06:7-8

本文探讨了古籍整理中博与专的关系:在古籍整理中,知识的广博与专深相辅为用。博为专之基础,专是博的体现。无数学术大师的经验证明,没有广博的知识,就不可能在学术上有所建树。同样,如果仅停留在广泛学习上,而不深入钻研某一领域,也不会获得高精尖的成果。

1974

略说影印古籍及其底本的选择[J]/陆国强.--编辑学刊,1987,02:56-60

本文指出,为了更好地保存古籍,继承文化遗产,大量不断地出版古籍十分必要,而底本选择是影印古籍工作的重要关键,必须予以充分重视。要选择最接近作者原著的,错误较少的古籍作影印底本;影印古籍还要选那些校勘精善的本子。

1975

略谈辞书的解说和书证[J]/苑育新.--辞书研究,1980,02:170-180

辞书编纂的体例方法按各辞书的具体任务和性质各有不同,收词和注释方式也互异,但解说都是其中最主要的部分。辞书的职责是科学介绍词目含义,给读者以正确知识。而例句、书证作为解说的一种辅助工具,可进一步帮助读者正确理解词语的含义。本文围绕辞书的解说和书证方面表达了作者的观点。

1976

略谈古籍版本的著录[J]/肖凤生.--湘图通讯,1982,01:54-57

古书编目中要著录一书的版本,要准确地反映一部书的版本特征,便于读者区别图书和了解图书。有许多古书,往往因版本不同,内容有很大的差异,而使用价值也因此有所不同。在进行科学研究时,读者往往需要参考特定的版本。本文介绍了古籍版本的特征,以出版年、出版地、出版者和版本类别的异同来区分。

1977

略谈古籍标点中出现的问题[J]/王友才.--青岛海洋大学学报(社会科学版),1997,02:77-79

标点目的是根据古籍实际,用标点符号把原文的结构、停顿、语气清晰准确再现出来,帮助读者理解古书原意。但是近些年来,一些古籍整理校勘出版者缺乏应有的严肃科学态度,致使标点错误较多,甚至导致谬误流传。本文指出部分古籍标点中的点号误用、标号误用问题。

1978

略谈古籍的标点[J]/刘叶秋.--许昌学院学报,1986,01:1-5

本文举例分析了古籍整理时标点的错误,分析原因,指出古籍整理应该勤查勤问,随时向书本和行家请教,不能信手乱点,以意为之。除去大部头总集、类书等等以外,最好都先通读全书,初步了解其思想内容和文字风格,然后逐段细看,谨慎动笔。

1979

略谈古籍目录分类的演变[J]/朱可可.--武汉教育学院学报(后更名为江汉学术),1998,02:102-106

目录学产生与我国古代历史演变和学术文化发展息息相关。研究我国古代历史,唯一的凭证就是借助目录学来处理大量史籍,目录学可以起到事半功倍的效果。我国目录的三大体例分别为官修目录、私著目录和史志目录,本文从书目的产生与发展角度,介绍了我国古籍目录的编制和图书分类、演变历程。

1980

略谈古籍善本书版本鉴定及著录[J]/李再阳. --云南师范大学学报(哲学社会科学版),1985,06:60－65＋59

本文根据作者参与整理古籍善本书的经验,探讨如何鉴定古籍善本书的版本及著录工作。作者曾于1979年参加"全国古籍善本书版本鉴定及著录"工作,分别鉴定和著录出善本书137部2732册,有丰富的实践经验。

1981

略谈古籍整理的资料工作[J]/俞黎华. --古籍整理研究学刊,1988,01:50－52＋64

本文研究了编制资料目录、索引的方法,以及编撰具体工作中的"底本""体例"问题。指出"全、准、快"三字可作为编制目录、索引的质量要求,也是衡量编制水平的客观标准。"全"指在有关内容范围内尽可能辑录全面与完整;"准"是指目录、索引编写准确无误,还要让使用者查得准;"快"指编制目录、索引的工作要及时配合研究工作需要,及时提供给有关文献及检索工具。

1982

略谈古书的断句与标点——古书断句与标点序言[J]/张寿康. --渤海学刊(后更名为沧州师范学院学报),1985,S1:37－38

本文是《古书断句与标点》一书的序言,介绍了该书的内容、研究重点、创新之处以及该书的学术价值。

1983

略谈侯方域著作的散佚问题[J]/王树林. --文献,1995,03:284－288

清初文学家侯方域的作品流传至今,其古文辞载集仅存者142篇,诗398首,其他皆已散佚。本文就侯方域诗古文辞的散佚和制义文的散佚,以及其制义遗稿辨证等方面进行了探讨。

1984

略谈辑佚书[J]/许亿彭. --人文杂志,1957,02:74－84

本文阐述了"辑佚书工作不自清代始"这一观点,提及清代辑佚学者的一些掌故,并呼吁从业者尽力来搞好辑佚工作,指出辑佚工作不仅不次于古籍的抢救工作,而且比较起来更有重要意义。

1985

略谈计算机古籍资料库建设[J]/于亭. --古籍整理研究学刊,1999,06:11－12

本文探讨了如何利用计算机强大的计算功能和海量的数据存贮能力服务于传统典籍的整理与研究,服务于语言学、传统文史研究等一系列人文学科领域,从而改变传统的"皓首穷经"的研究模式。

1986

略谈建立中国古籍书目数据库[J]/李致忠. --北京图书馆馆刊(后更名为国家图书馆学刊),1992,01:56－60

本文是版本学家李致忠先生所作,讨论了建立中国古籍书目数据库问题。指出要建立这样的数据库,必须先要理智地解决制订标准著录规则、建立著者规范文档、统一分类法、规范古籍标引、制定统一的录入工作单、培训队伍、更新知识、转换技能等基本问题。

1987

略谈鲁迅辑录的几种古籍[J]/林辰. --文学遗产,1981,03:20－29

本文就鲁迅辑录的古籍遗稿张隐《文士传》《众家本文记录》、谢沈《后汉书》、虞预《晋书》,对鲁迅辑录的时间、体例、作者事略、作品内容以及与前人辑本的异同等进行了介绍。

1988

略谈民族文献资源的开发利用[J]/黄国政. --图书馆工作与研究,1996,06:23－25

本文指出丰富多彩的民族文献对研究少数民族历史、宗教、文化等都具有重要价值,并就民族文献资源的开发利用提出展望:编纂中国少数民族文献大型丛书,编辑中国少数民族文献联合目录,继续开发整理出版民族古籍,大力开展馆际互借和交流,加快民族文献数据库建设。我国民族图书馆事业的发展,必须依赖于图书馆自动化发展,这是加快民族文献资源开发和共享的主要途径。

1989

略谈《清诗话续编》的编选和校勘[J]/富寿荪. --社会科学,1984,06:79 - 79

由上海古籍出版社出版的《清诗话续编》一书,由郭绍虞先生编选,本文作者校点。本文略述了该书的编选过程和校勘过程中遇到的一些问题和解决方案,说明该书的校勘是严谨认真的。

1990

略谈三马头彝文水墨印刷版[J]/聂鲁. --玉溪师专学报(社会科学版)(后更名为玉溪师范学院学报),1996,05:465 - 466

《色尾处莫》宣讲了彝族传统伦理道德。本文介绍了元江哈尼族彝族傣族自治县洼垤乡三马头邑慈悲村发掘出的彝文典籍《色尾处莫》水墨印刷刻版的情况,考证了该书雕版的制作时间、制作者、款识数量等内容,以此为例考察了彝族文化发展的脉络和文士科考的历史。

1991

略谈台湾的古籍整理工作[J]/罗卫. --广东图书馆学刊,1987,01:31 - 34

本文从台湾的古籍整理体系、学者名流、工具书等角度介绍了我国台湾地区的古籍整理工作。

1992

略谈图书馆古籍保护[J]/车承延. --图书馆建设,1995,02:64 - 65

本文列举了首都图书馆、民族宫图书馆(中国民族图书馆)、北京师范学院图书馆、贵州省图书馆等几个图书馆馆藏古籍的保护情况,并提出古籍保护的措施主要是防虫、防潮、防止纸张酸化以及修补装帧。

1993

略谈图书馆馆藏族谱抄稿本的著录[J]/李玲. --图书馆论坛,1997,01:9 - 12

本文指出族谱这一具有特定内容和体例的文献,其著录与一般古籍有不同之处。文中以著录广东省立中山图书馆馆藏族谱抄稿本为例,对家谱著录问题做了简单的探讨。

1994

略谈《文震亨题跋》[J]/郑平昆. --明清小说研究,1990,01:248 - 250

刘承禧珍秘的王羲之《快雪时晴帖》有四篇题跋,第三篇为文震亨所记。张远芬同志据此跋断言"刘承禧是文震亨的女婿",进而推出刘承禧所存《金瓶梅》从文震亨家抄录而来。本文通过相关史实证明刘承禧非文震亨之婿。

1995

略谈我馆古籍的状况——纪念开馆三十周年[J]/周诚望,兰天阳. --图书馆建设,1992,S1:67 - 73

值黑龙江图书馆开馆三十周年之际,本文探讨馆内有关情况以资纪念。文中介绍了古籍线装书的整理与分编、馆内古籍藏书的状况及其善本的简介与评估、对古籍藏书的补充及其意见等内容。

1996

略谈我国古代图书的聚散与整理[J]/安凤梅. --高校图书馆工作,1994,02:14 - 16

了解我国古代图书在悠久历史长河中的聚散整理情况,对研究我国古代图书事业史,探讨图书事业发展规律,总结图书事业各门学科理论都是非常必要的。本文介绍了先秦以来我国历代图书的聚散和整理情况。

1997

略谈"训诂学"这门科学的对象和任务[J]/殷孟伦. --文史哲,1957,06:20 - 26

本文介绍了训诂学的目的、对象、任务以及训诂学在语言学中的价值。

1998

略谈《中国文献编目规则》古籍著录分则修订的成功与不足[J]/赵桂珠. --图书馆建设,1998,04:70 - 73

本文将新旧两个古籍著录分则的异同,以及它们在电脑编目、检索应用中的得失互加比较,以说明新分则修订的成功与不足。

1999

马瑞辰毛诗传笺通释研究[D]/刘邦治. --东吴大学(台湾地区),1990

本文研究了马瑞辰《毛诗传笺通释》的内容,及其考证态度、方法、成就。在考察马瑞辰生平及撰作动机的基础上,重点研究了《毛诗传笺通释》的内容。作者认为,《毛诗传笺通释》展现了马瑞辰不徇毛、不徇郑、不专主一家的求实精神,肯定了马氏于《毛诗》考证方面的重要成就。

2000

埋山沉井终须出——《杲堂诗文集》简介[J]/张道勤. --浙江学刊,1989,02:81－82

李邺嗣所著《杲堂诗文集》由浙江古籍出版社点校出版,本文介绍了作者生平以及该书的艺术价值等。

2001

迈向21世纪的中药医文献研究[J]/赵国平. --南京中医药大学学报(自然科学版),1997,01:3－6

本文认为,迈向21世纪的中医药文献研究,在继续进行古籍整理的同时,应对文献学术进行全面系统研究,解决中医药理论、临床的重大学术问题。充分认识中医药文献研究兼具文理学科的性质,根据时代发展,提出科技含量高的文献课题,必须造就一批高水准复合型文献整理和研究专家。

2002

满文古籍丛书·满汉合璧西厢记[M]/永志坚整理. --乌鲁木齐:新疆人民出版社,1991

有清一代,满文被尊为"国语",地位与汉文同荣,上至朝廷军政要事,下至地方公文档案,都要求用满文书写,因而形成了浩如烟海的满文文献资料。大量满译的汉文经典名著,更与原著相映成趣,至今流传不衰。《西厢记》是我国古代戏曲中的优秀作品,本书是对清代满文译本《西厢记》的整理校勘研究。本丛书全部采用满汉对照的形式,整理时除对原著进行校勘、标点外,还作了适当注释。

2003

满文古籍丛书·御制翻译诗经[M]/永志坚整理. --乌鲁木齐:新疆人民出版社,1992

本书是对清代满文译本《诗经》的整理校勘研究。本丛书全部采用满汉对照的形式,整理时除对原著进行校勘、标点外,还作了适当注释。

2004

满文古籍文献概述[J]/吴昕阳. --满族研究,1997,04:51－54

满文古籍文献为后人研究满族和清代历史和社会生活提供了翔实资料,不仅对研究满族和清代历史有重要价值,对研究整个中华民族的历史也有重要意义。本文介绍了包括历史文献、语言文献等种类的满文古籍文献与满文古籍的发展概况。

2005

满文古籍文献述略[J]/玛娜. --满族研究,1989,01:48－52

本文论述了满文古籍文献的种类和史料价值,分类介绍了满文档案史料、图书史料、木牌碑刻史料、谱牒史料、地理舆图史料、口碑史料等。

2006

满洲编年纪要[M]/全国公共图书馆古籍文献编辑出版委员会编. --北京:中华全国图书馆缩微复制中心,1995

本书是一部记载我国清代东北地区(包括今辽宁、吉林、黑龙江三省以及民国间所设的热河省区的大事纪年史表。据《开国方略》《实录》《东华录》《宣统政纪》《清史稿》,并杂采诸多私家笔记,逐年编纂而成。记述东北各行政区划,主要职官,以及军事、经济、文化、外交等事,是一部研究东北史、满族史以至明清史的重要史籍,也是一部基本工具书。

2007

漫话藏书珍品——清代课本[J]/黄权才.--江苏图书馆学报(后更名为新世纪图书馆),1999,05:34-35

有观点认为,课本始于清光绪年间,清代课本如今已是凤毛麟角,成为收藏家首选;真正注有"课本"二字的教材,到民国时期才出现。本文指出,说清代课本成为收藏家首选也许符合事实,至于其他说法则大可商榷。书名标有"课本"二字的不是到民国时期才出现,而是在清代已有之;课本始于光绪年间之说也值得讨论。江苏图书馆收藏有一些清代课本,多是光绪宣统年间刊行,并在文中选用几种课本进行了介绍。

2008

漫话古籍今译——兼评《周礼今注今译》[J]/王义耀.--古籍整理研究学刊,1986,02:4-7

本文在说明古籍今译工作重要性的基础上,介绍了《周礼今注今译》的内容和优缺点。该书今注采取简注办法,只讲清含义,不作详尽的考证或罗列各家的解说,直接说出自己的见解,不致使读者无所适从,今译方面也比较明确流畅。但该书出版说明过于简单,应该增加基本的内容介绍,并添加官名索引。

2009

漫话"蓝本"[J]/张怡.--文史知识,1983,01:69-71

本文介绍了古籍版本中的一种形式——蓝本的情况,从蓝本的由来、用途、名称的出现等几方面进行了说明。

2010

漫话"泽存书库"[J]/陈思丰.--中国典籍与文化,1995,03:46-47

本文介绍了民国期间南京最大的私人藏书楼"泽存书库"收购、藏存古籍的情况。南京解放后,未能运往台湾的泽存书库藏书,为

南京图书馆的藏书奠定了最初基础。

2011

漫谈标点分段的古籍[J]/叶圣陶.--文献,1982,04:40-43

本文是教育家叶圣陶先生所作。叶先生指出,整理本古籍中,虽然存在标点等一系列错误,但究竟是方便了必须与古籍打交道的人。整理点校古籍的工作应该持续开展并逐步提高质量。

2012

漫谈标题的翻译——兼与卢允中教授商榷[J]/杨元刚.--山东外语教学,1996,01:39-43

本文为作者读卢允中教授汉英对照《中国历代笑话一百篇》(北京中国对外翻译出版公司1991年版)后所作,从发扬译文优势,援用英语中家喻户晓的谚语、格言;运用诸如头韵、行内韵、矛盾、对比等各种修辞手法,剪裁出短小精悍的标题;援用英文中的成语典故作标题,显得古香古色这三类情况进行点评,认为该书为传播中国文化做出了重要贡献,向英美读者介绍了中国古代民间文学的精华,为中西文化交流架起了一道桥梁。

2013

漫谈丛书[J]/杨震方.--情报资料工作,1984,03:43-44

本文指出资料室的图书外借工作,尤其是古籍外借,如果对馆藏丛书不熟悉,或者不会使用检索丛书的工具书,往往资料室中即使藏有读者所需要的书,也不会被发现。因为有好多古籍没有单刻本,只有丛书本。熟悉馆藏丛书和学会使用检索丛书的工具书,对资料工作人员来说,是一个非常重要的课题。

2014

漫谈当前的古籍编修[J]/金开诚,舒年.--图书馆,1997,06:77-78

如今大量的传统古籍编成了新的丛书和总集,与汉唐宋明清的古籍编修一脉相承,给人以中华民族历史延续感。本文分析人们大搞古籍编修的原因:近年来对于传统文化的

重视,编修业仍有较多学者可以主持策划;线装古籍目前基本无法进行借阅,需要高质量的新书进行替代。

2015

漫谈古典文献中的避讳[J]/艾克利. --宁夏图书馆通讯(后更名为图书馆理论与实践),1985,02:51

避讳是不直接称谓君主或尊长的名字,书写中遇到该字时,便以空字、缺笔、改字等办法加以回避隐讳。本文回顾了避讳的起源与发展情况,并列举了一些古籍实例进行说明。

2016

漫谈古籍今译[J]/王强. --中国图书评论,1995,09:31 – 32

本文对古籍今译中的难点和存在的问题以及需要注意的内容进行介绍与论述。

2017

漫谈古籍书名的翻译[J]/徐超. --语言教学与研究,1998,02:77 – 82

本文指出,古籍书名翻译较难主要在于意译,包括原书名含义多解难统一、原书名内容多项难概括、原书名运用典故难表述、原书名寓意不显难明确、原书名运用比喻难形象、原书名用谦卑词语难体现以及二书书名相似难区别等七个方面,建议尽可能据原意直译,但又不能因辞害义。

2018

漫谈古籍整理[J]/商树松. --湖北师范学院学报(哲学社会科学版)(后更名为湖北师范大学学报),1999,04:102 – 103

本文分析了古籍整理的重要性,提出了一些建议。指出时至今日摆在我们面前的任务仍然非常艰巨。整理古人留下的辉煌文献,是我们义不容辞的责任。

2019

漫谈江苏第一份女报[J]/金惠风. --传媒观察,1994,10:40 – 40

本文从创办人、创办宗旨、栏目设置、办刊特色等方面,介绍了我国江苏第一份妇女报即1904年1月创刊于常熟的《女子世界》。

该刊物在当时亦属罕见,在全国范围内都有一定影响力。

2020

漫谈我国古代书籍装帧艺术的演变[J]/裴跃丽,李燕侠. --河北图苑,1993,03:62 – 64

本文介绍了我国古代书籍的装帧形式,包括甲骨、简策、帛书、卷轴、经折、旋风、蝴蝶、包背和线装。文中指出,书籍的装帧艺术在我国有着悠久历史和光辉传统,造纸术和印刷术的发明促进了书籍制度改革和装帧艺术发展,也是中华民族对世界科学文化的重大贡献。

2021

漫谈写刻工——古籍中的写刻工姓字[J]/朱太岩. --古籍整理研究学刊,1989,01:46 – 47

据记载,雕版图书见到刻工姓名的,以北宋初年的《开宝藏》为早。本文介绍了北宋以后,我国历代印刷书籍的刻工注名情况。

2022

漫谈整理我国古籍问题[J]/傅振伦. --古籍整理研究学刊,1985,03:7 – 8

本文对我国古籍数量进行粗略统计,并提出古籍整理多样的方式。

2023

漫谈中医古籍的注释名称[J]/炎继明. --陕西中医函授(后更名为现代中医药),1988,05:27 – 30

中医古籍是根据不同社会历史环境,用古汉语写成的。由于社会环境变迁,语言文字相应发生变化。古书辗转流传,鲁鱼亥豕之讹自然难免。本文从古籍流传过程中产生的讹误入手,对十三种注释通例进行介绍,指出古籍注释的重要性。

2024

漫谈中医韵文[J]/炎继明,李宝英. --陕西中医函授(后更名为现代中医药),1998,06:40 – 42

本文从什么是中医韵文、中医韵文的起源、中医韵文研究的重要意义三个方面介绍了中医古籍韵文,强调研读中医古籍文献者应该具有一定的文字音韵学知识。

2025

茫茫坠绪寸心织——钱超尘《中医古籍训诂研究》评介 [J] / 崔仲平. --中医药文化,1989,03:36 + 22

钱超尘先生所著《中医古籍训诂研究》(贵州人民出版社 1988 年版),为训诂学向中医古籍研究领域拓展奠定了坚固基石。本文从《中医古籍训诂研究》内容、钱超尘对中医古籍训诂的见解等方面进行介绍,认为该书研究阐述了中医古籍的训诂特点、方法、成就和历史发展,扩大了传统训诂学的应用范围。

2026

毛晋汲古阁刻书考 [D] / 周彦文. --东海大学(台湾地区),1980

本文通过考察毛晋的藏书、出版、交游情况,研究了毛晋汲古阁的刻书事迹,文后附录毛晋代刊书目、毛晋自著而未刻者以及知而未得书目。本文于 2006 年由台湾花木兰文化出版社发行。

2027

毛晋与汲古阁 [J] / 陈建. --社会科学,1984,03:58 - 60

本文介绍了明清之际杰出的藏书家和出版家毛晋,以及其创办的私人图书馆和出版机构汲古阁的一些基本情况。

2028

毛南族民歌 [M] / 蒙国荣,谭亚洲译注. --南宁:广西民族出版社,1999

本书收录清代至民国年间歌手用毛南族土俗字传抄流传下来的民歌,包括毛南族的古歌、劳动歌、仪式歌、情歌和生活歌等,从各个不同角度和侧面反映了毛南族先民的思想、情感和愿望,集中体现了毛南人生生不息的奋斗历程。该书荣获第五届中国民族图书二等奖、第四届广西文艺创作铜鼓奖。

2029

毛诗后笺 [M] / (清)胡承珙撰;郭全芝校点. --合肥:黄山书社,1999

本书分为上下册,是清代学者胡承珙倾尽心血的一部书,通过对音韵的转变,字义的引申和假借、名物考古、训诂、世次、地理等与《诗经》解释有密切关系问题的考证,对每篇诗详加疏解,纠正了《毛诗》中的许多错误与疏漏。

2030

毛诗释文正义比较研究 [D] / 张宝三. --台湾大学(台湾地区),1986

本文是对陆德明《经典释文·毛诗音义》与孔颖达《毛诗正义》进行的比较研究。在比较了二书成书年代与版本情况的基础上,重点考述了释文底本、正义本与经注本的差异、正义与旧疏的关系等问题。作者认为,前人谓陆优于孔较为片面,实为二者各有短长,不可轻易甲乙。

2031

毛泽东读中国文史古籍散论 [J] / 沙健孙. --文艺理论与批评,1996,05:25 - 33

本文考察了毛泽东主席阅读中国文史古籍的情况,讨论了毛主席阅读古籍的目的,探讨了其如何运用古籍中蕴藏的传统文化指导中国革命和建设。

2032

毛泽东同志与中国古籍 [J] / 李一氓. --编创之友,1984,04:1 - 4

本文介绍了毛泽东同志读过的中国古籍,上至经史子集,下及稗官小说;对于古籍整理的文化工作,毛泽东同志也有独到见解。

2033

毛泽东与古籍 [J] / 潘德利,欧阳伟. --沈阳师范学院学报(社会科学版)(后更名为沈阳师范大学学报),1998,01:42 - 45

本文从毛泽东主席酷爱古籍的自然天性、博览古籍的强烈欲望与运用古籍的治学方法三个角度进行分析,认为毛主席对于古籍的热爱,使他掌握了博大精深的历史知识,增加了超越常人的哲人深蕴和领导中国革命的传统底气与政治魅力,奠定了一代伟人纵横驰骋的非凡历程。

2034

毛郑《诗经》解经学研究 [D] / 车行健. --"中央大学"(台湾地区),1991

本文处理的是汉代毛郑《诗经》解经学问题,重点在于解经方法的建构。在厘清系统归属的基础上,考察了毛郑解《经》作品的体例、性质,论证了"诗本意"的问题,重点探讨了毛郑解《诗》方法的理论根据、建构经过及其内部构造,并对这套方法做了较为公允的评价。本文于2007年由台湾花木兰文化出版社发行。

2035

冒广生与《冒氏丛书》《楚州丛书》[J]/顾启. --南通大学学报(社会科学版),1995,03:86－90

冒广生是南通历史上著名的爱国学者。本文在考察冒广生生平事迹的基础上,评述了他辑录刊刻的两套丛书《如皋冒氏丛书》《楚州丛书》,探讨了他在古籍整理、文献出版上做出的重大贡献。

2036

没有训诂学就没有完善的古籍整理[J]/杨春霖. --西北大学学报(哲学社会科学版),1988,03:77－84＋3

本文提出了训诂学和古籍整理关系极其密切的问题,阐述训诂学的来历、名称、性质、用途等问题,介绍了怎样进行古籍整理、古籍整理的重要性、古籍整理的工作程序,以及对古籍整理的不正确认识。并举"攒""明驼""锋出""以锥餐壶"四例,证明训诂学对古籍整理中的注释环节,具有极为重要作用。

2037

《梅妃传》之我见[J]/艺萌. --鲁迅研究月刊,1991,12:59－60

1927年鲁迅先生辑《唐宋传奇集》一书时,曾对《梅妃传》一文作了如下结论:作者生平无可考。清陈莲塘《唐人说荟》曾指为唐人曹邺作,但文中提到叶少蕴,叶为北宋末期人,可证此篇应是宋人所作。本文对此观点持否定态度,并通过考证指出,《梅妃传》作者为唐人曹邺。

2038

美国国会图书馆的古本汉籍收藏[J]/斯砚. --中国典籍与文化,1992,02:41－42

美国国会图书馆是全美国最大的图书馆,中文部收藏中国古籍历史悠久。本文介绍了该馆收藏的汉籍情况,讨论了该馆收藏汉籍专意于实用的特点。该馆收藏汉籍以地方志最为著名,数量达4000余种,版本较全。四部中明代及明代以前的善本,估计在六七百种。

2039

美国哈佛大学哈佛燕京图书馆中文善本书志[M]/沈津著. --上海:上海辞书出版社,1999

本书志所收之书为哈佛大学燕京图书馆所藏全部宋元明刻本。馆藏敦煌写经、舆图、碑帖、拓片、诰命、文告、契约等,以及日本刻本、朝鲜刻本均不在撰写之内。书志撰写为一书之书名、卷数、撰著者、版本、册数、行格字数、板框之高宽、序跋、书之大体内容、版本源流、刻工姓名、收藏情况、钤印等。清代所刻善本,以及稿本、抄本之书志尚在撰写中,未完成,当为续编。

2040

《美国哈佛大学哈佛燕京图书馆中文善本书志》后记[J]/沈津. --中国典籍与文化,1997,03:112－114

本文是版本学家沈津先生所作,介绍了其《美国哈佛大学哈佛燕京图书馆中文善本书志》的创作过程,以及哈佛燕京图书馆的中文善本图书。

2041

美国哈佛燕京图书馆的中国古籍藏书[J]/沈津. --世界汉学,1998,01:207－211

本文为版本学家沈津先生所作,介绍了美国哈佛燕京图书馆中国古籍藏书概况。该馆有约15万册古籍藏书,包括宋元明刻本1500余种、清初至乾隆间刻本2000余种、抄本(含稿本)1200种、原版方志3525种、丛书1400种、拓片500余种、法帖(丛帖)36种,多为宋代到现代的各种木刻本,也有唐代经生书写的经卷、明代抄本、清代学者手稿、彩色套版书、五色套印本、明代铜活字本、清代木活字本。

2042

美国收藏中国农业古籍概况(一)[J]/王华夫. --中国农史,1995,03:110-112

本文介绍了美国国会图书馆、普林斯顿大学葛思德东方图书馆收藏中国农业古籍的情况,主要涉及中国的昆虫、植病、农药及古农书资料。

2043

美国所藏中国古籍善本述[J]/沈津. --中国文化,1993,01:173-183

美国国会图书馆等多家图书馆都收藏有中国古籍,藏存条件也比较理想,主要来源于清廷赠送、派员在中国收集及从日本等地购买。本文重点介绍了美国各馆宋元刻本、明清刻本、稿抄本、方志家谱以及大部头文献的收藏情况,以及《国会图书馆藏中文善本书录》《普林斯顿大学葛思德东方图书馆善本书志》《西雅图华盛顿大学远东图书馆藏明板书录》等三部书志。

2044

美国所见中国善本书志(一)[J]/沈津. --图书馆杂志,1988,06:60-61

1986年2月至1987年10月,沈津先生在美国国会图书馆、哈佛大学哈佛燕京图书馆、普林斯顿大学葛思德东方图书馆、哥伦比亚大学东亚图书馆等处访书,将见到的中国善本编写成书志十三篇。本文介绍了四库底本《苑洛集》、稿本《蓬庐文钞》、明刻本《潞城县志》等。

2045

美国所见中国善本书志(二)[J]/沈津. --图书馆杂志,1988,08:51-52

本文介绍了稿本《敬徵日记》、稿本《炮录》、清初毛氏汲古阁抄本《离骚草木疏》等。

2046

美国所见中国善本书志(三)[J]/沈津. --图书馆杂志,1988,10:57-58

本文介绍了明万历刻本《鼎刻江湖历览杜编新书》、稿本《观妙居日记》、清乾隆刻本《雪窗杂咏》等。

2047

美国所见中国善本书志(四)[J]/沈津. --

图书馆杂志,1988,12:51-52

本文介绍了明万历刻本《世子灌园记》、明刻本《礼记通解》、元刻明修本《晋书》等。

2048

美国所见中国善本书志(五)[J]/沈津. --图书馆杂志,1989,03:56-57

本文介绍了宋奉化王公祠堂刻本《大般若波罗蜜多经》、明万历活字印本《思玄集》、清雍正铜活字印本《古今图书集成》等。

2049

美国所见中国善本书志(六)[J]/沈津. --图书馆杂志,1989,05:58-59

本文介绍了明万历刻本《新刊礼经搜义》、未刻稿本《沅湘耆旧集续编》、明黑格抄本《南城召对》等。

2050

美国所见中国善本书志(七)[J]/沈津. --图书馆杂志,1989,06:58-59

本文介绍了明景泰刻本《尚书揆一》、明崇祯刻本《尚书集解》、明万历张帙刻本《盐铁论》等。

2051

美国所见中国善本书志(八)[J]/沈津. --图书馆杂志,1989,08:60-61

本文介绍了明景泰刻本《道园学古录》、明万历刻本《新刊古今医鉴》、明成化刻本《事物纪原集类》等。

2052

美国所见中国善本书志(九)[J]/沈津. --图书馆杂志,1989,10:63-64

本文介绍了清初毛氏汲古阁刻本《说文解字》、元刻残本《广韵》、明刻本《新编对相四言》等。

2053

美国所见中国善本书志(十)[J]/沈津. --图书馆杂志,1989,12:56-57

本文介绍了明崇祯刻本《阁红螺说礼》、明万历刻本《楚辞章句》、明嘉靖刻本《金陵新刊续文章轨范》等。

2054

美国所见中国善本书志(十一)[J]/沈

津. --古籍整理研究学刊,1990,06:45 - 49

本文介绍了清袁氏贞节堂抄本《五经异义纂》、宋蔡琪刻本《汉书》、明刻本《新编对相四言》等。

2055

美国所见中国善本书志(十二)[J]/沈
津. --古籍整理研究学刊,1991,05:44 - 47

本文介绍了稿本《春秋年谱》、明初刻本《广韵》、清张惠言圈点《汉书》等。

2056

美国所见中国善本书志(十三)[J]/沈
津. --古籍整理研究学刊,1991,06:43 - 48

本文介绍了明末抄本《甲乙记政录》、明万历刻本《京营巡视事宜》、明崇祯刻本《汇辑舆图备考全书》等。

2057

美国图书馆收藏的中国古籍[J]/龙如. --湘
图通讯(后更名为图书馆),1980,05:21 - 21

本文介绍了美国国会图书馆、哥伦比亚大学图书馆、哈佛大学图书馆、芝加哥大学图书馆等所藏中国古籍情况。

2058

蒙古文古籍种种[J]/吴肃民,关照宏. --中
国民族,1987,05:46

本文介绍了蒙古文古籍概况,据《全国蒙古文古旧图书资料联合目录》载,国内 60 家图书馆收藏 1949 年前出版或抄写的蒙古文图书资料约 1500 余种,总计 7000 多册。现存最早的蒙古文文献是 13 世纪 20 年代的碑铭,此外,《蒙古秘史》《蒙古黄金史纲》《蒙古源流》在蒙古文古籍中最为有名,被誉为三大历史文献。

2059

蒙古学汉文古籍书目提要[M]/陈乃雄主
编. --呼和浩特:内蒙古大学出版社,1998

本书以内蒙古大学图书馆藏书为主,辑录凡有涉及蒙古以及与之相关内容的蒙古学汉文古籍两千余种。所收条目按音序排次,书末附有书名笔画索引。

2060

蒙古医学古籍经典[M]/内蒙古中蒙医研
究所编. --呼和浩特:内蒙古人民出版社,1999

本书是一部比较全面的蒙医药学的古籍经典丛书,汇辑了古今中外蒙医药学基础理论、内外妇儿等各科文献,对推动蒙古族文化遗产的抢救、保护、传承具有重要价值。所辑古籍包括《月光医经》《通瓦嘎基德》《高世格默林方》等。

2061

蒙文部古籍工作的探讨[J]/玉海. --内蒙古
图书馆工作,1997,03:96 - 96

蒙文古籍是内蒙古图书馆蒙文部藏书的一大特色。本文介绍了该馆蒙文部古籍概况与价值,以及该馆服务读者、保护古籍资源的措施。

2062

蒙文古籍的搜集、整理和出版情况[J]/敖
其尔. --蒙古学资料与情报,1986,04:47 - 48

本文介绍了 1949 年之后蒙文古籍的搜集、整理、出版情况。指出为适应古籍工作面临的新形势和新任务,应加强宣传,进一步提高对民族古籍工作重大意义的认识;组织动员社会有关方面的力量和专业人才搞好民族古籍工作;很好掌握民族古籍整理出版原则,促进这项工作全面开展;加强省、区之间民族古籍工作的协作。

2063

孟浩然诗校注[D]/张学波. --台湾师范大
学(台湾地区),1967

本文是对唐代诗人孟浩然诗集的校勘之作。唐天宝四年(745),宜城处士王士源集孟诗 218 首,为《孟浩然集》。明刊本有四卷本、三卷本、二卷本数种,篇数亦殊不同。作者认为今所传明刊《孟浩然集》四卷本计诗 263 首,较原集增多 45 首,恐多为他人之作窜入孟集,因此对该书做了详细的审订校勘,以辨证真伪。

2064

孟氏家志的历次编纂及其长短得失[J]/徐
兰筠,崔俊艳,张延龄. --中国地方志,1998,
05:59 - 65

我国封建时代有封爵和祠庙的"圣贤"人

物其后裔往往有家志，记载其一生行事、年谱、祠庙、祭祀制度、后裔世系、历代封爵及对后世子孙的优待等。孟子是战国时期伟大的思想家，儒家学派的重要代表人物。本文介绍了六种传世的孟氏家志，系统梳理孟氏家志的面貌和编写经过、体例、异同、得失等。

2065

孟子知言养气章集释新诠[J]/黄俊杰.--台湾大学历史学系学报（在台湾地区发表）1988,14:85-150

《孟子·公孙丑章句上》第二章《知言养气》，是《孟子》全书中意蕴极为丰富、内容最为广袤的篇章。本文综罗各家，去芜存菁，除抄录赵岐、朱子、焦循三家为之集释之余，亦旁搜密察，撷取德川日本及李朝朝鲜儒者释孟言论之平正、踏实、中肯者，别为日韩注疏一栏。

2066

弥足珍贵的目录学文献——《嘉业堂抄校本目录》和《天一阁藏书经见录》评价[J]/华风.--图书馆杂志,1987,02:47-48

《嘉业堂抄校本目录》和《天一阁藏书经见录》，由92岁高龄的华东师大古籍所周子美教授编纂整理后出版问世。本文评价两书，介绍了嘉业堂和天一阁两个藏书楼的历史渊源、建立过程和藏书情况等。

2067

面目一新 后来居上——郭在贻《训诂学》读后[J]/梅季.--浙江学刊,1987,04:57-59

本文指出郭在贻总结前人研究状况，积二十余年研究成果与治学经验，所著《训诂学》全面概述了训诂学的概念、内容、作用、条例、方式、术语。

2068

苗疆闻见录[M]/（清）徐家干著;吴一文校注.--贵阳:贵州人民出版社,1997

本书记载贵州地理和风俗，于光绪四年（1878）完成。以三府为支点，新疆六厅为框架，偏桥、永从、黄平、麻哈、独山等三县三州为边界，勾勒出了清代中期以来的苗疆地理和苗民空间分布概貌，加上核心区的重要镇

与聚点风情简述，是一部不错的黔南东部到黔东南的历史地理指南。

2069

苗族古籍翻译的新尝试——喜读《苗族婚姻礼词》[J]/张宗权.--民族论坛,1989,01:82-84

本文是为张应和、彭荣德译释的《苗族婚姻礼词》一书所作的书评。指出该书由原文、直译、意译三部分连缀而成，上篇为"订婚礼词"，下篇为"结婚礼词"，共约十六万余字，译文凝练、紧凑、畅达、雅致，内容、风格与原文几无出入，就苗族古籍的翻译而言，此书确是一次新的、成功的尝试。

2070

妙用破折号 承前释语明——标点古籍之破折号释例[J]/胡渐逵.--古籍整理研究学刊,1993,04:32-33

一般来说，破折号在标点符号中所表示的，是下文对上文作注释性的说明。在现代文写作中人们偶尔使用破折号;在标点古籍时，人们很少用破折号。然而有时却也有非用不可的情况。本文举例说明破折号的注释性作用，指出整理古籍时，点校者必须慎用破折号，要依据上下文气和作者要表达的文意而定。

2071

缪荃孙古籍整理成就研究[D]/王素青.--南开大学,1994

本文论述了中国近代藏书家、校勘家、教育家缪荃孙在古籍整理方面的重要成就。

2072

缪钺先生——整理研究古籍的成就略述[J]/缪文远.--古籍整理研究学刊,1992,04:41-44

本文介绍了四川大学历史系博士生指导教师缪钺先生整理研究古籍的成就。缪钺先生是当今史坛耆宿，道德文章为海内外所共仰，先生之学贯穿文史，著作等身，本文不能一一具论，涉及古籍整理研究的，以年谱的编纂和三国志的研究分类论述。

2073

缪钺与古籍整理[J]/方北辰.--传统文化与

现代化,1998,01:81-88

本文介绍了古籍整理专家缪钺先生在古籍整理研究、编撰年谱等方面的学术成就。缪钺先生曾编著《三国志选》《鲍明远年谱》《元遗山年谱汇纂》《王粲行年考》《颜之推年谱》《颜延之年谱》《魏收年谱》《杜牧年谱》,并撰写了大量研究论文,为我国古籍整理研究工作做出了突出贡献。

2074

民国《贵州通志·前事志》校后浅议[J]/何祖岳. --贵州文史丛刊,1995,02:35-38

《前事志》是民国《贵州通志》十九个分志中的一部,约250万字。编年纪事,上溯殷代,下迄贵州辛亥革命,凡属贵州历史上的大事均按照时间顺序辑录,是研究贵州历史必备的参考资料。首先整理出版这部分志,具有抢救史料的意义。本文探讨《前事志》的资料价值及点校工作中遇到和解决的问题。

2075

民国时期的古籍出版业[J]/曹之. --图书馆工作,1991,01:36-41

本文专论民国时期的古籍出版情况。认为在中国书史和出版史研究中,有两种厚古薄今的倾向,一谈到古代就是洋洋方言,滔滔不绝;一谈到近代和现代,就惜字如金,无话可说。这是一种片面认识,应予纠正。

2076

民国时期国内古籍整理述略[J]/傅振伦. --古籍整理研究学刊,1986,01:32-41

本文介绍了民国时期国人整理古籍及有关资料的成就,包括古籍重印,编印古籍书目、图书馆的著作及善本书志等。

2077

民间文学与中国古籍[J]/程蔷. --文史知识,1989,09:115-122

本文介绍了历代古籍中保存古代民间文学的情况,包括《诗经》《尚书》等正统典籍,以及谶纬、志怪小说等。

2078

民族地方文献的科学管理及开发[J]/杨锐明. --当代图书馆,1994,01:14-16

类型各异的民族地方文献记载着各民族的起源和发展,以其独特的内容和鲜明的民族特点,为研究人员提供了准确资料。怎样才能充分发挥民族地方文献作用,使这些灿烂的民族地方文献真正体现价值?本文围绕民族地方文献现状、存在问题,民族地方文献的科学管理及开发利用几个方面展开讨论。

2079

民族地方文献收集工作初探[J]/石成金. --图书馆,1988,02:40-42

本文将地方文献与民族文献分为不同范畴提出加以研究,围绕收集地方文献和民族文献工作的重要性、收集范围、方法与措施几个角度逐一论述,提出民族地区图书馆应当责无旁贷地开展这项工作,把收集有关本地区的地方文献和民族文献放在藏书建设工作的重要位置,努力使馆藏体现出鲜明的地方特点和民族特色。

2080

民族古籍丛书·新疆大记补编(全二册)[M]/吴廷燮纂. --北京:中央民族学院出版社,1983

《新疆大记补编》是民国时期一部新疆全省地方志著作,这部地方志内容涉及前清部分学者、官员及民国政府、相关官员关于新疆的著述、奏呈、统计数据、游记等史料,包含经济、政治、历史、地理、农业、水利等方面历史资料,并对所涉及内容进行了周详的考证,这对后人的研究有诸多裨益。

2081

民族古籍丛书·新疆四赋(全二册)[M]/吴丰培辑. --北京:中央民族学院出版社,1982

《新疆四赋》收录了《新疆南路赋》《新疆北路赋》《天山赋》《乌鲁木齐赋》等文。

2082

民族古籍丛书·彝文《劝善经》译注(全二册)[M]/马学良,张兴,唐承宗等著. --北京:中央民族学院出版社,1986

彝文《劝善经》是现存年代最早的彝文刻本之一,在彝文文献版本学中占有重要地位。马学良先生等人对此进行了翻译整理注释的研究工作。书中内容充实,涉及彝族宗教礼俗及心理情态、对天地万物的观念,从中可以考察彝族风俗习惯及禁忌的原因。彝文古经书多为五言诗歌体,该书打破五言体,以浅近流畅的文笔宣教说理,遣词造句,井然有序。

2083

民族古籍的科学管理和利用[J]/包和平.--江苏图书馆学报(后更名为新世纪图书馆),1993,01:18-19

本文从民族古籍的特点、民族古籍的科学管理和民族古籍的利用三方面,为更好地搜集、整理、编译、出版民族古籍提出了建议。

2084

民族古籍的作用及其开发[J]/包和平.--图书馆杂志,1992,01:28-29

本文探讨了民族古籍在研究民族族源问题、古代疆域史、民族中的宗教信仰和自然崇拜、古代民族婚姻制度及习俗等方面的作用和学术价值。提出对民族古籍资料进行鉴定评估,编制各种不同的专题或专科书目、索引和文摘,大力开展馆际互借和交流工作,提高民族古籍的利用率等开发建议。

2085

民族古籍学者的社会历史责任[A]/霜牧.--中国民族古文字研究会第五次学术讨论会论文集(第四辑)[C],1994

本文是为吴肃民《中国少数民族古籍概论》一书所作的书评。该书研究了民族古籍的内涵、整理民族古籍的意义目的及民族古籍的特殊性、各地区民族古籍的概况、民族古籍的收集与整理等内容。作者给予该书较高评价,认为这部书集中体现了其甘做铺路石、甘为人梯、甘坐冷交椅的精神。

2086

民族古籍整理工作综述[J]/吴肃民.--中国史研究动态,1987,01:9-12

本文对1981年至1985年底全国各个省市对民族古籍的整理情况做了综述,并提出了八点民族古籍整理工作亟待解决的问题。

2087

民族古籍整理应正确处理几个关系问题[J]/陈乐基.--贵州民族研究,1998,01:67-70

本文提出应正确处理民族古籍整理与民族关系、民族古籍与民间文学的关系、民俗学研究与古籍整理的关系。整理民族古籍要以继承和发扬各民族优良传统文化,为促进两个文明建设服务为目的。

2088

民族关系·民间文学·民俗学与民族古籍整理[J]/陈乐基.--民族团结,1998,05:56-57

本文从民族关系、民间文学、民俗学三个角度出发,探讨了它们与民族古籍整理之间的关系与影响。

2089

民族文化宫图书馆馆藏古籍线装草目(第一辑)[M]/民族文化宫图书馆编.--北京:民族文化宫图书馆,1960

本目收录民族文化宫图书馆自1958年11月至1960年2月底收藏的古籍书目,使用中国人民大学分类法,个别类目根据图书馆方针任务做了增补。书目编排按分类法和图书进馆先后顺序排列。

2090

民族文化宫图书馆馆藏古籍书目(第二辑)(全二册)[M]/民族文化宫图书馆编.--北京:民族文化宫图书馆,1981

本书是编撰于1981年的馆藏古籍书目。本目录是民族文化宫图书馆继1960年第一辑之后续编的古籍目录,收入了1960年至1981年馆藏的古籍。该书目使用中国人民大学分类法,每部书均著录题名、卷数、著者、版本、册数等情况。

2091

民族文献学刍论[J]/罗德运.--中南民族大学学报(人文社会科学版),1997,04:104-108

建立包括各种民族文献在内的中国民族文献学,更能科学反映中国多民族文字文献的实际。本文从多个方面论述了建立民族文献学的依据,指出民族文献学的建立和发展需要做大量研究工作,本文只是提出了学科建立问题,还有待方家共襄此举。

2092

民族文献与图书馆学论集[M]/杨锐明著. --昆明:云南民族出版社,1996

本书涉及面广,收入著者关于民族文献、地方文献、图书馆藏书、图书分类、读者工作、期刊管理、图书事业建设、自动化管理、图书馆管理方面的文章三十多篇,包括《民族地方文献的科学管理及开发》《白族古籍文献整理工作综述》《民族文献的内涵与开发利用》等。

2093

民族文字古籍与中华文化[J]/张公瑾. --中国典籍与文化,1996,01:4 – 11

本文指出民族文字古籍是我国历史上各民族用自己的民族文字书写并保存下来的历史文献,与汉文文献一起构成了我国古代文化宝库,是中华民族文化中一宗极为珍贵而又未经充分挖掘开发的精神财富。

2094

民族文字古籍整理管见[J]/黄润华. --北京图书馆馆刊(后更名为国家图书馆学刊),1983,03:22 – 26

与汉文古籍相比,民族文字古籍数量虽然较少,但整理起来有更多难点。本文提议组织专门人员开展全国范围普查,摸清家底。按文种分别查清现有古籍的具体书名、大致内容、数量、收藏单位和保管情况等,编出全国联合目录和善本书目。文中还对普查古籍和编制联合目录的方法进行了讨论。

2095

民族医学古文献概述[J]/蔡景峰. --中国民族医药杂志,1998,04:4 – 6

本文从民族医学古文献的概念和内涵、特殊性、简介、整理方法以及研究意义几个方面展开论述,指出民族医药古文献是一个取之不尽、用之不竭的宝库,我们可以从中取其精华,为我国人民的健康服务。

2096

明别集版本审订札记[J]/崔建英. --图书情报工作,1983,01:26 – 33

《中国古籍善本书总目》总编中收到各收藏单位报送的明别集卡片 12158 张,整理过程中发现存在很多问题,尤其是版本著录相当混乱,多数属于常识性错误。在报送单位广大同志积极配合下,对全部卡片逐片逐种重新进行了审核校订。本文将审订中发现的问题略作整理,附以个人见解,以作汇报。

2097

明代出版家——余象斗传奇[J]/朱传誉. --中外文学(在台湾地区发表)1987,04:150 – 169

本文介绍了余象斗的家世、生平、贡献,指出余象斗在明代刻书坊刻印的书籍早而多,有不少流传下来,并出现了大量异名、化名和作假的情况。中国虽早有左图右史之说,但是真正做到这一点的,只有明代的余象斗。

2098

明代的苏州藏书——藏书家与藏书生活[D]/陈冠至. --中国文化大学(台湾地区),1999

本文研究了明代苏州地区的藏书事业发展情况。文中研究重点是分析与界定明代苏州藏书家的集团性,并且透过他们的日常生活文化,剖析明代吴地藏书事业之所以能够振衰起弊、承先启后的一些人文因素。

2099

明代方志——康海《武功县志》浅探[J]/陈明义. --书目季刊(在台湾地区发表)1999,04:53 – 64

康海《武功县志》三卷七篇,为明代简体方志的名作。体例类分《地理》《建置》《祠祀》《田赋》《官师》《人物》《选举》七门,《官师》善恶并著,以寓劝惩,皆属首创,影响颇大。本文略就作者、《武功县志》之撰述、体例、内容及影响诸端,稍加研探,以期呈现康《志》之价值。

2100

明代古籍插图本的创新与发展[J]/郭松年. --黑龙江图书馆,1987,05:47 – 49

本文介绍了明代古籍插图本的创新与发

展。文中指出,明代是我国古籍版画插图本发展的鼎盛时期,在继承传统版画插图艺术的基础上,发扬创造了新的风格技巧和套色水印方法,表现出了崭新的风貌和鲜明的时代精神。

2101

明代汉语词汇与古籍整理[J]/顾之川. --古籍整理研究学刊,1993,06:9 – 12

明代汉语词汇研究的主要内容,是对见于明代文献古籍的白话语词进行研究,以求得出正确合理解释。本文举例说明古籍整理的主要工作形式,是对有关古籍的校勘、标点和注释。必须具有扎实渊博的文献词汇知识,才能保证古籍整理的质量。

2102

明代汉语词汇与明代白话小说戏曲整理[J]/顾之川. --文献,1995,04:70 – 83

本文指出明代白话文献与我国传世多数古籍相比,文字讹误程度并不十分严重。但在校勘、标点和注释等方面,存在着不少问题,有些是限于点校者学识,有些是出版部门的疏漏,还有些是由于缺乏明代汉语词汇的知识造成的。

2103

明代刻书大家吴勉学与中医刻书事业[J]/刘小兵. --中国典籍与文化,1996,03:53 – 56

本文在考察明代刻书家吴勉学生平事迹的基础上,讨论了他对中医文献的整理、保存与传播等方面做出的贡献。吴氏广刻医籍,校勘精良,使相当多的珍贵医籍保存下来。三百多年来,经吴氏刊刻的中医重要著作屡屡被后人作为刊刻、点校医籍时的底本。

2104

明代私家藏书目录考略[J]/张雷,李艳秋. --书目季刊(在台湾地区发表)1999,01:29 – 50

本文系对明代私家藏书目录存佚情况的全面考察,共分三部分。第一部分是藏书家姓名生平事迹可考者,凡八十二家;第二部分是藏书家生平事迹不可考,或只知书目名称不知藏家姓名者,凡四十二种;第三部分是伪造、误记或疑莫能明者,凡九种。

2105

明代文艺思潮与明末清初的印风[J]/李华年. --艺文论丛(后更名为贵州大学学报艺术版),1995,04:75 – 77

明中后期,许多在印坛上卓有建树的篆刻名家远追秦汉、近承宋元,有其独到成就,代表了主流,但当时印坛的风气却很难令人满意。本文以朱简《印章要论》、吴先声《敦好堂论印》等为例,论述了明代文艺思潮与明末清初的印风之间的关系。

2106

明代小说整理的系统工程——读巴蜀书社版《明代小说辑刊》[J]/王学钧. --明清小说研究,1996,03:249 – 254

本文介绍了由巴蜀书社出版的《明清小说辑刊》一书基本情况,预计出版十辑,现已出版一、二两辑,共收明代通俗小说二十四种,附录一种。该书本着"求全""求真"的基本原则,系统校勘整理了明代通俗小说,在明代通俗小说整理和出版史上具有里程碑意义。

2107

明代著名学者、藏书家、校勘家——赵琦美[J]/黄国光. --四川图书馆学报,1990,06:77 – 81

本文介绍了明代名闻海内的学者、藏书家、校勘家赵琦美为文化事业发展作出的不朽功绩。

2108

《明季北略》点校失当一例[J]/丁鼎. --古籍整理研究学刊,1995,04:14 – 15

中华书局 1984 年点校本《明季北略》是一项质量很高的古籍整理项目。本文指出了该书的一例点校失当之处。

2109

明刊《福寿全书》辨伪[J]/杜泽逊. --文献,1996,03:223 – 227

本文通过对《福寿全书》与《昨非庵日纂》进行比对,考证出《福寿全书》剽袭《昨非庵日纂》初集,作伪完全出于有意,手段拙劣,作伪者当是"书坊织策居",陈继儒自是作伪者所假托。文中还指出,以上两书同时入《四库全书总目》子部杂家类存目,前后相隔仅五种书,馆臣竟未察觉《福寿全书》与《昨非庵日纂》雷同,盖提要不出一手,故偶失照应。

2110

明鲁荒王墓出土元刊古籍略说[J]/崔巍. --文物,1983,12:84 - 87

1970 年在山东邹县发掘的明鲁荒王朱檀墓殉葬物品中,有六种至为珍贵的元刻本书籍。六部书的版本,有的已是海内罕见的孤本。本文从版式内容等方面,对于明鲁荒王墓出土的元刊古籍进行介绍。

2111

明清白话小说词汇与古籍整理[J]/王文晖. --徐州师范大学学报(哲学社会科学版),1998,03:54 - 56

近代汉语词汇研究有助于提高古籍整理工作的质量。本文从古籍校勘、古籍标点和古籍注释三个方面,举例说明了研究明清白话小说词汇对古籍整理的作用。

2112

明清蚕桑书目汇介[J]/王达. --中国农史,1986,04:111 - 117

本文为明清桑蚕书目的汇总介绍。作者近年来对我国明清以来传统农学著作进行了查阅核检,发现蚕桑方面的专著未被中国农史学家王毓瑚著录的约有 180 种之多,故将这些目录整理出版,也是目前最为齐备的一份传统蚕桑专著目录。

2113

《明清藏书家印鉴》读后[J]/陈东辉. --上海高校图书情报学刊,1997,03:60 - 61

本文论述了《明清藏书家印鉴》的学术价值、实用价值以及书的用纸,分析了该书一些可以增订和充实的地方。

2114

《明清藏书家印鉴》述评[J]/陈东辉. --图书馆学研究,1997,02:88 - 89

《明清藏书家印鉴》是学术性、资料性和艺术性三美兼备的资料汇编,列出明清两代著名藏书家凡一百人,每人收录其常用之印一至数十枚不等,汇辑之劳,功不可没。本文对该书作了较详细的述评。

2115

明清时期中医药文献述评[J]/胡滨. --中华医史杂志,1999,03:3 - 5

本文从临证文献、普及型文献、汇编型文献、文献的整理研究与文献的外观特征等方面,对明清时期的中医药文献进行了评介,论述了这个时期中医药文献得以全面发展的原因及其对中医药学术的推进作用,提出构成现存中医药古籍主体的明清时期中医药文献应成为当今整理研究的主要对象。

2116

明人古籍题跋辑录(一)[J]/朱家濂. --图书馆学通讯(后更名为中国图书馆学报),1985,02:81 - 90

本文整理并介绍了清代张金吾《爱日精庐藏书志》一书中摘录的明代藏书家题跋,共五十七则。

2117

明人古籍题跋辑录(二)[J]/朱家濂. --图书馆学通讯(后更名为中国图书馆学报),1986,01:84 - 92

本文是作者在编辑《古籍题跋索引》的过程中,见到明朝藏书家的题跋随手录下整理出的一部分,包括《春秋五论一卷》《汉书一百卷》《大唐创业起居注二卷》《史通三十卷》等。

2118

明套印本著录研究[J]/刘向东. --江苏图书馆学报,1997,02:12 - 14

本文校订了《明代版刻综录》《中国善本书提要》等藏书目录中著录的明套印本存在的错误。除专家学者对套印本重视不够外,明代套印本极其相似的设计、极其统一的版式以及套印本独特的印刷工艺和成书方式,给著录鉴定带来很多困难。文中提出学界应当重视对套印本的研究,并介绍了套印本的鉴定和著录方法。

2119

明语林[M]/(清)吴肃公撰;陆林校点. --

合肥:黄山书社,1999

本书十四卷,仿《世说新语》体例,共 37 门,记明代士大夫轶闻旧事,把笔触伸向人的精神世界,收录了许多名言隽语,有的可视作处世箴言。

2120

明正统元年金写本《慈悲水忏法》过眼录——兼谈古籍版本中的金银写本[J]/王洪生. --黑龙江图书馆,1990,01:56 - 57

明正统元年(1436)金写本《慈悲水忏法》三卷,唐释知玄撰,经折装,分为上中下三册,有图。此书抄写时代较早,所用材料特殊,书法、绘画精美,且流传稀少,有较高的版本价值。本文介绍了该写本概况,讨论了古籍版本中的金银写本。

2121

摩里逊图书馆:两个私人中文藏书漫谈[J]/哈罗德·M.奥特尼斯著;谢俊贵译;侯明君校. --山东图书馆学刊,1984,02:66 - 68

本文介绍了英格兰人罗伯特·摩里逊博士(Dr. Robert Morrison)和澳大利亚人乔治·恩纳斯特·摩里逊(George Ernest Morrison)于 19 世纪至 20 世纪在中国广州和北京分别建立私人图书馆的情况。前者图书馆所藏主要是中文藏书,后者主要是西文藏书。

2122

摩挲披览 迄老不倦——鲁迅收藏类书丛谈[J]/赵英. --鲁迅研究月刊,1995,02:52 - 59

本文从鲁迅藏书中的金、明、清类书,独受青睐的《永乐大典》,颇受厚爱的唐宋类书以及丛书类书同等重要几个角度,介绍了鲁迅先生对于类书收藏的情况。

2123

莫伯骥五十万卷楼藏书研究[D]/刘振琪. --东海大学(台湾地区),1994

本文研究了近代广东著名藏书家莫伯骥五十万卷楼的藏书情况。通过考察莫伯骥的家世生平、事迹志趣、日常交游等,分析其藏书背景。研究了莫氏的藏书来源、内容版本、整理利用、流散亡佚、藏书价值、藏书目录,阐述题跋撰写体例及分类情形,呈现莫氏在目

录版本学上的成就和特色。文末附录《五十万卷楼藏书目录》著录之书名索引、书名笔画索引、藏书家索引。

2124

《墨子间诂》标点订误[J]/余国庆. --古籍整理研究学刊,1994,04:7 - 11

本文对中华书局《新编诸子集成》之《墨子间诂》一书中出现的标点、断句、引文等错误进行了校订。

2125

《墨子间诂》校勘述略[J]/王世伟. --文献,1987,02:171 - 185

《墨子间诂》是清代学者孙诒让名著。本文介绍了该书的撰写与刊刻情况,考证了该书校勘所用的版本,认为孙校底本为浙本毕注本。文中指出,孙诒让校勘成就主要体现在采摭旧校之成就、补苴旧校之未备、匡纠旧校之讹误、考订经说上下篇旁行句读、订正兵法篇之讹文错简等几个方面。

2126

默默的奉献——记江苏古籍出版社总编辑高纪言[J]/陆幸生. --中国出版,1992,08:50 - 52

本文介绍了江苏古籍出版社总编辑高纪言的生平,总结了高纪言先生在担任总编辑期间发行《雨花石》画册、出版《中国藏敦煌遗书集成》等贡献。

2127

木犀轩李氏藏书特点考略[J]/沈焱. --四川图书馆学报,1994,02:13 - 17

我国近代藏书家李盛铎,堂号木犀轩,藏书数量多、质量高,具有很高的学术价值。本文在考察李氏家世生平、仕宦行迹基础上,研究了李氏藏书的特点。文中指出,李盛铎的藏书宋元本多、旧抄本多、稿本校本多、日本古籍多,对古籍整理、版本校勘等研究工作具有重要的文献价值。

2128

目录对古籍版本的记录与研究[J]/程千帆,徐有富. --南京大学学报(哲学人文科学社会科学),1989,02:41 - 46

本文就目录对古籍版本的记录与研究问题做了研究,并将对不同抄本的记录与研究追溯到汉代刘向的《别录》。文中还指出,行格表、书影(版刻图录)以及经过汇编的藏书或刻书题跋,皆为记录与研究古籍版本的特殊目录形式。

2129

目录索引的编制工作——古籍资料整理的一点体会[J]/俞黎华. --情报资料工作,1988,05:52-54

古籍整理研究工作对相关资料的掌握、搜集的依赖程度很高,某些研究成果就是广泛辑录整理已有文献资料的工作。本文从甘为他人作嫁衣,质量——全、准、快,处理具体问题时的几点体会,论述了作者在古籍资料整理过程中,对目录索引的编制这部分工作的心得体会。

2130

目录学、版本学在古医籍研阅中的运用[J]/高越敏,胡滨. --浙江中医学院学报(后更名为浙江中医药大学学报),1986,06:37-39

本文讨论了目录学和版本学知识在整理研究中医古籍工作中的作用,介绍了《医学薪传》《医学读书志》等重要的医学书目,以及中国中医研究院(后更名为中国中医科学院)医史文献研究所马继兴研究员整理的中医善本十条标准。

2131

目录学的新收获——小说书目书纵谈[J]/杨华. --中国图书评论,1993,03:86-87

本文就1983年至1992年期间小说书目领域取得的成就进行了论述,列举《中国文言小说书目》《中国通俗小说总目提要》《小说书坊录》等具有代表性的作品加以介绍,认为小说书目呈现繁荣景象,且日臻完善。

2132

目录学对古籍整理的功用[J]/严佐之. --图书馆杂志,1982,04:19-21

目录学是在整理古籍中产生和发展的,目录学不断完善又大大便利和促进了古籍整理研究的开展。本文从古籍整理的具体实际出发,从规划整理的依据、选择校本的参考、指导整理的门径、文献参考的资证、撰写提要的借鉴五方面,对目录学对古籍整理的功用进行了探讨。

2133

目录学在学术研究中的作用[J]/李文林. --江汉大学学报(后更名为江汉大学学报)(社会科学版),1993,02:114-116

本文从目录学是读书治学入门之学、目录学是了解学术源流的工具以及目录学是整理古籍的基础几个角度,说明了目录学在学术研究中的作用。

2134

目录学在中医古籍整理中的作用[J]/张一红. --山东图书馆季刊,1999,03:100-101

本文从目录学是制定中医古籍整理规划的依据,目录学是提供选择校本的最佳途径,目录学对中医文献辨章学术、考镜源流的作用三个方面,分析目录学对中医古籍整理的重要作用。文中指出,我们必须学会利用各种古籍书目和现代目录,掌握了解中医古籍的版本和特点,为做好中医古籍整理工作奠定坚实的基础。

N

2135

那坡彝族开路经[M]/张声震主编;王光荣,农秀英搜集译注. --南宁:广西民族古籍办公室,1998

本书是彝族民间祭祀和葬礼诵词,内容集天文、地理、历史、文学、艺术于一体。经文重点叙述桂西和桂西北彝族先民迁徙历史,反映当地彝族居住、婚姻、饮食等方面习俗和伦理道德观念以及思想文化意识。本书保存了彝族大量的神话和故事,是研究彝族古代社会风貌、习俗、历史和先民哲学观念、思想意识的重要资料,也是一部反映彝族古代社会生活的史诗。

2136

那彦成青海奏议[M]/(清)那彦成著;宋挺生校注. --西宁:青海人民出版社,1997

本书依清朝大臣那彦成任职先后,将收入《那文毅公奏议》中的文献资料,按三编重新编次,包括《西宁办事大臣奏议》《二任陕甘总督奏议》《三任陕甘总督奏议》,并收入插图多幅。

2137

纳西东巴古籍译注全集[M]/《纳西东巴古籍译注全集》编委会. --昆明:云南人民出版社,1999

本书共100卷,收录了用纳西族东巴文撰写的上千种数万册东巴古籍,统一采用直观的四对照译注体例(即古籍象形文原文、国际音标注纳西语音、汉文直译对注和汉语意译)加以译注。按东巴古籍传统分类法,分为祈神类、禳鬼类、丧葬类、占卜类及其他类(包括舞蹈、杂言、药书)等五大类。

2138

纳西东巴古籍与语言研究[J]/李例芬. --云南民族学院学报(哲学社会科学版)(后更名为云南民族大学学报),1997,04:69 - 73

纳西东巴古籍,即东巴经,是纳西族原始宗教文化东巴文化的主要载体。本文通过对东巴经语言特征的研究,探讨了东巴古籍作语言学研究的前景问题。文中指出,东巴经语言具有口语特色的书面语、与早期文字相对应的书面语、东巴文的历时性与共时性并存等特征,若对其进行深入研究,有利于更好地认识语言与思维、文化的关系,并把握纳西语的演变情况。

2139

纳西东巴文化要籍及传承概览[M]/卜金荣主编. --昆明:云南民族出版社,1999

本书是一本研究纳西族文化的入门书,介绍了东巴古籍及其主要内容、研究东巴文化著作、辞书及相关的纳西族著作;东巴文化传人——东巴;纳西族及国内外部分研究者及传承场等内容。

2140

《南词新谱》刻本问题初探[J]/王昭洲. --西北大学学报(哲学社会科学版),1989,01:91 - 93

某出版社1985年将《南词新谱》影印出版,版本定为"明嘉靖刻本"。本文根据作者生卒年代、刻书记述和成书的时代特点等,考证出该书并非明嘉靖刻本。

2141

南华经寓言释义[D]/郑振复. --政治大学(台湾地区),1978

《南华经》是庄子及其后学所著,为道家主要代表作品,以寓言故事形式阐发哲理。本文讨论了《南华经》的终极理想"无待而作逍遥之游",《南华经》的思想"枢纽道",《南华经》终极理想的实现工夫,《南华经》体道的原则、程序与态度等哲学问题。

2142

南京大学图书馆藏古籍善本图书目录(附

书名、著者索引)[M]/南京大学图书馆编. --南京:南京大学出版社,1980

南京大学图书馆参照"历史文物性、学术资料性及艺术代表性"等标准,选出馆藏善本1400余种两万余册整理编成此目录,主要来源为南京大学前身中央大学、金陵大学图书馆的藏书,计有宋刻本三种、元刻本三种,其余大多是明刻本。品种内容以地方志较突出,以别集较多,其次是类书。每部书除著录题名、著者、卷数、版本等基本信息外,还著录了行款情况,便于比对查询。书目后附书名和著者索引方便查阅。

2143

南京师范大学中国文学数位系统——唐宋金元词文库[J]/罗凤珠. --书目季刊(在台湾地区发表)1998,02:11 - 17

本文对南京师范大学自1989年起,在当代词学大师唐圭璋先生亲自指导之下,完成的《全宋词》计算机检索系统进行介绍。该系统包含唐圭璋先生主编的《全宋词》及孔凡礼先生补辑的《全宋词补辑》,收词作21000余阕,一千多位词人的生平简介资料,提供全文检索功能,可从作者、词牌、词牌正名、宫调和首句等词目作单项或组合检索,并可在任意词目范围内,对字、词、句及其使用频率进行检索和统计。

2144

南京图书馆古籍楼珍藏揭秘[J]/陈思丰. --江苏图书馆学报(后更名为新世纪图书馆),1995,06:29 - 30

南京图书馆古籍楼坐落在南京清凉山脚下,藏有150余万册古籍书和十万册国家级珍贵善本古籍,本文择取《大方广佛华严经》《妙法莲华经》《蟠室老人文集》《云仙散录》等有代表性的作品加以介绍,并指出太平天国史料较多、地方志收藏品种多是南京图书馆古籍楼的特色。

2145

南开大学图书馆古籍藏书概览(上)[J]/江晓敏,来新夏. --津图学刊,1996,02:114 - 121

本文介绍了20世纪90年代南开大学图书馆馆藏古籍的源流与现状。南开大学图书馆中文线装古籍中含有1900多种约3万册善本,包括宋元刻本24部,明刻本640余部,清初精刻本900余部,明清抄本近300部,手稿本72部,写本及韩、和刻本40余部,依据版本类别逐一进行了介绍。

2146

南开大学图书馆古籍藏书概览(下)[J]/江晓敏,来新夏. --津图学刊,1996,03:93 - 103

同上。

2147

南开大学图书馆馆藏古籍善本书目[M]/南开大学图书馆编. --天津:南开大学出版社,1990

本书参照《全国古籍善本书总目》馆藏善本目录收录范围,收录清乾隆前的印本、辛亥革命以前历代手稿本、有学术价值的抄本、名家学者的题识本等总计1800余种,约44800余卷。

2148

南明遗民诗集叙录[D]/许淑敏. --成功大学(台湾地区),1988

本文考察了始自曹学佺《曹学佺诗》至姜实节《鹤涧先生遗诗》止的六十四家南明遗民诗集情况。考述了每部著作作者的生平事迹、学术源流、诗文著作等。而针对诗集本身,则比较了版刻及流传情形,分析了内容、卷数、目录等,并以意象语言依分体、编年或综合二者的方式加以评论,间或举例说明,最后归纳了南明遗民诗形成的因素及其特色、影响。

2149

南齐书本纪校注[D]/王永诚. --台湾师范大学(台湾地区),1970

萧子显《南齐书》自宋治平镂版以来,诸文章多互异讹脱。本文就本纪部分进行了校注研究,以清武英殿版为底本,以宋蜀大字本、明南监本、毛氏汲古阁本为参校,并参稽资料对原文进行注释。认为南监本多据《南史》校订,毛本则参合宋本及北雍本以成书,清殿本则矩矱北雍而鲜有违异。各个版本都有不少错漏讹文之处。

2150

南宋爱国志士华岳及其遗著——《翠微南

征录》《翠微北征录》整理札记[J]/马君骅. --
古籍研究,1998,01:39 – 43

本文记录了作者整理南宋爱国志士华岳
及其遗著《翠微南征录》和《翠微北征录》的过
程,从两书版本、作者情况、书的内容和体例
等方面进行了考查,翻阅了大量历史资料后,
将情况记录于文中。

2151

南宋出版家陈起研究[D]/黄韵静. --东海
大学(台湾地区),1993

本文在考察南宋出版家兼诗人陈起生平
交游的基础上,研究了其《江湖集》辑书的背
景、整理和流传情况,重点考察了陈起的刻书
事迹,亦对书棚本进行了界定和评价。经整
理,此文于2006年由台湾花木兰文化出版社
发行。

2152

南宋古文评点研究[D]/张秀惠. --政治大
学(台湾地区),1986

本文探讨了南宋古文评点的批评方法及
其价值。文中依次分析了吕祖谦与《古文关
键》、楼昉与《崇古文诀》、真德秀与《文章正
宗》、谢枋得与《文章轨范》等四部南宋时期主
要的古文评点著作,比较了四家的编纂目的、
选文特色、评点标准等内容,总结了南宋古文
评点的特色与价值。

2153

南宋馆阁典籍考[D]/李健祥. --政治大学
(台湾地区),1975

本文研究了南宋一朝馆阁典藏及校理书
籍的情况。文中回顾了靖康建炎间图籍散
佚、南宋访书的历史,考证南宋各藏书处所的
藏庋情形,以及南宋馆阁校理图书的状况,探
讨了南宋馆阁校书对当时私家校书及后世校
雠图籍的影响,叙述了南宋末年天灾人祸导
致的图籍散佚。本文于2005年由台湾花木兰
文化出版社发行。

2154

南宋浙刻本《经典释文》[J]/丁瑜. --文献,
1980,01:181 – 184

《经典释文》三十卷,唐陆德明撰。本文

对南宋浙刻本《经典释文》的作者、内容、式
样、源流进行了介绍。

2155

南通师范专科学校图书馆线装古籍书目
[M]/南通师范专科学校图书馆编. --南通:南
通师范专科学校图书馆,1985

本书目按照四部分类,每部书均著录题
名、卷数、著者和版本情况。书后附日本刊本
和善本书目。

2156

南通图书馆古籍书库的防霉处理[J]/龚德
才,徐飞. --东南文化,1991,05:308 – 310

本文介绍了南通图书馆解决古籍库房书
籍和书橱霉变问题的经验和取得的效果。文
中指出,由于缺乏专业的设备和场地,当时常
用的清洗法和熏蒸法都不适合该馆。为了开
展大面积除霉和防霉工作,该馆采用了
NMF – 1防霉液喷洒法。

2157

南图古籍部搬迁记[J]/赵锐. --图书馆,
1996,05:81 – 82

南京图书馆古籍部由于库房年久失修,
屋漏墙倾,霉迹斑斑,珍贵古籍不能得到应有
保护,江苏省政府投资建设了新的古籍楼。
本文记述了南京图书馆古籍从1993年年底具
体搬迁方案出台,至1995年上旬正式搬迁到
新古籍楼的过程。

2158

南有堂集[M]/(明)王穉登撰. --台北:正
中书局(台湾地区),1970

本书为明代学者王穉登的诗文集。

2159

**《内蒙古自治区线装古籍联合目录》的编纂
工作将告成功[J]**/何远景. --内蒙古图书馆工
作,1995,Z2:48

本文介绍了《内蒙古自治区线装古籍联
合目录》编纂的缘起和过程,认为该目录的编
纂是编纂全国古籍联合目录的先声。

2160

能改斋漫录(饮食部分)[M]/(南宋)吴曾
撰;王仁湘注释. --北京:中国商业出版

社,1986

《能改斋漫录》是南宋笔记小说,卷十五"方物"门大多言饮食出产,关于食品名称的考订、唐宋及魏晋时期饮食风尚的文字散见于其他各卷中。本书将这些饮食烹饪的有关内容一并选出,加以注译。所选各条仍按原卷次排列,便于读者查对。

2161

尼山萨满传[M]/赵展译. --沈阳:辽宁人民出版社,1988

本书是辽宁整理出版少数民族古籍的可喜成果。讲述了一个罗洛屯老员外的骄子,打猎不幸身亡。尼山萨满以其高超的神力为他赴阴寻魂,遭遇各种艰难险阻,一路闯关,终于夺回员外儿子的灵魂,使他起死回生的故事。这则传说中不但包含有大量的反映北方原始宗教萨满教教义、仪式、信仰等内容,也记录有反映古代满族民间社会生活、生产习俗的资料。

2162

廿二史札记[M]/(清)赵翼撰. --台北:华世出版社(台湾地区),1977

本书由清代著名学者赵翼著,三十六卷,补遗一卷,总计条目约600余条,为作者读史之笔记,内容以研究历代正史为主。与钱大昕《二十二史考异》、王鸣盛《十七史商榷》并称为清代三大史学名著。

2163

《〈农说〉的整理和研究》评说[J]/缪启愉. --农业考古,1991,03:167 – 168

本文是为宋湛庆《〈农说〉的整理和研究》一书所作的书评,介绍了该书的内容、特点和学术价值。

2164

农业古籍版本鉴别浅说[J]/肖克之. --古今农业,1997,02:83 – 89

本文以农业古籍为例,从选择善本、版本类型与鉴别方法两方面论述,指出古籍版本错综复杂,单凭一种方法鉴别不行,必须考虑各种情况,详察精审,综合鉴定,才能减少误差,使好的本子发扬光大,古为今用。

2165

农业古籍联合目录[M]/中国农学会农业历史学会编. --北京:中国农学会农业历史学会,1990

本书是一部农史研究的工具书,收书范围包括广义的农业古籍、与农业有直接关系的古籍、校注和解释农业古籍的图书。上述农业古籍的不同版本分别著录,总共收录2634种。

2166

农业古籍整理出版概况[J]/肖克之,李兆昆. --古今农业,1990,01:167 – 172

由于年代久远,加之天灾人祸,不少农业古籍或残缺或亡佚,或因辗转抄刻而讹误,开展农业古籍整理是一项重要但又极为繁杂的工作。中华人民共和国成立四十年来的农业古籍整理工作,走的是一条曲折坎坷的发展道路。本文概述四十年来农业古籍整理工作,指出存在的问题。

2167

浓墨重彩写春秋——巴蜀书社巡礼[J]/转自《古籍新书目》第73期. --古籍整理研究学刊,1995,05:49

本文介绍了巴蜀书社成立十余年来整理出版《道藏辑要》《古今图书集成》《中国地方志集成·四川辑》《藏外道书》《佛藏辑要》《全宋文》《中国野史集成》等重要典籍的情况。

2168

《女科经纶》编撰特色[J]/郭瑞华,吴群. --山东中医药大学学报,1999,04:219 – 220

《女科经纶》为清代医家肖埙编撰,约成书于清康熙二十三年(1684),是一部中医妇产科理论专著。本文对该书在编撰体例上的特色进行了探讨,认为该书对中医妇产科理论研究、教学、临床都具有重要参考价值,而且为中医妇产科著作的编撰提供了可贵的借鉴。

O

2169

欧美各国所藏中国古籍简介[J]/钱存训.--
图书馆学通讯（后更名为中国图书馆学报），
1987,04:57－67＋6＋84

　　本文介绍了欧美各国所藏的中国古籍，
包括欧美收藏与汉学研究、欧美收藏的特色
与重要性，并概括了英、法、德、苏联和北美等
国家的图书馆与博物馆的收藏情况。此外，
本文还就欧美各国所藏的中国古籍研究现状
进行分析，认为应当详细调查、加强合作，更
好地发挥古籍的价值。

2170

欧阳修在古籍整理上的贡献[J]/萧鲁阳.--

史学月刊,1983,02:40－44

　　本文介绍了欧阳修在古籍整理上的贡
献。长时间以来，欧阳修在文学等方面的成
就掩盖了他在古籍整理方面的建树，以至他
在整理古籍方面的贡献，历来很少有人论及。
实际上，欧阳修长期在馆阁任职，别朱紫，校
秘文，代表了那一时期的最高水平，他对于古
籍整理和古籍整理队伍建设方面的一些意
见，对于宋代的古籍整理和后来系统的校勘
学理论的形成，都曾有过巨大影响。

2171

《潘景郑先生书简》后记［J］/王贵枕.--广州师院学报(社会科学版)(后更名为广州师院学报),1997,01:23－24

本文系《潘景郑先生书简》后记,介绍了古籍版本学家潘景郑先生的治学历程及其在长期学术实践中积累的丰硕成果,并将潘先生的主要论著和历次捐献给国家的古籍、金石拓片等略作简介。

2172

裴松之三国志注引杂传集释［J］/逯耀东.--台湾大学历史学系学报(在台湾地区发表)1974,01:1－18

三国志裴松之注繁富,网罗经史二百余种,其引书目录,带有纂辑。唯其中杂传一目,多隋唐二志所未著录。各家之说,兼有抵牾。本文脟聚前贤时彦之作,兼述己意,区分郡书、别传、类传、家传、志异五目,勒成斯篇。

2173

裴铏及其《传奇》［J］/陈君谋.--苏州大学学报(哲学社会科学版),1982,S1:17－21

《传奇》一书于清初即已散佚,作者裴铏事迹又不见史传,实为小说史上一憾事。上海古籍出版社出版了周楞伽同志辑注的《裴铏传奇》,使散佚的《传奇》重现于世,堪称快事。本文对《传奇》及其作者裴铏进行分析研究。

2174

蓬舟吹取三山去——记海峡两岸的古籍研究与合作［J］/毛蓉君.--两岸关系,1998,09:47－48

本文是一篇采访稿,主要通过采访全国古籍研究整理委员会秘书长、北大中文系杨忠教授,介绍了20世纪90年代以来海峡两岸古籍研究学者的交流合作情况。

2175

披沙终见宝,苦草何成编——"六绝"群书异释说略［J］/王同策.--古籍整理研究学刊,1992,04:1－3

本文以古籍中出现的"李邕六绝"解释为例,说明古籍注释是一项颇不易做的工作,"未历实践尝得个中甘苦者,易以'不过就是查查词书'"而轻忽之,是极其错误的。文中指出,古籍注释全过程贯彻着研究,需要坚实的功底。

2176

平津馆鉴藏记附补遗续编［M］/(清)孙星衍撰.--北京:中华书局,1985

《平津馆鉴藏记》三卷,是清代乾嘉学者孙星衍所著的善本目录,是清代版本目录学史上的名著,具有承前启后的重要作用。平津馆所藏书籍绝大部分由金陵孙氏祠堂转运过来,其数量几乎占孙氏藏书的一半,而《平津馆鉴藏记》只著录了其中的338部,堪称孙氏藏书之精品。每书著录书名、卷数,于首次出现时介绍、考证作者、注者、编者、校刊者、收藏者等,考订版刻时地、辨析版本源流、描述版本特色、评价学术价值,记录题识、藏书印等情况。

2177

评白话《通鉴》《三国鼎立》分册［J］/卢心铭.--古籍整理研究学刊,1988,02:20－26

本文提出柏杨白话文《资治通鉴》中《三国鼎立》分册译注中存在的一些问题,包括译文同原著不符、译文语句增添不当、译文删节不当或漏译、典故译注不确切、职官译注欠准确、词语译注有讹误等。

2178

评"白话译本《资治通鉴》"［J］/高振铎.--古籍整理研究学刊,1986,01:7－12

本文将台湾柏杨先生的白话译本《资治通鉴》与《通鉴》原文进行了对照研究，从今译的目的、翻译方案等几个方面展开探讨，为我们今后寻求古籍今译的合适做法提供一定借鉴。

2179

评曹之先生的《中国古籍版本学》[J]/王承略. --山东图书馆季刊,1993,04:53 - 55

本文是为曹之先生《中国古籍版本学》一书所做的书评。文中指出，该书体现出了体系新、材料新、信息量大等特点，既有概念逻辑的严密性，又有文学语言的形象美，代表了中国当代版本学研究的最高水平。

2180

评重版《宋词选》[J]/曹济平. --南京师大学报（社会科学版）,1978,03:68 - 71

本文是为上海古籍出版社重版发行的胡云翼《宋词选》一书所作的书评。文中指出，该书冲破旧选本藩篱，而又能吸取前人选本长处，内容取舍也显功夫，有注释、串解、说明，不失为一部有特色的宋词选本，确有重印之必要。但该书选本未收录李纲的词、引用材料辨伪上还存在误差、搞错了张元幹的生卒年等，仍存在可商榷地方。

2181

评《楚辞新考》[J]/姚汉荣,姚益心. --四川师院学报（社会科学版）,1984,03:11 - 21

20 世纪初廖季平率先提出"屈原否定论"，但影响甚微。到了 20 年代，经胡适进一步煽动，"屈原否定论"遂成为学术界的一股思潮。何天行 1937 年的《楚辞新考》，是"屈原否定论"中有代表性的一部著作。本文对这部旧作进行再讨论，认为该书存在断章取义等缺点，理应受到批判。

2182

评《春秋左传集解》标点本之标点[J]/陈煦. --史学史研究,1983,02:76 - 80

本文指出，上海人民出版社《春秋左传集解》标点本的标点有不少地方可以商榷，仅就属上而误下、属下而误上、当断不断、不当断而断四大类，依次进行了举例分析。

2183

评点校本《唐律疏议》[J]/王应瑄. --武汉大学学报（哲学社会科学版）,1985 ,01:51 - 56

本文指出点校本《唐律疏议》校勘好、标点好、编目好、附录好，上述四好足以说明该点校本工作的繁重艰难和贡献的难能可贵。同时还就该书点校工作中尚可研究的一些问题提出商榷意见。

2184

评《后汉纪校注》[J]/孟素卿. --南京大学学报（哲学人文科学社会科学）,1991,01:164 - 175

本文是为天津古籍出版社 1987 年 12 月出版的周天游先生《后汉纪校注》一书所作的述评，认为该书存在以下几种问题：《前言》中多不实之词；遇所不解，奋笔随意改窜；断章取义，移花接木；顾此失彼，背离史实；盲从前人之误注等。对于这些问题，本文举实例一一加以说明，希望新版面世后，能够减少错误。

2185

评《华阳国志校注》[J]/刘重来. --史学史研究,1986,02:76 - 80

东晋史学家常璩《华阳国志》是我国现存最早的一部地方史专著，刘琳同志出版了《华阳国志校注》。本文从纠谬存疑，写成定本；征引浩博，内容清新；传古通今，独具匠心等方面，指出该书将古籍整理与古籍研究熔为一炉，是近年来古籍整理出版的众书中质量较高、颇具特色的一部校注书。

2186

评《简明中国古籍辞典》[J]/傅卓荦. --辞书研究,1990,03:118 - 125

本文是为吴枫主编《简明中国古籍辞典》一书所作的书评。文中指出，该书总体结构、词条结构、检索系统都显现出编者较高的学术水平。但该书在吸收新的学术成果、编撰体例等方面还有提升的空间，文中校订了该书出现的一些疏误。

2187

评两部《纬书集成》[J]/刘国忠. --传统文

化与现代化,1996,03:90－95

1994 年,河北人民出版社与上海古籍出版社各自推出了一套《纬书集成》。本文将其放到学术史背景中加以考察,从对纬书的辑佚和研究史、河北版《纬书集成》与上海版《纬书集成》评介三方面进行分析,指出纬学研究需要有纬学辑佚作前提,从目前中日两国学者成果看,这一工作并没有达到尽善尽美。

2188

评《卢照邻集笺注》[J]/徐平.--中国文学研究,1996,03:93－94

本文是为祝尚书《卢照邻集笺注》一书所作的书评。文中指出,该书辑佚辨伪态度审慎,笺注精审繁简得宜,也对该书的不足之处做了较为公允的评价。

2189

评《七国考订补》[J]/袁庭栋.--四川大学学报(哲学社会科学版),1988,01:106－112

本文为作者读缪文远同志《七国考订补》一书后所做,认为该书成功之处有两点,一是大量采用最新出土的考古材料,不局限于古代典籍;二是大量的订补,该书订补文字有49.1 万字,比原书文字多一倍还多。但该书仍有不足之处,如判断欠准、可补未补、可查未查、尚欠精审等。

2190

评《屈原集校注》[J]/黄灵庚.--文献,1997,04:178－186

本文是为中华书局 1996 年 8 月出版的金开城、董洪利、高路明《屈原集校注》一书所作的书评。文中指出,该书广泛吸收前人校勘成果,并补充了一些新材料,且释义详尽。但不足之处是在文字校勘方面,不够精审;征引唐宋以前文献所存《楚辞》零句的出处,基本上是抄录刘师培《楚辞考异》和姜亮夫《屈原赋校注》,且多未注明出处等。

2191

评述几部和刻本类书[J]/王建.--贵州文史丛刊,1998,03:37－41

本文介绍了几部中国所罕见或失传的和刻本类书,分别是明代璩昆玉纂,叶文懋校的《新刊古今类书纂要》;明代丘溶纂,卢元昌补的《新镌详解丘琼山故事必读成语考》;明代丘济纂《新刻丘琼山故事雕龙》;佚名《分类合璧图像句解君臣故事》;清代黄运纂,黄裕、侯文灯合参《锦字笺》;清代朱琰纂《词林介璧》。

2192

评《图书馆古籍编目》[J]/黄永年.--陕西师大学报(后更名为陕西师范大学学报)(哲学社会科学版),1986,03:118－122＋107

本文校订了 1985 年中华书局出版的高等院校图书馆学系专业课教材《图书馆古籍编目》一书,并列举了书中常见的《十三经》《二十四史》等问题。

2193

评王新华主持编辑的"中医古籍小丛书"[J]/樊友平,李薇,郑丽红,曲秀华.--中医药文化,1992,01:31－34

本文校订了王新华主编的《中医古籍小丛书》中存在的标点、校勘、注释方面的问题。

2194

评俞樾对中国文献学的贡献[J]/孙福喜.--西北第二民族学院学报(哲学社会科学版)(后更名为北方民族大学学报),1993,04:40－45

本文介绍俞樾培养章太炎等大批著名学者,还曾总办浙江书局,精刻子书 22 种,并建议江、浙、扬、鄂四书局分刻二十四史,为传播保存中国古代文献做出了重大贡献。

2195

评《中国版刻图录》[J]/李景文,展鹏飞.--河南大学学报(社会科学版),1991,04:120－123

本文是为北京图书馆编《中国版刻图录》一书所作的书评。文中指出,该书共收唐至清各代优秀刻本书籍 500 部,图版 660 余幅,分为版刻、活字、版画三大部分。作者给予该书较高评价,认为该书版本鉴定态度严谨,源流发展阐述清晰,充分反映了我国古代科技与雕版技艺的巨大成就。

2196

评《中国古籍善本书目》[J]/吴旭民.--图

书馆杂志,1986,04:53-55

本文是《中国古籍善本书目》书评,将该书和历代几种主要的官修书目作比较,分析其特点。文中指出,该书是一部反映我国(除台湾地区外)当代收藏古籍善本的大型目录工具书,著录全国各地图书馆、博物馆等781个单位所藏古籍善本约六万多种十三万部,分经部、史部、子部、集部和丛书部五部,是我国传世古籍善本的一次大总结和大检阅,无论从著录典籍数量还是内容上,都是历代官修书目和私撰书目无法比拟的。

2197

评《中国古籍中有关柬埔寨资料汇编》[J]/李长林. --印度支那(后更名为东南亚纵横),1989,02:63-64

本文是为中华书局 1986 年出版的陆峻岭、周绍泉编《中国古籍中有关柬埔寨资料汇编》一书所作的书评。文中指出,该书正文连同附录共 19 万字,引用著述达 125 种,包括正史、典籍、稗史、杂乘、地志、行记等。文中还指出了该书在引用文献和注释等方面的不足之处。

2198

评《中国人民大学图书馆古籍善本书目》[J]/崔建英. --中国人民大学学报,1992,02:121-122

中国人民大学图书馆古籍收藏丰富,其馆藏古籍善本书目历时十年编撰完成。本文介绍了该部书目的特点,指出该书目解决了很多善本书目编辑中的普遍性问题,体现在辩证地处理善本范围,摆脱旧有的拘泥见解;历验前人成果,认真审辨,纠正了很多前人著录的错误;提供了鉴别版本的参考素材。

2199

评钟振振校注本《东山词》[J]/杨海明. --文学遗产,1991,04:103-106

本文是为上海古籍出版社出版的钟振振校注的《东山词》一书所作的书评。文中指出,该书在全国众多古籍整理成果中称得上是上乘之作。校注者凭深厚的学术功底、严谨的学风,将乾嘉学派治经史的方法用来治

词,使此书在校勘、笺注、编年、资料汇集等方面,都显示出完备、精审、多所发明的特色。

2200

评周振甫的《李商隐选集》[J]/盖国梁. --中国图书评论,1987,01:82-88

本文是为上海古籍出版社出版的周振甫《李商隐选集》一书所作的书评。文中指出,周先生研究李商隐用力极勤,以进行学术研究的态度来选注这本集子,认为该书是一部对李商隐研究有所创见、学术质量较高的著作。

2201

评《左氏春秋译注》[J]/刘宪鲁. --社会科学战线,1995,04:281-282

在近些年出版的数种注释、今译《春秋左传》著作中,顾宝田、陈福林撰写的《左氏春秋译注》(吉林文史出版社 1995 年 5 月出版)是颇具特色的一种。本书指出《左氏春秋译注》在文字训释、详略取舍、形式安排等方面都有值得重视与借鉴之处。

2202

破坏档案的奸臣贼子秦桧[J]/成言. --山西档案,1988,03:46

本文根据《宋史·奸臣传》记载,叙述了秦桧为掩盖其降金丑史,利用宰相之权,肆意篡改档案、焚毁书籍、破坏历史文化财富等情况。

2203

破损古籍的良医——古籍修复技术[J]/解说. --兰台世界,1996,08:24-25

本文从修书前的准备工作、为古书施术修复以及恢复古籍原貌三个步骤,介绍了我国古老的古籍修复技术。

2204

《菩提道灯难处释》探微[J]/陈玉蛟. --中华佛学学报(在台湾地区发表)1991,04:341-359

阿底峡的《菩提道灯难处释》,是属于"道次第"一类的论典。因其内容偏重宗教实践,没有严密的逻辑论证,没有庞大精深的思想体系,读起来并不费力。本文探讨此论释的

版本、真伪、特色、对西藏佛教的影响,以及与《菩提道次第广论》异同之辨等几个问题,希望借此能对《菩提道灯难处释》得一全盘的了解。

2205

普林斯敦大学葛思德东方图书馆中文善本书志[M]/屈万里.--台北:艺文印书馆(台湾地区),1975

本书是屈万里先生担任美国普林斯顿大学访问学者期间,整理该校葛思德东方图书馆善本古籍的成果。

2206

普林斯顿大学葛思德东方图书馆中文旧籍书目[M]/昌彼得,吴哲夫等编.--台北:台湾商务印书馆(台湾地区),1990

本书是昌彼得等学者的编目成果,可称作是北美地区第一部著录翔实、涵盖所有葛思德馆藏中清代古籍的书目,著录古籍约2800部。

2207

溥仪赏溥杰宫中古籍及书画目录(上)[J]/方裕谨.--历史档案,1996,01:88-96+12

溥仪1922年为筹措出洋经费,以赏赐之名,将紫禁城中最值钱的古籍和字画运出宫外,存到天津租界。本文据相关档案,分上下两篇,将1922年9月6日至1923年2月3日运出宫中的书籍和字画目录予以公布。

2208

溥仪赏溥杰宫中古籍及书画目录(下)[J]/方裕谨.--历史档案,1996,02:62-73

同上。

2209

《曝书亭集》古文系年考[J]/朱则杰.--浙江大学学报(社会科学版),1991,01:84-90

清初文学家朱彝尊《曝书亭集》于诗采用编年排列;词分四个小集,各集之中,亦略具编年之意;唯古文以类相次编年难审。杨谦《朱竹垞先生年谱》曾将其中作期较为明确之作依年编入,然而所余尚多,且已编之作亦时有舛误。本文考证《曝书亭集》古文系年,以期补正杨书之阙讹。

Q

2210

齐国彝铭汇考[D]/江淑惠.--台湾大学(台湾地区),1985

本文汇考起自春秋、迄至战国,凡三百余年间的齐国彝铭。资料收录以曾毅公《山东金文集存》所录齐器为主,并根据严一萍《金文总集》及各类考古出土报告进行复核,计收六十九器,铭文四十二篇。

2211

《齐民要术校释》第二版读后感[J]/闵宗殿.--中国农史,1999,01:111-113

本文对《齐民要术校释》第二版的校释相较于第一版的变化作了论述,并指出第二版增加了新的校和注;舍弃旧说,重作新注;在旧注基础上作了相当大的修改和补充。

2212

齐齐哈尔市图书馆馆藏古籍善本书目[M]/齐齐哈尔市图书馆编.--齐齐哈尔:齐齐哈尔市图书馆,1981

本书系齐齐哈尔市图书馆馆藏古籍善本书目,共收录善本318种6283册。其中三分之二列入《全国古籍善本书总目》,另有三分之一,根据该馆清刻本居多的情况,列入该馆善本。总体上划分为经、史、子、集四部分,每部书均著录题名、卷数、著者、版本情况。

2213

齐市图书馆古籍藏书的特点和利用[J]/王洪生.--黑龙江图书馆,1985,S1:135-136

本文介绍了齐齐哈尔市图书馆的藏书情况及特点。该馆馆藏线装古籍六千余种,近十二万册。这些书经过几个不同历史时期,通过采购、征集和交换等各种渠道收藏入库。收藏的各种版本古籍由少到多,逐渐形成了一个较完整的藏书体系,经、史、子、集、丛各类图书略备。本文提出了大幅度调整排架、明确工作重点为科研服务、举办各种展览等利用建议。

2214

齐音[M]/(明)王象春著;张昆河,张健之注.--济南:济南出版社,1993

本书为山东省古籍整理项目。《齐音》又名《济南百咏》,为济南竹枝词中的上乘之作,今以张昆河、张健之注释本最为便读。该诗集共收录诗作107首,咏颂了济南的山水泉湖、名胜古迹、节令风俗、神话传说、历史人物、社会现象诸方面。所收每一首诗均为七言绝句。每首诗之后附有笺注,或说明本事,或作辨证,以抒发诗中不尽之意。总体看来,不失为反映现实的优秀之作。

2215

祁承㸁及澹生堂藏书研究[D]/严倚帆.--台湾大学(台湾地区),1987

本文研究了明末藏书家祁承㸁澹生堂的藏书及其在图书目录学上的成就。以祁氏本人的著述为主体(包括《澹生堂集》《澹生堂藏书目》《藏书约》《祁氏之传记》等),参考清代以来论及祁氏《澹生堂集》的各种文献,以历史研究法来研究祁承㸁生平传略及藏书情形。该论文于1991年由台湾汉美图书有限公司整理出版。

2216

千顷堂书目研究[D]/周彦文.--东吴大学(台湾地区),1985

黄虞稷是清代著名藏书家。经过黄氏父子两代人的努力,千顷堂藏书增扩至八万余卷,《千顷堂书目》共计三十二卷,为清代一部重要藏书目录。本文考察了黄氏父子生平事迹,《千顷堂书目》成书背景及依据、传本、其收书著录的体例、分类等问题,讨论了《千顷堂书目》与《明史·艺文志》的渊源关系等,也对该书目做出了较为公允的评价。

2217

铅丹防蠹纸的研究[J]/周宝中,王菊芬,宋曼.--中国历史博物馆馆刊,1980,00:194－206＋193

本文主要介绍了清代以来流传于广东地区的万年红纸,还对蠹鱼、毛衣鱼等虫害以及铅丹防蠹纸的仿制方法和应用进行了简要说明。万年红纸有防蠹作用,但并非古代民间制作的万年红纸一律都能防蠹,其配方、成分、效果也不一致,不能把万年红纸统称为防蠹纸。通过实验,万年红纸起防蠹作用的橘红色涂料为铅的化合物,若不含铅,则难免蠹患。

2218

前国立暨南大学线装古籍书清册[M]/国立暨南大学.--广州:国立暨南大学,1951

暨南大学校本部图书馆入选国家古籍保护中心颁布的第二批古籍保护重点单位名录。馆藏线装古籍约1万种12万余册。其中善本古籍近500种5000册;国学大师章太炎先生藏书300余种近4000册,内有章太炎手批或手校本,为国内罕见;原版1949年前期刊约500种2000多册。本书系前国立暨南大学线装古籍书清册。

2219

钱谦益藏书研究[D]/简秀娟.--台湾大学(台湾地区),1989

本文介绍了清初著名藏书家钱谦益的家世、传略、交游及其著述情况;研究了钱氏藏书聚散始末、收藏的内容与特色以及对图书文献之征访、整理与利用情形;分析了钱谦益对诸书目录、题跋之见解,与《绛云楼书目》之成书、版本流传及其分类体系;探讨了钱谦益在图书文献史、目录、版本学史上的地位。

2220

乾隆抄本百廿回红楼梦稿研究[D]/王锡龄.--中国文化大学(台湾地区),1976

本文是红学家潘重规先生在中国文化大学指导的第一本硕士论文,介绍了乾隆百廿回抄本《红楼梦》的发现过程,讨论了全抄本

与程高本序文及引言、全抄本的题签等内容。研究结论印证了潘先生的红学观点,即《红楼梦》是一部将真事隐去的隐书,其主旨是反清复明,作者是隐姓埋名的义士。

2221

《潜夫论笺校正》评介[J]/刘瑞明.--西北师大学报(社会科学版),1984,03:80－84

王符《潜夫论》传世版本多错讹缺漏。浙江萧山史学家汪继培撰成《潜夫论笺》,笺释约3500条,解决了一大批疑难问题。本文是为彭铎教授《潜夫论笺校正》一书所作的评介,作者认为该书校勘精当,订正了汪笺中的错漏,特别对应注而汪笺回避的疑难进行了诠释。

2222

潜心研究 填补空白——《古籍异文研究》评介[J]/管锡华.--暨南学报(哲学社会科学),1994,04:151－154＋160

本文为作者读《古籍异文研究》一书后所做,总结该书特点为:研究深入系统、考证精审、实用性强以及方法独到。文中还特别指出该书不故弄玄虚,要言不烦,而且极为尊重前人成果,希望今后在异文研究方面进一步完善理论研究在实用方面多下功夫。

2223

浅论戴震的重要佚著《经雅》[J]/胡锦贤.--古籍整理研究学刊,1994,03:1－6

本文从戴震《经雅》原件的版式及收藏源流考、写作时间、题名的研究、训释方法、体例与特色、《经雅》的价值六个方面,对戴震未定稿的作品《经雅》展开分析,肯定了戴震科学严谨的治学方法和辉煌的学术成就,认为该书极为难得,值得后人研学。

2224

浅论高校图书馆古籍文献信息服务[J]/周琼.--河南图书馆学刊,1997,02:53

本文从分析高校古籍文献信息资源在市场经济与教学科研中的信息价值入手,论述了古籍文献信息管理涉及的用户调查、信息收集、整序、信息服务等诸方面理论问题,以便充分利用高校丰富的古籍文献信息,为市

场经济建设和教学、科研提供更优质的服务。

2225

浅论古代私人藏书家对图书馆事业的贡献[J]/焦玲. --图书馆理论与实践,1998,01:52－53

本文指出我国古代文献能够得以保存并流传至今,民间私人藏书发展起到了重要作用。作者引经据典,对于古代私人藏书家在保存文献典籍、校勘图书、编制目录等方面的贡献进行了阐述。

2226

浅论古籍图书的整理与出版[J]/张竹萍. --河东学刊(后更名为运城学院学报),1999,06:95－96

本文将新中国50年来古籍整理及出版事业的发展轨迹作纵向分析,分为中华人民共和国成立初期、"文革"前后、改革开放、90年代四个时期,并分阶段进行了论述。

2227

浅论古籍资源的开发利用[J]/黄兰青. --湘潭大学学报(哲学社会科学版),1990,03:126－126

本文认为要充分开发利用古籍资源,应从以下几个方面着手:一要提高古籍管理人员的政治素质和业务水平;二要健全古籍目录体系;三要扩大借阅面;四要加强古籍保管,延长古籍使用寿命。

2228

浅论《郡斋读书志》在古籍版本学史上的贡献[J]/刘国珺. --古籍整理研究学刊,1990,06:29－31＋24

南宋晁公武撰《郡斋读书志》是我国现存最早的一部私家提要目录。除指明版本外,还比较了版本异同,叙述了版本源流,讲述了版本鉴定方法等。本文指出,该书是我国第一部兼言版本的目录学著作,其所言版本学的内容虽数条不多、范围不算大,但却有开创作用。

2229

浅论有关古籍整理的问题——文史硕士研究生的基本功[J]/严学宭. --中南民族学院学报(哲学社会科学版),1988,04:91－96

本文介绍了古籍的编辑和印刷、历代出版事业的特点、古籍整理的显著成绩以及古籍整理的程序。指出文史硕士研究生要培养古籍整理能力,首先要学会怎样读古籍;其次,从学习古籍和标点入手;第三,以清人校勘的先秦诸子为教材,从中学习怎样发现书中的讹误、如何去校正;第四,学习注释古籍,要求准确、清通、简畅。

2230

浅谈高校图书馆古籍的开发利用[J]/刘长孜. --河北科技图苑,1999,S1:89

本文认为,对于在古籍管理部门工作的图书馆人来说,保护好馆藏古籍,尤其是珍善本古籍,是最基本最重要的职责。在高等学校图书馆古籍典藏库工作,要树立良好的窗口形象,做好馆藏古籍的宣传推广工作,还要在文字上下功夫,并且积极参加图书市场调研,下定决心,成为读者的"书海导航员"。

2231

浅谈古代书籍信息资源的开发利用[A]/胡秀云. --改革与探索:面向二十一世纪的中国图书情报事业[C],1997

本文在分析古籍信息资源特点的基础上,阐述了中国古籍信息资源开发利用的现状,并提出相应的对策。

2232

浅谈古代文学文献资料的检索[J]/潘树广. --江苏师院学报(后更名为苏州大学学报)(哲学社会科学版),1978,02:64－70

本文从古代文学检索工具的类别、我国古代检索工作举隅、对当前古代文学文献检索工作的几点看法以及对未来的展望等方面,探讨了古代文学文献资料的检索。

2233

浅谈古籍版本的鉴定[J]/张根华. --三明职业大学学报(后更名为三明学院学报),1999,S2:71－73

本文介绍了古籍版本及其类别,阐述了图书编目人员如何根据古籍的书名页、序跋、名物制度、内容时限和其他图书来鉴定古籍的版本。

2234

浅谈古籍避讳[J]/桐山樵. --河南图书馆学刊,1985,01:45 - 49

本文探讨了何为避讳、避讳的范围及用法、避讳在古籍版本鉴定中的作用等内容。指出鉴于古籍在长期流传过程中出现的各种复杂情况,仅凭讳字来鉴别版本是不够的,还要根据牌记、序跋、字体、行款、纸张、刻工等来鉴别。

2235

浅谈古籍丛书的开发与利用[J]/谭秀英. --图书馆学研究,1999,04:29 - 30

本文指出古籍丛书是开发与利用馆藏文献的重要资料来源,要注重加强对古籍目录的介绍,创造适合读者需求的阅览条件,建立合理的阅读机制。要根据,馆馆藏,编制馆藏古籍丛书目录索引,方便读者利用古籍丛书,为读者查阅古籍节省时间。

2236

浅谈古籍的分类和划分问题[J]/王桂英. --内蒙古图书馆工作,1995,S1:42 - 42

本文从中文古籍是否与现代图书采用同一部分类法,以及对中文古籍的划分标准问题两方面入手,提出了对于古籍整理分类和划分标准问题的看法。

2237

浅谈古籍防虫措施[J]/邱晓刚. --广东图书馆学刊,1987,02:88 - 89

从一般古籍书库的保管措施来看,危害古籍的因素很多,通常是温度、湿度、光线、灰尘、空气中的有害气体、霉菌的侵蚀和虫害等,其中较为严重的是虫害。如何防虫是研究古籍保护工作中的重要课题。本文探讨了作者在古籍修复和平时工作中对古籍防虫的几点认识。

2238

浅谈古籍复印的几个问题[J]/姜学峰. --古籍整理研究学刊,1990,02:18 - 19

本文围绕古籍珍本、善本、孤本、稿本的复印问题展开讨论。文中对该项工作的开展持支持意见,认为复印古籍对古籍原件的保存及古籍整理研究的作用是巨大的,但也强调在古籍复印过程中应注意操作技术。

2239

浅谈古籍书目数据库建设的若干问题[J]/刘刚. --北京图书馆馆刊(后更名为国家图书馆学刊),1996,01:80 - 84

本文指出,随着科技的发展,自动化技术与通信手段被引进图书馆中,为图书馆工作开辟了新天地。只有从古籍本身特点出发,借鉴平装图书书目数据建设的经验、教训以及海外对古籍书目数据制作的情况,才能使我们的古籍书目数据建设少走或不走弯路,达到事半功倍的效果。

2240

浅谈古籍索引[J]/冯灌植. --语文学刊,1994,04:44 - 45 + 39

了解各种古籍索引的功能,研究和编纂古籍索引,具有重要的学术意义。从目前古籍索引编纂的情况看,大致可分为:字、词、句索引,综合性关键词索引,专名索引。索引能使人们在短时间内获得所需要的材料线索,帮助读者提高查找古代文献的效率,是一项极为有意义的研究工作。

2241

浅谈古籍文献的开发利用[J]/陈琳. --贵图学刊,1995,03:51 - 53

对于如何更好地开发利用古籍文献的问题,本文提出编制全省古籍联合目录、编制古籍地方文献提要目录、编制各种专题文献目录、利用专业学术刊物宣传地方文献和古籍善本以及培养专业人才几条建议。

2242

浅谈古籍修补的整旧如"旧"原则[J]/贺琳. --图书馆论丛,1999,02:47 - 48

本文认为,做到古籍修补整旧如"旧",必须懂得版本知识,并熟悉所修古籍的书皮和书页纸张的质地、颜色、品名和装订形式,同时要熟练掌握修补技术。古籍修补过程中纸张的选择和恢复装帧形式两个问题,是整旧如"旧"的关键。

2243

浅谈古籍著者姓名的确定[J]/魏书菊,王杏允.--图书馆学研究,1998,03:81-82

在著录古籍目录的时候,很容易把名、字、号、地名、朝代名等混在一起,本文从名和字的区别,名和号的区别,名与地名、朝代名、官名的区别三点入手,介绍了如何准确识别著者姓名的方法。提醒从业者为了准确无误著录著者姓名,除掌握基本规律和基本知识以外,在实际工作中必须认真参考各种工具书,力求万无一失,使每一部书的著者都得到正确著录。

2244

浅谈古籍装帧[J]/谈冰玉.--装饰,1998,04:51-52

本文指出,古籍装帧设计与中华民族传统表现形式贴近,同样有适应时代、面对市场的问题。其中至关重要的是分析现代人所处的不同层面、年龄性别,具备的文化结构、文化素养,以及审美理想、意识、情趣。不同的读者对中国传统文化艺术尤其是造型艺术的欣赏习惯和心理反映会存在很大差异。根据不同的阅读对象来进行装帧设计,才能把握住"古籍着装"的准确性和分寸感。

2245

浅谈古书籍书目数据库的建设[J]/范月珍.--山西科技,1999,03:32-33

本文提出了古书籍书目数据库建设规范化的必要性,并从严格执行标准的著录规则,机读目录格式的规范化,使用统一的中国古籍分类法,使用规范的繁体汉字几个角度,探讨了在缺少规范化标准的条件下如何建立一个规范化数据库的问题。

2246

浅谈贵州古籍文献的整理工作[J]/张新航.--贵图学刊,1997,03:43-44

本文从贵州有优秀而丰富的文化遗产,深入和加强贵州地方古籍文献整理,加强古籍专业人员队伍建设三个方面,介绍了贵州古籍文献的整理工作,指出古籍文献整理工作是图书馆工作的重要组成部分,这项工作的好坏直接影响图书馆工作质量的提高,有关领导部门和图书馆应重视古籍文献开发利用工作,培养和提高专业人员整体素质。

2247

浅谈桂林历史文化名城的古籍整理[J]/曾德珪.--社会科学家,1987,01:83-84

本文从桂林历史上的诗人、词、文、绘画等方面,对桂林历史文化名城的地位加以肯定,指出整理相关古籍的重要性。

2248

浅谈科技古籍的翻译[J]/管成学.--古籍整理研究学刊,1986,02:8-11

翻译科技古籍所需要的知识和技能是多方面的,但最重要的是古文献知识和古代科技知识,二者相辅相成,缺一不可。本文通过缺乏古代科技知识而造成的错误、缺乏古文献知识而造成的错讹、例证三方面,就已经整理的科技古籍和发表的论文专著中存在的问题进行论述。

2249

浅谈利用刻工鉴定古籍[J]/王宏川.--河南图书馆学刊,1985,02:48-51

在鉴定古籍版本工作中,根据刻工姓名来鉴定古籍的版刻时代和刊刻地点,是一种有效的方法。在利用刻工鉴定古籍版本时还要注意一些问题,如跨朝代刻工的鉴别、翻刻本、作假作伪本的鉴别,刻工工作地点变动等。本文介绍了刻工情况和刻工在鉴定版本中的作用,并提出一些要注意的问题。

2250

浅谈民族古籍及其整理[J]/吴肃民,关照宏.--中央民族学院学报(后更名为中央民族大学学报)(哲学社会科学版),1984,02:81-82

民族古籍是问世仅年许的一门新学科,许多问题尚待探讨。本文就民族古籍的一些基本问题,如"有文字"类、"无文字"类、"他族文字"及"古文字"之分等进行了介绍。

2251

浅谈明代刊刻的《径山藏》[J]/李孝友.--文献,1980,02:205-213

本文通过查考有关资料，核对康熙五年（1666）所抄的《三藏圣教目录》，介绍了云南省图书馆庋藏《径山藏》的刊刻源流、所存卷数、特点和价值。

2252

浅谈南京图书馆古籍阅览工作及其社会效益[J]/陈思丰. --云南图书馆，1989，01：41－45

本文以南京图书馆古籍阅览工作为例，指出古籍阅览工作人员需要注意的问题，说明工作人员必须掌握有关业务知识，提高业务素质，才能更好地发挥其社会效益。

2253

浅谈识别古籍丛书零种本的方法[J]/萨枝新. --图书馆杂志，1993，06：27－28

本文探讨了通过观察外表、考察牌记、观察刻书风格等方面判断古籍丛书零种的方法。

2254

浅谈书影目录的发生与发展[J]/黄实. --图书馆学研究，1982，06：95－97

书影目录是从古籍诸版本中选出有代表性的页子影摹下来，按一定目录体系编制，以便人们检索各种版本形象特征的书本目录。本文将书影目录的发生和发展分为首创、中期和后期三个阶段，并针对各个阶段的发展情形进行了说明。

2255

浅谈"四分法"与《中图法》类分古籍利弊[J]/孙丽芳. --高校文献信息学刊，1995，03：29－31

本文阐述了中国现有古籍分类的两大主要体系，分析四分法与《中图法》类分古籍的利弊，指出了研究我国古籍分类问题的迫切性。

2256

浅谈《四库存目》中明代文集的价值[J]/褚家伟，雍桂良. --图书馆，1996，01：36－37

本文就《四库全书》存目中的明代文集进行探讨，着重对明代公安派代表袁宏道的《袁中郎集》进行了剖析，对他提出的"穷新变极"的诗文创作道路，给予应有的评价和肯定。另外对存目中的其他明人文集也作了介绍，对其在各个领域中所起的价值和作用都给予了应有的评价。

2257

浅谈宋版佛经[J]/梁春醪，吴荣子. --"国家图书馆"馆刊（在台湾地区发表）1998，02：261－293

本文以探讨宋代佛教发展与印刷术的关系为主要内容，进而了解宋朝的社会及经济状况、宋代的佛教著述及印经概况、宋人印经之缘由，以及一些宋版佛经的情况。

2258

浅谈图书馆古籍盗窃犯罪[J]/李炬. --法律文献信息与研究，1999，04：17－21＋33

本文探讨了盗窃罪本罪的特征，指出了图书馆古籍盗窃犯罪与其他犯罪的不同之处；指出罪与非罪以及本罪与其他犯罪的界限，并谈及本罪的刑事责任。

2259

浅谈图书馆古籍的整理、保护和利用[J]/王超. --湘潭师范学院学报（社会科学版），1998，04：128

本文浅谈图书馆古籍的整理情况、保护措施以及对开发利用的几点建议，指出通过努力有效开发利用古籍资源，可以为广大读者和社会需要提供积极、现代化的服务，使祖国宝贵的文化遗产在社会主义现代化建设事业中充分发挥好"古为今用"作用。

2260

浅谈我馆古籍的开发利用[J]/李跃进. --图书情报通讯，1994，02：32－33

本文论述了广西桂林图书馆古籍开发利用的相关问题、重要意义以及现状。

2261

浅谈我馆普通古籍采访工作中的若干问题[J]/杨晏平. --北京图书馆馆刊（后更名为国家图书馆学刊），1994，S1：9－11

本文从古籍的收藏现状与地位、普通古籍采访工作的历史回顾、当前任务和继续发展的必要性、普通古籍采访工作今后发展中的几个问题等方面,对北京图书馆的古籍采访工作进行了述评。

2262

浅谈我馆文献的开发与利用[J]/吕亚娜.--河南图书馆学刊,1995,02:20-21

本文从参考咨询、地方文献的收集与开发利用、古籍文献的开发与利用等方面,提出了作者所在的图书馆文献开发利用设想。

2263

浅谈西谛藏书及西谛书目[J]/李葆华.--齐齐哈尔师范学院学报(哲学社会科学版)(后更名为齐齐哈尔大学学报)(哲学社会科学版),1984,02:85-89

本文介绍了郑振铎先生于历代诗文别集、总集、词集、戏曲、小说、弹词、宝卷、版画和各种社会经济史料方面的藏书情况,从整理自藏图书和结合自己的研究活动两个方面,介绍了郑先生编制书目的情况。此外,还介绍了郑先生编制索引工具书以及撰写藏书题跋等方面的学术成就。

2264

浅谈县馆古籍保护[J]/陈宝媛.--江西图书馆学刊,1991,01:46-47

对于一些条件较差的县图书馆来说,有的古籍不但纸张已经变质,而且虫害、鼠害、尘害、潮害、暴晒害为患,珍藏保管无疑有很大难度。本文主要讨论了县图书馆古籍保护中常见的"五害"及其原因和防治方法。

2265

浅谈彝文古籍《指路经》[J]/张庆芬.--云南民族学院学报(后更名为云南民族大学学报)(哲学社会科学版),1989,03:66-68

在彝族卷帙浩繁的历史文献中,彝文《指路经》是流传广泛、影响久远的一种有独特风格和特殊内容的少数民族古籍。本文就不同版本《指路经》中反映出的地名、路线及哲学思想等问题进行了探讨。

2266

浅谈彝文类型争议和抢救民族文化遗产[J]/夷吉·木哈.--贵州民族研究,1982,03:160-162

本文主要就近年来学者们对彝文类型的争议进行了讨论,指出不要多花费时间去论争彝文的表音、表意问题,应当抓紧时间把彝族古籍文献尽快加以翻译整理,认认真真做抢救工作的观点。

2267

浅谈云南的几部地方总集[J]/肇予.--云南教育学院学报(后更名为云南师范大学学报),1985,01:90-95

本文介绍了《滇南诗略》《滇南文略》等云南的几部地方总集,分析了总集编纂的意义和作用。

2268

浅谈云南古籍的整理[J]/李孝友.--云南社会科学,1982,03:64-68

本文介绍了云南古籍整理的种类概况、面临的问题等。指出云南古籍文献的庋藏,不仅源远流长,而且卷帙甚丰。过去虽然出版过《蛮书校注》《百夷传校注》《明实录云南史料摘抄》等有关云南史籍,但为数不多。为了使这些古籍文献资料较好地发挥学术资料性、流通阅览、"古为今用",除了"摸清家底",注意妥善保存外,必须加强整理工作。

2269

浅谈藏文古籍的分类[J]/索黛.--西北民族学院学报(哲学社会科学版汉文),1996,04:119-123

本文从几种传统的分类法、类目设置的原则、调整和补充后的古籍分类类目出发,对我国现存的藏文古籍进行了类目的设立,希望这些藏文古籍能够充分发挥文献价值,为藏学研究和教学服务。

2270

浅谈郑振铎对古籍的收藏与整理[J]/李艳秋.--山东图书馆季刊,1984,02:24-28

本文研究了郑振铎先生在古籍收藏和整理方面的贡献。其一生共收集中外图书达17224部94441册,无论从质量和数量上,在国内现当代藏书家中都首屈一指。此外,他还极其重视散曲、俗曲以及弹词、鼓词、宝卷、版画的收藏。郑先生在中国古典文学领域内提出了许多新的见解,充实了中国文学史的内容,发掘了大量的古本、珍本加以校印流传,特别是在古本戏曲的整理方面取得了显著成就。

2271

浅谈中国古代典籍分类的发展及其形成的原因[J]/丛凤霞,吴凤霞. --内蒙古民族师院学报(社会科学版)(后更名为内蒙古民族大学学报),1997,02:88 - 90

本文介绍了中国古籍分类发展概况,从学术发展的特点,统治者对学术的态度,以及文献量的增加和学科体系的增多三个方面,论述了古籍分类形成的原因。

2272

浅谈中国古籍分类[J]/吴国繁. --南昌职业技术师院学报(后更名为江西科技师范大学学报),1995,04:53 - 55

中国古籍分类应采用何种分类法,一直是困扰图书馆学界和图书分类者的一大难题。本文提出有必要对中国古籍实行统一分类,但在新编的更为完善的《中国古籍分类法》诞生之前,古籍分类仍应以《中国古籍总目》分类法为宜,同时还阐明了采用《中国古籍总目》分类法类分古籍的原因。

2273

浅谈中国古籍和古史书[J]/王永祥. --广西师范学院学报(后更名为广西师范大学学报)(哲学社会科学版),1980,03:113 - 117

本文介绍了"纪传体正史"、编年体的史籍、纪事本末体史书、政书、地理志等古籍中用于学习中国古代史的古史书。

2274

浅谈中医古籍文献的整理[J]/刘幼云. --中医药图书情报,1990,04:39 - 41

本文论述了我国中医古籍的整理现状,阐述了中医古籍整理的重要性,对整理过程中遇到的问题提出建议。

2275

浅谈中医古籍整理[J]/白永波. --中医杂志,1986,03:55 - 56

中医古籍是我国科学文化古籍的一部分,被历代传写抄录、辗转刊刻,广为流传。本文从中医古籍流传过程的曲折,历代政府所做的工作,中医古籍整理涉及的内容、出版的形式、目的与方法等方面对中医古籍整理工作进行探讨。

2276

浅谈中医药古籍中的语序变化[J]/沙涛. --国医论坛,1993,06:38 - 39

很多中医古籍文辞艰深、言语古奥、医理复杂、远旨秘述,给中医药古籍整理研究造成了困难。本文研究了中医药古籍语序变化的规律,举例说明了主谓倒装、定语后置、宾语前置等语序变化情形,为中医药古籍的整理研究工作提供了一定的理论基础。

2277

浅析拉卜楞寺藏经楼藏文经籍文献的管理、利用和开发[J]/张庆有. --西藏艺术研究,1998,01:53 - 55

本文论述了拉卜楞寺藏经楼藏文经籍文献的由来、现状以及利用设想。

2278

浅析印玺在鉴别古籍中之作用[J]/李廷英. --四川图书馆学报,1987,03:54 - 58

本文分析了印玺在鉴别整理古籍时的作用。印玺记述了一书的流传简史,为目录学者、藏书家所重视,是鉴别书籍版本的重要根据之一。其具有和书籍正文、序跋、讳字、题识、版式、行款、字体、墨色、纸质、牌记、刻工等同样的功能,一般情况下对鉴别版本起辅助作用,在特定条件下还能起重要作用。

2279

浅议布依族古籍整理的几个问题[J]/郭堂亮. --布依学研究,1998,01:284 - 291

布依族由于长期只有语言却没有自己规范通行的文字,给该民族的古籍整理工作带来许多不便和问题。本文在强调抢救和整理布依族古籍紧迫性的基础上,提出了协调完善该项工作的方法,并就翻译、方音、注释等问题进行了研究。

2280

浅议对古籍研究介绍的批评问题[J]/庞

清.--贵州民族学院学报(社会科学版)(后更名为贵州民族大学学报)(哲学社会科学版),1996,02:20-22

本文针对《贵州民族学院学报》1995年第2期《古籍整理及研究介绍中的一些问题》一文中,对《诗经入门》一书的批评展开讨论。

2281

浅议中医专业编辑知识体系的合理构建[J]/黄一九.--出版科学,1994,02:29-30

中医古籍蕴含着中华民族数千年来与疾病作斗争的经验及其反复升华而形成的完整理论和临床辨治体系。中医古籍编辑的任务是加以挖掘整理,把零散、隐匿、濒于失传的医籍集中起来,梳理归并,校注诠释,供今人和后人研究。本文介绍了中医古籍专业编辑的工作内容,对于中医古籍专业编辑知识体系的合理构建进行分析并提出建议。

2282

强化特色意识 重视地方文献工作[J]/陆一珍.--江西图书馆学刊(后更名为图书馆研究),1998,02:37-39

对于公共图书馆来说,地方文献是十分重要的特色馆藏,在社会化信息服务中具有不可替代的地位和作用。地方文献需要积累和开发,研究和做好地方文献工作是公共图书馆的永恒课题。本文结合作者所在单位的地方文献工作的开展情况,就地方文献资源的收集积累、开发利用和社会化合作与服务等方面进行了探讨。

2283

抢救保存优秀古文献的重大举措——写在《四库全书存目丛书》编纂出版之前[J]/骆伟.--情报资料工作,1995,05:38-39

本文认为《四库存目》虽未收入《四库全书》,但却载入《四库全书总目》,其数量约占《四库全书总目》的三分之二,且该书中有很多极有价值的重要文献资料,编纂出版《四库全书存目丛书》是十分适时和必要的。

2284

抢救边远地区民族文物古籍[J]/俸春华.--中国民族,1992,12:18

本文指出边远地区少数民族文物古籍具有浓厚的宗教色彩,使用民族文字进行记录、以口碑形式进行传承的独特性,以及面临的古籍严重流失、自然消亡、译解人员后继无人等问题,文中对此提出了解决方法,指出抢救边远地区民族文物古籍的重要性。

2285

抢救民族文献——郑振铎先生对中国古籍文化的贡献[J]/韩文宁.--图书与情报,1999,02:73-76

本文介绍了1937年日本侵略军攻占上海后,为保护祖国文献不被掠夺,郑振铎与"文献同志保护会"的同人一起,肩负起重任。数年来,经他们之手抢救出大量珍贵的古籍文献,为保存中华文化遗产做出了重要贡献。

2286

抢救散佚京外的清宫秘档——大连市图书馆藏清代内阁大库档案的发掘和整理[J]/王多闻,关嘉录.--社会科学辑刊,1986,03:43-47

本文介绍了大连市图书馆对清代内阁大库档案的发掘整理过程中,关于曹雪芹家世史料的新收获。

2287

《樵史通俗演义》作者非陆应旸说[J]/郭浩帆.--明清小说研究,1991,01:179-185

《樵史通俗演义》是产生于我国清朝初年的一部时事小说。1981年,王春瑜同志指出该书作者为松江府青浦县人陆应旸。本文考证认为,陆应旸著过一部四卷本《樵史》,是一部杂记性质的著作,与章回小说《樵史通俗演义》内容完全不同。陆应旸应与该书没有关系,不是该书作者。

2288

切实加强珍贵文献的保护和利用:清理古籍书库的做法,收获和体会[J]/谢勇,刘铁生.--西北高校图书馆通讯,1990,01:18-18

本文是山东师范大学图书馆一次古籍清点和整理活动的总结,概括了在行动中的具体做法、收获和心得体会,对于古籍的整理和保护起到了积极作用。

2289

《切韵声源》术语通释［J］/时建国. --古汉语研究,1996,01:9 - 12

明朝方以智撰《切韵声源》是一部颇有特色的等韵图,对研究明清之际的汉语共同语语音系统具有重要作用。由于作者学贯中西,又喜欢"标新立异",加之过多使用释、道两家术语,研读上带来了诸多不便。本文对该书所涉及的语音学原理和使用的术语进行了解释。

2290

芹圃善本书目［M］/张乃熊撰. --台北:广文书局(台湾地区),1969

《芹圃善本书目》六卷,是近代浙江南浔著名藏书家张乃熊的适园藏书目录。张乃熊出身收藏世家,其父张钧衡建适园广收各家珍藏秘籍。《芹圃善本书目》在一定程度上反映了张氏适园藏书的基本情况,是研究近代私家藏书的重要资料。

2291

秦皇岛图书馆馆藏古籍书目［M］/秦皇岛图书馆编. --秦皇岛:秦皇岛图书馆,1990

本书是秦皇岛图书馆于1990年编撰出版的馆藏古籍书目,可以在一定程度上反映该馆当时的古籍馆藏状况。该书目按照四部进行分类,不仅著录古籍题名、著者和版本等基本信息,还对每部古籍进行了简单的解题,方便读者阅读使用。

2292

秦简释词［D］/段莉芬. --东海大学(台湾地区),1989

本文研究了云梦睡虎地秦墓竹简中的虚词。全文共分凡例、前言及释词三部分,将秦简中每一个虚词的用法分别叙述,并将该用法的所有例子条列其下,同时将研究之前所编制的秦简虚词索引置于正文之后,供研究者查阅。

2293

勤勤恳恳搞好图书资料工作［J］/高福桂. --广西民族大学学报(哲学社会科学版),1978,01:32 - 33

本文介绍了作者在线装书管理工作中遇到的困难,以及在线装书管理流通工作中摸索前进的经验。

2294

青海少数民族古籍丛书·汉蒙藏史略［M］/(清)阿芒·贡却群派著;贡巴才让译. --西宁:青海人民出版社,1988

本书是清朝青海地区藏传佛教名僧、学者阿芒·贡却群派在嘉庆年间用藏文写成的史学著作。该书分两部分,一是总论,二是时事。以传佛教为主线,从远古传说时代到清朝乾隆年间,对青海、西藏地区的藏族、蒙古族以及汉族的历史,作了综合概述;对藏传佛教在藏族、蒙古族中的传播,各教派的发生和发展,做了简要叙说。更可贵的是,作者生活在清朝中期多事之秋的青海,往来于西藏、青海之间,与藏、蒙民族各阶层有着广泛的接触,耳闻目睹,留心时事,所以他对清朝初年到乾隆年间这段历史,特别是藏和蒙古族和硕特各部的政治、经济、宗教、民俗等都比较熟悉,记载到书中,为后人保存了第一手历史资料。

2295

青海少数民族古籍丛书·青海地方旧志五种［M］/青海省民委少数民族古籍整理规划办公室编. --西宁:青海人民出版社,1989

本书包括《青唐录》《碾伯所志》《丹噶尔厅志》《大通县志》《贵德县志稿五种》,对青海地区各民族的历史沿革、分布状况、民族关系、经济生活、政治制度等都有记载,是研究青海地区古代地方历史的重要参考书。

2296

青海少数民族古籍丛书·青海事宜节略［M］/(清)长白文孚著;魏明章标注. --西宁:青海人民出版社,1993

本书为清嘉庆十五年(1810)文孚任西宁办事大臣时所撰,此整理本分为《青海事宜节略》及附录两部分。《青海事宜节略》记载了清雍正至嘉庆年间湟中即青海地区的军事武备状况,包括边防大事、政务改革等,是研究青海地区清朝军事史的珍贵史料。附录含

《青海衙门纪略》《湟中杂记》。

2297

青海少数民族古籍丛书·四典要会[M]/
(清)马德新著;杨永昌,马继祖标注.--西宁:
青海人民出版社,1988

本书由《信源六箴》《礼功精义》《幽明释
义》《正异考述》四篇组成,每篇一卷,有"四
典"之称。该书文字通俗,并注意紧密联系实
际,是近代中国伊斯兰教的主要汉文著述
之一。

2298

青海省古籍善本书目[M]/青海省古籍善
本书目编辑委员会.--西宁:青海省图书
馆,1981

本书是在参加编辑《中国古籍善本书目》
的基础上,对青海全省公藏古籍图书进行疏
查整理后编成,是一部专业性很强的工具书。
该书共著录古籍善本书962部,其中元刻本3
部,明刻本380部,明抄本7部,清刻本518
部,清抄本41部,稿本6部,外国刻本7部。

2299

**倾箧底书 飨中外人——介绍江苏古籍出版
社出版的一批古籍文献[J]/**杨福田.--瞭望周
刊,1986,27:43-44

本文介绍了由上海和江苏古籍出版社共
同出版的线装古籍《康有为大同书手稿》的来
历和价值,以及《中国楷书大字典》《高邮王氏
四种丛书》《金圣叹全集》等江苏古籍出版社
出版的一批古籍文献的基本情况。

2300

清初藏书家钱曾研究[D]/汤绚.--台湾大
学(台湾地区),1987

本文考述了清初常熟藏书大家钱曾的事
迹、藏书及其所编目录。将钱曾之家世、生
平、著述、交游、藏书之聚散、征集、整理、利
用、藏书目录之成书流传、版本、分类体制,以
及后世之评价等内容加以分析陈述,以期肯
定钱曾在我国藏书史与目录学史上的贡献与
影响。此文经作者修改,由台北汉美图书有
限公司于1991年7月出版。

2301

清代藏书家张金吾研究[D]/王珠美.--台
湾大学(台湾地区),1988

张金吾是清嘉道年间常熟地区著名藏书
家,于藏书、借书、读书、著书、印书等诸多方
面皆有造诣。本文从中国藏书家及中国目录
学史角度,搜集张氏自定义年谱、藏书志、《金
文最》等著作,旁及清人文集、历代书目、清代
以来之赏鉴书志,有关图书之征集、内容、利
用、聚散,与藏书志之成书、体制、评价、影响
等,并肯定其在图书文献及版本目录学方面
的贡献。

2302

清代青海蒙古族档案史料辑编[M]/哲
仓·才让辑编.--西宁:青海人民出版社,1994

本书收集了自清雍正九年(1731)平定扎
萨克台吉诺尔布等叛逃事件起,至宣统三年
(1911)期间有关清代青海蒙古族档案史料的
部分奏稿原件。

2303

清代山东私人刻书家知见录[J]/叶征.--山
东图书馆季刊,1989,01:63-68

在雕版印刷事业盛行之后,不仅私人藏
书家渐多,个人或家塾刻印书籍也渐多,尤其
明清两代更有收藏、校订、梓行书籍的个人和
家族。山东的刻印出版事业远不如浙江、福
建、四川等地盛行,私人刻书事业同样落后于
上述地区。本文作者基于工作中随笔拾遗,
从中辑出一部分清代山东私人刻书家进行
考述。

2304

**清代社会文化丛书史地卷·舆地图籍《异
域录》与《大清一统志》[M]/**杜瑜著.--沈阳:
辽宁出版社,1997

本书讲述了清朝统治的地域版图,介绍
了《异域录》《海国闻见录》中的海洋地理知
识、爱国主义学者魏源等,是了解和研究清代
文化不可多得的宝贵资料。

2305

清代台湾方志之研究[D]/卢胡彬.--中国
文化大学(台湾地区),1985

本文以"整理与考订清代台湾方志"工作
为例,分析了台湾方志的编修背景,讲述了其

修志理论及征集志料、使用的相关数据、撰写所使用的方法,考察了该方志体例与内容,论述了使用清代台湾方志的注意事项及对现今修志的几项建议。

2306

清代图书中的"善本"——编辑《中国古籍善本书目》中的一个重要问题[J]/崔建英.--图书情报工作,1980,02:20-27

本文分析了在编辑《中国古籍善本书目》过程中遇到的一项最棘手、一时难以解决的问题:清代图书中如何提善本。指出大幅度选择清代图书为善本,是历史的自然趋势。《中国古籍善本书目》中清代图书多于前代是正常的,任何时代的善本目录中总是近多于远,倒是对清代图书的版刻源流、文献价值以及传世情况、刻印特点等,一向少人研究。文中希望通过这次按收录范围编制《中国古籍善本书目》,得以丰富我国历史文献学的内容并扩大视野。

2307

清代学术流变与中国古籍版本学的兴盛[J]/刘青,王磊.--图书馆学研究,1997,02:90-93

本文按照清初、乾嘉和清末三个时期,对清代学术发展与版本学的特点进行了分析,阐明了清代学术流变与版本学发展的内在联系,指出清代版本学作为一种文化现象,与清代学术流变互为表里、互为因果地发展,并取得了巨大成就。

2308

清丁丙及其善本书室藏书志研究[D]/沈新民.--中国文化大学(台湾地区),1988

钱塘丁氏八千卷楼是清代著名的私家藏书楼。本文归纳分析了丁氏的家世传略,丁丙的生平及重要事迹,他的著述与刻书,丁氏的藏书源流、征访、整理和利用,以及藏书内容与特色,并对其《善本书室藏书志》的编刊体例及解题作了具体的分析研讨。

2309

清宫保护善本古籍小考[J]/杨玉良.--故宫博物院院刊,1991,02:83-90

清乾隆四十年(1775)以后,清宫秘府成为当时全国最大的古籍收藏单位,收藏总数多达万余种。本文介绍了清乾隆朝以来的清宫古籍保护情况,并附有相关修书开支资料和藏书大事记。

2310

《清故伊犁将军文贞公行状》稿本刍议[J]/魏长洪.--新疆大学学报(哲学社会科学版),1987,03:36-40

本文比对中国科学院新疆分院图书馆和新疆大学图书馆两种《清故伊犁将军文贞公行状》藏本,对其内容进行了校勘整理。

2311

清华大学图书馆馆藏古籍文物精华述略[J]/刘蔷.--北京高校图书馆学刊,1996,04:41-45

本文从清华大学图书馆馆藏古籍历史说起,介绍了馆藏古籍的规模、特色、精华、利用现状以及馆藏文物的现状。

2312

清华大学早期的图书馆及其中文藏书[J]/宋建昃.--清华大学学报(哲学社会科学版),1999,02:92-96

本文介绍了清华大学早期图书馆的馆舍藏存环境以及古籍藏书情况。指出该馆藏书珍本荟萃,是一大批懂书爱书的知名学者独具慧眼、精心选购的结果。此外,图书馆制定和执行的规范,科学的采购、管理制度和方法,也起着关键作用。

2313

《清嘉录》校点琐议[J]/薛正兴.--苏州大学学报(哲学社会科学版),1987,01:44-48

清顾禄撰《清嘉录》,全书按十二个月份为序,历记苏州一地全年各项岁时风俗,文中征引诗词谣谚,充满生活情趣,是晚清风土岁时地志之精品。本文校订了上海古籍出版社出版的来新夏先生校点本《清嘉录》一书中的若干问题。

2314

清刻《龙藏》漫议[J]/李致忠.--北京图书馆馆刊(后更名为国家图书馆学刊),1996,

03:63 – 67

清刻《龙藏》是历代封建中央政府所刻的最后一部汉文大藏,也是中国国内仅存基本完整的经板且仍可刷印的大藏。龙藏系指皇帝敕雕之藏,非清刻《龙藏》可独擅其名。清刻《龙藏》乃是僧俗们的尊称,实则应称为《清藏》。本文研究了《清藏》编刻的政治意图,考察了该书镂板与刷印、经板的保存与流传等情况,介绍了1985年文物出版社刷印此经的步骤等。

2315

清末湖南刊刻出版图书考略[J]/张宽信.--湖南师范大学社会科学学报,1999,03:72 – 77

本文分析了清末湖南刊刻出版业发展的原因,有如下几点:清末学者学术研究异常活跃,体现在目录学、校勘学、版本学、辨伪考据学、辑佚学等文化整理各个方面,形成了清末文化主流;清末出现了出版科技书籍的新潮流;清末湖南的私家刻书盛极一时,而堪称刻书大家的人自身著述也非常丰富。

2316

清末民初中国学者的海外访书活动及其成就[J]/李培文.--中国典籍与文化,1999,04:3 – 5

自清光绪年间开始,中国学者陆续前往海外寻访流失的中国古代典籍,并以采购、影印、抄录、交换等方式带回了大批珍贵资料。访书活动主要地区是日本及欧美,前者旨在搜罗历代流传到日本的珍本秘籍,其中多为国内久已失传的本子;后者则主要着眼于列强打开国门后非法攫取的古籍。本文从日本、欧美两方面予以叙述。

2317

《清平山堂话本》补校[J]/曾昭聪.--古籍整理研究学刊,1998,01:25 – 28

《清平山堂话本》是明嘉靖年间钱塘人洪楩所刊刻的"六十家小说"的辑佚本。对于该书的点校本,目前有三部,即谭正璧校点本、石昌渝校点本和王一工标校本。本文对这三个版本中的谬误进行了补正。

2318

《清平山堂话本》校点拾遗[J]/王文晖.--古籍整理研究学刊,1997,03:45 – 47

《清平山堂话本》是明代洪楩编刻的短篇小说集。1957年古典文学出版社出版谭正璧校点本,1990年江苏古籍出版社又出版石昌渝校点本。已有学者对这两个版本校点问题提出了商榷意见,但仍存在失误:或原本有误而失校,或原本不误而误校,或标点断句欠当。本文分校勘和标点两部分,列举数例订误。

2319

《清平山堂话本》校议(续)[J]/高云海.--白城师范高等专科学校学报(后更名为白城师范学院学报),1999,02:17 – 20

本文对《清平山堂话本》书中的失误作了补校,其间或涉及对参校的《警世通言》和《古代小说》文字的校勘补正。

2320

清齐周华《名山藏副本》初刻本与民国刊本[J]/徐三见.--文献,1989,03:258 – 265

清齐周华《名山藏副本》初刻本虽被清统治者列为禁书而"流传绝少",但并未绝迹,浙江临海市博物馆的善本中即尚存其一。本文作者将其与民国刊本校对,发现民国刊本存在较多讹误,并举数例在文中逐一分析,以此说明民国刊本并不尽如人意。

2321

清乾、嘉、道间版本学的突出成就[J]/刘国珺.--南开学报(哲学社会科学版),1993,02:42 – 45

本文指出,清朝的乾、嘉、道时期,撰写版本目录之风大兴,据不完全统计,此类著作有30余种,约超出前人此类著作总数的一倍,成为我国古籍版本学达到鼎盛时期的标志之一。我国版本目录学思想于此时已明确树立,版本鉴定理论初步建立,版本鉴定方法也日臻完善。

2322

清乾隆《沈丘县志》校注回顾[J]/柳俊宏.--中国地方志,1992,01:71 – 74

本文在说明清乾隆《沈丘县志》编撰过程的基础上,介绍了沈丘县志办公室在整理该方志过程中增补注释、排版和校对正误等情况。

2323

清人《三国志》研究著作两种述略[J]/眭骏. --上海高校图书情报学刊,1999,01:57 - 58

本文介绍了复旦大学图书馆馆藏的两种较为稀见的清人《三国志》研究成果,即何焯《三国史辨误》和沈钦韩《三国志补注》。

2324

清人小说提要十二则[J]/王多闻. --文献,1981,02:97 - 110

本文对大连图书馆所藏稀见善本小说进行了简单介绍,并选取其中清人小说提要十二则加以展示。

2325

清儒规正杜预《春秋经传集解》研究[D]/萧淑惠. --成功大学(台湾地区),1998

本文追溯南北朝至元明历代学者规正《春秋经传集解》的成绩,进而引出清儒的研究成果。重点考察了清儒规杜的发展情况与名家代表,分析了影响这些规杜作品方向的直接、间接因素,总结了清儒规杜的特色。还对清儒规杜学说中的错误之处,以及清儒与杜说两可的说法进行了总结,给予了杜预《集解》较为公允的评价。

2326

《清实录》澳门史料编年[J]/黄启臣辑录. --文化杂志(在澳门地区发表)1997,33:3 - 22

本文为作者摘抄《清实录》关于澳门历史的史料汇编,采用清朝的年代顺序编排。所用底本为中华书局1985 - 1987年版。

2327

《清史稿·艺文志》易类拾遗概谈[J]/王绍曾. --周易研究,1989,01:1 - 11

本文在考察《清史稿·艺文志》经部易类情况的基础上,概括了清代《易》学成就,介绍了《易类拾遗》的编撰经过和工作方法。此外还探讨了《清史稿·艺文志》和《清史稿·补编》"易类"存在的问题。

2328

《清夜钟》初探[J]/李汉秋. --明清小说研究,1988,02:285 - 288

《清夜钟》是明末一部短篇小说集。本文在考察该书作者薇园主人生平事迹的基础上,讨论了该书的内容主旨。指出作为封建社会文人,薇园主人反对农民起义,希望挽救正在崩溃的明王朝,但他在描述时局的时候,反映了当时的许多实情。他不受同时代才子佳人小说风气的习染,把描写的重心放在人情世态上,反映了更多的社会现实。作为现实小说系列中的一环,《清夜钟》是有其历史地位的。

2329

清以来中国古籍丛书研究综述[J]/曹培根. --高校社科信息,1996,03:9 - 10

本文回顾了清以来学者对古籍丛书的整理编目和研究情况。清人的研究成果均散见于古籍丛书的序跋及文集之中,没有系统的论著。近代以来学者们开始对古籍丛书进行系统研究,主要论著有汪辟疆《丛书之源流类别及其编索引法》、谢国桢《丛书刊刻源流考》等。近年来古籍丛书的整理出版、普查和提要撰写工作大规模开展起来,古籍丛书研究出现群体研究、日趋专门化的局面。

2330

情系辽图[J]/韩锡铎. --图书馆学刊,1998,05:32 - 35

本文介绍了韩锡铎先生求学北大、供职辽宁省图书馆、从事古籍保护与整理工作的主要经历。

2331

情系寓言 用志不分——记湖南教育学院教授陈蒲清[J]/丁红. --人事与人才,1997,07:24 - 25

本文从治学、教育等方面,对中国寓言研究会副会长、湖南省政协委员、湖南教育学院中文系教授陈蒲清先生进行了介绍,肯定其在整理古籍、文言研究,尤其是中外寓言研究领域的付出与贡献。

2332

请为祖国珍贵古籍评定国家保护级别[J]/

毕如兰,楚庄. --群言,1997,09:31 – 33

古籍文献是中华优秀传统文化的重要组成部分,但其收藏状况却不容乐观。本文指出为珍贵古籍评定国家保护级别,是一种积极有效的抢救与保护措施。

2333

请准确地为古籍难字注音[J]/舒宝璋. --文字改革,1963,05:10 – 11

本文指出了现代整理出版的古典诗文选注本中出现的一些注音问题,强调了准确注音的重要性。

2334

曲阜师范大学图书馆馆藏古籍目录[M]/钟淑娥. --曲阜:曲阜师范大学图书馆,1993

本书是曲阜师范大学图书馆馆藏古籍目录,在一定程度上反映了该馆当时的古籍藏存情况。

2335

《屈大均全集》前言[J]/欧初,王贵忱. --广州师院学报(社会科学版),1996,02:1 – 10

本文系《屈大均全集》前言,主要论述了1949年后首次编辑整理出版的《屈大均全集》各集采用的底本和分工整理等情况。

2336

《屈大均全集》序[J]/欧初. --广州研究,1986,08:49 – 52

本文系《屈大均全集》序言,介绍了屈大均的生平事迹以及他在史学和文学方面的学术成就,并对他的代表性著作进行了分析,指出屈大均是一位出色的思想家。

2337

全国高校古籍整理研究十年成果概述[J]/曹亦冰. --中国图书评论,1994,02:112 – 114

1993年12月18日至24日,北京举办"全国高校古籍整理研究十年成就展"。此次参展图书达3000余种,形式多种多样,本文从四个方面进行了介绍。

2338

全国公共图书馆文献抢救工作之绍述[J]/李健. --北京图书馆馆刊(后更名为国家图书馆学刊),1997,03:89 – 92

本文从抢救大批濒危珍贵文献;近代连续出版物缺失严重的情况得以改善和弥补,客观上起到充实馆藏作用;为文献信息永久延续提供了行之有效解决办法;缩微技术借文献抢救工作开展,得以在公共图书馆广泛应用,缩小了与发达国家差距;在开展文献缩微工作同时,经上级批准,缩微中心和省市公共图书馆合作将各馆珍藏的确具较重要史料价值的古籍进行影印等五个方面,评述了10年来全国公共图书馆文献抢救工作所取得的成就。

2339

《全国古籍善本书总目》收录范围[M]/北京图书馆,上海图书馆编. --北京:北京图书馆,1978

本书确定《全国古籍善本总目》的收录范围,包括元代及元代以前刻印、抄写的图书,明代刻印、抄写的图书,清代乾隆及乾隆以前流传较少的印本、抄本,太平天国及历代农民革命政权所印行的图书,辛亥革命前在学术研究上有独到见解的稿本或流传很少的刻本、印本,辛亥革命前反映某一时期的稿本及流传很少的刻本、抄本,辛亥革命前的名人学者批校、题跋,在印刷上能反映出我国古代印刷术发展的各种活字印本、套印本、明代印谱等。

2340

《全国古籍善本书总目》收录范围、《全国古籍善本书总目》著录条例、《全国古籍善本书总目》分类表[M]/全国古籍善本书总目录编辑领导小组办公室编. --北京:全国古籍善本书总目编辑领导小组办公室,1978

《全国古籍善本书总目》收录范围主要从古籍的历史文物性、学术资料性、艺术代表性等方面进行考察,划定范围为元代及元代以前刻印、抄写的图书,明代刻印、抄写的图书,清代乾隆及乾隆以前流传较少的印本、抄本等。著录条例分别从著录原则、著录内容、著录格式、著录字体、基本著录五个方面进行阐释。分类表分别从经部、史部、子部与集部四个方面进行阐释。

2341

全国古籍善本书总目编辑领导小组会议、中国图书馆学会扩大筹备委员会会议材料[M]/河北省图书馆筹备处翻印. --石家庄:河北省图书馆,1979

本书是对古籍善本书总目的一些材料整理,河北省图书馆筹备处翻印,现存于河北省图书馆,对研究全国古籍善本书目的整理过程具有参考意义。

2342

全国古籍整理出版专家学者的一次盛会——第三次全国古籍整理出版规划会议辑要[M]/国务院古籍整理出版规划小组办公室编. --北京:古籍整理出版办公室,1992

本书记载了全国古籍整理专家出版学者的一次盛会,并对大会上的内容进行整理。首先由江泽民、李鹏、宋平、李瑞环进行大会致辞,接下来是对全国古籍整理中出现的问题进行的总结以及更正,进行了专题性总结发言,并总结出会议日志。

2343

全国古籍整理人员短训班学习记[J]/王竞. --黑龙江图书馆,1986,01:56 – 58

本文从课程、资料支持方面,介绍了北京大学图书馆学系和中文系古典文献专业在1978年合办的全国古籍整理人员短训班的修习过程与内容。

2344

全国古籍整理信息和需要解决的问题[J]/高振铎. --贵州文史丛刊,1985,03:87 – 91

本文介绍了我国1949年后成立的高校古籍研究机构以及重要的项目成果,讨论了全国古籍整理信息和需要解决的问题,探讨了整理和研究的关系、古籍整理要注意质量、争取领导重视和图书馆配合等实际问题。

2345

全国解放后出版的古籍目录草稿(1949—1958年4月)[M]/. --北京:古籍出版社,1958

本书目是1949年后10年间的古籍目录整理,收录了我国1949年到1958年间出版的文史哲、书画艺术、医农科技等方面的古籍

图书。

2346

《全金元词》校读[J]/张朝范. --文献,1996,03:31 – 42

本文校订了《全金元词》一书中出现的词牌、律调、标点、录错词与录重词等方面的错误。

2347

全面规划 系统出书——1983—1984年全国部分文学古籍整理规划在执行中[J]/季路. --出版工作,1983,05:46 – 49

本文介绍了文化部出版局与有关出版社制订1983—1984年全国部分文学古籍整理规划及其执行的情况。各出版社在执行此次规划过程中,呈现出了出版延续性、底本选择工作更加审慎、学术参考价值增强的特点。

2348

全面整理和利用旧地方志[J]/陈明猷. --宁夏大学学报(社会科学版),1982,02:45 – 51

本文从编印方志目录、编撰方志综目提要、建立方志收藏中心和流通网、重印方志、继续进行方志辑佚工作、编印方志资料类书等方面,介绍了全面整理和利用旧地方志的做法。

2349

《全明诗》前言[J]/章培恒. --复旦学报(社会科学版),1990,05:86 – 87

本文系上海古籍出版社《全明诗》前言,介绍了该书的文献价值和编撰过程。

2350

《全清诗》第一家——关于顺治皇帝的诗歌与机读《全清诗》[J]/朱则杰. --杭州师范学院学报(后更名为杭州师范大学学报)(社会科学版),1996,05:8 – 10

本文以顺治皇帝的诗歌为例,介绍了计算机编纂机读《全清诗》的情况,在梳理顺治皇帝诗歌内容和《全清诗》编撰过程的基础上,说明了全清诗歌信息管理系统的核心软件及主要功能。

2351

全清诗集信息管理系统的设计与使用[J]/

朱则杰. --古籍研究,1997,01:92 - 96

本文介绍了建立全清诗人信息管理系统的目的与意义、主要功能和技术设计,指出该系统作为将现代科学技术引入传统文化研究领域的一个尝试,随着工作进展,必将日趋完善并带来积极的作用。

2352

全上古三代秦汉三国六朝文[M]/(清)严可均辑;苑育新审订. --北京:商务印书馆,1999

本书为清代严可均所辑,共分十五集,收录唐以前作者3497人(或作3520人),每人附有小传,是迄今为止收录唐以前文章最全的一部总集,也是中国古代文献中涵盖时间最长的一部文学总集,对唐以前历史、文学、宗教、语言等研究,具有极其重要的学术价值。

2353

《全宋诗》编纂说明[J]/《全宋诗》编纂委员会. --中国文化,1989,01:166 - 171

本文介绍了编纂《全宋诗》的工作重点以及繁难情况,并论述了在编纂工作中遇到的问题以及处理情况。

2354

《全宋诗》误收唐五代诗辨[J]/尹楚彬. --晋阳学刊,1996,01:108 - 109

北京大学古文献所编纂的《全宋诗》有误、有漏。本文就其误收唐五代同姓名诗人徐融、李山甫、李中诗的情况进行了考辨。

2355

《全宋文》编纂补记[J]/曾枣庄. --中国典籍与文化,1994,01:76 - 78

本文介绍了《全宋文》一书的编纂过程,表达了对全国高校古籍整理工作委员会及四川省出版界特别是巴蜀书社的感谢。

2356

《全宋文》序[J]/缪钺. --文献,1988,02:36 - 38

本文介绍了编纂《全宋文》的艰辛过程,论述了《全宋文》的内容以及编纂《全宋文》的重要意义。

2357

全唐诗索引[M]/史成编. --上海:上海古籍出版社,1990

本书将《全唐诗》2200位作者,近5万首诗作,编成"作者索引"与"篇名索引",按四角号码编排,检索极其方便。另编有笔画检字,是一部便于检索的工具书。

2358

《全元文》编纂工作简介[J]/北京师范大学古籍研究所. --中国典籍与文化,1996,02:124 - 125

本文介绍了《全元文》编纂内容的相关情况以及编纂委员会和目前的出版情况,论述了编纂《全元文》的重要意义。

2359

全注全译中国古籍大观丛书·总书目简介[M]/台湾古籍出版社编. --台北:台湾古籍出版社(台湾地区),1996

本丛书翻印自贵州人民出版社《中国历代名著全译丛书》。该书汇辑了《周易全译》《今古文尚书全译》《诗经全译》《左传全译》《四书全译》等,在保存大量古代典籍的同时,进行了译注整理,便于读者理解文意。

2360

全祖望校水经注稿本合编[M]/全国公共图书馆古籍文献编辑出版委员会编. --北京:中华全国图书馆缩微复制中心,1996

本书作者为研究、校勘《水经注》寻师访友,搜集各种版本、采众家之长,对书中的衍文、错简、脱文、伪字多所校补改正,对研究《水经注》具有指导意义。

2361

《犬窝谭红》所记《红楼梦》残钞本辨疑[J]/周策纵. --红楼梦学刊1995,07:1 - 13

吴克岐于20世纪20年代所著《犬窝谭红》宣称,于民国元年(1912)在南京旧书摊上购得《红楼梦》残钞本一部,录出数百条与通行本不同之处,认为皆优于通行本。本文认为吴氏所记之本应为前八十回钞本。其大部分异文的确胜于其他各本,故事情节及描述技巧与他本相比往往更加合理而生动,这些内容似乎不是吴氏或普通读者、评者可以轻易伪撰的。但吴氏于残钞本之情况几无说明,其真实性不能不令人怀疑。

2362

《阙里颜太史真稿》非经书[J]/李延祉.--齐鲁学刊,1988,04:129

《阙里颜太史真稿》是清颜光猷的时文选集。中国古籍善本书目编辑委员会编辑、上海古籍出版社1985年出版的《中国古籍善本书目》将该书归到经部四书类(见经部四书类第3518种书),本文分析指出这种分类并不妥当。

2363

群碧楼善本书目[M]/邓邦述.--台北:广文书局(台湾地区),1967

本书为近代江苏江宁藏书家邓邦述自编自印的家藏善本书目。邓氏喜藏善本,在苏州、北京等地广泛搜购,收得宋元刻及精抄本不下两万卷,又得士礼居旧藏南宋书棚本《李群玉诗集》《碧云集》,因自名藏书处为"群碧楼"。民国十六年(1927)将大部分售给前"中央"研究院,又将余存部分另编为《寒瘦山房鬻存书目》,1929年一并刊行。

R

2364

让传统文化为现代化建设服务——西北师范大学古籍整理研究所简介[J]/西北师范大学古籍整理研究所.--社科纵横,1993,04:36－38

本文介绍了西北师范大学古籍整理研究所人员队伍、组织机构、出版专著论文、主要科研人物等概况。

2365

让典籍文化再显辉煌——从荆楚古籍独领风骚说开去[J]/饶学刚.--武当学刊,1996,04:34－40

本文从贴近现实,推动社会主义四化;扩展古籍搜集、整理、研究领域;突破旧有"注经"模式,实行"点、校、注、译、评"相结合等几个方面,探讨如何推动荆楚古籍文献整理研究工程。

2366

让古代灿烂文化重放光彩——《陕西省金石文献汇集》评介[J]/王刚.--出版工作(后更名为中国出版),1990,12:53－57

三秦出版社出版的《陕西省金石文献汇集》,是辑录和考证陕西省金石文献资料的大型学术资料丛书。本文选取《秦代陶文》《陕西金文汇编》《陕西出土周原甲骨文综述》《陕西石刻文献目录集存》《新编秦汉瓦当图录》几部作品加以介绍,肯定了《陕西省金石文献汇集》一书的重要成就。

2367

让古籍生辉——记岳麓书社社长夏剑钦[J]/丁扬东.--中国人才,1995,02:31－33

本文是对岳麓书社社长夏剑钦的采访,从事迹、治学成果、治学态度与观念、市场经济为出版行业带来的困难、解决当前困难的方法等方面进行介绍与评价,认为夏剑钦充分展示了学者底蕴和现代出版家的才干,使岳麓书社由没有固定拨款的古籍出版社发展成效益较好的古籍出版社,成为全国近600家出版社中的佼佼者。

2368

热心古文献整理事业的徐复先生[J]/李灵年.--文教资料,1995,06:30－33

本文介绍了徐复先生主持创办南京师范大学古文献专业、整理古籍、承担项目、培养人才以及支持《文教资料》杂志等事迹。

2369

《人物志》版本源流考[J]/伏俊边.--图书与情报,1995,03:58－59

三国时魏刘邵撰《人物志》三卷,是中国古代最早系统研究人物才能、个性以及政治作为的著作,主要探究和政治上用人相关的人物品藻问题。本文论述了《人物志》的版本及其源流。

2370

人物志今注今译[M]/(三国魏)刘劭撰写;陈乔楚注译;中华文化复兴运动总会主编.--台北:台湾商务印书馆股份有限公司(台湾地区),1996

《人物志》共3卷12篇:卷上有《九征》《体别》《流业》《材理》4篇,卷中有《材能》《利害》《接识》《英雄》《八观》5篇,卷下有《七缪》《效难》《释争》3篇。兼有儒、道、名、法、阴阳诸家思想,而受纵横家思想影响最多,是历史上第一部融人才学、心理学、伦理学和政治学等于一体而又充满纵横特色的人学论著。本书为该古籍的今注今译。

2371

仁和寺本《黄帝内经太素》的文献价值[J]/陈钢.--成都中医药大学学报,1996,01:5－7

作为日本国宝的仁和寺本《黄帝内经太

素》,1981 年影印出版前,其书在我国从未得见。本文从补《太素》通行本之缺佚,正《太素》通行本之谬误、断《太素》校注之是非、供《太素》研究之史料等方面,评述了仁和寺本所具有的早、全、真特点的文献价值。

2372

认识古籍版刻与藏书家[M]/刘兆佑著.--台北:台湾书店(台湾地区),1997

本书论述与古籍有关的基本知识,介绍历代著名藏书家的藏书特色及轶闻轶事,希望国人养成读书习惯与藏书风气,建立书香社会。全书分为两部分:上编为认识古籍版刻,谈论古书的刊刻方法、行款及装订等知识;下编为认识藏书家,介绍了 24 位著名藏书家。

2373

认真点校古籍——读中华书局出版的三种中国思想家著作札记[J]/杨逊.--湘潭大学学报(社会科学版),1991,01:87 - 92 + 111

本文以中华书局出版的三种中国思想家著作札记为例,一方面肯定近年点校古籍的成就;另一方面指出有些点校者由于对原文的词性、词义和语法结构等未认真推敲,对儒家经典不很熟悉,对历史文化知识有所欠缺,不免出些差错,因此分类举例,以期引起重视。

2374

认真整理出版古籍 弘扬优秀传统文化[J]/匡亚明.--中国典籍与文化,1992,02:5 - 8

本文是国务院古籍整理出版规划小组组长匡亚明同志于 1992 年 5 月 25 日在第三次全国古籍整理出版规划会议上的讲话。本刊略有删节。

2375

认真做好古籍抢救保护工作 充分发挥古籍在我省四化建设中的作用[J]/林德冠.--福建图书馆学刊,1991,01:7 - 10

本文从把古籍抢救工作作为一项重要工作来抓、切实加强领导和具体支持、切实加强古籍抢救保护专业队伍、通盘规划突出重点等方面,提出了福建省做好古籍抢救保护工作的建议。

2376

日本东京各图书馆收藏的中国古籍[J]/杨杞.--古籍整理研究学刊,1991,05:48 - 49

日本收藏中国古籍较多的有奈良的天理文库,名古屋的逢左文库等,特别是首都东京的几个图书馆(文库)收藏的汉籍,从数量和珍贵程度上均属世界罕见。主要有宫内厅书陵部、内阁文库、东洋文库、静嘉堂文库、东京大学东洋文化研究所等。本文予以列举介绍。

2377

日本古籍文献资料的缩微化[J]/边维华.--缩微技术,1990,02:25 - 27

本文介绍了日本古籍文献资料现状及缩微化现状、古籍文献资料的拍摄、古籍文献缩微品的利用。

2378

日本古籍中的渤海史料[J]/孙玉良.--学习与探索,1982,04:112 - 120

有关渤海历史的文献资料,散见于日本古籍之中。本文指出所能见到载有渤海史料的日本古籍约 30 余种,绝大部分被刊入日本现代所编纂的《国史大系》《群书类从》《续群书类从》三大类书中。日本古籍中保存下来的数百条渤海史料,绝大多数是渤海历史的真实记录,有些记载同中国古籍相互印证,有些则为中国古籍所未载,尤属珍贵。但仍有相当部分或为误传误载,研究者在运用过程中应审慎甄别。

2379

日本古籍综合目录数据库及其特点[J]/张治江.--图书馆学研究,1992,06:64 - 69

本文介绍了日本《古籍综合目录》数据库书志内容及特点、数据转化作业流程及其特征、数据库概况等。

2380

日本国大木干一所藏中国法学古籍书目[M]/田涛编译.--北京:法律出版社,1991

日本大木干一先生致力于搜集整理中国

法学古籍,晚年将藏书进行分类,分为内编法学书籍,外编地理、历史、文学、宗教等书籍,全部赠予东京大学东洋文化研究所。藏书中"内编"最具特色,共包括中国历代法学书籍2000余种30000余册。本书介绍内编部分,分为"总类""政类""法类",是中国大陆出版的第一部介绍日本所藏中国法学古籍的书目,拓宽了中国学者访求日本所藏中国古籍的范围,又是中国大陆首次编译出版日本文库的目录,继承了中国藏书家传统的以书核目的做法。

2381

《日本国大木干一所藏中国法学古籍书目》读后[J]/丁晓山.--首都师范大学学报(社会科学版),1994,05:120-121+118

本文是法律出版社1991年版田涛编译《日本国大木干一所藏中国法学古籍书目》一书的书评。文中指出该书的编纂是中国法制史研究和中日文化交流史上的一件盛事,编译继承了中国藏书家传统的以书核目的工作方法。书中的两种附录,互有区别而又互相补充。对该书的不足之处,文中也做了较为公允的评价。

2382

日本汉籍藏书库提示[J]/吕戴.--社会科学战线,1990,03:325-328

本文将日本从古至今收藏中国书籍的主要文库及图书馆按笔画列出,对藏书者、藏书情况、藏书特色、沿革及今日收藏情况作了说明。

2383

日本汉籍目录知见录[J]/罗志欢.--中国典籍与文化,1993,01:121-127

本文仅就所知见的日本汉籍目录做概要介绍,叙其内容,兼谈特色,以便读者了解日本汉籍目录及收藏汉籍的一般情况。文末所附为20世纪30年代日本编辑出版的主要汉籍目录及书影。

2384

日本汉学家馈赠的我国古籍[J]/陈友琴.--文学遗产,1981,01:147-148

本文介绍了日本汉学家花房英树赠送作者的《元稹研究》《白居易研究》《白氏文集批判的研究》《韩愈诗歌索引》等古籍。

2385

日本九州大学文学部书库汉籍目录[M]/周彦文撰.--台北:文史哲出版社(台湾地区),1995

日本九州大学历史悠久,收藏中国古籍十分丰富。就文学部书库所藏而论,收藏清末以前(以1911年为下限)在中国出版的古籍共约有1400部。本书是日本九州大学文学部的中文古籍目录。

2386

日本九州大学文学部书库明版图录[M]/周彦文著.--台北:文史哲出版社(台湾地区),1996

本书为日本九州大学文学部书库明版图录。日本九州大学收藏的中国古籍十分丰富,其中明版有140余部,其余皆为清版。

2387

日本收藏中国农业古籍概况[J]/王华夫.--农业考古,1998,03:330-335+337

本文介绍了日本内阁文库收藏中国农业古籍的情况,内容涉及农业概况、农业气象、农业水利等,资料来源于作者对美国密歇根州大学图书馆、波士顿市图书馆、哈佛大学图书馆等收藏单位所收载的日本图书目录的整理。该系列文章从1998年3月至2003年3月共在《农业考古》期刊发表十篇。

2388

日本收藏中国农业古籍概况(续)[J]/王华夫.--农业考古,1999,01:322-324

本文介绍了日本东方文化学院京都研究所收藏中国农业古籍的情况,内容涉及农业概况、农业气象、农业水利等,资料来源于作者对美国密执安州大学图书馆、波士顿市图书馆、哈佛大学图书馆等收藏单位所收载的日本图书目录的整理。该系列文章从1998年3月至2003年3月共在《农业考古》期刊发表十篇。

2389

日本收藏中国农业古籍概况(续)[J]/王华

夫. --农业考古,1999,03:326 – 328 + 335
同上。

2390

日本图书馆对古籍的管理与保护[J]/王永厚. --图书馆学通讯,1988,01:81 – 83

在日本参观考察图书馆期间,作者深切感到,日本图书馆界对古籍的收藏管理极为重视。本文从日本图书馆所藏古籍内容,国立国会图书馆的古籍管理、古籍保护、工作人员等方面,介绍了日本图书馆对古籍的管理与保护。

2391

日本正宗寺藏旧钞《左传正义》校记[D]/林威宇. --东海大学(台湾地区),1997

本文比较了日本正宗寺旧藏《春秋正义》单疏本与阮本之异同,述其所长,以与八行本、十行本相参验。正文共分六十卷,其分卷悉依阮刻本原第,并针对阮刻讹误处,进行了较为详细的校正。文中引据各本书目,将校记中所引用之底本、对校本及参校各本作一一说明,以便读者明了所引用之版本,并于凡例中说明本校记的体例。

2392

日寇铁蹄下和顺图书馆图书、档案转移始末[J]/许连仁. --云南档案,1996,02:33 – 33

本文记叙了1942年5月3日日军入侵腾冲亚城后,位于腾冲县城西南的和顺图书馆工作人员冒着日军炮火,转移图书馆图书、档案的过程。

2393

《日下旧闻考》的几个问题[J]/修世平. --山东师大学报(后更名为山东师范大学学报)(人文社会科学版),1988,04:48 – 50 + 36

本文考订了《日下旧闻考》的成书时间等几个问题。指出该书"缮本"是弘历于乾隆三十八年(1773)六月命馆臣编纂,是年九月命窦光鼎随同校办。而"刻本"成书于乾隆五十二年(1787)三月至十二月期间。两个版本,虽同出于一个编纂班子,但有五卷内容各异。"缮本"有误写,"刻本"有误刻。

2394

《日知录集释》讹误拾例——与文正义先生商榷[J]/胡渐逵. --古籍整理研究学刊,1997,05:33 – 34

本文对文正义先生整理编校的《日知录集释》中存在的讹误进行了举例分析。

2395

《容斋随笔》补正[J]/徐规. --文献,1999,03:200 – 212

本文校订了上海古籍出版社校点本南宋洪迈《容斋随笔》一书中出现的原作者失误处及校点者、排印者疏忽处43则。

2396

《容斋随笔》四种版本之比观与正误[J]/力之. --钦州师专钦州教院学报(后更名为钦州学院学报),1997,01:28 – 35 + 37

本文通过对《容斋随笔》四种版本之比观,指出:点校整理之功,当以上海古籍社本为最;吉林文史社本,仅据是本用简体字横排;岳麓书社本,自有其校勘之功,而标点大体上依是本;中国世界语社本,虽亦多间接参考是本,而较岳麓本多些自己的东西,故其尽管难及上海本,却似略胜岳麓本一等。

2397

融汇与创新——评《注释学纲要》[J]/锐声. --古汉语研究,1993,03:6 – 8

本文从开创性、兼收并蓄、杂糅众学、理论与实践的统一、古文今译的研讨等方面对《注释学纲要》进行评价,指出该书的优点与不足。

2398

融研究、考证、校注于一炉——评《钱起诗集校注》[J]/张立纬. --漳州师范学院学报(后更名为闽南师范大学学报)(哲学社会科学版),1994,03:86 – 87

本文从研究、考证、校注三个方面分析了王定璋《钱起诗集校注》的特色,论述了该书的内容及意义。

2399

如何对待古籍中的精华与糟粕[J]/王树民. --古籍整理研究学刊,1991,05:1 – 2

本文指出古籍中的精华和糟粕之间没有一条固定的线,重要的是善于用之。精华与糟粕的区分,在古籍整理者不必特别强调,但应以适当形式和在适当地方提醒读者,以加强其辨别力。古籍中的精华与糟粕一般可分为两大类,一是真伪性的,二是正误性的,并对此分别进行了举例说明。

2400

如何防止光对古籍图书、纸张、字迹的破坏[A]/陈鸿钧.--中国文物修复通讯(第13期)[C],1997

本文指出,光对古籍图书的破坏主要是由于光具有能量即热能,使物体变热而导致的。本文还对古籍图书的摆放位置、注意事项等内容进行了说明。

2401

如何检索古籍文献资料[J]/胡水凤.--宜春师专学报(后更名为宜春学院学报),1994,03:25-28

各高等院校都收藏了大量古籍文献资料,如何开启这座宝库,是高校图书馆开发文献资料的重要组成部分。本文从古籍文献资料的范围、古籍文献资料和常用分类法、利用书目工具书检索古籍文献资料三方面,论述了如何检索古籍文献资料。

2402

如何建立规范化的古籍书目数据库[J]/秦淑贞.--现代图书情报技术,1999,02:39-41+48

本文阐述了什么是规范化的古籍书目数据库,古籍书目数据库规范化的依据有哪些,在各馆使用的编目软件不一致的情况下,如何建立规范化的古籍书目数据库。

2403

如何鉴别古籍中的伪作[J]/王瑞来.--文献,1990,01:157

本文介绍如何鉴别古籍中羼入的伪作,并从注意作者的生平事迹、古籍版本、体例几个角度进行了分析。

2404

如何解决古籍整理用计算机字库中的异体字问题[J]/林仲湘,肖培,李龙.--广西大学学报(哲学社会科学版),1996,02:65-69

异体字是个老大难问题,使用计算机为解决这一难题提供了有利条件,可望逐步处理好古籍整理用计算机字库中的异体字。本文从理论上进行探讨,对实际操作中遇到的技术难题提出解决办法。

2405

如何进行文献的前期整理编辑工作[J]/张洁如,王春红,刘军等.--山东图书馆季刊,1994,04:87-89

本文从前期的准备工作和整理工作程序两个方面,介绍了一种具有普遍性的文献前期整理工作流程。

2406

如何纠正新版古籍中的错讹[J]/董小华.--广西大学学报(哲学社会科学版),1999,04:84-87+1

本文提出针对新版古籍出现的错讹,应运用文字、音韵、格律、天文、历史、语言习惯、风俗习惯、版本目录、典故典源等知识,去发现、推理、查证,以求确定是非正误,及时消除错误现象,这样才能提高图书出版质量,以及读者对新版古籍的辨识和鉴赏能力与水平。

2407

儒家秘籍《大成通志》——兼补《中国古籍善本书目》之遗[J]/钟淑娥.--济宁师专学报(后更名为济宁学院学报),1996,03:82-83

本文从编者、版式、内容、评价、特点等方面对《大成通志》进行介绍,指出其具有较为重要的史料价值和文献价值。

2408

乳源瑶族古籍汇编(全二册)[M]/盘才万,房先清收集;李默编注.--广州:广东人民出版社,1997

本书收录瑶经42种,内容有度身(挂灯)、拜王、治病、婚嫁、丧葬、祈年、祷福、拜庙、扫墓、狩猎等典籍,以及瑶童私塾蒙学课本。文献收录三百余件,内容包括碑刻印照、券牒、家先单、丁赋田粮、治安文告、借贷文书、卖田地山岭典当等契据及1949年前学者的调查报告。该书为古代韶州府瑶人的族源、社会经济形态、宗教信仰、传统文化、习俗等方面的研究,提供了珍贵的资料。

2409

    入门的津梁[J]/黄新亚. --读书,1987,08:88－89

    黄永年先生为填补空白,将数十年读书、嗜书及藏书经验,上升为对古籍整理的系统认识,写成《古籍整理概论》一书。虽然作者自称只是一本粗浅的入门书,而非学术性的高文鸿著,但是该书对有志于从事古代典籍文献整理的后学,颇有裨益。本文在此基础上对黄永年整理出版古籍、校勘标点等方面的贡献进行介绍,指出了此项工作的艰辛。

2410

    《入中论释》《初品》译注[J]/释如石. --中华佛学学报(在台湾地区发表)1994,07:41－72

    本文分为译序和译注两部分。译序部分以语体文重译《入中论释》之缘起,根据史料略究作者月称之生平,略说此论内容大义,简介《入中论释》在印、藏弘传的情形及现存的相关注疏为主要内容。译注部分是用语体文译注的方式重新处理藏译本《入中论释》初品。研究结果发现,以语体文重新译注此论,具有时代意义。

2411

    《阮籍集》校点札记[J]/顾义生. --古籍整理研究学刊,1996,02:1－3

    阮籍的诗文集除古代刊本外,比较通行的本子主要有两种,一是李志钧先生等校点,上海古籍出版社1978年版《阮籍集》;一是陈伯君先生遗著,中华书局1987年版《阮籍集校注》。此二书用功甚勤,校点颇精,然而疏漏之处在所难免。本文将两书中的校点问题分为不明语法、不明用典、误拆联绵词、不明文例、不明文意、失韵等类型进行了校订。

2412

    《阮籍集校注》补正[J]/韩格平. --古籍整理研究学刊,1995,01/02:45－47＋33

    本文考订了陈伯君先生遗著《阮籍集校注》中出现的一些问题,选择其中有关不明史实与不明用典而致缺误之例十余则,略加补正。

2413

    阮元辑书刻书考[D]/黄庆雄. --东海大学(台湾地区),1995

    本文就阮元编辑刊刻之图书,考其缘起、编辑之过程及历来之评价,以全面探讨阮元整理图书文献之贡献。本文论述阮元的生平事略、著述及其学术、文教事业。重点考述了《经籍纂诂》《十三经注疏校勘记》《皇清经解》的辑刻情况。其余阮元所辑刻之书,则按经、史、子、集为类,依其辑刻时间先后为次,考其源流、版式及评价。

S

2414

卅年甘苦 四点感受[J]/李侃. --出版工作,
1987,03:15－18

本文为中华书局总编辑李侃先生介绍编辑在指导思想和工作方法上的经验,主要包括以下几点:强烈的事业心和强烈的责任感,是做好整理出版古籍的前提;要制定好整理出版古籍的规划;抓住重点,出好重点图书,组织落实好重点项目,是办好出版社关键所在;要在实践中培养、锻炼德才兼备的专业人才。

2415

三部官修目录类列小说家文献的特点及其演变[J]/钱振新. --图书情报工作,1992,03:53－56

本文介绍了《汉书·艺文志》《隋书·经籍志》《四库全书总目》三部官修目录类列小说家文献的特点及其演变,如下几点:《汉书·艺文志》多依托史事;《隋书·经籍志》已进而改为收杂用、技艺、应对、诙谐之作,但排斥志怪神异小说;《四库全书总目》匡正小说概念,集历代志怪、神异、丛谈、历史小说之大成,已接近今天小说范围,但排斥话本、章回小说。

2416

三国两晋南北朝春秋左传学佚书考[D]/沈秋雄. --台湾师范大学(台湾地区),1981

本文考订了三国两晋南北朝时期十二种《春秋左传》学佚书的撰人和佚文情况。文后附录了三国两晋南北朝之春秋左传学书存目。

2417

三国演义考述[D]/吴坚立. --辅仁大学(台湾地区),1976

本文讨论《三国演义》一书的故事演进及

版本、该书的写作技巧以及社会影响与评价。文后附录了多种《三国演义》的古籍书影,方便研究者比对查阅。书影包括元至治刊本《三国志平话》、明嘉靖壬午刊本《三国志通俗演义》、明万历辛卯刊本《三国志通俗演义》等。

2418

《三国志》标点商榷[J]/方北辰. --四川大学学报(哲学社会科学版),1987,01:90－97

本文举例指出中华书局1982年版标点本《三国志》标点问题,包括指代人之官名标点体例不纯、长衔标点体例不纯、少数族名称标点体例不纯、地名标点体例不纯,裴松之注文处理体例不纯、文句当断未断、文句不当断而误断、上句词语当属下句、下句词语当属上句、引语结束位置不当、漏标引号等。

2419

《三国志》标点献疑[J]/周国林. --文献,1997,02:245－253

本文从书名类、断句类和引文类三方面,指出中华书局1982年版点校本《三国志》中的标点错误。

2420

三国志集解[M]/(西晋)陈寿撰;卢弼集解. --台北:汉京文化公司(台湾地区),1981

陈寿所作《三国志》过于简略,经裴松之作注,内容充实了很多。但裴注主要充实了史实,典章名物方面尚多缺失。本书系近人卢弼先生对《三国志》的集解,其博采众书,精加校释,误者正之,缺者补之,核正地理,诠释名物,大大有益于本书的研究者。

2421

《〈三国志〉今译》误译举隅[J]/刘范弟. --古籍整理研究学刊,1992,06:5－6

本文订正了中州古籍出版社《〈三国志〉

今译》卷二十七中出现的误译问题。

2422

《三国志今译》指疵——兼对古籍今译工作谈点意见[J]/杨文柱. --天津师范大学学报(社会科学版),1994,05:58－61

本文校订了中州古籍出版社和新西兰霍兰德出版公司1991年出版的《三国志今译》一书中出现的误译或不妥之处,指出古籍今译,即使抛开"雅"的要求不论,单单做到"信""达"也大非易事;古籍今译的质量,取决于译者和编辑。

2423

《〈三国志〉今注今译》有三个突出特点[J]/陈蒲清. --长沙理工大学学报(社会科学版),1992,03:127

本文是为苏渊雷主编《〈三国志〉今注今译》一书所作的书评,文中对该书给予了较高评价,认为该书体制宏伟、注释精审、译文能基本上做到"信""达""雅"。

2424

《三国志通俗演义》成书于明中叶辨——与王利器、周邨、章培恒等同志商榷,兼论此书小字注的问题[J]/张国光. --社会科学研究,1983,04:32－40

本文讨论了《三国志通俗演义》的作者和成书年代问题。认为该书是第一部成熟的《三国演义》版本,无论从考据学还是文学演进的规律来看,都理应是明中叶的作品。该书作者不是罗贯中,而是一位有较丰富历史知识和深湛文学修养的文士,很可能就是为此书作序的庸愚子(金华蒋大器)。

2425

三晋古籍丛书·乔吉集[M]/(元)乔吉撰;李修生,李真瑜,候光复编校. --太原:山西人民出版社,1988

本书收录了元代文人乔吉所作的杂剧《杜牧之诗酒扬州梦杂剧》《李太白匹配金钱记杂剧》《玉箫女两世姻缘杂剧》,以及散曲、小令、套数、集外曲、词等,后附乔吉行踪考略、乔吉戏曲辑评和乔吉研究论文索引。

2426

三晋古籍丛书·石君宝戏曲集[M]/(元)石君宝著;黄竹三校注. --太原:山西人民出版社,1992

本书是《三晋古籍丛书》系列之一种,作者石君宝为元代平阳人,是元代的杂剧作家。因历史原因,所传戏曲只剩三部收录于此书。山西师范大学戏剧研究专家黄竹三先生对此书进行校勘及注释,将有关研究资料作为附录收于书末,是当代石君宝研究资料大全,对元杂剧研究有推动作用。

2427

三晋古籍丛书·司马光奏议[M]/(宋)司马光撰;王根林点校. --太原:山西人民出版社,1986

本书收录了司马光《论两浙不宜添置弓手状》《乞印行荀子扬子法言状》等奏议文章,对宋代历史和司马光政治思想等方面的研究有较为重要的价值。

2428

三晋古籍丛书·通历[M]/(唐)马总撰;周征松点校. --太原:山西人民出版社,1992

本书是一部通史性质的历史著作,记述从上古到隋的历代兴亡及帝王贤愚得失。原本十卷已佚,仅存后七卷,又有《续通历》五卷,传为孙光宪所作。此书收入《宛委别藏》。民国初年湖南叶德辉详加校理,但世所罕见。本书据《宛委别藏》本,参考叶德辉校本整理成书。又附录了铁琴铜剑楼所藏宋人补作的前三卷,形成了较为完备的排印本,是当代研究《通历》的重要成果,值得一读。

2429

三晋古籍丛书·武则天集[M]/罗元贞点校. --太原:山西人民出版社,1987

本书是唐代武则天编著的一部诗文别集。《旧唐书·经籍志》著录武后《垂拱集》一百卷,《金轮集》十卷,《宋史·艺文志》著录《则天中兴集》十卷,《别集》一卷,俱佚。罗元贞从各种典籍辑得则天文七十五篇、诗五十五首,各加点校,并附录有关资料汇编成此书。

2430

"三秦"的风采——三秦出版社巡礼[J]/晴

虹. --博览群书,1996,03:43

本文介绍了20世纪80至90年代三秦出版社整理出版古籍的情况,说明三秦出版社注意读者需求,力争创出名牌产品,形成自己的特色。

2431

散存在古籍中的童谣分类及其社会价值[J]/石云霄. --中国典籍与文化,1997,03:107－111

古代童谣是祖国的文化遗产。史传方志、逸文杂录无不存有童谣的记载,但在古代文学研究领域却是被遗忘的角落。本文根据思想内容将童谣划分为史事、讽喻时政、启发智能、宗教民俗、叙事、娱乐游戏、练习语言机制七部分,并举例说明。中国古代童谣作为一个历史窗口,可以从此视角把握历史空间,建立本民族的儿童歌谣理论体系,填补我国古典文学研究领域的空白。

2432

山东大学古籍部文献检索室书目调查报告[J]/丘梦英. --河南图书馆学刊,1989,04:62－63

山东大学古典文献检索室为教学科研服务的前哨阵地,经常接待本校以及全国的科研工作者、教师及研究生,成为全省文献资料启用、转换、交流的中心。本文通过对该室所藏古籍目录的调查,指出深入了解、认真调查、摸清其面貌才能真正将其利用、补充完善,使其更好地为古文献的检索开辟出一条比较畅通的路来。

2433

山东省图书馆藏海源阁书目[M]/山东省图书馆编. --济南:齐鲁书社,1999

本书收录了山东省图书馆的两千多种三万多册海源阁遗书,第一次以标准化著录方式提供给读者详尽信息,为从事古籍研究提供了方便之门。

2434

山东省图书馆馆藏古籍书目[M]/罗福凯主编. --济南:山东省图书馆,1958

本书为山东省图书馆馆藏古籍书目,著录项目包括:书名、卷数、著者、朝代、版本、册数、函数、行字、书口、边栏、牌记、封面、刻工、藏印,及其他版本特征、应注之文、馆藏索书号。书后分别附有四角号码与汉语拼音编排的《书名索引》《著者索引》。鉴于本书是一部考释性馆藏善本书目,编著者之外,序跋、题记、刊刻、签题、校抄、鉴藏,辄详加开列,特编为《序跋校刊签抄人名综合索引》《刻工人名索引》《印文索引》三种索引予以深度揭示。

2435

山东省图书馆馆藏山东地方史志文献选目[M]/山东省地方史志编纂委员会办公室,山东省图书馆. --济南:山东省图书馆,1983

本书收录《馆藏山东省地方史志资料目录(古籍部分)》《馆藏建国前解放区期刊目录》全部内容,并加以修订。包括地方史志、地理、经济、文化等多项内容,是一部稀缺的工具书。

2436

山东省委党校图书馆古籍线装地方志藏书目录[J]/宋佩华. --理论学刊,1991,03:101

本文介绍了中共山东省委党校图书馆收藏的62种古籍线装地方志的基本情况。该书目按照现行政区域的范围划分进行分类编排,大部分为民国年间编纂,一部分为清代编纂,小部分为明代编纂。

2437

山东师范学院图书馆古籍书目[M]/山东师范学院图书馆编. --济南:山东师范学院图书馆,1957

本书为山东师范学院图书馆藏古籍书目,收录经部、总类、易、书、诗、礼等,是一部查找古籍的工具书。

2438

山海经(附白话全译)[M]/(上古)元阳真人,倪泰一编译. --昆明:云南科技出版社,1994

本书介绍了民间传说中的地理知识,包括山川、地理、民族、物产、药物、祭祀、巫医等。保存了包括夸父逐日、精卫填海、大禹治水等不少脍炙人口的远古神话传说和寓言故事,对中国古代历史、地理、文化、中外交通、民俗、神话等研究均有参考价值。其中的矿物记录，更是世界上最早的有关文献。

2439

《山海经》与原始文字[J]/沙嘉孙. --管子学刊,1988,01:62-69

本文对《山海经》中成书最早的部分《大荒经》和《海内经》进行了解读,并与其他传世文献进行对读以考证史实,指出《山海经》中的意符文字保存了我们先人几千年积累的知识,是研究我国古代地理、历史、神话、民族、民俗、动物、植物等方面可贵的资料。

2440

山西大学藏写本《清实录》残卷[J]/王欣欣,张梅秀. --文献,1990,02:285-286

《清实录》是清朝官修的编年体史料长编,包括《满洲实录》《太祖至穆宗十朝实录》《德宗实录》《宣统政纪》四部分。山西大学图书馆古籍室收藏有写本《文宗实录》和《穆宗实录》残卷,即是《太祖至穆宗十朝实录》中的一部分。本文对该残卷的式样与来源进行介绍。

2441

山西古籍善本书编目检记(一)[J]/刘纬毅. --晋阳学刊,1981,01:112

本文介绍了《开宝藏》残卷、《佛说北·七星经》残卷、《契丹藏》残卷、《蒙求注》残卷、《昌黎先生集考异》等宋辽时期珍贵古籍在山西地区的发现过程、主要内容及版本信息等。

2442

山西古籍善本书编目检记(二)[J]/刘纬毅. --晋阳学刊,1982,05:67

本文是作者考察20世纪80年代初,山西文物工作者普查、搜集古籍善本情况的系列论文之二。介绍了《赵城藏》的零本《阿毗达摩大毗婆沙论》1卷、零本《破邪论》1卷、《碛砂藏》4846卷、《普宁藏》4259卷、《龙龛法宝大藏》残卷、《通志》200卷以及《国朝文类》残卷等宋元时期珍贵古籍在山西地区的发现过程及主要内容及版本信息等。

2443

山西古籍善本书编目检记(三)[J]/刘纬

毅. --晋阳学刊,1983,03:83-84

本文是作者考察20世纪80年代初,山西文物工作者普查、搜集古籍善本情况的系列论文之三。介绍了《礼记大全》《大明一统志》《事物纪原集类》《紫岩文集》《文苑英华》《针灸大成》《少室山房笔丛》《河汾诸老诗集》《宋文鉴》《真文忠公续本文正宗》《文选》等明代珍贵古籍的版本信息以及山西各图书馆的藏存情况。

2444

山西省古籍善本书目[M]/刘纬毅主编. --太原:山西省图书馆,1981

本书为山西省古籍善本书目,按照《全国古籍善本书总目》收录范围规定,从历史文物性、学术资料性、艺术代表性三方面衡量取舍,对山西的历史文献、山西的学者著述适当放宽,分为经、史、子、集四大类。

2445

山西省图书馆普通线装书目录[M]/山西省图书馆编. --太原:北岳文艺出版社,1998

本书收录清乾隆六十年(1795)以后至今的山西省图书馆馆藏普通线装书,少量流传较少的线装期刊也酌情收录,共计14961种。分为目录门、经籍门、史乘门、地志门、社会科学门、传记门、哲学门、宗教门、文学门、文字学门、艺术门、自然科学门、应用科学门、总记门等,后附书名索引和著者索引。

2446

《山西通志·山川考》点校后记[J]/靳生禾. --晋图学刊,1987,02:93-95

本文介绍了《山西通志·山川考》一书的考订工作。指出该书校勘工作重点放在诸如地名、地望、道里、地形地貌等地理因素订讹方面;对引书、人名、史实方面的讹舛,乃至引文中非校而可能导致地理概念误会或生疑窦者,也酌于校勘,并举例说明。

2447

《山右丛书初编》述略[J]/尚恒元,彭善俊. --运城师专学报(后更名为运城学院学报),1988,03:9-18

本文评述了1937年山西省文献委员会编

纂出版的《山右丛书初编》一书,将散见于典籍的资料排比整理,略依著者时代次第简介,并对入选的 39 种古籍做了扼要述评。

2448

陕西省开发中医古籍整理工作计算机系统
[J]/施德庆. --出版工作(后更名为中国出版),1987,05:66

本文介绍了陕西省中医研究院与陕西省电子技术研究所合作开发中医古籍整理工作计算机系统,实现建立中医古籍数据库,进行中医古籍通检编制、版本、书稿编辑及打印校样等功能的情况。

2449

陕西师范大学图书馆藏古籍线装丛书总目分类目录(全二册) [M]/吕光明、李志凡、张美容等编. --西安:陕西师范大学图书馆,1990

本书系陕西师范大学图书馆和古籍整理研究所藏古籍丛书目录。著录题名卷数、著者、版本等内容。

2450

善本辩证及其它 [J]/徐孝宓. --四川图书馆学报,1981,04:47 – 54

本文通过辨析"善书"与"善本"的关系,研究了善本的价值、功用和鉴别方法等问题。

2451

善本观的嬗变与古籍版本学的学术精神 [J]/闵定庆. --古籍整理研究学刊,1995,S1:88 – 91

善本观的嬗变史不仅从一个极重要方面展现了版本学自立于学术之林的发展史,而且深刻表明中古传统学术文化对版本学术精神确立产生的巨大影响,本文从崇古尚旧的汉唐"善书"观、"善"与"工"相统一的宋代"善书"观、元明清崇拜宋版的风气、清人善本观的当代意识等方面进行了阐述。

2452

善本书的下限应放宽 [J]/余明善. --天津师范大学学报(社会科学版),1983,06:85 – 86

本文举例指出善本书的下限应当适当放宽,不能因为得书容易、时代较后而忽视。

2453

善本书室藏书志(全四册)(台湾地区出版)

[M]/(清)丁丙辑. --台北:广文书局(台湾地区),1988

《善本书室藏书志》是清丁丙编撰的一部私藏善本书目,共四十卷,附录一卷,收书 2000 余种,仿《四库全书总目》部类序列,每书著录书名、卷数、作者姓名及年代、版刻时间地点和行款、藏书印记,并撰有对题目加以解释、品题、介绍和评价的解题,体例完善。

2454

《善本戏曲丛刊》出版说明 [J]/王秋桂. --中国书目季刊(在台湾地区发表)1984,04:47 – 52

本文系《善本戏曲丛刊》出版说明。该丛刊第一辑大体收录弋阳腔和徽调系统的戏曲选集九种,第二辑收录昆腔系统的戏曲选集八种,第三辑收曲谱四种。这些资料已有学者加以介绍,但目前这些书不太容易得到,尤其是戏曲选集,以孤本形式存在欧洲、日本和国内的图书馆。

2455

"善本"小议 [J]/徐孝宓. --文物,1980,07:89 – 90

本文研究了"善本"的定义、内容和发展情况,指出由于文字的演变、师承的不同、抄写的歧义等原因,造成了古籍不同版本的产生。

2456

"善本学"刍议 [J]/朱立文. --大学图书馆通讯(后更名为大学图书馆学报),1983,10:55

本文指出善本可分古籍善本和新善本(指近现代出版物部分),善本学则是以整体善本(包括上述两部分)为研究对象,并以其发生发展、特点、收录范围及其管理方法为主要研究内容,还要研究善本学与图书馆学、版本学、目录学、文献学和校勘学等的关系。

2457

伤寒明理论 [M]/(金)成无己撰. --上海:上海科学技术出版社,1980

《伤寒明理论》是宋金时期著名医学家成无己编撰的中医伤寒病著作。辨析了伤寒50

种症候的病状和病理,并选《伤寒论》常用方20首,分析其主治,着重强调方药配伍的关系。本书为学习《伤寒论》的补充读物。

2458

商周金文录遗考释[D]/沈宝春.--台湾师范大学(台湾地区),1982

本文是对于省吾先生《商周金文录遗》一书的考释之作,研究了该书的取材、编排、版本及价值,对书中的谬失之处进行了订正。本文于2005年由台湾花木兰文化出版社整理出版。

2459

上海博物馆古籍电脑化研究[A]/祝敬国.--中国古籍整理研究出版现代化国际会议论文集[C],1995

本文阐述了古籍的现代应用和电脑科技的结合理论,为当代古籍的保护和应用提供了很大帮助。

2460

上海第一师范学院图书目录(古籍及有关参考旧书)[M]/上海第一师范学院图书馆编.--上海:上海第一师范学院图书馆,1957

本书系上海第一师范学院古籍目录,按照经、史、子、集、丛五部分分类,每部书均著录题名、卷数、著者、册函、版本和所属丛书情况等。

2461

上海古籍出版社[J]/上海古籍出版社总编室.--出版工作,1981,08:23-26

本文对1980年上海古籍出版社出版的书籍、提高重点书书稿质量的方法、编辑工作态度、工作总结进行说明,并介绍了1981年的出版计划。

2462

上海书店古籍出版的昨天今天和明天[J]/罗伟国.--中国出版,1992,03:55-56

本文讲述出版古籍的困难,面临古籍整理缺乏人才、底本昂贵等问题时上海书店采取的举措,以及在今后工作中的计划。

2463

上海图书馆古籍数字化的初步尝试[J]/刘炜.--图书馆杂志,1997,04:33-34

值上海图书馆新馆建设之际,经由专家论证,上海图书馆与长江计算机集团合作,引进与开发并举,建立了一套"古籍影像光盘制作及检索系统"。本文介绍了"古籍影像光盘制作及检索系统"的现状、实现功能与存在的问题。

2464

上海图书馆目录工作述评[J]/王义耀.--新世纪图书馆,1986,01:45-48

本文系上海图书馆目录工作述评,指出上海图书馆开展了大量目录编制工作,不仅为全国各地图书馆作出榜样,也在文化学术界造成了很大影响。他们能够取得巨大成就,与丰富的馆藏、有关领导的支持和全国各地图书馆的协作配合是分不开的。

2465

上海图书馆事业志[M]/朱庆祚主编;《上海图书馆事业志》编纂委员会编.--上海:上海社会科学院出版社,1996

本志上限起自1843年上海开埠之后,下限至1990年年底,记述上海地区近现代图书馆事业的历史和现状。

2466

上海中医学院图书馆善本书的特点及其利用[J]/马茹人.--图书馆杂志,1983,03:21-23

本文指出,上海中医学院图书馆收藏的中医药善本书包括明代的刻本、抄本、稿本、校本;清乾隆以前较好的刻本、抄本以及乾隆后流传较少的刻本、抄本等;收录了一部分在国内流传较少的日本刻本、抄本。具有明刻本较多、抄本较多和日本刻本抄本较多的特点。古籍资料利用包括善本书校勘工作,利用善本提供出版,编制各种中医药工具书、讲义,图书服务,充分利用善本书编写资料。

2467

尚书袁氏学记[D]/庄进宗.--成功大学(台湾地区),1992

本文探讨了南宋儒家学者袁燮的学术思想、学术渊源,考察其《书》学体用兼综、醇正笃实的特色，分析了其结合义理、修身、经世的读《书》之法，还重点研究了袁燮的明心践履说和古今治乱说。

2468

尚书郑氏学［D］/陈品卿.--台湾师范大学（台湾地区），1973

本文通过考察郑玄生平、师承，比较郑注《尚书》篇目与诸家篇目等，讨论了《尚书》郑注的特色与价值。重点对汇辑郑氏所注的《尚书》、《尚书》逸文、书序、《尚书大传》、《尚书中候》、《尚书纬》等内容进行研究，梳理郑玄的学术渊源。本文于1973年由台湾文史哲出版社印行。

2469

尚书周书考释［D］/黎建寰.--台湾师范大学（台湾地区），1974

本文考释了《尚书》中大诰、康诰、酒诰、梓材、召诰、洛诰、多士、无逸、君奭、多方、立政、顾命、康王之诰、吕刑、文侯之命、费誓和秦誓等十六篇文章。文中博采诸说，所录较多者则有伪孔安国《尚书传》、陆德明《经典释文》、孔颖达《尚书正义》等十一书。

2470

少数民族古籍整理出版若干问题的探讨［J］/彭继宽.--民族论坛，1992，02：63－67

本文就湖南省少数民族古籍整理、编辑、出版组织工作中的认识和做法、政策性和业务技术性问题进行了探讨。

2471

少数民族古籍整理的成功之作——喜读《布洛陀经诗译注》［J］/陈连开.--广西民族研究，1992，03：5－6

本文介绍了《布洛陀经诗译注》概况及整理过程，指出该书是少数民族古籍整理的成功之作，这是因为该书不仅把壮族文化的一项珍贵遗产介绍给广大读者，而且为广大读者提供了了解这一珍贵遗产的重要工具和方法。

2472

少数民族文献典籍出版之我见［J］/闻昌琦.--出版工作，1989，06：107－108

我国历史文献中有数量相当可观的少数民族文字文献典籍，例如满文、藏文、蒙古文、维吾尔文、彝文、傣文等，不仅量多，而且大部分是抄本、孤本，有的作为文物保存，有的在图书馆中属特藏。针对少数民族文献典籍出版的困难，本文提出第一要重视，第二要切实可行，第三要探求多种出版途径的看法。

2473

少数民族文献在图书馆的价值及利用［J］/彭学云.--北京图书馆馆刊（后更名为国家图书馆学刊），1996，02：41－46＋78

本文分析了少数民族文献的价值、少数民族文献的分类编目状况、少数民族文献在编目中存在的问题。提出发挥馆藏优势服务社会，开发馆藏情报资源；进行信息产品加工，将这些资料的价值充分利用起来的观点。

2474

少数民族文字古籍中的美学资料［J］/杨德鋆.--民族艺术，1986，01：138－163

我国若干少数民族的独特艺术传统，是按各自长期形成的审美认识特点和美的反映规律创造出来的。本文从歌舞剧服装与妆饰艺术，歌的演变、形成，歌的类别、特点，舞蹈起源，音乐及其他等方面，介绍了少数民族文字古籍中的美学资料。

2475

社会主义市场经济与古籍整理研究［J］/章培恒.--中国典籍与文化，1993，04：11－14

本文研究了社会主义市场经济条件下，古籍整理研究在普及提高工作中遇到的问题和困难。指出这些问题的出现并不是消极现象，应该采取正确对策，例如通过第三产业积累的财富来资助古籍整理研究。

2476

涉足中国古籍的途径浅议［J］/安玉斌.--乌鲁木齐成人教育学院学报（后更名为新疆职业教育研究），1999，03：45－49

本文介绍涉足中国古籍的途径，包括明白书目的意义、中国古籍书目的检索作用、历代部分古籍书目简介及编制体例类目的划分；了解目录学，掌握某门或多门学科书目资料的状况,即有关古籍文献目录的历史及其现状;掌握书目查考法,了解各类型书目的编制体例、熟悉各种书目的使用方法等。

2477

深切悼念周叔弢先生[J]/冀淑英.--文献,1984,03:184-190

本文是对当代著名藏书家周叔弢先生的纪念文章。文中追述了周先生访求古籍善本和其他文物图书的事迹,认为其崇高的思想境界和爱国主义精神是留给我们的宝贵财富。

2478

什么是古籍?[J]/魏哲铭.--华夏文化,1996,01:46-47

本文围绕什么是古书、古籍的内涵概念、古籍的上下限问题,对古籍的定义展开讨论。

2479

什么是"古籍善本"[J]/胜茂,成周.--黑龙江图书馆,1978,03:35-36

什么是"古籍善本",历代学者和藏书家的看法很不一致,各个图书馆和博物馆对"善本"的选择标准也很不相同。1978年3、4月间,国家文物局在南京召开全国古籍善本书总目编辑工作会议上,提出了鉴定"善本"的三条标准,即历史文物性、学术资料性和艺术代表性。本文就这三个方面作概括介绍。

2480

什么是"摇篮版"?[J]/费毓龙.--图书馆杂志,1983,02:57-60

摇篮版是西文古籍的古版书。本文从摇篮版的起源、有关摇篮版的参考书、摇篮版的鉴别、几种著名的摇篮版图书以及我国摇篮版图书藏存情况几个角度展开论述,对西文古籍的古版书进行了介绍。

2481

神存富贵 绮丽辉煌——《中华古文献大辞典·文学卷》序[J]/汪玢珍.--古籍整理研究学刊,1991,01:15-18

本文系《中华古文献大辞典·文学卷》序言,介绍了该书收录范围,从收辞宏富、取材广泛,著录简明、释文精当,倚旧从新、取新成果,取义从文、总类摘编等四个方面,概括了本书的独特风格。

2482

《神灸经纶》考[J]/沈晓明.--中国针灸,1996,05:53-55

本文指出《神灸经纶》自1853年刊世以来,屡遭兵燹,致传本稀少;其清咸丰三年(1853)歙县吴氏刊本和1992年高忻洙教授点注本属同一版本系统,二者讹、脱、衍、错简均间有出现,需考订;该书内容主要来源于《类经图翼》《医宗金鉴·刺灸心法要诀》二书。

2483

神农本草经之考察与重辑[D]/谢文全.--中国医药学院(后更名为中国医药大学)(台湾地区),1995

《神农本草经》是我国现存最早的一部药物学著作。本文考察了《神农本草经》的起源、与《名医别录》的关系、与雷公集注《神农本草经》的关系、传存于后世本草中的资料、复古辑本等起源问题。诠释了《神农本草经》的序录,考察了该书记载的药品数量、性味及毒性等。讨论了台湾产本经正品药材资源的开发。

2484

神游史河文海 心鉴风物政事——《毛泽东读文史古籍批语集》览要[J]/胡为雄.--当代中国史研究,1995,06:70-81

1993年,中共中央文献研究室将既存的毛泽东阅读40部文史古籍的批语加以整理标点结集出版。本文是作者读后感悟,认为毛泽东阅读文史书籍有五个特点,即点评历代政治得失,从中悟出治国之道;臧否历史人物,尤爱贤才新进;谙熟兵家之道,胸中犹存一部古代军事史;品诗论文,尽披文采风骚;言为心声,批语集是毛泽东思绪的凝结,也是心境的坦露。

2485

神州智能与科技古籍[J]/胡道静.--杭州大学学报(哲学社会科学版),1991,01:4-5

本文探讨了我国科技古籍的重要性,将

闪耀着中国文明特色的智慧与技能总称为"神州智能"。指出在文学、历史、哲学古籍中蕴藏着无数的科学技术史料,是座大矿山,要耐心开采。

2486

沈璟现存传奇研究[D]/余蕙静. --东吴大学(台湾地区),1990

本文是对明代戏曲名家沈璟《属玉堂传奇》现存六本传奇作品的全面探讨。在考察沈璟生平家世、生平交游、著作曲论的基础上,重点研究了沈璟现存传奇剧本在文学和艺术上的成就,对本事、主题、文辞、布局、排场、音律等内容进行了深入分析。

2487

慎挥朱笔 切忌臆改——审读《诗古微》的一点体会[J]/胡渐逵. --编辑之友,1988,01:48－50

本文对《诗古微》审阅过程中发现的问题进行论述,提出审稿需要特别细心谨慎,纠正、修改处应有充分依据。

2488

省级公共图书馆历史文献的开发[J]/徐大平. --图书与情报,1991,04:52－56

本文介绍了陕西省级公共图书馆历史文献的开发利用情况,分析了历史文献开发的特点和意义。

2489

失传中国科技古籍佚文的研究价值[J]/李迪. --云南农业大学学报,1996,11:1－5

本文对失传科技古籍的研究提出一些看法,并以中国科技古籍为中心,讨论其佚文的研究价值,宏观上提高了对中国古代科技水平的认识。

2490

诗话提要丛录——《中国古籍总目提要·诗文评卷》选载[J]/刘德重主编. --上海大学学报(社会科学版),1996,03:47－56

《中国古籍总目提要》所收古籍为清代所修《四库全书总目提要》十倍,是迄今为止收书最全的古籍书目,是对我国文化遗产进行的一次全面清理和科学总结。书中的《诗文

评卷》约一百多万字,由中国古代诗话研究专家刘德重教授主编。本文选录了一部分诗话做了提要,作为征求意见稿先行发表,希望得到有关专家学者批评教正。

2491

诗经[M]/周满江. --台北:群玉堂出版公司(台湾地区),1991

本书是关于《诗经》的研究著作,原由上海古籍出版社于1980年出版,研究了《诗经》的时代、地域、作者、编订、艺术成就、地位和影响等问题。

2492

《诗经·魏风·伐檀》解诂[J]/李怀之. --烟台师范学院学报(后更名为鲁东大学学报)(哲学社会科学版),1989,03:26

本文对《诗经·魏风·伐檀》一诗中"河水清且涟猗""河水清且直猗""河水清且沦猗"三句作出重新解读,以更好理解全诗文意。

2493

诗经译注[M]/程俊英撰. --上海:上海古籍出版社,1997

本书系诗经译注,配有精美生动的插图,除原诗外,每首包括题解、注释和译文三部分,题解通俗易懂,使读者享受到阅读的趣味。

2494

诗经韵考[D]/贾礼. --中国文化大学(台湾地区),1970

本文以艺文印书馆影印清嘉庆二十年(1815)江西南昌府重刊宋本《毛诗注疏》为底本,研究了《诗经》声韵问题。考订古韵以陈新雄《古音学发微》所订卅二部为准。文中所订韵例以江永《古韵标准诗韵举例》、孔广森《诗声类》《诗声分例》、丁以此《毛诗韵例》诸书比较参订。

2495

《诗品》研究的新成果——评新出版的三种钟嵘《诗品》注[J]/曹旭. --文学遗产,1988,02:117－121

中州古籍出版社萧华荣《诗品注译》

(1985 年）、北京大学出版社吕德申《钟嵘诗品校释》(1986 年）、齐鲁书社向长青《诗品注释》(1986 年），填补了我国 1949 年以来《诗品》注释上的空白。本文分析三种新注的特点和优点，指出其中的利弊得失和研究方法上存在的问题。

2496

施廷镛在目录学上的成就和贡献［J］/程刚，纪红.--四川图书馆学刊,1994,01:77-80

本文简介了施廷镛生平，指出他在目录学上取得的成就是结合自己实际工作编制了各种类型的目录，对目录学的贡献包括继承发扬了我国目录学优良传统、注重版本记录的同时也研究版本，推动了我国版本目录学发展、积极从事丛书目录编制，促进了我国丛书目录的发展等，并呼吁大家学习其刻苦钻研的精神。

2497

施愚山集［M］/（清）施闰章撰；何庆善，杨应芹点校.--合肥：黄山书社,1992

清初文坛宗匠施闰章，号愚山，诗文兼长，著述弘富，散文体式多样，内容醇正，文字雅洁。他深入生活，写下了大量反映时事的诗篇，描写清初战争和徭役给人民带来的巨大灾难，较深刻地揭露出当时的民族矛盾和阶级矛盾。本书整理以乾隆汇印本为底本，以四库、国学扶轮社本为主要校本，残存部分手稿及手订单行课本均用以参校。

2498

《施愚山集》"辑佚"［J］/高兴.--中国图书评论,1994,05:100-101

本文介绍了对《施愚山集》进行辑佚的过程，论述了辑录散佚作品对提高原集质量的重要意义，希望古籍整理者和出版者能对辑佚予以充分的重视。

2499

《十八史略》版本考述［J］/周彦文.--淡江大学中文学报（在台湾地区发表）1996,03:15-40

《十八史略》原为童子训蒙而编，属于启蒙用的入门书，在学术界中向来不被重视。

该书多在坊间流传。本文以元代曾先之所编的《十八史略》为讨论中心，探究该书历来卷数、版本的变化，并兼述其东传日本后，在该国的发展概况。

2500

十年来湖南省回族文化遗产的挖掘、收集、整理与研究工作情况回顾［J］/马亮生.--回族研究,1996,02:93-94

本文介绍了 1986-1996 年湖南省回族史研究的情况，从三个方面进行了说明，一是进行广泛深入的宣传发动，通过反复调查，摸清全省回族的基本情况；二是及时整理搜集到的资料，列入出版计划，将有关研究成果和资料提供给全国全省各有关书刊、会议和研究机构参考交流使用；三是通过各种会议、调查研究和编写活动，增强全省各地回族之间、回族与其他民族之间的相互了解和团结，扩大了回民族在各民族中的影响。

2501

《十三经今注今译》述评［J］/顾之川.--古汉语研究,1995,02:93-96

本文是为《十三经今注今译》一书所作的书评，认为该书编撰态度严谨，荟萃学术精华；博采众长，提供的注本可靠；编排合理，方便读者使用。

2502

十韵汇编研究［D］/叶键得.--中国文化大学（台湾地区）,1988

本文考察了《十韵汇编》的成书和编排情况，并对全书进行了校勘和考释，对讹误之处进行了逐一订正。在上述研究基础上，对十韵进行了比较，包括《切韵》《唐韵》《广韵》的命名、成书主旨、成书年代的比较，韵目行款的比较，韵目次第的比较以及韵字数的比较等。

2503

石声汉手写《辑徐衷南方草物状》题记［J］/胡道静.--农业考古,1988,01:384-386

本文是为石声汉先生《辑徐衷南方草物状》一书所作的题记，介绍了石声汉先生的生平事迹、学术历程、该书的主要内容及学术价值等。

2504

时间与范围——古籍线装书整理琐谈[J]/臧铁柱. --图书馆学刊,1994,02:56 – 57

本文对古籍线装书整理中的时间与范围提出了见解,认为古籍时代下限应该下延到1919 年,并提出了几点理由如下:应从书籍内容和装帧形式来界定古籍范围,具体条件包括 1919 年以前问世的书籍都属于古籍;对1920 年以后出版的书籍,要视具体情况来定;东洋本和高丽本只能是外国人的古籍,不在我国古籍范围之内。

2505

《识小录》《寸阴丛录》点校后记[J]/黄季耕. --安徽教育学院学报(社会科学版)(后更名为合肥师范学院学报),1987,04:48 – 49

本文评述了姚莹《识小录》和《寸阴丛录》二书的主要内容和重要价值。指出这两部著作"广异闻,纪掌故",论辨精卓,详考了学术源流,对后人颇有启发。在这两部书中,姚莹还针砭时弊,揭示了作者对现实的不满,起到"正人心"的作用。而且书中表述出作者忧愤外族的入侵,反映了鲜明的爱国思想。

2506

实施《古籍著录规则》应注意的若干问题[J]/鲍国强. --北京图书馆馆刊(后更名为国家图书馆学刊),1988,02:31 – 33

国家标准《古籍著录规则》GB3792.7 – 87(以下简称《规则》)由国家标准局批准,1987年 10 月 1 日起实施,意味着对全国古籍编目工作者提出了一项前所未有又必须在短期内了解和掌握的新课题。本文根据《规则》内容,指出实施应注意的若干问题。

2507

实物史料与文献史料的关系——兼述实物史料在文献古籍整理中的作用[J]/佟佳江. --内蒙古民族师院学报(后更名为内蒙古民族大学学报)(社会科学汉文版),1985,02:89 – 95 + 88

本文介绍了实物史料与文献史料的关系。文中指出,实物史料可以补充文献史料的疏漏和不足;二者可以相互印证和相互补充;实物史料可以纠正文献史料的错误等。还指出了实物史料在文献古籍整理中的作用。

2508

实用中医古籍丛书·本草备要[M]/(清)汪昂原著;王效菊点校. --天津:天津科学技术出版社,1993

《本草备要》八卷,是一部中医药学著作,至今仍为临床中药学的重要参考教材,主要取材于《本草纲目》和《神农本草经疏》。卷首为药性总义,卷一草部药 191 种,卷二木部药83 种,卷三果部药 31 种,卷四谷菜部药 40种,卷五金石水木部药 58 种,卷六禽兽部药25 种,卷七鳞介鱼虫部药 41 种,卷八人部药 9种,共计 478 种。

2509

实用中医古籍丛书·笔花医镜[M]/(清)江涵暾原著;郭瑞华点校. --天津:天津科学技术出版社,1999

《笔花医镜》四卷。卷一是四诊、八纲及外感内伤、虚劳等的辨证论治原则;卷二是脏腑证治,主要是内科杂病的论治原则及方药,以脏腑为纲,以十二经分部,以表里、虚实、寒热为目,先明病因病机,再叙证候表现,后列方药,药物均按功用分为温、清、补、泻四个队,又按药力之缓急分为猛将与次将两类,选方皆常用有效简便者;卷三为儿科病;卷四为妇产科病,扼要叙述妇儿各证。

2510

实用中医古籍丛书·濒湖脉学[M]/(明)李时珍原著;杨金萍校释. --天津:天津科学技术出版社,1999

本书是明代李时珍撷取《内经》《脉经》等诸书精华,结合自己经验撰著而成。内容分为两部分:一是阐述了 27 种脉象的脉形特点、辨别方法及主治病证,二是引录了其父李言闻阐述脉学理论的《四言举要》。该书以歌诀形式写成,简明易懂,朗朗上口,便于记诵,故深受历代医家欢迎,成为初学脉学的必读之书。

2511

实用中医古籍丛书·成方切用[M]/(清)
吴仪洛著;李志庸点校.--天津:天津科学技术
出版社,1999

本书是一部中医方论类著作。广泛收集
历代有效成方,对治疗原则、组方理论、实际
运用等与方剂相关的问题有所论及。全书共
收正方656首(含《内经》12方),附方与类方
共(有方名者)446首,涉及异名31个,合计收
方1102首。卷末为"勿药元诠",介绍历代调
神、调息等非药物养生保健法。

2512

实用中医古籍丛书·傅青主女科[M]/
(清)傅山原著;欧阳兵,张成博点校.--天津:
天津科学技术出版社,1999

本书是清代医家傅山的代表著作,专为
女科所设,针对妇人血崩典型七症有独到见
解,见血崩不急于止血,待临症象神,辨症准
确,用药精简,为现代中医学者研究傅山先生
的学术思想和应用补火生土法解决临床疑难
病症提供了新的思路和方法,对于中医药治
疗月经病具有重要的参考价值。

2513

实用中医古籍丛书·活幼心书[M]/(元)
曾世荣原著;田代华等点校.--天津:天津科学
技术出版社,1999

《活幼心书》三卷,成于元朝初期,博采元
以前儿科诸家精华,参以临床经验,内容丰富
全面,颇多独到之处。本书整理者对《活幼心
书》进行了点校,便于读者阅读理解。

2514

实用中医古籍丛书·厘正按摩要术[M]/
(清)张振鋆著;张成博,欧阳兵点校.--天津:
天津科学技术出版社,1999

本书四卷,为推拿著作,取明代周于蕃
《小儿推拿秘诀》一书进行删繁、订正、增补、
重编而成。本次整理以清光绪十五年(1889)
张氏述古斋医术刻本为底本,清光绪二十年
甲午(1894)兰州臬署刊本为主校本,1922年
上海千顷堂书局石印本为参校本。

2515

实用中医古籍丛书·鲁府禁方[M]/(明)
龚廷贤著;田代华等点校.--天津:天津科学技
术出版社,1999

本书分为福、寿、康、宁四卷,按病症分为
中风、伤寒、瘟疫、中暑、内伤、伤食等一百一
十二门,按方剂性质分为通治、膏方、杂方三
门。该书搜集了内、外、妇、儿、五官各科大量
的丸、散、膏、丹、汤方。附载有部分医学伦理
及养生内容,对当前研究中医药美容及中药
美容制剂具有很高的参考和借鉴价值。

2516

**实用中医古籍丛书·女科百问[M]/(南
宋)齐仲甫著;宋咏梅,宋昌红点校.--天津:天
津科学技术出版社,1999

本书以问答体裁,对妇产科的主要疾病
治疗作了扼要记述。语言洗练、说理清晰,有
较强针对性。上卷五十问,包括女科的天癸、
经候及血分、经、带诸病证治;下卷五十问,主
要是妊娠胎产诸病的证治。

2517

实用中医古籍丛书·儒门事亲[M]/(金)
张从正原著;刘更生点校.--天津:天津科学技
术出版社,1999

本书秉承金代医家张从正"唯儒者能明
其理,而事亲者当知医"之思想,命名为《儒门
事亲》。全书各卷由诸篇论文汇编而成,每卷
含数篇论述,有说、辨、记、解、诫、笺、诠、式、
断、论、疏、述、衍、诀等体裁。

2518

实用中医古籍丛书·寿世保元[M]/(明)
龚廷贤原著;王均宁等点校.--天津:天津科学
技术出版社,1999

本书十卷。卷一为中医诊断的基础理
论,卷二至卷九为内、外、妇、儿诸科疾病,广
集各家学说,卷十为单方、食疗、针灸等类,内
容丰富,理论方药兼备,是继作者《万病回春》
等书之后的又一部综合性医学著作,也是集
中反映和体现其临床经验和学术思想的一部
高水平著作。

2519

实用中医古籍丛书·四诊抉微[M]/(清)
林之翰著;吴仕骥点校.--天津:天津科学技术

出版社,1993

本书为中医诊断学专著,清林之翰代表作,系统总结了古今有关四诊的成就,加以分类叙述,是四诊合参具体应用的重要诊法书籍。林氏博采《内经》《难经》《伤寒杂病论》《脉经》等古典医籍理论及先哲精髓并加详注,撰《四诊抉微》八卷,附《管窥附余》一卷。

2520

实用中医古籍丛书·随息居饮食谱[M]/(清)王士雄著;宋咏梅,张传友点校.--天津:天津科学技术出版社,1999

本书分为福、寿、康、宁四卷,按病征分为中风、伤寒、瘟疫、中暑、内伤、伤食等一百一十二门,按方剂性质分为通治、膏方、杂方三门。该书搜集了内、外、妇、儿、五官各科大量的丸、散、膏、丹、汤方。附载有部分医学伦理及养生内容,对当前研究中医药美容及中药美容制剂具有很高的参考和借鉴价值。

2521

实用中医古籍丛书·汤头歌诀[M]/(清)汪昂原;李恩玲点校.--天津:天津科学技术出版社,1993

本书章节一如《医方集解》,一歌之出,对方剂应用之理、法、方、药囊括无余,方义明晰,言简意赅,音韵流畅,颇切诗章词意,为医家临证必备之书。

2522

实用中医古籍丛书·外科正宗[M]/(明)陈实功著;刘忠恕,张若兰点校.--天津:天津科学技术出版社,1993

本书四卷,系统总结明以前外科学术成就,阐述120多种外科病症的证治,理法方药齐备。临证以脏腑、经络、气血为辨证纲领,内治以消、托、补为主,外治重视刀针、药蚀等法。尤其是正确处理内治法与外治法关系,内外治并重,论病详尽,治法精当,结合作者多年的临证心得体会,对外科临床实践有重要指导意义。

2523

实用中医古籍丛书·万病回春[M]/(明)龚廷贤著;朱广仁点校.--天津:天津科学技术

出版社,1993

本书八卷,龚廷贤撰于万历十五年(1587),是作者多年阅读、经历后著成的医学专著,刊本甚多。现存最早者是万历三十年(1602)金陵周氏重刊本,其他有万历四十三年(1615)经纶堂重刊本、明活字印本,阊门书林叶龙溪刻本,清代康熙、道光、同治年间各种刻本,近现代重刊本和日本元和活字本,共三十多种。

2524

实用中医古籍丛书·医方集解[M]/(清)汪讱庵著;王云凯等点校.--天津:天津科学技术出版社,1997

本书三卷,以正方及附方形式选录古今临床常用方剂700余首,正方388首。全书按方剂的功用性质分为补养、涌吐、发表、攻里、表里等21类。每方除列述方名、说明主治,介绍组成及附方加减之外,并引录各家学说阐明方义。

2525

实用中医古籍丛书·医学入门(全二册)[M]/(明)李梴原著;田代华等点校.--天津:天津科学技术出版社,1999

本书八卷,内容包括历代医家传略、保养、运气、经络、脏腑、诊断、针灸、本草、方剂,以及外感内伤病机、内外妇儿各科疾病证治等。体例为先编歌括书之于前,然后引录各家并参以己见详注于后。该书内容广博,分类明晰,通俗易懂,便于习诵,受到后世医家欢迎,成为初学中医者的研习读本之一。

2526

实用中医古籍丛书·医学心悟[M]/(清)程国彭原著;田代华等点校.--天津:天津科学技术出版社,1999

本书五卷,末附"外科十法"一卷。书中明确提出八纲辨证、施治八法理论,并对伤寒及内、外、妇等疾病做了全面论述。其论全面中肯,语言简明平易、治法切于实用,故自清代以来,成为中医入门者的必读之书。初刊于清雍正十年(1732),此后代有刊刻,版本甚多。本次校理,以现存最早刊本为底本,并参考后世多种刊本精心点校而成,以满足广大读者的需求。

2527

实用中医古籍丛书·医宗必读[M]/(明)李中梓著;王卫等点校.--天津:天津科学技术出版社,1999

本书十卷。卷一为医论专辑。卷二研究脉诊和色诊。卷三、卷四为药物学,载药 450 多种(含附药),分为草、木、果、谷、菜、金石、土、人、兽、禽、虫鱼等 11 类,以赋体形式概括每味药物的性味、功用、归经、主治、禁忌及制法。卷五为伤寒证治。卷六至卷十分论内科病证 36 种。

2528

实用中医古籍丛书·针灸大成[M]/(明)杨继洲原著;孙外主点校.--天津:天津科学技术出版社,1993

本书是我国明代针灸名家杨继洲承家学编著的一部针灸专书。所辑内容珍贵、丰富、实用、有效,理论与临床并重,名医与家承兼蓄,既便于初学入门,又不乏深入研究的资料,历数百年所学不衰。点校对原书内容未删节、未改编、未语释,以保存原貌真迹。

2529

实用中医古籍丛书·诊宗三昧[M]/(清)张璐原著;张成博,欧阳兵点校.--天津:天津科学技术出版社,1999

本书又名《石顽老人诊宗三昧》,是明末清初著名医家张璐撰写的诊法专著。全书一卷十二篇。一、二篇阐明医学宗旨,三至六篇专论脉位、脉象、经络之常与变,七篇详载 32 种脉象,八篇详述古今辨证论脉异同及脉证不合等,九至十二篇讨论脉之顺逆与妇婴之脉。该书文语隽永,论理透彻,是中医临床医师及诊法研究者较好的参考书。

2530

史部古籍修辞摭误[J]/田忠侠.--长沙水电师院学报(后更名为长沙理工大学学报)(社会科学版),1991,01:95 – 97

本文举《史记》《国语》《汉书》等史部书中若干实例说明文献中失于修辞的问题。

2531

《史记·五帝本纪》辑证[D]/康全诚.--文化大学(台湾地区),1979

本文是对《史记·五帝本纪》进行的考证研究。考证内容包括史实、音韵等等。本文前后体例略有不同,黄帝、颛顼、帝喾三帝大抵为上古史料的辑录,并间辅类书考证字句正论。而尧、舜二帝则以史公所据《尚书》,参以经学家注疏,即采取经史互校的方式进行处理。

2532

《史记注译》评介[J]/张烈.--社会科学战线,1990,01:238

本文从整理范围、整理方法、译文和讹误的改正等几个方面,对王利器主编《史记注译》一书进行了较为客观的评介。

2533

《史记注译》疑义举例[J]/王永安,王立军.--河南师范大学学报(哲学社会科学版),1993,03:55 – 59

本文校订了王利器主编《史记注译》一书中出现的通假、语法、常识、释义、标点等方面的错误。

2534

史书流传与利用辨析[J]/裴成发.--江苏图书馆学报(后更名为新世纪图书馆),1999,05:3 – 4

本文对《左传》《国语》《战国策》《竹书纪年》《世本》《史记》《汉书》等的注释及流传情况作了介绍。

2535

使用计算机整理古籍的现状与未来[J]/周蓉.--福建图书馆理论与实践,1997,03:39 – 40

本文回顾了 20 世纪 80 年代以来,古籍保护工作者利用计算机进行书目管理和检索研究的情况。尽管使用计算机整理古籍取得了不少成绩,但仍存在缺乏全国统一的符合国家标准的计算机运行环境、古籍整理中的内容输入速度难以提高、计算机整理古籍的研究面较窄等问题。使用 Windows 操作系统来解决古籍整理中出现的烦琐作业,应该是未来使用计算机整理古籍的趋势。

2536

《士礼居藏书题跋记》的学术贡献[J]/周少川. --文献,1989,01:221 – 233

《士礼居藏书题跋记》的编辑从清末目录学、校勘学家潘祖荫开始,并由他的学生缪荃孙补充、编刻而成,共收题跋341篇。本文指出该书内容源于前人目录书及作者的钻研和采访,对于古籍版本学、目录学、校勘学的研究都具有重要的学术价值,也阐述了该书在古籍鉴定等方面的不足之处。

2537

《世本·作篇》发微[J]/郭天祥. --宝鸡师院学报(哲学社会科学版)(后更名为宝鸡文理学院学报)(社会科学版),1989,04:38 – 42

《世本》是一部具有纪传体史书雏形的古籍。《世本》里的《作篇》,向来被人们视为专记古代创造发明的专篇而深信不疑。本文运用传世文献与考古实物相参证的方法,对《作篇》的有关问题进行新的探索。

2538

《世说新语》杂说——古籍整理研究丛稿之二[J]/吴金华. --文教资料,1994,02:89 – 96

本文围绕《世说新语》中六处费解之事进行研究,包括"刘向《世说》与刘义庆《世说新语》""魏晋有'父字其子之事'""六朝流行'佛大'的观念""魏晋人的身高标准""'弹指'种种""成语和俗语"等。

2539

市场经济条件下中医药文献资源建设[J]/胡骏焯,陈炬平,任杰. --医学图书馆通讯,1996,02:23 – 24

本文介绍了中医药文献资源的发展态势。我国现存1949年以前的中医文献12124种,加上未能收录的文献,共存文献约13000种,内容比较成熟系统,专著占相当大比重,其他各类文献较少。1949年以来,各类中医药文献的出版发行大有起色,但仍处于相对落后和迟缓的状态。而在目前中医药学蓬勃发展和社会需求日益广泛的新形势下,中医

药文献无论是在种类、数量、形式,还是在出版发行方面,都呈现出一片繁荣景象。

2540

市场经济中的古籍出版发展趋势[J]/涧农. --中国出版,1993,10:21 – 22

本文分析了市场经济中的古籍出版发展趋势。其一,古籍整理项目的出版从市场及文化需求的角度看,已不再是古籍出版工作的主导方向和主体性任务。其二,古籍出版的选题结构应按客观文化需求进行调整,选题的视点应该是"文化",而不是"学术"。其三,古籍出版从内容到形式,都应有时代的特征。

2541

市馆古籍利用略谈[J]/陈浔. --江西图书馆学刊(后更名为图书馆研究),1989,02:52 – 53 + 55

本文结合江西省各市馆的古籍藏书情况,探讨了如何让市馆古籍发挥更大价值。指出市馆的古籍工作并不是市馆的主要工作,但起到的作用是不可代替的。作为古籍工作者有义务不断完善和改进工作,让所有典籍发挥其应有作用。

2542

事类赋注[M]/(北宋)吴淑撰注;冀勤等校点. --北京:中华书局,1989

宋代学者吴淑所撰的《事类赋注》是一部用赋体类事的类书,开创了类书全新模式。全书二十卷,分十四部一百目。吴淑为每个子目作赋一篇,把古今典故以骈俪文的形式熔为一炉,精妙异常,历代评价极高。难能可贵的是,吴淑为了便于读者阅读,为自己的赋作了注,而注文征引的典籍很多已经失传,这本合赋注为一体的著作因为保存了大量遗失文字,又有了独特的文献价值。

2543

试论版本在图书馆工作中的重要性[J]/许孟青,李荣慧. --四川图书馆学报,1997,03:53 – 57

图书馆是整理、典藏和利用图书文献的地方。图书馆的每一个工作环节的工作人员

都应掌握一定的版本学知识,具备相应的版本鉴别能力,才能将具体的图书采访、编目、流通、管理工作做好。本文对鉴别版本的目的,以及版本在图书馆工作中的重要作用作了概括介绍。

2544

试论从目录学角度提高医籍校勘水平[J]/马继兴.--上海中医药杂志,1984,08:42－45

本文从选本、正讹和审源三个方面讨论了提高校勘古医籍水平的方法。

2545

试论从作品本身考辨古籍真伪[J]/牟玉亭.--图书与情报,1994,03:36－38

古籍辨伪是古籍整理工作的一项重要内容,本文用列举的形式总结了几种辨伪方法,指出从作品本身所包含的信息去辨伪,不失为一种有效的方法。

2546

试论丁丙鉴定图书价值的方法[J]/徐昕.--福建图书馆学刊,1999,03:55－59

丁丙是清末四大藏书家之一,其藏品为南京古籍部善本书的收藏奠定了基础。本文探讨丁丙是怎样鉴定图书收藏价值的。

2547

试论侗族《南集通书》的学术价值[J]/吴文志.--贵州民族研究,1988,03:75－77

《南集通书》是近年来随着少数民族古籍搜集整理工作的开展,从民间挖掘出来的一部古代侗族巫师选择黄道吉日、规定人们日常生活种种行为禁忌的书。本文从研究侗族民俗形成不可缺少的材料,为语言学提供了丰富的民族语言材料,是"侗耶"重要的组成部分等方面,论述了《南集通书》的学术价值。

2548

试论高校古籍文献资源的开发利用[J]/康琳.--大学图书情报学刊,1999,03:49－50＋60

本文论述了开发和利用古籍文献的意义和作用,探索了进一步开发和利用古籍文献的主要途径,提出了加强古籍部门专业队伍建设的思路。

2549

试论古籍丛书书名的择定[J]/刘烈学.--图书馆学丛,1999,04:47－48

本文讨论了古籍编目过程中丛书书名择定的问题。文中指出,总目录、总序跋、卷端、版心、封面题签和书根六处是著录古籍丛书书名的主要来源。

2550

试论古籍工作的情报学属性[J]/崔世勋.--图书馆建设,1992,06:69－70

古籍工作应是情报工作的一个重要分支和组成部分。知识性、传递性、效益性是构成情报的基本属性,也是古籍的基本属性。本文论证了古籍具有情报的三个基本属性和六个基本特征这一事实,说明了古籍工作的情报学性质和所应具备的情报学规律。

2551

试论古籍索引与历史文献的关系[J]/钱亚新.--广东图书馆学刊,1986,04:1－14＋18

本文论述了古籍索引与历史文献的关系,介绍了索引的定义与功能、目前史部古籍索引概况等,并对古籍索引问题的改革方向提出建议。

2552

试论古籍整理中的"注"与"译"[J]/孙以昭,朱一清.--安徽大学学报,1985,03:64－68

本文以《说苑》为主,从实例着手,就古籍整理中"注"与"译"的问题进行探索。认为要使译文达到信、达、雅,既准确、流畅而又生动体现出原文语言风格的标准,除了要不断提高古文水平,加深对原文的理解外,还要努力提高写作能力,不断实践摸索积累经验,另外对今译的方法与技巧也需要做进一步深入探究。

2553

试论《古今图书集成索引》人物传记索引中同姓名人物的甄别问题[J]/赵桂珠.--广西大学学报(哲学社会科学版),1998,03:3－5

本文结合《古今图书集成索引》编纂实践,从辨同与辨异两个方面对人物传记索引中同姓名人物的甄别问题,作了处理方法的说明和理论上的探讨,介绍了计算机编制索引的优势。

2554

试论古农具图谱的范围及沿革[J]/周昕.--中国农史,1988,01:111-115

图谱在史学著作中占据重要地位。而古籍图谱是历代科技图谱中最丰富的一部分,也是我国历史遗产的又一伟大宝库。本文就古籍文献中的农具图谱,历代壁画、石刻、美术作品中的农具图谱,考古发掘所得古农具实物的测绘图形及现存传统古农具的图谱四个方面,对古农具图谱的范围及沿革作了探讨,为整理和发掘我国传统农具提供了线索和参考。

2555

试论古书分类[J]/廖延唐.--武汉大学学报(人文科学版),1979,02:68-73

1949年以来,图书馆古书工作者对浩繁的古籍进行了系统整理,基本上能满足读者从各方面提出的要求。本文通过回顾1949年以来古书分类的情况,分析古书分类存在的问题,展望古书分类的前景,对古书分类进行综合论述。

2556

试论《慧琳音义》的价值[J]/姚永铭.--嘉兴教育学院学报(综合版)(后更名为嘉兴高等专科学校学报),1996,S1:67-75

本文据上海古籍出版社1986年出版《正续一切经音义》,探讨《慧琳音义》在文字学、训诂学方面的价值。

2557

试论跨世纪古籍人才的培养[J]/徐苏.--图书馆工作,1997,03:36-38

本文指出,抓好跨世纪古籍人才培养,宜从宣传、普及、提高上下功夫,强化古籍工作者的跨世纪意识,鼓励古籍人员学习第二专业和计算机新技术,尽快培养古籍复合型人材,造就一批古籍研究方面的栋梁之材,提高古籍研究的水平。

2558

试论利用古文献为现代经济服务[J]/梁小平.--图书馆论坛,1997,03:18-20+48

本文论述古文献开发的主要方法,分析阻碍古文献利用的诸因素,阐述开发、利用古文献的有利条件。文中指出,古老的文献信息是重要的信息源,通过挖掘整理,是服务于现代经济建设的宝贵财富。

2559

试论卢文弨、顾广圻的校勘异同及其特点[J]/曾贻芬.--史学史研究,1997,04:58-66

本文分析卢文弨、顾广圻的校勘异同及其特点,指出二人在长期的校勘实践中注意到版本好坏对校勘的影响,认识到校勘时随意改动原文对古籍带来的严重危害,对妄改原文深恶痛绝。他们校勘不仅校文字词的讹倒衍脱,而且指正所记史实的明显错误,特别是顾广圻还主动考辨所载内容的正误。顾广圻指出的"不校校之"的校勘原则已成为校勘者至今仍恪守的重要原则。

2560

试论欧阳询编纂《艺文类聚》的价值[J]/凌朝栋.--渭南师专学报(后更名为渭南师范学院学报)(社会科学版),1994,04:62-64

本文论述了欧阳询编纂《艺文类聚》一书的价值。《艺文类聚》是古代一部百科性质的大型类书,保存了唐以前丰富的文献资料,开创了"事"与"文"相结合的编辑体制,具有采录文献翔实广泛、结构安排灵活多样、寓观点于采录之中等特点,对我国的文化发展、古籍整理和类书编辑都有重要影响。

2561

试论陶宗仪《说郛》的编辑思想[J]/徐小蛮,王福康.--编辑学刊,1986,02:65-67

本文从版本流传、陶宗仪的考述、《说郛》编辑思想等方面进行论述,指出陶宗仪以个人之力,有选择地辑录或摘录实用、少见、有价值的史料,通过总体构思和设计,独立完成《说郛》大型古籍丛书的编辑工作,成绩不应湮没。

2562

试论铁琴铜剑楼对我国文化事业的杰出贡献[J]/黄国光.--江苏图书馆学报(后更名为

新世纪图书馆）,1988,03:51 - 54

铁琴铜剑楼是晚清名闻海内的四大藏书楼之一。一百五、六十年中,该楼瞿氏在收藏、保护、利用、捐赠古籍等方面,对我国文化事业的发展立下了不朽功绩。本文试从五个方面论述铁琴铜剑楼对我国文化事业的杰出贡献。

2563

试论图书馆古籍编目的意义[J]/刘瑞华.--图书馆学刊,1989,04:47

将书名、卷数、著者、版本、函数册数及其他方面特征,用各种目录反映给读者,就是图书馆的古籍编目。本文分析图书馆古籍编目的意义,指出古籍编目除具有新书编目意义外,还具有文物价值、古籍鉴定等特殊的意义。

2564

试论《文献通考·经籍考》[J]/王义耀.--图书馆研究,1985,04:53 - 56

《文献通考》是宋末元初学者马端临的文献学名著。本文通过考察《文献通考·经籍考》的内容和辑录体编撰体例,说明了该书的学术价值。

2565

试论我国古籍四部分类的形成和发展[J]/黄建国.--杭州大学学报(哲学社会科学版),1993,03:107 - 115

我国封建社会使用时间最长、应用最普遍的,是以经、史、子、集为纲的四部分类法。从晋代至清末,在我国一千多年图书分类史上,长期占据统治地位,统摄着数以万计的文化典籍,很值得研究。本文讨论了我国古代四部分类的形成发展过程、特点及其与我国传统学术文化的关系等问题。

2566

试论先秦诸子书的辨伪[J]/艾力农.--齐鲁学刊,1984,03:33 - 37

前贤们为了搞清楚史料真伪,将先秦古书真伪几乎都下了判断,为学术界研究提供了便利条件。但随之也带来不少问题,主要是怀疑过甚,尤其在先秦古籍方面夸大了伪书范围,把不少不应列为伪书的也冤判了,有些很有价值的资料也被当作伪作而长期搁置一旁。在先秦时代,战国及战国以前的古书有意伪造者很少,错判为伪者,多出于读者的误会。本文探讨了诸子之书的辨别。

2567

试论县级图书馆古籍资源的藏与用[J]/杜树景,李永玲.--山东图书馆季刊,1999,02:43 - 45

本文分析了县级图书馆古籍资源藏与用的现状,对古籍文献资源藏与用的必要性和重要性进行了论证,分析了古籍文献资源重藏轻用的原因,提出了古籍文献资源藏与用的方法、思路和途径。

2568

试论研究古代小说版本的意义和方法[J]/欧阳健.--江苏社会科学,1992,01:98 - 103

本文指出,研究小说版本主要为了达到三个目的:判明小说的成书年代,弄清小说的成书过程,求得小说的最好版本。古代小说版本研究,一般包括版本鉴定和版本考证两个方面,前者鉴别版本的真伪、优劣,后者考证版本的源流、嬗变。作为文学作品的古代小说,是古籍一种特殊的部类,可以运用文学的独特规律来鉴别、考证古代小说的版本。

2569

试论异体字工具书及其编纂[D]/梁梅.--广西大学,1997

异体字工具书及其编纂,无论对古籍整理,还是对电脑汉字信息处理、文字规范化以及海峡两岸文字统一等方面,都具有重要意义。目前中国已陆续出版一些处理异体字的工具书,但文字学界对异体字的认识尚有不少分歧。本文以目前的几部较有影响的异体字工具书作为研究对象,试图从中发现一些特点,以求对异体字工具书编纂的完善提供资料和理论依据。

2570

试论郑振铎先生对我国图书馆事业的贡献[J]/郑小梅.--山东图书馆学刊,1983,03:30 - 34

本文考察郑振铎先生一生收书、藏书、读书、编书等方面的事迹,论述了他在研究并制定编撰分类法、保护古迹文物、图书采购、古籍编目整理等方面为我国图书馆事业作出的贡献。

2571

试论中国古籍编撰的特点[J]/曹之.--人文论丛,1998,01:364-380

本文对古籍编撰的思想性、目的性、时代性、地域性、广泛性、连续性、系列性、严肃性特点进行了研究。指出这些特点的形成,与生态文化环境密切相关,植根于生态文化环境的沃土之中。了解这些特点,对于我们认识古籍的产生和发展、弘扬传统文化、繁荣当代图书编撰,具有重要意义。

2572

试论中国古籍分类的历史走向[J]/姚伯岳.--图书馆理论与实践,1993,04:13-16

中国古籍分类究竟应采用哪种分类法,一直是困扰图书馆界的一大难题。本文在分析了古籍分类的历史和现状后,指出线装古籍分类不需要古今图书统一分类的分类法,需要的是专门用于类分古籍的高度稳定的古籍分类法。《中图法》不能胜任,《四库法》也不能胜任,一部新编的《中国古籍分类法》终将诞生并获得成功,因为它是中国古籍分类历史发展的大势所趋。

2573

试论《中国古籍分类法》的编制原则[J]/林基鸿.--上海高校图书情报学刊,1995,01:45-46

《中国古籍分类法》正由北京大学信息管理系承担研制。本文分析其编制原则,指出实用性原则是图书分类法成功的要诀,应贯彻始终;"辨章学术、考镜源流"是我国古典目录学的优良传统,要继承发扬;不要用现代学科分类概念强行割裂传统类目,对传统类目不足之处要增、删、改,但总体原则是"宜粗不宜细";古代图书分类法编制技术上也有可取之处,要继承借鉴;现代图书分类法编制技术先进,要充分吸收。

2574

试论中国古籍四部分类与西方分类的根本差异[J]/黄建国.--传统文化与现代化,1995,05:86-89

本文通过分析四部分类法的具体内容,从根源角度讨论了四部分类与西方分类法的区别。指出四部分类法植根于我国传统思想文化土壤之中,处处印有我国封建社会特有的鲜明烙印。

2575

试论中央民族大学图书馆馆藏古籍的特色、价值与利用[J]/陶凤珍.--中央民族大学学报,1995,06:59-62

本文介绍了中央民族大学图书馆馆藏古籍的特色、价值与利用情况。该馆典藏古籍具有鲜明的民族特色、特藏文献资料丰富、民族文字古籍多种多样。这些民族古籍对研究少数民族的历史发展、宗教信仰和风俗民情、民族文字的发展演变过程具有重要价值,对民族高校的教学和科研具有重要作用。

2576

试论中医古籍版本学之功用[J]/王大妹.--南京中医药大学学报(社会科学版),1999,01:37-39

随着中医药文献整理研究工作的不断加强和国内古籍市场的相继开放,古籍版本鉴定已成为古籍整理、收藏者不可不知的一门学问。本文从读书治学、古籍整理、管理编目、收藏与流通四个方面,论述了中医古籍版本学的作用。

2577

试评《辞源》修订本[J]/骆伟里.--辞书研究,1980,01:26-32

《辞源》修订本删去了旧《辞源》中的现代自然科学、社会科学和应用技术的词语;删去了少数不成词或过于冷僻的词目,也增补了不少比较常用的词目。本文以举例分析的方式,对于《修订本》增删补改的内容进行评价。

2578

试评古籍《土风录》[J]/董晓萍,李素桢.--北方论丛,1985,03:52-54

《土风录》是当代日本著名目录学者长泽规矩也先生所藏的一部中国古辞书。近年来由东京汲古书院影印出版，不久前传回中国，这是古籍整理一个很大收获。本文从《土风录》征引浩繁、解说辩证精妙之处、鲜明的可读性以及引起读者兴趣几个角度，对该作品进行了评析，肯定了其文献资料丰富和释辞体例突出的特色。

2579

试评《中国古籍善本书目》[J]/罗济平. --传统文化与现代化,1999,02:70－76

本文介绍了《中国古籍善本书目》的大体情况，对其中善本的界定、版本著录项目、体例和分类、条目的核实进行述评。

2580

试谈古籍的保护和开发利用[J]/张家振,成仲青. --江西图书馆学刊(后更名为图书馆研究),1992,02:59－61

本文基于"抢救古旧图书"背景，从进一步提高对古籍工作的认识；充分重视古籍的抢救和保护；做好古籍的二次或三次加工；努力学习和应用现代科学技术，加速实现古籍工作现代化；积开展馆际合作，实现资源共享等方面，提出对于保护和开发利用古籍的观点与建议。

2581

试谈古籍的情报价值与开发利用[J]/朱积孝. --图书馆工作与研究,1995,04:16－18

本文从古文献特点剖析、古文献里的情报信息价值观、古籍整理与古籍研究以及古籍的利用与图书馆工作等方面，讨论古籍的情报价值与开发利用，指出古籍整理研究是一项关系我国传统文化的大事，图书馆古籍资料人员应该积极投身这项工作，贡献智慧和力量。

2582

试谈蒙医古籍与蒙医研究[J]/乌云,杭盖. --中国民族医药杂志,1999,S1:169－169

本文根据现存的蒙医古籍论证蒙古族医学的发展，分析蒙医发展的历史背景，概括20世纪蒙医的发展状况，强调蒙医学在蒙古民族繁衍生息过程中发挥了重要作用。

2583

试谈"牌记"产生的年代[J]/王若. --文献,1996,01:192－195

牌记也称书牌子，是我国古籍印刷中记录刻书者姓名、堂号、刊刻年代的一种标志，一般刻在目录、凡例之后，也有的刻在书的卷末。牌记发展直接影响了书名页的产生，可以说牌记作为书名页的基础，是从手抄过渡到印刷时代最显著的进步之一。本文简述了牌记的产生和发展过程，得出牌记产生于唐代而不是宋代，是在唐人"写经"尾题的基础上形成和发展起来的结论。

2584

试谈我馆古籍的搜集与保存[J]/巫秀珍. --图书馆员,1995,01:37－38

本文介绍简阳图书馆的古籍搜集保存状况。指出简阳图书馆藏古籍四万余卷，是从1927年建馆以来逐年四处寻求、查访、搜集而来，包含了无数人的劳动和心血。

2585

试谈线装古籍的版本著录[J]/朱占瑞,刘培生. --中医药图书情报,1991,03:37－39

本文根据国家标准《古籍著录规则》(GB3792.7－87)，结合编目实践，从构成古籍版本特征的诸因素、古籍版本项的著录原则、有争议的版本著录应采取通说、稿本和抄本的著录几方面，介绍了线装古籍的版本著录工作中的体会。

2586

试谈新版《徐霞客游记》的校勘[J]/刘景毛. --无锡教育学院学报(后更名为江南大学学报)(教育科学版),1995,01:36－39

上海古籍出版社1982年版《徐霞客游记》重在"游记"整理，云南人民出版社1985年版《徐霞客游记校注》重在"游记"校注。本文对两书在校勘方面的工作进行比较，分析版本与校勘相互依存的关系。指出只有经校勘工作的匡正补缺，版本才会不失其实际使用价值，才能后出愈精，这正是校勘工作的生命所在。

2587

试谈译注的随文解义与词义辨析［J］/邬玉堂.--齐齐哈尔大学学报（哲学社会科学版），1988，01：33－36

本文从译注的随文解义与词义辨析问题两个角度出发，各举出三个实例分析论述，说明古籍的注释和翻译中随文解义与词义辨析的方法很重要，既要注意到难懂的词语，又要注意到常用的词语，有时还会在司空见惯的常用词语中有所发现。

2588

试谈藏文古籍为我区建设服务的若干方面［J］/次仁班觉.--西藏研究，1993，04：121－127

藏文古籍，以现今发现的8至9世纪敦煌出土文献为开端，至西藏和平解放为下限，已有1300年的积累历史。本文介绍了藏文古籍为藏区建设服务的佛学研究价值、历史文物价值、史料价值等、宗教艺术价值、语汇价值等。

2589

试析广西高校、公共、科研图书馆计算机管理集成系统在我馆中文古籍书目数据库建库中存在问题［J］/赵桂珠，王静.--图书馆界，1998，01：20－22

本文从古籍丛书的编目和线装古籍的编目两个方向，分析广西高校、公共、科研图书馆计算机管理集成系统在广西大学图书馆中文古籍书目数据库建库中存在的问题，希望通过对这些现象进行分析研究，结合系统设计人员和各馆用户的共同努力，使系统的通过性得以扩充和完善。

2590

视角新颖、观点独特之作——《方志学的理论与实践》读后［J］/赵子涓.--中国地方志，1997，01：73－75

本文是为宋永平《方志学的理论与实践》一书所作的书评。该书是宋永平方志学研究的论文集，作者认为其《论方志资料的收集整理与鉴别》《论方志的抽象与具象问题》等文章观点独特、角度新颖，是方志理论研究走向理性思考的标识。

2591

是清"省园"藏板，还是宋活字本？——为缪艺风著录宋活字本《帝学》及有关问题辨证［J］/熊克.--四川师范学院学报（哲学社会科学版）（后更名为西华师范大学学报），1990，01：69－75

本文辨析了历史上诸版本范祖禹《帝学》一书的特点。结合版式行款、纸张墨色、避讳特点、鉴藏印记、序跋文字、活字本诸特征的研究，考订缪艺风本《帝学》为宋活字本。指出缪藏本与"省园"藏板确属两个不同时代的版本，前者较后者质更优良，为时更古老。而"省园"藏版当为明刊。

2592

室藏农业古籍（线装部分）目录［M］/中国农业科学院南京农业大学中国农业遗产研究室图书资料组编.--北京：中国农业科学院南京农业大学中国农业遗产研究室图书资料组，1985

本书将中国农业科学院南京农业大学藏书室收藏的农业古籍（线装部分）列为目录，分为农业通论、气象占候、土壤、农具、大田作物、园艺通论、果树、蔬菜及野菜、花卉、茶、蚕桑、畜牧兽医、水产、生物类、水利等十五大类，每类记载相关书籍名称、作者及版本。

2593

誓将总理遗愿化宏图——全国古籍善本总目编纂工作进入总编阶段［J］/谭祥金.--图书馆学通讯（后更名为中国图书馆学报），1980，01：26－30

本文对全国古籍善本书总目录编辑的阶段性工作进行汇报，提出加强文化遗产的抢救，实行建设队伍的有力措施对于古籍工作的极为重要。尽管项目即将进入总编阶段，但还有一些问题需要解决。

2594

首都博物馆馆藏善本书的整理与鉴定［J］/小雪.--首都博物馆论丛，1995，01：100－100

本文介绍了首都博物馆古籍收藏、整理与善本定级的情况。

2595

首都师范大学图书馆藏普通古籍目录
[M]/首都师范大学图书馆编. --北京:首都师
范大学图书馆,1994

本书为首都师范大学图书馆藏古籍目
录,分为九部,内容涉及哲学、宗教、自然科
学、中国语言文学、艺术等,在一定程度上反
映了该馆20世纪90年代的古籍存藏情况。

2596

首都图书馆为科学研究服务工作的几点体
会[J]/刘德元. --图书馆学通讯(后更名为中
国图书馆学报),1957,01:34-35

本文从关于整理积存图书资料的工作、
编制书本式参考目录工作以及参考资料的借
阅制度几个方面,谈论了首都图书馆为科学
研究服务工作的体会,并对今后的服务工作
提出了五点意见。

2597

寿钱氏之精神 传国学之真谛——专家学者
谈《嘉定钱大昕全集》[J]/任继愈. --古籍研
究,1999,02:121-124+78

钱大昕(1728——1804)是清代乾嘉学派
主要代表人物之一。《嘉定钱大昕全集》由陈
文和先生主编,江苏古籍出版社出版,精装十
册,共400余万字,前有顾廷龙先生题签、钱其
琛副总理题词和戴逸先生的序言。该书问世
之后,立即得到广大学者的关注和赞誉,为其
拨冗作评。本文介绍相关情况。

2598

书藏奎虚富 业继海源裔——古籍工作八十
年之回顾[J]/徐明兆. --山东图书馆季刊,
1989,04:45-49

本文从山东省图书馆古籍藏书的形成与
特色、分编整理、开发利用方面,对于80年来
山东省图书馆的古籍工作进行回顾总结。

2599

书《道咸以来朝野杂记》后[J]/王钟翰. --
史学集刊,1986,01:24-29

1982年1月北京古籍出版社出版的崇彝
所著《道咸以来朝野杂记》是一部记载清道
光、咸丰以来直到1949年前北京掌故和风土

人情的笔记书。本文据著者手稿比勘校读,
举例指出该书存在标点错误、讹夺错别字、小
注串入正文、原文条目颠倒、原文被删而有损
本意等问题。

2600

书法理论研究与古籍整理[J]/张潜超. --古
籍整理研究学刊,1986,03:51-55

随着书法古籍整理研究工作的开展,对
书学理论进行科学的研究和系统的阐述提出
了任务。本文围绕这些任务等事项进行了
论述。

2601

书估作伪例析[J]/王元才. --图书馆论坛,
1984,02:59-64

本文以无锡市图书馆收藏的古籍为例,
探讨了古籍作伪的类型和各种手段。文中从
增割牌记,剜改序跋,割改目录、卷数,版本杂
拼,丛书零种充单刻本,伪作罕见书,抄本充
稿本,染纸,伪作名人批校题跋等几个方面进
行了讨论。

2602

书海拾珍(一)[J]/李龙如,周守忠. --高校
图书馆工作,1981,01:84-85

本文介绍了湖南省图书馆的藏书情况。
文中介绍了多种馆藏珍贵古籍,包括北宋开
宝八年(975)吴越国王钱俶刻的佛经卷子《一
切如来心秘密全身舍利宝箧印陀罗尼经》、元
初刻本《(重雕)老杜诗史押韵》、明嘉靖刻本
《广四十家小说》、明天启刻本《伤暑全书》等,
均有很高的收藏价值。该文章为系列文章,
共计三篇,后两篇更名为《潇湘书海拾珍》
(二)和(三)。

2603

书林盛事 学术大业——读程千帆、徐有富
著《校雠广义·目录编》《版本编》札记[J]/
张三夕. --南京大学学报(哲学人文科学社会
科学),1994,04:182-186

本文是为程千帆、徐有富《校雠广义·目
录编》《版本编》二书所作的书评。介绍了二
书的内容,从正本清源、辨章学术、考镜源流、
学以致用等几个方面分析了两部著作的学术

价值,也对其不足之处进行了较为公允的评述。

2604

书林学海访"中华"[J]/文克. --出版工作(后更名为中国出版),1987,03:8 – 14

"检校名山七五年,琳琅万卷睹新篇。中华文史留宏业,古籍垂辉岁月研。"这是上海图书馆名誉馆长、著名版本学专家顾廷龙先生为中华书局创立75周年的题词,言其75年来检校古籍,宏图伟业,足以功垂青史。本文是记者就中华书局的历史、现状、如何工作等内容对中华书局总编辑等人进行的采访实录。

2605

《书目丛编》漫谈[J]/乔衍琯. --中国书目季刊(在台湾地区发表)1997,03:1 – 6

本文叙述编印《书目丛编》之缘起及经过,并论及台湾地区对于目录版本学研究之概况,借此纪念蒋慰堂先生百岁诞辰。

2606

《书目答问》简介[J]/纳秀英. --青海民族学院学报(后更名为青海民族大学学报)(社会科学版),1988,03:136 – 137

本文从全书框架、收录范围、分类体制、版本著录以及内容提要等方面,对《书目答问》进行介绍,认为它在今天仍有一定的使用价值。

2607

书目、书影与古籍版本鉴定[J]/杨起予. --福建师范大学学报(哲学社会科学版),1991,03:132 – 137

本文介绍了书目、书影在古籍版本鉴定中的作用。书目、书影及其应用,属于目录学范畴;古籍版本鉴定则是版本学核心。从理论上和发展史上来考察,两者之间又一脉相承。进行古籍版本鉴定需要应用书目、书影,从事目录学、校勘学、考据学、训诂学、文献学等学科领域的研究或著作,也都离不开书目、书影的帮助。想要了解我国珍贵的文化遗产,也不能不依靠书目和书影的指导。

2608

书目特性与价值试论[J]/肖时占. --怀化师专学报(后更名为怀化学院学报),1994,01:111 – 115

本文指出,书目具有指导性、教育性、保存文献、专题服务等价值。

2609

"书帕本"考辨[J]/曹之. --图书情报知识,1989,01:53 – 54

本文对"书帕本"的概念和版本情况进行了考证。指出书帕本是古籍版本的一个类别,是"明代的特产"。在明代官场,除了"送书"骗取风雅美名之外,还要送"帕"表示一下礼节。书帕本是官刻而非私刻,且存在乱题书名、著者不明、体例参差、东拼西凑、校勘不精、刊刻拙劣等问题,质量并不高。

2610

书山之门径 学海新津梁——评《四库大辞典》[J]/丁鼎. --中国图书评论,1997,02:53 – 55

本文是为李学勤、吕文郁二位先生主编的《四库大辞典》一书所作的书评。指出该书内容广博、著录宏富;题解内容全面、精要,颇具学术性;检索手段完备,颇便使用。对该书的缺点也做了分析。

2611

书院史料整理刍议[J]/季啸风. --中国典籍与文化,1992,03:69 – 71

本文指出古代书院史料的整理研究应该注重古为今用,深入挖掘古代书院的教学、办学经验,为现代教育事业提供借鉴。要利用书院资料,助力文化普及和输出工作。

2612

书证的采择[J]/张应德,胡昭镕. --辞书研究,1981,04:45 – 48

本文就《辞源》修订本书证的采择问题,谈了五点看法,即义、证一致是采择书证的起码原则;采用古籍中出现最早的书证是其特有要求;义和证的关系,是先从众多的书证中抽象概括出义项,再选取出现年代最早又最能说明义项的来作证,避免枝蔓烦琐,收举一反三之效;完整、准确是采择书证的基本要求;书证中出现的词必须与词目完全一致。

2613

舒芜谈书——乙亥访谈之一[J]/黄成勇.--中国图书评论,1995,09:33 – 34

本文是黄成勇乙亥访谈系列论文之一,介绍了舒芜先生的读书藏书经历。

2614

蜀本考[M]/封思毅.--台北:川康渝文物馆(台湾地区),1984

本书为蜀本古籍研究著作,且书中有各书书影,便于读者直观领会。

2615

数位图书馆与古籍整理之探讨[J]/顾力仁.--图书资讯学刊(在台湾地区发表),1999,14:115 – 127

本文介绍图书馆古籍数位化及其组织与检索,分析图书馆古籍数位化及组织、检索所涉及的问题,并提出未来图书馆古籍数位化的发展方向。

2616

数字图书馆与古籍整理[J]/武亚民.--图书馆学刊,1998,02:25 – 28

本文从如何理解"数字图书馆"这一概念、数字图书馆与古籍整理的关系、数字图书馆对古籍整理的新要求、数字图书馆中古籍整理的模式、采用数字化手段整理古籍应注意的几个问题五个方面,探讨数字图书馆与古籍整理的关系及相关问题。

2617

《水浒》版本知见目[J]/陈兆南.--中国书目季刊(在台湾地区发表)1987,02:80 – 91

本文将《水浒传》的版本书目和版本系统分为四类,第一类为明万历前的水浒小说记载,第二类为繁本系统概况,第三类为简本系统概况,第四类为金批本。表一为版本系统表,表二为版本书目表,至于现存状况则在备注栏内补充说明。

2618

《水浒》序跋集[M]/人民日报图书资料室编.--北京:人民日报图书资料室,1975

《水浒》版本复杂。为便于开展对《水浒》的评论工作,本书将十几种版本的序言、说明以及附录汇集成册,其中包括《水浒》(七十一回)、《明容与堂刻水浒传》(一百回)、《水浒》(少年儿童版,六十四回)、《水浒全传》(一百二十回)等,从这些版本的序言和出版说明可以看到《水浒》评论及研究中的一些情况。

2619

水经注等八种古籍引用书目汇编[M]/马念祖编.--北京:中华书局,1959

本书由马念祖编,收书6000余种,辑录了《水经郦道元注》《三国志裴松之注》《世说新语刘孝标注》《文选李善注》《艺文类聚》《一切经音义》《太平御览》《太平广记》等8种古籍中所引用的书籍名称。每种书名下,记其见于上述8种古籍的某一种或某几种,便于读者了解在北宋初年之前流行的书籍名称,也便于作校勘、辑佚之用。

2620

《水经注校》标点琐议[J]/白正有,蒋宗许.--延安大学学报(社会科学版),1988,01:72 – 82

本文校订了上海人民出版社1984年版《水经注校》一书中出现的标点错误。

2621

《水经注校》疏误补正[J]/李知文.--北京社会科学,1988,02:71 – 75

本文校订了袁英光、刘寅生整理点校的《水经注校》一书中出现的校勘和点校方面的错误。

2622

《水经注》新整理本之考察[J]/王华宝.--古籍研究,1998,03:78 – 83

本文对《水经注》五种新整理本进行了考察,即上海人民出版社出版,袁英光、刘寅生整理标点的王国维校本《水经注校》;江苏古籍出版社出版,段熙仲点校、陈桥驿复校的杨守敬、熊会贞《水经注疏》;上海古籍出版社出版,陈桥驿点校殿本《水经注》;岳麓书社出版,谭属春、陈爱平点校的王先谦合校本《水经注》;贵州人民出版社出版,陈桥驿、叶光庭、叶扬译注的《水经注全译》。

2623

水经注引书考[D]/勤炳琅.--台湾师范大

学（台湾地区），1970

本文以世界书局中国学术名著本《水经注》为底本，考察了该书引述其他典籍的情况。共考察古籍254种，详于史部，略于余部。每种书分别考订了作者、著录和内容等。

2624

说文解字［M］／（东汉）许慎撰；（宋）徐铉校定.--台中：台湾东海大学图书馆（台湾地区），1968

本书是中国第一部系统分析汉字字形和考究学源的字书，也是世界上最早的字典之一。它开启了汉字按部首编排的汉字字典编排方法；首次阐发了六书的内容，贯穿了六书的原则；收录了汉字形体的多种写法，除当时汉朝的篆体外，还有籀文、古文等异体写法。

2625

《说文解字》引经及其对古籍整理的作用［J］／钟东.--中山大学研究生学刊（社会科学版），1996，01：21－29

本文认为《说文解字》引经大致可以分为证义、证看、证形、标出处、代说解几种。我们可以依据其规律，借以正确、准确地理解古书，推考古书文字的音变，作校正古书讹误的参证，并考查假借和异体字，以助古籍整理工作。

2626

《说文解字注》的校对工程［J］／舒宝璋.--辞书研究，1985，05：35－42

本文考察了《说文解字注》原书的校对工作过程，考证了校对人员的家世生平和学术成就，纠正了上海古籍出版社据经韵楼原本缩小影印本中出现的讹误。

2627

《说文系传》版本源流考辨［D］／张翠云.--台湾师范大学（台湾地区），1988

《说文系传》是五代徐锴所撰的一部字书。本文以《说文系传》版本为研究主题，辑引宋、元、明、清、民国、外国诸书目著录，阐明历代藏庋同异。复寻检台湾地区见存十余种藏本，依版本分为善本、普通旧籍、普通本三类，别载其年代、版式、行款、刻工、讳字、印

记、题跋等。凡书有批校，亦随文摘录。追溯宋刊残本、述古堂藏本、汪启淑刊本、祁寯藻刊本四大源流，并详述诸本之间的相互关系。本文于2007年由台湾花木兰文化出版社整理出版。

2628

说"眼"——《辞源》修订琐记之二［J］／顾绍柏.--学术论坛，1981，01：30

本文是顾绍柏《辞源》修订琐记系列论文之二。唐和唐以后诗人写春景或夏景，有时用一"眼"字形容叶芽，本文列举了很多诗词为证，也指出这并非唐人首创，实北魏时期已经开始使用。

2629

朔方道志［M］／马福祥，陈必淮，马洪宾修；王之臣纂；胡玉冰校注.--上海：上海古籍出版社，1991

本书是宁夏民国时期第一部地方通志，共三十一卷，收录与宁夏有关的历史、政治、经济、军事、文化、人物等方面的内容，是研究宁夏特别是近代宁夏的重要文献。其编修水平代表了民国时期宁夏旧志的优秀水平，在宁夏旧志编纂史上具有一定的影响和学术研究意义。

2630

《司空曙诗集》版本考［J］／王立群.--文献，1998，02：31－41

本文对今传《司空曙诗集》两卷本和三卷本版本的相关情况作了考证，对《司空曙诗集》席刻本与江刻本的异同进行了比较。

2631

私家藏书的历史变迁［J］／于宝华.--津图学刊，1996，02：110－113

本文从最早的藏书机构谈起，概述了从春秋到民国历代私家藏书情况，指出中华历史上曾经大放异彩的古籍收藏之花，必将回到它在社会主义文化百花园中的应有位置。

2632

私人藏书与古籍保存［J］／刘意成.--图书馆杂志，1983，03：60－61＋47

本文介绍我国古代私人藏书情况，进一

步分析了私人藏书与古籍保存的关系。私人藏书是我国古代图书馆事业的主流,无论从藏家数量、藏书数量,还是从社会作用和影响来看,私人藏书都远远超过公家藏书、书院藏书和寺观藏书,对古籍保护有不可磨灭的贡献。

2633

四部备要[M]/中华书局编.--北京:中华书局,1989

《四部备要》是民国时期辑印的一部大型举要性丛书,中华书局编。1920年开始编纂,1935年成书,1936年用聚珍版印行,1989年北京中华书局据1936年本影印出版。全书收录我国古代重要典籍300余种,分经、史、子、集四部排列。《四部备要》非常重视前人的校勘成果,在底本选择上多采用精善校本、注释之本,极大提高了该书的实用价值。其版本和所收书目与《四库全书》《四部丛刊》有所不同,可以三者参考使用。

2634

四部丛刊[M]/张元济主编.--上海:上海书店,1985

《四部丛刊》是民国年间商务印书馆辑印的一部大型综合性丛书。主要校辑者为张元济。收书内容以常见古籍为主,版本全用稀见善本,用照相影印的方式出版。采用的底本以涵芬楼所藏为主,又博采众家所藏秘本。全书分《四部丛刊》《四部丛刊续编》《四部丛刊三编》三部分。1985年,上海书店重新影印《四部丛刊》,将初编、续编、三编合订为500册精装本。

2635

四川大学古籍所可供书目简介[J]/四川大学古籍所.--宋代文化研究,1999,01:364–370

本文为四川大学古籍所可供图书的简介,包括书名、作者、出版社、定价等信息。

2636

四川大学古籍整理研究所简介[J]/重耳.--古籍整理研究学刊,1988,02:65–65

本文介绍了四川大学古籍整理研究所的

成立时间、人员队伍、先进设备、藏书情况、专著成果及重点科研项目等情况。

2637

四川大学图书馆古籍丛书目录[M]/倪晶莹编.--成都:四川大学出版社,1994

本书书目是为查阅四川大学图书馆古籍丛书而备,收古籍丛书总目857种,包括丛书子目39255种,并列古籍丛书子目书名索引。

2638

四川大学图书馆古籍善本书目[M]/陈力编纂.--成都:四川大学出版社,1992

本书目收录四川大学图书馆馆藏古籍善本,其收录之范围,参照《中国善本书总目》及《四川省古籍善本书联合目录》执行,收书年代一般以清乾隆为下限,乾隆以后之精刻、精钞、稀见、著名学者之批校题跋本以及朝鲜、日本之旧刻本亦酌情收录,全书共收录古籍1147种。该书目按四部分类,每部书著录题名、卷数、著者和版本等情况。

2639

四川官书局考略[J]/张其中.--四川图书馆学报,1989,05:44–49

官书局是对清代末叶各省官办刻书局的一种专称。由于官书局刻印的古籍多为御注钦定的经史要籍,且价格低廉而流传较广,在保存和传播民族文化上作出了一定贡献。本文论述四川官书局的作用,分析其发展状况。

2640

四川联合大学古籍整理研究所1994年科研成果要目[J]/沈治宏.--宋代文化研究,1995,01:391–395

本文为四川联合大学1994年古籍整理的专著、论文科研成果目录,包括12本专著、33篇论文。

2641

四川省高校图书馆古籍善本联合目录[M]/四川省高等学校图书情报工作委员会编.--成都:四川大学出版社,1994

本书为四川省高校联合编撰的古籍善本目录,收录四川大学、西南师范大学、四川师范大学等15所高校藏书。该目录按照四部分类法,每部书均著录题名、卷数、著者、版本和藏存单位情况。

2642

四川省古籍善本书联合目录·经部、史部

[M]/四川省图书馆编.--成都:四川省图书馆,1986

本书系四川图书馆编纂于1986年的四川省古籍善本书联合目录经部、史部卷。

2643

四川省古籍善本书联合目录(全三册)

[M]/四川省中心图书馆委员会办公室主编.--成都:四川辞书出版社,1989

本书为四川省古籍收藏单位联合编撰的古籍善本目录,收录四川省图书馆、重庆市图书馆、四川省博物馆、四川大学等多家单位的藏书。该目录按照四部分类法,每部书均著录题名、卷数、著者、版本和藏存单位情况。

2644

四川省图书馆馆藏古籍目录(全九册)

[M]/四川省图书馆编.--成都:四川省图书馆,1958

本书目分为、经、史、子、集四个部分,每部书均著录题名、卷数、著者、版本情况。

2645

四库本古籍不宜滥印[J]/汤华泉.--古籍研究,1996,03:88 – 89

20世纪80年代海峡两岸先后影印出版《四库全书》,是近世文化建设一件值得赞扬的大事。从方便使用、保存文献的角度来看,《四库全书》的印行确有必要,学界给予很多关注也在情理之中。但是这部书从版本学角度看问题很多。本文就这些问题进行了分析说明,提出印行应当有所节制的观点,印得过多过滥,势必会产生淆乱古籍文字、影响科学使用古代文献的负面效应。

2646

《四库存目》书探讨[J]/杜泽逊.--北京大学学报(哲学社会科学版),1997,05:48 – 56

本文在介绍《四库存目》图书由来的基础上,着重分析了图书被列入《四库存目》的原因无外乎限制规模、贵远贱近、扬汉抑宋、压

制民族思想等,考订了存目图书著录中的一些错误。

2647

四库存目书的特点与辑印四库存目书的意义[J]/李春光.--北京大学学报(哲学社会科学版),1997,05:37 – 40

本文分析四库存目书的情况和基本特点,指出保存珍本的最好办法莫如影印。辑印四库存目书籍,有利于学术研究和中国古代文化的传播,将为弘扬中华文化作出巨大贡献。

2648

四库法与中图法——古籍线装书整理琐谈之二[J]/臧铁柱.--图书馆学刊,1995,01:46 – 48

本文指出,虽然《四库法》和《中图法》都是科学完整的分类法,但类分古籍线装书、编制联合目录还是更适用于《四库法》的分类体系。本文对这一观点进行了论证。

2649

《四库荟要》与《四库全书》集部著录书版本比较研究[D]/石惠美.--中国文化大学(台湾地区),1998

本文按照别集、总集、奏议、诗文评、歌词分类,比较了《四库荟要》和《四库全书》集部著录书籍的版本问题。考察了两部书著录版本的差异之处,并分析了造成这些差异的原因,讨论了二书的版本选择质量和书籍著录质量。

2650

《四库辑本别集拾遗》[J]/王义耀.--历史教学问题,1984,06:62

本文介绍了中华书局出版的栾贵明先生辑集的两册《四库辑本别集拾遗》内容,认为这项古籍整理工作在中国文化史上有着深远影响,同时提出了可以改进的地方。

2651

四库禁毁书研究[M]/何龄修,朱宪,赵放编.--北京:北京出版社,1999

本书是在《四库禁毁书丛刊》编纂工程结束后,集约了《四库禁毁书丛刊》参与编纂工

作的部分作者以及对相关问题研究有素的学者,将其发表的学术成果结集,共有 23 篇。

2652

四库经籍提要索引(全二册)[M]/"中央图书馆"编. --台北:"中央图书馆"(台湾地区),1994

本索引将《通考》《续通考》《清通考》《续清通考》之经籍考,《四库全书总目提要》《四库全书总目提要补正》《四库提要辨证》《四库未收书目提要》《续修四库全书总目提要》等九种古籍提要中所包含的书名及人名分别编制索引,以利读者依据书名及人名两种线索找寻提要出处。

2653

四库钤键古籍津逮——谈《四库全书总目提要》及其他[J]/郭文瑞. --河北大学学报(哲学社会科学版),1987,03:74 – 83

《四库全书总目提要》是清代中叶在朝廷主持下纂辑《四库全书》的相连产物。自《四库全书》修成后一直到 19 世纪末,中国学者很少不受《四库提要》影响。今天我们研究中国古代文化时,搜集需要的文献资料,也往往以此为津逮。本文就《四库全书总目提要》的编纂缘起、文献特征、价值、影响以及后人纠谬补阙等问题,依次作叙介和讨论。

2654

《四库全书》版本是非与《新四库全书》体例拟议[J]/杨晋龙. --中国文哲研究通讯(在台湾地区发表)1998,04:217 – 231

本文对新四库全书电子资料库要收录哪些书、搜辑的范围和《四库全书》的关系等问题提出疑问,并就《四库全书》的缺失、精神及新四库全书电子资料库较理想的收录标准进行讨论。

2655

《四库全书》本《樊川文集》失误偶拾[J]/彭国忠. --古籍研究,1998,01:37 – 38

本文研究了《四库全书》本《樊川文集》的失误问题,指出该本校勘价值不高的原因一是本身不够完善,存在不足,二是四库馆臣迫于政治压力,人为肆意篡改,还指出胡可先生

《点校本〈樊川文集〉酌议》一文中借助库本补正点校本,值得商榷。

2656

《四库全书存目丛书》成书始末[J]/杜泽逊. --文史哲,1998,03:70 – 73

本文论述了编纂《四库全书存目丛书》的缘起以及编纂的过程,认为《四库全书存目丛书》是乾隆修《四库全书》以来 200 年间体量最大的一部古籍丛书。由于采用原版影印的方法,无篡改失真的弊病,因而其学术价值更在《四库全书》之上。

2657

《四库全书存目丛书》的开发利用[J]/董广文. --云南图书馆季刊,1999,02:64 – 67

本文介绍了《四库全书》和《四库全书存目丛书》的历史情况,论述了《四库全书存目丛书》的功用价值,分析了开发利用《四库全书存目丛书》的办法。

2658

《四库全书存目丛书》的源流与现实价值[J]/鲁海. --图书情报通讯,1995,03:61 – 63

本文介绍了编纂《四库全书存目丛书》的历史源流,论述了《四库全书存目丛书》的意义以及现实价值。

2659

《四库全书存目丛书》及其他[J]/叶芝余. --瞭望,1994,37:36 – 37

本文对邓广铭先生《论〈四库全书存目丛书〉不宜印行》一文提出的意见进行了复议,认为筹划重印《四库全书存目丛书》之前应进行挑选鉴别、整理校勘,发扬严谨认真的学风。

2660

《四库全书存目丛书》收录天津馆藏善本古籍述略[J]/白莉蓉. --图书馆工作与研究,1998,05:41 – 42

本文介绍了《四库全书存目丛书》收录天津图书馆馆藏善本古籍的相关情况。天津馆藏书编入《存目丛书》者凡 129 种,其中经部 16 种,史部 28 种,子部 30 种,集部 55 种。这些古籍入馆藏善本之列,且多为流传较少,乃

至孤本秘籍之书,无论从史料还是版本方面考察,均具有较高收藏和研究价值。

2661

四库全书概述[M]/杨家骆.--台北:中国辞典馆复馆筹备处(台湾地区),1971

本文是关于《四库全书》的研究著作。在考察《四库全书》编纂、采禁以及四库馆臣情况的基础上,以图表、类叙、书目形式,对《四库全书》内容进行了细致深入的研究,整理出了《四库全书著录存目书统计表》《四库全书依据书本来源表》《四库全书荟要书目表》《经部总叙及各类小序》《史部著录书及附存书》等等。

2662

《四库全书》及其皖人著作[J]/李鹏.--学术界,1997,04:94-96

本文介绍了《四库全书》《四库全书存目丛书》《续修四库全书》三部大型古籍丛书的编写过程以及相关内容。经过统计分析,皖人著作约占著作总数的十分之一,对弘扬安徽优秀传统文化具有重要作用。

2663

《四库全书》检索导引[J]/蔡美娟,傅广荣.--津图学刊,1996,02:87-93

本文介绍了《四库全书》检索导引的编写缘起、相关内容以及使用方法。

2664

《四库全书献书人丛考》前言[J]/郑伟章.--中国图书馆学报,1996,04:39-42

本文介绍了《四库全书献书人丛考》一书编撰的基本情况,并分析了该书的功用。认为该书可补叶昌炽《藏书纪事诗》,可当馆臣传,可当各家书目,可当《四库全书总目》的注释,为进一步深入的研究《四库全书》史提供了新线索和新资料。

2665

《四库全书》影印质疑[J]/肖东发,周心慧.--群言,1988,05:17-19

本文讨论了《四库全书》再次影印的价值问题。文中指出,尽管《四库全书》具有重要的文献价值和学术价值,但其中大多已有单

行本问世,各大图书馆馆藏均可满足学习研究需要,而且全书影印造价颇高,故无论全印、选印,皆为不宜。

2666

《四库全书》与《续修四库全书》[J]/顾关元.--中国图书评论,1995,07:36-37

本文介绍了《四库全书》与《续修四库全书》编纂的缘起以及相关内容,认为《续修四库全书》将对弘扬中华优秀传统文化产生深远影响。

2667

《四库全书》原文电子版及其对古籍工作的影响[A]/任瑞娟,崔广社.--基于内容的因特网中文信息资源开发与应用服务[C],1999

本文从《四库全书》原文电子版的产生与特点入手,分析了其对于图书馆古籍工作产生的积极影响,并从用户使用角度对《四库全书》原文电子版提出建议,希望对古籍文献数字化建设有所启示。

2668

《四库全书》源流要略[J]/童庆松.--古籍整理研究学刊,1999,02:42-49+37

本文叙述了《四库全书》的纂修与庋藏,七阁《四库全书》的流传以及影印情况,并介绍了《续修四库全书》等相关衍生书籍的情况,基本厘清了该书发展的源流与脉络。

2669

《四库全书》载录传教士撰译著作述论[J]/陈占山.--文化杂志(在澳门地区发表)1996,26:161-167

本文专题介绍《四库全书》及《总目》载录的传教士撰译的32部著作。对这些著作于天文学、数学等学科的代表性和学术价值给予了充分肯定,对四库未录著作进行了检讨,并列举医学、动物学、光学、军事科学、地理学的很多著作为例。就四库馆臣对西方宗教书籍的收录态度等问题,指出四库收书原则也并非完全内外无别,兼括诸体。

2670

《四库全书》中"大典"本辑目[J]/曹书杰.--古籍整理研究学刊,1986,03:133-140+94

本文对《四库全书》中"大典"本做了介绍,并根据 1965 年中华书局影印本《四库全书总目》,将其"著录"和"存目"所载之"永乐大典"书逐一辑出,编成目录,以供学者研究之用。

2671

《四库全书总目》订误二十四则[J]/修世平,张兰俊. --图书馆理论与实践,1995,03:43 – 45

本文校正了《四库全书总目》(中华书局 1965 年 6 月版)与《影印文渊阁四库全书》(台湾商务印书馆)在收录上的不同之处计 24 则,供翻检、研读《四库全书》者参考。

2672

《四库全书总目》分类法述评[J]/周汝英. --温州师范学院学报(哲学社会科学版)(后更名为温州大学学报)(自然科学版),1999,02:77 – 80

《四库全书总目》分类法集我国古籍"四分法"之大成,是传统分类法的典型。本文概述了《四库全书总目》分类法在建立完善的分类体系、制定可行的分类规则及对具体类目的处置等方面的贡献,分析了其在分类意识及价值取向上的偏颇。

2673

《四库全书总目》分类方法之研究[J]/程磊. --四川图书馆学报,1989,04:52 – 56

本文介绍了《四库全书总目》的分类原则、立类要求、设类目的。

2674

《四库全书总目》史部类目的设置[J]/顾红. --广东图书馆学刊,1985,03:26 – 29

《四库全书总目》是清乾隆年间在编纂大型丛书《四库全书》时,将采入和未采入《四库全书》的古籍撰写提要,再将提要按经史子集分类编排而成的分类目录。本文介绍了《四库全书总目》史部类目的确立过程和设置得失。指出《四库全书总目》继承并发展了前代目录中的封建正统观念以及辨体立类的方法,但存在某些类目界限不清、归属不恰当的情况。

2675

《四库全书总目提要》分类体系之初步研究[J]/杨文珊. --南京经济区域广播电视大学学报,1996,01:46 – 49

本文对《四库全书总目提要》的分类体系作了分析与研究。指出该书重内容不重书名、重宗旨不重名目、重原书之体裁不重名目,发展和完善了四分法分类体系,是一部有历史依据、有理论说明的分类体系。但也存在缺点与不足,包括庞杂的子部类目设置不尽合理、类目的设置受限于收书的多寡等。

2676

《四库全书总目》与《增订四库简明目录标注》[J]/江洲安. --历史教学问题,1984,06:60 – 61 + 50

本文介绍了《四库全书总目》与《增订四库简明目录标注》的相关内容与使用方法。

2677

《四库全书总目》元代方志提要补正[J]/周生春. --中国地方志,1996,06:53 – 60

本文订正了《四库全书总目》中对《至元嘉禾志》《大德昌国州图志》《齐乘》等几部元代方志的著录错误。

2678

《四库全书总目》著录底本来源统计[J]/樊美珍,冯春生. --上海高校图书情报学刊,1995,02:54 – 55

本文考察了《四库全书》所著录各书的来源,编成"《四库全书总目》著录底本来源一览表"。

2679

《四库全书总目》著录之谬及原因[J]/何槐昌. --图书馆工作与研究,1998,01:43 – 45

本文用文渊、文澜两阁本核对《四库全书总目》,指出书与目存在著录体例、书名、分卷、笔误或失检、改换移录底本、卷数等 300 多种不相符合的问题。最重要的原因是总纂修官思想上对著录不重视,认为目录的著录工作是技术问题,远没有对书籍内容及提要进行严格考订,同时书籍内容、提要文字是政治性的,乾隆帝要检查,故反复修改。

2680

四库全书纂修之研究［M］/吴哲夫撰. --台北：故宫博物院（台湾地区），1990

故宫博物院著名学者吴哲夫先生在"四库学"上深有造诣。其所著《四库全书纂修之研究》《清代禁毁书目研究》等一系列论著，展示了作者深厚的学养与宽广的视野，在台湾地区"四库学"界拥有广泛的影响。本书涉及四库全书馆之组织暨人事管理、四库全书之编辑、七阁四库全书之完成暨异同、四库全书之重检、四库全书荟要、四库馆毁禁图书之内容分析、四库全书之价值、四库全书之缺失等内容。

2681

四库失收明代类书考［J］/裘开明. --香港中文大学中国文化研究所学报（在香港地区发表）1969,01:43－58

本文著录了《四库全书总目》中未收录的明代类书和参考书。

2682

四库提要补正四则［J］/崔富章. --文献，1988,04:236－241

本文指出《四库全书总目提要》偶有阙误，而为余嘉锡、胡玉缙诸前辈未及订正的地方。文中选录"春秋经传辨疑一卷""春秋公羊传注疏二十八卷""郑敷文书说一卷""详注东莱左氏博议二十五卷"四则，进行了订正和说明。

2683

四库未收术数类古籍大全［M］/刘永明主编. --合肥：黄山书社，1995

本书收录90册阴阳五行、易占数法等术数类研究著作。

2684

四库艺术丛书·古刻丛钞（外十二种）［M］/（明）陶宗仪等撰. --上海：上海古籍出版社，1995

本书是明代学者陶宗仪编辑的一部中国古代碑刻集录。收录明、清金石碑刻等方面著述13种，即明陶宗仪编《古刻丛钞》、朱珪编《名迹录》、陈暐编《吴中金石新编》、都穆撰

《金薤琳琅》、顾从义撰《法帖释文考异》、赵均撰《金石林时地考》、赵崡撰《石墨镌华》、郭宗昌撰《金石史》，清于敏中等校正《重刻淳化阁帖释文》、顾炎武撰《求古录》《金石文字记》《石经考》、万斯同撰《万氏石经考》，均为明代至清初重要的碑刻研究著作。

2685

《四库总目·存目》明代典籍的史料价值［J］/王智勇. --四川图书馆学报，1996,06:68－73

本文指出《四库总目·存目》（下文简称《总目》）中的明代典籍对于考订旧史、保存宋元以前史料方面具有的重要价值。其可补《总目》正目所著录的许多明代史籍之缺略及考订其讹误；保存了大量明代史学最具特色的野史及笔记小说，充分表现了明代史籍内容和体裁上的多样性，将明代史学范围拓展到更为广阔的领域，淋漓尽致地表现了下层人民的生活、社会风俗、异端学术思想、朝野故实等。

2686

四库总目经部类叙疏证及相关问题之研究［D］/曾圣益. --政治大学（台湾地区），1996

本文围绕《四库全书总目》经部类叙问题进行了深入研究，考察了易、书、诗、礼等十一类类叙正文及各经流变情况，进而分析了《四库全书总目》经部著录原则。文后附录经部类叙中经学家的传略及其著述，供研究者参阅。

2687

《四书章句集注》研究［D］/顾歆艺. --北京大学，1999

本文是对中国学术史和思想史上居重要地位的朱熹《四书章句集注》进行的个案研究，分辨了四书原文与朱熹注释之间的联系和区别，说明二者的承继、衔接和发展关系，评论朱注合理或不合理的因素，基本了解和把握了《四书章句集注》对传统文化继承和弘扬的具体表现。

2688

四种馆藏"古籍稀见版本"［J］/王建福. --

青海图书馆,1995,04:54－55

"字书"是指我国古代以字为单位,用以解说文字形、音、义的一类书籍,性质近似于后世的字典、词典。《国家图书馆藏稀见字书四种》收录了兼具版本与文献价值的古代字书文献四部,本文予以介绍。

2689

宋代藏书家尤袤研究[D]/蔡文晋.--东吴大学(台湾地区),1991

本文在考察宋代藏书家尤袤生平家世的基础上,研究了其藏书情况及其产生的影响,于2005年由台湾花木兰文化工作坊整理出版。

2690

宋代潮州刘昉《幼幼新书》在医史文献学上的贡献[J]/张长民.--韩山师范学院学报,1989,01:89－108

《幼幼新书》是宋代一部儿科医书。本文在概述作者刘昉生平事迹的基础上,考察了该书的版本流传情况和宋刊本原貌,运用历代古籍考订了《幼幼新书》佚文,对《幼幼新书》引用的古医书内容作了考订,介绍了该书在医史文献学上的贡献。

2691

宋代福建书坊及私家刻书研究[D]/黄明哲.--台湾大学(台湾地区),1994

本文采用历史研究法与文献分析法,就已出版的版刻图录、图书馆善本馆藏、各家藏书志、福建地方志、版本学专著、图书文献史论集、期刊论文等,对宋代福建书坊及私家刻书情况进行研究。对宋代书坊及私家刻书之缘起与地区分布进行了叙述,列举了福建地区藏书名录与刻本,讨论了建本的特点,并给予了公允的评价。

2692

宋代杭州地区图书出版事业研究[D]/蔡惠如.--台湾大学(台湾地区),1999

本文描述了宋代杭州地区印刷出版事业的面貌,并为其历史文化价值与意义进行定位。研究重点有三方面内容,阐述宋代杭州出版业发展的时代背景与潜力;分述宋代杭州地区官营与民营出版事业、刻书概况及出版特色;探析宋代杭州地区出版事业之时代意义。依上述研究,作者又总结了宋代杭州地区出版事业的十个特点。

2693

宋代校正医书局的产生、成就及其影响[J]/范昕,赵桂新.--中医药学报,1999,02:7－8

由于多年战乱,图书严重散佚,宋政府多次组织大规模搜集、编修图书的古籍整理工作。本文指出宋代校正医书局的产生是社会需要和历史发展的必然,并对其成就加以论述,肯定了其对中医学的影响与价值。

2694

宋代金石著述考[D]/陈俊成.--政治大学(台湾地区),1974

本文著录了见存的宋代金石著述,对其作者、内容、版本加以考辨。并据见存资料,以考宋代金石佚书。总计宋代金石书目,可考者共119种。存29种,佚90种。

2695

宋代刻书与藏书述略[J]/曾建华.--出版发行研究,1999,05:61－64

刻书与藏书有着密不可分的渊源关系,本文述评宋代的刻书与藏书。指出宋代所刻书籍除史料中钩沉的大型类书、史书及当朝文人的学术著述外,大多为前朝遗留的古籍及汇编、摘编、注疏之作。宋代刻书以官府藏书、私人藏书为基础,以儒家的经、史、佛、道为主体,以官府组织的大型史书、类书为扛鼎之作,其刻书之多,规模之大,印版之精,为后人展示刻书与藏书的绚丽画卷。

2696

宋代名家诗自动注音研究及系统实现[J]/穗志方,俞士汶.--中文信息学报,1998,02:44－53

本文以160万字的宋代名家诗为研究对象,介绍了一个宋诗自动注音系统的设计与实现。系统的资源包括语料库、知识库以及信息库;所采用的多音字自动注音策略三种,即条件概率策略、互信息策略以及规则策略。

本系统的特色是将现代基于统计的语言模型与宋诗自身的音韵特点相结合来实现宋诗的自动注音。实验结果是令人满意的。

2697

宋代尚书学案[D]/蔡根祥. --台湾师范大学（台湾地区），1994

本文共三编十四章，涉及两宋学案二十二，欧阳修、王安石等名家四十八。本文于2006年由台湾花木兰文化出版社整理出版。

2698

宋代图书编撰之成就[J]/曹之. --大学图书馆学报，1999，06：63 – 70

宋代是古代图书编撰的重要时期。本文从官修、私撰、图书内容、编撰形式、编撰理论和方法等方面论述了宋代图书编撰的成就，分析了宋代取得以上成就的原因。

2699

宋代伪撰别集考辨[D]/林清科. --东吴大学（台湾地区），1984

本文考辨了宋代伪撰别集的背景、成因与详情，并考订了前人辨伪的误说。作者略举实例说明了伪撰宋集实弊利少，理当检删。本文于2007年由台湾花木兰文化出版社整理出版。

2700

宋代文化与中医古籍整理研究[J]/蔡永敏，李玉华. --中华医史杂志，1999，04：31 – 34

本文从学风、教育、文学艺术等方面简述宋代文化的特点，结合宋代政治、经济等因素探讨宋代文化繁荣的原因；从中医书籍的征集、校勘、研究等方面概述宋代医籍整理的成就，结合宋代文化的特点探析宋代的医籍整理与文化高度繁荣的关系；阐述宋代医籍整理的特点以及对宋代医学发展的影响。

2701

宋代医学古籍整理与研究浅论[J]/管成学. --古籍整理研究学刊，1988，01：32 – 36

本文介绍了宋代医学古籍整理与研究。《宋史·艺文志》著录的医学古籍有509部之多。现存经典医著《内经》《难经》《伤寒论》《金匮要略》《脉经》《千金要方》等最早版本，都是宋代校正医书局刊刻，在医学史上是功高千古的大事。宋代在本草古籍整理、经典医书研究、各种方书搜集上都取得了巨大成就。

2702

宋代整理唐集考略[J]/曹之. --古籍整理研究学刊，1997，01：13 – 18

本文考察了宋人在编辑、整理唐人诗文集方面所做的搜集散佚、编制选本、校勘同异、音释注解、分类编目等工作。

2703

《宋诗钞》的卷数版本和编者[J]/张梅秀. --晋图学刊，1996，02：60 – 62

《宋诗钞》是一部宋诗总集，由清初吴之振、吕留良、吴尔尧选编，收诗宏博、流传广泛、影响深远。本文考订了《宋诗钞》的卷数问题，从现存较完整的本子来看，有原刻初印《宋诗钞初集》不分卷，后印四集不分卷及《四库全书》中106卷之区别。还辨析了该书初印本和后印本的版本流传问题，讨论了该书编者问题，指出书是三人同辑，且以吕留良为主要编辑者。

2704

《宋诗纪事》陈旸小传勘误[J]/方建新. --文献，1993，02：243 – 245

本文对上海古籍出版社整理标点本《宋诗纪事》卷三十四的陈旸小传中的错误进行了勘正。

2705

《宋诗纪事》小传标点订误八则[J]/方建新. --文献，1995，02：266 – 270

本文指出上海古籍出版社标点本《宋诗纪事》对诗人小传标点偶有欠妥之处，由标点不当、违反文意、背离史实造成，在文中给予了订正。

2706

《宋史》订误四则[J]/燕永成. --古籍整理研究学刊，1994，05：49

本文订正了中华书局校点本《宋史》四则史实方面的错误。

2707

宋史艺文志史部编年类佚籍考[J]/刘兆

佑.--"中央图书馆"馆刊(在台湾地区发表)1974,02:183-186

本文所考订之史籍,以《宋史·艺文志》史部所著录而今已亡佚者为范围。凡其书已佚而不传者,或虽佚而后人有辑本者,皆属之。依据《宋史》明成化十六年(1480)两广巡抚朱英刊嘉靖间南监修补本,而以清乾隆武英殿本参校。

2708

宋史艺文志史部佚籍考[D]/刘兆佑.--台湾师范大学(台湾地区),1973

本文考订《宋史·艺文志》史部所著录而今已亡佚的典籍情况。于已佚而无辑本者,仿《四库书目提要》之例,叙述撰人生平及著作内容等。于已佚而有辑本者,一书为一目,每一目先著书名卷数,次撰人时代及姓名。文后附《〈宋史·艺文志〉史部各书存佚表》,每书著其存残或辑本,俾便省览。

2709

宋元明刻工表说明[J]/何槐昌.--图书馆学研究,1983,03:129-131

古刻工如加以整理列表,结合古刊本其他有关资料,对考定古刊本的版刻时代、刻书区域和版刻发展规模等问题,都有重要的参考价值。本文将近年来工作中搜集的部分宋元明刊本的刻工,采用刊本书名、版本范围、行格字数、有代表性的刻工姓名等项,分宋、元、明三代排列成表,又将宋元明刻工按姓氏笔画顺序,分别列表附于各代刊本之后。

2710

搜神谱[M]/佚名编著;赵望秦,贾二强校注.--西安:三秦出版社,1989

本书是对古籍《三教搜神大全》的校注。分为七卷,后有附录。历叙中国民间信仰的"儒氏""释氏"和"道教"诸神的姓名、字号、爵里、事迹以及封赠谥号等,在提供古代民俗资料方面做了有益工作。

2711

《搜玉小集》考略(节要)[A]/李珍华,傅璇琮.--唐代文学研究第五辑——中国唐代文学学会成立十周年国际学术讨论会暨第六届年会论文集[C],1992

本文考察了《搜玉小集》的版本源流问题,认为现在通行的唐人选唐诗《搜玉小集》,系原中华书局上海编辑所1958年据毛晋汲古阁刻本排印的《唐人选唐诗(十种)》本,1978年上海古籍出版社又据1962年10月重印本重新出版。《唐人选唐诗(十种)》除开头的敦煌残卷外,大体按编选的时代先后排列。

2712

苏东坡著述版本考[D]/王景鸿.--台湾大学(台湾地区),1968

本文将五十九种东坡著述依四部顺序排列,每种著述先考订其存佚,辨别其真伪,再引用可靠资料叙述版刻的源流及内容,也记述各版之版式行款,比较其优劣异同。五十九种中有一种散佚,四种未见。其他经作者考证为苏轼自作共四十种,考证为伪作者共十种,另四种真伪掺杂。

2713

苏轼与古籍整理[J]/肖鲁阳.--图书馆,1987,05:48-52

本文从提举整理黄本书、完善校雠日课、苏轼的校勘方法和主张、苏轼对于古籍流通的见解几个方面,介绍了苏轼在古籍整理方面的成就与贡献。

2714

苏颂与文献工作[J]/管成学.--古籍整理研究学刊,1990,04:36-39

本文介绍了北宋科学家、文献学家苏颂在文献工作方面做出的出色贡献。包括入仕不久就调任馆阁校勘,校勘古籍八年之久;宋嘉祐二年(1057)调校正医书局,校勘参与了大量医药古籍编撰和整理工作;熙宁十年(1077)当史官,修仁宗、英宗两朝正史;元丰四年(1081)受命编纂《华戎鲁卫信录》;元祐以后,主持《元祐详定编敕令式》等。

2715

苏州的刻书与藏书[J]/许培基.--文献,1985,04:211-237

苏州地处长江以南,太湖之滨,气候温和,物产富饶,人口丛集,文化发达,刻印书籍的客观条件具备,成为我国刻印书籍的重要地区。本文分析苏州刻书与藏书兴盛的原因与历史发展。

2716

苏州市古籍善本书目录 [M]/叶瑞宝等编. --苏州:苏州市图书馆,1980

本书收录善本共计1400余部,总体上划分为经、史、子、集四部分,每部书均著录题名、卷数、著者、版本和行款情况。

2717

俗语词研究与古籍校勘[J]/张涌泉. --古汉语研究,1989,03:36-41

本文列举了《抱朴子内篇》校勘中的八个例子,前五例为不明俗语词而误校,后三例校者罗列异文而不能明其是非,或虽知其是非而不能得其讹误之由,恐也与校者对俗语词缺乏研究有关。俗语词研究对古籍校勘有重要意义,从事古籍校勘工作的同志对字面"普通而义别"的俗语词决不可掉以轻心。

2718

俗语词研究与古籍整理[J]/郭在贻. --社会科学战线,1983,04:339-345

俗语词研究对于我国古代典籍的校勘、标点和注释有重要意义。本文通过对俗语词的研究,校订了古籍中出现的校勘、标点和注释问题。

2719

俗字研究在《太素》整理中的应用[J]/范登脉,赖文. --医古文知识,1998,02:26-27

俗字是汉字史上各个时期与正字相对而言,主要流行于民间的通俗字体。本文以《太素》校诂为例,研究了利用俗字知识订正文字讹误、揭示异文产生原因、判定异文是非、解决疑难词语的训释问题,以及佐证《太素》注撰作年代等方面的作用。

2720

《素娥篇》及其他[J]/陈诏. --书城,1995,03:42-44

本文介绍了藏于美国印第安纳大学金赛研究所的《素娥篇》主要内容,并对该书的创作年代、出版地点、著者和刻工等信息进行了推测。

2721

《算法统宗》的文化特色[J]/江志伟. --珠算,1997,03:27-29

本文从文化学角度切入《算法统宗》的研究,对该书的文化特色、成因及审美价值进行了深入探讨。文中指出,"以歌为文"是该书最大的文化特色,并从著作史文化大背景、数学著作史、编著者文化素质及出版技术等角度分析了该书"以歌为文"的原因。文章在最后对《算法统宗》一书的审美价值和成功经验表示充分肯定,并认为其大大拓宽了科普文艺的创作之路。

2722

"虽小道必有可观者"——记道光本《客窗闲话》[J]/石继昌. --社会科学战线,1987,01:308-309

《客窗闲话》十六卷,是清人吴炽昌于道光年间撰写的一部笔记小说。本文对近代笔记小说中的伪书类别作了考辨,并以道光本《客窗闲话》为例说明了善本在古籍整理中的重要性。

2723

隋代的古籍整理[J]/汪受宽. --文献,1987,02:3-15

本文指出隋代古籍整理工作值得总结,从古籍的搜求、抄副和收藏,多种图书目录的编制,书籍的校勘整理方面对隋代古籍整理进行论述,并指出隋代校勘古籍传世作品不多的原因。

2724

孙文垣医案 [M]/(明)孙一奎撰. --上海:上海科学技术出版社,1990

本书又名《孙氏医案》《赤水玄珠医案》,五卷。明孙一奎撰,其子泰来、明来同编。收载医案250余则。以经治地区分为三吴医案、新都医案、宜兴医案,所治病证列有子目。孙氏精于辨证,治疗能融会前人学术经验,提出新的见解。然案语烦琐,旁文常多于正论。

2725

孙星衍藏书研究[D]/刘玉. --东海大学(台

湾地区),1988

本文研究了清代著名藏书家孙星衍的藏书情况,考察了孙星衍的生平传略、家世背景、仕宦生涯、日常交游、著述成绩等情况。重点研究了孙氏刻书与藏书的情况,就其刻书背景、目的、特色,藏书来源及流散等加以探讨,并针对其书目与藏书记的编刊原委、版本、体例等加以陈述。

2726

孙星衍及其孙氏祠堂书目之研究[D]/王嘉龙. --中国文化大学(台湾地区),1994

本文研究了清代著名学者孙星衍的私家藏书情况,主要研究内容包括明末清初学术发展以及清代藏书事业、孙星衍的家世传略与重要交游、孙星衍的著述与刻书、孙氏祠堂书目的体例与分类,并集中探讨了孙星衍在学术方面的作为及影响、祠堂书目的特色与影响。

2727

孙星衍《尚书今古文注疏》研究[D]/吴国宏. --中正大学(台湾地区),1994

本文通过考察孙星衍的生平行谊及其名作《尚书今古文注疏》的学术背景,探讨其"求真""崇古"的治学态度,及其擅用考据学的理论和方法整理古文献的卓越成就。

2728

孙诒让《名原》研究[D]/叶纯芳. --东吴大学(台湾地区),1999

清末经学大家孙诒让所著《名原》,是一部综合比证考释甲骨文、金文、石鼓文以及《说文解字》中的古文、籀文,推究汉字字源及其演变的古文字学工具书。本文对孙诒让研究古文字的背景与环境、《名原》一书校本与体例、《名原》一书的内容等进行了研究。经过整理,本文于2007年由台湾花木兰文化出版社出版发行。

2729

孙诒让《周礼正义》研究[D]/孙致文. --"中央大学"(台湾地区),1998

本文通过考察孙诒让在校勘、训诂、制度考证等方面对《周礼》经文的疏解,探讨了孙氏《周礼》研究"经世致用"的经学意义。通过考察孙诒让校勘实践的得失、化解《周礼》质疑的过程、对《周礼》地制与税制的疏解、辨析"《周礼》之制"与"周制"的关系等问题,探讨了孙氏的经学观点及其面对今、古文经典差异的态度。

2730

《孙子》校解举例[J]/钮国平,王福成. --西北师大学报(社会科学版),1991,04:28 – 32

《孙子》十三篇由于流传年代久远,今所见传世诸本,衍、脱、误、倒,随处可见。古今学者在《孙子》校勘方面下过很多功夫,获得很大成就。本文与诸家在一些校解上有不同的看法,举例说明。

2731

索引工作是科研工作的有机组成部分[J]/林仲湘. --图书馆界,1995,02:41 – 45

本文指出索引工作是科研工作的有机组成部分。索引工作是科研的基础研究,是对文献进行再加工,属于再创造。索引工作带有探索性质,会有新的发现。索引工作正在向纵深发展,新型索引具有更高的学术价值。建议从理论高度总结索引工作经验,完善索引学,脚踏实地,多出成果。

2732

索引和古籍名句检索[J]/金明姬. --辞书研究,1998,05:139 – 144

我国古籍按经、史、子、集四部分类。本文分析了经、史、子、集四个分类下细分的古代诗、词、名句出处索引,介绍利用这四类书的索引进行古籍名句检索的方法。

T

2733

台湾的"翻版书和抢译风"[J]/方厚枢. --中国出版,1979,07:62 – 65

本文介绍了1949年以后,商务印书馆、中华书局、开明书店等几家大书店在台湾的分支机构开始由专业发行业务转向兼营出版等情况,以及台湾出版界出现的"抢译风"和"盗印风"。

2734

台湾地区古籍整理及其贡献[J]/彭正雄. --衡阳师专学报(社会科学)(后更名为衡阳师范学院学报),1997,01:111 – 115

近40多年台湾地区对古籍的典藏、传布与整理,与文教和学术研究关系很大,也互相影响,却少有人做一通盘的论述或检讨。本文叙述其经过情形,检讨其得失,并论其今后发展。

2735

台湾地区图书馆的中国古籍收藏管理与利用[J]/王振鸣. --图书情报工作,1990,04:39 – 44 + 25

台湾地区的图书馆事业,自1945年以来经历了开创、成长、发展三个时期。本文概括介绍台湾地区关于中国古籍收藏、管理、利用的情况。

2736

台湾各大图书馆收藏祖国农业古籍概况[J]/王华夫. --中国农史,1996,01:107 – 120

本文介绍了台湾"中央图书馆"、傅斯年图书馆、台北故宫博物院、台湾大学、台湾师范大学、东吴大学、东海大学等单位收藏农业古籍情况。在这些农业古籍中,宋本26种,元本34种,明本352种,清本395种,民国初本12种,日本刊本3种,朝鲜刊本1种。其中有些孤本及珍本,对研究我国古代农业科技,有

重要的参考价值。本文主要从农业概况、农业气象、农田水利等方面进行分类介绍。

2737

台湾各大图书馆收藏祖国农业古籍概况续[J]/王华夫. --中国农史,1996,03:100 – 113

本文主要从大田作物、园艺、茶、畜牧兽医、蚕桑、水产等方面进行分类介绍。

2738

台湾公藏韩国古书籍联合书目[M]/朴现圭. --台北:文史哲出版社(台湾地区),1991

本书根据台北十三家图书馆古书目录,从中截取韩国古书部分汇编成帙,详列书名、卷数、作者、刊行时间、版式、序跋、刊记、刻工名、印章等,并略附参考文献。

2739

台湾公藏普通本线装书目人名索引[M]/"中央图书馆"特藏组. --台北:"中央图书馆"(台湾地区),1980

本书依据台湾地区八家图书馆书目编撰而成。各馆书目按分类编排,此索引则将各书依书名的笔画笔顺排列。本书不仅是八家图书馆普通本线装书目的书名索引,亦兼具联合目录的作用,可查找某人的著作及各书的庋藏地。

2740

台湾公藏普通本线装书目书名索引[M]/"中央图书馆"特藏组. --台北:"中央图书馆"(台湾地区),1982

本书依据台湾地区八家图书馆书目编撰而成。各馆书目按分类编排,此索引则将各书依书名之笔画笔顺排列。此索引不仅是八家图书馆普通本线装书目之书名索引,亦兼具联合目录之作用,可查找各书之庋藏地。

2741

台湾公藏善本书目人名索引[M]/"中央图

书馆".--台北:"中央图书馆"(台湾地区),1972

本书根据台湾地区八家图书馆书目汇编而成,按人名笔画顺序排列。

2742

台湾公藏善本书目书名索引(全二册)[M]/"中央图书馆".--台北:"中央图书馆"(台湾地区),1971

本书根据台湾地区八家图书馆善本书目汇编而成。各书按书名笔画顺序排列。每书著录书名、卷数、著者、版本、收藏单位、善本书目简称及页数。书前有书名笔画检字表。

2743

台湾古籍工作情况评介[J]/杨杞.--图书与情报,1996,01:60–63+67

本文介绍了台湾古籍收藏、保护、目录与索引编制及整理工作情况,供有关专业人员参考。

2744

台湾古籍整理工作述评[J]/杨杞.--台湾研究,1996,04:86–90

本文从台湾古籍收藏、保护、目录与索引编制及整理工作等方面做了评述。

2745

台湾故宫博物馆图书馆[J]/杨杞.--当代图书馆,1994,01:58–59

本文介绍了台北故宫博物院图书馆的搬迁过程,现代出版物、图书文献处典藏的善本古籍以及清朝的文献档案三部分藏品情况。

2746

台湾省立台北图书馆普通本线装书目[M]/台湾省立台北图书馆编.--台北:台湾省立台北图书馆(台湾地区),1972

本书是台北图书馆于20世纪70年代编订的普本古籍书目,可以在一定程度上反映该馆当时古籍藏存的情况。

2747

台湾省立台北图书馆善本书目[M]/台湾省立台北图书馆编.--台北:台湾省立台北图书馆(台湾地区),1972

本书是台北图书馆于20世纪70年代编

订的善本书目,可以在一定程度上反映该馆当时古籍藏存的情况。

2748

台湾私立东海大学图书馆中文古籍简明目录[M]/台湾东海大学图书馆编.--台中:台湾东海大学图书馆(台湾地区),1960

本书是20世纪60年代台湾私立东海大学图书馆编撰的古籍目录,可以在一定程度上反映该馆当时的古籍藏存状况。

2749

太仓明墓出土古籍修复记[J]/潘美娣.--图书馆杂志,1987,05:14–16+9

本文记录了太仓明墓出土古籍修复的全过程,包括太仓明墓古籍出土的基本情况、上海图书馆接受修复任务的经过、修复古籍的具体过程等。针对太仓明墓出土古籍中很多揭不开的重页,此次修复试用了毛边纸夹揭的新办法。这种新办法是否适用于其他出土古籍,以及是否还有其他更佳的方法,尚待继续摸索研究。

2750

《太谷学派遗书》序[J]/刘蕙孙.--南京理工大学学报(哲学社会科学版),1998,05:28–33

本文介绍了太谷学派的由来、实际渊源,论述了编辑出版《太谷学派遗书》的重要意义,阐述了作者本人对太谷学派思想的认识。

2751

太平广记引书考[D]/卢锦堂.--政治大学(台湾地区),1981

《太平广记》为北宋初年的一部大型类书,在编纂过程中取材于汉代至宋初野史、小说以及释、道两藏等,引书超过400种。本文认为传本广记卷首所列引用书目,姑不论其真伪,但其于广记引书遗漏颇多。引书虽存在诸多问题,文献价值仍然十分可观。文末有附录三篇。本文于2006年由台湾花木兰文化出版社整理出版。

2752

《太平天国资料专辑》简介[J]/董蔡时,志广.--南京大学学报(哲学人文科学社会科

学),1980,01:70－76

本文系对《太平天国资料专辑》的介绍,该书由苏州博物馆、南京大学、江苏师范学院协作编辑,上海古籍出版社出版,包括《庚申殉难日记》《虎窟纪略》《避难记略》《勾吴癸甲录》《钱农部请师本末》《寅生日录》《彭玉麟、曾国荃等致金逸亭书礼》《上海寇变纪略》等重要文献,除汪德门著《庚申殉难日记》由其后裔于1923年用活字版排印若干册外,其余都是抄本或原稿本,文献价值很高。

2753

太平御览・饮食部[M]/(北宋)李昉等撰;王仁湘注释.--北京:中国商业出版社,1993

本书出自《太平御览》一书,共二十五卷,列举了各类饮食名称、由来以及有关人物事迹。

2754

坛经的笔受及其版本[J]/演慈.--内明(在香港地区发表)1994,264:22－30;1994,265:23－28

本文讨论了《坛经》在流传过程中出现的两个主要问题。首先讨论了《坛经》的作者与笔受。其次讨论了《坛经》异本问题,列举了曹溪原本、南方宗旨本、敦煌写本、惠昕改本、契嵩重订本、德异本、宗宝本等七种版本,说明《坛经》复杂的变化过程。最后讨论了敦煌本与诸流行本的异同。

2755

谈古籍编目中的"提要项"[J]/阎剑平.--淮北煤师院学报(社会科学版)(后更名为淮北师范大学学报)(哲学社会科学版),1994,02:131－132

图书馆古籍编目主要是为了使读者能迅速准确检索,得到所需要的古代文献资料,让蕴藏在古籍中丰富而有价值的资料得以充分利用。本文指出,要想提高古籍编目质量,就应该重视和加强"提要项"的著录。提要项能有效帮助读者准确使用古代图书资料,对读者阅读起到科学指南的作用。

2756

谈古籍的普查和情报[J]/胡道静.--历史研究,1982,04:3－20

本文介绍了古籍普查和情报工作的重要性。指出古籍遗存应当很好地清一清家底,开出总账目,方便整理者、研究者按图索骥。应当和人口普查、资源普查一样,搞好古籍普查工作。一旦实现了丛书范围与非丛书范围"两半球"的古籍普查工作,完成"中国现存古籍总目"之后,还是要维持情报业务,因为随时还会有新的发现。

2757

谈古籍防蠹[J]/毛俊仪.--江苏图书馆工作(后更名为新世纪图书馆),1980,03:67－68

本文介绍了樟脑、芸香叶、烟叶、艾叶等古籍防蠹药物,指出长期使用某一种气味杀虫剂,会使蠹鱼产生抗药性,最好更换使用;溴甲烷等化学熏剂具有高效杀虫能力,渗透能力强,在选用时必须在不损害书又确保人身安全的情况下进行;书页上染上药物,可以防蠹;应使书籍经常保持清洁干燥,清除蠹鱼成长繁殖的有利条件。

2758

谈古籍汉译日问题——试译《日本一鉴》的体会[J]/刘震宇.--中国翻译,1985,07:21－26

1983年4月,作者应日本国立冈山大学文学部邀请,赴日进修考察一年。旅日期间曾从事明代古籍《日本一鉴》的汉译日工作。本文介绍了翻译过程中的体会,指出从事古籍汉译外的前提条件包括对原文研读能力的要求、对原文涉及的广泛知识的理解、翻译与研究的结合;并从不同语言形式的对比、如何体现忠实于原文、活译和加注的必要性等方面阐释了译文的语言形式和翻译方法。

2759

谈古籍校勘[J]/章也.--云南教育学院学报(后更名为云南师范大学学报)(对外汉语教学与研究版),1998,06:64－68

本文从校勘学角度,归纳总结了古籍校勘中"脱""衍""倒""误"的原因,举例说明了选定底本用不同版本互校、以本书校本书、以他书校本书、用出土文物校等校勘方法。

2760

谈古籍文献中的科技信息资源及开发利用
[J]/李晴. --新疆大学学报（哲学社会科学版），1994,01:42－46

本文介绍了数学、天文学、化学、地学、生物医学、农学等古籍文献中的科技书籍，以及文史类古籍中保存的古代科技史料，结合作者在新疆大学图书馆的工作经历，探讨如何使古籍文献中的科技信息资源得到充分开发利用，提出应做好咨询服务、加工服务、载体再生性服务、重点课题追踪服务。

2761

谈古籍修补的整旧如"旧"[J]/邱晓刚. --图书馆杂志，1987,02:33－34

本文从古籍修补方法、古籍破损的原因、古籍修补如"旧"认识的由来、表现形式、实际工作、当前行业现象等方面进行论述，指出为了使我国古籍完好保持其时代特色和文物价值，从事古籍修补工作的同志必须对我国各个朝代的古籍装帧和古籍印书用纸的纸性有所掌握，在古籍修补中遵循古籍整旧如"旧"的原则。

2762

谈古籍整理事业面临的困境和出路[J]/方向东. --古籍整理研究学刊，1999,06:4－5

在商品经济日益发展的当今社会，安贫乐道的学术精神正受到物欲的限制和冲击。找古书难，出古书难，买古书难，从事古籍整理的人由弄潮儿变成了一个似乎游离于社会之外的阶层。本文分析了古籍整理事业面临的困境和出路，指出对古籍整理起内部的本质的决定因素是学术的良心和兴趣，要考虑如何制造学术精品，认为高新技术手段的应用是古籍整理事业走向新生的出路。

2763

谈古籍咨询工作的开展[J]/黄雅琴. --现代情报，1995,06:36－37

图书馆古籍咨询工作是古籍整理研究工作者通向图书馆古籍文献资料的向导，在图书馆工作中尤为重要。本文从古籍咨询工作的目的、工作的方法、对工作人员的要求、为古籍咨询创造工作条件几个方面进行了探讨。

2764

谈古籍资料工作人员的培养[J]/杨震方. --情报资料工作，1988,04:51－52

本文指出，目前古籍资料工作人员青黄不接的现象很严重，重视培养古籍资料工作人员是一个刻不容缓的问题。应该从重视资料工作、熟悉业务知识、懂得版本等八个方面对其进行培养。

2765

谈古旧文献的缩微平片复制工作[J]/宁清. --山东图书馆季刊，1993,04:51－52

本文介绍了古旧文献缩微平片复制工作的经验，强调了做好拍摄前的文献整理工作、原件的翻拍复制工作、胶片的冲洗工作的重要性。

2766

谈古书的标点——兼评《长汀县志》新版本[J]/赖元冲. --龙岩师专学报（后更名为龙岩学院学报），1988,01:61－66

本文订正了 1983 年重排圈点本《长汀县志》第一、第三册中出现的一些标点欠妥的问题。

2767

谈回族古籍整理和协作——在九省、市、自治区回族古籍整理出版规划协作小组成立大会暨第一次工作会议上的讲话（节选）[J]/李鸿范. --宁夏社会科学，1987,01:56－57

本文是李鸿范同志在九省、市、自治区回族古籍整理出版规划协作小组成立大会暨第一次工作会议上的讲话节选的，主要谈回族古籍整理和协作问题。指出回族古籍整理工作已经取得了不小成绩，为今后进一步深入系统整理回族古籍打下了良好基础。但如果不搞分工协作，就有可能发生选题重复，造成人力物力的浪费，因此要注重协作，善于组织，培养年轻的古籍整理人才。

2768

谈吉林省图书馆的缩微复制工作[J]/乔松田,王忠. --图书馆学研究，1986,04:125＋140＋

149

本文介绍了吉林省图书馆的缩微复制工作进展,一方面充分发掘本馆馆藏,另一方面又放眼东北地区及内蒙古有关图书馆馆藏充分开发资料来源,以最大限度发挥缩微设备的作用。

2769

谈近几年的古籍整理、出版工作[J]/王义耀. --图书馆杂志,1985,01:55 - 57

本文介绍了1981年以来我国古籍整理工作出现的空前繁荣局面,以及古籍整理、出版工作呈现的新特点。四年来,新版、重版文史哲方面的古籍在一千种以上。特别是1982年以来,在贯彻中共中央《关于整理我国古籍的指示》过程中,该工作无论是计划、规模,抑或内容、进度等方面都有质的飞跃。

2770

谈隶定古文中的义近误置字[J]/徐在国. --古籍整理研究学刊,1998,06:25 - 26

隶定古文是相对于篆体古文而言,用隶书或楷书笔法写定的古文,含义较为宽泛。诸字书中的隶定古文资料真赝杂出,存在着义近而误置的情况。本文列举实例说明,并对其进行考证。

2771

谈民族古籍整理和有关的几个问题——在全国少数民族古籍整理工作座谈会上的讲话[J]/李一氓. --中国民族,1983,07:18 - 21

本文是李一氓先生在全国少数民族古籍整理工作座谈会上的讲话,探讨了爱国主义、民族问题和辛亥革命相关问题,呼吁讲爱国主义的时候,涉及少数民族历史问题,应该有选择、有避讳。

2772

谈明胡氏十竹斋刻本《重订四六鸳鸯谱》[J]/沈津. --东南文化,1996,01:135 - 137

本文介绍了美国纽约州立大学石溪分校图书馆藏明末胡氏十竹斋刻巾箱本《重订四六鸳鸯谱》一书的基本情况,考订了其版本、作者和主要内容。

2773

谈十三经及《诸子集成》的全译——《评析本白话十三经》和《评析本白话诸子集成》读后[J]/赵诚. --古汉语研究,1994,04:91 - 95

本文对王宁主编的《评析本白话十三经》和《评析本白话诸子集成》两本书进行了客观评价。认为两书可以满足希望了解我国传统文化的不同类型人群,具有特别的价值;采取通过评析来加以说明的办法进行解释并指明区别,起到了画龙点睛的作用。两书直译的体例简明易读,为古籍今译提供了一个新的品种和样本。即使两书还存在值得商榷的部分,仍不失为比较理想的古籍今译本。

2774

谈《四库全书存目丛书》[J]/黄永年. --中国典籍与文化,1998,02:70 - 72

本文讲述了编纂《四库全书存目丛书》概况,就该书的编纂原因、目的、内容以及其与《四库全书》相比较的优点进行了叙述。

2775

谈《四库全书》的开发与利用[J]/白广琴,. --图书情报工作,1995,06:49 - 51

本文在分析《四库全书总目》分类法及其局限性的基础上,阐述了用《中图法》类分《四库全书》的必要性,提出按汉语拼音音序编排书名及著者姓名索引的可行性。

2776

谈苏轼对古籍的整理研究[J]/刘国珺. --古籍整理研究学刊,1985,04:5 - 8

本文介绍了北宋著名文学家苏轼对古籍进行的注释、校勘、辨伪、评论等工作。文中指出,研究是苏轼整理古籍的重要方法,同时,他认为整理研究古籍要有责实态度,并古为今用。

2777

谈谈古籍标点[J]/王义耀. --四川图书馆学报,1984,01:64 - 65

许多有志从事古籍整理工作的中年和青年同志,往往苦于不得其门而入,很想知道一些进行古籍整理的内容和步骤。本文从标点工作入手,对古籍整理的内容和步骤进行介绍。

2778

谈谈古籍丛书的命名[J]/吴家驹. --山东图

书馆季刊,1992,02:81－82

丛书产生于南宋,兴盛于明清,这一时期书籍名称由秦汉以来比较朴质明了转向讲求深邃含蓄。由于丛书汇辑诸家著述,收罗广博,书名旨意往往更令人费解。本文对部分常用丛书进行了归纳,反映古籍丛书命名的特点和规律。

2779

谈谈古籍的校勘和标点[J]/常振国.--编创之友,1982,02:53－56

校勘、标点是整理古籍两项最基本的工作。本文指出,做好校勘要摸清要整理的古书的不同版本,选择好底本;根据整理书目和读者对象的不同,确定好校勘体例。标点是整理古籍的重要环节,整理者要想标点正确,首先要把这部书真正弄懂,具备所涉及的各个方面知识,包括文字、音韵、训诂、名物、典制、天文、地理、算法、乐律等。

2780

谈谈古籍的整理[J]/吴效华.--河南高校图书情报工作,1995,04:29－30

古籍整理包含对古籍的校勘、标点、注释、今译、辑佚等工作,本文逐一介绍了各项整理工作的内容以及应该注意的事项。强调古籍整理是一项学术性很强的工作.要求整理者要有较广博的知识、扎实的古今汉语基础、严谨的治学态度。

2781

谈谈古籍读者的服务工作[J]/王洪生.--黑龙江图书馆,1984,02:27－29

本文在分析古籍读者基本情况的基础上,研究了古籍读者服务工作的重点和方法。指出做好古籍读者服务工作,最根本的办法是以提高读者服务质量为中心,在古籍整理上狠下功夫,认真研究古籍内容和价值。

2782

谈谈古籍和古籍分类[J]/杨殿珣.--北京图书馆馆刊(后更名为国家图书馆学刊),1979,01:73－82

本文探讨了古籍分类的相关问题,包含有关古籍的几个问题、古籍分类在历史上的两个系统、四部分类法的体系和四部书中的常用书,以及近来对于四部分类法的修订和补充。

2783

谈谈古籍整理中训释词语问题[J]/段会杰.--河北师范大学学报(哲学社会科学版),1988,04:25－28

本文以《避暑山庄碑文释译》《外八庙碑文注译》为例,从训诂学角度对古籍整理中词语训释应注意的问题进行研究。指出在训释词语时要有历史观念,不能以今度古;只有结合语法分析,弄清词语在句中的语法作用,才能对词语作出准确而具体的训释;训释古代文献的词语,还应注意阐明修辞和表达方式。

2784

谈谈古籍中的传统注音方法[J]/徐振礼.--徐州师范学院学报(后更名为徐州师范大学学报),1978,03:66－71

本文研究了反切注音的历史渊源、原理方法、正例变例、改进完善情况以及缺陷流弊等问题。

2785

谈谈民族古籍的抢救、整理及其规划[J]/张耀曾.--贵州民族研究,1986,03:155－158

本文结合党的十一届三中全会以来,党中央对少数民族古籍整理工作的政策,指出对贵州民族古籍进行抢救和全面系统整理出版的迫切性。分析该省少数民族古籍特点,指出该省民族古籍的整理尚处在起步阶段,出版规划宜多层次地进行,要发挥现有的专业人员的作用,也要积极地多渠道、多形式、多层次培养一批年轻的少数民族古籍整理人才。

2786

谈谈山东大学图书馆收藏的地方志[J]/李艳秋.--山东图书馆季刊,1993,01:62－65

山东大学图书馆藏线装古籍中,以丛书、语言文字学书、金石考古学书、历代文集较多,地方志与历代书目的收藏尤为突出。本文梳理了该馆收藏地方志的来源、分类、特点、数量、学术价值、利用情况等。

2787

谈谈文献的保护与修复[J]/周苏阳. --图书馆学刊,1998,01:58-60

本文从图书保护和图书修复两个角度讨论如何更好发挥图书馆馆藏文献作用。为保护珍贵文化遗产,作者提出如下建议:在有条件的地方(如北京、南京、上海、杭州等地)大专院校设立文献修复专业,开设版本学、目录学、文献学、书史、修复技术等专业课,有目的、有计划地培养修复人才;鉴于目前修复用纸难买,国家有关部门可组织有关厂家按需生产;文化部、国家教委、国家科委应要求所属的有保存文化遗产任务的图书馆和有条件的图书馆,必须有文献修复人员。

2788

谈谈我对《三国演义》的整理[J]/沈伯俊. --古典文学知识,1994,06:27-35

本文以1992年以来接连出版的四种《三国演义》整理本为例,梳理了作者在校理四种整理本《三国演义》期间发现的八种地理错误以及五大类技术型错误,指出应有正确的校理原则,科学的校理方法,严谨的学风和过细的精神,勤奋刻苦、勇于拼搏。

2789

谈谈我国少数民族古籍[J]/张公瑾,吴肃民. --瞭望周刊,1984,24:39

本文介绍了我国少数民族古籍的历史、数量、特点、文化价值、学术价值等,指出少数民族古籍具有自己民族的历史和文化特点,从中又可以看到各民族之间特别是与汉族文化之间的交流和影响。

2790

谈谈训诂学与古籍整理的关系[J]/冯浩菲. --古籍研究,1999,01:23-26+39

学界对训诂学学科名称定义看法不同,各家所主张的学科内容也不一致。大体上可分为两派,一派认为训诂学是语义学,另一派则认为训诂学是注释学,具有综合性和实用性的特征。本文看法属于后一类,通过具体举例分析,对训诂学与古籍整理的关系进行探讨。

2791

谈谈在古籍中使用简体字的问题[J]/静山. --文字改革,1958,04:21-22

本文提出简体字在古籍范围应用的矛盾。希望出版社慎重对待古籍用简体字的问题,既不要把古籍划为禁区,连通俗读物的古代作品也不许用简体字,也不要希图省事,不管会不会引起误解,一律用简体字。

2792

谈谈中国人的姓氏名字号斋(书屋、室、堂)[J]/王东明. --图书馆,1986,01:27-33

本文研究了中国古代姓氏、名字、号与斋室、屋、堂等关系问题,介绍了一些查考历史人物人名字号的工具书,指出准确分析著者的姓、氏、名、字、号斋(书屋、室、堂),有利于古籍和现代图书的著录和阅读。

2793

谈图书馆古籍资料的开发工作[J]/张峻亭. --河北图苑,1990,02:30-31

本文指出要做好开发古籍资料工作,应加强基础工作,为古籍资料开发创造条件;还要编制目录索引,深入揭示古籍的内容;还可以配合研究课题,开展古籍方面的咨询服务。

2794

谈我馆古籍部近期读者的阅读兴趣[J]/杨玉敏. --河南图书馆学刊,1992,01:25+28

本文介绍了河南图书馆古籍部对读者的阅读兴趣统计结果,读者偏重于阅读史部和子部图书,主要用于专题研究与实际应用。指出工作人员应加强对古籍藏书的了解和认识,积极主动为读者服务,同时要杜绝不良的阅读行为。

2795

谈我国古籍的概念及其界定时限[J]/张玉枝. --周口师范学院学报,1994,S1:103-105

本文对我国古籍的概念及时限界定的问题进行探讨,提出了最具代表性的五种说法进行辨析,指出它们的片面性,强调"古籍"这一概念只能作为区分古今书籍的概称,不能在古籍分编工作中据此制定一些古今界限,作为所谓的固定标准,生搬硬套。

2796

谈我国古籍的概念及其界定时限[J]/徐金法. --河南图书馆学刊,1993,02:56 - 57

本文通过综述、辨析等方法对我国古籍的概念及其界定时限展开讨论。文中指出,我国古籍主要是指1911年以前历朝历代的简册、卷轴、刻本、写本、拓本,及其以后影印、排印或者以其他方式整理出版的古代文化典籍和民间传说。

2797

谈训诂学成果的吸收和运用[J]/余让尧. --南昌大学学报(人文社会科学版),1990,01:79 - 82

由于历代从事训诂工作的有志之士共同努力,训诂学领域成果越来越大,古籍中许多疑而未决的问题得到合理解释,一些颇有争议的疑点也得到解决,但仍存在一些问题。本文从句读、词义、文字通假几个方面,对近年一些出版物因未吸收运用已有的训诂学成果而产生的错误进行探讨。

2798

谈《中国古籍善本书目》的出版[J]/李一氓. --图书馆杂志,1987,01:50 - 51

本文梳理历史上中国政府藏书编目情况,介绍了《中国古籍善本书目》的编纂背景、书目来源、善本界定以及目前的进展,指出《中国古籍善本书目》的出版是一个非常有意义的文化成就。

2799

谈中医药古籍的保护与开发利用[A]/林万莲. --中华中医药学会中国中医药学会建会20周年学术年会专辑(下)[C],1999

为了更好地保护和开发利用古中药书籍,本文提出图书馆工作人员发现古医书损伤要及时维修和保护,增加经费专款用作保护古医书之用;国家和有关单位组织整理出版巨型丛书;编辑出版馆藏目录、联合目录;做好媒介的宣传和主动推荐;从产品的开发经费中提取部分资金用于古籍资源开发;建立国家和省级文献缩微复制中心等建议。

2800

谈中医院校图书馆加强古籍建设的问题[J]/冯培树. --山东图书馆季刊,1994,04:84 - 86

本文指出中医院校图书馆采访人员须加强自身建设。文中指出,采访人员要对中国医学发展史有所了解,掌握各时期的代表人物和重要著作,具有中医药学的基础知识,熟悉中医药图书的分类和工具书的使用;经、史、医相互关联,要在文史哲上做点学问;要有较好的古汉语和文字学知识。

2801

谈注解古书[J]/何善周. --松辽学刊(后更名为吉林师范大学学报)(社会科学版),1978,03:74 - 82

本文指出注解古书需要有广泛的知识和严格的科学态度,由于不明古代器物名称、误以假借字为本字、不明句子语法结构等原因常常造成注解错误。作者以赵纪彬《"五恶"疏证》一文为反例,说明了该文对史料的曲解。

2802

谈注释[J]/张振佩. --古籍整理研究学刊,1988,01:10 - 11

古籍整理约可分为点、校、注、释四种。本文认为,某部(种)古书宜采用哪种方法整理,或以某一种方法为主辅以他种方法,要考虑整理目的是普及还是专业参考。为专业研究者提供参考而整理古籍,应以注为主。注释古文括言之,实为注、疏、笺。注释文字包括疏笺在内,都以简要为第一义。

2803

谭其骧先生谈笔记一类古籍的价值[J]/宜林. --文史知识,1986,07:78

本文是谭其骧先生结合自身经验,阐述笔记一类资料的文献价值。

2804

探索古籍之导引 研习中医之径舟——读评《中国历代医论选讲》[J]/李定祥. --湖南中医学院学报(后更名为湖南中医药大学学报),1999,19,04:61 - 62

本文对陈大舜、周德生编著的《中国历代医论选讲》进行介绍与评价,指出了解中医各个学派的学术思想与成就,选读每个时代名医名著的重要性。

2805

探颐索隐 搜罗丰赡——《谢灵运集校注》述评 [J]/钟优民. --社会科学战线,1989,04:331-333

本文是作者读顾绍柏先生新著《谢灵运集校注》(中州古籍出版社1987年初版)后所做的述评。从搜罗丰赡,资料翔实;注释明晰,解说透辟;言简意赅,结论公允几个方面进行了评述,认为该书提出了新的看法,必将把谢灵运研究引导到新的境界水平。

2806

探幽发微 佚篇荟萃——读《敦煌赋校注》 [J]/张锡厚. --西北师大学报(社会科学版),1996,01:73-75

本文系读《敦煌赋校注》一书后的评论,指出该书是对敦煌遗书保存的赋类作品进行全面整理研究的校注本,可以说是敦煌赋卷的第一次结集,共收录赋作25篇。坚持择善而从,不拘泥于一家;校注征引繁富,博采众家之长。该书所辑尚有遗珠之憾,在吸取诸家校勘成果时也难免未备之虞。

2807

探幽钩沉 继往开来——访中医古籍文献专家钱超尘 [J]/卫彩. --中国人才,1989,09:35-36

本文从勇于接受时代挑战,不断开拓前进,立志奉献,勤奋不息等方面,对中医古籍文献专家、北京中医学院医古文教研室主任钱超尘的成就与贡献进行了介绍。

2808

探幽索隐 老而弥勤——陈霞村教授与古籍整理研究 [J]/康宏,方立. --新闻出版交流,1995,04:21-22

本文介绍了山西大学中文系陈霞村先生古籍整理研究的心路历程。陈先生出于对古代文化的热爱与领悟,坚定了为传扬古代文化优秀成果而献身的理想信念,多年来坚持走教学与古籍整理研究密切结合的道路,始终贯彻研究与整理并重、评价古籍时思想性

与学术性并重、专门整理与开发应用并重的原则,在古籍整理方面做出了贡献。

2809

唐代的图书搜集与整理 [J]/王彩云. --古籍整理研究学刊,1996,02:44-46

唐代是我国封建社会鼎盛时期,无论是政治、经济还是文化教育事业,都比以前历代有较快发展。藏书事业与图书整理也与前代不同,不仅聚书丰富,古籍整理也打破了前代的旧套,开辟了二度注释的先河。本文从唐代图书的搜集与整理、唐代的藏书机构及书籍形式和唐代图书整理的方法三个方面,论述唐代图书搜集与整理的情况。

2810

唐代礼典的编纂与传承——以《大唐开元礼》为中心 [D]/张文昌. --台湾大学(台湾地区),1997

本文以《大唐开元礼》为论题中心,通过考察汉唐间国家"礼典"的编纂与礼仪的传承,探讨"礼"与"礼典"在国家所扮演的角色与功能,以及"礼典"在中国礼学与历史上的地位,叙述了三代至唐间诸代编纂国家礼典的实况。

2811

唐代文史研究的重要贡献——周本淳教授新著《〈唐才子传〉校正》评价 [J]/黄震云. --淮阴师范学院学报(哲学社会科学版),1988,04:72-76

本文为作者读周本淳《〈唐才子传〉校正》一书所作的书评。认为该书校勘审慎、言简意赅;版本选择和目次编排比较合理,特别是在考述作家生平资料的源流过程中,征引了不同时代、不同类型的多种资料。该书虽非完美无缺,但确为精品。

2812

唐杜正伦及其百行章 [D]/林聪明. --东吴大学(台湾地区),1979

本文介绍了唐代学者杜正伦的学行,并整理其所作《百行章》。介绍了杜氏生平、著述及思想。详细整理了《百行章》见于后代著录的情况,明确了其流传沿革,叙述了敦煌写

本残卷记。讨论了《百行章》的章数问题,证明今本非为完卷。讨论了《百行章》的文体,明确其写作特色。对全书进行了校注,其书多用古事、引佛家语,作者也进行了注释。文末附录敦煌各写卷影印图像。

2813

《唐勒》赋残篇考释及其他［J］/谭家健. --文学遗产,1990,02:32 – 39

本文将 1972 年山东临沂银雀山西汉初年一号墓中出土的《唐勒》赋残篇竹简 26 支 231 字整理成篇,并根据内容考察了唐勒的生平事迹、该篇赋文的思想内容和艺术特色等,还讨论了今传宋玉作品 14 篇的真伪问题,认为这些作品确为宋玉所作,并非后人伪作。

2814

唐六家楷书善本［J］/胡恒. --畅流(在台湾地区发表)1978,10:31 – 33

本文认为,学习书法首重精选善本楷书碑帖临摹,以奠定良好基础,目前市面碑帖充斥,然精品甚少,尤以中小学生所临摹者多劣品。因为学生本身尚无辨别优劣知识,而老师家长如果疏于注意,便贻害甚大。作者以多年学书经验提供善本楷书碑帖几种较接近理想者供学子参考。

2815

唐宋笔记校点辨误［J］/王瑛. --古籍整理研究学刊,1985,04:55 – 56

本文对新近整理出版的唐宋笔记中的校勘和标点失误进行举例说明,供读者参酌,提醒点校者注意,便于重印时刊正。指出其失误之由一是不明典实,二是不明词义。

2816

唐宋明清四朝类书举要疏证［J］/卢明. --辽宁大学学报(哲学社会科学版),1993,03:57 – 60

本文介绍了唐代《艺文类聚》、宋代《太平御览》《册府元龟》、明代《永乐大典》、清代《古今图书集成》等几部重要类书的主要内容和版本流传情况。

2817

唐宋时期山西刻版印刷史考述［J］/李晋林. --山西师大学报(社会科学版),1999,26,01:54 – 59

本文指出,唐宋时期是山西刻版印刷业的起步和发展阶段,山西具有优裕的政治、经济和文化环境,印刷所需要的纸、墨、板材等丰富的物质资源。不论在官刻、私刻、坊刻、释道刻本等版刻种类上,还是在地域分布、行业规模、古籍内容等方面,都充分说明了山西的刻版印刷事业有着得天独厚的优势和光辉悠久的历史。

2818

唐写本古籍中"之也"之谜［J］/马向欣. --文献,1994,03:231 – 231

杨守敬先生从日本带回一卷手写杜注左传残卷。杨氏以为是出自北齐人手笔,宣统元年(1909)在上海石印成册,定名为《北齐人书左氏传》。其跋语中说"其注末每多之也等字,亦是六朝旧习"。本文对唐写本古籍中的"之也"进行探讨。

2819

《〈唐写本唐人选唐诗〉提要》纠谬［J］/李云逸. --宁夏大学学报(人文社会科学版),1981,04:79 – 81

本文通过比对《全唐诗》与《唐写本唐人选唐诗》的内容,列举了《〈唐写本唐人选唐诗〉提要》中的谬误,分析了产生这种谬误的原因。

2820

《唐写本唐人选唐诗提要》质疑［J］/刘中一. --重庆师院学报(哲学社会科学版)(后更名为重庆师范大学学报)(社会科学版),1986,03:54 – 56

本文对《唐写本唐人选唐诗提要》一文中"诗选残卷,其存者六家"之语提出质疑。经过作者考证,实则除已署名的"六家"外,还要增加未署名的"二家",应该订正为其存者凡"八家"。

2821

唐写全本王仁昫《刊谬补缺切韵》多音字初探［D］/姜嬉远. --辅仁大学(台湾地区),1994

本文以唐王仁昫的《刊谬补缺切韵》中多

音字形、音、义之间的关系为研究对象,用综合分析的方法考察该书"一字多音"等问题。透过《刊谬补缺切韵》"一字多音"的研究,探讨了其"又音"的来源、现象及价值,并在此基础上考察了中古音及唐时的语音现象,进而归纳出古今字音的变化规律。

2822

《唐语林校证》惨淡经营始末[J]/周勋初.--古典文学知识,1994,02:3-10

本文论述了《唐语林校证》一书艰辛的写作过程,认为此书取得了一定成绩应归功于三点,即操作过程比较规范、总体设计比较科学、研究工作比较深入。

2823

《陶澍集》出版感言[J]/刘泱泱.--益阳师专学报,1999,03:123-124

本文介绍了由王子羲、陶用舒等整理点校的《陶澍集》相关内容,对整理者们的辛勤劳动予以肯定,并提出了可以商榷的地方。

2824

陶说[M]/（清）朱琰撰.--台北:五行图书出版公司（台湾地区）,1995

本书在我国陶瓷研究史上占有特殊重要的地位,包括说今、说古、说明、说器四大部分。说今和说明二卷叙述了明、清两代的代表性官窑瓷器及其制造法。说古和说器部分则按陶瓷器的出现顺序进行了历史性的介绍。

2825

陶雅[M]/寂园叟.--台北:五行图书出版公司（台湾地区）,1995

《陶雅》原书分上、中、下三卷,现仅存上、中两卷。本书是一部陶瓷学著作,书整体看似杂陈无序,实则仍有部分、有层次、有分寸。而且该书文字简练,偶涉世故,时复生动,宜于品赏阅览,揣摩把玩。

2826

特种藏书的多媒体管理技术[J]/杨桂婵.--贵图学刊,1997,02:27-29

本文讨论了图书馆利用多媒体技术管理特种藏书的工作方法,建立特藏信息库和进行信息管理的方法,文献资料的扫描、存取、维护以及为读者提供检索、浏览、复制等服务功能的实现方法。

2827

腾冲收集到一批珍贵的善本书[J]/周文林.--昆明师院学报（后更名为云南师范大学学报）（自然科学版）,1979,03:64

本文介绍了腾冲县图书馆收到的一批较为珍贵的古籍情况,包括近代学者尹梓鉴先生的五种手稿《老困游记》（二部）及《云南初勘缅界记注释考证》《缅甸史略》《缅甸史略——附中缅交涉》《实物要录》,明代嘉靖版《焦氏易林》,清代雍正版有关台湾史料的《平台记略》《东征记》等。

2828

体例新 内容全 考辨精 校点细——评王英志主编的《袁枚全集》[J]/凌燕.--南京师大学报（社会科学版）,1994,03:113

本文对王英志主编的《袁枚全集》进行了客观点评,认为该书具有体例新、内容全、考辨精、校点细的特点,在弘扬民族文化方面做出了贡献。

2829

《天方典礼》概述[J]/张嘉宾.--黑龙江民族丛刊,1986,03:83-87

《天方典礼》是清初回族刘智所作的一部回族古籍。本文论述了《天方典礼》及其作者、回族与伊斯兰教、从《天方典礼》看儒家思想对中国伊斯兰教的影响,指出《天方典礼》虽然是一部伊斯兰教著作,但也是一部有影响的哲学著作、民俗著作,是回族文化的结晶,必将为广大研究者提供宝贵的资料。

2830

天津师范大学图书馆馆藏古籍目录[M]/天津师范大学图书馆.--天津:天津师范大学图书馆,1984

本书是为查阅天津师范大学图书馆馆藏古籍而编撰,参照《中国人民大学图书馆图书分类法》,略有变通。每部古籍皆著录题名、著者和版本。

2831

天津师范大学图书馆馆藏古籍目录书名索

引[M]/天津师范大学图书馆编.--天津:天津师范大学图书馆,1985

本书是为方便查阅天津师范大学图书馆馆藏古籍目录而编撰的书名索引。该馆曾于20世纪60年代编撰过一部古籍目录,80年代在此基础上进行了重新编订。

2832

天津师范学院图书馆馆藏古籍目录[M]/ 天津师范学院图书馆编.--天津:天津师范学院图书馆(后更名为天津师范大学图书馆),1960

本书是天津师范学院图书馆编撰的第一部古籍目录,将馆藏古籍按文学、哲学、历史等类别进行了分类整理,著录了每部书的题名、著者和版本情况。

2833

天津图书馆藏孤本古籍丛书提要(一)[J]/ 刘尚恒.--图书馆工作与研究,1996,03:49-51

本文介绍了天津图书馆所藏《一瓻笔存》《销夏录旧》《待青书屋杂钞》《古藤书屋杂著》《鸠坞随手录》《小石山房坠简拾遗》等十余种孤本古籍丛书的情况。此文有续作,发表于2001年第2期《图书馆工作与研究》。

2834

天津图书馆藏日本刻汉籍书目[M]/ 谢忠岳主编;天津图书馆编.--天津:天津社会科学院出版社,1996

本书系天津图书馆日本文库书目资料丛编之一种,这套丛书还有《天津日本图书馆馆史资料汇编(全二册)》,《天津图书馆馆藏旧版日文书目(全四册)》。

2835

天津图书馆收藏的历史文献及其开发[J]/ 李国庆.--图书馆工作与研究,1996,04:47-49+64

本文简要介绍了天津图书馆收藏的地方志、明清小说、明清人文集、明清宝卷、活字印本、其他善本以及民国间出版物及旧版日文图书等特色藏品。在此基础上,文中对目前该单位正在开发的文献做了介绍,如《天津图书馆藏稀见地方志丛刊》《天津图书馆藏善本古籍丛刊》《天津图书馆日本文库书目资料丛编》等,力求将馆藏化身千百,满足社会需要。

2836

"天禄琳琅"藏书与《天禄琳琅书目》[J]/ 朱赛虹.--紫禁城,1997,03:14-17

本文介绍了"天禄琳琅"藏书的起源和《天禄琳琅书目》成书的过程,分析了《天禄琳琅书目》著录的特点以及版本目录学意义,论述了学界对《天禄琳琅书目》褒贬不一的评价以及其版本特点。

2837

天一阁文献信息输出的历史渊源[J]/ 徐良雄.--江苏图书馆学报,1999,01:47-49

天一阁并非在建阁之初即享誉海内,而是随着时间推延,以其收藏文献信息的输出与颇具特色的文化积累赢得应有地位。本文从天一阁概述;文人儒吏登阁阅书,有效揭示和报道了天一阁文献;藏书的传抄和使用,足见天一阁文献的特殊地位;乾隆征书使天一阁誉满九州岛等几个方面,着重就文献信息输出对天一阁地位形成的影响展开论证。

2838

田间易学[M]/ (清)钱澄之撰;吴怀祺校点.--合肥:黄山书社,1998

明清之际钱澄之初著《易见》,因战乱佚,经追忆撰成《易大传》,后又复得《易见》,将二书合并为《田间易学》,共十二卷。书中图像、画卦、注义繁杂,但大旨以朱熹之学为宗,参取王弼、孔颖达对《周易》的注和疏、程颐《易传》、朱熹《周易本义》,融合数学、义理之说。

2839

田雯诗选[M]/ (清)田雯著;曹鼎等选注.--北京:首都师范大学出版社,1996

本书为清朝田雯所作诗文汇编。田诗自成一家,具有承上启下的作用,反映了当时的社会生活和乡土民情,许多诗歌赞颂了祖国的名胜古迹,作为清代文学、文化遗产的构成部分,对于研究清代的历史、文化具有一定的研讨价值。

2840

铁琴铜剑楼藏书研究[D]/ 蓝文钦.--台湾

大学(台湾地区),1984

本文是对瞿氏铁琴铜剑楼藏书情况做的系统研究。就瞿氏家世与传略,藏书源流,藏书的搜集、整理和利用等进行探讨辨证。作者认为瞿氏藏书有诸多可贵之处,除藏书绵亘多代、闳富精当之外,更难得的是瞿氏不吝通假,一扫藏书家局钥过密之弊。同时,铁琴铜剑楼藏书目录,融目录、版本、校勘三者为一事,为今日善本书志的写法创立了范式。

2841

听雨楼随笔[M]/(清)王培荀著;周昌富,李大营校点.--济南:山东大学出版社,1992

《听雨楼随笔》为山东文人王培荀所作,展示了清朝蜀地的乡贤耆旧、物产资源、地方掌故、民俗风情、文物胜迹和科学技术等多方面内容,是一部资料性较强的著作。

2842

通鉴考异引书考[D]/李美月.--中国文化大学(台湾地区),1982

《资治通鉴考异》为北宋司马光所撰,三十卷。《资治通鉴》取材繁富,往往一事用三四出处写成。本文考察了《资治通鉴考异》所引用的三百六十种参考书,将其分为正史、编年、别史、杂史、霸史、传记、奏议、地理、小说及其他等九大类排列,一一考订其存佚情形及被考异称引的条次。

2843

《通鉴·唐纪》标点本校误[J]/陈光崇.--史学史研究,1981,03:78-80

本文用国学基本丛书本《唐鉴》和古籍出版社出版、中华书局重印的标点本《通鉴·唐纪》相校,指出了《通鉴·唐纪》中的一些讹误。

2844

《通雅》版本源流考[J]/顾之川.--青海师范大学学报(哲学社会科学版),1988,04:82-87

明末清初著名学者方以智的《通雅》是一部重要的训诂学著作,对音韵训诂学研究、古籍整理、辞书编纂等,至今仍有着较大的参考价值。本文比较研究了该书各个版本的刻印

情况和特点,包括揭暄刻本、姚文燮刻本、《四库全书》本、张裕叶《通雅刊误补遗》和桐城方氏重刻本。

2845

"同书异名"、"同名异书"的查检法[J]/胡滨.--浙江中医学院学报(后更名为浙江中医药大学学报),1984,03:46-47

中医古籍中存在"同名异书"或"同书异名"的现象。本文指出利用图书馆的书名目录或借助有关的工具书可以清楚辨析所需的古籍,介绍了《中医图书联合目录》《中医图书同书异名、书名详简称通检》《同书异名通检》等工具书及其使用方法。

2846

同志会的壮举——郑振铎搜藏、抢救古籍轶闻[J]/刘作忠.--党史纵横,1997,02:26-27

本文介绍了郑振铎先生藏书、抢救古籍的事迹。郑先生藏书内容颇丰,包括戏曲、小说、版画、弹词、鼓词、宝卷、歌谣、俗曲等等,以戏曲、小说、版画书为最。郑先生的藏书热情对民族文化保存产生了积极的影响,值得后人敬仰。

2847

桐埜诗集[M]/(清)周渔璜著;欧阳震等校注.--贵阳:贵州人民出版社,1999

本书为清代周渔璜的诗集,分为四卷,共计352首诗,记载了作者在翰林院任职期间的所见、所闻、所感,是诗人思想成熟、造诣升华的佳品。

2848

铜活字套印本《御制数理精蕴》[J]/范景中.--故宫博物院院刊,1999,02:88-91

在中国印刷史的研究中,很多著作都专门论述过活字本和套印本,活字本与套印本相结合的印刷方法较少论及。本文介绍康熙年间内府刷印的《御制数理精蕴》概况,指出该书不仅是清代除了《古今图书集成》以外最大的一部铜活字印本,也是目前我们所知的最早的一部活字套印本。

2849

童佩辑刻的《奚囊广要》与《奚囊续要》

[J]/吴元真. --北京图书馆馆刊(后更名为国家图书馆学刊),1994,S2:81-83

本文介绍了北京图书馆善本部珍藏的童氏乐志堂刻巾箱本《奚囊广要》《奚囊续要》二书。列出了《奚囊续要》的具体书目,对其辑刻者童佩进行了考证,追溯了二书的收藏过程,并对两部珍贵书籍的入藏感到非常庆幸。

2850

图书版本的鉴定[J]/毛文俊. --广西师范大学学报(哲学社会科学版),1989,03:105-108

研究版本问题,掌握识别图书和版本鉴别的方法与技能,对于要参阅古籍图书进行教学和科研的人员来说,关系极大。本文从版本鉴别的意义、版本鉴定的依据和方法、版本鉴定工作应注意的几个问题三方面,对图书版本鉴定进行论述。

2851

图书保护:广西的现状及对策[J]/麦群忠. --图书馆界,1996,03:1-6

本文阐述中国广西壮族自治区开展图书保护的进展情况。包括广西图书虫害调查、综合防治方案制订、广西图书馆古籍冷冻杀虫试验、虫害调查与防治研究初步结果、主要害虫生活史及综合防治技术研究等五个方面。提出建立省(自治区)古籍文献中心,集中管理、维护和利用;加强图书保护的研究、协作攻关;制定全国图书保护规划;中美合作建立图书害虫防治研究基地等建议。

2852

图书保护述略[J]/汪华明. --图书馆学刊,1982,02:30-32

本文考察了古代图书材料及其防蠹保护、现代图书防虫保护经历的三个发展阶段,展望了未来图书保护利用电热远红外线烘箱杀虫除霉以及图书脱酸等问题。

2853

图书馆藏古籍虫害的防治[J]/梁宇. --桂林市教育学院学报(综合版)(后更名为桂林师范高等专科学校学报),1996,03:41-44

本文介绍了桂林图书馆长期的防虫实践总结,认为采取一系列相应配套措施后,采用植物性天然药草——广西金秀大瑶山特产灵香草驱虫避蠹效果好。在国内仍大量使用驱虫剂除虫的情况下,桂林图书馆继承祖国优秀保护藏书传统,采用灵香草防治古籍虫害切实可行。

2854

《图书馆古籍编目》拾误[J]/孔毅. --赣图通讯,1987,02:39-40

《图书馆古籍编目》是高等院校图书馆学系普遍使用的一本专业教材,但其错误甚多。本文挑选若干,略作考辨,以供修订时参考。

2855

图书馆古籍的保护[J]/何振作. --江西图书馆学刊(后更名为图书馆研究),1997,03:59-63

本文分析了危害古籍保护的因素以及古籍保护的多种方法。指出纸质类书籍的保护有许多共同之处,因古籍在图书馆藏书中的特殊地位,应把古籍保护放在优先位置。图书馆古籍保护刻不容缓,是项长期性工作。图书馆必须重视古籍保护,大力宣传,争取必要的保护经费,尽快建立一支专门从事书籍保护研究的队伍,切实做好古籍保护。

2856

图书馆古籍典藏工作小议[J]/张慧萍. --图书馆学刊,1997,01:52-54

图书馆古籍典藏工作,是图书馆藏书建设的一个重要方面,既直接关联古籍的保管、保护和使用,又直接关联图书馆藏书的总体价值以及图书馆的声誉、地位。古籍典藏工作的水平,在一定程度上或一个侧面,显示出一个图书馆的业务水准。本文认为应从保护和使用并重、重整特藏书库的内部组织、及时纠正历史遗留问题等几个方面来合理管理和使用古籍资源。

2857

图书馆古籍工作:传统、现代与未来[J]/廖剑华. --福建图书馆学刊,1998,02:42-43

本文回顾了图书馆古籍整理研究工作的历史,考察了其在古籍编目、点校、注释、今译等方面取得的成绩,指出在全国古籍书目编制的标准化、联合化、古籍索引数据库的建立以及与国际机读目录接轨等方面存在不足,也为未来图书馆古籍工作指明了方向,包括建设古籍书目数据库、索引数据库、全文数据库、加强古籍保护和修复工作、培养古籍专业人才等。

2858

图书馆古籍整理[M]/廖延唐,曹之编著.--武汉:湖北省高等学校图书馆工作委员会,1986

本书为"图书馆自学丛书"之十三,由湖北省高等学校图书馆工作委员会、武汉大学图书情报学院编写,包括古籍著录、古籍版本、中国古代图书分类史略、四部概说等内容。

2859

图书馆古旧文献的抢救与缩微化[J]/张伯康.--图书馆学研究,1998,03:59 - 60,63

本文指出在再生性保护措施中,缩微复制和静电复印两种方法比较可行,但静电复印只适用于对纸质较好的古旧文献或近代文献。对纸质已经变质的文献,采用静电复印会扩大对古旧文献造成的伤害,应采用缩微技术,因其具有信息存储密度大、体积小,可以节省大量收藏空间;方便流通使用和复制;保存期长;在遇到自然灾害时,容易转移到安全地带等特点。

2860

图书馆《四库全书》的利用[J]/杨秀兰.--内蒙古师范大学学报(教育科学版),1992,03:85 - 88

本文指出《四库全书》是中华民族文化的瑰宝,引导读者正确利用《四库全书》是图书馆工作人员应尽的职责。文中介绍了《四库全书》的成书经过、编排体例和文献价值,号召广大图书馆充分利用《四库全书》的文献资源。

2861

图书馆文献活化功能论[J]/刘煦赞.--图书馆建设,1998,02:34 - 35

本文论证了文献的开发、重组和智化是图书馆发展的必然趋势,分析了文献活化功能的构成要素,并提出新的运行模式。

2862

图书馆与古籍文献开发[J]/韩锡铎.--图书与情报,1998,02:37 - 39 + 18

本文从整理编目、联合目录、研究和宣传文献、缩微与影印、培养人才五个方面,就图书馆中藏存的古籍文献资料如何开发和利用提出见解,强调这些文献不仅是研究我国文明史必须利用的资料,也是今天经济文化发展必须借鉴的资料,必须很好地开发利用,为各方面服务。

2863

图书馆珍藏文化资产的保管与开发[J]/廖利娟.--图书馆建设,1999,04:49 - 50

本文针对图书馆珍藏、特藏选购的重要性,保存维护的迫切性,研究整理的必要性以及古籍书目数据库的建设,积极开发利用等方面进行了初步探索。并通过图书馆珍藏文化工作的具体措施、珍藏文化资产目录的编撰与整理、珍藏文化资产数据库的建立这三方面对珍藏文化资产的保管与开发进行论述。

2864

推荐《中医古籍训诂研究》专著[J]/扬帆.--中医药文化,1989,01:47

本文从内容和意义方面对《中医古籍训诂研究》进行介绍,指出其对研究和整理中医古籍具有一定意义。

2865

拓宽古籍参考咨询工作[J]/陈建华.--图书馆杂志,1999,09:33 - 34

本文指出,随着市场经济条件下社会对传统文化需求的深刻变化,国际文化交流日益广泛以及古籍数字化发展趋势的演变,古籍参考咨询工作有待进一步深化,在诸多方面都面临着拓宽的任务。本文从工作观念、工作内容与方式、工作手段等方面予以阐述。

2866

拓宽文献版本研究领域[J]/骆伟.--图书馆

论坛,1998,05:22－26

由于现代文献生产量剧增,载体形式也呈多样化,现代版本学研究已有了良好开端。本文指出古与今、中与外、新与旧的各类文献无不存在版本问题。古文献版本研究仍具有强大的生命力,当代文献版本研究重点已从版本时间向版本内容转移,这也是版本研究的时空延伸。应建立文献版本数据库,从而提高读者检索文献的效率和准确性。

W

2867

挖掘抢救散落民间的回族古籍溯本探源——整理《铁氏家谱》管窥[J]/马文清.--满族研究,1998,02:69－73＋91

本文讲述了作者整理《铁氏家谱》的经过,呼吁国内有关方面和个人对于海内外家谱的修订予以支持。指出自从海城牛庄铁广春献出沈阳《铁氏家谱》,尤其是辑入《辽宁回族家谱选编》以来,对研究回族铁氏族源,明朝初期历史名人铁铉及其后裔事迹,乃至续修道光二年(1822)家谱等方面,起到了很大推动作用。

2868

完备而系统的版本学专著——评介《古代刻书与古籍版本》[J]/晓光.--大学图书情报学刊,1996,03:63－64

本文介绍了卢贤中出版的《古代刻书与古籍版本》一书,认为该书运用历史唯物主义观点,系统科学阐述了中国版刻的历史发展以及鉴定古籍版本、辨别古籍真伪等理论问题,显示了古籍版本学研究的新进展,具有较高的学术价值和实用价值。

2869

《宛委别藏》述略[J]/陈东辉.--故宫博物院院刊,1998,02:76－79

清代大学者阮元任浙江巡抚时,悉心搜求并进呈了一批四库未收之书,受到嘉庆帝称许并赐名《宛委别藏》。本文阐述了该书的成书过程、编撰体例、主要内容和学术价值等。

2870

晚清藏书家缪荃孙研究[D]/张碧惠.--台湾大学(台湾地区),1985

缪荃孙是近代著名藏书家。本文采用历史研究法,根据缪荃孙本人资料及其他相关文献,论述了缪荃孙的家世、生平、交游、著述、刻书、图书馆事迹、藏书及其藏书记等事项,分析认为他在近代中国图书事业及图书馆事业发展史上具有继往开来的重要地位和影响。

2871

王安石《字说》的成书时间和版本流传考[J]/徐时仪.--喀什师范学院学报(后更名为喀什大学学报),1995,01:90－93

本文考订了王安石《字说》的成书时间及该书的版本流传情况,指出二十卷本的成书年代当在熙宁八年(1075)以后,约在熙宁九年至十年之间。

2872

王伯厚及其玉海艺文部研究[M]/陈仕华.--台北:台湾商务印书馆(台湾地区),1993

《玉海》作为南宋学者王应麟广征博引的一部大型类书,保存了丰富的文献材料。王应麟在类书中首创"艺文"一门,凡二九卷(卷三五—六三),所述文献,体例赅备,考证精详。本书分六章,在考述伯厚之名号、家世、仕宦、交游等内容的基础上,论述了伯厚考据之学,以见其承先启后之功。文中还对《玉海》的知见传本详加考述,析论艺文部的体制,比较其分类,以窥其所承及分合之得失。书中最末章节讨论了《玉海·艺文》所征引的文献。书末附《玉海·艺文》部所载未入史部著述目录。

2873

王国维之文献学研究[D]/李丙镐.--东吴大学(台湾地区),1987

本文从文献学角度讨论王国维先生的学术成就及贡献。文章重点研究了王国维先生在文献学方面的贡献与治学方法上的创新之处,主要探讨内容包括王国维先生的思想性格、时代背景以及与师友切磋情形等,研究其治学之法,专论其于金石学、甲骨学、校雠学以及边疆文献学等方面的学术成就与研究方法。

2874

王韩易注及朱子本义之比较研究[D]/徐正桂. --高雄师范大学(台湾地区),1980

本文在考察王弼、韩康伯以及朱熹生平的基础上,比较了三家的易学成就。

2875

王念孙父子与校勘[J]/古德夫. --江苏师范大学学报(哲学社会科学版),1985,02:108 – 113

王念孙父子在训诂学上的成就尤为卓异,在校勘学上留下了非常宝贵的经验。本文以王念孙所著《读书杂志》为例说明王氏父子的校勘方法。指出王氏具有极广泛搜集原书材料,然后综合研究得出结论,且对各本歧异之处决定是非时,总是全面深入进行考查,然后作出判断的校勘特点。

2876

王念孙校雠学初探[J]/左民安. --宁夏社会科学,1986,03:95 – 100

本文以《读书杂志》为例,说明王念孙在校雠群经诸子的过程中,除了匡正正文之误以外,还极为精细地纠正了注文之误;分析了王念孙校雠之学对后世学者的影响,以及王念孙校雠之局限性。

2877

王琼集[M]/(明)王琼著;单锦珩辑校. --太原:山西人民出版社,1991

王琼(1459 – 1532),字德华,号晋溪,别署双溪老人,明中期名臣,历事成化、弘治、正德、嘉靖四朝,由工部主事升至户部、兵部和吏部尚书,谥号恭襄。本书收入王琼专著《双溪杂记》《西番事迹》《北虏事迹》三种,以及散佚诗文和附录等。

2878

王绍曾教授与古文献学研究[J]/杜泽逊. --文史哲,1991,04:2 – 2

王绍曾先生是山东大学古籍整理研究所教授、古文献学专业硕士研究生导师,也是目录版本学专家。本文从对目录版本校勘学遗产的挖掘整理研究、在国内首先研究总结张元济整理古文献的成就与经验、主编《清史稿·艺文志拾遗》、挖掘整理山东地方文献、主编《中国文化史知识丛书》五个方面,讲述其对于古文献学研究做出的贡献。

2879

《王石和文》刻年、卷数订误[J]/张梅秀. --晋图学刊,1998,01:63 – 64

《王石和文》作为山西地方名人之作,历来各家著录互有异同,在卷数、刻版年上出现误差。本文从行款、字体、卷次、内容几方面就所见之本进行考订,证明此书不是一书数刻而是雍正、乾隆递修。

2880

王重民《校雠通义通解》评介[J]/傅振伦. --图书情报工作,1988,06:44

章学诚是清代浙东著名的史学家、方志学家和目录学家。其《校雠通义》是我国古典目录学最重要一部名著,在近代目录学方法和理论上都曾起过重大作用。本文是对1987年上海古籍出版社出版的王重民《校雠通义通解》一书的书评。

2881

王重民教授生平及学术活动年表(附《著述目录》)[J]/刘修业. --图书馆学研究,1985,05:28 – 55 + 59 + 117

王重民(1903—1975)是我国著名的目录学家、文献学家、敦煌学家、版本学家。本文概述王重民的生平事迹及学术活动,探究其思想转变历程和在学术上的重要贡献,进而窥见他严谨的治学态度和堪为一代师表的学者风范。

2882

王重民先生的敦煌遗书研究工作[J]/白化文. --北京图书馆馆刊(后更名为国家图书馆学刊),1997,03:71 – 75

本文对王重民先生在敦煌学特别是敦煌遗书整理与研究方面的业绩,作了一次掠影式的回顾,也介绍了近九十年来的中国敦煌学四代学者的大致情况。

2883

王洙与《金匮要略》的发现[J]/伊广谦.--中医文献杂志,1995,03:14-15

本文考察了北宋学者王洙于蠹简中发现整理《金匮玉函要略方》的主要过程,指出王洙之所以能够发现该书与其自身的学识有重要关系。

2884

微机古籍辅助整理系统[J]/彭立.--东北师大学报(自然科学版),1991,01:53-57

本文介绍了利用IBM—PC/XT微型计算机对不加标引的文献进行逻辑检索的方法。采用这种方法,可实现随意检索文献中符号、字、词、句和句式等功能,并且可以将检索的结果做多种处理,以满足专家学者的不同需要。

2885

韦庄集校注[M]/(唐)韦庄撰;李谊校注.--成都:四川省社会科学院,1986

本书收入韦庄全部存世的诗词文,计诗二百四十九首,另附补遗七十二首,词五十四首,文四篇。附有"诗文残句""伪作考""诗词集评总论""书录序跋""传记资料""年谱简编"等资料。

2886

伟大的著作 严谨的整理——评《杨守敬集》[J]/许嘉璐.--中国出版,1998,08:60-60

《杨守敬集》由著名历史学家、首都师范大学谢承仁教授主编,本文是对该书的评介。指出该书整理工作困难重重,从工作启动到出齐全书长达十三年。书中收入杨氏著作、题跋、所集金石等四十五种,每书前均有整理者所撰前言论述该书内容、价值及整理经过,如曾予校勘,则分卷后附注释说明。每书前言及注释皆甘苦之作,尤应称道者为《水经注疏》的整理。

2887

伪作先秦彝器铭文疏要[D]/张光裕.--台湾大学(台湾地区),1974

本文考察了历史上古铜器仿造与伪造的史实,拟就了一份伪器及可疑器总表,所收一千六百余器,作为本文引用资料的来源和厘定真伪标准的主要依据。

2888

为《尔雅诂林》作者塑像——责任编辑的心里话[J]/黄榕.--出版科学,1998,03:54-56

《尔雅诂林》是一部大型古籍整理著作、资料丰富的百科性工具书、大型古语词训释的资料性辞书。本文作者是该书的责任编辑,回忆《尔雅诂林》的编撰经过。

2889

为弘扬中华民族优秀文化而拼搏——走访中华书局[J]/文琳.--中国出版,1991,05:20-22

本文介绍了中华书局"七五"(1985-1990)期间古籍整理出版的成果、特点和经验,以及"八五"(1991-1995)规划的依据、重点项目、特点、措施。

2890

为弘扬祖国民族文化做奉献——蒙文部工作回顾[J]/苏丽娅.--内蒙古图书馆工作,1997,03:22-24

内蒙古图书馆蒙文部建立了一套从采编到阅览、流通、参考咨询等"一条龙"式的工作体系。本文介绍了该部门分类、编目、索引以及课题研究的情况。

2891

为《剑南诗稿校注》勘误补正[J]/唐鸿儒.--晋阳学刊,1990,04:37-41

钱仲联《剑南诗稿校注》1985年由上海古籍出版社出版,是我国近年来古典文学注释工作中的一大成就。本文就《剑南诗稿校注》中错误匡正、阙疑填充、增补修订、引证求实几方面疑难问题提出见解,指出古典文学注释工作既困难又重要,从业者要潜心探索,集思广益,通力合作,才能取长补短,修正错误。

2892

为什么宋版书最好[J]/丁瑜.--文史知识,1983,09:125-127

本文从宋代刻书的情况、版本特点、装帧形式以及避讳字等几个方面介绍了宋版书的价值。

2893

为什么这个错误传播了四十余年——科技古籍研究刍议[J]/管成学. --清华大学学报(哲学社会科学版),1995,03:97-102

《洗冤集录》是宋代人宋慈写成于1247年的法医学著作。许多论文与专著都把清代1694年完成的《律例馆洗冤录》误认为是宋慈著作,并用这些清代人增补的材料与意大利人菲德里写成于1602年(一说1598年)的法医学著作相比较。这个错误涉及各种论文、专著和高校教材,延续了四十多年。本文介绍了该错误在论文、专著中的反映,分析造成错误的原因。

2894

为往圣继绝学——评王余光著《中国文献史》[J]/易分田. --武汉大学学报(人文科学版),1994,04:125-127

本文是为王余光《中国文献史》一书所作的书评,介绍了该书的研究思路和研究内容,高度评价了该书的学术价值和作者的治学态度。

2895

未来十年中国古典目录学的任务[J]/彭卫国,陈琪. --图书馆,1991,06:7-10

本文在对中华人民共和国成立40年中国古典目录学的研究作了描述性总结之后,提出未来十年的三大任务,即撰成新的《中国古代目录学史》、编制《中国古籍总目》和建设《古典应用目录学》。

2896

《尉缭子》初探[J]/何法周. --文物,1977,02:28-34

《尉缭子》是先秦时期一部篇幅较大、内容丰富,但也问题较多的军事学著作。本文通过对山东临沂银雀山汉墓《尉缭子》残简字体和避讳字等研究,考证该书为先秦典籍;杂家《尉缭》、兵家《尉缭》本是一部著作,今本《尉缭子》就是班固所说的《尉缭》;《尉缭子》残简出土揭示了该书作者是梁惠王时尉缭;书中内容反映了梁惠王末年阶级斗争的一段

历史。

2897

魏晋南北朝礼学书考佚[D]/柯金虎. --政治大学(台湾地区),1984

本文以著者为纲考察了三国、西晋、东晋、东晋后期、宋齐、梁陈、北魏北周等魏晋南北朝时期名家的礼学著作。考订内容包括著者生平传略、其代表性的礼学著作及其佚文情况,并对这些著作进行了评议。文后附录了《魏晋南北朝礼学书目》。

2898

魏晋南北朝易学考佚[D]/黄庆萱. --台湾师范大学(台湾地区),1972

本文辑录了魏晋南北朝时期二十八家易注佚文,厘清派别、分析得失,重点考证了各家易注的底本、内容及易学思想等。

2899

《魏文贞公故事》与《魏郑公谏录》辨[J]/杨志玖. --文献,1993,01:200-209

《魏文贞公故事》与《魏郑公谏录》都是记载唐初大臣魏徵谏净言行的专集,过去有人认为是一部书。由于后书现存而前书已佚,无从断其非。本文从考察历代书目记录和《通鉴考异》等古籍引文入手,指出其为二书为宜。

2900

《温病条辨》白话译本商榷[J]/刘培雷,李洪涛. --中医文献杂志,1995,04:16-17

《温病条辨》为清吴瑭所作的一部医书。本文就该书孟澎江白话译本中出现的译文、校勘等方面的问题进行了订正。

2901

温州市图书馆馆藏地方文献目录·线装古籍[M]/温州市图书馆编. --温州:温州市图书馆,1996

本书目收自唐代至"五四"运动以前温州人的著作,收录作者的地区以温州行政市区划分为准,有少数文献的收录突破了时空界限。收录书目近两千条,采用《全国古籍善本书总目》分类表,个别类目有所调整,适应地方文献的特点。

2902

文同全集编年校注[M]/(北宋)文同著;胡问涛,罗琴校注. --成都:巴蜀书社,1999

文同(1018 - 1079),字与可,号笑笑居士、笑笑先生,人称石室先生,宋代著名画家、诗人。本书是以文同全集《丹渊集》为底本,参照其他文献资料,在详细考订基础上为之编年、作注,并根据多个校本和校记细加校勘,具有多方面文献价值。

2903

文物修复与复制[M]/贾文忠编著. --北京:中国农业科技出版社,1996

本书讲述了文物修复方面的知识,包括文物修复概述、各类文物的修复技术、几种与修复复制有关的常用技术、文物复制、文物修复常用工具材料设备等五个章节。

2904

文物要籍解题[M]/寒冬虹编. --北京:书目文献出版社,1996

本书概述与文物相关的重要古籍,逐一介绍其作者、内容框架、特点、学术价值、收录情况等。

2905

文献档案修裱技术[J]/栾承素. --东南文化,1997,04:132 - 133

本文介绍了文献档案保护中的除污去渍、修补托裱和装订的方法。

2906

文献典籍成形于夏代说[J]/韩志萍. --图书情报通讯,1992,01:53 - 55

本文从出土的考古实物、古文献中关于夏代的记载、夏代世系表、流传至今的夏代历法等四方面,说明原始文字产生于先夏即原始社会向奴隶社会转型的过渡时期。处于奴隶制度的起源和发展时期的夏代实现了由文字到文献典籍的转变。目前关于夏代文明的考古发现很少,尤其缺乏夏代文字及文献典籍的最直接的实证,但可以通过较多的旁证材料侧面论述这一问题。

2907

文献目录与古籍辨伪[J]/牟玉亭. --古籍整理研究学刊,1994,03:46 - 49

本文指出,从文献目录的发展历史看,古籍考辨与图书整理编目工作是同时并行的两道工序,文献目录史始终贯串着辨伪的历史,古籍辨伪又必须依据于文献目录。辨别伪书的方法,各家列为首要依据的都是目录著录,如从著录的有无、今本和旧志卷数的不同等方面都可以定其伪或可疑。古籍的辨识要反复辨难,考清源流,慎下结论,才能经住历史的检验。

2908

文献抢救工作的现状与我们的任务[J]/李竞. --图书馆学通讯,1986,03:44 - 47

本文对全国图书馆文献缩微复制中心成立背景、工作内容、我国典籍损坏原因以及图书保护工作中已采取的措施、面临的问题、未来的展望进行介绍。

2909

文献书目微机处理研究报告——利用计算机整理及检索现存古籍书目[J]/刘乾先,王彩云. --古籍整理研究学刊,1991,02:15 - 17

本文介绍了东北师范大学古籍所利用计算机收集和整理《中国现存古籍书目》的工作经验,说明了内容编排以及实现检索功能的情况,指出计算机检索古籍较以往卡片检索增加了很多便捷性。

2910

"文献"、"文献学"及其它[J]/吴小如. --文献,1992,01:133 - 137

本文解释"文献"定义,分析"文献学"与"古籍整理学"的关系,论述了整理"今"籍未必易于整理古籍,以及对待古籍整理要持严肃慎重态度。

2911

"文献"小议[J]/王义耀. --文献,1980,02:238 - 239

本文从多个角度论述了"文献"的概念,说明"文献学"已成为一门独立的学科,希望把《文献》丛刊办好,推动我国文献学的发展。

2912

"文献"之我见——兼与单柳溪同志商榷

[J]/董恩林. --文献,1986,04:161 - 168

本文对"文献"的概念进行讨论,向单柳溪《"文献"诠释》一文提出商榷意见,认为文献是具有历史价值和认识作用、以文字记录形式和声像记录形式存在的资料。强调在各种学术专著和刊物上,"文献""古籍"概念的应用应该加以规范。

2913

文献资料的前期整理编辑工作之我见[J]/张洁如,王春红,刘军等. --缩微技术,1995,04:44 - 46

目前缩微复制技术已逐渐被人们所认识,越来越广泛地在各个领域开展起来。在整个工作过程当中,对原件的前期整理编辑工作成为一个重要环节。本文将编辑整理前的准备工作和整理工作中需要的程序——说明。

2914

《文心雕龙》的俄译问题[J]/李明滨. --临沂师专学报(后更名为临沂大学学报),1996,02:47 - 49

本文论述了把《文心雕龙》翻译成俄文所遇到的困难,不仅在于中俄两种文字词语外延的不一致,而且有的专门术语只有经过专业研究,考察了它的含义在一切时代和不同作者的书里是如何演变的才能理解。另外文化传统、译文的文学形式等也是《文心雕龙》译成俄文的过程中遇到的大难题。

2915

《文渊阁四库全书补遗(集部)》前言[J]/杨讷,李晓明. --北京图书馆馆刊(后更名为国家图书馆学刊),1997,03:98 - 101

《文渊阁四库全书补遗(集部)》一书收录历代诗文四千余篇,全部辑自文津阁本《四库全书》集部书,为同书之文渊阁本所未见。本文介绍了《四库全书》几种阁本的存藏情况,分析了不同阁本的同一种书之间存在的差异问题。

2916

我对传统文化和古籍整理研究的认识[J]/罗继祖. --古籍整理研究学刊,1987,01:2

本文对传统文化和古籍整理研究的关系展开讨论。认为做好古籍整理研究工作,需要对传统文化有一定或高度的修养。中国传统文化是前人留下的宝贵遗产,我们必须扭转对它的错误看法,应该珍惜它、整理它、研究它,使之发挥应有的作用。数典忘祖,妄自菲薄,绝不是炎黄子孙应有的态度。

2917

我对翻译古籍的体会[J]/陈奇猷. --古籍整理研究学刊,1986,02:2

本文介绍作者与宁夏大学副教授管敏义先生译注《吕氏春秋》时遇到的难题,探讨翻译古籍的体会。以《吕氏春秋》中的"数"为例,说明不论是校释或翻译,都要彻底弄清楚原文作者的家派,他的思想体系如何。同样一个词或同样一句话,不同的家派有不同的含义。如果都用同一训诂作解,是解不通的。

2918

我对古籍整理的几点意见[J]/周连宽. --广东图书馆学刊,1982,03:32 - 33 + 8

本文讨论了《四库全书》丛书和类书、方志、索引,以及校、点、注释和今译等古籍整理方面的问题。

2919

我对于古籍整理不成熟的意见[J]/谢国桢. --文献,1982,01:15 - 17

本文建议北京图书馆选择馆藏有代表性的佳椠名钞,可分为若干集影印或编制为北京图书馆丛书或单刻,印刷要务求精善;编印专业和专科研究的图书、普通应用之书以及普及通俗的读物等。

2920

我馆部分自然科学古籍述略[J]/纪淑文,陈虹. --图书馆工作与研究,1997,06:57 - 58

天津大学作为工科为主的综合性大学,拥有很多自然科学方面的古籍。本文介绍了该馆馆藏较有特色的两部自然科学线装古籍《物料价值》和《工程作法》。

2921

我馆古籍文献收藏特点初议[J]/李古寅. --河南图书馆学刊,1989,03:39

河南省图书馆成立于 1909 年,是我国创建最早的省级综合性公共图书馆之一,跨清朝、民国、新中国三个时代。八十年来,中国局势时有动荡,河南又为四战之地,决定了河南省图书馆古籍藏书既源远流长,又道路曲折,特点独具。本文从古籍藏书数量居中、质量居中下、古籍编目与修书任务繁重三方面,对河南省图书馆古籍文献收藏特点进行介绍评议。

2922

我馆书目文献工作四十年的成就[J]/熊润芝.--江西图书馆学刊(后更名为图书馆研究),1989,04:16 – 21

本文介绍了江西图书馆建馆 40 年来编制书目文献工作取得的成就,以及值得总结的经验和教训。

2923

我馆缩微技术现状及发展前景[J]/范正杭.--图书馆研究,1998,03:44 – 45

本文以江西省图书馆为例,概述该馆文献缩微工作现状,分析了拍摄任务重、补缺任务艰巨以及地方革命文献的拍摄比较困难等问题,介绍了 1998 年到 2010 年该馆文献缩微规划。

2924

我国 10 年来古籍整理出版工作述评[J]/周建新.--编辑之友,1993,03:65 – 67

本文总结了我国自 1981 年起 10 年来的古籍整理出版工作。1981 年以前我国古籍整理出版以选本、影印居多,缺乏系统性。通过近 10 年来的努力,计划性、系统性大为加强,并逐渐理出一个学科、一个门类发展的脉络与轮廓。文学古籍中的历代诗、词、文总集,有的已经出齐,有的即将出齐。10 年来出版了不少学术价值高、整理工作做得好的文史哲古籍。

2925

我国北方少数民族汉文古籍评述[J]/云峰.--乌鲁木齐职业大学学报,1994,S1:118 – 128

本文评述了 1911 年以前我国北方少数民族的汉文古籍基本情况,介绍了少数民族作者创作的汉文作品。指出少数民族汉文古籍内容丰富、形式多样、数量很多、价值卓高。这主要是历史上少数民族几次大量进入中原汉地学习汉文化,进行汉文创作,长期大规模进行各民族文化交流的结果。

2926

我国传统档案害虫防治方法[J]/朱言实.--档案天地,1998,04:3 – 5

中华民族大量古籍之所以能完整保存至今,与我国古代劳动人民在实践中总结出来的传统图书、档案害虫防治方法密不可分。本文介绍了我国古代传统的书籍、档案避虫杀虫方法。

2927

我国的古籍制度[J]/刘之樾.--宁夏大学学报(社会科学版),1985,03:42 – 44

本文介绍了我国的古籍制度,以竹木、帛、纸为序,分节叙述。古籍制度是指古籍的材质和形式等方面而言,不包括撰述和流传情况方面。我国最早的书籍用材是竹木,随后是帛,再后是纸。不过书籍制度的递嬗、转续不是截然分开的,有时是两种或两种以上在同一时期并存的。

2928

我国法律古籍整理工作的新进展[J]/戴勇敢.--广东图书馆学刊,1988,04:62 – 66

李柏令先生在《古籍整理与研究》1987 年第一期发表了《当前法律古籍整理现状一瞥》,该文回顾了 1949 年以来法律古籍整理工作的经历和成果,概述历代法典、刑法志及有关工具书的整理编纂现状,但也有若干不足之处。本文试作续文,以助读者窥见我国法律古籍整理工作的新进展。

2929

我国高等院校古籍整理研究所情况一览[J]/阚延河.--古籍整理研究学刊,1985,01:56 – 60

本文介绍了我国高等院校古籍整理研究所情况,根据 1984 年各校提供的有关材料进行分类概述。目前我国高校共设 22 个古籍整理研究所,专职研究人员 245 人,兼职研究人员 258 人,分布在 13 个省、市、区的 22 所重点大学和地方大学,一些院校设有古籍整理研究室。这些研究机构已经成为我国古籍整理研究工作的骨干力量。

2930

我国古代的图书保护[J]/李景仁. --晋图学刊,1988,02:70 – 73

本文从采用优质材料书写印制古籍、藏书的环境保护、藏书的避蠹保护、藏书的修复保护四个方面,介绍了我国古代的图书保护方法。发掘这些传统的保护方法,有助于了解我们中华民族悠久的历史文化、提炼继承方籍的保护技术,对今后的图书保护和祖国的四化建设无疑是非常重要的。

2931

我国古代经济史料在史籍中的分布[J]/胡原民. --财经政法资讯,1999,02:59 – 64

本文回顾了我国古代经济史料形成和发展的历史,考察了这部分史料于四部分类古籍中的记载和分布情况。

2932

我国古代书籍的聚散[J]/张贻宝,曹聪孙. --图书馆工作与研究,1980,04:16 – 20

本文指出,从历史发展角度看,古籍的散失和亡佚不可避免,唐宋元明清各时期,均有亡佚和聚书的情况。自 1949 年后,国家重视古籍的搜集整理和典藏,很多古籍才得到合理保护。

2933

我国古代文献流通形式初探[J]/李杰. --山东图书馆季刊,1996,03:47 – 51

本文从我国古代文献流通的几种形式和影响文献流通的主要因素两方面,对我国古代文献流通形式进行了探究。指出文献只有通过流通的方式才能实现其自身价值,发挥其应有作用,才能历代相继,弘扬中华民族的优秀文化,推动人类社会发展。

2934

我国古籍保护技术述略[J]/周汝英. --文献,1998,03:203 – 206

本文介绍了纸张发明以来,古人为了防止书籍受潮、招虫,发明的保护古籍的秘方。如夹放烟草液浸纸,放置樟脑、麝香,搜集一些有驱虫效益的植物叶片,将芸香、烟草、兰花、荷叶等夹放在书页内。

2935

我国古籍的命名[J]/魏助增. --图书馆工作与研究,1982,01:50 – 51

本文从古籍的命名方式、命名习惯等方面,列举实例探讨古籍命名的规律性问题,如以图书的作者为其著作命名、以图书本身为着眼点为其命名等。

2936

我国古籍分册时用什么作为顺序号?[J]/玻璃. --图书馆工作与研究,1982,03:43

本文介绍了我国古籍分册时用什么作为顺序号。篇幅较长的古籍需分成若干册进行装订,各册的书根处往往写明一定顺序以便排列其先后次序。古籍分册一般采用文字和汉字数字作为各册的顺序号。

2937

我国古籍善本观念的历史演进[J]/刘国珺. --津图学刊,1992,03:116 – 123

本文梳理了我国善本概念的产生、提出与发展的过程,指出善本观念随着时代发展而不断演进丰富。"善本"不仅是古籍版本学上的一个重要概念,而且更重要的是一种版本概念,与不同时代人们的价值观、审美观、历史观、学术观等有着密切关系。

2938

我国古籍是如何命名的[J]/牟玉亭. --文史杂志,1994,03:42

我国的古籍命名方式多种多样,极为复杂。本文将其归纳为三类情况,即经后人整理加书名类、以著者为主的书名类和以内容为基础的书名类。

2939

我国古籍索引的新发展[J]/何小清. --辞书研究,1994,04:55 – 65

本文概述了 1981 – 1990 年间我国古籍索引整理出版成果,分析其特色与发展趋势,指出索引编制有一定计划性,对不同类型古籍运用与其相适应的形式和方法检索,相应出现了种类繁多的索引类型;索引编纂在方法、选题和技术手段的运用上都有重大改进,科学性、系统性、创新性超过以往各历史时期;在肯定成果的同时,仍应认识到我国古籍索引事业落后的一面。

2940

我国古籍图书分类浅谈［J］/东克宽. --渭南师专学报（后更名为渭南师范学院学报）（社会科学版）,1991,S2:112 - 117

本文概述了中国古代图书分类学的历史沿革,重点通过对自汉代刘歆创立"七略"到四部分类法的确立的阐明,揭示了中国古代图书分类学的传统和特点,考辨、保存文献资料在各个历史发展阶段所起的积极作用,以及对我们今天图书分类学和图书管理事业发展的借鉴作用。

2941

我国古籍伪讹现象透视［J］/于冰,李艳月. --内蒙古电大学刊,1997,03:14 - 17

我国古代书文中伪讹现象十分严重,且范围宽广,数量众多,情况复杂,严重影响学者治学。在前人研究的基础上,本文将古代书文伪讹现象归纳为 8 种,即错简者、残损者、误抄者、杂入者、盗袭者、篡改者、附会者、假托者。

2942

我国古籍医书的保护与利用探讨［J］/林万莲. --图书馆论坛,1998,01:17 - 18

本文论述了古籍医书的重要价值、保护举措与其在现代医学中的应用。建议编制馆藏古籍目录,分类上架,以利于开发利用;加强媒介宣传和经费支持;从现代医学出发,根据中医理论,重新配置古方,优选方药。

2943

我国古籍知多少?［J］/王树伟. --编辑之友,1982,01:195 - 199

本文指出根据各项数据的分析,当今存世的中文古籍总数在 20 万种以上。

2944

我国古籍中的伪书与辨伪学［J］/孔智华. --

江苏图书馆学报（后更名为新世纪图书馆）,1985,01:53 - 55,

本文就古籍中的伪书和辨伪学提出了自己的观点,提出伪书的存在虽然有碍于科学运用古籍,但是伪书绝非毫无价值。伪书的存在有利有弊,应借助辨伪学,科学辨伪,克弊而用利。对于辨伪学,应建立起独特而科学的研究方法,取得长足的发展。

2945

我国古籍中介绍柬埔寨的一本专著——《真腊风土记》［J］/许永璋. --河南大学学报（社会科学版）,1979,01:91 - 98

中、柬两国之间有着悠久的历史传统友谊。很早以前,我国同柬埔寨就有了交往和了解。在我国古代的史地著作中有许多记载。13 世纪末周达观写的《真腊风土记》,是我国古籍中介绍柬埔寨的一本专著。本文介绍了该书成书情况、主要内容和史料价值。

2946

我国古籍中文学图书之最［J］/张文玲. --图书馆理论与实践,1982,02:45 - 50

我国是一个具有悠久历史和灿烂文化的文明古国。在浩如烟海的古籍中,文学图书占有相当比重,闪烁着色彩夺目的光辉。本文专溯文学古籍之源,将具有"之最"特征的书辑纳成篇,包括故事小说类、散文诗歌类等,略条其目,简述梗概。

2947

我国古籍中有关图书保护论述［J］/李景仁. --青海图书馆,1991,01:49 - 54

古人藏书保护的技术经验不仅在古籍保护中发挥了重要作用,对现代图书的保护也具有借鉴作用。本文收录了我国古籍中有关图书保护论述中的 68 个条目。

2948

我国古籍装订修补技术［J］/师有宽. --图书与情报,1983,04:91 - 94

随着我国书籍制度逐步演变,古籍装订有着极为悠久的历史。古籍修复工作者在长期劳动中,积累了丰富的装订修补经验和独具特色的精巧技术。本文介绍了旋风装、蝴蝶装、包背装、金镶玉、卷轴装、经折装、线装等古籍的装订方法、工序及修补方法。

2949

我国古书用纸的种类及特征[J]/王清原.--图书馆学刊,1989,03:37-38+48

本文分类介绍了中国古代麻料纸、皮料纸、竹料纸等古书用纸的特点。

2950

我国目录学史上的又一瑰宝——读王重民先生撰《中国善本书提要》[J]/辛希孟.--图书情报工作,1984,03:42-43

本文系读王重民先生撰《中国善本书提要》评述,介绍了该书的内容特色、编撰体例、成书过程等。

2951

我国南海诸岛史料汇编[M]/韩振华主编.--北京:东方出版社,1988

南海诸岛自古以来就是中国领土,不仅有古今中外的大量史料、文件、地图和文物可作证明,也为世界上许多国家和广泛国际舆论承认。在近代历史上,这两个群岛虽曾一度被外国非法侵占,但并不能改变它们属于中国的历史事实和法理基础。本书用确凿的史实记载和官方文件来证明中国对于南海诸岛的主权。

2952

我国少数民族古代史料的搜集和整理问题浅议[J]/郑铁巨.--中南民族大学学报(人文社会科学版),1990,03:39-44

本文就汉文历史文献中如何搜集、整理有关少数民族历史的史料问题,提出搜集资料应从先秦古籍、正史、正史以外的其他专著、其他可找的历史资料以及可参阅外国的有关论著等几个途径去寻找。已有资料包括《民族问题五种丛书》新版古籍和专门论著几类,后续应该加紧实现国家规定的古籍整理规划,组织人力并着力培养各种少数民族古文字的翻译人才,加强信息情报的互通。

2953

我国台湾省近年的出版情况[J]/汪家熔.--图书馆学研究,1983,06:53-57

本文介绍了20世纪50-80年代我国台湾地区的出版社、出版物质量、出版题材等情况,比较了台湾地区出版行业与大陆出版业的异同。

2954

我国图书馆的缩微工作[J]/李健.--中国图书馆学报,1997,02:65-68

缩微技术在图书馆的现代化建设和为读者服务中发挥着重要作用。本文以公共图书馆为例,从各地图书馆缩微工作开展情况、图书馆应用缩微技术的概况、缩微技术的发展趋向几个角度展开论述。

2955

我国图书馆古籍保护[J]/徐雁.--四川图书馆学报,1984,04:56-63

本文在分析目前国内图书馆古籍保护面临的管理不善、设备老化、经费短缺等问题基础上,讨论了我国传统的古籍保护方法和现代化手段在目前古籍保护工作中的进展,提出未来学界应从藏存环境、保护设备、纸张保护、修复技术、影印缩微技术等几个方面加强研究。

2956

我国图书馆古籍保护之调查分析[J]/王美英.--图书馆论丛,1997,01:28-30

本文通过调查公共和高校两大类图书馆的古籍保护现状,发现我国图书馆古籍保护存在条件不平衡、设备落后、手段传统等若干问题;提出古籍保护工作既要继承传统方法又要借鉴现代先进技术,着眼于防虫、防火、防尘、防盗、修补、缩微影印等项目,更好地保护古籍。

2957

我国图书馆文献分类编目的几个里程碑[J]/徐蜀江.--四川图书馆学报,1988,01:65-70

本文列举了各种历史典籍,厘清了我国先秦至现代文献分类编目工作的脉络,指出图书分类编目的几个里程碑,从漫长的历史征途、跨入改良的历程、迈步与徘徊的行程、面向世界和未来的征程几个方面予以阐述。

2958

我国文献缩微品计算机管理之我见[J]/叶根平. --缩微技术,1998,01:28 - 31

本文分析了缩微技术目前存在的弱点,提出如何利用计算机技术发展缩微,更好地发挥缩微在文献抢救中的作用。

2959

我国现存古籍的种数有多少[J]/张万基. --图书馆学研究,1984,01:125 - 127

我国现存古籍的种数目前有三种说法,即冯蒸同志提出的5万、罗竹风同志提出的10万和李克西同志提出的15万。本文逐一分析,认为李克西同志估计数字偏高,冯蒸同志估计数字偏低。

2960

我国现存最大的古籍资料类编——《古今图书集成》[J]/王义耀. --情报资料工作,1985,01:43 - 45

本文介绍清人陈梦雷编撰的我国现存最大的一部古籍资料类编《古今图书集成》,指出该书是一部极有价值的大类书,但我们今天寻检使用其中的资料十分困难,急需编制实用的索引。在编制索引的同时,还可以进行校勘、辑佚、参证等多种有关的古籍整理工作。

2961

我国藏学文献目录分类简论[J]/吕桂珍. --西藏民族学院学报(社会科学版)(后更名为西藏民族大学学报)(哲学社会科学版),1998,S1:71 - 79 + 14

我国藏学文献目录起源于公元8世纪后期赤松德赞时期,在千余年历史进程中不断得到发展和繁荣,形成了自身的分类方法和分类体系。本文从藏文古籍文献目录的分类和现代藏学文献目录的分类两方面予以简述。

2962

我国著名版本目录学家赵万里先生逝世[J]/本刊讯. --图书馆学通讯(后更名为中国图书馆学报),1980,03:37 - 38

著名版本目录学家,北京图书馆研究员、善本特藏部主任,中国图书馆学会名誉理事,全国古籍善本书总目编委会顾问赵万里先生因病医治无效,1980年6月25日下午7时10分在北京逝世,终年75岁。本文介绍了赵万里先生在版本目录界做出的卓越贡献,并表示深切悼念。

2963

我看古籍整理[J]/邓云乡. --图书馆,1996,06:76 - 77

本文认为整理古籍是极为重要、承上启下的工作,是关系到未来时代、中华民族传统道德修养、感情依托、文化绵延不断的大问题。古籍整理最终要落实,应该引导今天的人去读古籍。重印孤本是使古籍不散失的好办法,编印丛书是使单本小书得以流传的有效办法。

2964

我看新版古籍[J]/王强. --中国图书评论,1995,02:26 - 28

本文分析了新版古籍的弊端,认为"白话""洁本"让古籍失去了原有味道,甚至不尊重古人亦不尊敬今人。"原味儿"既包括古籍中语句的本义,也包括古籍作者以其特有的话语方式赋予该作品的意味;前者或许容易做到翻译正确,尽管有一些译得也不尽如人意;后者则在译文中很难体味到古人话语方式的意味及魅力。

2965

我们是怎样整理《李白全集》的——《李白全集校注汇释集评》前言[J]/詹锳. --中国文化研究,1994,01:89 - 93

1977年国家出版局组织全国出版工作座谈会,制订了整理出版中国历代大作家全集的规划,本文作者承担整理《李白全集》的任务。本文系《李白全集校注汇释集评》前言,介绍了整理《李白全集》时所做的工作。

2966

我们应该如何整理古籍——由读宋杨万里《诚斋集》稿想到的[J]/陈新. --中国典籍与文化论丛,1999,01:198 - 211

杨万里《诚斋集》传今各种抄、刻本亦不

下二三十种。本文通过对读各版本内容,厘清了该书的版本源流,考察了各版本的异文,校订了一些讹误,还讨论了古籍整理中选择好底本和校本的重要性。

2967

我社的藏文古籍整理出版工作[J]/旦巴. --出版工作,1982,11:22 - 24

青海人民出版社多年来根据党关于对待民族文化遗产的方针,对藏文古籍进行了三次整理工作,共出版各种古籍近 40 种。本文介绍了该社藏文古籍整理出版工作的做法,如牢记出版工作任务,坚持贯彻"古为今用"方针;正确执行党的知识分子政策,初步组织起一支社内社外相结合的古籍整理队伍;从藏族实际出发,正确对待民族文化遗产等。

2968

我是怎样学习和研究《文心雕龙》的——在高等院校古籍整理研究规划会上的发言[J]/杨明照. --四川大学学报(哲学社会科学版),1983,02:60 - 63

本文是作者在高等院校古籍整理研究规划会上的发言,以自己阅读《文心雕龙》的经历探讨阅读和整理古籍的方法。《〈文心雕龙〉校注拾遗》是其专著之一,这篇发言稿是其治学方法和经验的概括。

2969

我写作《元曲释词》的经过——答读者问[J]/王学奇. --渤海学刊(后更名为沧州师范学院学报),1988,01:102 - 104

《元曲释词》共约 180 万字,由中国社会科学出版社分四册出版。一、二册出版以后,各报纸和高等院校学报纷纷刊载出版消息并给予高度评价。本文对《元曲释词》的写作经过进行介绍,回答了一些读者的问题。

2970

我学编了一本工具书[J]/罗伟国. --辞书研究,1983,05:43 - 45

本文介绍了作者在接触古籍版本过程中产生了编一本我国历代版本题跋记的意愿,编出《中国历代版本题跋索引(初编)》,订下了十条编撰原则。

2971

我于古文学 特爱少陵诗——评张忠纲研杜专著二种[J]/詹杭伦. --杜甫研究学刊,1995,02:73 - 76

本文是为张忠纲《杜诗纵横探》和《杜甫诗话校注五种》二书所作的书评。介绍了二书的主要内容和编撰体例,对二书的学术价值给予了肯定。指出张忠纲杜诗学研究自成体系,体现出文献学与文艺学相结合、博观与约取相结合以及注重师承与敢于创新相结合的特点。

2972

我院馆藏《东坡全集》版本简介[J]/黄天禄. --三峡学刊(后更名为重庆三峡学院学报),1995,03:38

本文介绍了重庆三峡学院图书馆藏《东坡全集》的基本情况,并对其版本年代进行了考订。

2973

我院善本书编目工作基本结束——南方片区古籍善本验收组来我院检查善本图书情况[J]/贵阳师范学院图书馆. --贵州师范大学学报(社会科学版),1979,03:79 - 80

本文讲述了我国南方片区善本书验收组(包括上海市、四川省、重庆市等图书馆的有关同志),受全国古籍善本总目编辑领导小组委托,到贵州师范学院图书馆检查善本图书质量及善本书编目工作情况的过程。

2974

《无求备斋易经集成》自序[J]/严灵峰. --哲学与文化(在台湾地区发表)1976,02:43 - 44

《无求备斋易经集成》是由严灵峰编辑,于 1976 年台湾成文出版社有限公司印行的书籍,本文为作者严灵峰的自序。此书大旨,在于广泛搜集历代《易》学著述及现当代名家论说,汇合影印而成。

2975

《无上秘要》之编纂及道经分类考[D]/李丽凉. --政治大学(台湾地区),1998

《无上秘要》为北周武帝宇文邕敕纂,是

我国现存成书较早的一部道教类书。残本中所引晋代以来道书多达180种左右,为研究汉魏两晋南北朝道教史的重要资料。本文追溯《无上秘要》的版本和编纂背景,考察了信道观的设置及任务,研究了该书的体例、类目结构、构成及其价值与影响等内容。

2976

吴方言研究的新收获——读《吴方言词考》[J]/张浩逊. --苏州大学学报(哲学社会科学版),1999,02:142

本文对吴连先生撰写的《吴方言词考》进行了评价,肯定了该书的学术价值。指出该书结合书证、事理、音韵学、训诂学及吴地口语来考证吴方言本词,对"鲋鱼""龙毛""杜撰"等词音义的考证辨析,自成一说,启人思考。

2977

吴丰培边事题跋集[M]/吴丰培著;马大正等整理. --乌鲁木齐:新疆人民出版社,1998

本书是边疆学家吴丰培关于边疆地区文献题跋的研究。依题跋和研究评论两大类分别立篇。题跋篇依史籍成书年代,分为明代古籍、清代古籍、民国史籍、1949年后著述。其中清代古籍所涉书较多,依地区分目为西藏地区、新疆及丝绸之路、蒙古地区、川康边地、其他。研究评论篇收选吴丰培先生有关研究综论、古籍通论以及边疆史地学者评传。

2978

吴孟复先生的学术评价[J]/黄季耕. --安徽教育学院学报(社会科学版)(后更名为合肥师范学院学报),1998,01:35 – 37

本文介绍了吴孟复先生在弘扬皖学、古籍研究与整理方面的学术贡献。

2979

吴孟复先生学术传略[J]/纪健生. --文献,1996,01:72 – 97

吴孟复(1919—1995),当代古籍学家、古典文学研究家,广涉语言文字、文学、文献学、语言教学、古籍整理以及古诗文写作等领域,学既专门,见又独到,为安徽学术乃至中华学术留下了一份宝贵遗产。本文介绍了吴孟复先生的学术事迹。

2980

吴汝纶的古籍整理与研究[J]/徐寿凯. --古籍研究,1995,03:12 – 18 + 27

本文介绍了吴汝纶对古籍整理研究的贡献、影响,以及其得以舒心地在古籍海洋遨游的一些因素,略述梗概,以窥其作为海内大师学术文章之一斑。

2981

吴雯和《莲洋集》点校本[J]/孟肇咏. --运城高专学报(后更名为运城学院学报),1991,02:25 – 27

本文介绍了《莲洋集》作者吴雯的生平事迹以及该古籍的不同版本和点校情况。

2982

吴越春秋斠证[D]/洪丙丁. --台湾师范大学(台湾地区),1970

《吴越春秋》为东汉赵晔所作,记述春秋末期吴越二国之事。本文绪言叙述撰者赵晔其人,讨论《吴越春秋》一书的性质、内容、版本和注者。斠证部分则以上海涵芬楼景印明弘治邝璠刻本为底本进行刊谬补阙。佚文部分则是在清顾观光所辑31条基础上,进行补充。

2983

《吴子》考补证[J]/高文,何法周. --学术研究辑刊,1980,02:53 – 58

本文从考订《吴子》内容、考察史实、史志和历代书目记载入手,研究了《吴子》一书的真伪问题,指出该书确是先秦古籍。

2984

《吴子》真伪考[J]/高文,何法周. --开封师院学报(哲学社会科学版)(后更名为河北大学学报)(社会科学版),1977,05:102 – 106

本文根据有关历史记载和相关旁证材料,对《吴子》一书的真伪问题进行了探讨,认为《吴子》是先秦古籍,并不是伪书。

2985

五代孙光宪《北梦琐言》初探[J]/潘丽琳. --东吴中文研究集刊(在台湾地区发表)1999,06:73 – 92

五代承继唐末乱象,政权更迭,社会紊乱,然此时笔记小说之发展,并未因此而有所停滞,反而在前朝的基础上有所创新。本文以五代之作《北梦琐言》为探讨主题,针对作者生平、成书年代及版本流传作介绍,进而探析内容与思想,总结本书之文学特色,借此略窥五代笔记小说内容及其文学地位。

2986

《五经大全》之修纂及其相关问题探究[J]/林庆彰. --中国文哲研究集刊(在台湾地区发表)1991,01:361–383

《五经大全》修纂于明成祖永乐十三年(1415),历来学者对其修纂动机、修纂人、取材问题,和经学衰落的关系,往往未有正确认识。本文对《五经大全》之修纂及其相关问题进行探究。

2987

五经正义研究[D]/张宝三. --台湾大学(台湾地区),1992

唐孔颖达等于太宗贞观年间奉敕修撰《五经正义》,初成之后,历经两次刊定,始于高宗永徽四年(653)正式颁行,在中国经学史研究上具有重要价值。本文考察了《五经正义》的修撰与版本、修撰的依据、体式与内涵特性、论考内容等。本文于2010年由华东师范大学出版社整理出版。

2988

五卷本《刘子》和日本古代学者的论述[J]/林其锬,陈凤金. --文献,1989,04:269–272

上海社会科学院经济研究所沈祖炜同志在日本东洋文库、静嘉堂文库、帝国图书馆和内阁文库查阅关于《刘子》的藏本,发现一种在我国已经佚传了的五卷本《刘子》。本文对该五卷本《刘子》进行介绍论述,并指出日本古代学者相关研究对我们的启发和借鉴作用。

2989

五言律奠基者旧说应予推翻——重评王绩在诗歌史上的地位[J]/王志华. --晋阳学刊,1990,03:9–11

本文以五卷本《王无功文集》重新评价王绩在诗歌史上的地位。指出王绩是隋唐之际近体诗歌写作成就最高的诗人,是唐诗的最早开创者,也是五言律诗的奠基人,五言律诗的格律格调在他手里已经初步定型化。五言律诗的定型年代,比历代论者和闻一多先生所确定的年代,提前近半个世纪。

2990

《五藏山经》研究[M]/姜国楹著. --广州:花城出版社,1998

《五藏山经》是《山海经》一书中最古老的部分。本书从《五藏山经》古地理模拟图说、《山经》的时间与空间、采集渔猎游牧途中的采访记录、南西北东中大环游、文字的创始和文献的译传过程、《山经》与《禹贡》的比较、《山经》与《山海经》中其他诸篇的关系、关于《山经》的评价等方面进行了研究。本书认为《五藏山经》的研究尚处于起步阶段,涉及很多自然科学和社会科学的起源与发展,应展开多学科的综合分析研究。

2991

武大藏本《事类赋》两跋辨伪[J]/廖源兰. --武汉大学学报(哲学社会科学版),1992,05:112–113

武汉大学图书馆藏有明刻三十卷本《事类赋》一部,书末有赵子昂、王穉登毛笔题跋各一条。本文通过内容、时间、字迹三方面辨析,指出赵、王二跋是为乾隆后清人抄袭《天禄琳琅书目前编》收录的《文选》跋语,多系书贾为了提高书价,不惜假托名人而作。武大藏本《事类赋》二跋虽系伪迹,但仍不失其重要价值,在善本书中仍占有重要席位。

2992

武汉大学图书馆积极整理珍本文献[J]/乔红军. --图书情报知识,1998,03:61+74

在周恩来总理诞辰100周年之际,武汉大学图书馆藏书珍品展举行,展出了武汉大学图书馆专业人员整理发现的馆藏历史珍品线装本古籍文献,以及近现代历史中的重要报刊。本文介绍了展览展品相关情况。

2993

武汉师范专科学校古籍书本目录(全二册)

[M]/武汉师范专科图书馆编.--武汉:武汉师范专科图书馆(后更名为湖北大学图书馆),1958

武汉师范专科学校系湖北大学前身。本书目为武汉师范专科学校古籍书本目录抄本,按照经、史、子、集四部分类法进行分类,每部书均著录题名、卷数、著者、版本、册数等情况。

2994

兀兀穷年 壮志不已——记边疆研究者吴丰培教授[J]/知之.--中国边疆史地研究导报,1989,03:31-33

吴丰培,字玉年,江苏吴江人,今已八十,仅近10年来出版专著15种,整理民族和史地古籍百余种,发表论文近50篇,序跋近百,总计有两千万字,可称近年来产量较多的一位边疆研究者。本文介绍了吴丰培先生生平经历及学术概况。

2995

误断引文亦复误注出处[J]/王同策.--史学集刊,1985,03:22

上海古籍出版社《中国历史文选》(下册)所选顾炎武《宋世风俗》一文,系1980年再版修订时增入篇目。该文中"相亦罔终"实为《太甲》中语,被误断为顾氏述语,原文出处亦复误注。《中国历史文选》是教育部选定的高校文科历史文选课教材,出现这种差误,实在出乎意料。

2996

误校七例[J]/蒋礼鸿.--浙江师范学院学报(后更名为浙江师范大学学报)(社会科学版),1981,01:83-86

本文对"不通训诂、不体文情、不察文脉、不谙文例、不审韵叶、轻信他书、强书就己"这七种古籍校勘中出现的错误,结合实例进行了分析论述。

X

2997

夕阳无限好 余热犹生辉——记省馆古籍部离休干部贾连汉同志[J]/汤树俭. --河南图书馆学刊,1987,01:42－44

本文介绍了河南省图书馆古籍部贾连汉同志离休后坚持古籍整理、修志等工作,发挥余热的事迹。

2998

西安的历史文化及其古籍出版[J]/齐相潼. --西北大学学报(哲学社会科学版),1998,02:116－119

本文介绍了西安足以自豪和值得挖掘的丰厚历史文化遗存,以及古籍出版界为挖掘这些文化资源取得的成绩和应继续努力的方面。

2999

西北五省社科院馆藏古籍线装书. 文献. 外文及港台报刊联合目录[M]/西北五省社科院图书情报协作组编. --银川:宁夏人民出版社,1991

本书目著录陕西、甘肃、新疆社会科学院图书馆,宁夏社会科学院情报研究所,青海省社会科学院文献情报研究所,新疆社会科学院历史研究所、宗教研究所等七单位收藏的古籍线装书四千五百余种,采用四库分类法,分经、史、子、集、丛五部,依《全国古籍善本书总目》分类表分类,个别类目略有增改。

3000

西城取经记[J]/雷梦水. --中国典籍与文化,1993,01:69－71

本文介绍了西城悦古堂书店所藏北魏时期《道行经》和唐以前写本《妙法莲花经》两卷,这两种经文珍品的基本情况。

3001

西谛古籍题跋十二则[J]/郑振铎. --文学遗产,1962,436:1

本文是郑振铎先生为明万历四十六年(1618)戊午白雪楼刊本《东郭记》、明崇祯三年(1630)庚午白雪楼刊本《醉乡记》、宝应朱氏吉金乐石山房稿本《齐鲁韩三家诗释》等十二部古籍所作的题跋。

3002

西汉已有植物纤维纸吗?[J]/张国朝. --长沙理工大学学报(社会科学版),1994,03:90－91

本文使用古籍考证的方法,指出西汉的纸并非纤维纸,而是丝质纸。

3003

西南师范大学藏宋版《文章正宗》残本简介[J]/李弘毅. --文物,1997,06:79－81

西南师范大学图书馆在清理古籍藏书时曾发现一部宋版二十四卷本《文章正宗》残卷,现仅存卷二十一之上半部。本文对该残本进行介绍,指出该书无论从字迹行款还是纸质墨色看,都显得古朴雅致,刻印精美,初步断定它是宋椠本的一种形式。

3004

西南彝族历史档案[M]/华林著. --昆明:云南大学出版社,1999

本书从彝文和汉文两个方面研究彝族历史档案。彝文历史档案部分记述其产生形成、种类构成、形制、研究价值、管理和利用情况,汉文彝族历史档案分为官方汉文彝族历史档案和彝族汉文历史档案,除记述其形成、种类构成之外,还研究了汉文彝族历史档案的价值特点、缩微利用等情况。

3005

西王母的变迁及其启示[J]/林祥征. --山东师范学院学报(后更名为山东师范大学学报)(人文社会科学版),1980,01:68－70

本文以西王母神话的产生和演变,以及和小说的关系为切入点进行了分析,认为到了魏晋南北朝时期,我国古典小说才算基本定型,而艺术形象的描写也是由写怪兽之类的神人到写现实生活的人,而这一改变是时代发展的要求,也是艺术规律的要求。

3006

西夏古籍略说[J]/史金波. --传统文化与现代化,1996,03:84 – 89

本文从西夏古籍的沉没与重现、数量与种类、学术价值、整理和运用几个角度,介绍了西夏文化与西夏古籍。

3007

《西夏纪》断句、标点商兑[J]/王勇. --宁夏大学学报(社会科学版),1992,03:49 – 55

《西夏纪》点校本整理出版,极大方便了学者学习使用,但在断句、标点方面疑误较多。本文选取典型例句,从虚词、词义、史实、引文不足等方面提出商榷意见,并列出正确的标点,以补正原书。说明整理古籍应以求实的态度,慎之又慎,断句、标点亦非易事。

3008

《西厢记》的外文译本和满蒙文译本[J]/王丽娜. --文学遗产,1981,03:148 – 154

王实甫《西厢记》从元稹《莺莺传》(一名《会真记》)、董解元《西厢记诸宫调》发展而来,国外学人对三者的翻译和研究都很重视。本文就现有材料,按发表及出版时间顺序,概括介绍英、法、德、意、拉丁、俄、日、朝、越等文种对三者的翻译情况,还介绍了满、蒙文之《西厢记》译本相关情况。

3009

西厢记之版本及其艺术成就[D]/曾琼连. --台湾师范大学(台湾地区),1986

本文采用"就文论文"的方法,对元杂剧《西厢记》的文采加以归纳、整编,以挖掘其中蕴含的深意。文中对《西厢记》版本进行了讨论,从人物塑造、情节布局和辞采音律等几个方面论述了《西厢记》的艺术成就。扼要论述了董西厢、王西厢、南西厢的差异,以明其承袭与影响。本文所引用的曲文,主要以弘治刊本为底本。

3010

《西游记》的源流、版本、史诗与寓言[J]/余国藩. --中外文学(在台湾地区发表)1988,06:4 – 45

本文分为上下两篇,上篇记载了《西游记》本源与《西游记》版本作者的沿革,下篇介绍了《西游记》诗、宗教主题与寓言的功能。

3011

西藏六十年大事记[M]/朱绣编著;吴均校注. --西宁:青海人民出版社,1996

本书记述了19世纪后期到20世纪初西藏社会历史状况,着重反映了当时围绕西藏主权问题各方展开的复杂斗争,揭露了外国势力企图将西藏从我国分裂出去的阴谋,坚持了爱国主义的坚定立场。所附《海藏纪行》,是朱绣赴藏途中的日记,是研究民国初期青藏地区政治、经济、文化等情况的第一手资料。本书由吴均先生核注,对许多历史事件的来龙去脉以注释形式作了详细补充说明。

3012

西周辟雍考略[J]/高宏照. --经济纬纬,1988,01:80 – 83

古籍中屡有西周辟雍的记载。本文从西周有辟雍、西周辟雍为天子大学、西周天子也在辟雍养老和大典、辟雍释名几方面,对西周辟雍进行考证。

3013

西周生即丁耀亢——《醒世姻缘传》辑著者证[J]/冯春田. --书目季刊(在台湾地区发表)1998,02:38 – 44

中国清初小说《醒世姻缘传》在中国古代小说史、民俗与文化史研究上均具重要价值。该书旧题"西周生辑著",而西周生究竟是何人乃一大悬案。本文立足于"辑著者"的事实基础,根据从中国古代名字之学角度发现的证据,论西周生即丁耀亢,并对有关考证的方法论问题加以论述。

3014

吸取古籍纂集经验 提高编辑学术水平——

漫谈编辑学的继承发展和书刊质量[J]/唐本.--四川师范学院学报(后更名为西华师范大学学报)(哲学社会科学版),1991,05:22－24

本文指出,吸取历朝纂集古籍文献的经验,提高编辑书刊的学术水平和出版物质量,是研究编辑学的一项有益课题。有经验的编辑,总是要尽可能地博览群书,从中吸取编辑书刊的经验,提高编辑学术水平,提高书刊质量。

3015

吸取专科目录成果是完善四库分类系统的重要途径[J]/谷辉之.--图书馆学刊,1988,06:33－35

中国古籍分类问题一直是目录工作者关注的焦点。一种有代表性的意见是,传统的四库分类法以及现代的图书分类体系不能适应今天编制古籍分类目录的需要,有必要建立一个新的古籍分类系统。本文指出,与其另建一个新的分类系统,还不如对四库分类法作进一步修订更为切实可行。

3016

希望总结编善本书目的经验[J]/程光.--图书馆杂志,1986,04:27－29

本文通过《中国古籍善本书目》编辑工作经验,回答了所谓较少的本子怎样才算较少;所谓够"三性"之一者,怎样才算够;够善本的书,但是有鼠残、虫残、水残、烟熏残和纸老而脆并破边残的(不指缺页、缺卷、缺册之残本),或者印版稍有模糊的,这些书品不太好的本子能不能算作善本;清代的一般善本书有抄配本或页的还够不够善本;刻印本与刻本的区别何在等问题。

3017

析津志辑佚[M]/(元)熊梦祥著;北京图书馆善本组辑.--北京:北京古籍出版社,1983

析津为元大都旧称。本书为最早记述今北京地区的一部专门志书,对元大都和金中都有关城池、官署、坊巷、学校、庙宇、古迹、风俗、人物等都有较详细的记载,明初编撰的《北平图经志书》《顺天府志》等书都从《析津志》中采择了不少资料。因原书早已亡佚,北京图书馆善本组从《永乐大典》等古籍中辑佚而成一书,名《析津志辑佚》,可窥其梗概。

3018

淅川下寺春秋楚墓及其器铭研究[D]/李郁晴.--台湾师范大学(台湾地区),1999

本文就淅川下寺楚墓的族葬制、下寺楚墓所见的青铜礼器与乐器及其文字考释,以及文字构形与鸟虫书等相关问题,作了较深入探讨。附录部分为"淅川下寺春秋楚墓器铭字表",将下寺所见三千多字按《说文解字》十四卷五百四十部分别部居之,以作为正文论述的依据。

3019

稀见古籍《酒中趣》[J]/王建.--中国典籍与文化,1997,04:47－50

本文介绍了稀见古籍《酒中趣》的内容,探讨了饮酒之趣。文中指出《酒中趣》一书共两册,其著录仅见于日本《静嘉堂文库汉籍书目》。日本嘉永二年(1849)由江户(今东京)青云堂刊印,可以称得上是一部关于酒的小型类书,很值得酒文化研究者参考。

3020

稀见著录地方志书概说——关于合力编纂《中国稀见著录方志提要》的建议[J]/诸葛计.--中国地方志,1999,03:69－77

本文对《中国地方志联合目录》中没有收录的地方志进行了归纳、分类、总结,并针对这些未被著录的地方志提出倡议,希望能够引起社会重视,合力编著《中国稀见著录方志提要》。

3021

稀世珍本 国之瑰宝——大连图书馆古籍藏书概述[J]/王多闻.--图书馆学刊,1986,04:26－30

本文介绍大连图书馆藏书来源、藏书内容、珍本文献等,指出35年来整理研究这批珍贵文献时深感力量不足,远不能适应国内外专家的迫切需求。本文指出当务之急是加速发掘整理,加强科学研究,变单纯的揭示馆藏为文献深化加工提供服务;补充馆藏,形成自己的藏书体系;古籍复本不多,缺藏者买不到,急需互通有无;解决馆藏孤本与罕见本尘封库中问题。

3022

犀利赅博,新颖翔实——闻一多《诗经通义》释例举要[J]/张仁明.--毕节师专学报(后更名为贵州工程应用技术学院学报),1996,02:45-47

本文以闻一多《诗经通义》为本,旁及他的其他训释《诗经》著作,将其特色训诂方法总结为外证法,内证法,发明诗经特有的表达技巧,运用方俗民谣以证其说,运用社会学、人类学知识为佐证等。

3023

锡伯族的文化古籍整理近况[J]/杨嘉兴.--社会科学辑刊,1984,04:20

本文报道了锡伯族的文化古籍整理近况。为了迅速开展锡伯族文史资料的编辑和文化古籍的整理工作,省民委召开了专门会议,传达了中央有关古籍整理的文件,讨论了锡伯族古籍整理的规划和各部门之间的协作等有关问题,并对锡伯族族源问题展开了学术争鸣。

3024

锡伯族源资料、研究成果及新信息[J]/贺灵.--新疆社会科学,1990,04:123-129

本文介绍了对锡伯族族源及其族名的争论,包括涉及该问题的资料、近10年的研究成果以及研究中的不足。

3025

熙朝雅颂集[M]/(清)铁保辑;赵志辉校点补.--沈阳:辽宁大学出版社,1992

本书是清代学者铁保在伊福纳《自山诗钞》、卓奇图《自山诗存》基础上撰辑的一部八旗诗歌总集。收入了自清初直至嘉庆初年满洲八旗、汉军八旗、蒙古八旗的534位诗人诗作共6000余首,是这一历史阶段八旗诗作中最为完备的总集。集内每位诗人均有小传。此书是了解和研究清代满族、蒙古族乃至整个旗人文学的重要资料。

3026

喜读陈寅恪先生唐史手稿和《魏晋南北朝史讲演录》[J]/卞僧慧.--历史教学(高校版),1990,12:44-46

本文为作者读陈寅恪先生《唐代政治史略稿》(上海古籍出版社1988年影印手写本)和万绳楠教授整理的《陈寅恪魏晋南北朝史讲演录》(黄山书社1987年版)两书后所做,认为陈寅恪先生将研究和教学紧密结合在一起,在学术上重在求真,在应用上重在求历史的教训,独辟蹊径,迥不犹人。

3027

喜读《杜诗赵次公先后解辑校》[J]/陈尚君.--山东大学学报(哲学社会科学版),1996,03:57-61

本文为作者读《杜诗赵次公先后解辑校》一书后所做,认为该书体例之精善、搜罗之全备、去取之严谨、校勘之审慎,在国内近年出版的同类著作中是罕见其匹的。该书的出版在杜诗研究史上具有十分重大的意义,也是近年来国内古籍整理工作最重要的收获之一。

3028

喜读《古代诗人咏海》奋令当朝志士征洋[J]/郑明.--海洋世界,1997,07:27-28

本文为作者读海军大校郭振同志编纂的《古代诗人咏海》一书后所做。指出该书按7章分类选编,各章中又按诗人所处历史年代大体排序,既便于纵览全书,又利于分类索引。读该书后,让人感叹我国浩如烟海的诗歌古籍中,咏海作品实在是凤毛麟角,而且长期被忽略,极为可惜。

3029

喜读《画学丛证》[J]/舒士俊.--美术之友,1999,05:10-11

本文是为阮璞《画学丛证》一书所作的书评。该书对美术史从"三古"分期以来的一些经典画学著作如《历代名画记》《图画见闻志》等,以及现代编撰的权威著作《中国画论类编》等涉及的古今许多画家、艺术理论家的人事谬误进行了考订。作者认为该书具有较高的学术价值,能够启迪我们重新审视美术史上一些似乎已熟悉的课题,对于今后梳理研究画史具有较为重要的意义。

3030

喜读《晦庵书话》[J]/杰华. --中国出版，1981,06:52 - 53

本文为作者读《晦庵书话》一书后所做，指出该书具有涉猎较广、文笔清新、文章短小精炼几个特点，将给每一个爱好书籍和关心书刊沿革变迁的读者以极大教益。

3031

喜读李时人《西游记考论》[J]/李伟实. --明清小说研究，1992,02:235 - 237

本文介绍了上海师大文学研究所李时人副教授论著《西游记考论》中的文章和解决的问题。

3032

喜读《两宋史论》一书[J]/陈小江. --岭南文史，1993,02:34

本文是作者读广东省文史研究馆馆员、华南师范大学教授关履权先生《两宋史论》后所做，对该书的具体内容作了介绍和客观评价，认为该书是一部颇有新见解，以丰富史实结合深刻的理论分析，对史学研究极有影响的著作。

3033

喜读《中医训诂学》[J]/黄长捷. --陕西中医，1984,03:37

本文从内容、特色等方面对《中医训诂学》进行介绍，指出其具有的深度与广度对整理和研究中医古籍具有重要作用。

3034

喜读《中医治法十论》[J]/彭荣琛. --江西中医药，1981,04:61

本文介绍了《中医治法十论》一书。该书收集了古今中外的大量资料，据粗略统计，中医古籍约30多部，其他古籍5部，国外医著2部，医学图书资料约350多篇（本），涉及面广，内容比较丰富。对某些新学科和学科中的新看法都进行了资料处理，并运用这些新看法对中医治法进行探讨。

3035

喜见影印戴足斋氏《珍泉集拓》问世[J]/衡门. --中国钱币，1992,02:36 - 39

本文讲述作者对中国钱币搜集研究者戴葆庭遗拓《珍泉集拓》一书问世的欢喜之情，认为该书与另一部遗拓作品《戴葆庭集拓中外钱币珍品》比较，更为珍贵，被治泉学者奉为津梁，视为指南，也为后起的古钱币研究与鉴赏起到了积极推动作用。

3036

喜看《李渔全集》的出版——兼谈编辑学者化[J]/林辰. --中国图书评论，1993,02:112 - 113

本文对浙江古籍出版社出版的《李渔全集》给予肯定。主持《李渔全集》编务并为之作序的萧欣桥是一名编辑，又是知名的李渔研究专家，其10多篇关于李渔作品的考评文章，在学界颇有影响。该书出版再次生动证明了出版界多年来议论的话题，即编辑学者化日益显示出其在出版高档次著作中的决定性作用。

3037

喜看一年来的古籍整理出版工作[J]/《出版工作》编辑部. --出版工作（后更名为中国出版），1983,04:42 - 44

本文介绍了1982年我国古籍整理出版工作的情况。据不完全统计，该年全国共出版古籍200多种，是1949年以来最多的一年，还重印了100多种急需的古籍。该年古籍整理出版工作成绩还表现在九年规划中一些重要项目的落实上，九年规划选题3100多种，相当于1949年以来30多年已经整理出版的古籍的总和。

3038

喜迎文学古籍整理出版的新高潮——建国以来文学古籍整理出版工作的回顾与展望[J]/程毅中. --文学遗产，1984,04:143 - 149

新中国成立35年来，文学古籍的整理出版取得了十分辉煌的成绩。在新版的古籍里，文学类的书占的比重最大。文学古籍的整理和出版注意了普及性、系统性、学术性、资料性。未来整理工作要和研究工作相结合；要提高古籍整理的质量；要注重统筹安排,避免重复浪费。

3039

戏曲古籍整理与研究现代化刍议[J]/吴书荫. --中国文化研究,1994,02:88 - 92 + 6

由于古典戏曲作品的整理工作难度较大,涉及曲谱、曲律、曲中衬字、俗语、俗字、戏曲专门术语等,经过点校、注释的戏曲剧本还为数不多,远远少于文史哲等其他古籍。近年来随着电子计算机的普遍使用和计算机汉字库的建立,开始了用计算机整理与研究古籍的新时代。本文提出建立戏曲古籍资料库、编制戏曲剧目检索系统、用现代技术检索出版古籍、加强两岸合作交流等构想。

3040

戏曲文物研究散论[M]/黄竹三著. --北京:文化艺术出版社,1998

本书由戏曲学家黄竹三先生所著。研究了戏曲产生发展的多元性、泛戏剧形态、古典戏曲的戏剧传统等多个论题,并对山西、河北等地的戏曲文物进行调查考证,分析其对戏曲发展的重大影响,以及元杂剧中不同人物形象。本书坚持用田野考察与文献检索相结合的研究方法,在戏曲文物学、中国戏曲史和宗教祭祀仪式戏剧等领域填补空白,指出误区,提出创见。

3041

细微之处见精神——孙顺霖校注《耳谈》读后[J]/东英. --许昌学院学报,1992,04:123 - 126

本文是孙顺霖先生《耳谈》校注本的书评。文中指出孙氏校注本的高质量不仅表现为校勘的精审,还体现为注释的简洁、通俗、准确。此外,该书前言是一篇研究《耳谈》的奠基之作,仅对《耳谈》一书内容所作的全方位、多角度的系统评判,就可称为一篇高屋建瓴的重磅学术论文。

3042

细心出精品——《唐宋八大家文钞校注集评》序[J]/傅璇琮. --中国文化研究,1998,04:58 - 61

本文是作者为陕西师范大学中文系高海夫教授主编的《唐宋八大家文钞校注集评》一书所做的序言。指出该书是我国古代散文发展的一个高峰成就,注释很有特点,并举例加以说明。书中对于文章系年、赠主的考证也极有价值,是一本普及与提高相结合的高层次的古籍整理著作。

3043

夏鼐同志对古籍整理出版的意见[J]/夏鼐. --出版工作,1982,05:10 - 13

本文是夏鼐同志在古籍整理出版会议上发表的书面意见。夏鼐同志是第一届古籍整理出版规划小组成员,他认为整理古籍的任务是把重要的古籍通过校勘、注释、标点这几种手段,加上一些附带的整理工作,加以出版。

3044

先秦典籍引尚书考[D]/许锬辉. --台湾师范大学(台湾地区),1970

本文梳理了《诗》《礼记》《大戴礼记》《左传》《公羊传》《穀梁传》《论语》《孟子》《孝经》《国语》《战国策》《荀子》《老子》《庄子》《韩非子》《管子》《墨子》《吕氏春秋》《山海经》《楚辞》《竹书纪年》《尸子》等先秦文献引用《尚书》的情况。文章于 2009 年由台湾花木兰文化出版社出版。

3045

先秦"二三"形式说[J]/林涛. --语文研究,1988,01:47 - 49

先秦古籍中常见"二三"这个形式,本文以"二三 A""二三 B""二三 C"来表示它的三个归属关系,并逐一讨论,得出先秦"二三"在不同场合属于不同语法单位,"二三 C"尤其值得注意和研究的结论。

3046

先秦古籍"说""悦"用法之考察[J]/钟名立. --九江师专学报(后更名为九江学院学报)(社会科学版),1990,03:18 - 20

本文结合先秦几种具有代表性的古籍,从"悦""说"同源;"说""悦"共时;"说""悦"音义俱同;"说""悦"的规范与分歧几个方面,对"说"与"悦"两字在先秦著古籍中的使用情况做了说明。

3047

先秦古籍与《内经》整体观的形成和发展[J]/胡元奎. --陕西中医学院学报(后更名为陕西中医药大学学报),1987,04:54-57

本文探讨先秦古籍研究《黄帝内经》整体观的形成和发展。通过人们给祖国医学思想体系贴上的诸如"朴素唯物论、自然哲学、经验医学"等标签,还其历史本来面目,确定其在中国哲学史上应有的位置,也为中医现代化寻觅津梁。

3048

《先秦汉魏晋南北朝诗》补遗[J]/骆玉明,陈尚君. --文学遗产,1987,01:124-128

逯钦立先生辑校的《先秦汉魏晋南北朝诗》是古籍编纂整理的重要成果。骆玉明、陈尚君二位先生进行了补遗,收集了逯先生未及见的晚出资料。本文刊录了先秦无名氏《为吏之道》、汉班固《竹扇诗》、魏文帝曹丕《善哉行》、晋傅玄《歌词》、宋孝武帝刘骏《客行乐》、北魏萧综《听钟鸣》、北齐魏收《答崔岩以双声嘲》、隋卢思道《齐文帝挽歌》等。

3049

先秦汉语语料库[A]/陈郁夫. --中国古籍整理研究出版现代化国际会议论文集[C],1995

本论文集探讨了古籍语料库的整理与研究,古籍整理研究的字体与字形、字库与词库,用于古籍整理、研究出版的中文平台,古籍语料库的标引与检索及其开发工具,古汉语的理解系统,古籍的电子照排,多媒体及光盘技术在中国古籍整理、研究、出版等方面的应用。

3050

先秦两汉古籍逐字索引丛刊·尔雅逐字索引·孝经逐字索引[M]/刘殿爵,陈方正主编. --香港:商务印书馆香港有限公司(香港地区),1995

本书是《先秦两汉古籍逐字索引丛刊》系列著作,是推动先秦两汉古籍数字化的阶段性成果,也是先秦两汉文献检索的重要工具

书之一。

3051

先秦两汉古医籍中量词的研究[D]/贺小英. --广州中医药大学,1997

先秦两汉流传下来大量医籍文献,其较强的口语性能真实反映汉语早期语言的面貌。这些医籍文献中有许多量词,一些沿用至今。本文着重统计了先秦两汉医籍文献中量词的出现次数,以及其分析使用方法。

3052

先秦两汉官府藏书考述[D]/蔡盛琦. --中国文化大学(台湾地区),1997

本文考察了中国殷商时期至东汉时期官府藏书的情况。按照朝代分别讨论了图书的征集、藏书的机构、藏书的掌管以及藏书的整理与利用等问题,并在此基础上辨析先秦两汉藏书史的形成因素及特点,探讨这时期官府藏书对于日后藏书事业的影响。

3053

先秦鸟虫书研究[D]/许仙瑛. --台湾师范大学(台湾地区),1999

本文以目前可见的先秦铜器铭文为基础,探讨先秦鸟虫书的起源及各国书写特征。鸟虫书字体虽一直袭用到后世,但本文研究的范围以先秦为限。经过初步整理,先秦鸟虫书器物共有167个,经研究得到四项结论。

3054

先秦散文艺术新探[M]/谭家健著. --北京:首都师范大学出版社,1995

本书是一部探讨先秦散文艺术的专著。除了对几部公认的名著有集中研究之外,对于人们所不大注意的一些著作如《管子》《鹖冠子》也作了较为深入的发掘,力求比较全面系统地反映先秦散文的总体面貌。尤其是从文学角度对70年代以后新出土的先秦佚书加以探究,为当前学界提供了新的研究思路和方法,也为读者提供了有益的写作借鉴。

3055

先秦时期的古籍整理研究[J]/傅朗云. --古籍整理研究学刊,1986,03:103-109

文中指出先秦人对古籍的整理研究是一

个大题目,作者通过分析史料,认为整理古籍的第一代人最晚也不会晚于西周,而古籍整理研究的早期理论始创于春秋战国百家争鸣时期。早期古籍整理和研究理论虽然出自儒家,但儒家在整理和研究古籍实践中却往往违背自己的理论。《春秋》及其三传在我国古籍整理研究史上占有重要地位,是孔、孟二氏关于古籍整理研究理论的一次伟大实践。

3056

先秦文化史论集[M]/杨希枚著. --北京:中国社会科学出版社,1995

本书收录了杨希枚先生撰写的33篇论文,内容包括先秦文化制度史、现代史学发展趋势、西方学者关于东方学(包括汉学)研究方法的介绍和秦汉时期民族关系的研究,对于研究先秦文化、制度以及现代史学具有一定的学术价值。

3057

县级图书馆古籍管理状况管窥[J]/肖道林. --图书情报知识,1995,04:43+68

本文就县级图书馆如何管理好古籍这个问题展开讨论。文中记录了对某县图书馆作调查的情况,主要包括,一是某县图书馆古籍管理的状况,二是造成上述状况的原因,三是解决上述状况的办法。

3058

现存辽金人著述简目[J]/沈治宏. --宋代文化研究,1994,01:366-376

辽金人著述是研究辽金文化最重要的史料。四川大学古籍整理研究所计划编纂《全金文献》,将存世的金人著述全部汇为一编。为编纂《全金文献》作准备,笔者等人拟考察辽、金人的全部著述,并注明存佚。本文所列简目根据各图书馆的藏书目录或卡片编纂,分经、史、子、集、丛五部。

3059

现存清代兽医古籍书录[J]/牛家藩. --中国农史,1987,01:89-94

本文介绍了《串雅医方》《疗马集》《养耕集》等15种清代兽医古籍书,并分析了清代我国兽医学的发展特点。到了清代,我国的

兽医方面才算初步建立起比较完善、比较系统的兽医学。为了进一步继承和总结提高我国的传统兽医学,对古籍的发掘和整理必不可少,而这需要得到各方面的关注和支持。

3060

现存元人杂剧本事考[D]/罗锦堂. --台湾师范大学(台湾地区),1961

罗锦堂先生是享誉世界的元曲研究大家,本文是其在台湾求学时期的博士论文,后经整理被多家出版社出版。本文资料来源是台湾大学"久保天随文库",作者搜集了其中161种元杂剧的相关资料,梳理其历史沿革、作家作品并加以分析。

3061

现存中华宝卷的收藏分布和研究[J]/谢忠岳. --图书馆工作与研究,1997,03:46-49

宝卷是一种古老的民间演唱文学,是由唐五代的变文及讲经文杂糅摩尼教的经典,并吸收唐宋词曲及民间流行曲调而成的民间演唱文体。本文在回顾宝卷发展历史的基础上,考察了宝卷在世界各国的藏存情况,重点归纳了新中国成立后宝卷的研究方向,也考察了国外对于中国宝卷的研究情况。

3062

现代编目方法与中文善本特点相结合:《RLG中文善本书编目规则》介绍[J]/曹淑文. --中国图书馆学报,1994,06:54-55

美国研究图书馆组织(RLG)所进行的中文善本书项目(CHRB)的任务是形成中文善本书国际机读联合目录。该项目要求其工作人员应既懂中文善本特点,又了解现代编目方法。编目中所遇到的问题,大都围绕如何将二者进行有效的结合。《RLG中文善本书编目规则》反映了这种认识和理解。本文作者是参与该《规则》编制的成员,从如何将二者相结合的角度,对《规则》作一介绍。

3063

现代化与科技古籍整理浅议[J]/管成学. --古籍整理研究学刊,1987,01:6-8+21

本文从科技古籍整理的角度,讨论了现代化与中国传统文化的关系问题。援引科技

古籍记载论述了中国传统医学、天文学、音乐等方面的重要成就,并指出实现思想认识现代化的当务之急不是打倒传统文化,而是扫除文盲、普及教育、破除迷信等消灭愚昧的工作。

3064

现代中文图书版本的鉴定及在 CNMARC 格式中的应用[J]/刘丽静.--图书馆学研究,1995,06:15－17

本文指出,现代图书的版本问题错综复杂,远非人们想象的那么简单。在计算机编目日益普及、CNMARC 格式广泛推广应用的今天,只有对现代图书的版本进行系统严密的鉴定,才能在 CNMARC 格式中得到正确的反映,达到书目数据的一致性、规范化的目的。

3065

线装书的产生及其结构[J]/吴汉英.--出版与印刷,1994,01:95－96

盛行于宋时的蝴蝶装和随后产生的包背装,从书籍制度上来考察,已是非常完整的册页形式。社会对文化需求的不断增长以及手工业的蓬勃兴起,进一步推动了书籍出版业的发展,在包背装的基础上又出现了新的装帧形式线装书。本文介绍了线装书的产生及其结构。

3066

线装书清理工作点滴[J]/陶宝庆.--江苏图书馆工作(后更名为新世纪图书馆),1982,02:93－95

线装书的清理工作是图书馆一项重要的业务工作。本文将作者多年对于线装书清理工作的实践所得整理成文,从清理前的业务学习、清理原则的确立、清理的步骤与方法以及清理过程中应当注意的问题几个方面进行了论述。

3067

相台岳氏《刊正九经三传沿革例》及其在校勘学上的价值[J]/崔文印.--史学史研究,1986,03:36－42

《刊正九经三传沿革例》是相台岳氏以南宋廖莹中世彩堂本为底本,整理刊刻九经、《春秋左传》并续刻《公》《榖》二传时,在原本《九经总例》的基础上,充实完善的校勘小例和细则,是我国古代校勘学史上留下的最完整、最系统、最详备的文献。本文探讨了该书提出的校勘原则、其在校勘学上的价值以及该书的作者等,指出该书并非出自一人之手,先成于廖氏所聘请的诸经名士,后定著于相台岳氏。

3068

香港大学冯平山图书馆藏善本书录[M]/饶宗颐.--香港:龙门书店(香港地区),1970

冯平山图书馆是香港大学图书馆分馆之一,以收藏中、日文书籍为主,是香港地区较早且具规模的中文图书馆,其古籍善本收藏在香港及邻近地区也处于领先地位。此书收录了冯平山图书馆所藏 200 多种宋元明刻本及稀见抄本、稿本。当时所收,以珍稀的宋元明版本与抄稿本为主,清前期的刻本未暇收录。

3069

香港所见善本书录[J]/李孟晋.--能仁学报(在香港地区发表)1994,03:459－466

本文介绍了香港地区的 7 种善本,为此 7 种善本撰写了书录。分别为闽刻本《孝经注疏》九卷四册、《大学衍义补》一六一卷二十四册、《考工记辑注》上下卷二册、《类编草堂诗余》残本二卷六册、《订补坡仙集》三十八卷二十四册、《欧虞部集》二十册、《三希堂法帖》原拓本。

3070

香港中文大学图书馆古籍善本书录[M]/香港中文大学图书馆系统.--香港:中文大学出版社(香港地区),1999

本书介绍了香港中文大学图书馆善本古籍情况。该馆善本古籍大部分收藏于 1966 年至 1970 年间,其后略有增添。此书收录善本 830 余种,依经、史、子、集、丛五部编排。每种古籍详载书名、著者、版本、册数、版框、行款、版式、刻工、内封、牌记、卷端、序跋及后人批校、题跋、藏印等资料。书后更附多种索引,方便读者检索。

3071

湘蘅沅芷溢清香 岳麓书社出版《船山全书》《曾国藩全集》《左宗棠全集》纪实[J]/曾主陶. --出版广角,1997,03:22-25

《船山全书》《曾国藩全集》《左宗棠全集》是国务院古籍整理规划小组第一批规划项目,也是湖南省古籍整理出版的重点项目。岳麓书社经过14年接力奋战,终于在1996年底全面完成了这三大全集的出版任务,树起了湖南地方古籍整理出版以至全省出版史上的重要里程碑。本文对此三种书的整理出版工作进行介绍。

3072

《湘山野录》《玉壶清话》订误[J]/徐规. --文献,1997,04:155-169

《湘山野录》《续录》和《玉壶清话》(又名《玉壶野史》)是北宋熙宁、元丰年间僧人文莹所撰,多记宋太祖至宋神宗时期的掌故,间亦涉及五代事。1984年,中华书局出版了该三书的点校本一册。其后,多人撰文指正了新本在点校方面的失误。本文从原著记事进行纠谬,并旁及底本误刊和点校者、排字工人之失误共62条。

3073

湘潭市图书馆馆藏古籍目录[M]/贺中和主编;湘潭市图书馆编. --湘潭:湘潭市图书馆,1995

本书为湘潭市图书馆馆藏古籍目录,共收录古籍16500余册1568种。馆藏古籍虽然不多,但是经、史、子、集都有涉及,还包括湘潭地方人士的著述百余种。其中《初学记》《湖广通志》被收入全国善本书目,乾隆时期的古籍也有几种。

3074

详审实用 博取众长——评《中国史籍概论》[J]/邓子美. --社会科学辑刊,1989,01:161-162

本文认为上海华东师范大学张志哲《中国史籍概论》(江苏古籍出版社1988年5月版)一书,是一部德方体备的好书。文中指出,该书分类分书评介,选材精审,断代与文化专史各方面最重要的史料均包罗其中;重视史籍源流与版本介绍;重点突出,详略得当,注意吸取最新成果和最新资料;体例在总结同类性质著作的编纂经验基础上有大的改进等。同时指出该书亦有不足之处。

3075

萧崇素民族民间文学论集[M]/萧崇素著. --成都:四川民族出版社,1999

本书为萧崇素先生编著的藏族、彝族民间文学集。萧崇素先生40年来深入四川省甘孜藏族自治州、凉山彝族自治州、阿坝藏族羌族自治州等民族地区采风,搜集、整理、研究格萨尔史诗和藏族、彝族民间文学。论集分为上下两编,上编收录整理彝族神话、童话、民歌、舞蹈、美术工艺等,下编为研究格萨尔史诗及彝文古籍、神话传说的论文集。

3076

萧统《文选》研究述略[J]/穆克宏. --郑州大学学报(哲学社会科学版),1993,01:14-21

本文对《昭明文选》的治学源流、研究著作进行论述,对编者、编选年代、选录标准、与《文心雕龙》的关系进行探讨,指出"选学"的研究有待进一步开拓与发展。

3077

萧延平校注整理《黄帝内经太素》的功绩[J]/陈钢. --中医文献杂志,1998,03:3-5

《黄帝内经太素》为唐初杨上善撰注的一部医书,清末民国初年湖北学者萧延平进行了校注整理。本文考察了萧延平在校勘、辑佚以及注释几个方面对该书的整理情况。指出萧氏整理该书工作基础十分薄弱,既无善本可查,又无前人成果可参,且工作底本残缺不全,能在这种情况下校注整理出高水平著述实为不易。

3078

潇湘书海拾珍(二)[J]/涂玉书. --高校图书馆工作,1981,02:125-126

本文介绍了湖南省邵阳市图书馆的藏书情况。文中介绍了多种馆藏珍贵古籍,包括清代著名书法家、藏书家何绍基亲笔圈点、批注的清朱彝尊《曝书亭集》,明崇祯陈仁锡刻本《潜确居类书》,清道光间李瑶胶泥活字印本《校补金石例四种》等,均有很高的收藏价值。

3079

潇湘书海拾珍(三)[J]/王前元,杨信. --高校图书馆工作,1981,03:67 – 68

本文介绍了湖南省衡阳市图书馆的藏书情况。文中介绍了多种馆藏珍贵古籍,包括著名史学家王夫之近五万册典籍,明天启刻本《筹海图编》,明万历刻本《路史》《花间集》等,均有很高的收藏价值。

3080

小说断句失误二例[J]/郭芹纳. --文学遗产,1989,06:47

本文对上海古籍出版社 1984 年 4 月新版《水浒》第二回和人民文学出版社 1985 年版《金瓶梅词话》第十四回出现的断句失误之处进行了评析,认为与文义不合,并据此提出了自己的意见。

3081

小说旧闻钞[M]/鲁迅著. --上海:联华书局,1935

本书由鲁迅先生纪念委员会编印,内容均采自宋元明清笔记,是鲁迅 1920 年至 1924 年在北京大学讲授中国小说史时衰集而成的小说史料。全书共 39 篇,前 35 篇是关于原书的有关片段,间有考证,以按语形式呈现,涉及作家生平、作品内容和题材渊源等各个方面。后 4 篇是关于小说源流、评刻、禁黜、杂说等方面的专辑。

3082

小屯南地甲骨考释[M]/姚孝遂,肖丁著. --北京:中华书局,1985

本书是利用考古所诸同志精心整理、关于 1973 年小屯南地甲骨的大批出土的第一手资料编纂而成的研究型著作,对于海内外学术界人士了解商代的历史文化大有帮助。

3083

小学译注[M]/(南宋)朱熹辑著;刘文刚译注. --成都:四川大学出版社,1995

本书内容是朱熹对小学教育提出的一套完整的教育理念,分内外二篇 385 章,对儿童进行思想品德和修养的教育。本书材料来自古代经典和名言嘉行,也被士人看作修身养性之书。该书一问世就广为流传,影响极大,对于研究朱熹的教育理念有重要意义,在古代的教育史和思想史上都是重要的里程碑。

3084

斜川集考辨[D]/周全. --辅仁大学(台湾地区),1976

《斜川集》是南宋文人苏过的文集。本文研究了《斜川集》的真伪问题。认为伪本《斜川集》所表现的背景人物,与苏过生平多有不符,并就伪本资料证实其为刘过所作《龙洲集》。本文还叙录了各辑本斜川集及其刊刻的情况,重点讨论了鲍廷博知不足斋刻本《斜川集》的刊刻情况。

3085

撷古籍之英华 集著述之总汇——介绍《中国古籍善本书目》[J]/宗洁. --中国图书评论,1987,03:82 – 84

本文从产生背景、内容、特征等方面对《中国古籍善本书目》进行介绍,指出其优点与不足。

3086

谢朝征及其《安遇斋诗》[J]/周本述. --苏州教育学院学报,1999,03:13 – 15

本文考订了清代文人谢朝征《安遇斋诗》一书的创作时间,介绍了主要内容。从这部书的存诗来看,作者当时年纪尚轻,大致在 30 岁左右。诗作主要涉及四方面,一是诗人窘困不得伸展之慨叹;二是亲朋唱和赠答、迎送感怀之作;三是游览山川,尤其是登临粤地名胜,表达感时伤世之悲的作品;四是诗人对第二次鸦片战争带给家国创伤的幽愤。

3087

谢天佑和谢天瑞非一人辨[J]/龚剑锋. --浙江师范大学学报(社会科学版),1988,02:31

《古典戏曲存目汇考》(上海古籍出版社 1987 年版)第 956 页载:谢天瑞,一作天佑,字起龙，号思山，浙江杭州人，或谓河南人，约"万历中前后在世"。此误说谢天瑞和谢天佑为一人。本文对谢天佑和谢天瑞进行考证，指出他们并非一人。

3088

谢朓有全集 佳句不空吟——评《谢宣城全集》[J]/王天华,俞慈韵.--中国图书评论,1999,06:37-38

陈冠球先生编注三年的《谢宣城全集》由大连出版社出版。本文指出该书具有原文准确、编排清晰、收诗文全等特色，注释完整、细致而新颖，对谢朓生平作了较详细的介绍，是一部认真整理过的古籍，也是一本优秀的中国文学史教材。

3089

《谢宣城集》诸本研究[D]/胡献忠.--河南大学,1999

本文在考察南朝诗人谢朓《谢宣城集》传世本源流系统的基础上，考察比较了谢集诸本的目次和异文问题。

3090

心史丛刊（外一种）[M]/孟森著.--长沙:岳麓书社,1986

本书是近代著名学者孟森考证明清史事的作品。全书共分三集16篇，搜集了明清时期几个著名的案件、人物和两篇小说的资料，并对此作了深入翔实地考证。具体包括《奏销案》《〈西楼记传奇〉考》《袁了凡〈斩蛟记〉考》《太后下嫁考实》等文。此书材料丰富、论述精当，具有较高的学术价值。作者因前承乾嘉学风，其考证稍显烦琐。

3091

心血与才智的结晶——评《欧阳修资料汇编》[J]/荣斌.--天府新论,1996,06:95-96

本文是为洪本健《欧阳修资料汇编》一书所作的书评。指出该书辑录了自北宋到清末900年间计600余人关于欧阳修生平和作品的记述和评说，不仅资料全面，而且对资料的处理十分科学得当。作者也对该书的不足之处进行了公允的评述。

3092

辛弃疾献俘何地小考[J]/徐定宝.--宁波大学学报（教育科学版）,1984,01:87

本文研究了辛弃疾押叛徒张安国赴于何地的问题。据作者考证，辛弃疾将张安国押至临安正法的观点比较正确。而"献俘建康"为有误史实。

3093

辛勤聚书的郑西谛先生[J]/冀淑英.--北京图书馆馆刊（后更名为国家图书馆学刊）,1997,03:67-70

本文介绍了郑振铎先生的藏书事迹。其以毕生精力辛勤收集中外文图书17224部94441册，宋、元、明、清各代版刻都有。类别包括历代诗文别集、总集、词集、戏曲、小说、弹词、宝卷、版画和各种社会经济史料等，反映了他对学术领域的接触面之广。郑先生对某些书念念不忘地搜集，除了保存资料，还有为国家为民族保存一代文献的崇高意愿。

3094

辛文房的《唐才子传》[J]/祝注先.--辞书研究,1988,03:97-104

鲁迅给友人许寿裳的儿子许世瑛开列大学中文系学生用的古籍参考书目十二种，其中有三种工具书，首列者是元人辛文房的《唐才子传》，足见此书重要程度。本文从该书卷首、所叙历时跨度、内容特点、体例格架、叙述格式、传后综论、不足之处等角度进行了品评，认为元初的一位少数民族诗人能够写成如此宏著，实在难能可贵。

3095

新安医籍丛刊[M]/余瀛鳌,王乐匋等主编.--合肥:安徽科学技术出版社,1987-1996

新安地区历代名医辈出，传世医籍甚多，形成中国医学史上"新安医学"之一脉。本书是研究新安医学较为全面的大型医学丛刊，从历代新安医家著述中选择学术价值较高者，分为医经、伤寒金匮、诊法、本草、方书、综合、外科、妇儿科、针灸、喉科、医案医话、医史、杂著等十余类，计收辑自宋元迄清末民初医籍一百余种，包括清代许豫和《热辨》《治验》《怡堂散记》《散记续编》，清代汪燕亭《聊复集》、清代王勋《慈航集三元普济方》，清代方肇权《方氏脉症正宗》等。

3096

新版本学探微[J]/朱积孝. --图书馆工作与研究,1989,02:49－52:

一般提及版本学专指古籍版本,如宋版本、元椠本、明清珍善版本,而"五四"以来的新书版本罕为人谈及。本文指出新书版本也很值得研究考证,内容极为丰富,目前学界对于近现代图书版本的研究是一个极为薄弱的环节,应该引起学界注意。

3097

新版戴本《水经注》标点献疑[J]/鲍善淳. --古籍研究,1998,02:3－10

陈桥驿先生点校的戴震校本《水经注》于1990年由上海古籍出版社出版。本文对该书标点方面的疑误之处,按照地名、人名、书名、官名、史实等分类,择要分别录出,结合实例进行分析,希望这一善本更加完善。

3098

新版《黄宗羲全集》简介[J]/翟汶. --浙江学刊,1985,02:76

黄宗羲著作数量较多,一类是他编选前人的著作,有十余种。另一类是他本人撰写的著作,有一百多种。由沈善洪主编的《黄宗羲全集》主要收入黄宗羲亲撰作品,共分十二册。本文介绍了该书,详细列出了每册具体收录的书目。

3099

新版《曾国藩全集·奏稿》的整理经过及其史料价值[J]/成晓军. --近代史研究,1997,06:183－194

曾国藩是近代中国一位具有重大影响而又极其复杂的历史人物。本文介绍了《曾国藩全集》一书的出版溯源,概述了《奏稿》部分的整理经过及其史料价值。

3100

新编本文史通义(含方志略例、校雠通义)[M]/(清)章学诚撰. --台北:华世书局(台湾地区),1980

《文史通义》是清代史学家章学诚著名的史学理论著作,仿《史通》而编订,是一部有理论体系、成一家之言的论文汇编。在中国史学史上,前有唐朝中叶的刘知几《史通》,后有清朝中叶的章学诚《文史通义》,可并称两大史学理论代表作,分别代表了中国传统史学发展的两大阶段性成果。本书为《文史通义》的新编本。

3101

新编排印本《帝鉴图说》商榷[J]/许振兴. --古籍整理研究学刊,1999,03:24－29

本文是1993年北京中国社会科学出版社出版的《帝鉴图说》新编排印本的一篇书评,指出了该书编撰者在取舍原书资料、点校和解说原书文字方面有待商榷的问题。

3102

新编张仲景注解伤寒发微论及其他一种[M]/(南宋)许叔微撰. --北京:中华书局,1985

本书是一部伤寒著作,二卷,由宋朝许叔微撰写,历述伤寒七十二证证治,阐解某些伤寒证候的用药法,并扼要辨析伤寒、中风、风温、温疟等病的脉证。上卷为论伤寒七十二证候等,下卷为论表里虚实等。

3103

新出词籍介绍[J]/《词学》编辑委员会. --词学,1983,01:308－311

本文对新出的词籍进行介绍,包括龙榆生著《词曲论概》,孙正刚著《词学新探》,叶嘉莹著《迦陵论词丛稿》,詹安泰著《宋词散论》,夏承焘著《夏承焘词集》,刘永济著《唐五代两宋词简析》《词论》,刘坡公著《学词百法》,清徐釚著、唐圭璋校注《词苑丛谈》。

3104

新的格局 新的贡献——读《三国演义》校理本[J]/曹学伟. --社会科学辑刊,1993,04:159－160

本文对沈伯俊同志校理、江苏古籍出版社1992年2月出版的《三国演义》校理本进行评介,指出该书凝聚着沈伯俊同志的巨大心力,具有视野宽阔、检照精细、方法精当、注释独具特色等优点,但在一些问题上也存在可以商榷的余地。

3105

新发现的广东俗曲书录——以明版《花笺记》为中心[J]/李福清. --汉学研究(在台湾地区发表)1999,01:201－227

木鱼书是广东俗文学中重要的一种文类。本文介绍了英国与荷兰所藏22种《木鱼书目录》未著录作品的情况,特别介绍了最有名的木鱼书《花笺记》明版残本,指出这批新发现的资料可以补充前人的《木鱼书目录》。

3106

新发现的明刻足本《花编》[J]/王有朋. --图书馆杂志,1989,06:48－49

本文介绍了作者在整理上海辞书出版社图书馆馆藏古籍时发现的明刻足本《花编》。此书原系吴兴藏书家蒋孟苹密韵楼旧藏,后由中华书局购存。1957年原中华书局图书馆藏书悉归《辞海》编辑部(1978年改称上海辞书出版社),此书亦随之而来。此次发现的是极为珍贵的足本六卷。

3107

新发现的《王无功文集》两种五卷本[J]/韩理洲. --西北大学学报(哲学社会科学版),1984,03:78－79

本文介绍了初唐杰出诗人王绩诗文集两种五卷本的真伪、版本异同。

3108

新发现的徐光启《兵机要诀》[J]/王庆余. --复旦学报(社会科学版),1983,06:111－113

中国古代军事学到明末开始出现巨大转折。徐光启是中国近代军事技术的先驱者,只是由于有关其军事文献散佚太多,尚未得到应有重视。本文介绍了莫文骅将军收藏的徐光启《兵机要诀》,指出这是近年来徐光启研究中的重大收获,为我们研究其军事实践和思想提供了宝贵的原始资料。

3109

新法保存古籍[J]/佚名. --山西档案,1994,01:53

本文介绍了保存古籍的两个方法。一是使用化合物二乙基锌延缓纸张老化。二是利用透明膜包裹纤维已经陈旧碎裂的纸张。

3110

新疆大学图书馆藏古籍书目(第一辑)[M]/新疆大学图书馆编. --新疆:新疆大学图书馆,1993

本书共三辑,所收书目包括新疆大学图书馆藏明清善本和新疆资料。明清善本书500余种,是该馆收藏的古籍善本的一部分,包括元刻明递修本、明刻本、部分清抄本、清稿本及个别近稿本。新疆资料270余种,是该馆收藏的古籍及1949年前出版的书籍中有关新疆的资料书籍目录。其中第一辑、第二辑分别于1993、1994年出版,第三辑于1996年出版,是对前两辑的补充收录。

3111

新疆大学图书馆藏古籍书目(第二辑)[M]/新疆大学图书馆编. --新疆:新疆大学图书馆,1994

同上。

3112

新疆大学图书馆藏古籍书目(第三辑)[M]/新疆大学图书馆编. --新疆:新疆大学图书馆,1996

同上。

3113

新疆民族古籍藏书目录·哈萨克古籍[M]/新疆民族古籍办公室编. --新疆:新疆民族古籍办公室,1985

新疆民族古籍办公室编写《新疆民族古籍藏书目录》,按照自治区各少数民族和古籍的学科内容分期分册编印。本书为哈萨克古籍书目,共收录843部古籍,对每部书都做了具体介绍。

3114

新校古籍审读杂记[J]/傅憎享. --编辑之友,1988,02:51－54

本文分析了点校古籍时常见的问题,如"点不断、理还乱""'□□'余论""〔〕之为用""以今人之心臆度古人之文"等现象。

3115

新校古籍审读杂记续[J]/傅憎享. --编辑之

友,1994,05:62－64

本文指出,校理须有根据,以求其是而去其非,力避旧误未除,新讹又生。并从人名、称谓、题目、药名、字序不可颠倒、不明其事难正其字、知音方能正字、据书写习惯正字等方面逐一加以说明论证。

3116

新袍子怎么破旧了——《诗经·郑风·缁衣》议[J]/刘燕及.--天津师范大学学报(社会科学版),1991,04:59－63

《诗经》三百篇有些诗本来简单明白,但传诗者往往附会政治,穿凿历史,以示高明有识。历代学者们对权威的定调或唯唯诺诺,或存疑而从,即使有所争议修改,也往往是字词的枝细较量,难以跃出划定的圈子。本文认为《郑风·缁衣》一诗就存在这些情况,根据此诗的六种新解,作者提出,要解通此诗,"敝""改""粲"三个字是关键,并重新对该诗进行了释义。

3117

新入藏善本《广舆记》述略[J]/王守龙.--江苏图书馆学报(后更名为新世纪图书馆),1990,05:49

明本《广舆记》是徐州市图书馆近年征集到的善本书,本文介绍了该书的体例和内容。

3118

新石头记[M]/(清)吴趼人著;王立言校注.--郑州:中州古籍出版社,1986

本书是晚清长篇科幻小说,系对《石头记》故事的续写,承继了《石头记》的迷幻时空框架,写贾宝玉在1901年复活,到上海、南京、北京、武汉等地游历,为高度发达的西方科技文明所震撼,集中反映了作者对乌托邦式的社会和国家制度模式的向往。

3119

新时期民族古籍工作的思考[J]/苍铭.--民族工作,1996,04:37－39

本文强调民族古籍工作的重要意义,提出"九五"期间民族古籍工作的思考,包括继续抓紧民族古籍的普查与抢救,弄清我国民族古籍的数量和种类;加强民族古籍学科理论建设,建立民族古籍职称评聘系列;理顺民族古籍工作机构,把"协作"落在实处;确保民族古籍事业经费的投入,加强民族古籍的出版发行工作;对民族古籍所蕴含的民族文化进行深层次研究,开展对外学术交流等。

3120

新修本草与千金翼方传承关系之考察[D]/廖秀娟.--中国医药学院(后更名为中国医药大学)(台湾地区),1992

《新修本草》,简称《唐本草》,是由唐代苏敬等人编撰的一部药学著作。《千金翼方》为唐孙思邈晚年所撰,以补其早年巨著《千金要方》的不足。本文通过考察《新修本草》与《千金翼方》二书的成书背景、作者、内容与形式等,分析了两部著作的传承关系。

3121

《新仪象法要》版本源流考[J]/管成学.--古籍整理研究学刊,1988,03:2－4

《新仪象法要》是苏颂和韩公廉创制水运仪象台的设计说明书。王振铎、李约瑟两位前辈之所以能够复原水运仪象台就是因为有此书传世。此前关于此书版本源流尚无专文论述,本文作了相关探讨。

3122

新印古籍管理[J]/罗志欢.--大学图书馆学报,1999,01:50－51

本文分析新印古籍的发展及其特点;提出新印古籍在分类、编目和管理、利用方面存在的亟须解决的问题;结合工作经验和体会,列举可供操作参考的管理方法。

3123

新印古籍目录[M]/北京市中国书店编.--北京:北京市中国书店,1963

本书收录了1949年后中华书局及各地出版社影印和排印的各类古籍和古籍的今译、新著、选本。

3124

新印《曲品》校读记[J]/吴书荫.--戏剧艺术,1989,02:141－143

吕天成的《曲品》是戏曲史上一部重要的论著,上海古籍出版社1985年8月出版的《访书见闻录》中附载了《曲品》排印本。本文将排印本与原抄本对校,发现排印本在整理上存在臆改、脱漏、失校、误标等问题。希望此本新印的《曲品》重印时,能够订正失误,避免给研究者造成混乱。

3125

新中国民族古籍工作[M]/李冬生主编;国家民族事务委员会全国少数民族古籍整理研究室编. --北京:民族出版社,1999

本书介绍了新中国民族古籍工作有关的文件、讲话和会议纪要。包括党和政府、国家民族事务委员会等有关部门关于民族古籍工作的方针和政策,各省、自治区、直辖市民族古籍整理工作的成就,以及1994年以来民族古籍工作的大事活动纪要。

3126

信阳楚简考释(五篇)[J]/朱德熙,裘锡圭. --考古学报,1973,01:121 – 129

信阳楚简,指1957年信阳长台关一号墓出土的楚国竹简,考释中兼及1953年长沙仰天湖25号墓出土的楚国竹简。本文通过对读出土文献与传世文献,对信阳楚简中"锬杴""革带""缚带""组带""豆筼""樏筼""筼"等文字进行了考释。

3127

形声字偏旁部首变异系统的建立与古籍整理研究的现代化[A]/吕永进. --中国古籍整理研究出版现代化国际会议论文集[C],1995

本文设想先依靠大型字书建立形声字偏旁部首变异系统,再以此为框架,逐步建立起楷书层面的汉字偏旁部首变异系统,以期为计算机标准古籍字库的建立和与之相应的汉字"构形学"的创立,提供一个较系统的资料和数据,也以该系统直接参与古籍整理研究和出版的现代化工程。

3128

《醒梦骈言》二考[J]/顾青. --文学遗产,1997,06:93 – 96

《醒梦骈言》是出现于清代中期的一部中型话本小说集,共12篇,都是从蒲松龄的《聊斋志异》中选取题材改编而成。本文从该书

渊源、版本两方面做了一些必要的辨析、考证工作。

3129

醒世恒言[M]/(明)冯梦龙编;柳笛点校. --石家庄:河北人民出版社,1990

本书是明末文学家冯梦龙纂辑的白话短篇小说集。共四十则故事,题材来源丰富,大多来自民间传说、史传和唐宋小说,反映婚姻恋爱主题。结构充实完整,描写细腻,人物形象鲜明,不同程度反映了当时的社会面貌和市民思想感情。

3130

《醒世姻缘传》词语释义订补[J]/王文晖. --枣庄师专学报(后更名为枣庄学院学报),1996,02:57 – 60

《醒世姻缘传》是继《金瓶梅》之后明代又一部著名的世情白话小说。张清吉《〈醒世姻缘传〉新考》(中州古籍出版社,1991年11月出版)对该书的本事来源及风俗方言进行了评述考证。其《〈醒世姻缘传〉方言简释》部分收录该书方言俗语计700余条。有些词语释义是得当的,有些则稍欠准确。本文择其要者分类列举补订。

3131

《醒世姻缘传》校勘献疑[J]/徐复岭. --蒲松龄研究,1993,Z2:239 – 255

本文以上海古籍出版社1985年版《醒世姻缘传》为底本,校订了其中字词、方言、语句、脱衍文、近音字、地名等几个方面的错误。

3132

《醒世姻缘传》语词补注[J]/张鸿魁. --蒲松龄研究,1992,03:113 – 126

《醒世姻缘传》有上古本和中州本之别。本文补充注释一些有鲁西特色而上两种版本未注的词语,纠正两本不够确切全面或错误的注释。

3133

《醒世姻缘传》注补[J]/邵则遂. --语言研究,1992,02:161 – 165

上海古籍出版社1981年出版黄肃秋先生校注的《醒世姻缘传》一书,注释详明,在典

故、民俗方面尤其深入、细致,为古代汉语、汉语方言词汇研究提供了宝贵材料,但也有一些错漏。本文是对黄注本进行的补正,包括与黄注商榷、为黄注提供方言证据及补注黄先生未出注的词语等。

3134

《醒世姻缘传》注释补议续稿[J]/徐复岭. --蒲松龄研究,1992,02:94 – 115

《中华文史论丛》第四十七辑(上海古籍出版社,1991 年 5 月)刊载了本文作者的《〈醒世姻缘传〉注释补议》,本文即是上文的续稿,写作体例一仍其旧,只是由于内容需要,分类标题略有变动。

3135

醒园录[M]/李化楠,侯汉初撰;熊四智注释. --北京:中国商业出版社,1984

本书是清代中叶饮食专著,分上下两卷,记载烹调、酿造、糕点小吃、食品加工、饮料、食品保藏等共 121 种菜谱,内容翔实,记述详细。原书根据清代四川名人李化楠宦游江浙时搜集的饮食资料手稿,由其子李调元整理编纂。本书根据重庆市图书馆所藏清嘉庆李氏万卷楼再刻本标点注释。

3136

《熊龙峰四种小说》是建阳刻本[J]/官桂铨. --文献,1989,03:286 – 287

《熊龙峰四种小说》是明人编刊的一部有名的话本小说总集。1958 年古典文学出版社排印王古鲁校注本,1987 年上海古籍出版社重印,列为"中国古典小说研究资料丛书"之一。本文对它的版本情况进行了考证,认为《熊龙峰四种小说》是建阳刻本。

3137

修水县图书馆积极抢救古籍[J]/刘安安. --赣图通讯,1986,03:66

本文报道了修水县图书馆着手抢救古籍的事迹。修水县图书馆建于 1958 年,属江西省最早建馆的县馆之一。修水有悠久的文化渊源,出现过不少著名的私人藏书家。县馆建立后,收集了大量散失于民间的古籍珍本。目前该馆抢救古书工作已开始,对馆藏数千

册明清版本的线装书包括省内外孤本,进行翻旧成新和选用"万年红"防蠹。

3138

修志随笔[M]/张守富著. --济南:齐鲁书社,1998

本书由作者在修山东史志工作中积累的札记编录而成,包含了作者在修志工作中的部分业务体会以及部分史料的记载。

3139

修志助手[M]/严寒,张玉清,张宗新主编. --吉林:吉林省地方志编委会省志总编室,1987

本书分十三部分,内容涉及方志新旧名词解释、历史知识集锦、编辑、出版、计量、历法、官制等常识。

3140

《髹饰录》[J]/(明)黄成著;(明)杨明注;周怀松校勘. --中国生漆,1991,03:43 – 48

《髹饰录》是我国现存唯一的古代漆工专著,是研究漆工史的重要文献。本文分两篇,本篇主要刊载了乾集的内容,包括利用和楷法两个部分,反映了我国传统漆工艺的丰富多彩,为我们继承传统漆工艺、推陈出新,提供了宝贵材料。

3141

《髹饰录》[J]/(明)黄成著;(明)杨明注;周怀松校勘. --中国生漆,1991,04:38 – 46

《髹饰录》是我国现存唯一的古代漆工专著,是研究漆工史的重要文献。本文分两篇,本篇主要刊载了坤集的内容,包括质色、罩明、描饰、填嵌和尚古两个部分,反映了我国传统漆工艺的丰富多彩,为我们继承传统漆工艺、推陈出新,提供了宝贵材料。

3142

徐达护档[J]/成言. --山西档案,1989,04:47 – 47

本文介绍了明代大将徐达行军持重有纪律,攻入元都后保护档案的事迹。

3143

徐光启的诗经学——关于《毛诗六帖》[A]/(日)村山吉广. --第四届诗经国际学术

研讨会论文集［C］,1999

本文介绍了徐光启传略以及《毛诗六帖》的成立、体例,指出《毛诗六帖》在理解徐光启经学思想方面具有极为重要的价值,对了解同时代的竟陵派钟惺、戴君恩等诗经"欣赏派"产生的时代背景,也是值得特别留意的资料。

3144

徐光启农学三书题记［J］/胡道静. --中国农史,1983,03:48－52

本文系作者为徐光启农学三书所写的题记,包括《甘薯疏(辑本)》跋、《农遗杂疏(辑本)》跋、《农书草稿(北耕录)》后记。

3145

徐光启研究著作、论文索引［J］/王福康,徐小蛮. --中国科技史料,1984,02:95－112

本文归纳了徐光启的传记、年谱、生平研究、纪念言论、遗址与遗迹,从作品、哲学、军事学、民族学、经济学与人口学、宗教、中外文化交流、教育学、文学、科学等方面对徐光启的思想进行研究,罗列了徐光启的作品与国外研究论著。

3146

徐家汇藏书楼所藏古籍目录稿初编［M］/上海图书馆编. --上海:上海图书馆,1957

本书收录整理徐家汇藏书楼所藏古籍目录,共分经、史、子、集、丛五部,编为五卷,类次依照《四库全书》编纂方式完成,为研究者提供了较为清晰的藏书目录资料,为学者了解徐家汇藏书楼的藏书情况奠定了良好基础。

3147

徐评外科正宗［M］/(明)陈实功著;(清)徐灵胎评. --上海:上海科学技术出版社,1990

本书十二卷,总论外科,分述痈疽、疮疡、流注、肠痈、鹅掌风等病,附作者验案。

3148

徐乾学及其藏书刻书［D］/陈惠美. --东海大学(台湾地区),1990

本文阐扬了清代藏书家徐乾学藏书与刻书的事迹。考察了徐乾学的家世背景、交游

和著述情况,梳理了徐氏藏书的源流、整理利用与散佚概况。还专门研究了《通志堂经解》刻书过程及流传情形,分别从"刻书以存书""校书以存书"的不同角度,探究了《通志堂经解》的得失,给予了较公允的评价。

3149

徐霞客台州挚友陈函辉——附新发现的徐霞客与陈函辉交谊诗［A］/周琦. --徐霞客在浙江［C］,1998

本文指出徐霞客墓志铭系明代临海陈函辉所撰,《附编》还辑录了陈函辉题赠徐霞客诗二句。

3150

《徐霞客游记》(上海古籍版)勘误举要［J］/吴郁芳. --浙江学刊,1992,04:99－100

《徐霞客游记》二卷,上海古籍出版社1980年初版,褚绍唐、吴应寿先生点校。增订本于1987年出版。本文对增订本点校失误处进行了辑录,以供《徐霞客游记》重版或再版时参考。

3151

《徐霞客游记》与地方志［A］/周如汉. --徐霞客在浙江［C］,1998

本文从广集方志,以志导游;据实证志,明误补阙;亲身修志,详载地情几个方面论述了《徐霞客游记》与地方志相关情况。

3152

《徐霞客游记》中《楚游路线图(一)》质疑［J］/丰蔚. --图书馆,1986,01:38

本文论述了《徐霞客游记》中《楚游路线图(一)》地名方位不确、线路有误等若干可疑之处。

3153

徐信符先生《古籍校读法》述略［J］/莫仲予. --岭南文史,1999,01:23－25

徐信符是著名藏书家,对岭南地方文献的收藏、整理、研究卓有成就。本文介绍了徐信符先生《古籍校读法》,说明其藏书和校书原则,以及他对于广东学人的深远影响。

3154

续伪书通考［M］/郑良树. --台北:台湾学生

书局(台湾地区),1984

本书是对张心澄《伪书通考》的补充与续编,对张氏失收的辨伪数据有所增补,但重点在于网罗20世纪的伪书考辨成果,对于读者了解疑古辨伪学的新发展有一定帮助。

3155

《续修四库全书提要》及其功过得失[J]/曹书杰.--古籍整理研究学刊,1985,03:50-54

1971年台湾商务印书馆出版了一部《续修四库全书提要》12册,另索引1册,收录古籍10070种,数量与清人所修《四库全书总目提要》相当,但目前国内流行甚少,该书有关基本情况及文化史上的功过得失,尚鲜为人知。本文从其编纂、功过、得失、《续提要》与《续提要》稿等四个方面做了评述。

3156

续修四库全书·续修四库全书总目提要·经部(全二册)[M]/中国科学院图书馆整理.--北京:中华书局,1993

本书为《续修四库全书》经部典籍的提要。分为易、书、诗、礼、乐、春秋、四书、孝经、群经总义、小学等十类,每书分别撰写提要,揭示作者生平,概述该书内容、版本源流,辨析其版本价值、学术价值等。

3157

续修四库全书总目提要(稿本)(全三十八册)[M]/中国科学院图书馆整理.--济南:齐鲁书社,1996

《续修四库全书总目提要》是继清乾隆年间所修《四库全书提要》之后,于1931年7月至1945年7月,由我国经学、史学、文学、文字学、目录学、方志学、敦煌学等各方面的专家学者撰写的又一部十分重要的大型书目提要工具书,共收入古籍33000余种。半个多世纪以来,许多古籍已被天灾人祸所毁而不复存世。所幸这些提要还能勾勒出一部分古籍的轮廓。该书基本上反映了清乾嘉以后至20世纪30年代存世典籍的概况,是学者必备的参考用书。

3158

《续修四库全书总目提要》编纂史纪要[J]/

罗琳.--图书情报工作,1994,01:45-50

本文介绍了《续修四库全书总目提要》编纂的缘起、编纂机构、人员结构、经费来源和编纂过程。

3159

《续资治通鉴长编人名索引》正误[J]/徐德明.--河南大学学报(社会科学版),1988,04:49-54

本文订正了日本学者梅原郁编制的《续资治通鉴长编人名索引》一书中出现的注释问题。

3160

续资治通鉴长编史料库建立及有关问题[A]/郭宝兰,李新福.--中国古籍整理研究出版现代化国际会议论文集[C],1995

本文以720万字的《续资治通鉴长编》上网为例,研究如何利用现有的因特网技术解决已经数字化古籍的上网问题,讨论了利用字符串匹配技术和超文本标注语言(HTML)自动构造古籍上网文件的方法。

3161

玄学的范围、主题和分期[J]/方立天.--文史哲,1985,04:41-42

本文指出,魏晋玄学从所据经典来说,是"三玄"之学;从主题来说,是探求理想的人格,即"名教与自然之辨"之学;从哲学内容来说,则是着重探讨本体论的玄远之学。在分期方面,建议以玄学家与当时政治的关系及由此而产生的玄学思想重点的变化为根据,来划分魏晋玄学的不同阶段。

3162

绚丽的台湾历史风情画卷——读《台海采风图考》[J]/张显清.--史学集刊,1992,02:76-78

清代六十七所著《台海采风图考》是一部描绘台湾风光、物产、民俗和古迹的珍贵古籍。本文认为该书分条立目,对台湾地区动植物及土特产作了较详细的介绍,展现了当地的社会生活和风土民情。海峡两岸同根同源、同种同族,这部撰写于250年前的《台海采风图考》是台湾自古就是祖国不可分割一部分的又一历史见证。

3163

《学海类编》初探［J］/李春光. --图书馆学研究,1987,05:139－142

本文介绍了清代编纂的丛书《学海类编》相关内容,分析了该书中内容缺失的原因,论述了该书的重要价值,指出其在搜集整理古籍方面有许多可取之处。

3164

学界津梁 珍同拱璧［J］/鲍思陶. --中国图书评论,1998,09:60－61

本文介绍了《续修四库全书总目提要》的编撰过程和学术价值。与《四库全书总目提要》相比,该书搜集补充了大量文献资料,并对书籍版本进行了考订,且评价公允。

3165

学林春秋［M］/张世林编. --北京:朝华出版社,1999

本书收入活跃于20世纪各个时期的中国学术领域重要学者介绍治学历程及经验的文章41篇,包括个人简历、师承和治学历程及经验三个部分。

3166

学术动态(《二毋室古代天文历法论文选》出版)［J］/《贵州大学学报》编辑部. --贵州大学学报(社会科学版),1984,01:103－104

本文介绍了已故贵州大学教授张汝舟先生的学术成就。张先生多年来潜心研究殷历等古代历法,纠正了历代就二十八星宿配四象造成的错误,恢复了二十八宿宿位排列的本来面目,并调整十二宫、辰位置,加了岁差、本星、北斗柄方向等。其研究、论证做到了天文材料(实际天象)、地下材料(出土文献)和纸上材料(典籍记载)三证合一,尤其重视实际天象。

3167

学术交流后——台湾观光简录［J］/范能船. --中国典籍与文化,1996,04:21－23

本文记录了作者在台北参加"两岸古籍整理学术研讨会"和"大陆古籍整理与研究成果展"后,应台湾地区学者盛情邀请,至台北

故宫博物院、台北艋(舟甲)龙山寺、花莲慈济功德会、太鲁阁公园等地观光,现场所见所闻。

3168

学术性与普及性结合的巨型译著——《文白对照十三经》和《文白对照诸子集成》读后［J］/黄天骥. --出版广角,1997,03:27－28

本文高度肯定了许嘉璐、梅季主编并由多位教授注译的《文白对照十三经》和《文白对照诸子集成》两套书的学术价值,也对书中译文和句读等方面的问题进行了校订。

3169

学术性、资料性、艺术性三美兼备——评《明清藏书家印鉴》［J］/陈东辉. --中国图书评论,1990,06:79－80

本文是为林申清编《明清藏书家印鉴》一书所作的书评。指出该书的重要特色是学术性、资料性和艺术性三美兼备。书中所收的每位藏书家均附有简单传记,涉及姓名、字号、籍贯、藏书楼名、履历诸项,且每印附识释文,既体现了学术性,又省却了读者的翻检之劳,可谓一举两得,且该书对研究明清时期的私家藏书亦颇有参考价值。文中还提出了增加前言和丰富藏书家传记内容的建议。

3170

学术研究与古籍文献的重要资料——评《说苑疏证》的双重史料价值［J］/吕功. --宁波师院学报(社会科学版)(后更名为宁波大学学报)(教育科学版),1990,01:108－111

《说苑》由汉代著名学者刘向编撰,是研究刘向及西汉社会形态、政治制度的重要资料。本文是为赵善诒《说苑疏证》一书所作的书评,指出该书乃赵善诒教授前后历四十余年由《说苑》整理而成,是1949年以来第一部《说苑》的整理本,旁征博引,广为搜集各种史料,注疏精审,具有学术研究和古籍文献的双重史料价值。

3171

学习梁家勉同志的治学精神［J］/刘瑞龙. --农业考古,1988,01:381－383

本文肯定了我国当代农史科学研究开拓

者梁家勉同志在农史古籍研究;对当代倡导科学理论、农业学说,富有创见的学者和古农书撰者的研究;动植物及某些农业资源的历史研究以及传统农业科学技术的起源及其发展过程的研究等方面的贡献,呼吁大家学习其从实际出发,理论联系实际的工作路线,为农史研究做出更杰出的贡献。

3172

学习、研究、整理古籍的良友——《古籍知识手册》简介[J]/温玉川.--古籍整理研究学刊,1988,04:64-65

高振铎先生任主编,刘乾先、符孝佐先生任副主编,集20多位专家之力合撰而成的《古籍知识手册》由山东教育出版社出版。本文指出该手册既具有知识性、系统性,又具有工具性、应用性,论述既有深度,又深入浅出,是广大读者学习、研究、整理古籍的良友。

3173

学习整理古籍的心得体会[J]/王洪生.--黑龙江图书馆,1978,03:17-18

本文讲述了作者1972年到图书馆工作以来,学习整理古籍的心得体会。作者最初各项业务都不熟,尤其是对古籍的知识更是缺乏。在馆内老同志们耐心的指导下,经过几年学习,已从一点不懂到基本能够搞古籍分类和版本的鉴别工作。

3174

雪鸿山馆纪年[M]/(清)赵守纯.--广州:广州市古籍书店,1958

本书是赵守纯的日记手稿油印本,主要记叙咸丰元年(1851)至同治三年(1864)间太平天国在江浙一带的活动情形及官府征剿情况。以作者当时所处立场,对太平天国起义的措辞和评论较为尖刻,如称太平军为"贼兵""悍党""贼酋"等,但因所记材料属实,可以此来研究太平天国运动。

3175

寻根集——方志论及吉林方志研究[M]/金恩辉著.--吉林:吉林省图书馆学会,1998

本书分为五部分,包括地方志简论,吉林省地方志考评,著名学者与吉林省地方志,吉林省地方志总目提要,地方志的开发、利用及其他。

3176

荀子集释自序[J]/李涤生.--鹅湖(在台湾地区发表)1979,09:25

本文指出,中唐元和年间,杨倞为荀子作注,此外别无注本。清光绪中叶,长沙王谦氏集诸家之说,作《荀子集解》一书。作者以《荀子集解》为蓝本,加以校释,牟宗三先生为之作序,具有一定的参考价值。

3177

荀子通假文字考证[D]/施铭灿.--台湾师范大学(台湾地区),1970

本文考察了《荀子》一书中通假字的情况,以唐杨倞注本为底本,所据《说文》及切语,以徐铉本为主,参以段玉裁《说文解字注》。文中共收532字,分别考订了相互通假文字的古声古韵,就其异同,分为声韵俱同、声异韵同、声同韵异、声韵俱异四类。

3178

荀子字义疏证[D]/周天令.--高雄师范大学(台湾地区),1985

本文就人性、教育、政治等三大问题,总述荀学的现代意义及正面价值。阐明了荀子"人性论"的真谛,探讨了荀学的源头大本,阐发了荀子"善伪论"的"精义、礼义之统"的政治理想和教育哲学,析辨了俗雅之儒,探讨了知识分子的社会地位等。通过一系列研究,作者认为荀学是最为近正于孔门的学说。

3179

训诂得义散论[J]/石云孙.--安徽教育学院学报(社会科学版)(后更名为合肥师范学院学报),1989,01:57-62

本文围绕训诂得义发表议论,指出治古籍重在得义;汉语的历史语义学应承接传统,尊重事实,把意和义作为应有的内容包括进去;前人的训诂,所解释的字,有时实际上是非字义,或与字义无关;望文生训,所训之义,非字词应有之义;忌硬作为古人立言之意。

3180

训诂的逻辑方式[J]/杨信川.--广西大学学

报(哲学社会科学版),1998,05:47－51,

本文指出,训诂的实质,是一个为训释对象做语义属性判断的逻辑思维过程,既带有传统汉学的具体特征,也受逻辑思维的一般方法支配。同时介绍了比较和分类法、类比、归纳、演绎、分析和综合法、证明和反驳法等训诂常用的方法。

3181

训诂订误三则[J]/水绍韩.--中学语文教学,1995,03:47－48

本文对常见的三组词进行订误,指出蒲服并非蒲衣,儿童并非儿同,以及薄禄相即薄福相,有利于人们在阅读古文献时进行理解。

3182

训诂学的历史、现状和未来[J]/华学诚.--扬州大学学报(人文社会科学版),1993,01:74－79

本文概述训诂学的历史发展、优良传统、衰落的原因、本身存在的突出问题等,指出训诂学的振兴与发展需要外部条件与内部条件相结合,当前训诂学的任务是"论证、补缺、总结、开拓"。

3183

训诂学能否演进为中国古籍注释学——建国以来训诂学研究的回顾与展望[J]/韩格平.--古籍整理研究学刊,1989,05:42－46＋97

本文总结了1949年以来训诂学研究的热点问题,探讨了当前训诂学研究和现实需要的两点差距,对于训诂学的发展做出展望。指出就当前的学术分工及现实需要看,训诂学不仅完全有可能,而且应该演进为中国古籍注释学。初步设想,中国古籍注释学的基本性质是研究中国古籍、汉文古籍的一般规律和方法的科学。

3184

训诂学上的一些问题[J]/王力.--中国语文,1962,01:7－14

本文是王力先生对训诂理论学问题的讨论,讨论了古书新颖的解释、思想与语言的关系、并存与亦通、语言的社会性、上下文与词义的关系、僻义和常义、古音通假、偷换概念、重视古训以及疑难的字句等问题。

3185

训诂学性质研究述评[J]/张月明.--内蒙古电大学刊,1994,04:10－14

本文结合常见的有关著述,对训诂学性质的研究状况作概述并加以评说。文中列举各种说法时以论著出版或发表的时间先后为序。而归纳诸家论述大体可得四种观点,即训诂学即语义学、词义学;训诂学是汉语语言学、语文学的一个部门,是综合性学科,不等于语义学、词义学;训诂学即阐释学;训诂学是研究正确解释语言的学科。

3186

训诂学与文献民俗学[J]/宋薇笳.--民俗研究,1987,04:44－53

本文指出,民俗学是研究民间风俗习惯等文化现象的一门人文科学,包含内容十分广泛。民俗学研究与训诂密不可分,并从训诂学的含义、对象、产生特点等角度分析了训诂学与民俗学的关系。

3187

训诂与古籍索引——兼谈《古今图书集成》索引的编写[J]/林仲湘.--广西大学学报(哲学社会科学版),1988,02:71－75

清代陈梦雷编纂的《古今图书集成》是我国现存最大、收罗最广的类书,有很高的文献价值。本文结合编制《古今图书集成》索引实例,谈训诂在编制古籍索引中的作用。指出训诂需要充分利用古籍索引,编制古籍索引必须很好地运用训诂,二者相互为用、互相促进。

3188

训诂与古籍整理[J]/崔棠华.--辽宁大学学报(哲学社会科学版),1988,02:83－87

训诂学作为一门指导古籍整理实践的科学,已经显示其重要作用。经验证明,古籍整理离开训诂则寸步难行,甚至犯错误。本文从训诂与标点、校勘、注释、翻译四方面进行探讨,认为这四方面是古籍整理不可缺少的四个重要环节,训诂贯穿其中,指出训诂对于古籍整理的重要性。

3189

训诂专家郭在贻——谨以此文纪念恩师郭在贻先生[J]/方一新.--古籍整理研究学刊,1989,03:38-40

本文介绍了杭州大学中文系教授、汉语史博士生导师郭在贻先生的事迹,并从专书、断代的词汇研究,尤重六朝以来俗语词的研究;敦煌文献的词语、俗字研究及校勘;把理论付诸实践,注重训诂学的应用性和指导作用等几个方面的情况,肯定了他在训诂学、楚辞学、敦煌学诸领域取得的卓越成就。

Y

3190

淹博. 识断. 精审——读《古文献研究丛稿》[J]/高明. --古籍整理研究学刊,1998,S1:96 – 97

本文是为吴金华《古文献研究丛稿》一书所作的书评。指出该书以汉魏六朝文献为突破口,灵活运用各种方法校读古籍,对许多问题有所发明。吴先生将汉语史、文化史同古籍校勘相结合的治学方法,以及对学术问题实事求是,力求不断深入的治学精神值得学习。

3191

延边大学图书馆藏古籍书目(线装古籍)[M]/延边大学图书馆编. --延吉:延边大学图书馆,1965

本书为延边大学图书馆藏线装古籍书目,分为经、史、子、集、丛五部,附有书名索引。每部书均著录题名、著者、版本和册函情况。

3192

严谨治学 勇垦生荒——读《谢榛诗集校注》[J]/贾炳棣. --山东社会科学,1991,04:93

本文是为李庆立《谢榛诗集校注》一书所作的书评。文中肯定了该书的成就,并指出该书具有三个特点,一是精心编辑,搜求全备;二是校勘的精审;三是体例上校注合一,不单设,注释的详核以及行文的简明扼要。同时,该文也对书中的不足之处进行了公允的评述。

3193

严君平《老子指归》真伪考辨[J]/王德有. --齐鲁学刊,1985,04:62 – 66

从明代开始,有人怀疑《老子指归》不是西汉严君平(严遵)的著作,影响了后代学者对该书的重视。近年出版的中国哲学史著作中,亦没有论及此书。本文考辨后认为,《老子指归》出自严君平之手,是中国道家的一部重要著作。

3194

严氏父子著述考[J]/黄友铎. --四川图书馆学报,1994,04:65 – 67,

清末至民国年间,渭南人严雁峰、严式海父子是有名的藏书家。本文将其二人的著述(包括编、撰、辑),不计存佚,凡八种,按写作或刊刻时间为序,略加考辨。

3195

《严修往来手札》知见录[J]/崔广社. --文献,1996,01:132 – 138

河北大学图书馆珍藏《严修往来手札》一函13册,收录严修及其亲属、好友、学生、社会名流等大量的亲笔书信,是古籍文献中的国内孤本,对研究我国清末民初的教育及社会发展史迹,有独特而宝贵的史料参考价值。本文将《严修往来手札》收录概况略作介绍,以补证所见有关文献的缺漏。

3196

炎帝、黄帝部落与炎黄子孙传说[J]/于盈. --齐鲁学刊,1990,04:79 – 82

本文从炎帝部落的概况、黄帝部落的概况、华夏族的始祖——黄帝几个角度,介绍了炎帝、黄帝部落与炎黄子孙的传说,从史料角度论证了华夏族儿女确为炎黄子孙的事实。

3197

炎、黄二帝的历史功绩[J]/摘自1989年10月25日《光明日报》. --湖北社会科学,1990,01:44 – 44

本文介绍了炎帝神农氏和黄帝轩辕氏的主要历史功绩。文中指出,炎帝制耒耜,教民农作;教天下种谷;耕而陶;发明了用草药治病的医术。黄帝"艺五种",即种植五谷;作宫室,以避寒暑;采首山铜,铸鼎于荆山下等,且黄帝开始制定天文历法,史官仓颉创造文字。

3198

研读古籍应有方法之一 ——考虚妄[A]/朱守亮.--台湾师范大学国文研究所庆祝高邮高仲华先生六秩诞辰论文集(台湾地区)[C],1968

本文专题讨论考据之学在国学研究中的作用。此文还曾收录于作者《亦圃斋经学论集》。

3199

研究古史中的两种古籍《绎史》《尚史》[J]/萧新祺.--古籍整理研究学刊,1992,05:48

本文介绍了中国古史研究的两部重要古籍文献,即清代马骕《绎史》和李锴《尚史》的主要内容、流传版本及史料价值。

3200

研究傩文化的底座——读《中国傩戏傩文化资料汇编》[J]/刘玉琦.--贵州民族学院学报(社会科学版)(后更名为贵州民族大学学报)(哲学社会科学版),1995,02:78-80

本文介绍贵州民族学院图书馆馆长杨启孝副教授领衔主编的《中国傩戏傩文化资料汇编》,被列为台湾地区《民俗曲艺丛书》之一。该书出版问世,填补了海内外傩学研究者们在研究过程中第一手资料匮乏的空白,是海峡两岸学术文化交流的可喜收获。每篇资料皆从纷披繁缛的古籍文献中选出,再经爬梳整理,成此新编,编者对傩学研究的贡献不可低估。

3201

研究市场 改善经营 扩大发行[J]/俞子林.--中国出版,1993,08:10

本文讨论市场经济下古籍整理和出版的前景问题。指出市场经济对于古籍整理出版工作不只是一种压力,也是一种促进,要求出版社拿出适合读者需要的高质量的产品来。一般来说,只要是高质量的图书,就会是有"双效益"的图书。每个出版社都应努力研究市场,优化选题,提高质量。

3202

研究我国化学史应重视古籍《诗经》[J]/李素桢,田育诚.--化学通报,1983,11:54-56

本文整理近500条《诗经》中反映古代化学的问题,将其大体分为八个方面,即青铜(约200多条),酒(约100多条),染色(近80条),玉石(约40多条),皮革(约30多条),香料(约10多条),肥料(约3-5条),油漆、陶器、糖、油脂及其他(共约30多条),分别举例予以说明,指出《诗经》反映的化学知识是较多的,这些记载是很珍贵的史料。在研究中国化学史的时候,《诗经》应当受到化学史界必要的重视。

3203

研究彝文古籍 发扬彝族文化[J]/马学良.--贵州民族研究,1987,02:42-48

本文论述了研究彝文古籍、发扬彝族文化的重要性,介绍了彝族古籍的特点、相关文化背景等。指出整理彝文古籍,不仅是发扬彝族文化,对丰富发展中华民族文化也有重要意义。我们研究中华民族文化,若仍像过去那样只从汉文古籍中去探索,就很难得出新的结果。应向我国各民族作实地调查,对有文献的民族,应发掘整理他们的古籍,从中寻找新资料,为中华民族文化增添新内容。

3204

研究整理古籍 堪称美富之书——古籍整理"释例"[J]/林之秀.--中国图书评论,1996,03:36-38

本文为作者近读岳麓书社出版的胡渐逵先生所著《古籍整理释例》一书后所做,认为该书是一本研究如何整理古籍的力作。该书共分校勘、标点、符号、注释、今译及其他五部分,通过对精选的近两百个实例详细分析,较全面具体阐述了当今古籍整理的许多实际问题,不但可供古籍整理者参考,而且为社会科学的编辑者、教学者和研究者提供了不少足资借鉴的材料。

3205

研究整理古文献必备目录[J]/陈爱燕.--图书馆建设,1999,04:55-57

本文从史志目录、常用基本古籍目录、古籍版本目录、专科目录、禁毁书目录及辨伪书目录、丛书目录等方面介绍了前人在目录学方面的研究成果，以利今人对古文献资源这块丰富宝藏的研究和开发。

3206

《盐铁论》存在问题的新解[J]/陈直. --文史哲,1962,04:68 - 78

《盐铁论》为我国公元前1世纪作品，流传两千余年之久，辗转钞刻，错误滋多。本文对该书中存在的问题举例进行了论述。

3207

阎若璩尚书古文疏证的辨伪方法[D]/许华峰. --中央大学”(台湾地区),1994

本文从《尚书》学史与辨伪方法两个角度，阐释了阎若璩《尚书古文疏证》的地位与价值。认为《疏证》的主要成就是证明今本《尚书》的"古文二十五篇"为伪，界定出"伪书"的广义和狭义范畴，并指出《疏证》体例与内容上的缺失与特色。文中讨论的重点是《尚书古文疏证》的"根底"与"支节"问题。

3208

阎若璩与古文尚书辨伪：一个学术史的个案研究[D]/刘人鹏. --台湾大学（台湾地区),1991

本文从今、古文《尚书》问题及《古文尚书》辨伪论争的历史入手，研究了阎若璩《尚书古文疏证》的辨伪方法，考察了阎若璩的文学活动及与当时学术界交结等情况，进而讨论了阎氏考证学思想、考证工作的态度与信念及其《尚书古文疏证》在学术史上的地位。

3209

颜氏家训 人情世故大全[M]/（北齐）颜之推原著；唐汉译注. --西安：三秦出版社,1995

《颜氏家训》共计七卷二十篇，从居家教子起，逐渐向外扩展，不仅建立了家庭伦理观，还就个人修养所应遵守的行为规范做了具体说明，涉及范围十分广泛。本书对颜氏家训进行了整理选译，侧重于其中所述的人人应当遵守的先圣先贤之道。

3210

颜氏家训译注（珍藏版）[M]/（北齐）颜之

推著；秦峰译注. --南昌：江西高校出版社,1997

《颜氏家训》是我国南北朝时北齐文学家颜之推的代表作。本书出版参阅和借鉴了大量其他版本，注释和译文简明扼要，流畅易懂。本书集中反映了作者的教育思想，对我国古代家庭教育思想史起到了里程碑式的作用，对后世影响极大。

3211

檐曝杂记 竹叶亭杂记[M]/（清）赵翼,（清）姚元之撰；李解民点校. --北京：中华书局,1982

《檐曝杂记》为清人赵翼所撰零散笔记文字的汇辑，记述作者京城官场见闻交往，出仕两广、云贵经历闻见，以及读书心得等，共计六卷续一卷。《竹叶亭杂记》为清人姚元之所撰，历记朝廷掌故、礼仪制度、地方风情物产、石刻印章、古籍文物、人物轶事、读书杂考、花虫木石等。

3212

《晏子春秋》价值初探[J]/段国超,连杨柳,张晓明. --昆明师专学报（哲学社会科学版）（后更名为昆明学院学报）,1988,02:73 - 81 +87

本文对《晏子春秋》一书的作者、性质和相关内容作了论述，认为《晏子春秋》在小说史、喜剧艺术史、中国思想史上都有一定的地位。

3213

晏子春秋研究[D]/王更生. --台湾师范大学（台湾地区),1968

本文是围绕晏婴本人及《晏子春秋》进行的系统研究。针对晏婴本人，考订了其传略及年谱，讨论了晏婴所属学派，重点讨论了晏子天道、鬼神、生死、伦理、政治、理财、外交、修养方法等多方面的思想。针对《晏子春秋》一书，考辨了真伪、版本、篇目、佚文等，又对其文评、句法、韵语、取喻等文辞问题进行了研究。

3214

燕京引得丛刊：从历史到现实[J]/王燕

均.--图书馆论坛,1991,03:35-40

本文介绍了《哈佛燕京学社汉学引得丛刊》的编纂史实和历史得失。从1931年春到1951年冬,该丛刊以"引得编纂处"的名义编辑出版了汉学索引64种81册,其中正刊41种50册,特刊23种31册,体现出了规范统一、灵活全面、精深可靠、细密周到等特点。丛刊的编纂提供了一套不可多得的汉学文献检索工具书,质量高,系统性强,在学术研究领域有着广泛用途。

3215

扬州雕版印刷志略(一)——清代官刻本、坊刻本[J]/王澄.--扬州大学学报(人文社会科学版),1993,02:139-141

清代扬州雕版印刷空前发达,官刻、家刻、坊刻皆盛,且颇多善本,与苏州、南京并列为江南三大刻书中心。本文介绍了扬州诗局、扬州书局、淮南书局等清代扬州代表性官办刻书机构官刻本及扬州坊刻书概况。

3216

扬州师范学院图书馆馆藏古籍选目[M]/扬州师范学院图书馆编.--扬州:扬州师范学院图书馆,1960

本书系扬州师范学院图书馆1960年编撰的古籍选目。该书对馆内藏存的六万余册古籍线装书进行了目录的编制,其中包括善本一百余种,藏书主要以扬州地区方志和扬州史料方面的书籍为特色。

3217

扬州图经[M]/(清)焦循,江藩.--南京:江苏古籍出版社,1997

《扬州图经》是清嘉庆年间焦循、江藩纂辑的一部扬州地方文献,系从众多资料中把有关扬州的各项文献记载辑录在一起。以扬州这个地域为纬,以时间为经,勾勒出千百年来在扬州所发生的一切。原稿系手稿,名《扬州府图经》,藏北京图书馆。

3218

阳春集笺[D]/郑郁卿.--台湾师范大学(台湾地区),1970

《阳春集》为南唐冯延巳的词集。本文对该书进行了音律格调等诸多方面的深入研究。

3219

《阳明全书》的成书经过和版本源流[J]/钱明.--浙江学刊,1988,05:75-79

本文从《语录》《文录》《续编》《附录》几部分,就《阳明全书》的成书经过和版本源流提出了看法。

3220

杨士勋《春秋穀梁传注疏》之研究[D]/陈秀玲.--中兴大学(台湾地区),1996

初唐学者杨士勋《春秋穀梁传疏》是穀梁学中比较重要的著作。本文整理了穀梁学的古籍和近人相关研究成果,述考了杨士勋的生平、杨氏注疏编撰的背景,前人论杨氏注疏的得失、评价;研究了杨士勋《春秋穀梁传注疏》的版本及其撰述方法;研究杨氏对范注之疏正;论述杨氏对经传的发明;讨论了杨氏之驳疑传及其他;举证论述说明了杨氏注疏的疏失;说明杨氏注疏的得失及其对经学的贡献。

3221

杨守敬日本访书考略[J]/黄正雨.--图书情报论坛,1995,04:54-57

本文介绍了藏书家杨守敬通过购买、交换、获赠、借抄等方式于日本访书的情况。作者给予杨氏访书极高评价,并通过对其《日本访书志》一书的研究,考察了杨氏对日藏汉籍的整理情况,介绍了杨氏回国后采取各种方式保护这批珍贵古籍的事迹。

3222

杨守敬为国保古籍[J]/杨杞.--当代图书馆,1996,02:58-59

本文介绍了清末藏书家杨守敬收集古籍的方式和过程。清光绪六年(1880),清廷派何如璋出任驻日本公使,杨守敬以随员身份随行。他广为收集书籍,尤注重搜集流入日本的中国古代善本书,共收集古籍三万余册,其中不乏价值连城的国宝及珍本;还有不少由高丽(古代朝鲜)传入日本且对研究中、日、朝三国文化流传路线及三国版本研究有重要参考价值的刻本书(高丽本)。

3223

杨守敬之藏书及其学术[D]/赵飞鹏.--台湾师范大学(台湾地区),1986

本文研究了清代藏书家杨守敬的藏书事业及其文献学成就,讨论了清代私人藏书与日本存藏中国古籍情况,凸显了杨氏在近代学术史上的地位。在考察杨氏生平、学术面貌,及其在日访书之机缘、事实基础上,调查了杨氏观海堂藏书的下落及现状,说明了观海堂藏书重要价值,分析了杨氏在各书考证题记中所呈现的文献学成就。

3224

杨树达先生学术成就述略[J]/杨荣祥.--荆州师专学报(后更名为长江大学学报)(社会科学版),1999,22,1:68－73

本文分四个方面叙述了杨树达先生的学术成就,对杨氏的重要著作《词诠》《积微居小学金石论丛》《积微居小学述林》《积微居金文说》《积微居甲文学》《汉书窥管》《淮南子证闻》等作了评价,展示了一代鸿儒为我国传统学术作出的巨大贡献。

3225

杨忠愍公遗笔(及其他五种)[M]/杨继盛等撰;王云五主编.--北京:商务印书馆,1960

本书包括《杨忠愍公遗笔》《庞氏家训》《家诫要言》《药言》《训子言》《温氏母训》。

3226

养小录[M]/(清)顾仲撰;邱庞同注释.--北京:中国商业出版社,1984

本书三卷,成书约在清康熙三十七年(1698),分"饮之属""酱之属""饵之属""蔬之属""餐芳谱""果之属""佳肴篇"等部分,记载了饮料、调料、蔬菜、糕点等一百九十多种,内容丰富,制法简明,既讲究肴馔的实用性,又注意清洁卫生。以浙江风味为主,兼收中原及北方风味,在烹饪史上具有一定影响。

3227

养在深闺待人识——试谈图书馆外文古籍善本书的区分标准[J]/全勤.--河南图书馆学刊,1996,03:29－30

本文探讨图书馆区分外文善本书标准,指出应该从图书的出版年代、内容、装帧形式以及图书的出版量等方面考虑。

3228

姚际恒著作集[M]/姚际恒,顾颉刚.--台北:"中央研究院"中国文哲研究所(台湾地区),1994

本书六册,第一册为《诗经通论》,第二册为《古文尚书通论辑本》、《礼记通论辑本》(上),第三册为《礼记通论辑本》(下),第四册为《春秋通论》,第五册为《古今伪书考》,第六册为《好古堂书目》《好古堂家藏书画记》《续收书画奇物记》。

3229

要培养整理古籍的人才[J]/周祖谟.--文献,1982,03:8－9

本文指出培养古籍整理人才,语言文字(也就是"小学")功夫是第一位的,其次才能谈到专门知识;标点、翻译都要以能读懂原书为前提;还需要有版本学、目录、校勘等方面的专业知识;不但古典文献专业的学生要学,文史专业的学生也要学;还应该教会学生使用工具书,每一门科目都要引导学生学会使用工具书。

3230

要重视修复古籍的工作[J]/潘美娣.--图书馆杂志,1990,03:51

本文强调了做好古籍修复工作的重要性,并从提振信心和精进技术两个方面对古籍修复工作者提出了要求。

3231

也论古籍分类[J]/戴维民.--河南图书馆学刊,1983,04:25－27

本文认为古籍分类应摒弃陈旧的"四库法",代之以新型分类法。从图书分类意义上指出四库法检索难、检索率低的不足,从中国文化发展的继承性上指出新法具有编制的科学性和兼顾古籍的特点。在图书馆具体分类实践中大多沿用四库法或改良四库法,对其原因加以分析,并提出建议。

3232

也论甲辰本《红楼梦》[J]/季稚跃.--红楼

梦学刊,1992,03:229－246

本文介绍了甲辰本《红楼梦》的价值,指出该版本是从脂评系统走向程本系统的桥梁,又是保存脂本原始面貌、研究脂本不可缺少的珍贵钞本。

3233

也说"隐几而卧"[J]/吴郁芳.--古籍整理研究学刊,1994,04:30－31

本文讨论了《孟子》"隐几而卧"一语的语义,认为王作新《"隐几而卧"诂正》一文解释为"背靠凭几,躺着休息"有误,应解释为佯眠。

3234

也谈高校古籍整理研究队伍的相对稳定[J]/马倩如.--社科纵横,1996,02:71－72

本文对高校古籍整理研究队伍的相对稳定进行介绍与探讨,指出要从高校古籍整理研究队伍的现状入手,多方设法做好稳定队伍和人心的工作。从思想、业务发展、工作条件、待遇上多想办法,以使高校古籍整理研究事业代有传人,兴旺发展。

3235

也谈古籍整理的学术规范问题——与郁贤皓先生商榷[J]/葛景春.--河北大学学报(哲学社会科学版)1999,02:11－17

郁贤皓先生指责詹锳先生主编《李白全集校注汇释集评》一书"在古籍整理的方式和学术规范上有些问题"。本文针对郁文不实之词,据理进行驳辩。指出詹书无论是在整理古籍的体例上,或是在引用他人学术观点的范式上,都是一部严格遵循古籍整理学术规范的著作。呼吁学界要有一个良好的学风,莫要个人意气用事,平白地责人以不实之词。对实事求是的批评,则表示衷心感谢和欢迎。

3236

也谈广东古籍防虫[J]/邓贵忠.--图书馆论坛,1995,06:61－62

本文结合中山大学图书馆防虫经验,介绍了曝书法、药物驱虫、低温杀虫法等古籍防虫方法的利弊。指出空调及干湿调设备只能抑制虫害,而不能消灭虫害。平时还必须加强管理,勤加检查,一旦发现有了虫害苗头,即予以消灭。这些工作做好了,古籍防虫工作才能做得更好。

3237

也谈徐福故里及其东渡启航海港[J]/李永先.--贵州文史丛刊,1990,03:6－11

高立宝、仲璟维《徐福故里考证》(载《贵州文史丛刊》1987年第一期)从历史沿革、历史地理和考古方面,论证徐福故里为江苏赣榆县金山乡徐阜村(原名徐福村)。本文从赣榆不属于齐地、徐福为山东黄县人、胸山港东渡说质疑几个角度进行了分析论述,认为这些论证值得商榷。根据《史记》《汉书》及其他史志古籍记载分析,提出徐福为黄县(今山东龙口市)人的观点。

3238

也谈研究古书著作年代的一个方法论问题——兼析"玉起于禺氏"等具体论证[J]/张汉东.--山东师大学报(后更名为山东师范大学学报)(人文社会科学版),1993,05:42－45

《管子学刊》1990年第2期刊载叶世昌《研究古书著作年代的一个方法论问题》,文中举出《国蓄》中有"玉起于禺氏"等三条证据,论证《国蓄》作于西汉。本文认为叶文提出的"确定古书著作年代的一条基本准则"方法论不能成立,并就其《国蓄》作于西汉的具体论证方法提出自己的见解。

3239

也谈中国古籍中有关等翅目昆虫的文字记载[J]/朱本忠.--白蚁科技,1994,03:9－12

本文从中国古籍中对于白蚁名称的演变,对等翅目昆虫的习性到中文命名等方面进行探讨,对于等翅目昆虫命名统一化的可能性提出设想。

3240

叶德辉的目录学思想与方法[J]/王晋卿.--图书馆,1994,04:54－56,

本文从"校勘之资、多识之用"考典籍存亡,"补馆阁阙略"守先待后,"为海内共读"扩增闻见,"阐扬幽潜"的思想入手,对近现代著名藏书家、目录学家叶德辉进行的大量刊刻古籍及其书目的活动进行分析。

3241

叶德辉观古堂藏书研究［D］/蔡芳定.--台湾大学(台湾地区),1994

本文采用历史研究法,搜集与叶德辉藏书有关的文献,将叶氏之传略、藏书状况、藏书的采访整理与利用、藏书目录与藏书题记,加以分析陈述,肯定了叶氏在我国图书文献史及版本目录学方面的贡献与影响。

3242

叶德辉在历史文献学上的成就［J］/唐宇辉.--湘潭师范学院学报(社会科学版),1996,04:97－99

本文介绍了清代学者叶德辉收藏、校勘、刊刻、辑佚、题识、题跋古籍的情况,研究了他在版本目录学方面的成就。

3243

叶选医衡［M］/(清)叶天士选定.--上海:上海科学技术出版社,1990

本书为医论著作,共2卷。选集历代医家论病、论脉、论治著作70余篇,大多简明,能较好地反映出不同时代、不同医家的医学学术特点。现存3种清刻本及石印本,又有《中国医学大成》本。虽篇页不多,但去取有法,精简实用。

3244

《夜谭随录》并没有"己亥本"［J］/薛洪绩.--文学遗产,1991,04:133－134

在清代文言小说中,《夜谭随录》是仅次于《聊斋志异》的重要作品之一。其版本较为复杂。本文讨论了《夜谭随录》的繁本系列,并着重说明究竟哪一种是原刊本及其刊行情况,指出"己亥本"这一版本是子虚乌有的。

3245

夜雨秋灯录［M］/(清)宣鼎撰;项纯文校点.--合肥:黄山书社,1999

本书分初、续、三集,共12卷,收文113篇,除旧事轶闻、冶游艳遇、粉黛烟花之类外,多写鬼魂等似觉荒诞的故事,然而却寄寓作者劝善惩淫的愿望,对当时社会的各种腐败、

丑恶现象进行了揭露和批判。

3246

一本学习和研究古典目录学的好书——荐《古典目录学浅说》［J］/何成.--山东图书馆学刊,1982,02:38－39

本文为作者读中华书局出版的来新夏教授新著《古典目录学浅说》一书后所做。认为该书是一本全面系统论述古典目录学的专著,突出特点是深入浅出,繁简得宜。无论对目录学原理,还是对古典目录学史、古典目录学方法,都提出了不少独到见解。在繁多的古典目录学论著中,该书后来居上,是一部学习和研究古典目录学的好书。

3247

一本有趣的工具书——《同书异名通检》［J］/秘喜堂.--情报资料工作,1984,01:54－54

本文分析了《同书异名通检》一书在解决同书异名检索问题中的作用,介绍了该书的使用方法。

3248

一本泽及后世的好书——《钱起诗集校注》读后［J］/葛景春.--天府新论,1993,04:92－93

本文对《钱起诗集校注》进行介绍与评价,指出其具有时间早、资料全、校勘认真、注释精审、功力深湛、考订精微、分析得当、评价公允的特征。

3249

一本珍贵的侗族古籍——《东书少鬼》［J］/向零.--贵州民族研究,1990,02:4－9

《东书少鬼》按汉文意可译为《卜鬼通书》,是一本用汉字记录侗语的抄本古书,是在为侗族萨神——女神(又称萨玛、萨岁、萨柄、萨堂)安坛设祭时,巫师必须诵读的"经书",叙述了侗族萨神——萨玛的生平、活动地域以及她的政绩、武功等等,也从一个侧面反映了侗族历史文化情况。本文考证了该书的流传地区和产生年代、主要内容及其文献价值等。

3250

一部不容忽视的古籍作品:《莲花生大师

传》[J]/洛珠加措. --民族文学研究,1992,03：38－42,

本文介绍了《莲花生大师传》的内容、风格、版本流传情况等。莲花生大师是藏传佛教的主要奠基人,在藏区可谓家喻户晓,对藏族文化的影响是不可估量的。作为藏族文学中具有永久魅力的典范作品,《莲花生大师传》是一份了解藏族历史,研究藏族群体性格、民族心理的宝贵资料,是中华民族文化宝库中的瑰宝。

3251

一部草率复印的古籍——天津古籍书店新版《古文观止》刊误略述[J]/彭逢澍. --语文研究,1983,01：34－39

本文校订了1981年天津古籍书店出版的《古文观止》刊误,包括训诂方面的错误和与汉语规范化原则相抵触的错误。这册书根据上海群学书社1932年版许啸天的译注本重排复印,继承了许多旧版就存在的问题,本文一并指出。

3252

一部从实证出发探索规律的力作[J]/杨明. --文学遗产,1997,02：114－115

本文为作者读上海古籍出版社1996年6月出版的王运熙先生《乐府诗述论》一书后所做的评介。从王运熙先生的研究领域、《乐府诗述论》的主要内容以及其"释古"、重视读本、从实证出发探索规律的治学方法等几个方面入手,对其新著进行了评介,肯定了这部作品在乐府诗研究领域做出的贡献。

3253

一部富有创获的中古文学史研究著作[J]/陈庆元. --文学遗产,1996,05：119－121

1986年7月,中华书局出版了曹道衡先生《中古文学史论文集》。1994年7月,曹先生又将论文结集,由台湾文津出版社出版《中古文学史论文集续集》。本文对两书内容进行了比较分析,肯定了曹先生不断修订自己观点的严谨的治学态度,指出其为晚辈研究者树立了榜样。

3254

一部很有特色的《左氏春秋译注》[J]/温淑芹. --长白论丛,1996,03：97

由顾宝田、陈福林撰写的《左氏春秋译注》由吉林文史出版社于1995年出版。本文分析了《左氏春秋译注》通俗易懂、精练简明、系统贯通的特点,认为该书在近些年出版的数种注释、今译《春秋左传》著作中,是颇具特色的一种。

3255

一部划时代的曲学巨著——读王学奇教授的《元曲选校注》[J]/霍三吾. --渤海学刊(后更名为沧州师范学院学报),1996,01：56－61

本文对王学奇《元曲选校注》进行评价,指出该书内容博大精深,学术价值是多方面的。该书一大特色是以全校、全注和全新的面目问世,将旧式句读一律改为新式标点；根据剧情和读者对现代戏剧习惯性欣赏特点,按人物上下场次将宾白划分段落。该书既适于专业研究者使用,又适于一般读者阅读。

3256

一部荟萃治国方略的宋代古籍——《永嘉先生八面锋》整理札记[J]/车承瑞. --北方论丛,1999,01：116－119

本文从内容、思想、作者选取论据的角度、版本等方面,对《永嘉先生八面锋》的整理出版过程进行介绍与评价。

3257

一部难得的好书——《尚书·虞夏书新解》评介[J]/郭守信. --史学集刊,1997,01：75－76

吉林大学金景芳和吕绍纲两位教授合著的《尚书·虞夏书新解》由辽宁古籍出版社出版。本文指出该书重视训诂考据但不拘泥,更重视义理分析,却绝不尚空言。在汲取古人旧说和今人新成果基础上,运用历史学方法审慎发掘义理,解决问题,提出新见解。该书对《虞夏书》各篇存在的诸多历史学问题一一加以透辟分析,小心谨慎地做出结论；一时叫不准的问题,则予以存疑,不强求解决。

3258

一部颇具特色的古籍点校——张忱石点校《建康实录》述评[J]/高敏,朱和平. --信阳师

范学院学报(哲学社会科学版),1990,02：49-51

本文是为张忱石点校《建康实录》一书所作的述评,认为该书与一般古籍点校相较,在史料研究和对脱、误、衍、倒四者的判别和纠谬等方面多有新见、推进和创建之处,也对该书的缺点进行了评述。

3259

一部探骊得珠之作——读王运熙、杨明著《魏晋南北朝文学批评史》[J]/邓韶玉. --复旦学报(社会科学版),1989,06：110-112

由复旦大学王运熙、顾易生主编的《中国文学批评通史》拟分七卷出版,《魏晋南北朝文学批评史》为第二分卷,已由上海古籍出版社出版。本文认为该书在博采学术界研究成果基础上,提出不少新的见解,堪称一部探骊得珠之作。该书一个重要优点即不是孤立、片面地看待文学理论批评,而是非常注重其内部、外部的各种复杂关系。

3260

一部体现李商隐研究新成果的选注本——《李商隐选集》[J]/盖国梁. --中国社会科学,1987,02：113-115

周振甫是出版界的著名编辑,以古典文学理论研究称誉学林,一生博览群书,著述宏富。最近上海古籍出版社出版周先生选注的《李商隐选集》,是一部能代表周先生在李商隐研究上的积学素养和反映其研究新成果的学术著作。本文对周振甫《李商隐选集》的意义和价值进行介绍。

3261

一部填补我国目录学研究空白的著作——介绍《中国目录学家传略》[J]/王月. --图书馆界,1986,03：63

本文是为申畅《中国目录学家传略》一书所作的书评,指出该书比较完整系统收录了古今各个时期103位目录学家,不仅介绍了他们的生平事迹,又着重介绍研究了他们的目录学成就、目录学思想和目录学著作的功用,是一部具有较高学术水平的目录学著作。

3262

一部新型的地域通史——读余太山主编之《西域通史》[J]/高敏. --史学月刊,1999,02：112-115,

1996年6月,中州古籍出版社出版余太山同志主编的《西域通史》,凡71万字。本文指出该书选题得当,材料丰富,结构新颖,考证精审,论述透彻,新意迭出,堪称佳作。

3263

一部学术上求实、创新之作——《唐刺史考全编》序[J]/傅璇琮. --文献,1999,04：216-222,

本文是郁贤皓先生著作《唐刺史考全编》的一篇序言,从意义、价值等方面对该书进行论述。《唐刺史考》撰成于1985年2月,1987年2月由江苏古籍出版社与中华书局香港分局同时出版国内版和国际版。本书为《唐刺史考》的增订版。

3264

一部严谨丰厚的古籍整理著作——评《诸葛亮集笺论》[J]/王昭怀. --成都大学学报(社会科学版),1999,02：63-65+70

本文从具有填补空白的作用、写作建立在一个比较坚实基础上、体现了经世致用的学术思想等三个角度,高度评价了由陕西人民出版社出版的《诸葛亮集笺论》,认为该书既显示了传统严谨扎实的治学功力,又具有丰厚创新的学术价值,为诸葛亮研究作出了新的贡献。

3265

一部有裨经济史研究的著作——《十四—十七世纪中国钢铁生产史》评介[J]/杨旸. --史学集刊,1990,03：75-76

黄启臣著作《十四—十七世纪中国钢铁生产史》由中州古籍出版社于1989年出版。本文指出该书具有明章学术、考证精当,辑佚钩沉、资料丰富;理论与史料相结合;贵在突破,意在创新;在使用材料方面很有特色等优点,也指出了该书的瑕疵。作者认为该书瑕不掩瑜,不失为一部宏观总括、微观探索、史料翔实、立论谨严、尤多创见的学术价值较高的专著。

3266

一部有价值但也充满了疑问的明代古

籍——海外遗籍《皇明条法事类纂》评介[J]/李剑雄. --历史教学问题,1987,01:55 – 57 + 63

本文介绍了日本藏旧抄本明代古籍《皇明条法事类纂》一书的基本情况。该书载录成化、弘治时期大量的敕令、条例、法规及附例,为研究明代中叶的整个历史提供了大量生动具体的材料。这是一部既有重要史料价值也充满了问题的古代文献,其版本源流、编撰时间、编撰者、题跋真伪等都需进一步进行研究。

3267

一部有价值的历史文献学新作——李国祥主编《古籍整理研究(八种)》评介[J]/舒凭. --华中师范大学学报(哲学社会科学版),1990,02:127

本文指出由李国祥教授主编的《古籍整理研究(八种)》,是一部令学林增色、后学受惠的文献学新著,并系统分析了该论著突破传统模式,注重实践,丰富学科内容等八个特点。

3268

一部有价值的彝文古籍《玛牡特依》[J]/罗家修. --思想战线,1985,03:35 – 39

本文从作者、内容、思想内涵、弊端、表现手法等方面对彝文古籍《玛牡特依》进行介绍。指出该书以绚丽多彩的诗句,精辟凝练的语言,彝族人民喜闻乐见的艺术手段,深刻透彻地总结概括了古代彝族人民的自然知识和社会知识,内容丰富,思想性和哲理性强,语言生动,艺术巧妙。

3269

一部有特色的辞书——评《中国古今书名释义辞典》[J]/朱天俊. --山东图书馆季刊,1994,02:66 – 68

本文从选题别具一格、释义质朴无华、使用范围广泛三方面对《中国古今书名释义辞典》进行介绍与评价,指出该书是以辞典形式呈现研究书籍新的探索与尝试,既有检索作用,也有可读性。如能在再版时,扩大近现代图书收录范围,增多同书异名、同名异书书名

并作必要释疑,个别书名释义注意贴切,增编作者原名、字号、笔名索引附于书后,则本书影响就会更大,读者使用起来也更为方便。

3270

一部珍贵的藏文史籍——《汉藏史集》[J]/沈卫荣. --西藏研究,1987,02:135 – 138

本文针对珍贵的藏文史籍《汉藏史集》一书的体例、内容作了介绍,认为该书是一部对研究西藏古代史、西藏佛教史不可忽视的藏文典籍,对研究蒙元时代的西藏历史来说更弥足珍贵。

3271

一部珍贵苏词注本的复活——读刘尚荣校证《傅幹注坡词》[J]/邹同庆,王宗堂. --河南大学学报(社会科学版),1996,01:32 – 34

本文是为刘尚荣校证《傅幹注坡词》一书所作的书评,指出该书在优化原书体例、文句校订、正文校勘等方面研究,有较高的学术价值。

3272

一部值得重视的古籍目录——《贩书偶记》及其《续编》[J]/王义耀. --文献,1981,03:260 – 262

继1959年中华书局出版孙殿起《贩书偶记》之后,上海古籍出版社于1980年又出版了其《贩书偶记续编》。本文指出书中所收材料来源是孙殿起目睹手经,比较可靠;孙先生虽十分留意于各书内容、版本优劣,但毕竟不是专门的学术研究工作者,未能一一详加注明,只能在《琉璃厂小志》中偶尔得见一二,这是有待于补充加工的方面。但该书仍不失为一部很有价值的古籍目录。

3273

一部值得重视的先秦语法书[J]/周秉钧. --出版工作(后更名为中国出版),1989,09:74 – 75

易孟醇《先秦语法》由湖南教育出版社出版,本文指出该书是一部很好的断代语法书。这类书目前还少,值得高度重视。该书具有研究先秦语法,经常注意符合先秦语言实际;在全面研究先秦语法时,提出了一些新的创

见;占有丰富的材料,使用实事求是的方法的特点。

3274

一部自成体系的开拓性学术著作——评《东北流人史》[J]/罗珍.--社会科学辑刊,1991,03:158-158

本文为作者读黑龙江省社会科学院副研究员李兴盛同志新著《东北流人史》后所作。该书共31万字,3编19章,阐述了自西汉至清末两千余年东北流人的概况、悲惨处境、反抗斗争及历史作用。作者认为,该书观点新颖,史料丰富;填补了我国流人史研究的空白;揭开了我国边疆开发史、民族关系史与移民史研究新的一页,但对辽代的流人论述过简,尚存不足。

3275

一串打开古文献宝库的金钥匙——哈佛燕京学社的著述活动与所编引得评述[J]/朱积孝.--图书馆学刊,1985,01:57-66

本文分版块讲述了哈佛燕京学社引得编纂处的建立及著述活动、引得编纂法、引得的内容与特点、引得在图书工作中的作用、重视引得之学几个方面的内容,肯定了引得之学的价值,并指出燕京学社所编之引得,对于继承文化遗产,古籍整理,以及文献学、目录学、图书学等均有贡献。

3276

一代风骚多寄托　十分沉实见精神——《贾谊文赋全译》读后[J]/黄南.--江西社会科学,1997,01:83-83

本文是为夏汉宁《贾谊文赋全译》一书所作的书评。指出该书是一部具有很高学术价值与艺术价值的古籍整理、研究专著,展示出了该书作者对传统研究方法的突破创新与学术艺术上高品位的追求探索。

3277

一定要把古籍整理工作抓紧搞好[J]/李侃,赵守俨.--出版工作(后更名为中国出版),1981,10:1-5,

本文对于陈云对古籍整理工作提出的意见、1949年后古籍整理出版的情况以及面临的问题进行介绍,指出古籍整理出版工作的重要性。

3278

一份珍贵的琵琶古谱——《高和江东》[J]/林石城.--中央音乐学院学报,1981,04:50-54

1979年5月,傅雪漪同志在上海图书馆发现了明代抄本琵琶谱《高和江东》,比最早印行的《华氏琵琶谱》(1819年初版,全称《南北二派秘本琵琶谱真传》)早290年;比目前收集到较早的《鞠士林琵琶谱》(又称《闲叙幽音》,鞠氏系清代乾隆嘉庆年间人氏)抄本约早250年左右。本文介绍了该明抄本的发现与鉴定等情况。

3279

一个古籍修复人员的呼吁[J]/邱晓刚.--图书馆杂志,1992,05:46-47+24

本文通过对古籍藏书量与古籍修复人员之比、藏书环境简陋、古籍破损严重、古籍修复后继无人、缺少对传统古籍修复技术的研究和更新等论述,指出必须尽早建设一支人员充足、技术较高的古籍修复队伍,既懂得古籍修复技术,又懂得图书保护科学,才能适应当前我国古籍修复工作的需要。

3280

一个具有地方特色的古籍展览——介绍《善本书暨地方文献展览》[J]/程光雄.--江苏图书馆工作(后更名为新世纪图书馆),1980,02:39-40

本文介绍了无锡市图书馆举办《善本书暨地方文献展览》概况。展览第一部分展出善本书24部,第二部分展出地方文献36部,共展出古籍60部。展览着意突出地方特色,选择了反映明代乡试制度的安希范《万历乙酉种应天乡试朱卷》、明代安国铜活字印本《重校鹤山先生大全文集》以及很多无锡方志材料进行展出。

3281

一个实用的古籍印刷汉字识别系统[J]/张彩录,郭宝兰,张宇桐等.--中文信息学报,1996,03:43-49

本文采用Shannon理论,讨论了古籍印刷汉字识别字域地选择所受的约束,汉字特征提取的性能限度,以及如何用汉字的统计特性,进一步提高系统的识别率。在理论分析基础上,经过大量实验研究,所完成的古籍印刷汉字识别系统对已标注过 720 万字的古籍录入显示了它的优越性能。

3282

一个新的视角——介绍《古书常见误读字字典》[J]/梓西. --辞书研究,1988,03:120 - 123

本文举例说明一些日常熟悉,但在古书里不做常用字来读解的读破字或异读字,并对《古书常见误读字字典》进行介绍。

3283

一个有特色的楚辞译注本——评董楚平《楚辞译注》[J]/张宏生. --浙江学刊,1987,01:126 - 129

本文为作者读董楚平《楚辞译注》(上海古籍出版社 1986 年版)后做所,认为该书立足现代意识,是运用现代语言对楚辞进行整体再现的有益尝试。采诸本之长,成一家之言;立论笃实,深入浅出;注重作品的文学性,译诗准确灵动;富有音乐美、情韵美、格律美;在格律、节奏等方面极具特色。虽有不足,但都是枝节性的,从总体看是一个有特色、有成就的楚辞译注本。

3284

一九八七年辽金西夏史研究概况[J]/李锡厚. --中国史研究动态,1988,04:1 - 5

本文从辽史研究、金史研究、西夏史研究几个方面,对 1987 年辽金西夏史研究的情况做了概述。

3285

一九八七年史学史研究概述[J]/谢保成. --中国史研究动态,1988,12:21 - 26

本文指出 1987 年史学史(古代部分)研究发表文章数量少于 1986 年,有 200 余篇;出版著作也不如上一年多。这一状况反映该学科的研究正在新的思考之中。对于某一历史时期史学的综合考察,只有为数不多的几篇文章。200 余篇文章中,绝大多数是对古代史

学家和史学著作的具体考察等。

3286

一九九一年古籍整理述评[J]/许逸民. --中国典籍与文化,1992,01:64 - 70

本文介绍了 1991 年古籍整理出版情况。与上年同期相比,该年古籍整理出版数量上明显增加,愈来愈鲜明地表现出远大的眼光、明确的目的和日臻完善的计划。总集、专题文献、丛书、今译名著等方面均有了显著提高。文中列举了程俊英、蒋见元《诗经注析》,安旗主编《李白全集编年注释》,姚奠中主编《元好问全集》等优秀作品,对该年古籍整理的问题进行了分析,文后附 1991 年新版古籍要目。

3287

一块新园地的开拓——评《黄老之学通论》[J]/钱明. --探索,1986,03:61 - 63

本文是对吴光浙江人民出版社 1985 年版《黄老之学通论》的一篇书评。认为此书在黄老问题上开拓了一块新园地,深入剖析黄老学派的源流,缜密辨析黄老学派的著作,全面考察黄老学派的思想,客观评价黄老之学作用,使之纵横交错,融为一体,成为一门比较系统的学问,在学术界尚未曾见。

3288

一篇关于医德教育的好文章——读孙思邈《大医精诚》[J]/杨爱臣. --张家口医学院学报(后更名为神经药理学报),1990,03:61 - 62

本文指出,孙思邈《大医精诚》从精和诚两个角度,全面论述了医德修养的问题,语言朴实,语重心长,深切入理,将医德修养问题加以系统化、规范化,确为医德教育的好文章,也是孙思邈从医一生的思想体现。

3289

一切为了读者——记近十年来馆藏历史文献资源的开发[J]/王佩玲. --山东图书馆季刊,1989,04:85 - 87

本文从规范阅览制度、建立健全藏书目录、增加服务种类、服务科研创新等几个方面,介绍了山东省图书馆近十年来馆藏历史

文献资源的开发情况。

3290

一世纪至十六世纪中西农业典籍的比较研究[J]/缪启愉. --古今农业,1998,03:50 – 57

作者着眼于中西农业典籍的比较研究,曾作《纪元前中西农书之比较》一文,载国家古籍整理出版规划小组主编《传统文化与现代化》1996第5期。本文接续前文比较研究1世纪至16世纪中西农业典籍。

3291

一书变五——《屠先生评释〈谋野集〉》之拆书及修复经过[J]/黄正仪,眭骏,杨光辉. --上海高校图书情报学刊,1997,04:61 – 63

复旦藏本《屠先生评释〈谋野集〉》四卷,明王穉登撰,屠隆评,明刻本,一函四册。编目时发现书口破裂,衬页有字,且似明版残页,请补书人员将内页一一拆出。内有《百寿类函》《历代史论》《元丰类稿》《珠玑薮》等明刻残本四种,重新装订成册,一书而变五,在古籍编目及文献修复保护中具有特殊意义。本文从其版本、衬书、修复三方面作了介绍。

3292

一束灿烂的版刻之花——读《清代版刻一隅》[J]/刘尚恒. --大学图书情报学刊,1993,001:63 – 64,

本书对黄裳《清代版刻一隅》进行评述,认为此书内容上开创了清代版刻艺术研究的新局面,提供鉴定清代版刻的依据,概括反映了清代版刻的辉煌业绩,还就此书提出一些讹误上的补正。

3293

一位文豪的悲剧史——《吴敬梓评传》读后[J]/徐传礼. --安徽大学学报(哲学社会科学版),1989,04:97 – 98

本文是为孟醒仁、孟凡经父子合著《吴敬梓评传》一书所作的书评。文中指出该书最突出的优点和贡献是尊重历史,尊重事实;承先启后,集其大成;深入浅出,雅俗共赏。文中也指出在全面继承和批判两百多年来中外学者研究成果方面,该书尚有缺陷;在坚持历史唯物论前提下采用新观点新方法,以全面剖析吴敬梓世界观、文艺观方面,还有不足之处;在具体记叙、考订、解说和评论时尚有一些欠精当、可推敲的地方。

3294

一误三百年的一条书证[J]/朱若溪. --辞书研究,1983,1:150 – 151

《中华大字典》"双"字下有一个书证,为温庭筠诗"招客先开四十双"。但是只引作者而没有注明诗名。本文对此进行考证,指出作者应为王庭筠。

3295

一项别开生面的古籍整理研究工作——读闻一多《〈九歌〉古歌舞剧悬解》[J]/李思乐. --古籍整理研究学刊,1986,01:24 – 29

闻一多遇难的前一个月完成了他最后一篇学术研究文章《〈九歌〉古歌舞剧悬解》,该文不仅是闻先生把学术研究和文艺创作结合起来的一个具体生动成果,也是其以创新精神研究我国古籍的一个重要标志。本文分析了这篇文章的内容及其文学价值。

3296

一项阅尽兴亡的历史工程——评降大任、张仁健的《咏史诗注析》[J]/周溶泉,徐应佩. --苏州大学学报(哲学社会科学版),1987,02:71 – 74

张仁健同志与降大任同志合作撰写《咏史诗注析》(山西人民出版社1985年12月版),为欣赏与研究古代咏史诗,提供了一个比较完善的本子。本文对《咏史诗注析》从选择题材、注释特点、编排体例、赏析特点等方面进行评价,指出其出色与不足之处。

3297

一项重要的基本建设——《中国古籍中有关菲律宾资料汇编》评介[J]/邹启宇. --世界历史,1982,01:86 – 87

本文是为黄重言、余定邦、江醒东编撰的《中国古籍中有关菲律宾资料汇编》一书所作的书评。指出该书史料辑录完备、编排得当、整理校勘精审、注释详细准确,对于东南亚史特别是东南亚古代史等方面的研究有重要的文献价值。

3298

一些建议 [J]/朱士嘉. --文献,1982,01:22 – 23

本文研究古籍整理、标点、注释和翻译,建议动员各族人民各学科的专家、学者、编辑、读者以及包括各种学术团体在内的社会力量,联合起来,共同研究、制订规划,经过长时期分工合作,互相配合,通过有步骤有方法的艰苦努力,取得成绩。

3299

一种古字画、线装书及档案资料保护套 [J]/任彩元,党鑫让,郭人民等. --西北大学学报(自然科学版),1990,02:67 – 71

本文介绍了一种用涂有防霉蛀药胶的铝塑布复合薄膜制成,内装中草药防虫剂、干燥剂的纸质保护套。该保护套具有防蛀、防霉、防有害气体且不透光、透湿率极低、柔软、耐老化、气密性好等特点。

3300

一种汉字样本生成方法及其应用 [A]/马少平,姜哲,金奕江等. --第七届全国汉字识别学术会议论文集 [C],1999

本文从整形变换的角度出发,给出一种基于整形变换的汉字样本生成方法,通过随机生成变换参数,得到不同的整形函数,从而生成出给定汉字的多个不同样本,动态得到相对于待识别汉字的加权系数。该方法应用于大型古籍《四库全书》的识别中,弥补了古籍识别中样本不足的问题,经初步测试,效果明显。

3301

一种未被著录的《刘子》敦煌残卷附校记 [J]/林其锬,陈凤金. --敦煌学辑刊,1984,02:53 – 70

《刘子》亦称《新论》或《刘子新论》,在敦煌遗书中亦有称《流子》者。本文对曾经由刘幼云(廷琛)收藏过的《刘子》敦煌残卷进行介绍,并与其他版本进行对比校勘,指出该残卷不同于已被收录的《刘子》四种,经过校订后作出校记附于文后。

3302

一种新型的古籍修复方法——纸浆修复技术 [J]/张新航. --贵图学刊,1995,03:69 – 70

本文介绍了由南京大学图书馆研制的一种新型纸浆修复技术的原理及优点。指出该技术是古籍修复技术中一次创新和改革,具有一定的社会效益和经济效益,将我国的古籍修复技术水平提高到一个新的高度,值得大力推广和普及。

3303

衣带渐宽终不悔——《古代文史名著选译丛书》编纂始末 [J]/马樟根,安平秋. --中国典籍与文化,1992,01:25 – 30

本文从酝酿与筹划、第一批书稿的产生、第一批书稿出版的柳暗花明、第二批书稿审定之艰辛、第三批书稿的完成等五部分,记述了《古代文史名著选译丛书》一书的编纂始末,讲述了其中难以忘怀的种种过程。

3304

医灯续焰 [M]/(明)王绍隆著. --上海:上海科学技术出版社,1990

本书二十一卷,是王绍隆脉学著作,初刊于1652年。取崔嘉彦《四言举要》(明李言闻删补改订本)予以注释。注文多据《内经》《难经》《伤寒杂病论》《脉经》,以及张洁古、刘完素、朱丹溪、李东垣等诸家学说,并能联系各科病症阐述脉理、治法,内容比较详备。

3305

医衡 [M]/(清)沈时誉著. --上海:上海书店出版社,1985

本书为清代沈时誉所撰中医著作,四卷八十一篇。首为统论,凡十一篇,论述养生、运气、奇经八脉等总旨;次为证论,凡六十八篇,分风、寒、暑、湿、燥、火、气、血、痰、积、虚损等类;末为附论二篇,论述生育、养生之道。著者收集了各家论述,或医家,或名家,凡足以为衡者即收录。繁者删之,阙者补之,以实用为准。

3306

医籍版本分类初探(一)——明版例析 [J]/宋玮. --中医药图书情报,1991,06,4:47 – 49

本文以明版宋以前医籍为例,对建立古医籍版本分类体系的必要性与可能性进行了探讨,初步提出了一个可以建立类表的设想。

3307

医门八法[M]/(清)刘鸿恩著. --郑州:中州古籍出版社,1993

刘鸿恩殚精竭虑,汇书考正,历二十余年,于光绪六年(1880)著成《医门八法》四卷。卷一论八法与瘟疫,卷二与卷三论杂病,卷四论妇人与小儿之疾。合计七十六篇,共十余万字。按"表里、虚实、寒热、阴阳"来统摄全书。他在书中认为八法应以虚实为要,并对古籍中若干说法提出质疑,全书语言简练,纲目清晰,在施药实践中善用大黄,喜用乌梅,最崇乌梅四物汤,尤为此书特色。

3308

医学读书记[M]/(清)尤在泾著述. --上海:上海科学技术出版社,1990

本书为清代医家尤怡读书杂记,三卷,又《续记》一卷,并附《静香楼医案》三十一条,书中阐述了经典医理及各家之说,内容主要包括部分基础理论、多种病症的辨证施治、若干方论、某些书籍和医家论述的正误与论辨等,共八十六个分题,内容涉及中医辨证基础、疾病诊断、八纲辨证、诸般治法、诸家方药、内外妇儿科病证,并有针法、灸疗和五运六气方面及历代医籍之析疑解惑和临床角度的评述、临床用药的勘误、剂量的调整和验案。每条标明题目,援引古代文献中有关内容,作扼要辨析,或予以评述和考证。本书根据光绪年刻本加以校正、补注。除原文以外,王新华先生对相关术语、药汤、方剂和文献作了一番资料补注,旨在给读者提供一些深入的线索。

3309

医学三字经[M]/(清)陈念祖著;陈宗国书. --北京:中国中医药出版社,1996

本书是清代名医陈念祖所著,共四卷。主文采用歌诀体裁,每句三字,易读易通,内容亦十分广博,是医学入门读物中流传最广、影响最大的一种。首次将歌诀以书法形式展现,体裁新颖,并在书后附有按清嘉庆九年甲子(1804)南雅堂刻本排印的《三字经》原文,既能满足广大中医爱好者之需求,又不失为

一部很好的书法作品。

3310

医学心悟[M]/(清)程钟龄著. --上海:上海科学技术出版社,1990

本书五卷。卷一总论中医一般理论,如详述寒、热、虚、实、表、里、阴、阳的分辨法;分论汗、吐、下、和、消、清、温、补等治法以及中医的诊断方法等。卷二分析张仲景《伤寒论》的理论及症治。卷三分述内科杂病,如虚劳、吐血、脚气、疟疾等症治。卷四除分眼、耳、咽喉症治外,还叙述了外科症治。卷五为妇人门,分述妇科病如调经及产前产后的症治。兹又据别本补入外科一卷,共合为六卷。

3311

医用古籍通假字训诂举误[J]/陈增岳. --中国语文,1998,01:29-30

本文举例分析了医用古籍通假字中的错误。医用古籍中通假现象很普遍,有些系医籍中特有,间或也有辞书所未收者。与此相应,医籍训诂也容易出现两类问题:不明通假,未能破读通假字;误为通假,将不是通假字的词语误认作通假字。

3312

依唐代官制说明张曲江集附录诰命的错误[J]/岑仲勉. --中山大学学报(社会科学版),1958,02:56-68

本文从唐代文官制度的概述、曲江集诰命的勘正、诰命的遗失及补充、诰命中人物之考定、唐代官制术语之补充的说明几个方面,说明了张曲江集附录诰命的错误。

3313

《仪礼》白文经版本考辨[J]/王锷. --古籍整理研究学刊,1998,01:40-44

《仪礼》是十三经中"三礼"之一。两汉时期,《仪礼》只称《礼》,或称《士礼》《礼经》,亦称《礼记》,至晋代始称《仪礼》。今传《仪礼》十六篇是一部记录先秦以前贵族生活中冠、婚、乡、射、朝、聘、丧、祭等各种礼节仪式的专书。本文意欲考辨《仪礼》白文经之版本,探究今古文本《仪礼》在汉朝的流传、历代刊刻《仪礼》白文经及其版本的存佚情况。

3314

仪礼汉简本考证［D］/王关仕. --台湾师范大学(台湾地区),1966

本文内容分为两大块,前为文字校笺,后为考释。校笺主要采用嘉庆二十年(1815)南昌府学重刊宋本《仪礼》并辅以汉熹平石经残字《经典释文》以及唐《开成石经》。因王氏专攻文字音韵,故对陈梦家的工作提出很多质疑。在异文的考证、句节的顺序调整甚至对陈氏《释文》与《墓本》疏误的纠正上,都做出了很重要的成绩。本文后经作者整理于1975年由台湾学生书局出版。

3315

《仪礼注疏》版本考辨［J］/王锷. --古籍整理研究学刊,1996,06;27 – 31

《仪礼注疏》十七卷(或作五十卷),汉郑玄注,唐贾公彦疏,是《仪礼》研究的一部集大成之作。本文通过研究《仪礼注疏》的最早刊刻时间与版本源流,考辨了历代所刻《仪礼注疏》的版本(包括附唐陆德明《释文》者)及其存佚状况。

3316

夷匪犯境闻见录 鸦片战争史料集［M］/全国公共图书馆古籍文献编辑出版委员会编. --北京:中华全国图书馆缩微复制中心,1995

本书共六卷,日本安政四年(清咸丰七年,1857)高锅藩明伦堂活字印本,记鸦片战争间浙江、福建、广东、江苏等沿海各省战事。内容始于1840 年英军向定海县下战书,止于1842 年《南京条约》签订。此书未题编纂者,亦无序跋,从书中记事时间看,知其为道光时人。此书编纂成后不太长时间即传至日本,在国内一直没有刻本或抄本流传,至清末光宣间,才从日本传回中国。

3317

怡情四书［M］/薛友译注. --武汉:湖北辞书出版社,1997

本书汇集《瓶史》《声容》《觞政》《茶经》四部分,均为古人谈花论酒、品茶赏美的上乘之作,充满了古代名士对真善美的渴望与追求,是古代名士风流本色具体而微的绝佳展

现,人生的真趣、生活的情趣、文人的雅趣兼有。注释详略得当,既能发明文义,又能广人见闻。译文晓畅,便于阅读。

3318

疑问代词"奚"及其与"何"字用法的比较［J］/王海棻. --辽宁师范大学学报:(社会科学版),1981,04;30 – 36

先秦古籍注疏在遇有"奚"字时,常常注以"何"也。有些语法虚词专著如裴学海《古书虚字集释》:"奚,何也。"作为对"奚"字词汇意义的诠释无可非议;但如果意味着"奚"与"何"用法完全相等,就不对了。"奚"与"何"既有相同点,又存在很多差别。为了系统了解古代汉语疑问代词"奚"及其与"何"用法的异同,本文对先秦主要典籍进行了全面考察,来证明自己的观点。

3319

疑义相与析［J］/唐满先. --江西师范大学学报(哲学社会科学版),1987,02;55 – 59

本文是唐满先就徐新杰对其《陶渊明诗文选注》发出的探讨文章《〈陶渊明诗文选注〉商榷》的回复,探讨了陶渊明诗文的一些具体解释。

3320

彝文部首浅析［J］/那建坤. --贵州民族研究,1989,02;158 – 161

彝文古籍中同音假借十分普遍,加上转手传抄,谬误不少,长期掌管彝文古籍的"毕摩"先生都是父传子效,只知其然而不知其所以然。本文将贵州省境内的彝族文字,从其性质特征入手作分析,确认彝文在创造字形时的指导思想是彝族先民关于天地人文起源的论述和关于阴阳五行的观点,归纳出彝文的内在联系为三个大部分,由 21 个系统,或21 个部首组成。

3321

彝文古籍翻译略论［J］/陈英. --贵州民族研究,1988,02;79 – 84

整理彝文古籍的核心任务是做好翻译工作。本文讨论了做到彝文翻译真实性、鲜明性、艺术性"三性"兼备的方法,包括熟读原

著、深析文义;校勘词句、纠正错落;对比研究、协作攻关;采用四行加注的译法;其他知识技能的配合等等。

3322

彝文古籍认识初探[J]/乐小秋. --图书馆员,1990,05:36 - 40

本文对彝文古籍的两个区分进行探讨,说明先民的图腾崇拜意识是彝文古籍产生的土壤,指出了解彝文对于开阔视野的帮助意义。

3323

彝文古籍整理取得新进展[J]/马黑木呷. --中国民族,1990,01:35

彝文古籍浩如烟海,不仅包括用彝文著述、记录的各类图书,而且包括金石铭刻和口碑文献。经过多年努力,滇、川、黔、桂省区基本摸清了彝文古籍书目,整理出版工作也有了重要收获。本文介绍了彝文古籍整理取得的新进展。

3324

彝文经籍文化辞典[M]/马学良主编. --北京:京华出版社,1998

本书以古彝文经籍词汇为主要对象,兼及有关彝族历史文化、宗教礼俗及彝文古籍整理研究的一些重要名词术语。所收词条包括单字条目和多字条目近万条。对一般词条的释义多以彝文例释及汉文诠释为主,力求简明。对原始宗教和礼俗等条目的释义,以弄清名物为原则,引用与其有关的宗教、历史、地理、文化、社会结构、文物礼制、风俗习惯等。

3325

彝文《劝善经》译注序[J]/马学良. --民族语文,1984,03:1 - 3

本文概述彝文来源、文献形式、彝文古籍内容,对彝文《劝善经》的源流进行介绍,对该书译注作出肯定,并说明其影响与价值。

3326

彝文文献的历史渊源、文化价值及搜集整理[J]/王富慧. --贵州民族研究,1998,03:3 - 5

本文对彝文古籍文献的历史发展渊源进行了追溯,总结了彝族古籍文献在民族历史、文化、经济发展、制度建设、道德体系、民族交流等方面的历史文化价值,并对彝文古籍文献有关整理、搜集和翻译等问题提出见解。

3327

彝文文献概述[J]/袁琳蓉,吴式超. --西南民族大学学报(人文社会科学版),1990,01:61 - 64

彝文文献是研究彝族社会历史、文化生活演进的珍贵资料。本文从文献形态、内容、作用等方面对彝文文献进行概述,说明整理和研究彝文文献对彝族文化发展具有深远历史意义。

3328

彝文献图画符号之起源、功能及价值考证[J]/王富慧. --贵州民族学院学报(社会科学版)(后更名为贵州民族学院学报)(哲学社会科学版),1997,S1:9 - 13

在彝文古籍经典文献中有许多起源于原始母系社会繁荣时期的图画符号,对研究古代先民的经济、文化和历史,有极为重要的意义。本文考证了彝文献画图符号的种类、起源、功能、价值等。

3329

彝族创世史 阿赫希尼摩[M]/罗希吾戈,普学旺译注. --昆明:云南民族出版社,1990

本书是流传于滇南哀牢山下段彝族地区的一部彝文古籍,共收录50 余个彝族民间故事和历史传说。此版本译自红河哈尼族彝族自治州元阳县新街乡水卜龙村公所小新寨施文科毕摩及其徒弟李亮文共同收藏的抄本。该抄本篇幅浩繁,计有 53 章 19000 余行。从内容看,第 22 章以后已不属"创世史"的范围,故未翻译出版。

3330

彝族典籍文化研究[M]/朱崇先著. --北京:中央民族大学出版社,1996

本书是一部对彝文经籍整理研究的理论和方法探讨的专著。除绪论外,共分 9 章,全面叙述古彝文的起源和文字类型、彝文经籍的传承和分类、彝文经籍整理翻译和注释以及彝文经籍研究史和地区不同类型,较前人这类著述有推陈出新的丰富内容,对培养新一代彝文经籍翻译整理工作者是很及时的教材。

3331

彝族古代文字档案史料研究[J]/华林. --思想战线,1995,03:73 - 80

本文运用档案学、文书学、史料学的基本理论,依据历史文献和田野材料,系统研究清代和清代以前西南彝文档案史料的产生形成、内容分类、研究价值和分布保存诸问题,旨在揭示西南古代彝文档案史料的珍贵价值,提出应更好地开发、管理、利用这一宝贵的彝族历史文化遗产的观点。

3332

彝族古籍急待整理[J]/刘尧汉. --文献,1982,01:25 - 26

滇、川、黔三省彝族民间藏有大量的彝文古籍,1949 年前后搜集了六七百卷。本文提出,当前应趁懂彝文的老人健在,急宜让其带领具有中外历史和自然科学基础知识的青壮年,对这些彝文古籍继续整理,区分其精华和糟粕,先就每一类选译具有学术价值的一两卷以作样本。若不及时选译出一部分来,任其积尘,年久风化,对中华民族的宝贵文化将是一大损失。

3333

彝族古籍文献概要[M]/黄建明著. --昆明:云南民族出版社,1993

本书介绍彝族古籍文献概貌,对彝族文献基本情况进行了科学分析,提出独具特色的框架。还搜集了民间传说、史籍记载、社会调查资料等大量有价值材料,并提出了一些有价值的学术见解:如彝族古籍文献的起源、上下年限定界;彝族古籍文献分类;对文献语言特点的认识等。本书反映了我国彝族古籍文献整理、研究的新进展。

3334

彝族古籍研究文集[M]/红河哈尼族彝族自治州民族研究所编;师有福主编. --昆明:云南大学出版社,1993

本书为彝族古籍和历史研究的论文合集,收录了《红河彝文古籍及其研究价值》《彝族始祖笃慕若干问题的探讨》《弥勒·吉输考》等论文。

3335

彝族历法是阴历不是太阳历[J]/罗家修. --西南民族大学学报(人文社会科学版),1983,04:72 - 80

近 50 年来,一些民族学家对凉山彝族的历法进行了研究,认定其为太阳历。本文持不同意见。作者通过翻阅彝文古籍,访问马边、峨边、越西、甘洛、美姑、喜德、金阳、雷波、盐源等县熟悉彝族历法的老人,从彝族对天体的认识和观察方法、彝族传统历法的特点、彝族只有传统的十二月历等几个角度进行了调查考证,得出的结论认为彝族历法是阴历不是太阳历。

3336

彝族源流(1—4 卷)[M]/贵州省少数民族古籍整理领导小组,毕节地区民族事务委员会主编;毕节地区彝文翻译组翻译. --贵阳:贵州民族出版社,1989

本书是一部以谱牒为脉络而叙史的彝文古文献,以父子连名谱为线索,记录哎哺、尼能、什勺、慕靡、(武僰)、举偶(亦作格俄或根英)、六祖等六个时期的彝族历史,生动地反映了彝族先民对宇宙万物和人类起源的认识以及彝族古代社会的面貌,记述了彝族共同体内部各部族的社会、经济等多方面的发展情况。本册叙述了彝族先民对宇宙和人类起源的认识、父子连名系谱、君臣师制度形成等内容。

3337

彝族源流(5—8 卷)[M]/贵州省少数民族古籍整理领导小组,毕节地区民族事务委员会主编;毕节地区彝文翻译组翻译. --贵阳:贵州民族出版社,1991

本书是一部以谱牒为脉络而叙史的彝文古文献。本册叙述了混沌初开,哎哺形成天地万物及人类,人们上探天文、下索地理,追求知识,定法度,制礼仪,逐步完成了君臣师制度。书中还对婚姻家庭的形成过程作了描述。

3338

彝族源流(9—12卷)[M]/贵州省少数民族古籍整理领导小组,毕节地区民族事务委员会主编;毕节地区彝文翻译组翻译.--贵阳:贵州民族出版社,1992

本书是一部以谱牒为脉络而叙史的彝文古文献。本册主要记录了哎哺以后的50余个远古代族的谱系。

3339

彝族源流(13—16卷)[M]/贵州省少数民族古籍整理领导小组,毕节地区民族事务委员会主编;毕节地区彝文翻译组翻译.--贵阳:贵州民族出版社,1993

本书是一部以谱牒为脉络而叙史的彝文古文献。本册叙述了婚姻起源、母祖溯源、六祖君长世袭谱等内容。

3340

彝族源流(17—20卷)[M]/贵州省少数民族古籍整理领导小组,毕节地区民族事务委员会主编;毕节地区彝文翻译组翻译.--贵阳:贵州民族出版社,1994

本书是一部以谱牒为脉络而叙史的彝文古文献,本册记叙了彝族先民迁徙融入濮人的内容。

3341

彝族源流(21—23卷)[M]/贵州省少数民族古籍整理领导小组,毕节地区民族事务委员会主编;毕节地区彝文翻译组翻译.--贵阳:贵州民族出版社,1997

本书是一部以谱牒为脉络而叙史的彝文古文献。本册内容涉及乌撒的立业、阿芋陡世系、阿芋陡家九十重宫殿等。

3342

彝族源流(24—27卷)[M]/贵州省少数民族古籍整理领导小组,毕节地区民族事务委员会主编;毕节地区彝文翻译组翻译.--贵阳:贵州民族出版社,1998

本书是一部以谱牒为脉络而叙史的彝文

古文献。本册记录了乌撒部第32世君长举足濮兜同他的慕魁谋臣、叔父鲁载奋德关于用兵的对话等内容。书中对战争的总结,对谋略的探讨,对英雄人物如折怒、可娄、厄德、阿铺、额汝等的评价,反映彝族古代的尚武精神,尤其充分反映了彝族古代的军事思想。

3343

以改良《四库法》类分古籍[J]/彭元华.--赣图通讯,1983,03:35－39

本文从对于古籍分类的几种意见、用《四库法》类分古籍的几个益处、对否认《四库法》的意见的看法等三方面,对改良《四库法》类分古籍进行探讨。认为在极完善,能统一类分新旧图书的分类法诞生之前的过渡时期内,《四库法》或者改良的《四库法》相对其他新分类法来说是优越的。

3344

以古为鉴 可知兴替——学习中国财政史的点滴体会[J]/崔敬伯.--财政研究,1984,03:73－74

本文是学习中国财政史的体会,说明以古为鉴的重要性。指出置身财经战线(也包括金融)的学友们,必须以"学习现代史"为重点,同时回顾到祖国历史的昨天和前天,从而取得"以古为鉴,可知兴替"的历史教训,以供今日振兴中华、开展四化之用。

3345

以刊刻古书为己任的张海鹏[J]/郑伟章.--出版工作(后更名为中国出版),1989,07:111－116

本文介绍了张海鹏的家世背景、刻书态度、刻书种类等,概述了张海鹏刊刻古书的价值与意义。

3346

以人物为主线鉴定古籍版本的几个实例[J]/李雄飞.--津图学刊,1995,01:83－90

本文指出以古籍中出现的责任者、校刊者、抄写人等人物为线索进行查考,有时能帮助确定图书的版本,并举《礼书》《叶太史参补古今大方诗经大全》《尚书要旨》《周礼》《左传事纬》《四书集注》《书蔡氏传辑录纂注》等书为例进行说明。

3347

以《玉台新咏考异》看从事古籍校勘的知识储备［J］/郑保荣.--出版科学,1995,02:24－25

《玉台新咏考异》为清人纪容舒所编。该书因徐陵《玉台新咏》,自明代以"采刊本不一故参考诸书,哀合各本,引证颇为完备,考辨亦颇详悉。"本文以《玉台新咏考异》为例,阐述从事古籍校勘应具备的有关知识。

3348

艺海楼的藏书、刻书与抄书［J］/瞿冕良.--苏州大学学报(哲学社会科学版),1985,04:119－122

本文介绍了长洲顾氏艺海楼的藏书、刻书及抄书情况,对艺海楼主人顾沅生平事迹做了说明,并就艺海楼藏书情况特别是钞本情况做了介绍,按照经、史、子、集进行分类列举,附有详细书目,为日后藏书楼研究提供了翔实资料。

3349

艺海遗珠——汤显祖佚文七篇之发现［J］/钟扬.--黄梅戏艺术,1989,03:110－119

本文介绍了安庆市图书馆古籍部所藏明代著名戏剧家汤显祖的七篇佚文,包括《我未见好仁者》《父为大夫》《故太王事獯鬻》《左右皆曰贤未可也》《昔者太王居邠》《其君子实玄黄于匪》《民之归仁也》。文中对此七篇文章作了简要分析并附原文。

3350

艺文类聚(全二册)［M］/(唐)欧阳询撰;汪绍楹校.--上海:上海古籍出版社,1999

《艺文类聚》一百卷,是唐代文学家、书法家欧阳询与令狐德棻、陈叔达、裴矩、赵弘智、袁朗等十余名学者,于武德七年(624)合作编纂而成的一部综合性类书,是中国现存最早的一部完整的官修类书,保存了中国唐代以前丰富的文献资料,尤其是许多诗文歌赋等文学作品。

3351

《艺文类聚》编撰年代之管见［J］/邱五芳.--赣图通讯,1986,01:40－41＋39

《艺文类聚》是部重要的工具书,一直受到学者重视。但其具体的编撰年代却长期众说纷纭,莫衷一是。本文认为《艺文类聚》编于武德五年(622),成于武德七年(624)之说较能令人信服,并阐述了相关的理由。

3352

《艺文类聚》的问题种种——《艺文类聚》研究之一［J］/力之.--古籍整理研究学刊,1998,04/05:13－19

《艺文类聚》是唐朝开国皇帝李渊命欧阳询等人编撰的一部类书。本文论述了该书校勘与辑佚工作中应当注意的问题,包括缺失与窜乱、次序混乱、引文之失、引文中本非问题的问题、以正文概序与以史事语为序等。

3353

《艺文类聚》概说［J］/潘树广.--辞书研究,1980,01:163－173

本文介绍了《艺文类聚》的编纂过程,分析了《艺文类聚》的分类体系及主要内容,论述了《艺文类聚》的体例以及功用。

3354

艺文类聚引史部图籍考［D］/崔奉源.--政治大学(台湾地区),1975

《艺文类聚》是唐初编辑的一部大类型书。本文对《艺文类聚》的编纂版本诸项略作介绍。重点研究了《艺文类聚》引用史部图籍的情况。认为《艺文类聚》所引古籍,虽今多不见,但借此书可略知亡佚古籍的内容,该书具有重要的文献价值。

3355

艺苑卮言校注［M］/(明)王世贞著;罗仲鼎校注.--济南:齐鲁书社,1992

本书作者是明代王世贞,评价了明代"七子"复古运动的问题,认为"取性情之真""以心之声为涛"才能创造出好作品,还抨击了文学史上模拟剽窃的事例。

3356

忆我馆馆藏民族古籍文献的奠基者——王庆先生［J］/娜仁,杜烨.--内蒙古图书馆工作,1997,03:36－38

本文从不畏艰辛收集民族地方文献和年逾古稀致力于图书馆事业两个方面，表达了对王庆先生的敬意和缅怀之情。

3357

议颜回[J]/骆承烈. --郑州大学学报（哲学社会科学版），1981，01：24 – 28

本文从颜回的生平、孔子的态度等方面对颜回的思想进行评议，认为颜回的好学是对孔子"仁"的实践，是颜回对"仁""礼"在日常生活、处世待人中的运用。作为孔子得意门生的颜回，忠实奉行了孔子道义，充实和发展了孔子的主张，是当时奴隶主阶级中的一个改革派。因其早死，其学说未能尽情发挥，对后世政治上的影响不大。

3358

亦谈编著抄校稿本图录[J]/陈先行. --图书馆杂志，1997，02：15 – 16 + 49，

1995 年，顾廷龙、徐小蛮两先生撰写《中国古代的抄校稿本》一文，倡议尽快编著一部中国古籍抄校稿本图录。本文对这一倡议做了进一步解读。文中指出，抄校稿本的鉴别比刻本复杂，因此编著此类图录具有重要的现实意义，不仅有利于古籍整理与保护利用工作、填补中国古籍版本学的空白，也有利于培养古籍整理专用人才。

3359

亦嚣轩诗稿[M]/（清）蒙泉镜著；刘映华注释. --南宁：广西人民出版社，1989

本书由广西壮族自治区少数民族古籍整理出版规划领导小组主编，又称《亦嚣轩遗集》，所收诗稿始于 1851 年，止于 1897 年，共398 首。按年编次，多为七律。这些诗大多抒写了作者蒙泉镜科场失利的惆怅心情，身处风雨飘摇乱世中感时伤事的爱国情怀，以及对壮乡一山一水、一草一木的无比热爱之情。

3360

异文与释义[J]/罗积勇. --古籍整理研究学刊，1986，02：58 – 60

通过对照分析原书与异文，可以校正古书谬误，从异文与原书的种种联系中，求得对古书的正确理解和对个别字词的正确解释。

本文结合作者对于古籍中一些实例分析，阐释了上述问题，还就如何利用"本文"和"异文"的对照来分析联绵字和假借字提出了自己的观点。

3361

异鱼图赞笺[M]/（明）杨慎编著. --北京：中国书店

本书一函两册，源自杨慎谪居云南后所作《异鱼图赞》，明末胡世安为之作《笺》。两书虽各有特定的写作背景，然皆意在从释鱼这一角度承继"多识鸟兽草木之名"的博物传统，展现了明代学人格物求实的一面。两书堪称从释鱼这一角度表征中国古代士人亲自然、厚民生、重风俗的一个范例。征引颇繁富。

3362

佚存日本的《四书》与其相关论著[J]/郑梁生. --"国家图书馆"馆刊（在台湾地区发表）1997，01：139 – 168

自从《论语》于 3 世纪 80 年代东传日本以后，不仅被很多人喜读，所记内容也被奉为日常生活之准绳，而其政府更以之为文教政策根本。此后《大学》《中庸》《孟子》相继东传。本文即根据作者所寓目之资料来探讨日域人士研读《四书》的情形，与其相关论著东传之大概。

3363

佚名《味青斋敦煌秘籍佚卷存目》[J]/萧新祺. --敦煌研究，1991，04：67 – 69

《味青斋藏书画目》抄本一册，未署姓氏，著录皆为宋元名迹书画及宋元旧刻名椠的古籍善本，后面附有敦煌秘籍佚卷存目。本文介绍了敦煌秘籍存目以及《味青斋敦煌秘籍佚卷存目》检对记。

3364

《易》数是打开古籍之谜的一把钥匙[J]/尹奈. --图书馆学研究，1986，02：114 – 123

本文介绍了《易》数的含义，回顾了有关数的历史，论述了《易》数对数学发展所做的贡献，认为《易》数是通古达今的钥匙。

3365

易牙遗意[M]/韩奕撰；邱庞注释. --北京：

中国商业出版社,1984

本书共二卷,为元明之际韩奕所撰,原载明周履靖所编的丛书《类门广读》第十九卷,共记载了150多种调料、饮料、糕饼、面点、菜肴、蜜饯、食药的制作方法,全书分为脯、蔬菜、糕饵、汤饼等十二类。

3366

《易》之真伪一得见[J]/何其亮.--社会，1995,07:15

本文在介绍上古《易》和儒家《易》基本内容基础上,考辨了《易》的真伪问题。指出自古至今借《周易》发挥者不乏其人,不断有人故作玄虚,使其成为东方神秘主义重要部分。《易》学不应因其与伪科学的渊源而受抨击。

3367

意义重大的苏洵全诗文注释——《嘉祐集笺注》[J]/(日)笕文生著;郭声波译.--宋代文化研究,1994,01:391－394

《嘉祐集笺注》是对北宋散文家苏洵诗文集《嘉祐集》做的注释。本文从该书前言、版本、注释态度等方面进行了分析,肯定了该书在三苏研究甚至宋代文学研究领域做出的重要贡献。

3368

因人废文一例[J]/高松年.--浙江学刊,1981,01:122－123

本文对金圣叹所批改的《西厢记》中,金对于崔莺莺的"五便三计"的修改进行探讨,指出只有坚持具体情况具体分析,首先从作品客观实际出发,实事求是,客观、历史地对作品与作家作出评价,才可望获得真正有价值的研究成果。切不可因人废文或因文废人。

3369

因声求义与古籍整理[J]/吴平.--江西师范大学学报(哲学社会科学版),1986,01:44－48

本文阐述有关因声求义的理论,指出今人在古籍整理工作中,由于没有正确运用因声求义的训诂方法所造成的一些失误,论述因声求义在古籍整理工作中的指导意义,从而提高这种工作的质量。

3370

阴虚源流考辨——兼论中医古籍文献研究的若干问题[D]/薛红.--成都中医药大学,1997

本文以中医最基本的概念之一"阴虚"为例,用文献学方法对其进行"辨章学术,考镜源流"的研究。系统总结了历代有关阴虚概念的文献及阴虚含义的变迁,弄清了不同时期和不同流派及医家所论"阴虚"的具体含义,为正确理解古医籍,制定阴虚证的规范化标准及指标临床科研提供了依据。提出中医古籍文献研究不局限于文字的校勘注释,而应该深入研究其学术内涵,彻底澄清历代认识紊乱的各种概念、理论,方能促进现代中医的发展。

3371

《阴阳图》考释[J]/邵冠勇.--山东中医学院学报(后更名为山东医药大学学报),1996,01:55－59

本文列举了见于古籍中的诸种《阴阳图》,对《阴阳图》的实质及其生成加以考释。文中以《周易》古代阴阳家学说、《黄帝内经》等为根据,阐明阴阳的基本概念。

3372

殷虚书契菁华大版考释[D]/金锡准.--台湾师范大学(台湾地区),1980

本文对罗振玉先生《殷墟书契菁华》做了较为全面的研究。研究内容有三,其一为结论,分为甲骨之发现、罗氏搜集甲骨文字之经过《殷虚书契菁华》成书经过、《殷虚书契菁华》之价值四个方面进行论述;其二为图版,将菁华中的大版分别依复印件、拓本、摹本、隶定、释文加以排比对照,借此探讨菁录标准;其三为考释,即对菁华中所见文字加以考释。

3373

殷墟甲骨刻辞类纂(全三册)[M]/姚孝遂主编.--北京:中华书局,1989

本书以文字形体为主要线索,对已发表

的全部殷墟甲骨刻辞资料进行分析,剔除伪刻、习刻及重出和常见字的残辞,分 149 个部首,3600 多个字头,以类相从。所采用的甲骨有 5 万片左右,排列各类辞条 20 万条左右。

3374

殷墟甲骨刻辞摹释总集(全二册)[M]/姚孝遂主编;肖丁副主编.--北京:中华书局,1988

本书对当时已经著录的全部甲骨刻辞逐片逐字亲手摹出并加以整理和释读。著录的书籍包括《甲骨文合集》13 册、《小屯南地甲骨》《英国所藏甲骨集》《东京大学东洋文化研究所藏甲骨文字》和《怀特氏等所藏甲骨文集》等。书中将摹本和释文对照编排,释文尽可能地吸收已有的研究成果,以便为各有关学科提供可利用的、较为完整而全面的甲骨文资料。

3375

殷仲春与《医藏书目》[J]/马学博.--中医文献杂志,1995,03:6 – 7

明殷仲春《医藏书目》是我国现存最早的医学文献目录。本文考察了作者生平事迹、目前存世的四种版本、主要内容和编制体例等,对该书的目录学意义和不足之处进行了评述。指出《医藏书目》作为我国现存最早的医学文献专科目录学著作,其意义和作用显著,但由于时代局限,确实存在分类失当和收录不全面的问题。

3376

殷周禘祭探真[J]/董莲池.--人文杂志,1994,05:75 – 78

本文通过对殷商甲骨文和西周金文相关内容分析,考察了禘祭的基本情况,对殷禘与周禘的异同之处进行了研究。

3377

银雀山汉简齐国法律考析[J]/吴九龙.--史学集刊,1984,04:14 – 20,

银雀山汉简包括多种先秦古籍,除了今天仍有传世本的《孙子兵法》《六韬》《尉缭子》《晏子》之外,还有数量相当大的古佚书。《孙膑兵法》《守法守令十三篇》即其中的两

种。这些古佚书提供了早已失传的史实,其学术价值远在上述有传世本的古籍之上。本文就《守法守令十三篇》的时代、国别和法律内容作研究。

3378

尹文子慎子鹖冠子鬼谷子[M]/张元济主编.--台北:台湾商务印书馆,1967

本书由近代著名出版人张元济主持编辑,是商务印书馆影印出版的大型古籍丛书《四部丛刊初编》中的一册。其中《尹文子》一卷,为江南图书馆藏明覆宋刊本;《慎子》内外篇,为江阴缪氏蒮香簃写本;《鹖冠子》三卷,为江阴缪氏艺风堂藏明覆宋刊本;《鬼谷子》三卷,为正统道藏本。

3379

引无数英雄竞折腰——《中国十大皇帝本传丛书》述评[J]/陈恩林.--社会科学辑刊,1997,05:151 – 152,

本文对辽宁古籍出版社策划出版的《中国十大皇帝本传丛书》进行述评,认为该书旨在通过 10 位在历史上有影响的皇帝,让广大读者进一步了解中国封建社会的曲折发展进程,掌握中国自秦始皇以来 2000 多年的历史概貌,加深对中华民族传统文化和民族精神形成过程的理解。这套丛书作者多为有深厚史学功底、学有专长的学者,保证了丛书的科学性,一改过去教科书式或论文式的说教写法。

3380

引用注疏三注意[J]/夏蔚文.--辞书研究,1982,04:170 – 172

古籍的注疏,对词典释义是十分有用的资料。倘若研究不够,使用不当,反而会造成错误。这种错误,往往由于人们对于辞典的信任而以讹传讹,以致产生极坏的影响。本文指出,为避免运用注疏错误,应注意以下三点:莫把句意作词义、要善于识破书注的讹误、对注疏不应误解。

3381

饮冰室书话[M]/梁启超著;周岚,常弘编.--长春:时代文艺出版社,1998

本书分正文 204 则,补编有《情圣杜甫》《中国韵文里头所表现的情感》《屈原研究》《饮冰室评词》《论荆公诗词》《诗界革命的三点主张》,附录部分收录了梁启超的诗词和他的集宋词联语《苦痛中的小玩意儿》等。

3382

饮膳正要[M]/(元)忽思慧著;李春方译注. --北京:中国商业出版社,1988

本书为我国现存第一部完整的饮食卫生和食疗专书,也是一部颇有价值的古代食谱。由于时代局限,有不少不符合现代科学甚至迷信的内容,但仍不失为我国较早的一部关于饮食营养及食物疗法的重要专著。该注释本以涵芬楼 1934 年影印的明景泰本为底本。编印时将景泰七年《御制饮膳正要序》虞集的《奉敕序》张元济的《跋》移附卷尾,供研究者参考。

3383

饮馔服食笺[M]/(明)高濂撰;陶文台注释. --北京:中国商业出版社,1985

本书是明代高濂所著《遵生八笺》中的一部分,提倡清修养生,燕闲清赏;讲究起居安乐,尘外遐举;重视四时调摄,延年却病;介绍饮馔服食,灵秘丹药。《遵生八笺》计十九卷,本书为其中第十一、十二、十三卷。第十三卷所载神秘服食若干种,其食用效果有许多尚待现代科学加以检验;也有不少地方杂入了迷信之说,不可取,注释中已尽可能作了必要的说明。

3384

隐秘百年 世所罕觏——记《常熟翁氏世藏古籍善本丛书》[J]/冯惠民. --社会科学战线,1994,06:269 - 274

在著名藏书家傅增湘之孙傅熹年先生多方奔走下,由清代名臣翁同龢收藏,以后又被带往美国的一批宋刻古籍的祖本、孤本,已被引回故国,编为《常熟翁氏世藏古籍善本丛书》,交付出版。本文指出该套丛书所收或者是传世最早的祖本,或者是海内外仅存的孤本。版本珍贵,世所罕觏。

3385

"印痴"汪启淑[J]/徐学林. --编辑学刊,1994,03:91 - 92

本文介绍了清前期东南著名藏书家、古玩收藏家、编辑出版大家汪启淑(1728—1799)藏书、整理刊印古玩金石印玺以及刊刻古籍的事迹。

3386

印行古籍及有关书刊的字形处理[J]/曹乃木. --出版工作(后更名为中国出版),1980,05:38 - 42

本文就目前在印行古籍和有关古籍的书刊时用简化字还是繁体字,新字形还是旧字形意见难以统一的问题展开论述。认为应该使用简体字排印古籍,并提出五点原因,指出应该本着为年青一代着想、为子孙后代着想的原则,尽量使古籍发挥更大作用,简体字横排已经成为印刷出版工作中的必然趋势。

3387

印行《四库全书存目丛书》之我见[J]/王绍曾. --北京大学学报(哲学社会科学版),1997,05:22 - 24

本文指出编纂出版《四库全书存目丛书》,是抢救保存古代典籍、弘扬优秀传统文化的一大盛举。这 4000 余种书一旦在国内外广为流传,使读者得以恣意披读,必将对学术文化的发展,起到越来越大的作用。

3388

应大力推广冷冻杀虫技术[J]/李景仁. --图书馆,1994,05:44 + 30

图书害虫防治已成为我国图书保护的紧迫任务之一。本文指出,以往防治多采用化学方法,有较严重的环境污染,施药难度大,安全措施要求严。冷冻杀灭图书害虫具有杀虫效果好、无毒无害、无环境污染、设备简单易得、对图书制成材料没有不良影响等优点,应大力在公共图书馆、情报部门推广应用。

3389

应当加强古籍丛书的介绍工作——兼评三种丛书目录[J]/王义耀. --图书馆学研究,1984,01:118 - 120 + 99

对于大部分青年同志和一般读者来说,了解丛书的面貌比了解其它古籍单刻本要困难得多,所以有加强古籍丛书介绍工作的必要。本文以《书目答问补正》《丛书集成初编目录》《中国丛书综录》为例,对丛书目录进行述评,指出古籍丛书介绍工作的重要性。

3390

应当重视新文学家年谱的编撰工作[J]/陈福康. --辞书研究,1989,03:36-40

本文指出,近年来年谱编著出版较多的是新文学家的年谱,但存在鄙视年谱编写工作的学术价值、低估其劳动难度等问题,影响其质量。在态度谨严、考证精密等方面,新文学家年谱的编写者值得向前人及今人撰著的比较优秀的古代文学家年谱(如梁启超《陶潜年谱》、章培恒《洪昇年谱》等等)学习与取经。

3391

应该保留一点"鱼"味——古籍整理札记之一[J]/辛谷. --武汉大学学报(人文科学版),1984,03:36-36

本文指出,用繁体字整理古籍,有利于保持古籍原意,对于研究工作者非常必要,但不利于迅速普及古代科学文化知识。在大量用繁体字整理古籍的同时,适当用简化字整理、注译一些典籍也很有必要。近年来,许多古籍整理工作者做了大量工作,取得一定成绩,也存在一些问题。有些版本将一些不该简化的字简化,导致以字害义损及全篇。

3392

应该正名为《二十六史》[J]/林叶榛. --驻马店师专学报(后更名为天中学刊),1990,04:60-61

本文指出,上海古籍出版社和上海书店删掉柯劭忞《新元史》而新编《二十五史》,后又另卷出版《元史二种》以作补编,其本意不在删《新元史》,旨在增《清史稿》。没有必要将《新元史》《清史稿》二书对立起来,若以二十五史再加《清史稿》合成二十六史,出版一书,更为合理。

3393

应如何对待传统文化和史籍[J]/木舌. --古籍整理研究学刊,1987,01:3-4

文史学界一些新人提出论点"中国传统文化早该后继无人了""浩如烟海的'史籍'其中的多数是文字垃圾"等等,不一而足。本文对错误观点进行批判,对传统文化和史籍进行正名。

3394

应用 ILAS 系统建立古籍书目数据库的设想[J]/郝艳华. --情报杂志,1999,03:27-28

本文论述了利用 ILAS 系统建立古籍书目数据库的可行性,提出了在应用 ILAS 系统建立古籍书目数据库过程中的几个具体问题和解决办法,并对 ILAS 系统著录古籍的优点和不足作了评价。

3395

应重视东巴文献档案资料的搜集工作[J]/李世坤. --云南档案,1993,03:21-22

本文介绍了纳西族东巴古籍文献的类别和分布情况,提出应把收集和研究东巴文献档案史料工作提到应有高度。档案部门对这项工作重要性缺乏应有认识,很少研究,致使这项重要工作进展缓慢。要强化工作意识,加强宣传,把大力开发东巴档案资料的搜集工作提高到抢救民族历史文化遗产的高度来认识。

3396

应重视古书中的避讳现象[J]/王彦坤. --辞书研究,1992,06:94-96

避讳现象周代即有,该现象不可避免造成了古书内容失实及淆乱。本文指出,当辞书编撰者需要参考利用古籍资料时,对古籍作者家讳、写作及刊印时代之国讳进行了解,是很有必要的。

3397

应重视研究古籍的情报价值[J]/高中民. --山西档案,1988,05:34-35

党的十一届三中全会以来,因落实政策和全党工作重点转移到经济建设,档案的凭证作用、经济效益和社会效益,普遍被人们重视。而作为从档案派生出来的书籍,特别是古籍的情报价值,却往往被人们所忽视。本文结合从事档案工作实际,对古籍情报的科学、经济、社会价值进行介绍。

3398

应重视中医古籍文献的价值利用[J]/汪沪双.--大学图书情报学刊,1997,02:46-47

本文从中医古籍文献收藏、管理入手,论述中医古籍文献如何开发利用,应用到中药新产品开发上,为中医药产业服务,并针对中医古籍文献资源共享提出具体意见。

3399

英藏敦煌文献·汉文佛经以外部分(第一卷)[M]/中国社会科学院历史研究所,中国敦煌吐鲁番学会敦煌古文献编辑委员会,英国国家图书馆等编.--成都:四川人民出版社,1990

本书属于大型英藏敦煌文献图集,选材范围为斯坦因获自敦煌的汉文文献,包括原藏于英国国家博物馆今藏于英国国家图书馆者;藏于伦敦英国印度事务部图书馆者;藏于英国国家博物馆者。内容涉及人文学科各方面,采用原件实拍的副片制版印刷,较之目前海内外有关的敦煌出版物,是最清晰、最接近原件的敦煌卷子,还附有比例尺,可以显示原文书的尺寸规格。该书是从1990年开始出版的,其中1—11卷收录了英国国家图书馆已经公布的敦煌写本中的全部汉文非佛经文书。12—14卷则首次刊布了该馆所藏 S. 6981—S13677 之间的非佛教文书;英国博物馆东方古物部所藏敦煌写本、敦煌绢纸绘画上的供养人题名题记;英国印度事务部图书馆所藏敦煌汉文佛经以外的文书。2009 年出版了第十五卷,是全书总目并编有多种索引,方便读者查阅。

3400

英藏敦煌文献·汉文佛经以外部分(第二卷)[M]/中国社会科学院历史研究所,中国敦煌吐鲁番学会敦煌古文献编辑委员会,英国国家图书馆等编.--成都:四川人民出版社,1990

同上。

3401

英藏敦煌文献·汉文佛经以外部分(第三卷)[M]/中国社会科学院历史研究所,中国敦煌吐鲁番学会敦煌古文献编辑委员会,英国国家图书馆等编.--成都:四川人民出版社,1990

同上。

3402

英藏敦煌文献·汉文佛经以外部分(第四卷)[M]/中国社会科学院历史研究所,中国敦煌吐鲁番学会敦煌古文献编辑委员会,英国国家图书馆等编.--成都:四川人民出版社,1992

同上。

3403

英藏敦煌文献·汉文佛经以外部分(第五卷)[M]/中国社会科学院历史研究所,中国敦煌吐鲁番学会敦煌古文献编辑委员会,英国国家图书馆等编.--成都:四川人民出版社,1992

同上。

3404

英藏敦煌文献·汉文佛经以外部分(第六卷)[M]/中国社会科学院历史研究所,中国敦煌吐鲁番学会敦煌古文献编辑委员会,英国国家图书馆等编.--成都:四川人民出版社,1992

同上。

3405

英藏敦煌文献·汉文佛经以外部分(第七卷)[M]/中国社会科学院历史研究所,中国敦煌吐鲁番学会敦煌古文献编辑委员会,英国国家图书馆等编.--成都:四川人民出版社,1992

同上。

3406

英藏敦煌文献·汉文佛经以外部分(第八卷)[M]/中国社会科学院历史研究所,中国敦煌吐鲁番学会敦煌古文献编辑委员会,英国国家图书馆等编.--成都:四川人民出版社,1992

同上。

3407

英藏敦煌文献·汉文佛经以外部分(第九

卷)[M]/中国社会科学院历史研究所,中国敦煌吐鲁番学会敦煌古文献编辑委员会,英国国家图书馆等编. --成都:四川人民出版社,1994

同上。

3408

英藏敦煌文献·汉文佛经以外部分(第十卷)[M]/中国社会科学院历史研究所,中国敦煌吐鲁番学会敦煌古文献编辑委员会,英国国家图书馆等编. --成都:四川人民出版社,1994

同上。

3409

英藏敦煌文献·汉文佛经以外部分(第十一卷)[M]/中国社会科学院历史研究所,中国敦煌吐鲁番学会敦煌古文献编辑委员会,英国国家图书馆等编. --成都:四川人民出版社,1994

同上。

3410

英藏敦煌文献·汉文佛经以外部分(第十二卷)[M]/中国社会科学院历史研究所,中国敦煌吐鲁番学会敦煌古文献编辑委员会,英国国家图书馆等编. --成都:四川人民出版社,1995

同上。

3411

英藏敦煌文献·汉文佛经以外部分(第十三卷)[M]/中国社会科学院历史研究所,中国敦煌吐鲁番学会敦煌古文献编辑委员会,英国国家图书馆等编. --成都:四川人民出版社,1995

同上。

3412

英藏敦煌文献·汉文佛经以外部分(第十四卷)[M]/中国社会科学院历史研究所,中国敦煌吐鲁番学会敦煌古文献编辑委员会,英国国家图书馆等编. --成都:四川人民出版社,1995

同上。

3413

英法图书馆收藏的早期中文报刊[J]/李镇铭. --文献,1981,03:46 - 46

英国和法国国家图书馆不仅收藏中国古籍甚丰,而且藏有我国早期的报刊,有些是仅见的孤本,颇为珍贵。此外在不列颠图书馆参考部还收藏了不少我国早期的中文杂志。本文举例说明。

3414

英国古籍书目数据库——ISTC[J]/(日)雪嶋宏一著,姜振儒编译. --河北图苑,1993,03:56 - 57

ISTC 的全称为"Incunable Short Title Catalogue",意为"古版书简明标题目录",系 1980 年英国图书馆建立的古籍书目数据库。本文从覆盖率、联机利用、数据来源三方面进行介绍,指出 ISTC 主要收载 15 世纪用活版印刷术印刷的文献的题录,所含记录数比以前出版的任何古版书的题录都多,是世界上该类文献最大(又是唯一)的联机数据库。

3415

英国剑桥藏本橘录题记[J]/钱存训. --清华中文学报(在台湾地区发表)1973,01:106 - 114

本文介绍了英国剑桥大学李约瑟(Dr. Joseph Needham)教授书斋中所藏《橘录》三卷的基本情况。

3416

英烈传版本与作者之研究[D]/林丽琴. --东海大学(台湾地区),1985

《英烈传》是明中叶以后流行的讲史小说,演述明太祖朱元璋结合元末儒士及英豪,扫荡群寇,驱逐胡元,建立明朝的故事。本文概述了英烈故事的演变过程,说明了近人研究《英烈传》的情形,厘清了《英烈传》及《云合奇踪》纷乱的版本问题,并研究了二书的作者分别为郭勋、徐渭的可能性。

3417

影响 FP - 500 冲片质量的一些不可忽视的因素[J]/单红彬,赵岚. --缩微技术,1996,02:45 - 48,56,

本文研究分析了影响德国生产的阿克发 FP - 500 缩微胶片全自动冲洗机运行的因素,

并找出排除这些因素对胶片质量产生影响应采用的调节方法及相应措施,从而更好地提高和发挥 FP－500 冲洗机的使用效果和性能作用。

3418

影印善本古籍及古籍善本书影书名索引[M]/山东大学图书馆编. --济南:山东大学图书馆,1979

本索引收录影印善本丛书三十多种和古籍善本书影九种(目录及简称表附后),以及部分 1949 年前后影印的善本书的单本。收录范围以影印的宋、元、明刊本为限,影印的旧抄本影写本以及外国刊本,均未予收录。著录项目大体上按照《中国丛书综录》及各家书影所载抄录,部分古籍著者、卷数、版本等项,原书著录有欠完备,可以查补的都作了适当补充。

3419

影印善本书序跋集录 1911—1984[M]/北京图书馆善本组编. --北京:中华书局,1995

本书取舍时限断自辛亥革命之年,下至1984 年。辛亥以来影印的善本书不仅数量多,而且几乎每种书都请当时的名人学者写了序或跋。本书编选时侧重将专谈版本或以谈版本为主的序跋收录进来,并按原书的性质分为经、史、子、集、丛五大部,依类加以编排,共计选得 442 篇。

3420

佣书忆旧录[J]/萧新祺. --郭沫若学刊,1989,03:80－81

本文介绍了作者因古籍与郭沫若先生结缘的情况。

3421

拥挤的红学世界——红学论争与红学公案(续)[J]/刘梦溪. --文艺争鸣,1989,05:60－73

红学作为一门独立学科,以《红楼梦》这部没有最后完成的作品为研究对象,领域比较狭小,然而喜爱红学、涉猎红学、跻身红学的人有增无已,队伍越来越庞大,形成红学世界特有的拥挤现象。因拥挤而龃龉而争吵,致使多年来红学论争从未停止过。本文系统提出和《红楼梦》相关的十四次论争。

3422

永济文史资料·舜帝历史与传说[M]/政协永济市文史资料研究委员会编. --永济:政协永济市文史资料研究委员会,1998

本书客观揭示了舜帝生平、思想、治国方略和尧、舜、禹三代帝王禅让的经过,以一定的深度和广度,展示了尧、舜、禹部落自强不息,联合与发展的波澜壮阔的历史画卷,让我们看到了古代民族部落发展、演变、融合、凝聚,走向建国立业的广阔场景,领悟了古代帝王用民族大义、传统精神治国安邦,从而推动历史不断向前发展,走向文明与繁荣的智慧与风尚。

3423

《永乐大典》佚卷的宝贵资料——读《纯常子枝语》札记[J]/李伟国. --文献,1983,03:92－95

扬州广陵古籍刻印社整理重印了清末文廷式的笔记《纯常子枝语》。文廷式曾任翰林侍读学士,读过大量的《永乐大典》残卷,其所抄《大典》各卷绝大多数已佚。本文分析了《纯常子枝语》一书在参校、补遗、辑佚古代文献方面的重要价值。

3424

甬图文萃[M]/陈宁雄,张树声主编. --宁波:宁波出版社,1997

本书为宁波市图书馆学会、宁波市图书馆论文选集,纪念宁波市图书馆建馆 70 周年。由于经费和篇幅有限,本集仅选取了除专著以外的 55 篇论文。

3425

用电脑整理中文古籍[J]/郑珑. --中文信息,1996,01:27－30

本文从古籍整理的汉字输入法需要具备的条件、用郑码在韩国整理汉字佛经,需要解决的特殊问题、电脑整理古籍的中文处理系统问题等方面,介绍了用郑码参与韩国高丽大藏经电脑化进程的体会。本文提出希望与佛教界、文化界、出版界及中文信息界的各方面专家学者,以及电脑行业的中外企业通力合作,使我国世界罕见的珍贵文化遗产在信息时代重放异彩。

3426

用电子计算机编制古籍索引的体会[J]/于曼玲,余灼华. --中山大学学报(哲学社会科学版),1988,04:95 - 96

本文指出古籍索引工作的重要性与缺陷。使用计算机编制出的逐字索引具有简便、快速、可靠的特征,但也缺少更为有效的计算机输入方式,文理两科人员需要同心协力,利用更先进的科技手段,编制更多古籍索引,为我国古典文献与古代语言的整理研究工作提供更有利的条件。

3427

用现代科技手段来保护古籍[J]/陈思丰. --图书馆理论与实践,1996,03:62

长期以来,我们大多用修补、缩微、复制的传统手段进行古籍图书的保护工作。古书纸张脆化,光靠缩微复制远远赶不上这种"灾害"蔓延的速度。本文指出,应采取国外先进技术,使纸张脱酸处理;还可以利用光盘技术,通过激光数字扫描,将文字内容储存在光盘上。利用现代化的方法整理、研究、出版,将是古籍保存、传播、利用的唯一出路。

3428

用烟草液纸防治书籍害虫[J]/李龙如. --图书情报工作,1980,05:36 - 36

本文介绍了用烟草末制成烟草液来防治书籍虫害的有效方法。这种方法具有成本低廉、制作简单、防虫效率高和对书籍没有损害几个优点,值得广泛推广。

3429

用验证法释义古籍中的农业科技达诂初探[J]/林乔. --农业考古,1988,02:107 - 109

古代的科学以哲学或阴阳五行学说为理论,强于综合。而现代科学以数理化为理论,善于分析。用试验、观察等方法来释义,并力求达诂,是掌握古农业科技的有效方法。本文介绍了作者用这种方法30余年的心得。

3430

优势和"包袱"——谈馆藏文献资料的整理利用问题[J]/培生,秉良. --图书馆工作与研究,1985,02:19 - 20

本文从能够进一步满足科研、教学和生产的急需,能够培养图书馆专业人才,能够提升图书馆的社会地位以及能够获得一些合理的经济收入几个方面,探讨了新技术革命迅速发展的形势下,图书馆馆藏文献资料如何整理和利用的问题。

3431

优秀的建筑古籍注释[J]/乔匀. --读书,1984,05:75 - 76

本文介绍了梁思成注释的《营造法式》,指出这部书注意到了注释建筑古籍的特点,除了考证版本,校勘文句,训诂词语,注疏文意外,最大的功力是用现代科学投影几何画法绘制工程图画,用大量现存古建筑的实物(测绘图和照片)来作注释。使我们今天读起来能够比较容易领悟文意,并对照实物的测绘图和照片,了解当时的做法和形象。全书118幅测绘图,248张实物照片,是注释的精华所在。

3432

忧道不忧贫 俯首办实事——出版"中国古文献研究丛书"笔谈[J]/刘宁. --中国图书评论,1993,01:55 - 57

"中国古文献研究丛书"是国家教委"七五"科研规划的重点项目,由高校古委会委托金开诚教授主编,江苏古籍出版社出版,第一批书已经问世。本文是安平秋、金开诚、汤敬昭、梁柱、张岱年、邓广铭等学者对该丛书的介绍与评价。

3433

幽燕沧桑的记录——《北京古籍丛书》一瞥[J]/石继昌. --读书,1983,03:42 - 46

邓拓同志主持北京市文教工作之始,即积极提议出版有关北京历史地理方面的古籍。北京出版社遵循这一擘画,从1960年到1964年先后出版了《北京古籍丛书》18种,包括《天府广记》《长安客话》《北平考》等。本文将该套丛书大致分为方志、杂记、艺文三类予以介绍。

3434

由一角藏书看德国汉学研究[J]/胡其鼎.--读书,1983,05:121-124

黑塞是20世纪的德语作家,曾获得1964年诺贝尔文学奖。他研读我国古代的哲学和文学著作,前后达60年。他的图书室里有一个"中国之角",这要为中国古籍德译本,再加上黑塞所写的有关书评,颇能反映出德国汉学研究的成果。本文介绍了相关情况。

3435

由云大馆所藏朝鲜线装古籍看朝鲜古代印刷文化[J]/罗江文.--云南图书馆,1995,03:56-59

本文通过对散见于云南大学图书馆的朝鲜线装古籍的考察,分析朝鲜古籍的特点及其与中国古籍的异同,较好展示了朝鲜古代印刷文化,指出在学习继承中国印刷文化的基础上,朝鲜创造了以铜活字为特色的印刷文化。中朝印刷文化一脉相承,两国印刷文化交流促进了文化共同发展,为世界文明作出了不朽贡献。

3436

有关胡震亨材料补正[J]/周本淳.--浙江大学学报(人文社会科学版),1982,03:115-121

胡震亨为明代后期著名学者,对唐诗纂集研究贡献尤多,可惜生平不详。本文从生平补述、子嗣世系、著述遗诗几方面对胡震亨的文献资料做了补正。

3437

有关土族溯源的二三事[J]/蔡西林.--青海民族大学学报(社会科学版),1980,03:91-91

本文为作者读顾颉刚先生《从古籍中探索我国的西部民族——羌族》后所做,认为顾先生从浩繁的古籍中博采约取,触类旁通,追根溯源,立论严谨,对研讨我国西北少数民族史很有帮助。同时作者也对文中有关土族来源的论述提出了自己的见解。

3438

有实力,有特色,出人才,出成果的高校古籍整理研究机构[J]/曲直.--古籍整理研究学刊,1989,05:9-12

全国高校古籍整理研究工作委员会自成立以来,先后建立了一些科研机构,在古籍整理研究方面取得了可喜的研究成果,并逐步形成了各自的特色。基于此,全国高校的古籍整理研究工作才能更加有组织、有计划地大规模开展起来,做了许多在此之前无法完成的工作。本文介绍了相关的高校古籍整理研究机构。

3439

有用的整理[J]/吴迅达.--读书,1996,01:33-34

胡渐逵《古籍整理释例》于古籍整理中精选近二百个实例,从校、点、注、译诸方面作细致分析,匡谬纠误,多有可资借鉴。本文从校勘、标点、今译释例等方面对胡渐逵《古籍整理释例》进行介绍与评价,指出其优势与不足。

3440

又一部明代都司卫所研究专著问世——评《明代辽东都司》[J]/李健才.--社会科学战线,1989,03:220-220

由中州古籍出版社出版的《明代辽东都司》一书,是继杨旸同志《明代奴儿干都司及其卫所研究》出版后又一部研究明代东北历史的重要著作,本文对该书进行介绍与评价。指出该书与其前作是研究明代东北历史的姊妹篇,是杨旸同志长期以来刻苦钻研、辛勤劳动的丰硕成果,为中国东北边疆史的深入研究做出了重要贡献。

3441

幼幼集成[M]/(清)陈复正辑订.--上海:上海科学技术出版社,1990

本书是一部中医儿科专著,由清陈复正编撰,共六卷,卷一论述儿科中关于指纹、脉法及保产、调护、变蒸等内容,并介绍了初生婴儿常见病的救治方法,卷二、卷三、卷四为儿科主要疾病及杂症、疮疡的辨证施治,卷五、卷六介绍经陈氏增删的万密斋氏痘麻歌赋。

3442

佑宁寺志(三种)[M]/尕藏,蒲文成等译注.--西宁:青海人民出版社,1990

本书亦称《郭隆弥勒洲志》《郭隆寺志》,是关于青海佑宁寺的志书,收录了桑木吉珠门巴·洛桑坚巴措成、土观·罗桑却季尼玛、王佛·阿旺钦饶嘉措三位活佛编著的三种相沿成序的《佑宁寺志》。该志就安多下部地区弘扬佛法、建立佑宁寺的最初众议、佑宁寺的发展状况、历任法台、主要建筑及施主庄园等作了详细的叙述。其中有关土族人的记述尤为可贵,对于研究土族族源具有一定的参考价值。

3443

余冠英先生与古籍整理[J]/李华.--北京图书馆馆刊(后更名为国家图书馆学刊),1999,01:80-86

本文对余冠英先生的成果、治学贡献进行介绍,对其古籍整理和普及进行论述,指出余冠英的观点和研究对古籍整理的价值。

3444

渔史琐证四题(续)[J]/明时.--渔业经济研究,1992,02:43-46,

1990年6月4日《中国农牧渔业报》转载《扬子晚报》晚清时曾发现"人鱼"一文,该文作者据清人笔记《淞南梦影录》中的一则记载,说早在100年前,中国就发现过"人鱼"。本文认为此说不确。

3445

语录四种[M]/王国维等原著.--武汉:湖北辞书出版社,1997

本书从中国传世的数百种语录、箴言体文献中选择出《朱子读书法》《六事箴言》《曾胡治兵语录》《人间词话》四种汇为一册,题为《语录四种》加以整理、注释和今译,以期从一个侧面展示出中国语录、箴言类文献的基本面貌和主要特征。

3446

玉海艺文部研究[D]/陈仕华.--东吴大学(台湾地区),1985

《玉海》为南宋学者王应麟所撰的一部大型类书,共200卷,分天文、地理、官制、食货等21门,下分250余子目。本文在考述王应麟生平家世、仕宦节操、师承交游、考据学问等情况的基础上,重点研究了《玉海》艺文部的体制、分类、征引文献等问题。

3447

玉函山房、汉学堂辑佚书考略[J]/黄镇伟.--古籍整理研究学刊,1998,03:14-17,34,

通观新旧刊本,玉函山房、汉学堂辑佚书实已形成两大书系。本文梳理两大书系形成发展的线索,概述各种版本的基本情况及其相互关系。

3448

聿修堂医书选·伤寒广要·药治通义·救急选方·脉学辑要·医賸[M]/(日)丹波元简,丹波元坚等著.--北京:人民卫生出版社,1983

《伤寒广要》共十二卷,为丹波元坚编著,搜集我国历代一百五十多位医家论述,以"惬于经旨,切于日用"为原则,掇其精英,荟萃成帙,列十四章,每章又分各门。《药治通义》是一部治疗学专著,十二卷,由丹波元坚编著,书中论述用药的方法和原则,方剂的配伍与组成,汗、吐、下、清、温、补等治法要旨,以及各种剂型,药物分量、药物的服用、药物贮藏和外治法等方面内容。全书百余篇文章,每篇均首引历代医家的原文,附以作者的按语。《救急选方》二卷,为丹波元简所撰。全书收集我国历代医籍中救急处方,共载有三十门临床常见急症。以病证统方,每一病证常附多个方剂,包括中药以及针灸之法,所选方药简便实用,适于作为急救选方。《脉学辑要》三卷,由丹波元简编著,辑诸家脉学之精要,附录家传及个人心得编成此书。上卷总论,中卷为二十八脉形象分析,下卷列述妇人、小儿及诸怪脉。《医賸》由丹波元简的笔记心得编纂而成,共三卷,后附正六论。全书记其心得,针对中医中极少见的其一问题,列为专题,深入研究,辨析解惑,其间又多以发挥以补缺,厘清了许多医学中不清晰的问题。

3449

聿修堂医书选·伤寒论辑义·伤寒论述

义·金匮玉函要略辑义·金匮玉函要略述义[M]/（日）丹波元简,丹波元坚等著.--北京:人民卫生出版社,1983

《伤寒论辑义》七卷,由丹波元简编著,以明赵开美复宋版《伤寒论》为底本,参考别本、注本,辑集诸家见解,以阐发伤寒论说而成。首列"综概"一节,总叙《伤寒论》一书的始末。正文在《伤寒论》每一条之下,选辑诸家注解,或一二家之言,或众说并蓄,删冗节要,融汇贯通。《伤寒论述义》五卷,丹波元坚编著。成书于1843年。本书要旨为述其父丹波元简所编《伤寒论辑义》一书之余意而作。书中一方面介绍本人学习《伤寒论》一书的心得;另门方面,阐发《伤寒论辑义》一书未尽之义,予以覆核辨订,并期酌诸家之说,而补其《辑义》之所遗。故本书实为《辑义》一书的姊妹篇。《金匮玉函要略辑义》亦丹波元简编著。作者撰《伤寒论辑义》一书后,于晚年又辑定本书,两书不仅体例基本相同,且依《仲景全书》而论,二者实具不可分割的联系。本书以宋林亿等校本为底本,旁校明徐镕、赵开美等本,加以校勘。卷首"综概"一节,举有文献记载、解题并考订了书名、作者、成书年代等内容;正文在《金匮要略方论》每一条之下,汇辑各名家注解,以阐发金断要略之经旨,书中又间有作者训释与按注正误明辨,评述简明,立论允当,可帮助读者理解原文经义。《金匮玉函要略述义》三卷,为丹波元坚编著,成书于1842年。本书的编撰目的,据作者本人介绍:在补充其父撰著的《金匮要略辑义》一书所失载的内容同时,兼而增入他个人在进行《金匮要略》全书钻研过程中所取得的心得体会。从而可知,"述义"与"辑义"二者相辅相成,互为联系,互为补充的。

3450

聿修堂医书选·素问识·素问绍识·灵枢识·难经疏证[M]/（日）丹波元简,丹波元坚等著.--北京:人民卫生出版社,1984

《素问识》八卷,撷取《素问》七十二篇（除七篇大论与刺法、本病论）之精要,摘录王冰、马莳、吴昆、张介宾等注家之言,及朱丹溪等学术见解,参考经传百氏,对《素问》某些条文进行训诂、解词、校勘和注释,并对前贤疏义之失予以订正。卷首有素问解题、素问汇考、素问诸家注解书目及全元起本卷目等。要言不烦,识见允正,为研究《素问》重要参考文献之一。《素问绍识》是《素问识》的续篇,补其不足,又得别人遗论,博采历代注家之言,依原篇次,将需要训解或应作进一步说明者,首录经文,次择诸家之言,并简明扼要地予以评述,观点正误分明,从舍可辨。《灵枢识》是一部医生养经书目类书籍。书中采取选注而不自作注释的方法。在选注方面,多采用王冰、马莳、张介宾、吴昆、张志聪等家注释,考证精确,说理入微,符合经旨而有发挥者入选。对各注有分歧时,则提出自己的看法,指出孰是孰非。如有未能肯定,或可并存者,则以"疑似口吻,径曰恐非"或"似是"或"可并存",俾学者知所思考抉择,有比较好的研究态度。《难经疏证》是对《难经》一书的诸家注解,去粗取精,删繁叙简,遇有不足或存有异议时,又附增己见,予以阐释。书中文辞中肯允当,浅显易懂,对于学习和深入研究医经理论,有很大的参考价值。

3451

聿修堂医书选·杂病广要[M]/（日）丹波元简,丹波元坚等著.--北京:人民卫生出版社,1983

本书引清初叶以前著名医籍三百余种,并注明出处。书中内容丰富、取材切要,分为外因、内因、诸气、诸血、脏腑、身体六大门类,每一类后,列内科杂病及百余证。每一证后,详分名义、病源总说、病因、病机、诊断、鉴别诊断、治法、治例、治验等项。该书根据"跻寿馆聚珍本"排印。原书存有部分脱简、错字,已据现存有关抄本作了增补和删改;一时无书据补者,亦于书中予以注明。

3452

聿修堂医书选·中国医籍考[M]/（日）丹波元简、丹波元坚等著.--北京:人民卫生出版社,1983

本书八十卷,原书名《医籍考》。收辑秦

汉至道光初年医籍近两千六百种。除直接取材于医学著作外，凡历代史书、各种书目、地志博物、艺文著述、笔记杂说等书中有关记载，均加以搜罗，进行条分缕析，分门别类。对每一种书籍，都注明出处、卷数、存佚、序言、跋语、著者传略、历史考证等项目，有的还附有作者按语。编写本书虽受当时一定条件的限制，存有少数遗漏和存佚不真之处，但在目前来说，不失为一部具有相当实用价值的工具书。整理本书后增编了书名、人名索引，使其更进一步发挥工具书的作用。

3453

《郁离子》点校本失误举隅［**J**］/鲍延毅. --山东师范学院学报（后更名为山东师范大学学报）（哲学社会科学版），1983,04:75 – 79

本文校订了上海古籍出版社点校本《郁离子》中出现的一些错误，分为失校误校、当出校而未出校者和标点失误几类情况进行整理。

3454

吁请重视图书目录工作［**J**］/若华. --中国出版,1984,03:50 – 51

本文指出目前出版部门的图书目录工作"跟不上全集热"的形势要求。我国出版部门应当积极提倡、大力支持图书目录工作，以便为读者提供检索的方便。

3455

喻世明言［**M**］/（明）冯梦龙编；辛普点校. --石家庄:河北人民出版社,1990

本书是我国明末文学家冯梦龙在广泛收集宋元话本和明代拟话本的基础上，经过加工而编纂成的一部短篇小说集，和冯梦龙编纂的另两部短篇小说集《警世通言》《醒世恒言》合称三言，数百年来在我国广大读者中影响极大。

3456

元代曲家马致远新词二首［**J**］/瞿钧. --东吴教学（后更名为苏州教育学院学报）,1989,2:30 – 33

1980 年春,辽宁图书馆馆藏发现了罗振玉先生旧藏元代杨朝英所解《乐府新声阳春白雪》明抄残存六卷本。这是近半个世纪以来，元人散曲珍本书的第四次发现。该书中马致远六个新套曲被编入《东篱乐府全集》，本文选择其中一部分作品加以展示。

3457

元刊本文心雕龙［**M**］/（南朝梁）刘勰撰. --上海:上海古籍出版社,1993

本书据上海图书馆藏元至正十五年（1355）刻本《文心雕龙》影印，具有较高的文献学、文艺评论学价值。

3458

元刊杂剧三十种新校（全二册）［**M**］/宁希元校点. --兰州:兰州大学出版社,1988

《元刊杂剧三十种》是元代杂剧作品的总集，收录了元代杂剧作品 30 种，内含传世孤本 14 种，其中如关汉卿的《拜月亭》《诈妮子》等，都是元杂剧中的上乘佳作。本书以清代著名藏书家黄丕烈所收藏的《元刊杂剧三十种》为底本，进行校订整理而成。在一定程度上扫清了读者在《元刊杂剧三十种》上文字句读的障碍，使历史上遗留下来的优秀剧目完整地再现其原貌，有较高的学术价值。

3459

元蒙古两曲家［**J**］/伯颜. --社会科学辑刊,1983,03:147 – 147

元词曲家出于"色目"者不乏其人，而身隶蒙古籍则绝少。孙楷第《元曲家考略》指出二人，一为阿鲁威（或称阿鲁灰,阿鲁辇），一为杨景贤（又作杨景言）。本文对此二人进行介绍，对相关问题进行考证。

3460

元明清时期彝族法律文化研究［**D**］/王明东. --云南大学,1998

本文以马克思主义唯物史观为指导，综合应用历史学、民族学、法学、宗教学、民族古籍学有关理论以及大量的文献材料、实地调查材料，对元、明、清时期的彝族法律文化进行了探讨分析。

3461

元末明初俞本及其《纪事录》［**J**］/陈学霖. --故宫学术季刊（在台湾地区发表）1997,

04:47 - 63 + 左 4

俞本《纪事录》为记载元末明初群雄起事之重要私史。作者冠年入伍,隶属朱元璋亲信麾下,参与征伐陈友谅、张士诚等诸重要战役,开国后仍任军职,随从招抚元室诸王,至洪武中叶始退役。晚年专注著述。本文勾稽是书资料,将俞本生平及其书特色作一概述,庶几为研究元明史事者效涓埃之助。

3462

元人文集篇目分类索引[M]/陆峻岭编. --北京:中华书局,1979

本书为检索元人文集的内容而编纂,共揭示 170 种文集中的文章篇目(诗词一般不录),包括元人别集 151 种,总集 3 种,涉及元代史事的明初人别集 16 种。编者将文章篇目分为人物传记、史事典制和艺文杂撰。

3463

元史及民族与边疆研究集刊 · 第 24 辑[M]/刘迎胜主编;高荣盛,华涛,姚大力副主编. --上海:上海古籍出版社

本书包括东亚多元文化时代的法律与社会学术研讨会论文专栏、元史研究、民族宗教与边疆研究、古籍整理、书刊评介、会议综述等部分。共 16 篇文章,涉及古代文书的整理、元代的高丽政策、元代人物研究、元代科举与文化研究、蒙古历法等方面,具体内容有《至正条格》《秘书监志》等典籍的整理与研究、元代科举、南宋端平襄阳兵变、元代墨的新发展、早期民族学界参与边疆教育述略等。

3464

元微之诗中"李十一"非"李六"之舛误辨[J]/吴伟斌. --南京师大学报(社会科学版),1981,01:32 - 39

岑仲勉先生在《唐人行第录》(上海古籍出版社 1978 年新 1 版)中对元微之《与李十一夜饮》和《赠李十一》(均见《全唐诗》卷四百十五)两诗进行了考辨,得出两诗中的"李十一"是"李六"这一结论。本文认为,这个结论有待商榷。

3465

《元稹集》断句之误例析[J]/杨军. --铁道

师院学报(社会科学版)(后更名为苏州科技大学学报)(自然科学版),1997,03:41 - 45

中华书局 1982 年出版的《元稹集》在校理过程中存在误收、错简、误断和误改等方面的问题。本文仅就断句之误结合例证予以辨析,认为揭示出误断方面的例证固然有助于提高书稿质量,若能结合实例作进一步分析,尽可能找出致误之由,将有助于对古籍整理规律性的认识,意义应该更大些。

3466

《元稹集》误校误改例析[J]/杨军. --古籍研究,1997,04:32 - 38

《元稹集》(中华书局 1982 年 8 月出版,冀勤点校)在校理中有误收、错简、误断和误改等疏误。本文结合校勘改字方面的实例作分析,尽可能找出致误之由,以期为探索古籍整理之规律积累一些素材。

3467

袁宏道的诗文观与老庄思想[J]/郭顺玉. --上饶师专学报(后更名为上饶师范学院学报),1999,04:3 - 5

本文指出,过去理论界对公安派的研究一向比较重视佛教禅宗的影响,这无疑是正确的。但道家思想作为中国传统文化的组成部分,对公安三袁的影响是巨大和根本的。袁宏道"独抒性灵""不拘格套"的诗文观,与老、庄"自然无为"思想一脉相承。

3468

袁世凯、张之洞一奏折入奏日期辨正[J]/廖大伟. --史学月刊,1991,06:97 - 97

袁世凯、张之洞合奏的《请递减科举中额专注学校折》,是研究二人教育思想主张的重要史料。本文分析了天津古籍出版社 1987 年整理出版的《袁世凯奏议》一书中收录这份奏折的问题,指出该折的入奏日期与奉朱批的日期前后矛盾。

3469

袁世凯未刊书信稿[M]/袁世凯著;全国公共图书馆古籍文献编委会编辑. --北京:中华全国图书馆缩微复制中心,1998

本书又称《洹上函稿》,是袁世凯于宣统

元年(1909)至宣统三年(1911)10月间被朝廷"开缺回籍养疴",蛰居河南彰德城外洹水畔的洹上村时(其中1909年1月至5月寓居卫辉县),写给其亲友、故旧以及有关官宦的信函底稿。七百余通信函涉及三百多人,反映了他与旧时僚属和地方官员所保持的密切联系,是研究这个近代史上重要人物的珍贵原始资料。

3470

原本玉篇引述唐以前旧本说文考异[D]/沈壹农.--政治大学(台湾地区),1987

本文以原本《玉篇》残卷为对象,比较该书所引述《说文》与今传二徐本《说文》二者之间异同。研究过程中,以日本《东方文化丛书》第六册的复制本为底本,参考罗振玉及杨守敬等刊本。考校结果为,今二徐本《说文》有诸多讹误之处,亦有据原本《玉篇》而窜改的痕迹。

3471

原本《玉篇》引《说文》研究[D]/王紫莹.--"中央大学"(台湾地区),1999

《玉篇》为南朝梁时学者顾野王所作的一部字书。本文研究了原本《玉篇》引《说文》的体例,并借宋本《玉篇》所引《说文》与原本《玉篇》所引《说文》的比较,以及段注《说文》所引《玉篇》与原本《玉篇》的比较,探寻原本遭增删之迹。

3472

《原诗》析论[D]/王策宇.--高雄师范大学(台湾地区),1987

《原诗》是清代诗论家叶燮所著的文艺理论著作。本文在揭示《原诗》与历代诗话差异、考察该书创作背景的基础上,探讨了《原诗》的本质观和历史观,分析了二者的关联性。认为《原诗》的诗学理论并不是平面的叙述,而是有体系的架构。

3473

源远流长的馆藏善本[J]/冀淑英.--图书馆学通讯,1982,03:66-69,

本文对北京图书馆的藏书来源、珍贵藏书进行介绍,指出馆藏善本在数量与质量上的特色。

3474

岳麓书社蜚声中外[J]/夏剑钦.--出版广角,1995,02:10-12,

本文介绍了岳麓书社成立以来取得的成就和出版的优秀作品,阐述了其办社:摆正两个效益位置,坚持社会效益第一;致力于古籍整理出版,既注重地方特色,又兼顾其全国性意义;合理安排出书结构,坚持两条腿走路方针,做到"以书养书";完善经营管理机制,进行制度化管理。

3475

阅读古籍要重视考古资料[J]/裘锡圭.--文史知识,1986,08:3-9

本文介绍了考古资料在传世古籍整理研究工作中的重要作用,指出考古资料不仅可以帮助判定古籍的时代和源流,还可以帮助校对和解读古籍,并举实例进行了说明。

3476

"阅实其罪"质疑——古籍整理札记之一[J]/辛子牛.--法学,1989,06:46

《尚书·吕刑》关于罚金赎罪有一段话:"墨辟疑赦,其罚百锾,阅实其罪。劓辟疑赦,其罚惟倍,阅实其罪。"本文分析了法学界、经学界、史学界对"阅实其罪"的解释,认为"阅实"应理解为"脱赦""释免"的意思。

3477

《越绝书》版本述考——《越绝书》研究之五[J]/徐奇堂.--广州师院学报(社会科学版),1993,02:74-79

版本问题是《越绝书》研究过程中一个较为关键的问题。本文考证了宋代至1949年后《越绝书》的版本流传情况,并对每一个时期的版本作了简要而中肯的述评,还对各种版本的流布状况加以勾勒。指出目前所见《越绝书》版本均与书原貌相去甚远,进一步加强对《越绝书》版本的研究和整理是有必要的。

3478

《越绝书》校勘札记[J]/徐奇堂.--广州师院学报(社会科学版),1992,04:55-60

本文以《越绝书》明嘉靖二十三年(1544)

张佳胤双柏堂刊本为原本,在参校了多种版本的基础上,对《越绝书》中存在的某些错简、脱衍文、纷乱的现象加以校订,还参阅许多有关吴越的历史古籍,对书中一些错误的历史记载也作了修正。

3479

越绝书校注[D]/张金城.--台湾师范大学(台湾地区),1983

《越绝书》是一部反映江浙地区春秋战国乃至秦汉时期政治、经济、军事、文化等的历史典籍,具有重要的研究价值。但《越绝书》字义奥衍,读懂困难,甚至会产生歧义。本文是一部关于《越绝书》的详细注释本,可以帮助一般读者比较容易地读懂它,从而能够比较正确地理解其基本内容。

3480

《越绝书》书名考释[J]/徐奇堂.--广州师院学报(社会科学版),1992,01:47－52

本文否定了《越绝书》与《越纽录》二者为同书异名的关系,认为二者应为不同作者所著的不同著作。还对《越绝书》书名辞义加以阐释,认为并非如前人所言是因为其书所叙至勾践而绝方得名,它不仅包含了作者著录此书的动机,还体现了作者的志向及心情。

3481

云大图书馆馆藏线装古籍介绍[J]/沈继延.--思想战线,1995,02:93－94

云南大学图书馆庋藏中外文图书120多万册,其中线装古籍七千多种,16万余册。本文对其所收藏的明刻本、抄本、外国文献、地方文献、古棋谱、丛书进行介绍。

3482

云梦秦简——佚书研究[D]/余宗发.--台湾师范大学(台湾地区),1982

本文考察了云梦秦简佚书的来历,进行了章句的诠释,并对佚书思想内容和文学特色做了分析。就佚书文字所蕴含的义理,与儒道法三家思想进行比较研究,认为佚书思想非一家。

3483

云南大学图书馆馆藏古籍善本书的特色

[J]/沈继延.--云南图书馆,1995,03:53－55

本文在云南大学图书馆线装书库完成了《云南大学图书馆馆藏古籍善本书目》后,就其所藏线装古籍善本的特色,从明刻本、外国刻本、抄本、地方文献及名人年谱、古棋谱、丛书等方面作介绍。

3484

云南古代少数民族诗人的几部别集[J]/李怡苹.--文献,1998,01:50－58

本文对《李中溪全集》十卷、《木氏诗集》六种、《居易轩诗文钞》八卷、《北征集》一卷、《马悔斋先生遗集》二卷、《点苍山人诗抄》八卷、《雪楼诗抄》六卷附《赋抄》一卷等云南古代少数民族诗人的几部别集进行评介推荐。

3485

云南民族古籍丛书·哈尼族文库·哈尼族礼仪习俗歌(全二册)[M]/白碧波等译注.--昆明:云南民族出版社,1999

本书共分《生与死》《建寨安居》《古规与三种能人》《年轮树》等四篇,既可各自成章,又能相互连贯,构成了哈尼族民间广为流传的古籍篇章中最具特色的一曲。本书演唱者既有摩批,又有歌手,但书中演唱部分采用了世俗语言,故整部书也都是以世俗语言记录整理出来。本书搜录工作,是在婚礼、葬礼和节庆等不同场合中进行的,体现出民族文化中具有民族性、富于艺术特征的部分。

3486

云南民族古籍丛书·基诺族文库·巴诗与米诗——基诺族民间长诗[M]/常生,沙车演唱;王彬,王懿之记录整理;沙车,白佳林翻译.--昆明:云南民族出版社,1996

《巴诗与米诗》是流传于云南省景洪市基诺族聚居区的一首长诗。该诗用"巴格勒"调演唱。全歌以男女对唱的方式,叙述了巴夺寨的米诗姑娘在过年时节爱上了巴飘寨来的小伙子巴诗,分手时两人互送信物,分手后两人时刻思念,可待巴诗下坝做帮工,置办好婚礼所需的物品准备来娶米诗时,一心想嫁给他的米诗却被迫成了"头人家篮子罩着的鸡"的悲剧故事。歌中细致入微地表现了巴诗与米诗相爱的欢喜和失去心上人的痛苦。

3487

云南民族古籍丛书·傈僳族文库·丧葬歌[M]/李四明,左玉堂,刮普四,密帕东搜集翻译.--昆明:云南民族出版社,1992

本书介绍了关于傈僳族的丧葬习俗、丧葬仪式、人情世故、宗教信仰的叙事长诗。场景从死者睡的床边唱到牛圈边、放牧场、劳动的地方、江边,经过高山密林,再到海子边,最后到出太阳的地方。每到一个地方为一节歌。通过本诗,可以看到傈僳族先民迁徙路线的影子。

3488

云南民族古籍丛书·傈僳族文库·祭天古歌(全二册)[M]/哇忍波著;光那巴补遗唱述;木玉璋,汉刚,余宏德搜集译注.--昆明:云南民族出版社,1999

本书再现了纳西先民的历史生活,有助于探究纳西族的心理素质和性格特征。书中基本思想是颂扬天地自然之神,回溯祖先的谱系,礼赞先祖创世的功业,抒发虔敬崇仰祖先之情,表达躬行仿效祖规之心,矢志驱秽逐害,希望民族昌盛,寄托万祥吉利、长寿久安的生活理想。

3489

云南民族古籍丛书·民族古籍学[M]/乌谷著.--昆明:云南民族出版社,1994

本书研究了民族古籍的载体、民族古籍学与其他学科的关系、民族古籍学的方法论、民族古籍的开发利用等问题。

3490

云南民族古籍丛书·瑶族文库·瑶族石刻录[M]/黄钰辑点.--昆明:云南民族出版社,1993

本书汇录瑶族地区各种石刻铭文资料256篇,收录了少量具有重要价值的"纸石牌""木石牌",以及铸字钟铭和木刻铭文,一定程度上填补了瑶族石刻文化史上的空白。

3491

云南民族古籍丛书·彝族文库·祭龙经[M]/普学旺等译注.--昆明:云南民族出版社,1999

本书为彝族人民在祭龙节日里由毕摩诵读、宣扬龙崇拜的一种经书。内容涉及山水鬼神,鸟兽虫鱼,天云雨雾等,看似纷繁复杂,实则自然成序;各类有生之物和无生之物均围绕人类祈福驱祸和生殖繁衍的轴心转动。其经文在民俗学、文学等方面有一定的价值。

3492

云南民族古籍丛书·彝族文库·万物的起源[M]/梁红译注.--昆明:云南民族出版社,1998

《万物的起源》主要流传于云南省哀牢山下段元阳县一带彝族地区。此版本译自元阳县新街乡水卜龙村施文科毕摩收藏的彝文抄本。此书部分内容曾于80年代初由一些民间文学工作者翻译为汉文并以《阿黑西尼摩》为名在《山茶》杂志上刊载,但内容极不全面。1990年,省古籍整理出版规划领导小组办公室亦曾组织人员翻译并在云南民族出版社以《彝族创世史》为名出版了其汉译本,但内容删节较大,并且没有注音。本书以原文、国际音标注音、直译(字译)、句译的四行对照科学版本形式译注介绍给广大的读者和研究者。此书的排版形式亦作了较大的改进,即将以往大多数彝文古籍从上至下的诗行排版形式改为从左至右顺读的普通书籍排版形式。

3493

云南民族古籍论丛(第一辑)[M]/《云南民族古籍丛书》编辑委员会编.--昆明:云南民族出版社,1992

本书收录《西双版纳傣族古文字、古籍述略》《云南壮文与壮文经书》《彝族文字及彝文古籍》《白文方块字文献、文物资料论述》《中国少数民族古籍概览》《红河州彝文古籍述评》等民族古籍研究相关论文。

3494

云南省少数民族古籍译丛·第1辑·孟连宣抚史(汉文、傣文对照)[M]/云南省少数民族古籍整理出版规划办公室编.--昆明:云南民族出版社,1986

《孟连宣抚史》(汉文、傣文对照),刀永

明、刀建明译,刀永明校注。本书成书于19世纪初,由孟连宣抚司辖下的上允土司刀派汉(又称刀派华)讲述,康朗岗允记录编著,以抄本形式存世。内容包括孟连宣抚司土司二十世系、勐卯简况、孟连土司迁徙史、孟连大事记、杂记等五个部分。孟连宣抚司所代表的傣族世袭土司统治,自明清延续到民国时期,历经500余年,有着独特的地域文化和魅力。

3495

云南省少数民族古籍译丛·第2辑·档哈雅(汉文、傣文对照)[M]/云南省少数民族古籍整理出版规划办公室编.--昆明:云南民族出版社,1986

《档哈雅》是傣族医药学古籍名著,佚名著,温源凯翻译整理。该书内容为傣医对各种疾病症候(阿麻巴类、西里凹类、咪响灰类、拢少聋类、其他类)的临床表现及治疗处方。由景洪县傣医傣药研究所根据勐罕曼列一位傣医于傣历1305年(公历1943年)9月借别人的手抄本转抄的《档哈雅》进行翻译整理。

3496

云南省少数民族古籍译丛·第3辑·白文《山花碑》译释[M]/云南省少数民族古籍整理出版规划办公室编.--昆明:云南民族出版社,1987

《白文〈山花碑〉译释》,赵橹译注。"山花碑"是一块刻于明景泰元年(1450)的碑刻,碑阳刻《圣元西山记》,碑阴刻白(僰)文《词记山花·咏苍洱境》。本书分叙录、白语音读、译释、附录四个部分。

3497

云南省少数民族古籍译丛·第4辑·夷僰榷濮(六祖史诗)(汉文、彝文对照)[M]/云南省少数民族古籍整理出版规划办公室编.--昆明:云南民族出版社,1986

《夷僰榷濮(六祖史诗)》由罗希吾戈、杨自荣译。彝族历史上有著名的"六祖分支"。"六祖分支"后,在各地彝族聚居区中分别流传有各支系后裔叙述六祖迁徙的侧重不同的史诗——《夷僰榷濮》《赊窦榷濮》《根因榷濮》。《夷僰榷濮》系彝族文献典籍中的类书,

叙述了彝族先祖的由来及"六祖分支"后居于禄劝、武定彝族各宗支迁徙沿革的过程。

3498

云南省少数民族古籍译丛·第5辑·尼苏夺节(汉文、彝文对照)[M]/云南省少数民族古籍整理出版规划办公室编.--昆明:云南民族出版社,1985

本书由李八一昆、白祖文、白刊宁彝文收集翻译,孔昀、李宝庆整理。《尼苏夺节》是流传于红河州的彝族创世史诗,由10个神话故事组成,包括开天辟地、洪灾、婚姻、采药、寿诞、乐器、歌舞、金属采炼以及文字、伦理,内容丰富,为研究彝族历史文化提供了重要的文献资料。

3499

云南省少数民族古籍译丛·第6辑·哈尼阿培聪坡坡(汉文、哈尼文对照)[M]/云南省少数民族古籍整理出版规划办公室编.--昆明:云南民族出版社,1986

本书由朱小和演唱,史军超、芦朝贵、段贶乐、杨叔孔翻译。主要内容是在红河州哈尼族群众中广泛流传的传统史诗,以哈尼哈八(哈尼族酒歌)的形式系统地吟唱了哈尼族祖先曲折而漫长的迁徙历史。

3500

云南省少数民族古籍译丛·第7辑·纳西东巴古籍译注(一)(东巴文、国际音标、汉文对照)[M]/云南省少数民族古籍整理出版规划办公室编.--昆明:云南民族出版社,1986

本书收录《鲁般鲁铙》《崇般崇笮》《迎请精如神》三部较重要的超度非正常死亡者亡灵的东巴经书,分别由杨树兴、和云彩诵经解经,和发源、王世英翻译。原经书收藏于丽江纳西族自治县图书馆。

3501

云南省少数民族古籍译丛·第8辑·普兹楠兹——彝族祭祀词(汉文、彝文对照)[M]/云南省少数民族古籍整理出版规划办公室编.--昆明:云南民族出版社,1986

《普兹楠兹——彝族祭祀词》由黄建民、罗希吾戈翻译。本书为收集于路南彝族自治

县蒲草村、老挖村、豆黑村、土瓜黑村的古文献,是当地作为配合古老的原始宗教("祭密支",即"社祭")仪式的祭歌。

3502

云南省少数民族古籍译丛·第9辑·孟连宣抚司法规(汉文、傣文对照)[M]/云南省少数民族古籍整理出版规划办公室编.--昆明:云南民族出版社,1986

本书由帕雅龙干塔腊著,刀永明、刀建民译,薛贤整理。是由孟连宣抚司署执法实践,并集《芒莱法典》《干塔莱》《坦麻善阿瓦汉绍哈》三本法规而成。

3503

云南省少数民族古籍译丛·第10辑·勐泐王族世系(汉文、傣文对照)[M]/云南省少数民族古籍整理出版规划办公室编.--昆明:云南民族出版社,1987

本书由佚名,刀国栋、刀永明、康朗庄译,收录《召哈先勐巴腊纳西囡(勐巴腊纳西囡王族世系)》(原名《哈西先问玛》)和《哈者核麻哈卡先塔拉爹孙亚夏(勐泐王族世系)》两本傣文古籍。二书内容基本相同,但在写作方法、叙事细节及部分内容上仍有差异,各有所长,给后人留下了西双版纳在帕雅真(1120-1192,西双版纳第一代傣王)以前的历史资料。

3504

云南省少数民族古籍译丛·第11辑·洪水泛滥(汉文、彝文对照)[M]/云南省少数民族古籍整理出版规划办公室编.--昆明:云南民族出版社,1987

本书收录了楚雄、江城、峨山、路南、新平五地的"洪水泛滥"传说。

3505

云南省少数民族古籍译丛·第12辑·查诗拉书(汉文、彝文对照)[M]/云南省少数民族古籍整理出版规划办公室编.--昆明:云南民族出版社,1987

本书由普学旺、梁红、罗希吾戈译注,主要内容是流传在哀牢山区彝族村寨中较为完整的殡葬祭词。书中收录了滇南地区彝族举办丧事时所需吟诵的全套经文,译者将彝族办丧所需礼仪结合书中各章经文进行了详尽的译注介绍。

3506

云南省少数民族古籍译丛·第13辑·厘俸——傣族英雄史诗(汉文、傣文对照)[M]/云南省少数民族古籍整理出版规划办公室编.--昆明:云南民族出版社,1987

本书由刀永明、薛贤、周凤祥翻译整理,是一部叙述古代英雄海罕和俸改之间战争的史诗,描绘了从原始社会解体到奴隶制初期傣族先民广阔的社会生活,展现了整个社会崇尚武功、赞扬英雄的风俗,体现了力量和勇敢的道德风尚。

3507

云南省少数民族古籍译丛·第14辑·中国傣族史料辑要[M]/云南省少数民族古籍整理出版规划办公室编.--昆明:云南民族出版社,1989

本书由刀永明辑,内容涉及五个部分,包括考古学者发掘的有关资料;唐宋以前的滇越、僚及金齿茫蛮;元史中的金齿白衣;明代百夷史料;清代傣族史料等。除考古发掘资料摘自李昆声编著的《云南文物古迹》外,其余史料均摘自汉文古籍,其中以明清史料居多。

3508

云南省少数民族古籍译丛·第15辑·纳西东巴古籍译注(二)(东巴文、国际音标、汉文对照)[M]/云南省少数民族古籍整理出版规划办公室编.--昆明:云南民族出版社,1991

本书为和开祥、和士诚诵经,王世英、李静生翻译。书中收录两种为正常死亡的成年人举行超度仪式而诵读的东巴经书《献冥马》和《刺母孟土》。《献冥马》主要讲述了马的来历,反映了纳西先民驯养动物的历史。马匹是纳西先民日常生活和生产中不可缺少的工具,因此有人去世时,就要献冥马,作为亡灵到祖先聚居处及三十三层神界去的坐骑。《刺母孟土》分上、中、末卷,上卷向死者说贫道富,说人世间是贫穷的,祖先聚居处是富有的,劝说亡灵不要逗留在生前待过的地方。中卷是给亡灵指路。末卷是叫醒亡灵,送其踏上归祖之路,并向死者祈福,请求死者带走凶兆,留下福泽,最后关闭死门。

3509

云南省少数民族古籍译丛·第16辑·清真指南译注[M]/云南省少数民族古籍整理出版规划办公室编. --昆明:云南民族出版社,1989

本书是清代云南著名伊斯兰学者马注撰写的一部阐述伊斯兰教义的著作,常被选为经堂教育课本,对中国穆斯林有较大影响。本书以同治九年(1870)重镌的粤东省城濠畔街清真寺藏版为主,并参阅光绪十一年(1885)成都宝真堂重刻版及云南藏版加以校对,对原文进行注释和白话翻译。

3510

云南省少数民族古籍译丛·第17辑·赊豆榷濮 叙祖白(汉文、彝文对照)[M]/云南省少数民族古籍整理出版规划办公室编. --昆明:云南民族出版社,1987

本书由朱琚元、张兴、诺海阿苏等翻译,所收《赊豆榷濮》是一部专门记载彝族历史"六祖迁徙"的著名彝文古籍;《叙祖白》是一部叙事长诗,其意为叙述光辉史,主要叙述彝族先民认识世界,与自然作斗争,积极推动社会发展的历史功绩,描述了滇池地区经济繁荣、风俗殊异的史实。

3511

云南省少数民族古籍译丛·第18辑·景谷土司世系(汉文、傣文对照)[M]/云南省少数民族古籍整理出版规划办公室编. --昆明:云南民族出版社,1990

本书由占达混洪、刀永明作,薛贤、周凤祥译注。本书是记述景谷土司世系及其境内发生的重大事件的一部简史,约成书于清雍正年间,作者占达混洪是曾当过比丘而还俗的土司署官员。汉译本附录有由刀永明摘抄于各汉文古籍史志中的多则史料。

3512

云南省少数民族古籍译丛·第19辑·勐果

占璧及勐卯古代诸王史(汉文、傣文对照)[M]/云南省少数民族古籍整理出版规划办公室编. --昆明:云南民族出版社,1988

本书收有两种记述勐卯古代的果占璧政权及其附近诸王历史的傣族史书,一为《银云瑞雾的勐果占璧简史》,写于14世纪末,作者佚名,记叙了从遥远的勐卯国王召武定直至元末思可法兴起的历史事迹。一为《嘿勐沽勐——勐卯古代诸王史》,史迹叙述至18世纪末的清乾隆年代,作者召帕雅坦玛铁·卞章戛,勐卯弄冒(今德宏傣族景颇族自治州瑞丽县弄冒村)人,是当地小乘佛寺中的长者、清代四译馆的翻译官员。傣族记述历史,大都采用说唱形式,一人念诵,众人倾听。本书为方便叙述,将原书的说唱体改为记叙体。两书傣文原本均存德宏州档案馆。

3513

云南省少数民族古籍译丛·第20辑·云南少数民族官印集[M]/云南省少数民族古籍整理出版规划办公室编. --昆明:云南民族出版社,1989

《云南少数民族官印集》由萧明华编撰。本书将收集到的从汉代至清代管理云南少数民族的官员使用的官印和少数民族官员使用的官印,按朝代编纂成集,并加以考证说明,以反映历代王朝对云南少数民族管理的历史概况。

3514

云南省少数民族古籍译丛·第21辑·傣族风俗歌(汉文、傣文对照)[M]/云南省少数民族古籍整理出版规划办公室编. --昆明:云南民族出版社,1988

《傣族风俗歌》由岩林、曼相、波瑞翻译整理。本书收集了流传于德宏地区的盈江、潞西、瑞丽等县的傣族风俗歌共39首,这些歌谣从多方面反映了傣族的生产、生活、婚姻、丧葬、信仰、道德和心理状态,是珍贵的民族文化遗产。

3515

云南省少数民族古籍译丛·第22辑·车里宣慰使世系集解(汉文、傣文对照)[M]/云南

省少数民族古籍整理出版规划办公室编. --昆明:云南民族出版社,1989

《车里宣慰使世系集解》由刀述仁、刀永明、康朗庄翻译,刀永明集解,1989年11月第1版。本书分集解和译本两部分。集解部分为《车里宣慰使世系集解》,系刀永明荟萃不同版本的《泐史》译本共十三种,并参阅汉文典籍,集众之精华,校订谬误,进行集解。译本部分即上从上述十三种译本中选取四种进行翻译。

3516

云南省少数民族古籍译丛·第23辑·裴妥梅妮——苏颇(祖神源流)(汉文、彝文对照)[M]/云南省少数民族古籍整理出版规划办公室编. --昆明:云南民族出版社,1989

本书由杨家福释读,罗希吾戈、师有福、阿者倮濮译注。《苏颇》是用古彝文记录下来的祭祖经,它与另一部祭祖经《苏嫫》构成上、下两卷。古彝文与今彝语存在较大差异,并且此书所记载的古代礼俗大都失传。

3517

云南省少数民族古籍译丛·第24辑·指路经(第一集)(汉文、彝文对照)[M]/云南省少数民族古籍整理出版规划办公室编. --昆明:云南民族出版社,1989

本书由张庆芬、师有福、毛荣昌、黄宇东、朱琚元等人译注。《指路经》是彝民给亡者举行祭祀活动时念诵的一种经文,内容包罗万象,集天文、地理、历史、文学、艺术于一体,广泛流传于各彝族地区。指路是指引领亡者灵魂从居住地沿古代祖先迁徙路线,回归到祖先聚居的地方,与祖先的亡灵团聚。本书收集了罗平、宣威、峨山、禄劝、武定、双柏等六个地区的《指路经》。

3518

云南省少数民族古籍译丛·第25辑·勐勐土司世系(汉文、傣文对照)[M]/云南省少数民族古籍整理出版规划办公室编. --昆明:云南民族出版社,1990

本书由宋子皋著,刀永明、薛贤译注,记述了勐勐土司二十五代世系历时545年的历史,是作者根据本人担任土司时的笔录,于1982年整理而成。

3519

云南省少数民族古籍译丛·第26辑·纳西东巴古籍译注(三)(东巴文、国际音标、汉文对照)[M]/云南省少数民族古籍整理出版规划办公室编. --昆明:云南民族出版社,1991

本书收录《董术战争》《日仲格孟土迪空》《求取祭祀占卜经》《请神求神》《拉仲盘沙劳务》等五部在禳栋鬼仪式上诵读的东巴经书。所谓"禳栋鬼",意为禳解灾难。分别由和士成、和即贵、和云章、和开祥解读,和力民、习煜华、和庆元等人翻译。

3520

云南省少数民族古籍译丛·第27辑·天方典礼译注[M]/云南省少数民族古籍整理出版规划办公室编. --昆明:云南民族出版社,1990

本书为清代著名伊斯兰教学者刘智所撰写的中国伊斯兰教教义汉文著作,又名《天方典礼择要解》。全书共20卷。纵观全书,从"著立教之原"到"叙为教之事",以"婚姻丧葬终"。既论述了伊斯兰教的哲学观点和认识论,又阐发了伊斯兰教的教礼教法;既深入剖析了"认主"这一核心问题,又全面涉及了"事主"的社会要求。阐述了"天道""人道",纵横交错,泾渭分明。同时运用儒家学说,阐释了外来宗教的理论思想,使人们在传统文化中认识伊斯兰教。《天方典礼》被伊斯兰教正统派格迪目视为行教准则,也为其他各教派所接受。

3521

云南省少数民族古籍译丛·第28辑·彝族创世史——阿赫希尼摩(汉文、彝文对照)[M]/云南省少数民族古籍整理出版规划办公室编. --昆明:云南民族出版社,1990

《阿赫希尼摩》是一部流传于滇南哀牢山下叙述彝族创世史的彝文古籍,"阿赫希尼摩"是彝族传说中的万物之母。该彝文抄本篇幅浩繁,计有53章19000余行,译者认为第22章以后已超出"创世史"的范围,故未予译出。译出的部分包含"希尼摩生万物""人类的起源""开天辟地""叽依定历法""洪水泛滥""婚嫁的起源和演变""祭奠的兴起"等内容。

3522

云南省少数民族古籍译丛·第29辑·普米族祭祀歌（汉文、国际音标对照）[M]/云南省少数民族古籍整理出版规划办公室编. --昆明:云南民族出版社,1990

本书由杨照辉译注,内容从数以百计的祭祀歌中选编而成,反映了普米族先民,从游牧时代对天神和帐篷的篷竿崇拜,到半农时代对山、龙、祖先和中柱的崇拜等自然宗教意识,还为人们提供了大量的普米族社会历史发展及南移的情况。

3523

云南省少数民族古籍译丛·第30辑·裴妥梅妮——苏嫫（祖神源流）（汉文、彝文对照）[M]/云南省少数民族古籍整理出版规划办公室编. --昆明:云南民族出版社,1991

本书由师有福、阿者倮濮、罗希吾戈译注,与《苏颇》构成上、下两卷的彝族祭祖经,记载了古代彝族的历史、宗教、哲学、习俗等方面的内容,广泛流传于曲靖、罗平、红河、玉溪、思茅等地区。

3524

云南省少数民族古籍译丛·第31辑·斯批黑遮（汉文、哈尼文对照）[M]/云南省少数民族古籍整理出版规划办公室编. --昆明:云南民族出版社,1991

本书由赵呼础、李七周演唱,李期博、米娜译。《斯批黑遮》是哈尼族的殡葬祭歌,全套祭词由75个短小的祭词组成,本书收入的是其中的主要部分。译本是以红河县洛恩乡贺然村贝玛(哈尼族主持祭祀的巫师)赵呼础演唱的口碑材料为主,并参照李七周等歌手演唱的口碑记录材料翻译整理的。

3525

云南省少数民族古籍译丛·第32辑·尼补木司——彝族祭奠词（汉文、彝文对照）[M]/云南省少数民族古籍整理出版规划办公室编. --昆明:云南民族出版社,1991

《尼补木司》是流传于云南省路南县彝族撒尼支系的一部祭奠词,反映了古代彝族人民对宇宙、自然、社会、人生的认识和理解,由黄建明、梁红译注。这部彝文经典分为两套,一套为舅家请来的毕摩念的《阿额文司》,一套为丧者家请来的毕摩念的《额给文司》。本书根据流传于上蒲草村、新则村一带的抄本,选译了《阿额文司》中的九篇经文,包括《天地崩溃篇》《驱邪气篇》《姓氏篇》《钱财篇》《帽子篇》《叉篇》《养蚕织布篇》《开路篇》《指路篇》。

3526

云南省少数民族古籍译丛·第33辑·西部苗族古歌（汉文、苗文对照）[M]/云南省少数民族古籍整理出版规划办公室编. --昆明:云南民族出版社,1991

本书由陆兴凤、杨光汉、吕稼祥等编译,辑录了43首流传于苗语川滇黔方言区的苗族古歌,内容多为叙述创世纪及苗族先民在与夏(汉)族的战争中,一次次地失败,被迫一次次地向生疏的南方迁徙。这部古歌凝聚了不少苗族老歌手一生的心血,早在19世纪30年代,一些识文断字的苗族老歌手就用老苗文记录下了这些古歌,并在40年代集资油印出来。这个本子在50年代被云南寻甸县的苗族歌手陆兴凤寻得,他以30年的时间独立完成了汉文的草译工作。

3527

云南省社会科学院文献研究所[J]/柳松. --云南社会科学,1992,06:2 – 95

云南省社会科学院文献研究所原名云南省社会科学院文献研究室,本文系其简介,介绍了该所的成立时间,人员结构,完成的校补、校注、校点等整理工作成就,创办的专业学术内刊等。

3528

云南省图书馆古籍文献的庋藏与开发利用[J]/李孝友. --民族艺术研究,1989,S1:72 – 77

本文介绍了20世纪80年代云南省图书

馆古籍收藏与利用情况。该馆庋藏古籍文献约40万册左右,善本700余种19000多卷,地方、民族特色突出。十一届三中全会以来,该馆进行了很多文献开发利用的探索,包括编制《馆藏云南省农林水利地质矿产经济作物资料索引》《烟、茶、糖、历史文献资料索引》,提供有关地方志、地方文献及云南旧报刊等。

3529

云南省图书馆所藏《剑川赵土官宗图亲供册》及《紫溪龙迹传》[J]/王水乔. --文献, 1995,03:179 – 185

《剑川赵土官宗图亲供册》《紫溪龙迹传》两部古籍,是研究明代云南土官十分珍贵的民族文献,历史上均未曾刊印过,流传稀少,目前仅云南省图书馆有收藏。本文从内容、史料价值等方面对这两部古籍进行介绍。

3530

云烟过眼留鸿爪——严宝善先生与《贩书经眼录》[J]/武晓峰,徐雁平. --四川图书馆学报,1996,04:57 – 61,

本文着重分析了严宝善《贩书经眼录》的特点,以证实该书能在同类目录中独占一席之地,也说明作者严宝善先生对收集整理古籍、历史档案及革命进步书刊有重要贡献,并在这一过程中积累了丰富的版本目录学知识;还通过典籍聚散的部分统计数据,探讨与之相关的社会文化变迁。

3531

《韵镜校证》补正[J]/杨军. --贵州大学学报(社会科学版),1995,01:75 – 80

《韵镜》是中国最早的等韵图之一,也是研究中古音韵的重要资料和工具。由于此书久佚而复出,故数百年间未曾系统整理。迟至1982年,才由中华书局出版了该书的第一个校本,即李新魁先生的《韵镜校证》。本文以作者平时所记而又确系《韵镜校证》阙误者,撮抄四十余条以补正其疏失。

3532

《韵略易通》的三个善本考论[J]/张玉来. --古籍整理研究学刊,1997,03:10 – 11

《韵略易通》是明初兰茂编纂的一部较有影响的通俗韵书。本文对《韵略易通》的三个善本进行了考证论述,分别为宿度本、高举本和李棠馥本。

3533

韵学古籍述要[M]/李新魁,麦耘著. --西安:陕西人民出版社,1993

本书择要介绍和分析古代的音韵学典籍。所谓古代,以自有韵书出现之魏代开始,以公元1911年为下限。1911年以后出现的韵学著作一般不举。但如属清人著作而刊于1911年以后,也酌情予以介绍。本书按韵学古籍内容分为古韵、今韵、近代音、字音、对音等八类加以叙述,对各韵学古籍的叙述,着重在作者、撰作年代、序跋、版本、体例和主要内容或语音特点等方面的介绍和分析。

3534

韵学源流注评[M]/(清)莫友芝著;陈振寰注评. --贵阳:贵州人民出版社,1988

《韵学源流》由晚清莫友芝著,是我国第一部简明扼要的音韵学史,又是最先在结构上区分古韵研究、今韵研究、反切研究的韵学史,正式刊行后,对音韵学的普及、研究和编撰都起到了积极作用。本书为陈振寰对《韵学源流》的注评本。

Z

3535

杂谈古籍与图书馆的古籍整理[J]/周诚望. --黑龙江图书馆,1982,S2:283 – 286

本文指出古籍整理有重大的历史意义和现实意义。图书馆应该加强撰写古籍提要、校勘、编辑联合目录、编制索引、开展对古籍的整理和利用等方面工作。

3536

再论古籍和古籍整理(摘要)[J]/李一氓. --编创之友,1983,04:59 – 63

本文指出了20世纪80年代初,我国古籍整理出版计划、出版物质量、人才培养等方面存在的问题。

3537

再论建立中国古籍书目数据库[J]/李致忠. --北京图书馆馆刊(后更名为国家图书馆学刊),1995,Z2:19 – 25

本文从传统中国古籍书目的编制情况、中国古籍书目数据库建库情况、协力共建中国古籍书目数据库三方面,对于建立中国古籍书目数据库进行论述。此前作者曾谈及建立中国古籍书目数据库问题。

3538

再论丘迟《侍宴乐游苑送张徐州应诏诗》[J]/曹道衡. --文学遗产,1997,06:88 – 89

本文考订了丘迟《侍宴乐游苑送张徐州应诏诗》一文的创作时间等问题。

3539

再论王锡祺及《小方壶斋舆地丛钞三补编》[J]/刘镇伟,王若. --图书馆学刊,1995,03:51 – 55

《小方壶斋舆地丛钞》是清朝末年有关地理丛书的巨著。本文介绍了大连市图书馆藏稿本《小方壶斋舆地丛钞三补编》基本情况。该书成于光绪二十七年(1901),收录文献96种,分为十二帙,与前三编体例相统一,收书标准和范围亦与前三编一致,主要记录了世界地理、边疆地理、沿海地理三个方面内容,反映了著者王锡祺强烈的爱国热情。

3540

再论彝文"书同文"的问题——兼论彝文的性质[J]/马学良. --中央民族大学学报(哲学社会科学版),1986,02:82 – 85

1934年8月,本文作者在民族语言学术讨论会上曾提出彝文"书同文"的问题。在1986年第一期学报发表了试论。本文系再论,就如何统一彝文,使其成为各方言区彝族共同使用的文字、彝文的性质、彝文因方言问题而导致借字而异等方面,对于彝文的统一进行分析探讨。

3541

再论藏文古籍中对舞蹈的论述[J]/强曲. --西藏艺术研究,1992,03:20 – 23

本文进一步探讨藏文古籍中有关舞蹈方面的论述,从舞蹈史论的高度,分析藏族舞蹈的基本规律,审美观念和其风格,助力科学继承和发展藏族舞蹈。

3542

再抒愚虑[J]/罗继祖. --中国典籍与文化,1995,04:8 – 9

本文讨论了古籍出版物中出现的译白、书名、抄袭、文字不通、历史故事真假等问题。

3543

再谈古籍编目之难[J]/雷梦水. --古籍整理研究学刊,1985,03:46

本文指出,世人编写古旧书目录比较容易,但要做到十全十美,确实很难。从以前各家公私编著书目来看,即使由专家学者负责,集体编辑,亦常有瑕瑜互见的现象。如果全由个人独立完成,其疏失更属难免。文中举

《中国边疆图籍录》《中医图书联合目录》两书为例进行说明。

3544

再谈古籍修复中的浆糊问题[J]/邱晓刚. --江苏图书馆学报,1999,06:22-23

本文作者曾在《江苏图书馆学报》1997年第5期发表《古籍修复三例》一文。本文就读者阅读后提出的"传统浆糊的制法""制糊时放入少许明矾的目的"两点疑问做出解答。

3545

再谈民族古籍的搜集整理问题[J]/杨昌嗣. --民族论坛,1987,04:22-26

作者曾在《谈谈抢救和整理少数民族古籍问题》(1984年《湖南民族工作》第1期)一文中讨论过民族古籍搜集整理重要性、紧迫性问题。本文接续前文,主要就湖南省抢救和整理民族古籍工作取得的成绩、积累的经验,以及遇到的新情况、新问题加以探讨。

3546

再谈民族古籍及其整理[J]/吴肃民,关照宏. --中央民族大学学报(哲学社会科学版),1986,01:45-47

作者曾在《浅谈民族古籍及其整理》一文中提出民族古籍的内涵、分类及其整理的有关问题。本文接续前文讨论了民族古籍为何要包括"口头流传""口头流传的时限应如何确定""民族古籍怎样整理"等问题。

3547

再谈中国古籍整理学科的建立和发展[J]/霍旭东. --社科纵横,1993,04:39-42

本文指出,中国古籍整理学学科重于对古典文献载体的整理研究,具有独立的指导思想和知识基础,也有它的具体原则、类型、方法和手段,既需要文献学基础,也需要具体整理的理论和方法。单独建立中国古籍整理学,更符合当前古籍整理研究的实际。

3548

再现中华文化古籍之瑰宝——简谈《四库存目丛书》[J]/冯炽隆. --云南图书馆,1998,000,003:76-78,

本文从《四库全书》为何不全谈起,介绍了《四库存目》的由来、四库存目图书的文献价值和命运、《四库存目丛书》的新生以及楚雄师专图书馆(后更名为楚雄师范学院图书馆)文史古籍典藏等情况。

3549

在加强古籍保管的前提下,积极发挥其作用的我见[J]/陈政. --江苏图书馆工作,1983,03:17-18

1981年9月,党中央就古籍整理出版工作发出指示,国务院设立古籍整理出版规划小组并召开有关会议,做了规划和部署,对图书馆古籍业务工作提出了新的要求。本文在此背景下,就加强古籍保管,积极发挥其作用的新任务提出看法,指出要切实解决的具体问题。

3550

在两汉历史承继和转折的函线点上——读刘修明著"从崩溃到中兴"[J]/盛巽昌. --社会科学,1990,06:79-80

本文为作者读刘修明《从崩溃到中兴》后所做,对该作品进行了全面介绍,认为该书站在两汉交叉的函线点上,从宏观角度对中心人物刘秀做了微观剖析,充分利用历史可读性强的功能,论中有史,史中有论,融政治、经济、文化、社会等学科于史学中,具有可读性和科学的真实感。

3551

在吕澄先生追悼会上的悼词[J]/赵朴初. --五台山研究,1989,03:3-4

我国当代著名佛学家、中国人民政治协商会议全国委员会委员、国务院古籍整理出版规划小组顾问、中国佛教协会名誉理事、中国哲学史学会顾问、五台山研究会特聘顾问吕澄先生,因病于1989年7月8日5时30分在北京逝世,享年94岁。本文系追悼会悼词,介绍了吕澄先生的生平事迹、学术成绩和治学态度等。

3552

在毛泽东思想的旗帜下开展古籍整理工作[J]/中文系古典文献教研室. --北京大学学报(人文科学),1960,02:63-81

本文指出,古籍是以书面形式保存下来的古代(主要是封建时代)文化,是封建社会生产斗争和阶级斗争在意识形态上的反映。我国古籍极其丰富,里面包含了很多对我们今天仍旧有用的宝贵文化遗产。用批判的态度总结和继承这份遗产,是马克思主义者的一项历史任务。

3553

在全国高校古籍整理研究工作委员会第二次会议上的书面讲话[J]/白寿彝. --古籍整理研究学刊,1985,03:1-4

本文是白寿彝先生在全国高校古籍整理研究工作委员会第二次会议上的书面讲话,他提了四点意见:关于研究工作的意见、关于整理工作的意见、关于编辑印刷的问题、对于古籍整理的再认识。

3554

在全国高校古籍整理研究工作委员会一届二次委员会议上的发言[J]/陈志尚. --古籍整理研究学刊,1985,04:1-4

本文为教育部科研处处长陈志尚同志在全国高校古籍整理研究工作委员会一届二次委员会议上的发言,有两部分:一是其对会议的一点感想,二是根据党中央、国务院有关古籍整理工作的批示以及会上委员们发表的意见,对于今后工作的一些打算。

3555

在全国古籍整理理论研讨会上的讲话[J]/石宗源. --社科纵横,1993,05:4-5

本文为石宗源先生在全国古籍整理理论研讨会上的讲话,主要内容有以下几点:一是古籍整理出版事业是关系子孙后代的伟大事业。二是在古籍整理、出版工作方面,甘肃也有自己的优势和特点。三是古籍整理出版工作是一项繁重而艰苦的工作,需要一批学识渊博、基础知识功底雄厚、具有奉献精神的同志才能干好。

3556

在全国少数民族古籍整理工作座谈会上的讲话[J]/李一氓. --民族文学研究,1983,0:7-10

本文是古籍整理方面专家李一氓先生在全国少数民族古籍整理工作座谈会上的讲话,从爱国主义、民族问题和辛亥革命三个角度进行了阐述,认为少数民族文化遗产整理得有头有序,成为一个系统,可以和汉族文化相比较、相配合、相联系,对我们整个民族大家庭的团结有着重要的政治意义。

3557

在实践中学习提高 做好善本阅览工作[J]/郑培珍. --四川图书馆学报,1987,06:88-90

本文举例介绍了作者自1981年到北京图书馆善本阅览室以来,六年的工作实践内容以及遇到的问题。指出搞好古籍善本阅览工作并不容易,需要学习许多知识,阅览工作本身是一个重要的学习途径。其古汉语、史地、目录学、版本学知识就是在为读者服务的过程中逐渐丰富起来的。

3558

在颂扬和陶醉中滑坡——就《夜谈随录》三谈《聊斋》和《阅微草堂笔记》的优劣[J]/王同书. --明清小说研究,1990,Z1:291-303

上海古籍出版社出版了和邦额《夜谈随录》新点校本,前言中说该书兼有《聊斋》和《阅微草堂笔记》的特点而"独树一帜"。本文将三书进行比较指出,如果说从《聊斋》到《阅微草堂笔记》显示了文学笔记小说创作的滑坡,《夜谈随录》则是"山腰",并分析了三书承传关系中存在的文学因素递减、史学因素递增现象。

3559

在《中国古籍善本书目》〈经部〉发行仪式上的书面发言[J]/刘季平. --图书馆学通讯(后更名为中国图书馆学报),1986,04:8-8

本文是刘季平同志在《中国古籍善本书目》〈经部〉发行仪式上的发言,肯定了参加编纂项目工作人员的努力,认为该书是我国图书馆界、出版界经过辛勤劳动而取得的丰硕成果,希望大家再接再厉,尽快高质量地按原计划将各部全部编辑出版。

3560

藏外佛教文献(第一辑)[M]/方广锠编. --

北京:宗教文化出版社,1995

本书共十六辑,以整理藏外佛教文献与发展佛教文献为宗旨。第一辑"敦煌禅籍"专栏刊登了三篇新发现的敦煌禅文献:《天竺国菩提达摩禅师论》《禅策问答》《息诤论》依次抄写在同一敦煌写卷上。"密教典籍"专栏刊登"印度密教文献"一篇,为《八种粗重犯堕》。"三藏注疏"专栏刊登经律论疏各一篇:《天请问经疏》《行事钞中分门图录》《阿毗达摩俱舍论实义疏》。"疑伪经"专栏刊布了敦煌疑伪经八篇:《佛为心王菩萨说头陀经》《佛说孝顺子修行成佛经》《最妙胜定经》《水月观音经》《金刚经纂》《大方广华严十恶品经》《天公经》《佛母经》。"研究论文"专栏发表论文一篇:《关于〈禅藏〉与敦煌禅籍的若干问题》。

3561

藏外佛教文献(第二辑)[M]/方广锠编.--北京:宗教文化出版社,1996

在该辑中,编者收录了11篇"大藏经编纂及其电脑化学术研讨会"中的会议论文,并将其他会议发言整理为发言摘要,作为特集发表。此外,在"敦煌禅籍"专栏中刊登两篇敦煌禅文献:《七祖法宝记》《天竺国菩提达摩禅师论》,其中《天竺国菩提达摩禅师论》虽在第一辑发表,但因内容较为复杂,故又在第二辑分别整理为两篇。在"三藏论疏"专栏刊登两篇文献:《净名经集解关中疏》(上卷)、《法华经文外译》。在"天竺要典"专栏刊登印度耆那教的主要典籍《谛义证得经》。在"遗珠集粹"专栏刊登近代著名佛教学者韩清净先生晚年重要论文《瑜伽师地论批寻记叙》。

3562

藏外佛教文献(第三辑)[M]/方广锠编.--北京:宗教文化出版社,1997

第三辑"敦煌禅籍"专栏刊登敦煌禅文献两篇:《菩萨总持法》《大乘起世论》。"三藏注疏"专栏刊登文献六篇:《净名经集解关中疏》(下卷)、《因缘心论颂》、《因缘心论释》、《因缘心论释开决记》四篇文献恰成一个系列,《金刚经疏》是元魏菩提流支译本的注疏,《瑜伽论卷第四手记》是听课时的笔记。"疑

伪经"专栏刊登文献一篇:《相好经》。"研究论文"专栏发表论文一篇:《〈金藏〉新资料考》。

3563

藏外佛教文献(第四辑)[M]/方广锠编.--北京:宗教文化出版社,1998

本书以整理藏外佛教文献与发展佛教文献为宗旨。第一辑至第三辑侧重整理敦煌遗书中的佛教文献,第四辑至第六辑拟将其他方面的佛教文献择要介绍。首先是汉译藏文佛典《入菩萨行论广解》刊登在第四辑,其次是汉译南传佛典《小诵》《即兴自说》《大隧道本生》《大念处经》等。同时第四辑刊登一批重庆大足石刻资料。第四、五、六辑刊登五篇敦煌资料,其中第四辑"三阶教"资料两篇:《佛性问答》《大乘无尽藏法》。第五辑收录《瑜伽师地开释分门记》与第六辑中的《进新译大方广佛花严经表(附总目)》。"研究论文"专栏各发表论文一篇:《传善无畏所译三部密教仪轨出处及年代考》《云南阿吒力教经典及其在中国佛教研究中的价值》《天台教典入藏考》。后续出版第七辑(2000年)、第八辑(2003年)、第九辑(2003年),由中国人民大学出版社出版第二编(第十至十六辑)。

3564

藏外佛教文献(第五辑)[M]/方广锠编.--北京:宗教文化出版社,1998

同上。

3565

藏外佛教文献(第六辑)[M]/方广锠编.--北京:宗教文化出版社,1998

同上。

3566

藏文文献的历史性发展及其启示[J]/包寿南.--西藏研究,1991,02:132-143

本文从历史的回顾和1949年后的发展两方面,记述了藏文文献的历史性发展。得出国家统一富强、社会安定团结是文献发展的前提条件;培养人才、建设队伍,是文献发展的源动力量;妥善处理文献发展本身的各种关系,是藏文文献全面繁荣的重要手段;做好

书刊的发行、收藏和管理、利用工作,使各类文献充分发挥其应有的作用。

3567

藏文文献目录学(上)[J]/东嘎·洛桑赤列,陈庆英,敖红.--西藏研究,1987,12:121-128

本文在追溯藏文文献目录学发展史的基础上,研究了藏文古籍文献的编目问题,涉及比较活佛喜饶嘉措分类法和拉卜楞寺图书总目录的分类法,撰写内容提要,考察底本,讨论佛教各教派分类,登记藏文目录的字母标号和数码、作者姓名和书籍名称、卷数和函数、抄本印本等版本形式、书籍篇页、行数和字数、章节数目、残存情况、钤印情况、全集子目单行情况等十七项内容。还对开展汉藏文《大藏经》目录对勘和国外所藏藏文书籍目录整理工作提出了呼吁。

3568

藏文文献目录学(中)[J]/东嘎·洛桑赤列,陈庆英,敖红.--西藏研究,1988,07:113-125

同上。

3569

藏文文献目录学(下)[J]/东嘎·洛桑赤列,陈庆英,敖红.--西藏研究,1988,09:134-138

同上。

3570

藏文文献整理及出版近况简述[J]/仁庆扎西.--中国史研究动态,1986,09:12-13

本文介绍了十一届三中全会以来,藏文古籍文献在整理、出版和翻译等方面取得的可喜成绩,并在文中列出了新近出版的藏文历史文献的书单目录。

3571

藏学文献的目录建设与开发利用[J]/包寿南.--西北民族大学学报(哲学社会科学版),1993,01:55-60

藏文以外的汉文和其他民族文字,在藏学方面有文献而无目录的现象尤为突出。本文提出加强以下工作:一是编制联合目录,发挥整体效益;二是编刊"藏文文献""汉文藏学文献"和"外文藏学要籍"三大书目,完善文献体系;三是编制论文资料索引,广辟文献检索门径;四是重视现代化手段,提高文献目录的贮存和检索效率。

3572

藏学文献及其开发利用[J]/王铁斌.--西藏民族学院学报(社会科学版)(后更名为西藏民族大学学报)(哲学社会科学版),1992,04:82-88

本文从藏学文献的内涵与外延、藏学文献的状况、藏学文献的开发利用几个方面,探讨了藏学文献资源的研究开发利用工作的问题。

3573

藏族古代典籍出版琐语[J]/曲甘·完玛多杰.--青海民族学院学报(后更名为青海民族大学学报)(社会科学版),1999,02:118-119

13世纪以来,藏族出版业不断完善、发展,对藏族文化发展做出了重要贡献。本文就藏族出版业的历史渊源以及藏文古籍的装帧、校对程序、版权形式等内容作了介绍。

3574

"造谊"与"造诣"——《辞源》修订琐记之一[J]/顾绍柏.--学术论坛,1980,04:9

本文是顾绍柏《辞源》修订琐记系列论文之一。介绍了"造谊"与"造诣"二词的本义,并列举古籍中的范例进行了说明。

3575

嵚华山馆丛稿[M]/王仲荦著.--北京:中华书局,1987

王仲荦在中国古代历史特别是魏晋南北朝和隋唐史研究方面造诣颇深。本书是其论文集,涉及古代社会史讨论、有关孔子的讨论、中国资本主义萌芽问题的讨论、有关吐鲁番出土文书的论文、敦煌石室发现的氏族志文章、古籍介绍以及其他一些学术成果,较为完整地反映了其个人学术经历。

3576

怎样读古书的注解[J]/婧渝.--广西民族学院学报(哲学社会科学版)(后更名为广西民

族大学学报),1991,02:81-84.

本文从古书注解的历史源流、注疏的重要性、注者的时代等方面介绍如何读古书的注解。指出除了应该细心分析和阅读古书注解本文以外,还应该了解注解者是什么人,处在什么时代。如果有注解的序,还要细读这篇序,这样才能掌握住整个注解的精神。

3577

怎样考定一本书的版本源流[J]/曹之.--图书馆工作与研究,1991,04:44-47.

本文从图书版本众多,且各个版本纵横交错提起,举例介绍了清理一书版本的发生发展过程及其在发展过程中所形成的相互关系,介绍了考订版本源流的三个步骤:查考结集(成书)原貌、查考同书异本、梳析源流。

3578

怎样临摹颜真卿颜勤礼碑[M]/薛龙春编著.--南京:江苏古籍出版社,1996

本书教读者如何临摹颜真卿的《颜勤礼碑》,包括笔画的写法、偏旁的写法、间架结构的安排和章法的安排等,并附《颜勤礼碑》原拓,此碑为颜氏晚年代表作,丰伟雄强。

3579

怎样确定古籍著者姓名[J]/曹之.--图书馆工作与研究,1984,04:19-22

读者徐怀向《图书馆工作与研究》编辑部去信请教如何确定古籍著者姓名。武汉大学图书馆学系曹之进行了回答,指出应当注意古籍著者姓名和字、号、地名、朝代名、官名、行辈等字眼的辨别,还需要参考一定工具书,确保著录的正确性。本文系徐、曹二人问答内容。

3580

怎样熟悉古籍业务知识[J]/陶宝庆,秦学文.--图书馆工作与研究,1984,02:14-15

读者秦学文向《图书馆工作与研究》编辑部去信请教怎样熟悉古籍业务知识,陶宝庆回信指出,应当学习我国古代雕版印书史、四库分类法、中文工具书的使用方法、古文字、古代汉语、版本知识,并且需要熟悉馆藏、虚心向老同志学习等等。本文系秦、陶二人的

问答内容。

3581

怎样运用音韵学知识从事校勘[J]/李葆瑞.--古籍整理研究学刊,1986,03:71-75

本文介绍了利用音乐学知识进行校勘工作的方法。古籍中有的是韵文,如《诗经》《楚辞》等,即使在散文中也往往用韵,如《易经》《尚书》《老子》《庄子》《墨子》《荀子》《论语》等等。如果在韵脚处有校勘问题,往往可以根据押韵的情况,推断出原来的面貌。

3582

怎样撰写古籍提要[J]/潘淑兰.--图书馆学研究,1996,06:68-69

本文介绍了如何撰写古籍提要,涉及古籍提要的格式、撰写提要的根据、撰写提要需要注意的问题等。

3583

怎样做好古籍编目工作[J]/马兴华.--河北科技图苑,1998,01:43-44

本文从充分认识古籍的二重价值、进行三种必要筹备、抓住四个重点环节等方面,论述如何做好古籍编目工作。

3584

怎样做好古籍阅览室的服务工作[J]/王乃平.--图书馆学刊,1996,03:54-55

本文从建立健全古籍阅览室的规章制度、阅览室工作人员需要提升自己的业务水平和文化素质等方面,论述如何做好古籍阅览室的服务工作。

3585

增补评注温病条辨[M]/(清)吴鞠通原著;(清)王士雄选评;(清)叶子雨评注.--上海:上海科学技术出版社,1990

《温病条辨》是一部以三焦分治温病,确立辨证论治纲要的著名作品。全书共六卷,卷首冠以原病篇。卷一至卷三,列述辨别症候和处治的条例,卷四为有关发明温病学理的短论。卷五卷六是运用温病治疗原理,讨论产后调治及小儿惊风痘症等的杂论。吴鞠通原书刊载的按语,颇有助于读者。本书增补王士雄、叶子雨等诸家评注,对于吴氏立

说,予以批判,或加旁证。

3586

增补四库未收术数类古籍大全（全十集九十册）[M]/刘永明主编. . --扬州:江苏广陵古籍刻印社,1997

术数是我国古代神秘文化的重要内容,《四库全书》作为中国古代最大的文化工程之一,在编纂过程中也将大量术数类著作收录其中。本书对《四库全书》未收入的此类古籍进行了增补,分为数法、占侯、易占、六壬、杂占、堪舆、命相、遁甲、杂术和阴阳等十类,包括《演玄》《九宫衍数》《扬子太玄评议》《河洛数释》《三极通》等典籍,为中国古代文化研究提供了重要资料。

3587

《增订四库简明目录标注》《贩书偶记》补正[J]/李步嘉. --古籍整理研究学刊,1991,01:27 – 29

本文校订了上海古籍出版社出版的邵懿辰《四库简明目录标注》与孙殿起《贩书偶记》二书的疏误。本文之前有邵友诚先生为《四库简明目录标注》改正 260 处,见该书《编辑后记》,雷梦水先生也为《贩书偶记》辑有正误补遗,见该书书后所附《正误并补遗》,供研究者参阅。

3588

增评伤暑全书[M]/（明）张鹤腾原著;（清）叶子雨增评. --上海:上海科学技术出版社,1990

本书是明代张鹤腾创作的温病类中医著作,后由清叶霖（字子雨）予以增订并加评论。分为上下两卷,上卷首辨春夏秋冬温暑凉寒四证病原,次论天时、地气、辨寒暑证各异,再论暑证、暑厥、暑风、暑疡、暑瘵、绞肠痧、时疫、寒疫、脉理及五运六气。下卷载治暑主方三十首;古今名医品汇中采集十三家的温暑学说;名医类案选辑十三家治暑病案,共二十三案。

3589

曾巩整理古籍的活动与影响[J]/葛怀东. --中国典籍与文化,1999,03:38 – 41

本文介绍了北宋文学家曾巩,于 1060 – 1069 年供职于馆阁时期整理古籍的情况。在考察曾巩整理《梁书》《陈书》《战国策》《李白诗集》等古籍的基础上,评价了曾巩校书对后世古籍版刻,对后世学者辨章学术、考镜源流等方面产生的影响。

3590

札移[M]/（清）孙诒让. --北京:中华书局,1989

本书是孙诒让校勘的代表作,共十二卷,校勘订正了自秦汉至齐梁之间 70 多种古籍中的讹误衍脱千余条,于后世校勘考证多有启发,取得了很高的学术成就。俞樾在本书札叙中评价说他"精熟训诂,通达假借,援据古籍以补正讹夺,根柢经义以诠释古言,每下一说,辄使前后文皆'怡然理顺'"。

3591

斋室名与古籍整理概说[J]/张恩众. --河南图书馆学刊,1985,01:50 – 53

本文介绍了斋室名以及斋室名在古籍整理工作中的作用。斋室名是我国历史上的一种特殊称谓形式。在封建社会,文人墨客为了显示高雅,表露自己的志趣、爱好以及某种情思与寄托,或者借以炫耀学识和收藏,甚而表示所师承的学派,常常给自己的书斋居室自取或由别人"贺取"一个有寓意的名字,并以此称呼和行文于文章著作中。

3592

战国策的版本[J]/卢秀菊. --中国书目季刊（在台湾地区发表）1985,04:199 – 203

本文对汉代至民国《战国策》版本进行系统梳理,包括十五种汉高诱注、宋姚宏补注的三十三卷本《战国策注》,两种宋鲍彪校注的十卷本《鲍氏战国策注》,二十九种宋鲍彪校注、元吴师道重校的十卷本《战国策校注》。

3593

《战国策》校读记[J]/杨昶. --江汉论坛,1982,02:74 – 80

本文校订了上海古籍出版社新标点汇注本《战国策》中出现的 29 处错误,供研究者参阅。作者参考的资料包括《史记》《韩非子》

《读书杂志》《札迻》以及马王堆汉墓帛书《战国纵横家书》等书。

3594

战国古籍和《管子·轻重》中的黄金货币[J]/叶世昌. --管子学刊,1997,03:8－11

本文指出战国古籍和《管子·轻重》中有一些关于黄金作为货币的记载,研究这些记载既可以证明当时黄金的货币性,又可以证明《管子·轻重》应属于西汉作品,其广度和深度比先秦古籍已有了很大提高。

3595

张岱《快园道古》佚文五则[J]/权儒学. --文献,1988,03:267－268

《快园道古》是晚明散文家张岱晚年仿《世说新语》体例的一部撰述。本文是作者在检阅清吕善报所撰《六红诗话》时,发现该书卷二、卷四内收有从张氏《快园道古》中录出的短文十则。经与铅印本《快园道古》逐一核对,发现其中有五则已为铅印本所收录,仅个别文字稍有差异。另外五则,虽原来归属何卷不详,但确为铅印本之所缺,将此五则短文抄录于文中。

3596

张镜夫及其千目庐藏书[J]/李艳秋. --山东图书馆季刊,1998,02:61－62

张镜夫先生以收藏书目见长,仅捐赠给山东大学图书馆的书目就达千余种。本文介绍了张先生藏书情况以及其中比较珍贵的抄本书目、刻本书目和本书目,还考察了其对藏书目录的整理研究情况。

3597

张卿子伤寒论[M]/（清）张遂辰撰. --上海:上海科学技术出版社,1990

本书是明末清初医家张卿子（名遂臣）创作的一部研究《伤寒论》的专著,具有较高的临床价值。本书七卷,卷一为辨脉法、平脉法;卷二为伤寒例、辨痉湿暍脉证、辨太阳病脉证并治;卷三至卷六阐述六经病脉证并治;卷七分述辨霍乱、阴阳易及汗吐下诸可诸不可脉证并治。本书运用《内经》《难经》理论注解《伤寒论》,通过对《伤寒论》的阐释,从临床

角度验证经典,采用阴阳、寒热、虚实、营卫、气血、邪正进退等理论,明辨其义,以经解经,以论证论。

3598

张维在古籍整理上的贡献[J]/王锷. --社科纵横,1993,04:73－76

本文从编目录、辑文献、校方志三个方面研究了近代历史学家张维在陇右古籍整理方面的贡献。张先生编纂有《陇右方志录》《陇右金石录》等目录书籍。辑存了大量的陇右文献,主要有《陇右文丛》《陇右诗钞》等。校补的方志有《平凉府志校补》《打拉池县丞志校补》等。其著述为今人整理、研究陇右文献及其学术文化提供了治学门径和重要资料。

3599

张元济爱护古籍与校印古书的功业[J]/林星垣. --图书馆杂志,1992,02:59－60

本文介绍了近代著名学者张元济先生寻访、收藏、保护古籍的事迹,并介绍了其辑印《四部丛刊》《续古逸丛书》《百衲本二十四史》等重要古籍丛书的情况。

3600

张元济的藏书与影印[J]/陈凡. --中学历史教学参考,1998,11:31－32

本文介绍了近代学者张元济先生收藏古书,特别是在战争年代抢救古籍的事迹。张元济先生主持商务印书馆时影印古籍,方向性、目的性很强。供学者专家使用的,以《四部丛刊》《百衲本二十四史》为代表,以实用为主,尽量讲究版本。供保存和欣赏的,以《续古逸丛书》为代表,原大精印海内外孤本,讲究存真。张先生藏书、印书,为保存和传承中华优秀传统文化做出了突出贡献。

3601

张元济古籍编校出版方法论浅说[J]/王灵善. --新闻出版交流,1997,03:40－41

张元济在古籍编校出版方面,积累下许多宝贵经验。本文指出张元济在《四部丛刊》选题策划的指导思想,一开始就定位在出版的经济效益以社会效益为依托的思路,做到宏观思路与微观分析相结合。在古籍编校方

面,书贵初刻,广求善本;找出讹误错衍的规律,用多种方法精心校勘。

3602

张元济及其辑印四部丛刊之研究[D]/吴柏青.--东吴大学(台湾地区),1999

本文介绍张元济先生《四部丛刊》的编辑出版情况。内容涉及张先生平交游、教育、出版及图书馆事业,较为详尽地研究了其《四部丛刊》的辑印过程,探讨了张元济先生在版本学、目录学及校勘学方面的贡献,以及《四部丛刊》评述等几方面问题。

3603

张元济校史十五例[J]/王绍曾.--文献,1990,02:162-174

张元济先生是近现代著名校勘学家、版本目录学家。本文将张先生的校史义例概略归纳为十五例,包括重缺疑、补缺脱、订错乱、厘卷第、校衍夺、解臆改、证遗文、辨误读、勘异同、存古字、正俗字、明体式、决聚讼、揭窜改和匡前修等,并逐一加以说明。

3604

张元济与《百衲本二十四史》[J]/韩文宁.--江苏图书馆学报,1998,01:51-53

历代正史汇刻本到清末民初,流通最广的只有清武英殿本《二十四史》。但校刻不精。张元济纠正殿本缺失,经数十年收集各史较早刻本加以影印,定名为《百衲本二十四史》。本文对该书进行评述,并就张元济在整理出版古籍方面做出的巨大贡献做出总结:继承和发扬我国校雠学的传统;总结前人校书经验,以"书贵初刻"为选择底本的指导思想;极端重视校勘工作。

3605

《张之洞全集》的整理历程[J]/秦进才.--文史精华,1999,01:58-63

晚清风云人物张之洞,留下了浩繁的著述资料。全面整理张之洞著述,是在1909年张之洞去世之后才开始的。90年来,编校张之洞全集的活动有五次。本文介绍了编校《张之洞全集》资料整理历程、成就与特点,为今后学人古籍整理工作提供借鉴。

3606

张宗祥的"冷书"[J]/张珏.--图书馆学通讯(后更名为中国图书馆学报),1985,01:88-91

本文是学者张宗祥之子为纪念父亲学术成就而作,介绍了张宗祥先生所作的一些"冷门书",包括《清史目录拟》《本草简要方》《论衡校勘记》《中国戏曲琐谈》《神农本草经新疏》等。

3607

张宗祥整理、校勘古书的简介[J]/张珏.--图书馆学通讯(后更名为中国图书馆学报),1983,03:81-84

本文通过举例,对学者张宗祥的生活与整理校勘古书的事迹进行介绍,对于其整理的古书附有图片介绍。

3608

漳州市图书馆古籍书目汇编[M]/漳州市图书馆编.--漳州:漳州市图书馆,1979

本书是漳州市图书馆1979年编撰的古籍书目,可以在一定程度上反映该馆当时的古籍收藏情况。

3609

涨海考[J]/南溟子.--中央民族大学学报(哲学社会科学版),1982,01:61-64

本文对中国古籍中的"涨海"所指范围进行考证。文中指出,"涨海"别作"张海""大涨海",其名大约在东汉之际即已出现,至迟在三国时代已见著录。如同《岛夷志略》所云"昆仑山……截然乎瀛海之中",《岭海舆图》谓广东各县地临"大海""大洋""大洋海",涨海和瀛海、大洋海等所指之范围均不限于南海,而泛指中国南方以外的广阔海域。所谓"涨海无崖岸",正说明我们祖先对世上海洋之辽阔浩瀚早有充分的认识。

3610

《招魂》作者考[D]/寿勤泽.--杭州大学,1989

本文从《楚辞·招魂》一篇的著作权问题入手,阐述了两汉时期、中古至近世以及现代学者的诸多见解,并从屈赋各篇的内在联系、招魂的实际民俗仪式以及它与宋玉赋作之间的比较三个角度进行分析,提出《楚辞·招魂》的著作权应归属于屈原的观点,为后世学者对《楚辞》进行更为深入的研究提供了理论基础。

3611

昭明文选李善注引左传考[D]/周谦.--中国文化大学(台湾地区),1970

本文是对《昭明文选》李善注的研究,考察了注文引用《左传》的情况。于每节引用传文之下,分"系年""校字""音义""案"诸目,并将传例及周秦、两汉诸子引述《左传》者,均于相关处加以拈出,以相发明。

3612

昭明文选通段文字考[D]/李鍌.--"国立"台湾师范大学(台湾地区),1963

本文研究了《昭明文选》的通假字问题,于1964年由台湾嘉新水泥公司文化基金会出版。

3613

《昭明文选》研究[D]/傅刚.--中国社会科学院研究生院,1996

本文上编对《昭明文选》编辑背景进行考论,基本解决了该书的编者、宗旨、体例等问题。下编通过对《昭明文选》文章的全面审查,对其编辑宗旨、体例、选录标准等作出了实事求是的论定。同时通过该书几种主要文体赋、诗、文的分析,对萧统的文学观作出了论述。

3614

找准位置 形成特色[J]/夏剑钦.--出版广角,1998,03:13 – 14

本文介绍了岳麓书社自1982年成立以来整理出版古籍的基本情况。岳麓书社出版工作具有"地方性、普及性和薄利多销"的营销特色,先后出版了《走向世界丛书》《郭嵩焘日记》《船山全书》《曾国藩全集》《左宗棠全集》《海国图志》《曾纪泽日记》和《二十世纪湖南文史资料文库》等重要的古籍图书。

3615

赵继宗《儒医精要》及其亡佚的主要原因[J]/关晓光,王铁策.--中医文献杂志,1996,01:16 – 17

本文系统研究了赵继宗《儒医精要》一书的流布问题,并分析了该书亡佚的主要原因。

3616

赵汝愚《国朝诸臣奏议》初探(全二册)[J]/孔繁敏.--文献,1989,01:107 – 120. 1989,02:113 – 135

本文从赵汝愚生平、《诸臣奏议》编辑经过、《诸臣奏议》编辑体例及资料来源、《诸臣奏议》宋刻本之流传、明会通馆活字本与清四库全书本、本书文献价值六个角度,分成上下两篇,对赵汝愚《国朝诸臣奏议》进行了分析探讨。

3617

赵守俨文存[M]/赵守俨著.--北京:中华书局,1998

本书为赵守俨先生生前发表及未发表的著作辑存。全书大致分三部分,分别为:有关隋唐史研究的文章;古籍整理及对古籍研究的文章;未发表的古籍整理稿,对隋唐史研究、古籍整理研究有借鉴意义。

3618

赵松雪书太上玄元道德经[M]/(元)赵孟頫书.--北京:北京图书馆出版社,1999

本书根据国家图书馆藏元顾善夫本《赵松雪书太上玄元道德经》影印,是传世赵文敏公书小楷法帖中的珍稀拓本。该帖原为章钰旧藏,弥足珍贵。将其影印出版,以奉献给广大喜爱赵氏书法的书家及研究收藏者,具有很高的史料价值和收藏价值。

3619

赵荫棠音韵学藏书台北目睹记——兼论现存的等韵学古籍[J]/冯蒸.--汉字文化,1996,04:49 – 60

已故著名音韵学家赵荫棠先生多年来辛苦搜集的一批音韵学书,完整地保存在台北的台湾师范大学图书馆特藏室。本文介绍了这批藏书的基本情况和现存的等韵学古籍。

3620

赵执信研究论文集[C]/贺连春主编.--济

南:齐鲁书社,1995

赵执信(1662—1744),字伸符,号秋谷,晚号饴山老人,其现实主义和诗歌理论为中华民族留下了宝贵的文学艺术遗产。本书是贺连春主编的研究论文集,收录了研究赵执信交游、诗论、思想等方面的相关论文。

3621

《肇域志》与《山东肇域记》[J]/杨正泰. --古籍整理研究学刊,1986,02:31－34＋38

《肇域志》和《山东肇域记》是顾炎武所作的两部历史地理学著作。此二书三百年来向无刊本,20世纪80年代由谭其骧教授主持整理,由中华书局出版。本文介绍了两部著作的成书过程、主要内容和学术价值。

3622

浙江图书馆新编善本书目编制工作有感[J]/丁红. --图书馆工作与研究,1992,02:50－53

《浙江图书馆新编善本书目》继承前诸旧目优点,吸取众目长处,纠正前辈疏漏之处,力求精谛,注重考订,几经校对,是浙江图书馆诸善本目录中耗时最长、收录数量最多的一部古籍善本目录。本文略作介绍,俾学界利用。

3623

浙江文化建设的一项重大工程——浙古版二十卷本《李渔全集》述评[J]/寿勤泽. --浙江社会科学,1990,03:80－81

海内外学术界翘首以望的二十卷本《李渔全集》将由浙江古籍出版社全部出齐。该书的编纂、整理与出版,凝注着学术界、出版界许多同志的血汗,是一项引人瞩目的文化建设工程。本文就二十卷本《李渔全集》的内容、特点与学术价值作述评。

3624

贞观政要版本之研究[D]/(日)笹川明德. --"国立"高雄师范大学(台湾地区),1992

本文研究了《贞观政要》的版本问题,透过中日两国《贞观政要》传承情况及传承版本的比较,探讨了《贞观政要》的原著形态,比较了日本旧抄本和中国版本中吴兢的上表文、

序文、直谏附篇、篇章异同等内容。

3625

针灸古籍简述[J]/贾一江. --中国针灸,1985,01:41－44＋47

本文分类介绍了我国历代主要针灸典籍的情况,包括《灵枢经》《难经》《针灸甲乙经》等,还介绍了针灸典籍的参考书,包括《黄帝虾蟆经》《子午流注针经》等,以及《千金要方》《医宗金鉴》等历代名著中涉及针灸的内容。

3626

针灸甲乙经[M]/(西晋)皇甫谧撰. --上海:上海科学技术出版社,1990

本书是晋皇甫谧所撰,晋太康三年(282)刊行。共计12卷,分128篇,内容包括中国古代生理学、病理学、诊断学、治疗学等,并在预防医疗的思想基础上说明针灸的理论和方法。对穴位的排列,采取分部依线的方法。前六卷论述基础理论,后六卷记录各种疾病的临床治疗,包括病因、病机、症状、诊断、取穴、治法和预后等。

3627

针灸节要[M]/(明)高武著. --上海:上海书店,1986

本书为《中医古籍善本丛书》系列,又名《针灸素难节要》,共三卷,为明代高武纂集,首刊于明嘉靖十六年(1537),是高武摘录《黄帝内经》《难经》等有关针灸论述之精要,以阐述针灸经典理论和疾病诊治。

3628

《针灸玉龙经》《神应经》合注本评介[J]/吴绍德. --上海针灸杂志,1996,04:48

本文是为上海科学技术出版社出版的李鼎评注、王罗珍校勘的《针灸玉龙经》《神应经》合注本所作的书评,分析了整理出版该两书的价值,论述了合注本的特点和评价。

3629

针灸治疗面瘫的古医籍分析[J]/郭尧杰,顾杰. --陕西中医函授,1998,000,004:18－19,

面瘫是临床的常见多发病症。本文运用计算机对自《黄帝内经》至清代末年为止的62

本针灸古籍进行检索统计、分析,显示古代针灸治疗面瘫的特点是,以取头面病变部位的腧穴为主,选配远道阳经腕踝以下的腧穴为辅,若针刺与艾灸结合运用则疗效更佳。

3630

珍版古籍闲话[J]/梁基永. --对外大传播,1995,10:24

我国各种古籍中,有一部分是属于普通刊本外的珍版,更为收藏者所珍视。本文介绍了活字本、巾箱本、套印本、抄本、校本和稿本六种珍版古籍。

3631

珍本古籍丛刊·诗经说约[M]/(明)顾梦麟著. --台北:"中央研究院"中国文哲研究所筹备处(台湾地区),1992

《诗经说约》为明末太仓人顾梦麟所著,《四库全书》并未收录,是明末重要的科举类诗经学著作,将诗经学思想与科举制义融为一体,虽是摘编他说,但能取其说之善并能自抒己见,具有较高的学术价值。台北"中央研究院"中国文哲研究所筹备处为方便明末清初经学的研究,据日本宽文九年(1669)刊本影印出版。

3632

珍本医籍丛刊[M]/傅景华主编. --北京:中医古籍出版社,1985

本丛书将部分中医古籍珍本,另以标点校注排版出版,以期发皇古义,嘉惠来学,振兴中医。内容包括从经典理论、临证诊疗,到中药、方剂、气功、养生等各个方面的古籍。

3633

珍贵的中药学古籍——《质问本草》[J]/中医古籍出版社编辑部. --中药通报,1985,04:7

《质问本草》是重要的药学古籍,作者吴继志,字子善,琉球中山人。本文从内容、版本等方面对其进行介绍。

3634

珍稀古籍丛刊·秦淮八艳图咏[M]/(清)张景祁撰. --北京:学苑出版社,1997

"秦淮八艳"是指明末清初南京秦淮河上的八个南曲名妓,又称"金陵八艳",八艳在家

国危难之际保持了民族气节,历来受人赞叹。《秦淮八艳图咏》是研究明清之际妇女生活史的重要资料。八艳图像精妙绝伦,实为晚清版画之佳作。

3635

真腊风土记[M]/(元)周达观撰;夏鼐校注. --北京:中华书局,1981

《真腊风土记》为周达观于13世纪末奉使真腊(今柬埔寨),归国后写成,真实地反映了当时柬埔寨各方面的情况,特别是对辉煌的吴哥文化有详细记载。校注者在过去中外学者研究该书基础上作了全面校注,是研究柬埔寨历史和中柬关系史的必备读物。

3636

争取外援是古籍出版的特殊地位、性质决定的[J]/汤敬昭. --中国出版,1993,08:13

本文指出,古籍整理、文献编纂、学术论著等出版项目往往投入较多,印数较少,销售缓慢,周转时间较长,有较大亏损。当今世界上经济高度发达国家的出版机构为了整理文化遗产和出版学术专著,大多从各种基金会取得支持。争取外援是古籍出版的特殊地位和特殊性质所决定的,不是可耻之事,而是光荣之举。

3637

征集古籍文献资料的作法和几点体会[J]/任天夫. --大学图书馆通讯,1983,09:32 – 33

本文介绍陕西师范大学征集民间古籍文献资料的工作经验:采访人员热爱专业,忠于党的事业,充分认识到自己工作的重要性;了解情况,确定目标,做到心中有数;热情宣传,耐心开导,做好售主的思想工作;充分协商,按质议价,不仅做到公平合理,而且使售主心情舒畅;做好善后工作,解决好付款和保密问题;建立感情,保持关系,为继续征集古籍资料打下良好基础。

3638

征实求是的科学精神——《文心雕龙探索》读后[J]/吴观澜. --文学遗产,1987,04:124 – 126

本文为作者读上海古籍出版社出版的王

运熙先生《文心雕龙探索》一书后所做,指出该书有如下几个特点:一是从原著出发,努力把握刘勰的整个思想体系,避免生硬采用现代的文学理论去套,也避免用今人的思维方式去取代古人。二是避免从现代的文学史观去曲解刘勰的作家作品论和文学史论。三是把《文心雕龙》放在特定的历史中考察,把刘勰的理论和南朝其他文论相联系,阐明其理论原貌。

3639

整理出版古籍小议[J]/顾廷龙.--文献,1981,04:18-20

本文对于整理出版古籍提出建议,包括:古籍整理有难有易,容易的就可集合一些人进行标点、注释和翻译。难的要培训一些专业人员,作好充分准备,才能开始;积极培养专研人员;对于已经翻译或注释的古书应该速为付印;要求印刷部门积极配合,成立排繁体字车间,备有完全的标点符号的模子等。

3640

整理出版古籍要选择好版本[J]/尔弓.--出版工作(后更名为中国出版),1983,04:51-53

本文用光绪戊寅(1878)北京聚珍堂初印本、光绪庚辰(1880)聚珍堂还读我书室主人(董恂)评本,和北京图书馆藏三十九回残抄本,与新出的亚东本和广西出版本《侠女奇缘》对勘,校订了新出本在版本校勘、标点等方面存在的问题,指出整理出版古籍一定要选择好的版本,认真做好校勘的问题,决不能掉以轻心,贻误读者。

3641

整理出版古籍要正确标点、断句[J]/孙心伟.--文史知识,1994,12:98-100

标点在文章中起标示句读和语气的作用。尤其在古代典籍中,一段文字往往由于标点不同,句读和语气也不同,其意义也不同甚或相反。本文结合实例分析指出,整理出版古籍要正确标点和断句。关键之处一个错误就会造成大错,标点本身也包含着重要的学术内容,必须认真对待。

3642

整理出版古农书刍议[J]/梁家勉.--文献,1983,01:186-190

本文就整理古农书(包括与农史自然科学史有关的古书)工作提出建议:摸清家底,编制古农书目录;钩沉阐幽、注意辑佚;集零为整、汇编汇校一些古农书;考、校、笺注或语释一些古农书(包括与农有关的古书);刊行一批罕本古农书或有关古书;编写一些有关古农书和农史的参考工具书;编写一些有关中国农史的专书和专题研究论文;培训整理古农书的人才;建设搜藏古农书及有关古籍的专库。

3643

整理古籍必须严肃认真[J]/张昱.--职大学报(后更名为鹿城学刊),1999,03:90-91

本文指出整理古籍必须坚持"批判继承""古为今用"的原则;必须吸取其精华,剔除其"糟粕";必须严肃认真,精益求精。

3644

整理古籍的第一关[J]/吕叔湘.--出版工作(后更名为中国出版),1983,04:44-50

本文是语言学家吕叔湘先生所作,讨论了古籍整理标点问题,举例说明并校订了古籍整理出版物中存在的标点断句错误,以引起学界对这一基本问题的重视。

3645

整理古籍的点滴体会[J]/傅振伦.--古籍整理研究学刊,1987,04:21-22

本文介绍了作者三十年来,工作余暇时间从事古籍整理的心得体会:古籍甚多,可择其对于当代四化建设有直接关系者,先事整理;整理一部,出版一部;整理之道,固有多端,但宜就先事整理者,作注释;注释以简要为主,力避烦琐等等。

3646

整理古籍的几点体会[J]/王先进.--古籍整理研究学刊,1985,01:54-55+60

本文通过作者近四十年的教学经验,提出整理古籍时要顾全大局不能只抓一点、要抓住缺口集中突破、要根据原则大胆立论、要根据形式大胆立论,供青年同志们参考。

3647

整理古籍的良师益友——评介《校勘学史略》[J]/金戈.--图书馆,1984,04:52-55

本文系对《校勘学史略》的评介,指出该书问世是校勘学的拓荒著述,介绍了该书的特点与不足。

3648

整理古籍的有益启示[J]/刘重来.--中国社会科学,1985,05:96-98

东晋杰出史学家常璩所著《华阳国志》,是我国现存最早的一部地方史专著。本文是作者读巴蜀书社1984年7月出版的刘琳《华阳国志校注》后的一篇书评,指出该书是《华阳国志》问世1600余年后的第一部校注本,为整理古籍、昌明祖国文化遗产,填补了一项空白。该书校注把整理与研究熔为一炉,对今后整理古籍有一定启迪。

3649

整理古籍 加强文科[J]/成于思.--高教战线,1982,05:8-10

本文指出整理古籍对于加强文科建设、推动文科教育事业,必将产生深远影响。

3650

整理古籍刻不容缓[J]/汪长炳.--江苏社联通讯,1982,01:6-7

本文是图书馆学专家汪长炳在一次座谈会上的讲话记录。指出江苏在全国来讲,古籍不少,仅南京图书馆就有140万册。但南图古籍部是危房,专门为古籍盖一座实用的新楼,既能妥善珍藏,又供借阅使用。

3651

整理古籍岂能忽视标点符号?——点校本《书林清话》标点纠误[J]/漆永祥.--中国典籍与文化,1999,04:123-125

世人每以古籍点校为轻而易举、随手可做之事,故率尔为之,造成今日书肆多讹病百出的点校本,不仅不能给读者提供方便,反而会误导后学。本文以辽宁教育出版社1998年3月出版的《新世纪万有文库》第2辑中的《书林清话》一书为例,就其断句、人名、书名、引

号之显误者,加以说明。

3652

整理古籍如何运用标点符号[J]/张仲良.--文献,1982,04:44-49

本文介绍整理古籍如何运用标点符号,包括标点古籍要不要用破折号和省略号、判断句的问题、古籍标点该不该与现代汉语标点一致等,强调标点古籍远不是轻松的工作,牵涉到古代训诂、文字、音韵、语法、修辞、校勘以及古代文化、制度等方面,要求标点者具有多方面的知识。

3653

整理古籍文献的体会[J]/傅振伦.--古籍整理研究学刊,1990,05:29-32

本文指出整理古籍文献重在实用、惜时节用早得时效、应作简明注释、不可颂古非今,介绍了选读古籍时要写读书札记、考辨源流、作提要、采取编年体等心得体会。

3654

整理古籍文献的先驱——孔子[J]/刘红.--史学月刊,1997,05:120

本文指出孔子整理"六艺"为中国图书整理的先驱,私人编书和修史对后世产生了深远的影响。孔子整理古籍文献受一定的政治思想支配,也为一定的阶级服务,特别是其思想被后来的封建统治阶级所利用,成为巩固封建统治秩序的工具。但就其整理保存古代文化遗产本身来说,在历史上的学术贡献是不可抹杀的。

3655

整理古籍有哪些常用的方法[J]/赵守俨.--文史知识,1985,02:107-112

本文介绍了古籍整理常用的方法,包括点校、注释、选注本、今译、辑佚、汇编、影印和索引。

3656

整理古籍与选择版本[J]/冀叔英.--文献,1981,04:33-34

本文指出张元济整理影印《四部丛刊》在选取底本时,是经过周密考虑的,每种书都尽可能选用当时传世最好的版本,可是在选好

后还有改易另一本,或补入原佚篇章或缺叶缺字的情况。当年影印《四部丛刊》等书的工作经验,值得我们借鉴。

3657

整理古籍中存在的问题[J]/黄长椿. --江西社会科学,1987,02:113 - 115

本文举例说明了古籍整理出版物中存在的别字、校勘、标点、断句、注释等方面的问题,以引起出版界和古籍整理工作者的重视,提高古籍出版的质量。

3658

整理古书旧籍应当严把版本关[J]/胡渐逵. --编辑之友,1989,06:26 - 28

本文以《儿女英雄传》坊刻本底本存在的别字、删改问题为例,说明了古籍整理出版工作选择版本的重要性。

3659

整理与研究并重和古籍所的建设、发展[J]/陈广宏. --古籍整理研究学刊,1999,06:1 - 2

本文是作者在内蒙古呼和浩特市召开的"世纪之交的回顾与展望——古籍整理与研究青年学者研讨会"发言。指出在科研上确立一个研究所的学术方向与学术特色,是维系该所持久生命力的关键所在。在今后所面临的改革、发展中,这个问题尤应引起足够重视。对教师队伍建设来说,要更好贯彻整理与研究并重的方针,恐怕须更多地提倡多学科背景和"专而能通"的学术风格。

3660

整理与研究同步——参评文史古籍图书述略[J]/段句章. --中国图书评论,1992,05:108 - 109

本文介绍了文史类著作和古籍整理新书参选第六届"中国图书奖"评奖的情况,举例介绍了《清蒙古车王府藏曲本》《全宋文》等优秀出版物。同时指出,1991 年出版的大型丛书、多卷本专著、地方特有文化的研究专著增多了,选题范围更加丰富。该时期出版物存在价格昂贵、今注今译不够审慎等方面的问题,要引起重视。

3661

整理与研究异同辨——有关古籍整理研究若干问题之一[J]/姜亮夫. --文史哲,1984,06:79 - 83

本文从什么是整理、考据与标点、以一本书为单位的研究、以一义为单位的研究、专题研究法等方面进行论述,对于整理与研究的异同进行比较分析。文中指出,古籍整理与研究,两者既有联系又有区别。整理是以"书"本身为主,只把书的真面目弄清,弄准全盘,是一种客观的方法;研究则有研究者主观意图,以书为基础,分门别类各抽出条例,以达到作者之"意图"。

3662

整理中医典籍、力避误漏舛错——"中医古籍小丛书"误因析[J]/樊友平,孟乙强,魏春荣,丛雅琴. --陕西中医学院学报(后更名为陕西中医药大学学报),1992,03:40 - 43

本文校订了王新华主编的《中医古籍小丛书》中存在的标点、校勘、注释方面的问题,分析其致误原因。

3663

整理中医古籍的"三心"——《中医方剂大辞典》编后体会[J]/华浩明. --中医文献杂志,1996,04:20 - 21

本文系作者长期从事《中医方剂大辞典》编写工作的心得体会,提出整理中医古籍需要细心、耐心与用心,论述"三心"对整理中医古籍的重要性。

3664

整理中医古籍要力求准确规范——评《中医古籍小丛书》[J]/王义成,樊友平,张晓慧. --中医药文化,1989,03:33 - 35

本文是对江苏科学技术出版社 1981—1987 年间出版的王新华同志主持编辑的《中医古籍小丛书》书评。指出本书在点、校、注方面虽达到一定的水平,给读者不少裨益,然可商之处也不少,并就有代表性的问题展开讨论。

3665

整理中医药学知识必须掌握我国文字文化

基本规律[J]/李今庸. --湖北中医杂志,1995,04:8-10

本文指出研究中医药学古籍、整理中医药学基本理论,首先要掌握文字文化和中医药学文化的特点规律。如果只认得汉字,对它的读音和意思了解得片面或不准确,是无法读通中医药学古籍的。举例说明掌握运用我国文字文化这把钥匙,在打开继承发扬中医药学这个"伟大宝库"的门锁上,具有重要作用。

3666

整体性地把握文学批评发展的轨迹——读王运熙、杨明《魏晋南北朝文学批评史》[J]/吴承学. --文学遗产,1991,02:131-136

本文是为王运熙、杨明《魏晋南北朝文学批评史》一书所作的书评。文中指出,该书采用综合的"整体研究法",以联系、发展的观点,全面多角度研究古代文论,从而得出比较准确的结论。这部书洋洋近四十万言,结构恢宏,同已有的批评史相比,大大开拓了研究范围,内容更为丰富充实。

3667

正确认识文言典籍的白话翻译工作[J]/戚洁. --新闻出版交流,1999,05:11-12

本文研究了古籍译文工作的重要性。指出编写文白对照版的图书是一种很好的古籍整理手段,可以使文言基础差的读者能够在译文帮助下顺利阅读古书。即使是文言基础较好的专家,白话译文对他们来说也同样具有重要参考价值。学界应该大力开展对于这种翻译工作的理论和技术的研究。

3668

正体类要[M]/(明)薛己著. --上海:上海科学技术出版社,1990

本书是明代医家薛己所著的医学著作,成书于1529年,全书分上下两卷,上卷为正体主治大法、仆伤之症治验、坠跌金伤治验和汤火所伤治验4门,下卷附诸伤方药。全书记载内伤证治19条大法和治验医案65则(85例),方剂71首。常用方剂有四物汤、补中益气汤、八珍汤、六味地黄丸等。

3669

证类本草所引唐代经之考察[D]/陈丽红. --中国医药学院(后更名为中国医药大学)(台湾地区),1980

北宋医家唐慎微汇集前人有关药物资料,参引经史百家典籍而成《经史证类备急本草》,是我国历史上本草类著作的集大成者。本文以蒙古定宗四年(1249)晦明轩刊本重景本为研究底本,综计了《证类本草》引用唐代医学著作的情况,并以此为基础研究唐代食忌、食疗与食医的观点,并就三者内容予以比较、考察其特性、究明其相异之处。

3670

郑光祖集[M]/(元)郑光祖著;冯俊杰校注. --太原:山西人民出版社,1992

本书收录了元代著名杂剧家、散曲家郑光祖的杂剧、散剧。校订皆以一本为底本,参校古今名家之本,具体原则于各本之校记中说明。原文之部分古今字、异体字,多改为通行体,少数留用,以防误解。注释力求信达,间亦略陈管见。集后辑有《附编》,分为《郑光祖生平、剧作》《郑光祖杂剧本事汇辑》《郑光祖戏曲评论汇辑》《郑光祖研究论文索引》等项。《老君堂》杂剧亦列其中。

3671

《郑码》用于电脑整理古籍的一次实践[A]/郑珑. --中国古籍整理研究出版现代化国际会议论文集[C],1995

本文介绍了作者用郑码(汉字输入模块)参与韩国高丽大藏经电脑化进程的体会,从古籍整理的汉字输入法需要具备的条件、用郑码在韩国整理汉字佛经需要解决的特殊问题以及电脑整理古籍的中文处理系统问题三个方面进行了分析。这次利用电子技术进行古籍文字整理且获得成功的实践过程,为我国古籍整理出版现代化提供了宝贵的实践经验。

3672

郑虔佚文《郑承光墓志》[J]/金陵生. --文学遗产,1992,03:34-34

王晚霞编《郑虔研究》(浙江古籍出版社

1990 年版)刊载了郑虔所撰的《郑承光墓志》照片,文字不易辨认。本文根据北图藏拓片进行了文字移录,供治唐史者参考,还对墓志内容进行了考证。

3673

郑樵《通志·金石略》之研究[D]/简雪玲. --中兴大学(台湾地区),1996

本文考察了郑樵《通志·金石略》的编撰过程、史料来源及编辑方式等问题,讨论了该书所体现的郑樵的史学思想,详细分析了郑樵的会通史观、史学主张及类例之法,并在以上研究基础上对《通志·金石略》做了较为公允的评价。

3674

郑樵通志之研究[D]/崔京玉. --台湾大学(台湾地区),1986

郑樵《通志》,除了二十略部分以外,历代学者的评价并不高。本文是针对通志的整个内容进行的综合研究,重点在于阐释郑樵史学的"会通"理念。

3675

《郑堂读书记》与《慈云楼藏书志》[J]/李衍翎. --津图学刊,1996,04:67 – 70

本文对《郑堂读书记》与《慈云楼藏书志》的成书经过及版本流传作了考查,指出《郑堂读书记》与《慈云楼藏书志》的确均出自周中孚之手,但是《慈云楼藏书志》成书在先,《郑堂读书记》完帙于后,二者并非完全相同的著述。

3676

郑玄《三礼注》释词要例举证[J]/冯浩菲. --汉学研究(在台湾地区发表)1997,01:33 – 44 + 442

东汉末年郑玄所撰《周礼注》《仪礼注》《礼记注》三书,有功于礼学,世称精核,为历代礼学家所宗。本文对郑氏《三礼注》词语训释方面的一些重要条例进行举证,将其中关于解句方面的重要条例归纳为十类,依次作了分析胪列,举证阐释。

3677

郑玄《仪礼注》版本考辨[J]/王锷. --图书

与情报,1995,03:54 – 57

《仪礼注》是我国第一部笺释《仪礼》的专著。郑玄会通今古文,旁综博采,训经文,阐礼义,纠谬误,释名物,开《仪礼》研究之滥觞。本文在前辈研究的基础上,对郑玄注《仪礼》的时间、《仪礼注》的最早刊刻及历代所刻《仪礼注》之版本源流、存佚状况做了考辨。

3678

郑玄《周礼注》版本考[J]/王锷. --图书与情报,1996,02:61 – 66

《周礼注》是一部笺释《周礼》的专著。郑玄在汉杜子春、郑兴、郑众、卫宏、贾逵等经学家的基础上,广搜博稽,训释经文,阐述礼制,正字读音,纠经衍误,对前人《周礼》研究做了整理总结。本文在学界前辈研究的基础上,对《周礼注》一书的最早刊刻、历代所刻《周礼注》版本源流及存佚状况,做了考辨。

3679

郑振铎对古籍文献的搜集和整理[J]/熊光荣. --学术论坛,1982,01:113 – 114

本文统计研究了郑振铎先生对文学理论、文学史、小说、戏曲、民间文学等方面古籍的整理著述情况。

3680

郑振铎与《古今杂剧》[J]/陈建,袁文龙. --福建论坛(文史哲版)(后更名为福建论坛)(人文社会科学版),1984,05:57 – 59

《古本戏曲丛刊》由郑振铎主编。本文就编入《古本戏曲丛刊》第四集中的明万历间赵琦美《脉望馆钞校本古今杂剧》242 种的经过,作一介绍。指出《脉望馆钞校本古今杂剧》的失而复得,为我国宏大的戏曲宫殿增添了一颗璀璨夺目的明珠。郑振铎在挖掘和保存杂剧典籍上作出的贡献,值得人们永远纪念。

3681

郑振铎与《脉望馆抄校本古今杂剧》[J]/韩文宁. --江苏图书馆学报,1997,01:36 – 38

本文记述了郑振铎先生在 1937 年上海"八·一三"事变后,为国家抢救购置了一部极为珍贵的图书《脉望馆抄校本古今杂剧》的真实情况。

3682

症因脉治[M]/（明）秦景明纂著；（清）秦之桢辑. --上海：上海科学技术出版社,1990

本书是由明代医家秦景明撰，清代秦之桢补辑的中医学著作，论述以内伤杂病为主的各种病症。全书共分四卷，首有专论六篇，各类依次叙列诸症，每门各分外感、内伤两大端，条述各病的症、因、脉、治四项。该书主张先辨症候，次查病因，再审脉象，最后决定治法，故以《症因脉治》为书名。书中对于每种疾病的辨证，均分列条目，清晰细致，理法分章，选方大多切于实用。

3683

《芝龛记》及其版本[J]/刘晓丽. --四川图书馆学报,1986,04:65－74

《芝龛记》是清代学者董榕以明朝末期万历、天启、崇祯三朝重大政治事件为题材创作的传奇（戏曲）剧本，本文介绍了该书的内容、作者等情况，现存三个时代的六种版本以及各版本间的关系。

3684

知识的宝库——访省图书馆保管部藏书楼[J]/吴丙炎. --湘图通讯,1980,04:44

本文系对湖南省图书馆图书保管部藏书楼的探访，介绍了该馆的地理位置、藏书量、特色馆藏、历史发展、业务成就等。

3685

执教六十五载 著书一千万言——姜亮夫教授传略[J]/傅杰,汉澍. --浙江社会科学,1993,04:95－99

姜亮夫教授是我国著名的楚辞学、敦煌学、语言学、历史文献学方面专家，在教育岗位上已艰辛执教65个春秋，著书逾一千万字，成绩斐然。本文介绍其执教经历、学术成就和治学经验等。

3686

纸浆修补古籍技术的研究[J]/邱晓刚,蒋一斐,郑宁. --大学图书馆学报,1994,01:38－40+47

本文介绍了古籍修补技术的方法、技术关键与攻关、纸浆修补的效果及性能测试，指出纸浆修复技术的可行性。

3687

纸质文物着生褐斑构成成份之探究[J]/夏沧琪,张丰吉. --林业研究季刊（在台湾地区发表）1999,03:33－48

本研究针对纸质文物褐斑现象之生化组成及纸面化学性质变化进行探讨，得出结论：在纸样褐斑部位及诱发褐斑真菌类萃取液中，皆可发现含草酸、苹果酸、乳酸等有机酸及 γ － 肢基丁酸等 17 种肢基酸成分，可知纸样褐斑之成因与上述之有机酸及肢基酸成分有关等。

3688

治学之门径 书海之津梁——《中国古代图书学文选》简介[J]/亘心. --图书馆工作与研究,1985,01:18

本文是为安徽师大图书馆编印的《中国古代图书学文选》简介。指出该书比较系统地汇辑了有关我国古籍著述体例和学术源流最有代表性的文章十篇，并附有今人关于方志、年谱、谱牒、丛书论述文章四篇，可为图书馆学专业、古典文献专业和一切有志于探索中国古籍的青年同志提供有益参考。

3689

中法汉学研究所业绩[J]/杨宝玉. --北京图书馆馆刊（后更名为国家图书馆学刊）,1999,02:3－5

在中国古籍索引编纂史上，中法汉学研究所通检组具有特别重要的地位，是中国最早专门的索引编纂机构之一，编制出版的索引量多质优，至今仍被学者们经常使用。本文对中法汉学研究所及其主要工作成果进行介绍，包括中法汉学研究所概况、中法汉学研究所通检组介绍，在肯定中法汉学研究所及其通检组工作业绩的同时，也对我国现今的古籍索引编纂状况作了反思。

3690

中法汉学研究所与巴黎大学汉学研究所所出通检丛刊述评[J]/杨宝玉. --北京大学学报（哲学社会科学版）,1987,04:48－58

中法汉学研究所通检丛刊在现代中国古

籍索引编纂史上有其特殊地位,至今仍有相当大的使用价值。本文介绍了法国研究汉学和编纂中国古籍通检机构的情况,列举了中法汉学研究所和巴黎大学汉学研究所所出通检丛刊提要目录,在总结编纂经验的同时,也强调开展引进工作应认真地选择底本。

3691

中国宝卷文献的几个问题[J]/车锡伦.--岱宗学刊,1997,01:75－80

本文在回顾唐代至1949年后宝卷文献产生发展历史的基础上,讨论了宝卷名称和命名方式、版本、流通、作者以及海内外对宝卷收藏、整理、编目的情况。

3692

中国边疆史地若干古籍题解[J]/范秀传.--中国边疆史地研究,1992,02:115－118

本文对《桂林风土记》《云南图经志书》《全边略记》《万历三大征考》等中国边疆史地古籍进行题解与选登。

3693

中国边疆史地古籍题解(选登)[J]/范秀传等.--中国边疆史地研究,1992,01:91－98＋115

本文对《汉书·地理志》《元丰九域志》《历代地理指掌图》《北边备对》《大理行记》《九边图论》《岭海舆图》《皇明四夷考》《驭倭录》等中国边疆史地古籍进行题解与选登。

3694

中国边疆史地古籍题解选登[J]/邢玉林,范秀传,林荣贵.--中国边疆史地研究,1993,02:110＋封三

本文对《盛京疆域考》《韩边外志》《辽海丛书》等中国边疆史地古籍进行题解与选登。

3695

中国边疆史地古籍题解选登[J]/韩平,白山,范秀传.--中国边疆史地研究,1993,03:102－105

本文对《山海经》《洛阳伽蓝记》《大唐西域记》《太平寰宇记》《通鉴地理通释》《中复堂五种》等中国边疆史地古籍进行题解与选登。

3696

中国边疆史地古籍题解选登[J]/邢玉林,范秀传.--中国边疆史地研究,1994,01:107－108

本文对《卜魁城赋》《八旗通志》《黑龙江志稿》《黑龙江述略》《大金国志》等中国边疆史地古籍进行题解与选登。

3697

中国藏书史辨误三题[J]/王国强.--图书馆学刊,1993,04:35－36

本文研究了与中国藏书史相关的三个问题。一是《墨子·天志上》"书不可胜载"一句的解释问题。作者认为应译为"著述多得难以记载"。二是孔子作为藏书家的证据问题。作者认为删定"六经"时,孔子可能搜集了大量文献;另外"六经"及其参考书已是比较丰富的收藏。三是古代藏书事业"重藏轻用"科学与否的问题。作者指出,所谓"重""轻",自然在藏用的程度上有所区别了。实际上"重藏"是每一时代图书馆从业人员都必须首先考虑的事情,重藏并不等于轻用。两者是相互依存的关系,而非矛盾关系。

3698

中国出版简史(初稿)(1)[J]/方厚枢.--出版工作(后更名为中国出版),1980,09:58－69

本系列论文对我国从远古到隋唐时期的书籍产生和发展历史,以及出版事业做了全面论述,给予读者全面、系统的知识。这一系列论文从1980年至1989年持续发表于《出版工作》杂志。

3699

中国出版简史(初稿)(2)[J]/方厚枢.--出版工作,1980,10:60－65

同上。

3700

中国出版简史(初稿)(3)[J]/方厚枢.--出版工作,1980,12:53－57

同上。

3701

中国出版简史(初稿)(4)[J]/方厚枢.--出

版工作,1981,01:55 – 58

同上。

3702

中国出版简史(初稿)(**5**)[**J**]/方厚枢. --出版工作,1981,02:59 – 63

同上。

3703

中国出版简史(初稿)(**6**)[**J**]/方厚枢. --版工作,1981,03:61 – 65

同上。

3704

中国出版简史(初稿)(**7**)[**J**]/方厚枢. --出版工作,1981,04:55 – 59

同上。

3705

中国出版简史(初稿)(**8**)[**J**]/方厚枢. --版工作,1981,05:61 – 65

同上。

3706

中国出版简史(初稿)(**9**)[**J**]/方厚枢. --出版工作,1981,06:60 – 64

同上。

3707

中国出版简史(初稿)(**10**)[**J**]/方厚枢. --出版工作,1981,07:60 – 65

同上。

3708

中国出版简史(初稿)(**11**)[**J**]/方厚枢. --出版工作,1981,08:61 – 64

同上。

3709

中国出版简史(初稿)(**12**)[**J**]/方厚枢. --出版工作,1988,02:99 – 106

同上。

3710

中国出版简史(初稿)(**13**)[**J**]/方厚枢. --出版工作,1988,03:102 – 112

同上。

3711

中国出版简史(初稿)(**14**)[**J**]/方厚枢. --出版工作,1988,04:112 – 116

同上。

3712

中国出版简史(初稿)(**15**)[**J**]/方厚枢. --出版工作,1988,05:112 – 119

同上。

3713

中国出版简史(初稿)(**16**)[**J**]/方厚枢. --出版工作,1988,06:113 – 116

同上。

3714

中国出版简史(初稿)(**17**)[**J**]/方厚枢. --出版工作,1988,07:109 – 116

同上。

3715

中国出版简史(初稿)(**18**)[**J**]/方厚枢. --出版工作,1988,08:94 – 102

同上。

3716

中国出版简史(初稿)(**19**)[**J**]/方厚枢. --出版工作,1988,09:103 – 115

同上。

3717

中国出版简史(初稿)(**20**)[**J**]/方厚枢. --出版工作,1988,10:101 – 112

同上。

3718

中国出版简史(初稿)(**21**)[**J**]/方厚枢. --出版工作,1988,11:101 – 112

同上。

3719

中国出版简史(初稿)(**22**)[**J**]/方厚枢. --出版工作,1988,12:92 – 101

同上。

3720

中国出版简史(初稿)(**23**)[**J**]/方厚枢. --出版工作,1989,01:109 – 114

同上。

3721

中国出版简史(初稿)(**24**)[**J**]/方厚枢. --出版工作,1989,02:106 – 113

同上。

3722

《中国传世藏书》[J]/林雨轩.--瞭望新闻周刊,1994,37:36-37

本文介绍了《中国传世藏书》编纂的缘起、相关内容以及出版的重要意义。

3723

《中国丛书综录》补正八则[J]/张梅秀.--图书馆理论与实践,1998,02:45-46

本文通过核对馆藏近五百种丛书,补正了《中国丛书综录》及《中国丛书综录补正》未收或子目互有出入的问题。

3724

《中国丛书综录》的成就[J]/谢沛霖.--社会科学,1983,05:95-96

本文从综合根据原著与统一著录的编目、按内容归类、以分类目录为主的目录体系三个方面,肯定了《中国丛书综录》的成就,认为该丛书重印为科学研究工作增添了检查工具,使我国浩如烟海的古籍近半数可以按图索骥地查阅。

3725

《中国丛书综录》的特点与使用[J]/沈茶英.--中文自学指导,1994,11:47-48

本文分析了《中国丛书综录》的特点,指出该书由总分类目录、子目分类目录、索引三册组成,将三册有机地组合在一起,相互结合使用,能发挥本书最大的效果。

3726

《中国丛书综录》订误[J]/张宗茹.--山东师大学报(后更名为山东师范大学学报)(人文社会科学版),1995,05:99-100

《中国丛书综录》(上海古籍出版社1982年新1版)是我国目前最完备的一部丛书目录。1982年阳海清编撰《中国丛书综录补正》,南京大学图书馆和历史系资料室又编印了《中国丛书目录及子目索引汇编》。本文订正了《中国丛书综录·总目》部分的疏漏错误(计26处)。

3727

《中国丛书综录》及其查找方法[J]/罗建国.--湘图通讯,1980,01:19

本文介绍了上海图书馆编,中华书局1959年出版的《中国丛书综录》主要内容以及使用方法。

3728

《中国丛书综录》经部著录图书的若干失误及其原因[J]/沈治宏.--晋图学刊,1992,03:47-51

本文论述了《中国丛书综录》经部著录图书的若干失误,并分类分析了著录失误的原因。包括:本无此书,误予著录;原书无附录,馆臣误予著录;原书有附录,馆臣未予著录,《综录》据此著录致误;同书异名,馆臣不据原书著录;原书作者,馆臣著录有误等。

3729

《中国丛书综录》述评[J]/张荻.--四川图书馆学报,1989,03:73-77

本文介绍了《中国丛书综录》的相关内容、丛书目录的发展过程、编排体例、检索方法、存在的缺陷,并对该书的补正、续编进行了述评。

3730

《中国丛书综录》质疑录[J]/姚伯岳.--图书馆学研究,1996,02:28+70

本文校订了《中国丛书综录》著录中的问题,分为著者姓名著录字错误、版刻年代著录错误、版本类别著录错误、子目著录漏略、子目卷数著录错误、子目著者著录错误、著录子目种数多于原书等七类进行了阐述。

3731

《中国丛书综录》子部著录失误原因析[J]/沈治宏.--图书馆,1992,06:72-75+65

本文举例分析说明了《中国丛书综录》中子部著录失误的原因,包括:本无此书,误予著录;本无该项,误予著录;本有该项,却未著录,主要是附录;作者著录失误,张冠李戴,作者可考而未考,抄写失误校勘不精而致误等。

3732

中国当代楚辞研究之研究概论[J]/周建忠.--固原师专学报(后更名为宁夏师范学院学报),1993,02:34-38

本文论述了当代楚辞学研究的主要特

征,楚辞学研究的八个阶段,以及楚辞学概貌描述、阶段描述、学术会议描述、专题综述、年度综述、区域综述等,对中国当代楚辞研究进行了综合性的论述。

3733

中国当代古籍整理研究学者名录[M]/国家教委全国高校古籍整理研究工作委员会编;曹亦冰主编.--北京:北京图书馆出版社,1997

本书收录了当代中国大陆从事古籍整理与研究工作的具有高级职称学者的个人简历、学术成果和正在开展的课题,是一部了解中国大陆古籍整理研究学者个人和整体队伍状况的工具书。收录具有高级职称的专业人员1500人,虽未汇集全部学者信息,却反映了这支队伍的基本面貌。

3734

中国道教协会关于《中华道藏》整理点校出版的情况通报[J]/中国道教协会.--中国道教,1998,04:37-38

本文是中国道教协会关于由中国道教协会、华夏出版社、中国社会科学院道家道教研究中心发起组织的《中华道藏》整理点校工程的情况通报,包括其整理宗旨、分类、编撰情况。

3735

中国的地方志[J]/转摘自湖南省社科院《社会科学情报》.--丽水师专学报(后更名为丽水学院学报),1984,02:6

本文指出我国地方志的近似数是八千余种,恰占古籍总数的十分之一,是一座极为丰富的文献资料宝库。数量多、历史长、持续久,层次全,保存的资料也较丰富。当然这些资料有糟粕,也有精华。

3736

中国的古籍[M]/邓瑞全,任宝菊编著.--北京:北京科学技术出版社,1995

本书系统介绍了从我国早期文字记录到书籍产生和发展的全过程,对书籍发展的各个阶段简牍、帛书、纸写本、雕版印刷和活字印刷书籍的基本概况及装帧特点做了概述,

对经、史、子、集中的传世古籍做了评介。

3737

中国的古籍丛书及其纂辑工作[J]/申非.--编辑学刊,1989,03:87-92+96

本文介绍了丛书的兴起、丛书的类型、编纂丛书的目的、纂辑丛书的原则和方法、纂辑丛书的必备素养等问题。指出现在编撰丛书大多是属新作,编者所要校正的一般是事实、数据、引文以及语言文字上的问题。工作范围不同,具体做法不同,但凭借多种文献反复核正,以保证所传播的知识具有真实性和准确性,这种求实求真的原则与古籍丛书的编纂是一致的。

3738

中国的类书、政书和丛书[M]/戚志芬著.--北京:商务印书馆,1996

本书共有三章,分为类书、政书、丛书。每章介绍其含义、发展、代表等。对于著名的书籍又有单独而详细的介绍。

3739

中国地方志集成·台湾府县志辑(全五册)[M]/上海书店出版社编.--上海:上海书店出版社,1999

本书是《中国地方志集成》中的一种,选收台湾地区17种文献价值较高的府县志,为台湾地区历史研究提供了便利。汇辑了《光绪台湾通志》(据1968年《台湾丛书》点校本影印)、《民国台湾新志》(据1947年中华书局铅印本影印)、《台湾郡县建置志》(据1941年湖南大学油印本影印)等书。

3740

中国地方志集成·浙江府县志辑(全六十八册)[M]/上海书店出版社编.--南京:江苏古籍出版社,1993

本书选收清代顺治至民国时期浙江省府县志,资料性强、内容丰富,收录杭州、嘉兴、宁波、舟山、绍兴、台州、金华、温州、丽水等地区清代、民国时期编纂的方志123种,计3337卷。所收方志以晚近时期修纂的为主,以取其涵盖时间长、记述方面广、包容材料多的优点。

3741

中国地方志整理编纂工作座谈会纪要［J］/中国地方志整理编纂工作座谈会秘书处. --中国地方志,1982,04:1－3

本文介绍了 1982 年 5 月召开的中国地方志整理编纂工作座谈会基本情况。此次会议就编印方志学文献和地方志工具书、整理重印旧地方志、编辑地方志资料汇编、编修新的省志、市志、县志等问题展开了讨论,初步研究制订了整理中国地方志的九年规划(草案)。

3742

中国东北地方古籍溯源［J］/傅朗云. --古籍整理研究学刊,1989,02:7－9＋3

本文对我国东北地方古籍进行溯源,介绍了该地区古籍中第一部署名的民族史志、第一部民族史、第一部地理杂记、最古老的地理图籍、第一部有辑佚本传世的文学古籍、第一部东北少数民族领修的礼仪古籍、第一部风俗志、第一部铁路交通文献、第一部乡邦丛书等。

3743

中国敦煌吐鲁番学著述资料目录索引(1909—1984)［M］/中国敦煌吐鲁备学会编. --西安:陕西省社会科学院出版发行室

本目录索引系中国敦煌吐鲁番学著述资料目录索引(1909－1984),分为内地和台港两部分。所收篇目以见于我国公开发行的书刊、报纸为主,并兼录我们见到的国内内部刊物刊登或内部印行的文章、目录或报道。

3744

中国敦煌学目录和目录工作的创立与发展［J］/白化文. --北京图书馆馆刊(后更名为国家图书馆学刊),1996,04:74－81

本文在介绍敦煌学和敦煌目录学的基础上,从五个阶段考察了敦煌目录学开展的学术工作,叙述了主要的学术成果。

3745

中国二十世纪文献辨伪学述略［J］/刘重来. --历史研究,1999,06:133－143

本文回顾了 20 世纪中国文献辨伪学的发展历程,大致可分为三个时期:第一个时期,从 20 世纪初至 30 年代末,是中国文献辨伪学的构建时期;第二个时期,从 40 年代至 70 年代中期,是中国文献辨伪学缓慢发展时期;第三个时期,从 70 年代中期至 20 世纪末,是中国文献辨伪学多元发展、成就突出的时期。

3746

中国法制古籍目录学［M］/高潮,刘斌著. --北京:北京古籍出版社,1993

本书由北京市社会科学理论著作出版基金资助,阐述了一般目录学和法制古籍目录学理论及历史沿革,按中国历史断代,分法律思想、典制、狱政等部类,评介从商周到清末有关法制的古籍 1500 多种。本书将目录学理论与实际应用相结合,为中国法制史的学习和研究提供入门途径,是我国第一部较完备的法制古籍目录学著作。

3747

中国佛教史籍概论［M］/陈垣著. --北京:科学出版社,1955

本书是陈垣早年的讲稿。主要是将六朝以来研究历史常参考的佛教史籍,按成书年代分类介绍。对每书的名目、略名、异名、撰人略历、卷数异同、版本源流、内容体制以及与历史有关的其他问题等,运用了丰富的历史材料,旁征博引,实事求是加以分析。并且对四库提要有关佛教史籍部分的错误予以校正。

3748

中国公共图书馆古籍文献珍本汇刊·满洲编年纪要(全二册)［M］/全国公共图书馆古籍文献编辑出版委员会编. --北京:中华全国图书馆缩微复制中心,1995

本书是一部记载我国清代东北地区(包括今辽宁、吉林、黑龙江三省以及民国间所设的热河省区)的大事纪年史表。据《开国方略》《实录》《东华录》《宣统政纪》《清史稿》,并杂采诸多私家笔记,逐年编纂而成,是一部研究东北史、满族史以至明清史的重要史籍,也是一部基本工具书。

3749

中国公共图书馆古籍文献珍本汇刊·蒙古

通鉴长编[M]/全国公共图书馆古籍文献编辑出版委员会编. --北京:中华全国图书馆缩微复制中心,1994

《蒙古通鉴长编》八卷附编一卷,王先谦撰,是一部蒙古部落入主中原以前的编年史,记述部落兴起至元宪宗九年(1259)止的史事,即元史上所谓"蒙古国"时期。本书正编以《元史》前三卷记载为纲,考订《元史》的疑误,增补了《元史》的缺漏,辑入洪钧《元史译文补正》《元朝秘史》等书。

3750

中国公共图书馆古籍文献珍本汇刊·南征日记（全二册）[M]/全国公共图书馆古籍文献编辑出版委员会编. --北京:中华全国图书馆缩微复制中心,1994

《南征日记》九卷,又名《援黔纪事》,记载了湖南江铃出兵贵州镇压苗民事,其时起自清雍正十三年(1735)二月二十六日至乾隆二年(1737)六月止,较详细地记载了镇压苗民起义的经过及其善后事宜,同时对诸将间的关系、治兵方法、苗民的风土人情等,也都有较详尽的叙述,具有一定史料价值。

3751

中国公共图书馆古籍文献珍本汇刊·史部·中国西北稀见方志[M]/邵国秀编. --北京:中华全国图书馆缩微复制中心,1994

本书是《中国公共图书馆古籍文献珍本汇刊·史部》系列之一,分为《甘肃通志稿》《[嘉靖]徽郡志》《[顺治]华亭县志》《[乾隆]银川小志》系列,对研究西北的史地、经济文化、政治军事、民族宗教、生活习俗有很高参考价值。

3752

中国公共图书馆古籍文献珍本汇刊·史部·中国西北稀见方志续集[M]/邵国秀编. --北京:中华全国图书馆缩微复制中心,1997

本书是《中国公共图书馆古籍文献珍本汇刊·史部》系列之一,包括《[嘉靖]陕西通志》《[嘉靖]平凉府志》《[弘治]宁夏新志》《[光绪]新疆大记》《青藏界图说》等省志、府

州县志、乡土志62种,多为稿本、抄本、珍稀刻本,对研究西北的史地、经济文化、政治军事、民族宗教、生活习俗有很高参考价值。

3753

中国公共图书馆古籍文献珍本汇刊·宪章外史续编[M]/全国公共图书馆古籍文献编辑出版委员会编. --北京:中华全国图书馆缩微复制中心,1994

《宪章外史续编》十四卷,一作《五朝注略》,又题《嘉靖以来注略》(即嘉靖、隆庆、万历、泰昌、天启五朝史略)。禁书目题作《嘉靖隆庆万历天启四朝注略》,其实"漏佚卷十二、卷十三的泰昌注略"故也。此书记载辽东兵事颇多,皆为后来清人所深讳,故至清乾隆年间,即被列入禁书。本书明代崇祯刻本藏于辽宁省图书馆,各馆存书目录中所不多见,具有珍贵的史料价值。

3754

中国公共图书馆古籍文献珍本汇刊·小学稿本七种（全三册）[M]/全国公共图书馆古籍文献编辑出版委员会编. --北京:中华全国图书馆缩微复制中心,1997

本书为湖北省图书馆所藏清戴震《经雅》、清英浩《字雅》、清刘家谋《操风琐录》、傅廷仪《湖北方言》、清刘传莹《音韵学稽古录》、清易本绀《识字璅言》附《辩字杂说》、清刘心源《凡海书》等七种小学稿本汇为一编。书中言训诂者四,音韵者一,文字者二。

3755

中国公共图书馆古籍文献珍本汇刊·足本按辽疏稿（全二册）[M]/全国公共图书馆古籍文献编辑出版委员会编. --北京:中华全国图书馆缩微复制中心,1996

《足本按辽疏稿》六卷,为明熊廷弼撰,是其于万历三十六年(1608)至三十九年(1611)巡按辽东时的奏稿。明刻本《按辽疏稿》今藏天津图书馆。本书编制体例大体依年代为序,卷前有李化龙序,初刻于明万历四十年代前期。此书对于研究明清史,特别是明清之际民族矛盾及辽东政治、经济、军事、地理等,有重要参考价值,可补明史记载之缺憾。

3756

中国公共图书馆缩微技术指要[M]/张伟云,刘士华著. --贵阳:贵州民族出版社,1997

本书从缩微摄影技术在中国公共图书馆的应用、公共图书馆文献缩微工作、古籍文献缩微摄制、期刊拍摄、报纸拍摄、冲洗、质检、拷贝、拍摄用标板与光楔片的制作、缩微品的保藏与利用、新技术的应用必然带动缩微技术的变革和发展等方面,介绍中国公共图书馆缩微技术。附录包括公共图书馆缩微工作中的常用标准、条例、规则和公共图书馆部分常用缩微设备维修实例汇编。

3757

中国古代版刻版画史论集[M]/周心慧著. --北京:学苑出版社,1998

本书收录研究中国书史、古籍雕印史的论文12篇,包括三个方面:一是对中国古籍的辑录、印制、版本、流通情况的研究,如《明代版刻述略》;二是对中国古版画史有关专题的探讨和论证,如《中国古小说版画史略》;三是为新印古籍写的序言,如《影印〈北堂书钞〉序》。

3758

中国古代藏书楼研究[M]/黄建国,高跃新主编. --北京:中华书局,1999

本书为1997年12月在杭州大学召开的中国古代藏书楼国际学术研讨会的论文集。文章分别就中国古代藏书楼的历史与现状、特点以及中外藏书楼的比较、中国古代藏书楼与传统文化的关系等专题,进行深入细致探讨。对推动中国古代藏书楼、藏书史、藏书文化的研究和发展现代图书馆事业具有重要参考价值。

3759

中国古代档案大事纪略(下)[J]/曹大德,黄才庚. --云南档案,1989,04:37 – 38 + 32

本文是介绍中国古代档案事业演进过程中典型事件的系列文章。本文为下篇,主要回顾了宋元至清代档案撰写的情况,涉及活字印刷术、利用档案编撰史书等。

3760

中国古代档案事业大事纪略(上)[J]/曹大德,黄才庚. --云南档案,1989,02:36 – 38

本文是介绍中国古代档案事业演进过程中典型事件的系列文章。本文为上篇,主要回顾了从远古时代至唐中期,包括结绳记事、甲骨文、简牍、缣帛、纸质文献等形式的档案记录方式的演进过程。上下篇文章名略有差异。

3761

中国古代典籍与文化研究笔谈[J]/王季思,邓广铭等. --中国典籍与文化,1992,01:11 – 19

本文是中国古代典籍与文化研究笔谈系列专题,包括多位学者撰写的《聊谈古代典籍的研究和整理》《谈谈古籍整理工作的使命感和严肃性》《发挥古籍整理在思想教育上的作用》《古籍今译问题商榷》《整理古籍以外的两件事》《对古籍整理工作的几点建议》《中国传统文化与典籍琐议》《笔谈古籍整理与"传统文化"》《"精华"与"糟粕"及其它》等文章。

3762

中国古代法律文献研究(第一辑)[M]/中国政法大学法律古籍整理研究所编. --成都:巴蜀书社,1999

本书是中国古代法律典籍文献研究的论文集,采用古籍整理研究方式,对我国古文传世文献和出土文献中的法律史料进行了发掘、考证、诠释、订正。书中收录了《中国考古学中的法律资料分析》《〈奏谳书〉与秦汉铭文中的职官省称》《敦煌七十四件买卖、借贷契约考述》等论文。该书至今仍在出版。

3763

中国古代古籍保护方法研究[J]/罗茂斌. --思想战线,1996,02:87 – 92

本文介绍了古代人民在长期实践中,反复筛选,积累和形成了丰富而有效的古籍保护方法,包括防蠹纸、防蠹药、翻晒法、防霉剂、贮藏室、装具、装帧、手工纸等。

3764

中国古代建筑文献注译与论述[M]/李书钧编著. --北京:机械工业出版社,1996

本书以时代顺序为线索,从我国古代经、

史、子、集中筛选出各个历史时期有关建筑内容的文献，加以校勘、分段、标点、注释，并将文字难度较大的先秦部分译成现代汉语；对内容也适当分析，以便读者能顺利阅读，进而有助于探讨我国古代建筑历史的发展规律。

3765

中国古代经济文献史料的检索[J]/胡原民. --中南财经大学学报,1999,03:112 – 115

本文归纳了利用综合性古籍目录、史志目录、丛书目录、方志目录、群经索引、食货志、政书以及类书等基本途径和方法,实现对中国古代经济文献史料的检索。

3766

中国古代科学史纲[M]/卢嘉锡,路甬祥主编. --石家庄:河北科学技术出版社,1998

本书分数学、物理、化学、天文、地理、生物、农学、医学八编,对中国古代科学各个门类,从远古以至清末的学科思想、方法、典籍、人物、事件、成就、中外交流和比较等方面作了论述,对各学科历史发展进程,结合有关政治、经济、文化、思想乃至军事等方面的关系作了独到探索研究。各编还附有各学科发展的大事年表和主要参考文献,是一部严肃、内容丰富、包含20多名专家学者多年成果的学术专著。

3767

中国古代名著全本译注丛书·礼记译注[M]/杨天宇撰. --上海:上海古籍出版社,1997

本书为《中国古代名著全本译注丛书》系列。《礼记》是一部先秦至秦汉时期的礼学文献选编,是研究中国古代礼制与研究儒家学术思想史的必读书籍,内容驳杂,殊为难读。本书对《礼记》进行了详细注释,附有原文,并逐一介绍了重要词语的读音、释义、特殊词性及完整内容的理解和翻译。

3768

中国古代农学百科全书——《授时通考》[J]/马宗申. --中国农史,1989,04:93 – 95

《授时通考》是以传统形式出现的最后一部综合性大型农书,由乾隆皇帝本人倡议,谕令南书房和武英殿翰林们集体编纂,经过内廷词臣数十人共同努力,至乾隆七年(1742)方告完成。本文对《授时通考》的分类、编写方法和体例、征引等方面进行介绍。

3769

中国古代史籍校读法[M]/张舜徽著. --北京:中华书局,1962

本书分为通论、分论、附论三个部分,列述常见和必读的历史书籍,也涉及了读史门径和研究方法。通论谈校读古书的基本条件,从识字谈起,至于辨识版本等问题;分论谈校书和读书方面的问题;附论则谈辨伪和辑佚方面的问题。

3770

中国古代史籍校读法[M]/张舜徽撰. --台北:台湾学生书局(台湾地区),1989

本书是文献专家张舜徽先生所作。书中系统探讨了校读古书的基本条件、辨识版本的依据,以及读书的方法和经验。

3771

中国古代史史料学[M]/安作璋主编. --福州:福建人民出版社,1994

本书为大学历史系史料学教材或教学参考书、考研参考书。内容上起商代,下迄鸦片战争前的清代前期,介绍了中国古代史史料的基本知识。吸取众家研究成果,结合教学工作与培养学生独立科学研究能力的实际需要,力图从体系、结构到内容、方法作一些新的尝试和探索,包括史料学引论,中国古代史史料概要,中国古代史料的搜集、整理等三编。

3772

中国古代史史料学[M]/陈高华,陈智超等著. --北京:北京出版社,1983

本书介绍了中国古代史料的基本知识,范围上起有文字史料的商代,下迄鸦片战争前的清代前期,即中国的奴隶社会和封建社会时期。所述史料包括历史文献、史籍和实物史料(如文化遗存),探讨了各个历史时期和各个领域史料的来源、价值和利用。

3773

中国古代书史[M]/钱存训著. --香港:香港

中文大学出版社(香港地区),1957

本书论述了中国古代书籍的产生、书籍的演变、书籍发展的历史进程,使图书馆工作者和读者了解中国古代图书的发展脉络,更加珍惜和保护祖国灿烂辉煌的文化遗产。章节安排从文字承载媒介划分,按照媒介断代,分为几种类型:甲骨书、钟鼎书、石头书、缣帛书、竹木书、纸书。

3774

中国古代著名科学典籍[M]/屈宝坤编著. --北京:商务印书馆,1998

本书概述中国古代科技著作,介绍了天文、数学、农学、中医药学、炼丹术、地理学、工艺技术、科学综合等方面的古籍。

3775

中国古典精品影印集成[M]/上海文艺出版社编. --上海:上海文艺出版社,1998

本套丛书包括《康熙字典》《禽虫典》《草木典》等,旨在将至今仍有使用价值和参考价值的图书介绍给读者,使之成为当今原创著作的另一个组成部分。内容包括工具类的图书,例如字典、词典等;各种类书;古代经典性的著作;笔记类的专集等。丛书选择标准为经过历史筛选、被认为具有文化价值、资料厚重、编纂独到、为当今学术研究提供参考和借鉴的图书。

3776

中国古典目录学研究概述(1950—1988)[J]/曹书杰. --古籍整理研究学刊,1989,05:30 – 35 + 12

本文是中国古典目录学在1950—1988年间的研究概述。中国目录活动源远流长,积累了丰富的书目文献。近40年来,中国(台港地区未计在内)古典目录学发展虽然受到各种因素干扰,但无论是学术专著问世,还是论文发表,书目索引编制,仍然取得了较为显著成就,特别是近10年来,尤为突出。

3777

中国古典文献电脑助读的尝试[J]/桂罗敏. --图书馆论坛,1998,03:43 – 44 + 80

本文尝试利用计算机设计中国古典文献助读检索系统,由两个分系统合成,一个实现古籍白话文翻译成果的检索,一个实现有关字、词组和成语典故辞典的快速查找,以解决广大读者对中国古典文献阅读的部分困难,为科研工作提供便利。

3778

中国古典文献在日本的流传[J]/吴枫. --社会科学战线,1980,04:173 – 180

大量中国古典文献通过各种渠道传入日本,是中日文化交流的重要组成部分。本文梳理了隋朝至清朝中国古籍在日本流传的历史。

3779

中国古典文学评论资料索引[M]/福建师范学院中文系中国古典文学教研组,福建师范学院中文资料室编. --福州:福建人民教育出版社,1960

本书辑录1949年后十年来国内主要报刊关于中国古典文学教学、研究问题,文学史问题及文学形式、作家作品评价论述的资料,加以分类整理。其中作家作品部分较多,横按体裁,纵按时代,力求编次得宜,便于寻览。本书较为注意收集有关中学语文中古典文学教材的参考资料。

3780

中国古典文学评论资料索引 · 续编[M]/福建师范学院中文系中国古典文学教研组,福建师范学院中文资料室编. --福州:福建人民教育出版社,1961

本书是1960年编辑出版的《中国古典文学评论资料索引》续编,分类编排体系与前者基本相同,根据一年多来古典文学研究新进展,对第一大类(古典文学教学、研究)内容作了较大扩充,第四大类中鸦片战争后五四运动前的文学,则另列为近代文学一类与元明清时期文学并列。本索引也收集了一部分与文学史、重要作家密切相关的古代艺术评论、历史、哲学方面重要的、有代表性的论文。

3781

《中国古典戏曲序跋汇编》前言[J]/蔡毅. --文艺理论与批评,1989,02:143 – 144

本文系《中国古典戏曲序跋汇编》一书的前言,介绍了该书的编纂缘起、编纂特点、编纂过程。

3782

中国古籍版本概要[M]/施廷镛著.--天津:天津古籍出版社,1987

本书阐述版本、写本、雕版印书的起源及其发展,介绍了各种古籍版本的鉴别知识。作者精通古籍版本目录之学,本书资料丰富,对研究版本印刷史有参考价值。

3783

《中国古籍版本概要》的标点文字错误[J]/郑兴.--古籍整理研究学刊,1989,01:27－30

《中国古籍版本概要》是已故图书馆学专家施廷镛先生的遗著。本文举例指出了书中前27页的标点及文字错误。

3784

中国古籍版本和装订简介[M]/东北图书馆编.--沈阳:普及誉印社,1955

本书是东北图书馆在中国古籍整理的基础上,对古籍版本和装订进行的介绍说明。

3785

中国古籍版本学[M]/曹之著.--武汉:武汉大学出版社,1992

本书是国家教委统编文科教材之一,可供高等学校文科各专业作为教材使用,分概论、源流、鉴定三编,初步建立了中国古籍版本学的完整体系,全面论述了中国古籍版本学的基本理论。全书45.1万字,插图34幅。

3786

《中国古籍版本学》评介[J]/石洪运.--图书情报知识,1993,04:51－52＋42

本文是为曹之《中国古籍版本学》一书所作的书评,对该书的内容进行了论述,认为它具有体系新、内容新、材料新、观点新、信息量大、持论公允等特点。

3787

中国古籍版本学是能够辉煌起来的——曹之《中国古籍版本学》读后[J]/王国强.--中国图书评论,1994,01:115－117

本文介绍了作者读曹之先生《中国古籍

版本学》一书(武汉大学出版社,1992年版)读后感,指出如何更好地总结传统文化遗产,并在新的历史条件下加强学科建设,是当前中国古籍版本学界共同的努力方向。

3788

中国古籍版刻辞典[M]/瞿冕良编著.--济南:齐鲁书社,1999

本辞典是一种版刻研究的参考资料,收录范围包括四个部分:版刻名词,刻字工人,刻、抄书家,参考书。过去有关版本方面的典籍很多提到古代著名的藏书家,考虑到这方面的材料较多,本辞典不予专门收录。但刻书家、抄书家如果同时以藏书著称者,在条目中亦附带述及之。资料来源除直接通过原本或影印本得来外,有很大一部分间接来自各种参考工具书。

3789

中国古籍伴一世,版本行家渡八旬——怀念娄近考老师[J]/卢光绵.--图书馆学研究,1994,01:102－99

本文对娄近考先生一生的经历及整理古籍工作进行系统性介绍,表达对娄先生的怀念与敬仰。

3790

中国古籍编撰史[M]/曹之著.--武汉:武汉大学出版社,1999

本书上编以时为序,纵向研究,历述各代图书编撰历史;下编以专题为序,横向研究,详陈图书编撰的若干焦点话题。全书纵横交错,对古代图书编撰进行了一次粗线条的描绘。

3791

中国古籍出版发行之管见[J]/沈望舒.--出版发行研究,1991,05:41－44＋1

中国古籍的特点鲜明,给出版发行造成有利与不利的两方面因素。如果用最为简明的语言概括中国古籍的优点和缺点,优点在于丰厚的内涵,缺点在于艰涩的形式。目前我国古籍的出版与发行都遇到了一定困难,已经引起了社会关注。本文分析了造成目前古籍出版发行困境的原因,并提出了一些解决困难的建议。

3792

中国古籍从封闭走向世界[J]/杨福田.--科技潮,1999,04:92-93

本文介绍了南京图书馆的中国古籍在改革开放中突破禁区,从封闭状态逐步走向世界。南京图书馆古籍部阅览大厅里,经常可以看到一些不同肤色的外籍读者埋头在中国古籍里。这里独具特色的馆藏古籍和良好的阅读环境,吸引了越来越多的外籍读者。

3793

中国古籍丛书的价值[J]/陈东辉.--中国典籍与文化,1997,02:63-66+71

古籍丛书作为中国古代典籍不可缺少的组成部分,是中华民族悠久历史与灿烂文明的重要载体与突出象征。本文从对传统文化的积累、繁荣与传承起到了无可估量的作用;古籍丛书保存了众多善本、珍本、孤本及佚书,对古籍整理研究和有关实际工作都做出了重要贡献;促进了中外文化交流;有助于典籍的保存、使用和购藏等角度,讨论了古籍丛书的历史贡献与现实价值。

3794

中国古籍丛书定义初探[J]/王在群.--怀化师专社会科学学报(后更名为怀化学院学报),1988,04:127-130+117

清代以来,许多文献学家均曾对"丛书"定义问题进行过讨论。本文从"丛书"字面意义分析入手,考察了中国古籍丛书的类型,指出"丛书"就是指编纂者根据一定目的,以书列目,按照一定的编排顺序和体例,将两种或两种以上可单行的书籍汇集在一起,并冠以概括全书的总名的汇印书。

3795

中国古籍丛书定义和起源问题论争述评[J]/曹培根.--四川图书馆学报,1996,04:66-69

中国古籍丛书源远流长,根深枝茂,在中国古代文献中占有举足轻重的地位。然而对中国古籍丛书的理论研究历来是个薄弱环节,许多问题有待研究。其中中国古籍丛书定义和起源问题自清代学者开始研究,迄今众说纷纭,本文就这一丛书研究的核心问题,对诸说一一述评,并提出相应的观点。

3796

中国古籍丛书概说[J]/刘尚恒.--文献,1981,01:141-155

本文研究了丛书的起源、概念及价值等问题。指出丛书具有汇辑、辑佚、提供精善本以及普及文化的作用,是研究我国古代政治、经济、军事、文化、科学的重要资料来源。

3797

中国古籍丛书特征概论[J]/曹培根.--吴中学刊(后更名为常熟理工学院学报),1995,04:1-6

中国古籍丛书是了解中国传统文化的一个窗口。丛书作为信息密集的文献集合体,如何从外表特征和内容特征来识别并合理利用,是一个值得探讨的问题。本文为《中国古籍丛书研究》系列论文之一,概论丛书定义、结构、异称、分类以及与其他文献品种的区分等问题。

3798

中国古籍丛书源流概论[J]/曹培根.--吴中学刊(后更名为常熟理工学院学报),1996,02:20-25

中国古籍丛书史是中华书文化史的一个缩影。中国古籍丛书作为文献编纂形式的体裁之一,在中国文献史上早就出现了。在印刷发明前丛书已经萌芽,宋元时期丛书逐渐完善,明代丛书有长足的进步,清代是丛书的鼎盛期,近代以来丛书又有了新的发展。本文对中国古籍丛书的源流进行概括与论述。

3799

中国古籍大观丛书·抱朴子内篇[M]/(东晋)葛洪撰;顾久全译.--台北:台湾古籍出版社(台湾地区),1996

本书是台湾古籍出版社《中国古籍大观丛书》之一,是对《抱朴子内篇》的整理译注研究。《抱朴子内篇》共二十卷,每卷一篇。

3800

中国古籍大观丛书·菜根谭[M]/(明)洪

应明撰;释圣印译注. --台北:台湾古籍出版社（台湾地区）,1996

本书是台湾古籍出版社《中国古籍大观丛书》之一。《菜根谭》为明代万历年间洪应明著,全书约三万字,分上卷、下卷和续遗三部分,由536条格言、谚语或名句组成。此书语言精粹,文句对仗,便于背诵记忆。

3801

中国古籍大观丛书·楚辞全译[M]/梅桐生、黄寿祺译注. --台北:台湾古籍出版社（台湾地区）,1996

本书是台湾古籍出版社《中国古籍大观丛书》之一,是梅桐生、黄寿祺两位学者整理研究《楚辞》的成果。

3802

中国古籍大观丛书·古文观止新编[M]/钱伯城主编. --台北:台湾古籍出版社（台湾地区）,1996

本书是台湾古籍出版社《中国古籍大观丛书》之一。《古文观止》是一本广为流传、家喻户晓的古典散文选文,自清末吴楚材选编至今,已流传三百多年,是无数青少年进入古典文学殿堂的启蒙书。本书保持其原有222篇规模,并将原《古文观止》所阙漏的金元清三朝富有逸趣的小品文章予以补齐。

3803

中国古籍大观丛书·韩非子[M]/（战国）韩非撰;张觉译注. --台北:台湾古籍出版社（台湾地区）,1996

本书是台湾古籍出版社《中国古籍大观丛书》之一。《韩非子》二十卷,是法家学派的代表著作。本书由55篇独立的论文汇辑而成,大都出自韩非之手,除个别文章外,篇名均表示该文主旨。

3804

中国古籍大观丛书·淮南子全译（全二册）[M]/（西汉）刘安撰;许匡一译注. --台北:台湾古籍出版社（台湾地区）,1996

本书是台湾古籍出版社《中国古籍大观丛书》之一,系对《淮南子》的译注整理研究。《淮南子》又名《淮南鸿烈》《刘安子》,是我国西汉时期创作的一部论文集,由西汉皇族淮南王刘安主持撰写。该书在继承先秦道家思想的基础上,综合了诸子百家学说中的精华部分,对后世研究秦汉时期文化起到了重要作用。

3805

中国古籍大观丛书·列子[M]/（战国）列御寇原著. --台北:台湾古籍出版社（台湾地区）,1996

《列子》又名《冲虚经》,道家经典著作,是战国早期列子、列子弟子以及列子后学著作的汇编。其思想主旨近于老庄,追求了一种冲虚自然的境界。书内种种名言及寓言故事,体现了道家对精神自由的心驰神往。每篇文字不论长短,都自成系统各有主题,反映睿智和哲理,浅显易懂,饶有趣味。

3806

中国古籍大观丛书·山海经全译[M]/袁珂译注. --台北:台湾古籍出版社（台湾地区）,1997

本书是台湾古籍出版社《中国古籍大观丛书》之一。《山海经》作为研究中国上古社会、领略古代神话传奇的珍贵史料,对于广大读者来说一直存在阅读、理解上的难度。本书作为袁珂先生精心整理的一个译注本,精校的原文辅以吸收了袁珂先生研究成果的注释和译文,除了重视学术性和资料性,更强调了通俗性。

3807

中国古籍大观丛书·尚书全译[M]/江灏、钱宗武译注. --台北:台湾古籍出版社（台湾地区）,1996

本书是台湾古籍出版社《中国古籍大观丛书》之一,是对《尚书》的整理译注研究。《尚书》是儒家经典之一,是中国上古历史文化和部分追述古代事迹著作的汇编,保存了商周特别是西周初期的一些重要史料。

3808

中国古籍大观丛书·诗经全译[M]/唐莫尧注释;袁愈荌译诗. --台北:台湾古籍出版社（台湾地区）,1996

本书是台湾古籍出版社《中国古籍大观丛书》之一。《诗经》是我国最早的一部诗歌总集,自汉至今历代注释者对《诗经》的解说分歧百出。本书结合了唐莫尧和袁愈荌两位学者的研究成果,译诗以袁愈荌为主,注释以唐莫尧为主。

3809

中国古籍大观丛书·说苑[M]/(西汉)刘向著;王天海,王锳译注. --台北:台湾古籍出版社(台湾地区),1996

本书是台湾古籍出版社《中国古籍大观丛书》之一,由王天海、王锳等学者整理。《说苑》二十卷,又名《新苑》,是刘向分类纂辑先秦至汉初史事、传说,杂以议论,以阐明儒家政治思想和伦理观点为主旨。内分君道、臣术、建本、立节、贵德、复恩、政理、尊贤、正谏、敬慎、善说、奉使、权谋、至公等20门。

3810

中国古籍大观丛书·四书全译[M]/(南宋)朱熹集;刘俊田,林松,禹克坤译注. --台北:台湾古籍出版社(台湾地区),1996

本书是台湾古籍出版社《中国古籍大观丛书》之一,是对《四书》的整理译注研究。《四书》是公认的儒学经典,原来并不是一本书,而是由《论语》《孟子》这两部书和《大学》《中庸》两篇文章合辑在一起的统称,由南宋大儒朱熹汇辑刊刻,从此广为流传,名声鹊起。

3811

中国古籍大观丛书·陶渊明集[M]/(东晋)陶潜撰;郭维森,包景诚译注. --台北:台湾古籍出版社(台湾地区),1996

本书是台湾古籍出版社《中国古籍大观丛书》之一。《陶渊明集》版本众多,很多都具有校勘价值。本书以《四部丛刊》所收宋刊巾箱本李公焕《笺注陶渊明集》为底本,并主要参考逯钦立校注本,次及他本。

3812

中国古籍大观丛书·尉缭子[M]/(战国)尉缭撰;刘春生译注. --台北:台湾古籍出版社(台湾地区),1996

本书是台湾古籍出版社《中国古籍大观丛书》之一,是《尉缭子》的译注整理本。《尉缭子》是中国古代著名兵书,对于它的作者、成书年代以及性质归属历代都颇有争议。该书内容大部分论兵,宋以后多视为兵家著作。全书约24篇,前12篇主要论述战争观及战争与政治、经济的关系,也对攻守权谋和战法等问题进行了重点闻述。后12篇主要论述治军原则以及各种军令军制。前后两部分联系紧密,互为补充,互为渗透,也有些内容重复,大致反映了战国时期战争、兵制的若干特点,也对先秦兵家思想进行了总结。

3813

中国古籍大观丛书·文心雕龙全译[M]/(南朝梁)刘勰著;龙必锟译注. --台北:台湾古籍出版社(台湾地区),1996

本书是台湾古籍出版社《中国古籍大观丛书》之一,系对《文心雕龙》的译注整理研究。《文心雕龙》作为"子书中的文评,文评中的子书",全面总结了齐梁以前的文章写作精义,体大思精,笼罩群言。全书共50篇,三万七千余言,约成书于中古时期南朝的齐末梁初。

3814

中国古籍大观丛书·吴越春秋[M]/(东汉)赵晔撰;张觉译注. --台北:台湾古籍出版社(台湾地区),1996

本书是台湾古籍出版社《中国古籍大观丛书》之一,系对《吴越春秋》的译注整理研究。《吴越春秋》为东汉赵晔著,记载春秋末期吴越两国争霸的历史。

3815

中国古籍大观丛书·荀子[M]/(战国)荀况撰;罗书勤,杨寒清,蒋南华注译. --台北:台湾古籍出版社(台湾地区),1996

本书是台湾古籍出版社《中国古籍大观丛书》之一。《荀子》是先秦重要典籍,然该书年代久远,讹误脱谬在所难免,奥旨艰辞更难索解,前贤校勘注释多有分歧。本书文字及句读依王先谦集解本,其中文字校勘、句读改移,斟酌于前贤诸家,标注以说明。注释则以杨注及王先谦集解为本。

3816

中国古籍大观丛书·颜氏家训[M]/(北齐)颜之推撰;程小铭译注.--台北:台湾古籍出版社(台湾地区),1996

本书是台湾古籍出版社《中国古籍大观丛书》之一,程小铭译注。儒家历来重视教育,家训便是儒家知识分子在立身、处世、为学等方面教育训诫其后辈儿孙的家庭教育读物。北齐黄门侍郎颜之推撰成《颜氏家训》一书,分七卷二十篇,对后世产生了比较普遍而深远的影响。

3817

中国古籍大观丛书·晏子春秋[M]/李万寿译注.--台北:台湾古籍出版社(台湾地区),1996

本书是台湾古籍出版社《中国古籍大观丛书》之一,是《晏子春秋》的整理译注本。《晏子春秋》是一部记叙齐国晏子的思想言行、反映晏子政治主张的古代文学名著。晏子是春秋末期齐国大夫,《晏子春秋》记载的事情主要发生在景公时期。

3818

中国古籍大观丛书·战国策[M]/(西汉)刘向编订;王守谦译注.--台北:台湾古籍出版社(台湾地区),1996

本书是台湾古籍出版社《中国古籍大观丛书》之一,是战国时期游说之士的策谋和言论的汇编。全书分十二国纪事,依次为西周、东周、秦、齐、楚、赵、魏、韩、燕、宋、卫、中山,记载自春秋以后到秦末农民大起义期间245年事。

3819

中国古籍大观丛书·周易全译[M]/徐子宏译注.--台北:台湾古籍出版社(台湾地区),1996

本书是台湾古籍出版社《中国古籍大观丛书》之一,主要是从训诂角度对《易经》进行注译。《易经》作为具有一定哲理内容的卜筮之书,它以独特的结构形式和思想内容,在中国传统文化大观园里垒起一座神秘的宫殿。

在以政治、伦理为主要内容的中国古代意识形态领域里,开辟了广阔的哲学天地。

3820

中国古籍大观丛书·庄子[M]/(战国)庄周;张耿光译注.--台北:台湾古籍出版社(台湾地区),1996

本书是台湾古籍出版社《中国古籍大观丛书》之一,用现代汉语注译《庄子》,帮助读者特别是广大青年读者阅读这部先秦典籍。《庄子》亦称《南华经》,道家经典之一,战国时庄周(约公元前369年至前286年)及其后学所撰,是我国古代典籍中的瑰宝。

3821

中国古籍大观丛书·左传全译[M]/(春秋)左丘明撰;王守谦,金秀珍,王凤春译注.--台北:台湾古籍出版社(台湾地区),1996

本书是台湾古籍出版社《中国古籍大观丛书》之一。《左传》记录了从鲁隐公元年(前722)起到鲁哀公二十七年(前468)止,共255年内周王朝以及各诸侯国之间某些重大历史事件。虽仅八万多字,可字外有字,内容极为丰富,也可当科技史、军事史读。

3822

中国古籍的厄运[J]/徐红岚.--图书馆学刊,1986,02:12-15

关于古籍的厄运,素有五厄之称、十厄之说,还有十五厄之说,实际上是数不胜数的。本文重点分析了政治原因、水火之厄、兵燹原因等影响古籍流传的几种因素。

3823

中国古籍电子出版物制作技术浅探[J]/董焱,邢素丽.--现代图书情报技术,1999,03:50-51

本文探讨了中国古籍电子出版物制作的一些关键技术,如:文本录入、标引、后控问题、汉字库支持等,以及古籍电子出版物出版过程中的管理问题。

3824

中国古籍电子化发展趋势及其问题[J]/陈洪澜.--中国典籍与文化,1998,04:121-126

本文回顾了我国20世纪80年代开始的

古籍电子化发展历程,分析其发展趋势及存在问题。从开发研制检索工具到对古籍进行全文处理,经过长期艰难探索,获得了不少成就,积累了丰富经验。古籍电子化不仅可以提高古籍利用效率,也有利于古籍保护与普及。但是该项工作也面临精选优选困难、科研人员短缺、用字繁难、扫描处理识别率低、资金不足等问题。

3825

中国古籍二百种提要[M]/裴治国等主编.--长春:吉林人民出版社,1991

本书从浩如烟海的古籍中参照近现代几位著名学者指导青年读书所开列的书目选出200种,并对它们的作者和内容梗概以及流传情况,简明扼要而又系统地加以介绍。内容包括了从先秦至明清,各个朝代、各个学科和各种流派的代表性作家与作品。可供文史哲专业学生、广大师生、青年职工学习了解我国古代历史渊源、重要作家和他们的代表作品,是一部兼具普及性、实用性、知识性和可读性的书籍。

3826

中国古籍分类问题[J]/崔建英.--图书馆学通讯,1987,01:77-84

本文分析探讨了我国古籍分类问题。指出整理中国古籍、编制古籍分类表,以保持它自己特有的分类体系为宜。着手编制一部总结性的中国古籍分类法,也许比采用现代图书分类法相对稳定性要强一些。全面、系统、客观冷静地研究中国古籍分类问题,已是一项现实的研究课题。

3827

中国古籍分类问题初析[J]/崔健英.--图书馆学研究,1983,04:152-158+163

从唐初至清末,中国古籍分类主要是使用"经、史、子、集"四部分类法,民国以来受西方学科分类的影响,兼出于对封建社会文化结构的不满和批判,几代人都曾有过改革"经、史、子、集"分类体系的意愿和设想,但结果都很难实行。本文介绍"四分法"及其应用中产生的问题,指出中国古籍应保持自己特

有的分类体系。

3828

中国古籍辑佚学论稿[M]/曹书杰著.--长春:东北师范大学出版社,1998

本书总结了历代学人辑佚古书的宝贵经验和行之有效的方法技艺,对辑佚古书历史源流、繁衍发展以及理论技艺问题提出了不少真知灼见。纵述历史辑佚古书的发展变化,资料丰富、内容详备,有益于读者了解辑佚的历史发展全过程;横论历史各个时期辑佚古书的成果和特征,可补当代文化研究之不足。

3829

中国古籍将走出国门[J]/粟石恒.--益阳师专学报(后更名为城市学刊),1999,02:123-124

本文是《〈后汉书〉今注今译》"笔谈"版块的一篇短文,结合《〈后汉书〉今注今译》这本书探讨中国古籍走向世界的需要,指出这部书的出版适应了对外文化交流的需要。

3830

中国古籍开禁 喜煞海外读者[J]/杨福田.--华人时刊,1999,07:40-41

本文在考察南京图书馆古籍收藏的基础上,重点介绍了该馆利用各种渠道和技术,为海内外读者提供古籍资源服务的情况。

3831

中国古籍刊本中的域外地图[A]/刘兆佑,柳郁,青野等.--联合报国学文献馆第五届中国域外汉籍国际学术会议论文集(台湾地区)[C],1991

本文就中国古代版刻古籍中的域外地图进行专题讨论。介绍了唐宋时期我国地图绘制和文献记载情况,重点介绍了明代以后绘有域外地图的三部著作,提出了三点值得注意的问题。

3832

中国古籍难解书名例释[J]/赵传仁.--文献,1994,04:132-151

本文研究了中国古籍书名释义的问题。

将古籍书名分门别类,举例释义以作者表字命名、以作者别号命名、以作者的谥号命名、反映孝悌思想、反映尊师重教思想、表现作者对前代贤人景仰、表现作者强烈的爱国思想、表现作者对家乡的热爱和怀念、以喜爱之风景地命名、以喜爱之物命名、以作者职官命名、反映门阀观念、以帝王的奖赏语命名等几个类型的书名。

3833

中国古籍飘香海外[J]/姚波. --图书馆建设,1994,05:73 - 74

本文介绍了《四书》《孙子兵法》《三国演义》《三字经》《管子》等传播到海外的中国古籍及其传播情况。

3834

中国古籍善本书目·经部(全五册)[M]/中国古籍善本书目编辑委员会编. --上海:上海古籍出版社,1986

本书由《中国古籍善本书目》编辑委员会编。全书按经、史、子、集、丛五部予以分类,书后并附书名、著者和收藏单位三种索引,便于查询。收录除我国台湾地区、港澳地区及少数民族语言和私人所藏古籍善本书以外,全国781家收藏单位所藏古籍善本13万部,计57500余种书目,是反映我国现存古籍善本全貌的重要工具书。此为经部。

3835

中国古籍善本书目·史部(全十册)[M]/中国古籍善本书目编辑委员会编. --上海:上海古籍出版社,1991

本书由《中国古籍善本书目》编辑委员会编。全书按经、史、子、集、丛五部予以分类,书后并附书名、著者和收藏单位三种索引,便于查询。此为史部。

3836

中国古籍善本书目·子部(全八册)[M]/中国古籍善本书目编辑委员会编. --上海:上海古籍出版社,1994

本书由《中国古籍善本书目》编辑委员会编。全书按经、史、子、集、丛五部予以分类,书后并附书名、著者和收藏单位三种索引,便

于查询。此为子部。

3837

中国古籍善本书目·集部(全十五册)[M]/中国古籍善本书目编辑委员会编. --上海:上海古籍出版社,1996

本书由《中国古籍善本书目》编辑委员会编。全书按经、史、子、集、丛五部予以分类,书后并附书名、著者和收藏单位三种索引,便于查询。此为集部。

3838

中国古籍善本书目·丛部[M]/中国古籍善本书目编辑委员会编. --上海:上海古籍出版社,1990

本书由《中国古籍善本书目》编辑委员会编。全书按经、史、子、集、丛五部予以分类,书后并附书名、著者和收藏单位三种索引,便于查询。此为丛部。

3839

中国古籍善本书目编辑经过[J]/顾廷龙. --图书馆学通讯,1986,04:9 - 10

本文以时间顺序介绍了《中国古籍善本书目》编辑经过,论述了该书出版的深远意义。指出这样大规模的访求遗书、编入书目是空前的大事。书目中所收之书为我国流传至今的线装古籍精华,今后在国家文物保护法贯彻执行下,一定可以世世代代珍护下去。

3840

《中国古籍善本书目》后记[J]/冀淑英. --北京图书馆馆刊(后更名为国家图书馆学刊),1996,02:79 - 83

本文介绍了编纂《中国古籍善本书目》的缘起和过程,并举例论述了编纂过程中解决的问题。

3841

《中国古籍善本书目》体例刍议[J]/许逸民. --传统文化与现代化,1999,02:77 - 82

本文阐述了《中国古籍善本书目》在实用性与学术性两方面的缺憾。

3842

中国古籍是重要的农业科技情报源[J]/刘沙万. --四川图书馆学报,1980,02:25 - 28

本文指出,中国古农书(包括动、植物专著)就有 500 多种,方志 7000 多种,包含极其丰富、土生土长的生物,农业科学技术和经验与成就,以及天文、地理、气象、物候、矿物、药源等各方面的资料。如能按科研需要,分门别类发掘整理出来,对加快四化建设,将具有难以估量的价值。

3843

中国古籍书目数据分析[J]/朱岩.--北京图书馆馆刊(后更名为国家图书馆学刊),1999,02:45－50

本文分析了《中国古籍善本书目》的书名信息、责任者信息、版本信息、附注文字处理、分类信息区分等问题。

3844

中国古籍数学化研究论集[M]/(新加坡)林大芽著.--长沙:湖南大学出版社,1989

林大芽先生致力于"中国古籍的数学化""数学与哲学对文学的渗进"等专题研究。本书是林先生的研究论文合集,收录了《论诗经数学化》《论道德经数学化》《论红楼梦》等文。

3845

中国古籍刷印用纸简介[J]/白放良.--图书馆理论与实践,1997,02:52－54

了解古籍用纸的时代、性能,是版本鉴别的重要环节之一,而在修补古籍中,配纸恰当、考究,亦是提高修复质量的关键所在。本文对古籍用纸概况按其时代列表示意,对其品类、性质和特点进行介绍。

3846

中国古籍索引工作的回顾与前瞻[J]/陈东辉.--辞书研究,1994,02:83－91＋126

古籍索引是从事古籍整理研究的必备工具书,编制工作本身又是古籍整理研究事业的有机组成部分,其重要性不言而喻。为使古籍索引编制工作进一步趋向科学化、规范化和系统化,从而更好地为学术研究工作提供方便,本文对自明代始的中国古籍索引工作进行回顾与前瞻。

3847

中国古籍特藏品在二级拍卖市场的价格趋势及其分析——善本特藏品采访工作备忘录[J]/全根先.--北京图书馆馆刊(后更名为国家图书馆学刊),1994,Z2:3－9

本文考察了金石碑帖、写本抄本、雕版印书等中国古籍特藏品在二级拍卖市场上的价格情况。从宏观角度分析了图书馆善本特藏工作新的对策,包括广开采访渠道、制定更加务实而灵活的采访原则以及不要将购藏重心放在市场竞争的热点方面等。

3848

中国古籍文史学科工具书述要[J]/卢乃绪.--黑龙江图书馆,1979,04:34

本文由作者给哈尔滨师范学院中文系古代汉语研究生讲"如何使用工具书"讲稿的一部分删减而成,概述了古籍中有关文史学科工具书的种类及其检索法,使研究中国古代汉语和中国历史、查找资料得到门径。共分十节,分别为:工具书的意义、略谈工具书排检方法、字典、词典、类书、政书、表谱、舆图、目录、索引。

3849

中国古籍研究(第一卷)[M]/傅璇琮,许逸民主编;国家古籍整理出版规划小组主办.--上海:上海古籍出版社,1996

本书包括《〈唐人小说〉(汪辟疆校录)批注》《司空图〈二十四诗品〉辨伪》《〈文心雕龙校注拾遗〉补正》《敦煌论议考》等古籍研究论文。

3850

中国古籍印刷史[M]/魏隐儒编著.--北京:印刷工业出版社,1988

本书从雕版印刷发明前的古籍图书、古籍雕版印刷发展史、活字印刷的发明和活字印刷的发展等三个方面,对中国古籍印刷史作了介绍。作者在累积阅读、整理大量古籍资料近 30 年经验基础上编成此书,对古籍版本的演变规律和刻印特点提出了不少见解。

3851

中国古籍与 21 世纪的研究图书馆[J]/(美)艾思仁.--津图学刊,1996,04:8－13

本文围绕"21 世纪的中国古籍与研究图

书馆"这一论题进行研究,重点介绍了美国普林斯顿大学《中国古籍善本书国际联合目录》项目的历史和现状,讨论了项目的发展工作过程及未来。

3852

中国古籍与东北亚土著民族[J]/傅朗云. --东北师大学报,1990,04:46 - 51

"东北亚"即亚洲的东北部,一般指中国、朝鲜、日本、苏联东部和蒙古人民共和国一带。本文以中国传世古籍文献记载为基础,揭示了东北亚土著民族的历史源流。

3853

中国古籍与古代学子[J]/江鸟. --长沙水电师院学报(社会科学学报)(后更名为长沙理工大学学报)(社会科学版),1994,02:77

本文指出,据《中国历史轶闻》一书统计,中国古代书生要背诵《论语》《孟子》《书经》《诗经》《礼记》《左传》等经书,合计40多万字,全都要精读背熟。还要看几倍数量的注释,还有其他非读不可的经典、史书、文学书籍等。难怪人们用"皓首穷经"来形容中国古代的学子。

3854

中国古籍与生物多样性保护[J]/卢安奎,刘文. --生物多样性,1997,04:57 - 61

本文提出一种借助古代文献恢复自然生态系统的方法。生物多样性保护的技术性关键在于找到合适的生态系统,自然生态系统就是其中之一。中国古籍特别是中国医书、中国农书和中国方志的有关记载,为寻找这种生态系统提供了大量信息。我们可以参考中国古籍,使现存的复合生态系统逐步接近自然生态系统,从而达到生物多样性保护的目的。

3855

中国古籍在韩国(一)[J]/王彩云. --古籍整理研究学刊,1996,04:41 - 44

我国是纸和印刷术的发明地,文化典籍浩如烟海。我国唐以前的写本、宋元刻本,也与我国历代文物一样珍贵,被世界上许多国家收藏。在亚洲收藏量最多的是日本,韩国次之。本文介绍了中韩文化交流情况以及中国古籍是怎样流入韩国的。

3856

中国古籍在美国[J]/(美)王冀,万惟英,马敬鹏等. --中国典籍与文化,1993,01:105 - 107

1992年10月22日,北京大学图书馆、北京大学古文献研究所和全国高校古籍整理研究工作委员会情报研究中心,联合邀请在京访问的五位美国图书馆馆长,介绍美国有关图书馆收藏中国汉文古籍的概况,本文依发言顺序将五位馆长的谈话摘要刊出。

3857

中国古籍整理出版的现状与前景[J]/蒋才喜. --出版发行研究,1994,01:22 - 24

本文分析中国古籍整理出版的现状与前景。表现在:新版书种数迅速增加;出版布局扩大,发挥了地方积极性;出版范围拓宽,体现时代新要求;文史典籍整理出版各成体系,成绩突出;古籍普及工作正以不同形式满足不同层次读者的需要。与此同时,也存在两点问题:我国古籍整理出版的一部分读物,正面临读者日益减少的危机;我国古籍读物发行阵地存在萎缩现象。必须在内容、形式、质量和整理方法上进行一番革新,以适应20世纪末时代发展带来的挑战。

3858

中国古籍整理工作二十年成就述略[J]/王国强. --图书馆建设,1999,03:70 - 72 + 86

本文从《中国古籍善本书目》的编纂、古籍整理出版的繁荣、中国古籍书目数据库的建设、古籍分类和编目、古籍整理理论研究成果五个方面,评介了中国1978—1997年间古籍整理的基本成就。

3859

中国古籍整理工作述略[J]/潘寅生. --图书与情报,1997,01:2 - 6

中国政府和广大学者十分重视古籍整理工作,40多年取得了举世瞩目的成就。本文从制定规划、成立研究机构、加强文献调查、繁荣整理出版事业等方面,全面系统地概述了我国古籍整理工作,指出了今后的发展趋势和方向。

3860

中国古籍整理体式研究[M]/冯浩菲著. --北京:北京图书馆出版社,1997

本书首次将中国历代古籍整理著作体式,归纳为编辑类、校释类、目录类、类书类四大类,每大类为一编。各大类之下,根据实际情况,又层层划分出若干二级、三级、四级乃至五级、六级小类目,每一级类目都代表一类特定的古籍整理体式,形成了一个比较全面、系统、科学的古籍整理体式体系。对每一类体式,都从有关方面作了必要的论证和介绍,创立了成套的专门术语和用语。

3861

中国古籍整理学学科建设刍议[J]/霍旭东. --古籍整理研究学刊,1988,02:1-6

本文指出,古籍整理学应该是一门内容丰富、体系完整、结构庞大、能够相对独立的学科。由于理论形态一般不如实践形态发展得迅速和充分,再加上我们主观上还没有认真加以研究和总结而使之上升为理论体系,所以在这一学科的研究和建设上,至今还几乎是一片空白,对其进行分析研究讨论,是很有必要的。

3862

中国古籍整理研究论文索引(清末—1983年)[M]/东北师大古籍整理研究所辞书编辑室编著. --南京:江苏古籍出版社,1990

本索引围绕"古籍""古籍整理""古籍研究"等主题,收录从清末到1983年间千余种报纸杂志(包括部分台港杂志)的相关论文和资料两万篇左右,并进行了分类整理,可供检索。

3863

中国古籍整理与保护概述[J]/潘寅生. --图书馆工作与研究,1998,05:15-18

本文从制订规划、成立研究机构、开展文献调查、繁荣整理出版事业、加强文献再生保护等方面,全面系统地概述了大陆古籍整理保护做法,指出了今后的发展趋势和方向。

倡议海峡两岸图书文献工作者通力合作,采取积极措施,进一步加强祖国古代文献典籍的整理、研究和保护工作,为保存文化遗产、光大华夏文明做出贡献。

3864

中国古籍知识漫谈——书名[J]/白放良,白淑春. --当代图书馆,1999,01:47-51

本文对于我国古籍书名漫长的发展和演变过程进行了详细论述。

3865

中国古籍知识漫谈——著者、序、目录等[J]/白淑春,白放良. --当代图书馆,1999,02:49-52

本文从著者的标注方式、序的不同类型、目录特征、篇章区分、篇名与篇目的内涵等方面,概括介绍中国古籍知识。

3866

中国古籍中的南海诸岛[J]/陈亚洲. --中学地理教学参考,1997,05:28-29

南海诸岛自古以来就是中国的神圣领土。本文考察了《汉书》《后汉书》《元史》《皇清各直省分图》《大清一统天下全图》等汉至清代古籍、地图中对南海诸岛的描绘和记录情况。

3867

中国古籍中的少数民族图说[J]/萧霁虹. --云南民族大学学报(哲学社会科学版),1997,01:80-82

明清时期,由于统治者对边疆领土及当地土著的关注,出现了描绘民族民风的图说、图赞文献。本文介绍了《云南诸夷图》《皇清职贡图》《伯麟图说》《百蛮图赞》等图说文献的内容。这些反映边疆少数民族的手绘本,画面以写生为主,生动形象地再现了当时各民族的社会生活、面貌服饰特征;文字说明则主要记载少数民族的族属、历史、分布、生产、生活与习俗等,对于民族学、民族史、民俗学、人类学等学科的研究具有重要的参考价值。

3868

中国古籍中的信息思维[J]/王延龄. --信阳师范学院学报(哲学社会科学版),1984,03:

60－68

现代的信息思维,其原理、原则存在于中国古籍这一人类思维信息的大渊薮之中。研究信息思维的历史、理论和方法,也必须从整理中国古籍入手。古籍中的信息思维材料大体可以分为技术实例、思想观点和实用的信息处理三方面,本文就前二者发表一些意见。

3869

中国古籍中对植物生化他感现象的认识[J]/夏武平,陶燕铎,张宝琛.--中国科技史杂志,1992,01:73－77

植物的生化他感作用是生态化学一门新的分支学科,其研究对象是植物通过排出体外的代谢产物,改变周围的微生态环境,从而导致植物与植物以及土壤微生物之间的相生相克关系。本文研究了我国古籍中对该现象的记载情况,认为其中包含三种生化他感现象,即种内自毒作用、种间相克作用和促生作用。

3870

中国古籍中天狼星颜色之记载[J]/江晓原.--天文学报,1992,33,04:408－412

天狼星今呈白色,但西方古代长期流传着该星为红色的记载,这些记载在解释天狼β星的演化时,使现行恒星演化理论遇到困难。本文考察了公元前至公元7世纪现存中国古籍中对天狼星颜色的可信记载,表明天狼星在此期间一直毫无疑问呈现为白色,故现行恒星演化理论不会在天狼星颜色问题上受到任何威胁。

3871

中国古籍中有关基本颜色科学的最早记载[J]/董太和,金文英.--中国科技史料(后更名为中国科技史杂志),1990,02:3－10

本文介绍了中国古代经典文献中关于颜色命名、标准色样、色觉、色盲、色觉颉颃理论和色度图等最早记载的年代,说明了我国颜色科学的发展进程,这些记载的实际年代都远早于或早于欧洲在同一领域的记载时间。还介绍了中国古代哲学中的五行学说对颜色科学的影响和作用。这些史料是整个颜色科学最早和极有价值的组成部分,反映了中国古代学者在颜色科学上的杰出贡献。

3872

中国古籍中有关鳗鲡的记述[J]/洪黎民,汪子春.--中国科技史料(后更名为中国科技史杂志),1990,03:35－37

本文介绍了中国古代对鳗鲡形态、种类和生活习性的认识。两千多年前,我国古籍中就有关于鳗鲡的记载,而人工池塘养殖至少也有一百多年的历史,这些古籍中有关鳗鲡的记述,不仅反映了我国古代鳗鲡动物学知识,也为我们进一步研究鳗鲡提供了一些有用的信息。

3873

中国古籍注释概说[J]/胡有猷.--益阳师专学报(后更名为城市学刊),1986,01:99

本文介绍了经学注释的情况与发展历史,以及裴松之《三国志注》、郦道元《水经注》、李善《文选注》的情况。

3874

中国古籍装订修补技术[M]/肖振棠,丁瑜编著.--北京:书目文献出版社,1980

本书简述书籍装订技术的起源和发展,介绍了装修古旧书籍常用名词,列举装修古籍应有的设备及常用材料,分述古旧书的修补与装订,包括装订的过程和修补古旧书的基本技法,并对虫蛀鼠咬、水湿粘连、糟朽焦脆的各种破损书叶的特殊修补法,以及对毛装、线装、包背装、折装、卷轴和金镶玉以及蝴蝶装各种不同书籍的装修方法分别作了介绍。书末附有"装修书籍操作规程及成品检查标准"和图版二十八幅。

3875

中国古籍装帧的优良传统[J]/黄可.--编创之友(后更名为编辑之友),1981,02:325－327

本文研究了中国古籍的装帧特点。中国古籍装帧形式上具有独特的民族风采,朴素、庄重、落落大方、很有气派。无论封面、扉页、版式编排等,兼顾装饰性和虚实关系的恰当处理。且广泛运用插图,并注意插图的精美。印书采用的是植物原料纸张,能延长书籍寿命。

3876

中国古籍装帧形制的发展变化[J]/袁东珏.--图书馆员,1994,03:31-35

本文阐述了我国古籍装帧的特色以及形制的发展变化,涉及编连简牍、卷束、帛书、卷轴装、经折装、旋风装、蝴蝶装、包背装、线装等,对每一种装帧形制都做了解释与描述。

3877

中国古籍总目·索引(全四册)[M]/中国古籍总目编纂委员会编.--上海:上海古籍出版社,2013

《中国古籍总目》著录中国各公共、学校、科研机构图书馆及博物馆等所藏历代汉文古籍(含少量汉文与少数民族文字合编、以汉文注释外文者)之基本品种、主要版本及主要收藏信息,并部分采录海外公藏之中国古籍罕见品种。本书分为中国古籍书名四角号码索引和著者四角号码索引两部分,共四册,是为了方便对于《中国古籍总目》的查阅检索而著。

3878

中国古今书籍纵横[M]/操时杰,刘慧华编著.--北京:中国物资出版社,1995

本书是一部介绍中国书籍历史、现状及未来趋势和有关知识的综合性读物。内容包括文字的起源、古书的雏形、简策书籍、缣帛书籍、纸写书籍、雕版印刷书籍、活字印刷书籍、影印书籍、缩微复制品、音像出版物、电子出版物等,可供印刷出版专业师生,编辑出版和图书发行、管理工作人员以及对中国古今书籍有兴趣的读者参考。

3879

中国古书处理·第一编·古书基础知识[M]/武汉大学图书馆学系编.--武汉:武汉大学教材出版科,1963

本书是武汉大学开设的"中国古书处理"专业课程编写的一种试用教材,后经过几次修补成为现在看到的版本。书中内容涉及古书的基础知识、古书的形制与结构、古书的体例类型、古书的题材概说、古书阶级分析资料举例以及1949年后整理出版的古书,是一部结合工作实际与理论的关于古书处理的教材。

3880

中国古算书简介(一)[J]/李梦樵.--中学数学教学,1983,01:44-47

本文介绍了《算经十书》,即《周髀算经》《九章算术》《海岛算经》《孙子算经》《张邱建算经》《五曹算经》《五经算术》《辑古算经》《数术记遗》《夏侯阳算经》等十部古算书,并结合中学代数、几何、三角、解析几何,微积分等学科教材,叙述有关数学的历史故事。

3881

中国古算书简介(二)[J]/李梦樵.--中学数学教学,1983,05:48-51

同上。

3882

中国古算书简介(三)[J]/李梦樵.--中学数学教学,1983,06:46-47

同上。

3883

中国古算书简介(四)[J]/李梦樵.--中学数学教学,1983,08:42-45

同上。

3884

中国古算书简介(五)[J]/李梦樵.--中学数学教学,1983,06:32-34

同上。

3885

中国古算书简介(六)[J]/李梦樵.--中学数学教学,1983,10:41-42

同上。

3886

中国古文献研究丛书·古籍目录与中国古代学术研究[M]/高路明著.--南京:江苏古籍出版社,1997

本书是《中国古文献研究丛书》中的一种,梳理了古籍目录分类的沿革与中国古代学术的演变,分析了古籍目录的分类、体例与种类及其与中国古代学术的关系,是一部较为系统地探讨古籍目录关系的书籍。

3887

《中国馆藏和刻本汉籍书目》编目随记[J]/
王宝平. --上海高校图书情报学刊,1995,03：
51－52

本文介绍了编纂《中国馆藏和刻本汉籍
书目》的缘起、编纂创新之处、编辑部具有的
优势以及编纂该书过程中各单位给予的大力
协助。

3888

《中国馆藏日本版古籍书目》编目杂记[J]/
韩锡铎. --上海高校图书情报学刊,1994,02：
44－45

本文介绍了辽宁省图书馆所藏1200部和
本线装汉文古籍图书编目整理的情况,重点
介绍了《独庵外集续稿》《日本忠臣库》等珍贵
的日本刻本。同时,文中还探讨了编撰《中国
馆藏日本版古籍书目》的学术价值和意义。

3889

中国国家图书馆古籍珍品图录[M]/任继
愈主编. --北京：北京图书馆出版社,1999

本书是为纪念中国国家图书馆（原北京
图书馆）建馆90周年而编辑的善本珍品图
集。书中收录了从国图善本部所藏珍品中精
选的近400种藏品,分“古籍善本”“金石拓
片”“中外舆图”“少数民族文献”四大类展示
古籍书影。

3890

中国皇宫文化——历朝皇宫珍宝和典籍
[M]/向斯著. --北京：团结出版社,1997

中国皇宫文化是中国传统社会文明发展
演进的产物。大致可分为皇权系列、礼制系
列、宫殿苑囿系列、文化系列、宗教系列、生活
系列、珍宝系列、器物系列、娱乐系列、习俗系
列十大系列。本书介绍历朝皇宫的珠宝、美
玉、古陶、珍瓷、绘画、典籍等,为研究宫廷文
化奠定了良好基础。

3891

中国回族古籍丛书·朝觐途记[M]/（清）
马德新著；（清）马安礼译. --银川：宁夏人民出
版社,1991

本书是清代马德新旅游阿拉伯世界见闻

录,原稿为阿拉伯文。该书反映了19世纪50
年代中国至阿拉伯和西亚各国的海、陆交通
概况,记载了沿途各地的古代传说、遗迹、地
理状貌和风俗人情。书中如实记述了当时克
尔白（天房）及其附属建筑的风貌,表达了人
们巡礼天房和亲抚玄石的虔敬之情,记述了
克尔白殿每月定期开放两日,男女穆斯林可
以自由瞻仰的实况。书中还记述了麦地那先
知穆罕默德陵墓的规模和建筑群体的状貌。
对于当时埃及国王锐意改革、引进西方技术、
发展本国经济的概况也有所介绍。

3892

中国回族古籍丛书·丁鹤年诗辑注[M]/
丁生俊编注. --天津：天津古籍出版社,1987

丁鹤年是元末明初一位回族诗人。本书
收录了他创作的《兵后还武昌二首》《读〈郑家
规〉》《寄龙门海禅师》等诗作。

3893

中国回族古籍丛书·南海甘蕉蒲氏家谱
[M]/丁国勇标点. --天津：天津古籍出版
社,1987

本书为广东南海县（今佛山市）蒲姓家
谱,记录了蒲氏从南宋嘉定年间（1208—
1224）由西域入中原到光绪年间（1875—
1908）的传承、迁徙史。

3894

中国回族古籍丛书·钦定兰州纪略[M]/
杨怀中标点. --银川：宁夏人民出版社,1988

本书按年月收录乾隆四十六年（1781）至
四十七年（1782）间有关镇压苏四十三起义的
奏谕。虽然是为清政府歌功颂德之作,但保
存了有关起义的第一手资料,从侧面反映了
起义的经过,是研究苏四十三起义及中国伊
斯兰教教派发展史的重要史料。

3895

中国回族古籍丛书·钦定石峰堡纪略
[M]/杨怀中标点. --银川：宁夏人民出版
社,1987

本书二十卷,记事上起乾隆四十九年
（1784）四月二十二日,下迄同年六月二十日,
所记为田五起事被杀、义军余部遭清军追剿、

起义形势严峻之情势。卷首有乾隆御制诗数篇,皆记石峰堡起义一事。

3896

中国回族古籍丛书·天方大化历史[M]/李廷相译著;余振贵点校. --银川:宁夏人民出版社,1991

本书是一部伊斯兰教历史传说著作,原著为阿拉伯文,为阿拉伯历史学家海默第撰著。民国初年由中国伊斯兰学者李廷相译成文言体汉文。该书正文十二卷,除卷一刊载《自初祖阿丹至至圣穆罕默德世统源流图》《自以卜拉席默至尔萨世统源流图》《国统源流图》及《道源流图》外,其余各卷则收录了101则传说故事,如"造化之初""阿丹圣纪""努海圣纪""天方四景""洪水为灾""修天房""母萨初生得救入宫""七人一狗洞""寻长生泉""天筵降临""穆罕默德至圣纪""尔萨自天下降"等传说故事。该书内容丰富,记述生动,充满超现实的美好想象,表现了伊斯兰教的古老传统。

3897

中国回族古籍丛书·伟嘎耶教法经解——伊斯兰教法概论[M]/赛生发编译. --银川:宁夏人民出版社,1993

本书是一部伊斯兰教法学方面的学术名著,逊尼派穆斯林常用的教法教材之一。"伟嘎耶"系阿拉伯语音译,意为"遵循",即遵循伊斯兰教法传统。中亚伊斯兰学者赛德尔·沙里亚特·欧拜杜拉编著,成书于14世纪,共四卷,按教法题材分类编著,内容极为丰富,涉及实体法各个领域。

3898

中国回族古籍丛书·选译详解伟嘎业[M]/王静斋编译;马塞北整理. --天津:天津古籍出版社,1986

本书共29章,包括作净、井篇、"台燕模"、摸靴、红潮、污秽分类、净下、拜功、拜中发现破坏小净情形、坏拜之由及拜中被列为"买克鲁海"者、"伟特雷"及各项副功拜、日月蚀暨祈雨等篇内容。

3899

中国回族古籍丛书·正教真诠 清真大学

希真正答[M]/(明)王岱舆著;余振贵点校. --银川:宁夏人民出版社,1988

《正教真诠》是结合中国传统哲学思想系统阐释伊斯兰教义的宗教哲学专著。全书分上下两卷,共40篇。上卷讲述伊斯兰教哲学,有真一、原始、前定、普慈、真赐、性命、正教等20篇。下卷有五常、真忠、至孝、参悟、正命、今世、后世等20篇,民国以来多与《清真大学》《希真正答》合刊印行。《清真大学》是中国伊斯兰教历史上系统论述宗教哲学的著作,分题纲、本题、总论三部分,正面阐释了伊斯兰教哲学的本体论、宇宙论与认识论。《希真正答》汇集王岱舆同教众、缙绅、道人等一百多则问答,由弟子伍连城根据笔记整理而成。全书主要涉及基本信仰、基本功课、伊斯兰哲学、教道、穆斯林宗教生活问题等内容。

3900

中国建筑史的古典文献研究例说[J]/肖旻. --南方建筑,1996,01:67–68,

本文运用中国古典文献学的知识,对建筑史文献研究中的一些常识性问题,按照经、史、子、集四部分类法选取主要部分作出归纳总结,并举与当时城市、园林、建筑科学技术联系较直接的例子作为示范。

3901

中国旧籍特藏分类表(初稿)[M]/"中央图书馆"特藏组. --台北:"中央图书馆"(台湾地区),1995

本分类表总括中国旧籍,包含善本古书、普通本线装书等在内的分类,又相关文物、非书数据(拓本、手札、书画、微缩等)则依类别为附目。本分类表主要以四库法为骨干,按实际需要酌加损益,兼采现代图书分类法层累数字标示。表末有类目索引及相关附录,方便检阅。

3902

中国科技典籍研究——第一届中国科技典籍国际会议论文集[C]/华觉明主编. --郑州:大象出版社,1998

中国科技典籍是指所有中国古代有关科学技术的文献,包括古籍、档案、簿册、书简、碑刻、甲骨和金文。第一届中国科技典籍国际会议以《考工记》为主题,由同行在一段时间内研读《考工记》并从不同的知识背景和认识角度撰写论文,相关论文经整理后出版。

3903

中国科学院广州哲学社会科学研究所收藏中文古籍目录[M]/广州哲学社会科学研究所资料室编. --广州:广州哲学社会科学研究所资料室,1960

本书是中国科学院广州哲学社会科学研究所资料室1960年编纂的该所收藏的中文古籍目录,按照四部分类法,著录了各书的题名、著者和版本情况。

3904

中国科学院图书馆藏中文古籍善本书目[M]/中国科学院图书馆编. --北京:科学出版社,1994

中国科学院图书馆属科学技术文献收藏中心,是世界知名的中文古籍收藏单位。该馆所藏小学、史传、目录、金石、中医药、明清诗文集、地方志等都较系统丰富,颇多孤本、稀见本,利用率很高。1978年以来,为参加编辑《中国古籍善本书总目》和方便读者使用馆藏,该馆对善本部分做了重新鉴别、校写著录,纠正了前人著录中的大量失误。本书目录有经部、史部、子部、集部等8496条。附书名、著者姓名索引,可供学术工作者使用和版本目录工作者参考。

3905

中国科学院图书馆馆藏善本医书[M]/傅景华编. --北京:中医古籍出版社,1991

本书将中国科学院图书馆馆藏古籍善本中有关医、药、卫生文献,加以整理,分门别类汇编成册,以供海内外医药卫生工作者以及有关教学、科技人员研究参考。

3906

中国历代藏书家的面面观[J]/范凤书. --图书馆,1983,03:5-11

本文介绍了私人藏书家的分类评价、历史地位与贡献、藏书家的旨趣、私家藏书散亡探讨等。

3907

中国历代房内考(全三册)[M]/刘达临编著. --北京:中医古籍出版社,1998

本书内容包括性文化的萌芽时期(原始社会),中国古代性文化(发展时期、巅峰时期、退潮时期),中国当代性文化在发展中(20世纪),我国古代和近代主要性学著作概览,为中国历代性文化轶闻集要。

3908

中国历代美术珍本图书展览目录[M]/"中央图书馆". --台北:"中央图书馆"(台湾地区),1970

本书是1970年台湾"中央图书馆"举办中国历代美术珍本图书展览的目录。本次展览展出古籍共120种,分为论述、品藻、鉴赏、题跋等类,涉及《古画品录》《历代名画记》《东坡题跋》《明解增和千家诗注》等古籍。而各书有图绘或版画者,择其精美者一并展出。

3909

中国历代私人藏书家的历史功过[J]/陈洪波. --贵图学刊,1999,03:3-5

本文通过对中国历史上私人藏书家的总体考察和研究,认为中国历代私人藏书家在珍藏文化典籍、校勘文献、刻印流传古书、辑佚失传古籍及利用藏书著书立说等方面功绩卓著。也指出他们有的思想保守,会出现将珍贵文献殉葬等破坏典籍的历史局限行为。应实事求是认真总结,历史辩证予以分析,以利于现代化图书馆的建设。

3910

中国历史古籍资料索引(全二辑)[M]/广西师范学院图书馆编. --南宁:广西师范学院图书馆,1957

本书是广西师院图书馆1957年编纂的馆藏中国历史古籍目录,分为社会经济、政治制度、文化、风俗、少数民族史等几大类,具体著录了各书的题名、著者、版本等信息。

3911

中国历史书籍目录学参考资料(全二册)[M]/北京大学图书馆系目录学教研室编. --北京:北京大学图书馆系目录学教研室,1979

本书是为本科生、函授生提供的学习"中国历史书籍目录学"课程的参考资料,秉承"辨章学术、考镜源流"的宗旨,选编古代、近代、现代史籍、史学方面的论文资料,包括史籍体裁源流、史籍分类、史籍评论、史学家介绍、史学史、史学成就概述等内容,是学习历史书籍目录学的基础书籍。

3912

中国历史文献学 [M]/谢玉杰,王继光主编. --北京:民族出版社,1999

本书内容涉及载体类别文献、典籍类别文献、历史学文献类别、古今原始资料文献等,同时对整理历史文献的基础知识、历史文献的实证、注释等作了讲解,并对中国历史文献学的发展与成就作了展示。本书尽可能在有限的篇幅内覆盖更宽的知识面,广泛吸收学术界的研究成果,反映时代信息,提供最新的学术思想和实用知识。

3913

中国历史文献学 [M]/杨燕起,高国抗主编. --北京:书目文献出版社,1989

本书强调历史文献学的基本知识,为读者提供文献整理工作的基本步骤和方法,分为上、中、下三编。上编阐述了历史文献学的意义,它与传统文化、时代及历史学的相互关系;中编分先秦、秦汉、六朝隋唐、宋元明、清、近代、新中国六个阶段,论述了历史文献学的历史发展;下编分科论述了目录、版本、校勘、辨伪、辑佚、传注及史源、文献编纂、藏书等。

3914

中国历史文献学 [M]/张家璠,黄宝权主编. --桂林:广西师范大学出版社,1989

本书由七所高校历史系或历史文献所的教师合作编写而成,介绍有关历史文献学的主要内容和研究成果。内容涉及历史文献的产生与聚散、表现形式与类别、目录、版本、校勘、考证、辨伪、辑佚、标点、注释、典藏、阅读以及检索等内容,同时对历史文献学研究进行了回顾与展望,是一部比较通俗和简明的教材。

3915

中国历史文献研究(一) [M]/张舜徽主编;中国历史文献研究会,华中师范大学历史文献研究会编. --武汉:华中师范大学出版社,1986

《中国历史文献研究》是中国历史文献研究会会刊,创刊于1980年,编辑部设在华中师范大学,初名《中国历史文献研究集刊》,1990年编辑部迁至北京师范大学,更名为《历史文献研究》,2003年编辑部回迁至华中师范大学。该刊物为推动中国历史文献、文献学和传统文化的研究作出了贡献。本集收录《子史标题辨惑》《三坟五典》《彀翁遗札》等学术文章。

3916

中国历史文献研究(二) [M]/张舜徽主编;中国历史文献研究会,华中师范大学历史文献研究会编. --武汉:华中师范大学出版社,1988

本集收录《广韵疏证·序例》《〈尧典〉简论》《〈晏子春秋〉考辨》等学术文章。

3917

中国历史文献研究(三) [M]/张舜徽主编;中国历史文献研究会,华中师范大学历史文献研究会编. --武汉:华中师范大学出版社,1990

本集收录《漫说孔子的人生观和社会政治观》《"性相近,习相远"剖析》《"上智与下愚不移"辨》等学术文章。

3918

中国历史文献研究集刊(第一集) [M]/中国历史文献研究会编. --长沙:湖南人民出版社,1980

本集收录《关于历史文献的研究、整理问题》《观堂书札(与罗振玉先生论学手札)》《〈尚书·西伯戡黎〉校释译论》等学术文章。

3919

中国历史文献研究集刊(第二集) [M]/中国历史文献研究会编. --长沙:岳麓书社,1982

本集收录《观堂书札(与马衡先生论学手

札)》《经传标题辨惑》《"实义"误解为"语词"》等学术文章。

3920

中国历史文献研究集刊(第三集)[M]/中国历史文献研究会编. --长沙:岳麓书社,1983

本集收录《与诸同志再论历史文献的整理工作》《郑堂书札(与陈介祺先生论商周彝器手札)》《释甲骨文尊田及土田》等学术文章。

3921

中国历史文献研究集刊(第四集)[M]/中国历史文献研究会编. --长沙:岳麓书社,1984

本集收录《关于巡守制度今古文异说的解释》《〈指物论〉辨释》《耕田、爰田、初税亩刍议》等学术文章。

3922

中国历史文献研究集刊(第五集)[M]/中国历史文献研究会编. --长沙:岳麓书社,1985

本集收录《论陈垣老师的历史避讳学》《陈寅恪治史方法初探》《〈尚书〉所论神权法和宗法思想》等学术文章。

3923

中国历史文物知识简编[M]/刘录中,游振群主编. --长沙:湖南美术出版社,1996

本书资料丰富,包括地面文物如古建筑、石窟寺和碑刻等,还涉及馆藏文物如石器、玉器、陶瓷、书画等20余项,集我国历史文物之大成。书中文物知识系列化,涉及每项文物的历史沿革、主要类别、典型器物以及其鉴别、修复、保管等,简明扼要,可作为研究历史文物的入门教材。

3924

中国蒙古文古籍总目(全三册)[M]/中国蒙古文古籍总目编委会著. --北京:北京图书馆出版社,1999

本书收录了中国180个藏书单位和80位个人收藏的1949年以前中国抄写、刻印的蒙古文文献,分图书经卷、档案资料、金石拓片和期刊报纸四部分,共13115条,并依照国际和中国国家标准进行著录,还做了必要的分

析、考证,全面反映了中国蒙古文古籍的实际面貌和收藏情况。其收录数量之大、范围之广空前。

3925

《中国蒙古文古籍总目》编纂情况及全国蒙古文古籍的鉴别统计[J]/德力格尔. --蒙古学信息,1999,01:50 – 58

本文介绍了《中国蒙古文古籍总目》的编纂情况,对我国蒙古文古籍概况及其鉴别统计情况进行了论述,认为该书目出版有助于进一步挖掘整理我国少数民族古籍,系统揭示中国蒙古文古籍的收藏情况,对研究我国蒙古族文化史、翻译史、文字史、出版史以及科技史等方面具有非常重要的价值。

3926

《中国蒙古文古籍总目》述记[J]/申晓亭. --北京图书馆馆刊(后更名为国家图书馆学刊),1997,03:102 – 107

本文介绍了《中国蒙古文古籍总目》的编纂背景、立项情况以及编撰情况,同时对《蒙文大藏经目录》和《中国蒙古文古籍总目》数据库的相关情况作了论述。

3927

中国蒙古文古籍总目索引[M]/《中国蒙古文古籍总目》编委会编. --北京:北京图书馆出版社,1999

本书是《中国蒙古文古籍总目》的索引目录,参照《中国图书分类法》建立了符合蒙古文古籍特点的分类体系,并进行了题名拉丁转写和题名汉译,编制了蒙古文题名、题名拉丁转写、题名汉译索引。

3928

中国民族古文字研究会第三次学术讨论会简述[J]/古清尧. --民族研究,1988,06:81 – 82

本文系1987年11月19日至24日在北京召开的中国民族古文字研究会第三次学术讨论会简述。来自我国12个省、自治区、直辖市,包含12个民族成分的80多位同志与会,收到论文30多篇,中心议题是探讨我国民族

古文字文献整理研究中的有关问题。论文和发言内容还涉及文字学、词典学、文献学、档案学、图书馆学等学科领域,标志着我国民族古文字研究进入到一个新阶段,反映了我国民族古籍整理工作的新进展和面临的新问题。

3929

中国民族古文字研究会第五次学术讨论会纪要[J]/中国民族古文字研究会秘书处. --民族语文,1994,05:77 - 78

本文介绍了 1994 年中国民族古文字研究会第五次学术讨论会的情况,讨论了少数民族古籍整理、民族文字和文化的关系、少数民族借用汉字、古文字研究的前景等议题。

3930

中国名山胜迹志丛刊(第一辑)[M]/赵铁寒等主编. --台北 :文海出版社(台湾地区),1971 - 1983

本书于 1971 年至 1983 年由台北文海出版社陆续出版,共 6 辑 58 册。本辑收录《峨嵋山志》《清凉山志》《普陀洛迦新志》《鼎湖山志》《白云洞志》《栖霞新志》《泰山小史》《平山堂图志》《吴郡西山访古记》《陆著虎邱小志》等书。

3931

中国名山胜迹志丛刊(第二辑)[M]/赵铁寒等主编. --台北 :文海出版社(台湾地区),1971 - 1983

本辑收录《明孝陵志》《茅山志》《武夷山志》《崂山志》《华峰山志》《西天目祖山志》《西湖志纂》《西湖新志》《莫干山志》《莫干山导游》等书。

3932

中国名山胜迹志丛刊(第三辑)[M]/赵铁寒等主编. --台北 :文海出版社(台湾地区),1971 - 1983

本辑收录《说嵩》《庐山志》《峨山图说》《(潮州)西湖山志》《寒山寺志》《泰山道里记》《灵岩志略》《灵岩记略》等书。

3933

中国名山胜迹志丛刊(第四辑)[M]/赵铁寒等主编. --台北 :文海出版社(台湾地区),1971 - 1983

本辑收录《黄山志定本》《华岳志》《金山志》《焦山志》《盍山志》《宝华山志》《虎邱山志》《摄山志》《南通州五山全志》《云台山志》等书。

3934

中国名山胜迹志丛刊(第五辑)[M]/赵铁寒等主编. --台北 :文海出版社(台湾地区),1971 - 1983

本辑收录《百城烟水》《扬州图经》《黄山纪胜》等书。

3935

中国名山胜迹志丛刊(第六辑)[M]/赵铁寒等主编. --台北 :文海出版社(台湾地区),1971 - 1983

本辑收录《谒林日记》《重修南海普陀山志》《茅山志(道藏本)》《西湖资料六种》《虚云和尚年谱》等书。

3936

中国南方回族古籍丛书·中国南方回族碑刻匾联选编[M]/答振益,安永汉主编. --银川:宁夏人民出版社,1999

本书是我国第一部跨省区的回族碑刻匾联资料选编,收录了广东、广西、湖南、湖北、海南、福建、四川、贵州、云南等省区有关回族、伊斯兰教的碑刻、匾额、楹联共 208 篇,为研究我国回族的政治、经济、文化教育、民间社团以及伊斯兰教提供了丰富资料,以供从事回族与伊斯兰教历史文化的教学、科研人员参考。

3937

中国南方回族古籍丛书·中国南方回族谱牒选编[M]/马建钊主编. --南宁:广西民族出版社,1998

本书收录了广东、广西、湖南、湖北、福建、四川、云南、海南等省区的回族概况及宗谱族谱家谱资料等,可为研究者提供研究中国南方回族谱牒的可信材料。

3938

中国农业古籍及其珍藏[J]/王永厚.--农业图书情报学刊,1995,S1:100-103

本文从数量、珍藏情况、探索工具等方面对中国农业古籍及其珍藏进行介绍与论述。

3939

中国农业科学技术资料汇志[M]/中国农业科学院情报资料室编.--北京:农业出版社,1960

本书是中国农业科学院情报资料室1960年编纂的中国农业科学技术资料汇志。

3940

中国烹饪刀工考原[J]/马健鹰,夏启泉.--中国烹饪研究,1995,03:41-44,

刀工在中国烹饪史册中占据了光辉一页,古代厨师对刀工技术作过许多实践性总结,可惜关于这方面专著多已遗失,古籍中对刀工的记载亦为散见,但这些记载值得我们去挖掘总结。本文介绍了古代的刀工、刀法、料形等方面的知识。

3941

中国烹饪古籍丛刊·吕氏春秋本味篇[M]/王利器疏证;王贞珉整理;邱庞国译.--北京:中国商业出版社,1983

本书为《吕氏春秋》第十四卷,记载了伊尹以"至味"说汤的故事。本义是说任用贤才,推行仁义之道可得天下成天子,享用人间所有美味佳肴,但却保存了我国也是世界上最古老的烹饪理论,提出了一份内容很广的食单,记述了商汤时期天下美食。

3942

中国烹饪古籍丛刊·齐民要术(饮食部分)[M]/(北魏)贾思勰撰;石声汉今释.--北京:中国商业出版社,1984

《齐民要术》原书共十卷九十二篇。本书从石声汉先生《齐民要术今释》中选出有关饮食烹饪部分(篇六十四至篇八十九)改编而成,帮助读者了解我国北魏时期饮食制造和烹调技术的成就。

3943

中国烹饪古籍丛刊·清嘉录[M]/(清)顾禄撰;王湜华,王文修注释.--北京:中国商业出版社,1989

本书十二卷,以十二月为序,记述了苏州及附近地区的节令习俗。大量引证古今地志、诗文、经史,并逐条考订,文笔优美,叙事翔实,有保存乡邦文献的作用。点校以日本翻刻本为底本,参校了啸园丛书本及新文化书社铅字排印本等,还将顾禄其他饮食著作的著名章节收入,是研究明清时期苏州地方史、社会史的重要资料。

3944

中国烹饪古籍丛刊·山家清供[M]/(南宋)林洪撰;乌克注释.--北京:中国商业出版社,1985

本书为南宋时期一部重要的烹饪著作。林洪以此书名,反映了他提倡素食的主张。本书收录以山野所产蔬菜(豆、菌、笋、野菜等)、水果(梨、橙、栗、杏、李等)、动物(鸡、鸭、羊、鱼、虾、蟹等)为主要原料的食品,记其名称、用料、烹制方法,行文间有涉掌故、诗文等。

3945

中国烹饪古籍丛刊·食疗本草[M]/(唐)孟诜撰;(唐)张鼎增补;吴受琚,俞晋校注.--北京:中国商业出版社,1992

本书在总结临床经验基础上,以日常的瓜果、蔬菜、草木、动物等为主要药用来源,阐释他们的药理、食用、炮制过程,是一部内容丰富、取材广泛、有实用临床效果的中医古籍。

3946

中国烹饪古籍丛刊·食宪鸿秘[M]/(清)朱彝尊撰;邱庞同注释.--北京:中国商业出版社,1985

本书二卷,涉及饮、饭、蔬、果、鱼、禽、卵、肉等十五属,计有菜肴、面、佐料配制360余种,附录汪拂云抄本菜肴制作方法79条。少量引自明高濂撰《遵生八笺·饮馔服食笺》,有些则是首次见诸记载,部分条目又被之后的袁枚《随园食单》、顾仲《养小录》等饮食烹饪专著所引用。

3947

中国烹饪古籍丛刊·菽园杂记·升庵外集·饮食绅言(饮食部分)[M]/(明)陆容等撰. --北京:中国商业出版社,1989

本书为《菽园杂记》《升庵外集》《饮食绅言》三书合集。《菽园杂记》十五卷,明陆容著,包括食品名称考订、食物制备方法、历史上有关饮食传说、饮餐具考证、食疗偏方介绍、各地特有出产以及饮食风尚等。《升庵外集》明杨慎著,选取饮食部一卷,收录饮食品目76条,上溯商周,下至明代,对各种食品的产地、加工过程做了叙述。《饮食绅言》明龙遵叙撰,是明代士大夫饮食思想的反映,论述了奢侈给社会带来的恶劣影响和后果。

3948

中国烹饪古籍丛刊·素食说略[M]/(清)顾仲撰;邱庞同注释. --北京:中国商业出版社,1984

本书四卷,除记了清朝末年比较流行的170余款素食制作方法之外,充分论述素食的益处。书中指出蔬菜富有风味,清爽适口,又营养身体,无肉食腥膻之气,也不会残杀生灵,使人们欣赏到生机的乐趣,从而也遵循了"生机贵养,杀戒宜除"的佛家观点。

3949

中国烹饪古籍丛刊·随息居饮食谱[M]/(清)王士雄撰;周三金注释. --北京:中国商业出版社,1985

本书收载饮食物三百余种,分水饮、谷食、调和、蔬食、果实、毛羽、鳞介等七类。每种物品之下按性味、功能、主治、临证应用、服法、宜忌等分述。有异名者,一一注明。书中提倡科学服用食品,可作为研究中医食疗养生的参考书。

3950

中国烹饪古籍丛刊·随园食单[M]/(清)袁枚撰;周三金注释. --北京:中国商业出版社,1984

本书为清代文人袁枚所著的一本精炼的美食杂谈,中国古代烹饪理论和实践的集大成者,记载了乾隆时期流行于中国南北方的三百多种菜肴点心。

3951

中国人民大学图书馆古籍善本书目[M]/中国人民大学图书馆古籍整理研究所编. --北京:中国人民大学出版社,1991

本书目是参照《中国古籍善本书总目》规定的收录范围,结合中国人民大学图书馆馆藏实际编纂,收馆藏善本书2400余种2800余部。人大图书馆对馆藏善本进行整理、著录、上报,后又成立古籍整理研究所,历时十年编纂该总目,并由中国人民大学出版社出版,向校内外读者提供了一份内容丰富、著录翔实、检索便利、印制精美的文献使用导引,于揭示馆藏、宣传馆藏、区别管理都有积极意义。

3952

中国人民大学图书馆中文参考书目录[M]/中国人民大学图书馆编. --北京:中国人民大学图书馆,1954

本书系中国人民大学图书馆馆藏中文参考书目录,主要分为中文普通平装书和线装书两部分,平装书按九类排印,线装书按五类排印,各有分类简表在前,供读者查阅。

3953

中国善本书提要[M]/王重民. --上海:上海古籍出版社,1983

本书是我国目录版本学专家王重民先生主要学术著作之一,共收录他经眼的古籍善本书4200余种(另补遗一百余种),除了记述各书版刻特征外,更撰著了内容丰富的提要,考校版本源流,介绍作者情况及各书研究价值等,书后附有索引数种。

3954

中国善本书提要[J]/董. --辞书研究,1984,04:151

本文对《中国善本书提要》进行介绍。该书由目录版本学家王重民编著,上海古籍出版社出版,收录善本书共4400余种。著录了各书的书名、卷数、册数、版框尺寸、行款格式、序跋题识、收藏单位等版本特征,以及校勘考证的内容,纠正了旧书录的谬误,可与《四库提要》相补充。书后附有详细的索引。

3955

中国少数民族古籍·侗族古籍·侗款[M]/湖南省少数民族古籍办公室主编;杨锡光,杨锡,吴治德整理译释.--长沙:岳麓书社,1988

《中国少数民族古籍·侗族古籍》内容涉及侗族古代社会组织、吉祥雅语、歌谣、诗歌、音乐、舞蹈等,是研究侗族历史文化的重要资料。侗款是侗族古代村寨之间以军事防御和武装保卫共同利益为目的的部落军事联盟组织共同制定的法规,称"款"或"款约",是对外御敌、对内团结的法律法规。本书包括了款坪款、约法款、出征款、英雄款、族源款、创世款、祝赞款、习俗款和祭祀款等九类。本书采用侗文记录,汉文直译、意译的对照形式。

3956

中国少数民族古籍·侗族古籍·侗垒[M]/湖南省少数民族古籍办公室主编;杨锡光,张家祯整理注校.--长沙:岳麓书社,1989

侗垒又称侗词,也称条理话,是侗族古代流传至今的"垒金堆玉"似的吉祥雅语,流传在湖南沅州(芷江)、晃州(新晃)及黔东南一带侗乡。本书包括创世垒、民族迁徙叙词、寨规垒、英雄颂词、劝诫词、修造垒、玩龙灯贺词、医家垒等内容。

3957

中国少数民族古籍·侗族古籍·侗耶[M]/湖南省少数民族古籍办公室主编;杨锡光,杨锡采录译注.--长沙:岳麓书社,1995

侗耶又称"哆耶",是集侗族诗歌、音乐、舞蹈三者于一体的民间文学艺术形式。本书包括原始耶、进堂耶、萨岁耶、当初耶等内容。

3958

中国少数民族古籍·侗族古籍·琵琶歌选[M]/湖南省少数民族古籍办公室主编;杨锡光,杨锡采录译注.--长沙:岳麓书社,1993

侗族琵琶歌,是因用侗族琵琶伴奏而得名,侗语叫嘎琵琶"al bic pic",是一种自弹自唱的说唱诗歌艺术。本书包括了琵琶开头歌、民族族源歌、地方盟约歌、历史人物歌、勤苦劳动歌、传奇叙事歌、抒发情怀歌和琵琶收场歌等内容。

3959

中国少数民族古籍·苗族古籍·板塘苗歌选[M]/湖南省少数民族古籍办公室主编;刘自齐,赵丽明翻译选注.--长沙:岳麓书社,1992

《中国少数民族古籍·苗族古籍》内容涉及苗族古代社会组织、礼仪、诗歌、音乐、医药等,是研究苗族历史文化的重要资料。板塘苗歌是清代苗族秀才石板塘编写的歌,取材广泛,内容丰富,种类齐全,数量很多,既有取自经史的,也有取自小说的,更有取自现实生活的。其诗歌的思想内容涉及反对迷信、残酷、专制,歌颂科学、前进和文明、民主,体现了强烈的民族意识和民族自豪感。板塘苗歌在艺术上善于运用形象精练的语言、富于节奏的形式,使其诗歌具有音乐美,读起来合辙押韵、朗朗上口,因而流传广泛,对苗族文化产生巨大影响。本书收录了《吕洞山古歌》《龙潭河》《苗族名人歌》等。

3960

中国少数民族古籍·苗族古籍·古老话[M]/湖南省少数民族古籍办公室主编;龙炳文,龙秀祥整理译注.--长沙:岳麓书社,1990

古老话是苗族苗语湘西方言古歌,流传于湘西苗区,详述苗族生成迁徙历程,于研究苗族古代史有重要参考价值。本书包括开天立地篇、前朝篇、后换篇等。

3961

中国少数民族古籍·苗族古籍·苗族婚姻礼词[M]/湖南省少数民族古籍办公室主编;张应和,彭荣德整理译释.--长沙:岳麓书社,1987

苗族婚姻礼词是在湘西苗区千古流传的有关苗族婚姻的史话,分订婚礼词、结婚礼词两大部分。其中结婚礼词不仅介绍了苗族的婚姻过程史,还讲述、涉及苗族的部落迁徙、民族支系及风俗习惯、经济生活等多方面的内容,对研究苗族历史有参考价值。

3962

中国少数民族古籍·苗族古籍·苗族历代

诗选[M]/湖南省少数民族古籍办公室主编；张应和,龙庆翔选注. --长沙：岳麓书社,1990

本书是湘西苗族的第一本历代旧体诗选。本书收录了石鼎、张衍、吴因周等诗人作品三百余首,除少量见于方志和出版物外,余皆采自档案文书、作者手记、历代传抄、印刷品等和耆老的言传口授。该书有利于探索苗族古代及近代诗歌创作的流程,把握苗族旧体诗的思想特色和艺术特色。

3963

中国少数民族古籍·苗族古籍·湘西苗药汇编[M]/湖南省少数民族古籍办公室主编；欧志安编撰. --长沙：岳麓书社,1990

这本苗药汇编由凤凰县苗医欧志安编撰,记录了湘西苗药500种。书中对每一味苗药的来源、别名、性味、功用主治、用法用量、配方以及部分药物的成分、药理、临床观察均作了介绍,是对湘西苗医应用苗药的系统总结。

3964

中国少数民族古籍·土家族古籍·摆手歌[M]/湖南省少数民族古籍办公室主编；彭勃,彭继宽整理译释. --长沙：岳麓书社,1989

摆手歌又名"社巴歌",它是土家族巫师"梯玛"和摆手掌坛师在摆手活动中所唱的古歌。本书收录了天地人类来源歌、民族迁徙歌、农事劳动歌、英雄古诗歌等,全部都是使用土家语编唱的自由诗体,在用土家语歌唱或朗诵时,有其独特的节奏和韵律。摆手歌还运用了大量的对偶、排比和重复句,语言口语化相当突出,读来自由活泼,通俗易懂,体现了土家族古代诗歌的固有特点。

3965

中国少数民族古籍·土家族古籍·哭嫁歌[M]/湖南省少数民族古籍办公室主编；彭继宽,彭勃整理译释. --长沙：岳麓书社,1993

哭嫁是土家族著名的婚俗活动之一,旨在叙骨肉之情、离别之意。哭嫁歌是极具土家族特色的抒情长诗,书中收录了哭开声、哭爹娘、哭哥嫂、哭姊妹等内容,对于土家族社会生活、婚俗发展、妇女心理等方面的研究具

有一定的价值。

3966

中国少数民族古籍·土家族古籍·历代土家族文人诗选[M]/湖南省少数民族古籍办公室主编；彭勃等辑录；祝注先选注. --长沙：岳麓书社,1991

本书汇集了明清时期土家族地区具有较高汉文化造诣的86位文人学士的诗词作品,诗人包括田九龄、冉天育、王道、彭秋潭、向乃祺等,诗作内容包括咏物诗、抒情诗、竹枝词等。值得一提的是,本书的编者们不仅汇编了土家族文人流传下来的宝贵诗作,而且简述诗人生平,并为入选的诗歌配有注释和简说,将诗歌中蕴涵的土家族文化背景知识融入其中,让读者可以充分感受诗歌的意境之美。

3967

中国少数民族古籍·土家族古籍·梯玛歌[M]/湖南省少数民族古籍办公室主编；彭荣德,王承尧整理译释. --长沙：岳麓书社,1989

梯玛歌是土家族巫师梯玛在原始宗教活动中所采用的一种主要的音乐艺术形式,多依据梯玛调采用土家语吟唱,现主要流传在湘西西水流域的龙山、永顺、保靖、古丈四县。本书收录了沃沙派梯玛流传下来的报家先、安正堂、腊月堂、三月堂、挂神像、开天辟地、请师父等内容。

3968

中国少数民族古籍·土家族古籍·土家族土司史录[M]/湖南省少数民族古籍办公室主编；王承尧,罗午,彭荣德辑录选注. --长沙：岳麓书社,1991

"土司制度"一般是指元代以来,在少数民族地区实施的"以土制土"的政治制度。本书记录了自秦汉至明清时期湘鄂川邻界的土家族聚居区域历代的沿革、政治、经济、文化、风土民情等等。对于研究历史上的土司制度、民族政策史有重要价值。

3969

中国少数民族古籍·土家族古籍·溪州铜柱及其铭文考辨[M]/湖南省少数民族古籍

办公室主编;彭武文著诠.--长沙:岳麓书社,1994

本书收录了溪州铜柱铭文,并对铭文内容进行了考释和辨证,同时结合《旧五代史》《新五代史》《资治通鉴》《九国志》《十国春秋》等传世文件对铜柱铭文进行了深入研究。

3970

中国少数民族古籍概览（一）[J]/古茹.--
中国民族,1990,07:38

本文为系列论文,在回顾少数民族古籍历史基础上,重点考察了20世纪80年代民族古籍的出版情况和文献价值,介绍了藏、蒙、纳西、维吾尔、彝、满、朝鲜等民族古籍在20世纪80年代得到了妥善的保护、整理,并出版发行的情况,并指出民族古籍对于我们研究中华民族尤其是研究少数民族的历史发展、民俗习惯以及古代疆域史等方面问题具有重要的价值。

3971

中国少数民族古籍概览（二）[J]/古茹.--
中国民族,1990,08:41

同上。

3972

中国少数民族古籍概览（三）[J]/古茹.--
中国民族,1990,09:43

同上。

3973

中国少数民族古籍概论[M]/吴肃民著.--
天津:天津古籍出版社,1995

本书在作者讲授古籍知识讲稿基础上修改完成,从宏观角度对古籍和民族古籍做了概括论述,对古籍工作者、对民族古籍的收集整理都有一定意义。内容根据《四库全书总目》的四库分类法,将全书分为"宗教部""史书部""著译部""口碑部"四大部,在每一部下面再分若干类。

3974

中国少数民族古籍论（第 1 辑）[M]/李晋有等主编..--成都:巴蜀书社,1997

《中国少数民族古籍论》是少数民族古籍收集、整理、研究的论文集,内容涉及民族古文字、古籍在中华文化中的地位、民族古籍事业的发展、西夏学、清代八旗驻防制度、回族天文历法、回鹘文文献等诸多方面的问题。本书不仅为学术研究提供了真实可靠的文献资料,同时也有利于中华民族传统文化的继承和发扬。本书是《中国少数民族古籍论》第一辑,收录了《民族古文字、古籍在中华文化中的地位》《试论民族古籍事业的历史性发展》等文章。

3975

中国少数民族古籍论（第 2 辑）[M]/李晋有等主编.--成都:巴蜀书社,1998

本书为《中国少数民族古籍论》第二辑,收录《民族古籍与语言学》《满文档案与民族史研究》《文津阁碑文浅释》《从清帝东巡谒陵看其敬天法祖思想》《满文及其文献在河北的发掘与使用》等文章。

3976

中国少数民族古籍论（第 3 辑）[M]/李晋有等主编..--成都:巴蜀书社,1999

本书为《中国少数民族古籍论》第三辑,收录《略论民族古籍翻译整理中的底本确定与训诂》《西夏抄本〈解释歌义〉初释》《〈西夏文杂字研究〉读后》《清代满文档案述论》《试论满族民歌的音乐特征》等文章。

3977

中国少数民族文化大辞典·东北、内蒙古地区卷[M]/铁木尔·达瓦买提主编.--北京:民族出版社,1997

本丛书是一部大型专科辞典,收入我国55个少数民族的相关词目约25000条,共分为五卷,即东北、内蒙古地区卷,西南地区卷,中南、东南地区卷,西北地区卷和综合卷。辞典所收人物词目,按传统已经定论并在民族文化方面有重大贡献者,择有代表性的加以选录。本书收录内容均为东北、内蒙古地区少数民族文化相关词条。

3978

中国少数民族文化大辞典·西北地区卷[M]/铁木尔·达瓦买提主编.--北京:民族出版社,1999

本书收录内容均为西北地区少数民族文化相关词条。

3979

中国少数民族文化大辞典·西南地区卷[M]/铁木尔·达瓦买提主编.--北京:民族出版社,1998

本书收录内容均为西南地区少数民族文化相关词条。

3980

中国少数民族文化大辞典·中南、东南地区卷[M]/铁木尔·达瓦买提主编.--北京:民族出版社,1999

本书收录内容均为中南、东南地区少数民族文化相关词条。

3981

中国少数民族文化大辞典·综合卷[M]/铁木尔·达瓦买提主编.--北京:民族出版社,1999

本书内容广泛,全面展示和总结了我国少数民族历史文化研究的成果。

3982

中国少数民族文学古籍概述[J]/李晓东.--民族文学研究,1990,01:64-68

本文概述中国少数民族文学古籍的特点、价值及整理、出版、研究情况。

3983

中国少数民族文学古籍举要[M]/吴肃民,莫福山主编.--天津:天津古籍出版社,1990

本书收录了《一飞诗抄》《双飞鸟的传说》《甘丹格言》《吴幺姑》等少数民族文学古籍资料。

3984

中国少数民族文学与文献论集[M]/毕桪等编.--沈阳:辽宁民族出版社,1997

本书由中央民族大学中国少数民族语言文学学院编辑、辽宁民族出版社出版,共收入论文32篇,其中民族文学论文23篇、民族古籍论文9篇,分别从各自角度探讨了中国少数民族文学与文献的历史、现状、成绩与特点,是一部展现少数民族与文献相关学术研究的成果集。

3985

中国少数民族文字文献整理研究中的几个问题[J]/史金波.--中南民族大学学报(人文社会科学版),1990,01:90-93

本文围绕我国少数民族古文字整理研究工作,就文献整理中的选题、文献整理中的翻译工作、文献整理中的注解工作、对文献的研究工作以及编制科学的索引等几个问题,谈论了看法。

3986

中国数学史大系(全十册)[M]/吴文俊主编.--北京:北京师范大学出版社,1999

本书是中国科学院"九五"重点科研课题,以时间顺序为经,以重要人物、典籍、成就、事件等内容为纬,纵横交织出一部中国数学发展历程的宏伟画卷,不仅涉及重要的数学家、数学著作,还兼及数学与其他学科以及政治、经济、文化的关系等。

3987

中国水利古籍丛刊·漕河图志[M]/(明)王琼撰;姚汉源,谭徐明点校.--北京:水利电力出版社,1990

《漕河图志》是现存最早的一部有关京杭运河的专志。运河的主要任务是官运南方粮食等物资至北京,所以叫漕河。王琼,字德华,太原人,成化二十年(1484)由进士授工部主事,弘治时擢升管理河道的工部郎中,在任凡三年。其间得总理河道侍郎王恕所编《漕河通志》,重新编排,因袭其体例,增减史料,成书后定名为《漕河图志》。该书八卷,涉及的范围南起扬州仪真(今仪征)及瓜州,北至北京。内容包括运河图、运河水源、运河管理、运河工程设施,漕粮运输管理等方面以及有关运河的奏议、碑记和诗赋等。全志约16万字。《漕河图志》保留了早期京杭运河珍贵的史料,就体例而言是运河志早期的范例,以后的运河专志体例多与此书大同小异。

3988

中国水利古籍丛刊·治水筌蹄[M]/(明)万恭原著;朱更翎整编.--北京:水利电力出版社,1985

《治水筌蹄》是一部随笔札记式的汇集,错综排列,次序凌乱,参考利用不便。本书以重刊本为底本,将原书按黄河、运河及其他分类整编,此外,书中还将原书以外散见各书的万恭水利著述,与清华大学图书馆提供的数篇文章整理汇编为《万恭治水文辑》,内容包括万历重刊本的影印本、整编本、文辑及附录,可谓是万氏有关水利论文较全的专集。

3989

中国所藏高丽古籍综录[M]/黄建国,金初升主编. --上海:汉语大词典出版社,1998

本书反映了全国51个单位所藏的有关高丽古籍资料共2754种。其中最主要的部分是1911年以前出版于高丽的古籍,有2028种;其次为1911年以后的高丽出版物和中国、日本出版的有关资料,前者有426种,后者有300种。

3990

中国天文史料汇编[M]/中国科学院北京天文台主编. --北京:科学出版社,1989

本汇编收录了《二十四史》《清史稿》《明实录》及其他古籍中的天文史料,分三卷出版。第一卷内容为人物事略,第二卷内容包括著作要目、天象诸说、机构台站、观测仪器、天文教育,第三卷内容有治历授时、星占神话、名词杂解等。每卷后均附有索引。本汇编是天文史研究人员从事天文学史研究,尤其是地方和民间天文学史研究的重要资料。

3991

中国图书馆古籍工作的现状与展望[J]/上海复旦大学图书馆古籍部. --津图学刊,1997,01:82 – 100

本文据1994年对中国22所公共图书馆及38所高等学校图书馆古籍工作情况的调查统计,分别对古籍收藏数量、古籍管理建置与人员、古籍目录编制、古籍利用与保管、古籍整理与开发的现状加以介绍,并对今后中国图书馆古籍工作的发展提出建议。

3992

中国图书馆所藏和刻本汉籍及其文献价值[J]/张惠宝,李国庆. --图书馆工作与研究,1999,02:45 – 47

和刻本汉籍是中国古代典籍在日本流传的一种特殊形式,构成了中国古籍在域外传播与保存的一个重要系统,是中国古籍不可或缺的重要组成部分。本文介绍了中国图书馆所藏和刻本汉籍的基本情况、馆藏情况、价值与功用。

3993

中国文明西南源头启示录——彝文古籍《物始纪略》评析[J]/东人达. --西南师范大学学报(哲学社会科学版)[后更名为西南大学学报(社会科学版)],1998,06:32 – 35

本文从彝文古籍《物始纪略》的历史背景、人类的进化、社会生产力的发展、女性与文字的发明、赋税、仓与国家的产生、上古西南的奴隶制国家几个角度,评析该书可以填补汉文文献中西南古史的记述的空白,是中国文明西南源头的启示录。

3994

中国文献编目规则[M]/中国文献编目规则编撰小组. --广州:广东人民出版社,1996

本书包括著录和标目两大部分。著录部分首列统取文献著录全局的总则,并按文献类型和著录方法编排规则,共十五章;标目部分是在文献著录基础上,为编制书目款目选择标目及其规范形式,并提供标目的参照关系,进行书目的规范控制,共四章。各章互相衔接,有机联系,又自成系统。

3995

中国文献珍本丛书[M]/李竞主编. --北京:全国图书馆文献缩微复制中心,1986 – 2010

本书是全国图书馆文献缩微复制中心组织并协调全国各图书馆共同编制的一套大型丛书,主要目的是对各馆所藏古旧文献和其他需要长期保存的文献进行抢救、保护和挖掘。这套丛书从1986年开始出版,收录了包括《安南纪略》《丝绸之路资料汇钞》《两朝宪章录》等众多具有研究价值的历史文献。

3996

中国文学古籍博览续编[M]/李树兰等编

著.--太原:山西古籍出版社,1996

本书分为诗歌、散文、小说、戏曲、词曲、评论、综合、工具书、书名索引、附录等部分,收录中国文学古籍出版上限为1985年初,下限为1990年底。

3997

中国文字与典籍:揭开文明的篇章[M]/王余光著.--武汉:湖北人民出版社,1995

本书从结绳记事说起,介绍了汉字的发明,典籍的文字、载体、书写、印刷与装帧、编辑、流传与收藏等内容。

3998

中国武术古籍简介[J]/(日)松田隆智,阎海.--安徽体育科技,1985,02:44－49

本文介绍了《武编》《角力记》《正气堂记》《五杂俎》等30种中国武术古籍。

3999

中国戏曲故事(第一辑)[M]/古曲.--石家庄:河北人民出版社,1980

本书共四辑,精选在戏曲发展史上有代表性、有一定影响力的戏曲作品,改写成通俗的故事,第一辑收录《窦娥冤》等十二个元杂剧故事。

4000

中国戏曲故事(第二辑)[M]/古曲.--石家庄:河北人民出版社,1981

本书共四辑,精选在戏曲发展史上有代表性、有一定影响力的戏曲作品,改写成通俗的故事,第二辑主要收录元明杂剧故事。

4001

中国戏曲故事(第三辑)[M]/古曲.--石家庄:河北少年儿童出版社,1985

本书共四辑,精选在戏曲发展史上有代表性、有一定影响力的戏曲作品,改写成通俗的故事,第三辑主要收录宋元南戏及明清传奇故事。

4002

中国戏曲故事(第四辑)[M]/古曲.--石家庄:河北少年儿童出版社,1985

本书共四辑,精选在戏曲发展史上有代表性、有一定影响力的戏曲作品,改写成通俗的故事,第四辑主要收录传统戏故事。

4003

中国与东北亚文化交流志[M]/中华文化通志编委会编;严绍璗,刘渤撰.--上海:上海人民出版社,1999

本志主要记叙中国与其邻近日本和朝鲜的文化交流,从中国上古文献中关于古代日本、朝鲜的发现的记载说起,继而介绍中国古代思想哲学的东传。本志还介绍了日本和朝鲜各历史时期的文化代表人物。

4004

中国语文古籍资料索引(第1辑)[M]/广西师范学院图书馆编.--南宁:广西师范学院图书馆(后更名为广西师范大学图书馆),1957

本书介绍了古汉语以及中国古典文学一般论述、诗歌、散文、骈文、辞赋、小说、词、戏曲、作家评介等语文古籍资料。

4005

中国杂技考[J]/朱杰勤.--暨南学报(哲学社会科学版),1982,01:23－38

本文从先秦时期、汉魏晋南北朝时期、隋唐时期、宋元明时期、清代以及中国杂技的新时代几个时间节点,介绍了杂技艺术在我国的发展源流,为杂技艺术的发展研究提供了资料。

4006

中国珍稀法律典籍集成(全十四册)[M]/刘海年,杨一凡总主编.--北京:科学出版社,1994

本书是中国社会科学院重点项目,收录散失于我国大陆、港澳台地区,以及日本、美国、俄罗斯、韩国等海内外各地稀见的中国法律古籍文献近60种,其中5册系对文物、历史档案中法律资料的挖掘整理、注释性成果,8册系古籍校勘成果,1册系对西夏天盛律令的译著成果,于1995年获中国社会科学院第二届优秀科研成果最高荣誉奖。

4007

中国政法大学法律古籍整理研究所简介[J]/郑杰.--政法论坛,1986,01:81－81

本文介绍了中国政法大学法律古籍整理研究所成立的历史背景、人员构成以及已编著出版的书籍,并计划招收古代法律文献硕士研究生,开展法律古籍整理讲习班等培训工作。

4008

中国中古文学史评注[M]/林维民编著.--汕头:汕头大学出版社,1997

本书对学者刘师培的专著《中国中古文学史》进行精心校勘、注释和评论,按章节分别由提示、正文、注释、评述四部分组成。

4009

中国中医药古籍文献概说[J]/余瀛鳌.--传统文化与现代化,1995,02:56-63

本文分类介绍了我国中医药古籍文献,包括医经、基础理论、诊法等十二类,读者可以从总体上了解中医药古籍的博大精深。

4010

《中国子学名著集成》述评[J]/陈修纮.--广东图书馆学刊,1988,01:69-71

本文为作者读萧天石先生主编的《中国子学名著集成》一书后所做的述评,对这部书的编纂缘起、收录内容、实际意义及其价值、编辑特点进行了论述,认为这部书的编修原则和方法,对整理古籍,研讨子学,都有启示和参考价值。

4011

中国最大的文章总集《全宋文》即将出版[J]/白梅.--文学遗产,1988,04:15-15

《全宋文》是一部汇集宋朝(960—1279)320年间所有单篇散文、骈文和诗词以外的韵文的大型断代总集,出版在即。本文对全书的作者、内容体量、组成部分等进行介绍,认为该书的出版是学术界和文化史上的一件盛事,将进一步推动宋代文史哲各方面的学术研究。

4012

中国最优秀的科技古籍选目[J]/王国忠.--图书馆杂志,1988,02:50

傅维康、李迪与丁祯彦等同志,综合了1953年北京图书馆提出的一份20种优秀文化遗产选目中的7种科技古籍,又根据蔡尚思教授提出的一份50种优秀文化遗产选目中的2种,在以上基础上增选17种,共计26种,作为一份代表中国最优秀的科技古籍选目。本文介绍了此选目的构成,并且提出了修改意见,将其扩充为30种。

4013

中华版古籍标点献疑[J]/董志翘.--古籍整理研究学刊,1991,01:30-34

中华书局出版了大量经整理校点的古籍图书,大多选择了较好的底本,并采用新式标点,为普及古籍,继承我国古代文化遗产作出了重大贡献。本文选取中华版古籍中20例标点问题进行了订正。

4014

《中华大典通用书目表》的电脑处理[J]/林仲湘,李龙.--广西大学学报(哲学社会科学版),1994,05:74-76

本文介绍了编制《中华大典通用书目表》过程中使用电脑进行筛选书目、编排和修订、编制索引、出版等工作的经验。

4015

中华大典·医药卫生典:医学分典[M]/《中华大典》工作委员会编.--成都:巴蜀书社,1999

本丛书包括《医学分典》《药学分典》《卫生学分典》。其中《医学分典》收集范围为自中医学建立以来,迄于1911年间所有中医诊法专著,综合性中医古籍,以及其他古籍中的相关资料。按内容需要,分设题解、论说、综述、著录等部分。于1999年出版《基础理论总部》《儿科总部》。

4016

中华典籍与传统文化[M]/周少川著.--桂林:广西师范大学出版社,1996

本书通过对中华典籍的学术传统及典籍产生、传播过程的研究,从文化学角度开辟了一个崭新的天地。与以往书史研究和文献学研究论著不同,该书研究笔触超脱单纯描述典籍外在形式和生产技术的范围,吸收和采用了近十几年来文化学研究的方法,展开对典籍与文化的双向考察。

4017

中华古籍丛刊[M]/大西洋图书公司编辑委员会. --台北:大西洋图书公司(台湾地区),1968

本书是大西洋图书公司于20世纪60年代出版的一套古籍丛书,汇辑了《古书疑义举例》《汉学师承记》等古代典籍。

4018

中华古籍的数字化——《文渊阁四库全书》电子版[J]/孙建越. --中国电子出版,1999,04:17 – 18

本文对《文渊阁四库全书》电子版的情况做了说明。文中指出,该书电子版的出版标志中国信息处理技术有了重大突破,为我国古籍整理保护和开发利用奠定了良好基础,必将进一步推动我国信息资源数字化。

4019

中华古籍译注丛书·春秋公羊传译注[M]/王维堤,唐书文撰. --上海:上海古籍出版社,1997

《公羊传》是春秋三传中最早得到承认的一部经传,一直受到后人重视和研究。本书经传以《十三经注疏》本为底本,经文凡三传有异同处出校,传文则参考阮元校勘记,注释采用何林、孔广森二家之说较多。每章冠以题解,介绍历史背景、文义中心和人物关系,注释精当,闻加考辨,颇见功力,译文通顺易懂。

4020

中华古籍译注丛书·春秋穀梁传译注[M]/承载撰. --上海:上海古籍出版社,1999

《春秋穀梁传译注》是春秋三传书中成书最晚的一部书。学说大抵出于鲁儒,注重传扬经义,处处谨守《春秋》笔法,阐明义理。但在记载史料方面不及《左传》详尽,且间有不明史实而以臆断自抒己见的地方。本书针对《春秋穀梁传》的不足,在注释中以《左传》的史实解经,并据以评议传文中某些臆断之说。

4021

中华古籍译注丛书·尔雅译注[M]/胡奇光,方环海撰. --上海:上海古籍出版社,1999

《尔雅》是我国第一部按义类编排的综合性辞书,是疏通包括五经在内的上古文献中词语古文的重要工具书。本书注释信而有征,译文简明畅达,是一部较好的译注书。

4022

中华古籍译注丛书·列子译注[M]/严北溟,严捷撰. --上海:上海古籍出版社,1986

本书是《列子》的译注版本,书中的每篇文字,不论长短,都自成系统,各有主题,反映睿智和哲理,浅显易懂,饶有趣味。

4023

中华古籍译注丛书·诗经译注[M]/程俊英撰. --上海:上海古籍出版社,1997

本书系诗经译注,配有精美生动的插图,除原诗外,每首包括题解、注释和译文三部分,题解译通俗易懂,使读者享受到阅读的趣味。

4024

中华古籍译注丛书·世说新语译注[M]/(南朝宋)刘义庆著;张㧑之译注. --上海:上海古籍出版社,1996

本书是中国传统的志人小说名著,记述了汉末魏晋人物的言谈风尚和遗闻轶事。全书36篇1130则,所记人物故事上起于秦末,下至南朝宋,绝大部分篇幅记的是东汉末至南朝宋初近三百年间的人和事。涉及内容包括政治、经济、社会、文学、思想等许多方面。

4025

中华古籍译注丛书·宋诗精华录译注[M]/(清)陈衍编选;蔡义江,李梦生撰. --上海:上海古籍出版社,1999

本书选录了经典宋诗。宋诗的成就是相当高的,虽不能说超过唐诗,但其间的差距,亦非悬殊,只是特色不同而已。倘以宋诗与宋词相比,则可谓毫不逊色。

4026

中华古籍译注丛书·文赋诗品译注[M]/(西晋)陆机,(南朝梁)钟嵘著;杨明撰. --上海:上海古籍出版社,1999

本书将《文赋》《诗品》合为一册,详加注

释,并有白话翻译。陆机《文赋》和钟嵘《诗品》在中国文学批评史上占有重要地位。《文赋》以赋的形式描绘了文学创作的全过程。《诗品》专论五言诗,选择古今著名诗人122人,分为上中下三品,加以简短评论,体现钟嵘的诗歌审美标准和美学思想。

4027

中华古籍译注丛书·文心雕龙译注[M]/(南朝梁)刘勰著;王运熙,周锋撰.--上海:上海古籍出版社,1998

本书是我国古代文学理论批评的巨著,论述文章写作的总原则,及诗歌、辞赋、论说、书信等各种文体的体制规格和写作要求,并对自先秦至南朝宋齐的重要作家和作品作了中肯评价,在中国文学批评史、文章学、修辞学上都占有重要地位。

4028

中华古籍译注丛书·孝经译注[M]/汪受宽撰.--上海:上海古籍出版社,1998

本书是中国文化史上最重要的典籍之一。译注者以深厚的文化底蕴,通过周详浅近的解说和清新雅致的译文,不但准确传达出原著的精神,也为广大读者顺利阅读和理解原著提供了便利。

4029

中华古籍译注丛书·颜氏家训译注[M]/(北齐)颜之推著;庄辉明,章义和撰.--上海:上海古籍出版社,1999

本书原文采用朱熹编辑整理七卷本《诸子集成》中的《颜氏家训》,同时参阅其他注本,以及王利器《颜氏家训集解》,对全书进行了较为详尽的注释和今译,力图呈现给读者一本翔实的家庭教育历史读本。

4030

中华古籍译注丛书·庄子译诂[M]/杨柳桥著.--上海:上海古籍出版社,1991

本书将《庄子》分为"释诂"和"译话"两部分。"释诂"是为"译话"服务的,但是它也可以完全独立。"释诂"部分,包括读音、字义、校订、协韵等内容,都是原原本本地用浅近文言写的;在解释字义时,不仅力求在训诂上有根有据,而且力求训话要服从于文法和逻辑。

4031

中华古籍译注丛书·左传译注[M]/李梦生撰.--上海:上海古籍出版社,1998

《左传》原名为《左氏春秋》,汉代时改称为《春秋左氏传》,是我国现存第一部叙事详细的编年体史书,取材于王室档案、鲁史策书以及诸侯国史等,系统而具体地记述了这一时期各国的政治、军事、外交等方面的重大事件。本书是对《左传》的翻译与校注,以降低读者阅读难度。

4032

《中华活页文选·五代史伶官传序》点注琐议[J]/王宣武.--唐都学刊(西安师专学报),1985,01:36－37

本文校订了上海古籍出版社1981年出版的《中华活页文选·五代史伶官传序》中出现的标点、注音、释义方面的错误。

4033

中华校点本《旧唐书·苏瑰传》校记中的一处脱误[J]/王京阳.--人文杂志,1994,04:21－21

本文校订了中华书局校点本《旧唐书·苏瑰传》校记中的一处脱误,指出书中"瑰之从父兄名勖"应为"瑰之从父兄父名勖"。苏瑰的从父兄是苏翰,苏翰的父亲是苏勖。苏瑰与苏勖为伯侄或叔侄。

4034

中华书局《古籍整理出版情况简报》复刊[J]/杨牧之.--出版工作(后更名为中国出版),1979,09:32－33

本文介绍了中华书局总编室编印的内部刊物《古籍整理出版情况简报》复刊的基本情况,重点介绍了复刊第一期的主要篇目和内容。

4035

中华文渊拔萃——评《中华古文献大辞典·文学卷》[J]/林之满.--社会科学战线,1995,3:280－281

由东北师范大学中文系教授汪玢玲主编

的《中华古文献大辞典·文学卷》出版是我国古籍整理研究的又一新收获。本文对其进行介绍评价，指出该书内容丰富，结构宏伟，上起殷周下迄辛亥革命之中国古代文学，包括与文学有关，文史交叉的部分文献均在选收范围，思想内容、艺术价值皆佳。

4036

中华武术文库·古籍部·纪效新书[M]/（明）戚继光著. --北京：人民体育出版社，1988

本书是明代戚继光创作的军事著作，属于戚继光在东南沿海平倭战争期间练兵和治军经验的总结。正文十八卷讲述了兵员的选拔和编伍、水陆训练、作战和阵图、各种律令和赏罚规定、诸种军械兵器及火药的制造和使用、烽堠报警和旗语信号等建军作战的各个方面，并有大量形象逼真的兵器、旗帜、阵法、习艺姿势等插图。

4037

中华武术文库·古籍部·太极拳谱[M]/（清）王宗岳等著；沈寿点校考释. --北京：人民体育出版社，1991

本书汇集了王宗岳、武禹襄、陈王廷等众多太极拳宗师著述的经典理论。它不仅载有太极拳战略、战术的拳论和拳诀，而且寓有哲学、伦理学、中医学、心理学、生理学和运动力学等多种学问。

4038

中馈录[M]/曾懿，陈光新撰. --北京：中国商业出版社，1984

本书是清代一本介绍食品加工方法的书。"中馈"指女子在家中主管的饮食之事，而主中馈之事的女性一向甚少受到关注，鲜有留下中国古代女性烹饪经验的书面记载，因此《中馈录》在众多古代食谱中显得独特且珍贵。

4039

中南民族学院图书馆古籍线装书馆藏目录1951—1991[M]/中南民族学院图书馆参考阅览部线装书库编. --武汉：中南民族学院图书馆，1991

本书系中南民族学院图书馆藏存的古籍线装书目，内容涵盖图书馆1951年至1991年所收录的所有古籍书目。书目在原有目录卡片的基础上，对各种书进行了复查、核对和增补，按照书名字头笔画数排序，共收录书目1251条。

4040

中南、西南地区省、市图书馆馆藏古籍稿本提要[M]/阳海清主编. --武汉：华中理工大学出版社，1998

本书包括《馆藏古籍稿本提要》《古籍钞本联合目录》和索引三部分。由四川省图书馆、武汉图书馆、桂林图书馆、重庆图书馆、重庆市北碚区图书馆、贵州省图书馆、湖北省图书馆、湖南图书馆、云南省图书馆、广东省立中山图书馆参编，通过馆际协作，揭示古代文献，方便学者查检，弘扬民族文化。

4041

中日文化交往信物——馆藏和刻本古籍述略[J]/方品光. --上海高校图书情报学刊，1998，04：54－56

本文对福建师范大学图书馆藏和刻本《一切经音义》《贾子新书》《三礼图》《地理全志》《尊攘纪事》进行介绍，分析福建刻书对日本雕版印刷的影响、和刻古籍对于中日文化交往的重要性、和刻古籍对中国近现代印刷书籍产生的影响。

4042

中山大学图书馆古籍善本书目（附：朝鲜版古籍书目·日本版古籍书目）[M]/中山大学图书馆编. --广州：中山大学图书馆，1982

本书目著录中文善本书1995种（同种书不同版本的亦分别著录），包括中山大学图书馆总馆及历史系、中文系和古文字研究室的图书资料室所藏善本书。书目悉依《全国古籍善本书总目》分类表分经、史、子、集、丛五部排列，具体类目视馆内是否入藏而设。

4043

中兽医古籍部分存疑药考[J]/蔡良清，史江彬. --中兽医医药杂志，1990，02：37－39

本文研究了兽医古籍中"柳蛇粪""黑药子""乌龙肝""红姜""灰汁"等几味中药的药

理、药性、药效的问题。

4044

中兽医古籍选读[M]/河北省定县中兽医学校编. --北京:农业出版社,1961

本书由河北省定县中兽医学校编写,为了结合学校其他课程和学生们实际需要,选择《黄帝内经素问篇》《司牧安骥集》《元亨疗马集》《牛经备药医方》等书的几篇重点篇目,对文理较深的词句和文意重点做了词解和义解。此外还选了三篇古典中兽医书的序言考证作为本书附录,以供阅读中兽医古籍参考。

4045

中唐诗人小传订补——新近两部大型《辞典》匡失举例[J]/汤华泉. --古籍研究,1995,03:44 – 49

1990 年、1992 年江苏古籍出版社、中华书局先后出版《唐诗大辞典》《中国文学家大辞典·唐五代卷》。笔者在阅读《全唐诗》诗人作品时,曾比照两部辞典考察了一些作者的传记材料,发现了一些问题。本文整理成札记 19 条,涉及诗人 30 多位,以作为他们小传的订补。

4046

《中图法》关于古籍分类的得失[J]/严代荃. --杭州师范学院学报(社会科学版)(后更名为杭州师范大学学报),1990,02:123 – 126

本文介绍了中国古籍分类的演进过程,从古书的性质和馆藏的实际两方面论述了中国古籍分类的复杂性,认为采用双轨制,也就是对古籍既采用原有的经、史、子、集四部分类,又采用《中图法》分类,才能适合古书的特点,从实用、理论上都是有益的。

4047

《中图法》类分古籍略论[J]/邓贵忠,钟稚鸥. --图书馆论坛,1999,05:95 + 91

本文是作者用《中图法》类分古籍的经验总结,认为《中图法》大体上能适应古籍分类的要求,但也存在不足,要使《中图法》完全适用于古籍分类,还要作认真的修订和增补。

4048

《中图法》与集部古籍分类[J]/张国娟. --社会科学辑刊,1999,02:156 – 157

本文以"四库法"集部为例,考察了《四库全书总目》集部古籍的类分和《中图法》的类目对应问题。

4049

《中图法》与经部古籍分类[J]/张国娟. --社会科学辑刊,1994,03:156 – 158

本文介绍了第三版《中国图书馆图书分类法》的主要内容和类分图书的方式,以"四库法"经部为例,考察了《四库全书总目》经部古籍的类分和《中图法》的类目对应问题。通过对经部十类古籍的分析,证明了用《中图法》类分中国古籍是完全适应的。

4050

《中图法》与史部古籍分类[J]/张国娟. --社会科学辑刊,1995,02:116 – 117

本文指出《四库全书总目》中史部共分为十五类。用《中图法》类分这些古籍,绝大部分容易归类,但也有个别类目划分较难,并举例进行了分类阐述。

4051

《中图法》与《四部法》结合用于古籍计算机编目的尝试[J]/秦淑贞. --图书馆建设,1996,03:68 – 70

本文论述了《中图法》与《四部法》结合用于古籍计算机编目尝试的必要性以及类分古籍的可行性,分析了把《四部法》类目放在"606 b1"字段的合理性。

4052

中文古籍版本简谈初稿[M]/南京大学图书馆编辑. --南京:南京大学图书馆,1973

南京大学图书馆施廷镛几十年来从事古籍整理工作,对古籍版本的辨别积累了丰富的经验。图书馆为了开展业务学习,由施廷镛同志对馆内其他同志予以介绍。本书为初步讲稿,供馆内同志学习参考。

4053

中文古籍三议[J]/薛英. --北京图书馆馆刊(后更名为国家图书馆学刊),1982,01:38 – 41

本文探讨了线装书的称呼、什么样的书

籍可以归入中文古籍等问题,指出中文古籍的收购与整理工作的重要性。

4054

中文古籍整理分类研究[M]/刘简. --台北:文史哲出版社(台湾地区),1977

本书研究了中国古籍分类的由来、历史沿革等问题。

4055

中文古籍中的马来西亚资料汇编[M]/林远辉,张应龙编. --马来西亚:马来西亚中华大会堂总会,1998

本书收录了从两汉至清末中文古籍中有关马来西亚的记载。为研究马来西亚历史和中马关系史,提供珍贵史料,对马来西亚历史和中国与马来西亚关系史的研究,以及中马友好关系的发展起到促进作用。

4056

中文古文献版本比对之研究——以佛教经典为例[D]/林乃文. --台湾大学(台湾地区),1999

本文是对中文古文献版本比对方法的研究,以佛教经典版本比对问题为例,作者设计了一个近似比对的全文检索系统,着重在检索时增加语意考虑,强调其在比对过程中的重要性。该系统在进行抽词时,使用了佛学辞典所定义的佛学关键词,以决定文章段落的特征;在处理检索条件时,加入了佛学索引典(Buddhist Thesaurus),利用语意找出更多相关文件;同时将否定字对语意的影响纳入考虑范围。

4057

中文类书的演变[J]/郭松年. --图书馆学研究,1987,04:90 – 94

类书是辑录群书、综合各类或专收一类的资料,按照分类,或分韵、分字等方法编排,便于寻检征引的一种工具书。本文考察了魏晋至清代,我国类书编撰起源和发展的主要情况,并列举了各个朝代典型的类书。

4058

中文"三古"现代化工程和现有成果[J]/盛玉麒. --中文信息,1997,02:5 – 8,

古代汉语、古代文学、古籍整理统称为中文"三古"。本文探讨了"三古"现代化的系统应用案例、研究内容及应用意义。文中指出,中文"三古"的现代化任务是:电脑化,将"三古"信息转换为电脑化形式;工程化,这一工作是一个宏大的系统工程;标准化,从大到小、自始至终都要贯穿标准化原则,走标准化路线;国际化,中文"三古"属于世界,是人类共享的精神财富。

4059

中文系词曲研究室积极开展戏曲古籍的整理研究工作[J]/曲钟. --扬州大学学报(人文社会科学版),1983,02:116 – 116

扬州大学中文系词曲研究室自正式成立以来,在院、系领导和支持下,除承担一定的教学任务外,积极开展戏曲古籍的整理研究工作。本文介绍了该研究室的整理研究工作和成果。

4060

中西古籍出版中"牌记"与书末"题署"的比较研究[J]/许文彦,王若. --出版发行研究,1997,05:34 – 36

本文通过中西方古籍出版中的"牌记"与书末"题署"的比较分析,指出其在产生、发展及内容和形式方面的异同,得出结论:"牌记"与书末"题署"是在写本书时代抄后记的基础上发展而来,都具有介绍图书出版者姓名、刊刻年代、地点、堂号等作用,同样表现了出版者的版权意识和广告意识,是鉴定中西古籍版本的重要依据,是近代图书版权页的先驱。

4061

中西交通史料汇编(全六册)[M]/张星编注. --北京:中华书局,1978

本书由全国古籍整理出版规划领导小组资助出版,将古代中外关系史中关于交通的史料按照地区、年代先后汇辑,进行注释和说明,涉及上古时代的中外交通,古代中国与欧洲、非洲、阿拉伯等国家与地区的交通。

4062

中央民族学院少数民族古籍整理工作一瞥

[J]/观宏.--中央民族学院学报（后更名为中央民族大学学报）（哲学社会科学版），1983，01：96

根据中央有关文件和国务院古籍整理出版规划会议的精神，中央民族学院于1982年6月10日成立了少数民族古籍整理出版规划领导小组。本文介绍了领导小组成立以来召开的六次座谈会等古籍整理工作相关情况。

4063

中央民族学院图书馆馆藏中国民族研究参考简目·第1辑（古籍部分）[M]/中央民族学院图书馆（后更名为中央民族大学图书馆）编.--北京：中央民族学院科研处，1985

本书由中央民族学院图书馆编著，本辑共3册，是中央民族学院图书馆馆藏中国民族研究的文献资料简目，为中国民族研究提供一定参考。

4064

中药十九畏兽医方例古籍文献考[J]/王天益.--西南民族学院学报（畜牧兽医版）（后更名为西南民族大学学报）（自然科学版），1987，03：57-59

中药十九畏是中国古代医家对药物性能的一种尝试和总结，是指19种药物中，凡指名相畏的药物，彼此都不宜混用。主要是防止它们之间产生化学变化，而抵消或减弱了另一种药的有效作用，或者出现其他毒副反应。本文主要考察了中药十九畏在《重编校正元亨疗马牛驼经全集》《活兽慈舟校注》《养耕集校注》《牛经切要》等中国古代兽医古籍文献中的方例。

4065

中医古典（籍）文献学的学科范畴和相关问题[J]/李戎.--中医文献杂志，1994，04：24-25

本文对中医文献学的范畴、学科属性和有关问题以及与中医文献学紧密相关的中国文献学的学科概况进行论述，旨在使中医文献学的发展、中医的科学研究和学术发展更加明晰。

4066

中医古典医籍之最[J]/周保国.--内蒙古中医药，1995，02：44-45

本文罗列了44项中医古典医籍之最。如我国现存最早的中医基础理论巨著、目前发现最早的本草古籍、现存最早的医学文献实物、最早记载人体胚胎发育的专篇、最早有关经络的著作、现存最早中药学专著等。

4067

中医古籍版本发展历史概述[J]/吉文辉.--中医药图书情报，1989，03：40-43

本文对中医古籍各个历史时期制书的质量、书籍的风格、印书的风气以及版本的渊源关系等情况进行介绍，指出了解中医古籍版本发展历史对提高版本鉴定能力和版本选择水平有很大的帮助，对研究祖国医学发展史和整理、阅读中医古籍也有参考价值。

4068

中医古籍版本鉴定常见问题例说[J]/黄龙祥.--文献，1998，02：129-152

本文举例说明了中医古籍版本鉴定中的常见问题，包括据序文误定刊刻年代、据刻书牌记误定版刻年代、重修本递修本误作原刊本、重刻本伪充原刊本、残本误作足本、因丛书零种欠原丛书总序而误定版本、坊刻本托名等，还介绍了影印本鉴定、版本源流考察的方法。

4069

中医古籍辨伪方法刍议[J]/严季澜.--北京中医药大学学报，1998，04：14-16

对辨伪知识予以系统总结者，当首推晚明学者胡应麟。他在《四部正讹》中提出了"辨伪八法"，对前人的辨伪经验概括颇为精当，在辨伪学理论和方法上作出了重要贡献。其后梁启超在《中国历史研究法》中又提出了辨识伪书的12条公例，更为缜密周详，堪称辨伪方法集大成之作。本文根据胡、梁二氏辨伪方法并结合中医古籍辨伪的特点，对中医古籍的辨伪方法作一阐述。

4070

中医古籍的整理与利用[J]/周玉亭.--医学图书馆通讯，1995，02：18

本文作者通过在南京图书馆古籍部研修

学习及从事中医古籍的工作经验,对有关中医古籍版本、编目等方面的内容知识作介绍。

4071

中医古籍概况(上)[J]/高越敏,胡滨.--浙江中医学院学报(后更名为浙江中医药大学学报),1986,01:43-44

中医古籍是中国古代文化的瑰宝之一,内容丰富,卷帙浩繁,是继承和发扬祖国医药学的重要文献。本文从中国古医籍概况、训诂知识、文献检索等方面对中医古籍进行介绍,梳理了先秦、秦汉三国、两晋南北朝隋唐、宋金元、明清时期的中医古籍代表性著作及时代特点。分为上、下两篇,此文为上篇。

4072

中医古籍概况(下)[J]/高越敏,胡滨.--浙江中医学院学报(后更名为浙江中医药大学学报),1986,02:41-44

同上。

4073

中医古籍检索途径初探[J]/杜敏.--津图学刊,1997,02:91-96

本文结合古代中医典籍及有关医学史料记述的目录学范畴,对其查阅检索的途径和方法进行理论探讨,指出查阅中医古籍的主要途径是利用医学专科目录,了解掌握综合性目录学知识。古医书中的医学书目,也起到中医专科书目的作用。我国的古医书引录有很多散见书名,值得重视发掘。这类散见书名在该书的引用书目中未经著录,需经过复查核实后才可充分利用。

4074

中医古籍校勘简议[J]/张灿玾.--中国医药学报(后更名为中华中医药杂志),1993,03:49-54

本文指出,中医古籍校勘工作十分有必要。存世古医籍数量较多,应选择具有学术价值的古籍加以校勘,并且注意弄清学术渊源、辨别真伪等。还对考察版本源流、选择底本校本、具体校勘的方法、校勘记的撰写等具体问题进行了研究。

4075

中医古籍校勘举隅[J]/王兴华.--中国医药

学报(后更名为中华中医药杂志),1986,01:41-43

本文从校勘的重要性、目的、讹误的原因等方面,以《瘟疫论评注》为例,指出其中因校勘不足存在的问题。

4076

中医古籍今译例析[J]/许敬生.--河南中医,1995,01:62-63

本文使用举例的方法,对中医古籍今译中存在的问题进行对照分析,指出古籍今译的要求及其对于中医领域的重要性。

4077

中医古籍精华选评[J]/张华珠,任建素.--中医函授通讯(后更名为中华中医药学刊),1992,04:20-22

本文是对于《黄帝内经素问》的一篇释评合集,共17句,每句标有原文出处以及释评。

4078

中医古籍临证必读丛书·儿科卷[M]/刘鹏举,薛凤奎主编.--长沙:湖南科学技术出版社,1992

本书收录了《颅囟经》《活幼口议》《片玉心书》《幼科发挥》等儿科古籍31种。该书根据"面向临床,立足实用,重视补遗"的选书原则,在确定书目时注意突出全面、独特、实用三个特点。所谓"全面",是指所选之书能从历史发展与儿科临症两个角度相得益彰或相互取长补短,较为完整地包容中医儿科学有关新生儿、婴儿、幼儿及少儿有关生理病理特点的基本理论和临床各种常见病症诊察、辨证、治疗体系。

4079

中医古籍临证必读丛书·妇科卷[M]/刘忠德等主编.--长沙:湖南科学技术出版社,1996

本书以年代先后为序,精选校点中医历代妇科名著35种,包括《千金妇人方》《校注妇人良方》《女科百问》《广嗣五种备要》等。所选各书从不同侧面或角度论述了妇科疾病的生理基础、病因病理、诊断治疗和预防保健,并通过取长弃短、避轻就重、删繁就简、选择校点等技术处理,荟萃大量历代著名妇产科专家的独特经验、效验方药及其他治疗技术与方法。

4080

中医古籍临证必读丛书·内科卷[M]/刘鹏举,薛凤奎主编.--长沙:湖南科学技术出版社,1992

本书收载古医籍28种,均加校点,或全书收录,或选辑部分。每书前设提要栏,介绍原著者生平、学术渊源、学术思想,并提示其学术特点。所收书目包括《兰室秘藏》《秘传主治要诀及类方》《苍生司命》《医学原理》《医林绳墨》《慎柔五书》等。

4081

中医古籍临证必读丛书·外科卷[M]/刘忠德,刘鹏举,薛凤奎主编.--长沙:湖南科学技术出版社,1994

本书自晋至清选点30部书,其中有我国现存第一部外科专著《刘涓子鬼遗方》,名家名著《外科正宗》《外科大成》,亦有孤本、手抄本,收病十类百余症。为供外科医师在处理应急骨伤疾患时参考选用,在30部书中选点了以论小伤小损为主的《跌损秘方》《救伤秘旨》两部偏于论伤之书,意在使人临证实践时能熟悉一些治伤应急方法。

4082

中医古籍名著丛书·妇科玉尺[M]/(清)沈金鳌著;张慧芳,王亚芬点校.--北京:中医古籍出版社,1996

本书为清代名医沈金鳌晚年所撰妇科著作,论述了衡量诊断妇女疾病标准,每论先述病机,后立治法,强调以脉象变化辅助诊断妇女诸疾,提出妇女"多先为气病,后及血病"的临证见解。卷一论求嗣、月经病;卷二论胎前;卷三论临产及小产诸疾;卷四系产后调治;卷五专述崩漏、带下;卷六为妇女杂病证治。

4083

中医古籍名著丛书·黄帝内经灵枢[M]/(战国)佚名编.--北京:中医古籍出版社,1997

《灵枢》亦称《九卷》《针经》《九灵》《九墟》等,是中医经络学、针灸学及其临床的理论渊源。

4084

中医古籍名著丛书·黄帝内经灵枢附黄帝八十一难经[M]/李生绍,陈心智点校.--北京:中医古籍出版社,1997

本书所论医理,与《素问》属于同一体系。所不同者,除阐发阴阳五行、脏腑气血、病机治则外,着重论述了经络、腧穴、针具、刺法等。《灵枢》刊行后,流传甚广,复经多次重刻。现存主要版本包括元胡氏古林书堂刻本、明嘉靖赵简王朱厚煜居敬堂刊本、明熊氏种德堂刻本等。此次校点以赵府居敬堂本为底本,只留正文,删去音释,参校胡本、熊本、日刊本、正统道藏本等,并参阅《太素》《甲乙经》《脉经》《千金要方》《千金翼方》《外台秘要》《类经》《永乐大典》及马注、张注、黄注等。所附《黄帝八十一难经》,原题周秦越人撰。此次校点以现存《难经》最早集注本《集注黄帝八十一难经》之日本文化元年(1804)濯缨堂重刻本为底本,只留原文,删去注释,参校《难经本义》《古本难经阐注》《难经疏证》等,并参阅《灵枢》《脉经》等。后世学子论经脉、针灸均以《灵枢》《难经》为其尊。

4085

中医古籍名著丛书·黄帝内经素问[M]/傅景华,陈心智点校.--北京:中医古籍出版社,1997

《黄帝内经素问》是我国著名的医学典籍,创立了我国医学的理论体系,奠定了中医学发展的基础,直至今日仍有重要的研究价值。本书为《中医古籍名著丛书》之一,以顾从德本为底本,编写过程中参阅了历代文献及各种语译语释本。

4086

中医古籍名著丛书·金匮要略[M]/(东汉)张仲景撰;于志贤,张智基点校.--北京:中医古籍出版社,1997

本书是我国东汉医学家张仲景《伤寒杂病论》的杂病部分,也是我国现存最早的一部论述杂病诊治的专书,原名《金匮要略方论》,本书全三卷,二十五篇,论病四十余种,载方二百零五首(不含杂疗、食物禁忌等三篇)。剂型涉及汤、丸、散、膏、酒、洗、敷、坐等多种。

4087

中医古籍名著丛书·女科经纶[M]/(清)萧埙纂著;郭瑞华点校. --北京:中医古籍出版社,1996

本书全八卷,分为七门。卷一为月经门;卷二为嗣育门;卷三至卷四为胎前门;卷五至卷六为产后门;卷七为崩漏门、带下门;卷八为杂症门。该书在编撰上具有类书的特点。一是引用文献十分广博,引证了上自《内经》、下迄清代的中医古籍100余种,尤其以元明之际的医学著作为多。二是将所搜集的资料分门别类,有机编排,以经带胎产为纲,疾病症候为子目,子目之下又列出许多小标题,将收集之资料依时代先后排序,源流分明。三是注明文献出处,该书引用100余种文献,均在原文之前注明出自何书何人,为读者检索文献原文提供线索。四是阐明个人观点,在列举历代医家原文之后,附以按语,抒发己见。五是该书详于论而略于方,即只采集历代诸家对疾病的病名、病因、病机、症状的论述,说明辨证治疗大法及原则。该书是一部内容丰富、条理清楚、论理透彻、简明扼要的中医妇产科理论专著,对中医妇产科理论的普及和提高有促进作用。

4088

中医古籍名著丛书·伤寒贯珠集[M]/(清)尤怡著;张慧芳校注. --北京:中医古籍出版社,1998

本书是《伤寒论》注释性著作。作者融汇诸家之长,以治法为纲,将《伤寒论》原书条文重新整理编排,根据伤寒六经每经的具体情况,分列正治、权变、斡旋、救逆、类病、明辨、杂治,少阳刺法,少阴清法、下法、温法,厥阴清法、温法等,以法类证,方随附之。这种编排方法,提纲挈领,一目了然,甚便读者研读《伤寒论》。原文下附以注释,注文解难释疑,词畅理明,更能穷本溯源,抉微探奥,发前

人所未发。该书长期被视为学习《伤寒论》的阶梯与津梁。

4089

中医古籍名著丛书·伤寒论[M]/(东汉)张仲景著;厉畅,梁丽娟点校. --北京:中医古籍出版社,1997

本书是一部阐述外感热病治疗规律的汉医经典,十二卷,现遗存十卷。书中总结前人的医学成就和丰富的实践经验,集汉代以前医学之大成,并结合临床经验,系统阐述了多种外感疾病及杂病的辨证论治,理法方药俱全。

4090

中医古籍名著丛书·伤寒论本义[M]/(清)魏荔彤著;赛西娅等点校. --北京:中医古籍出版社,1997

本书以方类证,条理清晰,探究本源。并援引《内经》《周易》有关论说参证诠解,探讨奥旨,以阐明《伤寒论》"表里之义""升降之义""寒热虚实之义"。注释颇详而多有发明,是注释《伤寒论》著作中的上乘之作,《医宗金鉴》多引其说。

4091

中医古籍名著丛书·素问病机气宜保命集[M]/(金)刘完素著;鲍晓东校注. --北京:中医古籍出版社,1998

本书为作者晚年总结其毕生医药理论和临床心得之作,编写宗旨在于"济世""愈疾",前五论(原道、原脉、摄生、阴阳、察色)及病机、气宜诸论为全书理论核心。

4092

中医古籍名著丛书·外科正宗[M]/(明)陈实功著;张印生,韩学杰点校. --北京:中医古籍出版社,1999

本书四卷,是一本中医外科理论和临床实践价值颇高的中医外著。卷一总论外科疾患的病源、诊断与治疗;卷二至卷四分论外科各种常见疾病一百多种,首论病因病理,次叙临床表现,继之详论治法,并附以典型病例。书中绘有插图30余帧,描述各种重要疮肿的部位和形状,最后又介绍了炼取诸药法。在

中医外科书中,该书向以"列症最详,论治最精"见称,因而备受后世推崇,可供学习和研究中医外科以及临床医师参考之用。

4093

中医古籍名著丛书·针灸大成[M]/(明) 杨继洲著;刘从明等点校.--北京:中医古籍出版社,1998

本书又名《针灸大全》,十卷。杨继洲根据家传《卫生针灸玄机秘要》,参考明以前20余种针灸学著作,并结合作者针灸临床经验编成此书。此次整理,以明万历二十九年辛丑(1601)山西赵文炳刻本为底本,并参考数种刻本校点而成。

4094

中医古籍名著丛书·针灸聚英[M]/(明) 高武著;高俊雄等点校.--北京:中医古籍出版社,1999

本书乃明代著名针灸医学家高武编撰,全书共分四卷,卷一阐述脏腑、经络、腧穴,卷二阐述病证主治,卷三阐述刺灸方法,卷四记录各种针灸歌赋。本书内容丰富,主要汇集了明代以前各家针灸学说有关内容,亦包括作者个人的学术思想,对后世针灸学的发展有十分重要的影响,是为研究针灸理论与临床的一本重要参考书。

4095

中医古籍目录学研究的巨作——《中国古籍总目提要·中医药卷》开始编纂[J]/徐岩春.--中国中医药信息杂志,1994,01:46–46

本文介绍了《中国古籍总目提要·中医药卷》的编纂情况、编撰体例和工作流程等。

4096

中医古籍僻词僻义[J]/沈澍农.--辞书研究,1995,04:139–142

本文对中医古籍中一些生僻词进行了解释,包括校、绞、挍、无在、无聊赖、精彩、精采等,有助于研究者更好地理解原文文义。

4097

中医古籍善本丛刊·脉语[M]/(明)吴昆著.--上海:上海书店出版社,1986

本书二卷,是一部脉学专著。上卷为《下学篇》,作者结合临证体验,列论十三篇。下卷为《上达篇》。作者广读长沙、河间、东垣、丹溪之书,间取《内经》《难经》《脉经》《甲乙经》等有关论脉内容,阐明新义,列为五十三篇。书中将明朝以前有关脉学的生理病理、病机、诊脉方法及候脉论治等内容,逐一论述,又另列妇人脉法、小儿脉法等,并于诸脉状主病中论及三十种脉象,比李时珍《濒湖脉学》中论及的脉象多三种。世论怪脉,大都八种。本书对其详细分述,列出二十四种。书末专列脉案格式一节,分为八个方面立案,裨以实用。全书内容对后人钻研脉学理论,以及临床实践均较高的参考价值。

4098

中医古籍善本丛刊·女科百问[M]/(南宋)齐仲甫著.--上海:上海书店出版社,1983

本书二卷,将有关妇女生理、病理、经、带、胎、产等方面的内容,归纳为一百个问题,逐一解答,故称"百问"。上卷五十问,论述女科的天葵、经候及血分、经、带诸病证治;下卷五十问,主要论及妊娠胎产诸病的证治。每问均有理、法、方、药,条理清晰,内容简明,并附有验案,是一部综合性的妇科文献。该书以问答形式撰写,浅显易懂,便于览阅和查检,被世人誉为部妇产科普及读物。书中不少理论贴合临床,方剂颇有效验,具有较高的指导价值。

4099

中医古籍善本丛刊·医衡[M]/(清)沈时誉著.--上海:上海书店出版社,1985

本书四卷八十一篇。首为统论十一篇,论述养生、运气、奇经八脉等总旨;次为,证论六十八篇,分风、寒、暑、湿、燥、火、气、血、痰、积、虚损等类;中风五㖞异同,真类中风论治(附酒人多中风论),痹证析微,论痿之因不独内伤亦有外感,论痿之治不独取阳明亦当泻南补北,论风痹痿三者之别,厥论(附风厥辨);末为附论二篇,论述生育、养生之道。

4100

中医古籍善本丛刊·婴童百问(全二册)[M]/(明)鲁伯嗣著.--上海:上海书店出版

社,1985

本书十卷,将有关婴幼儿的初生养护及病候诊治等列为一百个问题予以阐述,每问一证,必究其受病之源,详其治疗之法,列方八百余首。对于多种儿科病症的致病原因及治法方药等论述详尽,其中麻疹和水痘的鉴别与治法尤详。作者能融会众说,自成一家而多创见。取材比较审慎精要。本书据明嘉靖二十一年(1542)刻本影印。

4101

中医古籍善本丛刊·针灸节要[M]/(明)高武著. --上海:上海书店出版社,1986

本书三卷,又名《针灸素难节要》。卷一为《难经》节录及滑寿等人注解,包括"以补泻针法"等为主题的篇章十八节。卷二为《灵枢》《素问》节录,包括"用针方宜"等与针刺操作有关的篇章四十七节,和"五乱"等各病症针灸治疗的篇章四十八节,以及"艾灸方宜"等以艾灸为主题的篇章八节。卷三为《黄帝内经》《难经》节录,主要包括"经脉"和"腧穴"等为主题的篇章十节。本书据明嘉靖十六年(1537)刻本影印。

4102

中医古籍善本丛刊·祖剂附云起堂诊籍[M]/(明)施沛著. --上海:上海书店出版社,1983

本书是一部方剂专辑,全书四卷,记载主方75首,附方768首。该书将明以前的方剂以类相附,以《黄帝内经》《汤液》《伤寒论》《金匮要略》等经典之方为首,从而推其演变,溯源穷流。其归类准则,或以同一方剂加减而相附,或以方剂名称相近而相属,或以方中主药相同而相归,或以方剂功效相似而相类。使后人借以了解古今方剂承前启后的梗概。施氏对某些方剂还加了按语、注释,为研究方剂学发展史提供了较有价值的资料。书之末还附有《云起堂诊籍》,这是施氏的医案。案中察因辨证,析理透彻,立方遣药,丝丝入扣,是研究医案的珍贵资料。

4103

中医古籍善本丛书·分部本草妙用(全五册)[M]/(明)顾逢伯撰. --北京:中医古籍出版社,1996

本书成书于明崇祯三年(1630)。该书本着"用药如用兵"之旨,将药物按五脏分部,以仿兵阵之五部;其他兼经杂药,按效归类,取法于兵种各有专长。各部类之下又分温补、寒补、温泻、寒泻、性平五种性质归并药物,共叙药560余味。各药分别介绍其性味、功效、主治等。分部新颖,以药物归经入脏为纲,药效为目,次序井然,述药简明。

4104

中医古籍书名趣说[J]/漆浩. --中医函授通讯(后更名为中华中医药学刊),1988,03:37

本文研究了《黄帝内经》《金匮要略》《神农本草经》等中医古籍书名的含义。

4105

中医古籍书名诠释举隅[J]/刘晓庄,黄素英. --江西中医学院学报(后更名为江西中医药大学学报),1991,01:44-45

中医古籍多以义名书,即概括书中主要内容而命名。但历代医籍诸多书名取义古奥、立题僻涩。本文对《肘后备急方》《备急千金要方》《银海精微》等医书书名进行了诠释。

4106

中医古籍书名诠释举隅(续)[J]/刘晓庄,黄素英. --江西中医学院学报(后更名为江西中医药大学学报),1991,02:32-33

本文对《赤水玄珠》《寿世保元》《医贯》《本草乘雅半偈》《四圣心源》《三指禅》《罗遗编》《医醇剩义》《串雅》等16部中医古籍的书名进行诠释。

4107

中医古籍书名探析[J]/董少萍. --山东中医学院学报(后更名为山东中医药大学学报),1991,06:64-65

本文从反映图书情况、作者情况等方面,分析了中医古籍的冠名特点,探讨了同书异名、同名异书现象及产生原因。

4108

中医古籍索引的意义——兼评《中医经典索引》[J]/任何. --上海中医药杂志,1990,10:

37－39

本文结合对《中医经典索引》的评介,从总的方面略述中医古籍索引的功能,从不同侧面介绍中医古籍索引,了解各种古籍索引的功能、使用方法,对研究和编纂古医籍索引有一定的学术借鉴意义。

4109

中医古籍文献学[M]/张灿玾编著.--北京:人民卫生出版社,1998

本书分为绪论、中医文献的源流与流别、中医古籍的书名与篇名、中医古籍书体结构、中医文献的文体、中医文献的文字、中医文献的标记符号、中医文献的载体、中医文献的著录、中医古籍校勘、中医古籍注释、中医文献的聚散与辑佚、中医古籍辨伪等章。

4110

中医古籍文献研究中几个问题的探讨[J]/王怡,苏礼.--甘肃中医学院学报(后更名为甘肃中医药大学学报),1989,02:36－38＋46

本文讨论了中医古籍文献整理研究中存在的古籍文献的署名及撰刻年代含糊不清、文献同书异名或同名书等问题。

4111

中医古籍小丛书·成方便读[M]/(清)张秉成编著;李飞,瞿融点注.--南京:江苏科学技术出版社,1990

本书汇集古今常用方剂245首,附方54首,仿《医方集解》体例,分为补养、发表、攻里等22门。所录方剂以"世所好尚""同道所趋竞"者为原则,即选择历代医家所常用之良方验方。每方以七言歌诀的形式,归纳其药物组成和主治病症,是初学方剂者必读之书。

4112

中医古籍小丛书·读医随笔[M]/(清)周学海撰;王新华点注.--南京:江苏科学技术出版社,1983

本书是清代医家周学海研读古医书的心得体会,包括中医基础理论、脉法、运气、方药和临床各种杂证的辨治等,论述精辟,适合于中医各科临床医师及在校师生参阅。

4113

中医古籍小丛书·格致余论[M]/(元)朱震亨著;毛俊同点注.--南京:江苏科学技术出版社,1985

本书为元代医家朱震亨医论集,成书于元至正七年(1347),因"古人以医为吾儒格物致知一事"而得名,其著名的"相火论""阳有余阴不足论"等俱载,集中反映了朱氏的学术观点,阐述了相火与人身的关系,提出保护阴血为摄生之本,列色欲、茹淡、饮食诸论,强调饮食起居的重要性。在杂病论治方面,也提出了许多独到见解。

4114

中医古籍小丛书·韩氏医通[M]/(明)韩懋著;张浩良校注.--南京:江苏科学技术出版社,1985

本书二卷,是一部综合性医书。上卷分绪论、六法兼施、脉诀、处方、家庭医案共五章;下卷列悬壶医案、药性裁成、方诀无隐、同类勿药计四章。韩氏发展了淳于意的医案程式,具体指出四诊对病证鉴别的重要性,创用了三子养亲汤等常用效方,在临床上对补法的运用尤有心得。书中并记载了半夏曲、霞天膏等制法。本书现存明刻本、清刻本、《中国医学大成》本等多个版本。本书整理者对《韩氏医通》进行了点校和注释,便于读者阅读。

4115

中医古籍小丛书·何氏虚劳心传[M]/(清)何炫编著;张浩良校注.--南京:江苏科学技术出版社,1984

本书力主阴虚成劳之理,提出虚劳之治有七误和数种死候,并总结了虚劳治法的补肾水、培脾土、慎调摄三大要点,对后世虚劳顽疾的治疗有深远的影响。

4116

中医古籍小丛书·金镜内台方议[M]/(明)许宏编著;李飞点校.--南京:江苏科学技术出版社,1985

本书是一部研究《伤寒论》方的专著。明代医家许宏称《伤寒论》方为"内台方"。本书将《伤寒论》113方,归纳为汤、散、丸三类。第一卷至十卷为桂枝、麻黄等汤方,第十一卷为五苓等散方,第十二卷为理中等丸方。书末附有药性品制、用药加减法和论分两等三篇短文。方义阐述条理清晰,其问答部分发明甚多,颇有启发性,是研究《伤寒论》方的重要参考书。

4117

中医古籍小丛书·雷公炮炙论[M]/(南朝宋)雷学敩撰著;(清)张骥补辑;施仲安校注.--南京:江苏科学技术出版社,1985

本书是我国最早的中药炮制学专著,分为上中下三卷和附卷。原载药物300种,每药先述药材性状及与易混品种区别要点,别其真伪优劣。记述净选、粉碎、切制、干燥、水制、火制、加辅料制等法,对净选药材的特殊要求亦有论述,有些方法至今仍被制药业采用。历代制剂学专著常以"雷公"二字冠于书名之首,反映出人们对雷氏制药法的重视与尊奉。

4118

中医古籍小丛书·灵兰要览[M]/(明)王肯堂著;江一平,戴祖铭点注.--南京:江苏科学技术出版社,1987

本书是一部临证综合类中医著作。选载明代医家王肯堂有关各科病症主治43篇医论,皆系其平素读书心得,随笔记录之得意力作。其论说诸证,发明病机,辨白证治,或宗溯经旨,阐微析奥,或斟酌各家,剖判得失,并记述己验,以为临证指归。书中征引晋唐宋元以来医家名言20余家。

4119

中医古籍小丛书·琉球百问[M]/(清)曹仁伯著;顾泳源,江一平点注.--南京:江苏科学技术出版社,1983

本书是一部医论著作,根据曹氏回答其琉球弟子吕凤仪所提问的问题记录整理而成。内容以临床病例的立法处方为主,旁涉针灸、本草等内容,反映出曹氏在医学理论和临床实践上的成就与学术思想,于拟制方药、论述医理均有所发挥。本书足以透视出我国医学向亚洲沿海各国传播的情况,也可以看出曹氏在医学上的精湛造诣。

4120

中医古籍小丛书·侣山堂类辩[M]/(清)张志聪著;王新华点注.--南京:江苏科学技术出版社,1982

本书为张志聪及弟子钻研中医学术的专题论文集。该书对古医书和医家谬误之说颇多纠正,对六经和脏腑的功能有所发挥。上卷多采用问答形式杂论医理,对脏腑功能、病原、病症、病种、证治、方剂等内容分题予以辨析,说理简明扼要。下卷阐述药性和方剂配伍。

4121

中医古籍小丛书·明医杂著[M]/(明)王纶著;(明)薛己注;王新华点校.--南京:江苏科学技术出版社,1985

本书六卷,卷一至卷三主要为医论及杂病证治;卷四专论风证;卷五论述小儿诸病的证治;卷六为附方。全书以论述内科杂病为主,兼及妇人、小儿疾病。证治方剂俱备,理论与实践密切结合。

4122

中医古籍小丛书·难经本义[M]/(元)滑寿著;王自强校注.--南京:江苏科学技术出版社,1987

元代医家滑寿对《难经》原义有所发挥,将《难经》原书中的缺误衍文、编次错乱等加以厘定,并参考元以前《难经》注本及有关医籍予以诠注。书中列举错简、脱漏、衍文19条,编入卷首,予以考订辨论。

4123

中医古籍小丛书·内科摘要[M]/(明)薛己著;陈松育点校.--南京:江苏科学技术出版社,1985

本书为内科类中医著作,对当时一些医家滥用寒凉之弊予以驳斥,所列二百多个医案中,阐述内科杂病以虚证为多,见解独特,强调医者临证应治病求本,滋取化源,倡用甘温之品,为后世医家所推崇。书中采用医话体例,叙述证治经历,或内伤酷似外感,或虚损面貌似实症,薛氏以其慧见卓识,剖判疑似,颇中肯綮。

4124

中医古籍小丛书·内外伤辨[M]/(金)李杲撰;丁光迪校注.--南京:江苏科学技术出版社,1982

本书三卷,凡二十六论。卷上从各方面讨论内伤病与外感病的不同形证及其病理变化;卷中论饮食劳倦所伤,尤其是劳倦伤元气;卷下论饮食内伤,提出对待此病的应有看法,以及如何根据所伤病情正确处理等问题。

4125

中医古籍小丛书·女科经纶[M]/(清)萧埙编著;陈丹华点注.--南京:江苏科学技术出版社,1986

本书八卷,为中医妇产医学理论与临床治疗方面的"经纶"之作,在中医妇科学中占有重要地位。内容分为月经、嗣育、胎前、产后、崩漏、带下、杂证诸门。每证首列先贤论述,引录了众多有代表性医家的论点,后加按语,阐述萧氏的论点,语言精辟,论议切于实际。全书内容条分缕析,层次分明,精论宏博,选取精当,广撷博采。

4126

中医古籍小丛书·伤寒论类方[M]/(清)徐灵胎撰著;李铁君校注.--南京:江苏科学技术出版社,1984

本书四卷,将《伤寒论》方剂按方名归类、编次,先列方药组成及服用法,后论主治,间附按语。

4127

中医古籍小丛书·沈氏女科辑要[M]/(清)沈又彭著;陈丹华点注.--南京:江苏科学技术出版社,1983

本书二卷八十节,对妇女经、带、胎、产的生病与病理,妇产科诸病的辨证实施作了全面系统阐述。沈氏惜墨如金,裒集前贤旧论,非有真知灼见者不辑;切合实用,必欲与自身临床治验相印证。

4128

中医古籍小丛书·慎柔五书[M]/(明)胡慎柔撰著;沈凤阁点注.--南京:江苏科学技术出版社,1985

本书五卷,包括师训、医劳、虚损、痨瘵、医案。内容以内科虚损类疾病为主,兼及其他杂病的证治。其学术思想系本李杲《脾胃论》学说,治疗方法亦以保护脾胃为主。本次出版以上海大东书局版为底本,以上海卫生出版社版为校本。

4129

中医古籍小丛书·慎斋遗书[M]/(明)周子千著;孟景春点注.--南京:江苏科学技术出版社,1987

本书是一部涵盖医论、医话、医案的综合性医书,十卷。由周子千门人整理记录。卷一至五分述阴阳脏腑、亢害承制、气运经络、望色切脉、辨证施治、二十六字符机、用药权衡、炮制心法、古经解、古方解、古今名方。卷六至十介绍以内科杂病为主的临床各科病症诊治。论述密切结合作者学术见解和临床实践经验,治疗选方尤多心得,是一部论理透彻、辨证明晰、切于实用的综合性医书。

4130

中医古籍小丛书·素问玄机原病式[M]/(金)刘完素著;孙桐校注.--南京:江苏科学技术出版社,1985

本书是一部医经类著作。刘完素运用五运六气学说来阐发病因、病机以及转归,还在"病机十九条"基础上增加了燥类,扩充了病种,特别是火、热两类、首创"六气皆从火化""五志过极皆为热甚"理论,并提出辛凉解表和清热养阴之法,从而开创了"寒凉派"。此书语言精练,说理透彻,对研究《黄帝内经》病机理论有重要的参考价值。

4131

中医古籍小丛书·外科精义[M]/(元)齐德之编著;徐福松校注.--南京:江苏科学技术出版社,1985

本书二卷,上卷列诊疗法,下卷列应用方。书列医论三十五篇,选方一百四十余首。博采《内经》以降医学文献中有关诊治痈疽、疮肿论述,结合个人经验编撰而成。本书原附于《东垣十书》之末,此次出版以明代文奎堂刻本卷十四至卷十五《外科精义》为底本,适当注释,加入标点。

4132

中医古籍小丛书·王氏医存[M]/（清）王燕昌述著；王新华点注. --南京：江苏科学技术出版社,1983

本书十七卷,是一部医论著作。该书主要内容为杂论病机、医理、临床经验及效方等。以清同治年间甲戌皖城黄竹友斋刻本为底本。本书是作者纂集其个人家传之医学理论和经验,对科研和教学都具有参考价值。

4133

中医古籍小丛书·小儿药证直诀[M]/（北宋）钱乙. --南京：江苏科学技术出版社,1983

本书三卷,上卷论述脉证治法,中卷记医案,下卷列诸方。系统地反映了钱乙的学术思想,概括了钱氏儿科的临床经验,是一部理论结合实践、突出辨证论治和整体观念的中医儿科专著。

4134

中医古籍小丛书·形色外诊简摩[M]/（清）周学海著；金一飞校注. --南京：江苏科学技术出版社,1984

本书是一部诊断学著作。上卷专论望形,首叙形诊总义,次叙生形（生理性形态）、病形（病理性形态）以及络脉形态等。下卷阐论望色,包括面色、目色、舌色等。书中集历代有关望诊文献,条分缕析,并旁及闻诊、问诊。其"舌质舌苔辨""舌苔有根无根辨"两篇医论,阐述尤为精要。

4135

中医古籍小丛书·眼科阐微（另附：眼科秘诀）[M]/（清）马云丛著. --南京：江苏科学技术出版社,1984

本书四卷,有论有法有方,内容丰富。卷一阐述眼病辨证施治的理论；卷二专述老年眼病；卷三、四详述时行眼症,常见的内外障诸症,以及妇人、小儿眼病的辨证和治疗；立论精辟,辨证详明,治法和方药多切合实用。本书中多次提到孙思邈《眼科秘诀》一书,此书对马氏的眼科学术影响较大,故将该书与王覆万之注一并附于本书之末。

4136

中医古籍小丛书·眼科秘诀[M]/（唐）孙思邈著. --南京：江苏科学技术出版社,1984

本书二卷,卷一载《孙真人眼科总理七十二症秘诀》附方十三首,卷二为注释《孙真人眼科秘诀》附方六首。

4137

中医古籍小丛书·医醇剩义[M]/（清）费伯雄著；王新华校点. --南京：江苏科学技术出版社,1982

本书四卷,清代医家费伯雄晚年编著,初刻于1863年。费氏曾撰《医醇》二十四卷,后毁于兵火,晚年追忆该书内容,但"不及十之二三",遂改名"剩义"。本书出版以清同治二年（1863）耕心堂刻本为底本,并参阅清光绪三年（1877）重刻本、1957年上海卫生出版社排印本、1959年上海科学技术出版社出版的校注本,进行了仔细校勘,并加标点和注释。

4138

中医古籍小丛书·医方考[M]/（明）吴昆编著；李飞校注. --南京：江苏科学技术出版社,1985

本书六卷,选择历代较常用方七百余首,除重复者及单味药外,实有五百六十余方,按病证分为中风、伤寒、感冒、暑、湿、瘟疫等七十二门。对方剂的命名、组成药物、功效、适应证、方义、加减应用、禁忌等均有比较深刻的论述,尤其对方剂的配伍意义,对后学很有启发和参考价值。此次出版以明万历十四年（1586）亮明斋刊本为底本,参阅1936年《中国医学大成》进行校勘。增编了方剂索引附于书末。

4139

中医古籍小丛书·医家心法[M]/（清）高鼓峰撰；王新华校点. --南京：江苏科学技术出版社,1983

本书为综合性医书。作者据临证经验,阐述诊法,二十五法方论及内、妇、儿科等常见疾病诊断和辨证论治等共二十余篇。作者于上述专题,颇有独到的见解。本书收入《医林指月》时,附入胡珏所写的评论百余条。这次出版以乾隆三十三年(1768)宝笏楼刊本为底本,并参阅光绪二十二年(1896)上海图书集成印书局铅印本,以之校勘。

4140

中医古籍小丛书·医经秘旨[M]/(明)盛寅著;张捃芳点注. --南京:江苏科学技术出版社,1984

本书二卷,为明代盛寅临证心得杂记。上卷论述治则。下卷内容广泛,涉及病因、病机、病症的辨治、临床验案及杂论等。全书共分22个栏目,文中援引《内经》《伤寒论》等有关经文及各家之言,先作简要的剖析或评述,再列举多种病症加以阐明。此次出版以《三三医书》本为底本,清徐树荣抄本为对校本,并据《黄帝内经素问》《伤寒论》《医津筏》进行了旁校。

4141

中医古籍小丛书·医学读书记[M]/(清)尤怡著述;王新华点注. --南京:江苏科学技术出版社,1983

本书为清代医家尤怡读书杂记,三卷,又《续记》一卷,并附《静香楼医案》31条。书中阐述了经典医理及各家之说,内容主要包括部分基础理论、多种病症的辨证施治、若干方论、某些书籍和医家论述的正误与论辨等,共86个分题,内容涉及中医辨证基础、疾病诊断、八纲辨证、诸般治法、诸家方药、内外妇儿科病证,并有针法、灸疗和五运六气方面及历代医籍之析疑解惑和临床角度的评述、临床用药的勘误、剂量的调整和验案。每条标明题目,援引古代文献中有关内容,作扼要辨析,或予以评述和考证。本书根据光绪刻本加以校正、补注。除原文以外,王新华先生对相关术语、药汤、方剂和文献作了一番资料补注,旨在给读者提供一些深入的线索。

4142

中医古籍小丛书·医学求是[M]/(清)吴达著;王新华注点. --南京:江苏科学技术出版社,1984

本书是清代医家吴达撰于1879年的医论著作,一、二集各一卷,并附医案一卷,收载医论三十余篇、医案四十余例。主要论辨伏暑、血证、咳嗽、痰饮、外感寒热、胃脘腹痛、运气应病、小儿惊风等,并指出拘泥于运气学说及滥投滋阴之弊。本书根据江阴吴氏家刻本为底本加以校正,补注。

4143

中医古籍小丛书·医学真传[M]/(清)高世栻撰;王新华点注. --南京:江苏科学技术出版社,1983

本书一卷,清高世栻讲授,其学生王嘉嗣等摘录汇集成书。根据作者自己学医经历和临证体会,力除只阅方书而不明经论之弊,阐明中医学有关基础理论以开后学门径,介绍临床有关病证的辨证施治经验,以启发医者。

4144

中医古籍小丛书·医医病书[M]/(清)吴鞠通著;沈凤阁校注. --南京:江苏科学技术出版社,1985

本书是一部医论著作,着眼于医治医生诊治中的弊病,故题名为《医医病书》。主要内容分为四个方面:一为论医德、医术及医者之弊;二为论诸种内科杂病的诊治;三为论治疗原则和治疗方法;四为论药物性能及用药之道。本书与《温病条辨》《吴鞠通医案》共同组成了吴氏完整的学术思想体系。

4145

中医古籍小丛书·医原[M]/(清)石寿棠撰;王新华点注. --南京:江苏科学技术出版社,1983

本书二卷,是一部医论著作。书中记载医论二十篇,对祖国医学的基础理论、辨证施治及临床主要科目等加以论述。在论述病因、辨证、治法、用药等问题时,突出"燥"与"湿"的理论。对于具体药物以燥湿为纲进行了分类,以便临床选用。书中对于望、闻、问、切四诊各有专论阐述,亦均有发挥,而以《望病须察神气论》一文尤精。

4146

中医古籍小丛书·医旨绪余[M]/(明)孙一奎著. --南京:江苏科学技术出版社,1983

本书是明代孙一奎所著,书名号称"绪

余",实际是他一生钻研医学的成果。他的右肾水火辨、三焦论、宗气荣气卫气说、脉义,等等,深入到理论与医学的实质性问题,均具一番新意。书中所论,均是以经典理论为准绳,从经络、脏腑、气血、痰郁等方面加以讨论,并对《难经》的许多论点加以阐发。

4147

中医古籍小丛书·疫疹一得[M]/(清)余霖著. --南京:江苏科学技术出版社,1985

本书二卷。卷上主要论述疫疹与伤寒似同而异的鉴别诊断,详述其病源与症状。卷下概述瘟疫病各种后遗症的辨治;分析了疫疹形色的鉴别及其预后吉凶;列述了治疗瘟疫病的方剂,详述加减方法,可以随证施治。最后所附治验医案,是研究瘟疫病很好的病例资料。

4148

中医古籍小丛书·阴证略例[M]/(元)王好古著;左言富点校. --南京:江苏科学技术出版社,1985

本书较系统总结了元代以前有关阴证的论述,是研究中医阴证的一部难得的专书。全书总计四十二条,一方面采掇前人学说,另一方面根据作者的见解一一加以评述,对阴证作了较全面阐发,书末附以临证治验。本书有论有辨,证方俱备,审证用药,结构严谨,不仅是研究伤寒阴证的重要文献,也是研究杂病阴证的重要参考书。

4149

中医古籍小丛书·尤氏喉科[M]/(清)尤存隐著述;干祖望校注. --南京:江苏科学技术出版社,1983

本书是中医喉科文献中较为有名的著作。作者为清代江苏无锡人尤存隐,有些印刷本题为尤乘,有些抄本题为尤怡,均误。全书分为总论、辨证、治法、吹药、煎剂、制药秘法、良方、喉症图、增补内经拾遗等九章。本书系尤氏家传喉科秘本,向不公开。此次整理采用清同治丁卯年(1867)手抄本为底本,并与1957年上海卫生出版社出版的《尤氏喉科秘本》相勘,适当取舍。

4150

中医古籍小丛书·杂病源[M]/(清)徐灵胎著;孟景春点校. --南京:江苏科学技术出版社,1985

本书为清徐灵胎著作,共收载论文包括阴阳、命门、君火相火、六要、表证、里证、寒热、寒热真假、虚实、治法、气味等十一篇。其中除治法、气味两篇不涉及病因病机和辨证外,其余九篇在对有关杂病病源的认识、病机的分析及辨证的关键等方面,都有较详细的论述,对读者很有启发和借鉴作用。全文加以标点,对较难懂的字、词和较生疏的方剂等,适当加以注释,以便阅读。

4151

中医古籍小丛书·折肱漫录[M]/(明)黄承昊著;陈趾麟点注. --南京:江苏科学技术出版社,1987

本书七卷,前三卷为医药篇,主要内容包括:总论、卒中、脾胃、腹痛、虚损、遗精、痿痹、感冒、郁、杂治、品药等;卷四至卷六为养形篇及续养形篇;卷七为续医药篇。

4152

中医古籍小丛书·针灸问对[M]/(明)汪机编著;李万瑶,仇裕丰点注. --南京:江苏科学技术出版社,1985

本书三卷。上、中二卷论述了针刺原理与针法。下卷论述灸法,并载有经络、腧穴、十二经见证等歌括。

4153

中医古籍小丛书·诊家正眼[M]/(明)李中梓著述;(清)尤乘增补;陈子德校点. --南京:江苏科学技术出版社,1984

本书二卷,上卷统论中医脉学的基本知识、基本原理及其临床运用。下卷分述二十八种脉象,先列体象、主病、兼脉,再详加按语,对诸家学说进行评述,尤其对高阳生所撰的《脉诀》,着重进行了辨误批驳。其书名所谓"正眼"者,即寓有去伪存真、拨乱反正之意。

4154

中医古籍小丛书·知医必辨[M]/(清)李

冠仙著;王新华点注.--南京:江苏科学技术出版社,1984

本书一卷,分十三篇计三十二条,收评论诸家医书之得失,论述四诊,辨析病证及治法、方剂等医论,皆属李氏学习心得或临床经验之总结,颇具一得之见。本次整理以《中国医学大成》本为蓝本,对其中明显的错别字则径予订正,并加新式标点符号和适当注释,以便于阅读。

4155

中医古籍小丛书·质疑录[M]/(明)张景岳著;王新华点注.--南京:江苏科学技术出版社,1981

本书是一部医论著作,共收医论四十五篇,专就金、元诸家论医的偏执处辨论之,"以正其失",故题曰"质疑录"。全书重点论述多种病症的治则,在其重阳气学术思想指引下,进一步发挥了温补学说。对作者本人早年著作中立言未当之处,也作了辨析和纠正。

4156

中医古籍小丛书·中藏经[M]/(东汉)华佗撰;吴昌国校注.--南京:江苏科学技术出版社,1985

本书为综合性临床医著,又名《华氏中藏经》,成书年代不详。署为华佗所作,历代学者对此存有疑义与争议。共三卷,前二卷是论文,共四十九篇,分论天人相应、阴阳五行、寒热虚实、脏腑辨证及杂病症治等;末卷为六十八首方药;书最后附有药方三卷。

4157

中医古籍校注释译丛书·濒湖脉学[M]/(明)李时珍编著;陈辉注释.--北京:学苑出版社,1997

本书是李时珍为纠正五代高阳生《脉诀》之误,汲取其父李言闻《四诊发明》中有关脉学内容,并参以诸家学说及自己的临证经验编撰而成。前半部分主要论述了浮、沉、迟、数等27种脉象,其中同类异脉的鉴别和各脉主病均编成七言歌诀;后半部分为李言闻根据宋代崔嘉彦《紫虚脉诀》删补而成,全面论述了脉象机理、诊脉法、五脏平脉、辨脉提纲、

各种病脉体状、脉象主病等问题。本书在保持原貌的前提下,进行了必要的注释、语译。书后附有《濒湖脉学》张绍棠味古斋影印本。

4158

中医古籍校注释译丛书·傅青主女科新解[M]/(明)傅山原著;肖进顺,邹昌玲编著.--北京:学苑出版社,1997

本书是我国历代中医界公认的妇科精辟专著,它对于指导临床具有很高的实用价值。本书着重于新说解释,语句通俗,条理清晰,科学论证,内容翔实。它不但体现了傅青主的学术思想,而且弥补了该书中脉、症欠详的不足,能使读者一目了然,有效地指导妇科临床实践。是学习《傅青主女科》和中医临床医师的必备参考读物。对初学中医者亦有参考价值。书后还附有清道光十一年(1831)辛卯祁尔诚重刻本的影印资料供读者参考。

4159

中医古籍校注释译丛书·神农本草经校注[M]/(清)顾观光辑;杨鹏举校注.--北京:学苑出版社,1998

《神农本草经》简称《本经》,是中医四大经典著作之一,也是我国现存最早的一部中药专著,共收载365味中药。由于该书成书年代久远,文义艰深,加之历代翻刻有脱讹,故而对全书原文进行了校勘、标点、注释、语译、按语诸方面工作。为了便于检索,书末附以笔画索引和音序索引。

4160

中医古籍校注释译丛书·王旭高医学遗书六种[M]/(清)王旭高著;褚玄仁校注.--北京:学苑出版社,1996

本书包括王旭高刊而不全、未刊行的医学遗著六种,包括《医学刍言》《外科证治秘要》《西溪书屋夜话录》《吴又可温疫论歌括》《温疫明辨歌诀》《葛可久十药神书歌诀》。

4161

中医古籍校注释译丛书·温热经纬[M]/(清)王士雄编;陈辉,王怡注释.--北京:学苑出版社,1997

本书是一部讨论温热病(急性传染病)的

著作,共五卷,卷一辑录有关温热病原文;卷二辑录《伤寒论》《金匮要略》有关温热病论述;卷三、四说明温热病的发展规律,配合病情转变,讨论了舌苔的形、色;卷五论述方药的药性和配伍原理。

4162

中医古籍校注释译丛书·徐评外科正宗校注[M]/(明)陈实功著;(清)徐大椿评;(清)许楣订;戴祖铭校注.--北京:学苑出版社,1997

本书为清代名医徐大椿评批明代陈实功所著《外科正宗》一书的校注本。原书集明以前中医外科成就,并结合著者临床经验编撰而成。内容包括痈疽、疮疡、五官、咽喉、皮肤、痔漏、性病等;以总论、临床表现、病机病理、诊断治疗为纲,括以歌诀,易于诵记,且附医案以验证。

4163

中医古籍校注释译丛书·医贯[M]/(明)赵献可著;陈永萍校注.--北京:学苑出版社,1996

本书为医论性著作,六卷。该书对命门的阐释、对肾之水火的探究,丰富了明代温补学派的理论,也丰富了中医养生保健的理论内容。概述结合临床实际活用古方,辨析疑难病症的诊治,对发掘古方深义,提高临床疗效均具有重要的现实意义。文中论理深透,每一论后,广引诸家之说,举前人有效治验,评以己见,使述与评融为一体。对一些临床疗效好的常用方剂,均作了充分的阐发。

4164

中医古籍形训例说[J]/王筑民.--南京中医学院学报(后更名为南京中医药大学学报),1983,04:54 – 55 + 64

古籍的训诂,在解释词义方面,据其途径之不同,可分为"形训""音训""义训"几种。本文通过分析字形结构以探求字的本义、弄清本义以掌握词义系统两方面,举例介绍形训。

4165

中医古籍选读[M]/顾保群主编.--南京:东南大学出版社,1998

本书选取了《黄帝内经》《伤寒论》《金匮要略》《神农本草经》以及温病学主要著作的重要原文,大多切合临床需要,每段原文均加以注释和提示。还选择了方药总论的部分论述和历代医家的名言粹语,以期提高年轻中医师的理论水平、实践能力和医德修养。本书除可作为中医住院医师继续教育教材之外,还可供西医学习中医和各级中医师临床参考之用。

4166

中医古籍训诂方法简论(一)[J]/徐义芳.--天津中医学院学报(后更名为天津中医药大学学报),1989,04:24 – 27

本文举中医古籍训诂中的实例,从探求词义和说解词义两个方面深入研究了训释词义的方法。指出探求词义的方式包括因形求义、因声求义、因文求义、考证取义、校勘明义等。说解词义的方式包括以形说义、依声说义、直说词义、征引说义、探源说义、明理释词、串讲释词、以图示义等。

4167

中医古籍训诂方法简论(二)[J]/徐义芳.--天津中医学院学报(后更名为天津中医药大学学报),1990,01:36 – 37

同上。

4168

中医古籍训诂方法简论(三)[J]/徐义芳.--天津中医学院学报(后更名为天津中医药大学学报),1990,04:45 – 48

同上。

4169

中医古籍研究与中医现代化[J]/黄英志.--成都中医药大学学报,1998,01:2 – 5

本文针对当前中医学术界在中医古籍研究方面存在的思想误区,讨论了中医古籍研究与中医现代化的关系。通过对中医现代化研究正反两方面经验的总结,证明了没有中医古籍研究,就没有有实际意义的中医现代化。文中指出,中医古籍研究手段在今天并未落后,在中医现代化进程中,仍然具有其他任何研究手段不可替代的作用。

4170

中医古籍珍本提要[M]/余瀛鳌,傅景华主编. --北京:中医古籍出版社,1992

本书以提要为主,述著者生平、学术价值、内容梗概、主要版本等,收书范围以中国中医研究院图书馆藏为主,兼收全国各馆及中医古籍出版社已出版书目,近1100种。中医古籍中其他版本较多,流传较广者,已多见于其他书目、辞典,故本书均未收录。

4171

中医古籍整理出版的现状与对策[J]/秦葆平. --大学出版(后更名为现代出版),1998,04:20 – 21

本文指出,在改革开放新形势下,中医古籍整理出版选题开拓应当多方位、立体化地进行,中医古籍还大有用武之地,并从选题开拓应向深度和广度进军,在编辑的形式与体例方面应当有所侧重、改进与创新,中医古籍整理工具书的出版等六个方面分述改进对策。

4172

中医古籍整理丛书·备急千金要方校释[M]/(唐)孙思邈著;李景荣等校释. --北京:人民卫生出版社,1998

本书三十卷,唐代著名医家孙思邈所著,所载医论、医方较系统地总结和反映了自《内经》以后、唐代初期以前的医学成就,所用方药、养生、食疗等方法至今仍被临床应用,具有重要的学术意义和实用价值。

4173

中医古籍整理丛书·本草崇原集说[M]/(清)仲昂庭纂集;孙多善点校. --北京:人民卫生出版社,1997

本书三卷,是清代医者仲昂庭纂集的一部药学著作。在《本草崇原》基础上增补了《本草经读》《本草经解》《神农本草经百种录》以及《医学真传》《侣山堂类辨》等书相关内容,故称"集说"。本书对研究中药源流、生长环境、药性药理、功效主治都有一定参考价值,尤其对临床用药有较高的指导意义。

4174

中医古籍整理丛书·本草衍义[M]/(宋)寇宗奭撰;颜正华等点校. --北京:人民卫生出版社,1990

本书二十卷,原名《本草广义》,为药论性本草。书中内容涉及各种药物的名义、产地、形色、性状、采收、真伪鉴别、炮制、制剂、药性、功能、主治、禁忌等以及用药方法等,并结合病例阐明观点,纠正了前人一些错误。

4175

中医古籍整理丛书·本草易读[M]/(清)汪讱庵撰. --北京:人民卫生出版社,1987

本书八卷,四百六十二部。卷一、卷二列症一百零七部,分别注出应用药物。卷三至卷八载药四百六十二味,简述性味功治、产地形状等。

4176

中医古籍整理丛书·辨证录[M]/(清)陈士铎著;王永谦等点校. --北京:人民卫生出版社,1989

本书十四卷,是一部综合性医书。内容包括内、外、妇等各科证治。分伤寒、中寒、中风等一百二十六门七百七十余证。每证详列病状、病因、立法处方,并说明方药作用,以及配伍关系。每一证除有一个主治方外,还附有一备用方,以资互参。

4177

中医古籍整理丛书·病机汇论(点校本)[M]/(明)沈颋编著;(清)马俶增定;陈熠点校. --北京:人民卫生出版社,1996

本书十八卷,是一部内科著作。书中将中风、中寒、暑证等60种内科杂病按照脉、因、证、治的顺序加以论述,辑录古代各家学说,参以作者见解加以归纳整理,使成系统。马氏校补时附加按语。

4178

中医古籍整理丛书·不居集[M]/(清)吴澄著;何传毅等点校. --北京:人民卫生出版社,1998

本书系作者集辑《内经》《难经》及历代名贤有关虚损证治论述精义,参悟《易传》"变动不居"奥理,结合临证心得而撰就的虚损证治专著。

4179

中医古籍整理丛书·赤水玄珠全集[M]/(明)孙一奎撰;凌天翼点校. --北京:人民卫生出版社,1986

全书共 37 卷,《赤水玄珠》30 卷,分 76 门,论述内外妇儿各科病症,每门再条分缕析,分述因、证、治方、附诸家治验。本书以明证为主,广辑《内经》及其后 170 余种医著,结合自己经验,编撰成书。《医旨绪余》2 卷,为《赤水玄珠》续编。上卷 44 篇,下卷 26 篇。集诸家之说,辩论脏腑、气血、经络、腧穴。阐述太极、阴阳、五行,解释命门、相火、三焦之意。对前代诸家学说,评述较为公允。《孙氏医案》又名《孙文垣医案》,5 卷。由子泰来、明来及门人余煌等整理而成。按孙氏行医地区顺序编写,分《三吴治验》2 卷、《新都治验》2 卷、《宜兴治验》1 卷。共集医案 300 多例,各案以时间为序,少叙医理,多论证治,与前两书相辅相成。本书汇集明代以前诸家之粹,所论精辟,是一部有参考价值的综合性医书。

4180

中医古籍整理丛书·蠢子医[M]/(清)龙之章著;李维贤,刘万山点校. --北京:人民卫生出版社,1993

本书是一部医学启蒙读物,主要以歌诀体裁论述多种病症的治疗经验。文字浅近易晓,内容颇广,脉证治则,各科方药,均有涉及;主张万病以脾胃为主,治病以调气为主,病寻出路,宜顺势而导之,对巴豆与大黄等药的应用,具有独特见解。

4181

中医古籍整理丛书·丹溪医集[M]/(元)朱震亨撰;浙江省中医药研究院文献研究室编校. --北京:人民卫生出版社,1993

本书是元代著名医家朱丹溪一生著述的辑集、点校本。朱氏一生著述颇丰,据文献记

载具名丹溪撰者不下 20 余种。经考证,其中有其门人所撰,或其私淑者编写,有的则属托名之作。今将朱氏本人自撰,和门人、私淑者整理的著作,凡八种,编辑点校,合成一册。

4182

中医古籍整理丛书·调燮类编[M]/张珍玉等点校. --北京:人民卫生出版社,1990

本书为我国古代养生和科普读物。养生学术思想包括顺应自然规律,生活起居有常与饮食调养有度。顺应自然规律体现在重视天文气象、地理环境及时令节气等方面;生活起居有常体现在注意居住环境,坐卧行走,按摩保健,醉酒沐浴及妊妇幼儿等方面;饮食调养有度体现在注重饮食宜忌,重视饮食补养及服食药饵健体等方面。

4183

中医古籍整理丛书·痘疹辨证[M]/(清)陈尧道编集;李明廉等点校. --北京:人民卫生出版社,1996

本书是一部儿科类中医文献,载痘疹辨源论、痘疹论治辨误、论疹、论用药宜忌、幼科杂论等医论二十篇,医案十则,方六首,相关药物一百十余味。

4184

中医古籍整理丛书·读素问钞[M]/(元)滑寿编辑;(明)汪机续注. --北京:人民卫生出版社,1998

本书是一部医经著作。分脏象、经度(十二经)、脉候、病态、摄生、论治、色诊、针刺、阴阳、标本、运气、汇萃等十二类,重予编次,钩玄提要,注释简明。该书为摘要类编注释《素问》第一家,编次、分类均较为可取,开《内经》节略、类编之先河,对后世产生了一定影响。

4185

中医古籍整理丛书·疯门全书[M]/(清)萧晓亭撰;赵石麟,王怡点校. --北京:人民卫生出版社,1990

本书详论麻风病的病源、症状和治疗,列医论二十一条,述证三十六类,选方一百八十余首。强调辨证论治,治男子以养血和血为主,祛风行滞为佐;治妇人以活血行血为主,

祛风燥湿为佐。

4186

中医古籍整理丛书·冯氏锦囊秘录[M]/
(清)冯兆张纂辑;王新华点校.--北京:人民卫生出版社,1998

本文是一部中医丛书,内分《杂症大小合参》《痘疹全集》《杂症痘疹药性主治合参》三种著作。而在《杂症大小合参》中,又包括《杂症大小合参》《内经纂要》《脉诀纂要》《女科精要》《外科精要》《治疗方论》等六部专著。冯兆张以儿科脾虚湿热证立论,广引前贤论湿诸说之长,或溯源或统绪或彰显,归纳病因、分类治法、精选方药,为后世研究宋元明清医家湿证诊治规律提供了重要资料。

4187

中医古籍整理丛书·妇人大全良方[M]/
(南宋)陈自明撰;余瀛鳌等点校.--北京:人民卫生出版社,1992

本书是一部论述中医妇产科学的专著,分为调经、众疾、求嗣、胎教、妊娠、坐月、产难及产后八门,每门分列若干病证,以病分论,分述病因、证论、方药,并附部分医案。汇集《伤寒论》《诸病源候论》等40余种有关医籍中的妇产科医学理论与临证经验,并结合陈氏家传秘方及其临证经验,使本书成为一部全面、系统的医学著作。

4188

中医古籍整理丛书·干祖望医话[M]/干祖望著;陈国丰等整理.--北京:人民卫生出版社,1996

本书由干祖望弟子收集整理干祖望医话约二百篇,分为医德、敬业、考证、评议、人物、读书、医学、方药、养生、讽刺、杂谈十一门。所涉内容广博,娓娓道来,集新颖性、可读性、科学性、实用性、趣味性于一体,对于提高读者中医学术修养,启迪临证思路有所裨益。

4189

中医古籍整理丛书·古今医统大全(全二册)[M]/(明)徐春甫编集;崔仲平,王耀廷主校.--北京:人民卫生出版社,1996

本书涉及《内经》旨义、历代名医传略、名家医论、脉学、运气、针灸、经络、养生、本草、各科临床、医案验方选集等,概括了明代以前我国重要医学典籍和医学成就。至今医界仍公认《古今医统大全》是一部融古通今、博大精深的皇皇巨著,列为我国医学史上十大医学全书之一。

4190

中医古籍整理丛书·广瘟疫论[M]/(清)戴天章著;刘祖贻,唐承安点校.--北京:人民卫生出版社,1992

本书为吴又可《温疫论》的推广发挥本,主要论述病发于里的温热病的辨证论治,对伏气温病的脉因证治的阐发有突出贡献。着重研究伤寒与瘟疫的辨症,特别是早期症状的鉴别,提出瘟疫早期诊断要点,并详述常见症、疑似症、危重症、后遗症、兼夹症,对每症的病理、鉴别、主治方药均作了比较精确的分析。证之临床,多切实用。论瘟疫病机与兼夹诸证较吴氏详备,概括治瘟疫五法亦较《温疫论》明晰。

4191

中医古籍整理丛书·海药本草(辑校本)[M]/(五代)李珣原著;尚志钧辑校.--北京:人民卫生出版社,1997

本书六卷,是我国第一部海药专著,别具一格。该书从50余种文献中引述有关海药(海外及南方药)资料,记述药物形态、真伪优劣、性味主治、附方、服法、制药法、畏恶禁忌等,涉及40余处产地名称,以岭南及海外地名居多。今存佚文中含药124种,其中16种系新增。

4192

中医古籍整理丛书·韩氏医通[M]/(明)韩懋著;丁光迪点校.--北京:人民卫生出版社,1989

本书二卷,上卷分绪论、六法兼施、脉诀、处方、家庭医案共五章;下卷列悬壶医案、药性裁成、方诀无隐、同类勿药计四章。韩懋发展了淳于意的医案程序,具体指出四诊对病证鉴别的重要性,创用了三子养亲汤等常用效方,在临床上对补法的运用尤有心得。

4193

中医古籍整理丛书·河间医集［M］/（金）刘守真撰；孙洽熙等编校. --北京：人民卫生出版社,1998

本书为一部综合性中医著作。收集刘氏《素问要旨论》《黄帝素问宣明论方》《素问玄机原病式》《素问病机气宜保命集》《伤寒直格》《伤寒标本心法类萃》《三消论》《河间伤寒心要》《刘河间伤寒医鉴》等九种著述,并进行校勘编辑而成。

4194

中医古籍整理丛书·喉科指掌（点校本）［M］/（清）张宗良著；熊大经点校. --北京：人民卫生出版社,1989

本书六卷,是一部重要的喉科医学著作。列喉科七十三症,分门别类论述其辨别与治疗,反映了当时喉科的发展水平。该书校勘整理,以乾隆二十二年（1757）初刻本为底本,以道光八年（1828）、同治九年（1870）刻本为校本,运用对校、本校、他校、理校的方法进行校勘。

4195

中医古籍整理丛书·黄帝内经素问注证发微［M］/（明）马莳撰；田代华主校. --北京：人民卫生出版社,1998

本书又名《素问注证发微》,共九卷。马莳根据《汉书·艺文志》有关《黄帝内经》十八卷记载,认为《素问》和《灵枢》各为九卷,故注释时将两书均恢复九卷编次。不仅在注释篇名、解释病名、申明字义方面较为详明,通过运用《素》《灵》互证,归类条文,综合各家等方式,在剖析医理方面也有许多超越前人的见解。但马氏注文中也有望文生义等处,读者须择善从之。

4196

中医古籍整理丛书·活人书［M］/（北宋）朱肱撰；万友生等点校. --北京：人民卫生出版社,1993

本书参合各家,首倡以经络论六经方证,提出"因名识病,因病识证",强调脉证合参以辨病性,对仲景学术颇多发挥,是《伤寒论》研究早期较有影响的著作之一。此次整理以目前国内外所存最早的明万历四十四年（1616）徐镕刊本为底本,前有点校说明,后有点校后记、校注。

4197

中医古籍整理丛书·济阴纲目［M］/（明）武之望编；李明廉主校. --北京：人民卫生出版社,1996

本书五卷,以明代医家武之望以《妇人大全良方》为基础,旁参《妇科准绳》之得失,参以己见撰成,至今仍被誉为是中医妇科权威性著作。书中阐述了从调经、止带,到求子、产育以及产后杂病、乳疾,生长发育等多种疾病的辨证与治疗。

4198

中医古籍整理丛书·简明医彀［M］/（明）孙志宏撰；余瀛鳌点校. --北京：人民卫生出版社,1984

本书八卷,是一部综合性医书,以介绍临床各种疾病证治为主,附有成方、验方并医论等。卷首有要言一十六则（多为医论）和制药、煎药、服药法等,颇多经验之谈。卷一至五分述内科杂病,兼及五官、口齿病证;卷六至八分述幼科、妇科、外科病证,述证简要而方治详备,主方后附有成方及简效方。

4199

中医古籍整理丛书·金匮要略方论本义［M］/（清）魏荔彤撰；松江何等评定,杜雨茂等点校. --北京：人民卫生出版社,1997

本书注释《金匮要略》原文前二十二篇,以《内经》理论为本,结合喻嘉言等名家之论,对原文逐篇逐条予以注解。注文在吸取前贤精义的同时,颇多个人发挥,说理较为详尽。条文后之按语,常能概括病证之病因、病机、症状、兼证、治法和方药等内容,释文并能注意前后呼应,纵横比较,深入剖析,旁征博引。

4200

中医古籍整理丛书·金匮要略论注［M］/（清）徐忠可著；邓明仲、张家礼点校. --北京：人民卫生出版社,1993

本书二十四卷,内容是对《金匮要略》进

行注释，或依据于典籍，或取材于前贤，并结合自己的心得体会和临床经验阐述经义。徐氏之诠注、论析，力求浅显易晓，旨在发明原书蕴奥。对于原文存疑处，宁可缺略，不予改动以示谨慎。其所写之"凡例"，阐述习读此书的方法；并指出一些医生据方觅病、刻舟求剑之弊。

4201

中医古籍整理丛书·金匮玉函经二注[**M**]/（明）赵以德衍义，（清）周扬俊补注；周衡，王旭东点校. --北京：人民卫生出版社,1990

本书二十二卷，为《金匮要略》注本。周扬俊于《金匮》注本中，尤服膺于赵以德《金匮要略衍义》，注文较为详明，立论多采喻嘉言之学术见解予以融会，并结合《内经》等典籍多所阐论发挥。由于此书以赵书为蓝本，另增周注，故名"二注"。周氏亦以原《金匮》整理本二十三至二十五卷，俱"有方无论"，故遵赵氏原编而未予注释。

4202

中医古籍整理丛书·经穴解[**M**]/（清）岳含珍撰；张灿玾，柳长华点校. --北京：人民卫生出版社,1990

本书为我国现存最早以解释腧穴为主的针灸专著。作者岳含珍，字玉也，号思莲子，益都县孝妇乡浮屠滩庄人。自幼聪慧好学，以擅长针灸而驰名乡邑，著有《经穴解》《灵素区别》等书。本书以十二经脉与奇经八脉为纲，以每条经脉之总论及腧穴为目加以论述。

4203

中医古籍整理丛书·景岳全书[**M**]/（明）张介宾著；赵立勋主校. --北京：人民卫生出版社,1991

本书为明代医家张介宾学术思想和临床经验的代表作。全书六十四卷，分书十五种，包括中医学理论、诊断治法、临床各科及本草方剂的运用等。首选《内经》《难经》《伤寒》《金匮》之论，博采历代医家精义，并结合作者经验自成一家之书。

4204

中医古籍整理丛书·类证治裁[**M**]/（清）林佩琴编著；刘荩文主校. --北京：人民卫生出版社,1988

本书八卷，是一部具有较高临床价值的参考书。除卷首为论述医理外，其他各卷涉及内科、杂病、外科、五官科及妇科的各种疾病。每病下论述了病因、病机、证候特点、脉象及选用的治法和方药。大多附有医案，提供临床心得。理论联系实际，突出了"医活"的灵魂。

4205

中医古籍整理丛书·厘正按摩要术[**M**]/（清）张振鋆编辑；曲祖贻点校. --北京：人民卫生出版社,1990

本书是一部治疗小儿疾病的按摩专书，为清代小儿按摩医家张振鋆编辑。本书共分为四卷，分别为辨证、治法、取穴、列证。校刊以清光绪十五年（1889）张氏述古斋医书刊本为底本，清光绪十六年（1890）述古斋幼科新书本为主校本。本次整理工作，重点是校勘标点、断句，并进行简体横排。

4206

中医古籍整理丛书·良方集腋[**M**]/（清）谢元庆编；张志华，沈舒文点校. --北京：人民卫生出版社,1990

本书二卷，是一部方书。该书三十二门，载方四百三十五首，加后人附续两卷载方两百余首，共六百三十余首。按人体部位及病证，分头面、耳目、口鼻齿舌及暑痧、霍乱、疟疾等三十二门，分类汇辑。其方或摘自历代医书，或采自当时良医，或录自家藏秘方，所选之方颇为精审。

4207

中医古籍整理丛书·秘传眼科龙木论校注[**M**]/李熊飞校注；接传红整理. --北京：人民卫生出版社,1998

本书十卷，是一部眼科著作。书中辑录《龙木论》《眼论审的歌》内容，包括眼科总论和七十二种眼科病症的辨证论治和治疗方药，系统记述了眼科常见的内外障眼病证，介绍了多种眼科外治法，特别是有关白内障的分类、检查、手术适应证与禁忌证以及手术前后中医辨证论治等内容,是一部承前启后的重要中医眼科著作。

4208

中医古籍整理丛书·秘传证治要诀及类方[M]/(明)戴原礼撰;沈凤阁点校.--北京:人民卫生出版社,1989

本书分为《秘传证治要诀》和《证治要诀类方》两部分,前者十二卷,分十二门,列若干病证,详述病因、病机、症状、治则、治法及治验等。后者四卷,根据前述病证列出所用方药。二书互为参阅,有证有方,便于临床使用。

4209

中医古籍整理丛书·勉学堂针灸集成[M]/(清)廖润鸿编;沈爱学,包黎恩点校.--北京:人民卫生出版社,1994

本书四卷,首刊于清同治十三年(1874)。书中辑引清同治前有关针灸医学文献五十余种,歌赋十多首,除《内》《难》《伤寒》《本草》等经典著作外,如《千金》《甲乙》《医学入门》等均有引载。从针灸学基础到临床应用,博采诸家之说,内容颇为全面。在穴位考证方面,以《铜人》为基础,引用多种专书加以考证。

4210

中医古籍整理丛书·名医别录(辑校本)[M]/(南朝梁)陶弘景主编.--北京:人民卫生出版社,1986

本书系历代医家陆续汇集,故称为《名医别录》,是继《神农本草经》后有重要价值的本草文献学著作,收录汉代至魏晋名医在《神农本草经》增附的资料。全书分为上中下三品。上品载药一百九十三种,中品二百四十三种,下品二百九十四种。内容包括药物正名、性味、主治、别名,对于研究汉魏六朝的本草学有较重要的实用价值。

4211

中医古籍整理丛书·明目至宝[M]/(元)无名氏撰;魏淳,张智军点校.--北京:人民卫生出版社,1992

本书首述眼科基础理论及辨证施治原则。全书四卷,卷一从眼的生理入手,总论眼病病理,并载有明目赋等歌赋,五轮八廓所主病症,眼科问答等;卷二分论眼科七十二证,每病编成歌赋,并有图说;卷三、四为眼科疾病的治疗方剂和灸法。

4212

中医古籍整理丛书·明医杂著[M]/(明)王纶撰;沈凤阁点校.--北京:人民卫生出版社,1995

本书为明代医家王纶所撰的一部综合性医著,六卷。前三卷医论部分,论述内科杂病以及妇产科、眼耳、鼻、齿等病证治,其中也分析了李杲、朱震亨治法及方论,末附元滑寿《诊家枢要》;卷四风症;卷五小儿诸证及用药法;卷六附方。

4213

中医古籍整理丛书·难经本义[M]/(元)滑寿著;傅贞亮,张崇孝点校.--北京:人民卫生出版社,1995

本书二卷,为元代医家滑寿集各家对《难经》注释之长,订正脱文误字并加上自己见解完成,首列图,后释义,辞达理明,条分缕析。本书整理者对《难经本义》进行了点校,便于读者阅读理解。

4214

中医古籍整理丛书·难经正义[M]/(清)叶霖著;吴考盘点校.--北京:人民卫生出版社,1990

本书由清代医家叶霖(子雨)撰于光绪二十一年(1895)。叶氏认为《难经》一书理趣深远,遂参历代医学大家对《难经》的注疏,以《内经》原文予以对照排比、诠释发挥。该书以《内经》为医学之根本,故以"正义"名篇,辩论精要,考证详审,是研究《难经》的主要参考文献之一。

4215

中医古籍整理丛书·女科辑要·胎产心法[M]/(清)沈尧封辑,李广文校;(清)阎纯玺编;田代华,郭君双点校.--北京:人民卫生出版社,1988

《女科辑要》又名《沈氏女科辑要》,内容

包括经水、崩漏、带下等十二类,并附治疗方剂。《胎产心法》分述胎前、临产、产后多种病症,对产科各病的诊断和治疗阐述了作者的心得,内容系统而简要。

4216

中医古籍整理丛书·人身通考[M]/(清)周振武著;杨维益点校. --北京:人民卫生出版社,1994

本书为清代周振武撰写的基础理论类中医著作,成书于清咸丰元年(1851)。全书共八卷。内容包括外体部、五官部、内体部、脏腑部、经络部、穴道部、运用部和杂论部。主要对人体脏腑、经络、经穴、骨度等予以考订,论述要旨。全书言简意赅,通俗易懂。

4217

中医古籍整理丛书·痧胀玉衡[M]/(清)郭志邃著;刘玉书点校. --北京:人民卫生出版社,1995

本书为清代郭志邃撰的一本温病类中医文献。上卷载痧胀发蒙论、痧胀要语及痧胀脉法;中卷列各痧症症状,并附以治疗验案;下卷列各痧症备用要方。书中详载刮痧之法及放痧十法,所载方药包括汤、丸、丹、散各剂凡五十六方,便用七方及绝痧方,收录治痧药七十余种,可称为痧症全书。并附有后卷。点校以康熙十七年(1678)扬州有益堂刊本为底本。

4218

中医古籍整理丛书·伤寒辨证[M]/(清)陈尧道撰;李明廉点校. --北京:人民卫生出版社,1992

本书四卷,汇集宋元以来研究《伤寒论》的诸家学说,以阴、阳、表、里、虚、实为纲分析论证伤寒或与伤寒有关的一些杂病的诊断和治法。另有药方部分,熔经方、时方于一炉,阐明其主治、服法及加减法,是学习和研究《伤寒论》的辅助读物。

4219

中医古籍整理丛书·伤寒六书[M]/(明)陶节庵撰;黄瑾明,傅锡钦点校. --北京:人民卫生出版社,1990

本书成书于明正统十年(1445),是一部广泛论述伤寒脉、证、方、药的伤寒专著,且有著者的独特见解,对临床诊治伤寒疾病具有重要的参考价值。

4220

中医古籍整理丛书·伤寒瘟疫条辨[M]/(清)杨璿撰;徐国仟点校. --北京:人民卫生出版社,1986

本书为温病理论著作,清杨璿撰于乾隆四十九年(1784)。杨氏撰写辨析之论92则,力主寒温分立。所载升降散等方,因切合临床实用,备受医界关注。该书前三卷为辨析之论,后三卷为方药。集群言之精粹,加上作者丰富的临证阅历,对辨温病与伤寒之异,辨治温病与治伤寒之异,作了精辟阐释。

4221

中医古籍整理丛书·伤寒总病论[M]/(北宋)庞安时撰;邹德琛,刘华生点校. --北京:人民卫生出版社,1989

本书六卷。宋庞安时约撰于1100年。其处方用药在《伤寒论》基础上参考诸家学说并,合入实践,有所补充。旨在注释《伤寒论》,却有不少越仲景藩篱而独自发挥之处,是一部研究《伤寒论》较早而有相当影响的著作。现存清刻本、日本抄本、丛书本等,1949年后有排印本。

4222

中医古籍整理丛书·食物本草(点校本)[M]/(明)姚可成汇辑;达美君,楼绍来点校. --北京:人民卫生出版社,1994

本书二十二卷,研究药用食物产地、性能、作用,内容翔实,阐述详尽,切合实用,是历代食物本草之首,对于药物的开拓、本草的研究、水泉的开发,远比其他著作更为丰赡,在中国医药学史上占有相当重要地位。

4223

中医古籍整理丛书·随息居重订霍乱论[M]/(清)王士雄纂;陈明见点校. --北京:人民卫生出版社,1993

本书为四卷,内容分病情、治法、医案、药方四部分,介绍常用中药七十五味,方六十首,是治疗胃肠功能紊乱、吐泻交作、脱水失液、转筋抽搐难得的参考书。

4224

中医古籍整理丛书·胎产指南·盘珠集胎产症治[M]/(清)单南山著;(清)施雯等著;叶青点校.--北京:人民卫生出版社,1996

《胎产指南》九卷。在用药上治胎前病专以丹溪安胎饮化裁;治产后病则以生化汤"灵活变通"为特点,是实用性很强的中医妇产科临床参考书。《盘珠集胎产症治》三卷,为作者数十年妇产科临证经验的总结,其说理简明,通俗易懂,其方药温清补消,条理分明,亦为中医妇产科临床较为实用的书籍。

4225

中医古籍整理丛书·太平惠民和剂局方[M]/(北宋)太平惠民和剂局编;刘景源点校.--北京:人民卫生出版社,1985

本书是全世界第一部由官方主持编撰的成药标准,共十卷,附指南总论三卷。该书分伤风、伤寒、一切气、痰饮、诸虚等十四门,载方788首。所收方剂均是中医中药方剂,记述了主治、配伍及具体修制法。许多方剂至今仍广泛用于临床。本书整理以元版宗文书堂郑天泽刊本为底本,书前增加导读,书后附有方剂索引。是从事中医临床、教学、科研以及从事中药炮制、制剂、调剂研究工作的必读书籍之一。

4226

中医古籍整理丛书·汤液本草[M]/(元)王好古撰;崔扫尘,尤荣辑点校.--北京:人民卫生出版社,1987

本书六卷,是一部药学专著。该书内容丰富,被引的药物学著作达四十余家之多,使读者对药物的出典一目了然。第一部分为总论,是对张洁古、李东垣在药学思想方面的全面阐述;第二部分为药物各论,收药二百四十二种,说明药物的功能、主治等。

4227

中医古籍整理丛书·外科精义[M]/(元)齐德之著;裘钦豪点校.--北京:人民卫生出版社,1990

本书为外科著作,二卷,元齐德之撰于至元元年(1335)。书列医论三十五篇,选方一百四十余首。博采《内经》以降医学文献中有关诊治痈疽、疮肿之论述,结合个人经验编撰而成。此次整理以1956年北京人民卫生出版社出版的明代吴勉学点校本为底本,对书的内容加以考订。

4228

中医古籍整理丛书·外科证治全生[M]/(清)王维德著;孟然点校.--北京:人民卫生出版社,1989

本书又名《外科全生集》,清代王维德整理祖传秘术及生平经验而成,后经马培之重新分卷并作评注,以前集三卷、后集三卷流行。先总述痈疽病因、证候、诊法并列症二十九种。按人体上、中、下三部分论外科病证治疗,兼以内、妇、儿各科病症治疗经验,计外科效方七十五首,杂病验方四十八首。另介绍二百余种外科常用药之性能及其他炮制,复附有作者治验之案,便于临床使用。

4229

中医古籍整理丛书·外科证治全书[M]/(清)许克昌,(清)毕法辑.--北京:人民卫生出版社,1987

本书为外科著作,切于临床实用,共五卷。前四卷将外科病证分为发有定处和发无定处两类,详述阴阳、脏腑、经络及内景证治、外因杂伤证治等。卷五为外科常用治法,包括针、砭、灸、熨、药物方剂和中毒急救。

4230

中医古籍整理丛书·卫济宝书[M]/(宋)东轩居士撰;赵正山点校.--北京:人民卫生出版社,1989

本书成于南宋乾道六年(1170)以前。原书已佚,今本辑自《永乐大典》,分为二卷。上卷论述痈疽证形,列五发图说及用药原则和内外治法,载述一些外科器械之使用和制造。下卷为证治,载方四十余首,包括丸、散、膏、丹、汤、药饼、药捻等多种剂型,治疗范围较广者,注明按证加减之法,并附乳痈、软疖证治,较好体现了疡科辨证论治思想。

4231

中医古籍整理丛书·温疫论［M］/（明）吴有性著；孟澍江，杨进点校. --北京：人民卫生出版社，1990

本书是中医温病学发展史上具有划时代意义的标志性著作，明代吴又可撰于崇祯十五年壬午（1642）。吴又可创立了"戾气"病因学说，强调温疫与伤寒完全不同，明确指出夫温疫之为病，非风、非寒、非暑、非湿，乃天地间别有一种"异气所感"。吴有性创立了表里九传辨证论治思维模式，创制了达原饮等治疗温疫的有效方剂，对后世温病学的形成与发展产生了深远影响。

4232

中医古籍整理丛书·温疫论补注［M］/（明）吴有性著；（清）郑重光补注；郭谦亨，孙守才点校. --北京：人民卫生出版社，1995

本书二卷，为明代吴有性原撰，清代郑重光补注的一本温病类中医文献。郑氏鉴于原书温、疫统称，名实相混，习者难明，故据其临证见解予以补注，对瘟疫证治亦多有发挥。

4233

中医古籍整理丛书·问斋医案（点校本）［M］/（清）蒋宝素撰；黄初贵，覃业姣点校. --北京：人民卫生出版社，1989

本书五卷，是一部医案著作。该书以论述内、妇科医案为主，共分心、脾、肺、肝、肾五部，载述暑证、火证、痢疾等凡四十三门，案例从属各门，归结五脏。所载验案论述周详，尤偏重于病因分析。

4234

中医古籍整理丛书·新编西方子明堂灸经［M］/（南宋）西方子撰；方吉庆等点校. --北京：人民卫生出版社，1990

本书主要论述全身腧穴的灸法主治，共分八卷，各卷分绘正面、侧背面、（伏）面的腧穴图和各腧穴的部位，主治病症及灸法等，收集资料颇多，很有参考价值。

4235

中医古籍整理丛书·形色外诊简摩［M］/（清）周学海撰. --北京：人民卫生出版社，1987

本书是明清以来少有的望诊学专著，清代周学海撰于光绪二十年（1894）。该书上承《内经》，详述望诊；形色合参，察形为先；推崇面诊，创分位图；重视舌诊，法汇寒温；参合脉象，辅以闻问，对于中医诊断学尤其是望诊具有十分重要的学术意义。

4236

中医古籍整理丛书·徐大椿医书全集（全二册）［M］/（清）徐大椿. --北京：人民卫生出版社，1988

本书是一部综合性中医著作。书中收载徐氏所撰《难经经释》《神农本草经百种录》《医贯砭》等凡十五种，并据有关版本予以点校，另撰内容提要于各书卷首，书末附校勘记。

4237

中医古籍整理丛书·许叔微伤寒论著三种［M］/（南宋）许叔微撰；陈治恒等点校. --北京：人民卫生出版社，1993

本书为《伤寒百证歌》《伤寒发微论》《伤寒九十论》三种的合订本。书内三部分包括了伤寒证的阴阳、表里、虚实、寒热各证，各部分彼此呼应，相互印证，对科研和教学都有一定的借鉴意义。

4238

中医古籍整理丛书·续名医类案［M］/（清）魏之琇编；黄汉儒等点校. --北京：人民卫生出版社，1997

本书是清代名医魏之琇继明代江瓘《名医类案》之后辑纂的又一部中医医案巨著。原书六十六卷，后删定为三十六卷。书中各科病症兼备，分类条理清楚，选案广泛，急性传染病所占篇幅甚大。

4239

中医古籍整理丛书·学古诊则［M］/（明）卢之颐撰；宋天彬等点校. --北京：人民卫生出版社，1992

本书为脉学著作，四卷。书载医论四十则，主要以阐发《内经》宗旨为主，参以秦越人、张仲景之说，依据卢氏经验，重点发挥脉诊与经络原理，对经络学说阐发尤详。原书残缺讹误甚多,至清代王琦辑《医林指月》时,将本书重新整理、考订、加注,刊行于清康熙年间。

4240

中医古籍整理丛书·血证论[M]/(清)唐宗海著;魏武英,曹健生点校.--北京:人民卫生出版社,1990

本书是我国第一部有关血证治疗的专著,清代著名医家唐宗海撰写,共八卷,主要围绕血证机理、表现、鉴别和治疗进行论述。内容及议论多由心得而起,发明医理有独特见解。体例条分缕析,务精且详。该书问世以来已成为医者治疗血证的必读之书,本次整理新增方剂索引。

4241

中医古籍整理丛书·研经言[M]/(清)莫枚士述;王绪鳌,毛雪静点校.--北京:人民卫生出版社,1990

本书为清代莫枚士(文泉)撰于咸丰六年(1856),是莫氏多年潜心研究古医籍的心得集,共四卷,合一百五十六篇。对《内经》《难经》《伤寒》《金匮》《脉经》《千金》《外台》及明清温热学说均有评述。

4242

中医古籍整理丛书·验方新编(全二册)[M]/(清)鲍相编辑;(清)梅启照增辑;周光优等点校.--北京:人民卫生出版社,1990

本书上册十六卷,下册八卷,附录一卷,共分一百二十余门,收集了民间流行的验方、偏方、便方等治疗方法六千余条,包括内、外、妇、儿、急救等各科病种,在治疗方面有内服、外敷、针灸、按摩、拔罐、刮痧、食疗等多种方法。本书自清代道光年间问世后,便得到了名人学者的赞誉。

4243

中医古籍整理丛书·杨氏家藏方[M]/(南宋)杨倓(子靖)辑.--北京:人民卫生出版社,1988

本书二十卷,是宋代著名方书之一。书中载诸风、伤寒、中暑、风湿、脚气等四十九类一千一百零九方,包括现代医学的内、外、妇、儿、五官等各科疾病。每方下有主治、药物、方剂的制法及服法,很多方药是宋代常用医方。

4244

中医古籍整理丛书·疡科会粹[M]/(清)孙震元撰;崔扫尘点校.--北京:人民卫生出版社,1987

本书共十卷,外科类,清孙震元撰,图文并茂,成书于清嘉庆七年(1802),收集历代医家关于疡科的病因、病机、辨证、治疗及医案精华,是《外科准绳》后,反映清乾嘉以前外科学成就的专著。

4245

中医古籍整理丛书·疡医大全[M]/(清)顾世澄撰.--北京:人民卫生出版社,1987

本书四十卷,汇集上自《内》《难》诸经、各家学说,下至当时名医言论及古今验方,参以作者个人实践心得编纂而成。

4246

中医古籍整理丛书·医碥[M]/(清)何梦瑶撰;邓铁涛,刘纪莎点校.--北京:人民卫生出版社,1994

本书七卷,以杂病证治为主要内容。卷一略述脏腑、经络、阴阳、水火等概论;卷二至四分数内科杂病证治,其论综合张仲景、朱丹溪、李东垣诸家学说,对病症分析透彻,说理明白晓畅,并有颇多个人见解;卷五详述四诊;卷六至七为常用成方辑录。本书是一部基础与临床结合的医学门径书,在中医学史上占有重要地位。

4247

中医古籍整理丛书·医经溯洄集[M]/(元)王履著;章升懋点校.--北京:人民卫生出版社,1993

本书二卷,是元代医家王履的医学论文集,共有论著二十三篇。除了有作者研究医经(如内经、伤寒论等书)的心得外,还在某些问题上发表了他个人的见解。为了在学术上展开自由争论,作者在"内伤余议"一文中,对金、元名医李东垣的学说,提出了不少商榷意见。本书是学习中医理论很好的参考书。

4248

中医古籍整理丛书·医林改错[M]/(清)王清任撰;李天德,张学文点校.--北京:人民卫生出版社,1991

　　本书二卷。上卷讨论古人对人体脏腑结构的认识,不足之处给予补充改正;下卷分别对半身不遂、瘫痪、痘毒等杂症作了探讨并持论立方。王氏突出血瘀等证的辨证治疗,所载化瘀诸方,对后学颇具启发意义。但由于受历史条件的限制,本书也存在一定的缺点,尤其是对脏腑解剖的某些论述尚有不少讹误之处。

4249

中医古籍整理丛书·医门补要[M]/(清)赵濂著;职延广点校.--北京:人民卫生出版社,1994

　　本书是一部综合性医书。全书共三卷,上、中二卷为医法补要,论述内、外科等多种病征的征候、治法和方药。下卷为见症实录,记载治案近二百条,反映了作者各科的临床经验。赵氏在治法上敢于创新,对外科杂症的手术治疗、外治和民间效方都比较重视。书末附载《先哲察生死秘法》《五运六气全图要诀》《脉诀纂要》三篇。全书内容简要,切于实用。

4250

中医古籍整理丛书·医学指归[M]/(清)赵术堂撰;伊广谦点校.--北京:人民卫生出版社,1988

　　本书二卷,是一部医学入门读物。该书以人身十二经络为纲,依次叙列经络循行、经络解、诸穴歌、分寸歌、病证解、本草脏腑虚实标本用药式及治法解。书中援引《灵枢·经脉》篇原文,进行注释和编纂,融基础理论与临床于一炉,集针灸、方药于一身。卷首辅以经络图和脏腑图,书末附同穴异名、异穴同名的针灸史料。本书叙述明晰,文字流畅易晓,且有歌诀、附图,易诵易解,便于初学。

4251

中医古籍整理丛书·医宗必读[M]/(明)李中梓著;邹高祈点校.--北京:人民卫生出版

社,1996

　　本书十卷。卷一为医论及图说。以介绍医学源流、指导学医门径为主;图说部分根据《内经》列述人体骨度部位及脏腑、生理等。卷二为诊断学,提纲挈领阐述中医的脉学及诊法。卷三、四为药物学,以《本草纲目》为主,精选常用药物四百余种,以赋体概括主治功效。卷五至卷十论述了以内科杂病为主的三十五种病症的病机及治疗,并附医案。病机分析以《内经》理论为纲,选方切于实用。

4252

中医古籍整理丛书·易简方[M]/(南宋)王硕撰;巢因慈点校.--北京:人民卫生出版社,1995

　　本书一卷,是一部医方著作。首记人参、甘草、附子等三十种常用中药的药性及其单方验方;次载三生饮、姜附汤等常用方三十首,介绍方剂组成及其临床应用;末载养正丹、来复丹等十种丸药的处方及其多种适应症。选方以《三因方》为主,数量虽不多,却切于临床实用,故在当时流传颇广。

4253

中医古籍整理丛书·疫疹一得[M]/(清)余师愚著;郭谦亨,孙守才点校.--北京:人民卫生出版社,1996

　　本书二卷。书中对疫症的诊断、治疗、预后提出了很多创见,具有一定的理论价值和临床实用价值。

4254

中医古籍整理丛书·饮膳正要[M]/(元)忽思慧撰;刘正书点校.--北京:人民卫生出版社,1986

　　本书是我国第一部有关食物营养、疗效食品、食物效法的专著,元代蒙古族医学家忽思慧撰,初刻于至顺元年(1330)。早年传往日本,明、清两代曾多次翻印,广为流传。忽思慧是元代皇帝的饮膳太医,主管宫廷饮膳烹调之事。他继承整理古代医学理论,广泛收集蒙、回、维吾尔等民族的食疗方法,并根据自己的经验撰成此书。

4255

中医古籍整理丛书·饮食须知[M]/(元)

贾铭著;程绍恩等点校.--北京:人民卫生出版社,1988

本书八卷,分为水火、谷、菜、果、味、鱼、禽、兽八类,重点介绍了三百六十余种食物的性味、相反相忌、多食所致的病症,以及诸类食物有毒的形态特征和解毒的方法,是一部专论饮食宜忌的养生专著。本书校勘所用之版本,以清道光十一年辛卯(1831)六安晁氏刊学海类编本为底本,另据民国商务印书馆《丛书集成》本对校,并以本书文字前后互证的方法作了本校。

4256

中医古籍整理丛书·幼幼集成[M]/(清)
陈复正辑订;蔡景高,叶奕扬点校.--北京:人民卫生出版社,1988

本书除收集前代儿科文献、民间医疗经验外,还结合清代医家陈复正多年临证实践,存其精要,辨其是非,汇成是书,故曰"集成"。

4257

中医古籍整理丛书·幼幼新书[M]/(南宋)刘昉撰.--北京:人民卫生出版社,1987

本书是我国儿科学中一部巨著。集宋以前儿科之大成,不但汇集了很多现已佚失的早期儿科著作资料,还搜集了许多民间传方及私人藏方。本书为点校本,系采用日本影抄宋本及国内主要藏本相互勘误,并加以适当训释。

4258

中医古籍整理丛书·御药院方[M]/(元)
许国桢编撰;王淑民,关雪点校.--北京:人民卫生出版社,1992

本书十一卷,是一部古代宫廷方书,收方千余首,包括内、外、妇、儿、五官、养生、美容等多方面内容,每首方剂以主治、药物组成、配制方法等分别论述,有些并附有临证加减。

4259

中医古籍整理丛书·针灸大成校释[M]/
(明)杨继洲著.--北京:人民卫生出版社,1984

《针灸大成》为我国明代针灸学家杨继洲所著,是我国古典针灸医籍中内容丰富、资料全面、流传广泛、影响较大的一本针灸专著。

本次校释,以人民卫生出版社影印明本为蓝本,从"提要""原文""校勘""注释""语译""按语"等六个方面进行了整理。

4260

中医古籍整理丛书·针灸大全[M]/(明)
徐凤撰.--北京:人民卫生出版社,1987

本书六卷,以介绍针灸为重点,如周身经穴、灵光、通玄、席弘等赋;孙思邈十三鬼穴,马丹阳天星十二穴,治病十一证、十二经之原等歌。全书内容包括针灸歌赋、十二经脉、奇穴、要穴、针灸方法、证治、宜忌等,既取材于前人文献资料,又总结了徐氏针灸研究学习心得,论述广泛,但简明扼要,是一部综合性针灸著作。

4261

中医古籍整理丛书·针灸甲乙经校注[M]/张灿玾,徐国仟.--北京:人民卫生出版社,1996

本书为我国现存最早的一部针灸学专著,也是最早最多收集和整理古代针灸资料的重要文献,对后世针灸学的发展影响甚大,被历代医家视为经典。全书共二册,十二卷,内容主要取材于《素问》《灵枢》《明堂孔穴针灸治要》,书内设有提要(针对每一篇)、原文、校注与按语几项。

4262

中医古籍整理丛书·针灸易学[M]/(清)
李守先撰;董晋宝点校.--北京:人民卫生出版社,1990

本书又名《绘图针灸易学》,二卷。上卷辑述了针灸源流,针灸手法,认证定穴,五脏俞、会穴,奇经八脉图及各家治证经验、歌诀等。下卷载述寻穴诸法。并载十二经图、十二经补泻八法图及十二经穴、奇经八脉、经外奇穴之穴目等。

4263

中医古籍整理丛书·中藏经校注[M]/李聪甫主编.--北京:人民卫生出版社,1990

本书是现代李聪甫主校的一部基础理论类中医著作。引用文献丰富翔实,训诂解难,校勘严谨,探微索奥,注释精当,所述按语彰显大家功底,是不可多得的传世佳本。

4264

中医古籍整理丛书·种福堂公选良方[M]/(清)叶天士著;(清)华岫云编;张浩良点校. --北京:人民卫生出版社,1992

本书又名《精选良方》,四卷。卷一为《温热论》与续医案。卷二至卷四为临床各科常见疾病的验方、秘方选集。每个方剂大致包括适应证候、药物组成、应用剂量、配制方法、服用宜忌等,有很高的实用价值。叶氏首创卫气营血辨证,注重临床实践,处方用药以辨证为依据不泥古不拘书等诸般学术特点,都集见于本书。

4265

中医古籍整理丛书·祖剂[M]/(明)施沛撰. --北京:人民卫生出版社,1987

本书四卷,是一部方剂专辑,也是方书中最早采用类方体例的代表作。此次校注据上海中医学院图书馆珍藏之明崇祯十三年(1640)刊行的《祖剂》为底本。

4266

中医古籍整理丛书·遵生八笺校注[M]/(明)高濂著;赵立勋等校注. --北京:人民卫生出版社,1994

本书为明万历间学者高濂所撰。按所述内容分为清修妙论、四时调摄、起居安乐、延年祛病、饮馔服食、燕闲清赏、灵秘丹药等,共十九卷,另有总目一卷。全书从身心调养、生活调摄、卫生保健、气功修炼以及艺术游乐、性情陶冶等各个方面,详细论述了强健身心、延年祛病的知识和方法。

4267

中医古籍整理工作中的训诂问题[J]/崔仲平. --吉林中医药,1984,05:42 – 44

本文从训诂学的内容、训诂的方法、古籍注释的体例、训诂的术语等方面,介绍了中医古籍整理工作中的训诂问题。

4268

中医古籍整理入门[M]/孙光荣. --湖南:中医古籍整理河南湖北湖南协作片印,1984

本书从版本、目录、校勘、训诂四方面对中医古籍整理进行论述,为中医古籍整理工作提供了参考价值。

4269

中医古籍整理研究电脑全文检索的意义[J]/杉长华. --山东中医学院学报(后更名为山东中医药大学学报),1996,02:129,

本文指出中医古籍整理研究具有很强的学术性,比一般文献研究复杂。其中包括像版本著录、文句校勘、词义注释考证、病症名确定、繁简字转换等,即使有了正确处理这些问题的方法,在软件设计上还必须符合古籍文献整理研究的正确思路,才能为研究人员接受。要把握好两个方面:一是软件设计的思路,应能全部真实反映古籍的面貌。二是中医古籍的利用有不同于其他学科的特点。

4270

中医古籍整理纵横谈——京津地区中医古籍整理第一次会议学术交流座谈摘要[J]/杨钢. --中医杂志,1984,06:73 – 75

本文介绍了京津地区中医古籍整理第一次会议的情况,记录了施奠邦、马继兴等与会专家学者的座谈发言。

4271

中医古籍中古代地名的查考方法[J]/炎继明. --陕西中医函授(后更名为现代中医药),1994,04:31 – 33,

本文介绍了查考古代地名的方法及工具书,认为地名问题的复杂性表现在三个方面:古今异名、异地同名、同名异实。

4272

中医科研方法论 中医科研应明确的几个问题[J]/张震. --云南中医杂志(后更名为云南中医中药杂志),1988,02:1 – 4 +9

本文为云南省中医研究所中医科研方法专题研究组的研究成果系列汇报材料,讨论了中医科研的基本概念、大体内容、主要方法、基本原则、传统研究方法、实验方法、中医现代化流行病学调研方法、现代研究方法与技术、科研论文撰写方法等问题。

4273

中医科研方法论(续一)——中医科研应明

确的几个问题[J]/张震.--云南中医杂志(后更名为云南中医中药杂志),1988,03:1-5

同上。

4274

中医科研方法论(续二)——正确运用传统的整理研究方法[J]/张震.--云南中医杂志(后更名为云南中医中药杂志),1988,04:1-5

同上。

4275

中医科研方法论(续三)[J]/张震.--云南中医杂志(后更名为云南中医中药杂志),1988,05:1-5

同上。

4276

中医科研方法论(续四)——灵活借鉴现代研究方法与技术[J]/张震.--云南中医杂志(后更名为云南中医中药杂志),1988,06:1-5

同上。

4277

中医科研方法论(续五)——灵活借鉴现代研究方法与技术[J]/张震.--云南中医杂志(后更名为云南中医中药杂志),1989,01:1-5

同上。

4278

中医科研方法论(续六)[J]/张震.--云南中医杂志(后更名为云南中医中药杂志),1989,02:1-5

同上。

4279

中医科研方法论(续七)——用优秀得体的论文表述科研成果[J]/张震.--云南中医杂志(后更名为云南中医中药杂志),1989,03:1-3

同上。

4280

中医类书漫谈[J]/余子牛,冯跃.--图书馆,1997,04:49-51

本文介绍了中医类书的源流、体例及现代发展情况,对类书起源提出了新的见解。

4281

中医历代医论精选[M]/王新华编著.--南京:江苏科学技术出版社,1998

本书在查阅了一千多种中医古籍的基础上,从两百多种医籍里选摘了医论文章八百一十四篇,包括历代中医各主要学派的医论内容和不同学术观点。按内容分脏腑、经络、气血津液、病因、四诊八纲、治疗、方剂药物和各科证治等八章二十八节;对于原文中的引文、方剂和难解的字词等加有注释;所附按语是编者对部分文章的主要论点作了评论,并介绍了原作者的简要情况。

4282

中医期刊出版中校勘方法的借鉴[J]/范欣生.--中国科技期刊研究,1999,(10)2:163-164,

本文围绕中医期刊出版过程中对于校勘方法的借鉴展开,第一部分论述了借鉴校勘方法的由来,包括文献版本原因、原文与注释混用、讹误的原因、非规范方药名等几个方面。第二部分论述了借鉴校勘的几种方法,有理校、他校、对校和本校。

4283

中医四部经典[M]/傅景华等点校.--北京:中医古籍出版社,1996

本书为《黄帝内经素问》《黄帝内经灵枢经》《黄帝八十一难经》《伤寒论》《金匮要略方论》等中医经典名著的白话文标点本。所选底本均为学术界公认的善本。《黄帝内经素问》选用明嘉靖二十九年(1550)武陵顾从德影宋刻本;《黄帝内经灵枢经》为明嘉靖赵康王朱厚煜居敬堂刻本;《金匮要略方论》则为明万历赵开美本;《伤寒论》采用明嘉靖二十四年(1545)汪济川刻成无己《注解伤寒论》本,简称成注本;《难经》则以最早注本,王九思《集注黄帝八十一难经》日本文化元年(1804)濯缨堂重刻本为底本。后两种注解本均删去注释,仅存原文。参校本则选用了其他较有影响的刻本,如《素问》的金刻本、金豁吴悌校刊本、赵府居敬堂本、明抄本、守山阁刊本等;《灵枢经》的胡氏古林书室刊本、日本刊本等。此外参考了《针灸甲乙经》《脉经》《备急千金要方》《千金翼方》《外台秘要》《黄帝内经太素》《难经疏证》《古本难经阐注》等多种古籍。并参阅了郭霭春《黄帝内经素问校注语释》、刘衡如《灵枢经》校勘本、中医研究院编《金匮要略语释》等现代学者著作。此次整理,将四部经典著作合刊,采用简体横排的形式,标点加简单校勘,向读者提供一部简明实用,便于检索的工具书。

4284

中医文献和中医文献学[J]/吴漫. --广州中医学院学报(后更名为广州医科大学学报),1984,02:57 – 60

本文指出中医古籍具有年代久远、文献数量多、分布范围广、学科涉及面广、文字古奥、理论深邃、著录方式多样、理论系统性强、学术流派多、简错佚漏多等特点,在考察历代中医文献整理概况和特点的基础上,提出建立中医文献学这一交叉学科、普及中医文献知识的建议。

4285

中医文献基础四讲[J]/宋珍民,李恩军. --陕西中医函授(后更名为现代中医药),1990,04:15 – 18;

本文是针对中医事业的发展对中医人才文献情报素养的要求,为接受各类中医成人教育的人写的系列性讲座。分文献现状、文献知识、文献利用、文献研究四讲,通过分析中医文献的现状,提出了中医学发展中解决文献问题的重要性,阐述了文献利用能力对成才的重要作用。

4286

中医文献检索与利用[J]/李祥华. --湖北省卫生职工医学院学报,1993,01:68 – 73

本文从古代中医文献发展概况、中医古籍的特征体例及类型方面,对中医文献检索与利用进行论述。

4287

中医文献学[M]/薛凤奎主编;于鸿玲等编. --长沙:湖南科学技术出版社,1989

本书是全面系统阐述中医文献理论的专书,从中医文献概念论起,说明了中医文献的知识范畴,规范了中医文献学的知识体系。全书共十二章加一附录,仅三十余万字,力求在符合教材科学性、系统性基础上,体现"精"字,普及与提高兼顾。本教材上编重在介绍中医文献学基础知识,供本科生使用;下编讲中医文献研究内容及方法,重在科研,供研究生、师资班使用。

4288

中医文献学纲要[M]/张如青等编著. --上海:上海中医药大学出版社,1996

本书在上海中医药大学1986年油印讲义《中医文献学》的基础上,经较大篇幅的增补、删削、调整,编撰而成。在编撰过程中注意利用新的文献材料,吸收新的研究成果,尽量反映中医文献整理研究的最新进展。

4289

中医文献研究的现状与对策[J]/余瀛鳌,孙光荣,周一谋等. --湖南中医药导报(后更名为中医药导报),1995,05:6 – 8

本文是余瀛鳌、孙光荣、周一谋、周衡四位研究员针对中医文献研究的现状,根据自身理解进行介绍,并就存在的问题提出相关的对策。

4290

中医文献研究谭议[J]/赖翔. --湖南中医药导报(后更名为中医药导报),1997,04:73 – 74

本文将中医文献的研究内容分为古代中医文献的校注整理、失传古医书的辑佚、编纂各类工具书、专题研究四个层次,提出充分占有第一手资料,文献研究与临床、实验研究相结合,文献的回顾性研究与前瞻性研究相结合,传统的文献研究方法与现代科技相结合等注意事项。

4291

中医文献整理研究刍议[J]/张灿玾. --中医文献杂志,1995,04:1 – 2

本文对中医文献整理研究历史进行简要回顾,认为对中医文献的整理研究至少应从西汉开始。具体体现在一批经典理论著作的形成、医学方书的编纂、临床医学著作的形成、对经文的注释和中医文献的著录。唐代在南北朝整理的基础上，出现了新的成就，体现在大型方书的编纂和医经训释。宋代由于政府的重视，中医文献整理尤为突出，体现在对仲景著作的整理与研究、大型方书的编写、校正医书局校书。明清时期中医文献的整理体现在大型丛书与类书的编纂，版本源流的考证，各种校勘、注释、辑佚、医学专业目录的编纂和医史人物传记的编辑。

4292

中医文献整理研究刍议（续完）[J]/张灿玾.--中医文献杂志,1996,01:9 – 11

本文从中医学术的载体与宝库、中医学基础理论的渊薮、中医学临床应用的指导、医史研究的素材等方面介绍中医文献的学术价值,指出中医文献整理研究的主要内容包括善本影印、标点、今译、校勘、注释、类编、史书的编纂、文献工具书的编纂等。

4293

中医文献整理研究简议[J]/张灿玾.--高教战线,1984,06:31 – 33

本文探讨了整理研究中医文献的现实意义、工作方法及注意事项等问题。指出综合运用点校、注释、语译或语释等方法整理研究中医古籍,是继承发扬祖国医药学遗产的重要措施之一,可以更好地为教学、医疗、科研服务。

4294

中医线装丛书编目著录浅谈[J]/阎桂银.--中医药图书情报,1992,02:37 – 39

本文从丛书的定义与分类、著录丛书的书名、丛书编撰著作方式、子目书名的著录、残本书著录、附属丛书著录方面,对作者在长春中医学院图书馆中医线装丛书编目著录中接触到的－些具体问题和体会进行论述,以便读者检索及本专业者参考利用。

4295

中医训诂之要议（一）[J]/陈竹友.--传统文化与现代化,1998,01:74 – 80

中医训诂学是传统训诂学的一部分,是传统训诂学在研究、整理中医文献中的运用。本文分两篇,从中医文献的语言实际和训诂实际两方面,探究中医训诂之要义。

4296

中医训诂之要议（二）[J]/陈竹友.--医古文知识,1998,02:41 – 43

同上。

4297

中医养生文献概述[J]/傅景华.--河北中医,1986,06:10 – 12

中医养生文献保存在卷帙浩繁的中医古籍之中,除各种医学著作中有大量的养生内容外,中医养生专书就达二百余种之多。中医养生学术的兴起和发展,还与先秦养生思想有密切的关系。现存先秦诸子的著作中,可以见到众多的养生方面论述。本文概述中医养生文献,对中医古籍中的养生思想进行系统分类。

4298

中医药典籍重要性排序及其系统关系之研究[D]/温秀惠.--中国医药学院(后更名为中国医药大学)(台湾地区),1999

本文研究内容包括现存中医药典籍的总排行榜、各类重要典籍排行榜、典籍分类、各类系统关系图、现存中医药典籍各类数量比较,以及内经类、伤寒类、金匮类重要典籍源流关系及系统图。使中医典籍的建档工作,及将来使用这套数据库的人,有所重要依据、有目标可循。

4299

中医药古籍文献的信息化研究[J]/任廷革.--中国中医药信息杂志,1996,01:44 – 45

本文分析了中医药古籍文献信息化的重要性。在信息化社会建立相应的数据库,把信息送上国际通信网络,是我们面临的历史性任务。要实现中医文献信息化,需要从内容和形式上运用计算机技术对其进行全面系统的整理和研究,大致包括信息解析、信息识别、信息查询、信息整合、信息再生和信息传递,直至信息施效。

4300

中医药古文献研究的价值取向与评估[J]/梁茂新,徐月英,刘进.--中国医药学报(后更名为中华中医药杂志),1995,05:47-49

大规模的中医古籍整理工作始于80年代初期。中医药古文献研究工作着实"热"了一阵子,近几年才逐渐"冷"下来。这一冷一热,反映出学术界对中医药古文献研究的不同理解和价值取向。本文客观地分析和评估这一重大学术现象,对理智地调整中医药古文献研究的方向有帮助作用,进而使祖国医药学遗产的挖掘和继承工作纳入良性发展的轨道。

4301

中医药文献检索与利用[M]/刘奎臣主编.--北京:中国医药科技出版社,1995

本书是山东中医学院中医文献专业班(本科)系列教材之一,可供该专业师生教学与学习之用,也可供中医药教学、医疗、科研人员参考使用。在本教材编写过程中,参阅了多种以往出版的能够搜集到的有关文献检索书籍以及大量的检索工具,力求体现教材的系统性、针对性、知识性和实用性,重在培养和提高本专业学生检索和利用中医药文献的能力。

4302

中医药文献研究亟待重视与扶持[J]/朱定华.--中医药管理杂志,1997,05:55-56

本文从中医药文献研究的概况和意义、中医药文献研究能否直接产生经济效益、稳定中医药文献研究队伍乃当务之急三个方面,指出中医药文献研究亟待重视与扶持。

4303

中医珍本丛书[M]/中医古籍出版社编辑部编.--北京:中医古籍出版社,1983

本丛书主要辑收未行于世而颇具价值之中医孤、善本古籍,影印出版,并酌加前言或内容提要。收录有《御药院方》《轩岐救正论》《岭南卫生方》《济众新编》《勿听子俗解八十一难经》《幼科类萃》《伤寒六书筹要辨疑》《黄帝虾蟆经》《针灸内篇》《扶寿精方》等。

4304

中医字典初评[J]/李戎.--云南中医学院学报(后更名为云南中医药大学学报),1992,01:46-48

本文指出现已出版的《中医难字字典》《简明中医字典》《中医字典》《中国医籍字典》四本中医字典各有特色和长短,其中《简明中医字典》相较于其他三本,有较多讹误,并举例说明讹误情况。

4305

中州名家集·曹丕集校注[M]/夏传才,唐绍忠校注.--郑州:中州古籍出版社,1992

本书辑录了曹丕的诗赋文作品,为汉魏时期历史研究提供了有价值的资料。同时,书中对这些作品的字词、典故等进行了校订、详注。

4306

中州名家集·何瑭集[M]/(明)何瑭著;王永宽校点.--郑州:中州古籍出版社,1999

本书采用《四库全书》所收《柏斋集》作为底本,以北京图书馆藏嘉靖刊本等作参校本,在编排顺序上,卷一至卷十一全照四库本,其他补遗篇目排在卷十一之后。最后将有关资料及年表作为附录。本书注释一般只注与诗文有关的背景资料,仅对少量的生僻词语和典故略加阐释。

4307

中州名家集·侯方域集校笺(上册)[M]/(清)侯方域著;何法周主编;王树林校笺.--郑州:中州古籍出版社,1992

本书全十二卷,以中华书局《四部备要》本《壮悔堂文集》为底本,并笺注文中本事及有关人名、地名、官职与主要典实故事,以明题旨。并重辑《侯方域年谱》置于集后,附录部分为传、注、轶事;年谱;序跋、题记;悼纪诗文。

4308

中州名家集·江淹集校注[M]/俞绍初,张亚新校注.--郑州:中州古籍出版社,1994

本书是一部重辑、重校、详注南朝梁著名文学家江淹诗文的专著。他的诗文凄婉顿挫,其中《恨》《别》二赋尤为脍炙人口。江淹生前自编前集和后集,后集已经亡佚,本书在明人胡之骥《江文通集汇经》本的基础上,将江淹作品加以编排校注而成。分上下两编,上编分诗、赋、文三类,下编是代人做的章、表、诏令一类的应用文,书后附有《江淹年谱》。本书吸收前人成果,力求简明通俗。

4309

中州名家集·李斯集辑注[M]/(秦)李斯撰;张中义等辑注.--郑州:中州古籍出版社,1991

本书将散见于古籍中的李斯著述作为"李斯文"加以辑录,还辑录了李斯的部分篆文,以及历代有关李斯活动的部分记述和评论,并将李斯年表作为附录。收有《赵正书》等许多新辑录的史料和前代名家的论述,为李斯研究工作提供了更广阔的视野。

4310

中州名家集·七经楼文钞[M]/(清)蒋湘南著;李叔毅等点校.--郑州:中州古籍出版社,1991

本书是清道光、咸丰之际回族学者蒋湘南的文集。全六卷,收文九十七篇。其中,除少量人物传略、墓志铭外,大多为学术论文。蒋氏一生以"通经致用、持世救偏"为志,所以他的文章既能熔经化史,汲取典籍之精英,又能不泥古,不守偏,独抒见地,自成一家。

4311

中州名家集·阮籍集校注[M]/郭光校注.--郑州:中州古籍出版社,1991

本书是一部重辑、重校、详注三国魏大文学家、思想家阮籍的专著。阮籍是个值得研究的作家,故现在全面、系统地整理他的诗文,加以注释,后附阮籍年谱,以供学习、研究者参考。

4312

中州名家集·沈佺期诗集校注[M]/连波,查洪德校注.--郑州:中州古籍出版社,1991

本书以知人论世、因人注诗的原则,对沈佺期的所有留传诗进行了全面整理和校注。校注者旁征博引,不但在现有的条件下极力

接近沈诗的内质,而且也通过其诗作洞见了其人品及一生行迹,廓清了自古以来对沈诗的误解,为后来研究者提供了许多有价值的史料和有见地的思路,是唐诗研究领域的又一收获。

4313

中州名家集·石田先生文集[M]/(元)马祖常著;李叔毅点校.--郑州:中州古籍出版社,1992

本书共十五卷,前六卷为诗,后九卷为文,文多而诗少。本书所录制诏、表疏、碑志等文不只是应制、应酬之作,在其行文之间,处处显示出马祖常本人的情操,其史料价值也是不可多得的。

4314

中州名家集·谢灵运集校注[M]/夏传才,唐绍忠校注.--郑州:中州古籍出版社,1987

本书是一部重辑、重校、详注谢灵运诗文的专著。全书校注诗文一百三十九篇,大多按年代进行编排。每篇都有内容提要,有的还介绍写作背景,将一些难章难句并作串讲。书后附有《谢灵运生平事迹及作品系年》《谢氏家族成员简介》《辑录所据底本和参校本一览表》以及谢灵运行踪示意图等。特别是系年简介和示意图等,有诸多考证和发现,对史籍的讹误多有指摘。

4315

中州名家集·许有壬集[M]/傅瑛,雷俊芳校点.--郑州:中州古籍出版社,1998

本书以清宣统三年(1911)教育总会据山东聊城邹道沂家藏乾隆间抄本的石印本为底本,以北京图书馆藏清抄八册本为校本,在校对过程中,也参考了四库全书本。为遵照体例,将《至正集》改为《许有壬集》,内容卷数尊重原书。为许有壬研究工作提供了更广阔的视野。

4316

中州名家集·岳飞集辑注[M]/(南宋)岳飞著,郭光辑注.--郑州:中州古籍出版社,1997

本书对岳飞遗作进行收集。岳飞在宋,

不以文著,生前无文集,被害后文稿散佚,其子霖尝搜访旧闻,参稽同异,"或得于故吏之所录,或传于遗稿之所存,或备于堂札之文移,或纪于稗官之直笔"。掇拾未备,命其子珂俾终其志。本书在收集岳飞遗作方面,颇有收获。

4317

中州名家集·郑廷玉集[M]/(元)郑廷玉著;颜慧云,陈襄民校注.--郑州:中州古籍出版社,1997

本书收录郑廷玉的杂剧作品。郑廷玉的杂剧,过去没有专集传世,对其作品著录最早、最全者,当推钟嗣成《录鬼簿》,收录杂剧二十三种,但只著录题目,却没有具体作品。《脉望馆钞校本古今杂剧》是收录郑廷玉杂剧最多的选本,共收录六种。《元曲选》是收罗最丰富、影响最大的元人杂剧选集,本次印行《郑廷玉集》采用中华书局1958年《元曲选》,作为重印本的底本,并结合《脉望馆钞本》进行修补,希望有所裨益。

4318

中州文献丛书·抚豫宣化录[M]/(清)田文镜撰;张民服点校.--郑州:中州古籍出版社,1995

本书全四卷,分奏疏、条奏、文移、告示等四大类,各为一卷,内文移又分上、下两部分,记叙了自雍正二年(1724)八月至五年(1727)七月田文镜任职河南巡抚期间,治理河南的情况。其中不乏大量有关政治、经济、邮驿、保甲制度、军队驻防、科举、学校、司法、治河、移风易俗及肃清陋规恶习方面的史迹,为相关研究者了解雍正年间的河南状况,提供了很有价值的材料。

4319

中州文献丛书·何大复集[M]/李淑毅等点校.--郑州:中州古籍出版社,1989

本书收集了何景明的全部著作,共三十八卷,其中诗歌一千六百一十余首,辞赋三十多篇,散文一百三十九篇,是何景明著作最完备的版本。

4320

中州文献丛书·河洛方言诠诂[M]/王广

庆著;张一才注音;郭也生校点;赵跟喜整理.--郑州:中州古籍出版社,1993

本书考释了河洛方言词语七百余条,或记词,或释义,或考本字,或明形音字义之嬗变,或辨古今之源流,旁征博采,纵横比较。

4321

中州文献丛书·皇极经世书[M]/(宋)邵雍著;(明)黄畿著;卫绍生校理.--郑州:中州古籍出版社,1993

本书是一部宋明理学研究专著。作者站在客观唯心的立场上,用《易经》先天八卦、象数、术数来推理天地、社会、人事、万物的兴亡和盛衰。

4322

中州文献丛书·贾谊集校注[M]/(西汉)贾谊著;吴云,李春台校注.--郑州:中州古籍出版社,1989

本书是对贾谊著作的标点和注释,包括《新书》中的五十六篇散文,和分见于《史记》《汉书》《古文苑》《楚辞章句》中的五篇赋。本书从内容和表达形式上都进行了深入的探讨,并根据历史记载,分析了贾谊的思想,有不少精辟独到的见解。

4323

中州文献丛书·校订《录鬼簿》三种[M]/(元)钟嗣成著;王钢校订.--郑州:中州古籍出版社,1991

本书是一部记录元曲家生平、创作的专著。《录鬼簿》传本系统有三,曰简本,曰繁本,曰增补本。三本差异之大,几同三书,各有所长,各有所用,本书予以分别校订。

4324

中州文献丛书·靖康稗史著[M]/(宋)李天民,王成棣等辑撰;王汝涛点校.--郑州:中州古籍出版社,1993

本书从不同角度记载了北宋都城陷落始末及宋宫室宗族北迁和北迁后的情况。为研究靖康祸乱提供了一手资料。

4325

中州文献丛书·授堂金石跋[M]/(清)武亿撰;高敏,袁祖亮校点.--郑州:中州古籍出

版社,1993

本书是一部金石学专著,分为《授堂金石三跋》十卷、《授堂金石续跋》十四卷。作者武亿为清代著名考据学家,广泛收集金石碑刻文字,并进行认真研究,撰写跋语成书,于考古补史有重要的学术价值。

4326

中州文献丛书·通俗文辑校[M]/(东汉)服虔撰;段书伟辑校.--郑州:中州古籍出版社,1993

本书是我国第一部专释俗言俚语、冷僻俗字的训诂学专著,在汉语言学发展史上具有较重要的位置。

4327

中州文献丛书·问辨录[M]/(明)高拱撰;岳金西,岳金雷校注.--郑州:中州古籍出版社,1998

本书是对高拱晚年撰著的《问辨录》《春秋正旨》《本语》三部学术代表作进行的分段、校点和注释。该书以清代康熙笼春堂藏板为底本,参考了明代万历刻本和《四库全书》本。

4328

中州文献丛书·中州历史人物著作简目[M]/杨松如编著.--郑州:中州古籍出版社,1991

本书目收录了763位籍隶河南或长期寓居河南省的政治家、思想家、哲学家、仕宦学者的著作,上至春秋,下至清末,为河南地区历史研究提供了线索。

4329

中州文献丛书·中州诗钞[M]/(清)杨淮辑;张中良,申少春校.--郑州:中州古籍出版社,1997

本书三十二卷,收录了河南地区王紫绶、傅作霖、苏宏祖等文人的诗作,刊于道光二十三年(1843),在豫流布较广。

4330

重视地方文献的史料价值[J]/范希宏.--图书馆学通讯,1980,02:89

本文通过对吉安市图书馆发现的《瞻岩尺牍》及其作者刘绎的介绍,指出地方文献资料的价值。

4331

重视地方文献收藏 抢救历史文化遗产——自贡市图书馆积极依靠社会有关力量,开展古籍线装调查工作,举办古籍线装书展[J]/朱乔生.--四川图书馆学报,1987,06:91-92+81

本文介绍了自贡市图书馆依靠社会力量,积极配合市政协文化组、市文化局组成的调查组,于1986年9月对市所属四区两县所存古籍的收藏、保管、整理、利用情况进行了系统调查,掌握了市古籍的分布情况、价值情况、利用情况,也发现了古籍收藏上存在的严重问题。

4332

重视对中兽医古籍的整理考证工作[J]/杨宏道.--中兽医学杂志,1982,01:1-6

本文指出,兽医古籍整理工作是带有战略性、事关全局和意义深远的事业,也是社会主义现代化新的历史时期向我们提出的一个重要任务。应以当代先进水平为起点,充分运用现代医学及自然科学的成就来研究中兽医,创造出源于中西兽医,而又高于中西兽医的新成果来。

4333

重视发掘古代文献中的有用信息[J]/放之.--图书馆杂志,1985,04:37-38

本文就信息时代下古代文献对科学研究起到的重要作用提出见解,并以几个实例加以证明。认为古籍中的信息资料可以推进学术科研的发展,信息的古为今用非常有潜力,要善加利用,勤于发掘,用现代化的手段和观点进行筛选、识别和利用。

4334

重要古籍书目简述[J]/阴启明,郭秀英.--张家口师专学(后更名为河北北方学院学报)(社会科学版),1998,Z1:94-98,

本文就我国历代有代表性的目录学著作,依据时代顺序进行了简述,着重论述了重点目录学著作的基本概况及其学术成就、学术价值和对后世的影响。

4335

周恩来与冒广生及《楚州丛书》[J]/郭寿龄. --江苏政协,1996,03:37 - 37

本文记叙了周恩来、冒广生二人与《楚州丛书》一书之间发生的小故事。冒广生是近代著名学者、古籍校勘专家,一生于目录学、词曲学颇多建树。《楚州丛书》为冒广生所刊刻。1949 年后,周恩来总理读阅此书后极为赞赏,高度肯定了冒广生保护地方文献的做法。

4336

周恩来总理关怀祖国文化古笈抢救工作记事一则——记孟蜀广政石经[J]/朱家濂. --图书馆学通讯(后更名为中国图书馆学报),1988,01:84 - 85

本文对周恩来总理抢救的古籍《宋拓孟蜀广政石经》进行介绍,突出周恩来总理抢救古籍的行为的重要性,以及该古籍的珍贵学术价值。

4337

周谷城同志在古籍整理出版规划会议上的发言(摘要)[J]/周谷城. --出版工作(后更名为中国出版),1982,05:7 - 9

本文介绍了 1982 年 3 月 19 日周谷城先生在古籍整理出版规划会议上的发言摘要,他强调整理古籍要让人看得通俗易懂,要从复杂的史料中淘出一些专门的学问出来,要对各种史料进行归类,便于读者利用。

4338

周慎斋遗书[M]/(明)周慎斋著述. --上海:上海科学技术出版社,1990

本书系由明周慎斋口授,门人记录,并经后人整理而成的一部综合性医书。全书十卷。卷一载"脏腑阴阳""亢害承制""气运经络"等篇。卷二论望色切脉。卷三以歌诀形式阐述二十六字符机。卷四叙述用药权衡与药物炮制。卷五阐述古方。卷六分寒热、辨内外伤、寒、热等十目,分别加以阐述。卷七至卷十列九十八种病症的诊治,并附以验案或方剂。

4339

周书本纪校注[D]/谢茂. --台湾师范大学

(台湾地区),1970

本文整理研究了《周书》本纪部分的内容,做了校注方面的工作。

4340

周叔弢先生与宋板周昙《咏史诗》[J]/程光. --文献,1985,01:147

本文简要介绍了当代藏书家、著名版本目录学家周叔弢先生为天津古籍书店影印宋板周昙《咏史诗》作跋的相关情况。

4341

《周易》管窥[J]/李戏鱼. --文献,1990,01:243 - 248

本文对《周易》的内容要点以及它的重要意义进行了阐述。

4342

周易解放[M]/朱星著. --北京:北京大学中国文学院,1949

本书论述《周易》卦画的生成与作用,卦爻辞编纂的程序,以及经文考释的方法,对《周易》经文加以考释。全书分四章:自序,绪论,经文考释上,经文考释下。

4343

周中孚及其《郑堂读书记》[J]/陈方平,申畅. --四川图书馆学报,1987,02:81 - 85

本文在考察清代学者周中孚生平事迹基础上,介绍了其代表作《郑堂读书记》的基本情况。该书分"正编"和"补逸"两部分。正编据吴兴刘承乾刊《吴兴丛书》七十一卷本,补逸三十卷辑自上海李氏《慈云楼藏书志》稿本,合计一百零一卷,共收录存佚图书四千余种。其体例采用传统的经、史、子、集四分法。

4344

周祖谟先生在古籍整理方面的贡献[J]/士琦,云乔. --古籍整理研究学刊,1990,02:22 - 23

周祖谟先生是著名的语言学家和古典文献学家。本文介绍了他在古籍整理与研究方面所做的工作,包括"校勘训诂"书、"小学"书,发表《洛阳伽蓝记校释》《唐五代韵书集存附考释》等。

4345

粥谱(二种)[M]/(清)曹庭栋,黄云鹄撰;

邱庞同注释. --北京:中国商业出版社,1986

本书中的两种《粥谱》分别选自清代曹庭栋的《老老恒言》及黄云鹄的《粥谱》。《老老恒言》又名《养生随笔》,共五卷。前四卷记载的是关于老人起居、衣着、寝食、待客、器用等方面的知识;第五卷为《粥谱》,共收录了粥方一百种。黄云鹄《粥谱》分《粥谱》及《广粥谱》两部分。《广粥谱》是关于荒年账粥的资料简编。《粥谱》是古代粥方的汇集。

4346

籀庼学记[D]/王更生. --台湾师范大学(台湾地区),1972

本文在考察清代经学家孙诒让先生生平的基础上,研究了孙氏在经学、墨子学、甲骨学、金石学、文字学、斠雠学、目录学等方面的学术成就。本文于2010年由台湾花木兰文化出版社发行。

4347

朱彬《礼记》学研究[D]/黄智信. --东吴大学(台湾地区),1999

本文是围绕清人朱彬《礼记》学而作的较为全面的研究。作者收集了大量有关朱彬生平与著述的相关资料,重点研究了朱彬的两部重要著作《礼记考证》和《礼记训纂》,探讨了二书的撰作动机、成书经过、内容与版本等问题,并比对、分析了《礼记考证》与《礼记训纂》的异同。

4348

朱枫林集[M]/(明)朱升撰;刘尚恒点校. --合肥:黄山书社,1992

本书为诗文别集,共十卷。前八卷为诗文,第九卷载《徽州府志·本传》一篇及由明廖道南写的诗赞一首,还有《翼运节略》十则。第十卷为附录,都是他人投赠朱升的诗文。本书注释内容,主要以徽州本地人文为限,一般仅作资料性注释,重在指明资料出处。新增集外佚文五篇,并附录原集之外的主要传记、事迹编年等资料。

4349

朱金城、陈贻焮、郭在贻、卞孝萱、松浦良久、李珍华、黄约瑟评《唐刺史考》[J]/朱金城,陈贻焮,郭在贻等. --中国图书评论,1988,03:42-44

唐代历时近300年,先后置州郡300多个,历年各州的刺史数以万计,任职情况相当复杂。而刺史任职情况又恰为唐代文史研究工作者所急需。《唐刺史考》是查找唐代刺史任职情况的工具书,注重第一手原始资料,搜集材料广泛而齐备,对以往史书记载作了大量的证实,纠误和补阙工作,解决了学术界长期悬而未决的一些问题,翔实地向我们展现了唐代刺史任职情况。本书为《唐刺史考》的书评。

4350

朱骏声《说文通训定声》异体字之研究[D]/柯明杰. --"中央大学"(台湾地区),1999

有清《说文》学,向以段、桂、王、朱号称四大家。其中,朱骏声《说文通训定声》的体例及所偏重者与其他三家不同,其书"以声为经,以形为纬",不以部首为准,且其训解亦不以证许说为自限,颇具研究价值。本文以朱氏所列之异体字为研究内容,分其类例、别其同异、明其用语、探其源流、断其是非、论其得失,以窥其究竟。

4351

朱琦《怡志堂诗文集》校注[D]/张维. --广西大学,1999

本文以"岭西五大家"成绩显著的朱琦作品集《怡志堂诗文集》为研究对象,着重进行作品的校勘、注释等整理工作,并对朱琦这位广西近代史上的"奇才"的思想及其诗歌、古文从内容到形式进行探讨,以期正确评价朱琦文学成就与贡献,及其在广西文学史、学术史、文化史的地位和影响,并从中窥见"岭西五大家"在桐城文派发展中的地位与作用,从而推动广西地方古籍整理工作。

4352

朱氏资料汇编评介[J]/王晓昀. --明清小说研究,1988,02:225-228

朱一玄先生毕生致力于中国古典小说资料的搜集、整理与研究。本文对其搜集、整理、编纂的资料汇编系列书籍进行介绍与评价。

4353

朱素臣《双熊梦》传奇研究[D]/金炯辰.--台湾大学(台湾地区),1999

本文是对于苏州派剧作家朱素臣《双熊梦》传奇所做的综合性研究。透过对于朱素臣的生平、交游、作品的考察、"苏州派"名称由来及其形成背景的探讨,揭示朱氏的生活环境及其作品风格的产生背景。

4354

朱庭珍筱园诗话考述[D]/陈廖安.--台湾师范大学(台湾地区),1984

清人朱庭珍《筱园诗话》在我国古代文艺理论史上有一定影响。本文在考证朱庭珍生平事迹的基础上,讨论了该书体现的论诗要旨、诗论主张及诗学史观,探讨朱庭珍在这部诗话中所提出的众多诗歌批评理论的价值。作者给予了朱氏较高评价,认为其所论剖析渊奥、说理周详、词旨雅切,于有清一代独树一帜。

4355

朱熹的古籍注释[J]/华星白.--解放军外语学院学报,1997,05:103 – 105

本文归纳了朱熹古籍注释的特点,即篇章互照,简明得当;择善而从,时出己见;有感而发,微婉多讽。朱熹是我国最著名的理学家、注释家,对后世的影响大约仅次于孔孟。自元代以来,历代王朝科举取士,均采用他的《四书集注》。朱熹整理文献,注释典籍,疑古文尚书之伪,不信诗序,多有新颖、独到的见解。

4356

朱熹读书辩证法三见[J]/于述圣.--当代教育科学,1989,03:67 – 70 + 76

本文对朱熹"两个主体""两种经验""博与约""有疑与无疑"辩证法进行全面分析,并辩证地吸取其中有益成分。

4357

《朱翼厂先生百岁诞辰纪念集》书后[J]/希文.--图书馆学通讯(后更名为中国图书馆学报),1987,01:85 – 87

本文论述了近代著名的收藏家、鉴定家朱翼厂先生在收藏、鉴定古籍、书画和碑帖方面的相关成就。

4358

朱应、康泰出使扶南和《吴时外国传》考略[J]/陈佳荣.--中央民族大学学报(哲学社会科学版),1978,04:73 – 79

三国时期,东吴孙权曾派朱应、康泰等出使扶南(古籍所称扶南包括今柬埔寨一带)。这是史书所载我国首次派遣专使和南海诸国交通往来的一件大事,其意义实不亚于两汉时期张骞、班超之通西域,许多问题都值得研讨。本文从三国时期我国与扶南的交往,朱应、康泰出使扶南的时间,关于《扶南异物志》和《吴时外国传》,康泰《外国传》辑佚问题几个角度加以论述,提出了见解。

4359

诸城县重视搜集地方志文献——简谈清抄本《诸城山海物产志》[J]/杨育仁.--山东图书馆季刊,1985,02:81 – 82,

本文介绍了诸城县图书馆重视从民间搜集地方文献,几年来先后搜集了《东武诗存》《徐埠族谱》《臧氏诗抄》《诸城县志》《出劫纪略》等八百余册古籍的背景,对在皇华镇大展村搜集的清光绪九年(1883)手抄本《诸城山海物产志》进行说明。

4360

诸葛亮研究文集[M]/汉中地区文教局编.--汉中:汉中地区文教局,1985

本书收录了诸葛亮研究的相关论文,包括诸葛亮政治思想的探讨、诸葛亮北伐的讨论、诸葛亮用人修身与蜀汉文化、考证考察文献资料等。

4361

诸家校勘《老子》失当考——兼谈校勘古籍之戒[J]/张玉春.--古籍整理研究学刊,1987,04:45 – 50

本文以帛书《老子》甲、乙文章句为例句,以校勘学常见的、衍、脱、倒为类,试对诸家据通行本误校之说加以考证阐述,指出校勘工作者不可以今概古、切忌以误为正,冀有补于校勘学之发展。

4362

诸子集成[M]/国学整理社辑. --北京:中华书局,1954

本书收录先秦至汉魏六朝的诸家著作 26 种,分上、下两篇。上篇为周秦之部,收录儒、道、墨、名、法、兵、杂等 16 家子书;下编为汉魏六朝之部,收录《淮南子》《新语》等书 10 种。

4363

诸子平议(附补录)[M]/(清)俞樾著;李天根辑. --北京:中华书局,1954

《诸子平议》共计三十五卷,内容包括晏子平议、老子平议、荀子平议等。《补录》共计二十卷。。

4364

竹叶亭杂记[M]/(清)姚元之撰;李解民点校. --北京:中华书局,1982

本书为清人姚元之所撰,历记朝廷掌故、礼仪制度、地方风情、物产、石刻印章、古籍文物、人物轶事、读书杂考、花虫木石等。

4365

渚宫旧事译注·容美纪游校注[M]/(唐)余知古原著;袁华忠译注;(清)顾彩原著;吴柏森校注. --武汉:湖北人民出版社,1999

本书共分渚宫旧事译注、容美纪游校注两部分,卷首附有顾彩容美游踪图一张。

4366

注解伤寒论[M]/(东汉)张仲景著. --北京:人民卫生出版社,1972

本书十卷,为东汉名医张仲景《伤寒杂病论》的一部分,大约成书于公元 200 年左右。该书主要介绍六经辨证的医疗方法。书中根据疾病发展中的各种不同证候,归纳为太阳、阳明、少阳、太阴、少阴、厥阴等六经证候,并按六经证候的特点,及彼此之间的传变关系,给以相应的治法。全书共有三百九十七法,一百一十三方,应用药物达八十多种,既体现了"同病异治""异病同治"的机动灵活性,又有严谨的理、法、方、药相结合的治法规程。由于本书的治疗原则,还普遍地适用于其他病证,所以本书也是学习中医的必读古典医书之一。

4367

注释古书怎样吸收前人成果[J]/陈焕良. --古籍整理研究学刊,1988,02:27－31

今人注释古书应当尽可能地利用旧注,避免走弯路,从而提高今注的准确性和科学性。本文从宏观众说,择善而从;既要利用,又不迷信;繁简适中,深入浅出三个方面分析注释古书怎样利用旧注,吸收前人的成果。

4368

注释明细准确 译文通俗流畅[J]/刘泱泱. --长沙水电师院社会科学学报(后更名为长沙理工大学学报)(社会科学版),1992,03:126－126

本文指出,《〈三国志〉今注今译》整理的是古籍名著中的精品,且注释明细准确,译文通俗流畅,令广大群众所喜闻乐见。也对该书提出一些改进意见:应有一个深入浅出的前言,说明著者情况;注释还可以更为精简;各段原文、注释、译文的排列应更为紧密。

4369

注释评议——"往往"[J]/张鼎三. --山东师范学院学报(后更名为山东师范大学学报)(人文社会科学版),1978,06:79－83

有些词语从形体看来古今完全相同,而实际含义和用法古今差别很大。如不了解其源流演变,就会误解古籍文义,甚至闹出笑话。本文回顾了汉语词汇研究的历史情况,在此基础上,对"往往"进行注释评议。

4370

注释与训诂异同辨[J]/董洪利. --中国典籍与文化,1993,01:89－93

本文指出训诂学与注释的关系,概括来说就是既有共同之处,又有本质区别,既有部分内容交叉重叠同时又泾渭分明,有着明显的差异。注释中有训诂,但不能包括所有的训诂内容,训诂中也有注释,但不是一切注释皆属于训诂。二者对象不同,方法不同。

4371

注重学术质量 突出地方特色[J]/赵丙南. --中国图书评论,1987,02:37－39

本文介绍了齐鲁书社的出版特色以及建社宗旨,指出该社是以出版文史古籍和学术专著为主的地方专业出版社。建社以来一贯注重学术质量,强调地方特色,以挖掘和整理前代学者的未刊遗稿、组织出版当代学者的学术专著作为基本任务。近两年来,出版图书150种,共三千多万字,大多学术水平或资料价值较高,受到学术界瞩目,得到读者赞赏。

4372

柱间史——松赞干布遗训[M]/(宋)阿底峡发掘;卢亚军译.--兰州:甘肃人民出版社,1997

本书历来被认为是由阿底峡尊者发掘的吐蕃神圣赞普松赞干布的遗训秘籍,比较详细地记载了一千多年前吐蕃王朝时藏族社会的政治、经济、文化、民族、宗教等诸多方面的史实。此次汉文版出版,对促进汉藏文化交流、增进民族团结,以及对藏族早期历史、人物、事件、时间的研究考证,都具有重要的作用和意义。

4373

著名版本目录学家屈万里先生和我国图书馆事业[J]/彭飞.--四川图书馆学报,1994,06:58－61

屈万里先生是我国著名版本目录学家、经学家。曾有"北赵南屈"(赵指赵万里先生)之说。屈先生在台湾时期对图书馆事业所作出的贡献,大陆图书馆界知之不多。本文对屈先生的一些情况进行了介绍。

4374

著名版本目录学家赵万里小传[J]/赵深.--文献,1985,04:133－138

本文介绍了版本目录学家赵万里先生的生平事迹、工作经历和学术成就,列举了赵先生的主要学术著作。

4375

蛀虫侵入书库中 古籍善本成虫食——广西图书馆虫害触目惊心[J]/张克复.--档案,1989,01:48

本文报道了广西图书馆虫害情况,提出了防治虫害的急迫性和必要性。由北京图书馆与广西图书馆组成的图书虫害联合调查组,对广西6个地区的14个图书馆近万册古籍、外文类图书作了虫害调查,有81%被虫蛀,其中严重虫蛀的占22%,虫损报废而无法再使用的占2.6%。该区图书害虫分布30余种,书内虫口密度平均为0.56条/册,最高虫口密度为90条/册。

4376

庄屈合诂[M]/钱澄之撰;殷呈祥校点.--合肥:黄山书社,1998

本书为钱澄之撰,是编合《庄子》《楚辞》二书为之训释,在庄屈研究史上具有独特的价值和意义。

4377

庄子诠诂[M]/胡远浚撰;吴光龙点校.--合肥:黄山书社,1996

本书博采各注,自具炉锤,基本上承袭马其昶《庄子故》之义例,又采辑了其所未收的明代陆长庚、清代陈寿昌及较马书晚出的杨文会、章炳麟等四家诠释,并以注文和按语的形式附以己说。立说平允,不作惊人之论,承继了皖学的风采。

4378

庄子音义研究[M]/黄华珍撰.--北京:中华书局,1999

本书探讨了若干种宋刻本《庄子音义》;论述了《庄子音义》所收诸家注、引书情况以及关于《庄子音义》敦煌残卷的研究。

4379

壮悔堂集[M]/(清)侯方域撰.--台北:台湾中华书局(台湾地区),1966

《壮悔堂集》十八卷,是清代侯方域诗文集。本书含《壮悔堂文集》十卷,《回忆堂诗集》六卷,系作者自编;《壮悔堂遗稿》一卷,《回忆堂诗集遗稿》一卷,为后人补辑。附录本传、年谱等。

4380

壮心不已的于安澜教授[J]/董希谦.--河南大学学报(社会科学版),1984,05:131－131

本文介绍了河南大学古籍整理研究所所

长、中文系教授于安澜先生的生平事迹，以及他在古籍整理、古汉语教学、古音学、古代汉语研究方面做出的巨大贡献。

4381

壮医理论文献发掘整理研究概况[J]/王柏灿，吴小红. --中国民族医药杂志，1997，S1：1-2

壮医理论文献的发掘整理极为重要，关系到壮医理论体系的构建、壮医学术地位的确立及壮医的传播与推广应用。近年来通过各方努力，壮医理论文献的发掘整理研究取得了可喜成绩。本文从所做的工作、所取得的成果、未来展望三方面对壮医理论文献发掘整理研究情况进行概述。

4382

壮族民歌古籍集成·情歌（一）嘹歌[M]/张声震主编. --南宁：广西民族出版社，1993

《壮族民歌古籍集成》一书征集古壮字手抄本，以古本为据（历代传唱的门碑民歌也收集），采用原文、拼音壮文、汉意译等方法整理，既保留壮族民歌的原有文字、音韵、格律、词汇、语法特色，又为民族文学、民族学、民俗学等方面研究提供原始资料。《嘹歌》为《壮族民歌古籍集成》情歌类第一集，该书依据田东县思林壮族民间老歌手提供的《嘹歌》原抄本和老歌手配唱的歌词整理而成。书中收入流传在田东的五言四句体男女对唱山歌，共收五言四句对唱壮歌 4012 首 16048 行，分为《夜歌》和《日歌》两大部分。《夜歌》由大路歌、贼歌、建房歌三套长歌和入寨歌、家穷歌、穿黑歌、打十闸、赞村歌、惜别歌等短歌组成。《日歌》由三月歌和献歌两套长歌与建月歌、时辰歌、盘问歌、对对歌、天旱歌等短歌组成。书中正文统一采用古壮字、壮文、汉文三种文字对原文歌词逐句拼写和注音、意译，每首长歌有题解和注释。书后有田东嘹歌古调和田东嘹歌韵律体例（脚腰押韵）。《嘹歌》篇幅宏大，结构严谨，内容丰富，思想性强，艺术性高，是具有重要意义的史诗作品，对民族学、社会学、历史学、民俗学、语言学等学科均有较高的参考价值。

4383

壮族民歌古籍集成·情歌（二）欢槥[M]/张声震主编. --南宁：广西民族出版社，1997

“欢槥”为壮语，意为“田阳山歌”。本书根据从壮族民间收集到的十部手抄本选取整理而成，共收录田阳山歌一万多行，内容包括探路歌、赞村赞公婆歌、赞巷歌、赞屋歌、谢凳歌、赞酒歌、赞菜歌、谢席歌、问名歌、邀对歌、猜谜歌、相逢歌、孤儿歌、花歌、求巾歌、连情歌、钟情歌、槟榔歌、离弃歌、轻重彩礼歌、嫁娶歌、贼歌、逃婚歌、离别歌、孝义歌、上殿歌等，按民间传唱的习惯顺序排列。该书采取原行、规范古壮字、拼音壮文、汉意译“四对照”整理方法，展现了古代壮族“依歌择偶”的习俗和生产生活场景。

4384

壮族文化史上一件具有划时代意义的盛事——《布洛陀经诗》的整理出版[J]/丘振声. --南方文坛，1992，02：63-3

本文介绍了广西壮族自治区少数民族古籍整理出版规划领导小组主持整理的壮族《布洛陀经诗》一书的主要内容和学术价值。

4385

壮族医药学文献拾萃[J]/何子强，刘智生，黄汉儒. --中国民族医药杂志，1998，01：37-38

壮族在历史上没有自己统一的规范化文字，可以从汉字有关中医药古籍、地方志、博物志、正史、野史等文献资料中看到不少壮族医药针刺疗法、疾病防治、药物学的记载。本文对壮族医药学文献进行归纳整理。

4386

追念钱钟书先生——钱氏未完稿《百合心》及其他[J]/夏志清. --书城，1999，05：20-21

本文讲述了作者对于钱钟书先生的怀念之情，肯定了其作品《管锥编》的伟大成就，谈论了钱钟书先生的未完稿《百合心》，表达了作者对钱先生去世的惋惜和哀悼。

4387

追念万斯年先生彝区访书遗事[J]/马学良. --北京图书馆馆刊（后更名为国家图书馆

学刊),1992,02:107－109

本文回忆1942年作者与万斯年先生在彝区收集、研究彝族古籍的一段往事,指出进一步做好收集、整理、翻译工作,不但可为整个中华民族增添新的史篇,也无负前贤冒酷暑、顶严寒,历尽艰险,为保存民族文化遗产的愿望。

4388

缀古集[**M**]/李学勤著.--上海:上海古籍出版社,1998

本书共五编,是学者李学勤关于上古史的论文集。

4389

拙轩集(附词)[**M**]/王寂撰.--北京:中华书局,1985

本书共六卷。其中诗歌四卷,包括赋、五言古诗、七言古诗、五言律诗、五言排律、六言律诗、七言律诗、七言排律、五言绝句、六言绝句、七言绝句、逸句、词;文二卷,分为表、牒、记、序、帖启、书后、祭文、行状、墓志铭、哀词。

4390

卓有成绩的资料机构——引得编纂处[**J**]/毕于洁.--情报资料工作,1983,01:41－45

本文介绍了民国期间专门编制中国古籍文献索引的机构引得编纂处的基本情况,考察了该机构的人员设置和工作程序,介绍了出版的重要引得和引得特刊。引得编纂处自1930年创立到1950年结束,总共编纂、出版了引得及引得特刊六十四种八十余册(文后附目录),内容广泛,种类繁多,有很大的学术成就。

4391

卓越的少数民族医药经典[**J**]/参雷.--中国图书评论,1987,03:80－81

本文介绍了西藏人民出版社1986年出版的《四部医典系列挂图全集》。指出该书是一部具有非常宝贵使用和保存价值,富有浓厚民族特色的精美巨著。它与《四部医典》密切配合,以彩色连续图画形式,系统描绘了《四部医典》中的基本理论和各部内容,标志着我国医学古籍整理出版工作一项大工程的成功。

4392

资政史鉴·为政卷[**M**]/邢贲思,戴逸总主编;曾成贵,张艳国卷主编.--北京:人民出版社,1998

本书是一部大型工具书,其宗旨是为社会各界领导干部提供中国历史上可资学习、借鉴和参考的为官的成功经验、典型事例和教训。全面系统收集整理中国从上古直至近代各历史时期多方面关于为官从政的史料,并按其具体内涵编写成十卷:为政、谋略、理财、用人、革新、修身、处世、治事、清廉、教训。

4393

《资治通鉴》标点献疑[**J**]/邱进之.--四川师范学院学报(后更名为西华师范大学学报)(哲学社会科学版),1994,01:67－69

本文订正了"标点资治通鉴小组"点校本《资治通鉴》一书中出现的标点错误。

4394

《资治通鉴》标点疑误[**J**]/董志翘.--古汉语研究,1988,01:83－87＋36

1956年,由古籍出版社据胡克家翻刻元刊胡三省注本校勘标点出版《资治通鉴》,虽经吕叔湘先生等专家全面校阅,已经对标点、排校错误多所是正,仍难免存在问题。本文指出书中存在的标点疑误处二十八例,依次排列,进行了订正。

4395

资治通鉴大辞典(全二编)[**M**]/施丁,沈志华主编.--长春:吉林人民出版社,1994

本书是一部专书辞典,辞条选自中华书局标点本《资治通鉴》,正文和胡注一概收录。其《各卷要录》是对《资治通鉴目录》的改编,为《通鉴》各卷的要点。《司马光评论》是对全部"臣光曰"的评点;《历代贤哲评论》是对《通鉴》所引贤哲史论的品评。这两部分是对《通鉴》史学观点的总结、提炼和评议。此外,有词语典故、民族、职官、地理、典籍、人物,有《通鉴学资料》,是《资治通鉴》问世以来古今学者对该书的评论、研究的总体介绍。有《〈资治通鉴〉年代简表》及《桂陵之战》《战国时期形势》等地图 37 幅。阅读《资治通鉴》时,凡有疑难不懂之处,均可借助该辞典解决。但此辞典却缺乏索引的功能,换言之,所有的词条没有标明出自《资治通鉴》的何卷何页。

4396

《资治通鉴》今译体例的一个创新——兼谈当前"古籍今译热"[J]/卢心铭. --古籍整理研究学刊,1992,05:1 - 5

本文指出面对当前"古籍今译热",应该采取慎重而积极的态度,切实保护古籍今译及出版的创造性和积极性,把不断提高古籍今译的质量放在首位。认为学者柏杨今译的《现代语文版资治通鉴》一书,体现了体例创新,独具一格;译注校议,融汇一体;古史有论,今译有评;绘图制表,今译新例等方面的特色。

4397

"子弟书"寻踪[J]/皮光裕. --民族文学研究,1998,04:68 - 89

盛行于清代的"子弟书"是中国文学艺术的一种重要形式。1994 年出版的《清蒙古车王府藏子弟书》搜集子弟书近 300 种。1997 年又挖掘搜集出 150 余种。本文介绍了"子弟书"搜集整理工作,对这批后辑出的古籍进行了介绍,包括北京大学图书馆所藏《兰桥会》《佛旨度魔》《天下景致》,北京图书馆(后更名为中国国家图书馆)所藏《玉搔头》《荣华梦》等。

4398

子弟书作者"鹤侣氏"生平、家世考略[J]/康保成. --文献,1999,04:128 - 144,

子弟书是 18 世纪后半叶至 19 世纪流行于北京、天津、沈阳等地的曲艺形式。本文以清代史料为基础,研究了子弟书重要作家"鹤侣氏"的生平事迹。

4399

子略[M]/高似孙编. --台北:台湾中华书局(台湾地区),1976

本书是南宋人高似孙的著作。共四卷,前面再冠以《子略目》一卷。它和《史略》《纬略》《骚略》以及已经失传的《经略》《集略》和《诗略》配套,是一整套关于我国古籍的目录学著作。

4400

《子史精华》第一责任者析[J]/高薇薇. --天中学刊,1998,04:117

《子史精华》是清代的一部重要类书,始编于康熙六十年(1721),成书于雍正五年(1727)。全书 160 卷,包括天、地、帝王、文学、器物等 30 部。本文对这部书的第一责任者进行了分析,指出不能认为张廷玉就是第一责任者。

4401

梓印古籍毋忘版本——元刊善本《局方发挥》读后记[J]/潘华敏. --上海中医药杂志,1983,08:41 - 42

本文介绍了元刊本《局方发挥》的基本情况。文中指出,该书黑口版《局方发挥》系罕见之珍本。《文渊阁书目》《医藏书目》《归山楼书目》《赵定宇书目》《虞山钱遵王藏书》《贩书偶记》等俱未提及此版。1961 年《中医图书联合目录》载有此本,今保存在上海中医学院图书馆。

4402

自然灾害古籍记载及诠释[A]/徐腾一. --二十一世纪的中国与世界国际地理学术讨论会论文集[C],1998

本文从古史记载的众多自然灾害中,选取"雨异""乌云而雨""降甘露""夏寒、六月雪"几个最为特殊的自然现象,将其研究结果进行了摘抄总结。

4403

自信万籁俱是缘,还从书海探迷径——记中州研究馆员萧鲁阳先生[J]/德万. --河南社会科学,1994,06:61 - 62

本文从图册典籍之整理校点、宋代历史之研究、践履躬行之功夫三方面对中州研究馆员萧鲁阳进行介绍。

4404

自有云霄万里高——作为《尔雅诂林》责编的感悟[J]/黄榕. --中国图书评论,1998,04:

60 - 61

本文对《尔雅》的大体情况、《尔雅诂林》的产生背景、工作内容、参与工作的代表人物进行介绍。

4405

字面普通而义别——谈古籍注释工作中的一个问题[J]/武青山. --山西大学学报(哲学社会科学版),1988,04:60 - 61

本文举实例说明对于古籍注释工作的准确无误是很难的。特别是对于那些看来不成问题的词语常常会以今义释古义,犯望文生义的毛病。在注释字面普通而"义别"的一些词语时,应不为"字面"所迷惑,不以今义乱古义;要"随文释义",注意到文字的引申义或假借义;要深刻体会作者的"用心",考查其用词的习惯和本意。

4406

总结过去 开拓未来——全国古籍整理理论研讨会述评[J]/漆子扬. --社科纵横,1993,05:6 + 5

本文系1993年8月24日在兰州召开的全国古籍整理理论研讨会述评,介绍了会议的中心内容。来自全国22个省市区的高等院校、社科院、出版社的专家学者70余人参加会议,就古籍整理的传统方法和现状问题,以及如何面对市场经济走出低谷,求得一条生存发展的道路各抒己见,献计献策。

4407

纵贯古今 横通中外——楚雄彝族文化研究所十四年来成果卓著[J]/罗有俊. --民族工作(后更名为今日民族),1995,10:44 - 45

本文通过近年来彝文书籍的传播、楚雄彝族文化研究所的工作内容与文化活动等方面,对楚雄彝族文化研究所14年来的成果进行介绍。

4408

邹氏《五均论》述评[D]/林志华. --逢甲大学(台湾地区),1997

《五均论》为清邹汉勋所撰的一部音韵学著作。本文叙述了邹氏的音学概念,就其概念进行利弊评价,从声、韵、声调三方面研究

了邹氏的音学成就。在作法上,主要将邹氏在《五均论》中所提出的概念,整合为一个个主题,再就主题罗列书中相关的篇章,进而探究邹氏这些概念的实际内涵。

4409

走出误区,构建现代化古籍检索系统[J]/朱震远. --图书馆理论与实践,1996,01:19 - 22

古籍分类应采用何种分类法,历来存在争论。本文认为统一古籍分类法不是最佳方案,主张各法并存,采用"标识单元方式"结构模式构建古籍检索系统,最终实现计算机检索。

4410

足本按辽疏稿[M]/北京:中华全国图书馆缩微复制中心. --北京:中华全国图书馆缩微复制中心,1996

本书共六卷,明熊廷弼撰,是其万历三十六年(1608)至三十九年(1611)巡按辽东时的奏稿,对于研究明清史,特别是明清之际民族矛盾及辽东政治、经济、军事、地理等,极有其重要参考价值,亦足可补明史记载之缺憾。

4411

祖剂(附云起堂诊籍)[M]/(明)施沛著. --上海:上海古籍书店,1983

本书是一部方剂专辑,明施沛著,四卷,记载主方七十五首,附方七百六十八首。该书将明以前的方剂以类相附,以《黄帝内经》《汤液》《伤寒论》《金匮要略》等经典之方为首,从而推其演变,溯源穷流。其归类准则,或以同一方剂加减而相附,或以方剂名称相近而相属,或以方中主药相同而相归,或以方剂功效相似而相类。书末附有《云起堂诊籍》,是施氏的医案。

4412

最早的丛书——中国丛书简说[J]/马力. --图书馆理论与实践,1982,01:50 - 52

本文指出,我国古籍现存八万种左右,其中三分之一以上都汇集在历代各种丛书里,并对古代丛书编辑的历史进行概述。《儒学警悟》和《百川学海》是我国现存最早编辑与

刻印的丛书,首创编辑综合性丛书的体例。自清代以来,人们一直把它们看作"丛书之祖"。

4413

《醉醒石》作者新考[J]/徐复岭.--济宁师范专科学校学报(后更名为济宁学院学报),1994,01:52－57

《醉醒石》是继"三言""二拍"之后文人创作的一部比较优秀的拟话本集。本文分析了《醉醒石》作者的生活年代和作者所用的方言情况,认为《醉醒石》署名作者"东鲁古狂生"是贾凫西,还论述了《醉醒石》与《醒世姻缘传》的关系。

4414

《左传·秦晋崤之战》注释质疑[J]/王一鸣.--南开学报(哲学社会科学版),1988,03:79－80

《中国历代文学作品选》(上海古籍出版社1979年7月第1版)是一部质量较好的高等学校文科教材,但有些注释欠妥,原因之一是望文生义,以今解古。本文以该书中收录的《左传·秦晋崤之战》一文说明,列举了注释方面的问题,并进行了订正。

4415

《左传》《史记》《汉书》点校商榷[J]/周洪.--图书馆杂志,1982,04:24－26

本文就《左传》上海人民出版社点校本、《史记》中华书局点校本、《汉书》中华书局点校本的标点问题,分类提出了商榷意见。

4416

《左传译文》纠谬七则[J]/陈恩林.--古籍整理研究学刊,1996,05:16－19

在诸多的《左传》译本中,以沈玉成先生《左传译文》出版最早、流行最广,影响也最大。但是因为沈氏译文最早,是开拓性的,所以难免有些不足之处。本文提出七条商榷意见。

4417

《左传译文》商兑——兼谈古籍今译的"信"[J]/张归壁.--教学与管理,1988,01:34－39

沈玉成先生谈到今译《左传》所坚持的原则时指出,按照信、达、雅的标准,译文偏重于信,行有余力,才考虑兼及达、雅。本文以其著作《左传译文》为例说明,这个原则还贯彻得不够全面彻底,恰恰是在"信"这个最重要的方面,《译文》还存在着比较明显的问题,值得商榷。

4418

左传译注[M]/李梦生撰.--上海:上海古籍出版社,1998

《左传》原名为《左氏春秋》,汉代时改称为《春秋左氏传》,是我国现存第一部叙事详细的编年体史书。取材于王室档案、鲁史策书以及诸侯国史等,系统而具体地记述了这一时期各国的政治、军事、外交等方面的重大事件。本书是对《左传》的翻译与校注,以降低读者阅读难度。

4419

《左传》注译质疑[J]/高树.--西南民族学院学报(哲学社会科学版)(后更名为西南民族大学学报)(人文社会科学版),1989,04:36－40＋48

《左传》历来整理研究者甚多,佳著传世亦多。然千虑一失也在所难免。本文将其分为标点错误、引文出处错误、引文夺字、错字、史实错误、漏译和不烦改字等七类问题,分类进行了阐述。

4420

坐拥书城五十年:记钱存训先生的生平与事业[J]/郑炯文.--汉学研究通讯(在台湾地区发表)1988,04:234－237

钱存训系汉学、历史学及图书馆学学者,专长于中国古文字与书目学。对日抗战时,钱存训曾将数万本珍稀古籍,由日本占领下的上海,偷运到海外,以保存这批图书。这些图书中的一大部分后来都收藏在台北故宫博物院。本文对钱存训的生平与事业进行介绍。

4421

做好少数民族古籍工作促进各民族的共同繁荣与进步——在第二次全国少数民族古籍工作会议上的讲话[J]/司马义·艾买提.--中

国民族,1996,06:4－5

本文就做好少数民族古籍工作促进各民族的共同繁荣与进步提出建议,如充分认识民族古籍工作的重要意义,牢固树立民族古籍服务为社会主义现代化建设服务的思想,把民族古籍工作纳入"九五"计划和2010远景目标中统筹规划,造就和培养一支德才兼备、乐于奉献、勇于开拓的民族古籍专业队伍,切实加强对少数民族古籍工作的领导等。

数字

4422

1949—1981 古籍整理编目[M]/中国版本图书馆编. --北京:中华书局,1981

本书介绍了 1949—1981 年古籍整理编目情况,收入 1949 年 10 月至 1981 年 10 月出版的文、史、哲古籍,包括辛亥革命以前的著作、辛亥革命以后对古籍整理加工的著作、今人对古籍所作的系统专著及有关古籍的工具书。农书、医书和各种选本均未列入。

4423

1980 年版《金匮钩玄》误读分析[J]/黄培民. --上海中医药杂志,1982,11:2 - 4

人民卫生出版社 1980 年 12 月校点出版了元朱震亨撰、明戴元礼校补的《金匮钩玄》。本文对该书中的错误进行了考订,分别对医学专业知识、古汉语专业知识,以及校点工作中必须具备的严谨、科学态度等诸方面问题进行了讨论。

4424

20 世纪本草古籍出版的发展概说[A]/张同君. --第九届全国药史本草学术会议论文集[C],1998

本文考察了 20 世纪本草古籍的出版状况及发展方向。20 世纪初,商务印书馆、上海中医书局等影印了一些版本和学术价值都比较高的本草著作。50 年代,一些专业出版社整理出版了本草名著及普及性读物。70—80 年代,本草古籍整理更多进行了具有研究性质的校勘、辑佚等工作。电子出版物中也已经出现本草古籍的身影。如何选择和提供高质量、高容量、方便当代读者使用的本草读物,是未来出版的努力方向。

附录一:题名索引

H

N

W

X

Y

数字

附录二:著者索引

H

K

L

后 记

  《海峡两岸中华古籍保护论著提要》第三辑,将与广大读者正式见面。

  第一辑《论著提要》(2011—2015)、第二辑《论著提要》(2000—2010),已于2017年7月、2021年6月由国家图书馆出版社先后出版。本书列入了中华古籍保护计划,旨在通过梳理汇编该方面研究成果,为持续开展的古籍保护相关工作提供检索工具,亦积极推动海峡两岸的文化交流,出版后受到业界的欢迎和好评。

  第三辑《论著提要》继续由中国古籍保护协会和台湾古籍保护学会合作编纂,于2021年初启动,国家图书馆出版社出版,编纂体例基本遵循前两辑。

  前三辑《论著提要》的完成,标志着1949年新中国成立后至2015年间发表和出版的有关古籍保护方面主要研究成果,基本实现了有书可查,有目可检,为业界筹划古籍保护工作和开展相关学术研究提供了重要参考。

  该辑编撰期间,面临团队调整和新冠疫情突发诸多困难,通过天津图书馆和天津师范大学图书馆的合作,接力完成了编撰任务,与第一、二辑相比,本辑具有如下特点:一是,从1949年至1999年,时间跨度长达50年;二是,除收录目前能查找到的古籍保护论著外,还针对资料有限的特殊情况,酌情收录了古籍保护的参考性资料,如部分由古人撰写今人点校的著作、有价值的会议材料、已出版的相关古籍书目等,能收则收,尽可能为读者提供有价值的参考资料;三是,基于时代特殊性,该辑原始论著自带提要甚少,多为检出原文,编者自写提要;四是,与前两辑一样,有的提要行文风格和概括性存在较大差异,甚至文不对题,不乏错误,校改难度很大,编者不厌其烦,检出原文,进行润色和修改并纠正讹误。

　　第三辑的出版,实现了中国古籍保护协会、台湾古籍保护学会、天津图书馆、天津师范大学图书馆、国家图书馆出版社之间卓有成效的合作。各位执行编辑,各司其职,为自己承担的编纂任务付出努力;各位编委、责编、专家,全程跟进,给予具体学术指导,他们为顺利完成本辑编纂任务,贡献了自己的心力和智慧。天津师范大学图书馆的侯娴老师和牛甲芝老师,文学院的张美琪和龙光海两位博士,历史文化学院的吴佳琦、田帅虎、胡心洁、王一豪、陈紫菱、陈欣和史文彬等七位同学,古籍保护研究院的胡艳杰老师和白丽萍博士后都参加了第三辑《论著提要》提要条目的撰写工作。时值第四辑《论著提要》(2016—2020)编纂工作即将启动、第三辑《论著提要》业已付诸出版之际,谨向大家表示衷心感谢!

本书编委会
2023 年 5 月 30 日